1001 WEINE
DIE SIE PROBIEREN SOLLTEN,
BEVOR DAS LEBEN VORBEI IST

1001 WEINE
DIE SIE PROBIEREN SOLLTEN, BEVOR DAS LEBEN VORBEI IST

HERAUSGEBER NEIL BECKETT

VORWORT VON HUGH JOHNSON

EDITION OLMS ZÜRICH

Erste Auflage 2008
EDITION OLMS AG
Willikonerstr. 10
CH-8618 Oetwil a.S. / Zürich / Switzerland
Mail: info@edition-olms.com
Web: www.edition-olms.com

ISBN: 978-3-283-01113-0

Deutsche Ausgabe
Copyright © 2008 Edition Olms AG, Zürich
Übersetzung: Michael Auwers
Lektorat: Beate Vogt
Umschlaggestaltung und Satz: Weiß-Freiburg GmbH, Freiburg

Bibliografische Information der Deutschen Bibliothek
Die Deutsche Bibliothek verzeichnet diese Publikation
in der Deutschen Nationalbibliografie;
detaillierte bibliografische Daten sind im Internet über
http://dnb.ddb.de abrufbar

Bildnachweis:
Umschlag Vorne	© Lew Robertson
Umschlag Hinten	© Pekka Nuikki
Buchrücken	© Owen Franken/CORBIS
Frontispiz	© Danita Delimont/Alamy

Copyright © 2008 Quint**essence**

All rights reserved. No part of this publication may be
reproduced, stored in a retrieval system or transmitted
in any form or by any means, electronic, mechanical,
photocopying, recording, or otherwise, without the
permission of the copyright holder.

Senior Editor	Jodie Gaudet
Editor	Frank Ritter
Editorial Assistant	Andrew Smith
Copy Editor	Rebecca Gee
Art Director	Akihiro Nakayama
Designer	Jon Wainwright
Image Editor	Stuart George
Editorial Director	Jane Laing
Publisher	Tristan de Lancey

Printed in China

Inhalt

Vorwort	6
Einleitung	8
Verzeichnis der Anbaugebiete	12
Schaumweine	**20**
Weißweine	**122**
Rotweine	**410**
Likörweine	**848**
Glossar	934
Erzeuger-Verzeichnis	938
Preisstufen-Verzeichnis	945
Autoren	956
Bildnachweise	959
Danksagungen	960

Vorwort
Von Hugh Johnson, Weinkritiker

„Es gibt keine großen Weine. Es gibt nur großartige Flaschen eines Weines." Dieses unter Weinliebhabern beliebte Bonmot sollte über jeder Liste stehen, auf der die Schätze des Kellers versammelt werden. Damit soll natürlich zum Ausdruck gebracht werden, daß der Wein ein Eigenleben besitzt. Aus dem gleichen Faß können Flaschen abgefüllt werden, die über die Maßen köstlich sind, und solche, die einen nur auf enttäuschten Erwartungen sitzenlassen. Andererseits bezieht sich der Spruch auch auf den Trinkenden: Größe ist auch eine Angelegenheit der Erkenntnis. Die besten Weine können gelegentlich ungewürdigt bleiben, und weniger gute können Augenblicke der höchsten Freude bescheren. Der Weinhandel hat ein Interesse daran, uns davon zu überzeugen, daß Qualität etwas Objektives und Meßbares sei. Wir wissen natürlich, daß das nicht stimmt: Was man liebt, liebt man. Letztendlich ist der einzig meßbare Faktor der Preis, und der ist eine Sache der Übereinkunft. Der Markt bestimmt die Preise. Es gibt jedoch eine Vielzahl von Dingen, die den Markt in Bewegung bringen und wenig mit Qualität zu tun haben.

Aus diesem Grund lautet der Titel des vorliegenden Buches nicht „Die 1001 besten Weine der Welt". Es widmet sich vielmehr der Unterschiedlichkeit. Wein ist ein wunderbares Erzeugnis: Man gärt Traubenmost – und ein Wunder hat stattgefunden. Die Rebart, die Herkunft, der Jahrgang und der Kellermeister sind die Parameter, die zu dieser Unterschiedlichkeit beitragen. Und dennoch bringt jede Ernte auf der ganzen Welt immer wieder vorhersehbare Ergebnisse. Es gibt bestimmte Geschmacksnuancen, die man nicht patentieren kann. Sie lassen sich – bis zu einem gewissen Punkt – imitieren. Dennoch ist die Einzigartigkeit gewährleistet. Die genauen Umstände, die bei der Herstellung eines bestimmten Weines vorherrschten, lassen sich nicht reproduzieren. Wenn das möglich wäre, wäre der Weinhandel als solcher, ja sogar die gesamte Welt des Weines ein sinnloses Unterfangen. Das Château Lafite kann keinen Château Latour erzeugen. Punkt.

Als ich vor fast 50 Jahren zuerst mit gutem Wein in Berührung kam, gab es vielleicht einige hundert Weine, deren Bekanntschaft sich lohnte, keinesfalls auch nur annähernd 1000. Ein halbes Jahrhundert des Fortschrittes haben das Gegenteil von dem bewirkt, was damals viele voraussagten: daß schließlich alle Weine gleich schmecken würden. Wachsende Erfahrung, größerer Ehrgeiz, neue Anbaugebiete und mehr Geld haben die Liste der einzigartigen Weine deutlich verlängert. Jede Generation von Kellermeistern und Winzern hat zu dieser Fortentwicklung beigetragen. Es gibt nur sehr wenige Weine, die wieder von der Liste verschwinden, nachdem sie sich einmal als unvergeßlich etabliert haben. Wir sind in der glücklichen Lage, in einer Welt zu leben, in der Vielfalt und Wahlmöglichkeiten stetig zunehmen. In den lediglich 35 Jahren, die verstrichen sind, seitdem ich meinen *World Atlas of Wine* zusammenstellte, hat sich die Geographie des Weines in Richtungen entwickelt, die ich mir nicht träumen ließ.

Diese geographische Ausweitung entsprang oft der Suche nach neuen Quellen des Trinkgenusses. Es war nicht überaus aufregend – wenigstens für mich nicht – zu erfahren, daß die Australier eine Methode gefunden hatten, mit der man Wasser (aus dem Murray River) in Wein verwandeln kann. Unsere Aufmerksamkeit wird weniger durch Gegenden gefesselt, in denen die Rebe lediglich als Pumpe für Zuckerwasser dient. Interessant waren und sind die Versuche, die unter Randbedingungen stattfanden, in Lagen, wo es auf des Messers Schneide steht, ob die Trauben bis zur Reife gelangen. In all dieser Zeit sind kühlere Klimabedingungen der Heilige Gral der Önologie in der Neuen Welt gewesen. Es sollte einem doch zu denken geben, daß wir in der Zukunft vielleicht alle auf der Suche nach kühleren Klimabedingungen sein werden.

Die neuen Regionen, die am meisten zu der Liste von Weinen beigetragen haben, die man versuchen sollte, liegen deshalb hoch über dem Meeresspiegel oder weit vom Äquator: in den Anden oder nahe Kapstadt, im Norden der amerikanischen Pazifikküste oder im Süden Neuseelands. Das liegt nicht daran, daß die Rebe Extreme schätzt, es sind die Winzer und Kellermeister, die danach suchen – und natürlich ihre überaus kritischen Kunden.

1001 Weine, die Sie probieren sollten, bevor das Leben vorbei ist ist eine Zusammenstellung, die von Neuentdeckungen bis hin zu Flaschen reicht, die so hervorragend sind, daß sie auch nach einem halben Jahrhundert noch als Maßstab dienen. Vielleicht gelingt es Ihnen nicht, sie alle zu verkosten, aber es ist auf jeden Fall Zeit, mit dem Probieren zu beginnen.

Hugh Johnson

Einleitung
Von Neil Beckett, Herausgeber

Tausendundein Wein: Das sind tausend Weine zuviel und tausend Weine zuwenig. Tausend sind zu wenig, weil die Welt der guten Weine heute größer ist als je zuvor – darauf hat Hugh Johnson bereits in seinem Vorwort (vgl. Seite 6) hingewiesen. Es wäre nicht schwierig gewesen, mindestens noch einmal so viele aufzunehmen. Wenn man gar die vielen unterschiedlichen Jahrgänge in Betracht gezogen hätte, wäre die Zahl um ein Mehrfaches höher gewesen – viele der hier vertretenen Weingüter haben schon vor einhundert Jahren Wein gekeltert. Tausend zu viel sind es, weil die Gefahr besteht, daß man vergißt, wie groß das Vergnügen sein kann, das ein einziger bestimmter Wein einem bereiten kann.

Das Vergleichen und Gegenüberstellen kann beim Wein ein genauso faszinierendes Unterfangen sein wie bei vielen anderen Dingen. Wenn unsere Vorlieben sich bei jedem erwartungsvollen Schluck ändern – jetzt neigen wir dem Bâtard-Montrachet zu, dann wieder dem Chevalier-Montrachet –, so daß wir schließlich überhaupt keine Vorliebe mehr haben und nur noch Unterschiede in der Persönlichkeit der einzelnen Weine feststellen können, dann haben wir vielleicht auch unser Vergnügen am Wein verdoppelt. Aber solche glückseligen Augenblicke sind selten. Sogar bei nur zwei Weinen – desto mehr bei den drei, vier, fünf oder sechs, die heutzutage bei einem Degustations-Diner serviert werden – besteht die Gefahr, daß einer zum „Sieger" erklärt wird. Das bedeutet natürlich, daß die anderen ungerechterweise zu Verlierern werden. Das Bessere ist des Guten Feind: Wie wahr ist das Sprichwort doch. Lassen Sie sich also nicht durch die tausend anderen Weine von jenem ablenken, den Sie gerade im Glas vor sich haben.

Auch nur über einen Wein zu sprechen ist zu allgemein. Hugh Johnson hat hier den richtigen Hinweis gegeben, wenn er das französische Bonmot zitiert: „Es gibt keine großen Weine. Es gibt nur großartige Flaschen eines Weines." Das ist vermutlich der tiefsinnigste Satz, der jemals zu diesem Thema gesprochen oder geschrieben worden ist. Er läßt sich nicht nur durch die chemischen oder physikalischen Unterschiede rechtfertigen, die zwischen verschiedenen Flaschen des gleichen Weines bestehen mögen. Was vielleicht wie der gleiche Champagner aussehen mag, kann mehrmals und zu verschiedenen Zeiten degorgiert worden sein, so daß der Wein in manchen Flaschen viel länger auf dem Hefesatz geruht hat und dementsprechend ganz anders schmecken kann. Hinzu kommt, daß viele ältere Weine (Bordeaux, Burgunder und klassische Likörweine bis in die 70er Jahre des 20. Jahrhunderts hinein) nicht nur zu unterschiedlichen Zeiten, sondern auch an verschiedenen Orten abgefüllt worden sein können. Dann muß man natürlich auch noch den Korken in Betracht ziehen:

AG	Auslese Goldkapsel
ALG	Auslese lange Goldkapsel
BA	Beerenauslese
Ch.	Château
DC	Deuxième Cru
Dom.	Domaine
GC	Grand Cru
LBV	Late Bottled Vintage
NV	Non-Vintage
PC	Premier Cru
SGN	Sélection de Grains Nobles
ST	Spätlese Trocken
TBA	Trockenbeerenauslese
VORS	Very Old Rare Sherry
VOS	Very Old Sherry
VT	Vendange Tardive
VV	Vieilles Vignes
€	Unter 15 Euro
€€	15 – 30 Euro
€€€	31 – 75 Euro
€€€€	76 – 150 Euro
€€€€€	151 Euro und mehr

Selbst wenn er frei von TCA (Trichloranisol) ist, das den Korkton verursacht und den Wein verdirbt, kann die Sauerstoffmenge, die der Korken an den Wein läßt, doch sehr unterschiedlich sein. Die Veränderungen, die dadurch bewirkt werden, hängen wiederum von den Transport- und Lagerungsbedingungen ab (vor allem aber von der Temperatur). Zusammenfassend läßt sich also sagen, daß Flaschen aus derselben Kiste sich objektiv und nachprüfbar voneinander unterscheiden können.

Aber sie unterscheiden sich noch wesentlich deutlicher in subjektiven Beziehungen – es hängt immer davon ab, mit welchen Voraussetzungen wir uns ihnen nähern: Kenntnisse, Appetit, Begeisterung, Erfahrung, Gesundheit, Humor, Empfänglichkeit und Sympathie spielen da eine wichtige Rolle ... Wenn wir erkältet oder mißgestimmt sind, wenn wir uns gehetzt fühlen oder müde sind, wenn wir den Gast, der uns gegenübersitzt, ganz und gar nicht leiden können oder wenn wir nichts anderes riechen können als sein Aftershave oder ihr Parfüm, dann wird uns der Wein längst nicht so vorzüglich schmecken wie er es unter anderen, gedeihlicheren Umständen vielleicht getan hätte. Der Luftdruck und die Luftfeuchtigkeit, die Temperatur des Weines wie auch des Raumes, die Tageszeit, das Weinglas, die Speisen, der vorhergehende Wein, das Tischwasser, der Sommelier, das Dekantieren des Weines und seine Dauer – als das und noch vieles mehr stellt sicher, daß ein bestimmter Wein bei unterschiedlichen Gelegenheiten nie gleich schmecken wird.

Deshalb bringt der Spruch „... nur großartige Flaschen" es auf den Punkt: Er gibt das unmittelbar Aufregende am Weingenuß wieder. Im Gegensatz zu vielen der anderen lohnenden Gegenstände, über die in dieser Serie einzelne Bände erschienen sind – Schallplatten, Bücher, Kinofilme, Gebäude, Gemälde, klassische Musik –, muß Wein vernichtet werden, um ihn zu genießen. Manche finden, daß sein Wert durch diese Flüchtigkeit verringert wird. Anderen bedeutet seine Unmittelbarkeit jedoch einen Teil der innewohnenden Magie. Der Polarstern mag beruhigend wirken, da er uns hilft, unsere Position zu bestimmen, aber eine Sternschnuppe ist viel fesselnder, weil sie uns daran erinnert, wohin unser Weg führt. Sie existiert vielleicht nur kurz, lebt vielleicht jedoch in unserer Erinnerung ein Leben lang fort. Sie mag vergänglich sein, aber sie ist vielleicht auch etwas Transzendentales.

Um zur Erde und zu diesem Buch zurückzukehren: Trotz der profunden Weisheit des Satzes über die „großartigen Flaschen" bleibt festzuhalten, daß diese Flaschen etwas enthalten, und daß dieses ‚Etwas' ein Wein ist, der verkostet werden muß, bevor man ihn als großartig bezeichnen kann. Wenn auch einige der großartigsten Weine in diesem Buch keine Jahrgangsweine sind (einige der allerbesten Champagner, Madeiras, Portweine und Sherrys zum Beispiel), so sind es doch überwiegend Weine aus einem einzigen Jahr, das auch auf dem Etikett angegeben ist. Einzelne Jahrgänge können sich in ihrer Güte und in ihrem Stil ungemein unterscheiden: während der 1945er vielleicht immer noch ein superber Wein ist und lange bleiben wird, kann der 1946er (und ebenso der 1956er) ungenießbar sein. Auch die Preise können sich natürlich drastisch unterscheiden: der 1945er mag ein Mehrfaches des 1946ers kosten – allerdings muß dieser Preisunterschied nicht immer auch einen Qualitätsunterschied widerspiegeln: die Mode, der Ruf des Weines, seine Verfügbarkeit können ebenfalls eine Rolle spielen.

In diesem Buch gibt es immer gute Gründe, einen bestimmten Jahrgang als „groß" zu bezeichnen, sie sollten auch im einzelnen Fall deutlich werden. Allerdings können diese Gründe unterschiedlicher Art sein. Oft ist es ein anerkannt klassischer, bedeutender Jahrgang. Wenn man also nur einen einzigen Jahrgang dieses Weines trinken könnte, sollte man diesen wählen. Er bringt das Wesen des Weines am treffendsten zum Ausdruck. Vor allem, wenn die Güte des Weines gleichbleibend hoch ist, und wir unter vielen Jahrgängen hätten wählen können, kann die Wahl jedoch auch historische Gründe haben – vielleicht war es der erste oder letzte Jahrgang –, oder sie nimmt eine ungewöhnliche Geschichte zum Anlaß. Es mag sich aber auch absichtlich um keinen der allerbesten Jahrgänge handeln, die schließlich nicht immer repräsentativ sind. Statt dessen wurde vielleicht ein sehr guter, vielleicht jüngerer und eher typischer Wein sein. Oder es ist ein weniger guter Jahrgang, an dem gezeigt werden kann, wie gut ein Spitzenwein auch dann noch ausfallen kann, der zudem dann oft besonders hohe Güte für vergleichsweise wenig Geld bietet. Gelegentlich werden auch andere Jahrgänge im Text benannt, die das Verkosten aus dem einen oder anderen Grund lohnen. Aber auch wenn das nicht der Fall ist, kann man davon ausgehen, daß die meisten anderen Jahrgänge einen Versuch lohnen. Der Erzeuger ist fast immer wichtiger als der Jahrgang.

Ebensowenig, wie wir immer den „besten" Jahrgang aufgenommen haben, sind es nur die „besten" Weine, die Sie hier vorfinden. Zwar sind die berühmtesten Erzeuger alle ebenso vertreten wie die berühmtesten Weine einschließlich der absoluten crème de la crème, aber das Buch soll nicht eine Zusammenstellung der 1001 „größten" Weine sein – das hätte zwangsläufig zur Einengung der Auswahl und zur Aufnahme verschiedener Jahrgänge des gleichen Weines geführt. Wir haben der Versuchung widerstanden, mehr als einen Wein desselben Erzeugers aufzunehmen, wenn der einzige Unterschied der Jahrgang gewesen wäre. Am schwierigsten und undankbarsten war das vielleicht bei den Bordeauxweinen: Welcher Jahrgang des Lafite, Latour oder Yquem erhebt sich über alle anderen? Gelegentlich haben wir von einem Erzeuger, der mehrere hervorragende Weine anbietet, zwei oder mehr aufgenommen. Allerdings selten alle zur Wahl stehenden, deren Zahl im Burgund oder in Deutschland in einem einzigen Jahr leicht in den zweistelligen Bereich geraten kann. Wir haben uns auch nicht immer für die Weine entschieden, die normalerweise als die absolute „Spitze" betrachtet werden. So kann es sein, daß wir einen *premier cru* statt eines *grand cru* ausgewählt haben, für eine normale Abfüllung statt einer Reserve oder für eine Auslese statt einer Trockenbeerenauslese. Auch dafür sollten die Gründe aus dem Text ersichtlich sein.

Noch weniger als eine Liste der größten Weine ist dies eine Liste der beliebtesten – auch wenn die meisten unserer Lieblingsweine enthalten sind. Gelegentlich habe wir einen Wein aufgenommen, weil er umstritten ist, weil man ihn liebt oder verabscheut: den Château Pavie 2003 zum Beispiel. Eine Entscheidung über Ihre eigene Position können Sie nur fällen, indem Sie den Wein selbst verkosten. Wenn Sie ihn lieben, desto besser für Sie. Wenn Sie ihn verabscheuen, haben Sie wenigstens Gewißheit und sparen das Geld, das Sie für eine ganze Kiste ausgegeben hätten. In seltenen Fällen haben wir auch Weine aufgenommen, weil es historische Marken sind oder weil sie auf irgendeine Weise besonders einflußreich waren (Blue Nun, Matéus Rosé, Jacob's Creek Chardonnay). Man wird nicht behaupten können, daß dieses große Weine sind, aber sie sind dennoch interessant. Als Weinliebhaber sollte man sie wenigstens einmal verkostet haben, und wenn es nur ist, um zu wissen, warum man sie schmäht.

Auch bei Weinen, die man vielleicht nie probiert, kann das Interesse doch so groß sein, daß man über sie lesen möchte. Ich möchte etwas über den Mount Everest und den K2 wissen, auch wenn ich sie vielleicht nie sehen, geschweige denn besteigen werde. Auf ähnliche Weise trägt die Kenntnis der Höhepunkte der Weinkultur dazu bei, sich in dieser Kultur heimisch zu fühlen, nicht zuletzt, weil es hilft, das Gesamtbild in die richtige Perspektive zu rücken.

Wie bei jeder solchen Auswahl, auch wenn sie sich auf 1001 Vertreter erstreckt, gibt es Lücken, die manchem unerklärlich erscheinen werden. Jeder von uns wird Erzeuger, Weine, Jahrgänge, sogar ganze Länder oder Anbaugebiete benennen können, die nicht vertreten sind. Solche Lücken selbst zu füllen, bereitet vielleicht genauso viel Vergnügen wie das Füllen eines Glases. Wir alle, die wir an diesem Buch gearbeitet haben, hoffen, daß es Ihnen Weine nahebringt, die ein Vergnügen sind, die aufregend oder aufreizend sind, die es auf die eine oder andere Weise lohnen, nicht nur genossen, sondern auch bedacht, nachgelesen und besprochen zu werden.

Verzeichnis der Anbaugebiete

ARGENTINIEN
Calchaquí Valley
  Colomé, Bodega 501
  Yacochuya de Michel Rolland 844
Mendoza
  Achával Ferrer 416
  Alta Vista 418
  Altos Las Hormigas 419
  Catena Alta 481
  Clos de Los Siete 494
  Terrazas/Cheval Blanc 804
Patagonia, Río Negro Valley
  Noemía de Patagonia 702

AUSTRALIEN
New South Wales
  Clonakilla 493
  Hunter Valley
  Brokenwood 465
  De Bortoli 181
  Lake's Folly 270
  McWilliam's 282
  Tyrrell's 389
South Australia
  Adelaide Hills
  Shaw + Smith 362
  Barossa Valley
  Burge, Grant 466
  Greenock Creek 578
  Jacob's Creek 243
  Lehmann, Peter 637
  Melton, Charles 666
  Penfolds 724–5
  Ringland, Chris 760
  Rockford 762
  St. Hallett 772
  Torbreck 810
  Turkey Flat 822
  Yalumba 844
  Clare Valley
  Barry, Jim 131, 440
  Grosset 219
  Mount Horrocks 302
  Wendouree 838

Coonawarra
  Balnaves 439
  Katnook Estate 602
  Majella 648
  Parker 714
  Penley Estate 726
  Wynn's 842
Eden Ridge
  Mountadam 305
Eden Valley
  Buring, Leo 150
  Henschke 593
McLaren Vale
  Battle of Bosworth 442
  Coriole Lloyd 506
  D'Arenberg 517
  Hardys 584
  Mount Hurtle 689
Wrattonbully
  Tapanappa Whalebone 794
Tasmania
  Domaine A 522
Victoria
  Beechworth
  Giaconda 213, 565
  Gippsland
  Bass Phillip 441
  Goulburn Valley
  Tahbilk 374
  Grampians
  Mount Langi Ghiran 691
  Heathcote
  Jasper Hill 598
  Wild Duck Creek 841
  Mornington Peninsula
  Stonier Estate 367, 788
  Nagambie Lakes
  Mitchelton 300
  Traeger, David 384
  Rutherglen
  Chambers 864
  Morris Wines 898–9
  Stanton & Killeen 924
  Western Victoria
  Seppelt Great Western 112
  Yarra Valley
  Chandon, Domaine 40
  Coldstream Hills 498
  Mount Mary 691
  Yarra Yering 845

Western Australia
  Great Southern
  Howard Park 237
  Margaret River
  Cullen 512
  Leeuwin Estate 271
  Moss Wood 687
  Pierro 324
  Vasse Felix 829

CHILE
Aconcagua
  Casablanca, Viña 476
  Errázuriz/Mondavi 540
  Matetic 659
Central Valley
  Viñedos Organicos
  Emiliana 836
Colchagua Valley, Apalta
  Casa Lapostolle 475
Maipo Valley
  Antiyal 426
  Concha y Toro 502
  Cousiño Macul, Viña 511
  El Principal, Viña 538
  Haras de Pirque, Viña 583
  Paul Bruno, Domaine 717
  Santa Rita, Viña 776
Santa Cruz, Colchagua
  Montes 676–7

DEUTSCHLAND
Ahr
  Meyer-Näkel 670
Franken
  Sauer 351
Mosel-Saar-Ruwer
  Busch, Clemens 151
  Christoffel 164
  Grans-Fassian 215
  Haag, Fritz 224
  Heymann-Löwenstein 235
  Hövel, Weingut von 236
  Karthäuserhof 247
  Kesselstatt, Reichsgraf von 249
  Loosen, Dr. 279
  Maximin Grünhauser 293
  Müller, Egon 306
  Prüm, J.J. 328–9
  Richter, Max Ferd. 341
  Schaefer, Willi 352
  Schloss Lieser 356

Selbach-Oster 360
Vollenweider 397
Volxem, Weingut van 390
Zilliken 406

Nahe
Diel, Schlossgut 182
Dönnhoff, Hermann 188
Emrich-Schönleber 197

Pfalz
Bassermann-Jordan, Dr. von 132
Buhl, Reichsrat von 150
Bürklin-Wolf, Dr. 151
Christmann 163
Koehler-Ruprecht, Weingut 254
Müller-Catoir 306
Rebholz 336

Rheingau
Breuer, Georg 148
Kloster Eberbach Assmannshäuser, Staatsweingüter 608
Kloster, Staatsweingüter 253
Künstler, Franz 260
Schloss Vollrads 356
Weil, Robert 398

Rheinhessen
Blue Nun 136
Gunderloch 224
Heyl zu Herrnsheim, Freiherr 233
Keller, Weingut 249
Wittmann, Weingut 402

ENGLAND
West Sussex
Nyetimber 95

FRANKREICH
Beaujolais
Duboeuf, Georges 530

Bordeaux
Côtes de Bourg
Falfas, Château 544
Roc de Cambes, Château 761
Côtes de Castillon
Domaine de l'A 522
Graves
Clos Floridène 169
Haut-Médoc
Sociando-Mallet, Château 784
Listrac
Fourcas-Hosten, Château 553
Margaux
Angludet, Château d' 420
Brane-Cantenac, Château 462
Durfort-Vivens, Château 537
Giscours, Château 566
Margaux, Château 289, 651
Palmer, Château 710
Rauzan-Ségla, Château 754
Montagne St.-Emilion
Montaiguillon, Château 675
Moulis
Poujeaux, Château 740
Pauillac
Grand-Puy-Lacoste, Château 574
Lafite Rothschild, Château 617
Latour, Château 626
Lynch-Bages, Château 647
Mouton Rothschild, Château 693
Pichon-Longueville, Châteaux 735
Pontet-Canet, Château 740
Pessac-Léognan
Carmes-Haut-Brion, Les 473
Chevalier Blanc, Domaine de 162
Chevalier, Domaine de 488
Haut-Bailly, Château 588
Haut-Brion, Château 230, 590
La Louvière, Château 260
La Mission-Haut-Brion 615
Laville Haut-Brion, Château 270
Malartic-Lagravière, Château 284
Pape-Clément, Château 712
Smith-Haut-Lafitte, Château 363
Pomerol
Bon Pasteur, Château Le 452
Conseillante, Château La 502
Eglise-Clinet, Château L' 537
Evangile, Château L' 540
Gazin, Château 561
Hosanna, Château 596
Lafleur, Château 618
La Fleur-Pétrus, Château 611
Latour à Pomerol, Château 628
Le Pin 631
Petit-Village, Château 729
Pétrus 730
Providence, Château La 744
Trotanoy, Château 820
Vieux Château Certan 834
Premières Côtes de Bordeaux
Lezongars, L'Enclos de Château 642
St.-Emilion
Angélus, Château 419
Ausone, Château 436
Beauséjour Duffau-Lagarrosse 443
Beau-Séjour Bécot, Château 444
Bélair, Château 446
Berliquet, Château 447
Canon, Château 469
Canon-La-Gaffelière, Château 471
Cheval Blanc, Château 487
Clos de l'Oratoire 493
Figeac, Château 550
La Dominique, Château 611
La Gomerie, Château 613
La Mondotte 615
Le Dôme 628
Magdelaine, Château 648
Pavie, Château 718
Pavie-Macquin, Château 720
Tertre-Roteboeuf, Château 807
Troplong-Mondot, Château 818
Valandraud, Château 824
St.-Estèphe
Calon-Ségur, Château 468
Cos d'Estournel, Château 509
Haut-Marbuzet, Château 592
Montrose, Château 682
Pez, Château de 733
St.-Julien
Branaire-Ducru, Château 462
Ducru-Beaucaillou, Château 532
Gruaud-Larose, Château 581
Lagrange, Château 621
Léoville-Barton, Château 638
Léoville-Las Cases, Château 640
Léoville-Poyferré, Château 640
Talbot, Château 792
Sauternes
Climens, Château 166
Coutet, Château 174
Doisy-Daëne, Château 185
Fargues, Château de 197
Filhot, Château 204
Gilette, Château 214
Guiraud, Château 220
La Rame, Château 263
Lafaurie-Peyraguey, Château 266
Malle, Château de 284
Nairac, Château 308
Rabaud-Promis, Château 332

Rayne-Vigneau, Château 335
Riessec, Château 341
S de Suduiraut, Château 368
Suduiraut, Château 370
Tour Vlanche, Château La 382
Yquem, Château d' 405
Yquem, Y de Château d' 405

Burgund
Chablis
Dauvissat, René & Vincent 181
Droin, Domaine 188
Fèvre, Domaine William 202
Long-Depaquit, Domaine 277
Raveneau, Domaine 335

Côte Chalonnaise
Auvenay, Domaine d' 129
Villaine, Domaine A. et P. de 394

Côte de Beaune
Angerville, Dom. Marquis d' 420
Armand, Domaine du Comte 430
Boillot, Domaine Jean-Marc 138
Bonneau du Martray, Dom. 141
Bouchard Père et Fils 146
Carillon, Domaine 154
Coche-Dury, Domaine 172
Darviot-Perrin, Domaine 180
Drouhin, Domaine Joseph 189
Jobard, Domaine François 244
Lafarge, Domaine Michel 617
Lafon, Dom. des Comtes 268, 269, 618
Leflaive, Domaine 273
Montille, Domaine Hubert de 680
Ramonet, Domaine 334
Rollin, Domaine 763
Romanée-Conti, Dom. de la 347
Roulot, Domaine Guy 347
Sauzet, Domaine Etienne 352
Vogüé, Dom. Comte Georges de 397

Côte de Nuits
Bachelet, Domaine Denis 438
Barthod, Domaine Ghislaine 441
Bouchard Père & Fils 458
Cathiard, Domaine Sylvain 482
Clos de Tart 494
Drouhin, Domaine Joseph 525
Dugat, Domaine Claude 534
Dugat-Py, Domaine 534
Dujac, Domaine 535
Engel, Domaine René 539
Fourier, Domaine 553

Gouges, Domaine Henri 568
Grivot, Domaine Jean 579
Gros, Domaine Anne 579
Jayer, Domaine Henri 599
Lamarche, Domaine 622
Lambrays, Domaine des 624
Leroy, Domaine 642
Liger-Belair, Dom. du Vicomte 644
Maume, Domaine 660
Méo-Camuzet, Domaine 669
Mugnier, Domaine J.-F. 695
Ponsot, Domaine 327, 739
Rémy, Domaine Louis 759
Romanée-Conti, Dom. de la 765–6
Roumier, Domaine Georges 767
Rousseau, Domaine Armand 768-9

Mâconnais
Fuissé, Château de 212
Guffens-Heynen, Domaine 220
Lafon, Héritiers du Comte 268
Thévenet, Jean 378
Verget, Maison 392

Champagne
Dom Pérignon 52, 54
Gosset 68
Gratien, Alfred 70
Heidsieck, Charles 71
Henriot 72
Laurent-Perrier 86

Aube
Billecart-Salmon 28
Bollinger 32, 35
Moutard 91

Côte des Bar
Drappier 59
Mathieu, Serge 89

Côte des Blancs
Agrapart 22
Cazals, Claude 40
Dampierre, Comte Audoin de 45
De Sousa 47
Delamotte 48
Diebolt-Vallois 51
Gimonnet, Pierre 62
Krug 80
Larmandier-Bernier 86
Lilbert-Fils 88
Mumm 92
Perrier-Jouët 96

Peters, Pierre 98
Pol Roger 101
Pommery 103
Robert, Alain 107
Roederer, Louis 109
Salon 111
Selosse, Jacques 112
Taittinger 114
Veuve Fourny 120

Massif de St. Thierry
Boulard, Raymond 35
Michel, Bruno 90

Montagne de Reims
Billiot, Henri 28
Cattier 38
Clouet, André 42
Deutz 51
Dom Ruinart 56, 57
Egly-Ouriet 59
Giraud, Henri 64
Jacquesson 77
Krug 78, 82, 83
Philipponnat 98
Prévost, Jérôme 104
Vilmart 120

Vallée de la Marne
Beaumont des Crayères 24
Billecart-Salmon 26
Collard, René 45
De Meric 47
Pouillon, Roger 103
Tarlant 116
Veuve Clicquot 118

Elsaß
Blanck, Paul 136
Bott Geyl, Domaine 144
Deiss, Domaine Marcel 182
Hugel 239
Josmeyer 244
Kreydenweiss, Marc 258
Muré, René 307, 695
Ostertag, André 315
Rolly-Gassmann 344
Schlumberger 359
Trimbach 387
Weinbach, Domaine 400
Zind-Humbrecht, Dom. 406, 407

Jura/Savoyen
Arlay, Château d' 129
Dupasquier, Domaine 194
Grange des Pères 576

Labet, Domaine 264
Macle, Jean 280
Prieuré de St.-Jean de Bébian 743
Puffeney, Jacques 329
Quenard, André et Michel 330
Tissot, André & Mireille 379

Languedoc-Roussillon
 Borie de Maurel 457
 Gauby, Domaine 559
 La Rectorie, Domaine de 890
 Le Soula 271
 Mas Amiel 895
 Mas Blanc 896
 Mas de Daumas Gassac 654
 Matassa, Domaine 293
 Négly, Château de la 698
 Prieuré St.-Christophe, Dom. 743
 Tour Vieille, Domaine La 813

Loire
 Anjou-Saumur
  Baudouin, Domaine Patrick 134
  Baumard, Domaine des 134
  Bouvet-Ladubay 36
  Clos de la Coulée de Serrant 169
  Gratien & Meyer 71
  Langlois Château 84
  Pithon, Domaine Jo 326
 Central Vineyards
  Bourgeois, Domaine Henri 148
  Cotat Frères 174
  Crochet, Lucien 176
  Dagueneau, Didier 180
  Meín, Viña 294
  Mellot, Alphonse 294
  Pellé, Domaine Henry 317
  Pinard, Vincent 325
 Pays Nantais
  Ecu, Domaine de l' 194
  Pierre-Bise, Château 323
 Touraine
  Champalou, Didier et Catherine 157
  Chidaine, Domaine François 162
  Clos Naudin, Domaine du · 170
  Couly-Dutheil 510
  Druet, Pierre-Jacques 525
  Huet, Domaine 72, 237
  Marionnet, Henri 289
  Taille aux Loups, Dom. de la 376

Provence
 Bandol
  Tempier, Domaine 800

 Bouches du Rhône
  Trévallon, Domaine de 814
 Palette
  Simone, Château 782

Rhône
 Nördliche Rhone
  Bonneau, Henri 454
  Chapoutier, Domaine 158–9, 486
  Chave, Domaine J.-L. 161, 487
  Clape, Domaine Auguste 492
  Graillot, Alain 573
  Grillet, Château 216
  Guigal 582
  Jaboulet Aîné, Paul 597
  Perret, André 319
  Rostaing, René 766
  Sorrel, Marc 786
  Vernay, Georges 393
  Verset, Noël 834
 Südliche Rhone
  Beaucastel, Château de 135, 442
  Cayron, Domaine du 483
  Chapoutier, M. 484
  Clos des Papes 495
  Gourt de Mautens, Domaine 214
  Mordorée, Domaine de la 683
  Rayas, Château 758
  Vieux Télégraphe, Dom. du 835

Südwesten
 Cahors
  Cèdre, Château du 484
  Lagrézette, Château 621
 Gaillac
  Plageoles, Robert & Bernard 326
 Jurançon
  Cauhapé, Domaine 155
  Clos Uroulat 170
 Madiran
  Brumont 466
  Montus, Château 682
 Monbazillac
  Tirecul, Château 379

GRIECHENLAND
 Gaia Eatate 213, 557
 Gerovassiliou 562
 Santorini
  Arghyros, Yannis 126

INDIEN
Sahyadri Valley
  Omar Khayyam 95

ITALIEN
Abruzzen
  Valentini 389, 826
Basilicata
  D'Angelo 517
  Fucci, Elena 556
  Paternoster 716
  Tenuta Le Querce 803
Emilia Romagna
  Castelluccio 480
  Medici Ermete 90
  Zerbina, Fattoria 846
Friaul-Julisch Venetien
 Collio
  Borgo del Tiglio 143
  Colle Duga 172
  Gravner, Josko 216
  Schiopetto 355
 Colli Orientali del Friuli
  Felluga, Livio 198
  Le Due Terre 629
  Miani 296, 670
 Isonzo
  Vie di Romans 393
Kampanien
  Colli di Lapio 173
  Cuomo, Marisa 176
  Ferrara, Benito 201
  Feudi di San Gregorio 202
  Mastroberardino 659
  Molettieri, Salvatore 672
  Montevetrano 679
Latium
  Castel de Paolis 154
  Falesco 544
  Fiorano 206
Lombardei
 Franciacorta
  Bellavista 24
  Cà del Bosco 36
  Cavalleri 38
 Valtellina
  Negri, Nino 699
Marken
  Bucci 149
  La Monacesca 263
Piemont
 Asti
  Braida 460
  Coppo 506
  La Morandina 84

Gavi
  Soldati La Scolca 114
Langhe
  Accornero 414
  Altare, Elio 418
  Azelia 438
  Ca' Viola 468
  Cascina Corte 476
  Cavallotto 482
  Clerico, Domenico 492
  Conterno, Giacomo 504
  Conterno Fantino 505
  Correggia, Matteo 507
  Dogliotti, Romano 52
  Gaja 558
  Giacosa, Bruno 565
  Grasso, Elio 576
  Grasso, Silvio 577
  La Spinetta 616
  Malvirà 88, 286, 649
  Marcarini 649
  Mascarello, Bartolo 656
  Mascarello, Giuseppe 656
  Moccagatta 671
  Nada, Fiorenzo 698
  Oberto, Andrea 703
  Paitin 707
  Parusso 716
  Pelissero, Giorgio 723
  Produttori del Barbaresco 744
  Rinaldi, Giuseppe 760
  Sandrone, Luciano 775
  Scavino, Paolo 778
  Vajra, Azienda Agricola G.D. 824
  Vigneti Massa 394
  Voerzio, Roberto 838

Puglia
  Candido 469

Sardinien
  Capichera 153
  Còntini, Attilio 173
Romangia
  Dettori, Azienda Agricola 520
Santadi
  Santadi 777
Serdiana-Cagliari
  Argiolas 429

Sizilien
  COS 508
  Palari Faro 710
  Tasca d'Almerita 796

Marsala
  De Bartoli 867
  Florio 876
  Pellegrino, Carlo 908
Mount Etna
  Tenuta delle Terre Nere 802
Pantelleria
  Donnafugata 186
  Murana, Salvatore 307

Südtirol
  Abbazia di Novacella 125
  Lageder, Alois 269
  Mayr, Josephus 662
  Niedrist, Ignaz 700

Toskana
  Castello dei Rampolla 477
  Fontodi 552
  Isole e Olena 596
  Petrolo 729
  Tenuta Sette Ponti 804
  Vecchie Terre di Montefili 829
Bolgheri
  Antinori 422, 425
  Ca' Marcanda 467
  Castello del Terriccio 479
  Grattamacco 577
  Le Macchiole 629
  Satta, Michele 778
  Tenuta dell'Ornellaia 801
  Tenuta San Guido 803
Carmignano
  Capezzana, Villa di 472
  Piaggia 734
Castagneto Carducci-Maremma
  Tua Rita 822
Chianti
  Castello di Ama 480
  Fattoria La Massa 548
  Fèlsina Berardenga 548
  Montevertine 679
  Querciabella, Agricola 746
Colline Lucchesi
  Tenuta di Valgiano 802
Massa Marittima
  Moris Farms 684
Montalcino
  Argiano 429
  Banfi 439
  Biondi Santi 448
  Costanti, Andrea 509

  Pacenti, Siro 706
  Pieve di Santa Restituta 737
  Podere 738
  Salvioni 774
  Soldera 784
Montepulciano
  Avignonesi 131
  Boscarelli 458
  Poliziano 739
  Valdipiatta 826
San Gimignano
  Cesani, Vincenzo 155
Sant'Angelo in Colle
  Lisini 644

Trentino Alto Adige
  Ferrari, Giulio 60
  Foradori 552
  Terlano, Cantina di 377–8

Umbrien
Montefalco
  Caprai, Arnaldo 473

Venetien
Breganze
  Maculan 282
Illasi
  Dal Forno, Romano 516
  Quintarelli 752
  Serafini e Vidotto 780
Soave
  Anselmi, Roberto 126
  Inama, Stefana 240
  Nardello, Daniele 308
  Pieropan 323
  Tamellini 376
Valdobbiadene
  Adami 22
  Bisol 30
  Col Vetoraz 44
Valpolicella
  Allegrini 417
  Bussola, Tommaso 467

KANADA
British Columbia
Okanagan Valley
  Inniskillin 240
  Mission Hill 300

KROATIEN
Peljesac
  Grgic, Miljenko 578

LIBANON
Bekaa Valley
  Kefraya, Château 604
  Ksara, Château 609
  Musar, Château 697
LUXEMBURG
Moselle Luxembourgeoise
  Duhr, Mme. Aly, et Fils 192
NEUSEELAND
Auckland
  Kumeu
    Kumeu River 258
  Waiheke Island
    Goldwater 568
    Stonyridge 791
    Te Motu 800
Central Otago
  Felton Road 549
  Mount Difficulty 689
  Peregrine 319
  Rippon 761
Gisborne
  Millton Vineyard 298
Hawke's Bay
  Craggy Range 511
  Te Mata 798
  Trinity Hill 816
Marlborough
  Cloudy Bay 171
  Framingham 211
  Fromm Winery 556
  Herzog 595
  Hunter's 239
  Isabel 242
  Jackson Estate 243
  Montana 91
  Seresin 362
Martinborough
  Ata Rangi 432
  Dry River 190, 526
Nelson
  Neudorf 309

ÖSTERREICH
Burgenland
  Neusiedlersee
    Kracher 256
    Opitz, Willi 704
    Umathum 823
  Neusiedlersee-Hügelland
    Feiler-Artinger 198
    Prieler 742
    Schröck, Heidi 359
Niederösterreich
  Kamptal
    Bründlmayer 149
    Heidler 235
    Loimer 277
    Schloss Gobelsburg 355
  Kremstal
    Nigl 311
  Thermenregion
    Stadlmann, Johann 364
  Wachau
    Alzinger 125
    Freie Weingärtner Wachau 212
    Hirtzberger 236
    Knoll 253
    Nikolaihof 311
    Pichler, F.X. 320
    Prager 328
  Weinviertel
    Graf Hardegg V 215
    Pfaffl, R & A 320
    Salomon-Undhof 351
Steiermark
  Polz, E & W 327
  Tement, Manfred 377

PORTUGAL
Alentejo
  Cortes de Cima 508
  Herdade de Cartuxa 593
  Herdade de Mouchão 594
  Herdade do Esporão 594
  Quinta do Mouro 749
Bairrada
  Pato, Luís 717
Dão
  Quinta dos Roques 750
Douro
  Barca Velha 440
  Chryseia 491
  Croft 867
  Delaforce 869
  Dow's 872, 874
  Duas Quintas 528
  Fonseca 879
  Graham's 885
  Mateus 89
  Niepoort 310, 700, 702, 899, 900
  Quinta do Côtto 748
  Quinta do Noval 902, 904
  Quinta do Portal 912
  Quinta do Vale Meão 749
  Ramos Pinto 917
  Rosa, Quinta de la 918
  Sandeman 922
  Smith Woodhouse 924
  Taylor's 926, 928
  Vesúvio, Quinta do 935
  Warre's 935
Madeira
  Barbeito 857–8
  Blandy's 861
  Cossart Gordon 866
  Henriques & Henriques 887
  Leacock's 891
Setúbal
  Fonseca, José Maria da 879
Minho
  Soalheiro 364

SCHWEIZ
  Germanier, Jean-René 561
  Mercier, Denis 669
SLOWENIEN
  Kozana
  Kogl Estate 256
  Simčič, Edi 363

SPANIEN
Alicante
  Gutiérrez de la Vega 886
  Mendoza, E. 668
Andalusien
  Calvente 152
Aragón
  Calatayud
    San Alejandro 774
  Campo de Borja
    Borsao 457
  Somontano
    Viñas del Vero 835
Baskenland
  Bizkaiko Txakolina
    Itsasmendi 242
Bierzo
  Palacios, Descendientes de J. 709
  Tares, Dominio de 796
  Tilenus 809
  Valtuille 828
Galicien
  Rías Baixas

Ferreiro, Do 201
Fillaboa Selección 206
Lusco do Miño 280
Palacio de Fefiñanes 316
Pazo de Señoras 317
Ribeiro
   Mein, Viña 294
   Rojo, Emilio 343
Valdeorras
   Guitián 222
Jerez de la Frontera
   Bodegas Tradición 861
   Domecq, Pedro 870
   El Maestro Sierra 876
   Garvey 880
   González Byass 882
   Hidalgo, Emilio 888
   Luque, M. Gil 891
   Marqués del Real Tesoro 895
   Paternina 907
   Rey Fernando de Castilla 917
   Sánchez Romate 921
   Valdespino 930–2
   Williams & Humbert 936
Jumilla
   Olivares Dulce 906
Kastililien
   Más Que Vinos 655
   Mauro 660
Kastilien-La Mancha
La Mancha
   Casa Gualda 475
Manchuela
   Finca Sandoval 551
Méntrida
   Canopy 471
Katalonien
   Can Ràfols dels Caus 152
   Castillo de Perelada 481
   Colet 44
   Torres 813
Montsant
   Capçanes, Celler de 472
   Venus 832
Priorat
   Clos Erasmus 495
   Clos Mogador 496
   Costers del Siurana 510
   Mas Doix 654
   Mas Martinet 655
   Palacios, Alvaro 709

   Vall Llach 828
Sant Sadurní d'Anoia
   Cordoníu, Jaume 42
   Freixenet 60
   Gramona 70
   Origan, L' 96
   Raventós i Blanc 107
   Torelló, Agustí 116
   Sot 787
Yecla
   Castaño 477
Lanzarote
   El Grifo 874
Mallorca
   Ànima Negra 422
Málaga
   Ordoñez, Jorge & Co 313
   Rodríguez, Telmo 343
Montes de Toledo
   Marqués de Griñón 652
Montilla-Moriles
Aguilar de la Frontera
   Toro Albalá 930
Montilla
   Alvear 855
   Péres Barquero 911
Murchia
   Casa Castillo 474
   El Nido 538
   Finca Luzón 550
Navarra
   Chivite 163
   Guelbenzu 582
El Puerto de Santa María
   Gutiérrez Colosía 886
   Osborne 906, 907
Ribera del Duero
   Aalto, Bodegas 412
   Alión 416
   Atauta, Dominio de 434
   Hacienda Monasterio 583
   Moro, Emilio 687
   Pagos de los Capellanes 706
   Pesquera, Tinto 726
   Pingus, Dominio del 737
   Sastre, Viña 777
   Silos, Cillar de 782
   Vega Sicilia 830
   Yerro, Alonso del 845
Rioja
   Allende 417

   Artadi 430
   Contador 504
   Contino 505
   CVNE 178, 514
   Izadi, Viña 597
   La Rioja Alta 616
   López de Heredia 279, 646
   Marqués de Murrieta 290, 652
   Marqués de Riscal 653
   Martínez-Bujanda 653
   Mendoza, Abel 668
   Muga 693
   Remelluri 338
   Remirez de Ganuza 758
   Roda, Bodegas 763
   San Vicente 775
Rueda
   Belondrade y Lurton 135
   Ossian 314
   Palacio de Bornos 315
Sanlúcar de Barrameda
   Argüeso 855
   Barbadillo 857
   Delgado Zuleta 869
   Hidalgo-La Gitana 889
   Lustau 892
   Péres Marín 912
   Romero, Pedro 918
   Sánchez Ayala 921
Toro
   Gago Pago La Jara 557
   Maurodos 661
   Pintia 738
   Vega de Toro 830
Valdeorras
   Palacios, Rafa 316
Valencia
   Mustiguillo, Bodega 697
   Roure, Celler del 767

SÜDAFRIKA
Boberg
   KWV 890
Cape Point
   Cape Point Vineyards 153
Coastal Region
   Boekenhoutskloof 450
Constantia
   Klein Constantia 252
   Steenberg 367
Elgin
   Cluver, Paul 171

Oak Valley 313
Franschhoek
  Chamonix 157
Paarl
  Nederburg 309
Simonsberg-Stellenbosch
  Kanonkop 601
Stellenbosch
  Bredell's 862
  De Trafford 518
  Els, Ernie 539
  GS 581
  Klein Constantia/Anwilka 606
  Le Riche 632
  Meerlust 664
  Morgenster 683
  Rudera Robusto 350
  Rust en Vrede 771
  Rustenberg 771
  Thelema 809
  Vergelegen 392, 832
Swartland
  Fairview 542
  Sadie Family 350, 772
Walker Bay
  Bouchard-Finlayson 460
  Hamilton Russell Vineyards 226
Western Cape
  Solms-Hegewisch 786
UNGARN
Tokaj
  Disznókö 185
  Gróf Dégenfeld 219
  Hétsölö 233
  Királyudvar 250
  Oremus 314
  Royal Tokaji Wine Co. 348
  Szepsy 372
UKRAINE
  Massandra Collection 898
URUGUAY
  Carrau, Bodegas 474
USA
Kalifornien
  Calistoga
    Schram, J. 111
  Livermore Valley
    Cellars, Kalin 246
  Madera County
    Quady 914
  Mendocino
    Roederer Estate 109
  Napa Valley
    Araujo 426
    Beaulieu Vineyards 443
    Beringer 447
    Chappellet 486
    Chateau Montelena 159
    Chimney Rock 491
    Colgin Cellars 501
    Corison 507
    Dalla Valle 516
    Diamond Creek Vineyards 520
    Dominus 523
    Duckhorn Vineyards 532
    Dunn Vineyards 535
    Far Niente 546
    Freemark Abbey 554
    Frog's Leap 554
    Grace Family Vineyards 570
    Harlan Estate 586
    Heitz Wine Cellars 592
    Jade Mountain 598
    La Jota Vineyard Company 613
    Mayacamas 661
    Mondavi, Robert 301, 672
    Montelena, Château 675
    Newton Vineyards 310
    Niebaum-Coppola Estate 699
    Opus One 704
    Pahlmeyer 707
    Phelps, Joseph 734
    Ramey Hyde Vineyard 334
  Rutherford
    Caymus 483
    Quintessa 752
    Screaming Eagle 779
    Shafer 780
    Stag's Leap Wine Cellars 787
    Stony Hill 369
    Thackrey, Sean 807
    Turley Wine Cellars 823
  Santa Barbara
    Au Bon Climat 434
    Fiddlehead 549
    Ojai Vineyard 703
    Qupé 753
  Santa Clara County
    Ridge 759
  Santa Cruz
    Bonny Doon 141, 143, 456
    Bruce, David 465
    Mount Eden 301
  Santa Rita Hills
    Sanford 776
  Santa Ynez Valley
    Qupé 330
  Sonoma County / Sonoma Valley
    Dutton Goldfield 194
    Flowers 208, 551
    Gloria Ferrer 66
    Hanzell 228
    Hirsch Vineyards 595
    Iron Horse 74
    Kistler 252
    Landmark 624
    Littorai Wines 646
    Marcassin 286
    Marimar Torres Estate 380
    Michael, Peter, Winery 296, 671
    Peay Vineyards 723
    Pride Mountain 742
    Radio-Coteau 753
    Ravenswood 756
    Rochioli, J. 762
    Seghesio 779
    Swan, Joseph 791
    Williams Selyem 841
New York
  Finger Lakes
    Frank, Dr. Konstantin 211
  Long Island
    Channing Daughters 158
    Lenz 273
    Macari Vineyard 647
    Paumanok 718
Oregon
  Willamette Valley
    Beaux Frères 446
    Drouhin, Domaine 523
    Eyrie Vineyards 542
Texas
    Llano Estacado 274
Washington State
  Columbia Valley
    Chateau Ste. Michelle 161
    K Vintners 599
    L'Ecole No. 41 634
    Leonetti Cellars 637
    Quilceda Creek 748
  Yakima Valley
    DeLille Cellars 518

CHAMPAG

KRU

A REIMS - FRANC

BRUT

GRANDE CUV

PRODUIT DE FRANCE - PRODUCE OF FRA

ÉLABORÉ PAR KRUG S.A. REIMS, FRANCE

12%vol

Schaumweine

Adami *Prosecco di Valdobbiadene Bosco di Gica Brut* o.J.

Herkunft Italien, Veneto, Valdobbiadene
Typ Weißer Schaumwein, 11 Vol.-%
Rebsorten Prosecco 97%, Chardonnay 3%

Agrapart *L'Avizoise* 2002

Herkunft Frankreich, Champagne, Côte des Blancs
Typ Weißer Schaumwein, 12 Vol.-%
Rebsorte Chardonnay

Im Jahr 1920 erwarb Abele Adami, der Großvater der jetzigen Besitzers, einen schönen Weinberg vom Grafen Balbi Valier. Das war die Geburtsstunde des Weingutes Adami und seiner großartigen Proseccos. Die Rebsorte Prosecco stammt vermutlich aus der nordostitalienischen Provinz Triest, an der Grenze zu Slowenien, wo sie als Glera bezeichnet wird. Im Treviso verstand man sich jedoch am besten auf den Umgang mit dieser Rebe und schuf die wunderbar durstlöschenden, unkomplizierten und fruchtigen Weine, die heute in der ganzen Welt so beliebt sind.

Der Bosco di Gica wird fast vollständig aus Prosecco-Trauben hergestellt, lediglich eine winzige Menge Chardonnay verleiht der endgültigen Mischung etwas mehr Tiefe. Man sollte sich nicht durch die Champagnerflaschenform täuschen lassen und davon ausgehen, daß Prosecco ein Wein für besonders feierliche Gelegenheiten sei. Die angemessene Rolle dieses Weines ist die, dem Alltag ein kleines Glanzlicht aufzusetzen. Öffnen Sie eine Flasche, um unerwarteten Besuch zu begrüßen, oder entdecken Sie seine Vielseitigkeit in Verbindung mit Parmaschinken und Melone – auf diese Weise werden Sie diesem Wein schnell verfallen. **AS**

$ **Trinken: bis 2020**

Die Brüder Pascal und Fabrice Agrapart besitzen 9,5 ha außergewöhnlicher Weinberge, die zum größten Teil zu den *grands crus* Oger, Cramant, Oiry und Avize gehören. Sie scheuen keine Mühe, diese phantastischen *terroirs* im Glas zum Ausdruck zu bringen. Zu den mühseligen Bearbeitungsmethoden der Brüder Agrapart gehört das Pflügen mit dem Pferd zwischen den Weinstockreihen, wodurch sichergestellt werden soll, daß das biologische Gleichgewicht im Boden erhalten und angereichert wird. Die Champagner aus dem Hause Agrapart sind das Ergebnis sorgfältiger Verarbeitung, der Verwendung natürlicher Hefen und einem langen Reifeprozeß in großen Eichenfässern, deren Größe und Alter (durchschnittlich 8 Jahre) aufdringliche Eichentöne verhindern.

L'Avizoise ist der bekannteste Champagner des Weingutes, ein reiner Avize aus der Lage Les Robards, deren schwere Tonböden dem Wein ein großes Stehvermögen verleihen. Die Vorzüge des Jahrgangs 2002 sind jedoch seine Reife, Eleganz und Harmonie – Eigenschaften, die für diesen Wein typisch sind und die ihn mit den außerordentlichen Jahrgängen wie 1982 vergleichbar machen. **ME**

$$$ **Trinken: 2009–2020**

Beaumont des Crayères
Fleur de Prestige 1996

Herkunft Frankreich, Champagne, Vallée de la Marne
Typ Weißer Schaumwein, 12 Vol.-%
Rebsorten Chardonnay 50%, P. Noir 40%, P. Meunier 10%

Bellavista
Gran Cuvée Brut 1999

Herkunft Italien, Lombardei, Franciacorta
Typ Weißer Schaumwein, 12,5 Vol.-%
Rebsorten Chardonnay 72%, Pinot Noir 28%

Beaumont des Crayères ist der wohlklingende Markenname für die Erzeugergemeinschaft von Mardeuil in der Nähe von Eparney. Die 247 Mitglieder kultivieren 95 ha Weingärten, vor allem auf den sonnigen Hängen von Cumiéres und Mardeuil. Die *premiers crus* sind für ihren strahlenden, fruchtgeladenen Pinot Noir und den Pinot Meunier bekannt.

Der Kellermeister von Beaumont, Jean-Paul Bertus, hat seit 1987 elegante, opulente Champagner kreiert – vor allem den Fleur de Prestige, dem preiswertesten unter den Jahrgangschampagnern der Kooperative. Der Jahrgang 1996 ist ein großartiger Aperitif, der aufregende Säure und eine zärtliche Reife vereint. Der Chardonnay zeigt sich in den hellgrünen Glanzlichtern in der tiefgoldenen Farbe; im Glas perlt der Wein sanft aber andauernd; die Aromen von Frühlingsblüten mischen sich mit jenen von Weißdorn und Geißblatt. Wenn sich der Wein im Glas ein wenig erwärmt, kommen Birnen-, Pfirsich- und Haselnußtöne hinzu, der Abgang ist von großartiger zitroniger Frische.

Für den regelmäßigen Genuß eignet sich der Grande Réserve als Beispiel dafür, wie gut ein Champagner mit Pinot Meunier sein kann. **ME**
⊖⊖⊖ **Trinken: bis 2020**

Das Weingut Bellavista entstand 1976, als Vittorio Moretti einen kleinen Landwirtschaftsbetrieb im Familienbesitz zu einer Domäne umwandelte, die heute Weltklasse hat. Hilfe erhielt er dabei von dem Önologen Mattia Vezzola, der 2004 in Italien zum Besten seines Faches gewählt worden war. Vezzola hat eine zurückhaltende und sehr elegante Hand bei seinen Weinen – seine Persönlichkeit und sein Stil sind auch in den Cuvées der unteren Preisklasse deutlich zu erkennen.

Neugier, ja Aufregung ist erlaubt, insbesondere angesichts des Cuvée Brut 1999. Die Weine für diesen exzellenten Schaumwein wurden in neuen Eichenfässern fermentiert. Nach dem Verschnitt und der Flaschengärung wurde der Wein 36 Monate auf dem Bodensatz belassen.

Das Ergebnis ist eine blaß strohgelbe Farbe mit hellgrünen Obertönen. Die Perlage ist fein, dicht und harmonisch. Die Nase überzeugt durch ein reichhaltiges Bouquet fruchtiger Chardonnay-Noten mit reifen Tönen von Brot und frischer Hefe. Der Gaumen wird vom Wein sanft und doch mit lebhafter Frische gefüllt, während die leichtperlenden Blasen den vollmundigen Geschmack bewahren und für einen bemerkenswert langen Abgang sorgen. **AS**
⊖⊖⊖ **Trinken: bis 2017**

Eines der schön dekorierten Weinfässer in der Kellerei Bellavista.

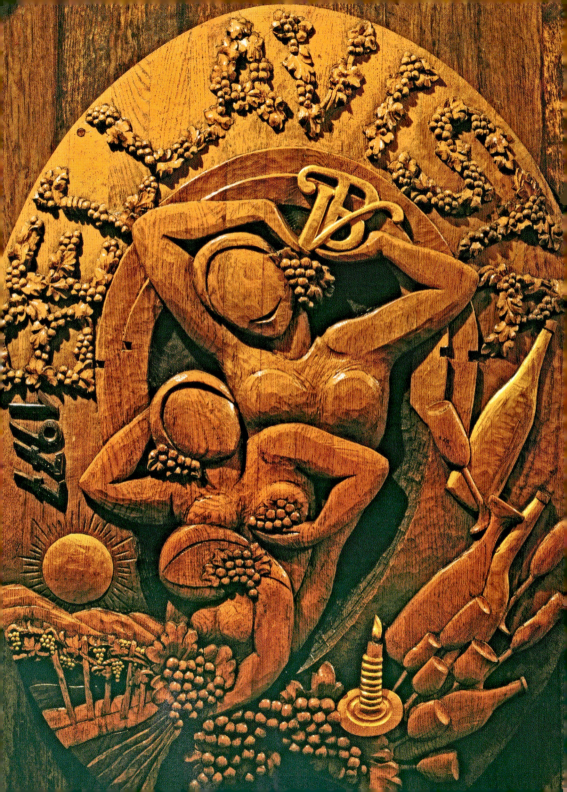

Billecart-Salmon
Clos St.-Hilaire 1996

Herkunft Frankreich, Champagne, Vallée de la Marne
Typ Weißer Schaumwein, 12 Vol.-%
Rebsorte Pinot Noir

Diese angesehene kleine Champagnerkellerei hat sich im Laufe der Jahre immer wieder durch große Innovationsfreude ausgezeichnet. So verwundert es nicht, daß das jüngste Mitglied im Reigen der Weine zugleich auch das aufregendste ist. Die Brüder François und Antoine Rolland-Billecart sind stolz auf den Ruf ihres Hauses als Hersteller von ausgewogenen, eleganten und raffinierten Weinen, sie wollten jedoch zeigen, daß sie auch üppigere, reicher strukturierte Champagner herstellen können. Clos St.-Hilaire stellt den berauschenden, gelungenen Beweis dar.

Die Lage Clos St.-Hilaire (0,97 ha) in der Nähe der Weinkellerei im Ort Mareuil-sur-Aÿ trägt den Namen des örtlichen Schutzheiligen. Sie wurde zuerst 1964 mit Pinot Noir bepflanzt und dann 25 Jahre zur Produktion von Rotweinen für Rosés benutzt. Obwohl man die Ostausrichtung normalerweise nicht für überaus ideal halten würde, führen die Nähe zum Dorf, die Ummauerung und der fruchtbare, tiefgründige Boden zu reichhaltigen Weinen. Der Ertrag wird begrenzt und die Qualität gesteigert, indem nur der *coeur de cuvée* (der beste Teil der Pressung) verwendet wird.

Der Jahrgang 1995 ergab ein ausgezeichnetes Debut, aber der 1996er ist noch spektakulärer. Er wurde nach 10 Jahren mit einer Extra-Brut-Dosage von 4,5 g/l etwas in seiner Strenge gemildert. Neben Bollingers Vieilles Vignes Françaises, Jacquessons Vauzelle Termes und Philipponnats Clos des Goisses ist dieser Blanc de Noirs der vollendete Ausdruck eines seltenen und besonderen Weines. **NB**

🍷🍷🍷🍷 **Trinken: bis 2025+**

Billecart-Salmon stellt seit fast 200 Jahren Champagner her.

Billecart-Salmon
Cuvée Nicolas François Billecart 1982

Herkunft Frankreich, Champagne
Typ Weißer Schaumwein, 12 Vol.-%
Rebsorten Pinot Noir 60%, Chardonnay 40%

Henri Billiot & Fils
Cuvée Laetitia o.J.

Herkunft Frankreich, Champagne, Montagne de Reims
Typ Weißer Schaumwein, 12,5 Vol.-%
Rebsorten Pinot Noir, Chardonnay

Der Jahrgang 1982 ist nicht der größte Jahrgang des Hauses Billecart-Salmon überhaupt, sondern der größte „moderne" Jahrgang. Die Einführung bestimmter Verfahren markieren die Epochenschwelle: Einführung eines doppelten Vorklärens und einer sehr langen und kühlen ersten Gärung. Allerdings können sich diese Innovationen auf die Autolyse negativ auswirken und zu nichtssagenden Aromen führen. In der Realität jedoch haben sich diese Neuerungen positiv ausgewirkt und geben dem Wein ein Höchstmaß an Finesse. Darüber hinaus wurden die bisher verwendeten wenigen großen Fässer durch etwas mehr als 60 kleinere Fässer ersetzt, so daß Billecart nun in der Lage ist, auch kleinere Parzellen einzeln reifen zu lassen.

Für diese Veränderungen zeichnete zwischen 1976 und 1985 der Kellermeister James Coffinet verantwortlich. Er war ein Meister seines Faches, trank jedoch so gerne Champagner, daß er immer wieder an irgendwelchen Gegenständen anstieß. Mitleiderregend dünn, häufig mit verbundenem Kopf, sah er eher wie ein verwundeter Soldat als wie ein Önologe aus, aber der exquisit ausbalancierte Billecart-Salmon 1982 Cuvée Nicolas François zeigt ihn auf der Höhe seiner Kunst. **TS**

❂❂❂❂ Trinken: bis 2020

Die 5,5 ha große Domäne von Serge Billiot ist einer der Schätze der Champagne. Aus den *grands crus*-Lagen (Billiot besitzt ausschließlich *grands crus*-Lagen) erwachsen jedes Jahr etwa 3700 Kisten außerordentlichen Schaumweins. Die Gemeinde Ambonnay, in der die Weingärten liegen, ist für ihre üppigen und cremigen Champagner bekannt, aber Billiots komplexe Weine wirken auf den Gaumen wie eine Dosis pure Energie.

Die Cuvée Laetitia ist ein echter *tête de cuvée*. Vorgestellt wurde der Champagner 1967 zur Geburt der Tochter des Besitzers, nach der er auch benannt ist. Bis zum Jahr 2000 gab es 11 Jahrgänge, von denen die späteren etwas mehr Chardonnay zu enthalten scheinen.

Vor Jahren war der Letitia geheimnisvoll, manchmal sogar unergründlich, und brauchte 30 Minuten oder mehr, um sich im Glas zu entfalten. Heutzutage wirkt er oberflächlich etwas „moderner": Er ist lebhafter, weist Anklänge an Reineclauden und Weißdorn auf, mit Untertönen von Safran und Jakobsmuscheln. Man schmeckt auch die für Ambonnay typischen Aromen von Kirschtomaten, Erdbeeren und Waldboden, und erlebt die Vitalität und Dichte von Billiots sehr eigenem Stil. **TT**

❂❂❂❂ Trinken: nach Erhalt, oder 5–7 Jahre reifen lassen

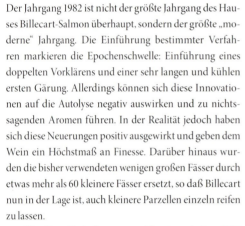

Fenster in der Kathedrale von Reims: den Champagnerherstellern gewidmet.

Bisol *Cartizze Prosecco* 2005

Herkunft Italien, Veneto, Valdobbiadene
Typ Weißer Schaumwein, 11,5 Vol.-%
Rebsorte Prosecco

Italien wurde früher kaum als Erzeugerland für erstklassige Schaumweine angesehen. Der Asti aus dem Piemont hatte seine unerschrockenen Anhänger, aber jeder, der etwas trockeneres suchte, mußte sich dem Prosecco zuwenden. Und der wurde munter (und billig) mit einer vulgären Fruchtnote produziert, die oft als tutti-frutti bezeichnet wird. In den 90er Jahren setzte jedoch der weltweite Siegeszug des Proseccos ein – Effekt einer Qualitätssteigerung, die auf neuen Kelterungsmethoden, strikterer Abgrenzung geeigneter Lagen und vor allen Dingen auf qualitätsbewußte Produzenten wie Bisol zurückzuführen ist. Die Familie Bisol produziert seit Mitte des 16. Jahrhunderts Wein in dieser Region.

Der Cartizze legt ein beredtes Zeugnis von dieser Revolution ab. Die Reben wachsen auf krümeligem, steinigen Boden und reifen erstaunlich langsam – die Erntezeit beginnt in der Regel erst Mitte Oktober. Der Wein wird nach der Charmat-Methode hergestellt, bei der die zweite Gärung nicht in der Flasche, sondern in großen Behältern durchgeführt wird. Die so entstehenden Weine weisen auf dem Etikett keine Jahrgangsbezeichnung aus, stammen aber dennoch aus einer einzigen Ernte.

Der Bisol Cartizze Prosecco ist einladend aromatisch mit subtilen Mandel- und Birnennoten. Am Gaumen wird das sanfte Perlen durch eine frische, aber dennoch reife Säure, geringen Alkoholgehalt (11,5%) und einen soliden Abgang ergänzt. Der Zuckergehalt von 25 g/l verleiht dem Wein eine Sanftheit, die an *demi-sec* grenzt. Ein Schaumwein, den man gut mit einem Essen, vielleicht Meeresfrüchten, verbinden kann. **SW**

☺☺ Trinken: aktuelle Weine nach 1–2 Jahren

WEITERE EMPFEHLUNGEN
Andere Weine des Erzeugers
Crede • Desiderio Colmei • Desiderio Jeio
Garnéi • Valdobbiadene Vigneti del Fol
Andere Prosecco-Erzeuger
Carpenè Malvolti   Adami Adriano   Fratelli Bartolin

Ein altes *castello* blickt bei Valdobbiadene auf die Prosecco-Reben.

Bollinger *R.D.* 1996

Herkunft Frankreich, Champagne
Typ Weißer Schaumwein, 12 Vol.-%
Rebsorten Pinot Noir 70%, Chardonnay 30%

Champagner R. D. (*récemment dégorgé*, vor kurzem degorgiert) ist ein Konzept, das nur von dem Haus Bollinger angewandt wird. Auch andere Firmen enthefen gelegentlich einen außerordentlichen Wein recht spät während seiner Reifung, niemand tut es aber mit dem gleichen Elan, mit dem Bollinger seit 1952 dies Verfahren anwendet. Bevor ein Wein zu einem R. D. wird, ist es ein Grande Année, jedoch einer, der länger reift, zwischen acht und zwanzig Jahren, manchmal auch länger. In dieser Zeit entwickelt der R. D. vielfältige, subtile Aromen und wird zu einem einzigartigen Ausdruck des Pinot Noir im Stile Bollingers, der sich in der Gesellschaft des eleganten Chardonnays jedoch zu benehmen weiß (obwohl der Anteil des Chardonnays nur ein Drittel beträgt).

Das Wetter im Jahr 1996 war ungewöhnlich: ein trockener Winter mit wenig Frost; ein heißer April, dessen Regenmangel und hohe Temperaturen an 1976 erinnerten; im Juni eine schwierige Blütezeit für den Chardonnay; bis Mitte August ein sehr heißer Sommer, dann Regen; ein wechselhafter September mit niedrigen Nachttemperaturen; und einer Ernte unter wolkenlosem, sonnigen Himmel. Das Ergebnis ist eine seltene Verbindung von hohem Zuckergehalt und Säure. Der 1996er wurde als Grande Année herausgegeben und zeigte bemerkenswerten Schwung mit Tiefen, die durch die Fruchtnoten des Pinots geführt wurden. Als R. D. behält der Wein diese Kraft, gewinnt jedoch in der Nase durch Schokoladen- und Gewürzaromen an Komplexität. Am Gaumen werden diese Aromen bestätigt und führen zu einer seidigen Textur und einem sehr langen Abgang. **ME**

🥂🥂🥂🥂 **Trinken: bis 2025+**

WEITERE EMPFEHLUNGEN
Weitere große Jahrgänge
1966 • 1981 • 1982 • 1985 • 1988 • 1990
Andere Weine des Erzeugers
Spécial Cuvée (oJ) • 2003 by Bollinger • Grande Année Grande Année Rosé • Vieilles Vignes Françaises

Bollinger *Vieilles Vignes Françaises Blanc de Noirs* 1996

Herkunft Frankreich, Champagne
Typ Weißer Schaumwein, 12 Vol.-%
Rebsorte Pinot Noir

Dieser Wein von Bollinger war die Ursache für das Gerücht, alle Blanc de Noirs seien schwere Weine – die meisten anderen Blanc de Noirs sind wie typische Champagner (also eher leicht) strukturiert. Es gibt zwei voneinander abhängige Gründe dafür, daß der Vieilles Vignes Françaises ein so großer Wein ist: Zum einen werden die Reben nicht gepfropft, zum anderen ist die Bürokratie in der Champagne außerordentlichen unflexibel. Diesen Bürokraten ist es zu verdanken, daß der Blanc des Blancs schon immer aus überreifen Trauben gewonnen wurde, die einen Champagner von außerordentlicher Qualität hervorbringen können.

Bis zum Jahr 2005 wurde der Vieilles Vignes Françaises aus Weinen von drei winzigen Lagen mit ungepfropften Rebstöcken hergestellt: Chaudes Terres in Aÿ (quasi in Bollingers Hinterhof), Clos St.-Jacques am westlichen Stadtrand von Aÿ und Croix Rouge bei Bouzy. Im Jahr 2004 wurden die Rebstöcke in Croix Rouge von der Reblaus befallen, so daß Vieilles Vignes Françaises ab dem Jahrgang 2005 ein *monocru* sein wird. Es ist schwer, einen Jahrgang herauszugreifen, der sich über die anderen erhebt, der 1996er ist ebenso großartig wie alle anderen, hält sich aber vielleicht länger. **TS**

🍾🍾🍾🍾🍾 Trinken: bis 2025

Raymond Boulard *Les Rachais* 2001

Herkunft Frankreich, Champagne, Massif de St. Thierry
Typ Weißer Schaumwein, 12 Vol.-%
Rebsorte Chardonnay

Viele der besten Champagnerproduzenten verdanken ihren Erfolg den *grand-cru*-Lagen, über die sie verfügen. Boulard ist ein aufregendes Beispiel dafür, was man mit Erfahrung, Wissen und Weitblick auch auf weniger hochwertigen Böden erreichen kann. Neben ihrem Cuvée Petraea ist der Les Rachais die beeindruckendste Rechtfertigung für ihre Arbeitsweise. Viele Aspekte des Weinbaus dieser Firma waren seit jeher ökologisch, doch dies ist der erste Wein, der aus biodynamisch kultivierten Reben hergestellt wurde (seit 2004 ist der biodynamische Weinbau zertifiziert). Die aus dem Burgund stammenden Chardonnay-Rebstöcke wurden 1967 gepflanzt, sie stammen aus der gleichen Gegend wie Boulards Cuvée Blanc de Blancs, ähneln diesem aber keineswegs.

Bereits der wenig vielversprechende Jahrgang 2001, in dem der durchschnittliche Alkoholgehalt der Trauben nur 8 % erreichte, wies bei den biologisch-dynamisch angebauten Reben fast 10 % auf, so daß es möglich war, den Wein ungesüßt herauszugeben. Die komplexe Nase, die an große weiße Burgunder erinnert, mit animierenden, seidigen Noten, die dennoch zu einem explosiven Abgang führen, machen diese *tour de force* zu einem Champagner, der es verdient, zu den gesuchtesten zu gehören. **NB**

🍾🍾 Trinken: bis 2020+

Bouvet Ladubay
Cuvée Trésor Brut o.J.

Herkunft Frankreich, Loire, Saumur
Typ Weißer Schaumwein, 12 Vol.-%
Rebsorten Chenin Blanc 80%, Chardonnay 20%

Cà del Bosco
Cuvée Annamaria Clementi 1996

Herkunft Italien, Lombardei, Franciacorta
Typ Weißer Schaumwein, 12,5 Vol.-%
Rebsorten Chardonnay 60%, P. Blanc 20%, P. Noir 20%

Für die Liebhaber des Loire-Tales ist Saumur eine besondere Stadt. Seit Jahrhunderten ist die Weiße Stadt mit den umgebenden Weinbergen, die vom milden Klima des großen Flusses profitieren, das Herzland des Chenin Blanc. Im späten 19. Jahrhundert baute Etienne Bouvet aus Tuffstein große Gebäude, um seine Weine aufzunehmen, versah seine Keller mit elektrischem Licht und sorgte für anständige Unterbringung für seine Arbeiter. Um die Jahrhundertwende war er der führende Hersteller von Saumur Brut und daran hat sich bis heute nichts geändert.

Cuvée Trésor ist das Vorzeigestück der Firma, die Weine stammen von den besten Lagen in einem 14 x 28 km großen Landstrich in der Umgebung von Saumur. Die ausgewählten Weinbauern, etwa 120 insgesamt, sind allesamt leidenschaftliche „Gärtner des Chenin". Die erste Gärung findet in neuen Eichenfässern statt, die dem Wein einen schönen Goldton mit grünen Glanzlichtern verschaffen. In der Nase verspürt man exotische Gewürze, am Gaumen zeigt sich der Wein voll, muskulös, mundfüllend und voller Charakter. Der Chardonnay gibt ihm Finesse, was sich besonders in dem überraschend eleganten Abgang zeigt. Als preiswertere Alternative bietet sich der Saphir Brut an. **ME**

⊗⊗ **Trinken:** in den 5 Jahren nach Kauf

Die Cuvée Annamaria Clementi ist der Prestigewein des Hauses Cà del Bosco, benannt nach der Mutter des Gründers Maurizio Zannella, die 1965 nach Franciacorta zog. Etwa um die gleiche Zeit verliebte sich auch Zannella in diese Gegend und beschloß, dort Wein herzustellen. In der offiziellen Version wird verkündet, daß er sich nach dem Studium der Önologie in Bordeaux entschied, Schaumweine nach der traditionellen Champagner-Methode herzustellen – allerdings entstand der erste Jahrgang seines Annamaria Clementi schon 1979, und er studierte erst 1980 in Bordeaux.

Der Wein legt mit jedem Schluck Zeugnis für das riesige Potential dieses Weinbaugebietes ab. Der 1996er Jahrgang zeigt vor dem Hintergrund einer intensiv strohgelben Färbung mit Goldtönen ein sehr feines und anhaltendes Perlen. Die Nase ist gut definiert und betörend. Die anfänglichen Fruchtnoten (Zitrusfrüchte und Birnen) öffnen sich zu einem Bouquet blumiger Gerüche, das von filigranen Hefe- und einem Hauch Vanilletönen abgerundet wird. Das perfekte Zusammenspiel von Säure und Perlage vollendet sich im Gaumen zu einem perfekten Geschmackserlebnis, das minutenlang anzuhalten scheint. **AS**

⊗⊗⊗⊗ **Trinken:** bis 2017+

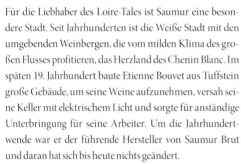

Chardonnay-Reben im Weingarten von Cà del Bosco in Passirano.

Cattier
Clos du Moulin o.J.

Herkunft Frankreich, Champagne, Montagne de Reims
Typ Weißer Schaumwein, 12 Vol.-%
Rebsorten Pinot Noir 50%, Chardonnay 50%

Cavalleri
Brut Satèn Blanc de Blancs 2003

Herkunft Italien, Lombardei, Franciacorta
Typ Weißer Schaumwein, 12,5 Vol.-%
Rebsorte Chardonnay

Die Familie Cattier lebt seit dem 18. Jahrhundert in dem entzückenden Dorf Chigny-les-Roses. Unter ihrem Haus liegen einige der tiefsten Keller der Champagne: Im Laufe der Jahre entstanden beeindruckende Gewölbe, die sich auf drei Ebenen bis zu einer Tiefe von 30 m erstrecken und romanische, gotische und Stilelemente der Renaissance aufweisen.

Die hier hergestellten Champagner zeigen sich ihrer Herkunft würdig, keiner mehr als jener vom Clos du Moulin. Der Wein dieser Lage wird stets aus drei guten Jahrgängen zusammengestellt. Zur Zeit erhält man eine Komposition aus den Jahren 1996, 1998 und 1999, in der Pinot Noir und Chardonnay zu etwa gleichen Teilen vertreten sind. Die an Stroh erinnernde Farbe ist mit Grün durchsetzt; das Aroma ist recht reif, mit Biskuit-Obertönen. Am Gaumen wirkt der Champagner wie ein Teenager – zurückhaltend, aber vielversprechend. Nach 10 Minuten an der Luft macht sich jedoch der Pinot Noir mit seiner Geschmacksfülle bemerkbar.

Cattier hat vor kurzem auch einen ausgezeichneten Blanc de Noirs auf den Markt gebracht, der voller überschwenglicher Geschmacksnoten roter Beerenfrüchte ist und einen freudig-arroganten Charakter aufweist. **ME**

🍷🍷🍷🍷 **Trinken: nach Erhalt**

Der erste Wein vom Gut Cavalleri wurde im Jahr 1905 gekeltert, als italienische Weine zwar billig, aber nicht besonders erfreulich waren. Das änderte sich jedoch im Jahr 1967, als die Region den Status eines kontrollierten Anbaugebiets (DOC) erhielt und die einzigartige Verbindung, die hier das Klima und die Bodenformation eingehen, Anerkennung fand. Die Gletschermoränen, die sich in die nördliche Lombardei erstrecken, eignen sich vorzüglich zum Weinanbau: Die tiefen Kiesböden zeichnen sich durch gute Drainage und geringe Mengen organischen Materials aus. Die nahen Alpen sorgen für kühle Nächte und windige Tage, wodurch die Säure auf einem für die Herstellung hochwertiger Schaumweine idealen Niveau gehalten wird.

Normale Franciacorta-DOCG-Schaumweine reifen mindestens 18 Monate auf der Hefe; der Satèn, der nur in den besten Jahren und nur aus Chardonnay hergestellt wird, jedoch mindestens 30 Monate. Der Satèn zeichnet sich durch eine delikate Perlage aus, die an einen französischen *crémant* erinnert. Cavalleris Satèn ist gleichermaßen subtil und saftig, die Zitrusnoten des Chardonnays werden durch die Komplexität ausgeglichen, die man nur in großen Schaumweinen findet. **MP**

🍷🍷🍷 **Trinken: innerhalb 3–5 Jahren**

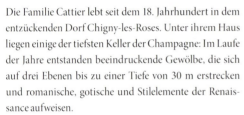

Claude Cazals
Clos Cazals 1996

Herkunft Frankreich, Champagne, Côte de Blancs
Typ Weißer Schaumwein, 12,5 Vol.-%
Rebsorte Chardonnay

Die dem Chardonnay vorbehaltene Domäne Claude Cazals wurde 1897 von Ernest Cazals gegründet, einem Böttcher aus Südfrankreich. Sie erstreckt sich über 9 ha in der Côte des Blancs, zum größten Teil in den *grands crus* Le Mesnil und Oger, aber auch in den *premiers crus* Vertus und Villeneuve-Renneville. Eines der Schaustücke in dieser erlauchten Gesellschaft ist die 3,7 ha große Lage Clos Cazals, in deren Mitte das Wohnhaus der Familie liegt – aus diesem Grund ist hier auch nie mit Insektenschutzmitteln gearbeitet worden. Die ältesten Reben stammen aus dem Jahr 1947, der durchschnittliche Alkoholgehalt ist 1 % höher als in anderen Lagen. Eine exquisite Auswahl von Trauben dieser alten Reben werden in einer Coquard-Presse gepresst und als Clos Cazals auf Flaschen gefüllt. Es werden auch in guten Jahren nicht mehr als 2000 Flaschen dieses edlen Getränks produziert.

Obwohl der Wein sein Debüt erst mit dem Jahrgang 1995 hatte, ist er schon jetzt wegen seiner ausgezeichneten Herkunft und sorgfältigen Herstellung einer der sehr großen Weine der Region. Die ersten drei Jahrgänge – 1995, 1996 und 1997 – waren alle wohlbalanciert, dicht, elegant, fein, reich, reif und aufregend. Auch die folgenden Jahrgänge sollten gleichermaßen lohnend sein. **NB**
⓷ **Trinken: bis 2020**

Domaine Chandon
Green Point o.J.

Herkunft Australien, Victoria, Yarra Valley
Typ Weißer Schaumwein, 12,5 Vol.-%
Rebsorten Chardonnay, Pinot Noir, Pinot Meunier

Moët & Chandon gehörte zu den ersten europäischen Produzenten, die in Wein aus der Neuen Welt investiert haben. Allerdings sind es nicht einfach Weine, die der Champagner-Riese in überseeischen Besitzungen herstellt. Vielmehr sind es meist Produkte der einheimischen Weingüter, an denen die Muttergesellschaft beteiligt ist.

Der Green Point, das Glanzstück der australischen Domaine Chandon, hergestellt vom bahnbrechenden Dr. Tony Jordan, ist ein beredtes Beispiel für diese Strategie. Hier entsteht ein Wein, der mit bis zu 30 % Reservewein aus älteren Jahrgängen verschnitten wird, um seiner eleganten Chardonnay-Finesse mehr Tiefe und Autorität zu verleihen. Zu den Reserveweinen gehören sowohl Pinots als auch Chardonnays, die zum Teil in Eichenfässern gereift sind.

Zwar werden auch eine Reihe von Jahrgangsweinen hergestellt, aber wie stets steht und fällt hier der Ruf eines Schaumweinproduzenten mit der Qualität seiner führenden Marke. Der Stammbaum des Green Point ist Jahr für Jahr in der sorgfältigen Zusammenstellung zu erkennen und zeigt sich auch in der Tatsache, daß der Wein sich noch mehr als ein Jahr in der Flasche weiterentwickelt. **SW**
⓶ **Trinken: 3 Jahre nach Erhalt**

Der moderne Verkostungsraum in der Domaine Chandon.

André Clouet
Cuvée 1911 o.J.

Herkunft Frankreich, Champagne, Montagne de Reims
Typ Weißer Schaumwein, 12 Vol.-%
Rebsorte Pinot Noir

Jaume Codorníu
Brut o.J.

Herkunft Spanien, Penedès, Sant Sadurní d'Anoia
Typ Weißer Schaumwein, 11,5 Vol.-%
Rebsorten Chardonnay, Macabeo, Parellada

Im Jahr 1911 entwarf der Urgroßvater der heutigen Besitzer von André Clouet ein schmuckvolles Etikett für den Champagner des Hauses, zur Erinnerung an den Gründer des Unternehmens. Heute ist dieses Etikett der Botschafter des nostalgischen Weines der Liebe und der Fröhlichkeit, wie er auf Manets Gemälde der Bar in den Folies Bergères zu sehen ist, wo die Cuvée 1911 immer noch ausgeschenkt wird.

Der Champagner ist noch besser als das Etikett. Die Vorzeigemarke der 8 ha großen Domäne stammt von 10 *grand-cru*-Lagen in Bouzy. Die Farbe ist lebhaftes Gold; die Aromen sind frisch und blumig mit einem Sekundärbouquet pinot-typischer Obstnoten (vor allem Pfirsich); am Gaumen ist der Wein schön ausgewogen und wird durch die belebenden und doch glatt moussierenden Perlen gesteigert – ein rassiger, qualitätvoller Blanc de Noirs. Die Jahresproduktion beträgt genau 1911 Flaschen – der Besitzer Pierre Santz-Clouet und sein Sohn Jean-François haben offensichtlich Humor.

Das Haus stellt auch einen außerordentlichen Blanc de Noirs Extra Brut her, den der angesehene US-amerikanische Weinkenner Matt Kramer als den besten bezeichnet, den er je verkostet hat. **ME**

❂❂❂❂ **Trinken: bis 2015+**

Die Namen Cava und Codorníu gehören zusammen – die Geschichte des Weingutes Codorníu ist auch die Geschichte des berühmtesten spanischen Schaumweins. 1872 wurde nach der *méthode traditionnelle* der erste Cava von Josep Raventós hergestellt, der zu dieser Zeit das Haus Codorníu leitete. Seine Nachkommen leiten es noch heute und stellen noch heute Cava her. Das Weingut selbst ist ein Meisterwerk der katalanischen Architektur der Moderne, der ursprüngliche Entwurf stammt von Josep María Puig i Cadafalch aus dem Jahre 1898, und die Gebäude stehen heute unter Denkmalschutz. Die Keller zählen zu den größten der Welt – auf fünf unterirdischen Ebenen erstrecken sie sich über mehr als 24 km.

Jaume Codorníu Brut reift lange Zeit auf der Hefe. Er besteht zur Hälfte aus Chardonnay, zum Rest tragen die traditionellen Cava-Rebsorten bei – Macabeo und Parellada. Der Wein ist satt goldgelb gefärbt, mit einigen zarten grünen Reflexen. Die Nase ist intensiv, vorne mit geröstetem Sesam, im Hintergrund tropische Früchte, Hefe und mineralische Noten. Trotz mittelschwerem Körper, strahlender Säure und lebhafter Fruchtigkeit, weist der Wein einen bemerkenswerten Abgang auf – tieftönend bei aller Leichtigkeit. **LG**

❂❂ **Trinken: nach Erhalt**

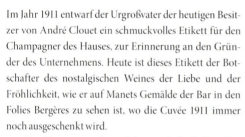

Die Weingärten von Codorníu in den Hügeln bei Monestir de Poblet.

Col Vetoraz
Prosecco Extra Dry o.J.

Herkunft Italien, Veneto, Valdobbiadene
Typ Weißer Schaumwein, 11,5 Vol.-%
Rebsorte Prosecco

Colet
Assemblage Extra Brut o.J.

Herkunft Spanien, Penedès, Pacs del Penedès
Typ Trockener Rosé-Schaumwein, 11.5 Vol.-%
Rebsorten Pinot Noir, Chardonnay

Die Kellerei Col Vetoraz liegt in Santo Stefano di Valdobbiadene, im Herzen des Prosecco-Gebietes, der Provinz Treviso. Hier soll der Inbegriff des italienischen Aperitifs entstanden sein, der große Wein für den unkomplizierten Genuß, der nach dem Motto „Entkorken und fröhlich sein" getrunken werden kann.

Der Prosecco ist einer der wenigen italienischen Weine, der nach einer Rebsorte benannt ist, wenn er auch oft mit anderen Sorten verschnitten wird. Am häufigsten wird dazu Verdiso verwendet, aber neben Perera und Boschera können sich auch kleine Mengen Pinot Blanc und Chardonnay im fertigen Produkt finden. Die zweite Gärung findet nach der Charmat-Methode statt, also in Großbehältern, so daß zwischen Herstellung und Verkauf des Weins nur wenig Zeit verstreicht. Dadurch werden die Primäraromen erhalten, um die es sich bei einem Prosecco vor allem dreht.

Diese Extra-Dry-Abfüllung des Col Vetoraz ist etwas süßer als andere Schaumweine, bietet aber die delikate Frische von Birnen und Pfirsichen. Die Spuren der süßen, reifen Fruchtnoten werden auf dem Gaumen im halbtrockenen Abgang vom cremigen Moussieren perfekt eingerahmt. **AS**

 Trinken: nach Erhalt

Die Familie Colet ist das spanische Beispiel für die kleinen Erzeuger, deren Aufstieg in den letzten Jahren das Interesse an Schaumwein wieder erweckt hat. Sie hat dadurch in weniger als einem Jahrzehnt auf dem heimischen Markt und international einen guten Ruf erworben. Obwohl sie seit mehr als zwei Jahrhunderten für andere Häuser Wein angebaut hat, tritt sie erst seit 1994 als eigene Marke in Erscheinung, und die ersten Weine kamen erst 1997 auf den Markt.

Die Entscheidung, vom Weinanbau zur Weinherstellung überzugehen, traf Sergi Colet, dessen unternehmerischer Geist zur Erzeugung solch aufregender und individueller Weine wie der Assemblage Extra Brut führte, einem sauberen, aber cremigen und ausdrucksvollen Schaumwein, der weder richtig weiß noch richtig rosé ist. Obwohl er aus Trauben eines Jahrganges hergestellt wird, wird er nicht als Jahrgangswein verkauft.

Da sich Sergi Colet gerade bei diesem sehr individuellen Wein durch die Cava Appellation eingeengt fühlte, zog er es vor, ihn nicht als Cava zu vermarkten, sondern als Penedés DO, wo es mehr auf das *terroir* ankommt und es mehr Spielraum für vielfältige önologische Innovationen gibt. **JB**

  Trinken: 3 Jahre nach Erhalt

René Collard
Cuvée Réservée Brut 1969

Herkunft Frankreich, Champagne, Vallée de la Marne
Typ Weißer Schaumwein, 12 Vol.-%
Rebsorte Pinot Meunier

Comte Audoin de Dampierre
Family Reserve GC Blanc de Blancs 1996

Herkunft Frankreich, Champagne, Côte des Blancs
Typ Weißer Schaumwein, 12 Vol.-%
Rebsorte Chardonnay

René Collard übernahm 1943 die von seinem Vater gegründete Domäne und widmete sich dort mehr als 50 Jahre dem traditionellen Weinanbau und der Weinherstellung: Er verwendet weder Pflanzen- noch Insektenschutzmittel, die Gärung wird in großen Eichenfässern durchgeführt, die malolaktische Gärung wird unterbunden, und der Wein erst einige Jahre in 600-l-Fässern gelagert, bevor er auf Flaschen abgefüllt wird. Danach reift er noch lange Zeit in tiefen Kalksteinkellern auf der Hefe. Ist der Wein dann endlich bereit für die Auslieferung, bleibt dennoch ein großer Teil im Lager.

Wenn diese wunderbaren alten Weine einmal im Jahr degorgiert werden, sind sie so ausgereift, daß keine *dosage* nötig ist, sie werden mit dem gleichen Wein aufgefüllt. Der fast 40 Jahre alte 1969er hat immer noch eine große Finesse, eine frische Nase und eine außerordentlich feine Säure, die am Gaumen die honigartige Süße durchschneidet. Spätere Jahrgänge sind von der gleichen, fast perfekten Harmonie und Integrität, und Renés letzter Wein, die Cuvée Ultime Brut Nature (eine Mischung aus den Jahrgängen 1988, 1990 und 1993), legt ein beredtes Zeugnis ab von den Prinzipien und dem großen Können dieses Önologen. **NB**
☉☉☉ **Trinken: bis 2010+**

Comte Audoin de Dampierre ist ein aristokratischer, etwas exzentrischer Champenois, dessen Familie seit mehr als 700 Jahren in der Gegend ansässig ist. Getreu seinem Familienmotto – *Sans peur et sans reproche* (Ohne Furcht und ohne Tadel) – verwendet er nur Weine aus *grand-* und *premier-cru*-Lagen und entschuldigt sich nicht für die entsprechend hohen Preise seiner Produkte.

Zu den Käufern, die sich diese teuren Weine leisten können, gehören Botschafter aus der ganzen Welt, sowie Monarchen, Präsidenten und Premierminister. Aber auch wenn sich 42 Botschafter nicht irren können und der Cuvée des Ambassadeurs ein großartiger Champagner aus Chardonnay und Pinot Noir ist, so ist der Geschmack des Grafen ebenfalls vorzüglich – sein Family Reserve ist das Spitzenprodukt des Hauses.

Die Weine für diesen Blanc de Blancs stammen ausschließlich aus den *grands crus* Avize (50 %), Le Mesnil-sur-Oger (40 %) und Cramant (10 %) – diese noble Herkunft ist dem Champagner deutlich anzumerken. Die Gärung findet in Stahlbehältern statt. Der 1996er Family Reserve zeichnet sich durch eine außerordentlich feine Perlage, die seidige Textur und den sprühenden Abgang aus. **NB**
☉☉☉ **Trinken: bis 2015+**

De Meric
Cuvée Catherine o.J.

Herkunft Frankreich, Champagne, Vallée de la Marne
Typ Weißer Schaumwein, 12 Vol.-%
Rebsorten Pinot Noir 60%, Chardonnay 40%

Der kleine Champagnerhersteller De Meric in Aÿ hat in den letzten Jahren eine radikale Umwandlung durchgemacht. 1997 wurde das Haus von Christian Besserat an eine Gruppe von acht Investoren aus den USA, Frankreich und Deutschland unter der Leitung von Daniel Ginsburg verkauft. Der neue Präsident von De Meric hatte seine Vorliebe für Champagner entwickelt, nachdem er den 61er Jahrgang von René Collard verkostet hatte, der zum „spirituellen Vater" des neuen Unternehmens wurde.

Die Hersteller kaufen Trauben (keine *vins clairs*) von 12 Weinbauern. Mindestens 60 Prozent der verwendeten Weine gären und reifen in alten Burgunder-Barriques, die malolaktische Gärung wird unterbunden und der Hefesatz wird aufgerührt. Die *dosage* ist gering und wird als konzentrierter Most zugefügt (eine Lösung, die bei Herstellern beliebt ist, die nicht über große Vorräte an Reserveweinen verfügen).

Die bemerkenswertesten Weine, die unter der alten Firmenleitung hergestellt wurden, sind die seltenen Cuvées Catherine, die so sorgfältig ausgewählt wurden, daß in einem Jahrzehnt nur zwischen 10.000 und 20.000 Flaschen abgefüllt wurden. Sie stammen grundsätzlich aus *grands-cru*-Lagen in Aÿ (60% Pinot Noir und 40% Chardonnay) und wurden meist aus zwei aufeinander folgenden Jahrgängen verschnitten. Die 1995/1996er-Cuvée ist ein Wein von exquisiter Haltung, der aufs Beste die Eigenschaften der beiden Rebsorten beider Jahrgänge vereint. Der vorhergehende Wein war der prachtvolle 1988/1989er, der vielleicht etwas weniger fein, aber dafür noch reichhaltiger ist. Der 1999er markiert einen weiteren Umbruch, reift der Wein doch nun zu 100% in Holz. **NB**
☉☉☉ **Trinken: nach Erhalt und 20+ Jahre**

De Sousa
Cuvée des Caudalies o.J.

Herkunft Frankreich, Champagne, Côte des Blancs
Typ Weißer Schaumwein, 12 Vol.-%
Rebsorte Chardonnay

Der Ehrgeiz und die Hartnäckigkeit von Erick de Sousa haben das Unternehmen, das er in der dritten Generation führt, zu einem der interessantesten Produzenten in der Champagne gemacht. Nach seinem Studium am *lycée viticole* in Avize übernahm er 1986 die Geschäftsführung. Sein Erbe war mehr als beeindruckend – 8,5 ha Weinberge in sechs *grand-cru*-Lagen an Côte des Blancs und Montagne de Reims, von denen mehr als 2,5 ha mit sehr alten Rebstöcken bepflanzt sind, die heute getrennt geerntet werden.

Erick, ein Bewunderer von Bollinger und Krug, hat die Verwendung von kleinen Holzfässern in der Kellerei eingeführt. Darüber hinaus hat er sein Gut auf biodynamische Anbauweisen umgestellt, verwendet natürliche Hefen und läßt alle Weine malolaktisch gären. Die Autolyse wird durch *poignettage* befördert – ein alter Begriff, mit dem das Handrütteln bezeichnet wird, das früher in Avize die Regel war, heute aus Zeitgründen jedoch selten geworden ist.

Das Spitzenprodukt des Hauses ist die Cuvée des Caudalies, die ihren Namen von der Zeiteinheit erhalten hat, mit der der Abgang gemessen wird. Der Wein ist ein reiner Chardonnay und stammt von Rebstöcken, die mindestens 50 Jahre alt sind. Er gärt ohne Chaptalisierung in Holz und reift in einer „Solera", die 1996 eingeführt wurde. Der Champagner wird seinem Namen gerecht: Er ist dicht, intensiv fruchtig und seidenglatt. Außergewöhnliche Jahrgänge – vielleicht zwei oder drei in einem Jahrzehnt – werden zu Jahrgangschampagnern verarbeitet, deren Qualität immer sehr überzeugend ist. **NB**
☉☉☉ **Trinken: nach Erhalt und 10+ Jahre**

◄ Am Dorfrand von Aÿ beginnen die Weingärten.

Delamotte *Blanc de Blancs* 1985

Herkunft Frankreich, Champagne, Côte des Blancs
Typ Weißer Schaumwein, 12 Vol.-%
Rebsorte Chardonnay

Diese unter Kennern gerühmte kleine Champagnerfirma wurde 1760 gegründet. Das Flaggschiff ist der intensive 1985er, der die Großartigkeit des Chardonnays voll zum Ausdruck bringt. Die Ernte war wegen Frostschäden im Frühjahr gering, aber das Erntewetter war dann perfekt. Ebenso perfekt ist der Wein, der jetzt zwar mehr als 20 Jahre alt ist, aber immer noch sehr frisch wirkt. Die Farbe ist jugendlich, mit lebhaften Grüntönen im Gold; die Perlage ist außerordentlich fein, so diskret, daß sie mit dem Auge kaum wahrzunehmen ist, am Gaumen jedoch überaus belebend wirkt; die Nase ist lebhaft und präzise, die anfänglichen Blütentöne gehen in reifere Anklänge von Aprikosen und Pfirsichen über; am Gaumen bietet der Wein alles, was man sich wünscht: Zartheit und honigartige Pracht – in großartiger Verbindung mit einer Frische, die den Gaumen erfüllt. Im Idealfall sollte man diesen Champagner im Verlaufe von zwei Stunden mit einem Menschen trinken, den man liebt, damit er Gelegenheit hat, seine Komplexität zu entfalten.

Das Geheimnis eines solch außerordentlichen Weines liegt in der Qualität der Trauben. Delamotte hat in Le Mesnil Zugang zu den unvergleichlichen *grands crus* aus Oger, Cramant und Mesnil selbst. Der 1999er ist ein würdiger Nachfolger des 85ers, der sich durch den besonderen Geschmack nach Unterholz, vor allem wilden Pilzen, auszeichnet. Bei einem Besuch an der Côte des Blancs kann man sich von der Qualität der Jahrgangschampagners selbst überzeugen, indem man ihn zum Seeteufel probiert, zubereitet von Chefkoch Cedric Boulhaut im Restaurant von Le Mesnil. **ME**

❂❂❂ Trinken: bis 2015+

WEITERE EMPFEHLUNGEN
Weitere große Jahrgänge
1982 • 1996 • 1999
Andere Blanc de Blancs
Cazals Clos Cazals • Gosset Celebris Blanc de Blancs
Krug Clos du Mesnil • Pol Roger Blanc de Chardonnay

Deutz
Cuvée William Deutz 1996

Herkunft Frankreich, Champagne
Typ Weißer Schaumwein, 12 Vol.-%
Rebsorten P. Noir 55%, Chardonnay 35%, P. Meunier 10%

Einer der größten Champagner des intensiven Jahrgangs 1996 ist der Cuvée William Deutz, der jedoch durch seine Subtilität und Zurückhaltung dem Ruf des Erzeugers als eines der diskretesten unter den ‚Großen Häusern' gerecht wird. Das Image dieser alten, 1838 von den deutschen Einwanderern William Deutz und Pierre-Hubert Geldermann gegründeten Firma ist das genaue Gegenteil von „neureich".

Die Philosophie des Hauses zeigt sich in dieser Prestige-Cuvée, die vielleicht eher noch als die anderen „Großen" einfach nur ein sehr guter Wein mit allerfeinster Perlage ist. Die Farbe ist ein brillantes Gold, die Nase ist kräftig und komplex, weist aber die Zartheit des Hauses Deutz auf und überrascht mit einem Hauch Minze, die sich in die Aromen von Heckenpflanzen und Blumen mischt.

Am Gaumen entwickelt der Wein eine kräftige Persönlichkeit, die jedoch durch den eleganten Abgang im Zaum gehalten wird, der den Geschmack von Baumobst zur Geltung bringt. Es wäre interessant, ihn in einigen Jahren mit dem 1990er zu vergleichen, dem einzigen Jahrgang der jüngeren Vergangenheit, der ihm Paroli bieten könnte. **ME**

😊😊😊😊 **Trinken: bis 2025+**

Diebolt-Vallois
Fleur de Passion 1996

Herkunft Frankreich, Champagne, Côte des Blancs
Typ Weißer Schaumwein, 12 Vol.-%
Rebsorte Chardonnay

Jacques Dieboldt ist ein fröhlicher, wohlgenährter Winzer, der Gefallen an Antiquitäten findet und ein sicheres Talent dafür hat, besonders raffinierte und zierliche Weine herzustellen, die im Widerspruch zu seinem Körperbau stehen. Natürlich kommt ihm dabei zugute, daß zu dem 10 ha große Familienbesitz einige der besten Lagen in Cramant gehören – der rassigste unter den *grand crus* der Côte des Blancs.

Die leichte Hand des Erzeugers zeigt sich in seinem besten Wein in diesem besonders guten Jahrgang auf das vorteilhafteste. Fleur de Passion 1996 ist eine Assemblage aus Weinen von solchen Toplagen in Cramant wie Bouzons, Grosmont und Goutte d'Or, ein Wein, der nach einem Jahrzehnt in der Flasche nichts von seiner frischen Reinheit verloren hat.

Die Farbe ist ein lebhaftes Strohgelb, die Perlage ist fein und anhaltend, Zitrusdüfte mischen sich mit Erinnerungen an den fruchtbaren Boden, von dem der Wein stammt. Am Gaumen fühlt sich der Wein klar und entschieden an, unterstützt durch die großzügige Fülle weißer Obstblüten – wirklich ein meisterhafter Blanc de Blancs, komplex sowie auf subtile Weise kraftvoll und gleichzeitig ätherisch. **ME**

😊😊😊😊 **Trinken: bis 2025+**

◀ Die aufmunternde Wirkung des Champagners.

Romano Dogliotti
Moscato d'Asti La Galeisa 2006

Herkunft Italien, Piemont, Langhe
Typ Weißer Schaumwein, 5,5 Vol.-%
Rebsorten Moscato Bianco, Muscat Blanc à Petits Grains

Als Redento Dogliotti nach dem Zweiten Weltkrieg begann, aus den Trauben seiner hohen, steilen Weinberge Muskateller herzustellen, belebte er eine fast ausgestorbene Tradition wieder. Sein Moscato brachte ihm nicht den erhofften Ruhm, aber die Begeisterung wurde an seinen Sohn Romano weitergereicht, der heute wiederum mit seinen Söhnen Alessandro, Sergio und Marco, einen hervorragenden Moscato d'Asti produziert: La Galeisa. Dogliotti verwendet für diesen köstlichen Wein Trauben, die auf 3 ha sandigen, kalkigen, südlich ausgerichteten Hängen mit der Hand gepflückt werden. Der Wein gärt in einem Autoklav, die Gärung wird bei etwa 5 % Alkohol unterbrochen, wenn der Kohlendioxiddruck noch nicht so hoch ist. So kann die Flasche mit einem normalen Korken verschlossen werden, der nicht den typischen Pilzkopf aufweist.

La Galeisa zeichnet sich durch eine feine Perlage und eine elegante Nase mit Zitrus- und Salbeinoten aus. Der Geschmack ist erst süß, leicht schäumend, der Abgang ist jedoch häufig auf angenehme Weise bitter. 2006 war ein guter Jahrgang, dies ist jedoch ein Wein, der nicht lange gelagert werden sollte – Moscato kommt am besten frisch zur Geltung. **NB**

☺ **Trinken: 1–2 Jahre nach Erhalt**

Dom Pérignon
1998

Herkunft Frankreich, Champagne
Typ Weißer Schaumwein, 12 Vol.-%
Rebsorten Pinot Noir 50%, Chardonnay 50%

Es ist ein müßiges Unterfangen, den Reifeprozeß und die letztendliche Güte eines bestimmten Jahrganges von Dom Pérignon zu früh in seiner Lebensspanne vorhersagen zu wollen. Dies ist ein Champagner, der sich wegen der kunstvollen Kelterung (ohne Holz) und des komplexen Verschneidens von Weinen aus erstklassigen Lagen erst nach 15 oder 20 Jahren in seiner vollen Pracht zeigen wird. Dennoch soll hier die kühne Vorhersage gewagt werden, daß der Jahrgang 1998 sich als Außenseiter vielleicht an solch hochgelobten Jahrgängen wie 1996 vorbeischieben könnte.

Das Jahr 1998 war insofern ungewöhnlich, als auf die sehr hohen Augusttemperaturen Anfang September sehr viele Niederschläge folgten. Darauf folgte jedoch wieder Sonnenschein, und das Ergebnis dieses wechselhaften Wetters ist ein außerordentlich feiner Champagner, dessen blumige Nase leichte Anklänge an Mandeln, Gewürze und einen Hauch frischer Brioche aufweist. Am Gaumen ist er seidig – das typische Kennzeichen für diesen brillant zusammengestellten Wein in seiner Bestform. Die Krönung ist dann der Abgang: anhaltend und mit einem ganz leichten Unterton wunderbar zitroniger Frische. Ein sublimer Genuß! **ME**

☺☺☺☺ **Trinken: bis 2030+**

18. auril 1691

Dom Irenée Richard
prieur

L. pierre pusignan

Dom Pérignon *Rosé* 1990

Herkunft Frankreich, Champagne
Typ Trockener Rosé-Schaumwein 12 Vol.-%
Rebsorten Pinot Noir, Chardonnay

Die Cuvée Rosé ist ein typischer Dom Pérignon: intensiv am Gaumen, ohne schwer zu wirken, mit cremiger Textur. Gleichwohl repräsentiert sie dennoch eine Variante des berühmten Stils. Ohne die Struktur oder die Komplexität des Dom Pèrignon in Frage zu stellen, ist diese Komposition doch spürbar andersartig – der größte Unterschied ist auf die deutlichere Präsenz von Pinot Noir zurückzuführen.

Das Wetter war im Jahr 1990 für den Weinbau fast perfekt. Nach einem sehr milden Winter und einer frühen Blüte war der Sommer heiß und besonders sonnig. Hinzu kam eine kurze Regenperiode vor der Ernte, die Hitzestreß verhinderte und dazu beitrug, daß die Trauben bei aller Süße einen beachtenswerten Säuregehalt bewahrten.

Die Farbe des Dom Pérignon Rosé ist ein kupfriges Gold mit Anklängen von Orange. In der Nase zeigen sich Aromen von frischem Pfefferkuchen, Cashewnüssen und kandidierter Orangenschale. Der Wein ist voll und liebkost den Gaumen; die sinnliche Textur ist gleichermaßen solide und reichhaltig, hat jedoch den charakteristischen Zug von Eleganz und Geschmeidigkeit, der das Wesen des Dom Pèrignon ist. Der lange, präzise Abgang ist vollkommen tadellos. Man sollte jedoch bedenken, daß die Komposition des Dom Pérignon Rosé nicht in Stein gemeißelt ist: Der 1982er ist zum Beispiel ein genauso großartiger Wein wie der 1990er, zeigt jedoch wiederum einen anderen Ausdruck – er ist ätherischer als der 1990er, bei ihm tritt allerdings der Chardonnay wieder deutlich in den Vordergrund. **ME**

🍷🍷🍷🍷 Trinken: bis 2020+

WEITERE EMPFEHLUNGEN
Weitere große Jahrgänge
1982 • 1985 • 1996 • 1999
Andere Rosé-Champagner
Billecart-Salmon Cuvée Elisabeth Salmon
Cristal • Deutz Cuvée William Deutz • Dom Ruinart

Dom Ruinart 1990

Herkunft Frankreich, Champagne
Typ Weißer Schaumwein, 12 Vol.-%
Rebsorte Chardonnay

Das Jahr 1990 bot in der Champagne alle Voraussetzungen für einen großartigen Jahrgang. Es war ein sehr warmer Sommer mit rekordverdächtigen 2100 Stunden Sonnenschein. Regenfälle genau zum richtigen Zeitpunkt verhinderten jedoch Hitzestreß und ermöglichten es sorgsamen Weinbauern, einen ausreichenden Säuregehalt zu erreichen. So konnte dann auch ein üppiger Dom Ruinart entstehen, das Prestigeerzeugnis aus Chardonnay von der ältesten Kellerei in der Champagne.

Dennoch ist dies ein Blanc de Blancs, der sich von anderen unterscheidet: Ruinart hat schon immer einen hohen Anteil von Chardonnay aus der Montagne de Reims verwendet, die zu reichhaltigeren und gerundeteren Weinen führen als die großen Gewächse der Côte des Blancs. Wenn diese beiden Chardonnays dann geschickt verschnitten werden – so wie es dem Kellermeister Jean-Francois Barot bei diesem 1990er gelang –, erhält man etwas ganz Besonderes.

18 Jahre nach der Ernte kommt jetzt alles zusammen: Der Champagner hat einen goldenen Farbton; eine gleichermaßen sinnlich-reife und doch mineralische Nase und einen üppigen, luxuriösen Geschmack – reicher und samtiger als der noch jugendliche 1996er –, mit einer glorreichen, an Vanille erinnernden Endnote.

Es muß wohl kaum erwähnt werden, daß die Opulenz dieses Weines ihn zu einem Begleiter für ganz besondere Gelegenheiten macht. Auch zu einem exqisiten Mahl zeigt er sich von seiner besten Seite, er ist sicherlich ein aufregender Partner für frische *foie gras* oder ein Risotto mit weißen Trüffeln. **ME**

😊😊😊😊 Trinken: bis 2015+

WEITERE EMPFEHLUNGEN
Weitere große Jahrgänge
1975 • 1982 • 1985 • 1988 • 1996
Andere Ruinart-Weine
R de Ruinart • Ruinart Blanc de Blancs
Ruinart Brut Rosé

Dom Ruinart *Rosé* 1988

Herkunft Frankreich, Champagne
Typ Trockener Rosé-Schaumwein, 12 Vol.-%
Rebsorten Chardonnay 87%, Pinot Noir 13%

Der Dom Ruinart Rosé 1988 ist vielleicht der beste Rosé-Champagner auf dem Markt – auf jeden Fall straft er die Behauptung Lügen, Rosé-Champagner sei eine Limonade, die man am besten jung trinkt. Der Wein wird aus dem gleichen Chardonnay hergestellt wie der Blanc de Blancs, allerdings unter Zusatz von Bouzy Rouge (im Jahr 1988 17 %).

1988 ist ein Champagnerjahrgang für Kenner – ein klassisches, wohlausgewogenes Jahr, fester, trockener, weniger ostentativ als der 1990er, aber ebenso gut. Der Rosé bezaubert durch seine Lachsfarbe und die kupfernen Glanzlichter; das Bouquet ist frisch, pflanzlich und auf eine an Burgunder erinnernde Weise sinnlich ansprechend. Der hohe Gehalt an Chardonnay ergibt natürlich einen eleganten Geschmack, der jedoch auch eine Komplexität aufweist, die man eher mit Pinot Noir in Verbindung bringt. Trinken Sie ihn mit geschlossenen Augen und lassen Sie sich von der Perlage nicht ablenken!

Die Würzigkeit und Exotik dieses wunderbar gereiften und dennoch vitalen Rosés machen ihn zu einem vielseitigen Begleiter für eine Vielzahl von Gerichten sowohl klassischer als auch asiatischer Provenienz: Bündnerfleisch, San-Daniele-Schinken, Baby-Hummer, Kalbsrippchen, Kanton-Ente oder Epoisse-Käse – die Liste ließe sich fast unendlich fortsetzen.

Bei einem Besuch der Firma in Reims taucht man tief in die Weintradition ein. Die Gebäude sind im Zustand des 18. Jahrhunderts restauriert worden, die Kreidefelsenkeller aus gallisch-römischer Zeit stehen unter Denkmalschutz und sind einen Besuch wert. **ME**

❂❂❂❂ Trinken: to 2025+

WEITERE EMPFEHLUNGEN
Weitere große Jahrgänge
1982 • 1985 • 1990 • 1996
Andere 1988er
Dom Pérignon Oenothèque • Gosset Celebris • Henriot Cuvée des Enchanteleurs • Jacquesson Signature • Krug

Drappier
Grande Sendrée 1996

Herkunft Frankreich, Champagne, Côte des Bar
Typ Weißer Schaumwein, 12 Vol.-%
Rebsorten Pinot Noir 55%, Chardonnay 45%

Egly-Ouriet *Les Crayères*
Blanc de Noirs Vieilles Vignes o.J.

Herkunft Frankreich, Champagne, Montagne de Reims
Typ Weißer Schaumwein, 12,5 Vol.-%
Rebsorte Pinot Noir

Grande Sendrée ist die führende Marke des Hauses Drappier in Urville, das für seine vollen Pinot-Noir-Champagner bekannt ist, die durch guten Chardonnay gemildert sind. In den 50er Jahren des 19. Jahrhunderts fielen die Büsche und Bäume auf den Hängen des Dorfes einem verheerenden Feuer zum Opfer. Nach dem Brand legte die Familie Drappier dort einen Weinberg an, der den Namen Les Cendrées (Französisch ‚Asche') erhielt. Allerdings stellte Michel Drappier erst 1974 den ersten Grande Sendrée her – das „C" war durch einen Schreibfehler bei der Registrierung des Weinberges durch ein „S" ersetzt worden.

Der Wein wird immer mit einem leichten Übergewicht allerbesten Pinot Noirs hergestellt, die verwendeten Weine zeichnen sich stets durch ihre Struktur und Finesse aus und brauchen einige Zeit, um sich zu entwickeln. Der 1996er ist außergewöhnlich, er unterscheidet sich deutlich vom harmonisch klassischen Stil der großen Jahrgänge 1990 und 1995. Von tiefgoldener Farbe mit Kupfertönen und einer lebhaften Säure, ist er dennoch reif und und voll entwickelt. Ein Champagner, auf den viele Beschreibungen zutreffen, allerdings keinesfalls das Wort ‚langweilig'. **ME**
❂❂❂❂ Trinken: bis 2016+

Das Haus Egly-Ouriets in Ambonnay stellt einige der besten Blanc de Noirs der Champagne her. Sie stammen von alten Pinot-Noir-Rebstöcken, die 1947 gepflanzt wurden. Der tiefgründige Boden dieses außerordentlichen *terroirs* ist durchgehend mit Kalk durchsetzt, von der Oberfläche bis in tiefere Schichten, und die Trauben geben dem Wein einen sinnlichen Geschmack voller roter Beerenfrüchte, gebändigt durch mineralische Obertöne. Das Ergebnis ist Fülle, Kraft und Eleganz – die Kennzeichen jedes großen Weines, ob er nun aus der Champagne oder aus Australien stammt.

Obwohl auf dem Etikett kein Jahrgang verzeichnet ist, stammt der Champagner aus dem Jahr 2001. An der Marne war dies ein schwieriges, regenreiches Jahr, die außerordentliche Klasse des Herstellers zeigt sich jedoch bereits, wenn der Wein ins Glas perlt. Die Rebstöcke wurden besonders sorgfältig gepflegt, um den Ertrag in vertretbaren Grenzen zu halten und sicherzustellen, daß diese alten Pinots optimal ausreifen konnten. Die erste Gärung fand in Eichenfässern statt, der Wein wurde zu keinem Zeitpunkt gefiltert. Er ist von einer solchen Reife und Konzentration, daß eine winzige Dosage von 2 g pro Liter ausreichend war. **ME**
❂❂❂❂ Trinken: bis 2015

◂ Bei Drappier werden die Fässer aus Glasflaschen aufgefüllt.

Giulio Ferrari
Riserva del Fondatore 1989

Herkunft Italien, Trentino, Trento
Typ Weißer Schaumwein, 12,5 Vol.-%
Rebsorte Chardonnay

Freixenet
Cuvée DS 2003

Herkunft Spain, Penedès, Sant Sadurní d'Anoia
Typ Weißer Schaumwein, 11,5 Vol.-%
Rebsorten Macabeo, Xarel-lo, Parellada

Der Giulio Ferrari Riserva del Fondatore ist möglicherweise der beste italienische Spumante. Er wird seit 1971 hergestellt und ist nach Giulio Ferrari, dem Gründer von „G. Ferrari & Cie—Trento, Autriche" benannt, der die Firma von 1902 bis 1952 leitete. Ferrari verlangte beim Verkauf nicht nur einen exorbitanten Preis, sondern auch das Recht, bis an sein Lebensende in den Kellern zu arbeiten. 1965 starb er im Alter von 86 Jahren.

Ferrari war ein sehr sorgfältiger Mensch und sein unaufhörliches Streben nach Perfektion hat dazu beigetragen, diesen Spumante zu dem Wunder zu machen, das er heute ist. Der Chardonnay, der zu seiner Herstellung verwendet wird, stammt von Reben ab, die Ferrari selbst in der Gegend einführte – vermutlich nachdem er sie aus Epernay in der Champagne ausgeschmuggelt hatte. Der Jahrgang 1989 ist schlichtweg großartig. Die reife Nase bietet Aromen, die an Erdnußbutter und frisch gebackene warme Croissants erinnern, sie weist aber auch einige herbere Zitrus- und Lavendeltöne auf. Am Gaumen wirkt der Wein trotz einer gewissen Schwere wegen der Säure und des Mineralgehalts unglaublich lebhaft und er überzeugt schließlich durch einen langen und fokussierten Abgang. **AS**

ⓢⓢⓢⓢ Trinken: bis 2017

Unter Weinkennern gibt es ein weit verbreitetes Mißtrauen gegenüber den großen Häusern, deren Produktion nicht in die Tausende, sondern Millionen von Flaschen geht. Nimmt man dann noch den Ruf der spanischen Schaumweine als „Champagner des armen Mannes" hinzu, dann könnte es fast scheinen, als gäbe es keinen Grund, Codorníu oder Freixenet in diesem Buch aufzunehmen.

Beide Häuser stellen jedoch neben ihrer Massenware jeweils ein gutes halbes Dutzend Cuvées her, die Beachtung verdienen. Unter Berücksichtigung der Qualität des Weines und des Respekts für die Tradition ist das Erzeugnis aus dem Hause Freixenet, das besondere Erwähnung verdient, dieser Jahrgangswein, der aus drei traditionellen katalanischen Reben hergestellt wird: Macabeo, Xarel-lo und Parellada.

Der Wein wurde zuerst 1969 auf den Markt gebracht. Der Jahrgang 2003 vereint Frische und Komplexität auf eine Weise, die nur wenigen anderen Cavas gelingt. Sein größter Vorzug ist in seiner Tiefe und in seinem Körper zu suchen – Qualitäten, die man nicht oft in Cavas findet, die allein aus diesen Rebsorten hergestellt werden. **JB**

ⓢⓢⓢⓢ Trinken: bis 2010

Pierre Gimonnet *Millésime de Collection Blanc de Blancs* 1996

Herkunft Frankreich, Champagne, Côte des Blancs
Typ Weißer Schaumwein, 12,5 Vol.-%
Rebsorte Chardonnay

Wie viele Champagnerhersteller bringt auch Didier Gimonnet einen *Tête de Cuvée* auf den Markt, der von seinen besten Lagen und/oder den ältesten Reben stammt. Da er Mitglied im Club Trésors de Champagne ist, werden diese Abfüllungen als Spécial Club bezeichnet und nur in vielversprechenden Jahren erzeugt. Der gleiche Wein wird auch in Magnumflaschen abgefüllt, die als Vintage Collection erst später auf den Markt gebracht werden, so daß man Gelegenheit hat, die Abhängigkeit des Reifeprozesses bei Champagner von der Flaschengröße zu beobachten. Man sollte hinzufügen, daß Magnums nichts für den eiligen Trinker sind.

Gimonnet besitzt 25 ha Rebflächen in der nördlichen Côtes des Blancs, vor allem in dem *premier-cru*-Dorf Cuis und in den *grand-cru*-Dörfern Cramant und Chouilly. Der 1996er besteht zu 45 % aus Cramant, 25 % Chouilly und 30 % Cuis. Didier Gimonnet glaubt, ein Wein allein aus *grands crus* wäre zu schwer und hätte nicht die Eleganz und Frische, die er anstrebt: „Ich finde, wir brauchen Konzentration, aber auch Balance, Eleganz und Harmonie."

Der Wein ist im Alter von 10 Jahren zwar noch einschüchternd streng, ist jedoch gemächlich auf dem Weg zur Spitzenposition. Gimonnet jedenfalls glaubt an ihn: „Ein großer Wein ist am Anfang mineralisch, nicht fruchtig." Dieser 1996er ist in der normalen Flasche sehr viel zugänglicher, aber die Magnum scheint am Gaumen elektromagnetische Wellen zu entfachen – von solcher Stärke, daß sie die Sicherheitsvorrichtungen an einem Flughafen auslösen könnten. **TT**
ⓢⓢⓢⓢ **Trinken: 2011–2025**

WEITERE EMPFEHLUNGEN
Weitere große Jahrgänge
1975 • 1982 • 1985 • 1988 • 1990 • 1999 • 2002
Andere Weine von Pierre Gimonnet
Special Club Millésime Premier Cru 1996
Millésime de Collection 1995 • Premier Cru Sans Année

Die Kirche von Cuis in der kalksteinreichen Region Côte des Blancs.

Henri Giraud *Aÿ Grand Cru Fût de Chêne* 1996

Herkunft Frankreich, Champagne, Montagne de Reims
Typ Weißer Schaumwein, 12 Vol.-%
Rebsorten Pinot Noir 70%, Chardonnay 30%

Fût de Chêne (Eichenfaß) ist auf dem Etikett dieses einzigartigen Champagners zu lesen – nicht ohne Grund: Claude Giraud ist zweifelsohne der Hersteller, der sich am eingehendsten und auch am längsten mit der Verwendung von Eichenholz bei der Produktion moderner Champagners beschäftigt hat. Er ist in einer privilegierten Situation: Seine Familie keltert seit dem 17. Jahrhundert in Aÿ Wein, heute gehören ihm 30 Parzellen, am Hang und im flachen Land, in den allerbesten besten Lagen der Gemeinde.

Mit einem so großartigen Ausgangsmaterial ist es nicht verwunderlich, daß Claude auf Eiche eingeschworen ist. Er hat lange nach dem Eichenholz gesucht, das am besten für die Kraft und Finesse des Champagners aus Aÿ geeignet ist. Schließlich entschied er sich für Holz aus dem Wald von Argonne südwestlich von Aÿ, das dem Wein mild und schmeichelnd entgegenkommt, aber seit Jahrzehnten aus dem Tal der Marne fast verschwunden war.

Dies ist einer der besten 1996er-Champagner. Im satten Bernsteinton zeigt sich die Verbindung des kraftvollen Weins mit der Eiche; in der Nase zeigt sich die Komplexität der Entwicklung im Zusammenspiel von Vanillearomen mit Beerentönen. Am Gaumen umkreisen sich die Säure und die Fruchtigkeit noch vorsichtig, werden jedoch langsam durch die Eiche zueinander geführt. Dennoch ist dies ein Wein, den man bis 2010 trinken sollte, da er trotz seiner Großartigkeit kein klassischer, wohlausgewogener Champagner ist, sondern ein Ausnahmewein. **ME**

❂❂❂❂ **Trinken: bis 2010**

WEITERE EMPFEHLUNGEN
Weitere große Jahrgänge
1993 • 1995 • 1998
Andere Erzeuger, die Holzfässer verwenden
Bollinger • Alfred Gratien • Krug
Jérôme Prévost • Jacques Selosse • Tarlant

Gloria Ferrer *Royal Cuvée* 2000

Herkunft USA, Kalifornien, Sonoma
Typ Weißer Schaumwein, 12 Vol.-%
Rebsorten Pinot Noir 65%, Chardonnay 35%

Viele kalifornische Winzer wurden durch die Reblausepidemie der 80er Jahre überrascht. Die Rebflächen des Weinguts Gloria Ferrer, das zum spanischen Freixenet-Konzern gehört, war mit jeweils einem Chardonnay- und Pinot-Noir-Klon bepflanzt. Glücklicherweise hatte das Winzerteam, angeführt von Mike Crumly und Bob Lantosca, 1986 verschiedene Klone auf ihre Eignung für die Schaumweinherstellung getestet und die Champagne besucht, um geeignete Chardonnay- und Pinot-Noir-Arten zu finden. So bilden drei recht unbekannte Klone (Colmar 538, UCD 32, PN 927) die Grundlage für die Prestige-Cuvées des Hauses, darunter auch der Jahrgangs-Schaumwein Royal Cuvée. Der Most wird bei niedrigen Temperaturen in Edelstahl gegärt, um die empfindlichen Fruchtaromen zu erhalten. Im Laufe der Zeit hat sich die Zahl der verwendeten Grundweine stetig erhöht, für den Jahrgang 2000 waren es 17.

Das Jahr 2000 bot für die Schaumweinherstellung ideale Bedingungen – ein kühler Juli und relativ niedrige Temperaturen bis in den Oktober hinein verzögerten die Ernte. So konnte der Wein komplexe Aromen entwickeln und dennoch eine frische Säure beibehalten. Der 2000er ist ein typischer Royal Cuvée: Er erinnert an reife Früchte, weist komplexe Blütenaromen auf, ist von lebhafter Säure und hat gutes Alterungspotential. „Königlich" ist durchaus ein Attribut, das dem Royal Cuvée angesichts dieser Geschmacksfülle mit Recht zusteht. Auch wenn sich der Name davon ableitet, daß die erste Abfüllung 1987 dem spanischen Königspaar bei ihrem Besuch Kaliforniens kredenzt wurde. **LGr**

🥂🥂 **Trinken: bis 2015**

WEITERE EMPFEHLUNGEN
Weitere große Jahrgänge
1994 • 1995 • 1996 • 1997
Andere Weine von Gloria Ferrer
Blanc de Blancs • Blanc de Noirs
Carneros Cuvée • Sonoma Brut

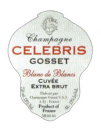

Gosset
Celebris 1988

Herkunft Frankreich, Champagne
Typ Weißer Schaumwein, 12 Vol.-%
Rebsorten Chardonnay 70%, Pinot Noir 30%

Das Haus Gosset in Aÿ kann seine Geschichte bis 1584 zurückverfolgen und ist damit sicher eines der ältesten in der Champagne. Nach mehr als 400 Jahren im Familienbesitz wurde es 1994 an die Familie Cointreau verkauft und bis 2007 von Béatrice Cointreau kompetent geleitet. Seit 1983 stand der Keller unter der Leitung von Jean-Pierre Mareigner, in Aÿ geboren, laut Tom Stevenson zählt er zu den bedeutendsten Weinmachern der Champagne. Die malolaktische Gärung wird hier immer unterbunden, was zur außerordentlichen Langlebigkeit der Weine und ihrem kräftigen, eigenen Stil beiträgt. Die meisten Abfüllungen werden zum Teil in Holzfässern hergestellt, darunter auch die hervorragende Prestige-Cuvée Celebris.

Der Chardonnay und Pinot Noir sind ausschließlich *grands crus*, und der Wein wird nur in hervorragenden Jahren gekeltert. Der 1988er war ein glänzender Einstand, der heute noch vor Leben sprüht. Es wurden nur 18.000 Flaschen abgefüllt, allerdings waren die Mengen in den einzigen drei anderen Jahrgängen – 1990, 1995 und 1998 – etwas größer. Für einen großen Champagner dieser Qualität bietet der Wein ein ausgezeichnetes Preis-Leistungsverhältnis. **NB**

☯☯☯☯ **Trinken: bis 2020+**

Gosset *Cuvée Celebris*
Blanc de Blancs Extra Brut o.J.

Herkunft Frankreich, Champagne
Typ Weißer Schaumwein, 12 Vol.-%
Rebsorte Chardonnay

Die erste Ergänzung der Prestige-Cuvées des Hauses Gosset kam 1998 mit dem Celebris Rosé. Aber der Kellermeister Jean-Pierre Mareigner hatte schon seit Mitte der 90er Jahre an einer Cuvée aus Chardonnays gearbeitet und etwa 4000 Flaschen jedes Jahrganges zurückgelegt. Das Endergebnis zeigt, daß die Zeit des Wartens sich als nutzbringend erwiesen hat. Die erste Abfüllung stammt aus 11 verschiedenen Lagen, darunter die *grands crus* Avize, Chouilly, Cramant, Le Mesnil-sur-Oger und Oger, und die *premiers crus* Cuis, Grauves, Vertus und Villeneuve-Renneville. Die Weine stammen aus den Jahrgängen 1995, 1996, 1998 und 1999. Der Herstellungsweise des Hauses entsprechend wurde bei allen Weinen die malolaktische Gärung unterbunden, und eine Reihe der Weine gärten in Eichenfässern.

Die erste Abfüllung ist ein beeindruckend individueller Wein, der sich gleichzeitig in seiner ersten und zweiten Jugend befindet. Es war mutig, diese Cuvée ohne Jahrgangsbezeichnung auf den Markt zu bringen und so der Annahme zu widersprechen, daß Jahrgangsweine immer überlegen sind – das Ergebnis ist jedoch sicher ein hervorragender, sehr komplexer und unverkennbar individueller Wein. **NB**

☯☯☯☯☯ **Trinken: bis 2020+**

Gramona
III Lustros Gran Reserva 2001

Herkunft Spanien, Penedès, Sant Sadurní d'Anoia
Typ Weißer Schaumwein, 11,5 Vol.-%
Rebsorten Xarel-lo, Macabeo

Bei der Herstellung von Cava herrschen große Firmen vor, die beträchtliche Mengen produzieren. Es gibt jedoch auch einige kleinere Winzereien in Familienbesitz, die lohnende Qualitätsweine keltern. Dazu gehört das 1921 gegründete Haus Gramona. Gramona bestellt 25 ha Rebflächen, die nicht nur dem Cava gewidmet sind, sondern auch eine Reihe nicht schäumender Weine hervorbringen, darunter solche Raritäten wie ein Eiswein, der mit Hilfe von künstlichem Eis hergestellt wird.

III Lustros entstand Ende der 30er Jahre nach dem spanischen Bürgerkrieg. Ziel war die Herstellung eines Weins, der im Keller 15 Jahre reifen könnte. Im Spanischen bezeichnet das Wort *lustro* ein halbes Jahrzehnt, der Name der Abfüllung verweist also auf die Reifezeit.

Inzwischen hat sich der Markt radikal geändert und der Wein mit ihm. III Lustros lagert nur noch fünf oder sechs Jahre, aber das ist im Vergleich zu den meisten Cavas immer noch sehr lang. Der Anteil an Xarel-lo, dem man bessere Eignung für Lagerung nachsagt, ist hoch, ergänzt wird er durch 30% Macabeo. Die Abfüllung ist ein Brut Nature, es wird also keine Dosage vorgenommen, und Gramona verwendet bei der Flaschengärung Naturkorken. **LG**

🍷🍷 **Trinken: nach Erhalt**

Alfred Gratien
1998

Herkunft Frankreich, Champagne
Typ Weißer Schaumwein, 12 Vol.-%
Rebsorten Chardonnay, Pinot Noir, Pinot Meunier

Das sehr individuelle Champagnerhaus wurde 1867 von Alfred Gratien begründet, einem Schaumweinhersteller aus Saumur. Inzwischen gehört es zum Henkell-Konzern. Allerdings hatte der Sekthersteller wohlweislich beschlossen, die Erwerbung in den Händen der Familie Jaeger zu belassen, deren Mitglieder seit drei Generationen hier als Kellermeister tätig sind.

Alle Champagner des Hauses werden auf großartige, traditionelle Weise produziert. Von dem überaus zuverlässigen jahrgangslosen Brut bis hin zur exquisiten Cuvée Paradis werden die Weine alle in Eichenfässern hergestellt. Die malolaktische Gärung wird vermieden, um dem Champagner ein langes, ausgezeichnetes Leben zu sichern.

Langlebig wird der Alfred Gratien 1998 ganz sicher sein, da dieser Jahrgang mehr Substanz hat als der charmante 1997er. Er zeichnet sich durch eine brillante, glänzende Goldfarbe aus. Die Aromen sind schon jetzt gut entwickelt und ausdrucksvoll. Am Gaumen ist der Wein herrlich frisch und sehr präzise, aber mit einer großen Tiefe: die Zitrus- und Steinobsttöne werden sich gewiß im nächsten Jahrzehnt weiterentwickeln und so das Spiel der Aromen noch ausdrucksvoller gestalten. **ME**

🍷🍷🍷🍷 **Trinken: 2009–2020**

Gratien & Meyer
Cuvée Flamme Brut o.J.

Herkunft Frankreich, Loire, Saumur
Typ Weißer Schaumwein, 12 Vol.-%
Rebsorten Chenin Blanc, C. Franc, Chardonnay

Charles Heidsieck
Brut Réserve Mis en Cave 1997 o.J.

Herkunft Frankreich, Champagne
Typ Weißer Schaumwein, 12 Vol.-%
Rebsorten P. Noir 55%, Chardonnay 30%, P. Meunier 15%

Alfred Gratien war ein Mann mit Weitblick. 1864 gründete er sowohl in Saumur an der Loire als auch in Epernay in der Champagne Weingüter. Das Haus in Saumur war allzeit das Hauptgeschäft der Firma und ist auch heute noch einer der besten Hersteller von Schaumweinen an der Loire. Die Rebstöcke für die Cuvée Flamme – eine klassische Mischung aus Chenin Blanc und Cabernet Franc mit einer Beimischung von etwas Chardonnay – wachsen auf dem weißen Tuffstein, den es nur in Saumur gibt und der dem Wein seinen unverkennbaren Geschmack verleiht. Darüberhinaus wird der Tuffstein tagsüber durch das Sonnenlicht erwärmt, er speichert diese Wärme und gibt sie nachts an die Reben ab – das trägt ganz wesentlich zur Qualität des Weines bei.

Cuvée Flamme ist von lebhaft blaßgoldener Farbe und die Perlage ist anhaltend, gleichmäßig und elegant. Die Aromen sind gleichermaßen tiefgründig und hübsch, wobei die Gerüche von frühlingsblühenden Waldblumen vorherrschen. Jenseits der Champagne ist Flamme einer der wenigen Schaumweine, die sich mit dem Original messen können. In der optimalen Verbindung von delikater Fruchtigkeit und tiefer Komplexität kommt er dem Original recht nahe. **ME**
❂❂❂ **Trinken: 2009–2012**

Dies ist schlicht und einfach einer der besten Champagner ohne Jahrgangsangabe, seine Zusammenstellung ein die Zeiten überdauerndes Vermächtnis des verstorbenen Daniel Thibault, der für Heidsieck als Kellermeister tätig war und oft als größter Champagnerkompositeur seiner Zeit bezeichnet wird.

Warum wird ein Wein, der nicht aus einem bestimmten Jahrgang stammt, auf dem Etikett mit einer Jahreszahl versehen? Daniel Thibault war der Meinung, daß Champagnerkenner genaue Informationen über das Alter des Weines erhalten sollten, um so seine Reife beurteilen zu können. Der Begriff „*Mis en Cave*" bedeutet Abfülldatum, und der Wein wird immer im Frühjahr des auf die Ernte folgenden Jahres auf Flaschen abgefüllt – in diesem Fall bedeutet also „1997", daß der zu Grunde liegende Wein aus dem großartigen Jahrgang 1996 stammt.

In einer Jahrgangsverkostung von fünf Mis en Cave gewann dieser 1997er. Die grün-goldene Farbe deutet schon die beeindruckende Struktur des Weines an, die dann durch das lebhafte, sehr frische Bouquet mit seiner massiven Säure bestätigt wird. Am Gaumen ist der Champagner großzügig abgerundet, mit schönen Noten von Pfirsich und Aprikose. **ME**
❂❂❂ **Trinken: bis 2015+**

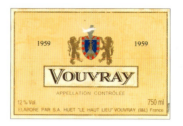

Henriot
Cuvée des Enchanteleurs 1988

Herkunft Frankreich, Champagne
Typ Weißer Schaumwein, 12 Vol.-%
Rebsorten Chardonnay 55%, Pinot Noir 45%

Joseph Henriot ist einer der einflußreichsten Männer in der Champagne, ein komplexer, ja gegensätzlicher Charakter: einerseits glühender Verfechter der Beibehaltung des Qualitätsstandards, andererseits offen für Neues. In jedem Fall ist er ein leidenschaftlicher Anhänger des Chardonnays. Die Cuvée des Enchanteleurs wird nur in außerordentlichen Jahren gekeltert, es ist ein besonders langlebiger Champagner, der im Idealfall nicht vor seinem 13. Lebensjahr angerührt werden sollte und oft mit 20 Jahren noch besser schmeckt. Im Herzen des Weines stehen die großen *crus* der Côte des Blanc, die ebenso guten Gewächse von der Montagne de Reims spielen gewöhnlich eine unterstützende Rolle.

Der 1990er Enchanteleurs ist hoch gelobt worden, allerdings schlägt ihn der Jahrgang 1988 ganz knapp, aus dem einfachen Grund, daß dieser ältere Wein einer der großartigsten Champagner der letzten 50 Jahre ist. Die Farbe ist ein sternenhelles Goldgelb mit mehr grünen Glanzlichtern als beim 1990er, das Bouquet ist komplex und mineralbetont, mit sich langsam entwickelnden Butter- und Haselnußnoten. Der Geschmack ist unbeschreiblich: die einzelnen Komponenten aus Frucht, *terroir* und der Länge des Abganges harmonieren perfekt. **ME**

❂❂❂❂ Trinken: bis 2020+

Domaine Huet
Vouvray Brut 1959

Herkunft Frankreich, Loire, Touraine
Typ Weißer Schaumwein, 12 Vol.-%
Rebsorte Chenin Blanc

Dieser sanft moussierende Vouvray Brut wird auch für denjenigen eine Offenbarung sein, der überzeugt ist, kein anderer Schaumwein könne so aufregend sein wie ein reifer Jahrgangschampagner. Gaston Huet übernahm 1938 das Weingut seiner Familie in Vouvray und trug mehr als irgendein anderer dazu bei, den Ruf des berühmten Dorfes zu festigen Er war Bürgermeister dort, von 1947 bis 1989, wobei die Eckdaten die bedeutendsten Jahrgänge bezeichnen, sollen wir an Zufall glauben?

Dieser superbe Wein stammte vermutlich vom ursprünglichen Weingarten der Firma Huet, Le Haut Lieu (später kamen noch Le Mont und Clos du Bourg hinzu). Eine wohlerhaltene Flasche zeichnet sich immer noch durch eine deutliche Perlage aus, in Verbindung mit der klassischen Säure und Erdigkeit des Chenins wirkt der Wein trotz seiner reifen Milde frisch. Von tiefgoldener Farbe, nimmt er durch seine herbstliche Nase nach Äpfeln, Honig und Gebäck ebenso sehr gefangen wie durch den seidig-reifen Fruchtgeschmack.

Von den beiden Huet Pétillants des Jahrgangs 1959 ist der Brut vielleicht dem Demi-Sec etwas vorzuziehen, da er besser definiert ist und einen ausdauernderen Abgang hat. **NB**

❂❂❂❂ Trinken: ab jetzt bis 2010+

Iron Horse *Vrais Amis* 2001

Herkunft USA, Sonoma County, Green Valley
Typ Weißer Schaumwein, 13 Vol.-%
Rebsorten Pinot Noir 70%, Chardonnay 30%

Mit Schaumwein sind zahllose Freundschaften besiegelt worden, nur selten sind sie jedoch selbst das Ergebnis einer Freundschaft. Der Vrais Amis war ursprünglich als eine gemeinsame Cuvée von zwei engen Freunden, Barry Sterling von Iron Horse und Bernard de Nonancourt vom Champagnerhaus Laurent-Perrier, konzipiert worden. Nachdem Sterling den Anteil von Laurent-Perrier an Iron Horse 1998 übernommen hatte, stellte er jedoch fest, daß der Pinot Noir, der ursprünglich für dieses Projekt vorgesehen war, einen vorzüglichen nicht-schäumenden Wein ergab, und so trat das Gemeinschaftsprojekt in den Hintergrund. Aber nur, bis ein weiterer enger Freund von Sterling, der Chefkoch Charlie Trotter aus Chicago, um eine exklusive Cuvée bat, die seine innovative Küche begleiten sollte.

Sterling hatte Mitte der 70er Jahre Iron Horse von Rodney Strong gekauft, um Chardonnays und Pinot Noirs herzustellen. Die Bedingungen im kalifornischen Green Valley sprachen jedoch auch für die Produktion von Schaumweinen. Noch immer stellt das Haus gute stille Weine her, aber auf den komplexen Schaumweinen beruht der gute Ruf des Hauses Iron Horse.

Der Vrais Amis ist eine Variation des traditionellen Iron Horse Jahrgangs-Bruts. Die malolaktische Gärung wird unterbrochen, dann reift der Wein mindestens fünf Jahre auf der Hefe und wird manuell desgorgiert. Er unterscheidet sich durch die Versanddosage, die nur aus Chardonnay besteht – eine Verbeugung vor de Nonancourt, der den Chardonnay des Hauses Iron Horse immer als den besten Wein des Erzeugers betrachtete. **LGr**
☺☺ **Trinken: bis 2011+**

WEITERE EMPFEHLUNGEN
Weitere große Jahrgänge
1992 • 1993 • 1994 • 1995
Andere Schaumweine von Iron Horse
Classic Vintage Brut • Joy
Russian Cuvée • Wedding Cuvée

Die Weingärten von Iron Horse.

Jacquesson
Cuvée 730 o.J.

Herkunft Frankreich, Champagne
Typ Weißer Schaumwein, 12 Vol.-%
Rebsorten Chardonnay 48%, P. Noir 32%, P. Meunier 20%

Jacquesson nimmt unter den großen Namen in der Champagne heute eine Sonderstellung ein, wenn es um die Erzeugung eines trockenen, nicht jahrgangsgebundenen Weines geht. Jean-Hervé Chiquet, mit seinem Bruder Laurent Inhaber der Firma, sagt dazu: „In den späten 90er Jahren wurde uns klar, daß die Herstellung eines klassischen Brut mit einer konsistenten Identität unsere Möglichkeiten einschränkte, die Qualität des Weines zu verbessern." Die Brüder beschloßen, ab dem Jahrgang 2000 die Güte des Weines in den Vordergrund zu stellen, indem sie Weine herstellten, die den Charakter des Hauptjahrgangs widerspiegelten.

Die Cuvée 730 (die 730. Cuvée, die seit der Gründung des Hauses im Jahr 1798 hergestellt wurde) beruht auf dem großartigen Jahrgang 2002. Sie wurde in großen Eichenfässern fermentiert und nicht gefiltert. Der tiefgründige, weinige Geschmack verdankt sich dem herrlich reifen Pinot Noir, auch wenn dieser nur zu einem Drittel zum Wein beiträgt. Bei der Zusammenstellung war der ausgleichende Beitrag des Chardonnays außerordentlich wichtig, der zur befriedigenden, aber nicht übertriebenen Säure die notwendige Frische und Elastizität beiträgt.
ME
☺☺☺ Trinken: bis 2012

Jacquesson *Grand Cru*
Äy Vauzelle Terme 1996

Herkunft Frankreich, Champagne, Montagne de Reims
Typ Weißer Schaumwein, 12 Vol.-%
Rebsorte Pinot Noir

Vauzelle Terme ist die kleinste unter den hervorragenden Lagen der Firma Jacquesson: lediglich 0,3 ha auf einem Südhang in Äy, der Heimat des vermutlich besten Pinot Noirs in der Champagne. Der Boden ist kalkhaltig mit einer gewissen Tonbeimengung und Süßwasserquarz-Kieseln, darunter liegt Kreide, die für raschen Wasserablauf sorgt. Man muß kein Geologe sein, um zu erkennen, daß diese Lage über der Marne für den Weinanbau optimale Bedingungen bietet. Der 1996er wurde in drei 600-l-Eichenfässern fermentiert, nach der ersten Geschmacksprobe erwies sich der Wein als etwas Besonderes, expansiv und majestätisch strukturiert. Laurent Chiquet verwendete eines der Fässer, um den Jacquesson Grand Vin 1996 aufzubessern, die anderen beiden Fässer wurden für den vorliegenden Wein genutzt.

Bei einer Degustation von Blancs de Noirs im Jahr 2004 deklassierte der Vauzelle Terme alle anderen Teilnehmer. Die Farbe des Weines ist ein leuchtendes Gold, in der Nase zeigen sich reife Beerenfrüchte und Pfefferkuchen; der Geschmack ist typisch für den Jahrgang 1996, mit einer sauberen Säure und einem großartigen und langen Abgang. Der Wein hat sehr gutes Lagerungs- und Reifungspotential. **ME**
☺☺☺☺ Trinken: bis 2020

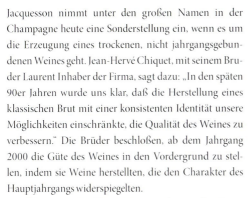

Eine Anzeige für Jacquesson aus den 30er Jahren von A. Cometti.

Krug *Clos d'Ambonnay* 1995

Herkunft Frankreich, Champagne, Montagne de Reims
Typ Weißer Schaumwein, 12 Vol.-%
Rebsorte Pinot Noir

21 Jahre nach dem Debüt des Clos du Mesnil 1979 wurde der Clos d'Ambonnay einigen ausgewählten Kritikern vorgestellt. Damit wurde ein lange gehütetes Geheimnis nach Jahren endlich enthüllt. Bis 2007 blieb die Lage ein wohlgehütetes Geheimnis, doch dann gewährten Henri, Rémi und Olivier Krug den ersten Besuchern Zutritt zu dem kleinen Weingarten am Rand des Grand Cru Montagne de Reims.

Schon in den 80er Jahren des 19. Jahrhunderts hatte der Gründer Paul Krug I. Ambonnay und Le Mesnil-sur-Oger als ideale Quellen für Pinot Noir und Chardonnay benannt, sie haben seitdem immer eine wichtige Rolle in den Grand Cuvées des Hauses Krug gespielt. Mitte der 90er Jahre kaufte die Firma Clos d'Ambonnay und kelterte dann fast 10 Jahre lang Versuchsweine, von denen sie aber erst den Jahrgang 1995 als „Ausdruck der Quintessenz" dieses besonderen *terroirs* betrachteten.

Clos d'Ambonnay ist ein flacher Weingarten mit 0,7 ha Fläche, den Rémi Krug als außerordentlich individuell bezeichnet, was angesichts des Weines von diesem kalkhaltigen, flachgründigen Boden gerechtfertigt erscheint. Das Bouquet des Jahrgangs 1995 ist außerordentlich komplex und gleichzeitig rein (ein für Krug typisches Paradoxon), zudem zeichnet es sich durch eine unverkennbare, erdige, sehr noble Wildheit aus: Anis-, Mandelcroissant-, und Akazienhonigaromen sowie die Düfte kandierter Früchte und weißer Blüten weichen allmählich getrockneten Aprikosen und Lakritze. Am Gaumen ist der Wein intensiv, aber auch außerordentlich elegant, harmonisch und seidig. **NB**

❂❂❂❂ Trinken: bis 2020+

WEITERE EMPFEHLUNGEN
Andere zu erwartende Jahrgänge
1996 • 2000 • 2002 • 2004
Andere Champagner aus einzelnen Weingärten
Billecart-Salmon Clos St. Hilaire • Cattier Clos du Moulin • Cazals Clos Cazals • Philipponnat Clos des Goisses

Krug
Clos du Mesnil 1979

Herkunft Frankreich, Champagne, Côte des Blancs
Typ Weißer Schaumwein, 12 Vol.-%
Rebsorte Chardonnay

Die Grand Cru-Gemeinde Le Mesnil-sur-Oger ist ein Dorf, aus dem Weine stammen, die in ihrer mineralhaltigen Großartigkeit für sich stehen können. In seiner Mitte liegt der Clos du Mesnil (einer der neun offiziell anerkannten *clos* in der Champagne, also ein mit Mauern umgebener Weinberg), dessen Ostlage, sanfte Neigung und hohen Mauern für eine besondere Reife sorgen. Mit 1,8 ha ist der berühmteste Weingarten der Champagne genauso groß wie der berühmteste Weingarten der Welt: Romanée-Conti. In beiden Fällen sorgte die Verbindung von außerordentlicher Qualität und großer Seltenheit für sehr hohe Preise: bis vor kurzem war der Clos du Mesnil der Champagner, der unmittelbar nach der Freigabe die höchsten Preise erzielte – die Jahrgänge 1995 und 1996 kamen für 726 Euro pro Flasche in den Handel.

Der Weingarten wurde 1698 angelegt, Krug erwarb ihn jedoch erst 1971, als er neu bepflanzt wurde. Der erste von dem Haus produzierte Jahrgang war der 1979er, der 1988 in den Handel kam und von dem Champagner-Experten Tom Stevenson als einer der drei größten Champagner der vergangenen 30 Jahre bezeichnet wurde. Der Clos du Mesnil ist nur in 11 anderen Jahrgängen erhältlich – 1980, 1982, 1983, 1985, 1986, 1988, 1989, 1990, 1992, 1995 und 1996. Wie alle Weine von Krug gärt er in kleinen Eichenfässern und die malolaktische Gärung wird unterbunden – Faktoren, die zu seiner Komplexität, Identität und Langlebigkeit beitragen. Mit der durchdringenden Mineralität, die seine Jugend bestimmt, wird sich der 1979er weiter entwickeln und im Alter tolle Aromen zeigen. **NB**
☙☙☙☙☙ **Trinken: bis 2015+**

◀ Bei Krug wird ein Faß mit weißer Farbe gekennzeichnet.

Krug *Collection* 1981

Herkunft Frankreich, Champagne
Typ Weißer Schaumwein, 12 Vol.-%
Rebsorten Pinot Noir, Chardonnay, Pinot Meunier

Wenn sie unter perfekten Bedingungen gelagert werden, reifen Jahrgangschampagner von Krug mit Würde und enthüllen dabei neue und faszinierende Facetten ihrer Persönlichkeit. Ein Schlüssel dieses langen Lebens ist die Tatsache, daß sie ihre erste Gärung in kleinen Eichenfässern durchgehen. Dadurch wird die Widerstandskraft des jungen Weins gegenüber der Oxidation gestärkt und eine langsame Entwicklung gefördert, bei der der Wein jedoch lebhaft bleibt. Nach 15 oder 20 Jahren treten diese Jahrgangsweine in eine zweite Lebensphase ein, bei der einzelne Geschmacksnoten intensiver werden. Zu diesem Zeitpunkt werden sie als Krug Collection auf den Markt gebracht – die letzten verfügbaren Flaschen eines außerordentlichen Jahrgangs der Vergangenheit.

1981 war ein solcher Jahrgang. Auf einen milden, nassen Winter folgten im April heftige Fröste, nach dem langen, sonnigen Sommer kam im Oktober eine sehr kleine Ernte. Als junger Wein zeichnete er sich durch Lebhaftigkeit und Entschiedenheit aus, inzwischen hat er sich zu einem Champagner großer Reife entwickelt, bei dem sich Kraft und Finesse die Waage halten. Von leuchtend goldener Farbe, weist er eine Nase auf, in der weiße Trüffel, Gewürze, Toast, reife Äpfel und kandierte Zitrusfrüchte allmählich in Aprikosen- und Honigaromen übergehen. Am Gaumen ist er langanhaltend, der bleibende Eindruck ist einer der Eleganz und Vitalität. Ein Glas dieses Champagners ist Speis und Trank zugleich. Vielleicht hatte der Gastronom Paul Levy diesen Chmapagner im Auge, als er bemerkte: „Krug ist der Champagner, den Gott als Auszeichnung den guten Engeln gab." **ME**

❀❀❀❀ Trinken: bis 2020+

WEITERE EMPFEHLUNGEN
Weitere große Jahrgänge
1964 • 1966 • 1969 • 1971 • 1973 • 1975 • 1976 • 1979
Andere 1981er Champagner
Bollinger Vieilles Vignes Françaises
Cristal • Taittinger Comtes de Champagne

Krug *Grande Cuvée* o.J.

Herkunft Frankreich, Champagne
Typ Weißer Schaumwein, 12 Vol.-%
Rebsorten Pinot Noir, Chardonnay, Pinot Meunier

Vielen Kennern gilt der Name Krug als das Nonplusultra und die Grande Cuvée als der Leitstern in der Kunst der Champagnerherstellung. Die Grande Cuvée wird aus allen drei Champagner-Weinsorten der Champagne hergestellt – der demokratische Meunier unterstützt den eher aristokratischen Pinot Noir und den Chardonnay –, wobei bis zu 40 verschiedene Weine aus einem Dutzend Jahrgängen zusammengestellt werden. Die Grande Cuvée gärt zuerst in kleinen Eichenfässern (ein bis 20 Jahre alt) unterschiedlichen Alters, um dann sofort in Edelstahlbehälter umgefüllt zu werden, die für optimale Erhaltung der Frische sorgen.

Seitdem die bisher im Familienbesitz befindliche Firma im Jahr 2004 Teil des Moët-Imperiums wurde, sind die finanziellen Ressourcen der Muttergesellschaft auch ihr zugute gekommen: 2007 wurden 40 neue moderne Gärbehälter installiert, die jeweils in zwei Hälften unterteilt sind, so daß auch kleine Chargen der besten Weine getrennt reifen können und man ihren Werdegang genau verfolgen kann, um so dem Streben nach perfekter Vinifizierung Genüge zu tun.

Der Wein reift sechs Jahre, bevor er auf den Markt kommt. Er ist von lebhaft grün-goldener Farbe, auf die ersten Zitrusaromen folgen Haselnuß, Butter und Honig – Chardonnay in Höchstform. Am Gaumen ist der Champagner opulent, aber raffiniert und fein gezeichnet, wenige Töne von roten Beerenfrüchte eines großen Pinot Noirs mischen sich mit den Brot- und Gewürztönen des Meuniers. Der Abgang ist langanhaltend. **ME**

❂❂❂❂ Trinken: nach Erhalt oder 10+ Jahre lagern

WEITERE EMPFEHLUNGEN
Andere große Krug-Champagner
Krug Collection • Krug Rosé • Krug Vintage
Weitere Nicht-Jahrgangschampagner
Billiot Cuvée Laetitia • De Meric Cuvée Catherine
De Sousa Cuvée des Caudalies • Gosset Celebris

La Morandina
Moscato d'Asti 2006

Herkunft Italien, Piemont, Asti
Typ Süßer weißer Schaumwein, 5,5 Vol.-%
Rebsorte Moscato

Der Moscato d'Asti hat lange im Schatten des Asti gestanden, es wird Zeit, daß er ins Scheinwerferlicht tritt. Er moussiert nur leicht, nicht so sehr wie der Asti, und die Reinheit der Moscato-Rebe – mit dem süßen Geschmack frisch gepflückter Weintrauben – enttäuscht so gut wie nie. Der Moscato d'Asti ist mit seinem geringen Alkoholgehalt und der erfrischenden Fruchtigkeit ist die perfekte Wahl für einen langen, heißen Sommernachmittag in fröhlicher Gesellschaft.

Die Gebrüder Giulio und Paolo Morando haben ihr Weingut in der jüngsten Vergangenheit zu neuen Höhen geführt. Die Keller stammen zwar zum Teil noch aus dem frühen 19. Jahrhundert, die Herstellungsmethoden sind jedoch modern. Seit 1988 wachsen die Reben für den Moscato d'Asti in Castiglione Tinella in der Nähe der Stadt Asti auf 14 ha Kalksteinboden, die diesem Wein seine überzeugende Mineralität verleihen.

La Morandina ist zwar ein Jahrgangswein, er überzeugt jedoch durch eine bemerkenswerte, jahrgangsüberspannende Gleichmäßigkeit. Dies ist ein Wein, den man in seiner frühesten Jugend genießen sollte.

Das Bouquet ist reich an glänzender Frische, im Hintergrund ist etwas Süßmandelaroma zu verspüren, das bei süßerem Moscato oft auftritt. Am Gaumen gleicht der erfrischende Charakter des Weines auf das schönste die sanfte, an Pfirsiche erinnernde Süße aus. Die Perlage ist anregend, ohne den Geschmack zu dominieren, und es gibt überraschende Kräuternoten – Minze und sogar frisches Basilikum. Der vollmundige Abgang läßt einen auf die nächste Gelegenheit warten, den Wein zu genießen. **SW**

☻☻ **Trinken: nach Erhalt**

Langlois Château
Crémant de Loire Brut o.J.

Herkunft Frankreich, Loire, Anjou
Typ Weißer Schaumwein, 12,5 Vol.-%
Rebsorten Chenin Blanc, Chardonnay, Cabernet Franc

Der Chenin Blanc ist mit seinen großen Reserven an Saft und Säure die große Weißweinrebe der Loire. Ihm ist es zu verdanken, daß solch großartige Dessertweine aus dem Anjou wie Bonnezeaux, Quarts de Chaume und Vouvray in guten Jahrgängen jahrzehntelang lagerfähig sind. Es ist auch eine ideale Rebsorte für die Herstellung von Schaumwein, besonders in Verbindung mit Chardonnay.

Mit Francois-Régis de Fougeroux hat Langlois Château einen Star-Önologen an Bord, der den Schaumweinen des Hauses zu einem ersten Rang unter den Crémants de Loire verholfen hat. In Angers geboren, arbeitete er nach dem Biologiestudium und dem Militärdienst auf einem französischen Weingut, bevor er in Australien bei der Firma Petaluma und deren Besitzer Brian Croser seine Ausbildung als Weinmacher vervollständigte. Seit seiner Rückkehr nach Frankreich ist er für Langlois Château als Kellermeister tätig.

Dieser Crémant de Loire Brut ist ein entzückender, frischer und vitaler Wein, leicht moussierend und mit einer Nase, die einen reifen Anklang an Brot aufweist. Am Gaumen dominiert der wachsige, zitronige Geschmack des Chenin. Der Crémant Réserve ist genauso zusammengestellt wie der Brut, reift jedoch länger (drei oder mehr Jahre) auf der Hefe. Bei ihm sind die sekundären Geschmacksnoten besser ausgeprägt – ein guter Begleiter zum Essen oder für das Gespräch danach. Der Langlois Crémant Rosé wird nur aus Cabernet Franc gekeltert: ein Glas voll Erdbeergeschmack, der ideale Begleiter zu einer regionalen *rilletes* oder einem gegrillten Steak. **ME**

☻☻☻ **Trinken: bis zu 3 Jahre nach Erhalt**

Larmandier-Bernier *VV*
de Cramant GC Extra Brut 1999

Herkunft Frankreich, Champagne, Côte des Blancs
Typ Weißer Schaumwein, 12,5 Vol.-%
Rebsorte Chardonnay

Laurent-Perrier
Grand Siècle La Cuvée o.J.

Herkunft Frankreich, Champagne
Typ Weißer Schaumwein, 12 Vol.-%
Rebsorten Chardonnay 55%, Pinot Noir 45%

Der Cramant von alten Rebstöcken hat sich in den letzen 10 Jahren nicht nur zum Spitzenwein der Firma Larmandier, sondern auch zu einem der großen Blanc de Blancs der Champagne entwickelt.

Seitdem die Weine bei Larmandier vor der zweiten Gärung einer *bâtonnage* (Aufrühren des Hefesatzes) unterzogen werden, sind sie sehr körperreich. Allerdings wird dieses Vorgehen auch kritisiert, da es angeblich die ursprüngliche Klarheit des Fruchtgeschmacks beeinträchtigt.

Cramant-Champagner stammt meist von zwei Weingärten, von denen der eine fast 40 Jahre und der andere fast 70 Jahre alt ist. Sie unterscheiden sich in ihrer Ausrichtung und Neigung, liefern aber im allgemeinen die Champagner, die am ehesten einem Riesling ähneln. Sie weisen Nuancen von grünem Tee, Limonenschalen, Estragon, Äpfeln und Mineralien auf.

Wie die meisten Kult-Champagner, die nur in geringen Mengen produziert werden, gelangt er auf den Markt, bevor er vollkommen ausgereift ist. Wenn man ihm jedoch die entsprechende Lagerzeit gewährt, wird man durch einen der tiefgründigsten Weine der Champagne belohnt. **TT**
🥂🥂🥂🥂 Trinken: 10–20 Jahre nach Kelterung

Bernard de Nonancourt, der Chef des Hauses Laurent-Perrier, ist ein mutiger Trendsetter. In den 50er Jahren träumte er von einer Spitzencuvée, die sich deutlich von jenen der anderen großen Champagnerhäuser unterscheiden sollte. Er verabschiedete sich von den gängigen Jahrgangsweinen und zog es vor, Weine aus drei großen Jahren zu verschneiden, um so einen konsistenten Wein zu erhalten.

Seit der Markteinführung 1957 zeigt La Cuvée eine bewundernswerte Balance aus Pinot Noir und Chardonnay – manchmal mit einer spürbaren Überlegenheit der weißen Rebe. Mehr als 10 Jahre nach der Verkostung lese ich in meinen Notizen: „Glänzender Goldton, grüne Glanzlichter; am Anfang dominiert der Chardonnay mit Lilien-, Brioche- und Mandelaromen. Elegante, zitronige Noten als Grundton werden durch die ruhige Stärke des Pinot Noir gestützt."

De Nonancourt weicht in der Praxis auch gelegentlich von der Theorie ab. So stellt er den Grand Siècle in hervorragenden Jahren auch manchmal als Jahrgangswein her. Der 1985er *exceptionellement millésimé* ist ein majestätischer Wein, bei dem hochkonzentrierter Pinot Noir die Schlüsselrolle übernimmt. **ME**
🥂🥂🥂🥂 Trinken: 10+ Jahre nach Erhalt

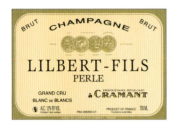

Lilbert-Fils
Cramant Grand Cru Brut Perle o.J.

Malvirà
Birbét Brachetto o.J.

Herkunft Frankreich, Champagne, Côte des Blancs
Typ Weißer Schaumwein, 12 Vol.-%
Rebsorte Chardonnay

Herkunft Italien, Piemont, Roero
Typ Süßer roter Schaumwein, 6,5 Vol.-%
Rebsorte Brachetto

Die Weingärten der Familie Lilbert in Cramant gehören mit ihren mehr als 40 Jahre alten Reben zu den besten des Ortes. Seit 1907 hat die Familie für ihre Weine Goldmedaillen gewonnen.

Die Gärung wird mit Kulturhefen in Edelstahlbehältern durchgeführt, um das Entstehen von Aromen oder Geschmacksnoten zu verhindern, die die kristalline Reinheit beeinträchtigen könnten, die man hier erstrebt. Die malolaktische Gärung wird gefördert und die Weine verbringen mindestens 24 bis 30 Monate auf der Hefe.

Unter diesen Weinen ist der Brut Perle der ungewöhnlichste und einer der wenigen aus dem Dorf, bei dem sich eine kostbare und einst populäre Weinart noch zeigt – Crémant de Cramant. Ursprünglich wurde mit Crémant ein „cremiger" Champagner mit geringerem Druck als üblich bezeichnet. Diese Bezeichnung wurde jedoch zu Gunsten anderer französischer Schaumweinhersteller aufgegeben, als diese sich bereiterklärten, den Begriff *méthode champenoise* nicht mehr zu verwenden. Die elegante Version der Lilberts hat eine frische, kalkige und blumige Nase, ist am Gaumen jedoch sanft, seidig und weinig, wodurch die Klarheit seines *terroirs* noch besser zur Geltung kommt. **NB**

⊙⊙ **Trinken: nach Erhalt und 10+ später**

Der Weinberg Malvirà liegt am linken Ufer des Tanaro in der Kleinstadt Canova. Auf der anderen Flußseite liegt das berühmtere Langhe, aus dem Barolo und Barbaresco stammen, hier sind die Bodenformationen jedoch jünger und die Hänge steiler als dort.

Malvirà wurde erst 1974 angelegt, die Besitzer, die Familie Damonte, stellt jedoch schon seit über 200 Jahren Wein her. Der Weingehalt des Birbét Brachetto liegt absichtlich unter der Grenze, die für die Bezeichnung „Wein" als Minimum vorgeschrieben ist, so daß er als „teilvergorener Rebenmost" bezeichnet wird – dennoch ist er besser als viele andere süße Weine.

Die erste Gärung findet in Edelstahlbehältern statt, die zweite in Druckbehältern, auf Flaschen abgefüllt wird der Wein meist in drei unterschiedlichen Chargen im November, Februar und Mai, um sicherzustellen, daß der Wein so frisch wie möglich ist.

Die Schönheit des Brachetto liegt in seinen Primäraromen, die an Rosen und Erdbeeren erinnern und nur beim jungen Wein zur Geltung kommen. Der Alterungsprozess bekommt diesem Wein nicht gut. Aber in seiner Jugend ist der Wein leicht, erfrischend und gefährlich gut trinkbar. **AS**

⊙ **Trinken: nach Erhalt**

Mateus
Rosé o.J.

Herkunft Portugal, Bairrada/Douro
Typ Fast tockner Rosé-Schaumwein, 11 Vol.-%
Rebsorten Baga, Bastardo, Touriga Nacional, andere

Serge Mathieu *Cuvée Tradition Blanc de Noirs Brut* o.J.

Herkunft Frankreich, Champagne, Côte des Bar
Typ Weißer Schaumwein, 12 Vol.-%
Rebsorte Pinot Noir

Mateus ist einer der wirklich internationalen Weine. Der Gründer der Firma Sogrape Vinhos, Fernando van Zeller Guedes, war ein Marketinggenie, mit dem Mateus schuf er einen Wein, der fast jeden ansprach. Der Mateus ist weder trocken noch süß, weder rot noch weiß, weder schwer noch leicht, weder moussierend noch still, man kann ihn zu einer herzhaften Mahlzeit genauso gut wie zur süßen Nachspeise trinken. Das Etikett zeigt den Geburtsort des Palacio de Mateis – ein barockes Herrenhaus in der Nähe von Villla Real. Die abgeflachte Flasche soll angeblich an die Wasserflaschen des Ersten Weltkriegs erinnern.

Der Wein wird aus verschiedenen portugiesischen roten Rebsorten gekeltert, die vor allem aus den Regionen Douro und Bairrada stammen. Der Most kommt nicht mit den Beerenschalen in Berührung und wird bei kontrollierten Temperaturen von 16 bis 18°C langsam vergoren. Diese Herstellungsweise führt zu der typischen „rosa" Farbe des Mateus.

Die Assoziation mit dem Zeitgeist der 70er Jahre hat zeitweise zu negativen Bewertungen des Weines geführt. Anfang des 21. Jahrhunderts wurde Mateus mit einem reichen Portfolio erfolgreich neu am Markt positioniert. **SG**

🥂 **Trinken: nach Erhalt**

Dies ist eine reine Pinot-Noir-Cuvée von den fruchtbareren Kalksteinböden der südlichen Champagne, die viel Qualität für den geforderten Preis bietet. Serge Mathieus Spitzendomäne in Avirey-Lingey steht unter der Leitung seiner Tochter Isabell und deren Ehemann Michel Jacob – ein ökologisch ausgerichteter, gewissenhafter, aber auch pragmatischer Hüter des 11 ha großen Anwesens, der sich nicht sklavisch an Mondphasen hält.

Die Weingärten sind vor allem mit Pinot Noir bepflanzt, es gibt jedoch auch sehr guten Chardonnay. Im Keller findet man kein Eichenholz, so daß die Reinheit der Rebsorte und der Charakter des *terroirs* unverändert zum Tragen kommen.

Die Farbe ist ein auffälliger Goldton; in der Nase mischen sich die Aromen reifer Kirschen mit Gewürz- und Ledernoten. Am Gaumen wirkt der Wein voll. Der nachhaltigste Eindruck ist jedoch der von Finesse, Balance und einer wunderbar leichten Hand bei der Vinifizierung – und das alles ist für weniger als 22 Euro im Handel zu erhalten.

Michel Jacob stellt auch den Brut Sélect Tête de Cuvée her, wo der Chardonnay eine delikate, rassige Balance mit dem Pinot Noir eingeht. **ME**

🥂🥂 **Trinken: nach Erhalt und 5+ später**

Medici Ermete
Lambrusco Reggiano Concerto 2006

Herkunft Italien, Emilia-Romagna
Typ Trockener roter Schaumwein, 11,5 Vol.-%
Rebsorte Lambrusco

Der Lambrusco hat in Italien wie auch in anderen Ländern keinen sehr guten Ruf. Das rührt daher, daß sein Anbau von riesigen Winzerkooperativen kontrolliert wird, die ohne Rücksicht auf die Qualität nach der erzeugten Menge bezahlt werden. Die laxen Herstellungsgesetze taten dann ein übriges.

Das Weingut Medici Ermete war Mitte der 80er Jahre das erste, das sich die Herstellung eines guten Lambrusco zur Aufgabe machte. Für ihre Spitzenweine fingen sie damals an, eigene Reben anzubauen, während sie für die anderen Weine weiterhin Trauben von den Kooperativen hinzukauften. Der dramatische Qualitätsunterschied wurde sofort von der Fachpresse und den Verbrauchern bemerkt, aber auch von anderen Herstellern, die begannen, diesem Beispiel zu folgen. Die Medicis erhöhten die Pflanzdichte der Reben und reduzierten den Ertrag auf etwas mehr als ein Drittel der erlaubten Menge (13 Tonnen pro Hektar sind nach DOC Richtlinien zugelassen, sie produzierten nur noch 5,4 Tonnen), außerdem gaben sie den auf Maschinenernte ausgerichteten Zuschnitt der Rebstöcke wieder auf und kehrten zu traditionellen Spalieren zurück.

Der Lambrusco Reggiano Concerto ist ein Wein, mit dem der schlechte Ruf dieser DOC wieder zurechtgerückt werden kann. Beim Eingießen moussiert er mit schön blaß-rosa Farbe – der Inbegriff der Glückseligkeit. Die Nase erinnert an Sommerbeeren, hat aber auch leichte Blütenanklänge. Am Gaumen überzeugt der Wein mit Geschmacksnoten von Sommerfrüchten, einer sauberen Säure und einem recht langen Abgang. Er paßt ausgezeichnet zu kräftigen Nudelgerichten mit Fleisch. **AS**

☙ **Trinken: nach Erhalt**

Bruno Michel
Cuvée Blanche o.J.

Herkunft Frankreich, Champagne
Typ Weißer Schaumwein, 12 Vol.-%
Rebsorten Pinot Meunier 53%, Chardonnay 47%

Diese aufregende kleine Firma wurde von den jetzigen Besitzern mit Hingabe, Leidenschaft und Weitblick fast aus dem Nichts geschaffen. Der Vater von Bruno Michel besaß zwar Reben, stellte jedoch keinen Wein her. Nach einem Studium der Mikrobiologie wandte Bruno sich der Gärtnerei zu, begann jedoch ab 1982 Weingärten zu kaufen und zu pachten. Seine Frau Cathérine und er bewirtschaften in dem kleinen Dorf Pierry inzwischen Weingärten mit einer Gesamtfläche von über 15 ha, bestehend aus 43 verschiedenen kleinen Parzellen.

Seit 1999 betreiben die Michels ökologischen Weinbau, nach und nach stellen sie ihre Produktion auf biodynamische Anbauweisen um. Seit 1994 werden die Weine in hochwertigen Burgunder-Barriques von einem der angesehensten Hersteller der Cote de Beaune gegoren, so daß der Wein jedes einzelnen Weingartens gesondert behandelt werden kann. Die Behandlung wird bei jedem Faß durch Blindverkostung und nicht nach der Herkunft des Weines bestimmt. Für einige Weine werden Naturhefen verwendet, bei anderen wird der Hefesatz aufgerührt, wenn dies dem Wein zusätzliche Tiefe verleihen kann, und der malolaktischen Gärung wird freier Lauf gelassen.

Bruno möchte, daß seine Cuvée Blanche mehr als eine durchschnittliche, jahrgangslose *cuvée de base* ist, auch in diesem Fall ist es seine Absicht, „etwas Originelleres" zu bieten. Die zum Teil in Holz stattfindende Gärung und der Verschnitt zweier unterschiedlicher Weine aus unterschiedlichen Lagen und Jahrgängen führen zu einer Komplexität, die für einen so bezahlbaren Wein erstaunlich ist. **AS**

☙ **Trinken: nach Erhalt**

Montana Deutz Marlborough
Cuvée *Blanc de Blancs* 2003

Herkunft Neuseeland, Marlborough
Typ Weißer Schaumwein, 12 Vol.-%
Rebsorte Chardonnay

1988 ging die Firma Montana Wines (inzwischen Pernod Ricard NZ) mit Champagne Deutz eine Partnerschaft ein, um die in Neuseeland gegebenen Möglichkeiten zur Produktion guter Schaumweine zu nutzen. Heute werden drei Weine hergestellt: der einfache Deutz Marlborough Cuvée, Deutz Marlborough Cuvée Blanc de Blancs und Deutz Marlborough Cuvée Pinot Noir Cuvée. Bei weitem am besten ist der Blanc de Blancs.

Der Großteil der Chardonnay-Trauben stammt aus dem Pernod-Ricard-Weingut Renwick Estate, die Weingärten sind an der Südseite des Wairau Valley gelegen, wo die schweren Böden für Weine mit großer Eleganz und Finesse sorgen.

Deutz Marlborough Cuvée Blanc de Blancs wird nur in sehr guten Jahren hergestellt – seit 1994 waren es insgesamt nur sieben. Die Trauben werden von Hand gepflückt, wenn sie reif, aber nicht zu fruchtig sind und einen guten Säuregehalt aufweisen. Sie werden als ganze Trauben in einer Champagnerpresse gepreßt, um hochwertigen Most mit einem geringen Tanningehalt zu erzielen. Bei der Herstellung werden verschiedene Grundweine verschnitten, dabei wird mehr Wert auf hohe Qualität als auf einen gleichmäßig typischen Charakter gelegt. Der Wein reift dann 3 bis 5 Jahre in Flaschen.

Der Jahrgang 2003 ist ein straffer Wein mit einer explosiven Perlage und ansprechenden Limonen-, Toast- und Haselnußnoten. Obwohl er bereits jetzt durchaus ansprechend ist, sollte man auf sein ausgezeichnetes Lagerungspotential vertrauen. Dies ist der bis dato beste Jahrgang eines stets hervorragenden Weines. **BC**
☺☺ Trinken: bis 2013

Moutard
Cuvée *aux 6 Cépages* o.J.

Herkunft Frankreich, Champagne, Aube
Typ Weißer Schaumwein, 12 Vol.-%
Rebsorten Chardonnay, P. Noir, P. Meunier, Others

Lucien Moutard hat für den neuen Aufbruch gesorgt, der in der jüngeren Winzergeneration der Champagne zu bemerken ist. Schon 1952 begann er in seinen Weingärten die Rebsorte Arbanne zu ziehen, eine alte Sorte, die beinahe ausgestorben war, von der bekannt ist, daß die Kultivierung außerordentlich schwierig ist. Diese Leistung wird keineswegs dadurch geschmälert, daß eine nach der anderen seiner Cuvées Arbane (sic!) Vielle Vigne nicht besonders gut ausfielen. Auch seine anderen Weine überzeugten bis vor kurzem nicht immer.

Die wahre Stärke dieses Herstellers waren nie seine Champagner, sondern seine Obstbrände und Marcs. Die Familie Diligent betreibt seit dem 19. Jahrhundert eine Destille, und diese Erfahrung zeigt sich in allen ihren Erzeugnissen, vom exzellenten Marc de Champagne und Vieux Marc de Champagne bis hin zu den bezaubernden Obstwässern, vor allem dem Eaux de vie de Poire William und dem Eaux de vie de Framboise. Die Champagner konnten lange Zeit mit der Qualität dieser Spitzenprodukte nicht mithalten.

Das änderte sich, als die Cuvée aux 6 Cepages des Jahrgangs 2000 auf den Markt gebracht wurde. Der Wein untergeht seine erste Gärung in Burgunder-Barriques, die Flaschen werden bei der zweiten Gärung nicht mit Kronkorken, sondern mit Korken verschlossen, und die Dosage ist mit 6 g/l gering. So entsteht ein sehr weicher und glatter Champagner, dessen Erfolg auch auf die Qualität der anderen Weine abgefärbt zu haben scheint, die jetzt meist sehr viel frischer und interessanter sind, als sie es einst waren. **TS**
☺☺☺ Trinken: bis 2012

Mumm
De Cramant o.J.

Herkunft Frankreich, Champagne, Côte des Blancs
Typ Weißer Schaumwein, 12 Vol.-%
Rebsorte Chardonnay

Mumm
Cuvée R. Lalou 1998

Herkunft Frankreich, Champagne
Typ Weißer Schaumwein, 12 Vol.-%
Rebsorten Pinot Noir 55%, Chardonnay 45%

Mumm ist einer der seltenen Champagner, die nur aus Chardonnay gekeltert werden. Dieser fein gezeichnete *crémant* (ein mit niedrigem Druck auf Flaschen abgefüllter Champagner) kam 1882 als Crémant de Cramant auf den Markt. Er wurde zu dieser Zeit durch Boten in einer nicht etikettierten Flasche mit einer Visitenkarte des Herstellers, deren obere rechte Ecke umgeknickt war, an Freunde des Hauses geliefert. Das Erbe lebt in dem heutigen Etikett und in der Flasche im Stil des 19. Jahrhunderts fort.

Der Wein wird ausschließlich aus *gran-cru*-Chardonnay-Reben aus Cramant gewonnen. Um seine Dynamik und Frische zu erhalten, reift er lediglich zwei Jahre und darf deswegen nach dem französischen Weingesetz keine Jahrgangsbezeichnung tragen, auch wenn er immer aus dem Wein eines einzigen Jahres hergestellt wird.

De Cramant ist ein zarter, raffinierter, sehr fein moussierenden Champagner von blaßgelber Farbe mit silbrigen Glanzlichtern. Das Bouquet erinnert an weiße Blüten und frische Zitrusfrüchte, am Gaumen ist der Wein frisch und doch freundlich, mit Limonen- und Grapefruitnoten. Das Finale ist konzentriert, sanft und für einen solchen Champagner ziemlich lang. **ME**

⊖⊖⊖ **Trinken: nach Erhalt und 3 Jahre danach**

Dies ist der erste Jahrgang der Cuvée R. Lalou, dem Nachfolger von Mumms berühmter Cuvée René Lalou. An seiner Herstellung waren drei Kellermeister beteiligt: Pierre Harang, Dominique Demarville und Didier Mariotti. Harang hatte die Stelle von André Carré übernommen, der mit den Weinen, die er zwischen 1982 und 1991 herstellte (sie kamen zwischen 1985 und 1999 auf den Markt), wesentlich dazu beigetragen hatte, den guten Ruf der Firma Mumm zu ruinieren.

Ohne Kenntnis ihres Arbeitgebers entwickelten Harang und Demarville die Grundlagen für eine zukünftige Spitzencuvée, wobei sie die nötigen Weingärten und Weinvorräte im Computersystem unter dem Kürzel GC (Grand Cru) tarnten.

Als Harang in den Ruhestand ging, übernahm Demarville und das Projekt wurde offiziell fortgeführt. Das Ergebnis ist ein harmonischer Wein, der sehr fein moussiert und in der Nase Blütennoten aufweist. Am Gaumen dominieren zuerst schwarze Trauben, später kommen Zitrus- und Walnußtöne hinzu. Die Cuvée R. Lalou ist ein gradliniger und intensiver Wein, dessen wahres Potential sich erst zeigt, wenn er in Ruhe und vielleicht auch in Begleitung einer Mahlzeit genossen wird. **TS**

⊖⊖⊖⊖ **Trinken: bis 2018**

Nyetimber *Premier Cuvée Blanc de Blancs Brut* 1992

Herkunft Großbritannien, West Sussex
Typ Weißer Schaumwein, 12 Vol.-%
Rebsorten Chardonnay

Dies ist der erste im Handel erhältliche Jahrgang eines Weines, der sogar die skeptischsten Kritiker davon überzeugte, daß sich in Großbritannien ein Weltklasse-Schaumwein herstellen läßt. Die ursprünglichen Besitzer von Nyetimber, die Amerikaner Stuart und Sandy Moss, ließen sich von Önologen aus der Champagne beraten, die den Boden untersuchten, Rebklone vorschlugen, die Schnittweise bestimmten und die Rebstöcke pflanzten. Wie in der Champagne sind die Reben flach gehalten, der gut drainierte Boden schützt vor Frost.

Der legendäre 1992er wurde in der High-Weald-Kellerei von Kit Lindlar gekeltert, dessen Beitrag zur britischen Schaumweinherstellung kaum überschätzt werden kann, vor allem weil er auch später die ersten Weine für Ridgeview kelterte. Nach drei Eigentümer- und Kellermeisterwechseln hat der jetzige Besitzer Eric Hereema inzwischen für stabile Verhältnisse gesorgt, indem er Cherie Spriggs und Brad Greatrix als neues Kellermeister-Team verpflichtete.

Wie Hereema selbst sagt, verdankt Nyetimber seinen guten Ruf und die erhaltenen Preise der hohen Qualität und dem charakteristischen fruchtigen Charakter, die auf die ideale Lage und das einzigartige Mikroklima zurückzuführen sind. Inzwischen hat er die Weingärten von ursprünglich 14 ha auf 105 ha vergrößert – ob dies eine weise Entscheidung war, wird sich erst im Laufe der Zeit zeigen. Für den 1992er ist die Zeit jedoch stehengeblieben. Heute gibt es leider nur noch winzige Mengen dieses erstaunlichen, cremig-pfirsichigen Weines, der in Nyetimber bei ganz besonderen Gelegenheiten kredenzt wird. **TS**

❸❸❸ Trinken: bis 2012

Omar Khayyam
o.J.

Herkunft Indien, Sahyadri-Tal
Typ Weißer Schaumwein, 12,5 Vol.-%
Rebsorten Chardonnay, Pinot Noir, Ugni Blanc

Dieser Wein ist nach dem persischen Dichter Omar Khayyam benannt, in dessen Gedichtsammlung Rubaiyat häufig Verweise auf den Wein vorkommen. Der nach traditionellen Methoden hergestellte Schaumwein überrascht durch seine hohe Qualität. Der indische Millionär Shamrao Chougule entdeckte während seiner Europareisen sein Faible für Champagner und beschloß, in Indien einen hochwertigen Schaumwein herzustellen – ein Vorhaben, das er seit 1988 in seinem Chateau Indage östlich von Mumbai in die Tat umsetzt. Hilfe beim Aufbau des Weinguts erhielt er in den Anfängen von dem jungen französischen Önologen Raphael Brisbois, der in den 80er Jahren auf Wunsch von Chougule vom Champagnerhersteller Piper-Heidsieck nach Indien entsandt worden war.

Heute wird die Weinherstellung auf dem Gut mit 243 ha Rebfläche vom indischen Önologen Abhay Kewadkar geleitet. Die Weingärten liegen im fruchtbaren Hügelland östlich von Mumbai, im Sahyadri Valley. Etwa 40 % der Produktion werden nach Europa exportiert – unter anderem nach Frankreich. Der Wein wird auch in den USA, in Kanada und Japan verkauft.

Sowohl der Omar Khayyam für den Export als auch der Marquise de Pompadour für den indischen Markt werden aus den klassischen Champagner-Rebsorten Chardonnay und Pinot Noir hergestellt, allerdings befindet sich in der Mischung etwas Ugni Blanc, der auch für die Herstellung von Cognac verwendet wird. Der Omar Khayyam reift drei Jahre, bevor er in den Handel kommt, während der Marquise de Pompadour schon nach zwei Jahren auf den Markt gelangt. **SG**

❸❸ Trinken: nach Erhalt

← Das Gutshaus von Nyetimber in West Chiltington, Sussex.

L'Origan
L'O Cava Brut Nature o.J.

Herkunft Spanien, Penedès, Sant Sadurní d'Anoia
Typ Weißer Schaumwein, 12 Vol.-%
Rebsorten Xarel-lo, Macabeu, Parellada, Chardonnay

Perrier-Jouët
La Belle Epoque 1995

Herkunft Frankreich, Champagne
Typ Weißer Schaumwein, 12,5 Vol.-%
Rebsorten Chardonnay 50%, P. Noir 45%, P. Meunier 5%

Der L'Origan trägt den Namen eines unverkennbaren und einflußreichen Parfüms, das im Jahr 1906 von François Coty kreiert wurde. 1998 schufen Manel Martínez und sein Sohn Carlos einen neuen, modernen Cava, der jedoch nach alten Methoden hergestellt wurde. Unter anderem untergeht der Wein wie in der Champagne die erste Gärung in Fässern. Sie nahmen ihren Betrieb in der ältesten Kellerei im Stadtzentrum von Sant Sadurni D'Anoia auf, in Gebäuden, die ebenfalls im Jahr 1906 errichtet worden waren.

Der erste Wein war dieser jahrgangslose Blanc de Blancs Brut Nature, eine Mischung aus den örtlichen Macabeu- und Xarel-lo-Reben mit Chardonnay, der in Eichenfässern gärt und 30 Monate reift. Der Brut Nature hat eine außergewöhnliche, höchst individuelle Nase, die sich im Glas andauernd ändert. Zuerst geschlossen, zeigt sie langsam Sternanis- und Limonenblütentee-Noten mit Spuren von Hefe und Toast, wandelt sich dann zu Heu- und Stroharomen, um mit balsamischen Tönen zu enden. Am Gaumen ist der Wein von mittlerer Körperlichkeit, er hat eine feine Perlage und schmeckt nach weißen Früchten, Anis und Toast, im langen Abgang tauchen auch die Balsamtöne wieder auf. **LG**

🍷🍷 **Trinken: 1–2 Jahre nach Erhalt**

La Belle Epoque feierte 1970 in einem Pariser Nachtklub anläßlich des 70. Geburtstages von Duke Ellington Premiere – von Anfang an war dieser Wein erfolgreich. Der 1995er (ein Chardonnay-Jahrgang *par excellence*) bringt die Vorzüge des Weines besonders gut zur Geltung. Die weißen Trauben stammen größtenteils aus den überragenden Weingärten der Firma in den *grands crus* von Cramant und Avize, sie geben in der Mischung den Ton an (50 %). Eine wichtige Rolle spielt auch der Pinot Noir aus Mailly, Verzy und Aÿ (45 %), so daß hier die Reben der Montagne de Reims zusammengeführt werden. Und dann kommt noch ein wenig Meunier aus Dizy hinzu.

Der Champagner ist jetzt auf seinem Höhepunkt und hinterläßt vor allen Dingen den Eindruck von Frische und Reinheit, der sich in den noch grünen Glanzlichtern in der goldenen Farbe und in dem Aroma von weißen Pfirsichen mit einem Beiklang von Toast zeigt. Nach dem Kontakt mit der Luft wird der Charakter durch das Auftreten butteriger Gebäckaromen komplexer. Das Quentchen Meunier rundet die ausdauernde Kraft des Pinot Noirs am Gaumen sehr schön ab. Der erste Jahrgangswein des Kellermeisters Hervé Deschamps ist ein großartiger 1995er. **ME**

🍷🍷🍷🍷 **Trinken: bis 2015+**

Champagner von Perrier-Jouët auf einer Speisekarte der Belle Epoque.

Pierre Peters *Cuvée Speciale* Grand Cru Blanc de Blancs 1996

Herkunft Frankreich, Champagne, Côte des Blancs
Typ Weißer Schaumwein, 12 Vol.-%
Rebsorte Chardonnay

Philipponnat Clos des Goisses 1991

Herkunft Frankreich, Champagne, Montagne de Reims
Typ Weißer Schaumwein, 13 Vol.-%
Rebsorten Chardonnay, Pinot Noir

Dieser Schaumwein von einer exzellenten kleinen Domäne entwickelte sich in kürzester Zeit zu einem Kult-Champagner. Die jahrgangslosen und die normalen Jahrgangsweine des Herstellers Peters werden aus Trauben von verschiedenen Weingärten anderer Gemeinden der Côte des Blancs verschnitten, aber die Cuvée Speciale ist ein *monocru*, der aus den 72 Jahre alten Mesnil-Reben eines einzigen Weingartens namens Les Chetillons hergestellt wird.

Peters selbst bezeichnet den Wein als „mineralig", aber Jahrgänge wie 1996 können auch eher vegetabile Noten zeigen. Mein persönlicher Geschmackseindruck des Chardonnays aus Mesnil ist der von frischem, mit Jasmin aromatisierten Zitronenpudding, der durch Kreide gefiltert worden ist. Oger und Avize sind prägnanter mit Apfeltönen, Cramant erinnert eher an grünen Tee und Limonen – Mesnil hat eine Geste der kreidigen Autorität.

Der schiere Weingeschmack der Cuvée Speciale mag als Überraschung kommen. In Jahrgängen wie 1996 (und 1990) nimmt der Wein den Charakter eines moussierenden Chablis *grand cru* an. Er bittet geradezu um Jahrzehnte der Reifezeit, um seine butterigen, safranigen Tiefen voll zu entwickeln. **TT**

🍾🍾🍾🍾 **Trinken: 10–30 Jahre nach der Ernte**

Der Weinberg Clos des Goisses ist 5,5 ha groß und liegt an einem Südhang über dem *premier-cru*-Dorf Mareuil-sur-Aÿ – erstaunlicherweise gehört er nicht zu den grand-cru-Lagen. Er ist zu 70 % mit Pinot Noir und zu 30 % mit Chardonnay bepflanzt. Jahrelang war der dort erzeugte Champagner der Insidertip schlechthin – heute dient die Nennung seines Namens als Nachweis der eigenen Kennerschaft in Bezug auf Champagner.

Clos des Goisses arbeitet gegen die Rebsorten-Typisierung. Es fast unmöglich, in ihm die Beiträge des Pinot Noir und des Chardonnays genauer zu differenzieren. Seine Qualität erhält er durch seine Robustheit, Männlichkeit und tiefgründig-kalkige Mineralität. Der Wein leistet einerseits einen Beitrag zur Definition des Champagners, andererseits steht er auch etwas abseits: Er ist nicht so fruchtig wie Cristal und nicht so salzig und nussig wie Krug.

Clos des Goisses ist vielleicht insofern der wichtigste Champagner, als man ihn einmal probiert haben muß, wenn man das Wesen des Champagners wirklich verstehen will – ein tiefschürfender Wein, der in der Lage ist, nicht nur Ihre Bewunderung, sondern auch Ihre Wißbegier zu erwecken. **TT**

🍾🍾🍾🍾🍾 **Trinken: bis 15 Jahre nach der Ernte**

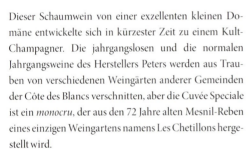

Pol Roger
Blanc de Blancs 1999

Herkunft Frankreich, Champagne
Typ Weißer Schaumwein, 12 Vol.-%
Rebsorte Chardonnay

Pol Roger
Cuvée Sir Winston Churchill 1975

Herkunft Frankreich, Champagne
Typ Weißer Schaumwein, 12 Vol.-%
Rebsorten Pinot Noir, Chardonnay

Pol Roger Blanc de Blancs ist ein ungemein schmackhafter, rassiger und sehr unterschätzter Champagner. Die Champagner des Herstellers Pol Roger sind als langlebig bekannt, und der Chardonnay ist der langlebigste unter den Weinen der Champagne. Es wäre also nicht abwegig, von einem reinen Chardonnay-Champagner des Hauses Pol Roger das größte Lagerungspotential überhaupt zu erwarten. Es ist genau umgekehrt. Wenn sie zuerst auf den Markt gelangen, sind alle Jahrgänge dieser Cuvée so üppig und cremig, daß es sich kaum lohnt, sie lange zu lagern. Zwar können sie sich in den nächsten 3 bis 5 Jahren noch ein wenig weiterentwickeln. Aber selbst in den Kellern des Herstellers beträgt ihre Lebenserwartung selten mehr als 20 bis 25 Jahre. Wenn Sie einen Champagner suchen, der garantiert 50 oder mehr Jahre hält, kaufen Sie einen Pol Rogers Vintage, wenn sie jedoch den sofortigen Genuß wollen, öffnen Sie eine Flasche Blanc de Blancs.

Der Jahrgang 1999 war einer der großartigsten in der jüngeren Vergangenheit dieser Cuvée (der erste Jahrgang von Dominique Petit, früher Kellermeister bei Krug), er ist sogar noch besser als der 1998er – beachtenswert angesichts der Tatsache, daß dieses Jahr eigentlich die besseren Weine hervorbrachte. **TS**

❂❂❂ **Trinken: bis 2013**

Der prestigeträchtigste Champagner der Moderne wurde 1975 erstmals gekeltert und kam 1984 auf den Markt – ausschließlich in Magnum-Flaschen. Als sie sich für die Ehrung im Namen ihres verstorbenen Vaters bedankte, kommentierte Lady Soames den legendären Pol-Roger-Konsum von Winston Churchill folgendermaße: „Ich habe oft gesehen, daß es ihm danach besser ging, aber nie schlechter."

Pol Roger äußert sich über die Zusammensetzung sehr spärlich. Bekanntgegeben wird nur, der Champagner sei Pinot-lastig und stamme ausschließlich aus jenen Weingärten, die die Firma auch für Churchills Lieblingschampagner verwendete. Dennoch ist die Annahme sicher nicht falsch, daß die Cuvée Winston Churchill zu 80 % aus Pinot Noir und 20 % aus Chardonnay besteht. Allerdings erwähnten die Champagnerhersteller zu Churchills Lebzeiten nicht, daß ihre Weingärten zu mehr als der Hälfte mit Pinot Meunier bepflanzt waren.

Der Wein ist inzwischen zu großer Tiefe gereift, die Fruchtnoten sind intensiver, komplexer und raffinierter geworden und werden von sehr feinen Toast-Aromen begleitet. Ein lange nachhallender und ohne Zweifel großartiger Champagner. **TS**

❂❂❂❂ **Trinken: bis 2025**

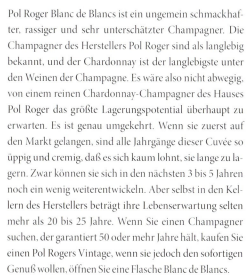

Bei Gaspar Camps gehört Pol Roger zur gehobenen Lebensart.

Pommery
Cuvée Louise 1990

Herkunft Frankreich, Champagne
Typ Weißer Schaumwein, 12 Vol.-%
Rebsorten Chardonnay 60%, Pinot Noir 40%

Roger Pouillon
Cuvée de Réserve Brut o.J.

Herkunft Frankreich, Champagne, Vallée de la Marne
Typ Weißer Schaumwein, 12 Vol.-%
Rebsorten P. Noir 80%, Chardonnay 15%, P. Meunier 5%

Im Jahr 1858 verstarb der Ehemann von Jeanne Alexandrine Louise Pommery und ließ sie mit zwei Kindern zurück, von denen eines – Louise – noch ein Säugling war. Während des Deutsch-Französischen Krieges (1870/71) wurde das Haus der Pommerys vom preußischen Statthalter von Reims requiriert, aber danach begann Madame Pommery, das Familiengeschäft wieder aufzubauen. Sie vergrößerte die Keller und kaufte 300 ha erstklassiger Weingärten hinzu.

Der Spitzenwein des Hauses trägt den Namen von Madame Pommery und ihrer jüngsten Tochter. Die Cuvée Louise wird nur in außergewöhnlichen Jahren gekeltert. Die Weine stammen aus den *grands crus* von Avize, Cramant und Aÿ. Der Chardonnay-lastige Wein ist eine leichtere Ausprägung des Champagners, kann aber viele Jahre gelagert werden.

Im Jahr 2006 präsentierte der Kellermeister von Pommery, Thierry Gasco, eine Magnumflasche des 1990ers. Der Wein hatte eine wundervolle bernsteingoldene Farbe und eine sehr komplexe Nase mit Brioche-, Karamel- und Kaffeearomen. Der Geschmack war voll, konzentriert und hatte die typische geringe Säure dieses Jahrgangs. **SG**

◉◉◉◉ **Trinken: bis 2010+**

Die Familie Pouillon baut zwar seit Generationen Reben an, füllt aber erst seit drei Generationen auch Weine unter dem eigenen Namen ab. Unter der Leitung von Fabrice Pouillon, der mit 22 Jahren 1998 die Familienfirma übernahm, ist das Gut gewachsen und die Qualität der Weine hat sich verbessert.

Insgesamt gehören der Firma 15 ha Weingärten in Mareuill-sur-Ay, Les Mesnil-sur-Oger und Aÿ sowie in mehreren Premier-Cru-Gemeinden. Fabrice betreibt die Winzerei mit einer Methode, die er als *une culture artisinale raisonée* bezeichnet – unter anderem verwendet er organische Pflanzenschutzmittel und pflügt zwischen den Reben. Seit 2003 arbeitet er biodynamisch. Die Weine untergehen alle die malolaktische Gärung, bei den Weinen, die in Holzfässern gären, wird *batonnage* durchgeführt, und bei jahrgangslosen Bruts wird für die Dosage Rohrzucker verwendet.

Die Cuvée de Réserve Brut ist außerordentlich gut gelungen: Neben runde, reife Honigaromen treten die reichen Aromen getrockneter Früchte. Auf Grund der perfekt ausbalancierten Säure wirkt der Wein jedoch nicht schwer. Der nachhallende Abgang zeugt von der Gesamtqualität. **NB**

◉◉ **Trinken: bis zu 5 Jahre nach Erhalt**

Ein Jugendstilplakat wirbt 1902 für Pommery.

Jérôme Prévost *La Closerie Cuvée Les Béguines* o.J.

Herkunft Frankreich, Champagne, Montagne de Reims
Typ Weißer Schaumwein, 12,5%
Rebsorte Pinot Meunier

Jérôme Prévost ist in vielerlei Hinsicht der individuellste Winzer und Produzent der Champagne, aber auch einer der tapfersten, überzeugtesten, originellsten und poetischsten (man lese die Rückseite der Etikette seines Weins). Er arbeitet alleine, stellt nur einen Wein her, immer aus einem Jahrgang und immer aus der gleichen Rebsorte – Pinot Meunier. Das hört sich vielleicht nicht bemerkenswert an, aber der La Closerie Cuvée Les Béguines ist ein außerordentlich interessanter Wein.

Prévost übernahm mit 21 Jahren den 2,2 ha großen Weingarten seiner Familie in Gueux in der Montagne de Reims. Zuerst verkaufte er seine Trauben an andere Hersteller, begann aber, seinen eigenen Wein herzustellen, nachdem der bekannte Nachbar Anselme Selosse ihm von 1998 bis 2001 Räume in seiner Kellerei zur Verfügung gestellt hatte. Um das Beste aus seinen in den 60er Jahren gepflanzten Rebstöcken zu machen, pflügt er zwischen den Reben und wendet biodynamische Methoden an. Die Weine werden in Holz gegoren (meist in Barriques) und entgegen dem landläufigen Verfahren längere Zeit auf der natürlichen Hefe im Faß gelagert, nicht auf Zuchthefen in der Flasche. Da sie ausgesprochen reichhaltig und reif sind, wird nur eine leichte Dosage zugegeben, so daß sie Extra Brut bleiben.

Prévost gibt dem Meunier die Unterstützung, die für diese Rebsorte notwendig ist, und erzielt so einen hochkomplexen, konzentrierten und exotischen Wein. Wie René Collard in Reuil stellt er nicht nur einen großen Pinot Meunier, sondern auch einen großartigen Champagner her. **NB**

☻☻☻ **Trinken: 4–10 Jahre nach Erhalt**

WEITERE EMPFEHLUNGEN

Andere große Pinot-Meunier-Champagner
René Collard • Egly-Ouriet Les Vignes de Vrigny

Weitere holzgelagerte Champagner
Bollinger Jacques Selosse Tarlant • De Sousa
Alfred Gratien • Krug

Für diese Cuvée wird nur Pinot Meunier verwendet.

Raventós i Blanc *Gran Reserva de la Finca Brut Nature* 2003

Herkunft Spanien, Penedès, Sant Sadurní d'Anoia
Typ Weißer Schaumwein, 12 Vol.-%
Rebsorten Macabeo, Xarel-lo, Parellada, andere

Alain Robert *Réserve Le Mesnil Tête de Cuvée* 1986

Herkunft Frankreich, Champagne, Côte des Blancs
Typ Weißer Schaumwein, 12 Vol.-%
Rebsorte Chardonnay

Im Namen dieses Herstellers findet sich auch derjenige von Josep Raventós, dem legendären Angehörigen der Familie Codorníu, der 1872 die *methodé champenoise* im Penedès einführte und den ersten spanischen Qualitätsschaumwein kelterte. Die Firma wurde von einer anderen großen Persönlichkeit in der Geschichte des katalanischen Cava gegründet, von Josep Maria Raventós i Blanc, der sich seit 1986 der Weinerzeugung widmet.

Die Weingärten und Keller der Firma bilden eines der beeindruckendsten Weingüter im Penedés. Das Hauptgebäude wurde von Puig i Cadafalch erbaut. In der Nähe des Eingangs zu den Kellern steht die alte Eiche, die das Firmenlogo ziert. Das Weingut verfügt über mehr als 100 ha Rebflächen, auf denen meist die typischen Cava-Reben angebaut werden – Macabeo, Xarel-lo und Parellada. Sie stellen 85 % der Weine, aus denen der Gran Reserva de la Finca Brut Nature 2003 verschnitten wird, die anderen 15 % sind Chardonnay und Pinot Noir.

In Anbetracht seines bescheidenen Preises zeigt dieser Schaumwein eine bemerkenswerte Balance aus Komplexität und Frische: Er ist frisch, cremig, glatt und elegant. Darüber hinaus verfügt er über eine größere Lagerfähigkeit als sie bei Cavas sonst zu finden ist. **JB**

 Trinken: bis 2010+

Der Jahrgang 1985 fiel in der Champagne besonders intensiv aus, der 1986er stand deshalb in seinem Schatten. Bei reinen Chardonnay-Champagnern ist das zu bedauern, da sie in den Händen von Alain Robert zu einer Cuvée gediehen, die auch noch mehr als 20 Jahre nach ihrer Kelterung durch ungeheure Lebendigkeit und Subtilität überzeugen.

Robert ist ein perfektionistischer Winzer, dessen jüngste Champagner Cuvée frühestens sieben Jahre nach der Ernte auf den Markt kommt. Er ist sich der Tatsache bewußt, daß Le Mesnil eine privilegierte Lage ist, deren Weine in ihrer Jugend eine solche Säure zeigen, daß sie eigentlich ein oder zwei Jahrzehnte benötigen – aber oft nicht erhalten –, um ihre großartige Mineralität zu entfalten.

Ausschließlich Trauben der ältesten Reben (etwa 30 Jahre alt) werden für die Tête de Cuvée (das Spitzenprodukt des Hauses) verwendet. Der 1986er Jahrgang hat eine überragende, leicht rötliche Färbung und duftet nach Pfirsichen und asiatischen Gewürzen, am Gaumen zeigt er sich als makelloser Champagner – langanhaltend, komplex, aber keinesfalls zu extraktreich. Ein perfekter Genuß. **ME**

 Trinken: bis 2010+

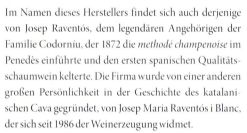

Schloß Raimat, hier residiert die Familie Raventós.

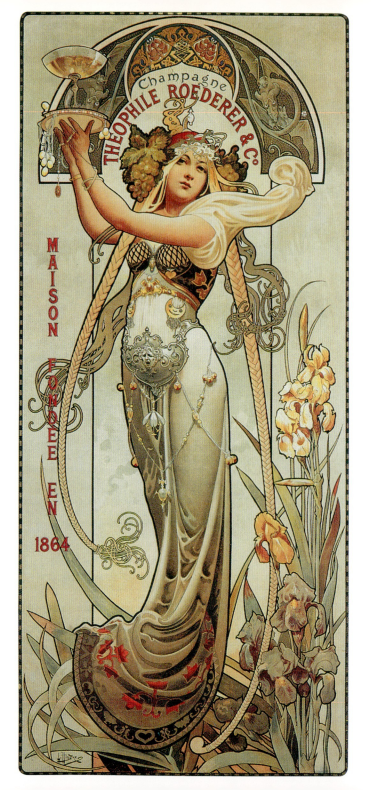

Louis Roederer
Cristal 1990

Herkunft Frankreich, Champagne
Typ Weißer Schaumwein, 12 Vol.-%
Rebsorten Pinot Noir 63%, Chardonnay 37%

Roederer Estate
L'Ermitage 2000

Herkunft USA, Kalifornien, Mendocino
Typ Weißer Schaumwein, 11,8 Vol.-%
Rebsorten Chardonnay 53%, Pinot Noir 47%

Dieser Jahrgang des Roederer Cristal wurde für die Jahrtausendwende-Cuvée in Methusalemflaschen abgefüllt, die mit 6 Litern jeweils soviel fassen wie acht normale Flaschen. Um den Anlaß zu würdigen, wurden nur 2000 (einzeln numerierte) Flaschen auf den Markt gebracht. Angeblich ist sogar ein ganzer Container mit den Methusalems bei einem Unfall zerstört worden. So sind sie aufgrund ihrer Seltenheit zu einer modernen Ikone geworden, einem Statussymbol, auf das kein Rapper und kein russischer Milliardär verzichten zu können glaubt. 2007 soll es angeblich in einem Londoner Nachtclub zwischen englischen, deutschen und russischen Nachtschwärmern zu einem Gefecht gekommen sein, bei dem statt Schußwaffen Cristal-Flaschen zum Einsatz kamen.

Zum Wein selbst: Die größeren Flaschen des Jahrgangs 1990 erhielten eine etwas höhere Dosage als üblich, so daß der Wein auch etwas süßer als gewöhnlich ist. Bei einer Verkostung im Jahr 2005 wurden die Magnumflaschen von einigen Juroren besser bewertet als die Methusalems. Wenn also in den kleineren Flaschen vielleicht der bessere Wein zu finden ist, so erzielten die Methusalemflaschen Mitte 2007 doch Preise von mehr als 11.000 Euro. **SG**

🍷🍷🍷🍷 Trinken: bis 2017+

Wie die Eremitage in St. Petersburg von ausländischen Architekten in einem ihnen fremden Land gebaut wurde, so ist der L'Ermitage von Roederer Estate ein amerikanischer Wein, der jedoch in vielem die Heimat seiner Erzeuger in der Champagne verkörpert.

Andere französische Produzenten hatten ihre nordamerikanischen Besitzungen bereits weiter südlich etabliert, als Louis Roederer 1981 in Anderson Valley Weinbauland erwarb. Der damalige Roederer-Chef hatte die Westküste der USA nach geeignetem Boden abgesucht, wobei er vor allem auf eine lange Reifeperiode Wert legte. Die 235 ha, die er kaufte, waren in ihrem Mikroklima durch den nahen Pazifik beeinflußt. Die kühlen Brisen und Nebel mäßigen das Klima und lassen zwischen Fruchtansatz und Ernte bis zu 100 Tage vergehen, ähnlich wie es auch in der Champagne der Fall ist.

Bis zu 20 % des Weines werden als Reserveweine bis zu drei Jahre in Eichenfässern gelagert, davon finden geringe Mengen ihren Weg in den L'Ermitage, der dadurch an Tiefe und Finesse gewinnt. Jahr um Jahr fliegen die Önologen aus Reims ein, um dem derzeitigen Kellermeister Arnaud Weyrich in den USA bei der Assemblage zu assistieren. **LGr**

🍷🍷🍷 Trinken: bis 2020+

◀ Théophile Roederer ist jetzt die Zweitmarke von Louis Roederer.

Salon
1996

Herkunft Frankreich, Champagne, Côte des Blancs
Typ Weißer Schaumwein, 12 Vol.-%
Rebsorte Chardonnay

J. Schram
2000

Herkunft USA, Kalifornien, Calistoga
Typ Weißer Schaumwein, 12,6 Vol.-%
Rebsorten Chardonnay 80%, Pinot Noir 20%

Dieser Wein ist eine Legende. Es ist immer ein Blanc de Blancs aus Le Mesnil, immer ein Jahrgangswein, es werden nur Trauben von 40 Jahre alten Rebstöcken verwendet, die mit der Hand gepflückt und sortiert werden. Der Salon wird nur dann gekeltert, wenn der Kellermeister glaubt, der Wein werde seinem tadellosen Ruf gerecht. Es gibt den Salon nur in den allerbesten Jahren – eine Geschichte des Perfektionismus …

Der 1996er ist einer der besten Jahrgänge des Salon. Das Jahr war perfekt, zur Erntezeit war der Chardonnay vollreif, aber ungewöhnlicherweise reich an Zucker und Säure, die beiden Quellen, aus denen wahrlich große Weine entstehen.

Der Wein ist von blaßgelber Farbe mit leichten Grüntönen. Die Nase ist wunderbar komplex, die anfänglichen Aromen grüner Äpfel weichen Zitronen- und Weinbeeren-Tönen, nach etwas längerem Kontakt mit der Luft kommen Birnen- und Kiwigerüche hinzu. Am Gaumen wirkt der Salon 1996 männlich und muskulös, aber dennoch reichhaltig und mit einer latenten Subtilität versehen, die sich in den nächsten 20 oder gar 30 Jahren voll entfalten wird. Ältere Weinkenner erinnert er an den großartigen 1928er. **ME**

❂❂❂❂❂ **Trinken: bis 2025+**

„Das bewegende Sonnenlicht und die wachsenden Reben und die Fässer und Flaschen in der Höhle füllten den Sinn mit angenehmer Musik", schrieb Robert Louis Stevenson in seinem kalifornischen Reisebericht *The Silverado Squatters*, nachdem er 1880 das Weingut von Jacob Schram besucht hatte. Als Jack und Jamie Davies das Gut 1965 kauften, war es jedoch heruntergekommen. Sie erweckten es zu neuem Leben und stellen seitdem den vielleicht besten Schaumwein der USA her. 1987 wurde der erste Jahrgang ihres Chardonnay-betonten Tête de Cuvée gekeltert.

Der entscheidende Faktor für die Arbeit des Önologen-Teams unter der Leitung von Hugh Davies und Craig Roemer sind die nahe am Pazifik liegenden Weingärten mit ihrem kühlen Klima. Der Wein reift sechs Jahre auf der Hefe in Höhlen, die Jacob Schram von chinesischen Arbeitern in die Hügel graben ließ. Im Jahr 2000 ging ein milder Frühling in einen kühlen und nebligen Sommer über, so daß der Chardonnay seine Säure beibehalten und konzentrierte Aromen entwickeln konnte. Der 2000er ist am Gaumen anhaltender und dichter als frühere Jahrgänge und überzeugt durch den Geschmack von Mandarinen, grünen Äpfeln und Brioches. **LGr**

❂❂❂ **Trinken: bis 2017**

Handarbeit an den Rüttelpulten.

Jacques Selosse
Cuvée Substance o.J.

Herkunft Frankreich, Champagne, Côte des Blancs
Typ Weißer Schaumwein, 12,5 Vol.-%
Rebsorte Chardonnay

Seppelt Great Western
Show Sparkling Shiraz 1985

Herkunft Australia, Western Victoria
Typ Trockner roter Schaumwein, 13,5 Vol.-%
Rebsorte Shiraz

Anselme Selosse, Leiter dieses berühmten Familienbetriebs in Avize, ist ein Original. Er hat die handwerklichen Methoden, mit denen weißer Burgunder hergestellt wird, in die Welt des Champagners eingeführt, in der größere Maßstäbe und eine Orientierung an verschnittenen Weinen vorherrschen. Seine Champagner sind also der kühne, großartige Ausdruck des *grand-cru*-Chardonnays, was man am besten in seiner Cuvée Substance erkennen kann, der wie kein anderer Champagner schmeckt.

Der Substance wird bei der Assemblage nach dem Solera-System behandelt: ein Drittel der Reserveweine wird abgezogen und durch Wein des jüngsten Jahrganges ersetzt, so daß eine Reserve mit zunehmender Komplexität entsteht.

Die Farbe des Weines ist ein goldener Bronzeton, der fast wie Bernstein wirkt. Die Nase ist außerordentlich, mit dem Aroma von Reben, die tief im Boden verwurzelt sind, begleitet von intensiven Gewürz- und Sherrynoten. Am Gaumen ist der Wein allumfassend und macht seinem Namen Ehre: Er ist substantiell – es ist ein Champagner, der sich auch neben geräuchertem Fisch, Tapas und anderen kräftigen Gerichten der Mittelmeerküche noch zu behaupten vermag. **ME**

🙂🙂🙂🙂 Trinken: nach Erhalt und 10+ Jahre

Shiraz-Schaumwein ist eine Spezialität, die nur in Australien hergestellt wird. Er wird aus der alten Rebsorte Shiraz (in Deutschland auch als Syrah bezeichnet) nach der *méthode champenoise* hergestellt, ein Jahr in großen Eichenfässern gegoren und reift dann nach der Flaschengärung 9 oder 10 Jahren auf der Hefe, bevor er degorgiert wird. Darauf folgt eine weitere Reifezeit in der Flasche, die dem Wein zu außerordentlicher Komplexität verhilft. Diese mehr als 100 Jahre alte Methode verleiht dem Wein eine gute Lagerfähigkeit.

Die Geschichte des Unternehmens Seppelt begann, als Joseph Ernst Seppelt, ein wohlhabender Chemiker und Schnupftabakhersteller 1851 mit seiner Familie aus Deutschland nach Australien auswanderte. Er gründete dort im Barossa-Tal das Weingut, das heute den Namen Seppeltsfield trägt, nahm allerdings erst 1918, nach dem Kauf von Weingärten und -kellern in der Stadt Great Western, die Herstellung von Schaumweinen auf.

Der 1985er Show Sparkling Shiraz läßt sich noch bestens trinken und zeigt Cassisnoten mit Obertönen von Pfeffer und Gewürzen, aber auch erdige, ledrige Nuancen, die von der ausgedehnten Flaschenlagerung herrühren. **SB**

🙂🙂🙂 Trinken: nach Erhalt

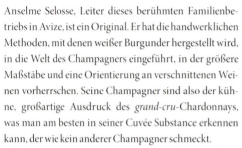

Soldati La Scolca *Gavi*
dei Gavi La Scolca d'Antan 1992

Herkunft Italien, Piemont
Typ Weißer Schaumwein, 12 Vol.-%
Rebsorte Cortese

Taittinger
Comtes de Champagne 1990

Herkunft Frankreich, Champagne, Côte des Blancs
Typ Weißer Schaumwein, 12 Vol.-%
Rebsorte Chardonnay

Bis Anfang des 20. Jahrhunderts wurde in Gavi vor allem Rotwein produziert, aber in den späten 40er Jahren etablierte Vittorio Soldati La Scolca als Vorreiter den trockenen Weißwein, der aus der örtlichen Cortese-Rebe hergestellt wird. In den 80er Jahren begann Giorgio, sein Sohn und jetziger Besitzer, mit Schaumweinen zu experimentieren, die nach der ‚traditionellen' Methode erzeugt wurden. Er stellte fest, daß Cortese, auf der Hefe gereift, stark an Komplexität des Aromas und Geschmacks gewinnt.

Der Wein wird nur in den besten Jahren gekeltert und nur aus den besten Reben aus dem Gavi-DOCG-Gebiet. Er reift bis zu 20 Jahre, bevor er auf den Markt kommt. Prestige-orientierte Konsumenten ziehen vielleicht die Weine aus der Champagne vor, aber der Gavi dei Gavi hat sich eine vielfältige und diskrete Anhängerschaft geschaffen, die ihm die Treue hält. La Scolca wurde übrigens bei der Hochzeit von Tom Cruise und Katie Holmes im Jahr 2006 auf einem Schloß in der Nähe von Rom serviert – Cruise bezeichnete ihn als „Glücksbringer"…

Im Alter von 15 Jahren war der 1992er noch sehr frisch und lebhaft. Die Geschmacksnoten waren komplex und ausgereift, an Brioches und Nüsse erinnernd. **HL**
🍾🍾🍾 Trinken: bis 2010+

Die Familie Taittinger hatte schon immer eine Vorliebe für Chardonnay. Der Spitzenwein des Hauses, Comtes de Champagne, ist ein beeindruckend einheitlicher Wein, dessen Grundweine alle aus den *grands crus* Avize, Cramant, Chouilly und Le Mesnil stammen. Der Wein wird nur in hervorragenden Jahren gekeltert, gärt in Großbehältern, dann werden 5 % in Eichenfässern vier Monate gelagert. Nach der malolaktischen Gärung reift der Champagner vier Jahre auf der Hefe, bevor er degorgiert wird.

Der 1990er hat eine beruhigende blaßgold-grüne Farbe, die schon auf die zu erwartende Kraft des Weines hinweist. Die Aromen sind delikat, mit leichten Holzklängen, weisen aber auch eine grundlegende Tiefe auf. Am Gaumen ist der Wein rassig, mager und langanhaltend, mit reifenden Noten kandierter Zitrusfrüchte und der gewissen Nussigkeit, die nur bei großen Chardonnays begegnet.

Insgesamt ist dies ein klassisch-eleganter Comtes de Champagne, der noch gute Jahre vor sich hat. Er eignet sich wegen seiner Reinheit und Zurückhaltung gut als Aperitif, kann aber auch ein Fischgericht oder Hummer begleiten. **ME**
🍾🍾🍾🍾 Trinken: bis 2020+

Tarlant
Cuvée Louis o.J.

Herkunft Frankreich, Champagne, Vallée de la Marne
Typ Weißer Schaumwein, 12 Vol.-%
Rebsorten Chardonnay 50%, Pinot Noir 50%

In der Familie Tarlant, die im kleinen Dorf Oeuilly ansäßig ist, hat sich das Winzerhandwerk seit 1687 vom Vater auf den Sohn vererbt. Allerdings werden erst seit den 20er Jahren auch eigene Weine auf Flaschen abgefüllt.

Das Haus besitzt inzwischen etwa 13 ha Weingärten, zum Großteil im Heimatdorf Oeuilly. Um dem Charakter der unterschiedlichen *terroir*s gerecht zu werden, stellen das Familienoberhaupt Jean-Mary und sein Sohn Benoît außer dem Spitzenwein Cuvée Louis auch eine Reihe von Champagnern her, deren Weine jeweils aus einem einzelnen Weingarten stammen. Die Cuvée Louis wird aus Chardonnay- und Pinot-Noir-Trauben gewonnen, die in den 60er Jahren im ältesten Weingarten der Familie, Les Crayons, gepflanzt wurden.

Die Rücketiketten zeichnen sich durch ihren Informationsgehalt aus, sie geben sowohl das Datum der Flaschenabfüllung als auch des Degorgierens an. Der 1995/1994er Wein wurde 1996 auf Flaschen gezogen und sieben Jahre später degorgiert. In einem Alter von etwa 12 Jahren zeigte er sich in großartiger Form mit einer reifen Komplexität und Intensität, die an Krug erinnert. Der Tarlant hat jedoch das Potential für eine noch längere Lagerung. **NB**

€€€ **Trinken: nach Erhalt 10+ Jahre**

Agustí Torelló
Kripta 2002

Herkunft Spanien, Penedès, Sant Sadurní d'Anoia
Typ Weißer Schaumwein, 11,5 Vol.-%
Rebsorten Macabeo, Xarel-lo, Parellada

Dieses Familienunternehmen, am Stadtrand von Sant Sadurní d'Anoia gelegen, wurde in den 50er Jahren von Agustí Torelló Mata gegründet, heute wird es von seinen vier Söhnen geleitet. Ihr Wein kommt vor allem von den eigenen Weingärten, die zugekauften Wein müssen den eigenen rigiden Anbaupraktiken genügen. Die Schaumweine werden alle aus den drei traditionellen weißen Cava-Rebsorten hergestellt, lediglich der rote Trepat findet in einem Rosé-Schaumwein Verwendung. Die Weißweine wachsen in unterschiedlichen Gegenden und spielen unterschiedliche Rollen im Endwein: Der Macabeo wächst in der Küstengegend von Garraf und sorgt für Finesse und Eleganz; der Xarel-lo stammt aus dem niedrigen Penedés und gibt dem Wein Körper und Struktur; und der Parellada aus dem hohen Penedés verleiht ihm Säure und Frische.

Kripta ist nicht nur wegen seiner von Rafael Bartolozzi entworfenen Flasche bemerkenswert, sondern auch wegen der langen Reifezeit von 4 Jahren. Auf der Grundlage exzellenter Trauben erreicht der Wein so eine außerordentliche Reife, die sich in der feinen Perlage und einer komplexen Nase mit Mandel-, Brioche- und Toastnoten zeigt. **JB**

€€€ **Trinken: bis 2010**

Im Vallée de la Marne färbt sich ein Weinberg golden.

Veuve Clicquot
La Grande Dame 1990

Herkunft Frankreich, Champagne
Typ Weißer Schaumwein, 12 Vol.-%
Rebsorten Pinot Noir 61%, Chardonnay 39%

Veuve Clicquot
La Grande Dame Rosé 1989

Herkunft Frankreich, Champagne
Typ Rosé Schaumwein, 12 Vol.-%
Rebsorten Pinot Noir 60%, Chardonnay 40%

La Grande Dame ist ohne Zweifel einer der besten Spitzencuvées aus der Champagne, auch wenn sie nicht ganz so bekannt ist, wie manche andere aus den großen Häusern. Dies ist ein Wein für den stillen Genießer, ein großartiger Balanceakt von Finesse und Reichhaltigkeit, in dem sich der untrügliche Geschmack seiner Hersteller Joseph Henriot und Jacques Péters zeigt.

Bereits die Jahrgänge 1988 und 1989 waren für den Weinbau ausgezeichnet gewesen – und das Jahr 1990 wurde noch besser: Auf eine kühle Blütezeit folgte ein Sommer, in dem mehr Sonnenscheinstunden gemessen wurden als in den 30 Jahren zuvor. Diese tadellosen Voraussetzungen wurden durch Regenfälle zu genau den erwünschten Zeiten ergänzt.

Der Wein ist von ansprechender goldener Farbe mit grünen Glanzlichtern und weist eine feine Perlage auf. Die Nase ist von unglaublicher Finesse und Komplexität, sie beginnt mit weißen Blüten und Früchten, um dann sanfter zu leichten Haselnuß- und Mandelnoten überzugehen. Am Gaumen dominieren große Reichhaltigkeit und Gerundetheit, die durch leichtere, cremige Aspekte ausbalanciert werden. Der Endgeschmack ist außerordentlich – anhaltend, frisch und nobel. **ME**

☺☺☺☺☺   Trinken: bis 2020

1989 war in ganz Frankreich ein ungewöhnlich heißes Jahr. Die Winzer und Kellermeister von Clicquot zeigten sich der Aufgabe jedoch gewachsen, wie man an diesem inzwischen hervorragend gealterten Rosé erkennen kann.

Der Name erinnert an Barbe-Nicole Clicquot, die nach dem Tod ihres Ehemanns im Jahr 1805 seine Weingärten übernahm. La Grande Dame Rosé ist ein klassischer Clicquot-Champagner, in dem die dunklen Rebsorten überwiegen, bei dem die Finesse dennoch betont ist. Die Assemblage besteht in diesem Fall aus etwa 60 % Pinot Noir aus den großen Lagen von Aÿ, Verzenay, Ambonnay und Bouzy, dem etwa 40 % *grand-cru*-Chardonnay aus Avize, Oger und Le Mesnil gegenüberstehen. Entscheidend für die Qualität ist der Anteil roter Trauben aus Clicquots Top-Lage Les Censière im Herzen von Bouzy.

Der 1989er ist von einer warmen, rot-goldenen Farbe; die Nase ist selbstverständlich kraftvoll mit den exotischen Aromen schwarzer Feigen, Datteln und Gewürzen, vor allem Vanille. Am Gaumen spürt man die Sonnenwärme: Der Wein ist auf natürliche Weise üppig, sinnlich und voll entwickelt, er zeigt sich jedoch nach etwa 20 Jahren immer noch in sehr guter Form. **ME**

☺☺☺☺☺   Trinken: bis 2012

Veuve Fourny *Cuvée du Clos Faubourg Notre Dame* 1996

Herkunft Frankreich, Champagne, Côte des Blancs
Typ Weißer Schaumwein, 12 Vol.-%
Rebsorte Chardonnay

Dieses kleine Champagnerhaus steht zu Unrecht im Schatten anderer, die auch den Begriff „Witwe" (*Veuve*) im Namen tragen. Es wurde 1856 gegründet, heute wird es von Monique Fourny und ihren beiden fähigen Söhnen Charles-Henry und Emmanuel geleitet, die Weine von großer Authenzität, Originalität und Qualität herstellen. In der Weinherstellung läßt sich der Einfluß erkennen, den die Zeit ausübt, die Emmanuel im Burgund verbrachte, etwa in der Verwendung von burgundischen Barriques und in der *bâtonnage*.

Mit Hauptsitz im *premier-cru*-Dorf Vertus verfügt das Gut über etwa 40 Weingärten (12 ha) an der Côte des Blancs. Viele der Rebstöcke wurden schon in den 60er und 70er Jahren gepflanzt, alle werden sorgfältig gehegt.

Die beiden Spitzenweine sind von außerordentlich guter Qualität. Die Cuvée R ist ein jahrgangsloser Champagner, der an den verstorbene Ehemann und Vater Roger erinnert und wie dessen Weine aus drei Grundweinen hergestellt wird. Der andere, Cuvée du Clos Faubourg Notre Dame, ist ein noch bemerkenswerterer Blanc de Blancs. Er stammt von 50 Jahre alten Chardonnay-Rebstöcken aus einem nur 0,13 ha großen Weingarten, wird in Barriques mit natürlichen Hefen gegoren, die malolaktische Gärung wird nicht unterbunden und der Wein wird ungefiltert auf Flaschen gefüllt. Nur in großen Jahrgängen, wie zum Beispiel 1996, wird der Wein produziert. Er zeigt sich sehr fein, dennoch nachhaltig, er ist sowohl reichhaltig als auch verführerisch. Die Cuvée du Clos Faubourg Notre Dame hat noch nicht die ihr gebührende Anerkennung gefunden, sie verdiente es, zu einem der meistgesuchten Champagner zu werden. **NB**
☺☺☺ **Trinken: bis 2016**

Vilmart *Coeur de Cuvée* 1996

Herkunft Frankreich, Champagne, Montagne de Reims
Typ Weißer Schaumwein, 12 Vol.-%
Rebsorten Chardonnay 80%, Pinot Noir 20%

Der Firmensitz von Vilmart ist in Rilly-la-Montagne, im Herzen der nördlichen Montagne de Reims. Das Ungewöhnliche an ihren Weinen, auch an diesem, ist der hohe Anteil an Chardonnay. Wenn das Weingut im östlichen Teil der Montagne de Reims läge, wäre dies fast die Regel und nicht eine Ausnahme, aber sowohl an den nördlichen als auch an den östlichen Hängen herrscht der Pinot Noir vor.

Der wichtigste Qualitätsfaktor bei den Weinen des Hauses sind die rigorosen Maßstäbe, die bei der Kultur der Reben angelegt werden. Nach einer Phase des biodynamischen Anbaus (als eines der ersten Häuser wandte man sich bereits 1968 dieser Methode zu), kehrte man in den 1980er Jahren zur *viniculture raisonnée* zurück. In den makellosen Weingärten wächst zwischen den Rebstöcken Gras, die Stöcke werden entschieden zurückgeschnitten und nur sehr zurückhaltend mit organischen Stoffen gedüngt. Die daraus resultierenden geringen Erträge führen zu intensiven, reifen Geschmacksnoten, die im Glas schier zu explodieren scheinen. Es ist jedoch die Eiche, die dem Trinkenden oft zuerst auffällt. Zwar waren manche Jahrgänge der späten 80er und frühen 90er etwas zu sehr eichenbetont, aber mit dem 1996er Coeur de Cuvée hat Vilmart die Technik der Barrique-Gärung perfektioniert.

Der 1996er verkaufte sich im Nu, auch beim Hersteller gibt es keine Vorräte mehr. Aber die eichenlastigen Jahrgänge – etwa 1992 oder 1993 – sind in Magnumflaschen nach 12 oder mehr Jahren ein sublimer Genuß. Leider hat Vilmart unverständlicherweise den großartigen 1996er nicht auch in Magnums abgefüllt. **TS**
☺☺☺☺☺ **Trinken: bis 2030+**

MARGARET R
CHARDONNA
2005

PIERR

Vintaged at Caves Road Willy

Margaret River region of

750 ml

WINE OF AUSTRALI
FROM MARGARET RIV

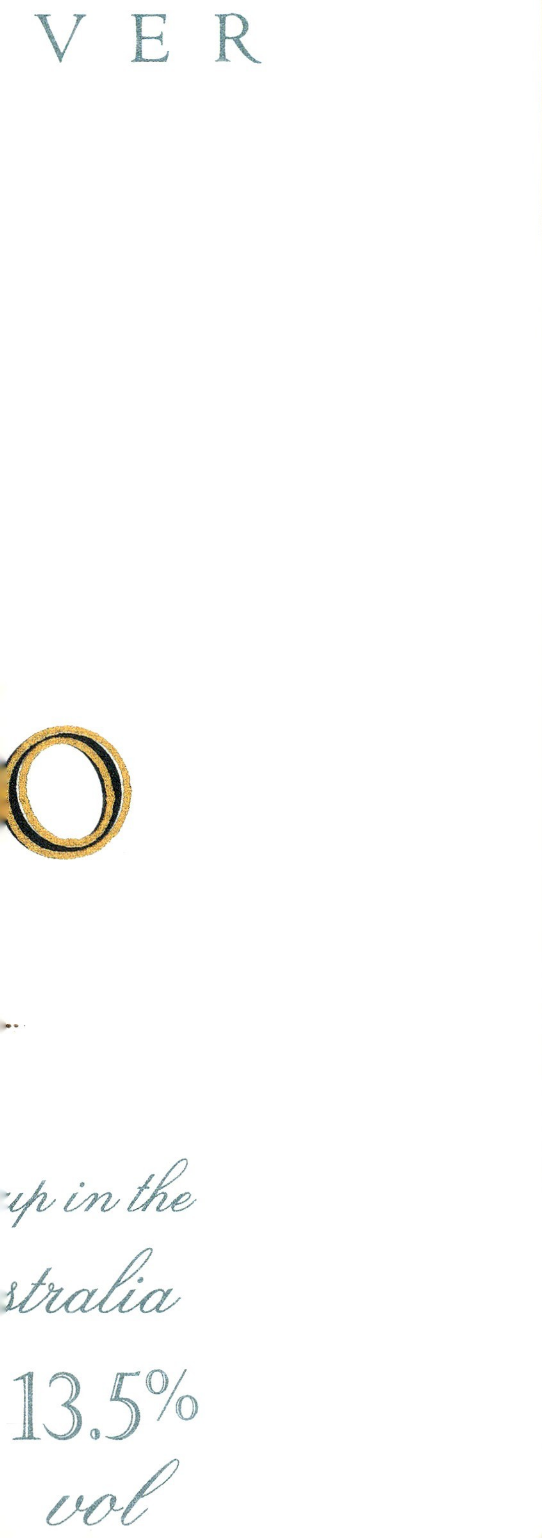

Weißweine

White wines | 123

Abbazia di Novacella
Praepositus Kerner 2002

Herkunft Italien, Alto Adige, Valle Isarco
Typ Trockener Weißwein, 13,5 Vol.-%
Rebsorte Kerner

Alzinger *Loibenberg*
Riesling Smaragd 2005

Herkunft Österreich, Wachau
Typ Trockener Weißwein, 14 Vol.-%
Rebsorte Riesling

Die 1142 gegründete Abbazia di Novacella war im Mittelalter eine Pilgerherberge und ein bedeutendes Zentrum des kulturellen Lebens. Sie wird heute noch von Mönchen betrieben, hat sich allerdings zu einem Konferenzzentrum entwickelt, das über moderne Technik, ein Restaurant und Unterkünfte für Gäste verfügt. Glücklicherweise hat auch der Weinbau in der Abbazia überlebt. Hier wird Wein meist aus den örtlichen Rebsorten gekeltert – und stets nach Qualitätsgesichtspunkten, die höher kaum sein könnten.

Der Praepositus Kerner 2002 wird dafür sorgen, daß Kerner auf die Liste Ihrer Lieblingsreben gelangt. Die Trauben stammen von ausgewählten Weinbergen in Höhenlagen von 650 bis 930 m, deren sandige und kiesdurchsetze Böden für eine gute Drainage sorgen. 2002 wurde gegen Ende Oktober geerntet, und im Gegensatz zu den meisten anderen italienischen Regionen fiel der Jahrgang hier fast ideal aus. Die Gärung und Reifung des Weins fand in Edelstahlbehältern statt. Sie können also mit sehr reinen und doch lebhaften Geschmacksnoten rechnen, mit einer Komplexität, die im Laufe der Zeit noch zunehmen wird, mit einer bemerkenswert kompakten Struktur und einer recht langen Lagerfähigkeit. **AS**

☺☺ Trinken: bis 2012

Der Gneis und Schiefer in Loibenberg sind teilweise mit Löß durchsetzt. Hier wird seit dem Mittelalter Ackerbau betrieben. Am 11. November 1805 erlitt in der Schlacht von Loiben-Dürnstein die zuvor unbezwingbare Armee Napoleons eine vernichtende Niederlage durch die Russen und Österreicher. Bei den Kämpfen wurde die Stadt Loibenstein völlig zerstört.

Vater und Sohn Leo Alzinger zeichnen sich durch eine ruhige Gelassenheit aus, die sich auch in ihren Weinen widerspiegelt. Der Riesling Loibenberg 2005 enthüllt eine introvertierte, glühende Intensität an Aromen: Kernobst, Gemüse, Zitronenschale, Gewürze und salzige, durchdringende Mineraltöne. All dies kommt – wie für den Wachauer Riesling typisch – jedoch erst im Abgang zum vollen Ausdruck.

Das sehr feuchte Jahr 2005 ergab in der Wachau extraktreiche Weine, barg aber auch Fäulnisgefahr. Zwar wurden die Reben nicht durch zu starke Hitze belastet, dennoch war aufgrund der Feuchtigkeit sorgfältiges Laubmanagement und selektives Pflücken erforderlich. Wie der Smaragd zeigt, müssen solche herausfordernden Umstände nicht zu einer Beeinträchtigung des großartigen Charakters des Rieslings führen. **DS**

☺☺☺ Trinken: bis 2015

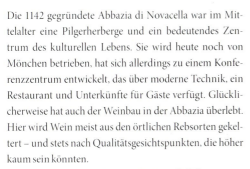

Die Abbazia di Novacella inmitten der Weinberge mit Kernerreben.

Roberto Anselmi *I Capitelli*
Veneto Passito Bianco 2001

Herkunft Italien, Veneto, Soave
Typ Süßer Weißwein, 12,5 Vol.-%
Rebsorte Garganega

Yannis Arghyros
Visanto o.J.

Herkunft Griechenland, Santorini
Typ Süßer Weißwein, 14 Vol.-%
Rebsorte Assyrtiko

Roberto Anselmi kam vom Rennsport zum Wein, und man könnte sagen, daß er in den letzten Jahren wie ein Ferrari durch die behäbige Wein-Welt des Veneto gerast ist. 1980 übernahm er den Familienbetrieb, den sein Vater 1948 gegründet hatte. Obwohl er im Soave, wo er drei trockene Weißweine und einen Dessertwein nach der *recioto*-Methode herstellt, Anspruch auf eine italienische DOC hat, versieht er inzwischen seine Weine auf dem Etikett mit dem Herkunftsvermerk „IGT Veneto". Anselmi ist in dieser Hinsicht widerspenstig, weil er glaubt, daß die Bezeichnung „Soave" durch das geschmacklose Massenprodukt, das die DOC tanklastwagenweise produziert, derartig kompromittiert ist, daß er als Hersteller nicht durch die Assoziation in Mitleidenschaft gezogen werden möchte.

Die Trauben aus dem Weingarten I Capitelli, werden nach dem klassischen *passito*-Verfahren behandelt, das heißt, sie werden nach der Ernte auf Bambusmatten zum Trocknen ausgelegt, wobei der Zuckergehalt, die Säure und die Geschmacksnoten entsprechend intensiviert werden. Die Rebstöcke werden nach der Guyot-Methode erzogen, eher eine Seltenheit im Veneto, die den Ertrag senkt, jedoch die Qualität steigert.

Als junger Wein ist der I Capitelli von tiefgoldener Farbe mit einer Nase, in der Akazienhonig, kandierte Zitronen und geröstete Cashewnüsse begegnen. Am Gaumen fällt vor allem die Balance zwischen pfirsichartiger Süße und der strukturierten Säure auf, eine Kombination, die auch zur Lagerfähigkeit beiträgt. Trinkt man diesen Wein zu einem der cremigen Blauschimmelkäse aus der Region, so ist das ein himmlisches Vergnügen. **SW**
😊😊😊 **Trinken: bis 2020+**

Auf den ersten Blick wirkt die griechische Insel Santorini kaum so, als sei sie besonders zum Weinanbau geeignet: Vulkanböden, starke Winde und im Sommer kaum Niederschläge, außer der kräftigen nächtlichen Taubildung. Es gibt jedoch auch Vorteile – die Reblaus ist noch nicht bis auf die Insel vorgedrungen, und einige der Rebstöcke sind sehr alt, wurden in den 20er Jahren oder noch früher gepflanzt. Die wichtigste Rebsorte Santorinis, der weiße Assyrtiko, ist gut an das Klima der Insel angepaßt und kann bei entsprechender Pflege seine Säure gut halten und Weine von großer Frische liefern.

Yannis Arghyros verfügt über einige der besten – vielleicht sogar über die besten – Weingärten auf Santorini, und er ist fest entschlossen, das beste aus dem zu machen, was ihm die Natur gegeben hat. Der Visanto ist der traditionelle Süßwein der Insel, der aus getrockneten Trauben hergestellt wird und im 19. Jahrhundert in der russisch-orthodoxen Kirche als Meßwein diente. Die niedrigen Erträge und das Trocknen der Trauben führen dazu, daß aus 30 kg Trauben lediglich 10 Flaschen Wein entstehen. Yannis Arghyros hat in seiner Kellerei Fässer mit Visanto von Jahrgängen, die bis in die 70ger Jahre zurückreichen. Seine jetzigen Weine entstehen durch die sorgfältige Zusammenstellung und Komposition unterschiedlicher Jahrgänge.

Im Alter nimmt der Visanto eine ansprechende Bernsteinfarbe an. Die Nase und der Geschmack sind auf fast unglaubliche Weise konzentriert, mit Aromen und Geschmacksnoten von getrockneten Feigen, Datteln und Pflaumen. Ein wenig bittere Orangenschale im Gaumen balanciert die Süße und Samtigkeit des Weins aus. **GL**
😊😊😊😊 **Trinken: nach Erhalt**

Château d'Arlay
Côtes du Jura Vin Jaune 1999

Herkunft Frankreich, Jura, Côtes du Jura
Typ Trockener Weißwein, 13,5 Vol.-%
Rebsorte Savagnin

Domaine d'Auvenay *Chevalier-Montrachet GC* 2002

Herkunft Frankreich, Burgund, Côte de Beaune
Typ Trockener Weißwein, 13 Vol.-%
Rebsorte Chardonnay

Man sieht sie schon von weitem, die Ruinen des alten Chateâus oben auf der Hügelkuppe über den Weingärten. Das jetzige Schloß von Comte Alain de Laguiche liegt am Fuß des Hügels, etwas über dem Dorf Arlay, am Westrand des Juras. Den guten Ruf des Château d'Arlay Vin Jaune begründete der Vater des Grafen.

Die Savagnin-Reben wachsen auf etwa 3,5 ha Rebfläche in zwei sehr unterschiedlichen Parzellen. In beiden Parzellen findet sich ein wenig Mergel, doch hauptsächlich besteht der Boden aus Kalkstein.

Der Château d'Arlay wird auf recht traditionelle Weise hergestellt und jeweils im Januar nach der vorgeschriebenen Reifezeit von sechs Jahren und drei Monaten auf Flaschen abgefüllt. Normalerweise kann man im Schloß mindestens vier verschiedene Jahrgänge verkosten, bemerkenswert ist vor allem die Geschmacksintensität, die jeder Jahrgang zeigt. Der 1999er ist spektakulär, Graf de Laguiche bezeichnet ihn als „klassischen Château d'Arlay". Er verfügt über die großartige Struktur, die für eine lange Lagerung notwendig ist, und überzeugt durch Geschmacksnoten von Obst, Pilzen und sogar Tabak. Irgendwie schafft es dieser Wein, sich zugleich elegant und dnnoch üppig zu präsentieren. **WL**

❂❂❂ **Trinken: bis 2025+**

Madame Lalou Bize-Leroy ist zusammen mit ihren Aktionären Besitzerin der Domaine Leroy in Vosne-Romanée und des Handelshauses Maison Leroy in Auxey-Duresses. Darüberhinaus gehört ihr zusammen mit ihrer Schwester die Hälfte der Domaine Romanée-Conti. Als ob das nicht genug wäre, hat sie sich im Laufe der letzten 20 Jahre nach und nach ein eigenes Weingut aufgebaut. Die Domaine d'Auvenay ist nicht sehr groß – weniger als 4 ha Rebfläche –, aber dazu gehören so exquisite Lagen wie Mazis-Chambertin, Bonnes-Mares, Criots-Bâtard-Montrachet und Chevalier-Montrachet. Die letztgenannte Lage, die Lalou Bize-Leroy Anfang der 90er Jahre von der Chartron-Domäne in Puligny-Montrachet erwarb, erzeugt gerade genug Trauben, um zweieinhalb Fässer Wein zu keltern.

Die Erträge des Leroy-Gutes werden absichtlich niedrig gehalten, um gleichbleibende Konzentration und Qualität zu gewährleisten. Der Jahrgang 2002 hat die Kraft, die man sonst nur in einem Montrachet sieht. Der Wein hat einen vollen Körper und ist zur Zeit noch jugendlich, wenn nicht sogar asketisch. Er ist trocken, aber reichhaltig, tiefgründig, vielfältig, aristokratisch und großartig. **CC**

❂❂❂❂❂ **Trinken: 2015–2035**

◀ Die von Wald umgebenen Gebäude des Château d'Arlay.

Avignonesi *Occhio di Pernice* Vin Santo di Montepulciano 1995

Herkunft Italien, Toskana, Montepulciano
Typ Süßer Roséwein, 16 Vol.-%
Rebsorte Prugnolo Gentile

Jim Barry *The Florita Riesling* 2005

Herkunft Australien, South Australia, Clare Valley
Typ Trockener Weißwein, 13,5 Vol.-%
Rebsorte Riesling

Vin Santo ist in der Regel ein Weißwein. Ein Vin Santo, der nur aus roten Trauben hergestellt wird, wird wegen seiner rosa Farbe als Occhio di Pernice („Auge des Fasans") bezeichnet. Avignonesi war lange Zeit der einzige Hersteller dieses Weines, der zuerst 1974 auf den Markt kam.

Der Wein wird aus 100 % Prugnolo Gentile gekeltert, eine in Montepulciano heimische Abart des Sangiovese. Die sorgfältig ausgewählten Trauben werden auf Binsenmatten mindestens 6 Monate getrocknet, wobei sie 70 % ihres ursprünglichen Flüssigkeitsgehalts verlieren. Der aus diesen Trauben gepreßte Most hat eine fast ölartige Konsistenz und ist ebenso reich an Zucker wie an Alkohol. Er wird in kleinen Eichenfässern (*caratelli*) versiegelt und 10 Jahre gelagert.

Burton Anderson schreibt, Avignonesis Occhio di Pernice sei „vielleicht Italiens beliebtester Süßwein". Der Vin Santo ist sehr ausgewogen und gut strukturiert, sein Bouquet mit Noten von Trockenfrüchten, Feigen und Gewürzen erinnert an einen alten Cognac. Der reichhaltige Geschmack und die Süße werden durch den Tanningehalt und einen außerordentlich langen Abgang ausbalanciert. **KO**

❂❂❂❂❂ **Trinken: bis 2020+**

Das Florita-Weingut liegt im Herzen des Clare-Tals in Südaustralien. Hier entstanden in den 60er und 70er Jahren viele der großen Rieslinge von Leo Buring. Mitte der 80er Jahre kam es in Australien dann zu einem Überangebot an Trauben, und viele Weingüter wurden verkauft. Jim Barry erwarb 1986 Florita für wenig Geld und hat es seitdem zu einem der führenden Hersteller (neben Jeffrey Grossets Polish Hill und Watervale und Leasinghams Classic Clare) von Clare-Valley-Riesling ausgebaut.

Der Florita 2005 ist voll, exotisch, geschmacksreich und am Gaumen gut strukturiert. Die Aromen erinnern an Zitronen und Limonen, Mandarinen und Grapefruit. Der reichhaltige und runde Wein ist von großer Frische, was auf die typische Säure der Weine aus dem Clare-Tal zurückzuführen ist. Hinter dieser Säure deutet sich auch Süßigkeit an, obwohl der Jahrgang 2005 knochentrocken ausgebaut wurde und keine nennenswerte Restsüße aufweist.

Wie viele Clare-Rieslinge verfügt er über die notwendige Struktur für eine lange Lagerzeit, man sollte ihn aber vielleicht dennoch jung trinken, wenn sich Süße und Säure des Weins in perfektem, lebhaften Zusammenspiel präsentieren. **SG**

❂❂ **Trinken: bis 2012+**

◁ Die Trauben für den Vin Santo trocknen auf Binsenmatten.

Dr. von Bassermann-Jordan *Forster Pechstein Riesling* 2005

Herkunft Deutschland, Pfalz
Typ Trockener Weißwein, 13 Vol.-%
Rebsorte Riesling

Der kleine Ort Forst mit seinen berühmten Weinbergen ist der Superstar an der Weinstraße im Herzen der Pfalz. Hier treffen perfekte mikroklimatische Bedingungen auf wertvollen Weinbauboden. Wegen seiner Basaltanteile ist dieser Boden einzigartig. Und nirgendwo kann man diese Besonderheiten besser beobachten als in der Lage Pechstein, deren Name sprechend auf die vulkanischen Ursprünge des schwarzen Gesteins verweist. Der nach Südosten ausgerichtete Weinberg hat eine Hangneigung von 20 bis 30 % und umfaßt insgesamt 17 ha Rebfläche.

Vor etwa 38 Millionen Jahren drang durch das mürbe gewordene Gestein des Oberrheingrabens flüssiges Magma aus den Tiefen der Erde nach oben und erstarrte an einigen Orten zu Basalt. In Forst gibt es eine kleine Ablagerung, etwa 640 m lang und 180 m breit, die einzige an der Weinstraße. Die Basaltadern im Untergrund der Lage werden durch Basaltsteine ergänzt, die auf der Oberfläche liegen. Sie wurden allerdings in den vergangenen Jahrhunderten von Menschenhand dorthin transportiert und stammen aus einem nur wenige 100 Meter entfernten Basaltsteinbruch am Rande des Pfälzerwalds.

Diese einzigartige Gesteinszusammensetzung ist in den Weinen des Gutes Dr. von Bassermann-Jordan zu schmecken, das auf mehr als 200 Jahre Erfahrung zurückblickt. Das Aroma des Pechsteiner Rieslings erinnert an kandierte Zitrusfrüchte, manche meinen auch, den heißen, rauchigen Geschmack des Basaltgesteins zu vernehmen. Auch als trockene Weine verfügen sie wegen ihrer Struktur über ein außerordentliches Lagerungspotential. **FK**

☺☺ **Trinken: bis 2015**

WEITERE EMPFEHLUNGEN
Andere große Jahrgänge
2002 • 2004
Andere Weine des Erzeugers
Deidesheimer Hohenmorgen und Kalkofen
Ruppertsberger Reiterpfad • Forster Kirchenstück

Dom. Patrick Baudouin *Après Minuit Coteaux du Layon* 1997

Herkunft Frankreich, Loire, Anjou
Typ Süßer Weißwein, 6.29% Vol.-%
Rebsorte Chenin Blanc

1990 übernahm Patrick Baudouin das von seinen Urgroßeltern Maria und Louis Juby gegründete Weingut. Innerhalb eines Jahrzehnts hat sich der leidenschaftliche Winzer durch seine extravagant süßen, charaktervollen Weine einen guten Ruf erworben, mit denen er wesentlich dazu beigetragen hat, die abgewirtschaftete Coteaux du Layon wieder zu einer erfolgreichen Weinbauregion zu machen.

Aprés Minuit ist ein unkonventioneller Wein, der sich durch seinen geringen Alkohol- und hohen Restzuckergehalt über die Weingesetze hinwegsetzt. Patrick Baudouin legt sehr viel mehr Wert auf die alten Chenin-Blanc-Reben und das *terroir* seines Gutes als auf die Gesetze, die weniger gewissenhafte Winzer dazu geführt haben, den Alkoholgehalt durch Hinzufügen von Zucker zu steigern.

Im Traumjahr 1997 wurde der Aprés Minuit aus der zweiten Lese gekeltert, die einen potentiellen Alkoholgehalt von 28,4° hatte und etwa ein Jahr für die Gärung benötigte. Mit 373 g/l Restzuckergehalt zeigt der Wein eine außergewöhnliche Reichhaltigkeit und Konzentration an Zitrus- und Kernobstaromen – und sollte, wie sein Name sagt, in nächtlicher Runde genossen werden. **SA**

€€€ **Trinken: bis 2030**

Domaine des Baumard *Quarts-de-Chaume* 1990

Herkunft Frankreich, Loire, Anjou
Typ Süßer Weißwein, 12,5% Vol.-%
Rebsorte Chenin Blanc

1957 erwarb Jean Baumard 6 ha Reben in Quarts-de-Chaume. Der Name ist mittelalterlichen Ursprungs: Als die Mönche von Ronceray in Chaume Weingärten pachteten, mußten sie als Pachtzins das beste Viertel ihrer Ernte abtreten. Dieses Viertel stammte unweigerlich aus Quarts-de-Chaume.

Die Weine zeigen eine außerordentliche Reinheit und Struktur mit einer unverkennbaren *nervosité*, vor allem in herausragenden Jahrgängen wie 1990. In diesem Jahr folgte auf einen langen, heißen Sommer ein warmer September und Oktober; die regelmäßigen Morgennebel schufen ideale Bedingungen für Edelfäule, von der etwa 80 % der Ernte befallen wurde.

Bei Baumard werden nur überreife oder edelfaule Chenin Blanc-Trauben gepflückt – manuell und meist in drei Lesen – und dann in flachen Kästen schnell zur Kelterei transportiert, um Verletzungen der Beeren und Oxidation zu vermeiden. Seit 1966 ist in der Domäne Baumard eine pneumatische Presse in Gebrauch, in Verbindung mit der temperaturgesteuerten Gärung in Edelstahlbehältern sorgt dies für die Frische und den sehr reinen, fruchtigen, vom *terroir* bestimmten Ausdruck des Weines. **SA**

€€€ **Trinken: bis 2015**

Ch. de Beaucastel *Châteauneuf-du-Pape Roussanne VV* 1997

Herkunft Frankreich, südliche Rhône
Typ Trockener Weißwein, 13,5% Vol.-%
Rebsorte Roussanne

Belondrade y Lurton *Rueda* 2004

Herkunft Spanien, Rueda
Typ Trockener Weißwein, 14% Vol.-%
Rebsorte Verdejo

Seit einigen Jahrzehnten stellt die Familie Perrin einen der besten Rotweine Châteauneuf-du-Papes her. Darüberhinaus produziert sie einen der bemerkenswertesten Weißweine im ganzen Midi – den Vieilles Vignes. Die Roussanne-Reben stammen von einer kleinen Parzelle und sind mehr als 65 Jahre alt. Um den Wein nicht mit übermäßigen Eichenaromen zu belasten, wird er zur Hälfte in Tanks gegärt, zur anderen Hälfte in ein Jahr alten Fässern.

Weißer Châteauneuf ist ein geheimnisvoller Wein. Er wächst in einer sehr heißen Gegend und hat einen geringen Säuregehalt, läßt sich aber dennoch gut und recht lange lagern. Oft ist er als junger Wein vorzüglich, macht dann im Alter von 4 bis 8 Jahren eine taube Phase durch, bevor er zu einer zweiten Blüte erwacht.

Jahrgänge wie 1987, die für roten Châteauneuf nicht hervorragend sind, bringen oft sehr gute Weißweine hervor. Der 1997er Roussane Vieilles Vignes ist dafür ein wunderbares Beispiel. In der Nase zeigen sich reiche Obstaromen mit Andeutungen von Aprikosen und Quitten. Obwohl der Wein konzentriert und körperreich ist, wirkt er nicht schwer und hat einen überraschend langen Abgang. **SBr**

🍷🍷🍷🍷 Trinken: bis 2012

Didier Belondrade ist ein Franzose, hat jedoch ein Faible für Spanien. Bei einer Reise nach Kastilien entdeckte er auch seine Vorliebe für die dort angebaute weiße Verdejo-Rebe, aus der die Rueda-Weine gekeltert werden. Als der 1994er Belondrade y Lurton auf den Markt kam, löste er so etwas wie eine Revolution in der spanischen Weißwein-Szene aus. Die meisten Rueda-Weine werden in einem frischen, fruchtigen Stil hergestellt und sind für den baldigen Konsum gedacht, Belondrade ging jedoch ganz anders vor und produzierte einen Rueda nach Art der großen weißen Burgunder.

2004 war ein gutes Jahr für die Region, und die Weine von Belondrade zeigen bei jeder Ernte eine bessere Balance und eine bessere Integration des Holzes. Der Wein ist blaßgelb, und die Nase zeigt in seiner Jugend den Einfluß der Eichenholzes ebenso wie die typischen Merkmale des Verdejo – frisches Heu und Äpfel –, aber auch Aromen von Orangenschale und Balsam. Am Gaumen ist er cremig, aber frisch, von ausgewogener Säure, guter Länge und einer leichten Bitterkeit im Abgang. Der Wein altert gut, ähnlich wie ein *village* aus dem Burgund. Wenn das Holz vollkommen integriert ist, tritt die kalkige Mineralität des Weins stärker hervor. **LG**

🍷🍷 Trinken: bis 2012

Paul Blanck *Schlossberg Grand Cru Riesling* 2002

Herkunft Frankreich, Elsaß
Typ Trockener Weißwein, 12% Vol.-%
Rebsorte Riesling

Blue Nun
o.J.

Herkunft Deutschland, Rheinhessen
Typ Halbtrockener Weißwein, 9,5% Vol.-%
Rebsorten Müller-Thurgau 70%, Riesling 30%

Schlossberg war 1975 der erste Elsässer *grand cru*, und Marcel Blanck war die treibende Kraft hinter dieser Leistung. Seine Familie kann ihre Geschichte als Winzer bis ins Jahr 1610 zurückverfolgen, das Unternehmen begann aber erst in der zweiten Hälfte des 20. Jahrhunderts, sich zu seiner heutigen dynamischen Form zu entwickeln. Heute werden die Geschäfte von Frédérick und Philippe Blanck geführt. Das 35 ha große Gut schließt die *grands crus* Furstentum, Mambourg, Sommerberg, Schlossberg und Wineck-Schlossberg ein, außerdem gehören noch die Lagen Altenbourg, Grafreben, Patergarten und Rosenbourg dazu.

Die Blancks produzieren jedes Jahr über 60 verschiedene Weine, ihr Spitzengewächs ist jedoch der Schlossberg Grand Cru Riesling. Der Weinberg erstreckt sich insgesamt über 80 ha und ist zwischen den Gemeinden Kaysersberg und Kientzheim aufgeteilt. Die Hänge sind nach Süden und Südosten ausgerichtet und zum größten Teil terrassiert. Der Boden besteht aus grobem, alluvialen Sand mit Tonbeimischung, der über einer Granitschicht liegt. Der Jahrgang 2002 zeichnet sich durch die seltene Verbindung von wohlschmeckender Schwere und Mineralität aus. **TS**

🍇🍇🍇 **Trinken: bis 2022**

1921 brachte die Kellerei H. Sichel Söhne die für den Export bestimmte Blue-Nun-Liebfrauenmilch auf den Markt. Das Etikett unterschied sich ganz bewußt von den damals üblichen deutschen Weinetiketten mit Frakturschrift und komplizierten Namen.

Im Jahr 1996, nach einer Zeit zurückgehender Verkaufszahlen, wurde die Firma von dem Familienunternehmen Langguth aufgekauft. Langguth machte aus der Liebfrauenmilch – unter dieser Bezeichnung gelangen Weine aus einem sehr großen Gebiet in Deutschland auf den Markt, die keinen Riesling enthalten müssen – zu einem Qualitätswein bestimmter Anbaugebiete, dessen Trauben in diesem Fall aus Rheinhessen stammen. Blue Nun enthält jetzt mindestens 30 % Riesling und wird deutlich trockener ausgebaut, der Restzuckergehalt wurde von 42 g/l auf 28 g/l reduziert.

Blue Nun leidet vielleicht im Ausland, wo er nur verkauft wird, immer noch unter dem Ruf eines Billigweins, er ist jedoch ein Triumph des Marketings und der gelungenen Neupositionierung einer Marke. Langguth preist ihn mit den Worten an: „Vielseitig genug, um die meisten Speisen zu begleiten. Und gut genug, um alleine getrunken zu werden." **SG**

🍇 **Trinken: nach Erhalt**

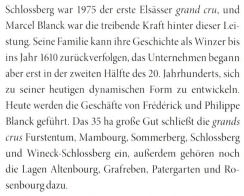

Blue Nun stammt ursprünglich von diesem Weingarten in Worms.

Dom. Jean-Marc Boillot *Puligny-Montrachet PC Les Folatières* 2002

Herkunft Frankreich, Burgund, Côte de Beaune
Typ Trockner Weißwein, 13,5% Vol.-%
Rebsorte Chardonnay

Als das renommierte Weingut Etienne Sauzet in den 80er Jahren Teile seiner Weingärten verkaufte, ging der Zuschlag an Jean-Marc Boillot, den Enkel des Firmengründers Etienne Sauzet, der als Kellermeister für Olivier Leflaive gearbeitet hatte.

In Puligny-Montrachet herrscht kein Mangel an *premiers crus*, die jedoch nicht immer ihr Geld wert sind. Die Weine von Boillot streben nach Größe, aber in einem schlankeren, klassischeren Stil als das schwere, eichenlastige Idiom, das sich viele Chardonnays aus dem Burgund inzwischen angeeignet haben. Seine Weine haben einen reinen, mineraligen Kern, sie werden zwar in Barriques gelagert, die Eiche wird jedoch mit Augenmaß, ja sogar sparsam eingesetzt. In der Jugend zeigen sie eine stahlige Nervosität, die auf den konzentrierten Most zurückzuführen ist, aus dem sie entstehen, im Alter rundet sich ihr Profil jedoch ab.

Les Folatières ist einer der bekannteren Puligny-*premiers-crus* und auch die größte Lage – zu vergleichen mit dem großartigen Chevalier-Montrachet. Im Jahr 2002 wurden große weiße Burgunder gekeltert, die vermutlich die besten sind, die seit 1996 entstanden. Les Folatières 2002 duftet intensiv nach Birnen und Zitronen mit einem winzigen Beiklang geschmolzener Butter. Am Gaumen ist er elegant, chic, aber sehr fokussiert; der Pfirsichton wird durch brillante Säure ausbalanciert. Im Alter von drei Jahren war der Abgang gehaltvoll, braucht jedoch noch Lagerzeit in der Flasche, um sich weiter zu öffnen. **SW**

😊😊😊 **Trinken: bis 2017**

Ein sanft geneigter Weinberg im weltberühmten Montrachet.

Dom. Bonneau du Martray
Corton-Charlemagne GC 1992

Herkunft Frankreich, Burgund, Côte de Beaune
Typ Trockener Weißwein, 13% Vol.-%
Rebsorte Chardonnay

Bonny Doon
Le Cigare Blanc 2004

Herkunft USA, Kalifornien, Santa Cruz
Typ Trockener Weißwein, 13,5% Vol.-%
Rebsorten Roussanne 73%, Grenache Blanc 27%

Der Architekt Jean-Charles le Bault de la Morinière erbte 1994 das Weingut seiner Familie in Bonneau du Martray. Das Gut verfügte dort über einen zusammenhängenden Weingarten von 9,5 ha Größe, auf dem einst auch Kaiser Karl der Große Weinland besaß. Dementsprechend trägt der hier angebaute Wein auch seinen Namen. Die Domaine Bonneau du Martray ist neben der Domaine de la Romanée-Conti das einzige Weingut, das nur *grands crus* auf den Markt bringt.

Der weiße Burgunder des Jahrgangs 1992 wurde sehr gelobt, da der hohe Reifegrad zu körperreichen Weinen führte, auch wenn der Säuregehalt eher niedrig war. John Kapon vom New Yorker Weinauktionshaus Acker Merrall & Condit verkostete 2007 den Bonneau du Martray 1992 und stellte fest, er habe „eine honigartige, süße Nase, die mich an in Butter und Zucker braun gebratenen Schinkenspeck erinnerte, insgesamt ein runder Wein, voller Geschmack". Obwohl der Wein in seiner Jugend durchdringend rein und frisch ist, wird er während der Flaschenlagerung reichhaltig und nussig und entwickelt Aromen von Honig und Karamel, die jedoch immer noch von dem unverkennbaren Mineralgehalt untermalt sind. **SG**

🟢🟢🟢🟢 Trinken: bis 2010+

Die Weißweine der nördlichen und südlichen Rhône gehören nicht zu den am höchsten gelobten französischen Weißweinen. Allzu oft lässt ihre Qualität zu wünschen übrig. Sie sind wenig elegant, knochentrocken und von einer Schwere, die kaum Aromen trägt und auch nicht verspricht, im Alter interessanter zu werden. Randall Grahm war der richtige Önologe, um dieses Urteil auf den Kopf zu stellen.

Im Cigare Blanc bildet der starke Mineralton das Rückgrat des Weines, während Grenache Blanc ihm eine unerwartete Dimension aromatischer Früchte und Gewürze hinzufügt – ein Hauch weißer Pfirsiche, etwas Geißblatt und eine Andeutung von Safran. Der Jahrgang 2004 war ein sehr erfolgreicher Wein, was sicher auf den höheren Anteil an Grenache Blanc zurückzuführen ist. In den Jahren zuvor betrug er teilweise nur 3 % – warum sollte der Grenache nicht häufiger den Wein so zum Singen bringen?

Der niedrige Ertrag trug zu der außerordentlichen Konzentration des Weines bei – am Gaumen wirkt er dickflüssig und wird durch den Alkoholgehalt belebt, worüber man jedoch durchaus geteilter Meinung sein kann. **SW**

🟢🟢🟢 Trinken: bis 2009

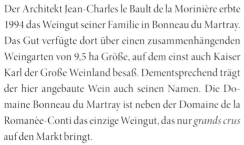

Corton-Charlemagne im Keller von Bonneau du Martray.

Bonny Doon
Muscat Vin de Glacière o.J.

Herkunft USA, Kalifornien, Santa Cruz
Typ Süßer Weißwein, 11,5% Vol.-%
Rebsorte Muscat

Borgo del Tiglio
Malvasia Selezioni 2002

Herkunft Italien, Friuli Venezia Giulia, Collio
Typ Trockner Weißwein, 13% Vol.-%
Rebsorte Malvasia Istriana

1986 nahm Randall Grahm vom Weingut Bonny Doon Eiswein in sein Programm auf. Der deutsche Eiswein ist einer der großen, unnachahmlich süßen Weine, die aus überreifen Trauben gekeltert werden. Die Trauben werden im Herbst nicht geerntet, sondern bleiben hängen, bis sie im Winter beim ersten Frost an den Rebstöcken erfrieren. Im sonnigen Kalifornien ahmt man diesen Vorgang nach, indem man die Trauben in Tiefkühlbehältern einfriert. Diese Technik ist im Lauf der Jahre auf Gewürztraminer und sogar auf Grenache angewandt worden, am günstigsten wirkt sie sich jedoch auf Muscat aus. Im Wein sind verschiedene Muscat-Klone vertreten – vor allem Muscat Canelli, in der jüngsten Vergangenheit sind jedoch auch Orange Muscat und die Muscat-Sorten von Greco und Giallo hinzugekommen.

Aus dem Glas wehen einem die Fruchtaromen entgegen: Mandarine, Zitrone, Ananas und gezuckerte Grapefruit, getragen von Gewürznoten wie Zimt und Ingwer, durchsetzt von Orangenblüten und Jasmin. Der Wein ist am Gaumen sehr intensiv und verfügt über eine vielschichtige Reichhaltigkeit, für die das oft missbrauchte Wort „dekadent" ausnahmsweise vollkommen zutreffend angewendet werden kann. **SW**

❸❸❸ **Trinken: bis 2015**

Collio ist ein hügeliger Landstrich im Nordosten Italiens an der Grenze zu Slowenien. Hier findet man einige der besten Weißweingebiete des Landes. Charakteristisch für die Böden in der Region ist der hohe Anteil an Mergel und Sandstein.

Das Weingut Borgo del Tiglio wurde 1981 von dem Apotheker Nicola Manferrari gegründet. Bei der Herstellung seiner Weine arbeitet er ebenso sorgfältig wie er es von seinem Beruf gewohnt ist: Der Eichengehalt, die Säure und der Alkohol sind immer perfekt ausbalanciert. Das Vergnügen, einen dieser Weine zu trinken, macht die Mühe, eine Flasche im Handel aufzutreiben, mehr als wett: Insgesamt werden nämlich pro Jahr nur 3300 Kisten hergestellt.

Malvasia Istriana ist eine Rebsorte, die häufig und zu Unrecht übersehen wird, sogar im Collio. Aber der Malvasia Selezioni 2002 rückt sie ins rechte Licht. Die konzentrierten Apfel- und Blütenaromen sind wunderbar einladend und unwiderstehlich. Am Gaumen ist der Wein intensiv, perfekt ausbalanciert und sogar noch komplexer als in der Nase, mit einer fast ernsthaft zu nennenden Säure, die diesem außergewöhnlichen Wein seine große Lagerfähigkeit beschert. **AS**

❸❸❸ **Trinken: bis 2012+**

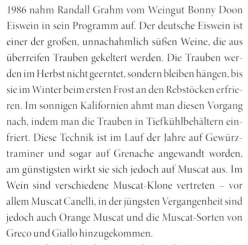

◀ Im Weingarten Bien Nacido wachsen Trauben für den Bonny Doon.

Domaine Bott Geyl *Sonnenglanz* GC Tokay Pinot Gris VT 2001

Herkunft Frankreich, Elsaß
Typ Süßer Weißwein, 13,5%Vol.-%
Rebsorte Pinot Gris

Nachdem er 1992 die Nachfolge seines Vaters Edouard angetreten hatte, machte sich Jean-Christophe Bott daran, die Erträge durch Rückschnitt um 35 % zu reduzieren. Darüber hinaus stellte er sicher, daß die handverlesenen Trauben unverletzt zur Kelterei gelangten, um eine „sanfte und subtile Pressung" zu erreichen, die seinen Weinen ihre Klarheit verleiht.

Im Jahr 2001 begann Jean-Christophe mit der Ernte in Sonnenglanz in Beblenheim, seinem wichtigsten *grand-cru*-Weinberg, um den 15. Oktober. Er wollte daraus zwei Weine herstellen – ursprünglich sollte die erste Lese für einen Séléction de Grains Nobles (SNG) verwendet werden, da sie von Edelfäule befallen war; die in der zweiten Lese zwischen dem 25. und 30. Oktober geernteten Trauben waren für eine Vendanges-Abfüllung (Späternte) bestimmt. Diese Trauben wurden teilweise in Großbehältern gegärt, die für den SNG jedoch in neuen Eichenfässern.

Nach dem Verkosten der beiden Weine sagte Jean-Christophe: „Beide waren sehr gut, ich wollte aber einen außerordentlichen Wein herstellen, was ich durch ihre Kombination erreichte." Der Wein hat den rauchigen Charakter der Edelfäule, hinzu kommen die Trüffelnoten der im Spätherbst geernteten Trauben. Insgesamt weist er in perfekter Weise die typischen Merkmale des Jahres 2001 auf – der volle Körper des heißen Sommers, die Konzentration der geringen Erträge und des guten spätherbstlichen Wetters sowie die lebhafte Säure des regnerischen Frühherbstes. **MW**

☻☻☻ **Trinken: bis 2030**

Im beginnenden Herbst färben sich die Elsäßer Weinberge golden.

Bouchard Père et Fils *Corton-Charlemagne Grand Cru* 1999

Herkunft Frankreich, Burgund, Côte de Beaune
Typ Trockner Weißwein, 13,5% Vol.-%
Rebsorte Chardonnay

Das Familienunternehmen Bouchard wurde 1731 gegründet, 1810 wurde sein Sitz in das Château de Beaune verlegt, und im Jahr 1995 ging es in den Besitz der Firma Henriot über, die für ihre vorzüglichen, Chardonnay-lastigen Champagner bekannt ist. Zum Besitz gehören 12 ha *grand-cru*-Weingärten, deren Glanzstück ein 3 ha großer Besitz in Corton-Charlemagne ist. Der dort herrührende Wein zeichnet sich durch die Konzentration, Eleganz und Kraft aus, die man bei einer solchen Provenienz erwarten kann.

Eine frühe Ernte gehört zur Bouchard-Philosophie, die von den jetzigen Besitzern beibehalten worden ist, um eine gewisse Frische der Säure festzuhalten, die es ermöglicht, den Wein auch längere Zeit im Faß oder in der Flasche altern zu lassen. Es werden nur reife Trauben in mehreren Lesen geerntet, jede Charge reift 6 Monate in neuen Eichenfässern und dann etwa ein weiteres Jahr in älterem Holz.

Das Jahr 1999 lieferte vorzüglich ausbalancierte Weine. Dieser Corton-Charlemagne zeigt die typische Mischung von buttrigem Backapfel- und leichten Bauernhofaromen und ist am Gaumen schwergewichtig, reichhaltig und autoritativ. Die Vanilletöne der Eiche werden durch eine fruchtige Säure im Gleichgewicht gehalten, die ein wenig an Ananas erinnert. Die sehr dichte Struktur weist darauf hin, daß dieser Wein nicht für den frühen Konsum gedacht ist. In einer idealen Welt würde man diesen Grand Cru leicht gekühlt als Begleiter zu einem Bressehuhn trinken, das in einer Estragon-Sahne-Sauce angerichtet ist. **SW**

☻☻☻ Trinken: bis 2010+

WEITERE EMPFEHLUNGEN
Andere große Jahrgänge
1992 • 1995 • 1996 • 1997 • 2000 • 2002 • 2005
Weitere Erzeuger von Corton-Charlemagne
Bonneau du Martray • Coche-Dury • Michel Juillot
Olivier Leflaive • Jacques Prieur • Rollin

Domaine Henri Bourgeois
Sancerre d'Antan 2003

Herkunft Frankreich, Loire, Sancerre
Typ Trockner Weißwein, 12,5% Vol.-%
Rebsorte Sauvignon Blanc

Die Weinkellerei der Domaine Henri Bourgeois erhebt sich über dem Dorf Chavignol, aus den Fenstern bietet sich ein atemberaubender Blick über die umgebenden Weingärten. Auf Nachfrage gibt Jean-Marie Bourgeois zu, daß ihm die Hälfte der Rebflächen gehören, die sich bis an den Horizont erstrecken – das mag noch untertrieben sein. Heute besitzt die Familie über 60 Hektar Weinberge in den besten Lagen von Sancerre und Pouilly-Fumé. Unsere Verkostung läßt Bourgois mit zwei Flaschen anfangen, zu denen er nichts sagt, während ich schnüffele und schlürfe. Die Weine sind rebsortenrein – ein Sauvignon Blanc und ein Pinot Noir. Ich frage, von welcher Lage sie stammen, und erwarte als Antwort eine Geste nach draußen. „Marlborough in Neuseeland", antwortet er, „mir gehört dort das Gut Clos Henri".

Domaine Henri Bourgeois füllt im Jahr etwa 550.000 Flaschen ab, Clos Henri weitere 120.000. Auf den Sancerre d'Antan entfallen nur etwa 6000 bis 10.000 pro Jahr. Er wächst auf einem reinen Feuerstein-Boden, was unschwer an den mineralischen Noten in der Nase des 2003ers zu erkennen ist. Am Gaumen zeigt sich eine einzigartige Mischung von herben Steinnoten und dem Geschmack von mit Butter bestrichenem, gerösteten Rosinenbrot. **KA**

Trinken: bis 2010+

Georg Breuer *Rüdesheimer Berg Schlossberg Riesling Trocken* 2002

Herkunft Deutschland, Rheingau
Typ Trockner Weißwein, 12.5 % Vol.-%
Rebsorte Riesling

Das Lebenswerk von Bernhard Breuer war die Wiederentdeckung und Wiedererweckung des Begriffes *terroir* in Deutschland. Er arbeitete unermüdlich daran, seine Spitzenrieslinge zu *grands crus* des Rheingaus zu machen. Dabei war seine höchste Priorität, die Einzigartigkeit seiner Weinberge hervorzuheben, eine Philosophie, die nirgends überzeugender zum Vorschein kommt, als bei dem Riesling vom Rüdesheimer Berg Schlossberg, der schon lange als moderner Klassiker der deutschen Weinkultur gilt. Der Boden besteht hier vor allem aus Quarz und Schiefer und liefert ausdrucksvolle, herzhafte und mineralreiche Weine mit superber Länge und Langlebigkeit. Sie sind zwar in ihrer Jugend etwas verschlossen, erblühen aber zu großer Komplexität.

Bernhard Breuer verstarb 2004 im Alter von 57 Jahren. Sein Vermächtnis ist eine lange Reihe überragender, weltbekannter Rieslingweine, vor allem aber der Schlossberg 2002. Im Jahr 2005 urteilte Michael Broadbent: „Der beste trockene deutsche Riesling, den ich je getrunken habe. … Ein derart schlagendes Aroma, so himmlisch, und ein Geschmack von solcher Subtilität und Länge, daß man sich fragt, wie solche Trauben gezogen werden, wie ein solcher Wein gekeltert werden konnte." **FK**

Trinken: bis 2015

Bründlmayer *Zöbinger Heiligenstein Riesling Alte Reben* 2002

Herkunft Österreich, Kamptal
Typ Trockener Weißwein, 13,5% Vol.-%
Rebsorte Riesling

Bucci *Verdicchio dei Castelli di Jesi Riserva Villa Bucci* 2003

Herkunft Italien, Marken
Typ Trockener Weißwein, 14% Vol.-%
Rebsorte Verdicchio

Heiligenstein ist die vorzüglichste Lage für Riesling im österreichischen Kamptal und wurde bereits im Jahre 1280 in einem klösterlichen Verzeichnis als „Hellenstein" (Höllenstein) erwähnt. Der Name leitete sich von der „höllischen Sonne" ab, die auf diesen Berg niederbrennt. Willi Bründlmayer hatte jahrelang einen Achtzigjährigen beobachtet, der mit dem Fahrrad ankam, um die alten Reben zu pflegen. Als die Besuche aufhörten, machte er sich Sorgen, sowohl um die Reben, als auch um den Besitzer. Es stellte sich heraus, daß ein Schwiegersohn versprochen hatte, sich um den Weinberg zu kümmern, jedoch keine Zeit dafür hatte. Bründlmayer versprach, alles in die Hand zu nehmen.

Bründlmayers Heiligenstein Alte Reben kam zuerst 1991 auf den Markt. Im Jahr 2002 sorgten herbstliche Regenfälle für Herausforderungen, aber die Lage zeigte ihren wahren Wert mit einem Riesling von fesselnder Klarheit und mit einem dynamischen Geschmackszusammenspiel. Schmetterlingsflieder und Zitronenblüten, Beeren- und Kernobst, Zitrus- und tropische Früchte sowie eine unbeschreiblich subtile Mineralität – all diese für Heiligenstein typischen Merkmale waren im Jahrgang 2002 elegant choreographiert. **DS**

☺☺ **Trinken: bis 2015**

Der Riserva Villa Bucci wird nur in sehr guten Jahrgängen gekeltert. Die Trauben stammen von Rebstöcken, die in den 60er Jahren gepflanzt wurden, und nach der Gärung wird der Wein in großen Eichenfässern gelagert. Die DOC-Vorschriften erfordern für den Verdicchio di Castelli di Jesi Riserva eine Lagerung von mindestens 25 Monaten, bevor er auf den Markt gelangt; Villa Bucci wird mindestens 18 Monate im Faß und dann weitere 12 Monate in der Flasche gelagert.

Es ist empfehlenswert, den Wein 10 bis 15 Minuten bevor er auf den Tisch kommt zu dekantieren, damit er sich entfalten kann. Außerdem sollte er nicht zu kalt serviert werden, um seine Komplexität nicht zu beeinträchtigen. Dies gilt besonders für ältere Jahrgänge, da der Wein sehr elegant altern kann und dabei verführerische Kräuteraromen entwickelt.

Vor dem 2003er liegt noch ein langes Leben. Er ist von strahlend strohgelber Farbe mit smaragdgrünen Glanzlichtern. In der Nase zeigen sich reife Pfirsiche, Zitrusfrüchte und frisches Gebäck, am Gaumen eher nussige Töne, die durch Balsam- und Zitrusnoten ergänzt werden. Im Abgang zeigt der Wein eine erstaunliche Länge. **AS**

☺☺ **Trinken: bis 2020+**

Reichsrat von Buhl
Forster Ungeheuer Riesling ST 2002

Herkunft Deutschland, Pfalz
Typ Trockener Weißwein, 12,5% Vol.-%
Rebsorte Riesling

Leo Buring
Leonay Eden Valley Riesling 2005

Herkunft Australien, South Australia, Eden Valley
Typ Trockener Weißwein, 12,2% Vol.-%
Rebsorte Riesling

Im 19. Jahrhundert gelangte der Weinberg Ungeheuer in Forst zu Weltruhm, nicht zuletzt wegen der Weine des Buhlschen Gutes, die damals zu den besten Weißweinen der Welt gehörten. Otto von Bismark nannte den Forster Ungeheuer von Buhl seinen Lieblingswein („Dieses Ungeheuer schmeckt mir ungeheuer.") und zählte Armand Buhl, den Besitzer, zu seinen Freunden.

Der Boden zeichnet sich durch eine sandig-lehmige, mit Kalkstein und Basalt durchzogene Zusammensetzung aus und führt zu mineralbetonten Weinen. Darüberhinaus weht am späten Nachmittag regelmäßig ein sanfter Wind über den Weinberg, der die Feuchtigkeit fortträgt, was die Ernte von sehr reifen, aber gesunden Trauben möglich macht. All dies sind optimale Voraussetzungen für ausdrucksvolle Weine mit einladendem Fruchtgeschmack und ungeheuer saftiger Struktur.

Es sind jedoch nicht nur die trockenen Weine, die herausragen. Seit vielen Jahren werden hier auch süße Weine gekeltert, die ebenfalls das Prädikat ‚königlich' verdienen. So ist es keineswegs verwunderlich, daß der Mutter der britischen Queen Elisabeth zum 100. Geburtstag im Jahr 2000 eine Ungeheuer Beerenauslese kredenzt wurde. **FK**

☺☺ **Trinken: bis 2010**

Mit dem Namen Leonay bezeichnet der erfahrene Winzer John Vickery seit den 70er Jahren den hervorragenden Riesling des Weingutes Leo Buring – so hieß auch das ursprüngliche Gut des Besitzers im Barossa-Tal. Je nach Jahrgang kann der Wein entweder aus dem Eden-Tal oder aus dem Clare-Tal stammen, wenn das Jahr insgesamt nicht gut ausgefallen ist, wird der Wein überhaupt nicht gekeltert, in besonders guten Jahren wie 2004 aber auch in beiden Regionen.

Der Jahrgang 2005 stammt zu 85 % aus einem Weinberg der Foster Group, der im Eden-Tal in einer Höhe von 375 bis 400 m gelegen ist, die anderen 15 % kommen aus dem High-Eden-Weinberg, der etwa 450 m hoch gelegen ist. Die Reben wurden in beiden Fällen Anfang der 70er Jahre jeweils auf relativ kargen Böden (ersterer auf gelber Bleicherde, der zweite auf kreidehaltigem Sandstein) gepflanzt.

Der 2005er Leonay ist von blaß-zitronengelber Farbe und duftet sehr subtil und elegant nach Zitrusblüten. Am Gaumen ist er fein strukturiert und delikat. Mit seiner nahtlos integrierten, sanften Säure ergibt sich so ein sehr harmonischer Gesamteindruck. Der langanhaltende Abgang ist mehr als nur überzeugend. **HH**

☺☺ **Trinken: bis 2015**

Dr. Bürklin-Wolf *Forster Kirchenstück Riesling Trocken* 2002

Herkunft Deutschland, Pfalz
Typ Trockner Weißwein, 13,5% Vol.-%
Rebsorte Riesling

Clemens Busch *Pündericher Marienburg Riesling TBA* 2001

Herkunft Deutschland, Mosel-Saar-Ruwer
Typ Süßer Weißwein, 6% Vol.-%
Rebsorte Riesling

Das Forster Kirchenstück wird manchmal als „Montrachet der Pfalz" bezeichnet. Die Lage erstreckt sich nur über 3,6 ha, liefert aber einen Riesling, der üppiger und dennoch eleganter ist als jeder andere Pfälzer Wein. Starke Sand- und Tonschichten werden von verwittertem Basalt und Kalkstein durchzogen. Die nahe Kirche und die Umgebungsmauer sorgen für ein einzigartiges Mikroklima.

Keinem anderen Weingut gelingt es so gut, das Potential dieser Lage in einem außerordentlichen Wein zu verwirklichen wie dem größten privaten deutschen Winzereibetrieb Dr. Bürklin-Wolf. Das Weingut verfügt zwar insgesamt nur über einen halben Hektar Land in dieser Lage, aber der Riesling, der dorther stammt, hält sich seit Jahren in den obersten Rängen der trockenen Rieslinge – der Gault-Millau-Weinführer erhob den Bürklin-Wolf Kirchenstück 2002 zu einem der besten trockenen Rieslinge, die überhaupt jemals in Deutschland erzeugt wurden.

Der Wein vereint kraftvolle Tiefe mit bezaubernder Eleganz und aromatische Reichhaltigkeit mit Brillanz und Finesse. Der langanhaltende Abgang läßt so manchen Weinkenner beim Verkosten sprachlos zurück. **FK**

☙☙☙ Trinken: bis 2020+

Der in Berlin lebende Weinkritiker Stuart Pigott beschreibt die Weine von Clemens und Rita Busch als „wagnerische Moselweine zum Abheben!".

Das nach ökologischen Gesichtspunkten bewirtschaftete Weingut erzeugt gleichermaßen herausragende trockene und süße Rieslinge. Zum internationalen Durchbruch gelangte es jedoch mit seinen seltenen Trockenbeerenauslesen.

Der Riesling TBA 2001 riß alle Kritiker vom Hocker, und das nicht ohne Grund: Bis Mitte November des Jahres gab es nur eine kleine Menge an hinreichend getrockneten edelfaulen Trauben, so daß eine Trockenbeerenauslese nur nach sorgfältiger Lese der einzelnen Beeren gekeltert werden konnte. Die winzige Menge an Most enthielt jedoch eine fast unglaublich hohe Menge an Säure. Heute durchdringt diese brillante Säurestruktur die barocke, cremige Süße und verleiht der Trockenbeerenauslese eine faszinierende Balance und eine fast unendliche Lebenserwartung.

Pigott verlieh dem Wein ohne Zögern die höchste Note von 100 Punkten und schrieb: „Wer der fundamentalistischen Seite des Rieslings nicht abgeneigt ist, kann hier mit den Walküren reiten." **FK**

☙☙☙☙☙ Trinken: bis 2060+

Calvente *Guindalera Vendimia Seleccionada Moscatel* 2006

Herkunft Spanien, Andalusien, Granada
Typ Trockener Weißwein, 12,5% Vol.-%
Rebsorte Moscatel (Muscat)

Can Ràfols dels Caus *Vinya La Calma* 2000

Herkunft Spanien, Katalonien, Penedès
Typ Trockener Weißwein, 13% Vol.-%
Rebsorte Chenin Blanc

Die meisten neuen Kellereien in Andalusien konzentrieren sich auf die Herstellung schwerer Rotweine, die in neuen Eichenfässer gelagert werden. Dieser Wein ist jedoch tiefer in der Tradition der Region verwurzelt, die seit 300 Jahren auf drei weißen Rebsorten fußt – Palomino Fino, Pedro Ximénez und Moscatel (Muscat).

Moscatel wurde bereits vor 200 Jahren an den steilen Hängen über Almuñécar angebaut. Heute wachsen hier 30 bis 60 Jahre alte Moscatel-Reben, die von Horacio Calvente liebevoll gepflegt werden. Sie hängen buchstäblich über dem Mittelmeer, fast als wüchsen sie auf Balkonen, in 600 bis 700 m Höhe über dem Meeresspiegel. Die dadurch verursachte Differenz zwischen den sehr heißen Tages- und den kühlen Nachttemperaturen optimiert den Reifungsprozeß und erhält die natürliche Säure der Trauben.

Die Jahrgänge 2002 und 2006 waren die besten des ersten Jahrzehnts im neuen Jahrtausend. Der Wein hat kraftvolle und fokussierte Fruchtnoten, sowohl in der Nase, wo die rebsortentypischen Aromen deutlich sind, als auch am Gaumen, wo eine sehr harmonische Balance von der charakteristischen Bitterkeit eines trocken ausgebauten Moscatels gekrönt wird. **JB**

🜄 **Trinken: bis zu 3 Jahre nach Erhalt**

Can Ràfols dels Caus ist im Besitz von Carlos Esteva, einem der echten Pioniere und Visonäre unter den spanischen Winzern. Heute sind 120 ha des 445 ha großen Besitzes, den seine Familie in den 40er Jahren erwarb, mit Reben bepflanzt, die meist etwa 20 Jahre, zum Teil aber auch bis zu 60 Jahre alt sind. In den 80er Jahren legte Esteva sein Augenmerk auf die Rotweine, was zu der Zeit im Penedés ungewöhnlich war. Heute, da alle anderen sich auf die Rotweine konzentrieren, schwimmt er schon wieder gegen den Strom und hat einige interessante Weißweine entwickelt.

Der Boden ist kalkhaltig und mit etwas Lehm durchsetzt. Das Weingut besteht aus einer Vielzahl kleiner Parzellen, die sich in Ausrichtung, Bodengeschaffenheit und den jeweils angepflanzten Reben unterscheiden. Die Reben werden getrennt geerntet, gegärt und gelagert. La Calma liegt auf einer Hügelkuppe, wurde in den späten 70ern mit Chenin Blanc bepflanzt, und der Boden ist kalkhaltig.

Der La Calma 2000 ist von tiefgoldener Farbe. In seinem charakteristischen Aroma zeigen sich Töne von weißen Pfirsichen, Quitten, Sternanis und Trockenfrüchten. **LG**

🜄 🜄 **Trinken: bis 2009; jüngere Jahrgänge in 6–9 Jahren**

Cape Point Vineyards
Semillon 2003

Herkunft Südafrika, Cape Point
Typ Trockener Weißwein, 13,7% Vol.-%
Rbsorten Sémillon 85%, Sauvignon Blanc 15%

Die Zeiten, in denen am Kap fast nur Sémillon-Reben wuchsen, sind lange vorbei – damals, als so weit unten, jenseits vom Stadtteil Constantia, noch überhaupt kein Wein angebaut wurde. Cape Point Vineyards ist hier die einzige Kellerei, die Reben wurden erst 1996 von dem Geschäftsmann Sybrand van der Spuy gesetzt.

Die 1,2 ha, auf denen Sémillon wächst, sind eine „großartige Lage", wie der Kellermeister Duncan Savage sagt. Allerdings geht er mit diesem Schatz auch äußerst aufmerksam um: 2003 wurden 30% der Trauben in Eichenfässern gegärt, um die grünen Pyrazin-Noten zu erhalten, die er so schätzt. Im Jahr 2004 wurde kein Wein gekeltert, der Jahrgang 2005 wurde zur Hälfte in Holz ausgebaut, um den Mandarinen-Charakter zu betonen – unter Zusatz von etwas Sauvignon entstand so ein Wein, der an einen Graves/Pessac erinnert. Obwohl 2005 etwas mehr Wein gekeltert wurde, ist die Produktion außerordentlich klein.

Die Weine sind in ihrer Jugend eher herb mit einer Mineralität, die auf kühles Klima verweist. Mitte 2007 hatte sich der 2003er zu höherer Komplexität entwickelt und Spargel-, Erdbeer- Kräuternoten hinzugewonnen. **TJ**

☻☻ **Trinken: bis 2015**

Capichera *Vermentino di Gallura*
Vendemmia Tardiva 2003

Herkunft Italien, Sardinien
Typ Trockener Weißwein, 14% Vol.-%
Rebsorte Vermentino

Das Weingut Capichera liegt in der Nähe des Dorfes Arzachena im äußersten Nordosten Sardiniens. Hier ist der Boden sehr karg, er besteht vor allem aus Granitfelsen und Sand. Die Besitzer von Capichera, die Familie Agnedda, baut seit fast 100 Jahren Wein an – bis in die 70er Jahre hinein allerdings nur für den Eigenverbrauch der Familie.

Der Jahrgang 1980 war der erste Capichera Vermentino, der in den Verkauf gelangte, und der Unterschied zwischen ihm und den anderen Vermentinos war sofort zu erkennen: Er war konzentrierter, komplexer und wesentlich duftiger. Im Jahr 1990 brachten die Gebrüder Fabrizio und Mario Agnedda dann erfolgreich ihren ersten Vermentino Vendemmia Tardiva auf den Markt, eine trockene Spätlese.

Der 2003er ist ein Wein von beeindruckender Konzentration, dennoch gelingt es ihm die Balance zu halten zwischen Eleganz und Sanftheit. In der Nase zeigt er einen Honig- und Blumencharakter mit erfrischenden Zitrusuntertönen. Am Gaumen ist er dicht strukturiert, samtig und zärtlich, mit Andeutungen von Blütenaromen, Zitrusfrüchten, Honig und *macchia*. Der Abgang ist lang und fein fokussiert. **AS**

☻☻☻ **Trinken: bis 2013**

Domaine Carillon *Bienvenues-Bâtard-Montrachet GC* 2002

Herkunft Frankreich, Burgund, Côte de Beaune
Typ Trockener Weißwein, 13% Vol.-%
Rebsorte Chardonnay

Wenn man den Weinkeller der Domaine Carillon betritt, sieht man auf dem Türsturz das Datum 1632. In der Familie Carillon wird das Winzerhandwerk mindestens seit diesem Jahr vom Vater auf den Sohn weitergegeben, es gibt sogar Quellen, die auf eine noch längere Tradition hindeuten. Das Weingut in Puligny-Montrachet ist einer der besten Weißweinerzeuger auf der ganzen Welt. Hier huldigt man nicht dem Drumherum, man präsentiert sich nicht auf jedem Wein-„Event" von Tokio bis Los Angeles, man konzentriert sich darauf, das Beste aus den Reben herauszuholen, die man besitzt.

Auf lediglich 12 ha entstehen hier 12 verschiedene Weine. Meist ist es einfach Puligny-Montrachet: ein Dorfwein, der in doppelt großen Fässern reift. Es gibt verschiedene *premiers crus*: Combettes, Perrières, Champ-Canet, Champ-Gain und Referts. Jacques Carillon, der das Unternehmen heute leitet, ist hager und um die 50, seine Tonlage ist der Tenor, nicht der Baß.

Der einzige *grand cru*, das Kronjuwel des Kellers, ist der Bienvenues-Bâtard-Montrachet – nur 0,11 ha sind damit bepflanzt, aus denen im Jahr nur zweieinhalb Fässer, vielleicht 750 Flaschen, erzeugt werden. Wie alle großen weißen Burgunder gärt er im Faß, danach wird er in Ruhe gelassen (bis auf einen Abstich) und nach 18 Monaten auf Flaschen abgefüllt. Die weißen Burgunder der jüngeren Vergangenheit waren alle ganz ausgezeichnet, aber am besten ist der großartige Jahrgang 2002: reichhaltig, voll und konzentriert, aber auch prachtvoll elegant, stahlig mit mineralischen Untertönen. Die Komplexität des Weins lässt hoffen, daß er im Laufe der Jahre noch besser wird. **CC**

🍷🍷🍷🍷🍷 **Trinken: 2010–2020**

Castel de Paolis *Muffa Nobile* 2005

Herkunft Italien, Lazio, Castelli Romani
Typ Süßer Weißwein, 13,5% Vol.-%
Rebsorten Sémillon 80%, Sauvignon Blanc 20%

Castel de Paolis ist ein Beispiel für das riesige Potential der Castelli Romani, einer Gegend, die einst für ihren Frascati berühmt war und aus eben diesem Grund in der Zwischenzeit etwas vernachlässigt wurde. Der Frascati, den man zwischen den 60er und 80er Jahren trank, war nicht der gleiche Wein, der in der ganzen Welt früher Anerkennung gefunden hatte. Vor der Reblaus-Epidemie, die in dieser Gegend gleich nach dem Zweiten Weltkrieg ausbrach, wurde der Frascati aus Malvasia Laziale, Bellone, Bombino und Cacchione gekeltert; danach traten die sehr ergiebige Malvasia di Candia und Trebbiano an ihre Stelle.

1985 regte Professor Attilio Scienza, einer der anerkannten Experten auf seinem Gebiet, den Besitzer von Castel de Paolis, Giulio Santarelli, dazu an, mit örtlichen Rebenarten zu experimentieren. Sie ersetzten den neutralen Malvasia di Candia und Trebbiano durch historische Reben und veränderten so den Frascati erneut, diesmal allerdings zum Besseren. Santarelli und Scienza experimentieren auch mit internationalen Rebvarianten, daraus entstand der Muffa Nobile.

Der Sémillon und der Sauvignon Blanc werden von dem Erreger der Edelfäule, *Botrytis cinerea*, befallen. Der Wein ist von blasser Bernsteinfarbe, in der Nase zeigen sich die typischen Aromen der Edelfäule: Klare, sanfte und intensive Noten von Trockenfrüchten, Honig und Nüssen. Am Gaumen ist er intensiv, mit einer Süße, die durch den Alkohol und die Säure ausgeglichen wird. Am besten passt der Muffa Nobile zu honighaltigen Desserts wie Baklava oder zu kräftigen, sehr reifen Käsesorten sowie zu Blauschimmelkäse. **AS**

🍷🍷 **Trinken: bis 2020**

Domaine Cauhapé *Quintessence du Petit Manseng* 2001

Herkunft Frankreich, Jurançon
Typ Süßer Weißwein, 12% Vol.-%
Rebsorte Petit Manseng

Jurançon liegt an den Hängen der Pyrenäen und die Landschaft wird großteils von Weideland und Wäldern dominiert. Plötzlich stößt man jedoch auf einen geschützten Südhang mit steinig-lehmigem Boden, der lange im Sonnenschein liegt und von warmen Winden aus Spanien bestrichen wird. Hier reifen im langen, warmen Herbst die Petit-Manseng-Trauben – aus ihnen entsteht einer der besten Dessertweine der Welt.

Henri Ramonteau ist ein Winzer, der sich nicht davor scheut, seine Trauben bis in den anbrechenden Winter hinein an den Reben zu lassen, bevor er sie erntet. Die Beeren wurden 2001 in der zweiten Dezemberhälfte gepflückt, der Wein gärt im Faß und wird zwei Jahre in neuen Eichenfässern gelagert.

Zu den Vorzügen des Petit Manseng gehört ein Fruchtspektrum, das sich von den meisten gleichartigen französischen Weinen unterscheidet: Ananas, Mango und Banane treffen hier in einer exotischen Pose aufeinander. Gleichzeitig sorgt die großartige Säure der Rebsorte für eine faszinierende, fast an einen Riesling erinnernde Balance. Echte Spätlesen wie diese sind sehr konzentriert und zuckerreich, die Weine behalten jedoch die kraftvollen Aromen bei, die man bei früher gepflückten Proben erkennen kann. Bei einem weniger guten Wein wäre die Wahl neuer Eichenfässer vielleicht ein ästhetischer Fehler, in diesem Fall eröffnet sich so eine zusätzliche Dimension von Reichhaltigkeit und Sinnlichkeit. Ramonteu produziert auf seinem 40-ha-Anwesen viele verschiedene Weine. Der Quintessence ist nicht nur ein Höhepunkt in der insgesamt exquisiten Kollektion der Domaine Cauhapé, sondern in der gesamten Region. **AJ**
€€€ Trinken: bis 2011

Vincenzo Cesani *Vernaccia di San Gimignano Sanice* 2005

Herkunft Italien, Toskana
Typ Trockener Weißwein, 13% Vol.-%
Rebsorte Vernaccia di San Gimignano

Als in den 50er Jahren die Landflucht einsetzte und viele Italiener in die Industriestädte des Nordens zogen, bewegte sich die Familie Cesani in entgegengesetzter Richtung: sie zog auf der Suche nach einem natürlicheren Lebensstil von den Marken in die Toskana. Vincenzo Cesani ist der Überzeugung, man könne sich darauf verlassen, daß die Natur einen versorgt, wenn man die Mühe auf sich nimmt, für die Natur zu sorgen. Heute erscheint dieses Vertrauen mehr denn je gerechtfertigt: In seinem schönen Bauernhaus, ein paar Kilometer nördlich von San Gimignano gelegen, produziert er nicht nur hervorragende Weine, sondern baut Safran an und stellt ein exzellentes Olivenöl her.

Die Ursprünge der Rebart Vernaccia di San Gimignano liegen im Dunkeln, ihre Weine waren im mittelalterlichen London jedoch bereits als „Vernage" bekannt. Der Sanice von Vincenzo Cesani ist ein gutes Beispiel dafür, warum diese DOC in der Vergangenheit so erfolgreich war. Die Trauben der nach Südosten ausgerichteten Weinberge werden in der letzten Septemberwoche geerntet, gepreßt und der Most gärt dann in Betonbehältern, die mit Glas ausgekleidet sind. Danach reift der Wein acht Monate in französischen Eichenbarriques und wird dann im Juni auf Flaschen abgefüllt, in denen er weitere drei Monate reift, bevor er in den Handel gelangt.

Der Wein ist von strohgelber Farbe mit Goldtönen und hat eine breite, sanfte Nase, die an süße Äpfel und gelbe Blüten erinnert. Die Eiche herrscht nie vor: Sie zeigt sich nur am Gaumen mit einem leichten Vanillegeschmack, der den erfrischenden, etwas bitteren Abgang aufs Beste ergänzt. **AS**
€€ Trinken: bis 2012

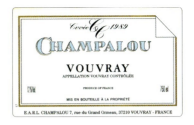

Chamonix
Chardonnay Reserve 2005

Herkunft Südafrika, Franschhoek
Typ Trockener Weißwein, 13,6% Vol.-%
Rebsorte Chardonnay

Didier et Catherine Champalou
Vouvray Cuvée CC Moelleux 1989

Herkunft Frankreich, Loire, Touraine
Typ Süßer Weißwein, 12% Vol.-%
Rebsorte Chenin Blanc

Die Weinberge von Chamonix liegen an den Hängen des Franschhoek-Tales, das im späten 17. Jahrhundert von französischen Hugenotten besiedelt wurde und deshalb seinen Namen – Franzosenecke – erhielt. Karge Böden und die Höhenlage wirken sich positiv auf die Qualität des Weines aus.

Chamonix – wie das Gut kürzlich benannt wurde – gehörte zu La Cotte, einer bereits im Jahr 1688 gegründeten Farm der Hugenotten. Heute ist Chamonix im Besitz des deutschen Geschäftsmannes Chris Hellinger und seiner Frau Sonja. Die Trauben hier sind angeblich die letzten, die in der Region in jedem Herbst geerntet werden, was auf das relativ kühle Klima hinweist und weniger auf eine außerordentliche Reife der Trauben: die Vinifikation ist hier immer klassischen Vorbildern gefolgt und der Alkoholgehalt ist eher durchschnittlich.

Als der Kellermeister Gottfried Mocke mit seinem Reserve 2005 den Titel *Winemaker of the Year 2006* des Diners Club gewann, stellten die Juroren Geschmacks- und Geruchsnoten fest, die von Hafer bis hin zu sanften tropischen und Zitrusfrüchten reichten. Der Wein sei frisch und voll, fügten sie hinzu, mit einer festen Säure und einem mineralischen Kern. **TJ**

◉◉ Trinken: bis 2015

Seit Didier und Catherine Champalous 1984 das Weingut gegründet haben, sind hier eine Reihe vorzüglicher Vouvrays in allen Stilrichtungen entstanden – Weine von zurückhaltender Intensität, die den oft knorrigen Rahmen des Chenin auf das Anregendste ausfüllen.

Das Erstaunliche an einer solchen dauerhaften Leistung ist die Tatsache, daß Chenin eine sehr launenhafte Rebsorte ist. In schlechten Jahren kann die physiologische Reife grenzwertig sein, in guten Jahren können die Trauben hängen bleiben, bis sie zur Hälfte edelfaul sind – die daraus entstehenden Weine können den besten Sauternes Paroli bieten. Das Jahr 1989 gehörte zu der zweiten Sorte: Es wurden Weine von legendärer Konzentration gekeltert, die jeden Winkel des Gaumens mit Geschmack überfluten und die versprechen, großartig zu altern.

Die süßen Weine von Champalou werden als CC bezeichnet, heute kommt bei den reichhaltigeren noch die Beschreibung „Trie de Vendange" als Kennzeichnung einer Auslese hinzu. Im Wein findet man getrocknete Aprikosen in Sahne, Nektarinen und Pfirsiche im langen Abgang, alles abgerundet und unterstrichen durch eine reine, mineralische Note und zitronige Säure – insgesamt eine Lehrstunde für perfekte Ausgewogenheit. **SW**

◉◉◉◉ Trinken: bis 2030+

Das Weingut Chamonix liegt im Weinanbaugebiet Western Cape.

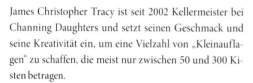

Channing Daughters
Tocai Friulano 2006

Herkunft USA, New York, Long Island
Typ Trockener Weißwein, 12,5% Vol.-%
Rebsorte Tocai Friulano

James Christopher Tracy ist seit 2002 Kellermeister bei Channing Daughters und setzt seinen Geschmack und seine Kreativität ein, um eine Vielzahl von „Kleinauflagen" zu schaffen, die meist nur zwischen 50 und 300 Kisten betragen.

Tracy weist darauf hin, daß Long Island mit seinem gemäßigten, feucht-maritimen Klima „keine Gegend für furchtsame Menschen" ist. Der Jahrgang 2006 ist recht typisch: Die Trauben wuchsen auf dem sandig-lehmigen Boden am East End und wurden in einem Durchgang gelesen, um verschiedene Geschmacks- und Aromanuancen einzufangen. Einige Lagen zeigen einen grünen und kräuterigen Charakter, andere Zitrus- und Mineralnoten, wieder andere erwecken Assoziationen von tropischen Früchten.

Der 2006er gärte in Edelstahlbehältern und unterschiedlichen Eichenfässern, die jeweils unterschiedliche Charakteristiken hinzufügen. Die sorgfältige Behandlung brachte die Nase des Tocai – Blüten, Zitrus, Mandeln und nasse Steine – zur Geltung, die sich am Gaumen dann zum Geschmack exotischer Gewürze und Chinin wandelt, der von einem leicht öligen Mineralton unterlegt ist. **LGr**

☻☻ Trinken: 1–2 Jahre nach Erhalt

Domaine Chapoutier
Ermitage L'Ermite Blanc 1999

Herkunft Frankreich, nördliche Rhône, Hermitage
Typ Trockener Weißwein, 15% Vol.-%
Rebsorte Marsanne

Im Konzept des *terroir* liegt der Kern der Arbeit des Kellermeisters Michel Chapoutier, er begann deshalb in den späten 80er Jahren eine Reihe von Weinen auf den Markt zu bringen, die jeweils aus einer Parzelle einer einzelnen Lage stammen. L'Ermite liegt auf der Spitze eines Hügels, auf dem es einst eine Einsiedelei gab, dort wachsen die Marsanne-Reben auf granithaltigem Boden.

Als er die Kellerei übernahm, war Michel entschlossen, eine Revolution einzuleiten. Sein Vater hatte wenig Rücksicht auf Qualität genommen, und Michel machte sich daran, das zu ändern. Er führte für einen Großteil des Gutes ökologische Landwirtschaftsprinzipien ein. Die meisten seiner Nachbarn hielten ihn für verrückt. „Botrytis entsteht aus einem Überschuss von Stickstoff und Kalium im Boden," behauptete er einmal – nicht unumstritten –, „wir setzen keine Chemie ein, deshalb kommt es bei uns auch nicht zu Edelfäule." Unumstritten ist allerdings die Qualität seiner Weine. L'Ermite Blanc erinnert in seiner Jugend an Äpfel und tropische Früchte, ergänzt durch einen Beiklang von Kräutern und reichlich Mineralität. Der 1999er zeigt schon eine reichhaltige Reife mit Honig- und Nußtönen und einer unendlichen Komplexität. **MR**

☻☻☻☻☻ Trinken: bis 2030

Domaine Chapoutier
Ermitage Vin de Paille 1999

Herkunft Frankreich, nördliche Rhône, Hermitage
Typ Süßer Weißwein, 14,5 % Vol.-%
Rebsorte Marsanne

Chateau Montelena
Chardonnay 2004

Herkunft USA, Kalifornien, Napa Valley
Typ Trockner Weißwein, 13,5 % Vol.-%
Rebsorte Chardonnay

Als Michel Chapoutier und sein Bruder Marc in den späten 80er Jahren den Familienbetrieb übernahmen, entschlossen sie sich zu einigen radikalen Veränderungen. Eine der Innovationen war dieser Vin de Paille, eine Idee, von der sie sagen, sie habe nur eine alte Tradition wiederbelebt, da die Technik ihre Wurzeln in der Region Hermitage hat. Man findet sie natürlich auch in vielen anderen Regionen.

Das Herstellungsverfahren ist unkompliziert. Die Trauben müssen gesund sein, nicht von Edelfäule befallen. Sie werden zwei Monate im Haus getrocknet und dann gegärt, worauf ihr Zuckergehalt so hoch ist, daß der fertige Wein etwas über 100 g/l Restzucker hat.

Mit 14,5 % Alkohol ist dies ein sehr konzentrierter und recht schwerer Wein, der sich jedoch durch beispielhafte Balance auszeichnet. Man erkennt Quitten und Äpfel, eine Spur von irgendetwas Tropischem; es gibt auch nussig-cremige Töne, Honig und eine gewaltige Komplexität. Es ist ein Wein der Verführung, vielleicht ein *vino di meditazione*, der aufgrund seiner Schwere auch mit recht reichhaltigen Desserts mithalten kann. Der 1999er ist ebenfalls sehr komplex, verführerisch abgerundet mit einer frischen Säure. **MR**

🍷🍷🍷🍷 Trinken: bis 2020

Die Legende des Chateau Montelena beginnt mit der wichtigsten Story in der Geschichte der Weinherstellung in der Neuen Welt – dem sogenannten Urteil des Paris. Der britische Weinimporteur Simon Spurrier hatte 1976 eine Blindverkostung angesetzt, um die besten französischen Weine mit den (mißtrauisch beäugten) Neuankömmlingen aus Kalifornien zu vergleichen. Die Juroren, allesamt aus der ersten Riege der französischen Connaisseurs, arbeiteten sich durch 4 weiße Burgunder und 6 Chardonnays aus Kalifornien. Als die Stimmen ausgezählt und die Flaschen enthüllt wurden, gab es ein überraschendes Ergebnis: An der Spitze stand der Chateau Montelena '73, gefolgt von einem Mersault-Charmes '73. Dann kamen zwei weitere kalifornische Weine, ein Chalone aus Monterey County und ein Spring Mountain. Über Nacht löste sich der Mythos, französische Weine seien allen anderen überlegen, in Luft auf.

Auch heute noch ist der Chateau Montelena ein eleganter und zurückhaltender Wein: Die malolaktische Gärung wird unterbunden, der Wein reift zu einem geringen Prozentsatz in neuer Eiche und zeigt so die typischen Merkmale des kalifornischen Chardonnays eher im Hintergrund, betont jedoch die Frische und Mineralität. **DD**

🍷🍷🍷 Trinken: bis 2015

Chateau Ste. Michelle
Eroica Riesling 2005

Herkunft USA, Washington State, Columbia Valley
Typ Trockner Weißwein, 12,5% Vol.-%
Rebsorte Riesling

Ernst Loosens Vorliebe für den Pinot Noir brachte ihn an die pazifische Nordwestküste der USA. Bei einem seiner Besuche hörte er, das Chateau Ste. Michelle im Bundesstaat Washington sei auf der Suche nach europäischen Partnern für gemeinsame Weinherstellungs-Projekte. So entstand nach einem Abstecher zum Chateau Ste. Michelle das Konzept des Eroica. Der nach Ludwig van Beethovens dritter Symphonie benannte Wein vereint in sich kontrapunktisch die Philosophie der Alten und Neuen Welt.

Seit dem ersten Jahrgang (1999) ist der Stil des Eroicas differenzierter geworden. Der Wein stammte schon immer aus verschiedenen Lagen. Die Trauben werden schonend geerntet und gepreßt, der Gärungsprozeß verläuft langsam und kühl, um den lebhaften und reinen Charakter des Rieslings einzufangen. Der 2005er zeigt von allen bis jetzt auf Flaschen abgefüllten Eroicas die größte Intensität: Die Ernte in den kühleren Lagen des Yakima-Tals fiel zwar knapp aus, war aber dadurch nicht weniger delikat. In diesem Jahr wurden auch erstmals Trauben aus der sogenannten Evergreen-Lage verwendet, die mit zarten Pfirsichnoten die Zitrus- und Mineraltöne ergänzen. **LGr**

$ $ Trinken: bis 2015

Domaine J.-L. Chave
Hermitage Blanc 1990

Herkunft Frankreich, nördliche Rhône, Hermitage
Typ Trockener Weißwein, 13% Vol.-%
Rebsorten Marsanne 80%, Roussanne 20%

Der Stammbaum der Familie Chave läßt sich bis ins Jahr 1481 zurückverfolgen – in keiner anderen klassischen Weinbauregion gibt es eine Familie, die eine derart lange Verbindung mit der Rebe nachweisen kann. Der spektakuläre Hügel Hermitage bietet 130 ha Weinanbaufläche – hauptsächlich werden hier rote Trauben angebaut, weißen Hermitage gibt es nur in geringen Mengen. Trotzdem hat gerade der weiße Hermitage immer einen guten Ruf gehabt. Der weiße Hermitage der Domaine Chave wächst in vier Einzellagen, dabei liefert 100 Jahre alter Marsanne ein reichhaltiges, aber nicht zu schweres Rückgrat für den Wein.

Im Jahr 1990 entstand bei Chave der vermutlich beste Weißwein der Firmengeschichte und einer der besten Weißweine von der Rhône. Der Wein erhielt von John Livingstone-Learmonth in seinem Buch *The Wines of the Northern Rhône* mit 6 Punkten die höchstmögliche Bewertung. Es ist ein Wein von erstaunlicher Reichhaltigkeit und Ausgewogenheit, mit Geschmacksnoten von Trockenfrüchten, Aprikosen, Honig und Gewürzen. Trotz seines geringen Säuregehalts kann der Hermitage Blanc auf Grund seiner Komplexität gut 20 oder mehr Jahre gelagert werden. **SG**

$ $ $ $ Trinken: bis 2010+

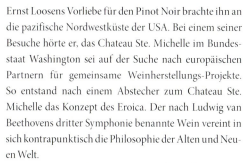
Im Chateau Ste. Michelle wird der Eroica auf Flaschen abgefüllt.

Domaine de Chevalier Blanc
1989

Herkunft Frankreich, Bordeaux, Pessac-Léognan
Typ Trockener Weißwein, 12,5% Vol.-%
Rebsorten Sauvignon Blanc 70%, Sémillon 30%

Domaine François Chidaine
Montlouis-sur-Loire Les Lys 2003

Herkunft Frankreich, Loire, Touraine
Typ Süßer Weißwein, 12,5% Vol.-%
Rebsorte Chenin Blanc

Die Domaine de Chevalier produziert neben Haut-Brion und Laville Haut-Brion den besten trockenen Weißwein des Bordeaux. Obwohl er auf Sauvignon basiert, ist es ein Wein von bemerkenswerter Langlebigkeit. Über ein Jahrhundert war das Weingut im Besitz der Familie Ricard, bis sie 1983 verkaufen mußten. Heute bewirtschaftet Olivier Vernard das Gut. Nur 5 ha sind mit weißen Reben bepflanzt, die erzeugte Menge ist also begrenzt – zusätzlich noch dadurch, daß nur wirklich perfekte Früchte gelesen werden. Der Wein wird in Fässern gegärt, meist mit natürlichen Hefen, und dann bis zu 18 Monate gelagert. Die Lagen von Chevalier sind kühl und frostgefährdet, dadurch erhalten die Weißweine eine rassige Note und eine Mineralität, die den reifen Fruchtgeschmack unterstützt.

Obwohl es ein heißes Jahr war, entstand 1989 bei Chevalier ein großartiger Jahrgang. In der Jugend waren die Aromen der Eiche betont, inzwischen wird die Nase jedoch von Fruchtnoten dominiert, vor allem Aprikosen und Pfirsiche. Der Wein hat eine bemerkenswerte Kraft und Konzentration, der erdige Extrakt verleiht ihm einen enormen Mineralbiß und einen sehr langen Abgang. Obwohl er inzwischen ausgereift ist, hat der Wein seinen Höhepunkt noch nicht überschritten. **SBr**
☺☺☺☺ Trinken: bis 2015+

François Chidaine machte sich nach seiner Lehrzeit im väterlichen Weingut im Jahr 1989 selbständig und betreute eigenhändig 5 ha Rebfläche in Montlouis-sur-Loire. Inzwischen wird er durch seine Ehefrau Manuéla und seinen Cousin Nicolas Martin unterstützt und hat das Gut durch den Ankauf einiger der begehrtesten Lagen oberhalb der Loire (20 ha in Montlouis-sur-loire und 10 ha in Vouvray) deutlich vergrößert.

Seit 1990 verzichtet Chidaine auf den Einsatz von Pestiziden, seit 1999 wird das Weingut biodynamisch bewirtschaftet. In der Kellerei entstehen durch lange, natürliche Gärung in alten Eichenfässern Weine, die mineralreich, reichhaltig und langanhaltend sind. Je nach Jahrgang und Einzellage können sie trocken bis köstlich süß ausfallen.

Der *molleux* Les Lys wird nur in außerordentlich guten Jahren, wie es 2003 eines war, als Auslese von edelfaulen Trauben hergestellt. In diesem Jahr entstand der Wein mit einem Restzuckergehalt von 160 g/l aus den Trauben von vier Einzellagen in der Nähe des Dorfes Husseau: Clos du Volagré, Clos du Breuil, Clos Renard und Les Epinais. Er zeichnet sich durch große Länge, Balance und eine tiefgründige Mineralität aus. **SA**
☺☺ Trinken: bis 2020

Chivite *Blanco Fermentado en Barrica Colección 125* 2003

Herkunft Spanien, Navarra
Typ Trockener Weißwein, 13,5% Vol.-%
Rebsorte Chardonnay

Christmann *Königsbacher Idig Riesling Großes Gewächs* 2001

Herkunft Deutschland, Pfalz
Typ Trockener Weißwein, 13,5% Vol.-%
Rebsorte Riesling

Bodegas Julián Chivite ist die bekannteste Weinkellerei in der nordspanischen Region Navarra, zwischen der Rioja und dem Baskenland gelegen. Die Ursprünge der Familie als Winzer lassen sich bis 1647 zurückverfolgen, aber das jetzige Familienunternehmen wurde erst 1860 gegründet. Sein Spitzenwein Colección 125 entstand anläßlich des 125jährigen Firmenjubiläums. Ursprünglich war es ein Rotwein, er ist inzwischen in roten, weißen und süßen Versionen erhältlich.

Der Weißwein ist ein reiner Chardonnay; nach der Burgundermethode hergestellt gärt er im Faß und reift 10 Monate auf der Hefe. Bei der 5. Madrid Fusión, einem Gastronomiekongress, an dem die Spitzenköche der Welt teilnahmen, wurde der Jahrgang 2003 im Januar 2007 zum „besten Weißwein" gewählt.

Der Wein ist von strahlend gelber Farbe mit einigen grünen Glanzlichtern. In der komplexen Nase finden sich Zitrus- und Kreidenoten sowie gelbe Früchte, Nüsse und geröstete Sesamsamen, zudem auch Aromen von Toast, Vanille, Rauch und Butter, die von der Reifung herrühren. Am Gaumen ist der Wein entwickelt und langanhaltend, er hält hier all jene Versprechen ein, die er im Duft gegeben hat. **LG**

😊😊😊 **Trinken: bis 2011**

Es gibt in Deutschland nur wenige Lagen, die für ihre gleichermaßen hervorragenden Rot- und Weißweine bekannt sind. Die größte darunter ist Idig im pfälzischen Mittelhaardt, in der Nähe von Königsbach. Idig ist in gewisser Weise mit Corton im Burgund zu vergleichen. Diese Ähnlichkeit erstreckt sich auch auf den Boden, der aus Kalkstein und Lehm mit einem hohen Steinanteil besteht. Neben eleganten, seidigen Pinot Noirs wachsen hier auch bemerkenswerte Rieslinge, die zu den reichhaltigsten ihrer Art in Deutschland gehören.

Steffen Christmann, der Besitzer von etwa 7 ha im Herzen der Lage Idig, keltert seit Jahren einen der beeindruckendsten trockenen deutschen Weißweine, ein Riesling, der Aprikosen- und Melonengeschmack mit dem vollen Körper, der Tiefe, der Kraft und seidigen Struktur eines großen weißen Burgunders vereint.

Um der reichhaltigen Mineralität und der schieren Größe des Idig 2001 gerecht zu werden, sollte man den Wein rechtzeitig dekantieren und und dann aus Ballongläsern trinken. Die ungewöhnliche Reichhaltigkeit und Weinigkeit dieses Rieslings machen ihn zu einer perfekten Ergänzung von Gerichten mit sahnigen Saucen. **FK**

😊😊😊 **Trinken: bis 2012**

Weißweine | 163

Christoffel *Ürziger*
Würzgarten Riesling Auslese 2004

Herkunft Deutschland, Mosel-Saar-Ruwer
Typ Süßer Weißwein, 8% Vol.-%
Rebsorte Riesling

Beim Verkosten eines neuen Riesling Kabinett, der seinen Namen auf dem Etikett trägt, sagt Hans-Leo Christoffel gerne: „Dies pflegten wir früher eine gute Auslese zu nennen." – so verwöhnt ist man inzwischen durch die ununterbrochene Reihe von vorzüglichen Jahren, die seit 1988 anhält. Bei „Drei-Sterne-Auslesen", die inzwischen jedes Jahr auf Flaschen abgefüllt werden, nähert man sich also den Trockenbeerenauslesen vergangener Zeiten. Und dennoch weist dieser Wein trotz seiner noblen Reichhaltigkeit eine frische Saftigkeit auf: Klarheit, Auftrieb, Delikatesse und Abwesenheit oberflächlicher Süße. Honig-, Zitrus-, aber vor allem Erdbeernoten bilden die Signatur des Würzgartens.

Dank seines amerikanischen Importeurs waren Christoffels Weine in den USA lange bekannter als in Deutschland. Verspätete Anerkennung erhielt er mit seinen 1997er Jahrgängen zu einer Zeit, als die Deutschen den „süßen" Riesling wiederentdeckten. Im Jahr 2000 mußte er sich auf ärztlichen Rat aus der aktiven Winzerei zurückziehen. Kurze Zeit sah es so aus, als ob seine großartigen alten Rebstöcke – sie sind zum Teil über 100 Jahre alt – unter den Hammer kommen würden. Doch dann kam er mit Robert Eymael vom Weingut Mönchhof in Ürzig zu einer Übereinkunft: Dieser pachtete die Weinberge und engagierte Christoffel als Berater. Die Weine aus den Christoffelschen Lagen werden unter seiner Aufsicht in einem abgeschlossenen Teil des Gutshofes gekeltert und abgefüllt, während die des Mönchhofs ihren eigenen unverkennbaren Stil beibehalten. **DS**

★★★ **Trinken: bis 2025**

Die Reben am Moselufer profitieren vom reflektierten Sonnenlicht.

Château Climens 2001

Herkunft Frankreich, Bordeaux, Barsac
Typ Süßer Weißwein, 14% Vol.-%
Rebsorte Sémillon

Im Château Climens wird seit dem 17. Jahrhundert Wein gekeltert. Damals waren es sowohl Rot- als auch Weißweine, aber seit der Klassifikation 1855 ist es ein *premier cru* für süßen Wein.

Das Gut besitzt die beeindruckende Fähigkeit, auch in Jahren, die von anderen Winzern schon abgeschrieben worden sind, noch großartige Weine zu produzieren: 2001 ist dafür ein spektakuläres Beispiel. Auf den 29 ha Rebfläche wachsen ausschließlich Sémillon-Reben, damit setzt das Gut kühn alles auf eine Karte, und das in einer Region, in der das Verschneiden sowohl ein Geburtsrecht als auch eine Versicherungspolice darstellt. Der Sémillon erhält durch den sandigen, kiesigen Boden auf gewachsenem Kalkstein eine atemberaubende Mineralität. Der Wein wird in mehreren Durchgängen geerntet, in denen jeweils nur die Beeren gepflückt werden, die den richtigen Reifegrad haben.

Climens legt viel Wert auf die geschmackssteigernden Kräfte frischen Eichenholzes, jedes Jahr werden bis zu zwei Drittel der Fässer erneuert. 18 Monate reift der Wein im Faß, was den süßen Fruchtnoten eine gehörige Portion cremigen Vanillegeschmack hinzufügt. Die Farbe ist von einem tiefen Goldgelb. In der Nase zeigen sich höchst dekadente Honig-, Aprikosen- und Feigenaromen; am Gaumen breiten sich kandierte Orangen und Blütenhonig aus, die von sauber duftender Vanille umhüllt und von der kräftigen Struktur der Edelfäule untermalt werden. Die Frische der Säure ist schlichtweg wunderbar, vor allem wenn man bedenkt, daß dieser Wein gänzlich ohne Sauvignon auskommt. **SW**

ՖՖՖՖ **Trinken: bis 2070+**

WEITERE EMPFEHLUNGEN
Andere große Jahrgänge
1988 • 1989 • 1990 • 1991 • 1997 • 2003 • 2004 • 2005
Andere Barsac-Erzeuger
Château Coutet • Château Doisy-Daëne • Château Doisy-Védrines • Château Nairac

Clos de la Coulée de Serrant
Savennières 2002

Herkunft Frankreich, Loire, Anjou
Typ Trockener Weißwein, 13% Vol.-%
Rebsorte Chenin Blanc

Bevor er 1976 auf das Familiengut Coulée de Serrant zurückkehrte, um seiner inzwischen verwitweten Mutter zu helfen, studierte Nicolas Joly in Bordeaux zwei Jahre Önologie. 1981 stieß er auf ein Buch von Rudolf Steiner über biodynamische Landwirtschaft, das sein Leben verändern sollte. Innerhalb von 4 Jahren wurde die Umstellung auf biodynamische Prinzipien durchgeführt, und Joly ist heute noch ein aktiver Verfechter der biodynamischen Winzerei.

Die ersten Reben der Lage Clos de la Coulée de Serrant wurden bereits 1130 n. Chr. von Zisterziensermönchen gepflanzt. Der Jahrgang 2002 ist von stroh-goldener Farbe und hat eine opulente, honigartige Nase. Der Wein sieht auf den ersten Blick aus, als sei er süß, und schmeckt auf jeden Fall edelfaul, ist aber tatsächlich trocken. Nach dem Öffnen der Flasche kann er bis zu einer Woche frisch bleiben und sich entwickeln.

Clos de la Coulée de Serrant hat das Zeug, einen überragenden Wein hervorzubringen, aber Joly ist für seine ungleichmäßigen Ergebnisse bekannt – in manchen guten Jahren gelingen ihm nur durchschnittliche Weine, während er in mittelmäßigen Jahren Großartiges leisten kann. **SG**

⑤⑤⑤ **Trinken: bis 2012+**

Clos Floridène
2004

Herkunft Frankreich, Bordeaux, Graves
Typ Trockener Weißwein, 13% Vol.-%
Rebsorten Sémillon 50%, S. Blanc 40%, Muscadelle 10%

Denis Dubourdieu ist einer der bekanntesten Önologen des Bordeaux. Er ist außerdem Weingutsbesitzer und verwaltet die väterlichen Güter Doisy-Daëne und Cantegril ebenso wie jene, die der Familie seiner Ehefrau Florence gehören. Das interessanteste dieser vielen Unternehmen ist vermutlich das in der Region Graves gelegene Weingut Clos Floridène, das ihm und seiner Frau gehört. Hier gelingt es ihm zu beweisen, welch qualitätvolle Weine, vor allem Weißweine, im südlichen Graves entstehen können.

Dubardieu erwarb das 30 ha große Gut 1982, renovierte Haus und Keller und pflanzte Sauvignon Blanc, ließ aber die alten Sémillon-Rebstöcke stehen. In dieser Gegend zwischen Poujois und Illats herrscht ein kühles Klima, und die Trauben reifen spät. Für den Sauvignon werden keine neuen Eichenfässer verwendet, aber der Sémillon wird zu etwa 30 % in neuem Holz gelagert.

Der Jahrgang 2004 ist ein gehaltvoller Wein mit Pfirsich- und Lanolinaromen, am Gaumen von beträchtlichem Gewicht und mit beträchtlicher Länge im Abgang. Er ist direkter als manche andere Jahrgänge des gleichen Weines, jedoch dicht und extraktreich genug, um auf interessante Weise zu altern. **SBr**

⑤⑤ **Trinken: bis 2016**

Die Flaschen mit Nicolas Jolys Weinen tragen sein Seepferd-Wappen.

Domaine du Clos Naudin
Vouvray Goutte d'Or 1990

Herkunft Frankreich, Loire, Touraine
Typ Süßer Weißwein, 12,5 Vol.-%
Rebsorte Chenin Blanc

Clos Uroulat
Jurançon Cuvée Marie 2006

Herkunft Frankreich, Jurançon
Typ Trockner Weißwein, 12,5 Vol.-%
Rebsorten Manseng 90%, Petit Courbu 10%

Philippe Foreau gehört zur dritten Generation, die auf diesem Weingut, das sein Großvater 1923 erwarb, Vouvray keltert. Der Wein dieser Gegend ist vermutlich jahrgangsabhängiger als jeder andere und variiert wegen des wechselhaften nördlichen Klimas von knochentrocken bis üppig-süß. Der gute Ruf der Domaine du Clos Naudin beruht jedoch auf der scheinbaren Leichtigkeit, mit der es jahrein, jahraus gelingt, konzentrierte, rassige Weine mit überragender Balance herzustellen.

Die 11,5 ha großen Rebflächen der Domaine du Clos Naudin liegen günstig auf halber Höhe des Weinberges, sind in südlichen Richtungen ausgerichtet und bestehen aus lehmigen, feuersteindurchsetzten Böden, die hier als *Perruches* bezeichnet werden. Die Reben werden mit biologischen Methoden bewirtschaftet.

Der Vouvray Goutte d'Or 1990 wurde aus überreifen, edelfaulen Trauben hergestellt und ist der überragende Wein eines außerordentlich vielversprechenden Jahrgangs. Mit mehr als 200 g/l Restzuckergehalt erinnert seine geschmeidige Struktur an flüssiges Karamel. Dennoch ist er von großartiger Frische – eine *tour de force*, die auch in den folgenden Jahren noch viel Freude bereiten wird. **SA**

€€€ **Trinken: bis 2050**

Charles und Marie Hours kauften 1985 das Weingut Clos Uroulat und haben seither die Rebflächen um das Vierfache vergrößert. Die Investition hat sich gelohnt. Dichte Bepflanzung, hohe Reberziehung und geringe Erträge führen zu maximaler Konzentration in den Trauben, die so ihre strahlenden Farben zur Geltung bringen können. Der Petit Manseng bleibt im Jurançon traditionell der Spätlese vorbehalten, aber der größere Cousin bildet – zusammen mit dem einheimischen Petit Courbou – die Grundlage für einen unterhaltsamen, aromatischen trockenen Wein.

Die Cuvée Marie reift bis zu 11 Monate im Faß (der Anteil neuer Fässer liegt jeweils nur bei 10 %). Der Wein entfaltet Aromen von Ananas, grünen Äpfeln und Birnen, begleitet von einer betörenden kleine Rauchnote, die von der Faßlagerung herrührt. Am Gaumen ist der Wein voll, ungeheuer ausdrucksstark mit einem Kern stahliger Zitrussäure, der durch die großzügigen tropischen Früchte dringt. Im Abgang zeigen sich leichte Anklänge von Lakritz, Zimt und Sahne. In seiner Jugend präsentiert sich der Jurançon überaus anziehend – aber seine Säurestruktur ermöglicht auch eine Entwicklung durch einige Jahre Flaschenlagerung. **SW**

€€ **Trinken: bis 2012**

Cloudy Bay
Sauvignon Blanc 2006

Herkunft Neuseeland, Marlborough
Typ Trockener Weißwein, 13% Vol.-%
Rebsorte Sauvignon Blanc

Das Weingut Cloudy Bay ist der Namensgeber für den bekanntesten Sauvignon Blanc der Neuen Welt. Die kommerzielle Vermarktung wurde 1985 vom hochkarätigen Kellermeister Kevin Judd auf den Weg gebracht, der den modernen Marlborough Sauvignon Blancs-Stil schuf. Die prickelnd kühnen Aromen und Geschmacksnoten unterschieden sich sehr von den klassischen französischen Sauvignons Sancerre und Pouilly-Fumé. Der Wein war eine Sensation und wurde schnell zum Standardgetränk bei Dinnerpartys der Schickeria.

Nach über 20 Jahren des Erfolgs bei Kritik und Käufern sind heute die Meinungen über Cloudy Bay jedoch geteilt. Einige sagen, der Wein sei nicht mehr so gut wie er einst war, da viele ehemalige Traubenlieferanten inzwischen eigene Weine keltern. Andere verweisen darauf, daß der alljährliche Ansturm von Konsumenten auf den Cloudy Bay sich eher dem überlegenen Marketing des Weinguts verdankt als der überlegenen Qualität – verstauben doch Weine von vergleichbarer Qualität in den Regalen. Auch eine „aufgemotzte", in Eiche gegärte Version des Sauvignon Blanc namens Te Koko ist auf ein geteiltes Echo gestoßen. Und dennoch lebt das Erbe jenes ersten Jahrgangs fort. **SG**

☻☻ **Trinken: bis zu 3 Jahre nach Erhalt**

Paul Cluver *Noble Late Harvest Weisser Riesling* 2003

Herkunft Südafrika, Elgin
Typ Süßer Weißwein, 13% Vol.-%
Rebsorte Riesling

Der Riesling hat in Südafrika einen schweren Stand: Es gibt nur wenige geeignete *terroirs*, der Wein entspricht nicht den gegenwärtigen Modeströmungen, und der Name Riesling wird für eine minderwertige Rebart verwendet – echter Riesling muß für den südafrikanischen Markt mit dem Zusatz „Weisser" oder „Rhine" versehen werden. Andererseits ist das Klima in der Region Elgin optimal. Im ehemaligen Apfelland versuchen sich immer mehr Winzer, bieten doch die hohe Lage und das kühle, von der See geprägte Klima gute Voraussetzungen für die Rebe.

Die Kellerei Paul Cluver gehört zu den größten und ältesten der Gegend. Die kühlen und feuchten Südwinde stellen sicher, daß die Trauben zuverlässig von Botrytis befallen werden, und so wird dieser Noble Late Harvest fast jedes Jahr gekeltert. Der Stil liegt zwischen dem deutschen (kein Eichenholz) und dem französischen (höherer Alkoholgehalt). Neben den üppigen Fruchtnoten, der Süße und der nervösen Säure treten erregende Spannungen auf; die Pfirsich- und Pfeffertöne werden durch den Honig der Edelfäule ergänzt. Der Wein ist in seiner Jugend bezaubernd, die Struktur und Fruchtigkeit lassen erwarten, daß er sich mehr als ein Jahrzehnt gut halten wird. **TJ**

☻☻ **Trinken: bis 2013**

Domaine Coche-Dury *Corton-Charlemagne GC* 1998

Herkunft Frankreich, Burgund, Côte de Beaune
Typ Trockener Weißwein, 13,5% Vol.-%
Rebsorte Chardonnay

Jean-François Coche kommt Besuchern nicht unbedingt mit offenen Armen entgegen, mit Auskünften über seine Weinberge und Weine geht er sparsam um. Vermutlich liegt das daran, daß die Nachfrage nach seinen Weinen bei weitem größer ist als das Angebot: Er ist nicht auf neue Importeure oder neue Kontakte zur Fachpresse angewiesen, seine Weine erzielen auch ohne Marketing bereits außerordentlich hohe Preise. Kein Wunder, daß Coche seine Zeit lieber mit der Pflege seiner Reben und seiner Weine verbringt.

Die meisten Lagen des Weingutes sind einfache Dorflagen, obwohl Coche auch über einige Mersault Perriéres und seit 2003 auch Genevriéves verfügt. Sein bekanntester Wein ist ein Corton-Charlemagne. Allerdings bewirtschaftet er für diesen Wein nur 0,3 ha und keltert lediglich 1200 Flaschen. Der Wein wird etwa 20 Monate im Faß gelagert, wobei sich der Anteil neuer Eiche nach dem Jahrgang und dem Instinkt des Kellermeisters richtet.

Knappheit und Qualität von Coches Corton-Charlemagne führen zu außerordentlich hohen Preisen. Man kann zwar Corton-Charlemagne von überragender Qualität zu einem Bruchteil des Preises erhalten, Coche verfügt jedoch über eine geradezu fanatische Anhängerschaft, die ihm den Wein aus den Händen reißt – und er macht das Beste daraus.

Sein Wein zeigt sich erst nach einigen Jahren Flaschenlagerung von seiner besten Seite. Der 1998er ist superb, mit Blüten- wie auch Mineralaromen. Am Gaumen zeigt er eine bemerkenswerte Dichte und Kraft, eine sahnige Struktur, die nicht zur Schwere neigt, und einen langen, nussigen Abgang. **SBr**

😊😊😊😊 **Trinken: bis 2025**

Colle Duga *Tocai Friulano* 2005

Herkunft Italien, Friuli Venezia Giulia, Gorizia
Typ Trockener Weißwein, 13,5% Vol.-%
Rebsorte Tocai

Fast wäre der Tocai Friulano von Colle Duga nicht Bestandteil des italienischen Wein-Repertoires geworden. Als Giuseppe Princic 1898 geboren wurde, gehörte das Land des Weingutes, das er später gründete, noch zum österreichischen Kaiserreich. Erst durch die weitgehend unbeliebte Neuziehung der Grenzen 1947 gelangte das gesamte Gebiet an Italien, dann an Jugoslawien und 1991 nach der Unabhängigkeit Sloweniens wurde es Teil des Staatsgebiets des neuen Landes. Allerdings liegen die 4 Parzellen, aus denen die 7 ha von Colle Duga bestehen, genau diesseits der Grenze und produzieren deshalb einen italienischen Friulano.

1970 erbte Damian, der Enkel des Gründers, das Gut von seinem Vater Luciano, seitdem betreibt er es mit seiner Ehefrau Monica und den beiden Kindern. Gemeinsam sorgen sie dafür, daß alle Teile des Herstellungsvorgangs in Familienhand bleiben. Sie keltern jährlich zwischen 30.000 und 40.000 Flaschen eines vom Centro Mobile di Imbottigliamento in Pozzuolo del Friuli hochbewerteten Weins. Ihr Flaggschiff ist der Tocai Friulano, aber ihr Pinot Grigio und auch der Chardonnay müssen sich keineswegs verstecken und verdienen eine Erwähnung.

Der Colle Duga Tokajer ist vom Charakter her ein typisch italienischer Sommerwein (obwohl er ja die italienische Grenze nur berührt): von strohgelber Farbe; frisch, aber gerundet; mit leichten Bittermandelaromen, die sich mit dem erfrischenden Geschmack von Heu, Kräutern, Blüten und einem ganz, ganz leichten Hauch von Paraffin verbinden. Kaum überraschend, daß dieser Wein seinen Erzeugern eine Reihe von Preisen eingebracht hat. **HL**

😊😊 **Trinken: bis 2010 oder 5 Jahre nach Erhalt**

Colli di Lapio
Fiano di Avellino 2004

Herkunft Italien, Kampanien, Irpinia
Typ Trockener Weißwein, 13% Vol.-%
Rebsorte Fiano

Clelia Romano und ihre Familie betreiben eines der aufregendsten Weingüter in Süditalien. Im Jahr 1994 kam der erste Wein von Colli di Lapio auf den Markt. Seither werden Clelias Weine Jahr für Jahr wieder dem Ideal eines ernsthaften, vielleicht sogar etwas strengen und kompromißlosen Fiano di Avellino gerecht. Clelia Romano ist eine entschlossene Persönlichkeit: Man findet nicht viele Weinmacher, die 6 Ernten mit traditionellen Keltern und nur wenigen anderen Hilfsmitteln bewältigt hätten – und denen es gelungen wäre, auf diese Weise auch noch so außerordentlich schöne Weine hervorzubringen. Erst 1999 wurden eine moderne pneumatische Presse und eine Abfüllanlage installiert.

Die Fiano di Avellino DOCG-Weine benötigen mindestens 6 Monate, nachdem sie auf den Markt gelangt sind, um sich von ihrer besten Seite zu zeigen, und das großartige Beispiel von Clelia Romano bildet da keine Ausnahme – nach einem Jahr gewinnt er sogar noch eine feinere Balance und Definition. Die Trauben für den Jahrgang 2004 wurden Mitte Oktober geerntet und sofort gepreßt, der Most wurde in Edelstahltanks gegärt und dann 6 Monate auf der Hefe belassen, bevor er in Flaschen abgefüllt wurde.

Die Nase ist von intensiven Zitrus- und Mineralaromen bestimmt, am Gaumen zeigt sich der Wein mit etwas cremiger Struktur, die durch Frische, einen reichhaltigen, doch lebhaften Mittelteil und einen fast herzhaften, nussigen Abgang ausgeglichen wird. Wenn man der Versuchung widersteht, ihn jung zu trinken, wird man für jahrelange Geduld durch zusätzliche Tiefe und Komplexität belohnt. **AS**

☺☺ **Trinken: bis 2012+**

Attilio Còntini
Antico Gregori o.J.

Herkunft Italien, Sardinien
Typ Trockener Weißwein, 18% Vol.-%
Rebsorte Vernaccia di Oristano

Das Weingut Attilio Còntini liegt im Dorf Cabras in der Provinz Oristano an der Westküste Sardiniens. Die Söhne und Neffen des Gründers Attilio legen ihr Hauptaugenmerk auf qualitätsvolle Weinen aus sardischen Rebsorten wie Vernaccia di Oristano und Cannonau (der andernorts Grenache genannt wird).

Vernaccia di Oristano ist eine weiße Traubensorte, die im Tal des Tirsoflusses, am Unterlauf in der Nähe der Küste, ideale klimatische Bedingungen und einen idealen Boden vorfand. Der Boden ist sandig und karg, in der Umgebung wird er Gregori genannt – daher der Name des Weins. Der andere Namensbestandteil „Antico" verweist auf das Alter des Weines, der im Solera-Verfahren hergestellt wird, also wie ein Sherry durch die Vermischung alter und junger Weine entsteht –, wobei die alten Weine zum Teil aus den ersten Jahren des 20. Jahrhunderts stammen.

Die einzelnen Weine, aus denen der Antico Gregori besteht, werden sorgfältig aus den besten Vernaccias des Gutes ausgewählt. Sie reifen in kleinen Eichen- und Kastanienfässern, die nur zu 80 % gefüllt werden. Durch den Freiraum zwischen Wein und Holz und die Bedingungen im Keller wird die Entstehung eines Hefeflors auf der Oberfläche des Weins begünstigt, der den Wein schützt und zu seinem Charakter beiträgt.

Der Wein ist von hinreißend tiefer Bernsteinfarbe und verfügt über intensive Aromen von öligen Haselnüssen und Mandeln. Am Gaumen zeigen sich schön definierte Schichten von bitterem Honig, Karamel und Kaffee, auf einem Säurefaden aneinandergereiht wie kleine Perlen in einem kostbaren Kollier. **AS**

☺☺☺ **Trinken: bis 2050+**

Cotat Frères
Sancerre La Grande Côte 1983

Herkunft Frankreich, Loire, Sancerre
Typ Trockener Weißwein, 13% Vol.-%
Rebsorte Sauvignon Blanc

Château Coutet
Sauternes 1988

Herkunft Frankreich, Bordeaux, Barsac
Typ Süßer Weißwein, 14% Vol.-%
Rebsorten Sémillon 75%, S. Blanc 23%, Muscadelle 2%

Die Familie Cotat füllte ihren ersten Sancerre in den 20er Jahren auf Flaschen ab. In ihrer Spitzenlage La Grande Côte wird der Sauvignon auf seine ideale Unterlage (die Sorte 3309C) gepfropft, die sogar im außerordentlich wechselhaften Herbstklima von Sancerre eine gleichmäßige Reife erlaubt – wenn man kühn genug ist, darauf zu warten. Die Trauben der Cotats sind immer die letzten, die geerntet werden. Darüber hinaus lenkt 3309C die beträchtliche Energie des Sauvignon in Wurzeln, die tief genug reichen, um die vielfältigsten Mineralnoten zu finden. Die Reife und Komplexität der Trauben wird erhalten, indem sie langsam in einer Holzkelter gepreßt werden, um die Neigung des Sauvignon zum Bitteren zu unterdrücken. Darüber hinaus kommen natürliche Hefen für die Gärung zum Einsatz, keine Laborprodukte.

Der Nonkonformismus der Familie Cotat führte dazu, daß ihre angeblich „atypischen" Weine auf dem Etikett nicht die Bezeichnung Sancerre tragen durften. Glücklicherweise traf das nicht auf den 1983er zu, ihr bester Wein aus diesem Jahrzehnt. Nach 10 Jahren in der Flasche war er zurückhaltend, im zweiten Jahrzehnt sanft ausdrucksvoll und im dritten von glühender Mineralität. **MW**

€€€ **Trinken: bis 2013**

Vom Alter des Château Coutet zeugt ein Turm aus dem 13. Jahrhundert, als Weingut hatte es schon im 17. Jahrhundert einen Namen. 1977 ging es in den Besitz der Elsässer Familie Baly über, die dem Wein auch heute noch viel Aufmerksamkeit widmet.

Die Böden der 40 ha Rebland, die um das Château liegen, sind zwar unterschiedlich, insgesamt jedoch typisch für das Kalksteinplateau, auf dem die besten Lagen von Barzac zu finden sind. Die Reben sind durchschnittlich 35 Jahre alt, und die jüngeren werden nicht für die eigenen Weine verwendet. Die Weinherstellung ist sehr traditionell, es wird in senkrechten Keltern gepreßt, im Faß gegärt. Der Wein reift in Eichenfässern, wobei der Anteil neuer Fässer in den 90ger Jahren bei 50% lag, heute sind es fast 100%.

Der Coutet ist ein unaufdringlicher Wein mit der eleganten Zurückhaltung eines guten Barzac. Dabei fehlt es ihm weder an Reich- noch an Nachhaltigkeit, und Abfüllungen aus den 20er Jahren wirken heute noch frisch, sogar jugendlich. Der 1988er zeigt wunderbare Zitrus- und Aprikosenaromen und am Gaumen eine Reichhaltigkeit, die von herzhafter Säure durchschnitten wird und zu einem würzigen, langanhaltenden Abgang führt. **SBr**

€€€ **Trinken: bis 2015**

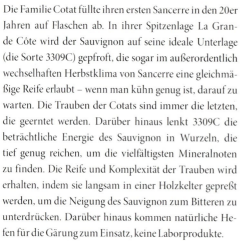

Bei Coutet werden noch heute die alten Pressen verwendet.

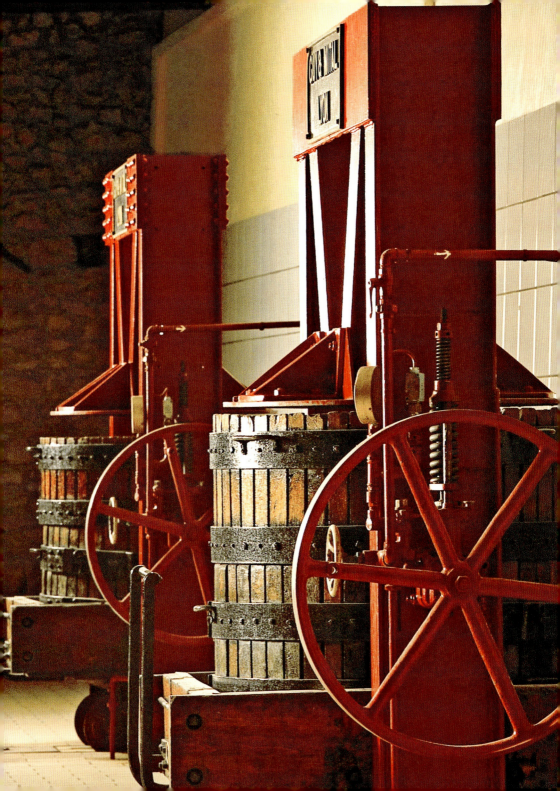

Lucien Crochet
Sancerre Cuvée Prestige 2002

Herkunft Frankreich, Loire, Sancerre
Typ Trockener Weißwein, 13% Vol.-%
Rebsorte Sauvignon Blanc

Noch in den 60er Jahren stand Sancerre weder in Frankreich noch außerhalb des Landes in besonders hohem Ansehen. Der Wein von der östlichen Loire galt als ein erfrischender, trockener Begleiter für einfache ländliche Gerichte, grobe Bauernpâtes oder Süßwasserfisch. Erfrischend, ja, aber man zählte ihn nicht zu den hervorragenden Weinen.

Geadelt wurde der Sancerre von Pariser Weinkritikern, die plötzlich ihre Begeisterung für diesen Wein entdeckten. Im Sancerre – in seiner besten Ausprägung und von den besten Lagen – erkannten die Kritiker den reinen Ausdruck des Sauvignon Blanc: so stahlig, hart, steinig und unnachgiebig, schlichtweg unverwechselbar. Und in der Tat beschämt ein Sancerre in Bestform all jene, die ihn auch heute immer noch nicht zu den Spitzenweinen zählen möchten.

Das Weingut Lucien Crochet ist das glückliche Resultat einer Hochzeit, die die Familien Crochet und Picard verband, die seit dem 18. Jahrhundert in der Gegend verwurzelt waren. Die Cuvée Prestige stammt von einer Lage, die mit alten, knorrigen Reben bewachsen ist, die nur geringe Erträge liefern. Etwa 10 % jedes Jahrganges werden im Faß gegärt, dadurch wird der Wein jedoch nicht in seiner typischen stahligen Eigenart verändert, sondern die flüchtige Rauchigkeit, die der Sancerre oft aus dem Boden aufnimmt, wird lediglich betont. Das Jahr 2002 war an der Loire klimatisch etwas besser als im restlichen Frankreich, der Sauvignon reifte gut, und es entstand ein Wein, der fast unanständig reichhaltige Pfirsich- und Aprikosenaromen mit dem diamantenen Kern disziplinierter Säure verbindet. **SW**
❂❂❂ Trinken: bis 2012

Marisa Cuomo *Costa d'Amalfi*
Furore Bianco Fiorduva 2005

Herkunft Italien, Kampanien, Costa d'Amalfi
Typ Trockener Weißwein, 13,5% Vol.-%
Rebsorten Ripoli 40%, Fenile 30%, Ginestra 30%

Der Fiorduva ist ein „extremer" Wein. Er wächst auf terrassierten Weinbergen, die der unwirtlichen, aber wunderschönen Steilküste über dem Mittelmeer mühevoll abgerungen worden sind. Die Arbeit hier erfordert außerordentliche Hingabe und Leidenschaft. Fiorduva gehört nicht nur zur 1995 etablierten DOC Costa d'Amalfi, sondern auch zu Furore, einer ihrer drei winzigen Unterteilungen, die relativ strikte Anforderungen für die Anerkennung als DOC stellt.

Auf den zwischen 200 und 500 m über dem Meer liegenden Terrassen wachsen die dicht gepflanzten Reben an für diese besonderen Bedingungen entwickelten Pergolen, die ihnen auch an den steilsten Hängen noch Halt gewähren. Es bedarf kaum der Erwähnung, daß hier auch die einfachsten Arbeiten nur mit der Hand durchgeführt werden können. Die Trauben für den Fiorduva müssen sehr reif sein und werden erst gegen Ende Oktober geerntet, wenn sie nicht nur vom direkten Sonnenlicht des langen süditalienischen Sommers profitiert haben, sondern auch vom Licht verwöhnt worden sind, das das Meer reflektiert. Die kühlen Nachtwinde, die über die Hänge streifen, sorgen dafür, daß die Säure und die Aromen erhalten bleiben.

Nach der Ernte werden die Trauben schonend gepreßt, und der Most gärt 3 Monate in Barriques. Der Wein, der durch diese sorgfältige Arbeit entsteht, belohnt den Genießer mit einer vollen, gold-gelben Farbe und Düften von Mangos, reifen Aprikosen und gelben Blüten. Am Gaumen zeigt er sich trocken, sehr körperreich und dicht strukturiert, bleibt aber dennoch elegant und feingliedrig. **AS**
❂❂❂ Trinken: bis 2015

Marisa Cuomos Reben werden an Pergolen gezogen.

CVNE Corona *Reserva Blanco Semi Dulce* 1939

Herkunft Spanien, Rioja
Typ Halbsüßer Weißwein, 12,5% Vol.-%
Rebsorte Viura

Der Spanische Bürgerkrieg wurde zwar von Franco nach der Kapitulation der Republikaner am 1. April 1939 für beendet erklärt, aber im Herbst des Jahres herrschte in Spanien noch das Chaos. In der Region Rioja war die Weinernte das letzte, woran die Menschen dachten, und viele Trauben blieben hängen und wurden von Botrytis befallen, bevor sich jemand fand, der sie pflückte. Der Corona Reserva wurde wahrscheinlich aus edelfaulem Viura unter Zusatz von Malvasia und Macabeo gekeltert (obwohl niemand das ganz genau sagen kann). Er ruhte mehr als 30 Jahre in Eichenfässern, bevor er in den frühen 70ern „entdeckt" und auf Flaschen abgefüllt wurde – insgesamt nur etwa 1000 Stück.

Der schöne Bernsteinton des Weines läßt sofort die Assoziation „süß" aufkommen, aber die Benennung *semi dulce* auf dem Flaschenetikett stellt sich als zutreffend heraus. Die Nase ist sehr komplex, mit honigartigen, nussigen Aromen, die an einen Amontillado-Sherry erinnern, auch leichte, nicht störende Oxidationstöne sind wahrzunehmen. Der mehr als 65 Jahre alte Wein hat immer noch seine volle Säure, die seine Süßigkeit im Gaumen zu einem halbtrockenen Gesamteindruck abmildert. Die Länge ist erstaunlich, der Wein dauert an wie Don Quixotes Träumereien von seiner geliebten Dulcinea. Eine solche Kombination aus Süße, Säure und Oxidation ist gewöhnungsbedürftig, ein Geschmack für Kenner, aber der Corona Reserva ist sicher einer der größten Weißweine Spaniens. Er wird immer noch von CVNE hergestellt, allerdings nur in 50-cl-Flaschen auf den Markt gebracht. **SG**

❂❂❂❂ Trinken: bis 2015

WEITERE EMPFEHLUNGEN
Weitere große weiße Riojas
1922 • 1934 • 1952 • 1955 • 1958 • 1964 • 1982
Andere Weine des Erzeugers
Imperial Gran Reserva Rioja, Monopole Rioja Blanco, Viña Real Gran Reserva Rioja, Reserva Contino

Didier Dagueneau
Silex 2004

Herkunft Frankreich, Loire, Pouilly-Fumé
Typ Trockner Weißwein, 12% Vol.-%
Rebsorte Sauvignon Blanc

Dom. Darviot-Perrin *Chassagne-Montrachet PC Blanchots-Dessus* 2002

Herkunft Frankreich, Burgund, Côte de Beaune
Typ Trockner Weißwein, 13% Vol.-%
Rebsorte Chardonnay

Didier Dagueneau ist von beeindruckender Statur, man nennt ihn gelegentlich „den wilden Mann der Loire". Er ist ein freimütiger Kritiker seiner Kollegen, der sich vom Außenseiter der Region zu ihrem Maßstab entwickelt hat. Er baut Wein auf 11,5 ha in St.-Andelain an, einer der am dichtesten bepflanzten Gemeinden in Pouilly-Fumé.

Dagueneau ist vermutlich der geschickteste Exponent der Faßgärung im Loire-Tal. Er stellt vier verschiedene Weißweine her. Sein einfachster ist der En Chailloux, ein Verschnitt von verschiedenen Lagen. Dann kommt der Buisson Menard, der in der Machart weniger sanft ist und eher das Lagern lohnt. Die beiden anderen Weine sind teure, faßgegärte Spitzenweine. *Pur Sang* ist französisch und heißt „Vollblut", eine Anspielung auf die Pferde, mit denen Dagueneau in seinen Weingärten pflügt. Das absolute Glanzstück ist jedoch der Silex. Es ist nicht nur Dagueneaus größter Wein, sondern der größte Wein am Oberlauf der Loire. Die Trauben stammen von alten Reben, die auf Lehmböden mit hohem Kieselerdeanteil (franz. *Silice*) wachsen. Der Silex 2004 stellt eine herrliche Mischung aus Frische, Mineralität und Exotik dar, die von einer großartigen und sauberen Säure untermalt wird. **SG**

💰💰💰 **Trinken: bis 2010+**

Am südlichen Ende von Montrachet liegt nur zweieinhalb Meter unterhalb einer Bodenverwerfung die 1,32 ha große Einzellage Les Blanchots-Dessus. Es ist keine *grand cru*-Lage, aber näher kann man wohl kaum heranrücken. Zu den führenden Gütern hier gehört das des Ehepaars Darviot-Perrins in Monthélie.

Der Großteil des Landes war ein Erbteil von Geneviève Darviot (geborene Perrin), sie und ihr Mann Didier haben es durch Hinzukäufe im Laufe der Jahre vergrößert. Vater Perrin hatte seine Weinberge verpachtet, als er älter wurde – doch inzwischen haben die Darviots auch dies Rebland wieder übernommen und bearbeiten es in Eigenregie. Da sie erst seit 1989 unter eigenem Namen Wein auf Flaschen abfüllen, ist die Domäne noch relativ unbekannt.

Darviot hat viel von seinem Schwiegervater gelernt, einem talentierten Winzer und Weinmacher. Seine Weine sind mineralisch und sehr rein, können in ihrer Jugend jedoch etwas karg wirken und brauchen Zeit, um sich zu entwickeln. Der 2002er ist vermutlich sein bisher bester Wein, konzentriert und elegant, er wird sich während des nächsten Jahrzehnts oder noch länger stetig verbessern. **CC**

💰💰💰💰 **Trinken: 2010–2020**

Dom. René & Vincent Dauvissat *Chablis GC Les Clos* 1996

Herkunft Frankreich, Burgund, Chablis
Typ Trockener Weißwein, 13% Vol.-%
Rebsorte Chardonnay

De Bortoli *Noble One* 1982

Herkunft Australien, New South Wales, Hunter Valley
Typ Süßer Weißwein, 13% Vol.-%
Rebsorte Sémillon

Dieses Weingut wird von vielen Kritikern als das beste in Chablis betrachtet. Es wurde in den 20er Jahren von Robert Dauvissat begründet, zu seinen 11 ha Rebfläche gehören zwei *grands crus* (Les Clos und Les Preuses) und drei *premiers crus* (Sèchet, La Forest und Vaillons). Niedrige Erträge führen dazu, daß die Weine ihre Provenienz ausdrucksstark zeigen. Ihr Herz ist trocken-kalkig und mineralig-rein, in der Flasche reifen sie mit der majestätischen Anmut, die man von einem großen Chablis erwarten kann.

Die 1,7 ha von Les Clos wurden 1960 bepflanzt. Die Reben wachsen wie die der anderen *grands crus* auf einem Kalkstein-Mergel-Gemisch, etwas nordöstlich des Dorfes Chablis. Im Jahr 1996 wurden in Chablis die besten Weine seit 1990 gekeltert. Ihre Konzentration ist ehrfurchterregend und im besten Fall, wie in diesem, zeigen die Weine eine wunderbare Balance zwischen disziplinierter Säure und opulenten Fruchtnoten. Die Eiche fügt dem an Apfel gemutenden Kern des Weines eine Zimtnote hinzu, und mit einsetzender Reife zeigt sich die aufregende Herzhaftigkeit, die einen ausgezeichneten Chablis auszeichnet. **SW**

❂❂❂❂ **Trinken: bis 2012+**

Darren De Bortoli studierte noch Landwirtschaft, als er 1982 beschloß, mit Botrytis-infizierten Trauben im Weingut seiner Familie zu experimentieren. In Australien gab es in jenem Jahr einen Überfluß an Sémillon, der häufig von Edelfäule befallen war. Darrens Wein war sofort ein ungeheurer Erfolg, der sowohl in Australien als auch im Ausland viele Preise gewann und heute noch hergestellt wird.

Schon das Etikett deutet an, daß der Wein nach Art des klassischen französischen Sauternes hergestellt ist. Es gibt jedoch Unterschiede: Guter Sauternes reift in der Regel 2 Jahre in Eichenfässern, der Noble One jedoch höchstens 12 Monate. Seit 2002 wird dem endgültigen Verschnitt eine gewisse Menge an Wein zugefügt, der nicht mit Eiche in Berührung gekommen ist, um ihm größere Frische zu verleihen. In Sauternes wird der Wein meist aus Sémillon und Sauvignon Blanc verschnitten, für Noble One wird jedoch nur Sémillon verwendet.

Der Wein hat ein intensives Aprikosen-Aroma und reiche Geschmacksnoten, die jedoch durch eine saubere Säure ausbalanciert werden. Gleichwohl ist es ein Wein mit kariesverdächtiger Süße. **SG**

❂❂❂❂ **Trinken: bis 2015**

Domaine Marcel Deiss
Altenberg de Bergheim 2002

Herkunft Frankreich, Elsaß
Typ Halbtrockener Weißwein, 11,5% Vol.-%
Rebsorten Riesling, Gewürztraminer, Pinot Gris

Die Domaine Marcel Deiss wurde nach dem Zweiten Weltkrieg gegründet und umfaßt heute 26 ha Rebland mit vielen Einzellagen.

Deiss ist ein entschiedener Verfechter des *terroir*-Konzepts. Im Elsaß werden hauptsächlich rebsortenreine Weine gekeltert, er hält sich jedoch an eine ältere Tradition und verschneidet verschiedene Weine aus den besten Lagen. Da die Reben nicht mit Stickstoff gedüngt werden, kann die Gärung von drei Wochen bis zu einem Jahr dauern, danach wird der Wein gekühlt und etwas Schwefeldioxid hinzugefügt.

Der Altenberg de Bergheim 2002 ist der Spitzenwein von Deiss: vorwiegend Riesling unter Zusatz von etwas Gewürztraminer und Pinot Gris aus dem *grand cru* Altenberg. Der Wein bringt den Charakter der Lage auf bemerkenswerte Weise zum Ausdruck, er vereint einen hohen Restzuckergehalt (100 g/l) mit unglaublicher Mineralität und kräftiger Säure. Im Abgang ist er halbtrocken, doch die Säure läßt ihn weiniger schmecken als der Zuckergehalt vermuten lassen würde. Die Tiefgründigkeit des Weines rechtfertigt die Betonung des *terroirs*, auf die Deiss so viel Wert legt. **JG**

€€€ **Trinken: bis 2020+**

Schlossgut Diel *Dorsheimer*
Goldloch Riesling Spätlese 2006

Herkunft Deutschland, Nahe
Typ Halbtrockener Weißwein, 9% Vol.-%
Rebsorte Riesling

Von seinen 3 Spitzenlagen – Goldloch, Burgberg und Pittermännchen – ist Goldloch der persönliche Liebling von Armin Diel: „Wir Mosel-Liebhaber bevorzugen den Pittermännchen, aber der Goldloch sucht seinesgleichen." Man muß ihm Recht geben, der Goldloch überschüttet einen mit Wellen von saftigem Sommerobst, er hat jedoch auch die strukturelle Logik und Festigkeit, die verhindern, daß der Wein unter seiner eigenen Verführungskunst zusammenbricht.

Zu den größten trockenen deutschen Rieslingen, die je gekeltert worden sind, gehörten einige Jahrgänge Goldloch Großes Gewächs, und auch die leichteren Kabinett-Weine klassischer Jahrgänge wie 1997, 2002 und 2004 sind sehr ansprechend.

Die Spätlese 2006 ist ein großartiger deutscher Riesling, der durch die Reifung in nicht vollkommen neutralen Holzfässern entzückend altmodisch wirkt. Überflüssig zu bemerken, daß man hier fast jede Fruchtnuance findet, die man suchen mag, aber bei Weinen wie diesem kommt es nicht darauf an, die Assoziationen zu zählen, sondern auf die Stille, die in der Gegenwart von irdischer Vollkommenheit eintritt. **TT**

€€€ **Trinken: 2016–2026**

Disznókö
Tokaji Aszú 6 Puttonyos 1999

Herkunft Ungarn, Tokaj
Typ Süßer Weißwein, 12% Vol.-%
Rebsorten Furmint, Hárslevelü

Château Doisy-Daëne
2001

Herkunft Frankreich, Bordeaux, Barsac
Typ Süßer Weißwein, 14% Vol.-%
Rebsorte Sémillon

Disznókö bedeutet „Wildschwein-Felsen", der Felsen liegt auf einer Hügelkuppe über dem Weingut. Die Domäne wurde bereits 1730 in einer Klassifizierung von Mátyás Bél erwähnt. Seit 1992 befindet sich das Weingut im Besitz der französischen Versicherungsgruppe AXA.

Im Gegensatz zu vielen anderen Tokajer-Gütern besteht dieses aus einem einzigen, zusammenhängenden, 100 ha großen Landstück. Der Boden ist eine Mischung aus verschiedenen vulkanischen Ergußgesteinen. Bis vor kurzem war der 6 Puttonyos der Spitzenwein des Erzeugers, vor einigen Jahren beschloß man jedoch, Kapi als eigene Abfüllung auf den Markt zu bringen, so daß er jetzt übertrumpft worden ist und sich weniger gut verkauft.

Die Weine werden im Alter von drei Jahren in den Handel gebracht. Häufig wird kritisiert, die Weine orientierten sich zu sehr an Frankreich und erinnerten zu sehr an Sauternes. Der 1999er war der beste 6 Puttonyos, der seit 1993 gekeltert wurde. Er hatte 170 g/l Restzucker und 12 g/l Säure. In der Nase deutet sich der Duft weißer Trüffel an, man meint auch, den Frost einer Spätlese zu erkennen, am Gaumen zeigten sich Ananas und Aprikosen. Die großartige Länge und Struktur ist zum Teil auf den hohen Anteil von Hárslevelü zurückzuführen. **GM**

❂❂❂❂ Trinken: bis 2020+

Das Weingut Doisy-Daëne ist im Besitz der Familie Dubourdieu. Sohn Denis, der Kellermeister, war maßgeblich an der Qualitätssteigerung des weißen Bordeaux beteiligt, die in den späten 80er Jahren einsetzte. Dieser exzellente Barsac zeigt, daß er im Umgang mit Sauternes ebenso gewandt ist.

Die Weinberge umfassen 15 ha Rebfläche mit sandig-lehmigem Boden, der über dem gewachsenen Kalkstein der Region liegt. In bis zu einem halben Dutzend Lesegängen werden die besten Trauben gepflückt, der so gewonnene zuckersüße Most wird langsam gegärt und reift während des Winters drei Monate in neuen Eichenfässern, bevor er ein weiteres Jahr in neutralen Behältern gelagert wird. Auf diese Weise kann der Zusatz von Schwefeldioxid auf ein Minimum reduziert werden.

Der Doisy-Daëne ist insofern eine leichtere Version des Barsac. Der Jahrgang 2001 ist jedoch, wie seine Nachbarn, ein sensationeller Wein, der sich jahrzehntelang lagern lassen wird. Die Textur ist etwas ölig und verbindet sich mit den zauberhaften Aromen und Geschmacksnoten von saftigen Aprikosen, Limonenschale und in Honig gerösteten Cashewnüssen – ausbalanciert durch die erfrischende, an Ananas erinnernde Säure. **SW**

❂❂❂ Trinken: bis 2050+

◂ Die berühmte Garage für die Zugmaschinen des Gutes Disznókö.

Donnafugata
Ben Ryé 2005

Herkunft Italien, Sizilien, Pantelleria
Typ Süßer Weißwein, 14,5 Vol.-%
Rebsorte Zibibbo

Die Kellerei Donnafugata wurde 1983 gegründet, lange bevor die sizilianische und italienische Weinrenaissance einsetzte. Giacomo und Gabriella Rallo gehörten zu den Wegbereitern der Bewegung, sie verwendeten von Beginn an nur Trauben von den Rebflächen in Contessa Entellina. Einige Jahre später dehnten sie ihr Unternehmen auf die kleine, windumtoste Insel Pantelleria aus, die zwischen Sizilien und Afrika liegt. Hier kauften sie Land mit Zibibbo-Reben (einem Muscat-Klon), die einzeln in flachen Vertiefungen wachsen und durch niedrige Trockenmauern vor den unablässig starken Winden geschützt werden. Diese Reben verwenden die Rallos, um ihren Ben Ryé zu keltern, der arabische Name des Weines bedeutet „Sohn des Windes".

Die Trauben stammen von 11 verschiedenen Parzellen auf der Insel, die alle getrennt und zu unterschiedlichen Zeiten geerntet werden. Einige läßt man 4 bis 5 Wochen trocknen, der Rest wird frisch verwendet. Daraus entsteht ein Wein, in dem die heiße Sonne der Insel eingefangen ist, der aber dennoch eine überraschende Frische bewahrt hat. Die Farbe ist ein sattes Bernstein, und die Nase fesselt mit berauschenden Kopfnoten von getrockneten Aprikosen, Honig und *macchia*, auf die Andeutungen von Pilzen und getrockneten Kräutern folgen. Am Gaumen scheint der Wein minutenlang zu verweilen. Er zeigt jedoch trotz dieser Länge im Abgang eine perfekte Balance zwischen Körper, Süße und Säure. **AS**
€€ Trinken: bis 2025+

Reben am Vulkansee „Spiegel der Venus" auf Pantelleria.

Hermann Dönnhoff
Oberhäuser Brücke Riesling AG 2003

Herkunft Deutschland, Nahe
Typ Süßer Weißwein, 8 Vol.-%
Rebsorte Riesling

Domaine Droin
Chablis Grand Cru Les Clos 2005

Herkunft Frankreich, Burgund, Chablis
Typ Trockener Weißwein, 13,5 Vol.-%
Rebsorte Chardonnay

1931 kaufte Hermann Dönnhoff diese kleine Parzelle an der sogenannten Luitpoldbrücke, die über die Nahe führt und das bayerische Oberhausen mit dem ‚preußischen' Niederhausen verbindet. Er pflanzte dort Riesling an und erkannte schnell, daß diese Lage besonders gut für die Produktion von zarten, süßen Weinen geeignet war. Mit lediglich 1,1 ha Größe ist die Oberhäuser Brücke die kleinste in Deutschland offiziell registrierte Einzellage.

Dank der geschützten Lage am Flußufer setzt hier die Blüte früh ein und der Wein reift langsam und lange – ideale Voraussetzungen für einen hochwertigen Riesling. Der Boden garantiert durch seine Zusammensetzung (lehmiger Löß über Schiefer) auch in trockenen Jahren eine hinreichende Wasserversorgung. Bei warmem Herbstwetter bietet die von der Nahe aufsteigende Feuchtigkeit ideale Voraussetzungen für die Entwicklung von Edelfäule, während die geschützte Tallage oft auch vorzügliche Eisweine möglich macht.

Im Jahr 2003 entstand jedoch eine brillante, kristallklare und dichte Riesling Auslese, die zu den gesuchtesten deutschen Weinen dieses Ausnahmejahrgangs zählt. **FK**

❀❀❀❀❀ **Trinken: bis 2025**

Die sieben *grands crus* im Chablis nehmen nur 3 % der gesamten mit Reben bepflanzten Fläche in der Region ein. Les Clos ist vermutlich die angesehenste und auch die gewichtigste Lage unter ihnen – sie bringt einen reichhaltigen Wein hervor, der aber genug Rasse hat, um nicht schwer zu wirken.

Jean-Paul Droin bearbeitet 24 ha Rebfläche und machte sich in den 80er Jahren mit seinen außerordentlich konzentrierten und kraftvollen Weinen einen Namen. Sie waren ziemlich umstritten, da er, vor allem in seinen *grands crus,* viel neue Eiche einsetzte. Sein Sohn Benoit hat die Rolle der Eiche reduziert, indem er die Hälfte der Weine im Tank reifen läßt, während der Rest in etwa 15 % neuer Eiche ausgebaut wird.

Der Jahrgang 2005 ist brillant und beispielhaft für Les Clos. Die Aromen sind reichhaltig und würzig, Eigenschaften, die sich auch am Gaumen zeigen. Hier gibt es echte Kraft und Schwere, die aber perfekt mit einer rassigen Säure harmonieren und langanhaltenden Geschmack gewährleisten. Als junger Wein ist er für einen Les Clos erstaunlich zugänglich, aber die Struktur und Balance garantieren ihm ein langes und interessantes Leben. **SBr**

❀❀❀ **Trinken: bis 2020**

Joseph Drouhin
Beaune PC Clos des Mouches 1999

Herkunft Frankreich, Burgund, Côte de Beaune
Typ Trockener Weißwein, 13,5 Vol.-%
Rebsorte Chardonnay

Joseph Drouhin/Marquis de Laguiche *Montrachet GC* 2002

Herkunft Frankreich, Burgund, Côte de Beaune
Typ Trockener Weißwein, 13 Vol.-%
Rebsorte Chardonnay

Die Weinberge von Beaune gehören großteils den ortsansässigen Weinhändlern. Die Firma Joseph Drouhin begann nach dem Ersten Weltkrieg, Land aufzukaufen. In den 20ger Jahren waren die Weinpreise im Keller und viele kleine Güter verfügten nicht über genügend Arbeitskräfte, um den Betrieb aufrechtzuerhalten. Der erste Weinberg, den Maurice Drouhin, der Sohn des Firmengründers Joseph, in Beaune kaufte, war der 13,7 ha große Clos des Mouches, der 1936 als *premier cru* klassifiziert wurde. Die Parzelle liegt am südlichen Ende der Gemeinde an der Grenze zu Pommard.

Der Wein hat sich einen so guten Namen gemacht, daß man meinen möchte, er sei ein Monopol der Firma Drouhin. Tatsächlich gibt es in der Lage mindestens vier weitere Besitzer, wenn auch den Drouhins über die Hälfte gehört. Der Chardonnay wächst oben am Hang auf flachgründigem Kalksteinboden, während der Pinot Noir weiter unten auf dem fruchtbareren Boden gedeiht. Weiße Beaunes unterscheiden sich deutlich von Mersaults oder anderen klassischen weißen Burgundern, sie sind würziger und auf andere Art gewichtig. Der Clos des Mouches von Drouhin sucht seinesgleichen und der volle, köstliche 1999er legte davon beredt Zeugnis ab. **CC**

☺☺☺☺ **Trinken: bis 2019**

Montrachet ist der beste Chardonnay-Weinberg der Welt. Die 8 ha der Lage verteilen sich auf die Gemeinden Puligny und Chassagne, davon gehören mit 2,06 ha über ein Viertel der Familie des Marquis de Laguiche. Seit 1947 wird der Wein von der Maison Joseph Drouhin gekeltert.

Was ist am Montrachet so besonderes? Die Antwort der Einheimischen lautet: Ausrichtung und Drainage. Und dann ist da noch der Boden: Kalkstein (weniger als in Chevalier, aber mehr als in Batard) und Lehm (mehr als in Chevalier, weniger als in Batard). Chrom sorgt für guten Fruchtansatz, Zink reduziert die Säure und steigert den Zuckergehalt, Kobalt beschleunigt die Reife und dann gibt es noch Eisen, Magnesium, Blei und sogar Silber.

Die Drouhins sind ausgezeichnete Weinmacher. Genau zum richtigen Zeitpunkt werden erfahrene Erntehelfer, die die Reben genau kennen, in die Weingärten beordert, danach erlaubt man es dem Wein, sich mehr oder weniger selbst herzustellen. Der 2002er ist ein Wein, der auf ehrfurchterregende Weise von Anfang bis Ende perfekt ist. Er hat viel Körper, ist voll, konzentriert, reichhaltig, profund und elegant: Chardonnay in Höchstform. **CC**

☺☺☺☺☺ **Trinken: 2015–2030+**

Dry River *Pinot Gris* 2004

Herkunft Neuseeland, Martinborough
Typ Trockener Weißwein, 14 Vol.-%
Rebsorte Pinot Gris

Neil McCallum kehrte nach dem Studium in Oxford in seine neuseeländische Heimat zurück – im Gepäck brachte er die Liebe zu guten Weinen mit, die er in England schätzen gelernt hatte. 1979 legte er im heutigen Martinborough Terrace, einer sehr trockenen Gegend in der Nähe von Dyerville, einen Weinberg an. Die anderen Pioniere dort pflanzten Chardonnay, Cabernet Sauvignon und Pinot Noir, aber McCallum hatte an den großen elsässischen Weinen Gefallen gefunden, die er während des Studiums kennengelernt hatte – daher setzte er auf Gewürztraminer, Riesling und Pinot Gris.

Dry River wurde zuerst 1986 gekeltert und ist bis heute die Meßlatte für neuseeländischen Pinot Gris – der einzige Wein aus dieser Rebe, der sich mit den besten Beispielen aus dem Elsaß und aus Nordostitalien messen kann. Obwohl der Alkoholgehalt oft recht hoch ist (bis zu 14 %), brilliert der Wein mit intensiven, üppigen Geschmacksnoten, die durch einen bemerkenswerten Balanceakt der Säure und des Zuckers unterstützt werden. Die fülligen Obstnoten und das starke Säurerückgrat bedeuten, daß der Wein bis zu 10 Jahren gelagert werden kann.

McCallum führt die Qualität seines Weines zum Teil auf den Pinot-Gris-Klon zurück, den er verwendet und der ursprünglich schon 1886 nach Neuseeland gelangte. Er trägt geringe Mengen kleiner Trauben mit winzigen Beeren. Hier zeigt sich die Sorgfalt und Detailliebe, mit der McCallum im Weingarten und Keller arbeitet und die dazu geführt haben, daß der Dry River zu den besten Weinen Neuseelands zählt. **SG**

❂❂❂ **Trinken: bis zu 10 Jahre nach Erhalt**

WEITERE EMPFEHLUNGEN
Andere große Jahrgänge
1999 • 2000 • 2001 • 2002 • 2003 • 2005
Weitere Weine des Erzeugers
Chardonnay Amaranth • Gewürztraminer • Pinot Noir • Late-Harvest Riesling • Syrah • Sauvignon Blanc

Mme. Aly Duhr et Fils
Ahn Palmberg Riesling 2005

Herkunft Luxemburg, Moselle Luxembourgeoise
Typ Trockener Weißwein, 12,5 Vol.-%
Rebsorte Riesling

Domaine Dupasquier
Marestel Roussette de Savoie 2004

Herkunft Frankreich, Savoyen
Typ Trockener Weißwein, 13 Vol.-%
Rebsorte Altesse

Die Geschichte dieses Familiengutes reicht bis ins Jahr 1872 zurück. Die 8,3 ha Rebfläche verteilen sich auf die besten Lagen der Gemeinden Ahn, Wormeldange, Machtum, Grevenmacher und Mertert. Die Auswahl an Weinen erstreckt sich vom Aly Duhr Grand Premier Cru Riesling – klar, schlank und erfrischend – bis hin zum Monsalvat Vin de Table de Luxembourg, dem „weißen Burgunder" der Kellerei.

Aly Duhrs Palmberg liegt in südlicher Ausrichtung an der Mosel. Der Boden besteht aus Kalkstein, was vielleicht die wunderbare Mineralität des hier wachsenden Rieslings erklärt. Andererseits ist Palmberg für sein fast mediterranes Klima bekannt, in dem auch Pflanzen und Insekten gedeihen, die sonst eigentlich nur in südlicheren Gefilden zu finden sind.

Der Palmberg Riesling 2005 ist von strahlend goldener Farbe. In der Nase zeigen sich tiefe Aromen von reifen Aprikosen und süßem Honig, während der Wein am Gaumen sehr elegant und frisch wirkt, mit einer klaren, aber zarten Säure und einer guten Länge. Der Wein ist etwas ölig, so daß er in der Jugend ein Genuß ist, aber auf Grund seiner Komplexität auch das Potential hat, 7 bis 10 Jahre gelagert zu werden. **CK**

🌀🌀 **Trinken: bis 2015**

Die Kellerei der Domaine Dupasquier liegen im Dörfchen Aimavigne in der Gemeinde Jongieux zu Füßen des beeindruckenden Mont Charvin. Vom Hof der Kellerei gelangt man nach einem kurzen Spaziergang direkt hinauf in den berühmtesten Weinberg von Jongieux: Marestel, ein *cru*, der dem Roussette de Savoie aus der Altesse-Rebe vorbehalten ist.

Die Trauben hier liefern Weine mit hohem Zucker- und Säuregehalt. Die Rebstöcke von Noel Dupasquier sind bis zu 100 Jahre alt, und er pflückt spät, wenn die Trauben überreif und meist edelfaul sind (feuchte Herbstnebel sind keine Seltenheit hier). In den letzten Jahren waren Alkoholgehalte von 13 % nicht ungewöhnlich, und die Gärung dauert oft bis in den Januar hinein.

Der 2004er Marestal ist auf eine lange Reifezeit hin ausgelegt. Die Nase weist zuerst Stein- und Zitrusaromen auf, die dann weißen Pfirsichen weichen. Der Wein ist trocken und erfüllt von apfelähnlicher Säure und Gewürznoten, die zu einem mineralischen Finale führen. Er ist ein klassischer Begleiter des örtlichen Süßwasserfisches, der als Omble Chevalier oder Féra bezeichnet wird, läßt sich aber auch gut zu einem milden, jungen Beaufort-Käse trinken. **WL**

🌀 **Trinken: bis 2025**

◀ Die Mosel, Grenzfluß zwischen Luxemburg und Deutschland.

Dutton Goldfield
Rued Vineyard Chardonnay 2005

Herkunft USA, Kalifornien, Sonoma Valley
Typ Trockener Weißwein, 13,5 Vol.-%
Rebsorte Chardonnay

Dom. de l'Ecu *Muscadet S. & M.*
Expression d'Orthogneiss 2004

Herkunft Frankreich, Loire, Nantais
Typ Trockener Weißwein, 12 Vol.-%
Rebsorte Melon de Bourgogne

In den 60er Jahren beschritt Warren Dutton neue Wege, als er Chardonnay und Pinot Noir in einer Region anpflanzte, die als zu kalt für Qualitätsweine galt. Heute gehören zur Dutton Ranch mehr als 60 verschiedene Parzellen im Tal des Russian River. Der Weinberg Rued, 1969 mit Chardonnay bepflanzt, liegt an einem Osthang im Green Valley. Dutton pflanzte hier den Abkömmling eines alten Wente-Klons, der sich durch exotische und unverkennbare Fruchtigkeit auszeichnet und am Gaumen reichhaltig ist. Inzwischen stellen sein Sohn Steve und dessen Partner, der Kellermeister Dan Goldfield, Einzellagen-Weine her, die die Eigenarten jeder Parzelle zum Ausdruck bringen. Die beiden arbeiten seit 1990 zusammen und gründeten 1998 Dutton Goldfield.

Bei der Lese achtet Dan auf ein ausgeglichenes Verhältnis von Frucht zu Säure, der Wein gärt dann in französischen Eichenfässern, in denen die malolaktische Gärung nicht unterbunden wird, um den Wein gerundet werden zu lassen. Am Gaumen ist der Rued Vineyard Chardonnay 2005 geschmeidig, mit saftigen Noten gelber Früchte und Blüten. Die Eiche ist gut eingebunden und die eher verdeckte Struktur stützt die Länge des Weines auch am Gaumen. **LGr**
ⓢⓢ **Trinken: bis 2012+**

Der Muscadet gehört zu den am meisten geschmähten Weinen Frankreichs: Vermutlich liegt das am verzwickten, feuchten und schweren *terroir* im westlichen Tal der Loire; zudem gilt die Rebsorte Melon de Bourgogne als langweilig. Unter den Händen von Guy Bossard zeigen sich die reichen mineralischen Noten des *terroir* jedoch von ihrer besten Seite und bescheren seinen Weinen eine gute Lagerfähigkeit. Vielleicht liegt es daran, daß Bossard mit dem Pferdegespann pflügt, was dem Wurzelwachstum zugute kommt. Vielleicht liegt es aber auch daran, daß er sich bei der Lese und dem Schnitt an kosmischen und irdischen Rhythmen orientiert und ausschließlich biologisch-dynamisch arbeitet – der Wein ist von Demeter zertifiziert.

2002 stellte Bossard die Kelterung eines Verschnittes ein, der von seinen besten Parzellen stammte, und nahm statt dessen die Herstellung von drei *terroir*-basierten Cuvées auf, die nach ihrem jeweiligen Bodentyp benannt sind: Granite, Gneiss und Orthogneiss. Der Orthogneiss ist darunter der ausdrucksstärkste, wenn man bis zu 5 Jahre Zeit hat, bis sich seine Geschmacksnoten von Trockenfrüchten und bittern Mandeln zu Mineraltönen von nassem Stein entfalten. **MW**
ⓢⓢ **Trinken: bis 2012**

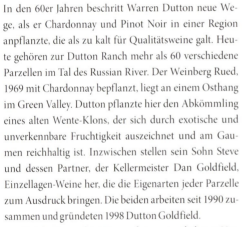

Emrich-Schönleber *Monzinger Halenberg Riesling Eiswein* 2002

Herkunft Deutschland, Nahe
Typ Süßer Weißwein, 7 Vol.-%
Rebsorte Riesling

Monzinger Wein aus dem Weinbaugebiet Nahe an der Nahe genießt seit Jahrhunderten einen hervorragenden Ruf. Im 18. Jahrhundert berichtete der „Rheinische Antiquarius" (eine detaillierte Beschreibung des Rheins und seiner Zuflüsse) eine wunderbare Geschichte: 500 Flaschen Monzinger wurden nach Indien verschifft. Der Kapitän brachte drei Flaschen wieder zurück. Als man die Flaschen entkorkte, stellte sich heraus, daß der Wein immer noch von einwandfreier Qualität war – obwohl er viermal den Äquator passiert hatte.

In der jüngeren Vergangenheit hat der Eiswein aus der Region sich ebenfalls einen guten Namen gemacht. Die Weinberge am Oberlauf der Nahe sind für diese Weinart geradezu prädestiniert, da hier die Trauben 8 bis 10 Tage später – also auch bei entsprechend niedrigeren Temperaturen – reifen als im Rheintal.

Der Jahrgang 2002 ist von einer fast ätherischen, ja geradezu transzendentalen Finesse. Der *Gault Millau WeinGuide* verlieh ihm die selten vergebene Höchstzahl von 100 möglichen Punkten und schwärmte begeistert: „Ein prächtiges Feuerwerk tropischer Früchte … kristallklar wie Gletscherwasser. Nicht zu übertreffende Perfektion." **FK**

😊😊😊😊😊 Trinken: bis 2040+

Château de Fargues *Sauternes* 1997

Herkunft Frankreich, Bordeaux, Sauternes
Typ Süßer Weißwein, 13,5 Vol.-%
Rebsorten Sémillon 80%, Sauvignon Blanc 20%

Dieses nur 12 ha große Sauternes-Gut gehört der Familie Lur Saluces, der bis 1996 auch das Château Yquem gehörte. Da nur etwa 1000 Kisten pro Jahr gekeltert werden, sieht man den Wein selten im Handel. Wie bei seinem großen Bruder wird auch beim Château de Fargues der Vinifikation allergrößte Sorgfalt gewidmet – die Reifung erfolgt in 100 % neuen Eichenfässern. Oft ist der Ertrag noch geringer als beim Yquem. Der Wein ist elegant und köstlich, aber auf andere Art als der Yquem, da die Reben auf schwereren Böden mit höherem Lehmanteil wachsen.

1997 wurden nur 15 Fässer (4500 Flaschen) gekeltert. Die wunderbar goldene Farbe kündigt eine Nase an, in der Toast und Trauben anklingen, die aber auch deutlich die Edelfäule erkennen läßt. Der Wein ist reichhaltig und honigartig mit guter Säure, läßt aber vielleicht etwas vom Schneid vermissen, den die wirklich großen Jahrgänge wie 1989 oder 1990 zeigen. Balance und Konzentration sind exzellent, der Abgang sauber und sehr lang. De Fargues wird manchmal spöttisch als „der Yquem des armen Mannes" bezeichnet, kann im Handel aber mehr kosten als *premier-cru*-Sauternes wie Rieussec. Der Gegenwert rechtfertigt jedoch den Preis, der meist ein Drittel des Yquems beträgt. **SG**

😊😊😊😊😊 Trinken: bis 2020+

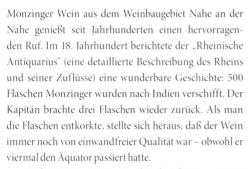

Der steile Monzinger Halenberg ist die kleinste Lage der Gegend.

Feiler-Artinger
Ruster Ausbruch Pinot Cuvée 2004

Herkunft Österreich, Burgenland, Neusiedlersee-Hügelland
Typ Süßer Weißwein, 11,5 Vol.-%
Rebsorten Pinot Blanc 75%, Pinot Gris 25%

1681 erkaufte sich der Ort Rust das Freistadtrecht mit dem Geld, das er durch den Verkauf des edelfaulen Ausbruch-Weins gemacht hatte, der am Westufer des Neusiedlersees wuchs.

Noch heute zeugen die Bürgerhäuser von dem einstigen Reichtum der Stadt – keines darunter ist farbenfroher und prächtiger als das der Familie Feiler. Seit einem Jahrhundert stellt die Familie Ratsherren und Bürgermeister der Stadt, als Winzer machten sie sich allerdings erst in den 1980er Jahren einen Namen. Einer der ersten war Hans Feiler, jetzt ist sein Sohn Kurt in seine Fußstapfen getreten, und Rotweine der Blaufränkisch-Rebe und Bordeaux-Arten treten neben den Ausbruch.

In bestimmten Jahren stammt der Ausbruch von Mitgliedern der Pinot-Rebfamilie (darunter auch manchmal die österreichische Sorte Neuburger). Wie die meisten Feiler-Artinger Ausbrüche wurde der Pinot Cuvée 2004 in meist neuen französischen Barriques gegoren. Er zeigt Karamel-, Nußkrokant- und tropische Fruchtnoten, die man in einem großen Sauternes finden könnte, hat jedoch nur einen geringen Alkoholgehalt und eine lebhafte, saftige Schicht aus Kernobst- und Zitrustönen. Insgesamt wirkt der Wein in seiner Sinnlichkeit und Feinheit, seiner intensiven Süße, fast barock, aber dennoch erhebend und erfrischend. Die Lese konnte in diesem wechselhaften Jahr erst im November stattfinden, so daß man zwar wunderbar konzentrierte Trauben mit eine lebhaften Säure gewann, der Ertrag aber sehr gering war. **DS**
☺☺☺ **Trinken: bis 2020**

Livio Felluga
Picolit 2005

Herkunft Italien, Friaul
Typ Süßer Weißwein, 13,5 Vol.-%
Rebsorte Picolit

Die Geschichte des Hauses Felluga begann in Istrien. Im Jahr 1920 wurde Giovanni Felluga nach Grado geschickt – das damals zum Habsburgerreich gehörte und ein beliebtes Seebad der Aristokratie war –, um sich dort um die Weingüter seiner Familie zu kümmern. 1956 entstand das wunderbare, noch heute verwendete Flaschenetikett des Gutes, auf dem die Hügel Friauls zu sehen sind. Heute produziert Livio Felluga jährlich 650.000 Flaschen Wein (hauptsächlich für den Export) auf 146 ha Rebfläche.

Picolit ist eine Spezialität des Hauses und eine der wenigen einheimischen Reben des Friaul. Insgesamt sind damit vermutlich weniger als 30 ha im Friaul bepflanzt. Die Ursprünge der im 18. Jahrhundert beliebten und gesuchten Rebe sind erst seit 1750 durch die Schriften des Grafen Fabio Asquini bekannt, der zu dieser Zeit 100.000 Flaschen an die Höfe in ganz Europa verschickte.

Die Besonderheit dieser zarten Rebart ist die geringe Fruchtrate seiner Blüten, die manchmal sogar als „florale Abtreibung" bezeichnet wird. Dadurch reifen an jeder Traube nur wenige, sehr konzentrierte Beeren. Die Trauben werden spät im Oktober geerntet und dann vor dem Keltern auf Matten zu Rosinen getrocknet. Der Wein ist zwar süß, aber nicht üppig, und die natürliche Säure verhindert, daß die Süße aufdringlich wird. Picolit kann zwar als Begleiter von Obst oder einem Dessert dienen, aber am besten eignet er sich als *vino da meditazione*, als Wein, den man in einer stillen Stunde ganz für sich allein genießt. **SG**
☺☺☺☺ **Trinken: bis 2015+**

Livio Felluga

Picolit

2005

Benito Ferrara
Greco di Tufo Vigna Cicogna 2005

Herkunft Italien, Kampanien, Irpinia
Typ Trockener Weißwein, 13,5 Vol.-%
Rebsorte Greco di Tufo

Dies ist einer der großen süditalienischen Weine – charakterstark, originell und schmissig. Das Weingut Benito Ferrara wurde 1880 in der kleinen Stadt Tufo gegründet und wird heute von Gabriella Ferrara geführt. Sie gehört zu den wenigen, die sich die Mühe machen, den Greco di Tufo ins Rampenlicht zu rücken – und stellt einen Einzellagenwein vom *cru* Vigna Cicogna aus dieser Rebsorte her.

Die Trauben werden vollreif geerntet, und der Most gärt etwa einen Monat in temperierten Edelstahlfässern. Danach wird der Wein auf Flaschen gefüllt und weitere 6 Monate gelagert, bevor er in den Verkauf gelangt.

Liebhaber italienischer Weine übersehen oft, daß die besten Weißweine aus Irpinia (vor allem jene aus den Reben Greco und Fiano) sich im Glas viel besser zu entwickeln scheinen, wenn sie 12 bis 15 Monate in der Flasche gereift sind. Davor machen sie oft eine „stumme" Phase durch, in der sie zwar am Gaumen eine nette Struktur zeigen, in der Nase aber nicht sehr ausdrucksstark sind. Wenn man glücklich genug ist, solche Weine zu besitzen, sollte man ihnen unbedingt die Flaschenalterung gönnen, die sie benötigen.

Der Vigna Cicogna 2005 ist von einer tief strohgelben Farbe, die zuerst vielleicht abschreckend wirken mag. Überwinden Sie Ihr Mißtrauen, und halten Sie Ihre Nase in das Glas. Eine zartblumige Willkommensnote ist lediglich das Vorspiel zu einem Fest reifer Pfirsiche und mediterraner Kräuter. Am Gaumen ist der Wein voll, aber sanft und samtig, vielleicht eher mächtig als elegant, aber dennoch überaus befriedigend. **AS**
☺ ☺ **Trinken: bis 2017**

Do Ferreiro
Cepas Vellas Albariño 2004

Herkunft Spanien, Galicien, Rías Baixas
Typ Trockener Weißwein, 13 Vol.-%
Rebsorte Albariño

Die Bodega Gerardo Méndez Lázaro gehört jetzt neben Fillaboa Selección Finca Monte Alto, Pazo de Señorans Selección de Añada und Lusco do Miño Pazo Piñeiro zu den authentischsten Herstellern mit der Herkunftsbezeichnung Rías Baixas. Die einfache Cuvée mit der Bezeichnung Do Ferreiro Albariño stammt von jüngeren Reben, die vor etwa 10 Jahren in Weinbergen gepflanzt wurden, die auf zuvor von Eukalyptus überwucherten Hügeln angelegt wurden. Der Spitzenwein Do Ferreiro Cepas Vellas Albariño stammt aus einer Lage, die bereits vor mehreren Generationen, noch vor der Reblausepidemie, angelegt wurde. Die Bodega schätzt, daß der Weinberg mindestens 200 Jahre alt ist.

Gerardo Mendéz, der Gutsbesitzer und Erzeuger dieser Weine, erzählt, daß seine im Alter von 98 Jahren verstorbene Großmutter berichtet habe, ihre eigene Großmutter hätte den Weinberg genau in dem Zustand gekannt, in dem er sich jetzt befindet. Diese *cepas vellas* (alten Reben) wachsen auf einer 2 ha großen Parzelle in der Nähe des Gutshauses. Falls man diesen Altersbehauptungen skeptisch gegenübersteht, sollte man eine Reise in das schöne Tal des Salnés machen und sich die Reben selbst ansehen. Ihr Anblick läßt das angegebene Alter durchaus glaubwürdig erscheinen.

Der Wein gärt 10 Monate in Edelstahlfässern auf der Hefe und wird zwei Jahre nach der Jahrgangsangabe auf den Markt gebracht. Jahr für Jahr ist es einer der großen Albariños, schwer zu bekommen, aber dafür zu moderaten Preisen. **JB**
☺ ☺ **Trinken: bis 2010, spätere Jahrgänge in 5–6 Jahren**

Feudi di San Gregorio
Fiano di Avellino 2004

Herkunft Italien, Kampanien, Irpinia
Typ Trockener Weißwein, 13,5 Vol.-%
Rebsorte Fiano

William Fèvre *Chablis GC*
Bougros Côte Bouguerots 2002

Herkunft Frankreich, Burgund, Chablis
Typ Trockener Weißwein, 13 Vol.-%
Rebsorte Chardonnay

In der Nähe der Autobahn Neapel-Bari gelegen, wurde die Region Kampanien zuletzt 1980 von einem schweren Erdbeben erschüttert. Trotz aller Widrigkeiten gibt es Grund zum Optimismus in diesem Weinbaugebiet, denn das Weingut Feudi di San Gregorio in Irpinia ist ein Vorzeigebetrieb der zeitgenössischen Weinbaukunst.

Der erfolgreichste Wein des Herstellers ist ein charaktervoller, trockener Weißwein aus der Fiano-Rebe, die bei internationalen Messen immer wieder Medaillen gewinnt. Der Fiano di Avellino ist jedoch wegen der idealen Bedingungen, unter denen er wächst, etwas Besonderes. Die Lage ist durch günstige Winde, hinreichende Niederschläge und ein Mesoklima gekennzeichnet, das sich von dem der anderen Regionen in Kampanien unterscheidet. Hinzu kommt, daß die Böden von Candida, Parolise und Sorbo Serpice von vulkanischem Lehm geprägt sind.

Der 2004er ist ein ausgewogener Wein von blaß strohgelber Farbe, der elegant nach weißen Früchten und Blüten duftet, die Mineralnoten und einem Hauch von Harz weichen, begleitet von einer Spur Honig. Der Wein zeigt am Gaumen echte Präsenz: voll, strukturiert und harmonisch, mit einem Finale voll reifen Baumobstes wie Birnen und Pfirsichen. **ME**

❂❂❂ **Trinken: bis 2010**

William Fèvre ist das wichtigste Gut im Chablis, nicht aufgrund der Gesamtgröße der Anbaufläche, sondern in Bezug auf die Qualität: Es verfügt über Spitzenlagen, in denen fast alle *grands crus* und viele der besten *premiers crus* vertreten sind. 1998 verkaufte William Fèvre das Unternehmen, zu dem auch eine Handelsfirma gehört, an Henriot Champagne und verpachtete die 60 ha Rebfläche langfristig.

Seine Weine waren konzentriert, rassig und lagerungswürdig. Allerdings wurden sie von Anhängern des reinen, unnachgiebigen und strengen Chablis als zu eichenlastig kritisiert. Der Kellermeister Didier Seguier hat unter der neuen Leitung dafür gesorgt, daß sich dies ändert, und so sprechen die Weine jetzt auch die Chablis-Puristen an.

Der Clos des Bougerots liegt im besten Teil des *grand cru* Bougros, dessen Weine normalerweise nicht mit denen der anderen *grand cru*-Lagen Valmur, Vaudésir oder Les Clos mithalten können. Der Clos des Bougerots braucht jedoch den Vergleich mit den anderen Spitzenweinen keineswegs zu scheuen. Der 2000er ist voll, mineralig, rassig und unergründlich – so wie man es von einem großen Chablis erwartet. **CC**

❂❂❂❂ **Trinken: bis 2015+**

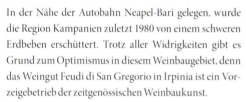

Das Dreiblatt ist das Firmenzeichen von William Fèvre.

Château Filhot 1990

Herkunft Frankreich, Bordeaux, Sauternes
Typ Süßer Weißwein, 13,5 Vol.-%
Rebsorten Sémillon 60%, S. Blanc 36%, Muscadelle 4%

Filhot ist das südlichste und auch das größte Weingut in Sauternes. Die Familie Filhot legte Anfang des 18. Jahrhunderts die ersten Weinberge an, aus dieser Zeit stammt auch das prachtvolle Château, dessen Seitenpavillons allerdings erst nach 1840 errichtet wurden.

Die ursprünglichen Besitzer starben 1794 unter der Guillotine, aber in der nachrevolutionären Zeit wurde das Gut der Familie wieder zuerkannt. 1807 gelangte es durch Heirat an die Familie Lur-Saluces, die sowohl ihr eigenes Gut Château Yquem als auch Château Filhot vergrößerten. Später wurde letzteres jedoch vernachlässigt, und 1935 verkaufte der Marquis de Lur-Saluces Filhot an seine Schwester – von ihr stammt der heutige Besitzer Comte Henri de Vaucelles ab.

Die Weinberge sind kühler gelegen als die meisten anderen in Sauternes, was vielleicht auch der Grund dafür ist, daß die Weine manchmal weniger reichhaltig sind. Die großen Jahrgänge der Vergangenheit wie der 1945er zeigen, welches Potential hier verborgen ist, aber die Weine aus den 70er und 80er Jahren waren eher enttäuschend.

Gabriel, der Sohn des Grafen Henri, führt jetzt die Geschäfte. Die Weine sind sauberer und konzentrierter, werden ihrem Potential aber immer noch nicht ganz gerecht. Auf der anderen Seite gehören sie zu den preiswertesten großen Gewächsen. Der 1990er ist mit seinen Steinobst- und Ananasaromen einer der besten Filhots der letzten Jahre. Er ist zwar nicht sonderlich intensiv, aber durchaus stilvoll. Noch besser ist der 1990er Crème de Tête. **SBr**

❂❂❂ Trinken: bis 2015

WEITERE EMPFEHLUNGEN
Andere große Jahrgänge
1976 • 1983 • 1989 • 1997 • 2001 • 2003
Weitere Sauternes-Erzeuger
Guiraud • Lafaurie-Peyraguey • Rieussec Suduiraut • Yquem

Das prachtvolle Château Filhot stammt aus dem 18. Jahrhundert.

Fillaboa Seléccion
Finca Monte Alto 2002

Herkunft Spanien, Galicien, Rías Baixas
Typ Trockener Weißwein, 12,5 Vol.-%
Rebsorte Albariño

Das Unternehmen wurde 1986 als Granja Fillaboa gegründet, noch bevor die DO Rías Baixas anerkannt wurde, zu deren Gründungsmitgliedern es also gehört. Das recht große Anwesen ist wunderschön am rechten Ufer des Miño in Salvaterra gelegen. Es war lange im Familienbesitz und wurde erst im Jahr 2000 von der Masaveu-Gruppe erworben. Von den mehr als 50 ha, die unter Reben stehen, trägt nur eine kleine, sehr gute Parzelle, die 1988 bepflanzt wurde, die Trauben für den Selección Finca Monte Alto bei.

Dieser Wein ist eines der besten Beispiele für die Langlebigkeit hochwertiger Albariños, er hat nacheinander Phasen der fruchtigen Frische und der aromatischen Intensität durchlaufen: Man kann noch Zitrus-, Birnen-, Anis- und Kräuternoten vernehmen, aber mit dem Alter sind auch Komplexität, betonte Mineralität und Balance hinzugekommen. Je nach Alter ändert sich auch die ideale Zusammenstellung von Wein und Essen: In der Jugend paßt der Wein zum frischen Geschmack einfach zubereiteter Meeresfrüchte oder weißem Fisch, später zeigt er sich dann mit reichhaltigeren Fischgerichten von seiner besten Seite. **JB**

🍷🍷 **Trinken: bis 2009; spätere Jahrgänge bis zu 7 Jahre nach Erhalt**

Fiorano
Sémillon Vino da Tavola 1978

Herkunft Italien, Latium
Typ Trockener Weißwein, 11 Vol.-%
Rebsorte Sémillon

„Ein Geheimnis, das nur wenige teilen…" nannte Burton Anderson den Fiorano. In der Tat können sich die Sammler glücklich schätzen, denen es gelingt, eine der seltenen Flaschen dieses Kult-Weins zu ergattern.

Alberico Boncompagni Ludovisi, Prinz von Venosa, erbte 1946 das Fiorano-Gut und pflanzte neben französischen Rebsorten auch den örtlichen Malvasia – eine zu dieser Zeit beispiellose Entscheidung. Außerdem zog er den führenden Önologen Tancredi Biondi Santi hinzu. Bis in die frühen 60er Jahre waren die Weine so gut wie unbekannt, bis der inzwischen verstorbene italienische Weinkritiker Luigi Veronelli eine Einladung des Prinzen zu einer Verkostung erhielt.

Veronelli verglich später den Rotwein mit dem großartigen Sassicaia, die größte Überraschung war für ihn jedoch der Weißwein aus Sémillon, einer Rebart, der in Italien nie sonderliche Fortune beschert gewesen war. Ältere Jahrgänge des Sémillon verblüffen immer noch durch ihre jugendliche Farbe, die bemerkenswerte Frische und ihr anscheinend unendliches Reifungspotential. Der 1978er hat ein reichhaltiges Blumenbouquet, er ist am Gaumen lebhaft und mineralreich, und der Abgang ist von schier unglaublicher Länge. **KO**

🍷🍷🍷🍷 **Trinken: bis 2012**

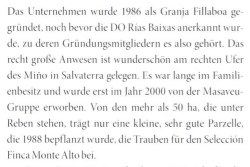

In Galicien wachsen die Reben zwischen Pinienwäldern.

Flowers *Camp Meeting Ridge Chardonnay* 2005

Herkunft USA, Kalifornien, Sonoma Coast
Typ Trockener Weißwein, 14,2 Vol.-%
Rebsorte Chardonnay

1989 entdeckten Walt und Joan Flowers Camp Meeting Ridge, eine Gegend, in der zu dieser Zeit zwar noch kein Wein angebaut wurde, die sich jedoch durch ihr gemäßigtes Klima gut für Pinot Noir und Chardonnay eignet. Camp Meeting Ridge liegt in weniger als 4 km Entfernung vom Pazifik auf einer von mehreren Hügelketten, die hier die Landschaft prägen. Das Gut verfügt über mindestens 6 unterschiedliche Bodentypen. Die Rebflächen werden durch einen weiteren Höhenrücken im Westen geschützt, der gerade genug Nebel und Meeresbrisen vom Pazifik passieren läßt, um die Reben zu kühlen.

Die Rebstöcke wachsen in 350 bis 420 Metern Höhe auf westlich ausgerichteten Parzellen. Der Großteil der Cuvée stammt von der Parzelle 6, einem schroffen und felsigen Gelände, wo die Trauben eine immense Konzentration und Mineralität erreichen.

Seit 1997 werden die Weine in der eigenen Kellerei gekeltert. Die Ernte wird manuell sortiert und in ganzen Trauben gepreßt. Für die Gärung werden natürliche Hefen eingesetzt, in der Zeit, bis die malolaktische Gärung im Frühjahr nach der Ernte vollendet ist, wird der Hefesatz regelmäßig aufgerührt. Das schlechte Wetter während der Blütezeit im Jahr 2005 führte zu sehr geringen Erträgen, die Trauben wuchsen jedoch in großartigem Wetter heran und lieferten einen Wein von gewaltiger Konzentration und reichem Geschmack, der durch die Aromen von Jasmin, Geißblatt und Zitrone begleitet wird. **LGr**

⊝⊝⊝ **Trinken: bis 2015+**

Vogelnetze schützen die Reben am Camp Meeting Ridge. ➔

Framingham
Select Riesling 2007

Herkunft Neuseeland, Marlborough
Typ Süßer Weißwein, 8 Vol.-%
Rebsorte Riesling

Dieser Wein ist der beste unter einer Reihe von neuen Rieslingen mit geringem Alkoholgehalt, die zur Zeit in Neuseeland unter der Bezeichnung „im deutschen Stil" immer populärer werden. Der 2007er enthält nur 8 % Alkohol und wäre mit einem Restzuckergehalt von 70 g/l in Deutschland eine Auslese. Er zeigt, daß Deutschland und Österreich sich nicht zufrieden zurücklehnen und auf die Qualität ihres Rieslings berufen können, genauso wenig wie Neuseeland Grund hat, selbstzufrieden auf seinen Sauvignon Blanc zu verweisen.

Der Select Riesling ist das Flaggschiff des Framingham-Besitzers Dr. Andrew Hedley. Für diesen aufrichtigen Wein werden die zuerst in den umhegten Weingärten geernteten Trauben verwendet. Die zweite Lese liefert den Dry Riesling; das Beste, was dann noch verbleibt, wird zum Classic Riesling verarbeitet; aus edelfaulen Beeren entsteht der Noble Riesling.

Select Riesling ist ein mächtiger Wein mit kräftigen Geschmacksnoten von Mineralien, Zitrusfrüchten und weißen Rosenblüten. Die Textur ist ätherisch, und die wundervolle Balance von Säure und Süße erzeugt eine exquisite Spannung. Seit der ersten Kelterung im Jahr 2003 wurde er jedes Jahr hergestellt. Bei einer chronologischen Verkostung zeigte sich das gute Lagerungspotential sehr deutlich: Mit zunehmendem Alter scheinen die Zitrusnoten zuzunehmen, während ein Honigwabenduft hinzukommt, der an Edelfäule erinnert, obwohl auch der älteste Wein bei der ersten Verkostung keinen Botrytis-Einfluß zeigte. **BC**
🟢🟢 **Trinken: bis 2017**

Dr. Konstantin Frank/Vinifera Wine Cellars *Dry Riesling* 2006

Herkunft USA, New York, Finger Lakes
Typ Trockener Weißwein, 12 Vol.-%
Rebsorte Riesling

Die Seen im Norden des Bundesstaates New York ermöglichen mit ihren temperaturausgleichenden Wirkungen hier, wo die durchschnittliche Wintertemperatur -6°C beträgt, den Weinbau trotz des kalten Klimas. Allerdings mußte Dr. Frank auf winterfeste Unterlagsreben zurückgreifen, bevor sein Vorhaben von Erfolg gekrönt war.

Frank hatte in der Ukraine Weinbau gelehrt, bevor er in die USA auswanderte, und war mit der Winzerei unter kalten Klimabedingungen vertraut. In den 50er Jahren machte er sich mit dem Leiter der Gold-Seal-Kellerei Charles Fournier im Nordosten Amerikas auf die Suche nach kälteresistenten Reben, bis sie schließlich in einem Klostergarten in Quebec fündig wurden: Rebstöcke, die auch nach eisig kalten Wintern noch Frucht trugen. Nach jahrelangen Versuchen, in denen er Chardonnay, Riesling und Gewürztraminer auf diese Stöcke aufgepfropfte, konnte Frank schließlich Erfolg vermelden, als ein Kälteeinbruch die Temperaturen bis auf -32°C fallen ließ und seine Reben im Gegensatz zu anderen überlebten und fruchteten. 1962 gründete er dann seine eigene Kellerei, deren Hauptaugenmerk auf den verschiedenen Riesling-Spielarten liegt.

Der Dry Riesling von Dr. Konstantin Frank ist immer rein und kristallin, der Geschmack von Blüten, grünen Äpfeln, Birnen, Zitrusfrüchten und Quitten wird durch die lange, kühle Gärung beibehalten. Der Wein wird nicht ganz trocken ausgebaut, um den hohen Säuregehalt auszugleichen und eine saftige Textur zu garantieren. **LGr**
🟢 **Trinken: bis 2016**

In Framingham werden die Trauben maschinell entbeert.

Freie Weingärtner Wachau
Achleiten G. Veltliner Smaragd 2005

Herkunft Österreich, Wachau
Typ Trockener Weißwein, 14 Vol.-%
Rebsorte Grüner Veltliner

Château de Fuissé
Le Clos 2005

Herkunft Frankreich, Burgund, Mâconnais
Typ Trockener Weißwein, 13 Vol.-%
Rebsorte Chardonnay

In der Wachau wird schon seit dem frühen Mittelalter an den steilen Hängen des Donautals mit ihren feldspatreichen Gneis- und Glimmerschieferböden Wein angebaut. Den fast 700 Mitgliedern der Freien Weingärtner gehört fast die Hälfte der Rebfläche in diesem angesehensten Weinbaugebiet Österreichs.

Hier, wie im nahegelegenen Loibenberg und Kellerberg, entstehen auch in schwierigen Jahren aus dem Grünen Veltliner und dem Riesling durchweg hervorragende Weine. Auf den kühlen Sommer und frühen Herbst des Jahres 2005 folgte ein sonniger Oktober. Bei der Ernte des Rieslings wurde sorgfältig ausgelesen, um die Qualität zu heben, während sich der Grüne Veltliner bester Gesundheit erfreute.

Der Wein der Freien Weingärtner aus Achleiten könnte kaum typischer für die Lage sein: Er ist von Blüten- und weißen Pfirsichnoten erfüllt, die von einer subtilen aber unverkennbaren Mineralität begleitet werden. Die Reichhaltigkeit und delikat cremige Textur des Weines schließ ein zartes Zusammenspiel der Elemente keineswegs aus. Er hat jedoch auch den bezeichnenden Biß – eine gewisse pfefferige Schärfe – des Grünen Veltliners. **DS**

€€ Trinken: bis 2012

Bei vielen Anhängern des weißen Burgunders erlischt das Interesse schnell, wenn ein Wein aus Gegenden stammt, die südlich von Santenay an der Côte d'Or liegen. Es gibt jedoch einen Hersteller, der in diesem Gebiet seit langer Zeit bessere Weine als alle anderen keltert – Jean-Jacques Vincent vom Château de Fuissé. Die Familie Vincent stellt nicht nur Weine aus den eigenen Trauben her, sondern bringt seit 1982 unter dem Markennamen J. J. Vincent Selection auch Weine heraus, die aus eigenen Trauben und zugekauften Mosten entstehen.

Le Clos stammt aus einer einzelnen, ummauerten, 2,3 ha großen Parzelle mit lehmigen Kalksteinböden, die ganz in der Nähe des Châteaus gelegen ist. 2005 begann die Ernte nach einem schönen Sommer am 17. September und dauerte bis zum 28. September. Nach der Gärung (die malolaktische Gärung wurde nicht unterbrochen, wie das manchmal üblich ist), verbrachte der Wein 9 Monate in Eichenfässern, jeweils zwischen 2 und 5 Jahre alt. Er zeigt Aromen von Blüten und Kernobst, am Gaumen tauchen diese wieder auf und werden von Apfel- und Aprikosennoten begleitet. Der Wein erhält durch eine erfrischende Säure Balance und hat einen angenehmen Abgang von mittlerer Länge. **JW**

€€€ Trinken: 2010–2013

Gaia
Ritinitis Nobilis Retsina NV

Herkunft Griechenland, Peloponnes, Nemea
Typ Trockener Weißwein, 12 Vol.-%
Rebsorte Roditis

Giaconda
Chardonnay 2002

Herkunft Australien, Victoria, Beechworth
Typ Trockener Weißwein, 14 Vol.-%
Rebsorte Chardonnay

Als Griechenlandurlauber erinnert man sich vielleicht an den Retsina, den man in der *taberna* in großen Aluminiumkannen zum Vorspeisenteller serviert bekam. Der Geschmack erinnerte an sägefrisches Kiefernholz – ein passender Begleiter für viele griechische Speisen.

Wenn man jedoch den Namen Gaia dem des Retsinas hinzufügt, tut sich eine ganze neue Geschmackswelt auf. Die Inhaber von Gaia, Leon Kratsalous und Yannis Parakevopoulos, stellen ihren Retsina nicht aus dem säurearmen und oft zu ertragreichen Savitiano her, sondern aus dem edleren Rodsitis. Die Reben wachsen auf nördlich ausgerichteten Weinbergen und bringen nur niedrige Erträge. Der Wein gärt bei niedrigen Temperaturen und wird, wie jeder Retsina, während der Gärung mit Kiefernharz versetzt, um ihm seinen typischen Geschmack zu geben. Beim Ritinitis Nobilis ist es das feine Harz der Kiefernart *Pinus halepensis*.

So entsteht ein subtiler Retsina mit Zitrusaromen, erfrischender Säure und einer zurückhaltenden Kiefernnote. Es ist immer noch ein Wein, der sich am besten als Begleiter zu mediterranen Speisen eignet, er ist jedoch viel subtiler, fruchtiger und komplexer als der Wein aus den Aluminiumkrügen. **GL**

🍷 **Trinken: ein Jahr nach Erhalt**

Rick Kinzbrunner arbeitete noch für den australischen Weinbaubetrieb Brown Brothers, als er Beechworth entdeckte. Er war der Meinung, daß hier optimale Bedingungen gegeben seien, um einen guten Wein zu schaffen, daher pflanzte er dort die ersten Reben. Beechworth hat eigentlich eine glorreiche Vergangenheit als Goldgräberstadt, auf den granithaltigen Böden, die darüber hinaus einen hohen Quartzgehalt aufweisen, wächst jedoch auch der Chardonnay sehr gut. 1984 kelterte Kinzbrunner seinen ersten Cabernet Sauvignon, 1985 folgte der erste Chardonnay. Die Chardonnayreben wurden nach und nach an kühlere, nach Süden ausgerichtete Hänge verlegt, um die Zartheit des Weines zu erhalten, der sich mit der Zeit in eine etwas zu opulente Richtung entwickelt hatte.

Der 2002er ist einer der reichhaltigsten, aber auch komplexesten Giaconda Chardonnays, er entstand in einem kühlen Sommer, der in ganz Ostaustralien gute Weißweine hervorbrachte. Die Pfirsich- und Aprikosenaromen des jungen Weines sind geblieben und haben sich zu einem Bouquet aus gerösteten Haselnüssen, Weizenschrot, Butter und Kernobst weiterentwickelt. Am Gaumen ist er intensiv, voll, reichhaltig und nachhallend, mit einem warmen Alkoholton im Abgang. **HH**

🍷🍷🍷 **Trinken: bis 2015**

Château Gilette
Crème de Tête 1955

Herkunft Frankreich, Bordeaux, Sauternes
Typ Süßer Weißwein, Alkoholgehalt unbekannt
Rebsorten Sémillon 94%, S. Blanc 4%, Muscadelle 2%

Domaine Gourt de Mautens
Rasteau Blanc 1998

Herkunft Frankreich, südliche Rhône
Typ Trockener Weißwein, 13 Vol.-%
Rebsorten Grenache Blanc, Bourboulenc, andere

Etwas außerhalb des Dorfes Preignac, und damit auch außerhalb des Sauternes-Gebietes, liegt das Château Gilette. Château Gilette ist außergewöhnlich – in der Region und im gesamten Bordeaux. Die Rebfläche ist mit 3,6 ha eher winzig, die Reben wachsen auf sandigen Böden über lehmig-steinigen Schichten. Der Spitzenwein des Hauses, der Crème de Tête, wird nur in außergewöhnlichen Jahren gekeltert. Er altert nicht ein oder zwei Jahre im Faß, sondern zwei Jahrzehnte in kleinen Betontanks. So erreichen die Weine eine höhere Komplexität als bei Flaschenalterung.

Es gab nur wenige Jahre, in denen das Klima sowohl in qualitativer als auch quantitativer Hinsicht für den Wein zuträglicher war als das Jahr 1955. Die Ernte begann am 21. September und ging bis in den Oktober hinein, die Trauben wurden genau inspiziert und nur die überaus faulen Beeren entfernt. 26 Jahre später, im Jahr 1981, wurde der Wein dann schließlich auf Flaschen abgefüllt. Inzwischen hat sich die Farbe zu einem dunklen Gelbbraun vertieft; das Bouquet ist immer noch cremig und reichhaltig. Am Gaumen hat der Wein etwas von seiner zitronigen Säure behalten, zeigt sanfte, karamelisierte Edelfäule und einen triumphalen Abgang. **SW**
🍷🍷🍷🍷🍷 **Trinken: bis 2015+**

Jerôme Bressy machte Schlagzeilen in der Weinpresse, als es ihm in dem wenige vielversprechenden Weingebiet Rasteau an der südlichen Rhône gelang, einige überaus konzentrierte Rot- und Weißweine zu keltern.

Bressy produziert auf 12 ha Rebfläche etwa rund 25.000 Flaschen im Jahr. Die Weine tragen das ECO-CERT-Siegel für ökologischen Landbau. Bressy hat wie seine Vorbilder in Châteauneuf, Henri Bonneau und der verstorbene Jacques Reynaud, die Erträge auf weniger als die Hälfte dessen reduziert, was durch die AOC zugelassen ist. Sein roter Rasteau ist mit einem trockenen Portwein verglichen worden (vom Jahrgang 2004 kelterte er einen Rasteau *vin douce naturel*, der in der Tat einem Port ähnelt). Seine Weißweine sind unglaublich rar und noch teurer als der Rotwein.

Bressy bevorzugt große Fässer und beläßt den Wein 10 bis 12 Monate darin. In dem 1989er Weißwein haben Weinkritiker einen Leimgeschmack und den Geruch warmen Strohs festgestellt und auf die tiefe, wohlentwickelte Farbe hingewiesen. Wohlwollend wurden auch die Blütennoten, das Aroma von Akazienblüten, die Schwere und die gut integrierte Eiche vermerkt. **GM**
🍷🍷🍷 **Trinken: bis 2010+**

Graf Hardegg V
Viognier 2003

Herkunft Österreich, Weinviertel
Typ Trockener Weißwein, 13,5 Vol.-%
Rebsorte Viognier

Angesichts seines Erfolges mag es überraschend sein, daß dieser Wein immer noch der einzige ist, der in Österreich aus der Viognier-Rebe gekeltert wird.

Als Peter Malberg 1993 mit dem Weinbau im Weinviertel begann, wurde ihm klar, daß man dort nicht wirklich wußte, welche Rebsorten sich am besten für das Gebiet eignen. Das lag zum Teil an der Struktur der Landwirtschaft, in der die meisten Bauern nur etwa 15 ha Land bestellen, von denen nur ein kleiner Teil mit Reben bepflanzt ist. Das Weingut Hardegg umfaßt 43 ha Rebfläche, die in fünf getrennte Anbauflächen geteilt sind. Als Malberg 1995 beschloß, 1 ha mit Viognier-Reben zu bestocken, rief das Kontroversen hervor. Aber es zeigte sich, daß diese Entscheidung richtig war, denn der Wein erwies sich als eleganter und kultivierter Ausdruck der Rebsorte.

Die Jahrgänge 2001 und 2002 sind gut, aber der 2003er ist vielleicht sogar noch eine Spur besser: klarer Fruchtgeschmack und eine bezaubernde Spannung zwischen der reichhaltigen Textur, die für die Rebsorte Viognier typisch ist, und der frischen Säure. Der Wein gärt mit Naturhefen in großen Eichenfässern, von denen einige neu sind, was jedoch kaum merkliche Auswirkungen hat. **JG**

❂❂❂ **Trinken: bis 2012**

Grans-Fassian
Leiwener Riesling Eiswein 2004

Herkunft Deutschland, Mosel-Saar-Ruwer
Typ Süßer Weißwein, 6,5 Vol.-%
Rebsorte Riesling

Im Dezember 2004 gab es in fast allen Riesling-Anbaugebieten in Deutschland eine vorzeitige Bescherung: Vier Nächte vor Weihnachten sanken die Temperaturen unter Null Grad und es gab eine Rekordernte gefrorener Trauben. Bei Gerhard Grans stammten sie von der Leiwener Laurentiuslay, einem terrassierten Weinberg, den er normalerweise für einen trockenen Weißwein reserviert. Wie andere Lagen an der Mosel zeigt er großes Potential, er hat jedoch noch nie so einen Riesling hervorgebracht wie den Eiswein des Jahres 2004.

Die ominöse Rauchigkeit und das Prickeln in der Nase, die für Eiswein typisch sind, sind bei diesem Wein so stark, daß man zusammenzuckt. Er wirkt im Mund dick und zähflüssig und erinnert oberflächlich an Vanille-Zuckerguß mit frischem Zitronensaft – auch dies nicht untypisch für einen jungen Eiswein. Durch den Geschmack von Quitten und gelbem Pflaumengelee fühlt man sich an andere, „normalere" Weine der gleichen Lage erinnert. Zugegeben: Dies ist ein Wein der Exzesse. Er entbehrt jedoch nicht der Kultiviertheit. Heute werden Sie bei einer Verkostung tief durchatmen. Ihre Nachkommen werden den Wein zwar weniger kühn finden, aber nicht weniger verblüffend. **DS**

❂❂❂❂ **Trinken: bis 2035+**

Josko Gravner
Breg 1999

Herkunft Italien, Friaul
Typ Trockener Weißwein, 14%
Rebsorten S. Blanc, Chardonnay, P. Grigio, Riesling Italico

Genie oder Ketzer? Josko Gravner ist umstritten wie kein zweiter italienischer Weinmacher. Die Weine des Friaul weisen normalerweise einen überaus reinen, aromatischen Stil auf – zu dessen Pionieren Gravner sogar einst selbst gehörte. 1998 begann er jedoch, auf seinem 18 ha großen Gut in der Nähe von Gorizia mit einer Herstellungsmethode zu experimentieren, bei der er sowohl große Eichenfässer als auch Amphoren verwendete. Es geht das Gerücht, daß sein gesamter Ribolla Gialla Ertrag aufgrund dieser Umstellung verlorenging. Dennoch entsorgte er seine Stahlbehälter und setzt seit dem Jahr 2001 nur noch unterschiedlich große tönerne Amphoren aus Georgien (wo der Weinbau mindestens 4000 Jahre zurückreicht) für die Gärung und Mazeration seiner drei Weine ein – dem weißen Ribolla, Breg und dem roten Rosso Gravner.

Gravners oxidativer, tanninreicher Stil bei der Weißweinherstellung ist all jenen ein Greuel, die in ihren Weinen Frische und Sauberkeit suchen – also fast jedem. 2005 nannte Alison Buchanan bei einer Verkostung italienischer Spitzenweißweine, die von der Vierteljahresschrift *World of Fine Wine* durchgeführt wurde, den noch im alten Stil gekelterten 1999er Breg „merkwürdig"; Alex Hunt sagte, der Wein sei „abstoßend beißend. Die anderen Qualitäten fallen nicht ins Gewicht"; und Nicolas Belfrage meinte: „Man wird sehr nachdenklich." Seit dem Jahr 2001 ist der Wein noch herausfordernder geworden. Was immer man von seinen Weinen hält, Gravner ist auf jeden Fall ein Bilderstürmer, der sowohl die orthodoxe Winzerei als auch den Konsumenten herausfordert – man sollte den Wein trinken, um sich ein Urteil zu bilden. **SG**
☉☉☉ **Trinken: bis 2020**

Château Grillet
Cuvée Renaissance 1969

Herkunft Frankreich, nördliche Rhône
Typ Trockener Weißwein, 13 Vol.-%
Rebsorte Viognier

Das Château Grillet ist seit 1825 im Familienbesitz. Der 10 ha große Weingarten liegt wie ein Amphitheater am Hang, das Gutshaus zu einer Seite. Wenn man den seit alters her niedrigen Rang des Rhônetals in der Hierarchie der französischen Weine bedenkt, ist es überraschend, daß es dort ein so ausgezeichnetes Gut gibt, und noch dazu eines, das aus der Viognier-Rebe einen Weißwein erzeugt.

Am anderen Ufer der Rhône stehen die Fabriken, die seit den 20er Jahren mit den Winzern um die Arbeitskräfte konkurrieren. Das Schicksal des Châteaus war wechselhaft – in den 70er und 80er Jahren mußte die Familie Neyret-Gachet um das wirtschaftliche Überleben kämpfen. Auch die Qualität war in den vergangenen 50 Jahren unterschiedlich: In den 60ern waren die Weine vorzüglich, in den 70ern durchwachsen und in den 80er und 90er Jahren gab es unedle Augenblicke. Nach dem Jahr 2000 wurde in eine neue Kellerausstattung investiert und ein neuer Weinberater engagiert.

Von der 1969er Cuvée Renaissance wurden nur 1730 Flaschen abgefüllt. Es ist ein Wein, der eine geduldige Kellerlagerung lohnt, da er sehr viel zurückhaltender ist als der benachbarte Condrieu. In der Jugend hat er einen etwas stahligen Charakter, der vielleicht vom Boden des Weingartens herrührt. Mit der Zeit entwickelt er Aromen von Blüten und nasser Wolle sowie Geschmacksnoten von Birnen und Aprikosen, die von Gewürztönen begleitet werden und in einem klaren, mineralischen Abgang enden. **JL-L**
☉☉☉☉ **Trinken: bis 2010+**

Gróf Dégenfeld
Tokaji Aszú 6 Puttonyos 1999

Herkunft Ungarn, Tokaj
Typ Süßer Weißwein, 10 Vol.-%
Rebsorte Furmint

Die Geschichte des Gutes Gróf Dégenfeld ist eines der wenigen, aber bedeutsamen Beispiele für die Wiederbelebung eines aristokratischen Besitzes im ehemaligen Ostblock nach 1989. Die Dégenfelds waren ein deutsch-ungarisches Adelsgeschlecht, das im 19. Jahrhundert einen sehr guten Tokajer erzeugte. Nach 1945 wurde das Gut enteignet. Heute gehören die 100 ha dem deutschen Geschäftsmann Thomas Lindner, der mit der Tochter des Grafen Sándor Dégenfeld-Schönfeld verheiratet ist und 1996 in den Besitz der Familie investierte.

Der 6 Puttonyos 1999 hat einen Restzuckergehalt von 173 g/l und einen Säuregehalt von 11 g/l. Die Trauben stammten aus den Weinbergen des Gutes nördlich von Tarcal, deren Böden durch Löß und Vulkangesteine bestimmt sind. Der Wein ist von goldener Farbe mit bernsteingelben Glanzlichtern. In der Nase findet man Spuren von Leder und Walnüssen und einen Überfluß an Honig und Mandeln. Am Gaumen erinnert er an Pflaumen, Reineclauden, Pfirsiche und Aprikosen. Der Abgang beeindruckt durch die cremigen Walnußnoten, die Fruchtigkeit, Struktur und die ausgezeichnete Balance. **GM**

🍷🍷🍷🍷 **Trinken: bis 2015+**

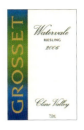

Grosset
Watervale Riesling 2006

Herkunft Australien, South Australia, Clare Valley
Typ Trockener Weißwein, 13 Vol.-%
Rebsorte Riesling

Der Grosset Watervale Riesling ist ein Einzellagenwein vom hochgelegenen Gut Springvale Vineyard. Jeffrey Grosset ist der allseits anerkannte Meister des australischen Rieslings. „Die Herstellung von Riesling ist die reinste Form der Winzerei," sagt er, „da man in seinen Möglichkeiten sehr eingeschränkt ist: kein Eichenholz, keine malolaktische Gärung, meist kein Ruhen auf dem Hefesatz und kein Kontakt mit den Beerenhäuten. Man muß diszipliniert arbeiten, um den Fruchtcharakter beizubehalten und die Eigenschaften des betreffenden Weingartens zum Ausdruck zu bringen."

Dieser Wein ist der Inbegriff des klassischen Clare-Valley-Stils: Zurückhaltung, reine Fruchtigkeit und mundwässernder Geschmack. In der Nase spürt man Blüten-, Limonen- und Zitronenaromen. Am Gaumen ist er zart, aber intensiv, mit kräftigem, von Mineralnoten unterlegtem Zitrusgeschmack. Der Watervale 2006 ist kräftig strukturiert, gewichtig, etwas gerundet und mit spritziger Säure im langen, trockenen Abgang. Man kann ihn jung genießen oder bis zu 10 Jahre lagern, um ihm Gelegenheit zu geben, größere Komplexität zu gewinnen. **SG**

🍷🍷 **Trinken: bis 2016**

◀ Das Restaurant gehört zum Palais Dégenfeld in Tokaj.

Domaine Guffens-Heynen
Pouilly-Fuissé La Roche 2002

Herkunft Frankreich, Burgund, Mâconnais
Typ Trockener Weißwein, 13 Vol.-%
Rebsorte Chardonnay

Château Guiraud
2005

Herkunft Frankreich, Bordeaux, Sauternes
Typ Süßer Weißwein, 13,5 Vol.-%
Rebsorten Sémillon 65%, Sauvignon Blanc 35%

Das belgische Ehepaar Jean-Marie und Maine Guffens-Heynen kelterte 1980 ihren ersten Wein im Mâconnais. Jean-Marie stellt immer noch in seinem ursprünglichen Gut in Vergisson einen klassischen Pouilly-Fuissé her, der eines der Vorbilder für die Renaissance dieses Weines war. Er stellt seinen Wein *à la façon de grand-père* her und wird damit in der Weinpresse immer wieder in einem Zug mit großen Gütern wie Château de Fuissé und Château de Beauregard genannt.

Der Mutterboden in Vergisson ist sehr flach – falls es ihn überhaupt gibt –, die Reben wurzeln direkt im gewachsenen Fels. Die Cuvée La Roche hat außerordentlich tiefe Mineralnoten, die durch die ungewöhnliche Qualität des 2002er Jahrgangs unterstützt werden. Das Jahr hatte im Mâconnais günstige Voraussetzungen, stellte aber auch eine Herausforderung dar: Ein warmer Sommer mit gelegentlichem Regen erforderte einen präzise gewählten Erntezeitpunkt. Der Wein wurde im Keller nur wenig behandelt und zeigt so eine majestätische Strenge, die von den Honig- und Zitronennoten des Chardonnays ausbalanciert wird. **ME**
❂❂❂ Trinken: bis 2015

1981 kaufte der Reeder Frank Narby dieses große Weingut, das in Sauternes neben Yquem einzig *premier cru Lagen* zu bieten hat. Frank Narbys Sohn Hamilton übernahm die Leitung und kündigte kühn an, er habe vor, die Überlegenheit von Yquem in Frage zu stellen. Vielleicht ist ihm das nicht gelungen, er hat Guiraud aber auf jeden Fall in den Rang eines würdigen ‚ersten Gewächses' erhoben. Im Jahr 2006 wurde das Gut dann von einem Konsortium unter der Leitung von Xavier Planty übernommen.

Bei Guiraud wird eine höherer Anteil an Sauvignon Blanc angebaut als in Sauternes üblich, weil Planty den rauchigen Charakter schätzt, den der Wein dadurch erhält. Andererseits läßt er den Sauvignon nicht so früh ernten wie andere Winzer, die dadurch eine größere Frische des Weins anstreben. Wenn man überhaupt etwas am Guiraud kritisieren kann, dann ist es in der Tat ein gewisser Mangel an Frische und Temperament. Der Wein reift bis zu 24 Monate in Eichenfässern, ist reichhaltig und strukturiert und zeigt oft eine deutliche Edelfäule. Der 2005er ist üppig, mit samtiger Textur, Komplexität und guter Länge. **SBr**
❂❂❂ Trinken: bis 2035

Guitián
Valdeorras Godello 2006

Herkunft Spanien, Galicien, Valdeorras
Typ Trockener Weißwein, 12.5 Vol.-%
Rebsorte Godello

Godello ist eine weiße Rebsorte, die in Galicien, im Nordwesten Spaniens, und auch in Portugal angebaut wird. In Portugal ist sie auch als Gouveio bekannt. Mitte der 90er Jahre führte die Familie Guitián die Rebsorte Godello mit ihren großartigen Weinen zu neuen Höhepunkten.

Die Bodega La Tapada umfaßt 9 ha Rebfläche, sie liegt 548 m über dem Meeresspiegel. Hier wird seit 1985 Wein angebaut. Die Böden der sanft geneigten, nach Süden ausgerichteten Hänge sind von Schiefer bestimmt. Im Klima zeigen sich sowohl atlantische als auch kontinentale Einflüsse, die Weine bringen das *terroir* deutlich zum Ausdruck. Die erste Ernte fand 1992 statt, der Wein wurde mit natürlichen Hefen gegärt und in Edelstahlbehältern ausgebaut, ohne eine malolaktische Gärung zuzulassen.

Guitián war einer der ersten Hersteller, dem es gelang, spanische Konsumenten davon zu überzeugen, daß ein Weißwein durch einige Jahre Flaschenreifung hinzugewinnen kann. Der 2006er ist von mittelgelber Farbe mit grünen Glanzlichtern. Godello ist eine sehr aromatische Rebsorte, deren Geschmack in diesem Wein gut zur Geltung kommt. Die Nase ist fein, komplex und sehr individuell: Senf-, Aprikosen-, Lorbeer-, Fenchel-, Moschus- und Mineralnoten sind zu vernehmen. Am Gaumen ist er von mittlerer Körperlichkeit, gut gezeichnet, elegant, rein und erfrischend. Die feine Säure und die intensiven Geschmackstöne ziehen sich auch durch den sehr langen Abgang. **LG**

◉ **Trinken: bis 2010; spätere Jahrgänge bis zu 5 Jahre nach Erhalt**

Herbstliche Weinberge in der Umgebung des Dorfs Larouco. ➔

Gunderloch *Nackenheimer Rothenberg Riesling AG* 2001

Herkunft Deutschland, Rheinhessen
Typ Süßer Weißwein, 10 Vol.-%
Rebsorte Riesling

Fritz Haag *Brauneberger Juffer-Sonnenuhr Riesling ALG* 2002

Herkunft Deutschland, Mosel-Saar-Ruwer
Typ Süßer Weißwein, 7 Vol.-%
Rebsorte Riesling

Die führende Kellerei in Nackenheim wurde 1890 vom Mainzer Bankier Carl Gunderloch gegründet. Agnes und Fritz Hasselbach haben hier einen Stil entwickelt, der den klassischen deutschen Weißwein neu interpretiert: Er ist von intensiver Mineralität, trotz der deutlichen Säure äußerst harmonisch und durch die sehr reifen Trauben von sattem Fruchtgeschmack. Fritz Hasselbach betont: „Mir ist es am wichtigsten, den *terroir* bestmöglich zum Ausdruck zu bringen. Unser Land ist der größte Schatz, über den wir verfügen, und ich fühle mich verpflichtet, ihn jedes Jahr aufs neue mit Leben zu erfüllen."

Am erfolgreichsten zeigt sich sein Bestreben in der Lage Rothenberg: Rothenberg liegt in südöstlicher Ausrichtung über dem Rhein. Die Rieslingreben wurden hier Mitte der 70er Jahre gesetzt, ihre Wurzeln sind bis zu 50 m lang. Die Reben sind fast den ganzen Tag der Sonne ausgesetzt, die Wasseroberfläche des Rheins dient als riesiger Spiegel. Der Boden aus rotem Lehm und Schiefer erwärmt sich schnell und speichert im Spätherbst genug Wärme, um den Trauben zu üppiger Reife zu verhelfen. Die so entstandenen Weine zeigen ein unverkennbares Aroma, hohen Extraktgehalt und eine gute Struktur, die Langlebigkeit garantiert. **FK**

😊😊😊😊 **Trinken: bis 2020**

Der ursprüngliche Name der Kellerei Fritz Haag lautete Dusemonder Hof und erinnerte damit an den früheren Ortsnamen von Brauneberg, das vor 1925 Dusemond hieß. Davor trug nur der Weinberg am anderen Moselufer den Namen Brauneberg, darin die Lage Juffer. Mitten in dem weltberühmten Weinberg steht die namensgebende Sonnenuhr. Die steilen, nach Süd-Südosten ausgerichteten Hänge mit dem steinig-lehmigen Schieferboden machen den Juffer-Sonnenuhr zu einem der besten Weißweinberge der Welt. An der Mosel sind nur die Lagen Wehlener Sonnenuhr und der Bernkasteller Doctor mit ihm zu vergleichen. Die Rieslinge, die hier wachsen, vereinen den Mineralreichtum des Schieferbodens mit dem fruchtigen, eleganten Ausdruck des hohen Reifegrades.

Die Auslesen von Wilhelm Haag haben seit Jahrzehnten den Charakter dieser Lage beispielhaft zum Ausdruck gebracht. Sie verbinden einen berauschenden aromatischen Reichtum mit einer seidigen Textur und unendlicher Länge, zeigen aber gleichzeitig eine fast ätherische Leichtigkeit und Subtilität. In der Auslese Lange Goldkapsel #15 wird diese magische Spannung fast greifbar. **FK**

😊😊😊😊 **Trinken: bis 2030+**

Hamilton Russell Vineyards *Chardonnay* 2006

Herkunft Südafrika, Walker Bay
Typ Trockener Weißwein, 13 Vol.-%
Rebsorte Chardonnay

In den Jahrzehnten nach 1975 waren Hamilton-Russell nahezu die einzigen Fürsprecher des *terroirs* in Südafrika. In dieser und vielerlei anderer Hinsicht hatten sie eine bedeutende Führungsrolle. Ihren Besitz im vergleichsweise südlichen und kühlen Hemel-en-Aarde (Himmel und Erde)-Tal hatten sie eigens gewählt, um für Pinot Noir und Chardonnay, die beiden großen Rebsorten der Côte d'Or, geeignete Bedingungen zu haben. Da das Meer nur 3 km entfernt ist, werden die Rebstöcke von lauen Brisen gekühlt. Trotz der hohen bürokratischen Hürden in den stark regulierten Anfangsjahren wurden beträchtliche Anstrengungen unternommen, um mit der größtmöglichen technischen Qualität auch der Herkunft und den Rebsorten Ausdruck zu verleihen.

Andere haben auf der Grundlage der Arbeit dieser Pioniere einen Ruf aufgebaut, aber Hamilton Russell Vineyards sind gewachsen und bleiben unzweifelhaft an vorderster Front. Für Pierre Crisol vom Gault Millau beispielsweise stehen sowohl der Pinot Noir als auch der Chardonnay „unerreicht unter den Besten der Welt".

Dieser Chardonnay hat dazu beigetragen, die internationale Wertschätzung für die Subtilität, die natürliche Säure und die Langlebigkeit guter südafrikanischer Weißweine zu mehren. Aus den besten Jahrgängen gekeltert, bewahrt er nicht nur die Frucht und Frische, sondern altert auch anmutig. Mit einem Hauch von Eiche, die einige Jahre für eine harmonische Einbindung benötigt, ist der Wein seidig, mit einer elegant-kraftvollen Struktur und frischer Säure und zeigt seine Frucht über einer kühlen, kieseligen Mineralität. **TJ**

🍷🍷🍷 **Trinken: 2009–2016**

WEITERE EMPFEHLUNGEN
Andere Jahrgänge
2001 • 2003
Weitere Chardonnays aus Südafrika
Bouchard Finlayson • Chamonix • Glen Carlou • Meerlust Newton Johnson • Vergelegen

Hanzell *Chardonnay* 2003

Herkunft USA, Kalifornien, Sonoma Valley
Typ Trockener Weißwein, 14,5 Vol.-%
Rebsorte Chardonnay

Das vor 50 Jahren von dem wohlhabenden ehemaligen US-Botschafter James Zellerbach gegründete Gut Hanzell war eine der ersten Boutique-Kellereien in Kalifornien. Das ursprüngliche Gutshaus, heute ein Museum, war Clos Vougeot nachempfunden. Von Anfang an hat sich Zellerbach auf Rebsorten aus Burgund konzentriert. Hanzell war in Kalifornien ein Pionier der Kelterung und des Ausbaus in kleinen französischen Barriques. Nach Zellerbachs Tod 1963 hat seine Witwe das Weingut verkauft, heute gehört es Alexander de Brye. Brad Webb war der erste und höchst innovative Kellermeister. Er hat, was 1956 revolutionär war, quaderförmige Gärtanks aus Stahl installiert. Von 1973 bis 2001 war Bob Sessions am Ruder. Er hat den eichenreichen Stil von Hanzell definiert und verfeinert.

Die meisten Chardonnay-Rebstöcke wurden vor 2 Jahrzehnten erneuert, allerdings ist eine kleine Parzelle aus den 50er Jahren erhalten geblieben. Die Ausbeute ist extrem niedrig, denn die hier gepflanzte Varietät hat besonders kleine Beeren, was die Geschmacks- und Aromakonzentration und die bemerkenswerte Langlebigkeit erklären mag. Lediglich ein kleiner Anteil des Mostes wird in Fässern gegärt, danach wird der Wein in 30 % neuer französischer Eiche ausgebaut. Der Jahrgang 2003 könnte mit seinen reichen honigartigen Röstaromen für einen Meursault gehalten werden, zumal der Körperreichtum des Weins von einer feinen Säure durchsetzt ist. Der Alkoholgehalt ist hoch, wie es für Hanzell Chardonnay üblich ist, schmeckt aber nicht vor, und der Wein hat einen langen Abgang. **SBr**

❂❂❂ Trinken: bis 2018

WEITERE EMPFEHLUNGEN
Andere Jahrgänge
1994 • 1995 • 1996 • 1997 • 1998 • 1999 • 2002 • 2004
Weitere Chardonnays aus Kalifornien
Sutton-Coldfield • Flowers • Kistler • Marcassin • Newton • Stony Hill

Château Haut-Brion
Blanc 1998

Herkunft Frankreich, Bordeaux, Pessac-Léognan
Typ Trockener Weißwein, 13,5 Vol.-%
Rebsorten Sémillon 55%, Sauvignon Blanc 45%

Dieses große Weingut keltert seit langem eine kleine Menge meisterhaften Weißweins von den Trauben auf einer 3 ha großen Parzelle mit tiefem Kiesboden auf lehmigem Unterboden. Der Ertrag des Sauvignon Blanc ist gering, denn die Rebstöcke leiden an einer Eutypiose genannten Krankheit, bei der die Stöcke verspätet austreiben; der Sémillon ist jedoch ergiebiger. Das Mikroklima auf dem Gut führt zu frühen Ernten, denn es liegt innerhalb der Stadt. Haut-Brion ist oft das erste Weingut im Bordeaux, das mit der Weißweinlese beginnt.

Zu welchem Zeitpunkt die Trauben auch gepflückt werden, sie weisen stets einen hohen Gehalt an natürlichem Alkohol auf, oft zwischen 13 und 14 %. Der Most wird in neuen Fässern gegärt. Früher reifte Haut-Brion zur Gänze in neuer Eiche, heute liegt der Anteil bei etwa 45 %. Der Bodensatz wird kaum aufgerührt, denn der Wein zeigt auch so schon genügend Körper und Fülle. In den 80er Jahren war der Wein zwar großartig, hatte aber ausgeprägte Eichenaromen, die heutigen Weinliebhabern meist exzessiv vorkommen. Der Anteil an Eiche ist deutlich zurückgegangen, was dem Wein eine stärkere Ausgewogenheit und offener zutage tretende Fruchtigkeit beschert. 1998 war ein großer Jahrgang für Rotweine in Pessac-Léognan, und auf Haut-Brion auch für Weißweine. Die Aromen sind reichhaltig, mit würziger Eiche, und der Gaumen ist ähnlich. Es ist ein Wein mit enormer Konzentration und weichem Extrakt. Wie es oft bei Haut-Brion der Fall ist, schmeckt man den Sauvignon nicht leicht heraus, was an der Reife der Trauben liegt. **SBr**

😊😊😊😊 Trinken: bis 2020

Haut-Brion ist eines der schönsten Chateaux im Bordeaux.

Hétszölö
Tokaji Aszú 6 Puttonyos 1999

Herkunft Ungarn, Tokaj
Typ Süßer Weißwein, 10,7 Vol.-%
Rebsorte Furmint

Freiherr Heyl zu Herrnsheim
Niersteiner Pettental Riesling A 2001

Herkunft Deutschland, Rheinhessen
Typ Süßer Weißwein, 9,5 Vol.-%
Rebsorte Riesling

Der Name dieses hervorragenden Tokajer erinnert an die sieben Garai-Brüder, Mitglieder einer örtlichen Adelsfamilie, die das Land 1502 erwarb. Die zwei Weinberge heißen Nagy und Kisgarai, sie werden auch der große und der kleine Garai genannt. Heute hat die Kellerei an den Südhängen des Tokaj-Bergs in einer Höhe von etwa 300 Metern etwa 50 ha der besten Lagen. Es ist ein fast perfekter Ort für einen Weinberg und erinnert an den großen Hügel von Corton in Burgund. Die Firma besitzt ebenfalls die historischen Rákóczi-Keller im Zentrum von Tokaj.

Die Rebstöcke wachsen auf Lößboden über Granit. Sie werden als leicht und fruchtig mit vergleichsweise geringer Säure charakterisiert. Der 6 Puttonyos 1999 hat einen nicht zu vernachlässigenden Restzuckergehalt von 157 g/l. Der Wein ist blaßgolden mit einem Bouquet von Honig und Milchreis und einem Hauch fleischiger, weißer, gekochter Birnen und Pfirsiche. Die Frucht kühlt den Gaumen, und der Geschmack erscheint zunächst gedämpft, bevor er sich in einem langsamen Crescendo erhebt. Der Wein ist nicht riesig, aber sehr gewinnend und hinterläßt einen angenehmen, pfirsichartigen Eindruck. Er ist für Foie Gras oder einem reichhaltigen Dessert ein Genuß. **GM**

🍷🍷🍷🍷 **Trinken: bis 2015+**

In der sogenannten Rheinfront zwischen Nackenheim und Worms, wo die Weinberge sich ostwärts zum Fluß hin neigen, wird ein gänzlich anderer Wein erzeugt als in dem vom Wasser abgelegenen Tiefland. Das hervorragende Potential dieser Gegend ist insbesondere am Roten Hang zwischen Nierstein und Nackenheim konzentriert, der seinen Namen dem rötlichen Lehmboden verdankt. Heyl zu Herrsheim besitzt lediglich etwa 3,5 ha vom 30 ha großen Pettentaler Weinberg. Dennoch wurde dieses Weingut schon immer als führender Vertreter dieses *terroirs* angesehen. Darüberhinaus war das Weingut ein Vorreiter des biologischen Weinbaus in Deutschland.

Die Auslese des Jahrgangs 2001 vom Pettentaler Weinberg ist dafür ein exzellentes Beispiel. Etwas reifer und reicher strukturiert als vergleichbare Weine aus dem benachbarten Rheingau, betört dieser Wein mit seiner exotischen Frucht und neckt mit feinen blumigen Noten. Trotz dieser Zugänglichkeit besitzen alle Pettentaler Weine eine bemerkenswerte Langlebigkeit. Sie gewinnen an Komplexität, aber verlieren nie den fast öligen, würzigen Charakter des lehmigen Schieferbodens. Im Weingut wird der Wein mit frischem Obst serviert, besonders gerne mit reifen Erdbeeren. **FK**

🍷🍷 **Trinken: bis 2020**

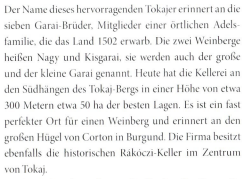

Ein Hygrometer zeigt die hohe Luftfeuchte in einem Tokajer-Keller.

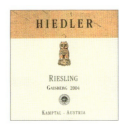

Heymann-Löwenstein *Riesling Von Blauem Schiefer TBA* 2002

Herkunft Deutschland, Mosel-Saar-Ruwer
Typ Süßer Weißwein, 7 Vol.-%
Rebsorte Riesling

Hiedler *Riesling Gaisberg* 2004

Herkunft Österreich, Kamptal
Typ Trockener Weißwein, 12,5 Vol.-%
Rebsorte Riesling

Reinhard Löwenstein war ein Revolutionär, der mit fast nichts anfing, und zunächst nur äußerst trockene Weine produzierte. Heute keltert er auch edle süße Rieslinge von erhabener Qualität. Seine Weinberge liegen an Hängen der Terrassenmosel nahe dem Zusammenfluß von Rhein und Mosel in Koblenz. Die unwahrscheinlich steil terrassierten Weinberge scheinen wie Schwalbennester an den felsigen Klippen hoch über dem Talboden zu kleben. Viele der Weinberge wurden von den Preußen, die zu Napoleons Zeiten die Gegend regierten, als *grand cru* eingestuft.

Der Name „Von Blauem Schiefer" verweist auf den vorherrschenden Boden in den besten Weinbergen, von dem die Weine ihre salzige Mineralität und kühle Eleganz beziehen. Diese Trockenbeerenauslese 2002 ist der luxuriöseste Wein, den das Weingut je produziert hat. Obwohl Reinhard Löwenstein sich kaum für chemische Analysen interessiert, sind 17,5 g/l Säure und 334 g/l Restzucker doch recht ungewöhnlich. Er betont lieber die inhärente Harmonie, die Differenziertheit und Komplexität, die dem Wein, von dem nur 152 Liter produziert wurden, seinen unbestrittenen internationalen Rang und seine Bedeutung geben. **JP**

❂❂❂❂❂ **Trinken: bis 2050**

Ludwig Hiedler ist einer derjenigen Winzer, in deren Kellereien die Vorzüge von Heiligenstein mit der von Gaisberg verglichen werden können. Die Komplexität von verwittertem Gneis und Glimmerschiefer spiegelt sich in einem Riesling mit mehr Würze und kräutriger Schärfe, ist aber nicht weniger mineralisch im Charakter als der Heiligenstein, der hier an nassen Stein, Salziges und stechend Erzartiges gemahnt.

Der Jahrgang 2004 entstand in einem komplett umgebauten Keller. Hiedler wollte die Gärung langsamer gestalten, auf natürliche Hefen vertrauen, den Einsatz von Schwefel drastisch reduzieren, spät auf Flaschen ziehen, und ganz allgemein einige Risiken eingehen. „Der Herbst war durchweg feucht und neblig", berichtet er, und am Ende war es seine späteste Ernte überhaupt

Hiedlers Herangehensweise und der Charakter des Jahrgangs erzeugten launische Weine. Während diese im Faß lagerten, waren, je nach Woche, Gaisberg bzw. Heiligenstein (oder beide) unzugänglich. Es gab auch Edelfäule, was für Winzer in Österreich in jenem Jahr kaum zu vermeiden war, aber gelegentlich erscheinen die erstaunlichsten Weine in einem schweren Jahrgang – dieser Wein beweist es. **DS**

❂❂ **Trinken: bis 2012**

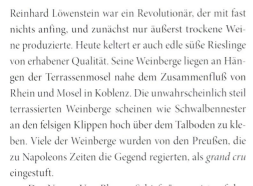

Ein junges Riesling-Blatt in einem Winningen-Weingarten.

Hirtzberger
Singerriedel Riesling Smaragd 1999

Herkunft Österreich, Wachau
Typ Trockener Weißwein, 13,5 Vol.-%
Rebsorte Riesling

Anfang November 1999 regnete es in der Wachau, aber als Franz Hirtzberger am ersten Dezember die Weinlese beendet hatte, konnte er mehr als 800 Kisten Singerriedel Riesling Smaragd für seine Mühen vorweisen. Er sollte die Meßlatte für eine neue Sorte österreichischen Weißweines auf eine nie gekannte Höhe anheben.

Franz Hirtzberger ist Vorreiter einer neuen Generation österreichischer Winzer. Sein Weinberg liegt an der Donau oberhalb von Spitz im Westen der Wachau. Direkt hinter der Ortschaft formen die Singerriedel Weinberge ein Amphitheater, das sich über nahezu 10 ha erstreckt, von denen das Weingut etwa ein Drittel bewirtschaftet.

Der 1999er zeigt reife, rauchige Aromen von tropischen Früchten und exotischen Gewürzen und beharrliche mineralische Töne, die auf den Gneis-, Schiefer- und Eisengehalt des Bodens zurückgehen. Obwohl die Produktion überdurchschnittlich war, sind derartige Weine aus Österreich knapp. Aufgrund der hohen Nachfrage war er rasch ausverkauft und ist auch auf Auktionen selten erhältlich. Des Enthusiasten größte Hoffnung heute ist es, einige Flaschen des kürzlich auf den Markt gekommenen Jahrgangs 2006 zu ergattern, der zu den Besten gehört, die je hier gekeltert wurden. **JP**

❂❂❂ Trinken: bis 2015

Weingut von Hövel *Oberemmeler*
Hütte Riesling ALG 2002

Herkunft Deutschland, Mosel-Saar-Ruwer
Typ Süßer Weißwein, 8 Vol.-%
Rebsorte Riesling

Das Anwesen derer von Hövel hat enge historische Verbindungen zu der bekannten Abtei St. Maximin in Trier. Diese Abtei, eine der ältesten in Westeuropa, hatte vom Mittelalter bis zum Beginn des 19. Jahrhunderts erheblichen Einfluß auf den Weinbau an Mosel, Saar und Ruwer. Nach der Säkularisierung erwarb Emmerich Grach das Oberemmeler Anwesen der Benediktinermönche von St. Maximin. Dessen Enkeltochter heiratete 1917 Balduin von Hövel, seither trägt das Weingut den Namen von Hövel.

Obwohl das Weingut auch in der berühmten Lage Scharzhofberg Rebflächen besitzt, wird die 5,1 ha große Oberemmeler Hütte, die von Hövel allein besitzt, als das Juwel des Weingutes angesehen. Hier wachsen Weine heran, die als die komplexesten und subtilsten in diesem Anbaugebiet angesehen werden.

Diese Ausgewogenheit zeigt sich in Vollendung bei der Auslese Lange Goldkapsel 2002. Der Wein, der am 11. Dezember mit 130° Oechsle gelesen wurde, zeigt eine stählerne Säure, die typisch für die Saar ist. Die Fruchtaromen werden unterstrichen durch den deutlichen mineralischen Reichtum des fein verwitterten blauen Devon-Schiefers. **FK**

❂❂❂❂ Trinken: bis 2025

Howard Park
Riesling 2006

Herkunft Australien, Western Australia, Great Southern
Typ Trockener Weißwein, 13 Vol.-%
Rebsorte Riesling

Domaine Huet
Le Haut Lieu Moelleux 1924

Herkunft Frankreich, Loire, Touraine
Typ Halbtrockener Weißwein, 10 Vol.-%
Rebsorte Chenin Blanc

Howard Park hat mit Weingütern sowohl in Margaret River als auch im Great Southern zwei Standorte in Westaustralien. Im letzteren Gebiet erzeugt es die führenden Weinqualitäten, darüber hinaus ist es von bedeutender Größe. Das Flaggschiff der Weine dieses Guts ist sein Riesling, der seit 1986 produziert wird und seitdem Maßstäbe setzt. Der Riesling von Howards Park demonstriert dem übrigen Australien die überragende Qualität dieser Traube aus dem Great Southern, und beweist, daß das Anbaugebiet die Überlegenheit der Clare und Eden Valley Rieslinge ernsthaft in Frage stellt.

Das Great Southern ist ein gewaltiges Gebiet, aber fünf Teilgebiete – Albany, Denmark, Mount Barker, Frankland und die Porongurups – lassen bereits eigene Merkmale erkennen. Howard Parks Reben profitieren vom kühlen Klima des Mount Barker und des Porongurup Bezirks.

Der Riesling wird in geringen Mengen gekeltert und besitzt die klassischen starken Zitrusaromen und eine ausgeprägte Säure. Dennoch ist er bei aller Strenge von einer Großzügigkeit und Eleganz im Geschmack, die sofort an Westaustralien und den Great Southern denken läßt. Der Wein kann gut und gern 20 Jahre altern. **SG**

🍷🍷 **Trinken: bis zu 20 Jahre nach Erhalt**

Den ersten Rang für Langlebigkeit und Vielfalt teilen sich unter den Weißweinen Chenin Blanc und Riesling. Unter den Chenin Blancs sind jedoch keine langlebiger oder vielfältiger als die Vouvrays der Domaine Huet, die vielen als Frankreichs bestes Weißwein-Weingut gilt.

Die Weine von Le Haut Lieu (wie der Name andeutet, eine der höchsten Lagen dieses Anbaugebiets) reifen im allgemeinen früher als die von Huets beiden anderen Lagen Le Mont und Clos du Bourg. Dennoch wachsen auf seinen tiefen, aus Lehm auf Kalkstein bestehenden Böden weiche Moelleux-Weine, die mit Leichtigkeit hundert oder mehr Jahre überstehen.

Der Le Haut Lieu Moelleux von 1921 stammt vom vielleicht besten Jahrgang des Jahrzehnts – er ist mit dem berühmten Yquem jenes Jahres zu vergleichen –, aber der Jahrgang 1924 ist ebenso begeisternd. Selbst Kenner von Huets Weinen können sich um Jahrzehnte verschätzen, wenn sie diesen Wein blind verkosten. Von einer brillanten Goldfärbung, weniger dunkel als das Alter vermuten läßt, ist er erstaunlich frisch und intensiv in der Nase wie auch im Gaumen, mit perfekt balancierten Akazienhonig- und Zitrusnoten und unglaublicher Tiefe und Länge im Abgang. **NB**

🍷🍷🍷🍷 **Trinken: bis 2025+**

Weißweine

Hugel *Riesling*
Sélection de Grains Nobles 1976

Herkunft Frankreich, Elsaß
Typ Süßer Weißwein, 12,5 Vol.-%
Rebsorte Riesling

Hunter's
Sauvignon Blanc 2006

Herkunft Neuseeland, Marlborough
Typ Trockener Weißwein, 13 Vol.-%
Rebsorte Sauvignon Blanc

Der Familienbetrieb Hugel, seit vielen Generationen eines der bedeutendsten Güter im Elsaß, nähert sich dem vierten Jahrhundert seines Bestehens. Wenn die Bedingungen es zulassen, können im Elsaß edelfaule Weine produziert werden, die jedem Sauternes gleichkommen. Der jeweilige Stil unterscheidet sich selbstverständlich stark vom Sauternes.

Der Jahrgang 1976 zählt zu den Legenden des späten 20. Jahrhunderts, im Herzen des Elsaß wurden Weine von majestätischer Konzentration gekeltert. Dem vorliegenden Wein wurde einfach der Name der Rebsorte und des Stils gegeben, obwohl er eigentlich die Bezeichnung Grand Cru Schoenenbourg tragen dürfte, denn die Rebstöcke stehen alle auf dem schwindelerregend steilen Weinberg, der mit diesem Namen geehrt wird.

Im Alter von 30 Jahren war der Wein noch immer überschäumend lebendig. Von tief goldgelber Farbe bietet er die klassischen reifen Riesling-Aromen, die an Honig und Petroleum gemahnen, unterstützt von einer Geschmacksfülle von getrockneten Aprikosen und Pfirsichen. Am Gaumen hat ihn die Balance aus Edelfäule, Säure und vergleichsweise mildem Alkoholgehalt (12,5 %) durch die Jahrzehnte vital und frisch erhalten. **SW**

☻☻☻☻ **Trinken: bis 2025+**

Hunter's Wines wurde 1979 als der gemeinsame Traum von Ernie und Jane Hunter gegründet, er ein in Ulster geborener Weinhändler aus Christchurch, sie aus einer australischen Winzerfamilie stammend. Fünf Jahre nachdem sie ihren ersten preisgekrönten Wein produziert hatten, starb Ernie jedoch im Alter von 37 Jahren unter tragischen Umständen bei einem Verkehrsunfall. Jane beschloß daraufhin, das bewährte Potential des Weinguts weiter auszubauen. Mit ihrem Kellermeister Gary Duke und dem Önologen Dr. Tony Jordan führte sie Hunter's Wines von einer Spitzenleistung zur nächsten.

Die Reputation von Hunter's basiert auf seinem durchgehend hervorragenden Sauvignon Blanc. Seine Rebstöcke wachsen auf 9 Standorten im Wairau Valley. Damit die Weine ihren frischen und aromatischen Charakter bewahren, werden sie sehr schnell verarbeitet – im April gelesen, im August auf Flaschen gezogen. Als klassisches Beispiel des Stils von Marlborough zeigt der 2006er in der Nase eine Mischung aus Paprika, Stachelbeere und reifer tropischer Frucht. Die Betonung liegt dabei auf sauberen, reifen Fruchtaromen, ungetrübt von Eiche. Hunter's stellt darüberhinaus einen Kaha Roha genannten Sauvignon her, Maori für „im Faß gealtert". **SG**

☻☻ **Trinken: bis zu 2 Jahre nach Erhalt**

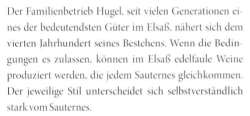

Hugels Ladengeschäft in der Stadtmitte von Riquewihr.

Stefano Inama *Vulcaia Fumé Sauvignon Blanc* 2001

Herkunft Italien, Veneto, Soave
Typ Trockener Weißwein, 13 Vol.-%
Rebsorte Sauvignon Blanc

Im Jahre 1992 übernahm Stefano Inama die Zügel des Inama-Weingutes, das sein Vater etwa 30 Jahre zuvor gegründet hatte. Im Herzen von Soave Classico gelegen, hat Inama ein beneidenswertes Sortiment Weine entwickelt, das vom klaren, geschmackvollen Soave Classico – wie alle Soave aus der Garganega-Traube gekeltert – bis hin zum bemerkenswerten Sauvignon Blanc reicht. Es gibt auch einen aufregenden Rotwein, ein Bradisismo genannter Verschnitt aus Cabernet Sauvignon und Carmenère von einem besonderen *terroir*. Wegen des Einsatzes von nichtautorisierten Rebsorten tragen viele diese Weine die Qualitätsbezeichnung IGT (Indicazione Geografica Tipica) Veneto anstelle von DOC Soave.

Sauvignon Blanc wurde erstmals 1986 von Stefanos Vater Giuseppe an den Hängen des Monte Foscarino gepflanzt, und entwickelte sich zu einer Spezialität von Inama. Es werden zwei Weine produziert, die den Namen Vulcaia tragen und von 15jährigen mit einer Dichte von 4500 pro ha an Spalieren gezogenen Rebstöcken stammen, die eine Ausbeute von 60 hl pro ha liefern. Der erste Wein reift in Edelstahl, aber der Vulcania Fumé wird in kleinen Eichenfässern ausgebaut, von denen die Hälfte neu sind. Beides sind beeindruckende Weine, aber der Fumé ist herausragend, denn es ist ein äußerst intensiver, geradezu irrsinniger Wein – die Heirat von reifem Sauvignon und Eiche funktioniert erstaunlich gut.

Der Wein hat eine auffällig komplexe Nase mit kräutrigen Röstaromen. Der Gaumen ist reichhaltig, mit eindringlicher Komplexität und dichter Textur. Schwungvoll und luxuriös, ist dies der Stoff, den Enthusiasten als strahlend andersartig feiern. **JG**
☻☻ **Trinken: bis 2010**

Inniskillin *Okanagan Valley Vidal Icewine* 2003

Herkunft Kanada, British Columbia, Okanagan Valley
Typ Süßer Weißwein, 10 Vol.-%
Rebsorte Vidal

In Kanada wird erheblich mehr Eiswein produziert als in jedem anderen Land, was den beständigen Wetterbedingungen zu verdanken ist. Frostige Herbst- und Wintertemperaturen sind eher die Regel als die Ausnahme. Die Trauben werden bis zur Ernte im Dezember oder Januar unter Netzen vor Windbruch und Vogelfraß geschützt. Vollständig gefrorene Trauben werden oft einzeln gepflückt, häufig mitten in der Nacht. Vorsichtiges Pressen ergibt nur wenig Most in den Gärbottichen, denn alle sonstige Flüssigkeit friert zu Eis und scheidet aus. Das Ergebnis ist ein intensiv süßer und konzentrierter Wein. Die Vorschriften sind streng: Künstliches Einfrieren ist verboten, und die Mindestzuckerwerte sind auf einem sehr hohen Niveau festgesetzt.

In Kanada werden etliche Rebsorten für die Herstellung von Eiswein genutzt, darunter Riesling, Vidal und die Ehrenfelser genannte deutsche Kreuzung. Eisweine aus Riesling besitzen eine einzigartige Intensität, dennoch sind die kanadischen Eisweine aus Vidal wahrscheinlich bekannter, denn diese Rebsorte wird anderswo selten angetroffen. Vidal ist eine französische Hybridsorte mit einer dicken Haut, die der Edelfäule widersteht. Hier ist das ein Vorteil, denn ein Befall mit Edelfäule kann von dem reinen, edlen Geschmack des Eisweins ablenken.

Der Inniskillin des Jahrgangs 2003 wurde im Januar 2004 geerntet und zeigt frische, komplexe Aromen von Apfel, Aprikose und kandierter Limone. Am Gaumen hat er starke Säure, eine weiche, sahnige Textur und einen langen, würzigen Abgang. Das Gut produziert auch eine Version, die in Eichenfässern ausgebaut wird, und einen einzigartigen, etwas exzentrischen Eiswein-Sekt. **SBr**
☻☻☻☻ **Trinken: bis 2020**

Isabel
Sauvignon Blanc 2006

Herkunft Neuseeland, Marlborough
Typ Trockener Weißwein, 13 Vol.-%
Rebsorte Sauvignon Blanc

Itsasmendi
Txakolí 2006

Herkunft Spanien, Baskenland, Bizkaiko Txakolina
Typ Trockener Weißwein, 12 Vol.-%
Rebsorten Hondarrabi Zuri, Riesling, Sauvignon Blanc

Das Weingut Isabel Estate wurde 1982 von Michael Tiller, der damals Pilot bei Air New Zealand war, und seiner Ehefrau Robyn gegründet. Vor dem Jahrgang 1994 arbeitete Isabel Estate erfolgreich als Weingut, das im Auftrag führender Winzer von Marlborough, unter anderem Cloudy Bay, erstklassige und sehr begehrte Reben anbaute. Die hohe Qualität der Reben ermutigte die Tillers, eigenen Wein zu keltern und zu vermarkten. Wenn er sich in bester Verfassung zeigt, ist Isabel Estate wohl der beste in Neuseeland gekelterte Sauvignon Blanc und der einzige Wein, der die Vormachtstellung von Cloudy Bay ernsthaft gefährden kann.

Etwa 10 % der Cuvée wird in Fässern gegärt. Es werden teilweise natürliche Hefen und malolaktische Gärung eingesetzt. Man spürt sicherlich den für Marlborough typischen Geschmack nach Paprika, aber er wird überlagert von runder, reicher Frucht, die in einem langen und detaillierten Abgang nachklingt. Dieser Marlborough Sauvignon ist im Vergleich zu anderen recht trocken. Es ist ein rassiger und dennoch eleganter Wein, der sicherlich einige Jahre gut altert, aber wie die meisten Sauvignons aus Marlborough am besten jung und frisch getrunken werden sollte. **SG**

§§ **Trinken: bis zu 5 Jahre nach Erhalt**

Txakolí ist der Weißwein des Baskenlands, aus Bilbao und San Sebastián. Es gibt zwei unterschiedliche Denominaciós d'Origen (DO) – Bizkaiko Txakolina und Getariako Txakolina – eine für jede Provinz, aber die Weine sind sehr ähnlich: Ein spritziger, frischer, blumiger Weißwein mit niedrigem Alkoholgehalt, die aus der örtlichen Rebsorte Hondarrabi Zuri gekeltert werden.

Bodegas Itsasmendi wurde 1995 in Guernica gegründet, dem Dorf, das durch das gleichnamige Gemälde von Picasso berühmt wurde. Die beratende Önologin Ana Martín konnte die Winzer davon überzeugen, versuchshalber Riesling und Sauvignon Blanc anzubauen, mit dem Ziel, einen körperreichen Wein mit längerer Lebensdauer zu erzeugen.

Zusätzlich wurden 4000 halbe Flaschen eines süßen Itsasmendi produziert, der 4 bis 6 Wochen später als üblich gelesen wurde, mit 13 % Alkohol und 80 bis 100 g/l Restzucker. Der Jahrgang 2006 war hervorragend, deshalb wurde in jenem Jahr mehr davon gekeltert. Die reguläre Cuvée aus Hondarrabi Zuri und einem Hauch Riesling und Sauvignon ist in den meisten Jahren köstlich. Der Wein ist sehr hell gefärbt, mit Kräuter- und Blütennoten in der Nase, und besitzt eine lebhafte Säure. **LG**

§ **Trinken: ein Jahr nach Erhalt**

Jackson Estate
Sauvignon Blanc 2006

Herkunft Neuseeland, Marlborough
Typ Trockener Weißwein, 13 Vol.-%
Rebsorte Sauvignon Blanc

Jacob's Creek
Chardonnay 2007

Herkunft Australien, South Australia
Typ Trockener Weißwein, 13 Vol.-%
Rebsorte Chardonnay

Es gibt kaum eine Rebsorte auf der Welt, die sich auf französische Vorfahren beruft und sich so weit und so produktiv von ihrem Vorbild abgenabelt hat. Es gibt ganz sicher fruchtvolle Sancerres, sogar Sauvignons aus dem Pays d'Oc, die wahrhaftig nach grüner Melone schmecken, aber nichts kommt dem Obstkorb voller saftiger, vollreifer Früchte gleich, die dieser großartige Sauvignon aus Marlborough liefert. Bei so vielen guten Winzern heben sich nur wenige deutlich ab, aber Jackson ist eine Ausnahme. Dieses Weingut repräsentiert die Zusammenarbeit zweier Familien – die Stichburys und die Jacksons –, die seit mehr als anderthalb Jahrhunderten Land am Wairau River bewirtschaftet hatten.

Von dem Jahrgang 2006 spricht man in Marlborough noch heute. Er war, was die Franzosen *précoce* nennen: Trockene, warme Wachstumsbedingungen, die zu einer Lese in der letzten Märzwoche führen, einen ganzen Monat früher als gewöhnlich. Im Glas ist dieser Wein umso fruchtvoller, mit einem Bouquet aus Melone, roter Paprika, Passionsfrucht, und einem Duft von schwarzer Johannisbeere. Am Gaumen ist er funkelnd mit diamantklarer Frucht, kontrolliert von perfekt ausbalancierter, kraftvoller, reifer Säure; der Abgang ist lebhaft und lang. **SW**
⓼⓼ **Trinken: nach Erhalt**

Nachdem William Jacob die Barossa-Region 1939 erstmals in Augenschein genommen hatte, erwarben er und sein Bruder John Land in der Hundred of Moorooroo, ein Name, der von einem Aborigine-Wort stammt, das „Treffen zweier Wasser" bedeutet. Ein Bach namens „Cowieaurita" (gelblich-braunes Wasser) floß in den Para River. Später wurde er den Brüdern zu Ehren in Jacob's Creek umbenannt, ihre Katen stehen noch heute oberhalb des Baches. Ein Bayer namens Johann Gramp, der 1837 nach South Australia kam, soll 1847 Rebstöcke am Jacob's Creek gepflanzt haben. Er war der erste Deutsche, der in dieser Gegend eine kommerzielle Familienwinzerei aufgebaut hatte. Die Firma gehört heute Orlando Wyndham.

Der erste Wein von Jacob's Creek war ein Shiraz/Cabernet/Malbec aus dem Jahr 1973, der 1976 in den Handel gelangte. Dieser saftige, leicht zu trinkende Rote ebnete Australien den Weg, um die Welt mit seinem „Sonnenschein in der Flasche" zu erobern. Es ist aber der Chardonnay, der die Marke Jacob's Creek verkörpert. Er ist in einem von geringer Säure und einem Hauch von Eiche gekennzeichneten einfachen Stil gehalten, ist vollkommen frei von Ecken und Kanten, leicht zu trinken, angenehm im Geschmack und angenehm im Preis. **SG**
⓼ **Trinken: nach Erhalt**

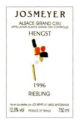

Domaine François Jobard
Meursault PC Les Poruzots 1990

Herkunft Frankreich, Burgund, Côte de Beaune
Typ Trockener Weißwein, 13 Vol.-%
Rebsorte Chardonnay

Josmeyer
Grand Cru Hengst Riesling 1996

Herkunft Frankreich, Elsaß
Typ Trockener Weißwein, 13 Vol.-%
Rebsorte Riesling

François Jobart keltert seit 1957 Wein auf seiner Familiendomäne in Meursault. Er ist berühmt für seine sorgfältige Pflege der Weinberge – er ist stets der letzte, der mit dem Gehölzschnitt fertig ist, weder aus Faulheit noch aus Langsamkeit, sondern wegen seines Perfektionismus.

In der Kellerei werden die Trauben gepresst und ohne jede Klärung in die Fässer verbracht, was einen bedeutenden Beitrag zu Geschmack und Textur der Jobard-Weine in der Flasche leistet. Die Gärung verläuft kontinuierlich und langsam, wobei die Weine erst in ihrem ersten Sommer abgezogen werden und im folgenden Sommer auf Flaschen abgefüllt werden – einen längeren Ausbau im Faß leistet sich heute niemand für weißen Burgunder.

Der Weingarten Les Poruzots umfaßt 11 ha, von denen François Jobart 0,8 ha in den oberen und besseren Teilen besitzt, auf einem nach Osten gerichteten steilen Hang mit wenig Oberboden. Sein Jahrgang 1990 hat eine blaßgoldene Färbung angenommen, mit einem schwach an Plätzchen gemahnenden Aspekt im Bouquet. Im Gaumen zeigt er eine feine, frische Zitrusfrucht, die an Bergamotte erinnert und mit der Texturstärke konkurriert, die alle Jobard-Weine auszeichnet. Diese beiden Stränge ergeben einen faszinierenden Kontrapunkt. **JM**

💰💰💰💰 Trinken: bis 2012

Das Josmeyer-Gut (der Name ist eine Zusammenziehung von Joseph Meyer) wurde 1854 von Aloyse Meyer gegründet. Heute besteht es aus einer 25 ha großen Ansammlung unterschiedlicher Rebsorten und verschiedener Weingärten, von denen die meisten um Wintzenheim und Turckheim liegen – es gibt jedoch auch eine Parzelle in der Lage Brand und 2 ha in Hengst. Hengst ist einer der größeren *grands crus*, mit nach Süden und Südosten ausgerichteten Mergel- und Kalksteinböden. Er bringt große, stramme Weine hervor.

Das Wetter erinnerte 1996 an eine Berg-und-Tal-Bahn. So entstanden Trauben mit einem überdurchschnittlichen Säuregehalt, was Rebsorten wie dem Riesling zugute kommt, wenn sie – wie hier – zusammen mit intensiver Frucht und konzentrierter, muskulöser Kraft auftritt. Der Wein wirkt zuerst sehr verschlossen, öffnet sich dann aber mit Blüten-, Limonen- und Pfirsichkernaromen. Am Gaumen ist er sehr tief und differenziert, durchsetzt von einer spröden Säure, die zu genau dem reinen Mineralgefühl am Gaumen beiträgt, die ein guter Elsässer Riesling zeigen sollte. Die Säurestruktur des *grand cru* sollte dafür sorgen, daß der Wein gut in sein zweites Jahr gelangt. **SW**

💰💰💰 Trinken: bis 2015

Das schmiedeeiserne Firmenschild von Josmeyer in Wintzenheim.

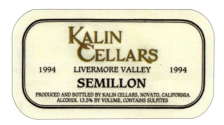

Kalin Cellars
Semillon 1994

Herkunft USA, Kalifornien, Livermore Valley
Typ Trockener Weißwein, 13,5 Vol.-%
Rebsorten Sémillon 75%, Sauvignon Blanc 25%

Karthäuserhof *Eitelsbacher Karthäuserhofberg Riesling ALG* 2002

Herkunft Deutschland, Mosel-Saar-Ruwer
Typ Süßer Weißwein, 9 Vol.-%
Rebsorte Riesling

Die beiden Mikrobiologen Terry und Frances Leighton gründeten 1977 Kalin Winery, wo sie eine kleine Zahl von Weinen keltern, die alle von Einzellagen stammen und alle lange in der Flasche gelagert werden. Einer der einzigartigsten darunter ist der Sémillon vom Wente Estate Vineyard in der Nähe von Livermore. Die Reben wurden hier in den 80er Jahren des 19. Jahrhunderts gepflanzt, es waren Setzlinge vom Château d'Yquem.

Es mag ironisch wirken, aber der wissenschaftliche Ansatz der Leightons führt zu künstlerischen Weinen. Im Laufe der Zeit haben sie mit Tausenden von Hefen experimentiert, um Stämme zu finden, deren Stoffwechselprodukte die Textur ihrer Weine verbessern, aber nicht zum Entstehen von Schwefelwasserstoff beitragen. Die gewählten Stämme vermehren sich langsam, die langen Gärzeiten (beim Sémillon 10 Monate) lassen nach Meinung der Leightons die Weine interessanter werden.

Der 1994er Kalin Cellars Semillon ist ein reichhaltiger Wein von enorm konzentrierter Fruchtigkeit. Sein intensiver, reifer Fruchtkern wird durch Obertöne von Gewürzen und Honig betont und von nussigen und mineraligen Noten unterlegt. **LGr**
☺☺ **Trinken: bis 2014+**

Obwohl sie nur wenige hundert Meter von der Mündung der Ruwer in die Mosel wachsen, sind die Weine vom Karthäuserhofberg sehr gute Beispiele für die Selbständigkeit dieses besonderen *terroirs* im Ruwertal. Typisch für die Rieslinge dieses Gebietes sind die Aromen von exotischen Früchten, die an Cassis, Passionsfrucht, Pfirsiche und Himbeeren erinnern.

Die Böden des Karthäuserhofbergs zeichnen sich durch ihren hohen Mineralgehalt aus, in diesem Fall sind die Eisenwerte besonders hoch. Allerdings legt der Besitzer Christoph Tyrell auch sehr viel Wert auf einen gesunden Humusanteil im Boden. Dafür sorgt er, indem er den Boden vor allem mit Pferdemist und anderen natürlichen Düngern versorgt.

So tun sich die berühmten Auslesen dieses Gutes durch ihre hochkomplexe Fruchtigkeit und reichhaltige Mineralität ebenso wie durch eine subtile und straffe Dichte hervor. In Jahren wie 2002, in denen die superbe Balance – eines der klassischen Merkmale der besten deutschen Rieslingweine – noch deutlicher ausgeprägt ist als sonst, zählen die Weine vom Karthäuserhofberg eindeutig zu den besten Weinen, die Deutschland zu bieten hat. **FK**
☺☺☺ **Trinken: bis 2025**

Weingut Keller
Riesling Trocken G Max 2001

Herkunft Deutschland, Rheinhessen
Typ Trockener Weißwein, 13 Vol.-%
Rebsorte Riesling

Reichsgraf von Kesselstatt
Josephshöfer Riesling AG 2002

Herkunft Deutschland, Mosel-Saar-Ruwer
Typ Süßer Weißwein, 7,5 Vol.-%
Rebsorte Riesling

Im Jahr 2002 übernahm Klaus-Peter Keller offiziell die Leitung des Familiengutes in Dalsheim. Seit dem Studienabschluß in Geisenheim hat er das Gut um einige gute Parzellen erweitert und achtet sehr darauf, daß jede von ihnen in den Weinen ihren individuellen Ausdruck zeigt.

Obwohl die Spätlesen sich schon seit langem durch ihre Sublimität hervortun, haben im vergangenen Jahrzehnt die trockenen Rieslinge des Gutes ungemein an Tiefe, Finesse und Statur gewonnen. Der *Gault Millau WineGuide* hielt die Kollektion der Kellers für die beste des Jahres 2004 in Deutschland. Die drei Weingärten Hubacker, Kirchspiel und Morstein liefern in vielen Jahren Einzellagenweine, die zu dem besten Dutzend der in Deutschland gekelterten Rieslinge zählen, aber die Cuvée G Max ist der Wein, der am meisten internationale Aufmerksamkeit erregt hat – nicht nur wegen seines Preises, sondern auch durch sein Lagerungspotential. Der Kirchspiel ist in der Jugend verführerischer, dann holt der Morstein langsam auf, nur um schließlich vom G Max übertroffen zu werden.

Als der G Max im Jahr 2000 entstand, stammte ein großer Teil vom Weinberg Hubacker. Heute zieht Klaus-Peter Keller es vor, die Herkunft nicht offenzulegen. **JP**

🍷🍷🍷🍷 **Trinken: bis 2018**

Edelfaule Auslesen wurden an der Mosel zuerst erfolgreich aus den Trauben des Josephshöfer Weinbergs in der Nähe von Bernkastel gekeltert. Sie legten den Grundstock für den heutigen unbestrittenen Weltruf dieser überragenden Weine.

Die Spitzenlage Josephshöfer liegt zwischen der Wehlener Sonnenuhr und dem Graacher Domprobst. Sie gehört zur Lage Graach, wird aber schon immer ohne diese Kennzeichnung auf den Markt gebracht. Der Weinberg ist nach Süden ausgerichtet und weist Steigungen von bis zu 60 % auf. Der Boden besteht aus grauem Devon-Schiefer mit einem hohen Humusanteil – für die Mosel ein recht schwerer Boden, von dem volle, würzige Weine mit großem Lagerungspotential stammen.

Die superbe Goldkapsel Auslese 2002 ist ein Musterbeispiel für den Stil des Weines. Er hat reichhaltige Aprikosen- und Stachelbeeraromen, die durch leichte Zitrusnoten ergänzt werden. Der Geschmack ist kompakt und stark, mit einer feinen Fruchtigkeit, die überzeugend wirkt. Die brillante Säure und reichhaltige Mineralität verbinden sich in perfekter Harmonie mit der fruchtigen Süße – ein ‚endloser' Wein mit enormem Alterungspotential. **FK**

🍷🍷🍷🍷 **Trinken: bis 2025**

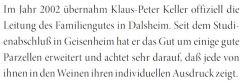

◀ Eine alte Weinkelter in Eberbach in der Nähe von Dalsheim.

Királyudvar
Furmint 2002

Herkunft Ungarn, Tokaj
Typ Halbtrockener Weißwein, 13 Vol.-%
Rebsorte Furmint

Királyudvar erblickte 1998 als Gemeinschaftsunternehmen zwischen dem Patriarchen des Tokajers, István Szepsy und dem Filipino Anthony Hwang das Licht der Welt. Im Jahr 2007 übernahm Hwang dann das Gut alleine. Er ist Arzt und Weinliebhaber, ihm gehört auch die Domaine Huet im Tal der Loire. Das Gut ist nach dem Királyudvar benannt, dem ehemaligen Depot, in dem die Weine für den habsburgischen Hof gelagert wurden. Obwohl die Weine unter der Aufsicht von Szepsy gekellert wurden, war Zoltán Demeter von Anfang an als Kellermeister tätig.

Furmint ist vor allem als Hauptbestandteil der süßen Weine aus Tokaj bekannt, obwohl viele von ihnen auch Hárslvalü enthalten, manche auch etwas gelben Muscat. Manchmal wird der Furmint auch trocken oder halbtrocken hergestellt, so wie Szepsy das tut. Diese Weine werden dann meist als Grundlage des Aszú verwendet, der Wein, dem der ganze Stolz der Winzer in Tokaj gilt. Szepsys Furmint rechtfertigt diesen Stolz. In guten Jahren kann der Wein recht süß ausfallen, er spiegelt dann das sonnige Wetter der Erntezeit wider. In Bestform zeigt er etwa 25 g/l Restzucker. Die Furmint-Rebe kann fulminante Säure liefern, die gut zu einem süßen Wein paßt.

Dieser Furmint stammt von einer 4 ha großen Parzelle des Urágya-Weingartens in Mád. Es gibt auch einen 2002er Furmint aus dem Weingarten Lapis. Der Wein ist halbtrocken, sehr reichhaltig und honigartig. Er zeigt eine verführerische Verspieltheit, die seine beträchtliche Stärke verdeckt. Der Furmint ist ein phantastischer Aperitiv, kann aber auch gut zu scharf gewürzten asiatischen Speisen genossen werden. **GM**

Trinken: bis 2015

Királyudvar in Tarcal, mit Hinweisschildern zu anderen Weingütern.

Kistler *Kistler Estate Vineyard Chardonnay* 2005

Herkunft USA, Kalifornien, Sonoma Valley
Typ Trockener Weißwein, 14 Vol.-%
Rebsorte Chardonnay

Klein Constantia *Vin de Constance* 1986

Herkunft Südafrika, Constantia
Typ Süßer Weißwein, 13,7 Vol.-%
Rebsorte Muscat de Frontignan

Auch Skeptiker in Sachen kalifornischer Chardonnay haben sich von den Kistlerschen Weinen bekehren lassen. Steve Kistler und Mark Bixler keltern Weine, die den Anhängern als Inbegriff des Chardonnays aus Kalifornien gelten: reichhaltig aromatisch, konzentrierte, reife Fruchtigkeit und ein von gerösteter Eiche geprägter Charakter.

Kistler ist vor allem für die vielen Cuvées bekannt, die aus zugekauften Trauben hergestellt werden, die alle von den kühlen Lagen in Sonoma und Napa Valley stammen. Kistler verfügt jedoch auch über einen eigenen Weingarten, der 1979 nach einigen Jahren der Suche hoch oben in den Mayacamay Mountains entdeckt wurde. Dort pflanzten die Besitzer Setzlinge, die von ungepfropften Reben in den Weingärten der Santa Cruz Mountains stammten.

Kistler stellt inzwischen verschiedene Cuvées aus Chardonnay und Pinot Noir her – es ist nicht mehr das kleine Gut, das es einst war, aber sein Kultstatus ist ungebrochen. Trotz der gesteigerten Produktion ist es immer noch schwierig, die Weine zu erhalten, wenn man nicht auf einer der entsprechenden Versandlisten steht. Das kühle Jahr 2005 brachte außerordentlich lebhafte, konzentrierte und langanhaltende Weine hervor. **LGr**
🍷🍷🍷 **Trinken: bis 2014**

Constantia-Wein taucht in den Schriften von Jane Austen, Dickens und Baudelaire auf. Der Vin de Constance war eine verlorengeglaubte Legende, aber 1986 wurde ein neuer Wein gekeltert und in der original Halbliterflasche mit dem wunderschönen Etikett auf den Markt gebracht. Der heutige Besitzer Duggie Jooste hatte das heruntergekommene Anwesen 1980 gekauft. Obwohl in den Unterlagen der holländischen Kolonie am Kap einige Hinweise zu finden waren, verließ er sich auf seine Kenntnisse und Instinkte, um die besten Anbau- und Kelterungsverfahren für den Wein zu ermitteln.

Botrytis wurde am Kap zuerst Anfang des 20. Jahrhunderts festgestellt, so daß der ursprüngliche Vin de Constance eher dem Tokajer ähnelte als den edelfaulen Weinen aus Sauternes und Deutschland. Auch der moderne Vin de Constance ist nicht edelfaul. Die Beispiele aus dem 20. Jahrhundert zeigen etwa 100 g/l Zucker und einen Alkoholgehalt knapp unter 14 %. Proben aus dem 18. Jahrhundert hatten mehr als 15 % Alkohol, sie wurden also vermutlich für die Seereise nach Europa aufgespritet. Michael Fridjhon stellte in dem Wein „einen Überfluß an Gewürzen, Muskat und Piment" fest und bemerkte eine „noch stabile Säure, texturiert, aber nicht zähflüssig". **SG**
🍷🍷🍷🍷 **Trinken: bis 2020**

Staatsweingüter Kloster Eberbach *Steinberger Riesling* 1920

Herkunft Deutschland, Rheingau
Typ Trockener Weißwein, Alkoholgehalt unbekannt
Rebsorte Riesling

Im Jahr 1136 gründeten Zisterziensermönche aus dem burgundischen Clairvaux das Kloster Eberbach. In einem frühen Grundbuch wird erwähnt, daß ihnen schon 1178 ein 16 Morgen großer Weinberg gehörte – der heutige Steinberg. Die beeindruckende Umfriedungsmauer ist etwa 3 km lang und erinnert an einen *clos* aus dem Burgund.

Einer der besten Weine, die hier je erzeugt wurden, ist der 1920er Riesling. Die Trauben wurden sehr reif geerntet – mit 112° Oechsle – hatten jedoch auch einen immensen Säuregehalt (15 %). Der Schwede Andreas Larsson, der 2007 den Titel „Bester Sommelier der Welt" errang, schrieb über diesen Wein in *The World of Fine Wines*: „Der Wein ist kristallklar und leicht bernsteingelb gefärbt. Die Nase ist sehr sauber und betörend mit Andeutungen von Honig, Mandarinen, schwarzen Johannisbeeren und Mineralien. Am Gaumen ist der Wein trocken, wunderbar tiefgründig und mit einer deutlichen Säure, die in die Geschmacksnoten von Honig und Mandarinen eingebettet ist. Das Finale zeigt Mineralien und süße Frucht, es hält fast ewig an – zutiefst erstaunlich und komplex. Ein überirdischer Wein, und der beste Weißwein, den ich je verkostet habe." **FK**
🍇🍇🍇🍇🍇 **Trinken: bis 2020**

Knoll *Kellerberg Riesling Smaragd* 2001

Herkunft Österreich, Wachau
Typ Trockener Weißwein, 14,5 Vol.-%
Rebsorte Riesling

Die Familie Knoll keltert seit 200 Jahren in der Wachau Wein. Heute wird das Gut von Emmerich Knoll geleitet, der es 1975 von seinem Vater übernahm. Die Weine der Familie sind seit den 70er Jahren ein Leitstern für Qualität in diesem schönen österreichischen Landstrich, der damals fast nur deutschen Radwanderern bekannt war. Knoll ist ein Erzeuger, der sich auf Natürlichkeit besinnt und nichts für das Auffällige und für technische Zaubereien übrig hat. Er pflegt die Trauben an den Rebstöcken sorgfältig und hält sich möglichst zurück, sobald der Wein erst im Faß ist. Die Weine der 11 ha großen Domäne werden in alten Fässern und zu einem kleinen Teil in Edelstahltanks ausgebaut.

Der Kellerberg Smaragd ist einer der zwei oder drei besten Weine des Gutes. Emmerich Knoll unterscheidet sich von den meisten österreichischen Winzern, da er seine Weine nicht gerne jung trinkt – er meint, sie brächten ihren wirklichen Charakter erst in einem Alter von sechs oder mehr Jahren zum Ausdruck. In ihrer Jugend können sie verschlossen sein, aber das Warten lohnt. Der Kellerberg zeigt sich nach einer kurzen schlechten Phase im Jahr 2001 wieder in guter Form. Er ist dicht und elegant und zeigt einen deutlich mineraligen Charakter. **GM**
🍇🍇🍇 **Trinken: bis 2010+**

Weißweine | 253

Koehler-Ruprecht *Kallstadter Saumagen Riesling AT „R"* 2001

Herkunft Deutschland, Pfalz
Typ Trockener Weißwein, 13,5 Vol.-%
Rebsorte Riesling

Dieser Wein war mehr als 5 Jahre nach seiner Ernte im Jahr 2001 immer noch nicht freigegeben worden, aber dennoch schon ausverkauft. Die „R"-Serie von Bernd Philippi genießt seit den Anfängen – 1996 kam der 1990er auf den Markt – bei ihren Anhängern Kultstatus.

In den frühen 60er Jahren setzte bei den guten deutschen Weinen eine Revolution ein. Eine der treibenden Kräfte war Hans-Günter Schwarz, der Kellermeister von Müller-Catoir in der Pfalz. Schwarz war der Meinung, im Weinberg könne man überhaupt nicht genug Mühe aufwenden, während die Leistung des Kellermeisters vor allem darin bestünde, zu wissen, „wann man am besten nichts tut". Sein Ziel war es, die ursprüngliche Fruchtigkeit in ihrer ganzen explosiven Vitalität zu erhalten. Das bedeutete die Verwendung von Edelstahl, die Pressung von ganzen Trauben und eine temperierte Gärung.

Philippi hatte Respekt vor diesem Stil, aber es war nicht ganz das, was er unter Wein verstand. Beim Wein ginge es nicht nur um die Frucht, es ginge im wesentlichen auch um den ‚weinigen' Geschmack, der sich nur in Anwesenheit von Sauerstoff entwickeln könne. Darüber hinaus glaubt er, daß die kontrollierte Belüftung des Weines in seiner Jugend ihn sogar vor späteren negativen Oxidationserscheinungen bewahren könne.

Die „R"-Serie sind die besten trockenen Rieslinge von Philippi. Es sind trockene Pfälzer Auslesen, in denen sich ein ganzer Basar orientalischer Gewürzaromen auftut, die jedoch durch die weseneigene Finesse des Rieslings geerdet werden. **TT**
❂❂❂❂ **Trinken: nach Erhalt, oder 15–20 Jahre lagern**

Der schöne Hof des Weinguts Koehler-Ruprecht in Kallstadt. ➔

Kogl Estate
Traminic 2006

Herkunft Slowenien, Podravje
Typ Halbtrockener Weißwein, 12,5 Vol.-%
Rebsorte Traminer

Slowenien liegt östlich von Italien und südlich Österreichs, die Slowenen sagen kurz, es läge „an der Sonnenseite der Alpen". Im Osten von Sloweniens liegt an der Straße von Ptuj nach Ormoz das Weingut Kogl. Das *terroir* hier ist für den Weinbau perfekt geeignet. Das Flachland am Drava-Fluß geht in Hügel über, die ausgezeichnet nach Süden ausgerichtet sind, die Winter sind so kalt, daß die Reben zwischen den Wachstumsperioden neue Kraft schöpfen können, und die Böden aus Sand und Mergel über Kalkstein runden das Geschenkpaket ab, das die Natur hier für den Winzer geschnürt hat.

Es gibt Urkunden, die zeigen, daß schon Mitte des 16. Jahrhunderts auf dem Gut Kogl Wein angebaut wurde. Heute hat es sich den höchsten Qualitätsmaßstäben im Weinbau verschrieben. In der Kellerei verbinden sich Tradition und moderne Technik, um einige der besten Weine Sloweniens zu erzeugen.

Der Traminic von Kogl ist ein gelungenes Beispiel für die Bestrebungen des Unternehmens. Am Gaumen ist er mitteltrocken mit wunderbar ausbalancierter Säure, durch die parfümierte Aromen und die reine Frucht hervorgehoben werden. Ein perfekter Wein, um ihn einfach nur so oder als Aperitif zu genießen. **GL**

🍷🍷 **Trinken:** binnen 1 Jahr nach Erhalt

Kracher *TBA No. 11*
Nouvelle Vague Welschriesling 2002

Herkunft Österreich, Burgenland, Neusiedlersee
Typ Süßer Weißwein, 7 Vol.-%
Rebsorte Welschriesling

Alois „Luis" Kracher ist zu einer Legende geworden. Sein Traum, im traditionell verarmten Seewinkel am Neusiedlersee einen Weltklassewein zu erzeugen, hatte sich mehr als erfüllt, als er im Jahr 2007 vorzeitig verstarb.

Kracher sah die Weine des Burgenlandes auf der Mitte zwischen den Sauternes und den edelsüßen deutschen Rieslingen angesiedelt. Seine nach Jahrgängen durchnumerierten Trockenbeerenauslesen umfassen zwei Gruppen: die auf dem Etikett als „Zwischen den Seen" gekennzeichneten Weine werden in Edelstahltanks gegärt und verlieren nie vollkommen ihre frische Frucht; die „Nouvelle Vague" werden im Faß gegärt und zeigen eine Opulenz, die an Sauternes erinnert.

Welschriesling ist nicht mit dem klassischen Riesling des Rheintals verwandt, es ist unter einer Reihe verschiedener Namen die fast allgegenwärtige Rebsorte Mitteleuropas. Kracher hat jedoch gezeigt, daß die Sorte unter dem Einfluß der Edelfäule zu außergewöhnlicher Reichhaltigkeit und Komplexität gelangen kann. Die No. 11 ist der Höhepunkt von Krachers 2002er Kollektion, die mit ihrer schwerelosen Anmutung an einen Eszencia erinnert. Der Wein vereint ein Potpourri an Aromen. Kracher sagte: „Ich glaube, es war genau der richtige Moment für die Lese." **DS**

🍷🍷🍷🍷 **Trinken:** bis 2025+

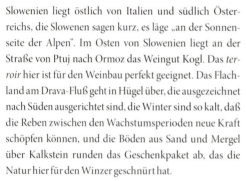

Alois Kracher zieht mit einer Pipette Wein aus dem Faß.

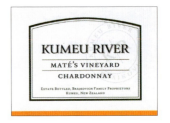

Marc Kreydenweiss *Kritt*
Les Charmes Gewürztraminer 2002

Herkunft Frankreich, Elsaß
Typ Trockener Weißwein, 13 Vol.-%
Rebsorte Gewürztraminer

Kumeu River
Maté's Vineyard Chardonnay 2006

Herkunft Neuseeland, Auckland
Typ Trockener Weißwein, 13,5 Vol.-%
Rebsorte Chardonnay

Bas-Rhin, der nördliche Teil des Elsaß, steht im Schatten des berühmteren Haut-Rhin. Das ist bedauernswert, wenn man seinen Elsässer trocken und subtil mag, so wie er sich besonders in den Weinen dieses großen Erzeugers aus Andlau zeigt. Marc Kreydenweiss übernahm 1971 das Gut seiner Familie, ein Jahrzehnt später entschloß er sich, die auf Basis des *terroir* bestmöglichen Weine zu keltern und dabei vor allem deren traditionelle Finesse beizubehalten. Zu den 12 ha Rebfläche des Gutes gehören einige prächtige *grands crus* wie Kastelberg und Mönchberg, die für ihre Rieslinge berühmt sind. Am ungewöhnlichsten ist jedoch Kritt Les Charmes. Der Weinberg an einem sanften Hang zählt nicht zu den *grands crus*, aber Marc Kreydenweiss findet, er verdiene wegen seiner außerordentlich felsigen und komplexen Böden eine Einzellagenabfüllung.

Dieser Kritt Gewürztraminer 2002 zeigt die ganze Finesse und Klasse des *terroir,* ohne die übergewichtige Fleischigkeit, der man oft bei dieser Rebsorte begegnet. Der Duft von Rosen, Wachs, Gewürzen und Honig ist unverkennbar Gewürztraminer, am Gaumen steht der Wein jedoch für sich, subtil, zart und doch reif, großzügig und ausdrucksstark. **ME**

😊😊😊 **Trinken: bis 2012**

Dieser außergewöhnliche Chardonnay ist in der internationalen Weinpresse vermutlich häufiger gelobt worden als jeder andere neuseeländische Wein. Jancis Robinson hielt den Jahrgang 1996 für einen reifen weißen Burgunder und James Halliday bezeichnete ihn als „ein hervorragendes Beispiel für das Genre".

Die Lage Maté's Vinequard wurde 1990 bepflanzt und nach ihrem „Gründer" Mate Brajkovich benannt. Chardonnays des Mendoza-Klons sind in mittelschweren Ton- und Lehmböden gepflanzt und werden wegen des bewegten Geländes an geteilten Spalieren gezogen. Brajkovich greift auf handselektierte Trauben zurück, die im Ganzen gepreßt und in Eichenfässern mit natürlichen Hefen gegärt werden. Er ist überzeugt, daß die endemischen Hefekulturen des Gutes zum einzigartigen Charakter des Weines beitragen.

Die Reifezeit im Eichenholz unterscheidet sich von Jahrgang zu Jahrgang, beim 2006er waren es 11 Monate. Brajkovich setzte die Eiche ein, um den Fruchtgeschmack zu unterstützen und zu verstärken, nicht um ihm Konkurrenz zu machen. Dieser mächtige, kultivierte und komplexe Chardonnay zeigt eine ansprechende Mischung aus Mineral- und Zitrusnoten. **BC**

😊😊😊 **Trinken: bis 2014**

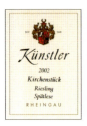

Franz Künstler *Hochheimer Kirchenstück Riesling Spätlese* 2002

Herkunft Deutschland, Rheingau
Typ Süßer Weißwein, 7 Vol.-%
Rebsorte Riesling

Château La Louvière 2004

Herkunft Frankreich, Bordeaux, Pessac-Léognan
Typ Trockener Weißwein, 13 Vol.-%
Rebsorten Sauvignon Blanc 85%, Sémillon 15%

Hochheim liegt am östlichen Tor zum Rheingau und ist für drei hervorragende Weinlagen bekannt: Domdechaney, Hölle und Kirchenstück. Die Lößböden haben einen hohen Kalksteinanteil, was beim Riesling immer zu einer wunderbar integrierten, leicht abgemilderten Säure führt. Die Weine sind auch in weniger ertragreichen Jahrgängen sehr ausgewogen. Die gute Wasserspeicherungsfähigkeit des Bodens erlaubt in heißen und trockenen Jahren ein langsames, gleichmäßigem Reifen, so daß auch in diesen Jahren ausgewogene Weine entstehen.

Es gibt niemanden, dem es besser gelingt, das Potential der Lage besser zu verwirklichen als Gunter Künstler. Er nennt den Kirchenstück Riesling wegen seiner sublimen Eleganz und Finesse gerne den „Lafite von Hochheim". Seine Spätlese 2002 zeigt sich schon in jungem Alter auf exquisite Weise verführerisch, kann aber auch lange gelagert werden. Alle Komponenten des Weines – das köstlich fruchtige Aroma, die weibliche Körperlichkeit, die feine Säure, der federleichte Alkohol und die reichliche Mineralität – werden hier zu einer fast tanzartigen Harmonie vereint. Ein Wein, der zumindest den Schreiber dieser Zeilen auf fast unmerkbare Weise bezaubert und die Sinne gefangen nimmt. **FK**

⊖⊖ **Trinken: bis 2017**

André Lurton kaufte 1965 dieses stattliche Gut. Es erzeugt vor allem Rotweine, aber es wird auch eine beträchtliche Menge eines sehr guten Weißweines gekeltert. Es ist bemerkenswert, daß La Louvière – bekannt vor allem durch diese Weißweine – in direkter Nachbarschaft von Haut-Bailly liegt, wo nur Rotweine hergestellt werden. Lurton liebt den Sauvignon Blanc, und das zeigt sich auch im Wein des Hauses, in dem der Sémillon den sehr viel geringeren Anteil stellt. Der Wein wird seit 1984 in Barriques ausgebaut, heute beträgt der Anteil neuer Eiche etwa 45 %. Als Weißwein altert er bemerkenswert gut, das gilt auch für die Jahrgänge, die noch ausschließlich in Tanks ausgebaut wurden.

Der 2004er hat deutliche, aber komplexe Aromen von Gewürzen, Birnen und Eiche, am Gaumen ist er schwer, aber lebhaft, mit reichlicher Säure und einem langen, soliden Finale. Der Wein ist typisch für die letzten Jahrgänge von La Louvière, die oft eine größere Konzentration zeigten, da selektiver geerntet wurde. Seitdem ganze Trauben gepreßt werden, ist der Wein geschmeidiger und sofort zugänglich. Es gibt keinen Grund zu vermuten, daß diese Jahrgänge nicht genauso gut altern werden wie die der Vergangenheit. **SBr**

⊖⊖ **Trinken: bis 2020**

La Monacesca *Verdicchio di Matelica Riserva Mirum* 2004

Herkunft Italien, Marken
Typ Trockener Weißwein, 14 Vol.-%
Rebsorte Verdicchio

Château La Rame *Réserve* 1990

Herkunft Frankreich, Bordeaux, Ste.-Croix-du-Mont
Typ Süßer Weißwein, 14,5 Vol.-%
Rebsorten Sémillon 80%, Sauvignon Blanc 20%

Die meisten italienischen Weißweine lohnen das längere Lagern kaum, aber dieser Wein ist mit seiner Säure und dem Fruchtgehalt inhaltsreich genug, um die Zeit zu überdauern.

Die Trauben stammen von einem 3 ha großen Weinberg in 400 m Höhe, dessen Boden vor allem aus Ton besteht. Geerntet wird meist in den letzten beiden Oktoberwochen, so daß die Trauben etwas überreif sind. Der Wein verbringt 18 Monate in Stahltanks und 6 in der Flasche, bevor er 2 Jahre nach der Ernte freigegeben wird.

Der Mirum 2004 wurde ab dem 25. Oktober geerntet, wie es auch bei dem berühmten 1993er geschah. Unglaublicherweise hat er jetzt schon eine tiefere Färbung als der 1993er. Die frische, noch sehr jugendliche Nase muß noch ihre eigene Identität finden, zur Zeit läßt sie nichts außer dem typischen Charakter des Verdicchios erkennen, der sich nur schwer beschreiben läßt. Der italienische Weinexperte Michael Palij hält kandierte Früchte für ein Erkennungszeichen, aber Zitronensorbet ist in diesem Fall auch deutlich zu vernehmen. Aldo Cifola stellt fest: „Verdicchio ist keine aromatische Rebsorte, jedoch im Alter sehr interessant." Mit 14 % ist der Alkoholgehalt eher hoch, wird jedoch vom Wein gut getragen. **SG**

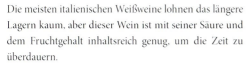 **Trinken: bis 2014+**

Die Eltern des heutigen Besitzers Yves Armand kauften La Rame im Jahr 1956, Yves übernahm das Gut dann im Jahr 1985, heute wird er von seinem Schwiegersohn Olivier Allo unterstützt. Armand war von Anfang an experimentierfreudig, er war aber genauso entschlossen, gute Weine herzustellen. In den 80er Jahren wurden in Ste.-Croix-du-Mont meist mittelmäßige, nichtssagende, süßliche Weine hergestellt, die deshalb auch keine guten Preise erzielten.

Armand wußte, daß dieser Weinstil keine Zukunft hatte, da die Verdienstspanne zu gering war. Er reduzierte die Erträge, baute den Wein in Barriques aus und führte ab 1998 Faßgärung ein. Seine Weine waren stets besser als die der meisten seiner Nachbarn, und er konnte höhere Preise verlangen, besonders für den faßgereiften Réserve.

1990 fiel der Wein besonders reichhaltig aus und wurde zwei Jahre in Eichenfässern gelagert. Die Eiche ist jedoch überaus gut im Wein integriert. Die Pfirsicharomen sind üppig und mit deutlichen Botrytis-Spuren verbunden. Am Gaumen ist der Wein kraftvoll und konzentriert, wird aber durch eine mehr als subtile, außerordentlich lebhafte Säure aufgefrischt. Der Abgang ist bemerkenswert lang. **SBr**

Trinken: bis 2015

La Monacesca liegt auf dem Gelände eines Klosters aus dem 10. Jh.

Domaine Labet
Côtes du Jura Vin de Paille 2000

Herkunft Frankreich, Jura, Côtes du Jura
Typ Süßer Weißwein, 14,5 Vol.-%
Rebsorten Savagnin, Chardonnay, Poulsard

Die Familie Labet gehört zu den angesehensten Winzern in dem südlich von Lons le Saunier liegenden Teil des Jura. Auf dem internationalen Markt sind sie für ihre *terroir*-geprägten Chardonnays bekannt, in ihrer Heimat ist ihr Vin Jaune jedoch sehr respektiert und der Vin de Paille (Strohwein) ist bei jenen beliebt, die süße Weine schätzen. Der Vorzug dieses Weines liegt darin, daß Alain Labet nicht nach einem vorgegebenen Rezept arbeitet, sondern verschiedene Parzellen mit überreifen Trauben auswählt. Die Mischung der Rebsorten kann von Jahr zu Jahr sehr unterschiedlich ausfallen, im Jahr 2000 betrug der Anteil des Savagnin 62 %.

Die Labets weichen insofern von der üblichen Vinifikatin ab, als sie ihre Trauben in strohgefüllten Holzkisten trocknen, während sonst Plastikkästen verwendet werden. Die Trauben müssen deswegen vollkommen sauber sein, jede einzelne angefaulte Beere muß aussortiert werden. Im Jahr 2000 trockneten die Trauben von Mitte September bis in das neue Jahr hinein.

Die Bernsteinfarbe des Vin de Paille hat einen leichten Rotton, der von den 7 % Poulsardreben herrührt. Die Nase ist würzig und honigartig mit Orangenschalennoten. Der Strohwein ist süßer als die meisten anderen, die im Jura hergestellt werden, aber durch die gute, zitronige Säure ist er würzig, lang und von fabelhaft tiefem Geschmack. Als Begleiter von Gänseleber oder Blauschimmelkäse auf Toast kann er als Aperitif dienen, er läßt sich jedoch auch überaus gut mit einer Aprikosen-Tarte oder im Alter mit Desserts aus dunkler Schokolade verbinden. **WL**
😊😊😊 **Trinken: bis 2030**

Auf Stroh getrocknete Trauben liefern einen konzentrierteren Most.

Château Lafaurie-Peyraguey 1983

Herkunft Frankreich, Bordeaux, Sauternes, Bommes
Typ Süßer Weißwein, 14 Vol.-%
Rebsorten Sémillon 90%, S. Blanc 8%, Muscadelle 2%

Im 17. Jahrhundert gehörte dieses großartige Gut mit seinen 40 ha dem Besitzer des Château Lafite, 1917 wurde es aber von dem Weinhandelshaus Cordier erworben und 1996 ging es in den Besitz der Suez Company über. Michel Laporte leitete das Gut von 1963 bis in das Jahr 2000, als sein Sohn Yannick seine Nachfolge antrat.

Die Rebstöcke sind durchschnittlich 40 Jahre alt – wenn sie ersetzt werden müssen, dann geschieht dies mit ertragarmen Unterlagsreben und Klonen. Die Parzellen liegen verstreut, so daß man über eine Palette verschiedener Weine verfügt. Dies mag der Grund sein, warum Lafaurie auch in schwierigen Jahren oft außergewöhnlich gute Weine herstellt. Dabei ist das Ziel, nur vollreife, edelfaule Beeren mit einem Mostgewicht von 21 % zu verwenden, die einen Wein mit mindestens 14 % Alkohol und 100 g/l Restzuckergehalt ergeben. Seit dem Jahr 2003 arbeitet man in der Kellerei an einem Sortiertisch, so daß das Innere jeder Traube auf Schwarzfäule kontrolliert werden kann. Der Wein gärt in Fässern und wird etwa 18 Monate in Eichenfässern ausgebaut, die zu einem Drittel neu sind.

Der 1983er war als junger Wein entzückend und ist es geblieben. Einst war die Nase zitrusbetont, jetzt hat sie sich weiterentwickelt und erinnert an Marmelade aus Zitrusfrüchten. Am Gaumen ist der Wein immer noch reichhaltig, cremig und pfirsichartig, mit einer ansprechenden Säure und einem langen, an Orangen erinnernden Abgang. Er zeigt immer noch die Vitalität, die stets ein Kennzeichen dieses exzellenten und beständigen Erzeugers ist. **SBr**

❂❂❂ **Trinken: bis 2018**

WEITERE EMPFEHLUNGEN
Andere große Jahrgänge
1986 • 1988 • 1989 • 1990 • 1996 • 1997 • 2001
Weitere Erzeuger von Sauternes
Château Filhot • Château Guiraud
Château Rieussec • Château Suduiraut

Eine Flasche Lafaurie-Peyraguey aus der Zeit des Zweiten Weltkrieges.

Héritiers du Comte Lafon
Mâcon-Milly-Lamartine 2005

Herkunft Frankreich, Burgund, Mâconnais
Typ Trockener Weißwein, 13 Vol.-%
Rebsorte Chardonnay

Domaine des Comtes Lafon
Meursault PC Genevrières 1990

Herkunft Frankreich, Burgund, Meursault
Typ Trockener Weißwein, 13,5 Vol.-%
Rebsorte Chardonnay

Viele Weinsammler waren überrascht, als sie erfuhren, daß Dominique Lafon sich vom Familienbesitz in Mersault in das weniger angesehene burgundische Weinanbaugebiet Mâcon gewagt und dort 1999 die Domaine Janine Emanuel gekauft hatte. Die Hälfte der insgesamt 8 ha großen Rebfläche liegt in zwei Parzellen mit kalkigen Lehmböden in der Nähe von Milly-Lamartine, der Heimat des berühmten französischen Romantikers Alphonse de Lamartine.

Diese Parzellen waren mit Chardonnay bepflanzt, der gleichen weißen Rebsorte, die auch in Meursault verwendet wurde. Das Weingut war eine natürliche Erweiterung von Lafons Arbeit als Önologe, da er in der Zeit, bevor er 1984 als Kellermeister auf seinen Familienbesitz zurückgekehrt war, in Mâcon mit der Weinhändlerin Becky Wasserman zusammengearbeitet hatte. „Ich glaube, hier gibt es ein großes Potential, das noch ausgeschöpft werden muß", sagt er, „an der Côte d'Or gibt es nur noch wenig, was sich weiterentwickeln läßt".

Wie in Meursault bestellt er auch hier seine Weingärten ökologisch und läßt die Trauben mit der Hand pflücken. Allerdings werden hier für die Gärung größere Fässer verwendet, um fruchtbetontere Weine zu erhalten. **JP**

💲💲 **Trinken: bis 2012**

Graf Jules Lafon investierte nicht nur in die besten *crus* von Meursault – Charmes, Genevrières und Perrières sowie Le Montrachet – er war auch gewitzt genug, jeweils die besten Weingärten zu kaufen. So liegt die Parzelle der Lafons in Genevrières im oberen Teil des *crus*, sehr nahe an ihrer Parzelle in Perrières. Die Parzelle in Genevrières ist 1,7 ha groß, die Reben waren 1990 schon alle alt, die jüngsten Pflanzungen fanden 1946 statt. Der Name der Gemarkung, Les Genevrières, geht auf die Wacholderbüsche zurück, die hier einst wuchsen. Die Gemarkung ist insgesamt 16,5 ha groß und für ihre Mineralität bekannt: Der flachgründige Unterboden ist mit kleinen Steinen durchsetzt, die aus dem gewachsenen Felsen stammen.

Dominque Lafon zeichnete alleine verantwortlich, als der 1990er hergestellt wurde. Er behielt die traditionelle lange Ausbauzeit in den Fässern der tiefen, kühlen Keller der Domäne in Meursault bei, reduzierte jedoch die Menge der verwendeten neuen Eiche – die Weine werden jetzt sogar für ihren zweiten Winter in alte Fässer umgefüllt. Der 1990er ist von sanftgoldener Farbe, in der Nase spürt man leichte Biscuitnoten, die bald verfliegen. Am Gaumen erreicht er eine großartige Tiefe des Geschmacks, mit einer frischen Unterströmung von Mineralität. **JM**

💲💲💲💲 **Trinken: bis 2010+**

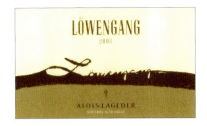

Domaine des Comtes Lafon
Le Montrachet Grand Cru 1966

Herkunft Frankreich, Burgund, Côte de Beaune
Typ Trockener Weißwein, 13 Vol.-%
Rebsorte Chardonnay

Alois Lageder
Löwengang Chardonnay 2003

Herkunft Italien, Südtirol
Typ Trockener Weißwein, 13 Vol.-%
Rebsorte Chardonnay

Mit diesem großen Wein von René Lafon verbindet sich für mich eine persönliche Geschichte. Jahrelang hatte ich schon zwischen den Spinnweben und Kartons in den Weinkellern meines Patenonkels Christopher Lloyd herumgestöbert. Bei einem gemeinsamen Besuch im Jahr 1996 fragte mich meine Frau: „Was ist in dem alten Holzkistchen da drüben?" Ich antwortete: „Nichts." Sie ließ sich nicht abhalten und warf dennoch einen Blick hinein. Das „nichts" entpuppte sich als 3 Flaschen noch in Seidenpapier eingewickelter Montrachet 1966 von Lafon – in makellosen Zustand. Sie hatten mehr als 25 Jahre unberührt in dem kühlen Keller gelegen.

Christopher schenkte uns eine Flasche, die wir im August 1996 tranken. Der Wein hatte die schimmernde Farbe alten Goldes und ein intensives und doch sehr subtiles Bouquet von Honig, gerösteten Nüssen und Hafermehl. Tief, trocken und doch saftig, mit sanftem Nußgeschmack und einer immer noch feinen und vollkommen integrierten Säure; mit einem zarten und durchdringenden Aroma; mit rassiger Reichhaltigkeit am Gaumen und einer prachtvoll duftenden Länge. Ein Wein, der mit 30 Jahren vollkommen ausgereift ist, bei dem keine Note falsch klingt: eine recht erstaunliche Leistung. **MS**

😊😊😊😊 Trinken: bis 2016

Die Familie von Alois Lageder stellt seit 1855 Wein her, als sein Urgroßvater in Bozen eine Kellerei gründete. Alois und sein Kellermeister sind umweltbewußt, und das neue Kellereigebäude wurde dementsprechend gestaltet. Auch bei der Handhabung der Trauben und des Mosts wurde auf Energieeinsparung geachtet, man nimmt die Schwerkraft zu Hilfe, deshalb ist der Kelterturm als Herzstück des Kellers fast 15 m hoch.

Die Trauben für den Löwengang Chardonnay stammen von Weinbergen in 250 bis 450 m Höhe. Die durch die Höhenlage bedingten großen Temperaturunterschiede zwischen Tag und Nacht helfen, die Säure und die Aromen zu erhalten. Die Böden bestehen vor allem aus Sand und Kies, sind aber kalksteinreich.

Der Wein ist lebhaft goldgelb gefärbt und hat subtile grünliche Schattierungen. In der Nase zeigt sich eine aufkeimende Komplexität, sie ist jedoch am Anfang eher eng, so daß es sich lohnt, den Wein etwa eine halbe Stunde vor dem Genuß zu dekantieren. Dann zeigen sich sanfte Aromen von tropischen Früchten und Vanille, aber auch eine zarte Nussigkeit und Röstnoten von der Reifezeit in Eiche. Der Geschmack ist reich strukturiert, aber sehr elegant und lebhaft. **AS**

😊😊 Trinken: bis 2012

Lake's Folly
Chardonnay 2005

Herkunft Australien, New South Wales, Hunter Valley
Typ Trockener Weißwein, 14 Vol.-%
Rebsorte Chardonnay

Der amerikanische Chirurg Max Lake gründete im Hunter Valley 1963 Lake's Folly und lieferte damit den Zündfunken für das Phänomen der „Wochenend-Winzerei" und der Boutique-Kelkereien. Als erste Reben pflanzte er in dieser Gegend, die sonst eher für Shiraz und Sémillon bekannt ist, Cabernet Sauvignon und Chardonnay. Auf dem Etikett ist noch das ursprüngliche, einfache Winzereigebäude zu sehen. Auch heute werden nur zwei Weine und nur aus den eigenen Trauben gekeltert, ein Cabernet und ein Chardonnay.

Nach dem Ende seiner Berufstätigkeit gab sich Max mit ganzem Herzen der Welt des Weines und der Speisen hin. Er wurde zu einem geradezu besessenen Forscher auf dem Gebiet der Sinne, der seine Ergebnisse in den großartig exzentrischen und gelehrten Büchern *Scents and Sensuality* und *Food on the Plate*, *Wine in the Glass* festhielt.

Mitte der 90er Jahre wurde der Chardonnay mit einem fast stechenden Säuregehalt gekeltert, oft war er auch korkig. Seitdem Peter Fogarty jedoch das Gut im Jahr 2000 kaufte und den Kellermeister Rodney Kempe einstellte, ist die Qualität deutlich gestiegen. Der Lake's Folly steht heute genau auf der Grenzlinie zwischen schlank und üppig und trifft so einen sehr breiten Publikumsgeschmack. **SG**

❂❂❂ Trinken: bis 2010

Château Laville Haut-Brion
2004

Herkunft Frankreich, Bordeaux, Pessac-Léognan
Typ Trockener Weißwein, 13,5 Vol.-%
Rebsorten Sémillon 81%, S. Blanc 16%, Muscadelle 3%

Inmitten der Weingärten von La Mission Haut-Brion liegt eine winzige Parzelle, von der der legendäre Weißwein Laville Haut-Brion stammt. Die Rebstöcke sind nicht nach Arten getrennt, so daß sie gekennzeichnet werden müssen, damit die Erntehelfer sie unterscheiden können. Die Reben sind durchschnittlich ungefähr 50 Jahre alt, die ältesten wurden 1934 gepflanzt.

Auch nachdem der Weingarten 1983 an die Besitzer von Haut-Brion verkauft wurde, ist seine Einzigartigkeit erhalten geblieben, er unterscheidet sich immer noch deutlich vom Haut-Brion Blanc. In den 90er Jahren begann man, den Wein im Faß zu gären und etwa 15 Monate in Eichenfässern auszubauen. In der Vergangenheit wurde der Laville stark geschwefelt, heute geht man zwar mit dem Schwefel behutsamer um, es ist jedoch immer noch ein Wein, der von der Lagerung profitiert.

Das Jahr 2004 war hier sehr gut, und die Nase des Laville zeigt Aromen von vollreifen Beeren genauso wie die typische Würze und das Eichenaroma. Die Textur ist makellos, der Fruchtgeschmack reif, aber rein, die Eiche ist gut integriert und die Länge außerordentlich. Dieser Laville Haut-Brion ist auf der Höhe seiner Kraft und seines Potentials. **SBr**

❂❂❂❂ Trinken: bis 2025

Le Soula *Vin de Pays des Côtes Catalanes Blanc* 2001

Herkunft Frankreich, Roussillon
Typ Trockener Weißwein, 13 Vol.-%
Rebsorten S. Blanc 35%, Grenache Blanc 35%, andere 30%

Leeuwin Estate *Art Series Chardonnay* 2002

Herkunft Australien, Western Australia, Margaret River
Typ Trockener Weißwein, 14,5 Vol.-%
Rebsorte Chardonnay

Dieses Weingut ist nach seiner wichtigsten Parzelle Le Soula benannt und wird gemeinsam von dem britischen Importeur Richards Walford, Eric Laguerre von der gleichnamigen Domäne und Gérard Gauby von der Domaine Gauby betrieben. Wie in Gut Calce des Mitbesitzers Gauby wird auch hier das Land nach ökologischen Richtlinien bestellt.

Bei einem Besuch im oberen Agly-Tal im Nordwesten der Region fand Gauby zwei Elemente, die ihm in Calce fehlten: zum einen die hohe Lage und zum anderen einen Boden aus verwittertem Granit, der mit Kalkstein bedeckt ist und dem Wein einen deutlichen Mineralton verleiht. Die Verbindung aus Höhe und Bodenbeschaffenheit hat einen starken Einfluß auf den Stil des Weines. Die kühleren Nächte verlangsamen den Reifevorgang, so daß die Geschmacksnoten sich voller entwickeln; der Kalksteinboden sorgt für die Erhaltung der Säure und Frische.

Le Soula wird aus Marsanne, Roussanne, Grenache Blanc, Chenin Blanc und Vermentino zusammengestellt. Die Reife und Konzentration des Weines sind überaus beeindruckend – man vernimmt neue Eiche, die jedoch durch den intensiven und exotischen Fruchtgeschmack ausgeglichen wird. **SG**

❂❂❂❂ **Trinken: bis zu 5 Jahre nach Erhalt**

Der amerikanische Weinerzeuger Robert Mondavi fand 1972 nach langer Suche in Australien ein Gebiet, das sich für die Herstellung von hochwertigen Weinen eignete. Das heutige Weingut Leeuwin wurde 1978 eröffnet und brachte 1979 seinen ersten Wein in den Handel.

Die 40 ha des Gutes sind in 10 „Blocks" mit Chardonnay bepflanzt, die zur Erntezeit jeweils in kleine einzelne Parzellen unterteilt werden. Der „Block 20" bildet immer die Grundlage der Art Series Chardonnays – die opulentesten und lagerungfähigsten Weine des Unternehmens, deren Etiketten von führenden zeitgenössischen australischen Künstlern gestaltet werden.

Der Art Series Chardonnay wird allgemein als der beste Weißwein Australiens betrachtet, in Langton's Classification werden nur er und ein weiterer mit dem Prädikat „Exceptional" bedacht. Der 2002er ist von sehr blasser grün-goldener Farbe. In der Nase zeigen sich von der Eiche stammende Kokosnuß- und Pfirsicharomen. Pfirsiche begegnen auch zusammen mit Sahne im intensiven und opulenten Geschmack. Der Stil ist fast füllig zu nennen, aber es gibt genug Säure, um die Frische und Balance 10 oder mehr Jahre aufrechtzuerhalten. Der Abgang ist äußerst reichhaltig. **SG**

❂❂❂❂ **Trinken: bis 2012+**

Domaine Leflaive *Puligny-Montrachet PC Les Pucelles* 2005

Herkunft Frankreich, Burgund, Côte de Beaune
Typ Trockener Weißwein, 13,5 Vol.-%
Rebsorte Chardonnay

Lenz *Gewürztraminer* 2004

Herkunft USA, New York, Long Island
Typ Trockener Weißwein, 13 Vol.-%
Rebsorte Gewürztraminer

Die Familie Leflaives ist seit 1580 im Burgund ansässig, in Puligny seit 1717. Ihre Domäne ist mit Sicherheit die beste in dieser Gegend, zu ihr gehören Parzellen in den *premiers crus* Clavoillon, Combettes, Folatières und Pucelles sowie in den *grands crus* Bâtard-Montrachet, Bienvenues-Bâtard-Montrachet, Chevalier-Montrachet und ein winziges Stück von Le Montrachet selbst.

Les Pucelles gehört mit Les Caillerets und Les Demoiselles zu den edelsten *premier-cru*-Weingärten in Puligny. Er liegt neben Bâtard-Montrachet und liefert einen Wein, der fast genauso konzentriert, aber etwas kecker, blumiger und lebhafter ist. Die Leflaives besitzen hier 3 der 6,8 ha Gesamtfläche und stellen ohne Zweifel die besten Weine der Lage her.

Im Jahr 2005 lief für die Mannschaft der Domaine Leflaive unter der Leitung von Pierre Morey alles perfekt. Eine gute, trockene, sonnige, aber nicht übermäßig heiße Wachstumszeit ging in einen idealen September über. Der Puligny-Montrachet Les Pucelles 2005 hat eine sensationelle Nase mit unendlicher Energie. Dieser straffe, sehr gespannte Wein wird mit seiner Klasse und Nachhaltigkeit eine jahrelange Lagerung im Keller gut belohnen. **JM**

🟢🟢🟢🟢🟢 Trinken: 2011–2020

Long Island hat sich erst in der jüngeren Vergangenheit zu einem ernstzunehmenden Weinanbaugebiet entwickelt, wo sich eine kleine Anzahl von Erzeugern wegen des kühleren, qualitätsfördernden Klimas angesiedelt haben. Bahnbrechend in dieser Hinsicht war das Weingut Lenz, deren trockener Gewürztraminer stets eine unverkennbare Reinheit des Geschmacks und belastbare Säure besitzt.

Das 1978 gegründete Gut ist eines der ältesten auf Long Island. Allerdings wird hier erst mit wirklich professionellen Methoden gearbeitet, seitdem der Besitzer Peter Carroll den ehemaligen Mikrobiologen Eric Fry als Kellermeister anwarb. Seine Merlots faszinieren mit dem Geschmack von Himbeeren und Tabak, der für den Merlot von Long Island kennzeichnend ist.

Fry zögert die Ernte hinaus, um eine aromatische Vollreife zu erreichen. Deshalb muß der Wein beim Pressen angesäuert werden; allerdings geschieht dies so geschickt, daß der Wein harmonisch und die Säure gut eingebunden ist. Fry verwendet mehrere verschiedene Hefestämme, um die aromatische Komplexität zu erhöhen, in Verbindung mit dem kühlen Inselklima erhält er so einen frischen, blumigen Wein mit den klassischen Litschi- und Gewürznoten. **LGr**

🟢 Trinken: bis 2010

Llano Estacado *Cellar Reserve Chardonnay* 2004

Herkunft USA, Texas
Typ Trockener Weißwein, 13 Vol.-%
Rebsorten Chardonnay 90%, Viognier 10%

Diese Winzerei wurde 1976 auf der Panhandle-Hochebene von Texas gegründet, 1978 wurden die ersten Reben gepflanzt. Zu den Gründungsmitgliedern gehörten auch Gartenbauwissenschaftler der Universität von Texas. Schon in den frühen 80er Jahren wurden hier gute, wenn auch eher schlichte Weine gekeltert – das Ziel von Llano Estacado war die Herstellung von innovativen Weinen in namhaften Mengen. Es war vermutlich die erste Winzerei in Texas, die Rebsorten von der Rhône einsetzte und dabei auf moderne Techniken wie die künstliche Sauerstoffzufuhr zurückgriff.

Wenn auch der größte Teil der Produktion preiswerte Massenware ist, so stellt Llano Estacado doch auch einige ernsthafte und überzeugende Weine her. Dazu gehört der Viviano, eine Mischung aus 70 % Cabernet Sauvignon und 30 % Sangiovese, die fast 3 Jahre in Eichenfässern reift. Obwohl es in der Nähe der Kellerei in Lubbock einige firmeneigene Weingärten gibt, stammen die Trauben zumeist aus anderen Teilen von Texas und anderen Bundesstaaten wie Neumexiko und Kalifornien.

Der Llano Estacado Chardonnay wird aus Trauben gewonnen, die in Westtexas und der Gegend westlich von Austin wachsen. Die Spitzenmarke Reserve Chardonnay kommt vom Weingarten Mont Sec in Westtexas. Der Wein wird in Fässern gegärt und mindestens 8 Monate in Barriques ausgebaut. Der 2004er hat butterige und Pfirsicharomen, am Gaumen zeigt sich eine ansprechende Seidigkeit und etwas erfrischende Säure – dennoch ist dies ein Wein, der sich für den baldigen Genuß empfiehlt. **SBr**

◎◎ **Trinken: bis 2010**

WEITERE EMPFEHLUNGEN
Andere große Jahrgänge
2003 • 2005
Weitere Weine des gleichen Erzeugers
Cellar Reserve Cabernet Sauvignon • Cellar Reserve Merlot Cellar Reserve Port • Viviano

Bewässerungsanlage im texanischen Panhandle-Gebiet.

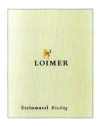

Loimer
Steinmassl Riesling 2004

Herkunft Österreich, Kamptal
Typ Trockener Weißwein, 13 Vol.-%
Rebsorte Riesling

Die Umgebung von Langenlois ist mit einer Vielzahl von hervorragenden, geologisch unterschiedlichen *terroirs* gesegnet. Westlich der Stadt gibt es jedoch ein weiteres beeindruckendes Weinanbaugebiet, zu dem der Loiser Berg und Steinmassl am Loisbach gehören.

Der Steinmassl war einst ein Steinbruch. Auf dem windgeschützten Glimmerschieferboden wächst hier ein auffallend differenzierter Riesling zu seiner späten Reife heran, der einige Zeit auf dem Hefesatz und dann in der Flasche benötigt, um sich zu entfalten. Fred Loimer war sich während der verzögerten und schwierigen Ernte 2004 nicht sicher, ob seine Weine aussagekräftig werden oder gar eine Einzellagenabfüllung rechtfertigen würden. Aber sie sind auf beeindruckende Weise aufgeblüht und zeigen die faszinierenden kleinen Feinheiten, die für Hersteller kennzeichnend sind, die sich in diesem gefahrvollen Jahr in Geduld übten.

Loimers Steinmassl Riesling 2004 ist bemerkenswert wegen seiner Kombination aus cremiger Textur und erfrischender Klarheit mit subtil angedeuteter Mineralität, fast rotweinähnlichen Erdbeer- und Himbeernoten. Wie der gesamte Jahrgang 2004 ist der Riesling unter Loimers Händen immer für eine Überraschung gut. **DS**

🙂🙂 Trinken: bis 2015

Domaine Long-Depaquit
Chablis GC La Moutonne 2002

Herkunft Frankreich, Burgund, Chablis
Typ Trockener Weißwein, 13 Vol.-%
Rebsorte Chardonnay

La Moutonne ist ein eigenartiger *climat* (so werden im Burgund die Weingärten genannt). Er ist ein *grand cru* und ein Monopol, und doch erstreckt er sich über zwei *grands crus*. Der größere Teil liegt in einem Amphitheater, das das Herz von Vaudésir bildet, aber ein Teil dehnt sich bis ins benachbarte Preuses aus. Insgesamt bedecken die Rebstöcke eine Fläche von 2,35 ha.

1791 kaufte Simon Depaquay (wie der Familienname damals noch geschrieben wurde), der Bruder des ehemaligen Abtes, den Weingarten. Er blieb im Besitz seiner Nachfahren, bis die Firma Long-Depaquit 1970 an den Weinhändler Albert Bichot in Beaune verkauft wurde. Das elegante, vor kurzem renovierte Château, die Keller, Verwaltungs- und Empfangsräume von Long-Depaquit liegen in einem großen Park in der Mitte von Chablis. Das Anwesen ist groß, inzwischen gehören 62 ha Land dazu.

Chablis sollte intensiv, deutlich stahlig und mineralig sein, sollte aber als *grand cru* auch über eine natürliche Reichhaltigkeit verfügen. Der 2002er ist dafür ein maßgebendes Beispiel. Er ist fest, kühl und gelassen; elegant, rein und ausgewogen. Im Wettbewerb mit den vier anderen *grands crus* aus dem Portfolio des Gutes ist es eindeutig der beste Wein. **CC**

🙂🙂🙂🙂 Trinken: 2009–2019

⬅ Die Kellerei von Loimer stammt vom Architekten Andreas Burghardt.

Dr. Loosen *Ürziger Würzgarten Riesling Auslese Goldkapsel* 2003

Herkunft Deutschland, Mosel-Saar-Ruwer
Typ Süßer Weißwein, 8 Vol.-%
Rebsorte Riesling

„Diese opulente Auslese hat eine zusätzliche Dimension der Reichhaltigkeit, der Würzigkeit und Länge. Trotz seiner Konzentration ist er leichtfüßig und zeigt Intensität in seinen Aprikosen-, Limonen und Honigaromen." So wurde Ernst Loosens Ürziger Würzgarten 2003 in einer Besprechung des *Wine Spectator* gewürdigt. Es ist ein außerordentlich dichter Wein, der am 26. Oktober in jenem glühend heißen Jahr geerntet wurde und ein Mostgewicht von 106° Oechsle bei einer für die Mosel relativ geringen Säure (7,8 g/l) aufwies.

Trotz des extremen Jahrgangs zeigt der Wein die betörende Signatur seines Herstellers ebenso wie die typgerechte Ausprägung des Weinbergs. Einer der Gründe für diese Stetigkeit liegt darin, daß hier die ältesten ungepfropften Reben des Gutes wachsen.

Das *terroir* des steilen Weinbergs ist für die Mosel wegen seiner Böden aus rotem Sandstein und Schiefer einzigartig. Die Weine vom Würzgarten lassen sich deshalb durch die unverkennbar reichen Mineralnoten ihres Bouquets von allen anderen Spitzenlagen der Region unterscheiden. Und keiner spielt auf der Partitur dieses *terroirs* mit einer solchen Meisterschaft wie Ernst Loosen. **FK**

❊❊❊ Trinken: bis 2025

López de Heredia *Viña Tondonia* 1964

Herkunft Spanien, Rioja, Haro
Typ Trockener Weißwein, 12 Vol.-%
Rebsorten Viura, Malvasía

Die *grandes reservas* der Bodegas López de Heredia zählen zu den großen spanischen Weißweinen. Sie sind zugegebenermaßen etwas unannahbar, da die lange Reifezeit in amerikanischer Eiche (im Fall dieser Gran Reserva 1964 waren es 9 Jahre) elegante oxidative Noten schafft, die einen Novizen in der Welt des Weines irritieren könnten.

Aber diese lange Reifezeit, der schon einige Jahre in Eichenfässern vorangegangen sind und auf die weitere Jahre in der Flasche folgen, gibt dem Wein ein unverkennbares Profil, in dem ein wohldefiniertes Rückgrat von Lage über Lage an Aromen und Geschmacksnoten umgeben ist, die in einem mythischen Jahrgang wie 1964 atemberaubende Höhen erreichen. Andere Jahrgänge der jüngeren Vergangenheit – die zum Teil mehr Schärfe, zum Teil mehr Fleischigkeit aufweisen – mögen eines Tages eine ähnlich perfekte Struktur erreichen, aber bis jetzt ist der 1964er der beste Weißwein von Lópes de Heredia.

Nach angemessener Zeit an der Luft zeigt sich der Wein reichhaltig, kräftig, gradlinig und frisch, mit nur geringen Oxidationsnoten, wahrlich beeindruckend, nach frischen Orangen, verschiedenen Gewürzen (Zimt, Nelken, Vanille) und sogar benzinähnlichen Noten duftend: all das in einem harmonischen Ganzen. **JB**

❊❊❊❊ Trinken: bis 2025

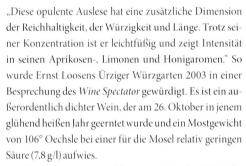

◀ Blick vom Würzgarten bei Ürzig über die Mosel.

Lusco do Miño
Pazo Piñeiro Albariño 2005

Herkunft Spanien, Galicien, Rías Baixas
Typ Trockener Weißwein, 13 Vol.-%
Rebsorte Albariño

Jean Macle
Château-Chalon 1999

Herkunft Frankreich, Jura, Château-Chalon
Typ Trockener Weißwein, 14 Vol.-%
Rebsorte Savagnin

Das Gut Lusco do Miño wurde vom Winzer José Antonio Lópes Domínguez zusammen mit seinen amerikanischen Importeuren Stephen Metzler und Almuneda de Llaguno gegründet. Im Jahr 2007 kam es jedoch zu größeren Veränderungen, und jetzt ist der größte Anteilseigner die dynamische Winzerei Dominio de Tares in Bierzo.

Die besten Albariño-Weine sind nicht nur in der Lage, einige Jahre in der Flasche zu überstehen, sie zeigen sich dann sogar von ihrer besten Seite. Zu ihnen gehören auch die beiden Weine von Lusco do Miño: Zum einen die seit 1996 unter dem Namen Lusco vermarktete Cuvée, die Mitte der 90er maßgeblich an der Qualitätsrevolution im Anbaugebiet Rías Baixas beteiligt war. Zum anderen der Pazo Piñero, der nach dem Weingarten in Salvaterra do Miño benannt ist, auf dessen 5 ha die Albariño-Reben wachsen, die der wahre Schatz des Hauses sind.

Andere Albariños leiden unter übertriebener Jugendlichkeit, zu ertragreichen Parzellen und dem Mißbrauch von Zuchthefen, beim Pazo Piñero zeigen sich diese Probleme nicht. Er ist trocken und mineralreich, frisch und fruchtig, strukturiert und lang, und seine Tugenden werden ab dem dritten Jahr immer deutlicher. **JB**

🍷🍷 Trinken: bis 2010; spätere Jahrgänge bis zu 5 Jahre nach Erhalt

In Frankreich ist die auf die Herstellung von Vin Jaune beschränkte Appellation Château-Chalon zur Legende geworden. In den vergangenen Jahrzehnten waren Jean Macles Weine die gesuchtesten Beispiele. Macle ist jetzt in seinen 70ern und davon überzeugt, daß man seinen Château-Chalon frühstens 10 Jahre nach der Abfüllung auf Flaschen trinken sollte – also 17 Jahre nach der Ernte.

Die 4 ha Savagnin-Reben des Gutes wachsen auf steilen, steinigen Mergelhängen, die nach Süden und Südosten ausgerichtet sind. Macle arbeitet mit nachhaltigen Anbaumethoden und ist überzeugt, daß die Hefe auf den ungefüllten Fässern die unterschiedlichen *terroirs* egalisiert. Der Schlüssel zur Alterung liegt im Standort der Fässer, da die Hefe sommerliche Wärme benötigt.

Der 1999er hat die Balance zwischen Reichhaltigkeit, Finesse und kräftiger Säure, die notwendig ist, um einen Wein gut altern zu lassen. Die Farbe ist – wie immer bei Macles Château-Chalon – von einem überraschend blassen gelb-goldenen Ton. Die Nase ist zart mit Aromen von grünen Äpfeln und unreifen Walnüssen. Der Wein ist knochentrocken, die Säure baut sich am Gaumen auf, jedoch mit einer Gerundetheit und Würzigkeit im Hintergrund, die ihr Schwere geben. **WL**

🍷🍷🍷 Trinken: 2016–2050+

Château-Chalon liegt idyllisch auf dem ersten Jura-Plateau.

Maculan
Torcolato 2003

Herkunft Italien, Venetien, Breganze
Typ Süßer Weißwein, 13 Vol.-%
Rebsorten Vespaiolo, Tocai Friulano, Garganega

Fausto Maculans Weine gehören zur neu geschaffenen DOC Breganze. Sie sind wegen ihres einzigartigen Stils und ihrer Persönlichkeit unverkennbar.

Der Torcolato ist das Ergebnis von drei wesensbestimmenden Umständen. Erstens können die Trauben in unterschiedlichem Maß von Edelfäule befallen sein. Zweitens werden sie 3 bis 4 Monate an Balken aufgehängt, trocknen dort an der Luft und werden dann langsam vinifiziert. Das dritte wesentliche Elemente ist die achtzehnmonatige Alterung in französischen Eichenfässern.

Der Wein ist schon in seiner Jugend von auffallend tiefer goldbrauner Farbe. Das Geschmacksbouquet ist ein wahres Feuerwerk an Fruchtnoten, ein Aufruhr von tropischem Obst (Mango, Papaya, Passionsfrucht), der von Akzenten begleitet wird, die man von einem Strohwein erwartet: Pfirsich, Aprikose und Honig. Die Eiche steuert Vanillegeschmack bei, hinzu kommt eine Säure, die an italienische Mandarinen erinnert. Während der Flaschenalterung treten Karameltöne auf, und das Finale wechselt allmählich von frischen Früchten hin zu Rosinen, Haselnüssen und Karamelkonfekt. Für all dies lieferte der glorreiche 2003er effektvolle Beispiele, es ist ein Wein, der sich zu großer Autorität entwickeln wird. **SW**

🍷🍷🍷 **Trinken: bis 2025+**

McWilliam's Mount
Pleasant Lovedale Semillon 2001

Herkunft Australien, New South Wales, Hunter Valley
Typ Trockener Weißwein, 11,5 Vol.-%
Rebsorte Sémillon

Der Sémillon hat in den kargen Alluvialböden von Hunter Valley seine wahre Heimat gefunden. Die ursprünglichen 6 ha Sémillon im Lovedale-Weingarten wurden 1946 vom legendären Maurice O'Shea gepflanzt. Inzwischen ist das Weingut McWilliam beträchtlich größer und arbeitet mit mehreren anderen Rebsorten, aber diese alten Rebstöcke auf dem ertragsarmen Schwemmsand und -kies liefern immer den Lovedale, der zu einem der großen klassischen Weine Australiens geworden ist.

Die Trauben werden mit der Hand gelesen, gepreßt und ohne Kontakt mit den Beerenhäuten entsaftet, danach wird der Most zwei Wochen kalt geklärt, so daß er besonders rein in die Gärung kommt. Der Kellermeister Phillipp Ryan hält den Hunter Sémillon für viel besser als je zuvor: „Er wirkt wegen des Gewichtes der Frucht am mittleren Gaumen fast fruchtig süß, obwohl er knochentrocken ist", sagt er. „Es gibt keinen Grund, Sémillon nicht im jungen Alter zu trinken." Folgerichtig bringt er auch einen kleinen Teil des Lovedale nach nur kurzer Lagerung auf den Markt. Auch im Alter von 6 Jahren zeigte sich der Wein jedoch noch bemerkenswert frisch, mit Zitronen- und subtilen Kräuteraromen und einer Andeutung von altersbedingten gebutterten Toastnoten. **HH**

🍷🍷 **Trinken: bis 2021**

Château Malartic-Lagravière
2004

Herkunft Frankreich, Bordeaux, Pessac-Léognan
Typ Trockener Weißwein, 13 Vol.-%
Rebsorten Sauvignon Blanc 80%, Sémillon 20%

Das Schiff auf dem Flaschenetikett läßt sich dadurch erklären, das Malartic im 18. Jahrhundert einem Admiral gehörte. Später gelangte es in den Besitz der Familie Marly und wurde von 1947 bis zu seinem Ruhestand 1990 von Jacques Marly geführt. Er war ein sehr frommer Mensch und sah alles als göttliche Gabe an – einschließlich der hohen Erträge seiner Rebstöcke. Es ist kaum überraschend, daß die Qualität seiner Weine nur mittelmäßig war.

Im Jahr 1990 wurde Malartic vom Champagnerhaus Laurent-Perrier gekauft, das es sieben Jahre später an den belgischen Geschäftsmann Alfred-Alexandre Bonnie weiterveräußerte. Bonnie investierte kräftig in das Gut, verjüngte und erweiterte die Weingärten, schuf eine hochmoderne Kellerei und vergrößerte das Château.

Die Rebstöcke wachsen auf tiefgründigem, gut entwässerten Kiesboden über Tonschichten. Zu Zeiten der Familie Marly war der weiße Malartic ein reiner Sauvignon Blanc, jetzt wird ihm jedoch auch Sémillon hinzugefügt, um ihm mehr Gewicht und Komplexität zu verleihen. Nach der Ernte werden die Trauben sehr sorgfältig selektiert und der Most in Eichenfässern gegärt, die etwa zur Hälfte neu sind. In den 80er Jahren war der Weißwein oft etwas hart und uncharmant, bis zum Jahr 2000 hatte er sich jedoch zu einem der besten Weine der Appellation entwickelt. Der Jahrgang 2004 war besonders erfolgreich und zeigt Aromen von Brennessel und Passionsfrucht mit einer kultivierten Andeutung von Eiche. Der Geschmack ist üppig und konzentriert, mit hinreichender Tiefe und Würzigkeit sowie einer exzellenten Säure und Länge. Ein in der Jugend entzückender Wein, der über die Balance verfügt, auch gut zu altern. **SBr**

☺☺☺ **Trinken: bis 2020**

Château de Malle
1996

Herkunft Frankreich, Bordeaux, Sauternes
Typ Süßer Weißwein, 13,5 Vol.-%
Rebsorten Sémillon 67%, S. Blanc 30%, Muscadelle 3%

Die Besucher strömen zu Tausenden hierher – meist jedoch wegen des wunderbaren Châteaus aus dem 17. Jahrhundert und der Parkanlagen, und nicht wegen der Weine. Das Gut gehört seit 1702 der Familie Lur-Saluces, 1956 ging es durch Erbschaft in den Besitz eines jungen Neffen über. Comte Pierre de Bournazel übernahm damals Weingärten, die durch den Frost dieses Jahres geschädigt waren, und das Schloß war halb verfallen. Er machte sich verbissen an die Arbeit, und 1980 konnte er mit seiner Familie das restaurierte Château beziehen.

Obwohl die Sauternes des Gutes im 19. Jahrhundert einen guten Ruf genossen, waren sie bis in die 60er und 70er Jahre des 20. Jahrhunderts auf Mittelmaß abgefallen. In den 80ern übernahm Madame Bournazel nach dem frühen Tod ihres Mannes die Geschäfte und investierte in die Weingärten. Die Auswahlkriterien sind strikt, und in den Jahren 1992 und 1993 wurde kein De Malle auf Flaschen abgefüllt.

Der Wein ist für einen Sauternes nicht sehr schwer, neigt aber zu einer gewissen Üppigkeit, und die besseren Jahrgänge altern gut. In der Vergangenheit waren die Weine zu leicht, sie waren elegant aber blaß. Heute sind sie reichhaltiger, die Betonung liegt aber immer noch eher auf Zugänglichkeit und Saftigkeit als auf Mächtigkeit. Der 1996er wurde von dem Ausnahmejahrgang 1997 in den Schatten gestellt, aber auch er brachte einige herrliche Weine hervor. Der De Malle 1997 wurde etwa zur Hälfte in neuer Eiche ausgebaut, und die Eichentöne sind recht deutlich zu vernehmen. Die konzentrierten Fruchtnoten werden durch die Säure gut ausbalanciert, und der Abgang ist lang. **SBr**

☺☺☺ **Trinken: bis 2018**

Malvirà
Roero Arneis Saglietto 2004

Herkunft Italien, Piemont, Roero
Typ Trockener Weißwein, 13 Vol.-%
Rebsorte Arneis

Marcassin
Chardonnay 2002

Herkunft USA, Kalifornien, Sonoma Valley
Typ Trockener Weißwein, 14,9 Vol.-%
Rebsorte Chardonnay

Die Gebrüder Damonte sind in diesem Buch stolz mit zwei Weinen vertreten – eine große Leistung für diese kleine, im Jahr 1974 gegründete Winzerei. Die zurückhaltende Eleganz und Komplexität ihrer Weine zeigen die nahe Nachbarschaft von Roero zum berühmteren Langhe. Der alte Weinberg der Familie Damonte liegt auf 230 bis 300 m Höhe. Arneis ist die örtliche weiße Rebsorte, die einzigartige, frische Weine hervorbringen kann, die jedoch nicht die verdiente Anerkennung findet, da hier dem Nebbiolo der Vorzug gegeben wird.

Die Trauben für den Saglietto Arneis werden sofort nach der Lese gepreßt. Die Hälfte des Mostes wird gegärt und 10 Monate in Fässern aus französischer Eiche ausgebaut, während die andere Hälfte in Edelstahltanks gärt. Der Wein wird normalerweise im August verschnitten und auf Flaschen abgefüllt, danach dauert es noch einige Monate, bevor er in den Handel gelangt.

Roero Arneis Saglietto ist ein harmonischer Wein von strahlend stroh-gelber Farbe. Er ist wohl gerundet, aber frisch und zeigt sehr gut definierte Apfel- und Birnennoten. Die großartige Balance zwischen Körper und Säure lassen erwarten, daß er mittelfristig sehr gut altern wird. **AS**

◉◉ Trinken: bis 2012

Helen Turley arbeitete schon seit den späten 70ern als Önologin in Kalifornien, aber erst in den 90er Jahren wurde sie zur gesuchtesten Weinmacherin des Staates. Ihr Name wird vor allem mit den frühen Chardonnays von Peter Michael und mit den ersten Zinfandels ihres Bruders Larry in Verbindung gebracht.

Marcassin ist die Marke, unter der Turley und ihr Ehemann John Wetlaufer ihre eigenen Weine herstellen und vermarkten. Es sind Einzellagen – Chardonnays und Pinot-Noirs –, die nur in geringen Mengen gekeltert werden. John Wetlaufer führte Turley an die großen Burgunder heran, die einen zunehmenden Einfluß auf ihre eigene Arbeit ausüben. Der Marcassin-Weinberg liegt etwa 5 km vom Pazifischen Ozean entfernt und wurde nach ihren eigenen Vorgaben mit sehr geringen Abständen zwischen den Rebstöcken bepflanzt. Helen Turley ist der festen Überzeugung, daß hohe Qualität nur durch geringe Erträge erzielt werden kann, und sie erntet in ihrem Weinberg vollreife Beeren mit fester Säure. Robert Parker, der nie in seinem Lob ihrer Tugenden geschwankt hat, bezeichnete den 2002er als „so gut wie perfekt". **LGr**

◉◉◉ Trinken: bis 2010; spätere Jahrgänge bis zu 10 Jahre nach Erhalt

Turley holt mit dichter Bepflanzung das meiste aus dem Weingarten.

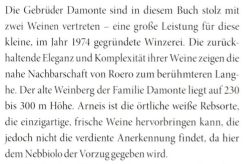

Château Margaux
Pavillon Blanc 2001

Herkunft Frankreich, Bordeaux
Typ Trockener Weißwein, 14,8 Vol.-%
Rebsorte Sauvignon Blanc

Henry Marionnet
Provignage Romorantin 2006

Herkunft Frankreich, Loire, Touraine
Typ Trockener Weißwein, 14 Vol.-%
Rebsorte Romorantin

Château Margaux ist zwar vor allem wegen seiner Rotweine bekannt, hier wird jedoch auch ein sehr angesehener Weißwein namens Pavillon Blanc gekeltert. In einem der ältesten Rebflächen des Gutes liegt eine 12 ha große Parzelle, die mit Sauvignon Blanc bestockt ist. Als die AOC Margaux 1955 offiziell festgelegt wurde, schloß man diese Lage aus, da es hier ein erhöhtes Risiko von Frühjahrsfrösten gibt. Deshalb wird der Wein als einfacher Bordeaux Blanc vermarktet und nicht als Margaux.

Für einen Sauvignon ist es ungewöhnlich, aber der Pavillon Blanc wird in Fässern gegärt und dann weitere 7 bis 8 Monate in Fässern ausgebaut. Die Jahresproduktion beläuft sich meist auf etwa 35.000 Flaschen. Der 2001er ist vielleicht der beste Jahrgang, den der Wein bis jetzt hervorgebracht hat, er ist von unübertroffener Konzentration, Tiefe und Komplexität. Die reichhaltige Fruchtigkeit und klare Säure überdecken den sehr hohen Alkoholgehalt von 14,8 %. Der Wein neigt dazu, nach etwa 2 Jahren etwas verschlossen und mürrisch zu werden, nach 7 oder 8 Jahren in der Flasche öffnet er sich jedoch zu einem der besten trockenen Weißweine, die Bordeaux zu bieten hat. Ein so großartiger Wein sollte auch mit entsprechend großartigen Gerichten genossen werden – vielleicht Hummer oder Jakobsmuscheln. **SG**

❂❂❂❂ **Trinken: bis 2010+**

1998 bot ein älterer Bauer seinem Nachbarn Henry Marionnet eine 4 ha große Parzelle mit Rebstöcken aus der Zeit vor der Reblausepidemie zum Kauf an. Man kann sich die Mischung aus Vorfreude und Skepsis gut vorstellen, mit der Marionnet das erste Mal diese alten Pflanzen in Augenschein nahm. Falls sie tatsächlich so alt waren, handelte es sich um einen echten Schatz, der sich vielleicht nur schlecht in Zahlen ausdrücken ließe, für einen Weinmacher mit Sinn für die Geschichte jedoch so gut wie Gold war. Hinzugezogene Experten stellten fest, daß es Romorantin-Reben waren. Sie nahmen auch an, daß die Überlieferung, der Weingarten sei 1850 gepflanzt worden und 1870 der Reblausepidemie entgangen, „vermutlich" richtig sei. Also kaufte Marionnet das Grundstück, und begann, Provignage zu keltern.

Eine derartig poetische Geschichte läßt natürlich befürchten, daß sie ansprechender sein könnte als der Wein selbst – eine Art flüssige historische Ballade. Dem ist nicht so. Provignage ist zweifelsohne ein charakterstarker Wein, er hat jedoch ein blumiges Honigaroma und einen reichhaltigen Nougatgeschmack, der durch eine schlanke Mineralader im Gleichgewicht gehalten wird. Insgesamt also ein einzigartiger und sehr angenehmer Wein. **KA**

❂❂❂❂ **Trinken: bis 2010+**

Marqués de Murietta *Castillo Ygay Blanco Gran Reserva* 1962

Herkunft Spanien, Rioja
Typ Trockener Weißwein, 12,8 Vol.-%
Rebsorten Viura 93%, Malvasía 7%

Das Gut Marqués de Murrieta setzte nicht nur für den klassischen roten Rioja Maßstäbe, sondern auch für Weißweine aus der Region. Es werden verschiedene Weiße erzeugt, der Castillo Ygay kommt allerdings nur in den allerbesten Jahren auf den Markt. Seit der Gründung der Firma im Jahr 1952 stellt sie traditionelle, im Eichenfaß ausgebaute Weißweine her, und sie ist sich in all dieser Zeit selbst treu geblieben. Man hat nicht der Versuchung nachgegeben, leichte, frische und junge Weißweine zu keltern, eine Mode, die vor etwa 20 Jahren einsetzte, als die Gerätschaften und Techniken, die solche Weine ermöglichen, für Kellereien allgemein verfügbar wurden. Das Gut betrachtet seinen weißen *reserva* als einen Wein, der sich grundsätzlich von jenen unterscheidet, die kurz nach der Ernte freigegeben werden. Man zielt mit ihnen auf einen grundlegend anderen Konsumenten.

Der 1962er stammt aus einem besonderen Jahrgang: Die Güte der vollkommen gereiften Trauben und die traditionellen Herstellungsmethoden verleihen dem Wein eine bemerkenswerte Langlebigkeit. Er verbrachte 18 Jahre in den besten firmeneigenen alten Fässern aus amerikanischer Eiche, bevor er weitere 5 Jahre in Flaschen gelagert wurde. Die endgültige Abfüllung geschah 1982.

Bei Weinkennern, die auf der Suche nach tiefgründigen Weinen sind, verebbt die Modeströmung inzwischen, die junge und fruchtreiche Weißweine hervorgebracht hat. Die sich ähnelnden Weißen im internationalen Stil langweilen sie. Dies sind die Genießer, die den Castillo Ygay zu würdigen wissen. **LG**

🍷🍷🍷🍷 **Trinken: bis 2012**

Weingärten bei Logroño, der Hauptstadt der Region Rioja.

Domaine Matassa *Blanc Vin de Pays des Côtes Catalanes* 2004

Herkunft Frankreich, Roussillon
Typ Trockener Weißwein, 13 Vol.-%
Reben Grenache Gris 85%, Maccabeu 15%

Im Jahr 2001 kauften die Neuseeländer Sam Harrop und Tom Lubbe Clos Matassa, einen kleinen Weinberg hoch oben in den Hügeln der Coteaux du Fenouillédes (die inzwischen als Côtes Catalanes neu klassifiziert worden sind).

Lubbe verfügte über Ortskenntnisse: Er hatte als Kellermeister in der gefeierten Domaine Gauby gearbeitet. Zudem kelterte er auch die bemerkenswerten Observatory-Weine in Südafrika. Harrop ist beratender Kellermeister, er war zuvor 6 Jahre als Weinmacher und -einkäufer für eine britische Warenhauskette tätig. Im Jahr 2003 kauften die beiden 12 weitere Parzellen hinzu, darunter auch einige mit Weißweinreben. Die Weinberge werden nach biologisch-dynamischen Prinzipien bewirtschaftet, und auch die Weine werden auf möglichst natürliche Weise erzeugt.

Obwohl die Rotweine sehr beeindruckend sind, waren es vor allem die Weißen, die der internationalen Kritik positiv aufgefallen sind. Der 2004er ist ein Ausnahmewein: eine Mischung aus Grenache Gris und Maccabeu von alten Reben, der mit natürlichen Hefen im Faß gegärt und dann 11 Monate auf dem Hefesatz ausgebaut wird. Er ist reichhaltig, aber frisch, mit komplexen Geschmacksnoten und einer unverkennbaren Mineralität. Ein Wein, der sich noch jahrelang in der Flasche weiterentwickeln wird. **JG**

€€ **Trinken: bis 2015**

Maximin Grünhauser *Abtsberg Riesling Auslese* 2005

Herkunft Deutschland, Mosel-Saar-Ruwer
Typ Süßer Weißwein, 8 Vol.-%
Reben Riesling

Urkundlich wurde Grünhaus erstmals im Februar 966 erwähnt, als Kaiser Otto I. dem Benediktinerkloster St. Maximin in Trier Gebäude, Weingärten und Güter schenkte. Ausgrabungen lassen jedoch vermuten, daß es hier schon zu Zeiten der Römer einen Weingarten gab.
Infolge der Säkularisation des Klosters wurde das Gut 1810 versteigert, seit 1822 gehört es der Familie von Schubert. Unter den drei Weingärten des Gutes spielt der Abtsberg eine besondere Rolle. Auf dem verwitterten blauen Schieferboden wächst ein aromareicher, würziger, feinherber und voller Riesling mit einer ausgesprochen eleganten Säure.
Die Auslese 2005 stammt vom Herzen dieses Weingartens, direkt oberhalb des Gutshauses. Sie ist zugleich anspruchsvoll und verführerisch. In der Nase zeigen sich Aromen von Mango, Maracuja und Pfirsichkompott. Am Gaumen ist er zuerst dicht und saftig, dann dank der mineralreichen Säure ungewöhnlich frisch und ausgewogen. Die exotische Fruchtigkeit erweckt einen Nachgeschmack von kandierter Limone und Papaya. Diese Auslese läßt bei jedem Schluck an eine 2000 Jahre alte Weinbaukultur denken und an das *terroir*, von dem sie stammt. **FK**

€€€ **Trinken: bis 2020**

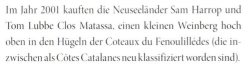

← *Gobelet-erzogene Rebstöcke in der Domaine Matassa.*

Viña Meín
2004

Herkunft Spanien, Galicien, Ribeiro
Typ Trockener Weißwein, 12,5 Vol.-%
Rebsorten Treixadura 85%, Andere 15%

Das im Nordosten Spaniens in der Nähe von Orense gelegene Leiro blickt auf eine lange Geschichte der Winzerei zurück. Dafür waren vor allem die Mönche der Zisterzienserabtei San Clodio verantwortlich.

Im Gegensatz zu dieser langen Tradition, die sich in den vielen Weingärten zeigt, die an den Talhängen des Rio Avia liegen, ist die Kellerei Viña Meín jüngeren Datums, sie wurde erst in den späten 1980er Jahren gegründet, als sich in Spanien eine Tendenz zur Herstellung höherwertiger Weine bemerkbar machte. Auf insgesamt 14 ha wurden damals neue Reben gepflanzt, davon etwa 80 % der örtliche Treixadura, während die restlichen 20 % aus verschiedenen Rebsorten bestanden: Godello, Loureira, Torrontés, Albariño und Lado. In der endgültigen Mischung sind alle diese Sorten enthalten.

Der Flaggschiff-Wein trägt den Namen der Kellerei, Viña Meín, und seine eichenlose Version strebt den reinen Ausdruck der Frucht und eine straffe Struktur an. Die besten Jahrgänge des Viña Meín – zum Beispiel der 2001er oder dieser 2004er – verbinden in ihrer Jugend aromatische Intensität (Lorbeer und weiße Früchte) mit Frische und zeigen nach einigen Jahren in der Flasche eine edle Reife. **JB**

Ⓢ Trinken: bis 2010

Alphonse Mellot
Sancerre Cuvée Edmond 2002

Herkunft Frankreich, Loire, Sancerre
Typ Trockener Weißwein, 13 Vol.-%
Rebsorte Sauvignon Blanc

Die Weinberge von Alphonse Mellot umrahmen zum größten Teil die 35 ha große Domaine La Moussière im Süden von Sancerre. Hier, in der Mitte der Appellation, findet sich der klassische Sancerre-Kalkstein, aber auch der Mergel von St.-Doulchard und der kreidige Boden von Buzançais. La Moussière wird seit der Jahrhundertwende nach organischen Landwirtschaftsmethoden bewirtschaftet und ist inzwischen auf biologisch-dynamischen Landbau umgestellt worden.

Die Cuvée Edmond stammt von einer alten La-Moussière-Parzelle, deren Reben zwischen den 20er und 60er Jahren gepflanzt wurden. Der Ertrag beträgt durchschnittlich 41 hl pro Hektar. Der Wein wird in der Familienkellerei aus dem 15. Jahrhundert in Sancerre gekeltert, 60 % davon in neuen Fässern, obwohl in dieser Gegend Eiche immer noch selten verwendet wird. Die Cuvée Edmond wird dann auf dem Hefesatz gelagert, je nach Jahrgang zwischen 10 und 14 Monate. Obwohl er für einen weißen Sancerre reichhaltig und konzentriert ist, wird man ihn vielleicht doch lieber trinken, wenn er jung und frisch ist und als idealer Begleiter für Schalentiere oder den Chavignol-Käse aus der Umgebung dienen kann. **SG**

ⓈⓈⓈ Trinken: bis zu 10 Jahre nach Erhalt

Miani
Tocai 1999

Herkunft Italien, Friaul-Julisch Venetien
Typ Trockener Weißwein, 12,5 Vol.-%
Rebsorte Tocai Friulano

Der Jahrgang 1999 ist einer, den man noch legal als Tokajer bezeichnen darf. Nach einer Regelung der EU ist es immer noch unklar, ob der Wein zu Friulano, Toccai oder etwas ganz anderem umbenannt werden wird. Man sollte das jedoch philosophisch sehen und sich mit einer Sentenz von Shakespeares Julia trösten: „Was ist ein Name? Was uns Rose heißt, wie es auch hieße, würde lieblich duften."

Der Tocai Friulano ist seit Jahrhunderten der typische Wein des Friauls. Die verwendete Rebsorte ist Sauvignasse bzw. Sauvignon Vert. Die Verwandtschaft zwischen Sauvignon Blanc und Sauvignon Vert wird manchmal angezweifelt, aber der Geruch von frisch gegorenem Tocai-Friulano-Most sollte auch Skeptiker davon überzeugen, das die Verwandtschaft besteht. Nach einigen Wochen verliert der Tocai das typische Aroma von Tomatenblättern und entwickelt sanftere, honigartige Töne.

Der Tocai Miani 1999 ist sowohl ein perfektes Beispiel für einen großen Tocai Friulano als auch eher untypisch. Untypisch, weil er im Gegensatz zu den meisten Tocai Friulanos auf mittlere und lange Sicht gut altern wird. Sehr typisch, weil er all die Tiefe und Komplexität zeigt, die man sich von einem solchen Wein erwünschen mag. Die Farbe ist tiefgelb mit einem strahlenden Goldhauch. Die Nase ist weit und fesselnd, mit sanften Apfel-, Honig-, Mandel-, Heu- und Gewürzaromen (weißer Pfeffer und sogar Safran). Der Gaumen füllt sich bis in den letzten Winkel mit der buttrigen Sinnlichkeit des Weines, wobei man nicht an den Geschmack von Butter denken sollte, sondern an ihre glatte Konsistenz. Das sehr lange, fokussierte Finale ist unvergeßlich. **AS**
☉☉☉☉ **Trinken: bis 2012**

Peter Michael
L'Après-Midi Sauvignon Blanc 2003

Herkunft USA, Kalifornien, Sonoma Valley
Typ Trockener Weißwein, 14,2 Vol.-%
Rebsorte Sauvignon Blanc

Sir Peter Michael ist in Großbritannien vielleicht bekannter als im deutschsprachigen Raum oder in den USA, wo er sich der Winzerei widmete, nachdem er in England mit einer Elektronikfirma und einem Radiosender sein Glück gemacht hatte. Vom Verkaufserlös dieser Unternehmen wollte er sich ein Weingut zulegen. Nach langer Suche entschied er sich für das kaum bekannte Knights Valley in Kalifornien, zwischen dem nördlichen Napa und Sonoma. Dort kaufte er 1981 eine große Ranch und pflanzte Reben, die erste Ernte war 1987.

Michael konzentrierte sich von Anfang an auf hochkarätigen Cabernet, Chardonnay und Sauvignon Blanc, inzwischen sind jedoch auch andere Weine hinzugekommen. Seine Mitarbeiter verwenden sowohl gekaufte Trauben als auch solche von den eigenen Weingärten, von denen viele auf felsigen Vulkanböden in den Bergen hinter der Kellerei liegen. Die Erträge sind sehr niedrig, entsprechend gering sind auch die Mengen vieler seiner Abfüllungen. Die ersten Jahrgänge des Sauvignon Blanc stammten von Howell-Mountain-Trauben, aber seit den späten 90er Jahren werden Früchte aus den eigenen Weinbergen in einer Höhe von etwa 360 m verwendet. Der Wein wird mit natürlichen Hefen im Faß gegärt, es wird jedoch nur wenig neue Eiche verwendet.

Der Jahrgang 2003 ist typisch: reife Apfelaromen, die – wie auch der Geschmack – von einer diskreten Würzigkeit belebt werden. Im Abgang zeigt sich eine leichte Süße, die vermutlich vom Alkohol herrührt, da der Wein keinen Restzucker enthält. Die lebhafte Säure sorgt für eine gute Länge und stellt sicher, daß der Wein mittelfristig gut altert **SBr**
☉☉☉ **Trinken: bis 2010+**

Millton Vineyard *Te Arai Vineyard Chenin Blanc* 2002

Herkunft Neuseeland, Gisborne
Typ Trockener Weißwein, 12,5 Vol.-%
Rebsorte Chenin Blanc

Es ist erstaunlich, daß noch bis in die 80er Jahre in Neuseeland die häufigste weiße Rebsorte der Müller-Thurgau war, daß die Sauvignon-Blanc-Revolution noch in ihren Anfängen steckte und daß die Weinindustrie winzig war. Heute herrscht in der blühenden neuseeländischen Weißweinszene der Sauvignon Blanc vor, und der Chardonnay liegt abgeschlagen auf dem zweiten Platz. Riesling, Pinot Gris und Gewürztraminer stellen die restlichen häufigeren weißen Rebsorten, so daß dieser Wein als Chenin Blanc einen gewissen Seltenheitswert hat. Er ist jedoch so gut, daß man sich fragt, warum diese charaktervolle Rebsorte von der Loire nicht öfter angepflanzt wird.

Millton Vineyard ist nicht nur für seine Weine bekannt, sondern auch als ein Pionier des biodynamischen Weinbaus – der hier seit fast 25 Jahren praktiziert wird – außerhalb von Europa. Das 74 ha große Gut an den Ufern des Te Arai wurde von Anfang an nach Rudolf Steiners anthroposophischen Prinzipien geführt und war das erste, das in Neuseeland ein Ökologiesiegel erhielt.

Obwohl man hier auch mit anderen Rebsorten gute Ergebnisse erzielt, war es der Chenin Blanc, der den Ruf der Kellerei begründete. Ihre Chenins zeigen in der Jugend meist eine frische Fruchtigkeit, altern aber zu einer reifen Gerundetheit. Der 2002er ist ein guter Jahrgang und zeigt die typischen cremigen Strohnoten. Er hat eine reichhaltige, gerundete Textur mit guter Konzentration und Säure. Durch Lagerung sollte etwas mehr Honig und vielleicht auch Lanolin den Charakter prägen. Die Kellerei geht davon aus, daß ihr Chenin bis zu 15 Jahre nach Freigabe gelagert werden kann. **JG**

◉ Trinken: bis 2015+

WEITERE EMPFEHLUNGEN
Andere große Jahrgänge
2000 • 2001 • 2004 • 2005
Weitere Weine des gleichen Erzeugers
Opou Vineyard Chardonnay und Riesling • Growers Series Gisborne Gewürztraminer und Briant Vineyard Viognier

Mission Hill
S.L.C. Riesling Icewine 2004

Herkunft Kanada, British Columbia, Okanagan Valley
Typ Süßer Weißwein, 10,5 Vol.-%
Rebsorte Riesling

Mitchelton *Airstrip Marsanne Roussanne Viognier* 2005

Herkunft Australien, Victoria, Nagambie Lakes
Typ Trockener Weißwein, 14 Vol.-%
Rebsorte Marsanne 40%, Roussanne 30%, Viognier 30%

Mission Hill liegt etwa 400 km östlich von Vancouver und wurde 1981 von Anthony von Mandl gegründet. Der zuvor in Montana tätige Kellermeister John Simes übernahm 1992 die Leitung und hat sie bis heute inne. Das spektakuläre Kellereigebäude des Architekten Tom Kundig wurde 2006 nach sechsjähriger Bauzeit vollendet.

In Okanagan wird seltener Eiswein gekeltert als in Ontario, der Heimat des renommierten Eisweinherstellers Inniskillin, und der S. L. C. (Select Lot Collect) von Mission Hill wird aus Riesling und nicht der häufiger verwendeten Vidal-Rebe produziert. Die Trauben wurden im Januar 2005 auf der Naramata Ranch am Lake Okanagan und den Mission-Hill-Road-Weingärten bei -11°C geerntet, insgesamt ergab diese Ernte lediglich 446 Kisten Wein.

Der S. L. C. Riesling Icewine ist mit 275 g/l Restzuckergehalt sehr süß, was aber durch die 12 g/l Säure gut ausgeglichen wird. Zuerst wirkt er fast klebrig, im Finale wird die Säure jedoch sehr deutlich und hinterläßt einen sauberen, erfrischenden Nachgeschmack. Mit seiner guten Länge und den intensiven, aber eleganten Fruchttönen ist der 2004er vermutlich der beste Eiswein, den John Simes je gekeltert hat. **SG**

☺☺☺☺ Trinken: bis 2015+

Der Melbourner Unternehmer Ross Shelmerdine beauftragte 1967 Colin Preece, für ihn das geeignetste Land für den Anbau von Spitzenweinen in Südostaustralien zu suchen. Preece wählte ein altes Gut mit Weideland in der Gegend von Nagambie in Victoria. Die Geschichte des Gutes geht bis ins Jahr 1836 zurück, als der Forscher Major Thomas Mitchell hier auf seinem Weg von Sydney nach Melbourne den Fluß überquerte. Die Stadt am Flußufer sollte ursprüngliche Mitchellstown heißen.

Die Arbeiten im Weingarten begannen 1969. Don Lewis stand Preece 1973 bei der ersten Ernte zur Seite und übernahm sein Amt als Kellermeister, als Preece 1974 in den Ruhestand ging. Im gleichen Jahr wurde die beeindruckende, von Ted Ashton entworfene Kellerei in Betrieb genommen.

Mitchelton konzentriert sich auf Rebsorten aus dem Rhônetal. Marsanne ist eine der Spezialitäten von Mittel-Victoria, hier wachsen die größten Bestände außerhalb von Frankreich. Der Marsanne und Roussane, aus dem der Airstrip gekeltert wird, werden im Faß gegärt, dabei kommt 20 % neue Eiche zum Einsatz. Der Viognier wird dagegen in vierjähriger französischer Eiche gegärt. Man findet nur selten Cuvées, in denen diese drei Rebsorten aus dem Rhônetal zusammen verwendet werden. **SG**

☺☺☺ Trinken: nach Erhalt

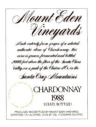

Robert Mondavi
Fumé Blanc I Block Reserve 1999

Herkunft USA, Kalifornien, Napa Valley
Typ Trockener Weißwein, 13,5 Vol.-%
Rebsorte Sauvignon Blanc

Mount Eden
Chardonnay 1988

Herkunft USA, Kalifornien, Santa Cruz Mountains
Typ Trockener Weißwein, 13 Vol.-%
Rebsorte Chardonnay

Als Robert Mondavi 1966 seine Kellerei eröffnete, war die Qualität des Sauvignon Blanc aus dem Napa Valley nicht gerade spektakulär. Er entschloß sich, mit der Rebsorte zu experimentieren, um einen Wein zu erzielen, der eher den großen Pouilly-Fumés und Blanc Fumés ähnelte, die er verkostet hatte. Mondavi ließ den Wein in Edelstahltanks gären, nachdem sie eine Zeit mit den Beerenhäuten in Berührung waren, und baute ihn dann in neuen Eichenfässern aus.

Der auf diese Weise gekelterte Wein war so andersartig, daß man kaum glauben konnte, es sei ein Sauvignon Blanc. Mondavi beschloß deshalb, ihn unter einem eigenen Namen zu vermarkten. So entstand, als einfach Umdrehung der französischen Bezeichnung, der Name Fumé Blanc. Der großartigste unter den Fumé Blancs aus der Mondavi-Kellerei ist der I Block Reserve, der von dem To-Kalon-Weingarten im Oakville-Gut stammt. Die Reben wurden 1945 auf reblaus-resistenten Unterlagen gepflanzt, sie könnten die ältesten Sauvignon Blanc Rebstöcke in Nordamerika sein.

Der 1999er ist immer noch klar und fokussiert. Die anfänglichen intensiven und frischen Zitrusaromen setzen sich am Gaumen fort, wo sich der Wein mit tropischen, mineralischen und Kräuternoten entfaltet, die alle bemerkenswerte Konzentration, Beharrlichkeit und Länge zeigen. **LGr**

🍇🍇🍇 **Trinken: bis 2020**

Das exzentrische und aufbrausende Weingenie Martin Ray bepflanzte 1942 seinen ersten Weingarten am Mount Eden mit Pinot Noir, Chardonnay und später Cabernet Sauvignon. Während der 60er Jahre nahm Ray Investoren mit an Bord, um die Weingärten weiterentwickeln zu können. Es kam jedoch zu Zerwürfnissen und 1970 war der letzte Jahrgang, den Ray selbst kelterte.

Die neuen Besitzer tauften das Weingut in Mount Eden Vineyards um und stellten 1972 ihren ersten Wein her. 1981 wurde Jeffery Patterson als Assistent des Kellermeisters eingestellt, übernahm ein Jahr später diesen Posten selbst und hat ihn seitdem inne.

Der Chardonnay von Mount Eden ist einer der wenigen kalifornischen Chardonnays, die mit Würde altern. Den Weinautor Claude Kolm erinnerte er an große weiße Burgunder, er sei in seiner Mineralität wie ein guter Puligny-Montrachet und im Alter in seiner Strenge wie ein Chablis. Bei einer Verkostung verschiedener Jahrgänge seit 1976 wählte Kolm den 1988er als seinen persönlichen Favoriten und lobte die „großartige Säure am Gaumen, die Mineralität, Steinigkeit und Apfelnoten, und die Spannung des gesamten Weines, fast wie bei einem großen Riesling". **SG**

🍇🍇🍇🍇 **Trinken: bis 2010+**

Mount Horrocks *Cordon Cut Riesling* 2006

Herkunft Australien, South Australia, Clare Valley
Typ Süßer Weißwein, 12 Vol.-%
Rebsorte Riesling

Die Kellerei Mount Horrocks ist im alten Bahnhofsgebäude in der Kleinstadt Auburn am Südende des Clare Valley untergebracht. Die Gebrüder Ackland gründeten die Firma 1981, um Trauben aus Weingärten zu verarbeiten, die 1967 bepflanzt worden waren. Jeffrey Grosset arbeitete lange Zeit als Berater für die Acklands und ist auch jetzt noch, obwohl er inzwischen eine eigene Kellerei betreibt, aktiv am Geschehen in Mount Horrocks beteiligt – seine Lebensgefährtin Stephanie Toole hat die Kellerei 1993 gekauft. Das Paar ist in einer freundschaftlichen Rivalität verbunden, und erfreut sich an den Erfolgen des jeweils anderen.

Mount Horrocks bemerkenswertester und einzigartigster Wein ist der Cordon Cut Riesling. Mit „Cordon Cut" wird eine riskante Technik bezeichnet, bei der die Triebe durchtrennt werden, wenn die Beeren reif sind, so daß sie auf natürliche Weise am Rebstock eintrocknen. Die so erzielten Weine sind reichhaltig und von intensivem Geschmack.

Der Mount Horrocks Cordon Cut Riesling 2006 ist von blaß gelber bis hellgrüner Farbe und entwickelt schon im Glas rieslingtypische, blumige Fruchtaromen. Am Gaumen ist er üppig süß, ohne klebrig zu wirken und zeigt zarte, aber dennoch intensive Orangen- und Mandarinennoten, die von Honig-, Gewürz- und Mineraltönen begleitet werden. Die feine Säure balanciert die intensive Fruchtigkeit aus. Der Wein kann sofort genossen werden, aber auch bis zu einem Jahrzehnt im Keller gelagert werden. Wegen verheerender Frostschäden wurde 2007 kein Cordon Cut gekeltert. **SG**

☺☺ **Trinken: bis 2016**

WEITERE EMPFEHLUNGEN
Andere große Jahrgänge
1996 • 2000 • 2001 • 2002
Weitere Weine des gleichen Erzeugers
Watervale Chardonnay • Mount Horrocks Riesling
Mount Horrocks Semillon • Mount Horrocks Shiraz

Mountadam
Chardonnay 2006

Herkunft Australien, South Australia, Eden Ridge
Typ Trockener Weißwein, 14 Vol.-%
Rebsorte Chardonnay

Wenn es einen Wein gibt, den man als Speerspitze der Weinhersteller auf der südlichen Halbkugel beim Angriff auf die Alte Welt bezeichnen konnte, dann war es der australische Chardonnay. Der reiche Extrakt, die tropischen Fruchtaromen und der ungenierte Geschmack süß-würziger Eiche waren anders als alles, was in Europa je gekeltert worden war. Inzwischen ist der Chardonnay jedoch weniger eichenbetont, und durch den Anbau in höheren Lagen nähert sich das Frucht-Säure-Verhältnis auch dem in Europa üblichen an.

Diese Entwicklung ließ sich in den Weinen der Mountadam-Kellerei verfolgen, die von einer der überragenden Figuren im australischen Weinbau, von dem verstorbenen David Wynn, gegründet wurde. Die Chardonnay-Trauben für den faßgereiften Wein stammen von den ältesten Weingärten in South Australia am High Eden Ridge, wo die Verbindung von niedrigeren Tagestemperaturen und geringen Erträgen so günstige Voraussetzungen schaffen, daß sie schon fast Neid erregen könnten.

Der jetzige Kellermeister von Mountadam ist Con Moshos, der zu Petalum-Zeiten Assistent von Brian Croser war. Im Jahr 2006 kelterte er aus verschiedenen Klonen, die ursprünglich von David Wynn gepflanzt worden waren, den besten Chardonnay des Gutes seit langer Zeit. Obwohl der Wein die dichte Struktur hat, die mit geringen Erträgen einhergeht, ist er doch überaus elegant. Es gibt Melonen-, Nektarinen- und Birnenaromen und -geschmacksnoten und die Eiche fügt einen subtilen Muskatnußton hinzu. **SW**

☺☺☺ **Trinken: bis 2012**

← *Echium plantagineum* zwischen den Mountadam-Rebstöcken.

Egon Müller *Scharzhofberger Riesling Auslese* 1976

Herkunft Deutschland, Mosel-Saar-Ruwer
Typ Süßer Weißwein, 8 Vol.-%
Rebsorte Riesling

Es gibt keine anderes Weingut, das so unbestritten den Titel „Elysium des Rieslings" für sich in Anspruch nehmen kann wie Egon Müllers Scharzhof im Tal der Saar. Die Rieslingweine des zugehörigen Weingartens Scharzhofberg gehören zu den gesuchtesten und teuersten Weinen der Welt.

Müllers Weine lösen auf fast magische Weise das konzeptuelle Paradoxon zwischen Reinheit und Komplexität auf. Den großartigen 1976er Scharzhofer Jahrgang gibt es als verschiedene Auslesen, die sich in ihrer fast transzendentalen Qualität nur minimal unterscheiden, aber doch jeweils eine bemerkenswert eigene Persönlichkeit zeigen. 2006 verkostete der Hamburger Autor Stephan Reinhardt die Auslese Nr. 32 für die Zeitschrift *The World of Fine Wine*: „Würziges und mehrschichtiges Bouquet mit Andeutungen von Orangentee, Zigarrentabak und getrockneten Aprikosen. Sehr stilsicher, glatte Struktur, präzise, süße Fruchtigkeit mit Honigtönen und brillanter, überaus feiner Säure. Diese intensive, perfekt ausgewogene und unwiderstehliche Auslese zeigt sowohl wunderbare Konzentration als auch Finesse." Reinhardt findet, daß diese Weine das Denken klarer machen, anstatt es zu vernebeln. **FK**

❧❧❧❧ **Trinken: bis 2040+**

Müller-Catoir *Mussbacher Eselshaut Rieslaner TBA* 2001

Herkunft Deutschland, Pfalz
Typ Süßer Weißwein, 9 Vol.-%
Rebsorte Rieslaner

Der Name läßt es schon vermuten: Rieslaner ist eine Kreuzung aus Silvaner und Riesling. Die Rebsorte entstand 1921 und gehört heute zu den seltensten in Deutschland – sie wird nur auf etwa 85 ha angebaut. Als Beerenauslese oder Trockenbeerenauslese zählt der Rieslaner zu den besten Dessertweinen der Welt.

Der Rieslaner wird in dem traditionellen pfälzischen Weingut Müller-Catoir seit vielen Jahrzehnten besonders gut kultiviert. Die edlen Süßweine aus dieser Rebe werden bei Müller-Catoir zu Elixieren, die eine schier unglaubliche Intensität und fast explosive Fruchtigkeit mit berauschender Komplexität verbinden. Man taucht Schicht um Schicht in exotische Früchte und frische Zitrusaromen ein.

Die Trockenbeerenauslese 1990 war der erste deutsche Wein, dem Robert Parker die perfekte Note von 100 Punkten zuerkannte. Mit dem Jahrgang 2001 erreichte der Wein jedoch einen neuen Höhepunkt. Er wurde vom *Gault Millau* als „einer der besten Weine, die je in Deutschland gekeltert wurden" gefeiert. Insgesamt wurden jedoch nur 325 l hergestellt, ein winziger Tropfen im Vergleich zur weltweiten Nachfrage nach diesem außerordentlichen Weinerlebnis. **FK**

❧❧❧❧ **Trinken: bis 2030+**

Salvatore Murana *Passito di Pantelleria Martingana* 2000

Herkunft Italien, Sizilien, Pantelleria
Typ Süßer Weißwein, 15 Vol.-%
Rebsorte Zibibbo

René Muré *Vorbourg Grand Cru Clos St.-Landelin Riesling* 2003

Herkunft Frankreich, Elsaß
Typ Trockener Weißwein, 13,5 Vol.-%
Rebsorte Riesling

Auf den von der Sonne verbrannten und vom Wind umtosten terrassierten Hängen der winzigen Insel Pantelleria wachsen die Zibibbo-Reben der Familie Murana. Der Boden ist steinig und vulkanischen Ursprungs. Jeder Rebstock wird in einem Erdloch gepflanzt und durch eine kleine Trockenmauer vor dem heftigen Wind geschützt. Die Pflanzen werden stark zurückgeschnitten und wachsen fast waagerecht, so daß die Blätter fast den Boden berühren. Das Oberteil der Pflanze wird zur typischen Korbform gebunden, in deren Innerem die Trauben geschützt wachsen können.

Murana besitzt verschiedene Weingärten auf der Insel: Costa, Gadir, Mueggen, Khamma und Martingana. Der letztgenannte liegt im Süden der Insel, hier wurden die Reben 1932 gepflanzt. Wegen ihres Alters, des Bodens und des Klimas sind die Erträge ausgesprochen gering. Die Trauben werden zu zwei unterschiedlichen Zeiten gepflückt, manche von ihnen werden auf Steinplatten getrocknet und der Rest frisch verwendet, um Fülle und Frische zu erreichen. Der Wein hat die Aromen der Insel gespeichert: getrocknete Früchte, Datteln, Gewürze und Kaffee. Am Gaumen ist er voll und rund, und die Balance zwischen Süße und Säure grenzt an Perfektion. **AS**

🍷🍷🍷🍷 Trinken: bis 2028+

Das Jahr 2003 stellte die Winzer im Elsaß vor große Herausforderungen. Nach einem milden, sonnigen März brachte die Nacht des 10. April einen heftigen Frost. Der heiße Hochsommer führte zu großer Trockenheit und Hitzestreß. Auch René Murés 15 ha großer Clos St.-Landelin (vor allem die steinigen Böden an den nach Süden ausgerichteten oberen Hängen des Weinberges) im *grand cru* Vorbourg litt unter dem Klima. Der Riesling reifte verspätet und wurde im Oktober bei Schnee geerntet.

Aber aus Widrigkeiten erwuchs ein Triumph. Im September wurden die Rebstöcke durch Regen wieder belebt, und den Parzellen mit wasserspeichernden Tonböden kamen die kühleren Bedingungen im Herbst zu Gute. Die viel später als üblich gepflückten Riesling-Trauben waren reich an natürlichem Zucker, sie wurden zu einem Wein von reichhaltiger voller Trockenheit mit einem Alkoholgehalt von 13,5 % gekeltert.

Der Wein ist von glänzend stroh-goldener Farbe. Bei hinreichendem Luftzutritt – man sollte also dekantieren – zeigen sich in der komplexen Nase Andeutungen eines öligen *goût de pétrole*, der für alternden Rieslinge typisch ist. Am Gaumen ist es ein kraftvoller, „fetter" Wein, der sich für mittelfristige Kellerlagerung eignet. **ME**

🍷🍷🍷🍷 Trinken: bis 2012

Château Nairac
2001

Herkunft Frankreich, Bordeaux, Sauternes, Barsac
Typ Süßer Weißwein, 13,5 Vol.-%
Rebsorten Sémillon 90%, S. Blanc 6%, Muscadelle

Daniele Nardello
Recioto di Soave Suavissimus 2003

Herkunft Italien, Venetien, Soave
Typ Süßer Weißwein, 14 Vol.-%
Rebsorte Garganega

Nairac ist das erste Weingut am Nordende von Barzac. Nach der Phylloxera-Epidemie wurden rote Reben gepflanzt, weiße Reben kam erst später wieder hinzu. Seit den 60er Jahren wurde nur Massenware gekeltert. Tom Heeter und Nicole Tari kauften den Besitz 1971, und Tom machte sich schnell daran, die Gärten und Keller wieder instandzusetzen. Er steigerte die Qualität durch strikte Auswahl bei der Ernte und kelterte Dutzende von Parzellen getrennt, um sie überwachen zu können, bevor er sich für die endgültige Assemblage entschied.

1993 übernahm ihr Sohn Nicolas, der sich als noch größerer Perfektionist herausstellte als sein Vater, nur vollkommen edelfaule Beeren verwendet und den Wein im wesentlichen auf handwerkliche Weise herstellt. Nur der Wein aus Fässern, mit denen er vollkommen zufrieden ist, wird für die Zusammenstellung benutzt und auf Flaschen abgefüllt. So gelangen für die Größe des Gutes (16 ha) nur verhältnismäßig geringe Mengen auf den Markt. Der Wein wird dazu etwa 65 % im neuen Eichenfässern ausgebaut und ist meist sehr viel reichhaltiger als die anderen Barzac-Weine. Der 2001er hat kräftige Steinfruchtaromen, ist üppig, ölig und von vollem Körper, hat jedoch auch Finesse und einen langen Abgang. **SBr**
❸❸❸ **Trinken: bis 2030**

Das 14 ha große Weingut der Brüder Daniele und Federica Nardello liegt im äußersten Süden des Soave-Classico-Gebietes. In den älteren Weingärten werden die Reben auf klassische Weise in Pergolen gezogen, während in den neueren das Guyot-System angewendet wird, das eine höhere Pflanzdichte ermöglicht und mehr Sonnenlicht an die Reben läßt.

Der Recioto di Soave Suavissimus stammt von den älteren Reben und wird meist über eine Dauer von 6 Wochen geerntet, um Trauben mit unterschiedlichem Reifegrad zu erhalten. Die Trauben werden dann bis zum März des folgenden Jahres getrocknet und nach dem Keltern jeweils einzeln in Barriques ausgebaut, bevor sie verschnitten und mehrere Monate im Edelstahltanks harmonisiert werden. Nach der Abfüllung auf Flaschen reift der Wein ein weiteres Jahr, bevor er freigegeben wird.

Der Wein ist von tiefgoldener Farbe mit einem Bouquet, das von frischen gelben Blüten bis hin zur getrockneten Aprikosen, Mandeln und Honig reicht. Eine frische Note kommt durch Mandarinenaroma hinzu. Am Gaumen ist er intensiv, der hohe Zuckergehalt wird durch die Säure ausgeglichen, so daß der Wein seine Resonanz durch das lange, gut fokussierte Finale beibehält. **AS**
❸❸❸ **Trinken: bis 2020**

Nederburg
Edelkeur Noble Late Harvest 2004

Herkunft Südafrika, Paarl
Typ Süßer Weißwein, 11 Vol.-%
Rebsorte Chenin Blanc

Neudorf
Moutere Chardonnay 2000

Herkunft Neuseeland, Nelson
Typ Trockener Weißwein, 14 Vol.-%
Rebsorte Chardonnay

Es war der deutsche Kellermeister der großen Nederburg-Kellerei, Günter Brözel, der zuerst das Potential zeigte, daß es in Südafrika für einen süßen Wein aus edelfaulen Trauben im europäischen Stil gab. In den 60er Jahren waren solche Weine gesetzlich verboten, um den Südweinmarkt zu schützen, und die Anerkennung der Kategorie wurde nur durch entschlossene Lobbyarbeit erreicht. Der Sieg des Edelkeur 1969 bei einem internationalen Weinwettbewerb in Budapest 1972 stärkte Brözels Überzeugung, daß ein Dessertwein aus Chenin zum Flaggschiff der Weine vom Kap werden könnte.

Im Jahr 1975 fand die inzwischen vergrößerte Nederburg-Auktion erstmals statt, um den Edelkeur zu vermarkten, auch heute gelangt er nur auf diesem Weg in den Einzelhandel. Obwohl der bahnbrechende Wein am Kap nicht mehr der einzige in seiner Kategorie ist, liefert er doch immer wieder sehr schöne Beispiele – wie auch der 2004er zeigt, der in geringeren als üblichen Mengen gekeltert wurde. Er hat einen starken Botrytiston und ist einer der bisher süßesten Edelkeurs – was jedoch durch die prickelnde Säure ausgeglichen wird, die auch als Unterstützung der sich entwickelnden Zitrus- und Honigtöne dient. **TJ**

🍷🍷🍷 **Trinken: bis 2024**

Das 1978 von Tim Finn und seiner Ehefrau Judy gegründete Gut Neudorf ist das führende im Weinanbaugebiet Nelson. Die Chardonnay-Reben wachsen an einem sanften, nach Norden ausgerichteten Hang in einem Seitental des Moutere Valley auf der neuseeländischen Südinsel. Dies ist eine der sonnigsten Gegenden des Landes, wo der klare Nachthimmel eine rasche Abkühlung ermöglicht und zur langsamen Geschmacksentwicklung beiträgt, die durch deutliche Tag-Nacht-Temperaturunterschiede zustandekommt. Die Trauben werden mit der Hand von den alten Rebstöcken geerntet und durch einen Anteil vom benachbarten Beuke-Weingarten ergänzt.

Der Chardonnay zeigt einen deutlichen Mineralton und eine ausgesprochen opulente Limonenblütennote. Neuseeländischer Chardonnay wird nur selten in Privatkellern gelagert, aber bis zum Jahr 2005 hatte sich dieser Wein zu einem sehr guten Beispiel der Flaschenlagerung entwickelt: gerundet, geschmeidig und elegant. Der Eichenton seiner Jugend hatte sich zu einem ausgeprägten Geißblattgeschmack entwickelt, und es gab noch reichlich lebhafte Säure und kräftige Fruchtigkeit, so daß man erwarten könnte, der Wein werde sich im Laufe weiterer Jahre noch komplexer entwickeln. **SG**

🍷🍷🍷 **Trinken: bis 2012+**

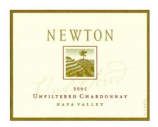

Newton Vineyards
Unfiltered Chardonnay 2005

Herkunft USA, Kalifornien, Napa Valley
Typ Trockener Weißwein, 15,5 Vol.-%
Rebsorte Chardonnay

Niepoort
Redoma Branco Reserva 2003

Herkunft Portugal, Douro-Tal
Typ Trockener Weißwein, 14 Vol.-%
Rebsorten Rabigato, Codega, Donzelinho, Viosinho, Arinto

Als Dr. Su Hua Newton sich entschloß, einen unfiltrierten Chardonnay herzustellen, sind ihre Kellereiassistenten und ihre Distributoren fast auf die Barrikaden gegangen. Ihr Ehemann Peter und sie waren jedoch schon oft abseits der ausgetrampelten Pfade unterwegs, so gehörten sie auch zu den ersten, die 1977 am Spring Mountain ein Weingut gründeten.

Die Trauben der 30 Jahre alten Rebstöcke werden von Sonnenaufgang bis 11 Uhr vormittags gepflückt, damit sie noch kühl in der Kellerei angelangen, und der Most wird schnell in Fässer umgefüllt, um mit natürlichen Carneros-Hefen zu gären. Da die Kellerei bis in den Hang des Spring Mountain hineinreicht, führt die niedrige Temperatur zu einer langen, langsamen Gärung, die etwa 8 Monate dauert. Um die reine Fruchtigkeit und den Ausdruck des *terroirs* nicht zu verschleiern, wird auf Bâtonnage verzichtet. Nach dem Verschneiden wird der Wein bis zu 12 Monate im Faß weiter ausgebaut. Er wird zu keinem Zeitpunkt geklärt oder filtriert, damit jede Nuance im Aroma und Geschmack erhalten bleibt. Am Gaumen zeigt er eine enorme Struktur und Dichte und die Ausdauer eines großen weißen Burgunders – mit dem er auch die Fähigkeit teilt, ein Jahrzehnt gelagert zu werden. **LGr**

❂❂ **Trinken: bis 2017**

Niepoort ist eine Seltenheit in der heutigen Zeit – ein kleines, unabhängiges Familienunternehmen, das mit Portwein handelt und unter Dirk Niepoort zu einer der innovativsten Kellereien am Duoro geworden ist. Dirk leitet in der fünften Generation das 1842 gegründete Unternehmen.

Er sucht sich für seine besten Weine kleine, oft ungewöhnliche Parzellen mit alten Rebstöcke aus. Oft sind es auch Weingärten, die anderen Winzern gehören, und er kauft die Trauben zu Höchstpreisen, wenn sie in sein Konzept passen. Redoma Branco stammt von Weingärten, die in 400 bis 700 m Höhe liegen, wo sich das kühle Klima besser für den Anbau weißer Rebsorten eignet.

Dennoch sind diese Parzellen für weiße Rebsorten relativ warm, so daß vor dem Keltern die Trauben handverlesenen werden müssen, um faule Beeren und Trauben auszusortieren, in denen zu viel Zucker und zu wenig Säure zu einem unausgeglichenen Wein führen würden. Die Gärung und der Ausbau in französischer Eiche geben dem Wein eine wunderbare geröstete Würzigkeit, aber die malolaktische Gärung wird unterbunden, um möglichst viel von der natürlichen Säure zu erhalten. Das Ergebnis ist ein Wein, der für bemerkenswerte Weise an einen guten Weißen von der Côte de Beaune erinnert. **GS**

❂❂❂ **Trinken: bis 2012**

Nigl
Riesling Privat 2005

Herkunft Österreich, Kremstal
Typ Trockener Weißwein, 13 Vol.-%
Rebsorte Riesling

Die Burgruine Senftenberg erhebt sich auf einem Granitauswuchs hoch über der Krems. Zu ihren Füßen liegt der Piri-Weingarten, in dem Martin Nigl zwei Parzellen mit Riesling und Grünem Veltliner besitzt und daraus zwei der besten Weine des Anbaugebietes Kremstal keltert. Die Weine von seinen ältesten Reben und besten Lagen tragen den Namen „Privat". Nigl war der erste Winzer aus dem Kremstal, der für seine Weine das einhellige Lob der internationalen Kritik erntete – zuerst mit seinem 1990er Riesling.

Der überaus reife Jahrgang 2005 mit seinem starken Botrytiston profitierte von der hohen Lage, Frischluftzufuhr und dem fast wasserundurchlässigen Boden des Weinbergs. Und dennoch mußte Nigl die Trauben sorgfältig selektieren und verwendete die edelfaulen Beeren für eine für das Gut und den Weingarten weniger typische Abfüllung. Der Riesling Privat zeigt die Mineralität und Feinheiten, die man von diesem Hersteller erwartet – in noch höherem Maße als Nigls andere 2005er.

Am Gaumen und in der Nase zeigt sich ein Bouquet aus Buddleia, kühler Minze und Verbena, und eine überaus faszinierende Mineralmischung, die an Jakobsmuscheln, Krabbenpanzer und Meeresgischt erinnert. **DS**

✪✪✪ **Trinken: bis 2015**

Nikolaihof
Vom Stein Riesling Smaragd 2004

Herkunft Österreich, Wachau
Typ Trockener Weißwein, 12,5 Vol.-%
Rebsorte Riesling

Auf dem Nikolaihof, dem Weingut von Nikolaus und Christine Saahs, wachsen 50 bis 60 Jahre alte Reben. Es sind zwar 6 verschiedene Sorten, aber der Riesling und der Grüne Veltliner übernehmen die Hauptrollen, vor allem der Riesling glänzt durch seine Eleganz. Die Verbindung von biodynamischen Weinbau – der Nicolaihof war die erste biodynamische Winzerei Europas –, bei dem die Reben besonders tief wurzeln, und alten Rebstöcken führt dazu, daß die Weingärten des Gutes auch in schwierigen Jahren Hervorragendes leisten. „2002 war ein sehr gutes Jahr für uns. Unsere Nachbarn hatten Fäulnis-Probleme, wir nicht", erinnert sich Christine Saahs. „2003 war sehr heiß, wir hatten weder mit dem Alkoholgehalt noch mit der Säure Probleme. Das Wurzelsystem unserer Reben verhindert, daß sie unter Streß leiden."

In ihrer Jugend sind Weine von Nicolaihof straff und zurückhaltend mit strahlenden Mineraltönen und einer guten Säure. Der Vom Stein Riesling Smaragd ist typisch für den Jahrgang 2004: Er zeigt fokussierte Fruchtnoten und einen Hauch von Kräutern. Am Gaumen bemerkt man gute Säure, Mineralien, Zitrusfrüchte und eine große Länge. Solche Weine lassen sich gut lagern, der Vom Stein lohnt das auf jeden Fall. **JG**

✪✪✪ **Trinken: 2010–2025**

Oak Valley *Mountain Reserve Sauvignon Blanc* 2005

Herkunft Südafrika, Elgin
Typ Trockener Weißwein, 13,4 Vol.-%
Rebsorte Sauvignon Blanc

Das riesige Oak-Valley-Landgut, auf dem auch Obst und Blumen angebaut und Rinder gezüchtet werden, wurde im 19. Jahrhundert von einem Senator der Kapkolonie namens Antonie Viljoen gegründet. Er ließ auch Rebstöcke pflanzen, und 1908 entstand die erste Kellerei der Region. Allerdings wurde sie schon eine Generation später nicht mehr genutzt, und das Gut nahm erst im frühen 21. Jahrhundert wieder eine eigene Weinproduktion auf.

Die Parzelle, aus der die Trauben für diesen Wein stammen, liegt in einer Höhe von etwa 500 m auf nach Süden ausgerichteten, unbewässerten Hängen über dem Tal des Elgin. Der Mountain Reserve 2005 entstand als Reaktion auf die unverkennbare Qualität dieses Weinbergs in einem insgesamt guten Jahr für Sauvignon. Die subtile Kraft des Weines, seine elegante Reichhaltigkeit und stahlige Mineralität verbinden sich, um die Behauptung zu bekräftigen, daß Sauvignon tatsächlich Komplexität bieten kann. Wenn die Sauvignons der Kapregion einen überzeugenden Mittelweg zwischen dem Klassizismus der Loire und der brillanten Schärfe Neuseelands bieten, dann neigt Oak Valley eher zum Klassischen und zelebriert seine eigene hohe Herkunft. **TJ**

🍷🍷 **Trinken: bis 2009; spätere Jahrgänge bis zu 5 Jahre nach Erhalt**

Jorge Ordoñez & Co *No. 3 Old Vines* 2005

Herkunft Spanien, Malaga
Typ Süßer Weißwein, 13 Vol.-%
Rebsorte Moscatel de Alejandría

In seinem Buch *Wine: A Life Uncorked* schreibt Hugh Johnson über alte Flaschen eines „Berg-Weines", die er bei einer Auktion aus dem Weinkeller des Herzogs von Wellington ersteigert hatte. Der Winzer Telmo Rodriguez und sein amerikanischer Importeur Jorge Ordóñez beschlossen, diese besondere Art von Wein wiederzubeleben. Zusammen mit Pepe Ávila von den Bodegas Almijara erkundeten sie die unzugänglichen Schieferhügel um Malaga und kauften tiefwurzelnde, dürre-resistente Moscatel-Reben. Als Kellermeister wurde damals der 2007 verstorbene Österreicher Alois Kracher engagiert.

Im ersten Jahr, 2004, kelterten sie 5 Weine, die nach Krachers Gewohnheit durchnumeriert wurden. No. 1 Selección Especial entstand aus überreifen Trauben, die an den Rebstöcken belassen wurden; No. 2 Victoria beruht auf Trauben, die in einer Klimakammer getrocknet wurden; bei No. 3 Old Vines werden die besten dieser getrockneten Trauben mit der Maische und einem ein Jahr alten *crianza* mazeriert; die No. 4 ist die Essencia.

No. 3 ist ein Wein mit vollem Körper und intensiver Reichhaltigkeit, der eine großartige Säure, unglaubliche Süße und wunderbare Haselnuß-, Konfitüren-, Kaffee- und Pfirsicharomen vereint. **JMB**

🍷🍷🍷 **Trinken: bis 2020+**

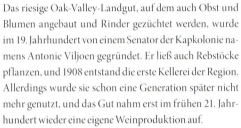

Unterschiedlich ausgerichtete Weingärten in Elgin.

Oremus
Tokaji Aszú 6 Puttonyos 1999

Herkunft Ungarn, Tokaj
Typ Süßer Weißwein, 11 Vol.-%
Rebsorten Furmint, Hárslvelü, Muskalkoly

Ossian
2006

Herkunft Spanien, Rueda
Typ Trockener Weißwein, 14,5 Vol.-%
Rebsorte Verdejo

Als 1993 das kommunistische Winzereiunternehmen Borkombínat privatisiert wurde, stand David Alvarez von der Kellerei Vega Sicilia in Ribera del Duero (die nach Meinung vieler Kenner den besten Wein Spaniens keltert) bereit, um ein gutes Stück der Domäne aufzukaufen. Historische Kontinuität wird durch den jetzigen Direktor des Weinguts Oremus gewährleistet: András Bacsó leitete auch das Borkombinát. Zudem verfügt Oremus über alte Weinvorräte und die alten Rebstöcke in den Weingärten.

1999 war der erste Jahrgang seit 1989, in dem die Weingüter im Tokajer-Gebiet wieder Trauben aus den eigenen Weingärten verwendeten und nicht hinzugekaufte. Aus diesem Grund ist der 1999er der erste Jahrgang, in dem man den *terroir*-Charakter erkennen kann. Die Weine von Oremus werden drei Jahre im Faß ausgebaut und dann zwei weitere Jahre in der Flasche gelagert, bevor sie freigegeben werden.

Der 1999er 6 Puttonyos ist blasser als die meisten anderen. Er duftet nach Pfirsichen und Crème Caramel, am Gaumen dominieren Aprikosen und Pfirsiche mit einem Schuß Honig und einer kräftigen Säure. Der Wein ist ein guter Begleiter zu Gänseleber, Blauschimmelkäse oder Fruchtdesserts. **GM**
❸❸❸❸ Trinken: bis 2012+

Ossian entstand 2005 als Gemeinschaftsunternehmen von Javier Zaccagnini (Bodegas Aalto in Ribera del Duero) und dem Winzer Samuel Gozalo. Das Besondere an Ossian ist, daß auf den 9 ha organisch bewirtschafteten Weingärten Reben auf den ursprünglichen Wurzelstökken wachsen, die noch auf die Zeit vor der Reblausepidemie zurückgehen. Einige der Stöcke sind bis zu 180 Jahre alt. Möglich wurde dies durch die Lage des Dorfes Nieva, in dem die Weingärten und die Kellerei liegen. Es befindet sich weit vom Duero und auf großer Höhe (854 m), hier herrscht ein extremes Kontinentalklima, das durch häufige Fröste und Schneefälle gekennzeichnet ist.

Der erste Wein wurde im Jahr 2005 gekeltert. Er ist von heller und klarer grün-goldener Farbe. In der komplexen, aber gut fokussierten Nase zeigt sich eine Mischung aus Eichen- und Milchsäurearomen (Vanille, Rauch, *café au lait* und Karamel), Hefe- und Blütennoten, Frucht-, Zitrus- und medizinische Aromen. Am Gaumen bemerkt man reichlich Eiche, die längere Zeit in der Flasche benötigen wird, um gut eingebunden zu werden. Der cremige Geschmack erinnert an Birnen, Pfirsiche und Orangenschale, der Alkohol ist gut durch die Säure ausgeglichen, und das Finale ist sehr langanhaltend. **LG**
❸❸ Trinken: bis 2011

André Ostertag *Muenchberg Grand Cru Riesling* 2005

Herkunft Frankreich, Elsaß
Typ Trockener Weißwein, 12,5 Vol.-%
Rebsorte Riesling

Palacio de Bornos *Verdejo Fermentado en Barrica Rueda* 2004

Herkunft Spanien, Rueda
Typ Trockener Weißwein, 13,5 Vol.-%
Rebsorte Verdejo

André Ostertag ist einer der engagiertesten Winzer im Elsaß. Er ist so sehr von väterlicher Sorge um die Qualität der Weine aus der gesamten Region erfüllt, daß man meinen könnte, ihm gehöre jeder einzelne Quadratmeter.

Der Familienbetrieb wurde 1966 in Epfig gegründet und nach und nach vollkommen auf ökologische Landwirtschaft umgestellt. Der Riesling aus dem *grand cru* Muenchberg, von dem der Domaine Ostertag 1,3 ha gehören, wächst auf sandigen und kiesigen Böden, so daß er die typische straffe Säure des Elsässer Rieslings und eine Konzentriertheit zeigt, die sich erst im Laufe von einigen Jahren entfaltet.

Auf den heißen und frühen Sommer des Jahres 2005 folgten im späten August kühlere Bedingungen, die zu einer guten Balance zwischen Reife und frischer Säure führten. Das ist schon beim allerersten aromatischen Eindruck des Muenchberg Riesling zu erkennen, in dem sich die fast gewalttätigen Blütendüfte der Trauben mit dem stahligen Mineralcharakter der Rebsorte mischen. In seinen ersten Jahren hat die diamantharte Struktur begonnen, intensive Apfel- und Limonennoten freizugeben, ohne auch nur einen Hauch der hinreißenden Blumigkeit zu verlieren. **SW**

🍇🍇🍇 Trinken: bis 2025

Rueda ist ein Weißweingebiet, das um das gleichnamige Dorf in Mittelspanien liegt. Antonio Sanz ist in der fünften Generation Nachfahre von Roque Sanz, der vor mehr als 130 Jahren das Familienunternehmen gründete.

Die örtliche Rebsorte Verdejo – die mit den portugiesischen Versionen nur den Namen gemein hat – wächst hier neben Sauvignon Blanc. Palacio de Bornos wird aus Verdejo oder Sauvignon Blanc oder aus einem Verschnitt beider Rebsorten gekeltert und in Fässern oder Tanks gegärt. Der Palacio de Bornos Fermentado en Barrica stammt von Rebstöcken, die mindestens 45 Jahre alt sind, und ist das repräsentativste Beispiel für den Stil der Kellerei.

Der Wein ist von strohgelber Farbe und für einen faßgegärten Weißwein relativ blaß. In der Nase sind die Holzaromen gut mit jenen von grünen Äpfeln und von Birnen integriert, es zeigen sich auch Lorbeeranklänge. Der an Kräuter erinnernde Charakter der Rebsorte mit Noten von frisch gemähtem Gras und der leicht bittere Abgang passen gut zum Faßton. Der Wein bietet mit seiner Tiefe, Eleganz und Komplexität einen außerordentlichen Gegenwert für seinen geringen Preis. **LG**

🍇 Trinken: bis 2009; spätere Jahrgänge bis zu 5 Jahre nach Erhalt

Bodega del Palacio de Fefiñanes
Rías Baixas Albariño 2005

Herkunft Spanien, Galicien, Rías Baixas
Typ Trockener Weißwein, 12,5 Vol.-%
Rebsorte Albariño

Rafa Palacios
As Sortes 2005

Herkunft Spanien, Valdeorras
Typ Trockener Weißwein, 13,5 Vol.-%
Rebsorte Godello

Die 1904 gegründete Bodega del Palacio de Fefiñanes ist die älteste Kellerei in der galicischen Region Rías Baixas. Die ursprünglichen Besitzer waren die ersten, die einen Wein aus Albariño-Reben unter dieser Bezeichnung auf Flaschen abfüllten. Das Gut verfügt über 2 ha Weingärten und kauft den Rest seiner Trauben von Winzern in der Umgebung von Cambados in der Provinz Pontevedra, wo sich die Kellerei befindet.

Die normale Cuvée, die es auch in sehr schönen Magnum-Flaschen gibt, wird in Edelstahltanks gegärt und im ersten Jahr auf Flaschen abgefüllt. Das Jahr 2005 war für diese Region am Atlantik großartig und lieferte ausgewogene und intensive Weine. Der Albariño de Fefiñanes dieses Jahrgangs hat einen mittleren Goldton und zeigt eine intensive, elegante Nase mit Apfel-, Blüten-, Zitrus- und Balsamaromen, die an Lorbeer erinnern. Am Gaumen ist er von mittlerem Körper mit einer reifen Säure und zeigt ein gutes Fruchtgewicht, so daß er geschmeidig und langanhaltend ist. Im Finale zeigt er den typischen leicht bitteren Anklang. Im Gegensatz zur landläufigen Meinung sind die besten Albariños im zweiten oder dritten Jahr besser als nach der Freigabe. **LG**

✪ **Trinken: bis 2010+; spätere Jahrgänge bis zu 5 Jahre nach Erhalt**

Die zweite Generation der führenden spanischen Weindynastie Palacio führte Ende der 80er Jahre in der Person von Álvaro Palacio die Priorat-Revolution an, und später spielten sie eine große Rolle in der Wiederbelebung des Bierzo. In der Zwischenzeit hatte der junge Rafael (Rafa) Palacio den zu einer Ikone gewordenen weißen Rioja Plácet kreiert.

Nach der Jahrtausendwende verließ Rafa Rioja und ließ sich im galicischen Valdeorras nieder. Hier wurden aus dem einheimischen Godello einige der besten und langlebigsten spanischen Weißweine gekeltert. Rafa ist wie sein Bruder Álvaro ein leidenschaftlicher Verfechter von kargen Hügel-*terroirs* in vergessenen oder schlecht entwickelten Weinanbaugebieten Spaniens. Seine Reben sind zwischen 20 und 45 Jahre alt und wachsen in kleinen, verstreuten Parzellen.

Der goldene As Sortes 2005 besitzt eine gute aromatische Intensität und feine Röstnoten, die Aromen reifer Früchte (grüne Äpfel, Ananas), Anis und einem kräftigen Mineralkern weichen. Am Gaumen ist er mittelstark mit guter Säure, frisch und ölig mit einem bemerkenswerten Abgang. **LG**

✪ ✪ **Trinken: bis 2010; spätere Jahrgänge bis zu 5 Jahre nach Erhalt**

Pazo de Señorans
Albariño Selección de Añada 1999

Herkunft Spanien, Galicien, Rías Baixas
Typ Trockener Weißwein, 12,5 Vol.-%
Rebsorte Albariño

Dom. Henry Pellé *Menetou-Salon Clos des Blanchais* 2005

Herkunft Frankreich, Loire, Sancerre
Typ Trockener Weißwein, 12,5 Vol.-%
Rebsorte Sauvignon Blanc

Oft kommt der Zufall bei der Entdeckung oder Erschaffung von guten Dingen zu Hilfe. So war es auch beim Pazo de Señorans Selección de Añada. 1996 war für den Albariño einer der besten Jahrgänge in der jüngeren Vergangenheit, aber von einer Charge des Pazo de Señorans war der Besitzer Marisol Bueno nicht vollkommen überzeugt. Der Wein wurde also beiseite gestellt, um später zu entscheiden, was mit ihm geschehen solle. Als man ihm einige Jahre später verkostete, hatte sich das häßliche Entlein in einen schönen Schwan verwandelt. Nach jahrelangen Experimenten mit Faßgärung und -alterung stellte die Kellerei schließlich fest, daß es am Ausbau in Edelstahltanks lag. Der 1996er wurde also 27 Monate auf der Hefe in Edelstahltanks ausgebaut, auf Flaschen abgefüllt und wurde zu einem großen kommerziellen Erfolg.

Der Wein gewinnt durch den längeren Kontakt mit dem Hefesatz deutlich an Gewicht, was man an der Dichte und dem Geschmack dieses Selección de Añada 1999 klar erkennen kann. Er ist von goldgelber Farbe mit grünen Glanzlichtern und hat ein intensives, komplexes Bouquet aus schwarzen Oliven, Blüten und Quitten. Am Gaumen zeigt er sehr geschmackvolle Säure. **LG**

☺☺☺ **Trinken: bis 2009+; spätere Jahrgänge bis zu 5 Jahre nach Erhalt**

Der Schwiegervater von Anne Pellé war in den 60er Jahren einer der Pioniere der AOC Menetou-Salon, ihr verstorbener Ehemann setzte die Arbeit fort und ihr Sohn Paul-Henry übernimmt jetzt allmählich die Leitung der Geschäfte. Der kommerzielle Erfolg ihres 40 ha großen Gutes gibt ihnen Raum für Experimente. Der Höhepunkt dieser Bereitschaft, auch einmal etwas Neues zu versuchen, ist der Clos des Blanchais, der von einem südlich ausgerichteten Weingartens stammt, der in den 60ern bepflanzt wurde und seit den 80ern getrennt gekeltert wird.

Der Boden ist eine Mischung aus kalkigem Ton und Feuerstein, in dem tausende kleine Muschelschalen aus dem Jura eingebettet sind. Es mag Einbildung sein, aber nachdem man diese Meeresfossilien zwischen den Rebstöcken gesehen hat, schmeckt man im Wein Seesalz und Jod. In der Nase des 2005ers spielen Seetang und Honig zusammen. Der würzige Geschmack rührt alleine vom *terroir* und dem Ausbau auf dem Hefesatz her. Der 2006er ist in der Nase klar, leicht und frisch, während der Geschmack intensiv und reichhaltig ist, aber viel Säure und eine kräftige Sultaninennote zeigt. Das Finale ist lang, sauber und endet mit einer salzigen Note. **KA**

☺☺☺ **Trinken: bis 2010: spätere Jahrgänge bis zu 5 Jahre nach Erhalt**

Peregrine
Rastasburn Riesling 2006

Herkunft Neuseeland, Central Otago
Typ Trockener Weißwein, 12 Vol.-%
Rebsorte Riesling

André Perret
Condrieu Chéry 2004

Herkunft Frankreich, nördliche Rhône, Condrieu
Typ Trockener Weißwein, 13 Vol.-%
Rebsorte Viognier

Central Otaga ist vor allem wegen seines Pinot Noirs bekannt, was kaum überrascht, da dreiviertel der hier angebauten Reben zu dieser Sorte gehören. Riesling wird nur auf 4 % der Fläche gezogen, aber bei der Qualität steht die Region in Neuseeland auf Rang 1.

Das kühle und gebirgige Anbaugebiet ist die einzige Gegend Neuseelands mit kontinentalem Klima. Die Schieferhänge wirken zudem wie eine rauhere Version des Moseltals. Der Riesling aus Central Otago ist feiner, fester und stahliger als jener aus anderen Anbaugebieten. Zu etwas besonderem wird er durch sein gutes Säurerückgrat und seinen deutlichen Mineralgeschmack.

Peregrine ist eine fortschrittliche, experimentierfreudige Kellerei, die Trauben aus vielen Teilen Central Otagos bezieht, vor allem aus dem Cromwell Basin, das einige der aufregendsten Weine der Region liefert. Rastasburn Riesling wurde aus Trauben von sechs verschiedenen Weingärten im Cromwell Basin kreiert. Der 2006er ist blumiger und parfümierter als andere Jahrgänge, hat aber seine kräftigen Zitrus- und Mineralnoten beibehalten. Der Geschmack von reifen Aprikosen, Jasmin, Weinbeeren und nassem Schiefer legen deutliches Zeugnis von seiner Herkunft und seinem Jahrgang ab. **BC**

⊖⊖ **Trinken: bis 2014**

Auf vergilbten Photographien aus der Zeit des Ersten Weltkrieges kann man die dicht mit Rebstöcken bewachsenen Hügel Condrieus sehen. In den 70er Jahren waren die Hänge von Buschwerk und Akazien überwuchert – weit und breit keine Rebe. Der Weingarten Condrieu war auf weniger als 74 ha geschrumpft.

André Perrets Großvater war 1925 hierher gekommen, und der erste Wein aus dem zu dieser Zeit einzigen Weingarten der Familie, dem Côteau de Chéry, stammte aus eben dieser Zeit des Niedergangs, den frühen 70ern. Chéry ist mit Vernon einer der beiden besten Weingärten in Condrieu. Viognier-Reben aus den Jahren 1948 und 1988 erlauben es André, Trauben von sehr alten Rebstöcken mit solchen von jugendlicheren Pflanzen zu mischen.

Seit Anfang des neuen Jahrtausends hat André die Ernte von sehr reifen Trauben vermieden, um größere Frische zu erreichen und das, was er als „die Pfirsich-Aprikosen-Seite der Aromen" bezeichnet. Der Wein wird in neuen Eichenfässern und zu einem kleinen Teil in Stahltanks ausgebaut und ein Jahr nach der Ernte auf Flaschen abgefüllt. Der 2004er zeichnet sich durch Großzügigkeit und Überfluß aus, die von einer gewinnenden Eleganz begleitet werden. **JL-L**

⊖⊖⊖ **Trinken: bis 2016**

Ein Weingarten von Peregrine Wines im Talboden bei Gibbston.

R & A Pfaffl
Grüner Veltliner Hundsleiten 2005

Herkunft Österreich, Weinviertel
Typ Trockener Weißwein, 13,5 Vol.-%
Rebsorte Grüner Veltliner

Das Weinviertel erstreckt sich in einem großen Bogen von der Donau bis zu den Grenzen Tschechiens und der Slowakei. Seinen Namen erhielt es, weil es 200 Jahre lang den Weindurst Österreichs stillte. In den letzten Jahrzehnten war die vorherrschende Rebsorte der Grüne Veltliner. Roman und Adelheid Pfaffl gehörten zu den ersten Winzern, die sich hier mit dieser Rebe hervorgetan haben.

Dem Hundsleiten kommt der Löß zugute, der so vielen Anbaugebieten gute Voraussetzungen für den großen grünen Veltliner bietet. Der Boden weist jedoch auch Schichten von wasserspeicherndem Ton und wärmespeichernde Steine auf, die zusammen ein ideales Medium für einen Wein bieten, der ähnlich komplex strukturiert ist. Der Qualität des Weines schadet es auch nicht, daß hier die ältesten Reben der Pfaffls wachsen. Hinzu kommt die späte Ernte, die spontane Gärung in großen Holzfässern und ein langsamer Ausbau auf dem Hefesatz, um einen Wein zu erzeugen, der außerordentliche Reichhaltigkeit mit Kraft und Präzision verbindet. Im Hundsleiten 2005 vernimmt man Blutorangen, Weinbeeren, Kaiserschoten, Kresse und grüne Bohnen – eine Mischung, die nur demjenigen unpassend erscheinen wird, der noch nicht mit den Schlichen des Grünen Veltliners vertraut ist. **DS**

🙂🙂 **Trinken: bis 2015**

F. X. Pichler
Grüner Veltliner Smaragd M 2001

Herkunft Österreich, Wachau
Typ Trockener Weißwein, 14 Vol.-%
Rebsorte Grüner Veltliner

Der Grüne Veltliner ist das Arbeitspferd unter den österreichischen Weißweinreben, aus ihm werden große Mengen frischer, lebhafter, leicht zu genießender Weine gekeltert. In den richtigen Händen bringt er jedoch auch Weine von echter Persönlichkeit und Kraft hervor.

Franz Xaver Pichler wird allgemein als der wichtigste Weinproduzent der Wachau und vielleicht auch ganz Österreichs betrachtet. Der Grüne Veltliner Smaragd M. (das M. steht für Monumental) wurde zuerst 1991 gekeltert. Sein Ursprung lag in einem außergewöhnlich guten Faß Grünen Veltliners mit einer zusätzlichen Geschmacksdimension, die man in der Folgezeit absichtlich nachzuahmen versuchte.

M liefert seine Visitenkarte – vor allen Dingen in einem großen Jahr wie 2001 – in der kontrapunktischen Beziehung von Trockenheit und Säure auf der einen Seite und Extrakt und Komplexität auf der anderen ab. Der Restzuckergehalt und der hohe Alkoholgehalt tragen zu einem halbtrockenen Eindruck bei. In Verbindung mit den dichten Geschmacksnoten legt dies nahe, den Wein als Begleiter zur reichhaltigen oder zumindest sehr geschmackvollen Speisen wie Dim Sum oder Chilli-Garnelen zu reichen. **SG**

🙂🙂🙂 **Trinken: bis 2020+**

Pieropan
Vigneto La Rocca 2006

Herkunft Italien, Venetien, Soave
Typ Trockener Weißwein, 13 Vol.-%
Rebsorte Garganega

Dieser angesehene Soavehersteller keltert möglicherweise das beste Beispiel dieses trockenen Weißweines, der in anderen Fällen oft nur als fade zu bezeichnen ist. Nino Pieropan und seine Ehefrau Teresita sind bei der Weinherstellung überzeugte Traditionalisten, die damit in diesem Teil Norditaliens auch seit langem Maßstäbe gesetzt haben.

Der „einfache" Soave Classico der Kellerei ist eine Mischung aus Trauben von verschiedenen Weingärten im Soave-Classico-Anbaugebiet östlich von Verona. Das Gut stellt aber auch zwei Einzellagenweine her – Calvarino und La Rocca. Der Calvarino-Weingarten wurde zuerst 1971 separat auf Flaschen gefüllt und gehört zum ursprünglichen Besitz des Gutes. In ihm wachsen die traditionellen Rebsorten des Soave, Garganega und Trebbiano di Soave, auf Vulkanböden, die reich an Basalt und Tuff sind.

La Rocca wurde zuerst 1978 als Einzellagenwein abgefüllt. Sein Name verweist auf die mittelalterliche Burg, die sich über der Stadt Soave erhebt. Der Boden enthält mehr Ton als Calvarino, und hier wachsen nur Garganega-Reben. Die Trauben werden recht spät geerntet, um ein Maximum an Extrakt und einen hohen Reifegrad zu gewährleisten. Nach einer einjährigen Ausbauzeit in Eichenfässern hat der Wein mehr Farbe, Struktur und Geschmack als fast jeder andere trockene Soave. Für einen Soave ungewöhnlich ist es auch, daß er in der Flasche gut fünf oder mehr Jahre altert. In seiner Jugend ist er lebhaft, frisch, klar und fruchtig, im Alter wird er komplexer und gerundeter. **SG**

🟢🟢🟢 **Trinken: bis 2010+; spätere Jahrgänge bis zu 5 Jahre nach Erhalt**

Château Pierre-Bise
Quarts-de-Chaume 2002

Herkunft Frankreich, Loire, Anjou
Typ Süßer Weißwein, 11,5 Vol.-%
Rebsorte Chenin Blanc

Claude Papin ist als Vertreter des *terroir*-Konzeptes leidenschaftlich wie kein zweiter. Seitdem er 1990 das Gut seines Schwiegervaters in Beavalieu-sur-Layon übernahm, hat er die 55 ha großen Weingärten mit Hilfe des Systems der *Unité Terroir des Base* (Grundlegenden Terroireinheit) in 25 verschiedene Parzellen mit unterschiedlichem *terroir* unterteilt. Dabei spielen seiner Meinung nach vor allem die Tiefe des Bodens und die Aufnahme der Sonneneinstrahlung die wichtigste Rolle, während die Windgeschwindigkeit sich besonders stark auf die Intensität auswirkt.

Das Verständnis dieser Faktoren und seine kohlenstoffreichen Schiefer- und Spiltböden lassen Papin zwischen frühreifenden und späteren Parzellen unterscheiden, die nach ihren jeweiligen Qualitäten getrennt gekeltert werden. Seine Einzellagenweine spiegeln den Glauben wider, daß ein Wein, der von unterschiedlichen *terroirs* stammt, nicht harmonisch sein kann. Für die Richtigkeit dieser These sprechen die Wein des Château Pierre-Bise, die mit ihrer Ausdrucksreinheit und Mineralität innerhalb des Anbaugebietes Maßstäbe setzen und von Papins sorgfältiger Arbeit in den Weingärten zeugen.

Quarts-de-Chaume ist mit seinen 40 ha bekannt für die mächtigen und doch subtil süßen Weine, die hervorragend lagerungsfähig sind. Hoch oben am steilen, nach Süden ausgerichteten Hang liegt hier der der Sonne und dem Wind ausgesetzte 2,7 ha große Weingarten des Château Pierre-Bise und liefert Weine von großer Finesse und Eleganz. Im Jahr 2002 folgte auf einen kühlen Sommer ein schöner Herbst mit Voraussetzungen für Edelfäule, der zu besonders ausgewogenen Weinen führte. **SA**

🟢🟢 **Trinken: bis 2050**

Auf dem Etikett des la Rocca ist die namensgebende Burg zu sehen.

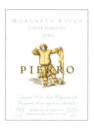

Pierro
Chardonnay 2005

Herkunft Australien, Western Australia, Margaret River
Typ Trockener Weißwein, 13,5 Vol.-%
Rebsorte Chardonnay

Vincent Pinard
Harmonie 2006

Herkunft Frankreich, Loire, Sancerre
Typ Trockener Weißwein, 14 Vol.-%
Rebsorte Sauvignon Blanc

Nachdem er 1973 sein Medizinstudium abgeschlossen hatte, studierte Mike Peterkin Önologie. Von 1978 bis 1981 arbeitete er für die Weingüter Enterprise in Claire, Cullen in Margaret River (hier war er der erste akademisch ausgebildete Kellermeister) und Alkoomi im Anbaugebiet Great Southern in Western Australia. In den frühen 80ern, als er sein Geld noch mit Arzt-Stellvertretungen verdiente, wuchs sein Wunsch, eine eigene Kellerei zu gründen. Als ein Makler aus Busselton ihm von einer Farm berichtete, die zum Verkauf stand, fuhr er hin, um sie zu besichtigen. Er war nicht sonderlich beeindruckt, sah sich aber ein weiteres Angebot des Maklers im nahen Willyabrup an – und das kaufte er dann sofort.

Die drei Jahrgänge nach der ersten Kelterung 1983 stimmten ihn unzufrieden, und er entschloß sich, einige radikale Änderungen durchzuführen. So wurde mit dem Jahrgang 1986 der erste Pierro Chardonnay geboren. Der wie ein weißer Burgunder faßgegärte Pierro ist vielleicht der schwerste Chardonnay aus dem Anbaugebiet Margaret River, auch wenn er in den letzten Jahren etwas feiner geworden ist. Jedenfalls gehört er immer noch zu den gefeiertsten Weinen aus kleineren Betrieben in Australien. **SG**
🍷🍷🍷 **Trinken: bis 2010+**

Die Trauben für den Harmonie stammen von zwei Parzellen in der Gemarkung Chêne Marchand, hoch oben auf den Hügeln über dem Dorf Bué, wo die weißen Kiesel im Boden schon auf dessen hohen Kalkgehalt hinweisen.

Der Harmonie 2005 ist ein noch sehr junger, sehr verschlossener Wein. Er wurde in ausschließlich neuen Eichenfässern ausgebaut, und die Holztöne sind offensichtlich, genauso wie der Geschmack von Cox-Orange-Äpfeln und die frische Säure. Dennoch wirkt er noch etwas unzusammenhängend. Clement und Florent Pinard haben kurz nach ihrer Übernahme des Gutes im Jahr 2006 einige Änderungen eingeführt. Der Wein wird jetzt zu einem Drittel in neuen Fässern ausgebaut, der Rest in älteren. So tritt der Geschmack des Holzes in den Hintergrund, und der Wein wirkt insgesamt sehr viel weniger robust.

Der 2006er ist ein eleganter und feiner Sauvignon Blanc mit reichlich Frucht und Säure, die für ein gutes Lagerungspotential spricht. Für eine vielversprechende Zukunft spricht auch die unverkennbare Nase mit weißen Trüffeln, Seetang, Austern und Honig. Am Gaumen ist er sehr sanft und subtil, mit kreidigem Geschmack und blumigen Fruchtnoten. **KA**
🍷🍷🍷 **Trinken: bis 2015**

Dom. Jo Pithon *Coteaux du Layon Les Bonnes Blanches* 2003

Herkunft Frankreich, Loire, Anjou
Typ Süßer Weißwein, 12 Vol.-%
Rebsorte Chenin Blanc

Robert & Bernard Plageoles *Gaillac Vin d'Autan* 2005

Herkunft Frankreich, Südwesten, Gaillac
Typ Süßer Weißwein, 10,5 Vol.-%
Rebsorte Ondenc

Vor der Ankunft von qualitätsbewußten Herstellern wie Jo Pithon waren die süßen Weine der Coteaux du Layon oft durch großzügige Beigaben von Rübenzucker und Schwefel gekennzeichnet. In den 90er Jahren kam es zu einer Renaissance des natürlichen süßen Coteaux du Layon, an deren Spitze der als „Zuckersucher" bezeichnete Pithon stand und die Kritiker mit überaus reichhaltigen, überschwenglichen Cuvées von berauschender Süße begeisterte.

Pithon verfügt über eine breite Palette kleiner Parzellen in den besten Lagen von Layon, aus denen er verschiedene *terroir*-orientierte Weine keltert. Les Bonnes Blanches in St.-Lambert-du-Lattay ist die beste Lage des Dorfes. Im großartigen Jahrgang 2003 kamen von Pithons 1 ha großem Weingarten zwei superbe Cuvées: Coteaux du Layon Les Bonnes Blanches 2003 und der extravagante Coteaux du Layon Ambroisie.

Der Coteaux du Layon Les Bonnes Blanches 2003 wurde zu 100 % aus edelfaulen Trauben gekeltert. Im Oktober 2005 wurde er auf Flaschen abgefüllt und ist immer noch ein korpulenter Wein, der die typische Eleganz und tiefgründige Säure der Lage zeigt. Im Finale sind honigartige Zitrus- und Baumobstnoten zu erkennen. **SA**

❂❂ **Trinken: bis 2018**

Robert Plageoles ist ein Mann mit einer Mission: das fast verlorengegangene Erbteil der Region Gaillac wiederzugewinnen. Dabei richtet er sein Augenmerk nicht nur auf die örtlichen Rebsorten, bei denen die Gefahr bestand, daß sie unter dem Ansturm der bekannteren „internationalen" Sorten verschwänden, sondern auch auf die Methoden, mit denen diese Trauben zu einer Reihe unverkennbarer Weine gekeltert wurden. Andrew Jefford bezeichnete ihn als einen „Archäologen des Weinbaus".

Der Vin d'Autan wird aus der einheimischen Rebsorte Ondenc erzeugt. Die Trauben werden an den Rebstöcken belassen und trocknen im warmen Herbstwind – ein Vorgang, der dadurch beschleunigt wird, daß ihre Stiele abgekniffen werden, um die Saftzufuhr zu unterbinden. Die so erzielten äußerst geringen Erntemengen werden dann auf Strohmatten weiter getrocknet, gegärt und in Betonbehältern 12 Monate ausgebaut.

Im Stil erinnert der 2005er an einem Tokajer: Oxidationsnoten werden durch strahlende Säure ausgeglichen, die Süße ist intensiv, aber nicht übermächtig. Am Gaumen vernimmt man Töne von Äpfeln mit Druckstellen, von Quitten und Walnüssen. Der Abgang ist honigartig, aber die lebhafte Säure sorgt für Frische. **JW**

❂❂❂ **Trinken: 2010–2030**

E & W Polz *Hochgrassnitzberg* *Sauvignon Blanc* 2001

Herkunft Österreich, Südsteiermark
Typ Trockener Weißwein, 12,5 Vol.-%
Rebsorte Sauvignon Blanc

Domaine Ponsot *Morey St.-Denis Premier Cru* 1990

Herkunft Frankreich, Burgund, Côte de Nuits
Typ Trockener Weißwein, 13 Vol.-%
Rebsorten Aligoté 50%, Chardonnay 50%

In der Südsteiermark zeigt sich der Sauvignon Blanc von seiner besten Seite: Hier ist er nicht so energisch und rückt seine Grasnoten nicht so in den Vordergrund, wie wir es aus anderen Anbaugebieten gewohnt sind, sondern neigt zu einem reichhaltigeren, komplexeren Stil. Erich und Walter Polz waren Wegbereiter der steirischen Qualitätsweine. Ihr Familienbetrieb geht bis in das Jahr 1912 zurück, und Mitte der 80er Jahre leiteten sie die Umorientierung von Massenware zu hochwertigen Produkten ein.

Insgesamt verfügen die Brüder über 51 ha Rebfläche. Die Trauben für diesen außergewöhnlichen Sauvignon stammen vom Hochgrassnitzberg an der Grenze zu Slowenien. Die warmen Kalkstein- und Sandböden kommen dem Sauvignon Blanc entgegen und ergeben reife, geschmackvolle Trauben. Diese werden in großen Eichenfässern gegärt und ausgebaut, bei einigen Jahrgängen wird sogar neue Eiche verwendet, die sich erstaunlich gut mit den kühnen, komplexen und würzigen Geschmacksnoten des Sauvignon von diesem Weingarten verbindet. So entsteht ein ernsthafter Weißwein, dem man seine Herkunft anmerkt und der auch eine gewisse Lagerungsfähigkeit besitzt. **JG**

☺ ☺ **Trinken: bis 2010; spätere Jahrgänge bis zu 8 Jahre nach Erhalt**

Dies ist zwar nicht der einzige große Weißwein von der burgundischen Côte de Nuits, kein anderer ist jedoch so unverkennbar. Seine strenge und kompromißlose Persönlichkeit stammt nicht nur vom *terroir* her, sondern auch aus seiner ungewöhnlichen Zusammensetzung. Als William Ponsot 1911 in diesem *premier cru* in Morey St.-Denis Reben pflanzte, überwog die Sorte Aligoté. Laurent Ponsot, der heute das Unternehmen leitet, sagt, der Aligoté bringe den Charakter der kleinen, kalkreichen Parzelle besser zum Ausdruck. Der Großteil der sehr alten Rebstöcke gehört noch zu dieser Sorte.

Der Wein wird möglichst natürlich behandelt, um das *terroir* besser zum Ausdruck zu bringen: Es gibt keine malolaktische Gärung, keine neue Eiche, keine Batonnage, keine Klärung oder Filtrierung. Die Aromen und Geschmacksnoten reichen von Blüten und Zitrusfrüchten (Apfel, Birne und Quitte) bis hin zu Kreide und Feuerstein, Rauch, Honig, Nüssen und Nougat. Der Wein altert bemerkenswert gut. Bei der bisher größten Verkostung der Domäne vergab der Meistersommelier Frank Kämmer seine Höchstnote an den 1900er, der „die Reinheit eines Manzanilla mit der Seidigkeit eines guten Burgunders und der Eleganz eines Dom Perignon" vereine. **NB**

☺☺☺ **Trinken: bis 2020+**

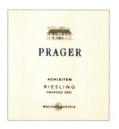 

Prager
Achleiten Riesling Smaragd 2001

Herkunft Österreich, Wachau
Typ Trockener Weißwein, 14 Vol.-%
Rebsorte Riesling

J. J. Prüm *Wehlener Sonnenuhr*
Riesling Auslese Goldkapsel 1976

Herkunft Deutschland, Mosel-Saar-Ruwer
Typ Süßer Weißwein, 7,5 Vol.-%
Rebsorte Riesling

Franz Prager war in den 50er Jahren einer der ersten Wachauer, der die Qualität der trockenen Weißweine des Anbaugebietes erkannte. Zusammen mit anderen bedeutenden Winzern schuf er 1983 den Schutzverband Vinea Wachau, der die Weine in drei Klassen einteilt: Der Steinfeder ist ein leichter Sommerwein; Federspiel ist ein Kabinettwein mittleren Gewichts und der Smaragd ist ein kräftiger Kabinett oder eine Spätlese, die in etwa einer trockenen deutschen Auslese entspricht.

Seit 1992 ist Pragers Schwiegersohn Anton Bodenstein Kellermeister des 13 ha großen Gutes in Weißkirchen. Während der Riesling in der Wachau insgesamt nur auf 10 % der Anbaufläche wächst, war sein Anteil bei Prager schon immer höher, zur Zeit beträgt er 63 %, und er steigt weiter. Die Trauben stammen aus den großen Weingarten Achleiten, in dem die Reben über 50 Jahre alt sind. Die Weine, unter ihnen auch der 2001er, zeigen oft Aromen von exotischen Früchten, Mandarinenblüten, reifen Pfirsichen und Teeblättern. Diese kräftigen trockenen Weißweine profitieren von Flaschenlagerung und sind ideale Begleiter österreichischer Kalbsfleischspezialitäten, aber auch von Geflügelspeisen oder Schweinefleischgerichten. **GM**

☻☻☻ Trinken: bis 2010; spätere Jahrgänge bis zu 10 Jahre nach Erhalt

In der deutschen Weingeschichte ist 1976 als ein Jahrhundertjahrgang eingegangen. Die hohen Temperaturen im Mai und Juni führten zu einer Blüte wie aus dem Bilderbuch, die lange Hitzeperiode wurde jedoch mehrmals durch kurze, heftige Regenfälle unterbrochen, so daß die Reifung niemals unter den hohen Temperaturen litt. So waren schon Anfang Oktober außerordentlich hohe Mostgewichte zu verzeichnen – etwa 80 % des Rieslings vom Anbaugebiet Mosel-Saar-Ruwer waren in diesem Jahr Spätlesen oder Auslesen.

Wegen des niedrigen Säuregehalts waren viele der Weine schon sehr früh trinkreif, was bei manchen Kennern anfänglich zu Bedenken hinsichtlich ihrer weiteren Entwicklung geführt hat. Im Fall der beispielhaften Auslese Goldkapsel von Dr. Manfred Prüm sind diese Bedenken jedoch unbegründet. Er zeigte sich nur zögernd in seiner ganzen Größe, leuchtet heute jedoch als heller Stern am Weinhimmel und wird das auch noch lange Jahre tun.

Die 1976er Auslese Goldkapsel ist für das Prüm'sche Gut typisch in ihrer subtilen inneren Spannung zwischen feiner Säure und markanter Mineralhaltigkeit, sie zeigt aber zugleich sehr komplexe Fruchtnoten. **FK**

☻☻☻☻ Trinken: bis 2025

J. J. Prüm *Wehlener Sonnenuhr Riesling Spätlese No. 16* 2001

Herkunft Deutschland, Mosel-Saar-Ruwer
Typ Süßer Weißwein, 7,5 Vol.-%
Rebsorte Riesling

Jacques Puffeney *Arbois Vin Jaune* 1998

Herkunft Frankreich, Jura, Arbois
Typ Trockener Weißwein, 14 Vol.-%
Rebsorte Savagnin

Wehlener Sonnenuhr zählt zweifelsohne zu den besten Weißweinlagen der Welt. Zwar besitzen hier auch andere bekannte Winzer Parzellen, aber der Weinberg ist vor allem mit dem Namen Joh. Jos. Prüm verbunden. Die Spuren dieser Winzerdynastie lassen sich bis ins 12. Jahrhundert zurückverfolgen.

Nur wenige Weinbauern haben ein so angeborenes Gefühl für die Prädikatsspätlese wie Dr. Manfred Prüm, der mit der Hilfe seiner Tochter Katharina für den Weltruf dieses Weines verantwortlich zeichnet. Seine Weine dieser Gewichtsklasse sind mit ihrer fein austarierten Balance von verführerischer Süße, delikater Fruchtigkeit, berauschender Säure und federleichtem Alkohol Bilderbuchbeispiele für überragende deutsche Spätlesen. Niemand ist vom *Gault Millau WeinGuide* so oft mit dem Prädikat „Beste Riesling Spätlese" ausgezeichnet worden wie Prüm. Mit den Jahrgängen 1999, 2000 und 2001 gelang ihm dies in drei aufeinanderfolgenden Jahren.

Nach etwa 5 Jahren Flaschenlagerung erreichte die ausgezeichnete 2001er Spätlese No. 16 ihr volles Reifeniveau, auf dem sie zwei Jahrzehnte bleiben sollte. In ihrer Präzision, Eleganz und Grazie erinnert sie an eine Primaballerina. **FK**

❂❂ **Trinken: bis 2030**

Jacques Puffeney ist es in Montigny-les-Arsures gelungen, die Kluft zwischen Tradition und Modernität in der Winzerei des Jura zu überwinden. Der Savagnin wächst auf seinen 2,2 ha großem Weingarten auf blaugrauem Mergel, meist in westlicher oder südwestlicher Ausrichtung.

Puffeney ist der Überzeugung, daß ein guter Vin jaune vor allem auf die dauernde Selektion während der 6 Jahre dauernden Faßreifezeit zurückzuführen ist. Das örtliche Weinlabor überprüft jedes Faß zweimal im Jahr. Jeder Wein, der nicht seinen Ansprüchen genügt, wird von Puffeney rigoros aussortiert. In den meisten Jahren bleibt so nur ein Drittel der ursprünglich gekelterten Fässer erhalten. Nach dieser Lagerungszeit werden die Weine verschnitten und ein weiteres Jahr in großen Eichenfässern in seinen kühlen Kellern ausgebaut.

Der 1998er wurde im Herbst 2006 nach der Ernte auf Flaschen abgefüllt. Der goldglänzende Wein zeigt schon jetzt ein komplexes Geschmacksbouquet aus Currygewürzen, Walnüssen und kristallisierten Früchten. Am Gaumen zeigt sich ein Hauch von Zitrus, der gut zu einer Fülle paßt, von der Puffeney sagt, sie lasse den Wein zu einem ebenso passenden Begleiter für gegrillten Hummer werden wie zu einem jungen Comté-Käse. **WL**

❂❂❂ **Trinken: 2012–2040+**

André et Michel Quenard
Chignin-Bergeron Les Terrasses 2005

Herkunft Frankreich, Savoyen, Chignin
Typ Trockener Weißwein, 13 Vol.-%
Rebsorte Bergeron (Roussanne)

Qupé
Marsanne Santa Ynez Valley 2006

Herkunft USA, Kalifornien, Santa Ynez Valley
Typ Trockener Weißwein, 12 Vol.-%
Rebsorten Marsanne 87%, Roussanne 13%

Michel Quenards Weinberg liegt an einem steilen terrassierten Hang am Ostende der Gemeinde Chignin auf etwa 320 m Höhe. Auf den 3 ha zieht er fast nur Roussane-Reben, die hier Bergeron genannt werden und in Savoyen nur in Chignin angebaut werden dürfen. Die Terrassen wurden in den frühen 80ern mit Maschinen angelegt, die Quenard sich von Straßenbauarbeitern „auslieh", die an einer Autobahn für die Winterolympiade in Albertville arbeiteten. Der Boden ist sehr steinig, im Untergrund jedoch mit Kies durchsetzt, so daß er einerseits gut drainiert ist, andererseits aber auch besser Dürreperioden übersteht als jener in benachbarten Weingärten. Die Reben auf dem nach Südwesten ausgerichtetem Hang empfangen die volle Kraft der Sonne, die in diesem Tal, das als La Combe de Savoie bekannt ist, sehr stark scheint.

Der Jahrgang 2005 hätte kaum vollkommener sein können. Die Trauben waren zu etwa 5 % von Botrytis befallen und von außergewöhnlich goldener Farbe. Die honigartige Nase zeigt Aromen von Aprikosenkernen und exotischen Blüten mit einem leichten Gewürzhauch. Am Gaumen vernimmt man Aprikosen und steinige Noten. Die zitronig-alpine Säure sichert ihm eine Lagerzeit von einigen Jahren. **WL**

❂ Trinken: bis 2012

Bob Lindquist ist einer der sogenannten kalifornischen Rhône Rangers, ein Kalifornier wie er im Buche steht: Baseballanhänger und Fan des Rock'n'Roll der 60er. Aber auch ein echter Pionier der Winzerei im Golden State. Er brachte seine ersten Weine 1982 auf den Markt, und dieser Marsanne gehörte dazu. Lindsay ist seitdem vor allem durch seinen Syrah bekannt geworden, aber der Marsanne zeugt von der Vielfalt der kalifornischen *terroirs*.

Lindquist begann mit Marsanne-Trauben von einer kleinen Los-Olivos-Parzelle und Roussane-Trauben aus dem Stoltman-Weingarten, mußte aber schließlich auch von anderen Winzern in der Umgebung hinzukaufen. Er erntet relativ früh, um Frische und saubere Säure zu erhalten, die Trauben werden dann im Ganzen gepreßt und 48 Stunden in Tanks auf der Hefe belassen, um ein Aroma anzunehmen, das er mit dem Begriff „Büchsenmais" beschreibt. Dann wird der Wein in 3 Jahre alten französischen Eichenfässern den ganzen Winter hindurch bis in das nächste Frühjahr hinein ausgebaut. Lindquist behauptet, er könne seinen Wein bei jeder Blindverkostung erkennen, da er einen Geruch habe, der an „einen Stein bei einem Bach oder eine Straße nach einem Regenguß" erinnere. **DD**

❂❂ Trinken: bis zu 10 Jahre nach Erhalt

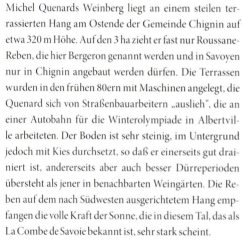

Einer der Qupé-Weingärten unter der glühenden Sonne Kaliforniens.

Château Rabaud-Promis 2003

Herkunft Frankreich, Bordeaux, Sauternes, Bommes
Typ Süßer Weißwein, 13,5 Vol.-%
Rebsorten Sémillon 80%, S. Blanc 18%, Muscadelle 2%

Seit mehr als einem Jahrhundert ist die Geschichte von Rabaud-Promis fast unentwirrbar mit jener seines Nachbarn Sigalas-Rabaud verwoben. Bis zum Jahr 1903 bildeten sie zusammen ein Gut, dann wurde ein Teil des Landes an Adrien Promis verkauft. 1930 wurden die beiden Güter dann wieder zusammengeführt, 1952 aber wieder getrennt. Die Qualität der Weine von Rabaud-Promis blieb jahrelang mittelmäßig, die Weine wurden in unterirdischen Tanks gelagert und sahen nie das Innere eines Eichenfasses. Nachdem eine der Nachfahren des Besitzers 1972 Philippe Dejean geheiratet hatte, wurde er Leiter des Gutes und zahlte zusammen mit seiner Frau 1981 die anderen Erben aus. Das gab ihm freie Hand für einige dringend notwendige Investitionen.

Die Domäne ist mit 32 ha Rebfläche recht groß, das bescheidene Gutshaus aus dem 18. Jahrhundert und die Keller liegen von den Rebstöcken umgeben oben auf einem Hügel. Die Böden sind meist kiesig mit Tonschichten darunter, die darauf wachsenden Reben sind größtenteils sehr alt. Dejean senkte nicht nur die Erträge auf vernünftige Mengen, er führte auch in den späten 80ern die Faßgärung ein. Anzeichen einer besseren Qualität sind allerdings schon in den Weinen ab dem Jahrgang 1983 zu erkennen. In den drei großartigen Jahrgänge 1988 bis 1990 war Rabaud-Promis dann schon wieder in sehr guter Form.

Der 2003er hat ein rundes Aprikosenaroma und die Üppigkeit, die man von diesem Jahrgang erwarten würde. Die Struktur ist opulent und das Finale würzig und feurig. **SBr**

☺☺☺ Trinken: bis 2020

WEITERE EMPFEHLUNGEN
Andere große Jahrgänge
1983 • 1988 • 1989 • 1990 • 1998 • 1999 • 2001 • 2005
Weitere Weine von Bommes
Château Lafaurie-Peyraguey • Château Rayne-Vigneau
Château Sigalas-Rabaud • Château La Tour Blanche

Rabaud-Promis ist nach langer Zeit zu guter Form zurückgelangt.

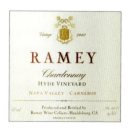 

Ramey Hyde Vineyard *Carneros Chardonnay* 2002

Herkunft USA, Kalifornien, Sonoma County
Typ Trockener Weißwein, 14,5 Vol.-%
Rebsorte Chardonnay

Domaine Ramonet *Bâtard-Montrachet GC* 1995

Herkunft Frankreich, Burgund, Côte de Beaune
Typ Trockener Weißwein, 13 Vol.-%
Rebsorte Chardonnay

David Ramey ist einer der angesehensten Winzer in Kalifornien. 2003 gründete er in Healdsburg seine eigene Kellerei. Er besitzt zwar keine eigenen Reben, kauft aber Trauben aus den besten Quellen. Er ist ein Chardonnay-Spezialist, auch wenn er Rotweine von den Calistoga- und Diamond-Mountain-Gütern im Napa Valley kellert.

Seine Chardonnays stammen aus den Hyde- und den Hudson-Weingärten in Carneros. Beides sind exzellente Weine, wobei der Hudson etwas muskulöser ist und eher dem amerikanischen Geschmack entspricht als der kultiviertere Hyde. Beide Weine stammen vom sogenannten Old-Wente-Klon, den Ramey bevorzugt, weil ihm die Aromen tropischer Früchte abgehen.

Der 2002er Hyde ist ein sehr reichhaltiger Wein mit ausladenden Butteraromen und kräftigem Eichenton. Er ist gewichtig und vollreif, erhält aber durch gute Säure und einen mineraligen Abgang Frische. David Ramey ist sich der Tatsache bewußt, daß im kalifornischen Klima ein Rohmaterial gedeiht, das sich deutlich von jenem unterscheidet, mit dem zum Beispiel eine Mersault-Kellerei arbeitet. So ist der Hyde-Chardonnay nach amerikanischen Maßstäben zwar kultiviert, aber er bleibt dennoch typisch amerikanisch. **SBr**
❂❂❂ Trinken: bis 2012

Ganz oben auf der Liste der Adressen, an denen man in Chassagne gute Weine erhält, findet sich die Domäne Ramonet. Es war der legendäre Pierre (*pére*) Ramonet, der damals als erster Wein in Flaschen verkaufte. Heute leiten seine Enkel Noël und Jean-Claude das Familienunternehmen und bieten eine breite Palette an Weißweinen vom Montrachet abwärts an. Der Bâtard-Montrachet stammt von einer 0,45 ha großen Parzelle, die neben ihrem etwas größeren Besitz in Bienvenues in der Nachbargemeinde Puligny liegt.

An die Weinherstellung gehen die Ramonets auf erfrischend pragmatische Weise heran. Die Weißweine werden auf der Hefe gegärt, und der Hefesatz wird kaum aufgerührt, damit die Weine sich mit ihrem eigenen Tempo entwickeln können. Die *grands crus* werden nach 18 Monaten auf Flaschen abgefüllt. So entstehen einige der langlebigsten Weißweine des Burgunds. Der 1995er ist ein glänzendes Beispiel für diesen Stil: voll, reichhaltig, konzentriert und immer noch sehr lebendig. Unterschwellig ist ein Hauch von Nüssen zu spüren, der vom Ausbau in neuem Eichenholz herrührt. Der Wein ist sehr facettiert und selbst nach 13 Jahren gerade gereift genug, um ihn zu genießen. **CC**
❂❂❂❂❂ Trinken: bis 2018

Domaine Raveneau *Chablis PC Montée de Tonnerre* 2002

Herkunft Frankreich, Burgund, Chablis
Typ Trockener Weißwein, 13 Vol.-%
Rebsorte Chardonnay

Château Rayne-Vigneau 2003

Herkunft Frankreich, Bordeaux, Sauternes, Bommes
Typ Süßer Weißwein, 14 Vol.-%
Rebsorten Sémillon 80%, Sauvignon Blanc 20%

Obwohl die meisten Chablis kurzlebig und charakterlos sind – meist stammt der Wein von jungen Reben, die Erträge sind viel zu hoch und die Trauben werden meist maschinell geerntet –, so gibt es doch eine Domäne, die sich von den anderen abhebt. Raveneau hat alte Rebstöcke, der Ertrag liegt bei 45 hl/ha anstatt der üblichen 60 hl/ha, und die Trauben werden mit der Hand gepflückt. Der Most wird zum größten Teil in Tanks gegärt und ausgebaut, nur etwa 20 % finden ihren Weg in alte Eichenfässer, so daß der Wein nie ungebührlich nach neuer Eiche schmeckt. Die Weine sind rein, unbeugsam und zeigen ihr *terroir*.

Montée de Tonnerre ist vermutlich der beste *premier cru* des Chablis und liegt etwas östlich der *grands crus* Les Clos, Valmur und Blanchots auf dem gleichen südlich ausgerichteten Hang wie diese. Hier liegt die mit 2,7 ha größte Parzelle der Raveneaus, hier wächst der beste *premier cru* des Chablis, und das Jahr 2002 war das beste der gesamten jüngeren Vergangenheit im Chablis. Es ist ein bewundernswürdig stahliger Wein mit beeindruckend reifen, aber zurückhaltenden Fruchtnoten und einer großen Tiefe. Besseren Chablis als diesen erhält man nur selten, man möchte nur wünschen, daß man ihn öfter erhielte. **CC**

❺❺❺ Trinken: bis 2018

Die Weingärten des Château Rayne-Vigneau sind über einen der Hügel von Sauternes verteilt, der wegen der Halbedelsteine bemerkenswert ist, die sich dort im Boden finden. Mit 80 ha Rebfläche ist es ein großer Besitz, aber der langjährige Geschäftsführer Patrick Eymery verweist darauf, daß wegen der unterschiedlichen Böden und Ausrichtungen nur etwa 50 ha Trauben liefern, die für den *grand vin* gut genug sind.

Das früher als Vigneau bezeichnete Gut reicht bis in das späte 17. Jahrhundert zurück, der jetzige Name wurde 1892 eingeführt. Die Kellerei ist jedoch technisch auf dem neuesten Stand, und die Weinherstellung ist alles andere als handwerklich. Dennoch ist die Qualität sehr hoch. Seit 1986 wird der Wein zur Hälfte in neuer Eiche ausgebaut, allerdings wird erst seit 2001 die gesamte Ernte im Faß gegärt.

Rayne-Vigneau ist ein strahlender, frischer, gut ausgewogener Sauternes von echter Eleganz. In einem Jahr, in dem viele Sauternes zur Schwere neigten, zeigt der 2003er eine ansprechende Saftigkeit und Aromen von Orangen und Tropenfrüchten. Der Wein hat eine gute Länge und ist einer der besten süßen Weißweine dieses herausfordungsvollen Jahrgangs. **SBr**

❺❺❺ Trinken: bis 2030

Rebholz *Birkweiler Kastanienbusch Riesling Spätlese Trocken GG* 2001

Herkunft Deutschland, Pfalz
Typ Trockener Weißwein, 12,5 Vol.-%
Rebsorte Riesling

Das Gut Rebholz in Siebeldingen nahe der elsässischen Grenze ist zwar seit drei Generationen ein Vorreiter in Sachen Qualität in der südlichen Pfalz, bis vor kurzem war es jedoch nur wenigen Weinkennern in Deutschland ein Begriff. Hansjörg Rebholz übernahm vor etwa 25 Jahren den Betrieb nach dem frühen Tod seines Vaters, heute stellt er, wie schon sein Großvater, sehr individuelle, trokkene Weine her, die oft in der Jugend etwas rauh wirken, sich aber wunderbar entwickeln. Seit den späten 90er Jahren ist die Qualität sprunghaft angestiegen.

Mit dem guten Ruf von Rebholz ist auch das Renommee der südlichen Pfalz gestiegen, die oft als ‚armer Verwandter' des Mittelhaardt betrachtet wurde. Dazu hat auch der Weinberg Kastanienbusch im nahegelegenen Birkweiler beigetragen. Der Kastanienbusch erstreckt sich über etwa 76 ha westlich des Ortes, aber nur ein Teil darf die Bezeichnung ‚Großes Gewächs' tragen, und davon verfügt nur eine winzige Parzelle über den verwitterten roten Schieferboden, auf dem der Riesling gut gedeiht. Die Parzelle ist die höchstgelegene der Pfalz und auch eine der steilsten Lagen.

Wildkräuter und Honig tanzen trotz der dichten Fruchtigkeit des Weines geradezu über den Gaumen. Die strenge Säurestruktur des Jahrgangs 2001 wird im Alter milder werden. Der Wein wurde für einen Riesling sehr spät geerntet (am 12. November) und hat nur 12,5 % Alkoholgehalt, wirkt aber deutlich stärker. Da nur weniger als 5000 Flaschen gekeltert wurden, wird man selten in den Genuß kommen, diesen Wein voll ausgereift zu verkosten. **JP**
☺☺☺ **Trinken: bis 2020**

Die Pfalz keltert mehr Wein als jedes andere Gebiet in Deutschland.

Remelluri
Blanco 2005

Herkunft Spanien, Rioja
Typ Trockener Weißwein, 13 Vol.-%
Rebsorten Viognier, Roussanne, Marsanne, andere

Remelluri Blanco ist einer der besten spanischen Weißweine – und einer der ungewöhnlichsten. Dieser originelle Verschnitt aus acht weißen Rebsorten (Viognier, Roussanne, Marsanne, Grenache Blanc, Sauvignon Blanc, Chardonnay, Muscat und Petit Courbu) erinnert an einen ausdrucksvollen Burgunder oder Condrieu, und man würde bei einer Blindverkostung nicht darauf kommen, daß er aus dem Rioja Alavesa stammt, das für seine roten Tempranillos bekannt ist.

Der erste Weißwein des Hauses wurde Mitte der 90er gekeltert und war eher ein Experiment. Unter der Leitung von Telmo Rodriguez, dem Sohn des Besitzers, wurden verschiedene weiße Rebsorten in Kleinstparzellen auf unterschiedlichen Höhen gepflanzt. Am Anfang war der Ertrag der insgesamt 3 ha großen Weingärten so gering, daß jeweils zwei Jahrgänge (94/95, 96/97 und 98/99) miteinander verschnitten wurden.

„Der weiße 1996er von Remelluri ist der beste spanische Weißwein, den ich je verkostet habe," schrieb Robert Parker. „Auf eine spektakuläre Nase mit komplexen Aromen von Geißblatt, Melonen, Rauch und tropischen Blüten und Früchten folgt ein trockener Weißwein mit mittlerem bis vollem Körper und hoher Konzentration, der Aufmerksamkeit erregen wird. Die schlecht Nachricht ist: Es wurden nur 200 Kisten gekeltert." Die gute Nachricht ist, daß unter der Leitung der Önologin Ana Barrón die Produktion dieses faszinierenden Weines inzwischen auf 12.000 Flaschen gestiegen ist. **JMB**

$ $ **Trinken: bis 2010; spätere Jahrgänge bis zu 5 Jahre nach Erhalt**

Das Gut Remelluri befindet sich im ehemaligen Kloster Toloño. ➔.

Max Ferd. Richter *Mülheimer Helenenkloster Riesling Eiswein* 2001

Herkunft Deutschland, Mosel-Saar-Ruwer
Typ Süßer Weißwein, 8 Vol.-%
Rebsorte Riesling

Die winzige Parzelle Helenkloster (1 ha) steht seit fast 50 Jahren im Ruf, einer der besten *terroirs* für guten Eiswein an der Mosel zu sein. Die Ernte des frühen Morgens am 24. Dezember 2001 übertraf jedoch alles, was man je im Weingut Max Ferdinand Richter erlebt hatte.

Die Herstellung von Eiswein gleicht oft einem Glücksspiel, bei dem man mit entsprechender Courage viel gewinnen kann. Am 23. Dezember 2001 sanken die Temperaturen an der Mosel nachmittags auf –9°C. Trotz des bevorstehenden Feiertags bereitete sich die Mannschaft von Dr. Dirk Richter auf eine sehr kalte Nacht und eine Eisweinernte um 5 Uhr am folgenden Morgens vor. Mit einem Mostgewicht von 223° Öchsle wurde ein neuer Rekord gesetzt – in der vierzigjährigen Geschichte des Gutes hatte es noch nie Trauben mit einem so hohen Zuckergehalt gegeben.

Die Beeren waren bei -13°C zu steinharten Murmeln gefroren. Sie wurden sofort gepreßt und ergaben nach der Gärung einen sensationell konzentrierten Eiswein, bei dem die 13,6 % Säure ein angemessenes Rückgrat für einen Restzuckergehalt von 336 g/l bilden. In Deutschland wurde er mit der höchstmöglichen Zahl von 100 Punkten bewertet. **FK**

🍷🍷🍷🍷🍷 Trinken: bis 2040+

Château Rieussec 2004

Herkunft Frankreich, Bordeaux, Sauternes, Fargues
Typ Süßer Weißwein, 14 Vol.-%
Rebsorten Sémillon 95%, S. Blanc 3%, Muscadelle 2%

Château Rieussec ist der einzige *premier cru* der Gemeinde Fargues, es soll neben Yquem auch das höchstgelegene der Region sein, mit 80 ha unter Reben ist es auch eines der größten. Das einstige Kirchengut hatte im Laufe der Zeit viele verschiedene Besitzer, 1984 wurde es an die Lafite-Rothschild-Gruppe verkauft. Charles Chevallier, der jetzige Geschäftsführer von Lafite, zeichnete lange Jahre in Rieussec verantwortlich und sorgte für Verbesserungen in den Weingärten und in der Kellerei.

Chevallier und seine Nachfolger kehrten in Rieussec zu einem klassischeren Stil zurück, indem sie mit Sauvignon und Muscadelle frischere Weine kelterten. Seit 1997 wird die gesamte Ernte im Faß gegärt, und die Kellermeister stellen den Wein aus Trauben von etwa 45 Parzellen zusammen. Der Wein wird etwa 2 Jahre ausgebaut, etwas mehr als die Hälfte der Fässer sind neu.

In der sanften und konzentrierten Nase des 2004ers sind sowohl Eiche als auch Edelfäule zu erkennen, sie zeigt ein ungewöhnlich exotisches Profil, in dem Ananas und Orangen vorherrschen, was zum Teil von der exzellenten Säure des Weines herrührt. Der Jahrgang 2004 war nicht einfach, aber Rieussec hat den Weg zum Erfolg gefunden **SBr**

🍷🍷🍷 Trinken: bis 2030

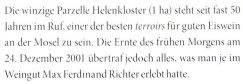

◁ Die geräumigen Keller des Gutes Max Ferd. Richter in Mülheim.

Telmo Rodríguez
Molino Real Mountain Wine 1998

Herkunft Spanien, Andalusien, Málaga
Typ Süßer Weißwein, 12 Vol.-%
Rebsorte Muscat

Emilio Rojo
Ribeiro 2006

Herkunft Spanien, Galicien, Ribeiro
Typ Trockener Weißwein, 13 Vol.-%
Rebsorten Lado, Treixadura, Albariño, Loureiro, Torrontés

Telmo Rodríguez ist ein Abkömmling der Familie, der das Rioja-Gut Remelluri gehört, und der berühmteste Weinhersteller Spaniens. Er arbeitete im Familienbetrieb, bis er sich entschloß, sich selbständig zu machen und 1994 die Compañia de Vinos Telmo Rodríguez gründete.

Er ist stets auf der Suche nach vergessenen Weingärten und Rebsorten, sein Interesse richtet sich vor allem auf die Erhaltung von Traditionen, alten Anbaugebieten und Weinsorten. Nachdem er Hugh Johnson über einen zauberhaften süßen Wein aus Málaga hatte sprechen hören, ließ ihn der Gedanke daran nicht mehr ruhen. Er ging nach Málaga und redete mit den Einheimischen darüber. Er beging die wenigen verbliebenen Weingärten, suchte die besten darunter aus, und experimentierte. Schließlich kam 1998 der erst Molino Real Mountain Wine auf den Markt.

Die Muscat-Trauben von den steilen Schieferhängen in Cómpeta werden in der Sonne getrocknet, um den Zuckergehalt zu steigern. Der Wein ist von prächtig goldener Farbe und besitzt ein sehr feines und elegantes Aroma mit Milchsäure- und balsamischen Komponenten. Am Gaumen ist er dicht, aber von mittlerem Gewicht, balsamisch und würzig, reichhaltig und lang, mit einer Süße, die gut durch die feine Säure ausgeglichen wird. **LG**

❂❂❂ Trinken: bis 2013

Die besten Albariños, die im Küstengebiet Rías Baixas erzeugt werden, verbinden eine jugendliche aromatische Komplexität mit einer mittelguten Lagerungsfähigkeit – und das ohne den Einsatz von Eichenholz. Durch die gleichen Vorzüge zeichnen sich auch die guten Weißweine aus dem galicischen Binnenland aus. Unter diesen leuchtet der Ribeiro vom nur 2 ha großen Gut Emilio Rojos als besonders heller Stern.

Emilio Rojos brach in den 80er Jahren sein Ingenieurstudium ab, um Winzer zu werden. Dabei ist, wie er sagt, sein Ziel nicht das Wachstum, sondern das Schrumpfen. Sein Endziel sei ein Weinberg von der Größe eines Boxringes – geringe Erträge mit großer Ausdruckskraft.

Wenn man nicht das Glück hat, eine der wenigen Flaschen zu ergattern, die jedes Jahr ausgegeben werden, ist es schwer, den Wein vom Winzer zu trennen. In diesem Fall ist es auch schwer zu glauben, wie authentisch der eine wie der andere sein können. Der 2006er ist kantig, aber auch großzügig und ölig, er hat eine ausgezeichnete Struktur und eine feine Balance von Säure, Öligkeit, Alkohol und aromatischer Kraft. Darüber hinaus erweckt der Wein den Eindruck, daß er durchaus im Verlaufe von einigen Jahren noch sehr viel besser werden könne. **JB**

❂❂ Trinken: bis 2012

Die Heimat von Telmo Rodríguez in den Bergen nahe Cómpeta.

Rolly Gassmann
Muscat Moenchreben 2002

Herkunft Frankreich, Elsaß
Typ Trockener Weißwein, 12,5 Vol.-%
Rebsorte Muscat

Rolly Gassmann *Riesling de Rorschwihr Cuvée Yves* 2002

Herkunft Frankreich, Elsaß
Typ Trockener Weißwein, 14 Vol.-%
Rebsorte Riesling

Louis Gassmann und seine Ehefrau Marie-Thérèse (geb. Rolly) finden für ihre vollen, sinnlichen Elsässer Weine in Europa viel Anerkennung. Allerdings zeigt ein Gassmann-Wein aus gutem Grund nicht immer jene überragende Klasse, die man bei einem Faller, Humbrecht oder Trimbach findet: Die Weinberge sind nicht besonders gut – es sind keine *grands crus* –, und einige der Parzellen in Rorschwihr haben sehr tonhaltige Böden, die dem Wein einen entschiedenen *goût de pétrole* verleihen, den man entweder liebt oder haßt. Unbestritten ist jedoch, daß Louis (dem inzwischen sein Sohn Pierre zur Hand geht) einer der besten Weinmacher des Elsaß ist, der sich des markanten Charakters seiner *terroirs* sehr bewußt ist. Aus schwierigen Grundweinen, die oft spät geerntet werden, um ihnen den harschen, unreifen Ausdruck zu nehmen, keltert er einige überaus angenehme Cuvées.

Der Muscat Moenchreben 2002 ist bezaubernd, er fängt mit seiner sinnlich-süßen Nase im Glas das Schauspiel spätsommerlicher Sonnenscheinstunden ein. Am Gaumen wirkt er „fett", der Mittelteil ist voll reichhaltigen, saftigen Pfirsichgeschmacks – ein Sommerwein, den man alleine genießen kann oder als Begleiter einer elsässischen Obst-Tarte. **ME**

☺☺☺ **Trinken: bis 2010**

In der Vergangenheit waren die besten Weine von Rolly-Gassman die Gewürztraminer, da diese Rebsorte sich am besten für die tonreichen Böden von Rorschwihr eignet und Louis Gassmann eine Neigung zum reichhaltigen Stil mit etwas Restzucker hat. Beim Riesling war es jedoch schwieriger, von solchen Böden und mit solchen Methoden einen ausgewogenen, eleganten Wein zu keltern. Durch die Umstellung auf biodynamischen Weinbau haben Louis und sein Sohn Pierre in den vergangenen Jahren deutliche Fortschritte in der Qualität und im Charakter ihrer Trauben erreicht, die zu Weinen von größerer Reinheit, Harmonie und Klasse geführt haben.

Am deutlichsten sind die Fortschritte bei diesem Riesling de Rorschwihr zu sehen. Natürlich half beim 2002er auch das Wetter mit seinen Regenfällen und milden Temperaturen. Das Ergebnis ist ein Riesling mit einem großartigen Rahmen unerschütterlicher Säure in beispielhafter Balance mit einem optimalen Reifegrad. Es ist ein überwältigender Wein von unendlicher Komplexität und Klasse, der deutlich darauf hinweist, daß man sich nie in verallgemeinernden Äußerungen über einen Wein, ein *terroir* oder einen Jahrgang ergehen sollte – und schon gar nicht über einen Winzer. **ME**

☺☺☺ **Trinken: bis 2020+**

Dom. de la Romanée-Conti
Le Montrachet GC 2000

Herkunft Frankreich, Burgund, Côte de Beaune
Typ Trockener Weißwein, 14 Vol.-%
Rebsorte Chardonnay

Es fällt schwer, einen passenderen Maßstab für hervorragenden weißen Burgunder zu finden als diesen Wein. Der Domaine de La Romanée-Conti gehört nur 0,7 ha der insgesamt 8 ha von Le Montrachet, das Gut kaufte die Parzellen 31, 129 und 130 in den Jahren 1963,1965 beziehungsweise 1980, die sich alle im Teilgebiet Chassagne-Montrachet der Lage befinden. Der Wein wird in der Kellerei der Domäne in Vosne-Romanée von Bernard Noblet gekeltert und nach etwa fünfzehnmonatiger Faßlagerung auf Flaschen abgefüllt.

Die Trauben werden so spät wie möglich gepflückt, oft deutlich nachdem alle anderen Winzer ihre Ernte eingebracht haben. Der Mitbesitzer Aubert de Villaine hat im Laufe der Jahre festgestellt, daß die Trauben von Le Montrachet ihre Säure behalten, auch wenn sie lange an den Rebstöcke bleiben. Diese späte Ernte führte zu einer außerordentlichen Opulenz und einer fast monolithischen Intensität, die vordergründig deutlicher auf den Hersteller als auf die Lage verweist. Nach einiger Zeit im Glas zeigt sich jedoch der unglaubliche Charakter der Lage, der sich kaum in Worte fassen läßt – 1727 schrieb der Abbé Arnoux, er könne „weder im Französischen noch im Lateinischen Worte finden, um die Süße dieses Weines" zu beschreiben.

Der Verfasser dieser Zeilen konnte vor kurzem den Jahrgang 2000 als Teil einer außergewöhnlichen Auswahl von Montrachets verkosten, und er war einer der Stars der Show: ein fast perfekter Wein. Wenn man ihm Zeit im Glas gibt, zeigt er sowohl Finesse als auch Energie und Kraft. Der Gaumen wird überflutet von sanften Wellen reinen Geschmacks, die sehr, sehr lange anhalten. **JM**
❺❺❺❺❺ Trinken: 2010–2030

Dom. Guy Roulot *Meursault*
Tessons Le Clos de Mon Plaisir 2005

Herkunft Frankreich, Burgund, Côte de Beaune
Typ Trockener Weißwein, 13 Vol.-%
Rebsorte Chardonnay

Eine der Freuden an dem Winzerdorf Meursault ist die Vielzahl erstklassiger Weine, die aus verschiedenen Lagen stammen, die nicht einmal als *premier cru*, geschweige denn als *grand cru* klassifiziert worden sind. Dementsprechend preiswert sind die Weine, sie bieten bei weißem Burgunder einen vorzüglichen Gegenwert für ihr Geld. Unter diesen Lagen ist die auf leichtem, gut drainiertem Boden oberhalb des Dorfes liegende Le Tesson (oder Les Tessons) eine der interessantesten.

Die Parzelle der Domaine Roulot trägt den sinnträchtigen Namen Le Clos de Mon Plaisir, der durch die stilsichere Qualität ihres Weines mehr als gerechtfertigt ist. Jean-Marc Roulot ist nach einem Zwischenspiel in der Filmindustrie auf das Familiengut zurückgekehrt. Er ist einer der nachdenklichsten Winzer in Burgund, der tiefes Verständnis für die Bedeutung der Textur wie auch der Frucht und der Struktur in einem Weißwein zeigt. Sein Tesson zeigt ansprechende blumige Eigenschaften und eine lebhafte Säure, die für Frische am Gaumen sorgt.

2005 ist ein hervorragender Jahrgang für weiße Burgunder, die allerdings etwas hinter dem Glanz der Rotweine aus diesem außergewöhnlichen Jahr zurücktreten. Hinzu kommt, daß die Weißweine der Jahre 2004 und 2006 den gleichzeitig gekelterten Rotweinen vorgezogen werden. Dennoch werden sich die 2005er sicher als die besten Weißweine aus diesen drei Jahrgängen herausstellen. In ihrer Jugend hat das Fehlen von unmittelbar erkennbaren aromatischen Qualitäten und ihre muskulöse Konzentration dazu geführt, daß sie von der Kritik weniger gelobt wurden, als sie es verdient hätten. Dieser Jahrgang ist der vollkommenste einer ganzen Generation. **JM**
❺❺❺ Trinken: 2010–2015+

◀ Der Eingang zur Domaine de la Romanée-Conti.

Royal Tokaji Wine Co. *Mézes Mály Tokaji Aszú 6 Puttonyos* 1999

Herkunft Ungarn, Tokaj
Typ Süßer Weißwein, 10,5 Vol.-%
Rebsorte Furmint

Die Royal Tokaji Wine Company wurde im September 1990 von einer Gruppe von Weinfanatikern unter der Leitung des dänischen Bordeaux-Winzers Peter Vinding-Diers und des Weinschriftstellers Hugh Johnson gegründet. Zuerst stand ihnen der Sachverstand von István Szepsy zur Seite, der aber 1993 ausschied, als das Unternehmen in finanziellen Schwierigkeiten war und neuen Kapitalzufluß benötigte. Insgesamt legten sich die Besitzer eine beeindruckende Sammlung von Weingärten mit einer Gesamtfläche von 110 ha zu, von denen einige in Gebieten liegen, die schon in der ersten Hälfte des 18. Jahrhunderts klassifiziert wurden.

Das Weingut unterscheidet sich von vielen anderen dadurch, daß es nur Aszú-Weine keltert. Sie stammen zumeist von Spitzenlagen wie Szent Tamás, Nyulászó und Betsek. Royal Tokaji war der erste größere Hersteller, der auf dem Etikett auch den Weingarten angab. Mézes Mály ist ein *grand cru*, allerdings ist die genaue Lage noch strittig – es wird auch die Meinung vertreten, der *grand cru* liege nicht im hinteren Teil der Parzelle, sondern vorne, seitlich und etwas oberhalb des anderen *grand cru*. Royal Tokaij besitzt insgesamt 19 ha in Mézes Mály.

Dieser 6 Puttonyos wird 4 Jahre im Faß ausgebaut. Die Weine von Royal Tokaji sind aufgrund ihrer langen Mazerationsdauer meist dunkler als andere, dieser ist jedoch von einem intensiven, hellem Goldton und zeigt frische, saftige Pfirsichtöne. Der Kellermeister Károly Áts erkennt in der Nase auch Pfefferminz, Quitte und Honig und spricht von einer „großartigen Balance am Gaumen, wunderbaren Struktur und einem sehr langen, wunderschönen Nachgeschmack von Quitten." **GM**
🙂🙂🙂🙂 **Trinken: bis 2020+**

Royal Tokaji Wine Co. *Szent Tamás Tokaji Aszú Esszencia* 1993

Herkunft Ungarn, Tokaj
Typ Süßer Weißwein, 7,5 Vol.-%
Rebsorten Furmint 50%, Hárslevelü 50%

Esszencia ist bei Tokajer die höchste Qualitätsstufe. Es gibt auch einen Aszú Esszencia, der mit einem 7-Puttonyos-Wein gleichzusetzen ist, aber der echte *esszencia* ist fast ein Fabelwesen, so zuckerreich, daß die Gärung langsam und nur partiell ist. Mit etwas Glück erreicht er einen Alkoholgehalt von 6%. Andererseits altert dieser Wein aus edelfaulen Trauben so langsam, daß er in einem guten Keller ein Jahrhundert überleben kann. Diese Langlebigkeit wurde früher als lebensspendende Kraft angesehen, Könige und Prinzen waren die Empfänger des *esszencia*, und sie gaben den Wein an Freunde und Verwandte weiter, denen sie ein langes Leben wünschten.

Die Lage Szent Tamás (St. Thomas) ist weitläufig und geologisch heterogen, die Böden sind vulkanischen Ursprungs und enthalten Tuff- und Quarzgesteine. Mit 11 ha gehört dem Weingut Royal Tokaji etwa ein Fünftel der Lage.

Dieser *esszencia* wurde zu gleichen Teilen aus Furmint und Hárslevalü gekeltert und enthält 304 g/l Restzucker und 11,5 g/l Säure. Schon im Alter von 5 Jahren war der Wein bernsteinfarben, da Royal Tokaji nur sehr geringe Mengen Schwefel verwendet. In der Nase zeigte sich ein großartiger Hauch von Pomeranze. Am Gaumen war er zuerst sanft, leitete dann aber zu einem Finale mit der fruchtigen Säure eines Granny-Smith-Apfels über.

Die Ungarn sagen, man sollte *esszencia* am besten fingerhutweise genießen – pur und ohne irgendwelche Begleitung. Theoretisch sichert sich der Trinkende so das ewige Leben, aber bis jetzt hat sich noch kein langlebiger Mensch gefunden, mit dem diese These untermauert werden könnte. **GM**
🙂🙂🙂🙂 **Trinken: bis 2050+**

Rudera Robusto
Chenin Blanc 2002

Herkunft Südafrika, Stellenbosch
Typ Halbtrockener Weißwein, 14 Vol.-%
Rebsorte Chenin Blanc

Sadie Family
Palladius 2005

Herkunft Südafrika, Swartland
Typ Trockener Weißwein, 13,5 Vol.-%
Rebsorten Chenin, Grenache, Chardonnay, Roussanne

In Südafrika sind es sehr viel größere Flächen mit Chenin bepflanzt als in der Heimat der Rebsorte an der Loire. Die Trauben wurden hier lange für die Herstellung von Branntwein bis hin zu gelegentlich gutem Dessertwein ge- und mißbraucht. In den 90er Jahren begann der Stern des Chenin heller zu leuchten, als man sich den alten, ertragsschwächeren Weingärten mit der Rebe zuwandte.

Der Weinmacher Teddy Hall war einer der Fürsprecher der Rebsorte – zuerst in Kanu, dann in Rudera, seiner eigenen Winzerei. Dort keltert er aus Chenin Weine in verschiedenen Stilen, aber der Robusto ist mit seinem guten Eichenton, einem meist gerade wahrnehmbaren Restzuckergehalt und seiner eleganten, namensgebenden Robustheit vielleicht der bekannteste unter ihnen.

Die Trauben für den 2002er Robusto stammen von älteren Weingärten am Fuße des Helderberg in der Nähe der Stadt Somerset West. Der Weinkritiker Michael Fridjhon stellte fest, der dort wachsende Chenin sei in der Lage, „intensive, üppige Fruchtnoten zu liefern, die zu einem opulenten, fast tropischen Stil" führten. Er fügt hinzu: „Der Rudera Robusto 2002 ist reich texturiert, besitzt aber hinreichend Säure, um die Fruchtigkeit zu zügeln und am Gaumen Länge und Ausdauer gewährleisten." **TJ**

☻☻ **Trinken: bis 2012**

In den vergangenen Jahren ist eine neue Art von Weißweinen am Kap entstanden, die von den Chenin-Blanc-Reben an den Granithängen des Perdebergs stammen, der seinen Namen von einem längst durch Jagd ausgerotteten zebraähnlichen Tier erhielt. Die nicht künstlich bewässerten alten Rebstöcke liefern nur geringe Erträge, durch den Verschnitt mit verschiedenen anderen Rebsorten ergeben sich Weine von hoher Güte und ausdrucksvollem Charakter.

Palladius ist wie sein Schwesterwein Columella nach einem alten römischen Winzer benannt. Inzwischen gibt es ein oder zwei Dutzend Weine in diesem Stil, aber der Palladius gehört immer noch zu den besten von ihnen.

Der Kellermeister Eben Sadie arbeitet immer noch an der Komposition und dem Charakter des Palladius. Sein Augenmerk richtet er dabei vor allem auf die gepachteten Weingärten am Perdeberg, wo die Reben biodynamisch bewirtschaftet werden. Auch im Keller gibt es noch Arbeit, wo er die Verschnittmischung weiter verfeinert. So fügte er 2006er etwas Clairette von alten Reben zu. Dies ist ein großer, kräftiger Wein, reichhaltig und saftig mit einer guten natürlichen Säure und einem eleganten Element tanninhaltiger Mineralität. **TJ**

☻☻☻ **Trinken: bis 2012+**

Salomon-Undhof
Riesling Kögl 2005

Herkunft Österreich, Weinviertel
Typ Trockener Weißwein, 13 Vol.-%
Rebsorte Grüner Veltiner

Sauer *Escherndorfer Lump Silvaner Trockenbeerenauslese* 2003

Herkunft Deutschland, Franken
Typ Süßer Weißwein, 8 Vol.-%
Rebsorte Silvaner

Fritz Salomon war ein Pionier des österreichischen Weinbaus und gehörte zu den ersten Vorreitern des Riesling und der Gutsabfüllung in Österreich. Heute leiten seine Söhne Erich und Berthold den Undhof. Die Weingärten der Familie an den steilen Schiefer- und Lößhängen oberhalb von Krems gehörten früher jahrhundertelang dem Bistum Passau im entfernen Bayern, noch heute steht ein Teil jeder Ernte dem dortigen Bistum zu.

In den frühen 90er Jahren gab Erich Salomon aus wirtschaftlichen Gründen die Gärung in Holzfässern zugunsten von Edelstahltanks auf und verkürzte die Ausbauzeit der Weine. Ein Jahrzehnt später lockerten er und sein jüngerer Bruder das Regime über die jungen Weine, und ihr Riesling Kögl 2005 gärte bis Ende Januar – nach heutigen Maßstäben recht lange –, und wurde dann auf dem Hefesatz ausgebaut, wodurch er eine cremige Textur erhielt, die eine ideale Ergänzung seines klaren Zitrus- und Kernobstgeschmacks und seiner vielfältigen Nuancen ist.

Bei diesem Jahrgang hing die Qualität von der Bereitschaft ab, mühevoll edelfaule Beeren zu lesen. Die Auslese Reserve Riesling Kögl ist noch reichhaltiger, zeigt aber weniger Klarheit. **DS**
◉◉ **Trinken: bis 2015**

Escherndorfer Lump ist ein Steilhang, der nach Süden auf den Main blickt. Der Weinberg ist schon immer für sein einzigartiges Mikroklima berühmt gewesen, aber auch wegen der Schwierigkeiten, die die Arbeit in ihm bereitet. Er gilt in Deutschland als eine der besten Lagen für konzentrierten, saftigen und entschieden trockenen Silvaner, aber Horst Sauer zeigt mit bemerkenswerter Regelmäßigkeit, daß hier auch süße Weine von Weltklasse erzeugt werden können. Es gibt kaum einen anderen Winzer, der so überwältigende Trockenbeerenauslesen aus Silvaner keltern kann.

Die Voraussetzungen im Jahr 2003 waren perfekt. Am 3. November konnte Sauer eine hochelegante Trockenbeerenauslesen ernten, die ohne weiteres der beste Frankenwein dieses großartigen Jahres sein könnte. Die überwältigend exotischen Aromen von Ananas, Mango, Honig und Aprikosen werden am Gaumen in eine seidige Hülle aus delikater Süße gekleidet und von einer dicht gewobenen Säure gestützt. Der Wein wurde auf dem Gut für etwa 50 Euro pro Halbliterflasche verkauft. Verglichen mit Rieslingen vergleichbarer Qualität und Art vom Rhein und der Mosel ist das ein außerordentliches Preis-Leistungs-Verhältnis. **FK**
◉◉◉ **Trinken: bis 2025**

Domaine Etienne Sauzet
Bâtard-Montrachet GC 1990

Herkunft Frankreich, Burgund, Côte de Beaune
Typ Trockener Weißwein, 13,5 Vol.-%
Rebsorte Chardonnay

Willi Schaefer *Graacher Domprobst Riesling BA* 2003

Herkunft Deutschland, Mosel-Saar-Ruwer
Typ Süßer Weißwein, 7,5 Vol.-%
Rebsorte Riesling

Im Laufe der Jahre ist die Geschäftstätigkeit des Gutes Sauzet in Puligny-Montrachet starken Schwankungen unterlegen gewesen, einen Höhepunkt erreichte die neue Anpflanzung von Reben in den späten 40er Jahren. Nach dem Tod des Gründers 1975 übernahm Gérard Boudot, der im Jahr zuvor in die Familie eingeheiratet hatte, die Geschäftsführung. Seine gewissenhafte Arbeit hat dem Unternehmen wieder eine Stellung in der Oberliga der Chardonnay-Erzeuger der Region gesichert.

Sauzet besitzt nur 0,13 ha der *grand-cru*-Lage Bâtard, die zwischen den Gemeinden Puligny- und Chassagne-Montrachet aufgeteilt ist, der Ertrag wird durch zugekaufte Trauben ergänzt. Nach vorsichtiger Pressung wird der Most drei Wochen im Faß gegärt und dann in Fässern aus Tronçais- und Allier-Eiche ausgebaut.

Der Jahrgang 1990 brachte Weine von ungeheurer Reichhaltigkeit hervor, die für manche Puristen schon über das Erträgliche hinausging. Sauzets Bâtard ist ein wuchtiger, öliger Chardonnay, der beredt von 40 Jahre alten Rebstöcken und niedrigen Erträgen spricht. In der Nase tönt der Gesang von Backäpfeln und Muskat, am Gaumen trifft man auf einen opulenten, buttrig-fetten Geschmack und eine unglaubliche, würzige Länge. **SW**

❂❂❂❂❂ **Trinken: bis 2010+**

Willi und Christof Schaefer erzeugen auf 3,5 ha steilen Weinbergen in der Umgebung von Graach Moselweine. Sie haben noch nie eine Trockenbeerenauslese oder einen Eiswein gekeltert. „Natürlich hätten wir im Laufe der Jahre viele Trockenbeerenauslesen erzeugen können", sagt er, „aber diese Weine sind vielleicht etwas zu konzentriert. Ich trinke sie mit Freude, wenn sie von anderen Herstellern stammen, aber wir wollen, daß unserer eigenen Weine leicht und elegant sind."

In „kühlen" Jahrgängen können Schaefers Weine fast etwas reserviert wirken, aber in „warmen" Jahren glänzen sie unabhängig vom Reifegrad. Die Großartigkeit dieser Weine, ja sogar des ganzen Weinstils, läßt sich schon in den bescheidensten Beispielen erkennen, aber die feine Leichtigkeit, die sie selbst bei glühender Konzentration und voller Reife erreichen, ist sowohl wunderbar als auch einzigartig. Das gilt mehr als je für den Jahrgang 2003, in dem man vielleicht ausufernde, süßliche Fruchtigkeit hätte erwarten können. Statt dessen sieht man sich einem Wein gegenüber, der klar, gespannt und dicht gewebt ist. Ein gewaltiger, komplexer Geschmackskörper wird von einem so schlanken Rahmen gehalten, daß man ihn fast flüchtig nennen mag. **TT**

❂❂❂❂❂ **Trinken: 2030–2040**

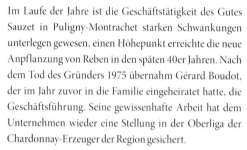

Der Eingang zum Gut Willi Schaefer.

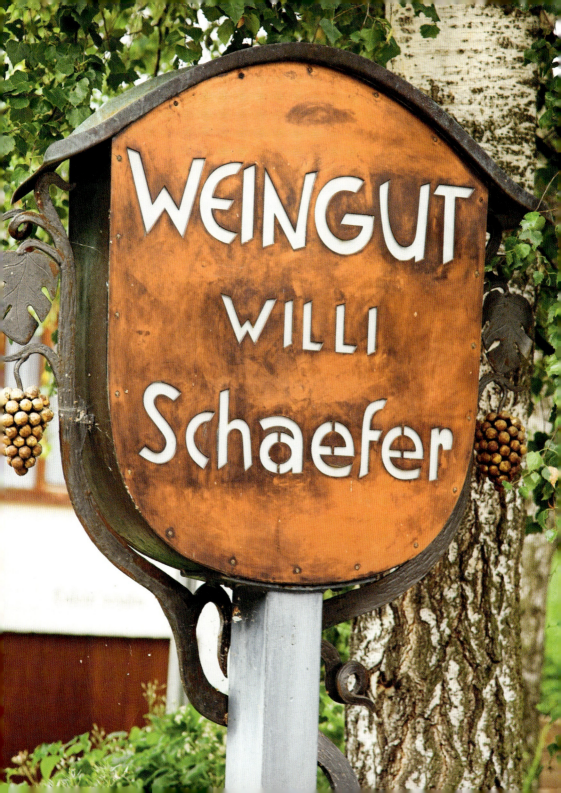

Mario Schiopetto
Pinot Grigio 2005

Herkunft Italien, Friaul, Collio
Typ Trockener Weißwein, 13 Vol.-%
Rebsorte Pinot Grigio

Schloss Gobelsburg
Ried Lamm Grüner Veltliner 2001

Herkunft Österreich, Kamptal
Typ Trockener Weißwein, 14 Vol.-%
Rebsorte Grüner Veltliner

Die Azienda Agricola Mario Schiopetto gehört zu den besten Weingütern der nordostitalienischen Region Collio. Die 30 ha Weingärten der Familie Schiopetto liegen bei Podere di Blumeri auf dem ehemaligen Residenzgut des Bischofs von Gorizia.

Der verstorbene Mario Schiopetto begann 1965, Wein zu keltern. Er bereiste die Weinbauregionen Europas und war im Friaul ein Vorreiter der modernen, ultrasauberen Weinerzeugung. Die großartige Kellerei liegt verborgen in den Hügeln von Capriva del Friuli, sie wurde von Tobia Scarpa entworfen und 1992 fertiggestellt.

Schiopetto kelterte seinen ersten Pinot Grigio 1968, lange bevor der Wein in Mode kam. Der 2005er ist von goldgelber Farbe, nicht grünlich wie so viele der nichtssagenden Brühen, die aus dieser Rebsorte hergestellt werden. Hier sieht man, wozu die Rebe in den richtigen Händen fähig ist: reichhaltig, voller Geschmack und mit der typischen geringen Säure, langanhaltend, elegant und rein, mit einer Fruchtigkeit, die nicht durch einen Hauch von Eiche beeinträchtigt wird. Der Wein ist zwar recht konzentriert, sollte aber dennoch in jungem Alter getrunken werden, da er nach 3 bis 4 Jahren in der Flasche an Frische und Säure verliert. **SG**

🍷🍷🍷 **Trinken: bis zu 4 Jahre nach Erhalt**

Beim Verkosten dieses wunderbaren Grünen Veltliners mag man kaum glauben, daß Michael Moosbrugger erst 1996 die Leitung des Gutes übernahm. Gobelsburg ist ein jahrhundertealtes Klostergut, das im Laufe der Zeit viele der besten Weingärten im Kamptal in seinen Besitz brachte. In den frühen 90er Jahren suchte der Orden nach einem Pächter, und glücklicherweise war Moosbrugger begeistert von der Idee, Winzer zu werden. Willi Bründlmayer arrangierte den Vertrag und stieg als Teilhaber und Berater ein. Nach zwei Jahren wurde ihm jedoch klar, daß er als Berater überflüssig war: „Wofür braucht er mich denn noch? Er schläft ja praktisch auf seinen Weinfässern."

Ried Lamm liegt in einer Schlucht zwischen den Gaisberg- und Heiligenstein-Hügeln. Die Lage ist windgeschützt und sehr heiß. Alle Erzeuger mit Veltliner-Reben keltern dort gute Weine, aber seit 2001 sind keine so beeindruckend wie Schloss Gobelsburg. Im Ried Lamm 2001 zeigt sich ein Kontrast zwischen Kraft und Zierlichkeit, zwischen Intensität und Präzision, der einen brillanten, wohlproportionierten Wein mit charakteristischen Noten von Rosmarin, Roggenspelze und Spießbraten ergibt. **TT**

🍷🍷🍷🍷 **Trinken: 2–4 Jahre nach Erhalt**

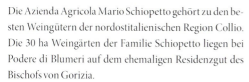

Mario Schiopettos Weingärten bei Capriva del Friuli in Gorizia.

Schloss Lieser *Lieser Niederberg Helden Riesling AG* 2004

Herkunft Deutschland, Mosel-Saar-Ruwer
Typ Süßer Weißwein, 7 Vol.-%
Rebsorte Riesling

Schloss Vollrads *Riesling Trockenbeerenauslese* 2003

Herkunft Deutschland, Rheingau
Typ Süßer Weißwein, 7 Vol.-%
Rebsorte Riesling

Wilhelm Haag ist in seiner Heimat und in seinem Beruf eine Vaterfigur. 1992 wurde sein Sohn Thomas Kellermeister im einst angesehenen, aber zwischenzeitlich heruntergekommenen Gut Schloss Lieser, und von der ersten Ernte an wurde deutlich, daß er seine Aufgabe gefunden hatte. Fünf Jahre später kaufte er das Unternehmen.

Thomas Haag zeigte, daß der Niederberg Helden den Vergleich mit den besten Schieferlagen an der Mosel nicht zu scheuen braucht. Mit dem 2004er Jahrgang erreichte er ein neues Qualitätsniveau. Für einen noch jungen Mann zeigt Haags Herangehen bemerkenswerte Geduld. Wenige seiner Nachbarn ernten später oder lassen ihren Riesling länger und kühler gären. Dementsprechend lange dauert es, bis seine Weine sich aus einer Hülle hefiger Aromen, Babyspeck und schierer Süße lösen.

Der 2004er ist ein superbes Beispiel für die Synergie von Riesling und Botrytis. Kernobst, Melone und Honig prägen den Geschmack und klingen mit unvergeßlicher Intensität nach. Nur an den Schieferhängen der Mosel war es jedoch möglich, einen edelfaulen Wein von solcher Delikatesse und solchem Schwung zu keltern, der trotz seiner cremigen Opulenz eine solch hinreißende Klarheit zeigt. **DS**

☙☙☙☙ **Trinken: bis 2025**

Die Weine vom Schloß Vollrads und vom benachbarten Schloß Johannisberg gehören seit Jahrhunderten zu den allerbesten aus deutschen Landen. Das Schloß gehörte lange den Grafen Greiffenclau, einer der ältesten Weindynastien der Welt.

Seit einer Krise in den 90er Jahren hat Dr. Rowald Hepp das Gut zu seiner vorherigen Größe zurückgeführt. Am 23. September 2003 wurde die erste Charge für die Riesling Trockenbeerenauslese geerntet. In den folgenden Jahren kamen noch weitere Trockenbeerenauslesen hinzu, die alle konzentriert waren wie nie zuvor – nur der 1947er kam ihnen einigermaßen nahe.

Dieser Wein wurde getrennt gekeltert – der Zuckergehalt war so hoch, daß die Gärung 15 Monate dauerte – und separat auf Flaschen abgefüllt. Vier Jahre nach der Ernte ruht er immer noch in den Kellern. Aber selbst die „normale" Trockenbeerenauslese dieses fast beunruhigend ungewöhnlichen Jahrgangs macht deutlich, warum die Geschenke der Natur Schloß Vollrads zu einem Paradies für Liebhaber edler und süßer Weinraritäten gemacht haben. Mit 306 g/l Restzucker ist dies ein konzentriertes Elixier von immenser Statur und aristokratischer Haltung. **FK**

☙☙☙☙☙ **Trinken: bis 2050+**

Schlumberger *Gewurztraminer SGN Cuvée Anne* 2000

Herkunft Frankreich, Elsaß
Typ Süßer Weißwein, 14,7 Vol.-%
Rebsorte Gewürztraminer

Heidi Schröck *Ruster Ausbruch Auf den Flügeln der Morgenröte* 2004

Herkunft Österreich, Burgenland, Neusiedlersee-Hügelland
Typ Süßer Weißwein, 9,5 Vol.-%
Rebsorten P. Blanc, Welschriesling, Sauvignon, andere

Mit 140 ha unter Reben ist Schlumberger das größte Weingut des Elsaß. Seitdem Serine Schlumberger den Familienbesitz in der siebten Generation leitet, ist zudem die Qualität der Weine gestiegen. Die Trauben stammen alle von den eigenen Weinbergen, die sich auf einer Strecke von 5,6 Kilometern zwischen Guebwiler und Rouffach erstrecken und so steil sind, daß ihre Terrassen noch mit dem Pferd bestellt werden. Das Gut besitzt sogar vier Pferde und hat vier Steinsetzer eingestellt, die sich um die Erhaltung der mehr als 48 km Terrassen kümmern. Genau die Hälfte der Weingärten besteht aus 4 *grands crus* – Kessler, Kitterlé, Saering und Spiegel. Cuvée Anne kommt aus der nach Osten und Südosten ausgerichteten Lage Kessler, mit sandig-tonigen Böden über Sandstein.

Die Cuvée Anne wurde nach der Tochter Ernst Schlumbergers, des Ururenkels des Firmengründers, benannt. Es ist ein sehr seltener Wein, nicht nur weil es sich um einen Sélection de Grain Nobles (SGN) handelt, sondern auch, weil er nicht regelmäßig gekeltert wird – im Schnitt nur alle 7 Jahre. Für einen solch großen Wein zeigt er außergewöhnliche Eleganz und Finesse, die zu einem langen, üppigen Abgang mit überraschender Frische führen. **TS**

💲💲💲 Trinken: bis 2040

1992 wurde der Cercle Ruster Ausbruch gegründet, um den Wein wieder zum Leben zu erwecken, der den Grundstein zum einstigen Ruhm und Reichtum der kleinen Freistadt Rust gelegt hatte. Überraschenderweise wählten die vertretenen Winzer eine junge Frau zur Vorsitzenden. Seitdem ist der Name Heidi Schröck mit dieser edelfaulen Weinart verbunden, und kein Winzer im Burgenland kann sich einer größeren Auswahl oder Qualität an trockenen Weißweinen rühmen als sie.

Mit dem Jahrgang 2003 begann Schröck, Weine von verschiedenen Parzellen auf Flaschen abzufüllen. Zur Palette ihre Weine gehört auch ein Ausbruch, der an die vielgestaltigen Verschnitte erinnert, in denen die hiesigen Weine bis vor 50 Jahren auf den Markt kamen. Sie sagt, der aus den Psalmen stammende Name „Auf den Flügeln der Morgenröte" sei ihr durch das Sonnenlicht des Tagesanbruchs nahegelegt worden, das sich zuerst im Nebel über dem Neusiedlersee fängt und ihn dann auflöst.

Dieser Ausbruch versetzt einen fast in Trance, während er sich am Gaumen entfaltet: cremig und doch ätherisch und gewichtslos wie eine Nebelwolke. Der außerordentlich feine Abgang wird durch den Restzucker von 200 g/l nicht im geringsten belastet. **DS**

💲💲💲 Trinken: bis 2022+

Die Weinberge von Schlumberger bei Guebwiller.

Selbach-Oster *Zeltinger Schlossberg Riesling Auslese Schmitt* 2003

Herkunft Deutschland, Mosel-Saar-Ruwer
Typ Halbtrockener Weißwein, 8 Vol.-%
Rebsorte Riesling

Im Jahr 2003 kelterte Johannes Selbach mindestens vier verschiedene Auslesen vom Schloßberg, einer steilen Lage hinter der schönen St.-Stephanus-Kirche in Zeltingen. Davon wurden drei auf die übliche Weise in aufeinanderfolgenden Durchgängen geerntet und je nach Reifegrad und Botrytisbefall mit Sternen gekennzeichnet – kein Stern, ein Stern, zwei Sterne.

Das gleiche Jahr brachte jedoch auch eine stille Revolution: Die Trauben von der ältesten und besten Lage, die noch den ehemaligen Lagennamen Schmitt trägt, wurden en bloc gelesen. Johannes Selbach sagt: „Wir haben bei der Ernte keine Auswahl getroffen. So tritt die übliche Mischung aus grün-gelben, goldenen, leicht überreifen und edelfaulen Beeren auf, die das *terroir* der Lage am besten zum Ausdruck bringt, ohne daß sich der Mensch auswählend einmischt." Dieses Ernteverfahren ist von der Familie auch in den darauffolgenden Jahren angewandt und auf eine zweite Cuvée aus einer kleinen Parzelle vom benachbarten Sonnenberg ausgedehnt worden.

Der Zeltinger Schlossberg ist ein bemerkenswert ausdrucksvoller, fast kantiger Mosel. Die aus dem Devon stammenden Schieferböden des Weinbergs sorgen für eine straffe und belebende Mineralität im Geschmack – hier meint man wirklich, den Boden zu schmecken –, die am mittleren Gaumen in einzigartige Waldkräuter- und Limonenschalennoten übergeht. Die Wirkung mag zwar weniger freundlich-charmant sein als bei Lagen wie Sonnenuhr oder Himmelreich, der Wein ist jedoch auf eine entzückend nachdrückliche Weise unverkennbar. **TT**

🍷🍷🍷🍷 Trinken: 1–3 Jahre nach Erhalt; oder 15–20 Jahre lagern

WEITERE EMPFEHLUNGEN
Andere Weine des gleichen Herstellers
Bernkasteler Badstube • Graacher Domprobst
Andere Mosel-Saar-Ruwer-Erzeuger
Fritz Haag • Karthäuserhof • Dr. Loosen • Maximin Grünhaus • Egon Müller • J. J. Prüm • Willi Schaefer

Seresin
Marama Sauvignon Blanc 2006

Herkunft Neuseeland, Marlborough
Typ Trockener Weißwein, 13 Vol.-%
Rebsorte Sauvignon Blanc

Das Seresin-Gut wurde 1992 auf den Terassen am Wairau River in Marlborough von Michael Seresin gegründet, der als Kameramann an den Filmen *Bugsy Malone, Midnight Express, Fame* und *Harry Potter und der Gefangene von Askaban* mitwirkte.

Wie Cloudy Bay keltert auch Seresin einen „einfachen" Sauvignon Blanc, hinzu kommt jedoch auch eine verfeinerte Version. Die Trauben für den Marama werden vor der Ernte nach ihrem Fruchtgeschmack ausgewählt, dabei sorgen drei Parzellen für besondere Tiefe und Gewicht des fertigen Weines. Es werden keine Zuchthefen eingesetzt, sondern nur natürliche Hefen verwendet, die in den Weingärten und Kellern vorkommen, wodurch der Wein meist zusätzliche Geschmacksnoten erhält.

Der Marama ist oft dunkler gefärbt als andere Sauvignons. Zuerst gleicht die Nase mit ihren Paprika- und Spargelaromen jenen eines typischen Weißweines aus dem Anbaugebiet Marlborough, es sind jedoch auch Karamel- und Hefenoten zu erkennen, die von der Faßlagerung beziehungsweise den natürlichen Hefen herrühren. Der Wein ist insgesamt eher untypisch, aber so reichhaltig und langanhaltend, daß man ihm fast alles verzeihen mag. **SG**

☉☉ Trinken: bis zu 5 Jahre nach Erhalt

Shaw + Smith
M3 Chardonnay 2006

Herkunft Australien, South Australia, Adelaide Hills
Typ Trockener Weißwein, 13 Vol.-%
Rebsorte Chardonnay

Das Unternehmen Shaw + Smith wurde 1989 bei einem langen Mittagessen gegründet, als Martin Shaw und Michael Hill-Smith beschlossen, den langgehegten Plan zu verwirklichen, zusammen Wein herzustellen. Ein Jahr zuvor hatte Michael als erster Australier erfolgreich die englische „Master of Wine"-Prüfung abgelegt.

Obwohl schon 1839 die ersten Reben in den Adelaide Hills gepflanzt wurden, erblühte die Winzerei dort erst 1979 zu neuem Leben. Wegen ihrer Höhe sind die Adelaide Hills deutlich kühler als die benachbarten Anbaugebiete McLaren Vale und Barossa Valley. Für solche Bedingungen sind besonders Sauvignon-Blanc- und Chardonnay-Reben geeignet.

1994 wurde auf einer durchschnittlichen Höhe von 420 m in Woodside der Weingarten M3 angelegt. Die Trauben für den Wein werden dort mit der Hand gelesen und im Ganzen gepreßt, dann werden sie im Faß gegärt – zu etwa 35 % in neuer, der Rest in ein bis zwei Jahre alter französischer Eiche. Seit dem ersten freigegebenen Jahrgang 2002 hat sich Shaw + Smiths M3 Chardonnay durch die Balance von Fruchtigkeit, natürlicher Säure und Eichenton ausgezeichnet, mit dem Jahr 2006 zeigt er sein volles Potential. **SG**

☉☉☉ Trinken: bis 2010+

Edi Simčič
Sauvignon Blanc 1999

Herkunft Slowenien, Kozana, Goriška Brda
Typ Trockener Weißwein, 14,5 Vol.-%
Rebsorte Sauvignon Blanc

Château Smith-Haut-Lafitte
Pessac-Léognan 2004

Herkunft Frankreich, Bordeaux, Pessac-Léognan
Typ Trockener Weißwein, 13 Vol.-%
Rebsorten S. Blanc 90%, S. Gris 5%, Sémillon 5%

In unserem Goldenen Zeitalter des Weins sind die Weißweine aus Westslowenien, an der Grenze zu Italien und dem berühmten Anbaugebiet Collio, etwas Besonderes – vor allem die Sauvignons aus Goriška Brda. Die Simčičs bewirtschaften diese Weinberge seit mehr als 100 Jahren, seit 1990 vermarkten sie den Wein unter eigenem Namen.

Die Sauvignons des Gutes erweitern das Geschmacksspektrum der Rebsorte deutlich. Sowohl im Weingarten als auch im Keller ist die Arbeitsweise schlicht, natürlich und rigoros. Die Erträge sind sehr gering (eine Flasche pro Rebstock), die Trauben werden spät und mit der Hand geerntet. Die Gärung wird in Fässern aus französischer Eiche unterschiedlichen Alters durchgeführt, in denen der Wein dann 12 Monate ausgebaut wird. Edi Simčičs Sohn Aleks strebt eher nach Reichhaltigkeit und Komplexität als Fruchtigkeit, und sein Sauvignon Riserva hebt sich deutlich von der grünen Fruchtigkeit der Sauvignons von der Loire ab.

Der 1999er Sauvignon Blanc hat in der Nase opulente Sekundäraromen. Am Gaumen zeigt er sich als perfektes Zusammenspiel von vollem Körper, mineralischem Kern und gut entwickelten Kernobstnoten. Das Finale ist lang und vielschichtig. Bravissimo! **ME**
😊😊😊 **Trinken: 2009–2012**

Die Weingärten dieses Gutes liegen auf einem ähnlich kiesigen Boden wie jene von Margaux. 1720 gelangte es in den Besitz eines schottischen Kaufmanns namens George Smith, der dem Château zu seinem heutigen – nicht ganz wohlklingenden – Namen verhalf. Im Jahr 1990 erwarben es Daniel und Florence Cathiard, die in den 60er Jahren bei der alpinen Skiabfahrt olympische Ehren errangen.

Der Weißwein wird bei niedrigen Temperaturen in Edelstahltanks gegärt und dann in Eichenfässern (von denen die Hälfte neu sind) ausgebaut. Die Barriques stammen aus der eigenen Böttcherei – ein nicht zu unterschätzender Vorteil.

Im Jahr 2004 entstand hier durch die späte Ernte jene Art von Weißwein, die ein gutes Beispiel für die potentielle Langlebigkeit der besten Weißen aus dem Graves abgeben könnte. Die Struktur ist fest und streng, verdeckt jedoch nicht die atemberaubenden Aromen von Reineclauden und Nektarinen, über denen ein Hauch von Kaffee schwebt, der von der Faßlagerung herrührt. Am Gaumen ist der Wein honigreich, vielschichtig-fruchtig und komplex mit intensiver Mineralität. Er ist ernstzunehmen, groß und machtvoll, und wird auf elegante Weise zu einer sehr befriedigenden Reife gelangen. **SW**
😊😊😊😊 **Trinken: bis 2015**

Soalheiro
Alvarinho Primeiras Vinhas 2006

Herkunft Portugal, Vinho Verde
Typ Trockener Weißwein, 12,5 Vol.-%
Rebsorte Alvarinho

Johann Stadlmann
Mandel-Höh Zierfandler 2005

Herkunft Österreich, Thermenregion
Typ Trockener Weißwein, 13,5 Vol.-%
Rebsorte Zierfandler

Die Region Monçao im nordportugiesischen Vinho-Verde-Gebiet ist die einzige, in der die Alvarinho-Rebe (die in Spanien Albariño genannt wird) vorherrscht. Die Familie Esteves Ferreira in Alvaredo waren Vorreiter darin, Weine nur aus dieser Rebsorte zu keltern. Obwohl sie weniger als 40.000 Flaschen im Jahr erzeugen, haben sie sich den Ruf erworben, den besten Alvarinho im Land herzustellen. Die Region Melgaço ist durch ein ausgewogenes Verhältnis zwischen Regenfällen, Temperatur und Sonnenschein gekennzeichnet, die perfekte Voraussetzungen für das Gedeihen des Alvarinhos bieten.

Im Jahr 2006 begann die Familie Esteves Ferreira eine Zusammenarbeit mit Dirk van der Niepoort aus Porto, um eine auf 3000 Flaschen begrenzte Cuvée mit dem Namen Soalheiro Primeiras Vinhas auf den Markt zu bringen, der von Reben stammte, die sie 25 Jahre zuvor gepflanzt hatten. Das Ergebnis ist eine Steigerung der wesenseigenen Intensität, Konzentration und Mineralität des Alvarinho. Der Wein ist von sehr heller Farbe, zuerst ist er eher verschlossen, enthüllt dann aber langsam Zitronenöl und -schale, einen Hauch von Pfirsich, Austernschalen, Regenwasser und eine intensive Mineralität mit großartiger Säure. **LG**

☺☺ **Trinken: bis 2011**

Die österreichische Thermenregion war lange Zeit das wichtigste Weinanbaugebiet des Landes. Während der Habsburgerzeit wurden hier, vor allem in Gumpoldskirchen, einige der ersten Forschungsarbeiten zur Klassifizierung und Vermehrung von Rebsorten durchgeführt. Wie der andere hier gebräuchliche Name des Zierfandlers ,Spätrot' nahelegt, benötigt diese Rebe den langen und warmen österreichischen Herbst, um auszureifen, dann ist der Wein überaus würzig und fruchtig, behält aber seine Frische. Der Zweitname mag zwar an einen Rotwein denken lassen, der Wein aus den violetten Trauben ist jedoch von goldener Farbe.

Die Mandelhöh mit ihren Kalksteinböden war schon 1840 gut bekannt, damals wurde die Südbahn durch den ersten Tunnel Österreichs geleitet, um nicht durch den Weinberg geführt werden zu müssen. Zu dieser Zeit hatten schon drei Generationen der Familie Stadlmann hier Wein angebaut.

Der Mandel-Höh 2005 wartet mit Aromen von Quitten, Mandeln, Mangos und Äpfeln auf und ist von reichhaltiger Textur. Er hat eine subtile Säure, ist von salziger Mineralität und kräftiger Würze, die zu einem langen, lebhaften und belebenden Finale führen. **DS**

☺☺ **Trinken: bis 2012**

Steenberg
Sauvignon Blanc Reserve 2005

Herkunft Südafrika, Constantia
Typ Trockener Weißwein, 13,9 Vol.-%
Rebsorte Sauvignon Blanc

Das wunderbare Constantia-Tal blickt auf eine Weinanbaugeschichte zurück, die fast so lang ist, wie die Geschichte der Kolonie Kapstadt. Obwohl die Rebstöcke des Gutes Steenberg erst sehr viel später gepflanzt wurden, war das Land doch 1682 das erste, für das im Tal eine Besitzurkunde ausgestellt wurde – bemerkenswerterweise an eine Frau, Catharina Ras.

Die häufigste Rebe hier ist der Sauvignon Blanc, dem die kühlen atlantischen Brisen zu einer langsamen, optimalen Reifung verhelfen. Die Rebstöcke in dem Weingarten, aus dem der Spitzensauvignon von Steenberg stammt, zeigen manchmal Verbrennungen an den Blättern, die vom Seesalz des nur 5 km entfernten Ozeans herrühren – dies ist der exponierteste Weingarten des Tals.

Der Kellermeister John Loubser verteidigt den Sauvignon Blanc entschlossen gegen den Vorwurf, aus dieser Rebe seien keine komplexe Weine zu keltern. „Wenn man erst einmal gelernt hat, den Geschmack des Sauvignon Blanc wirklich zu würdigen, dann blickt man nie wieder zurück." Der Wein zeigt hier seinen kühlen Ursprung mit Paprika-, Gras- und Spargelnoten. Er ist frisch, klar und intensiv, die Textur erinnert an Seide.. **TJ**

☺☺ **Trinken: bis 2010; spätere Jahrgänge bis zu 5 Jahre nach Erhalt**

Stonier Estate
Reserve Chardonnay 2003

Herkunft Australien, Victoria, Mornington Peninsula
Typ Trockener Weißwein, 14 Vol.-%
Rebsorte Chardonnay

Die Halbinsel Mornington gehört zu den kühleren Weinbaugebieten Australiens. Im Herbst verschlechtert sich das Wetter meist, deshalb wird hier vor allem Pinot Noir, Chardonnay und Pinot Gris angebaut.

Das Gut wurde 1978 von Brian Stonier und seiner Frau Noel gegründet, die ihre ersten Chardonnay-Rebstöcke in der Küstenstadt Merricks pflanzten. Die fast 20 Jahre alten Weingärten liefern einen Wein von natürlicher Balance und Tiefe. Das Gut gehört inzwischen zum Firmenportfolio von Lion Nathan und bezieht seine Trauben aus fünf verschiedenen Teilen des Anbaugebietes.

Stoniers Chardonnays gehören nicht nur zu den besten des Anbaugebietes, sondern ganz Australiens. Der normale Chardonnay ist von sehr hoher Qualität, aber der Reserve ist noch besser. Der 2003er hat eine intensive und komplexe Nase mit Röst- und Kräuteraromen. Wie bei einem australischen Wein aus dieser Rebsorte nicht anders zu erwarten, ist er von kräftigem Geschmack, der allerdings auch eine gewisse mineralige Reichhaltigkeit aufweist. Auch am Gaumen zeigen sich wieder die Röst- und Kräuternoten. Es ist ein gut integrierter, kraftvoller Wein mit einem sehr direkten Stil, der aber auch eine schöne, zitronige und mineralige Frische zeigt. **JG**

☺☺ **Trinken: bis 2015**

Stony Hill
Chardonnay 1991

Herkunft USA, Kalifornien, Napa Valley
Typ Trockener Weißwein, 13 Vol.-%
Rebsorte Chardonnay

Château Suduiraut
S de Suduiraut 2004

Herkunft Frankreich, Bordeaux, Sauternes
Typ Trockener Weißwein, 13 Vol.-%
Rebsorten Sauvignon Blanc 60%, Sémillon 40%

Fred und Eleanor McCrea zogen in den 40er Jahren nach Napa Valley. Ursprünglich hatten sie nicht beabsichtigt, auf der Ziegen-Farm, die sie dort erworben hatten, Reben zu ziehen oder Wein zu keltern. Ihre Nachbarn ermunterten sie jedoch, Chardonnay-, etwas Pinot Blanc und Riesling zu pflanzen. Wie sich herausstellte, kamen die mäßigenden Einflüsse der Lage auf das Klima – nach Norden ausgerichtete Hänge und die Höhe von 120 bis 250 m über dem Talboden – dem Chardonnay sehr entgegen.

Seit damals hat sich in Stony Hill nur wenig geändert. Die alte Kelter wurde durch eine modernere, preßluftbetriebene Presse ersetzt, aber sonst sind die Arbeitsmethoden gleich geblieben. Zur Philosophie von Stony Hill gehört es, neutrales Holz zu verwenden, um einen möglichst reinen Ausdruck der Reben und des *terroirs* zu ermöglichen. Aus diesem Grund wird auch die malolaktische Gärung unterbunden, die den Säuregehalt des Weines verändert und „fremde" Geschmacksnoten hervorruft.

Der 1991er hatte von Anfang an einen ungewöhnlichen Charakter mit Röst- und Hefetönen. Die Chardonnays von Stony Hill sind in ihrer Jugend stets straff strukturiert mit festen Zitrus- und Blütennoten und einem mineraligen Kern. Erst nach 5 bis 10 Jahren entfaltet sich ihre ganze Komplexität. **LGr**

❂❂❂ **Trinken: bis 2021**

Dies ist der trockene Wein des Château Suduiraut. In dieser Gegend besteht der Name eines trockenen Weines oft nur aus einem Buchstaben, im Gegensatz zu vielen anderen blickt der S de Suduiraut jedoch nur auf eine sehr kurze Geschichte zurück: Der 2004er war der erste Jahrgang, der auf den Markt kam.

Das Gut hatte schon lange einen trockenen Wein für den örtlichen Markt gekeltert. Das ist eine vernünftige Maßnahme, da man auf einem großen Besitz wie diesem (89 ha unter Reben) immer mit Parzellen rechnen muß, auf denen die Reben nicht so anfällig für Botrytis sind wie andernorts. Suduiraut gibt sich jedoch nicht mit der Herstellung eines unvollkommenen edelfaulen Sauternes ab, insofern war die logische Alternative ein trockener Wein.

Dies ist ein moderner Wein. In der Jugend war er blumig, inzwischen machen sich Nüsse und Rauch bemerkbar, die sich aus einem straffen, konzentrierten Kern entwickeln. Viele andere große Sauternes-Güter haben sich mit der Frage beschäftigt, wie Minderheiten-Weine gestaltet werden könnten und man dabei dennoch die Identität des Gutes erkennbar machen kann. Der S de Suduiraut kommt ohne solche Vorbelastungen einher und kann es sich erlauben, einfach nur er selbst zu sein. **MR**

❂❂ **Trinken: bis 2012**

Château Suduiraut 1989

Herkunft Frankreich, Bordeaux, Sauternes, Preignac
Typ Süßer Weißwein, 14 Vol.-%
Rebsorten Sémillon 90%, Sauvignon Blanc 10%

Sauternes ist eine Schatzhaus schöner Châteaux unterschiedlichster architektonischer Stilrichtungen – ein Hinweis darauf, wie wohlhabend die Region in der Vergangenheit war. Eines der großartigsten dieser Schlösser ist das Château Suduiraut aus dem Jahr 1670. Die Gärten wurden von André Le Notre gestaltet, der vor allem durch die Gärten von Versailles bekannt geworden ist. 1992 wurde das Schloß, das zuvor lange im Familienbesitz gewesen war, vom AXA-Millésimes-Konzern erworben und zu einem Privathotel und -konferenzzentrum umgestaltet. Die Qualität der Weine hat darunter nicht gelitten.

Die eher flachen Weingärten mit ihren sandigen Tonböden ermöglichen eine frühe Reife der Trauben. Die Erträge werden niedrig gehalten, und die verschiedenen Parzellen und Varietäten werden getrennt gekeltert, so daß der Kellermeister Pierre Montegut mit mehr als 50 Chargen arbeiten kann. 1992 wurde ein zweiter Wein kreiert, was den Weinmachern des Gutes zusätzliche Auslesemaßnahmen bei der Ernte ermöglicht.

1989 war in dieser Gegend ein großartiges Jahr. Die letzte Ernte vom 9. November war durch Regen beeinträchtigt und wurde deshalb nicht verwendet, aber der restliche Wein wurde fast 2 Jahre in (zu 30 % neuen) Eichenfässern ausgebaut. Die Nase ist kraftvoll, sie zeigt Aromen von Apfelsinen, karamelisierte Gerste und Crème brûlée. Der Wein ist zwar zweifelsohne üppig, er wirkt jedoch nicht schwer und hat eine gute Säure und Länge. Suduiraut kelterte in diesem Jahr auch 6000 Flaschen einer überragenden Créme de Tête, aber diese normale Abfüllung kommt ihr in der Qualität fast gleich. **SBr**

❊❊❊ **Trinken: bis 2020**

WEITERE EMPFEHLUNGEN
Andere große Jahrgänge
1959 • 1962 • 1967 • 1975 • 1982 • 1988 • 1990 1996 • 1997 • 1999 • 2001 • 2002 • 2005
Weitere Preignac-Hersteller
Bastor-Lamontagne • de Malle • Gilette • Les Justices

Das Château Suduiraut stammt aus dem späten 17. Jahrhundert.

Szepsy
Tokaji Esszencia 1999

Herkunft Ungarn, Tokaj
Typ Süßer Weißwein, 2 Vol.-%
Rebsorten Furmint, Hàrslvelú, Muscat Blanc à Petits Grains

Tokaji Esszencia ist vielleicht der seltenste und überwältigendste Süßwein, den es gibt – ein etwas alkoholischer Sirup, der in geringsten Mengen aus den edelfaulen Weinbeeren tropft, bevor sie zu Maische gepreßt werden. Dieser Most ist so zuckerreich, das die Gärung sehr langsam verläuft, es kann Jahrzehnte dauern, bis ein Alkolholgehalt von nur 5 % oder 6 % erreicht wird. Normalerweise wird er zum Verschneiden mit anderen Weinen verwendet, aber in den allerbesten Jahren füllen die Güter ihn auch manchmal pur auf Flaschen ab.

Der anerkannte Meister des Tokajers ist zur Zeit István Szepsy, und im großartigen Jahrgang 1999 hat er sich selbst übertroffen. Bei einer Verkostung im Jahr 2004 war Szepsys Esszencia 1999 cremig und weinig, wenn auch fast schmerzlich süß – der Restzuckergehalt betrug unglaubliche 500 g/l. Dabei hatte der Wein während des Klärens und Filtrierens schon 50 g Zucker eingebüßt – der unbehandelte Esszencia ist so zähflüssig, daß er die Poren des Filtermaterials verstopft. Trotz der ehrfurchterregenden Süße wirkt der Wein wegen seiner durchdringenden Säure und einem Alkoholgehalt von lediglich 2 % nicht abstoßend. Genau genommen handelt es sich auch nicht um einen Wein, sondern um ein leicht alkoholisches Getränk.

Dies ist ein Wein, oder besser ein Traubenmost, von schlicht atemberaubender Süße, Konzentration und Länge – ein Getränk, das die Legende verständlich macht, nach der Tokajer die Kranken gesunden und wandeln läßt. **SG**

❂❂❂❂ **Trinken: bis 2050+**

Die Stadt Tokaj liegt am Zusammenfluß von Tisza und Bodrog. ➔

Tahbilk *Marsanne* 2006

Herkunft Australien, Victoria, Goulburn Valley
Typ Trockener Weißwein, 12,5 Vol.-%
Rebsorte Marsanne

Thabilk ist das älteste Weingut im australischen Bundesstaat Victoria: Es wurde 1860 gegründet und befindet sich seit 1925 im Besitz der Familie Purbrick. Der Name stammt aus der Sprache der Aborigines, in der *tabilk-tabilk* „Ort der Wasserlöcher bedeutet". Hier werden 2 ausgezeichnete Weine gekeltert, der 1860 Shiraz, der von Rebenstöcken stammt, die 1860 – noch vor der Reblausepidemie – gepflanzt wurden, und der Marsanne, ein außerordentlich preiswerter Wein, der während der Flaschenlagerung eine superbe Komplexität entwickelt.

Marsanne ist eine seltene Rebsorte, die ursprünglich aus der Region Hermitage an der nördlichen Rhône stammt. Dort wird aus ihr ein großartig konzentrierter, trockener Weißwein hergestellt. In sehr geringen Mengen wird er auch in den USA und der Schweiz angebaut. Tahbilk verfügt über die weltweit größten Anbauflächen, die Reben hier stammen von Pfropfreisern ab, die in den 60er Jahren des 19. Jahrhunderts vom St.-Hubertus-Weingarten im Yarra Valley ihren Weg nach Goulbourn fanden. Der jetzige Wein stammt von Pflanzungen aus dem Jahr 1927.

In der Jugend zeigen sich in der Nase und am Gaumen vollkommen eichenlose, frische und einfache Noten von Zitrone, Honig und Pfirsich. Nach etwa 5 Jahren Flaschenalterung entwickeln sie sich doch zum typischen Geißblattcharakter des reifen Marsanne. Auch im Alter von 10 Jahren ist der Wein noch bemerkenswert frisch und klar. Tahbilks Marsanne ist ein regionaler, vielleicht sogar auch ein nationaler Maßstab, an dem sich andere Weißweine messen lassen müssen. **SG**

❂❂ **Trinken: bis 2016**

WEITERE EMPFEHLUNGEN
Andere große Jahrgänge
1996 • 1997 • 1999 • 2000 • 2001 • 2002 • 2003 • 2004
Weitere Weine des gleichen Herstellers
1927 Vines Marsanne • 1860 Vines Shiraz • Eric Stevens Purbrick Cabernet Sauvignon • Eric Stevens Purbrick Shiraz

Das Firmenschild am Eingang zum Chateau Tahbilk ➡

Domaine de la Taille aux Loups *Romulus Plus* 2003

Herkunft Frankreich, Loire, Touraine
Typ Süßer Weißwein, 9 Vol.-%
Rebsorte Chenin Blanc

Tamellini *Soave Classico Le Bine* 2004

Herkunft Italien, Venetien
Typ Trockener Weißwein, 13 Vol.-%
Rebsorte Garganega

Der frühere Weinhändler Jacky Blot schuf 1989 die Domaine de la Taille aux Loups, um die Apellation Montlouis-sur-Loire wieder zum Leben zu erwecken. Die Reben des Gutes wachsen auf einem nach Süden ausgerichteten Plateau oberhalb des Flusses auf Kalkstein- und Lehmböden. Der Erfolg seines Vorhabens ist vor allem auf seinen rigorosen Schnitt und auf die strenge Selektion zurückzuführen. Nur die reifsten, gesündesten Chenin-Blanc-Trauben überstehen die *trie de vendange* und die endgültige Auswahl auf dem Sortiertisch. So entsteht ein Wein von gewaltiger Konzentration und reiner Fruchtigkeit, der durch Blots modernen Stil (Gärung und Ausbau im Faß, 10 % neue Eiche pro Jahr) auf subtile Weise gesteigert wird.

Die neue Eiche wird zum größten Teil der Cuvée Remus vorbehalten, einem ehrgeizigen trockenen Montlouis, während die süße Cuvée Romulus ihre Kraft und Herrlichkeit der Edelfäule verdankt. Die Cuvée Romulus wird nur in sehr guten Jahren aus den allerbesten Botrytis-Trauben gekeltert. Mit 350 g/l Restzucker ist der Wein ungewöhnlich opulent, die tropischen Früchte, die Gewürze und der Honig finden in einer markigen Säure Rückhalt. **SA**

🍷🍷🍷 **Trinken: bis 2025**

Die DOC Soave befindet sich in einem qualitativen Aufschwung. Nach einer Zeit der „Reorganisation", die einige Jahre dauerte, werden hier jetzt Jahr für Jahr Weine von gleichbleibend hoher Qualität erzeugt. Eines der Weingüter, die während dieser Reorganisationszeit entstanden, war Tamellini. Die Familie Tamellini war zwar schon seit Jahren mit der Weinherstellung beschäftigt, das Familienunternehmen wurde allerdings erst 1998 gegründet.

Die Brüder Gaetano und Pio Francesco haben Federico Curtaz mit den Weingärten betraut und Paolo Caciorgna als Kellermeister bestellt. Viele der Reben wurden in der ersten Hälfte der 70er Jahre gepflanzt und werden an den traditionellen *pergola veronese* gezogen. Die einzige verwendete Rebsorte ist Garganega.

Der Soave Le Bine 2004 ist ein Wein, der keine Zugeständnisse an den „internationalen Geschmack" macht. Es gibt keinen Eichenton, und er zeigt keine der vertrauten, sanften, fast tropischen Fruchtaromen, die man in vielen Soaves findet, die aus Chardonnay oder anderen international verbreiteten Rebsorten gekeltert werden. Der Wein ist von intensiver Farbe, von ebenso intensivem Aroma und besticht durch den erfrischenden Bittermandel-Charakter, der für diese DOC so typisch ist.. **AS**

🍷 **Trinken: bis 2014**

Manfred Tement *Sauvignon Blanc Reserve Zieregg* 2005

Herkunft Österreich, Südsteiermark
Typ Trockener Weißwein, 13 Vol.-%
Rebsorte Sauvignon Blanc

Cantina Terlano *Chardonnay Rarità* 1994

Herkunft Italien, Südtirol
Typ Trockener Weißwein, 13 Vol.-%
Rebsorte Chardonnay

Die Lage Zieregg grenzt an Slowenien, im Umkreis von Kilometern findet man ähnlich steile, reben- und waldbedeckte Hügel. Josef Tement arbeitete als Kellermeister für das Karmeliterkloster auf der Hügelkuppe, aber sein Sohn Manfred hatte das internationale Geschäft im Auge und gründete seinen eigenen Ruf sowie das gute Renommee der Weine aus der Südsteiermark auf seinen köstlichen, charakteristischen Sauvignon Blancs.

Die Mergel- und Muschelkalkböden des Zieregg werden durch Quellen bewässert – so reichlich, daß ein aufwendiges Drainagesystem installiert werden mußte. Tement baut seine besten Cuvées zwar in neuer Eiche aus, aber der Wein tritt selten hinter dem Eichenton zurück. Im Jahr 2002 wurde ein wirklich außerordentlicher Keller gebaut, dessen Räume bis tief in die Kuppe des Weinberges hineingegraben wurden. Die Ausdehnungslust Manfred Tements hat nicht an der Grenze Schluß gemacht, 2006 erwarb er die benachbarten Ländereien der Karmeliter.

Dieser Wein verbindet die Reichhaltigkeit gerösteten Nußöls und die cremige Textur mit strahlend klaren Zitrus- und Melonennoten in einer Hülle aus durchdringenden moschusartigen Blüten- und Kräutertönen. **DS**
☺☺☺ **Trinken: 2009–2012**

Die Kellerei Terlano ist eine Winzergenossenschaft, die 1893 von 24 Mitgliedern gegründet wurde. Heute sind es etwa 100 Winzer, die auf insgesamt 150 ha Reben anbauen. Man sollte sich jedoch nicht von den großen Zahlen täuschen lassen – die Cantina Terlano gehört zu den besten Erzeugern Italiens. In den Kellern der Kooperative liegen 12.000 Flaschen jedes Jahrgangs seit 1955.

Gelegentlich bringt die Kellerei kleine Mengen eines besonderen alten Weines auf den Markt. Der Chardonnay Rarità 1994 wurde zum Teil in Eichenbarriques gegärt, nach dem Mischen wurde er fast 9 Jahre auf der Hefe in Edelstahl gelagert, um dann weitere 18 Monate in Flaschen zu verbringen, bevor er auf den Markt kam.

Der Wein erinnert etwas an einen großen, reifen Champagner. Die Farbe ist für einen solch alten Wein überraschend jugendlich – strahlend goldgelb, aber nicht dunkler als manch ein drei Jahre alter Wein, der in Barriques ausgebaut worden ist. Die Nase bezaubert mit intensiven Noten von Patisserie und trockenen Kräutern, am Gaumen zeigt er sich ausgewogen, straff strukturiert und komplex. Er füllt den Gaumen, ohne jeweils schwer zu wirken, und hat eine lebhafte, an Feuerstein gemahnende Säure, die minutenlang am Gaumen andauert. **AS**
☺☺☺☺ **Trinken: bis 2018+**

Cantina Terlano
Sauvignon Blanc Quarz 2004

Herkunft Italien, Südtirol
Typ Trockener Weißwein, 13,5 Vol.-%
Rebsorte Sauvignon Blanc

Jean Thévenet *Domaine de la BonGran Cuvée EJ Thévenet* 2002

Herkunft Frankreich, Burgund, Mâconnais
Typ Trockener Weißwein, 14 Vol.-%
Rebsorte Chardonnay

Die Cantina Terlano keltert Weine in drei offiziell verschiedenen Kategorien – die klassischen Weine, die Einzellagenweine und die Selektionen. Darüber hinaus gibt es eine dritte Kategorie, die in schönen Einliterflaschen mit Schraubverschluß verkauft wird – allerdings nur in der näheren Umgebung der Kellerei. Ein guter Grund, einmal einen Urlaub dort zu verbringen.

Die Weingärten vieler der Genossenschaftsmitglieder liegen in der Nähe des Dorfes Terlano. Die Böden hier bestehen meist aus Sandstein, weisen aber Beimischungen von Porphyr auf. Der poröse Sandstein speichert die Wärme und gibt sie wieder ab, wodurch die Beerenreifung unterstützt wird, er reguliert aber ebensosehr den Feuchtehaushalt des Bodens.

Der Sauvignon Quarz stammt von Reben, die auf einem solchen Boden in 300 bis 350 m Höhe wachsen. Die Gärung findet zur Hälfte in Edelstahl, zur Hälfte in Eichenfässern statt. Danach wird der Wein gemischt und 8 Monate auf der Hefe ausgebaut. Er ist elegant und komplex mit Aromen von reifen Aprikosen und weißen Blüten, die von diskreten Röstnoten begleitet werden. Am Gaumen ist er füllig und zeigt bemerkenswerte Komplexität, erfrischende Mineralität und ein langes Finale. **AS**

☉☉☉ Trinken: bis 2011+

Jean Thévenet kann für sich in Anspruch nehmen, der Vater der guten Winzerei in den Mâcon-Dörfern des südlichen Burgunds zu sein. Dabei ist seine Arbeitsweise keineswegs avantgardistisch, sondern eher eine sensibel abgewandelte Form der klassischen Methoden. Vor allem widmet er seinen weißen Burgundern die Aufmerksamkeit und die Handwerkskunst, die man mit der Côte de Beaune in Verbindung bringt. Er setzt die alten Eichenfässer seines Vaters ebenso ein wie moderne Tanks, besteht aber in jedem Fall auf die Wichtigkeit niedriger Temperaturen während der ersten Tage. Darüberhinaus ist er der Überzeugung, daß die Gärung ihre Zeit braucht – in seinem Keller bis zu 6 oder 8 Monate.

Für eine derartig gelassene Einstellung ist man auf vorzügliche Trauben angewiesen. Thévenets bekannteste Lage ist La BonGran oberhalb der Ufer der Saône. Die Ernte findet statt, wenn die Weinbeeren vollreif sind, oft ist das erst Mitte Oktober. Obwohl der 2005er ein viel gepriesener, kräftig gebauter und reifer Jahrgang ist, kann man doch gespannt sein, ob er jemals der Grazie des BonGran Cuvée EJ Thévenet 2002 gleichkommen wird, der ein großartiger, fokussierter Wein ist, frisch und von Honig- und Zitronennoten erfüllt. **ME**

☉☉☉ Trinken: 2015

Château Tirecul La Gravière
Cuvée Madame 2001

Herkunft Frankreich, Südwesten, Monbazillac
Typ Süßer Weißwein, 12 Vol.-%
Rebsorten Muscadelle 50%, Sémillon 45%, S. Blanc 5%

André & Mireille Tissot *Arbois*
Chardonnay Le Mailloche 2005

Herkunft Frankreich, Jura, Arbois
Typ Trockener Weißwein, 13,5 Vol.-%
Rebsorte Chardonnay

Die Tatsache, daß Monbazillac, dessen Weingärten etwas südlich von Bergerac liegen, an Renommee und an Qualität hinter Sauternes zurückfällt, sind vor allem wirtschaftlicher Art. Bruno Bilancini beschloß, sich diesem Trend entgegenzustellen. Er pachtete das Gut 1992 und kaufte es dann 5 Jahre später. Eine Besonderheit von Tirecul La Gravière ist die Muscadelle-Rebe, die sonst eher als Begleitung des Sémillon und Sauvignon auftritt, hier jedoch auf der Hälfte der Gesamtfläche angebaut wird.

Neben den normalen Weinen wird hier auch die Cuvée Madame aus den besten und reichhaltigsten Weinen des Gutes verschnitten und dann in Eiche ausgebaut. Die Menge wird nicht beschränkt und kann sich von Jahr zu Jahr je nach Qualität deutlich unterscheiden. So verwendete Bilancini 1995 80 % der Ernte für diesen Wein. Im Jahr 2001 wies die Cuvée Madame 210 g/l Restzucker auf, also 50 % mehr als ein guter Sauternes. In der Nase tritt einem die Edelfäule mit Honig- und Pfirsicharomen deutlich entgegen. Der Wein ist natürlich sehr süß, ist aber dennoch konzentriert und wird von einer sagenhaften Säure belebt. Nach jedem Maßstab ist dies ein überragender Wein, andererseits ist auch der normale Wein des Gutes, der nur ein Drittel kostet, ganz hervorragend. **SBr**
☺☺☺ Trinken: bis 2030

Stéphane Tissot ist seit 1990 Kellermeister des Gutes, 1997 brachte er seine ersten Chardonnay-Einzellagenweine auf den Markt. Für das eher konservative Jura war das ein radikaler Schritt. Am erfolgreichsten war der La Mailloche, der das *terroir* des Jura voll zum Ausdruck bringt, von dem aber lediglich 500 Kisten erzeugt werden. Der Weingarten ist nach Osten ausgerichtet, die Reben sind bis zu 50 Jahre alt. Die Reifung ist stets vollkommen unproblematisch, und der kühle, lehmreiche Boden sorgt für gute Säure, was zu Stéphanes reduktiver Vinifikation paßt – Gärung in Fässern, die zu einem Drittel neu sind, malolaktische Gärung und regelmäßige *batonnage*.

Die drei Wochen nach dem 20. August 2005 boten perfektes Wetter und einen Nordwind, der die Trauben nach den zuvor nassen Bedingungen wieder abtrockneten. Der La Mailloche ist blaß grünlich-zitonengelb und hat eine sehr mineralbetonte Nase, in der sich auch Zitronenschalen, Quitten und Rauch zeigen. Auch am Gaumen sind Zitrusfrüchte zu erkennen, daneben würzige Rostnoten. Weder der Alkohol noch die Eiche herrschen vor. Die Länge ist enorm, insgesamt entsteht der Eindruck eines frischen, steinigen Weines, der mit der Zeit milder werden wird. **WL**
☺☺ Trinken: bis 2020

Torres Marimar Estate
Dobles Lias Chardonnay 2004

Herkunft USA, Kalifornien, Sonoma County
Typ Trockener Weißwein, 14,1 Vol.-%
Rebsorte Chardonnay

Nachdem sie sich in Kalifornien niedergelassen hatte, überzeugte Marimar Torres ihre Familie, die Rebflächen im Besitz des Familienunternehmens durch den Ankauf eines 23 ha großen Gutes im Sonoma County abzurunden. 1986 wurden die ersten Chardonnay- und Pinot-Noir-Reben im heutigen Don Miguel Vineyard gepflanzt. Dabei griff sie auf europäische Weinbaumethoden zurück, die den kalifornischen Bedingungen angepaßt sind.

Durch dichte Bepflanzung wird die Ausbildung gesunder, kräftiger und reifer Trauben an den Rebstöcken gefördert. Das Gut liegt 10 km vom Pazifik entfernt, mitten im Green Valley, dessen leichte Böden eher elegante als mächtige Weine hervorbringen. Seit 2003 wird es vollkommen nach ökologischen Prinzipien bewirtschaftet.

Marimar Torres entschloß sich, drei verschiedene Chardonnay-Klone zu pflanzen. Der 2004er besteht aus drei Fässern des See-Klons, sieben Fässern des Rued-Klons und drei Fässern des Spring-Mountain-Klons. Die Trauben wurden als Ganzes gepreßt und der Most im Faß gegärt. Während der malolaktischen Gärung wurde der Hefesatz immer wieder aufgerührt. Im folgenden Juni wurden die Fässer für die endgültige Mischung ausgewählt, nach 18 Monaten in französischer Eiche wurde der Wein mit dem Hefesatz in Edelstahltanks überführt, wo er bis zur Abfüllung auf Flaschen im Juni 2006 verbleib. Der 2004er hat eine lebhafte, komplexe Nase und öffnet sich brillant am Gaumen – ausladend und texturiert, aber nicht mollig. Ein leichter Mineralfaden zieht sich bis zum anhaltenden Finale durch den Wein. **LGr**

$ $ **Trinken: bis 2015**

Die Reben von Torres Marimar unter der Sonne Kaliforniens.

Château La Tour Blanche 2003

Herkunft Frankreich, Bordeaux, Sauternes, Bommes
Typ Süßer Weißwein, 14 Vol.-%
Rebsorten Sémillon 80%, Sauvignon Blanc 20%

Bei der Bordeaux-Klassifikation des Jahres 1855 belegte La Tour Blanche den ersten Rang unter den *premiers-crus*-Sauternes – Château Yquem nahm als *premier cru supérieur* einen Sonderrang ein. Heute führt das Gut eine Doppelexistenz: Es ist ein produzierendes Weingut und gleichzeitig eine Weinbaufachhochschule. Der Besitzer, ein Regenschirmhersteller namens Daniel Iffla, hatte es 1907 testamentarisch an den französischen Staat vermacht, unter der Bedingung, daß dort eine solche Schule eingerichtet würde. Die Reben wurden bis 1955 an das Weinhandelshaus Cordier verpachtet. Die Weine des Gutes waren bis zur Ankunft des neuen Schulleiters Jean-Pierre Jausserand im Jahr 1983 nur wenig aufregend.

Jausserand ließ einzelne Parzellen und unterschiedliche Rebsorten auf dem 36 ha großen Gut einzeln keltern, um etwa 18 Grundweine für die endgültige Mischung zu erhalten. Die Erträge wurden drastisch reduziert, und für den *grand vin* wurden nur noch Trauben mit dem höchsten Mostgewicht verwendet. 1987 wurden pneumatische Pressen installiert, und der Wein wurde nicht mehr chaptalisiert. Seit 1989 wird der Wein vollständig in neuer Eiche gegärt und ausgebaut.

Der Stil ist für einen Bommes reichhaltig, aber nicht schwer. Dennoch kann die anfängliche Dichte des Weines dazu führen, daß er in jungen Jahren etwas mürrisch wirkt und deshalb von Flaschenlagerung profitiert. Der 2003er ist typisch für seinen Jahrgang: noch reichhaltiger als sonst, in der Nase mit dem Aroma von Pfirsichsirup, am Gaumen üppig, mit frischer Säure, die zu einer guten Länge führt. **SBr**
☺☺☺ Trinken: bis 2025

WEITERE EMPFEHLUNGEN
Andere große Jahrgänge
1990 • 1995 • 1996 • 1997 • 1998 • 1999 • 2001 • 2005
Weitere Bommes-Erzeuger
Lafaurie-Peyraguey • Rabaud-Promis
Rayne-Vigneau • Sigalas-Rabaud

David Traeger *Verdelho* 2002

Herkunft Australien, Victoria, Nagambie Lakes
Typ Trockener Weißwein, 12.5%
Rebsorte Verdelho

David Traeger gründete sein Weingut 1978 nach seiner Lehrzeit als Kellermeister-Assistent beim Erzeuger Michelton. Seine Weingärten liegen südlich von Nagambie in Hughes Creek, dort wachsen Cabernet Sauvignon, Shiraz, Merlot, Petit Verdot, Tempranillo, Viognier und Verdelho. Für seinen atemberaubenden Rotwein The Baptista nutzt er einen weiteren Weingarten in Graytown (Heathcote), dessen Shiraz- und Grenachereben 1891 gepflanzt wurden.

Vorzügliches leistet Traeger jedoch vor allem mit der Verdelho-Rebe, einer der klassischen Sorten der Insel Madeira, wo aus ihm ein reichhaltiger, mittelsüßer Wein mit sehr viel Säure gekeltert wird. Die Rebe wird sonst nur selten für trockene Weine verwendet, ist jedoch in den letzten Jahren in Australien zunehmend populär geworden. Traeger pflanzte 1994 vor allem deswegen Verdelho-Reben im Anbaugebiet Nagambie Lakes, weil er nicht auf den allgegenwärtigen Chardonnay zurückgreifen wollte.

Das Wetter in Nagambie ist sehr gleichmäßig, so daß Traeger einen zarten, duftigen Weißwein anstreben konnte, der sich von den üblichen australischen Kraftpaketen deutlich unterscheidet. Im September 2005 veranstaltete David eine chronologische Verkostung der 15 Jahrgänge von 1990 bis 2004. Die Gleichmäßigkeit des Stils und der Qualität war überaus beeindruckend, ebenso wie die Langlebigkeit – der erste Jahrgang aus dem Jahr 1990 und seine Nachfolger zeigten sich noch von ihrer besten Seite. In der Jugend ist der Wein aromatisch und zeigt unverkennbare Geißblatt- und tropische Fruchtnoten, im Alter kommen Biskuittöne hinzu, und er wird duftiger. **SG**
✪✪✪ Trinken: bis 2018+

WEITERE EMPFEHLUNGEN
Andere große Jahrgänge
1991 • 1993 • 1994 • 1996 • 1998 • 1999 • 2001 • 2003
Weitere Weine des gleichen Herstellers
David Traeger Cabernet / Merlot
David Traeger Shiraz • *David Traeger Baptista Shiraz*

Trimbach
Clos Ste.-Hune Riesling 1990

Herkunft Frankreich, Elsaß
Typ Trockener Weißwein, 13 Vol.-%
Rebsorte Riesling

Trimbach *Cuvée des Seigneurs de Ribeaupierre* 1973

Herkunft Frankreich, Elsaß
Typ Trockener Weißwein, 13,5 Vol.-%
Rebsorte Gewürztraminer

Obwohl die Familie Trimbach schon seit mehr als 200 Jahren Besitzer des kleinen Weingartens (1,3 ha) Clos Ste.-Hune ist, wurde erst 1919 ein Wein unter diesem Namen auf den Markt gebracht. 2005 verkostete der Weinauktionator John Kapon 13 Jahrgänge des Weines. Er schrieb später: „Der 1990er stellte sich schnell als der Wein des Abends heraus. Er hatte eine phantastische Nase, erfüllt mit Aromen von Moschus, Regenwasser, Zitrusfrüchten, Nüssen und süßen asiatischen Gewürzen. Die Reichhaltigkeit, Länge und Reinrassigkeit des Weines waren über jeden Zweifel erhaben. Die Geschmacksnoten von zartem weißen Fleisch, von Regen, Zitronen und Öl waren köstlich. Der Wein war unglaublich reichhaltig und exotisch."

Die Bürokraten schreiben vor, daß ein Elsässer *grand cru* nicht den Namen einer Einzellage tragen darf. Deshalb müßten die Trimbachs auf dem Etikett den Namen des zugehörigen *grand cru* – Rosacker – verwenden. Sie widersetzen sich jedoch schon seit langem dieser Vorschrift und ziehen es deshalb vor, den Wein als einfachen AOC Elsaß zu vermarkten. Trotz dieses offiziell „niedrigen" Status ist dies einer der besten trockenen Weißweine der Welt und erzielt Preise, die höher sind als alle anderen trockenen Elsässer Weine. **SG**
☺☺☺☺ **Trinken: bis 2015**

Wenn es einen Wein gibt, der beispielhaft zeigt, wie ein trockener Gewürztraminer hergestellt werden sollte, dann ist das die Cuvée des Seigneurs de Ribeaupierre von Trimbach. Die Trauben stammen vor allem aus dem *grand cru* Osterberg in Ribeauvillé, geringere Mengen von den Weingärten Trottacker in Ribeauvillé und Muehlforst in Hunawihr. Gemeinsam sind allen drei Lagen die kalkigen Ton- und Mergelböden. Der Osterberg ist ein Osthang, und der Boden besteht aus Kalkstein und kalkhaltigem Mergel. In Trottacker, etwas nordöstlich von Osterberg, ist es ein steiniger Tonboden mit Mergel und kalkigen Beimischungen, während Muehlforst nordöstlich des legendären Clos Ste.-Hune einen stark von Fossilien durchsetzten kalkigen Tonboden aufweist.

Die Cuvée des Seigneurs de Ribeaupierre ist ein machtvoller und enorm komplexer Wein, der 10 oder mehr Jahre gelagert werden sollte. Der 1973er ist einer der beiden außerordentlichsten Cuvée des Seigneurs de Ribeaupierre, die seit 1970 gekeltert worden sind – der andere entstand im Jahr 1976 –, die Nase zeigt ein berauschendes Bouquet aus Kokosnuß, Gewürzen (Zimt, Vanille und Muskat) und am Gaumen frische, belebende Fruchtnoten. Das Finale ist würzig und schier endlos. **TS**
☺☺☺ **Trinken: bis 2017**

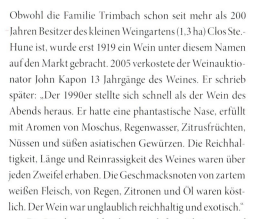

Die Trauben kommen nach der Ernte bei Trimbach an.

Tyrrell's
Vat 1 Semillon 1999

Herkunft Australien, New South Wales, Hunter Valley
Typ Trockener Weißwein, 10,5 Vol.-%
Rebsorte Sémillon

Valentini
Trebbiano d'Abruzzo 1992

Herkunft Italien, Abruzzen
Typ Trockener Weißwein, 12,5 Vol.-%
Rebsorte Trebbiano d'Abruzzo

Mit sieben verschiedenen Sémillon-Abfüllungen, darunter drei Einzellagen-Weinen, ist Tyrell's einer der führenden Sémillon-Erzeuger im Hunter Valley. Das Flaggschiff des Hauses ist jedoch kein Einzellagenwein, der Vat 1 stammt von 3 verschiedenen Weingärten, die alle im trockenen Bachbett am Fuße des Hügels vor der Kellerei liegen. Die Böden der 3 Parzellen sind sehr ähnlich: leichtes, sandiges Schwemmland, teilweise mit kalkigem Untergrund.

Vat 1 wurde zuerst 1962 als Vat 1 Hunter River Riesling abgefüllt, seit 1990 heißt er Vat 1 Semillon. Der wichtigste Unterschied zwischen dem hauseigenen Stil von Tyrell's und Mount Pleasant ist die Tatsache, daß Tyrell's Most vor der Gärung weniger geklärt wird, so daß sich ein etwas reichhaltigerer, substantiellerer Wein ergibt. Die 1999er Ernte war eine der größten, Bruce Tyrell sagt zu dem hohen Ertrag: „Die Qualität ist sehr hoch, die Chemie stimmt, und der Wein wird gut altern."

Bei der Herstellung wird keine Eiche verwendet. Der 1999er ist von strahlend hellgelber Farbe mit grünen Glanzlichtern. Die Nase ist von zarten Zitronen- und Kräuteraromen geprägt, denen sich auch leichte Röstnoten zugesellen. Am Gaumen ist der Wein frisch und sauber, fein und langanhaltend und von guter Balance. **HH**

🍷🍷 Trinken: bis 2020+

Mit dem Namen Trebbiano d'Abruzzo wird nicht nur der Wein selbst bezeichnet, sondern es ist auch eine der beiden Rebsorten, die nach den DOC-Vorschriften für seine Herstellung zugelassen sind. Neben dem auch als Bombino Bianco bekannten Trebbiano d'Abruzzo ist auch der Trebbiano Toscano zugelassen, der in der letzten Zeit zu trauriger Berühmtheit gelangt ist, da er zur Verdünnung vieler traditioneller DOCs und DOCGs verwendet wurde, unter anderem auch des Chiantis. Bombino ist eine moderne Verballhornung von Bonvino oder Buon Vino (guter Wein).

Die Familie Valentino erzeugt seit vielen Generationen Trebbiano d'Abruzzo. Edoardo Valentini verstarb im April 2006 und vererbte das Gut an seinen Sohn Francesco Paolo. Er hatte immer mehr Wert darauf gelegt, daß sein Wein „den Dialekt spricht" als ihn nach wissenschaftlichen Methoden zu keltern.

Der 1992er ist ein unglaublicher Wein mit einem Bouquet aus trockenen Blättern, Keksen, Gewürzen, Kaffee und Kamilleblüten. Am Gaumen ist er superb, mit einer Frische und Lebhaftigkeit, die man bei einem 1992er nie erwarten würde, und einer beneidenswerten Körperlichkeit und Länge. **AS**

🍷🍷🍷🍷 Trinken: bis 2015

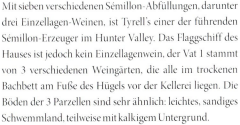

Eine der typischen windbetriebenen Pumpen im Hunter Valley.

Van Volxem *Scharzhofberger Pergentsknopp Riesling* 2005

Herkunft Deutschland, Mosel-Saar-Ruwer
Typ Halbtrockener Weißwein, 12 Vol.-%
Rebsorte Riesling

Roman Niewodniczanskis Ehrgeiz ist so groß und unorthodox wie der Mann selbst. Seit seine Familie 1999 das Gut van Volxem in Wiltingen erwarb, hat er es zu beispiellosen Höhen geführt. Gleichzeitig hat er das Mißfallen einiger seiner Kollegen im Tal erregt, weil er die klassischen Bezeichnungen wie Kabinett und Spätlese selten oder nie verwendet. Statt dessen keltert er einen hedonistischen Wein, den man auch als halbtrocken bezeichnen könnte und der gleichermaßen reichhaltig, dicht und würzig ist. Diese Weine benennt er dann zum Teil nach historischen Parzellen, wie etwa den Pergentsknopp im Herzen der weltberühmten Scharzhofberg-Lage, oder er verwendet den Begriff „Alte Reben" als Namen für seine besten Weine. Die Rebstöcke im Pergentsknopp sind mehr als 100 Jahre alt.

Gelegentlich wird eingewendet, seine vorgeblich trockenen Weine seien überhaupt nicht trocken, Niewodniczanski hält dem entgegen, die heutigen Spätlesen und Auslesen seien zu süß. „Wenn man sich die Spätlesen der 50er Jahre ansieht, stellt man fest, daß sie oft kaum mehr Restzucker hatten als heute meine trockenen Weine."

Die Ernte 2005 war außergewöhnlich reif und wies eine feine Säurestruktur auf. Der Wein ist blaß goldgelb gefärbt und hat hefige Aromen von wilden Pfirsichen, süßen Kräutern und Nußölen. Am Gaumen ist er pikant mit rauchigen Aprikosennoten, nervig und von erhebender Mineralität. Dennoch ist er subtil und zeigt im verführerisch langen Finale Anklänge von gerösteten Mandeln. Der Winzer empfiehlt, die Weine 3 bis 8 Jahre zu lagern, bevor man sie genießt. **JP**

☉☉☉ **Trinken: bis 2035**

WEITERE EMPFEHLUNGEN
Andere große Jahrgänge
2001 • 2004
Weitere Weine des gleichen Erzeugers
Kanzemer Altenberg Alte Reben Riesling • Scharzhofberger Riesling • Wiltinger Gottesfuß Alte Reben Riesling

Vergelegen
White 2005

Herkunft Südafrika, Stellenbosch
Typ Trockener Weißwein, 14 Vol.-%
Rebsorten Sémillon 67%, Sauvignon Blanc 33%

Verget
St.-Véran Les Terres Noires 2005

Herkunft Frankreich, Burgund, Mâconnais
Typ Trockener Weißwein, 13 Vol.-%
Rebsorte Chardonnay

Viele Weinkritiker halten die Weißweine der Kapregion für deren Glanzstücke, und unweigerlich wird dann dieser Vorzeigewein von einem der besten Erzeuger des Gebietes als Beispiel genannt.

Die selbstsichere Haltung des Weines täuscht darüber hinweg, daß er sich in lediglich 5 Jahren zu seiner jetzigen Statur entwickelt hat. Der erste Jahrgang – 2001 – war noch sehr viel holzbetonter, und das Verhältnis der Rebsorten war umgekehrt: Der Wein bestand zu 80 % aus Sauvignon, um die „vordergründige Fruchtigkeit" zu liefern, die André van Rensburg damals zu benötigen meinte. Inzwischen strebt er nach einem Wein, von dem er glaubt, daß er sich mindestens ein Jahrzehnt weiterentwickeln wird.

Die beiden Rebsorten werden getrennt gekeltert und 10 Monate in Eichenfässern gegärt (der Sémillon großteils in neuem Holz, der Sauvignon großteils in älteren Fässern), bevor sie gemischt werden. Im jungen Wein ist die Eiche deutlich zu vernehmen, aber innerhalb weniger Jahre wird sie integriert und unterstützt die zunehmende Komplexität des Weines, seine diskrete Reichhaltigkeit, gelassene Geschmacksintensität und subtile Kraft, die von einer feinen Säure durchzogen sind. **TJ**
☻☻ **Trinken: bis 2015**

Seit Mitte der 80er Jahre ist es zu einer Art Rollentausch im Burgund gekommen: Die Winzer kaufen zunehmend Trauben, Most oder Wein und werden so fast zu *négociants*, während bei den *négociants* der Anteil der eigenen Weingärten an der Produktion zunimmt. Die 1990 vom Belgier Jean-Marie Guffens gegründete Firma Verget ist ein gutes Beispiel für diese neuen, ehrgeizigen Weinhändler. Guffens hatte ein Jahrzehnt zuvor in Pouilly-Fuissé seine eigene Domaine Guffens-Heynen gegründet.

Guffens kauft lieber Trauben als Most oder Wein, da er so mehr Einfluß auf die Qualität hat, und bietet repräsentative Weine aus dem Chablis und von der Côte d'Or ebenso an wie aus dem Mâconnais. Während einige der renommiertesten Abfüllungen ihrem *grand-* oder *premier-cru*-Status voll und ganz gerecht werden, sind es die Weine von weniger bekannten Lagen, die bessere Qualität liefern, als man erwarten würde.

Dafür ist dieser eher bescheidene St.-Véran Terres Noires ein gutes Beispiel. Hier entspringt aus dem schwarzen Boden weißes Gold, das mit dem Versprechen innerer Werte glänzt. Der Wein ist kompakt, dicht und fokussiert, die Kernfruchttöne sind klar und knapp und werden durch eine aufregende Mineralität ergänzt. **NB**
☻☻ **Trinken: bis 2010+**

Georges Vernay
Condrieu Coteau de Vernon 2001

Herkunft Frankreich, nördliche Rhône, Condrieu
Typ Trockener Weißwein, 14 Vol.-%
Rebsorte Viognier

Vie di Romans
Chardonnay 2004

Herkunft Italien, Friaul-Julisch Venetien
Typ Trockener Weißwein, 14 Vol.-%
Rebsorte Chardonnay

Es gibt nur wenige Weinanbaugebiete, die einem einzelnen Wein so viel zu verdanken haben, wie Condrieu dem Coteau de Vernon von Georges Vernay zu verdanken hat. Der 2 ha große Weingarten, von dem er stammt, liegt über der gleichnamigen Stadt und strahlte in den finsteren Zeiten der 50er, 60er und 70er Jahre, als Condrieu (und damit auch die Rebsorte Viognier) vom Untergang bedroht zu sein schien, wie ein Leuchtturm.

Die Rebstöcke sind durchschnittlich 60 Jahre alt, haben also ein ausgedehntes Wurzelsystem. Die Trauben werden manchmal mazeriert, manchmal nicht, auf jeden Fall wird der Most in Holzfässern (20 % neue Eiche) gegärt und dann 12 bis 18 Monate auf der Hefe belassen, bevor der Wein auf Flaschen abgefüllt wird.

Ob es nun am ausgedehnten Wurzelwerk liegt oder an den grundsätzlichen Eigenschaften des Weingartens, dieser Condrieu ist jedenfalls ein Wein, der eine längere Lagerung lohnt. Nach 8 bis 10 Jahren hat er eine sommerlich-goldene Farbe angenommen, und die Blütenaromen haben sich zu cremigeren, fruchtigeren, manchmal sogar rauchigeren Tönen vertieft. Der Geschmack erinnert dann an Honig, Birnen und Pfirsiche, um schließlich mit einer Note von gemahlenem Stein zu enden. **AJ**

😊😊😊 **Trinken: bis 2011**

Der Name dieses Weingutes stammt aus dem örtlichen italienischen Dialekt und bedeutet „die Straße der alten Römer". Das Land wird seit mehr als einem Jahrhundert von der Familie Gallo bewirtschaftet, 1978 übernahm Gianfranco Gallo das Familienunternehmen und führte in den Weingärten und -kellern neue – jedenfalls für diese Gegend neue – Methoden ein, die dazu führten, daß manche seiner Nachbarn ihn als „Verrückten" bezeichneten. Wenn seine Sauvignon Blancs oder seine Chardonnays Produkte eines Wahns sind, wünscht man sich mehr Winzer, die unter diesem Wahn leiden.

Der Vie di Romans Chardonnay 2004 ist ein extravaganter Wein. Die strahlende tief gelb-goldene Farbe im Glas bereitet einen schon auf das vor, was als nächstes kommen mag – man weiß, daß diese Farbe entweder das Himmelreich oder die Hölle ankündigt, aber einen auf keinen Fall gleichgültig läßt. In diesem Fall ist es das Paradies, das einen erwartet. Der Wein zeigt eine nahtlose Harmonie, in der sich Noten von goldenen Äpfeln, Zedern und reifen Birnen mischen, aber auch gelbe Blüten und Lorbeerblätter zu vernehmen sind. Die großartige Struktur und die Säure garantieren ein gute mittel- bis langfristige Lagerung. **AS**

😊😊 **Trinken: bis 2014**

Vigneti Massa
Timorasso Costa del Vento 2002

Herkunft Italien, Piemont, Langhe
Typ Trockener Weißwein, 13 Vol.-%
Rebsorte Timorasso

Domaine A. et P. de Villaine
Bouzeron 2005

Herkunft Frankreich, Burgund, Côte Chalonnaise
Typ Trockener Weißwein, 12,5 Vol.-%
Rebsorte Aligoté

Timorasso ist die traditionelle alte Rebsorte der Tortona-Hügel im südlichen Piemont. Ende der 80er Jahre war sie so gut wie verschwunden. 1987 wandte sich Walter Massa ihr zu und rettete sie vor dem Aussterben. Damals war er der einzige, der die Rebe kultivierte und Wein aus ihr kelterte, heute wird sie wieder von mehr als 20 Erzeugern angebaut.

Da er nicht auf schriftliche oder überlieferte Anbau- und Kelteranweisungen zurückgreifen konnte, mußte sich Massa durch Versuch und Irrtum seinem Ideal annähern. Der Wendepunkt kam 1996, als er wegen Platzmangel im Keller eine Charge des Weines auf der Hefe im Faß belassen mußte. Dieser experimentelle Jahrgang 1996 überzeugte ihn, daß der Timorasso sein volles Potential erst bei längerer Lagerzeit auf der Hefe entwickeln kann.

Massas Costa del Vento 2002 ist ein wenig wie Massa selbst: Zurückhaltend, elegant und komplex. Subtile Zitrus- und Apfelnoten sind das Vorspiel zu einer komplexeren Nase, in der sich mineral- und benzinähnliche Aromen zeigen. Am Gaumen erklingen nicht vorhergesehene Gewürztöne, vor allem weißer Pfeffer, das Finale ist dann durch Honig- und Wachsnoten gekennzeichnet. Der Wein hat noch ein langes Leben vor sich. **AS**

☺☺☺ **Trinken: bis 2015+**

Aubert de Villaines Name ist im öffentlichen Bewußtsein untrennbar mit der großen Domaine de la Romanée-Conti verbunden. Er ist jedoch auch an bezahlbaren Weinen und hochwertigen *terroirs* in den weniger bekannten Ecken des Burgund interessiert.

1973 kauften seine amerikanische Frau und er ein heruntergekommenes Weingut in Bouzeron in der Nähe von Chagny. Bouzeron war schon immer wegen seiner Aligoté-Weine bekannt gewesen, und auf den Kalksteinhängen dieses Dorfes bringt die Rebsorte Weine von großer Tiefe und Struktur hervor. De Villaine setzte neue Rebstöcke in den Weingärten, und beim Aligoté wählte er die beste Sorte, die als *doré* bezeichnet wird. Der Wein wird vom Rebstock bis zum Glas mit besonderer Sorgfalt behandelt – der Ertrag wird kontrolliert, die Trauben werden mit der Hand gelesen, die Gärung findet zu 80 % in alten Eichenfässern und zu 20 % in modernen Tanks statt, und der Wein wird 6 bis 8 Monate ausgebaut, bevor er auf Flaschen abgefüllt wird.

Der 2005er ist von nahtlos integrierter grün-goldener Farbe, ein Hinweis auf die Reichhaltigkeit und Dichte, die einen noch erwartet. Er ist von klarer Frische und zeigt Geschmacksnoten von Walnuß und Kastanien. **ME**

☺☺☺ **Trinken: bis 2010**

Domaine Comte Georges de Vogüé *Bourgogne Blanc* 1996

Herkunft Frankreich, Burgund, Côte de Nuits
Typ Trockener Weißwein, 12,5 Vol.-%
Rebsorte Chardonnay

Dieses alte Gut machte in der Zeit vor dem Tod von George de Vogüé (1987) eine Schwächephase durch, aber seine Tochter Elisabeth de Ladoucette, die von den späten 80ern bis 2002 die Geschäfte führte, kehrte die Entwicklung wieder um, indem sie François Millet als Kellermeister und Gérard Gaudeau als Chefwinzer einstellte.

De Vogüé war die einzige Domäne der Côte de Nuits, die einen *grand-cru*-Weißwein kelterte. In den 70er und 80er Jahren wurden keine neuen Rebstöcke gepflanzt, als Millet und Gaudeau 1986 die Leitung übernahmen, beschlossen sie deshalb, die alten Reben durch neue zu ersetzen. Der Musigny Blanc wird als Bourgogne Blanc vermarktet, bis die Rebstöcke das erforderliche Alter und der Wein die erforderliche Qualität für einen *grand cru* erreichen. Die Trauben kommen von einem 0,4 ha großen Weingarten, der 1986, 1987 und 1991 bestockt wurde. Zusätzlich wurden 0,2 ha 1997 neu bepflanzt.

Der 1996er ist ein brillanter weißer Burgunder mit einer herrlich mineraligen, leicht nach Kohl duftenden, komplexen und vollen Nase. Am Gaumen ist er herzhaft, aber frisch und immer noch mit wunderbarer Säure. Der Geschmack ist voll, gut definiert und präzise, mit einer Nussigkeit, die von zitroniger Frisch begleitet wird. **JG**

☺☺ Trinken: bis 2015+

Vollenweider *Wolfer Goldgrube Riesling ALG* 2005

Herkunft Deutschland, Mosel-Saar-Ruwer
Typ Süßer Weißwein, 7 Vol.-%
Rebsorte Riesling

Daniel Vollenweider wollte nach dem Studium in der heimatlichen Schweiz eine kurze Lehre bei Ernst Lossen an der Mosel absolvieren, um dann zu Dominique Lafon in Meursault zu gehen. Bis dahin ist er nie gekommen. Er sah die vielen Weinberge, die an der Mosel durch Vernachlässigung zu Grunde gingen und besichtigte eines Tages die Wolfer Goldgrube. Es war Liebe auf den ersten Blick.

Hier waren steile Parzellen mit alten Terrassen und alten Reben günstig zu erwerben, viele der Stöcke waren ungepfropft, da sie noch aus Zeiten vor der Reblausepidemie stammten. Vollenweider begann, Land zu kaufen, fand eine aufgegebene Kellerei und machte sich mit Begeisterung an die Erzeugung von eleganten süßen Weinen.

Seine „Lange Goldkapsel" Goldgrube Auslese des Jahres 2005 – es gibt auch eine „normale" Goldkapsel aus diesem Jahr – zeugt von dem phantastischen Potential des Weinberges ebensosehr wie von der phanatischen Hingabe seines Besitzers. Der Wein ist ein kleines Wunder, erfrischend, subtil salzig, zähflüssig und doch glockenklar, opulent und von Aromen und Geschmacksnoten von Honig, Pampelmuse, karamelisierter Birne, kandierter Ananas, weißen Rosinen und braunen Gewürzen erfüllt. **DS**

☺☺☺☺ Trinken: bis 2025

← Ein Firmenschild an einer Weingartenmauer der Domaine Musigny.

Robert Weil *Kiedricher Gräfenberg Riesling TBA G 316* 2003

Herkunft Deutschland, Rheingau
Typ Süßer Weißwein, 6 Vol.-%
Rebsorte Riesling

Seit den frühen 90er Jahren hat das 70 ha große Weingut Robert Weil in Deutschland einen Paradigmenwechsel bei der Erzeugung von Trockenbeerenauslesen herbeigeführt. Zwar kommen inzwischen auch die trockenen Rieslinge in ihrer Tiefe jenen vom Leitz'schen Gut nahe, aber die Spätlesen und Auslesen setzen schon seit langem Maßstäbe. Das Gut wurde 1875 von Dr. Robert Weil gegründet, der an der Sorbonne in Paris Deutsch gelehrt hatte und im Vorfeld des Deutsch-Französischen Krieges nach Deutschland zurückkam. Er ließ sich in Kiedrich nieder, und die Weinberge, die er erwarb, waren über jeden Tadel erhaben. Der an einem steilen Südwesthang liegende Gräfenberg wurde zuerst im 12. Jahrhundert als *mons Rhingravii* erwähnt.

Obwohl seit 1989 jedes Jahr eine Trockenbeerenlese von dieser Lage gekeltert wird, gab es doch nur drei Goldkapsel-Abfüllungen – 1995, 1999 und 2003. Im Jahr 2003, das sich durch eine Fülle von edelfaulen Rieslingen auszeichnet, waren es sogar zwei – einer mit einem Mostgewicht von 282° Oechsle und dieser mit 316° Oechsle, dem höchsten je auf dem Gut gemessenen Mostgewicht.

Der Wein ist von blendend goldgelber Farbe und hat eine geradezu explosive Nase, bei der Aromen von karamelisierten Aprikosen, von Guaven und Zitronenöl in vielschichtiger Edelfäule eingebettet sind. Er ist unglaublich dicht, von cremiger Textur und mit einer saftigen, fast salzigen Würze. Trotz seiner Tiefe und des enormen Gewichts ist es ein äußerst eleganter Wein mit atemberaubender Länge und brillanter Würzigkeit im Finale. **JP**

😊😊😊😊 **Trinken: bis 2100**

Das alte Gutshaus des Weingutes Robert Weil.

Domaine Weinbach
Cuvée Théo Gewurztraminer 2002

Herkunft Frankreich, Elsaß
Typ Trockener Weißwein, 13,5 Vol.-%
Rebsorte Gewürztraminer

Domaine Weinbach
Schlossberg GC Riesling 2002

Herkunft Frankreich, Elsaß
Typ Trockener Weißwein, 13,5 Vol.-%
Rebsorte Riesling

Die Domaine Weinbach ist eines der ältesten und angesehensten Weingüter des Elsaß. Urkundlich läßt sich die Winzerei schon zur Zeit Kaiser Karls des Großen im 9. Jahrhundert in Kaysersberg nachweisen. Im frühen 16. Jahrhundert betrieb der Kapuzinerorden dann hier eine Kellerei, die der heutigen 2 ha großen Lage ihren Namen gegeben hat.

1894 kauften die Gebrüder Faller das Gut, ihr Sohn und Neffe Théo machte das Beste aus den großartigen Weingärten, die es in den *grands crus* Kaysersberg, Furstentum und Altenbourg besitzt, und sorgte so für den Aufstieg in den ersten Rang der Elsässer Weine. Er führte auch die Verwendung natürlicher Hefen ein, reduzierte die Erträge und ging zu einer langsamen Gärung in großen, neutralen, alten Fässern über.

Die Weine des Gutes werden oft nach einem Mitglied der Familie benannt, anstatt nach dem *cru*, von dem sie stammen. Dieser 2002er Gewürztraminer stammt von Trauben aus dem Clos des Capucins, in dem Théo Faller begraben liegt. Die nach ihm benannte Cuvée hat ein exquisites Bouquet von Rosen, Jasmin, Gewürzen und Zitrusfrüchten. Am Gaumen ist sie dem Stil des Jahrgangs entsprechend samtig, fein und elegant. **ME**

❃❃❃❃ **Trinken: bis 2015**

Die 23 ha große Domaine Weinbach in Kaysersberg und Kienzheim ist eine der drei besten Quellen für großartigen Wein im Elsaß. Vor allem Rieslinge von den Hängen des *grand cru* Schlossberg sind eine Klasse für sich.

Der Untergrund am Schlossberg ist Granit, darüber liegen sandige und mineralreiche Böden. Oben am Hang, in einer Höhe von 400 m, sind diese Böden nicht sehr tief, so daß die Rebstockwurzeln bis in den gewachsenen Fels reichen. So entstehen Weine mit rassiger Mineralität und reiner Fruchtigkeit, die sich ideal für diese trockene Cuvée eignen, bei der der Zucker vollkommen vergoren ist.

Dieser energische und doch großzügige Stil paßt ausgezeichnet zu dem klassisch-subtilen Charakter des Jahrgangs 2002, in dem das Wetter warm, aber nicht übermäßig heiß war, und der so dem intuitiven Vorgehen entgegenkam, für das Laurence Faller berühmt ist. Der duftige, straffe und reine Schlossberg 2002 ist ein guter Begleiter von Austern oder schlicht gegrilltem Wolfsbarsch. Die Cuvée Ste. Catherine (die im Jahr 2000 großartig ausfiel) ist ein weiterer Riesling des Gutes, der von den unteren, fruchtbareren Hängen der Lage stammt und sich gut zu Hummer oder zum traditionellen Coq au Riesling genießen läßt. **ME**

❃❃❃❃ **Trinken: bis 2012+**

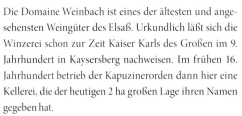

Weingut Wittmann *Westhofener Morstein Riesling Trocken* 2001

Herkunft Deutschland, Rheinhessen
Typ Trockener Weißwein, 13 Vol.-%
Rebsorte Riesling

Zusammen mit seinem Kollegen Klaus Keller, dessen Gut einige Kilometer entfernt liegt, ist es Philipp Wittmann gelungen, die Aufmerksamkeit der internationalen Weingemeinde wieder auf das südliche Rheinhessen zu lenken. So konnte er spätestens 2001 mit seinem phänomenalen Morstein zeigen, daß auch hier, in einem eher flachen Gebiet, das 8 km vom Rhein entfernt liegt, Rieslinge gekeltert werden können, die zu den besten Vertretern ihrer Art zählen.

Dieser Wein erhielt vom *Gault Millau* 94 Punkte als bester trockener Riesling aus Deutschland. Er zeichnet sich durch „die unnachahmliche Verbindung von Eleganz und Gewichtigkeit aus ... eine Fruchtexplosion." Die Lage Morstein wurde zuerst 1282 urkundlich erwähnt, als bedeutende Klöster im Rheintal, der Pfalz und im Elsaß hier Weinberge besaßen. Der Boden ist von einem gewachsenen Kalkstein bestimmt, über einer schweren, wasserführenden Kalkschicht liegt ein flacher, kaum 30 cm tiefer Mutterboden aus ebenso schwerem, lehmigen Mergel.

Philipp Wittmann und seine Familie bewirtschaften dieses *terroir* schon seit vielen Jahren nach ökologischen Grundsätzen. Die Trauben, aus denen der Morstein Riesling 2001 gekeltert wurde, wurden nach mehrfacher Vorauswahl in der letzten Oktoberwoche geerntet. Der Wein ist ein echter *grand cru* mit einer unverkennbaren Persönlichkeit, in der sich die mineralige Reichhaltigkeit der Weine der nördlichen Rheinterrasse mit den saftigen, überwältigenden Fruchtaromen der Pfälzer Weine verbindet. **FK**

☺☺☺ **Trinken: bis 2015**

WEITERE EMPFEHLUNGEN

Andere große Jahrgänge
2002 • 2004 • 2005

Weitere Weine des gleichen Erzeugers
Westhofener Aulerde Chardonnay und *Riesling Westhofener Steingrube Riesling*

Château d'Yquem
2001

Herkunft Frankreich, Bordeaux, Sauternes
Typ Süßer Weißwein, 13,5 Vol.-%
Rebsorten Sémillon 80%, Sauvignon Blanc 20%

Y de Château d'Yquem
1985

Herkunft Frankreich, Bordeaux, Sauternes
Typ Trockener Weißwein, Alkoholgehalt unbekannt
Rebsorten Sémillon 50%, Sauvignon Blanc 50%

Château d'Yquem blickt in jedem Sinn auf seine Nachbarn in Sauternes herab. Das Gut liegt auf einem Hügel oberhalb von Lafaurie-Peyraguey, Guiraud und Rieussec, es war aber auch das einzige, das bei der Klassifikation des Jahres 1855 den Rang eines Premier Cru Supérieur erhielt. Durchschnittlich werden nur 65.000 Flaschen im Jahr gekeltert. Die Trauben werden in mindestens einem halben Dutzend Lesedurchgängen geerntet, um nur die jeweils edelfaulen Beeren zu erhalten. Die Legende besagt, daß jeder Rebstock lediglich ein einziges Glas Wein hervorbringt.

Nach dem „Sonderangebot" des Jahres 1999 – es war mit 95 Euro pro Flasche vermutlich der preiswerteste Yquem, der je auf den Markt kam, kehrte mit dem Jahrgang 2001 die Zeit der hohen Preise zurück, die nur Spitzenweine von Spitzengütern erzielen können. Der Wein wurde am 29. September 2005 freigegeben und hoch gepriesen. Mitte des Jahres 2007 kostete eine Flasche 670 Euro. Die perfekte Balance von Fruchtigkeit, Edelfäule, Süße und Säure und die prächtigen Noten von crème brulée, Pfirsichen und Aprikosen lassen den Wein in seiner Jugend zu einem ungemeinen Genuß werden, sorgen aber auch dafür, daß er sich lange, vielleicht ein Jahrhundert, halten wird. **SG**

🍇🍇🍇🍇🍇 **Trinken: bis 2050+**

In Jahren, in denen das Klima nicht die Voraussetzungen für Edelfäule liefert, keltern einige der besten Sauternes-Weingüter aus ihren Trauben einen Wein ganz anderen Stils. Sie benennen diese trockenen Weißweine mit dem Anfangsbuchstaben des Weingutes, als ob es sich um Mitglieder einer Geheimgesellschaft handele. Es gibt einen R (Rieussec), einen G (Guiraud) und seit dem Jahr 1959 einen Y vom Château D'Yquem. Dieser trockene Wein des Gutes ist niemals lediglich eine Ersatzlösung für enttäuschend Jahrgänge. Auch in den besten Jahren wird nicht jede Traube von Edelfäule befallen: Jene, bei denen das nicht der Fall ist, werden für den Y verwendet. Auch er wird sehr streng selektiert, im Schnitt entsteht nur alle zwei Jahre ein Y.

Nach schonender Pressung wird der Wein gegärt und dann auf der Hefe in Eichenfässern ausgebaut, die zu einem Drittel neu sind. Der Ausbau dauert mindestens 12 Monate. 1985 war kein hervorragendes Sauternes-Jahr, der Y ist jedoch von ungeheurer Konzentration und Komplexität, so gewichtig und solide wie ein Weißwein von der Rhône. Im Alter hat er Walnuß- und Kräuternoten angenommen, zeigt aber auch eine zitronenartige Säure, die an Sauvignon erinnert. **SW**

🍇🍇🍇🍇 **Trinken: bis 2015**

Abendstimmung über den Reben von Château d'Yquem.

Zilliken *Saarburger Rausch Riesling TBA A.P. #2* 2005

Herkunft Deutschland, Mosel-Saar-Ruwer
Typ Süßer Weißwein, 7 Vol.-%
Rebsorte Riesling

Der Saarburger Rausch ist einer der steilsten Weinberge Deutschlands. Hanno Zilliken ist für seine komplexen Weine bekannt, die bei atemberaubendem Zuckergehalt eine perfekte Ausgewogenheit erreichen. Im Jahr 2005 trockneten zwischen dem 10. und 22. Oktober warme Dauerwinde fast alle seine Rieslingtrauben aus, so daß sie in der Konzentration der Säure, des Zuckers, Geschmacks und Extrakts einem Eiswein nicht unähnlich wurden. Bei der Ernte wurde zuerst eine Beerenauslese und dann eine Trockenbeerenauslese eingefahren, dann folgte eine noch nie dagewesene Menge an Auslese.

In diesem Jahr wurden zwei Trockenbeerenauslesen gekeltert – einer wurde durch Auktion verkauft, der andere (an einer 2 als drittletzter Ziffer der Registrationsnummer auf der Rückseite des Etiketts zu erkennen) ging direkt in den Handel und an Privatkunden. Moschus, Räucherfleisch, braune Gewürze, Karamel, Zitronenöl und Zwetschgenwasser sind nur einige der Aromen, die sich hier offenbaren. Am Gaumen folgen dann frische Noten von karamelisiertem Kernobst, von verlockendem Mokka und Sahne. Man nimmt das Glas immer wieder mit einer Ehrfurcht auf, die nur wenige Weine erregen. **DS**

❂❂❂❂❂ **Trinken: 2015–2055**

Domaine Zind-Humbrecht *Clos Jebsal Pinot Gris* 2002

Herkunft Frankreich, Elsaß
Typ Trockener Weißwein, 13,5 Vol.-%
Rebsorte Pinot Gris

Die Geschichte der Domaine Zind-Humbrecht ist die einer Elsässer Familie, die im Laufe von 50 Jahren zu einem Wahrzeichen der Weißweinerzeugung geworden ist. Léonard Humbrechts Familie ist seit dem 17. Jahrhundert in Gueberswihr ansässig, durch seine Heirat mit der aus Wintzenham stammenden Geneviève Zind entstand 1959 ein bedeutendes Weingut mit 18 ha Rebfläche. Inzwischen bietet es eine Reihe von Einzellagenweinen von den besten Weinbergen des Elsaß an – keiner von ihnen ist besser als der Clos Jebsel.

Clos Jebsel liegt oberhalb von Turckheim und genießt hier optimale Lichtbedingungen, und die Trauben erreichen einen hohen natürlichen Zuckergehalt – ideale Voraussetzungen für den Pinot Gris. Da die Böden sehr komplex sind und Mergel und Gips dem Wein eine gute Mineralität verleihen, wird die Neigung zur Überreife gut ausgeglichen. Das Jahr 2002 war nicht sehr heiß und verlangte viel Gefühl bei der Vinifikation. Der Wein ist von mittelgelber Farbe, die bezaubernde Nase ist von Honig geprägt, aber dennoch rauchig. Der Geschmack ist konzentriert, und die Harmonie von Fruchtigkeit, rassiger Säure und Restzucker ergeben einen fast vollkommenen Wein. **ME**

❂❂❂❂ **Trinken: bis 2015**

Dom. Zind-Humbrecht *GC*
Rangen Clos St.-Urbain Riesling 2002

Herkunft Frankreich, Elsaß
Typ Trockener Weißwein, 12,5 Vol.-%
Rebsorte Riesling

Olivier Humbrecht ist ein Winzer, wie er im Buche steht, ein Mann, der zutiefst mit den Handwerksgeheimnissen seines Berufes vertraut ist. Er war der erste Franzose, der die überaus rigorose Prüfung des britischen Institute of Masters of Wine bestand. Unter der Anleitung seines Vaters Léonard Humbrecht hat er dazu beigetragen, das relativ junge, erst 1959 gegründete Gut Zind-Humbrecht auf den ersten Rang unter den Erzeugern im Elsaß zu heben.

Zind-Humbrecht verfügt über Weingärten in 4 der elsässischen *grands crus*. Die Erträge werden auf knapp die Hälfte der erlaubten Höchstmenge begrenzt. Neben Hengst, Brand und Goldert gehört auch Rangen zu diesen Lagen, ein steiler Südhang mit Böden aus leichtem Sandstein und Vulkangestein und -asche. Der Clos St.-Urbain ist eine Enklave im *cru* Rangen.

Die Rebstöcke werden nach ökologischen Gesichtspunkten bewirtschaftet, Humbrecht betrachtet deshalb konsequenterweise auch die Mondphasen als genauso wichtig für den Wein wie das Wetter. Die Mineralität ist eine wichtiges Geschmackskriterium, vor allem bei den Rieslingen, beim Clos St.-Urbain zeigt sich das als eine gewisse Rauheit. Der 2002er ist von tiefer, intensiver Farbe und hat mächtige Limonen- und Traubenaromen. Am Gaumen zeigt er die typische Zähflüssigkeit eines Weines mit niedrigen Erträgen und ist von beherrschender Fruchtkonzentration und einer glänzenden Säure. Im Finale hinterläßt der Wein eine anhaltende Spur glorreicher Blüten- und Zitrusnoten. **SW**
☺☺☺☺ **Trinken: bis 2020**

Oberhalb von Thann liegt Zind-Humbrechts Clos St.-Urbain. ➔

Château Gi...

Grand Cru Cla...

CLASSEMENT OFFICIEL DE ...

Margaux

1970

APPELLATION MARGAUX C...

NICOLAS TARI, PROPRIÉTAIRE A LABARDE ...

MIS EN BOUTEILLES AU...

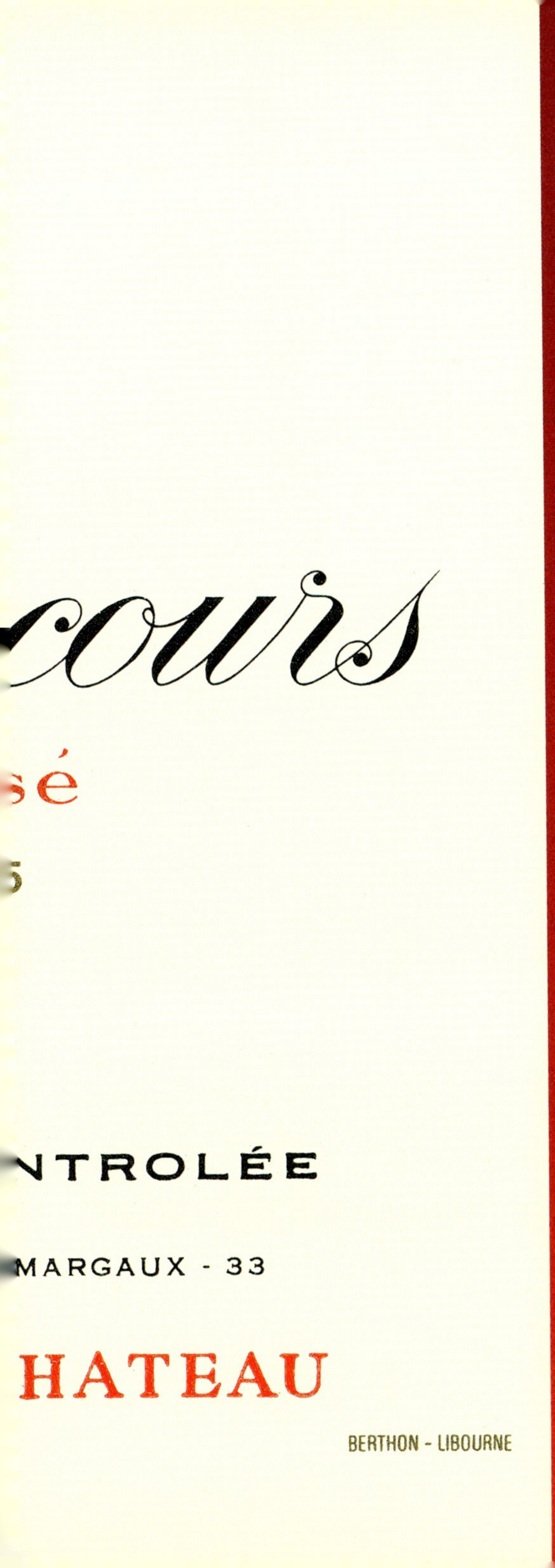

cours

sé

5

ntrolée

MARGAUX - 33

HATEAU

BERTHON - LIBOURNE

Rotweine

Bodegas Aalto *PS* 2001

Herkunft Spanien, Ribera del Duero
Typ Trockener Rotwein, 14 Vol.-%
Rebsorte Tinto Fino (Tempranillo)

Bodegas Aalto wurde 1999 von Javier Zaccagnini und Mariano Garcia gegründet. Zaccagnini war von 1992 bis 1998 Direktor des Consejo Regulador de Ribera del Duero, Garcia war von 1968 bis 1998 leitender Kellermeister bei Vega Sicilia. Aalto-Weine sind das Produkt von 100 ha Weinbergen, die über verschiedene Gebiete der Denominación de Origen Ribera del Duero verstreut sind. Kein Weinberg ist größer als 3 ha, und kein Rebstock ist weniger als 40 Jahre alt. Die Standard-Cuvée nennt sich schlicht Aalto, der Top-Wein heißt Aalto PS – Pagos Selleccionados (ausgesuchte Parzellen). Beide Weine werden ausschließlich aus Tinto Fino (auch Tempranillo genannt) gekeltert, aber der Aalto PS wird von Rebstöcken gewonnen, die in den 1920ern oder früher gepflanzt wurden.

Für die Jahrgänge 1999 und 2000 wurden die Trauben von örtlichen Winzern gekauft. Für den Jahrgang 2001 hat Aalto seine eigenen Trauben verwendet, von 32 ha alten Rebstöcken, die in den Provinzen Valladolid, Burgos und La Horra stehen. Bis 2005 wurden die Weine in einer gemieteten Kellerei in Roa gekeltert, jetzt aber ist Aalto in einer eigens hergerichteten Kellerei in Quatanilla de Arriba beheimatet. Die Grundgärung erfolgt in Stahlbehältern, aber für den Ausbau werden Holzfässer verwendet.

Das Jahr 2001 war in Ribero del Duero sehr gut, der Aalto PS 2001 ist sehr viel extraktreicher als der Standardwein und muß voraussichtlich bis zu zehn Jahre in der Flasche reifen, bis er sich auf der Höhe zeigt. Dieser Wein ist eher kräftig und extraktreich als elegant zu nennen, ist als Begleiter entsprechend robuster Speisen jedoch überaus trinkbar. **SG**

🍷🍷🍷🍷 Trinken: 2010–2020

WEITERE EMPFEHLUNGEN
Andere große Jahrgänge
2000 • 2003 • 2004
Andere Erzeuger aus Ribera del Duero
Alión • Dominio de Atauta • Hacienda Monasterio Hermanos Sastre • Pesquera • Pingus • Vega Sicilia

Spuren von Eisen färben den Boden von Ribera del Duero rötlich.

Accornero *Barbera del Monferrato Superiore Bricco Battista* 2004

Herkunft Italien, Piemont, Langhe
Typ Trockener Rotwein, 14,5 Vol.-%
Rebsorte Barbera

Zwischen den Provinzen Asti und Alessandria liegt die DOC Monferrato in den sanft geschwungenen Hügeln von Monferrato. Der größere Teil gehört zu Asti, und viele Erzeuger können zwischen den Bezeichnungen Barbera d'Asti und Barbera del Monferrato wählen, wobei letzterer der Name des größeren Erzeugungsgebietes ist. Die Familie Accornero hat sich für die Bezeichnung Barbera del Monferrato entschieden, da sie sich den umgebenden Hügeln stärker verbunden fühlt als der Bezeichnung Asti.

Ihr 20 ha großer Besitz, der 1897 von Bartolomeo Accorneo und seinem Sohn Giuseppe gekauft wurde, wird heute von Giulio Accornero und seinen Söhnen Ermanno und Massimo geleitet. Ihr gut ausgebauter Barbera Superiore Bricco Batista stammt von drei mit über 40 Jahre alten Rebstöcken bepflanzten Parzellen, die sich über 3 ha auf dem 300 m hohen Battista-Hügel erstrecken. „Diese alten Rebstöcke sind das Besondere und geben unserem Barbera natürliche Frucht und Komplexität", sagt Ermanno. Da Barbera von Haus aus arm an Tannin ist, wird der Wein in Holzfässern gegärt und ausgebaut, von denen 80 % große Tonneaux aus französischer Eiche sind und der Rest kleinere Barriques.

2004 war ein klassischer Jahrgang im Piemont, anders als das verheerende Jahr 2002 und der sengende Jahrgang 2003. Mit reifer schwarzer Frucht und einem Hauch Gewürzen, die von frischer Säure und kompakten Tanninen ausgeglichen werden, sollte dieser Wein den Genießer noch im Alter von 15 oder mehr Jahren erfreuen. **KO**
❂❂❂ **Trinken: bis 2019+**

Die Hügel von Monferrato erstrecken sich von Grazzano nach Altavilla.

Achával Ferrer
Finca Altamira Malbec 2001

Herkunft Argentinien, Mendoza
Typ Trockener Rotwein, 13,8 Vol.-%
Rebsorte Malbec

Achával Ferrer ist ein kleiner Erzeuger im argentinischen Mendoza, der eine Reihe von Malbecs keltert, die von der Kritik sehr gelobt werden. „Alle drei sind Einzellagenweine, die von sehr alten Reben mit niedrigen Reben in sehr besonderen Lagen von Mendoza stammen", sagt Ferrer. Einer dieser besonderen Weine ist der Finca Altamira. Der 5,5 ha große Weingarten liegt in 1050 m Höhe am Tunuyan-Fluß im südwestlichen Teil des Uco-Tals. Die Böden sind karg und sandig, mit Kies, Steinen und alluvialen Ablagerungen durchsetzt. Die durchschnittlich 8 Jahre alten Reben liefern pro Pflanze lediglich 350 g Weinbeeren, so daß die Ernte von drei Stöcken gerade für eine Flasche Wein reicht. „So erreicht der Wein eine Mineralität, die man sonst bei Weinen von hochgelegenen Lagen nicht findet", erklärt der Winzer. Die Reben sind nicht gepfropft, die Temperaturen bewegen sich tagsüber um 38°C, nachts fallen sie bis auf 12°C.

Der Altamira 2001 ist eine fesselnder, bezwingender Wein. Er zeigt neben seiner konzentrierten, fast üppigen Frucht auch eine ernstzunehmende Struktur, Mineralität und eine gute Säure. Es ist ein Wein, der von seiner Herkunft genauso deutlich spricht wie einer der führenden Malbecs aus Cahors. **JG**
❸❸❸ **Drink: to 2012+**

Alión
2001

Herkunft Spanien, Ribera del Duero
Typ Trockener Rotwein, 14 Vol.-%
Rebsorte Tinto Fino (Tempranillo)

Gegen Ende der 1980er Jahre suchte Spaniens berühmtestes Weingut Vega Sicilia einen Nachfolger für seinen Valbuena Tercer Año („Drittes Jahr"). Das Ziel war, modernere Weine herzustellen, aus der Tempranillo Traube gekeltert und in neuer französischer Eiche ausgebaut, mit höheren Fruchtanteilen. Man suchte einen Wein, der sich von dem Stil der eigenen traditionellen Weine abhebt, mit eigener Ausstrahlung. Im Jahr 1987 kauften sie 25 ha Land in Padilla del Duero und bepflanzten es mit Tinto Fino. Die Trauben wurden in Vega Sicilia gekeltert und 1991 war der erste Alión geboren. Der Name bezieht sich auf eine Gegend in der Provinz León, wo die Eigentümer, die Familie Álvarez, ihre Wurzeln haben. Später pflanzten sie weitere Rebstöcke auf Brachland innerhalb von Vega Sicilia.

Das Jahr 2001 war ein hervorragender Jahrgang in Ribera del Duero. Bis 2001 hatte sich der Alión gut als ein typischer Ribera del Duero etabliert, der hohe Qualität zu einem sehr angemessenen Preis bietet. Er duftet nach reifer, würziger, dunkler Beerenfrucht, mit einer Note von Balsam und einem Hauch Zeder und Menthol. Der Wein ist cremig im Gaumen mit mittlerem Körper, ausgewogener Säure und feinen Tanninen. **LG**
❸❸❸ **Trinken: bis 2020**

Allegrini
La Poja 1997

Herkunft Italien, Venetien
Typ Trockener Rotwein, 14 Vol.-%
Rebsorte Corvina Veronese

Seit dem 16. Jahrhundert war die Familie Allegrini stolze und sehr zuverlässige Deuterin der Valpolicella-Trauben. Giovanni Allegrini war weithin anerkannt als einer der Ersten im Valpolicella, der sich auf Qualitätsprodukte konzentrierte. Die Ziele seiner Kinder sind deutlich als die gleichen zu erkennen. La Poja ist ein Wein, der ausschließlich aus Corvina Veronese gekeltert wird, der angesehensten Varietät der DOC Valpolicella. Dieses war eine Neuerung, denn rebsortenreiner Wein war bis dahin in der Gegend unbekannt.

Die Farbe des 1997er Jahrgangs ist ein tiefes Rubinrot mit leichten Granatschattierungen. In der Nase ist er dicht und würzig, mit fruchtigen Noten, die an dunkle Sommerbeeren erinnern. Bei der Wärme, die diesen Jahrgang charakterisiert, würde man gelee-artige Fruchtaromen erwarten, aber glücklicherweise ist nicht ein Hauch davon zu spüren. Statt dessen bietet die Nase Anklänge an Minze und Balsam, die den Eindruck erwecken, als seien sie die natürliche Fortsetzung der immer noch reichen Primäraromen. Auf dem Gaumen ist er rassig, rund und samtig, allmählich eine Fülle von Aromen aufdeckend, mit ansprechender Tiefe und einem langen, würzigen und dennoch konzentriertem Abgang. **AS**

$ $ $ **Trinken: bis 2015**

Allende
Aurus 2001

Herkunft Spanien, Rioja
Typ Trockener Rotwein, 14,5 Vol.-%
Rebsorten Tempranillo, Graciano

Nach dem Abschluß seines Landwirtschaftsstudiums nahm Miguel Angel de Gregorio eine Stelle als technischer Leiter in den Bodegas Bretón in Rioja an. Seine Wißbegier und seine Entschlossenheit, einen Schritt weiter zu gehen, führten ihn jedoch dazu, 1995 die Finca Allende zu gründen und seinen eigenen Wein zu keltern. 1997 kündigte er, um sich ganz seinem eigenen Unternehmen zu widmen. Zum ersten Wein Allende kam dann der Aurus (lateinisch: Gold) hinzu, der den Goldenen Schnitt durch eine wohlausgewogene Mischung von Tempranillo und Graciano anstrebt.

Im Jahr 2001 bezog die Finca Allende einen neuen Firmensitz im Dorf Briones und errichtete neben diesem Steinhaus eine neue Kellerei. 2001 war in Rioja auch einer der besten Jahrgänge der Neuzeit. Der Aurus 2001 geht charakteristischerweise einen Schritt weiter, wenn es um Balance und Eleganz geht – das hat er ebenso den alten Reben zu verdanken, die an einem Hang mit hohem Lehmanteil wachsen, wie der rigorosen Auslese im Weingarten und Keller. Er ist dunkel gefärbt und sehr aromatisch, in der Jugend zeigt er Noten von reifen Beeren, von Blüten, schwarzen Oliven und Eiche. Der Körper ist voll, die Säure lebhaft, Fruchtigkeit und Tannin reichlich. **LG**

$ $ $ $ **Trinken: bis 2020**

Alta Vista
Alto 2002

Herkunft Argentinien, Mendoza
Typ Trockener Rotwein, 14,5 Vol.-%
Rebsorten Malbec 80%, Cabernet Sauvignon 20%

1997 kauften Jean-Michel Arcaute vom Château Clinet in Pomerol und Patrick d'Aulan, der Besitzer des Château Sansonnet in St.-Emilion, die Kellerei Casa del Rey und benannten sie in Alta Vista um. Der Betrieb hatte einen unterirdischen Keller, was in Argentinien ungewöhnlich ist, und bot so ideale, etwas kühle Bedingungen, um Spitzenrotweine wie den Alto zu ausbauen, der etwa 18 Monate in Eichenfässern verbringt. Besonders interessant war das Potential des argentinischen Malbec.

Das Jahr 2002 war für ganz Mendoza und für Alta Vista im besonderen das beste, das es je gegeben hatte. Alta Vistas Weine wurden von José Spisso gekeltert, einem hell leuchtenden Stern am argentinischen Weinhimmel.

Die ältesten Malbec-Reben stammen aus den 20er Jahren und wachsen in etwa 1050 m Höhe in der Nähe von Las Compuertas am Oberlauf des Mendoza. Diese Gegend mit ihren sauren Böden ist für ihre wunderbar dichten Malbecs mit den typischen Kastaniennoten berühmt. Die malolaktische Gärung des jungen Weines in französischen Eichenfässern, durch die der Säuregehalt etwas gemildert wird, fügt dem prallen Geschmack roter Beerenfrüchte einen unaufdringlichen Eichenglanz hinzu. **MW**

🍷🍷🍷 **Trinken: bis 2011**

Elio Altare
Barolo 1989

Herkunft Italien, Piemont, Langhe
Typ Trockener Rotwein, 14 Vol.-%
Rebsorte Nebbiolo

Der Winzersohn Elio Altare wandte sich in den 70er Jahren enttäuscht von der stagnierenden Barolo-Szene ab und unternahm eine Reise ins Burgund. Danach begann er, die Trauben an den Reben in den Weingärten auszudünnen, um die Erträge zu reduzieren und eine höhere Konzentration zu erreichen. Er mied chemische Dünger, die eher der Quantität als der Qualität förderlich sind. All dies geschah zum Entsetzen seines Vaters, da Winzer vor allem nach der Menge bezahlt wurden. Als Elio dann auch noch mit der Kettensäge die großen Eichenfässer seines Vaters zersägte, wurde er enterbt. Allerdings kaufte er nach dem Tod seines Vaters 1985 das Familienunternehmen von seinen Schwestern zurück und begann, seine revolutionären Barolos zu keltern.

Er verwendete kleine französische Eichenfässer und reduzierte die Mazerationsdauer drastisch. Diese eleganten und sanfteren Barolos sind eher graziös und poliert als muskulös, reich an Fruchtaromen mit Gewürz- und Tanninbeiklängen. Sie können früher genossen werden, als die althergebrachten Barolos, sind aber auch gut lagerfähig. Der 1989er ist glatt und geschmeidig mit komplexen Beerennoten, die durch mäßiges Tannin und eine frische Säure ausbalanciert werden. **KO**

🍷🍷🍷🍷 **Trinken: bis 2020+**

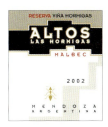

Altos Las Hormigas *Malbec*
Reserva Viña Hormigas 2002

Herkunft Argentinien, Mendoza
Typ Trockener Rotwein, 14,3 Vol.-%
Rebsorte Malbec

Château Angélus
2000

Herkunft Frankreich, Bordeaux, St.-Emilion
Typ Trockener Rotwein, 13 Vol.-%
Rebsorten Merlot 50%, Cabernet Franc 50%

Altos Las Hormigas wurde 1995 von einer italienischen Gruppe unter der Leitung des Önologen Alberto Antonini und des Unternehmers Antonio Morescalchi gegründet. In Luján de Cuyo wurde auf lehmigem Boden ein Weingarten angelegt, heute erhebt sich daneben die Kellerei, aber die Reben wurden fast sofort von Ameisen – *hormigas* – angegriffen. Daher rührt der Name der Kellerei.

Man entschied sich, daß der Reserve-Malbec zumindest in den ersten Jahren davon profitieren könnte, wenn er zum Teil von älteren Reben aus einer anderen Gegend am Mendoza in fast 1000 m Höhe stammte. Dieser Malbec aus La Consulta zeichnet sich durch seine natürliche Frische aus. Der Höhenunterschied gegenüber Luján und die Nähe der Schneegrenze der Anden bringen hier Trauben mit mehr Biß und klarerem Geschmack hervor.

Diese Frische sorgt für die aromatische und strukturelle Tiefe, die Rotweine wie der Viña Hormigas benötigen, um eine achtzehnmonatige Reifezeit in meist neuen Eichenfässern zu überdauern. 2002 war seit 1997 das beste Jahr in Mendoza, und der Wein hat den dichten, zähflüssigen Charakter mit Aromen von schwarzem Beerenobst, der für Malbec dieses Jahrgangs typisch ist. **MW**

🍷🍷🍷 **Trinken: bis 2015**

Bis in die Mitte der 80er Jahre war L'Angélus (1990 wurde es zu Angélus umgetauft) ein angesehener Hersteller guter, jedoch nur selten überragender Weine. Seit 1985, als sie ihren ersten Jahrgang kelterten, haben Hubert de Boüard de Laforest und sein angeheirateter Cousin Jean-Bernard Grenié jedoch die wohlverdiente Aufwertung vom *grand cru* zum premier *grand cru* erreicht.

Angélus brachte in den 90er Jahren mehrere gute Jahrgänge auf den Markt, die in dem exzellenten 2000er gipfelten. Es ist ein Wein von großer Struktur und Tiefe und von hohem Tanningehalt, der bei den ersten Verkostungen fast übertrieben wirkte und an einen Amarone erinnerte. Inzwischen hat er sich jedoch beruhigt und zeigt seinen typischen pikanten *terroir*. Wie der Cheval Blanc wird auch der Angélus aus Merlot und Cabernet Franc gekeltert, in den letzten Jahren überwog zwar der Merlot, aber im 2000er ist die Mischung ausgewogen. Nach einer Verkostung schrieb Serena Sutcliff: „Wenn ich eine Flasche Angélus öffne, kann (und will) ich mich nicht dem Gedanken an Millets Bild ‚Das Angélusgebet' mit der über die Felder läutenden Glocke entziehen. In diesem Bild ist etwas von der Ewigkeit eingefangen – wie im Weine selbst." **SG**

🍷🍷🍷🍷 **Trinken: 2010–2030+**

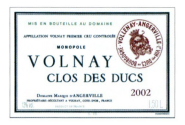

Domaine Marquis d'Angerville
Volnay PC Clos des Ducs 2002

Herkunft Frankreich, Burgund, Côte de Beaune
Typ Trockener Rotwein, 13 Vol.-%
Rebsorte Pinot Noir

Château d'Angludet
2001

Herkunft Frankreich, Bordeaux, Margaux
Typ Trockener Rotwein, 13 Vol.-%
Rebsorten Cabernet Sauvignon, Merlot, Petit Verdot

Obwohl der nach Südosten ausgerichtete Weinberg Clos des Ducs vollkommen von einer Stützmauer eingeschlossen ist, wurde er im 16. Jahrhundert erstmalig als Teil der umliegenden Weingärten Caillerets, Taillepieds und Champans erwähnt. 1804 ging er in den Besitz des Baron du Mesnil über. 1906 wurde er nach der Reblauseepidemie vom Großvater des heutigen Besitzers Guillaume d'Angerville neu bepflanzt, der ein glühender Verfechter authentischer Weine war und als einer der ersten Winzer seinen Wein selbst auf Flaschen abfüllte und verkaufte.

Guillaumes Vater Jacques d'Angerville setzte die Arbeit seines Vaters während der 52 Jahre fort, in denen er das Gut leitete. Der Jahrgang 2002 war der letzte, den er kelterte, und der 2005er der erste und atemberaubende Wein, für den Guillaume verantwortlich zeichnete. Der 2002er ist ein Wein subtiler Ausgewogenheit und seidiger Eleganz, der von den Trauben des ursprünglichen, 2,1 ha großen Weinberg stammt. Dieser edle Pinot-Noir-Klon mit geringem Ertrag ist in Fachkreisen als Pinot d'Angerville bekannt. Bei einer Verkostung kurz nach der Flaschenabfüllung erweckte der 2005er den Eindruck, als würde er sich mit der Zeit zu einem noch besseren Wein als der Jahrgang 2002 entwickeln. **JP**

❂❂❂❂ **Trinken: bis 2027**

Angludet ist ein bescheidenes Bauernhaus, das landeinwärts von den großen Margaux-Gütern an der Gironde liegt. 1961 kaufte der Weinhändler Peter Sichel aus Bordeaux das Gut, der auch Teileigner des Château Palmer ist. 1989 übertrug er die Leitung an seinen Sohn Benjamin, der sich schon immer für den Weinbau interessiert hatte. Der *terroir* von Angludet wird niemals einen Wein von der Finesse und Intensität eines Château Palmer oder gar Château Margaux hervorbringen, die Sichels ziehen es vor, Angludet als einen robusten, wohlstrukturierten Wein zu einem annehmbaren Preis auf den Markt zu bringen, der dennoch in der Lage ist, viele Jahre Vergnügen zu bereiten.

Der 2001er ist etwas opulenter als andere Angludets, er ist aber auch würzig und lebhaft. Ältere Jahrgänge wie der 1983er entwickelten sich im Laufe der Jahre sehr erfreulich, und der 2001er könnte es ihnen gleichtun. Angludet ist ein Beispiel für das, was man einst einen *Cru Bourgeois* nannte, und es hat viele Kenner überrascht, daß er 2003 nicht als *Cru* Bourgeois Exceptionnel klassifiziert wurde. Diese Klassifizierung ist inzwischen Geschichte, aber der Wein lebt als beispielhafter klassischer Bordeaux fort, dessen Genuß man sich sogar leisten kann. **SBr**

❂❂❂ **Trinken: bis 2020**

Angludet liegt auf dem *Le Grand* Poujeau genannten Kiesplateau.

Ànima Negra
Vinyes de Son Negre 1999

Herkunft Spanien, Mallorca
Typ Trockener Rotwein, 14 Vol.-%
Rebsorten Callet, Manto Negro, Fogoneu

Diese Kellerei entsprang 1994 einer Laune und entwickelte sich dann zum Steckenpferd einer Gruppe von Freunden aus Mallorca. Sie begannen damit, daß sie Cabernet Sauvignon mit einheimischen Inselrebsorten verschnitten, den Most in einem Milchtank gärten und sonst alles mit geliehenem oder gebrauchtem Zubehör auf die althergebrachte Weise durchführten. Der so entstandene Wein hatte jedoch eine markante Persönlichkeit und weckte bald die Aufmerksamkeit von Weinfreunden, Händlern und der Weinpresse. So entstand aus einer Laune dann eine Kellerei.

Der Wein hieß ursprünglich Ànima Negra und war der erste ernstgemeinte Versuch, die weitgehend unbekannten Reben der Insel zu verwenden. Um aus Callet, Fogoneu und Manto Negro einen guten Wein zu keltern, muß der Ertrag sehr gering gehalten werden, man suchte sich also sehr alte Rebstöcke, die in der traditionelle Gobelet-Manier erzogen waren.

Der Wein ist intensiv und wild, sehr würzig, unverkennbar mediterran, mit reichlichen Noten von Balsam und Wildkräutern. Er ist konzentriert, entspricht in seinem harmonischen, exotischen und sehr individuellen Stil aber eher einem Burgunder als einem Bordeaux. **LG**
☻☻☻ **Trinken: bis 2009**

Antinori
Guado al Tasso 2003

Herkunft Italien, Toskana, Bolgheri
Typ Trockener Rotwein, 13,5 Vol.-%
Rebsorten Cabernet Sauvignon, Merlot, Syrah, Others

Als Sproß der bekannten Toskaner Weindynastie war Piero Antinori einer der Vorreiter, als es in den 70er Jahren darum ging, die notleidende DOC Chianti Classico wiederzubeleben, und er war der Schöpfer des Tignanello, eines der ersten „toskanischen Über-Weine". 1990 brachte er den Guado al Tasso auf den Markt. Nach dem Erfolg des erhabenen Sassicaia seines Onkels und des Ornellaia seines Bruders Lodovico wertete er sein Gut Belvedere auf, das zuvor *rosato* produziert hatte, und nannte es Guado al Tasso. Es erstreckt sich auf 900 ha von den den sanften Hügeln der Toskana bis an die Maremma, die oft auch als Goldküste bezeichnet wird, da hier einige der gesuchtesten und teuersten Weine Italiens gekeltert werden.

Das Jahr 2003 war eines der heißesten und trockensten, die Italien je erlebt hat. Um Bolgheri reiften die Trauben sehr schnell, und Mitte August hatten frühreife Rebsorten schon sehr hohe Zuckergehalte aufzuweisen, wenn auch die Erträge wegen des Wassermangels niedriger waren als sonst. Der Wein ist von einem intensiven Rubinrot und verfügt über Aromen von reifen Kirschen mit Spuren von Eiche, Kaffee und Schokolade. Für den Jahrgang ist der Guado al Tasso 2003 überraschend frisch mit sanftem, süßen Tannin. **KO**
☻☻☻ **Trinken: bis 2011+**

Antinori
Solaia 1985

Herkunft Italien, Toskana
Typ Trockener Rotwein, 13 Vol.-%
Rebsorten C. Sauvignon, Sangiovese, C. Franc

Solaia ist ein nach Südwesten ausgerichteter, 10 ha großer Weinberg in 350–400 m Höhe mit Kalkstein- und Kreidemergelböden. Er liegt im Weingut Santa Cristina im Chianto-Classico-Anbaugebiet Mercatale Val di Pesa in unmittelbarer Nachbarschaft des berühmten Weingartens Tignanello.

Antinori stellte zuerst 1978 einen Einzellagenwein mit Trauben von Solaia her, der aber nur in Italien auf den Markt kam. Da auch Cabernet-Rebsorten verwendet werden, die im Chianti nicht zugelassen sind, wird der Solaia als Vino da Tavola di Toscana klassifiziert und nicht als DOCG Chianti Classico.

Im November 2006 veranstaltete Christies in London unter der Leitung von Albiera Antinori eine Antinori-Meisterklasse. Unter den verkosteten Weinen befand sich auch ein Solaia 1985 – der beste Jahrgang des Jahrzehnts in der Toskana. Der Wein war mit 10 % Cabernet Franc statt der üblichen 5 % immer noch nicht voll ausgereift, versprach sich aber gut zu entwickeln. Albiera Antinori vertrat die Meinung, das optimale Alter für den Solaia sei 15 bis 25 Jahre, eine Meinung, der man sich angesichts des Säure- und Tanningehalts des Weines nur anschließen kann. **SG**

❂❂❂❂ **Trinken: bis 2010+**

Antinori
Tignanello 1985

Herkunft Italien, Toskana
Typ Trockener Rotwein, 12,5 Vol.-%
Rebsorten Sangiovese, C. Sauvignon, C. Franc

Tignanello ist einer der ersten „toskanischen Über-Weine". Er wird aus den Trauben vom gleichnamigen Weingarten gekeltert, der auf 350–400 m Höhe im Weingut Santa Cristina der Antinoris liegt. Der 47 ha große Hang ist nach Südwesten ausgerichtet, die Böden bestehen aus Kalkstein und Kreidemergel.

Tignanello war ursprünglich ein Chianto Classico Riserva mit dem Namen Vigneto Tignanello. 1970 wurde er zuerst als Einzellagenwein gekeltert, enthielt aber noch die traditionellen toskanischen weißen Rebsorten Canaiolo, Trebbiano und Malvasia. Seit dem Jahrgang 1975 wird vollkommen auf weiße Trauben verzichtet.

Bei einer Verkostung im November 2006 zeigte der 1985er – vermutlich der bis jetzt beste Jahrgang des Tignanello – eine schöne, kräuterreiche Nase. Es war ein liebreicher, vollkommen ausgereifter Wein, der mit sehr viel leichterer Hand hergestellt worden war, als der Solaia aus dem gleichen Haus. Allerdings fand der Weinkritiker Tim Atkins, der Cabernet-Anteil sei im Alter deutlicher geworden. Albiera Antinori sagte dazu: „Der Tignanello ist sehr toskanisch, die Aromen des '85ers sind für Sangiovese dieses Alters sehr typisch." Als optimales Trinkalter schlug sie 10 bis 15 Jahre vor. **SG**

❂❂❂ **Trinken: bis 2010+**

◂ Das Ladengeschäft von Antinori in Orvieto.

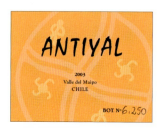

Antiyal
2003

Herkunft Chile, Maipo-Tal
Typ Trockener Rotwein, 14,5 Vol.-%
Rebsorten Carmenère, Merlot, C. Sauvignon, Syrah

Araujo Estate Wines
Eisele Vineyard 2001

Herkunft USA, Kalifornien, Napa Valley
Typ Trockener Rotwein, 14,4 Vol.-%
Rebsorten C. Sauvignon 75%, C. Franc 25%

Antiyal wurde zuerst 1998 von Alvaro Espinoza gekeltert, der sich schon in der Santa-Rita-Zweigstelle Carmen einen Namen gemacht hatte. Espinoza und seine Ehefrau Marina bauten eine kleine Scheune im Garten ihres Hauses in Paine südlich von Santiago zu einer Kellerei um. Die Trauben für den Antiyal stammen aus dem Rest des Gartens und von Rebstöcken im Maipo-Tal, die Alvaros Mutter gehören. Sowohl der chilenische Cabernet Sauvignon als auch der Carmenère profitieren von einer Beigabe Syrah, der dem sonst etwas flachen Wein mehr Profil gibt. Dieses Profil wird dann durch Espinozas vollkommen unorthodoxe, nicht intervenierende Herangehensweise noch gesteigert.

Vom Ausbau in französischen Fässern abgesehen, die zum Teil gebraucht vom Santa-Rita-Gut erworben werden, gibt sich der Antiyal keinen önologische Attitüden hin. Das zeigt sich auch im Jahrgang 2003 mit seiner perfekten Balance und Reife. Seit 2007 ist das Unternehmen in der ersten ‚grünen' Kellerei Argentiniens beheimatet, in der Wind- und Solarkraft genutzt werden, und in der es auch ein Mondfenster gibt, um den Wein zu geeigneten Zeiten dem günstigen Einfluß des Erdtrabanten auszusetzen. **MW**

🙂🙂 Trinken: bis 2018

Der 14 ha große felsige Weingarten Eisele Vineyard ist nach seinem ursprünglichen Besitzern benannt und war einer der ersten Weingarten im Napa Valley, dessen Name ein Flaschenetikett zierte. Er wurde ursprünglich im 19. Jahrhundert bepflanzt, Cabernet Sauvignon wurde 1964 eingeführt. In den 70er Jahren fand er Anerkennung, als Ridge und dann Joseph Phelps seine Trauben kauften, um außerordentlich komplexe, reichhaltige Weine zu keltern. 1990 kauften Bart und Daphne Araujo den Weingarten, der südöstlich von Calistoga am Fuße der Palisades Mountains liegt, die ihn gegen Nordwinde schützen.

Das großartige Weinjahr 2001 begann mit einem milden Winter und relativ geringen Niederschlägen, auf den ein warmer, trockener Frühling folgte. Kühleres Wetter im Juli und August sorgt für ein Gleichgewicht an Frucht- und Tanninreife, fester natürlicher Säure und intensive Geschmacksnoten, die durch nächtliche Ernten den ganzen September hindurch erhalten wurden. Nach einer ausgedehnten Mazerationsdauer in Edelstahltanks wurde der Wein 22 Monate in neuen französischen Eichenfässern ausgebaut. Die Nase erinnert an Minze, am Gaumen ist der Wein sowohl üppig als auch mineralig und fest. Das Tannin ist straff und doch geschmeidig. **LGr**

🙂🙂🙂🙂🙂 Trinken: bis 2025

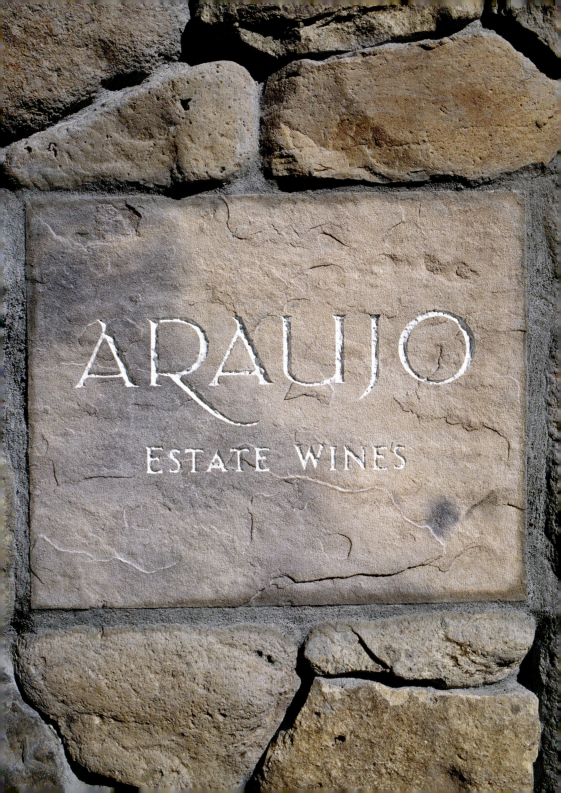

 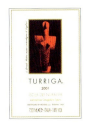

Argiano
Brunello di Montalcino 1995

Herkunft Italien, Toskana, Montalcino
Typ Trockener Rotwein, 13,5 Vol.-%
Rebsorte Sangiovese

Argiano erhebt sich auf einem Hügel in Sant'Angelo in Colle südwestlich von Montalcino. Der Name leitet sich von Ara Jani ab, einem Altar für den römischen Gott Janus. Während der Renaissance errichtete eine Adelsfamilie aus Siena eine prachtvolle Villa auf der Hügelkuppe. 1992 erwarb Noemi Marone Cinzano das Gut und machte sich daran, die Keller und die Brunello-Produktion zu modernisieren. Im gleichen Jahr verpflichtete sie den berühmten Önologen Giacomo Tachis, der im Jahr 2003 in den Ruhestand ging.

Das 100 ha große Gut wird vom Monte Amiata vor Stürmen und Hagel geschützt, und die warmen Winde von der Maremma sorgen für ein warmes, trockenes Mikroklima, das es den Trauben erlaubt, eine gesunde Reife zu erreichen. 1995 war ein hervorragendes Jahr für Montalcino, und Tachis beschloß, die besten Trauben für einen einzigen Brunello zu verwenden und keinen Riserva zu keltern. Der Brunello 1995 wurde zwei Jahre lang in Holz ausgebaut, zur Hälfte in Barriques und zur Hälfte in großen slowenischen Eichenfässern. Er ist reich an reifen Frucht- und Blütenaromen, die sich am Gaumen fortsetzen. Die Balance ist tadellos, der Wein zeigt festes Tannin, das sich im Laufe der Zeit mildern wird. **KO**

🌀🌀🌀 **Trinken: bis 2015+**

Argiolas
Turriga 2001

Herkunft Italien, Sardinien
Typ Trockener Rotwein, 14 Vol.-%
Rebsorten Cannonau 85%, andere 15%

Als in den späten 70er Jahren viele Bauern auf Sardinien ihre Weingärten rodeten, um europäische Subventionen zu erhalten, faßte Antonio Argiolas den mutigen Entschluß, ausgiebig in die einheimischen Rebsorten Sardiniens zu investieren. Die Weingärten und Keller wurden modernisiert, um die Qualität zu steigern, und der legendäre Önologe Giacomo Tachis wurde als Berater engagiert, dessen Vorliebe für Sardiniens einheimische Reben sich zu einer Leidenschaft entwickeln sollte.

Der Turriga wird aus Cannonau und anderen örtlichen roten Varietäten mit einer Beimischung von Malvasia Nera gekeltert. Dieser mächtige Rotwein hat ein Flair, das sich bald zum Maßstab für den Rest des Anbaugebietes entwickelte. Er wurde zuerst 1988 auf den Markt gebracht und stammt vom besten Weinberg des Gutes, der in 230 m Höhe liegt und kalkreiche, etwas steinigen Böden aufweist. Typisch für den Wein sind die Geruchs- und Geschmacksnoten von reifen Früchten, Gewürzen und Myrte. Das exzellente Jahr 2001 war zuerst sehr trocken, so daß die Kellerei im Juni zu Notbewässerungsmaßnahmen greifen mußte. Der Wein ist von vollem Körper und kräftig, er wird sich aufgrund seiner beeindruckenden Struktur als sehr lagerfähig erweisen. **KO**

🌀🌀🌀 **Trinken: bis 2020**

Das Castello di Argiano erhebt sich über den Weingärten des Gutes.

Domaine du Comte Armand
Pommard PC Clos des Epeneaux 2003

Herkunft Frankreich, Burgund, Côte de Beaune
Typ Trockener Rotwein, 13,5 Vol.-%
Rebsorte Pinot Noir

Es gibt in Pommard keine *grands crus*, aber Rugiens und Les Epenots gelten als die beiden besten Lagen. Das letztere nimmt etwa 30 ha zwischen dem Dorf und der Grenze zu Beaune ein und ist in 3 Parzellen unterteilt. Die kleinste – und vielleicht auch beste – ist die 5 ha große Clos des Epeneaux, die zum Beisitz des biodynamisch wirtschaftenden Gutes Comte Armand gehört.

Benjamin Leroux ist seit 1999 Kellermeister bei Comte Armand und stellt aus den Trauben vom Clos des Epeneaux regelmäßig vier verschiedene Weine her, die sich nach Alter der Reben und Lage unterscheiden. Die jüngsten Reben ergeben den Pommard Premier *Cru*, aus dem Rest wird der Clos des Epeneaux gekeltert. Die ältesten Rebstöcke des Weingartens sind etwa 60 Jahre alt.

Die Weine von Les Epenots sind sehr tanninreich und brauchen meist viele Jahre, um ihre Aggression abzulegen. Die Weine vom Clos des Epeneaux können in ihrer Jugend undurchdringlich sein, und der 2003er ist in dieser Hinsicht keine Ausnahme. Und doch liegt dahinter eine irrwitzige aromatische Reichhaltigkeit verborgen, in der Aromen von Himbeeren und Eiche begegnen. Der Fruchtgeschmack ist süß und würzig, aber der Alkohol gibt dem Finale eine pfeffrige Note. **SBr**

❁❁❁ **Trinken: bis 2020**

Artadi
Viña El Pisón 2004

Herkunft Spanien, Rioja
Typ Trockener Rotwein, 14 Vol.-%
Rebsorte Tempranillo

Artadi wurde 1985 als Genossenschaft gegründet, die schlichte, umgängliche Rotweine erzeugte, aber nach weniger als einem Jahrzehnt gehörte sie zu den besten Kellereien Riojas. Diese erstaunliche Leistung verdankt sie dem entschlossenen Wunsch von Juan Carlos Lópes de Lacalle, Weine von Weltklasse zu erzeugen.

Viña El Pisón war einer der ersten Einzellagenweine aus Rioja, einem Anbaugebiet, in dem traditionellerweise unterschiedliche Rebsorten und Weine nicht nur aus verschiedenen Weingärten, sondern sogar aus verschiedenen Unterregionen verschnitten wurden. Der Weingarten ist mit sehr alten Tempranillo-Reben bepflanzt, vermutlich befinden sich auch einige Rebstöcke anderer Sorten, vielleicht sogar weißer Arten darunter, wie das bei alten Weingärten oft der Fall ist.

Artadi ist ein Wein, der seine Qualität Jahr für Jahr unter Beweis stellt, aber der 2004er zeigt vielleicht noch etwas mehr Eleganz als sonst. In der Jugend ist er tief und intensiv gefärbt, die Balsam-Nase erinnert an reife rote und schwarze Waldbeeren und an Graphit. Die Eiche ist wunderbar eingebunden. Am Gaumen ist der Wein mittelschwer und von großer Intensität, mit strahlender Säure und reichlich reifem Tannin. **LG**

❁❁❁❁ **Trinken: bis 2025**

Ata Rangi *Pinot Noir* 2006

Herkunft Neuseeland, Martinborough
Typ Trockener Rotwein, 13,5 Vol.-%
Rebsorte Pinot Noir

Als Clive Paton 1980 Ata Rangi – Maori für „Morgenröte" oder „Neuanfang" – kaufte, war es eine öde, 5 ha große Weidefläche. Er war einer von den Pionieren, die es nach Martinborough zog, um dort Wein anzubauen, vor allem wegen des etwa 20 m tiefen Kiesbodens und seiner hervorragenden Drainage, wegen der geringsten Niederschlagsmengen der neuseeländischen Nordinsel und der Tatsache, daß die Hauptstadt Wellington nur 80 km entfernt liegt.

Paton pflanzte hauptsächlich rote Rebsorten an – Pinot Noir, Cabernet Sauvignon, Merlot und Syrah. Von Anfang an zeigte der Pinot Noir sein großes Potential, und heute gilt Ata Rangi als einer der besten Erzeuger dieser schwierigen Rebsorte. Zu den wichtigsten Klonen, die hier angebaut werden, gehört Abel (hier auch als der Ata-Rangi-Gummistiefel-Klon bezeichnet), der angeblich in den späten 70er Jahren illegal aus Frankreich eingeführt wurde. Die Tanks in der Kellerei sind nach berühmten Sportlern und Angehörigen verwandter Berufe benannt.

Das Gut gehört Paton, seiner Ehefrau Phyll (die vorher in Montana Winzerin war) und seiner Schwester Alison. Zusammen leiten sie auch das Unternehmen, und ihre Harmonie spiegelt sich auch in ihren Weinen. Der Pinot Noir 2006 hat die typische Nase eines neuseeländischen Pinots, bei genauerer Prüfung zeigt er jedoch eine größere Tiefe als die meisten anderen Rotweine des Landes. Am Gaumen ist er recht würzig, aber noch üppig, mit großer Länge und konzentrierter Fruchtigkeit. Ata Rangi keltert auch einen Syrah, einen Cabernet und einen Célèbre genannten Verschnitt aus Merlot. **SG**

☉☉☉ **Trinken: bis 2012+**

WEITERE EMPFEHLUNGEN
Andere große Jahrgänge
1999 • 2000 • 2001 • 2003
Weitere Erzeuger aus Martinborough
Craggy Range • Dry River
Martinborough Vineyard • Palliser

Unterschriften der Teilnehmer einer Winzerkonferenz in Ata Rangi.

Dominio de Atauta
Ribera del Duero 2001

Herkunft Spanien, Ribera del Duero
Typ Trockener Rotwein, 13,5 Vol.-%
Rebsorte Tinto Fino (Tempranillo)

Au Bon Climat
Pinot Noir 2005

Herkunft USA, Kalifornien, Santa Barbara County
Typ Trockener Rotwein, 13,5 Vol.-%
Rebsorten Pinot Noir 82%, Mondeuse 18%

Miguel Sánchez stammt aus der östlichen Provinz Soria in Ribera del Duero. Er hatte schon lange ein Auge auf die ungepfropften und oft 100 oder mehr Jahre alten Rebstöcke geworfen, die in der Umgebung des Weilers Atauta wuchsen, und träumte davon, aus ihren Trauben Weltklasseweine zu keltern. Die Gelegenheit kam, als er den französischen Winzer Bertrand Sourdais kennenlernte.

Dominio de Atauta ist das Flaggschiff der Kellerei, sie stellt aber auch geringe Mengen von Einzellagenweinen oder besonderen Cuvées unter den Namen Valdegatiles, Llanos del Almendro, El Pandéron, La Mala, San Juan und La Roza her. Die beiden Besitzer streben nach Balance und Eleganz, nach Frische und guter Säure, nicht so sehr nach roher Kraft. Im Jahr 2000 wurde der erste, fast noch experimentelle Wein gekeltert, aber der 2001er war der erste „ernsthafte" Wein, der einen bedeutenden Qualitätssprung darstellte. Er ist von einem sehr dunklen Granatrot, die Nase ist sehr komplex, elegant und intensiv mit Aromen von reifen roten Früchten, Gewürzen und Orangenschale. Der Wein ist mittelschwer, hat eine lebhafte Säure, schöne Balance, eine großartige Frucht und ist sehr anhaltend – alles Eigenschaften, die notwendig sind, um sich in der Flasche gut zu entwickeln. **LG**

🍷🍷🍷 **Trinken: bis 2015**

Nirgendwo auf der Welt außer an der burgundischen Côte d'Or ist man so versessen auf der Suche nach *dem* außergewöhnlichen Pinot Noir wie in Kalifornien. Diese Anstrengungen trugen seit den 80er Jahren reiche Früchte, und unter den Bannerträgern befand sich Jim Clendenens 1982 gegründete Kellerei Au Bon Climat (ABC).

Das anhaltend trockene und warme Wetter des Jahres 2005 führte in Kalifornien zu einer Ernte von unvorstellbarer Reife und Konzentration. Nimmt man das wachsende Alter der Weingärten hinzu, kann man gut verstehen, daß Clendenen diesen Wein für den vermutlich besten „einfachen" Pinot hält, den er je gekeltert hat.

Er ist von tiefem Rubinrot, die Nase beginnt mit reinen, Pinot-typischen Himbeeraromen, denen aber schnell Rauchtöne, eine flüchtige Andeutung von Veilchen und eine leichte Note von gestoßenen Korianderblättern folgen. Am Gaumen ist der Wein ein Hammer, groß und stämmig, und dennoch in der Mitte eigenartig sanft und nachgiebig. Es ist genau die Art Pinot, die sich in der Jugend wegen seiner Reife, seiner glorreichen Fruchtigkeit und der Geschmeidigkeit seiner Säure zugänglich zeigt, der aber durch Flaschenlagerung hinzugewinnen kann, wenn man das denn möchte. **SW**

🍷🍷🍷 **Trinken: bis 2020**

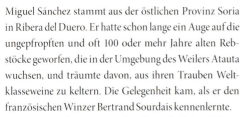

Bien Nacido ist die Hauptquelle für die Trauben von Au Bon Climat.

Château Ausone 2003

Herkunft Frankreich, Bordeaux, St.-Emilion
Typ Trockener Rotwein, 14 Vol.-%
Rebsorten Cabernet Franc 55%, Merlot 45%

Ausone ist der kleinste *grand cru* des Bordeaux, aber nur wenige andere Weine des Anbaugebietes erfreuen sich eines so ausgezeichneten Rufs. Das Gut liegt auf einem Kalksteinhang oberhalb von St.-Emilion, der Name leitet sich von dem römischen Dichter Ausonius ab. Es gibt noch Flaschen aus den 1840er Jahren, und die Glücklichen, die in den Genuß eines Ausone aus dem 19. Jahrhundert gekommen sind, legen von der Qualität und Langlebigkeit dieser Weine Zeugnis ab.

In der jüngeren Vergangenheit teilten sich zwei zerstrittene Familien den Besitz. Dieser 20 Jahre anhaltende Zustand war natürlich keine Qualitätsgarantie, aber die Natur sorgt dafür, daß auch in dieser Zeit hervorragende Weine gekeltert wurden. 1995 übernahm Alain Vauthier das Gut in Alleinregie. Unter seiner intelligenten und aufgeschlossenen Leitung hat Ausone neue Höhen erklommen. Selbst in einem so berüchtigt schwierigen Jahr wie dem glutheißen 2003 entstanden hier superbe Weine. Die Kalksteinböden der Weingärten sorgten dafür, daß die Reben nicht unter Dürrestreß litten, und der hohe Anteil von Cabernet Franc verlieh dem Wein ein Bouquet und eine Komplexität, die zwar für den Jahrgang, aber nicht für das Gut ungewöhnlich sind.

Vaulthier ist ein überaus sorgfältiger Winzer, der die Trauben zu voller Reife gedeihen läßt, bevor sie geerntet werden. So entstehen Weine, die eher zum Mächtigen neigen. Die durchschnittlich 50 Jahre alten Rebstöcke liefern durchgehend konzentrierte Geschmacksnoten. Dennoch haben die Weine, auch der 2003er, eine Frische und eine Struktur, die ihnen ein langes Leben garantieren. **SBr** ❂❂❂❂ Trinken: 2010–2030

WEITERE EMPFEHLUNGEN
Andere große Jahrgänge
1929 • 1982 • 1995 • 1998 • 2000 • 2001 • 2005
Weitere Erzeuger aus St.-Emilion
Belair • La Gaffelière • Magdelaine • La Mondotte • Pavie • Pavie-Macquin • Tertre Roteboeuf • Troplong Mondot

Die schöne Eingangstür des Château d'Ausone.

Azelia
Barolo San Rocco 1999

Herkunft Italien, Piemont, Langhe
Typ Trockener Rotwein, 14 Vol.-%
Rebsorte Nebbiolo

Luigi Scavino erzeugt auf seinem kleinen, 1920 von seinem Großvater gegründeten Gut bei Castiglione Falletto seit Jahrzehnten Barolo. Der Spitzenwein des Gutes, der Barolo San Rocco, stammt von Reben aus dem gleichnamigen, 1,8 ha großen Weingarten in der Gemeinde Serralunga. Scavino ist ein Anhänger des modernen Ansatzes, die den Barolo schon nach der Freigabe als trinkbar bezeichnen und nicht erst nach einer Lagerung von mindestens 10 Jahren, wenn der Tanningehalt gesunken ist. Dementsprechend hat er die Mazerations- und Gärzeit auf 10 bis 12 Tage verkürzt. Neue und gebrauchte Barriques zähmen das aggressive Tannin und fügen dem Wein einen Hauch von Vanille und Gewürzen zu.

Der Jahrgang 1999 wurde vom Barolo-und-Barbaresco-Konsortium mit 5 Sternen bewertet. Das Jahr war im Piemont in der Tat außergewöhnlich gut und brachte Weine hervor, die sich auf Grund ihre guten Struktur und Komplexität für lange Kellerlagerung eignen. Der Barolo San Rocco 1999 von Azelia ist tief gefärbt und hat eine reichhaltige, nach Blüten duftende Nase mit Balsam-Beiklängen. Am Gaumen werden die saftigen Noten schwarzer Beeren und die gut eingebundene Säure durch das glatte und geschmeidige Tannin ausbalanciert. **KO**

☉☉☉ **Trinken: bis 2012+**

Domaine Denis Bachelet
Charmes-Chambertin GC 1999

Herkunft Frankreich, Burgund, Côte de Nuits
Typ Trockener Rotwein, 12,5 Vol.-%
Rebsorte Pinot Noir

Denis Bachelets Weine entsprechen so wenig einer Schule oder einem Stil wie er selbst den Kontakt mit den anderen Winzern in Gevrey-Chambertin pflegt. Er wurde zwar in Belgien geboren, kehrte aber Anfang der 80er Jahre nach Gevrey zurück, um das Familiengut von seinem Großvater zu übernehmen. Das Gut hat nur 2 ha in der Umgebung des Dorfes unter Reben, darunter Parzellen des *premier cru* Les Corbeaux und des *grand cru* Charmes-Chambertin. Die 0,4 ha große Parzelle vom Charmes-Chambertin liegt im oberen, besseren Teil des Weingartens. Einige der Reben hier mögen direkt nach der Reblausepidemie gepflanzt worden sein, die meisten wurden jedoch in den 20er Jahren von seiner Großtante gesetzt – unter Mithilfe ihrer jüngeren Schwester, der Großmutter von Denis Bachelet.

Sein Charmes-Chambertin 1999 zeigt immer noch eine intensive Purpurfarbe. In der Nase entfalten sich bezaubernd parfümierte Fruchtaromen. Die 50 % frischer Eiche werden von der opulenten Fruchtigkeit in Zaum gehalten und sind nicht zu vernehmen. Am Gaumen ist der Wein weit und luxuriös, aufregend und selbstsicher, er zeigt hier eine vielfältige Zusammenstellung reichhaltiger roter Früchte. Das Finale ist lang und perfekt. **JM**

☉☉☉☉☉ **Trinken: bis 2020+**

Balnaves *The Tally* Cabernet Sauvignon 2005

Herkunft Australien, South Australia, Coonawarra
Typ Trockener Rotwein, 14,5 Vol.-%
Rebsorte Cabernet Sauvignon

Balnaves ist ein kleiner Familienbetrieb im Herzen des berühmten Terra-Rossa-Gebietes von Coonawarra. Seitdem 1976 die ersten 5 ha mit Reben bepflanzt wurden, wurde das Gut stetig erweitert und verfügt heute über 57 ha erstklassiger Weingärten.

Zu den vielen früheren Berufen des Familienoberhauptes Doug Balnaves zählte auch der des Schafscherers. Als solcher wird man im Akkord bezahlt, die Zahl der geschorenen Schafe wird mit der Einheit „Tally" festgehalten. Je mehr Schafe auf dieser Kontrollliste stehen, desto höher ist die Anerkennung für Geschicklichkeit und Fleiß, desto höher ist auch die Entlohnung. Als Geste der Anerkennung gegenüber dieser alten australischen Tradition trägt der beste Wein der Familie den Namen „The Tally".

Der Wein wird in den besten Jahren aus den Trauben der besten Weingärten gekeltert – allerdings zählt Doug Balnaves ausgerechnet die Weingärten in Terra Rossa nicht zu diesen Besten –, er ist straff strukturiert, aber gerundet und lagerungswürdig. Mit seiner starken Säure und dem straffen Rückgrat ist es ein klassisches Beispiel für die Weine aus Coonawarra, der mit der Flaschenlagerung noch an Minz- und Blattwerkgeschmack zunimmt. **SG**

◉◉◉ **Trinken: bis 2020**

Banfi *Brunello di Montalcino Poggio all'Oro* 1988

Herkunft Italien, Toskana, Montalcino
Typ Trockener Rotwein, 13 Vol.-%
Rebsorte Sangiovese

Obwohl 1988 in vielen Teilen Italiens kein sehr gutes Weinjahr war, brachte es in der Toskana eine kleine, aber hervorragende Ernte. Dabei wurden laut Michael Broadbent die besten Weine in Montalcino gekeltert. Der Poggio all'Oro (Goldhügel) von Banfi, eine Einzellagen-Brunello-Auslese, ist ein gutes Beispiel für den Jahrgang, die noch Tiefe und reife Früchte zeigt. Der Poggio all'Oro Riserva wird nur in außergewöhnlich guten Jahren erzeugt.

Der Weingarten Poggio all'Oro liegt auf 250 m Höhe und wurde von Banfi 1980 mit 10 verschiedenen Klonen, die von den besten Sangiovese-Reben des Gebietes stammten, neu bestockt. Der erste Wein von diesem Garten, der 1985er, wurde noch eher traditionell hergestellt und 42 Monate in großen Fässern aus slawonischer Eiche ausgebaut. Er wurde sofort von der Kritik wegen seiner dichten Komplexität mit Lob überschüttet. In den folgenden Jahren hat sich die Vinifikation dem internationalen Geschmack angepaßt, und heute wird der Poggio all'Oro 30 Monate in kleinen französischen Eichenfässern gelagert. Er hat sich auf den Exportmärkten, vor allem in den USA, als sehr beliebt erwiesen. Banfi gebührt das Verdienst, den einst eher seltenen Brunello zu einem weltweit beliebten Wein gemacht zu haben. **KO**

◉◉◉◉ **Trinken: bis 2012+**

Barca Velha
1999

Herkunft Portugal, Douro-Tal
Typ Trockener Rotwein, 13,5 Vol.-%
Rebsorten Tinta Roriz, Touriga Franca, T. Nacional

Das rauhe Tal des Douro in Nordportugal ist eine der dramatischsten Weinbaulandschaften der Welt. Aber jahrzehntelang, bis zur Jahrtausendwende, gab es nur einen Tafelwein aus diesem Gebiet, der internationale Anerkennung fand – der Barca Velha. Er ging auf eine Idee Fernando Nicolau de Almeidas zurück, der in den 50er Jahren Kellermeister bei Ferreira war. Nach einem Besuch des Bordeaux in den 40er Jahren kehrte er von dem Ehrgeiz beseelt, ein portugiesisches ‚erstes Gewächs' zu schaffen, in seine Heimat zurück.

Um der Mischung Frische und Komplexität zu geben, werden Grundweine von kleinen, hochgelegenen Parzellen verwendet. Der Ausbau erfolgt in kleinen, neuen Eichenfässern und dauert 12 bis 18 Monate, danach lagert der Wein noch einige Zeit in der Flasche – meist vergehen 6 Jahre von der Ernte, bis der Wein freigegeben wird.

Der 1999er zeigt herrlich frische, konzentrierte Fruchtnoten, das Aroma wird von Zedern- und Vanillenoten bestimmt, die von der Faßlagerung herrühren, hinzu kommen Andeutungen von Schokolade und Blüten. Die großartige Konzentration und Tiefe des Geschmacks wird durch eine feine Eleganz ausbalanciert, die man nur selten in einem Wein solcher Kraft findet. **GS**

💰💰💰💰 **Trinken: bis 2020+**

Jim Barry
The Armagh Shiraz 2001

Herkunft Australien, South Australia, Clare Valley
Typ Trockener Rotwein, 14,5 Vol.-%
Rebsorte Shiraz

Im Jahr 1959 kaufte Jim Barry in der Nähe von Clare Land, das er zum größten Teil mit Reben bestockte. Die Kellerei wurde 1973 errichtet, und die ersten Weine kamen 1974 auf den Markt. Heute verfügt das Gut über fast 250 ha meist alte Reben.

1985 gab Barry den ersten Armagh Shiraz frei. Der Wein stammt von Reben mit niedrigem Ertrag, die er 1968 gepflanzt hatte und zuvor für seinen Sentimental Bloke Port verwendet hatte, der nach einem Gedicht des örtlichen Schriftstellers C. J. Dennis benannt worden war. Der verwendete Shiraz-Klon stammte ungewöhnlicherweise aus Israel.

Dieser Wein könnte als Inbegriff des südaustralischen Shiraz gelten – ein mächtig proportionierter und sehr konzentrierter Wein. Bei einer Verkostung im Jahr 2004 hatte der 2001er noch eine recht verschlossene Nase und wies einen Hauch von Minze auf. Am Gaumen war er sehr straff strukturiert, wobei die saftige Säure ihn etwas zugänglicher machte, obwohl das Finale immer noch unermeßlich tanninreich und kraftvoll war. Insgesamt war er so gehaltvoll, daß man ihm ein großartiges Alterungspotential bescheinigen konnte. Der Armagh ist ein ernsthafter Wein von einer ernsthaften Kellerei. **SG**

💰💰💰 **Trinken: bis 2010+**

Domaine Ghislaine Barthod
Chambolle-Musigny PC Les Cras 2002

Herkunft Frankreich, Burgund, Côte de Nuits
Typ Trockener Rotwein, 13 Vol.-%
Rebsorte Pinot Noir

Bass Phillip
Premium Pinot Noir 2004

Herkunft Australien, Victoria, Gippsland
Typ Trockener Rotwein, 13,5 Vol.-%
Rebsorte Pinot Noir

Chambolle-Musigny gilt als einer der ‚weiblicheren' Weine des Burgunds, bei dem die Betonung eher auf Charme und Finesse als auf Kraft liegt. Im Allgemeinen ist diese Einschätzung richtig, man sollte jedoch nicht den Fehler machen, Chambolle für einen kurzlebigen Wein zu halten. Er altert außerordentlich gut, vor allem bei Exemplaren von den besten Lagen. Les Cras liegt in der Nähe des gleichnamigen Dorfes und hat helle Böden, die jenen in Teilen des *grand cru* Bonnes Mares ähneln.

Es war Ghislaine Barthods Vater Gaston, der die 7 ha große Domäne schuf, die heute ihren Namen trägt. Ihren ersten Wein kelterte sie 1986. Les Cras ist mit 0,86 ha der größte ihrer *grands crus*. In seiner Jugend kann dieser Wein sehr dicht sein, er ist aber immer durch feine Aromen gekennzeichnet, die manchmal an Kirschen, manchmal an Himbeeren erinnern. Im Alter wird die Nase sinnlicher und läßt eher an Blattwerk denken. Wenn er in jungen Jahren vielleicht streng wirkt, so wird er nach etwa 5 Jahren in der Flasche doch geschmeidiger und süßer. Der 2002er ist von besonderer Eleganz, er ist zwar kompakt und robust, aber die reichhaltige Fruchtigkeit und exzellente Länge versprechen eine gute Zukunft. **SBr**

🍷🍷🍷 **Trinken: bis 2020**

Philipp Jones ist einer der Gurus der australischen Winzerei, ein extremer Vertreter der Extremsportart, die sich Pinot-Noir-Erzeugung nennt. Er besitzt vier Weingärten, die fast vollständig dieser Rebsorte gewidmet sind. Zuerst pflanzte er 1979 in einem kühlen, fruchtbaren Gebiet im Süden von Victoria, einer der wenigen Regionen, die von der anhaltenden Dürre verschont bleibt. Die Glanzstücke der vielen Pinot Noirs, die er jedes Jahr keltert, sind die Reserve- und Premium-Weine. Vom Reserve werden nur in den besten Jahren ein oder zwei Faß hergestellt.

Beide Weine stammen aus den gleichen Parzellen des gleichen Weingartens. Die Niederschläge in Leongatha sind hoch und die Luftfeuchtigkeit könnte ohne weiteres die höchste aller australischen Weinanbaugebiete sein. Der sehr tiefe, sehr gut drainierte Boden ist die Rettung. Es ist ein Lehm vulkanischen Ursprungs, der sehr alt und mineralreich ist. Die Ausbauzeit in Eiche ist von 16 bis 18 Monate auf 13 bis 15 Monate etwas verkürzt worden. Der Premium 2004 ist etwas blaß in der Färbung, hat aber ein gutes, berauschendes Bouquet. Betörende, würzige Kirscharomen und eine großartige, seidige Finesse am Gaumen machen ihn zu einem erinnerungswürdigen Wein. **HH**

🍷🍷🍷🍷 **Trinken: bis 2018**

Battle of Bosworth
White Boar 2004

Herkunft Australien, South Australia, McLaren Vale
Typ Trockener Rotwein, 15 Vol.-%
Rebsorte Shiraz

Das Weingut Edgehill liegt südlich der Stadt McLaren Vale. Es wurde Anfang der 70er Jahre von Peter und Anthea Bosworth gegründet, deren Familien seit Mitte des 19. Jahrhunderts in dieser Gegend Reben ziehen. Seit 1995 ist ihr Sohn Joch Bosworth Geschäftsführer des Unternehmens. Sein Markenname „Battle of Bosworth" ist ein Verweis auf die Schwierigkeiten, die sich ihm auf Grund seiner biodynamischen Weinbauverfahren entgegenstellten und -stellen.

Obwohl der White Boar von den norditalienischen Amarone-Weinen inspiriert ist, unterscheidet er sich doch deutlich von ihnen. Die Trauben werden nicht wie beim Amarone geerntet und dann in Stellagen getrocknet, sondern verbleiben am Rebstock und der Traubenstiel wird durchtrennt, wenn sich das erwünschte Geschmacksspektrum entwickelt hat. Nachdem sie so zwei Wochen an der Rebe getrocknet sind, werden sie mit der Hand geerntet und dann langsam und sanft gegärt. Sie zeigen danach mehr Farbe und Fruchtigkeit als ein typischer Amarone. In der Nase und am Gaumen bietet der White Boar Aromen von Teer, Muskat und Muskatblüte, Erde, kandierten Früchten, Soya, Rosen, Zedern und Eichen, Rum, Rosinen und Schokolade. **SG**

🍷🍷🍷 **Trinken: bis 2010+**

Château de Beaucastel Hommage à Jacques Perrin 1998

Herkunft Frankreich, südl. Rhône, Châteauneuf-du-Pape
Typ Trockener Rotwein, 13,5 Vol.-%
Rebsorte Mourvèdre

Die Familie Beaucastel läßt sich schon Mitte des 16. Jahrhunderts in Courthezon nachweisen, als ein „Edler Pierre de Beaucastel" in Coudoulet „eine Scheune und ein Stück Land" kaufte. Im Jahr 1909 kaufte Pierre Tramier den Besitz, später ging er an seinen Schwiegersohn Pierre Perrin und dann an Jacques Perrin über. Heute leiten dessen Söhne Jean-Pierre und François das Gut.

Die Voraussetzungen des Jahres 1989 waren so gut, daß die Gebrüder Perrin sich entschlossen, eine besondere Cuvée zu Ehren ihres Vaters abzufüllen. Der Hommage à Jacques Perrin stammt zum Großteil von sehr alten Mourvèdre-Reben, die winzige Mengen sehr reifer, konzentrierter Beeren liefern.

Bei einer Blindverkostung von Châteauneuf-du-Pape der Zeitschrift *World of Fine Wine* im Jahr 2006 war dieser Wein der souveräne und überzeugende Star. Auf den ersten 4 Rängen standen am Schluß 4 verschiedene Jahrgänge des Château de Beaucastel Hommage à Jacques Perrin und bestätigten so seinen Ruf als einer der besten Weine der südlichen Rhône. Stephen Browett beschrieb den 1998er als einen „hinreißenden Wein, erfüllt von süßer, reifer Frucht und mit mehr als nur einer Andeutung von Milchschokolade". **SG**

🍷🍷🍷🍷🍷 **Trinken: bis 2020+**

Beaulieu Vineyards *Georges de Latour Cabernet Sauvignon* 1976

Herkunft USA, Kalifornien, Napa Valley
Typ Trockener Rotwein, 14,5 Vol.-%
Rebsorte Cabernet Sauvignon

Château Beauséjour Duffau-Lagarrosse 1990

Herkunft Frankreich, Bordeaux, St.-Emilion
Typ Trockener Rotwein, 13 Vol.-%
Rebsorten Merlot 60%, C. Franc 25%, C. Sauvignon 15%

Im Rückblick mag man sich fragen, ob der Jahrgang 1976 der erste Hinweis auf die Entwicklung eines Weinstils war, der jetzt, zu Beginn des 21. Jahrhunderts, den Cabernet Sauvignon aus Napa Valley prägt. Obwohl es in der Erntezeit Niederschläge gab, war dieses das erste von zwei durch Dürre geprägten Jahren im Napa Valley, die zu um die Hälfte niedrigeren Erträgen und Weinen führten, die intensiver, tanninreicher, mächtiger und ‚marmeladiger' waren als ihre Vorgänger.

Beaulieu wurde 1900 von Georges de Latour gegründet, die erste Private Reserve wurde allerdings erst 1936 gekeltert, nachdem Andre Tchelistcheff als Kellermeister eingestellt worden war. Tchelistcheff wird oft als der wichtigste Einfluß in der Geschichte der US-amerikanischen Winzerei bezeichnet, er legte den Stil für diesen in limitierter Auflage hergestellten Wein fest und überwachte seine Produktion bis zu seinem Ruhestand im Jahr 1973.

Robert Parker nannte 1995 den Private Reserve 1976 „spektakulär seit seiner Freigabe … die Quintessenz des Stils, der dem BV Private Reserve eigen ist." Der Wein ist machtvoll und würzig, recht alkoholbetont, die Staubaromen seines Herkunftsgebietes sind noch stärker als sonst, da der Jahrgang besonders trocken war. **LGr**
🍷🍷🍷🍷 Trinken: bis 2015

Bis zum Jahr 1990 war das 7 ha große premier *grand cru classè* Gut Château Beauséjour Duffau-Lagarrosse nahezu unbekannt. Das änderte sich, als es in diesem in St.-Emilion sehr heißen Jahr die Spitzenweine von Ausone, Angélus und Cheval Blanc übertraf.

Es gibt einen Grund dafür, daß dieser Wein so begehrt ist: Robert Parker gab ihm in der Februarausgabe seines Rundbriefes *The Wine Advocate* die perfekte Benotung von 100 Punkten und beschrieb ihn als „fabelhaft konzentriert, von hervorragender Reinheit, mit einer fast beispiellosen Verbindung von Reichhaltigkeit, Komplexität, Ausgewogenheit und Harmonie." Nur drei andere Bordeaux-Weine des Jahres 1990 erhielten von ihm ebenfalls 100 Punkte: Margaux, Pétrus und Montrose.

Als der Wein auf den Markt kam, kostete eine Flasche etwa 33 Euro. Im Jahr 2006 kostete eine Kiste Château Beauséjour Duffau-Lagarrosse bei US-Auktionen bis zu 7360 Euro. Der Besitzer Jean Duffau und der Kellermeister Jean-Michel Dubos scheinen von dem Kultstatus ihres 1990ers nicht sonderlich beeindruckt zu sein, allerdings ist es ihnen in der Zwischenzeit auch nicht gelungen, einen auch nur annähernd vergleichbaren Wein zu keltern. **SG**
🍷🍷🍷🍷🍷 Trinken: bis 2010+

Château Beau-Séjour Bécot 2002

Herkunft Frankreich, Bordeaux, St.-Emilion
Typ Trockener Rotwein, 13,5 Vol.-%
Rebsorten Merlot 70%, C. Franc 24%, C. Sauvignon 6%

Die Familie von Michel Bécot baut seit 1760 in St.-Emilion Wein an und erwarb 1929 das Château La Carte. 1969 kaufte er das Gut Beau-Sejour, 10 Jahre später kamen weitere 4,5 ha auf der Hochebene von Trois Moulins hinzu. Seitdem verfügt das heute als Château Beau-Séjour Bécot firmierende Unternehmen über 16 ha eines vollkommen gleichmäßigen *terroirs*.

Als Michel Bécot 1985 in den Ruhestand ging, übernahmen seine Söhne Gérard und Dominique die Leitung. Im gleichen Jahr wurde in einer umstrittenen Entscheidung dem Weingut die Klassifikation Premier Grand Cru Classé entzogen und es wurde in die niedrigere Einstufung St.-Emilion Grand Cru religiert, da Michel Bécot auch Trauben von Weingärten verwendete, die nicht als Premier Grand Cru klassifiziert waren. Die Entscheidung wurde 1996 wieder zurückgenommen, seitdem ist Beau-Séjour Bécot einer der führenden Premiers Grands Crus Classés B.

Die 20 ha Weingärten des Châteaus liegen auf einer Kalksteinebene im nordwestlichen Teil der *appelation*. Der allgegenwärtige Michel Rolland ist als Berater tätig, und der Wein entspricht im Stil seinen Vorstellungen. Er reift 18 bis 20 Monate in Eichenbarriques, von denen 50 % bis 70 % neu sind. Der 2002er ist von vollem Körper, konzentriert und reichhaltig, in der Nase zeigt er Aromen von Cassis und Andeutungen von neuer Eiche. In einer Blindverkostung von mehr als 200 Weinen dieses unterschätzten Jahrganges durch die Grand Jury Européen erlangte der Château Beau-Séjour Bécot den ersten Rang. **SG**

❂❂❂❂ **Trinken: bis 2015+w**

WEITERE EMPFEHLUNGEN
Andere große Jahrgänge
1982 • 1988 • 1990 • 1998 • 2000 • 2001 • 2003
Weitere St.-Emilion Premiers GCs Classés (B)
Angélus • Beauséjour Duffau-Lagarrosse Canon • Clos Fourtet

Beaux Frères
Pinot Noir 2002

Herkunft USA, Oregon, Willamette Valley
Typ Trockener Rotwein, 14,2 Vol.-%
Rebsorte Pinot Noir

Die Weine des Gutes Beaux Frères wären aus eigenem Recht bemerkenswert, auch wenn Robert Parker nicht einer der Miteigentümer wäre. Kellermeister ist sein Schwager Michael Etzel, er hat sich der Aufgabe gewidmet, hier einen Pinot Noir zu keltern, der seiner Vorstellung von dem Charakter der Rebsorte und des *terroirs* entspricht.

Ribbon Ridge ist ein Gebiet im Willamette Valley, in dem das gemäßigte Klima wärmer und etwas trockener ist als am Boden des Tals. Die Böden an den Hängen des Hügelzuges bestehen vor allem aus sedimentärem Lehm und Ton, sind mäßig tief und nicht sehr fruchtbar. Im Vergleich zu den vulkanischen und alluvialen Böden der näheren Umgebung sind sie feiner und gleichmäßiger.

Böden dieses Typs neigen dazu, Weine hervorzubringen, bei denen die Fruchtaromen an schwarze Beerenfrüchte erinnern – im Gegensatz zu den anderen Böden im Willamette-Tal, deren Weine eher an rote Früchte denken lassen. Etzels Beaux Frères Pinot Noirs entsprechen diesem Typus, am Gaumen vernimmt man intensive Schwarzkirsch- und Brombeernoten, Mineral- und Rauchtöne. Im Jahr 2002 entstand ein kultivierter, würziger Wein mit fester Struktur, feiner Säure und guter Komplexität. **LGr**
⑤⑤⑤ Trinken: bis 2015+

Château Belair
1995

Herkunft Frankreich, Bordeaux, St.-Emilion
Typ Trockener Rotwein, 12,5 Vol.-%
Rebsorten Merlot 80%, Cabernet Franc 20%

1916 kaufte Edouard Dubois-Challon dieses *premier-cru*-Gut. In den späten 70er Jahren vertraute Madame Heylette Dubois-Challon die Leitung einem sehr jungen Kellermeister namens Pascal Delbeck an, der sich als sehr nachdenklicher und kreativer Geschäftsführer erwies. Im Jahr 2003 verstarb Mme. Dubois-Challon und belohnte die Treue Delbecks, indem sie ihm den Besitz vermachte.

Die Weingärten sind vorzüglich gelegen: auf der Hochebene in der Nähe der Stadt, an Hängen, die zum Tal der Dordogne hin abfallen. Dennoch unterscheidet sich Belair von den meisten seiner angesehenen Nachbarn – man strebt hier nicht nach Kraft und Schwere, sondern nach Finesse.

In manchen Jahrgängen wirkt der Wein vielleicht zu verschlossen und sogar etwas gedämpft, aber 1995 kelterte Delbeck einen Wein von rauchiger Duftigkeit, seidiger Textur, stattlich-süßer Fruchtigkeit und vorzüglicher Länge. In seiner besten Ausprägung liefert Belair einen willkommenen Kontrast zu dem gewichtigeren, üppigeren Stil, der bei den Spitzenweinen St.-Emilions üblich geworden ist. Trotz seiner Zartheit altert der Belair gut, und zweifellos wird der 1995er auch in 20 Jahren noch Genuß bieten. **SBr**
⑤⑤⑤⑤ Trinken: bis 2020

Beringer *Private Reserve Cabernet Sauvignon* 2001

Herkunft USA, Kalifornien, Napa Valley
Typ Trockener Rotwein, 14,9 Vol.-%
Rebsorten C. Sauvignon 94%, C. Franc 6%

Beringer ist die älteste noch betriebene Kellerei im Napa Valley. Als der Kellermeister Ed Sbragia und sein Vorgänger Myron Nightingale 1977 Trauben entdeckten, die einen charaktervollen Cabernet in einem reichhaltigen Stil zu liefern versprachen, baute er den Wein zwei Jahre getrennt in französischer Eiche aus, um ihn dann als ersten Jahrgang der Beringer Privat Reserve abzufüllen.

Diese erste Abfüllung stammte von einem Weingarten, der jetzt den Namen Chabot trägt. Im Laufe der Zeit kamen noch weitere erstklassige Parzellen in den Besitz von Berlinger, heute wird der Private Reserve als Cuvée verschiedener Grundweine gekeltert, um einen Wein mit kühnem, reichhaltigem Stil zu erhalten. Die Trauben vom Weingarten St.-Helena Home tragen wie jene von Chabot reichhaltige Fruchtigkeit, geschmeidiges Tannin und eine fleischige Struktur bei; das konzentrierte Cabernet-Rückgrat stammt von den Gärten Bancroft Ranch, Rancho del Oso, Steinhauer Ranch und Marsden.

Bei einer Blindverkostung der Napa-Valley-Weine des Jahrgangs 2001 im September 2004 erhob sich der Beringer Private Reserve über seine Jahrgangsgenossen: konzentriert, aber harmonisch; reif, aber elegant und strukturiert; komplex, männlich und lebhaft. **LGr**
❂❂❂❂ **Trinken: bis 2025+**

Château Berliquet 2001

Herkunft Frankreich, Bordeaux, St.-Emilion
Typ Trockener Rotwein, 13 Vol.-%
Rebsorten Merlot 75%, C. Franc 20%, C. Sauvignon 5%

Dieses Gut erfreut sich einer guten Lage in der Nachbarschaft von Magdelaine, Canon und anderen hervorragenden Weingütern. In den 50er Jahren wurden die Weingärten vernachlässigt und die Weine von einer Genossenschaft gekeltert. Nach dem Tod des Vicomte de Lesquen und seiner Ehefrau in den späten 60ern gab der jetzige Besitzer, der Vicomte Patrick seinen Beruf als Bankier in Paris auf, um das Gut zu führen. Er brachte die Genossenschaft dazu, in Berliquet eine Kellerei einzurichten, was 1986 zur Klassifikation als *Grand Cru* Classé führte.

Lesquen ist sich bewußt, daß er hier über ein gutes *terroir* verfügt, deshalb verließ er 1996 die Genossenschaft und stellte 1997 Patrick Valette als beratenden Önologen ein. Obwohl nur 9 ha unter Reben stehen, tragen Valettes Kenntnisse und die differenzierten Böden dazu bei, daß eine gute Cuvée gekeltert wird. Lesquen besteht eher auf Eleganz als auf Kraft, und seit 1997 ist es genau das, was den Wein auszeichnet. Sogar in schwierigen Jahren wie 1997 und 1999 lieferte Berliquet solide und kultivierte Weine. Der exzellente 2000er wird von dem noch besseren 2001er übertroffen, in dem Reichhaltigkeit und Körper mit einer lebhaften Säure verbunden sind, die dem Wein gute Länge und Balance geben. **SBr**
❂❂❂ **Trinken: bis 2020**

Biondi-Santi
Tenuta Greppo Brunello di Montalcino Riserva 1975

Herkunft Italien, Toskana, Montalcino
Typ Trockener Rotwein, 12,5 Vol.-%
Rebsorte Sangiovese

Der Brunello ist einer der drei Spitzenweine Italiens, sein Name hat einen geradezu mythischen Klang. Hinter dem Wein steht die Familie Biondi-Santi. Es war Ferruccio, der Großvater des heutigen Besitzers Franco Biondi-Santi, der den Namen Brunello für einen Sangiovese-Klon „erfand", der zu seiner Zeit vor allem in den Weingärten von Montalcino wuchs. Sein Sohn Tancredi war Urheber der Behauptung, ein Brunello di Montalcino sei 100 oder mehr Jahre lagerfähig.

Franco Biondi-Santi sagt von sich selbst, er sei ein Fortführender, nicht ein Initiator. Man kann jedoch nicht leugnen, daß er eine Kämpfernatur ist, da er wegen seines ausgesprochen traditionellen Stils verspottet und angefeindet wurde. Er ist jetzt in seinen frühen 80ern und verwendet immer noch selbstgezogene Reben, die er Sangiove Grosso nennt; er besteht darauf, daß die Trauben für den Riserva von Rebstöcken stammen, die mindestens 25 Jahre alt sind; und er lagert seinen Wein in großen alten Fässern aus slawonischer Eiche. Seine Weine haben in ihrer Jugend nur wenig Charme, sie sind so von Tannin und Säure strukturiert, daß man bezweifeln mag, ob die Fruchtnoten jemals durchbrechen werden. Das tun sie aber, begleitet von den unterschiedlichsten subtilen und flüchtigen Nebenaromen.

Der 1975er hat in einem Alter von mehr als 30 Jahren vermutlich seinen Gipfel erreicht – er ist so außerordentlich und beeindruckend wie irgendein Wein, den Francos Vater zu seinen Lebzeiten gekeltert hat. **NBel**
❂❂❂❂❂ Trinken: bis 2015+

WEITERE EMPFEHLUNGEN
Andere große Jahrgänge
1925 • 1945 • 1955 • 1964 • 1982 • 1995 • 2001
Weitere Erzeuger aus Montalcino
Argiano • Case Basse • Costanti Lisini • Pieve di Santa Restituta

Boekenhoutskloof
Syrah 2004

Herkunft Südafrika, Coastal Region, Wellington
Typ Trockener Rotwein, 14,6 Vol.-%
Rebsorte Syrah

Der Boekenhoutskloof Syrah ist vielleicht der südafrikanische Rotwein, der international am einhelligsten gelobt wird. In seiner Heimat wurde er von einer Jury im Jahr 2006 zum „besten Rotwein" gewählt, und die Kellerei wurde als eine der fünf besten des Landes ausgezeichnet.

Der Weingarten Somerset West, von dem der berühmte erste Jahrgang des Syrah stammte, mußte einem Industriegebiet weichen, was im Land von vielen Kritikern als nationaler Skandal bezeichnet wurde. Durch diesen „Fortschritt" entmutigt, wandte sich der Kellermeister Marc Kent, der auch einer der sieben Besitzer war, die auf dem Etikett durch sieben Stühle symbolisiert werden, anderen Aufgaben zu. Seit 1998 stammen die Trauben von einer älteren Rebfläche mit niedrigen Erträgen in der Umgebung von Wellington, gekeltert wird der Wein aber in der Boekenhoutskloof-Kellerei in Franschhoek.

Der Name des Gutes ist holländischer Herkunft und bedeutet „Schlucht der Kapbuchen". Die Verwendung des französischen Namens der Rebsorte, die in Südafrika meist als Shiraz bezeichnet wird, soll auf die aus Europa stammende Inspiration für den Wein hindeuten – Jancis Robinson sagt von diesem Wein, es sei ein „entzückend ‚französischer' Syrah". Obwohl die Nachfrage und der gute Ruf des Weines ihm fast zu Kultstatus verholfen haben, ist es doch der einzige südafrikanische Rotwein, der natürliche Hefen verwendet und auf neue Eiche verzichtet. Er ist groß, aber nicht kühn (der beträchtliche Alkoholgehalt ist sehr ausgewogen und verdeckt), reif aber zurückhaltend und frisch; zugleich elegant und mächtig. **TJ**
😊😊😊 **Trinken: bis 2014+**

Das Gutshaus liegt im beeindruckenden Franschhoek-Tal.

Château Le Bon Pasteur 2005

Herkunft Frankreich, Bordeaux, Pomerol
Typ Trockener Rotwein, 13 Vol.-%
Rebsorten Merlot 80%, Cabernet Sauvignon 20%

Michel Rolland ist als beratender Önologe so bekannt, daß man oft vergißt, daß ihm und seiner Familie einige Weingüter am ‚Rechten Ufer' in Bordeaux gehören. Das bekannteste ist Le Bon Pasteur in Pomerol, das seit drei Generationen im Familienbesitz ist. Wie so oft in Pomerol besteht das Gut aus einer Vielzahl von Parzellen, wenn auch das Gutshaus im Weiler Maillet an der Grenze der Appellation liegt. Einige der Weingärten befinden sich in sehr guter Lage nahe Gazin und L'Evangile, andere liegen auf sandigeren Böden. Die Reben sind alt, und der Stil der Weine ist recht mächtig.

Es mag kaum überraschen, daß Rolland seine bewährten Methoden auch für den eigenen Wein verwendet, also die Rebstöcke teilweise entlaubt und die Ernte spät ansetzt (dabei auch das Risiko einiger überreifer Beeren eingeht) und in der Kellerei sorgfältig selektieren läßt. Die Kellerei ist mit einer modernen Vertikalpresse ausgestattet, und mindestens 80 % der Fässer, in denen der Wein ausgebaut wird, sind aus neuer Eiche. Auch die malolaktische Gärung findet in neuer Eiche statt.

Das Ergebnis ist ein reichhaltiger, fleischiger Wein, der in der Jugend zugänglich und genußreich ist, aber mittelfristig auch gut altert. Der 2005er ist besonders gut gelungen und zeigt Aromen von Kirschen, Minzblättern und Eiche, während der Geschmack zugleich üppig und konzentriert ist. Man sollte jedoch beachten, daß der 2005er für einen Le Bon Pasteur recht teuer ist, und daß man ein besseres Preis-Leistungs-Verhältnis bei einigen der vorhergehenden Jahrgänge finden kann, auch wenn diese dem 2005er in der Qualität etwas nachstehen. **SBr**

◍◍◍◍ **Trinken: bis 2020**

WEITERE EMPFEHLUNGEN
Andere große Jahrgänge
1982 • 1985 • 1989 • 1990 • 1995 • 1998 • 2000 • 2001
Weitere Erzeuger aus Pomerol
La Conseillante • L'Eglise-Clinet • Lafleur Pétrus • Le Pin • Trotanoy • Vieux Château Certan

Henri Bonneau *Châteauneuf-du-Pape Réserve des Célestins* 1998

Herkunft Frankreich, südl. Rhône, Châteauneuf-du-Pape
Typ Trockener Rotwein, 14,5 Vol.-%
Rebsorte Grenache

Andrew Jefford hat Henri Bonneau als „einen der größten Exzentriker des Rhônetals" bezeichnet. Henri Bonneau arbeitet seit 1956 auf seinem kleinen (6 ha) Gut im berühmten La-Crau-Gebiet von Châteauneuf-du-Pape. Es sind mehrere Cuvées, die er je nach seiner Qualitätseinschätzung zusammenstellt: der einfache Châteauneuf-du-Pape, die Cuvée Marie Beurrier und schließlich der Réserve des Célestins, den Bonneau als seinen *grand vin* bezeichnet.

Der Réserve des Célestins 1998 wurde im Jahr 2006 von der Zeitschrift *World of Fine Wine* verkostet. Die Meinungen waren geteilt. Stephen Browett sagte: „Das riecht wie ein Banyuls. Sehr, sehr reifer und süßer Grenache mit einer Andeutung von Alkohol in der Nase. Schmeckt so, wie er riecht. Wenn er weniger als 15 % Alkohol hat, falle ich vom Glauben ab." Franco Zilani befand: „Dies ist ein Wein, der schon sein eigenes Ende vor Augen hat." Und Simon Field schloß den Reigen mit den Worten ab: „Eine *folie de grandeur*, die schon den einen oder anderen Bruch zeigt…"

Diese Bewertungen lassen erkennen, daß Bonneaus Weine ausgesprochen eigenwillig sind und nicht unbedingt den landläufigen Vorstellungen über den Geschmack eines Châteauneuf-du-Pape entsprechen. Aber der Réserve des Célestins ist – noch mehr als die anderen Weine von Bonneau – ein Paradebeispiel für die Winzerei in kleinem Maßstab – ein handwerklich perfekt erzeugter Wein, der für viele das Ideal dessen ist, was Winzerei sein sollte. **SG**

◉◉◉◉ **Trinken: bis 2010**

Grenache-Ernte in Châteauneuf-du-Pape.

Bonny Doon
Le Cigare Volant 2005

Herkunft USA, Kalifornien, Santa Cruz
Typ Trockener Rotwein, 13,5 Vol.-%
Rebsorten Grenache, Syrah, Mourvèdre

Mitte der 80er Jahre beschloß Randall Grahm vom Bonny-Doon-Weingut, sich von den Pseudo-Burgundern aus Pinot Noir und Chardonnay abzuwenden und sich einem relativ unbekannten, von Frankreich inspirierten Gebiet zu widmen. Wenn er auch nicht als Alleinerfinder der kalifornischen Neigung zu Rhône-Cuvées gelten kann, so war er doch sicher einer der Vorreiter dieses Stils.

Sein wichtigster Rotwein im Stil der Rhône ist nach einer obskuren gallischen Verrücktheit benannt, die zustande kam, als auf dem Höhepunkt der UFO-Hysterie die Winzer von Châteauneuf-du-Pape 1954 die Verabschiedung eines Gesetzes erreichten, das die Landung von Fliegenden Untertassen (*cigares volants*) in ihren Weingärten untersagte.

Das Verhältnis der Grundweine ändert sich von Jahr zu Jahr. Le Cigare Volant ist meist ein Wein mit überraschend intensiver Würzigkeit, wie man es auch im wunderbaren 2005er beobachten kann. Die Nase wird von einer Handvoll schwarzem Pfeffer bestürmt, auf den Brombeer- und Zwetschgenaromen mit einem leichten Hauch von Veilchen folgen. Die Tannine sind elegant aber recht streng, so daß sich der Wein in einem längeren Zeitraum, vielleicht 15 oder mehr Jahre, entwickeln wird. **SW**

❂❂❂ Trinken: 2010–2020

Bonny Doon
Vin Gris de Cigare 2006

Herkunft USA, Kalifornien, Santa Cruz
Typ Trockener Roséwein, 13 Vol.-%
Rebsorten Grenache, Mourvèdre, Pinot Noir, G. Blanc

Die trockenen Rosés von Bonny Doon sind nach dem Vorbild der provençalischen Rosés gekeltert, wo sie als *vins gris*, graue Weine, bezeichnet werden. Der Charakter von Bonny Doons Vin Gris ist aber alles andere als grau. Im Laufe der Jahre hat sich das Verhältnis der Rebsorten verändert, manchmal stand der Mourvèdre im Vordergrund, manchmal der Grenache. Zur Zeit wird auch etwas Grenache Blanc eingesetzt, der dem Wein zusätzliche aromatische Lebhaftigkeit verleiht und ihm die ansteckenden Pfirsicharomen gibt, von denen ein junger Rosé so sehr profitiert.

Der Wein ist tadellos trocken und meidet die offensichtliche Restzuckernote, die oft als notwendig erachtet wird, um einem Rosé aufzuhelfen. Die blitzsauberen Aromen von Hagebutte und Wassermelone öffnen sich am Gaumen zu gewichtigeren Tönen von Pfirsich und Himbeere. Hinzu kommt mehr als eine Spur von herzhaften Gewürzen, in der sich die Pfeffer- und Nelkennoten der Rebsorten von der südlichen Rhône ebenso widerspiegeln wie in der großzügigen Dosis Kräuter der Provence. Obwohl er für den baldigen Genuß gedacht ist, hält sich dieser stets zu moderaten Preisen erhältliche Rosé doch einige Jahre nach der Ernte. **SW**

❂❂ Trinken: jüngster Jahrgang

Borie de Maurel
Cuvée Sylla 2001

Herkunft Frankreich, Minervois, La Lavinière
Typ Trockener Rotwein, 14,5 Vol.-%
Rebsorte Syrah

Borsao
Tres Picos 2005

Herkunft Spanien, Aragón, Campo de Borja
Typ Trockener Rotwein, 14,5 Vol.-%
Rebsorte Garnacha (Grenache)

Der französiche Winzer Michel Escande ist extrovertiert, unverfälscht und gefühlvoll und von seinen Worten und Ideen so berauscht, daß er eher in der Nachfolge Arthur Rimbauds als seines Vorbildes Jacques Reynaud vom Château Rayas zu stehen scheint.

Zu den Borie-de-Maurel-Weinen gehören zwei Cuvécs aus Syrah, Grenache und Carignan – der Esprit d'Automne und der Féline –, ein reiner Grenache – der Belle de Nuit – und ein reiner Mourvèdre – der Maxime –, der weiße Aude (90 % Marsanne, 10 % Muscat) und ein Rosé aus Mourvèdre und Syrah.

Die Cuvée Sylla aus Syrah stammt von Parzellen in 300 m Höhe. Diese Höhe und das, was Escande als *aérologie* bezeichnet, bieten ideale Voraussetzungen für den Syrah und bringen ihn zu der vollen, doch zurückhaltenden Reife, die Escande anstrebt. Die Trauben werden mit der Hand gelesen und sorgfältig selektiert, bevor sie gegärt werden. Der Wein kommt nicht mit Holz in Berührung, Escande will mit ihm einen der reinsten und doch luftigsten großen Syrahs Südfrankreichs keltern. Das gelingt ihm auch: Glatt und erhebend, reichhaltig und fruchtig, dennoch aromatisch verführerisch, mit wolkigem Tannin am Gaumen. **AJ**

Ⓢ Ⓢ **Trinken: bis 2011**

Die Heimat des Garnacha ist Aragón in Spanien, auch wenn die meisten prestigeträchtigen Weine aus der Rebsorte als Grenache aus Frankreich kommen.

Für Anhänger des spanischen Weines, die ihre Leidenschaft in den 80er Jahren entdeckten, muß der Name Borsao einen guten Klang haben, auch wenn die Kellerei damals noch als Cooperativa del Campo de Borja firmierte. Es ist kein geringes Verdienst, über einen Zeitraum von mehr als 20 Jahren nicht nur gute bis sehr gute Wein zu erzeugen, sondern dies auch noch in beträchtlichen Mengen und zu mehr als erträglichen Preisen zu tun. Die besten Weine von Barsao sind jene, in denen die Frucht zum vollen Ausdruck kommt.

Der außerordentliche Tres Picos ist eine Cuvée von alten Reben, die einen dramatischen Qualitätssprung darstellt. Hier findet man Komplexität und Konzentration, ohne daß der Wein deswegen weniger subtil oder charaktervoll wäre. Der Tres Picos ist herzhaft mit Andeutungen von Unterholz, langanhaltend und frisch durch seine solide Säure und mit perfekt eingebundenem Alkohol, er zeigt seine Aromen vor allem nach Belüftung von ihrer besten Seite. Darüber hinaus ist das Preis-Leistungs-Verhältnis günstig. **JB**

Ⓢ **Trinken: bis 2012**

Boscarelli *Vino Nobile*
Nocio dei Boscarelli 2003

Herkunft Italien, Toskana, Montepulciano
Typ Trockener Rotwein, 14,5 Vol.-%
Rebsorten Sangiovese 80%, Merlot 15%, Mammolo 5%

Das Gut Boscarelli wurde 1962 gegründet, der erste Vino Nobile kam 1968 auf den Markt. Die DOC-Vorschriften für Vino Nobile di Montepulciano sehen einen Mindestanteil Sangiovese von 70 % vor, in Bezug auf den Restanteil sind sie jedoch recht großzügig. Diese Großzügigkeit führt dazu, daß sich schlecht sagen läßt, wie ein richtiger Vino Nobile di Montepulciano eigentlich schmecken sollte. Unser Vorschlag: Verwenden Sie den Nocio die Boscarelli als Meßlatte.

Trotz des Merlots scheint sich im Nocio das *terroir* gegen den Ausdruck der Rebsorte durchzusetzen. Das Jahr 2003 war überaus heiß und trocken, die Nachteile dieses extremen Wetters sind im Wein jedoch nicht zu spüren. Die nicht allzu dunkle Farbe (ein Kennzeichen des echten Sangiovese) neigt zu nüchternen Granattönen, in der Nase sind Sauerkirschen und Menthol zu vernehmen, was vielleicht auf den Ausbau in Eichenholz zurückzuführen ist. Lassen Sie einen Schluck am Gaumen vergehen: Die perfekt abgemessene, samtige Reichhaltigkeit wird nicht durch die trockenen Tannine beeinträchtigt, die viele Weine des Jahres 2003 verderben. Das Finale ist sanft und warm – das einzige Zugeständnis, das der Wein an dieses berüchtigte heiße Jahr macht. **AS**

⓼⓼⓼ **Trinken: bis 2018**

Bouchard Père & Fils
Clos de Vougeot Grand Cru 1999

Herkunft Frankreich, Burgund, Côte de Nuits
Typ Trockener Rotwein, 13,5 Vol.-%
Rebsorte Pinot Noir

Anfang der 90er Jahre war der Ruf des Hauses Bouchard im Niedergang begriffen, und als der Champagnerhersteller Joseph Henriot, einst Geschäftsführer von Veuve Clicquot, erfuhr, daß das Gut zum Verkauf stand, nutzte er seine Chance. 1995 wurde er der neue Besitzer und machte sich sofort daran, das Renommee des Hauses wiederherzustellen, indem er Weine, die nicht seinen Qualitätsansprüchen genügten, in niedrigere Klassifikationen einordnete oder ganz einfach fortgoß. Er investierte auch in die Weingärten und in eine neue Kellerei in Savigny.

Bouchard besitzt etwa 0,4 ha im oberen Teil des Clos de Vougeot, die Henriot von Ropiteau-Mignon kaufte, und eine tiefer gelegene Parzelle in der Nähe der Route Nationale. Philippe Prost, der Kellermeister, ist der Überzeugung, daß der Verschnitt dieser beiden Weine besser ist als jeder von ihnen alleine. Im Jahr wurden etwa 2000 Flaschen gekeltert. Wie alle Spitzenweine von Bouchard wird der Clos de Vougeot in nicht mehr als 40 % neuer Eiche ausgebaut. Der 1999er ist mit seinen düsteren Kirsch- und Wachsaromen und einem prächtigen, lebhaft-würzigen Geschmack ohne rauhe Kanten ein Musterbeispiel für den Wein. Der Abgang ist lang und herzhaft, und der Wein wird sich vermutlich als langlebig erweisen. **SBr**

⓼⓼⓼⓼ **Trinken: bis 2015**

Bouchard-Finlayson *Galpin Peak Tête de Cuvée Pinot Noir* 2005

Herkunft Südafrika, Walker Bay
Typ Trockener Rotwein, 14,2 Vol.-%
Rebsorte Pinot Noir

Braida *Bricco dell'Uccellone Barbera d'Asti* 1997

Herkunft Italien, Piemont, Monferrato
Typ Trockener Rotwein, 14 Vol.-%
Rebsorte Barbera

Nur wenige Kilometer vom Meer entfernt liegt in der Nähe der südlichsten Spitze von Afrika das Hemel-en-Aarde-Tal, eines der höchsten Weinbaugebiete Südafrikas.

In der neueren Epoche der Winzerei, die hier im Tal recht jung ist, wurde das Gebiet vor allem mit Rebsorten aus dem Burgund in Verbindung gebracht. Das gleiche gilt für Peter Finalyson, der 1990 mit Paul Bouchard, einem Mitglied der berühmten Winzerfamilie Bouchard Ainé et Fils im Burgund, dieses Weingut gründete. Finlayson hatte zwar selbst Erfahrung im Umgang mit burgundischen Rebsorten, aber die frühe Zusammenarbeit mit Bouchard war doch wichtig.

Die Weine sind eher klassisch als überschwenglich fruchtig ausgerichtet. Der einfache Galpin Peak Pinot Noir ist nach dem Berg benannt, der sich über den Weingärten erhebt. Der Tête de Cuvée wird nur in den besten Jahren gekeltert und in einem höheren Anteil neuer Eiche ausgebaut, so daß man mehr Geduld benötigt, bevor man ihn genießen kann. Das Jahr 2005 bot ideale Reifebedingungen und gab dem Wein eine konzentrierte Fruchtigkeit – der jugendliche Eichenton verdeckte die Himbeer- und Kirschnoten in einem gut strukturierten Gerüst aus Tannin und Säure nicht allzu sehr. **TJ**
☻☻☻ **Trinken: 2009–2015**

Der Barbera d'Asti galt einst als eher grobschlächtiger Alltagswein, den man in Nordwestitalien zum Essen trank. Das änderte sich, als der inzwischen verstorbene Giacomo Bologna Kritiker und Kenner mit seinem in Barriques ausgebauten Bricco dell'Uccellone verblüffte.

Als er in den späten 70er Jahren die Weinbautechniken der besten französischen Winzer studierte, wurde Bologna klar, daß man durch die malolaktische Gärung die starke Säure des Barbera zähmen und dem Wein die Tannine geben könnte, die ihm von Natur aus fehlen. Darüber hinaus konnten die Barriques bei vorsichtigem Einsatz nicht nur zusätzliche Geschmacksnoten liefern, sonderen auch die rauhen Kanten etwas glätten. 1985 stellte Bologna auf der jährlichen Weinmesse Vinitaly seinen Bricco dell'Uccellone 1982 vor, innerhalb von fünf Tagen waren alle 9800 Flaschen verkauft. Andere Erzeuger wurden auf den Erfolg des Weines aufmerksam, und bald war eine önologische Revolution im Gang.

Der Bricco dell'Uccellone hat ein gutes Lagerungspotential. Der 1997er ist einer der besten Jahrgänge des vergangenen Jahrhunderts und zeigt sich immer noch bemerkenswert frisch, mit seidenglattem Tannin und exzellenten Fruchtnoten. **KO**
☻☻☻ **Trinken: bis 2015**

Château Branaire-Ducru
2005

Herkunft Frankreich, Bordeaux, St.-Julien
Typ Trockener Rotwein, 13 Vol.-%
Rebsorten C. Sauvignon 70%, Merlot 22%, andere 8%

Bei der Fahrt durch St.-Julien übersieht man das Château Branaire-Ducru leicht, weil es genau gegenüber vom größeren, auffälligeren Château Beychevelle steht. Im 17. Jahrhundert gehörte der Besitz noch zu Beychevelle, seit der Aufteilung der beiden Güter ist Branaire durch viele Hände gegangen, darunter auch die der beiden Familien, die den heutigen Namen ergeben. 1988 kaufte Patrick Maroteaux das Gut und investierte in die Gebäude und die 48 ha Rebflächen. Mit Hilfe des erfahrenen Kellermeisters und Geschäftsführers Philippe Dhalluin senkte er die Erträge und führte eine strengere Auswahl ein, indem er einen Zweitwein schuf.

Unter Dhalluin und seinem Nachfolger Jean-Dominique Videau hat sich der Wein Branaires von einem Höhepunkt zum anderen geschwungen. Obwohl er seit den 80er Jahren an Reichhaltigkeit und Gewicht gewonnen hat, blieb er doch stets typgerecht ein eleganter und ausgewogener St.-Julien. Auf dem Gut wird immer noch ein hoher Anteil an Cabernet Sauvignon gepflegt, in einer Zeit, in der viele Erzeuger im Médoc mehr Merlot anpflanzen. Dennoch ist der Wein nie streng, auch wenn er eine feste Tanninstruktur aufweist. Das zeigt sich vor allem in Jahrgängen wie 2005, in dem die Reichhaltigkeit und Saftigkeit auf das Schönste vom Tannin und der Säure ausgewogen werden.

Obwohl Branaire-Ducru nicht als Spitzenerzeuger betrachtet wird, hat das Gut doch seit Mitte der 90er Jahre keinen einzigen mittelmäßigen Wein gekeltert. Es gibt sich genauso bescheiden wie das Gutshaus aus dem frühen 19. Jahrhundert, aber sein Wein ist über jeden Tadel erhaben. **SBr**
❂❂❂❂ **Trinken: 2012–2030**

Château Brane-Cantenac
2000

Herkunft Frankreich, Bordeaux, Margaux
Typ Trockener Rotwein, 13 Vol.-%
Rebsorten Merlot 55%, C. Sauvignon 42%, C. Franc 3%

Dieses vorzügliche Margaux-Gut ist nach Hector de Brane benannt, der es 1833 kaufte, nachdem er 1830 Château Brane-Mouton verkauft hatte, das später als Mouton Rothschild berühmt werden sollte. Mit 90 ha Rebfläche ist es jetzt das größte der fünf *deuxièmes crus* in Margaux, es sind aber die ursprünglichen Parzellen auf der Cantenac-Terrasse vor dem Château, die sicher am meisten zum Charme, zur Rasse, Zartheit und Finesse des Weines beitragen. Diese 30 ha Reben profitieren von der guten Luftzirkulation, der Drainage und der Wärme, die von den kies- und quarzreichen, bis zu 12 m tiefen Böden reflektiert wird.

Das Gut ist seit 1925 im Besitz der Lurtons, einer der wichtigsten Landbesitzerfamilien im Bordeaux. Henri Lurton kam im Château auf die Welt, und seitdem er in den 90er Jahren die Leitung von seinem Vater übernommen hat, zeigt er sich entschlossen, den Rang als *deuxième cru* zu rechtfertigen.

Die größte Verkostung von Brane-Cantenac, die jemals stattfand (fast 50 Jahrgänge, einige darunter über 100 Jahre alt), zeigte einen unverkennbar eigenen Charakter, der auch in unbedeutenderen Jahren oft für angenehme Überraschungen sorgt. Aber auch in großen Jahren zeigen sie sich des Gutes und des Jahrgangs würdig – wie dieser 2000er, für den allerdings nur 27 % der Gesamternte verwendet wurden. Der Wein ist aristokratisch, strahlend klar mit einer frischen Nase, am Gaumen dicht, aber elegant und beweglich mit feinen, reifen und eleganten Tanninen. Die Geschmacksnoten sind äußerst transparent und der Abgang läßt an Eleganz nicht zu wünschen übrig. **NB**
❂❂❂ **Trinken: bis 2030+**

GRAND CRU CLASSÉ EN...

CHÂTEAU

BRANE-CANTENAC

MARGAUX

1964

APPELLATION MARGAUX CONT...

L. LURTON, PROPRIÉTAIRE A CANTENAC

MIS EN BOUTEILLES AU CH...

Brokenwood
Graveyard Shiraz 1991

Herkunft Australien, New South Wales, Hunter Valley
Typ Trockener Rotwein, 13,5 Vol.-%
Rebsorte Shiraz

David Bruce *Santa Cruz Mountains Pinot Noir* 2004

Herkunft USA, Kalifornien, Santa Cruz Mountains
Typ Trockener Rotwein, 14,2 Vol.-%
Rebsorte Pinot Noir

Brokenwood entstand 1970, als die drei Rechtsanwälte James Halliday, Tony Albert und John Beeston in Pokolbin ein 4 ha großes Landstück kauften. In den nächsten Jahren mußten sie hart arbeiten, bevor sie 1973 ihren ersten Wein keltern konnten.

1978 kauften sie den benachbarten Weingarten Graveyard, eine 14 ha große Parzelle östlicher Ausrichtung mit schweren roten Ton- und Lehmböden, der ursprünglich 1969 mit Reben bepflanzt worden war. Die meisten Rebstöcke gehören zur Sorte Shiraz, und der erste Wein mit der Lagebezeichnung Graveyard kam 1983 auf den Markt.

Der Graveyard Shiraz ist kein Wein, der sich durch seine Kraft oder Konzentration auszeichnet, etwas besonderes wird er durch die Weise, in der er seine Herkunft mitteilt und die typischen Leder- und Gewürznoten des Hunter Valley erkennen läßt. 1991 war ein Dürrejahr, und die Reben litten teilweise unter Wassermangel, wodurch vielleicht der relativ geringe Alkoholgehalt dieses Weines zu erklären ist. Der Wein ist eine strukturierte, muskulöse Interpretation dieser Lage, der sich noch einige Jahre weiterentwickeln und viele weitere gut überdauern wird. **JG**

❸❸❸   **Trinken: bis 2011+**

Zwischen San Jose am südlichen Ende der Bucht von San Francisco und der Strandstadt Santa Cruz am pazifischen Ozean erstrecken sich die Santa Cruz Mountains, eines der besten, aber am wenigsten gewürdigten Weinanbaugebiete in Kalifornien. Morgennebel und warme Nachmittage gehören hier zum Alltag und lassen die Trauben während der langen Wachstumsperiode sanft reifen.

Dr. David Bruce arbeitete als Dermatologe, um seine Winzerei zu finanzieren, bis er sich dieser 1985 voll und ganz zuwandte. Der Kern des Weingutes ist ein 6 ha großer Weinberg in 640 m Höhe, wo es nur selten zu Nebel kommt. Bruce hat in der Umgebung einen guten Ruf, weil er einer der ersten war, der das Potential des *terroir* der stark bewaldeten und überraschend entlegenen Santa Cruz Mountains erkannte – besonders für Chardonnay und Pinot Noir. So gilt sein Pinot Noir dann auch allgemein als der Maßstab für Santa-Cruz-Weine aus dieser Rebsorte.

Der 2004er ist eine Cuvée aus eigenen Trauben und hinzugekauften: ein großer Pinot Noir mit vollem Geschmack, einem Kern aus konzentrierten Fruchtnoten und subtilen Rosttönen, Muskat und Vanille, der 15 Monate in neuer französischer Eiche verbracht hat. **DD**

❸❸❸   **Trinken: bis 2012+**

◀ In Brokenwood wird Wein in einen anderen Tank umgefüllt.

Brumont
Madiran Montus Prestige 2000

Herkunft Frankreich, Madiran
Typ Trockener Rotwein, 15 Vol.-%
Rebsorte Tannat

Grant Burge
Meshach Shiraz 2002

Herkunft Australien, South Australia, Barossa Valley
Typ Trockener Rotwein, 14 Vol.-%
Rebsorte Shiraz

Alain Brumont hatte einen steinigen Werdegang: Nachdem er praktisch im Alleingang die AOC Madiran etabliert und Frankreich wie auch das Ausland von den Tugenden der einheimischen Rebsorte Tannat überzeugt hatte, begeisterte er 1987 die Fachwelt mit seinem 85er Château Montus Cuvée Prestige und die Presse rannte ihm die Türen ein.

Alles, was er in Bezug auf Wein tut, ist weise und wohlüberlegt. Er verbindet das Beste vom Alten und Neuen – und trotz eines veritablen Einbruchs im Jahr 2004 macht er immer noch Wein.

Brumont erzeugte seinen ersten Domaine Boucassé im Jahr 1979, und den ersten Montus und Montus Prestige 1985. Der Boucassé und Montus Prestige wurden immer ausschließlich aus Tannat-Trauben gekeltert. In manchen Jahrgängen sind sie unglaublich tanninreich, kompromißlos und schwierig im Geschmack, aber bei dem 2000er paßt alles zusammen – schwarze Oliven und Teer, Anis und reife schwarze Beerenfrüchte, sogar ein Hauch Minze und Piment. Ein Wein, den man am besten mit Ente genießt, vorzugsweise mit einer, die vor der Zubereitung in dem Hefesatz aus der Weinherstellung mariniert worden ist. **GM**

❃❃❃ Trinken: bis 2015

Grant Burge stammt in der fünften Generation aus einer Winzerfamilie im Barossa-Tal, ihm gehört das größte Weingut, das sich hier im Familienbesitz befindet. Seine gleichnamige Firma gründete er 1988. Die Rotweine werden in der Illaparra-Kellerei in Tanunda gekeltert, die Burge 1993 erwarb. Wie viele andere Erzeuger im Tal stellt Burge ein volles Programm an Weinen her.

Der Meshach Shiraz stammt von Trauben, die in der Lage Filsell mit der Hand geerntet werden, wo die Rebstöcke angeblich fast 100 Jahre alt sind. Burge keltert hier auch einen Einzellagenwein. Der Meshach ist auch mit geringen Anteilen von Trauben aus anderen alten Rebflächen verschnitten. Das Alter dieser Reben führt dazu, daß der Meshach aus Beeren mit gewaltiger Kraft und Intensität entsteht, was besonders dann gilt, wenn Burge spät erntet, um optimale Reife und Extraktreichtum zu sichern.

Barossa-Weine des Jahrganges 2002 werden hoch bewertet. Der Meshach ist von dunkler, undurchdringlicher Purpurfarbe, kraftvoll strukturiert, aber mit guter Frische. Im Stil ist er sehr kühn und überschwenglich, mit hohem Alkoholgehalt – ein großer Wein, reichhaltig, eichenlastig, berauschend. **SG**

❃❃❃❃ Trinken: bis 2010+

Tommaso Bussola *Recioto della Valpolicella Classico* 2003

Herkunft Italien, Venetien, Valpolicella
Typ Süßer Rotwein, 12 Vol.-%
Rebsorten Corvina/Corvinone 70%, andere 30%

Ca' Marcanda *IGT Toscana* 2004

Herkunft Italien, Toskana, Bolgheri
Typ Trockener Rotwein, 14 Vol.-%
Rebsorten Merlot 50%, C. Sauvignon 25%, C. Franc 25%

Dies ist ein Wein, dessen Wurzeln weit in die Geschichte zurückreichen. Recioto wird aus Trauben hergestellt, die bis zu sechs Monate unter dem Dach der Kellerei aufgehängt werden, um zu trocknen. In dieser Zeit haben sie bis zur Hälfte ihres ursprünglichen Gewichtes verloren und sind so konzentriert, daß der daraus gekelterte Wein bis zu 30 % Feststoffe – Zucker, Phenole und Flavonoide – enthalten kann.

Tommaso Bussola ist einer der großen, individualistischen Erzeuger von Recioto. Seine Kenntnis der Rebsorten, die auf den schönen Hügeln und Terrassen des Valpolicella Classico wachsen, verdankt er ebenso seinem Winzer-Onkel Giuseppe Bussola wie seiner Leidenschaft für diese Reben. Zudem hat er beim Doyen und Maestro des Valpolicella, Giuseppe Quintarelli, gelernt, dessen Gut man von Tomasos vor kurzem erweiterter Kellerei in San Peretto sehen kann. Tomasos Stil ist nicht so oxidativ und nicht so ätherisch wie der Quintarellis, sein Recioto ist ein Kraftpaket aus reichhaltigen, bittersüßen Moosbeeren- und Kirschnoten. Ihm gelingen aber auch einige bemerkenswerte Beiklänge von Kräutern, Blüten und Zedern und – im Alter – Leder, Fleisch, Gewürzen und Teer. **NBel**

🍷🍷🍷🍷🍷 Trinken: bis 2030+

Angelo Gaja ist einer der dynamischsten und meistdiskutierten Winzer Italiens. Als er 1961 den Familienbetrieb übernahm und begann, die Erträge zu reduzieren und später dann den Barbaresco in Barriques auszubauen, beobachteten die benachbarten Winzer und Weinerzeuger das mit schockierter Belustigung. Da seine Weine aber international erfolgreich waren, fand Gaja bald Nachahmer.

1996 kaufte Gaja 101 ha Land in Castagneto di Carducci in der Nähe von Bolgheri. In diesem Anbaugebiet gedeihen internationale rote Rebsorten gut, da das Klima in Meeresnähe günstig ist und die Böden nicht durch jahrhundertelange Bewirtschaftung ausgelaugt sind.

Das Flaggschiff unter den Weinen des Gutes Ca'Marcanda ist der Magari, der aus Merlot, Cabernet Sauvignon und Cabernet Franc gekeltert wird. Der Name („Wenn doch nur") verweist auf die piemontesische Neigung, Errungenschaften herunterzuspielen. Der Wein ist vom Typ her ein Bordeaux, der von der warmen toskanischen Sonne profitiert. Der 2004er war in Bolgheri ein beispielhafter Jahrgang, der nach einer perfekten Ernte zu erdigen, reifen und doch zurückhaltenden Fruchtaromen, einer frischen Säure und süßem Tannin führte. **KO**

🍷🍷🍷 Trinken: bis 2012+

Ca'Viola
Bric du Luv 2001

Herkunft Italien, Piemont, Langhe
Typ Trockener Rotwein, 14,5 Vol.-%
Rebsorten 85% Barbera, 15% Pinot Noir

Guiseppe Caviola ist ein talentierter Weinmacher aus dem Piemont, der nicht nur seine eigenen Weine keltert, sondern auch in ganz Italien Winzern mit Rat und Tat zur Seite steht.

Sein Bric du Luv 2001 ist eine Spitzenleistung in einem Stil, der sich nur schwer wird wiederholen lassen, da sich das Mischungsverhältnis geändert hat. Der Großteil des Jahrgangs 2001 bestand aus Barbera, der Rest Pinot Noir. Im Jahr 2002 wurde kein Bric du Luv gekeltert, da die Klimabedingungen ungünstig waren. Seit 2003 wurde der Pinot Noir durch einen noch geringeren Anteil Nebbiolo ersetzt – der Ertrag aus dem für den Bric du Luv bestimmten Pinot Noir wurde einem wohltätigen Zweck gestiftet.

Der Bric du Luv 2001 ist von sehr dunkler, rubinroter Farbe mit einigen purpurnen Glanzlichtern. Die Nase ist gut artikuliert, komplex und vereint Primäraromen von Erdbeeren, Himbeeren und Brombeeren mit angenehm medizinischen, fast jodähnlichen Noten. Man mag sich fragen, ob der Wein am Gaumen diesem überragendem Vorspiel gerecht werden kann. Die Antwort lautet: Ja. Der Wein ist voll, machtvoll und bei jedem Schluck angenehm saftig, ohne je ins Süßliche zu verfallen. **AS**
❸❸❸ **Trinken: bis 2015**

Château Calon-Ségur
2003

Herkunft Frankreich, Bordeaux, St.-Estèphe
Typ Trockener Rotwein, 13 Vol.-%
Rebsorten Cabernet Sauvignon 60%, Merlot 40%

Zum etwas nördlich von St.-Estèphe liegenden Gut Calon-Sègur gehören nicht nur 74 ha Weingärten, sondern auch ein schönes Château und Gartenanlagen. Das Herz auf dem Etikett erinnert an Nicolas-Alexandre de Ségur, dem das Gut im 18. Jahrhundert gehörte: Sein Herz war immer hier in Calon, obwohl ihm zu dieser Zeit auch Lafite und Latour gehörten. In der jüngeren Vergangenheit bedeuteten die Jahrgänge 1995 und 1996 einen Aufschwung nach einer eher ruhigen Zeit. Madame Gasqueton zeichnete nach dem Tod ihres Ehemannes für diese Weine verantwortlich, die wegen ihres andersartigen Stils von der Kritik sehr gelobt wurden.

Das Jahr 2003 wird mindestens noch eine Generation in Erinnerung bleiben, weil es einen Sommer mit Rekordtemperaturen mit sich brachte. Normalerweise kommt sonniges Wetter den Reben entgegen, aber nicht in solchen Extremen. Die kühlen, tiefgründigen Kiesböden über einer Lehmschicht von Calon widerstanden der Hitze sehr viel besser als andere Gebiete, und das Gut kelterte den Spitzenwein dieses Jahrgangs. Der Calon-Ségur 2003 ist von immens konzentrierter Farbe und erfüllt von einer ungewöhnlich üppigen Fassung der für St.-Estèphe typischen Johannisbeernoten. **JM**
❸❸❸❸ **Trinken: 2012–2025**

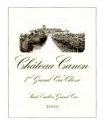

Candido
Cappello di Prete 2001

Herkunft Italien, Puglia, Salento
Typ Trockener Rotwein, 13,5 Vol.-%
Rebsorte Negroamaro

Das Gut Francesco Candido ist eine der größten familiengeführten Kellereien in Süditalien. Inzwischen wird es in der dritten Generation von Familienmitgliedern geleitet.

Das Anwesen liegt in den Provinzen Lecce und Brindisi in der Salento-Ebene, deren Böden kalkig, aber tonreich sind. Das Klima während der Vegetationszeit ist durch hohe Tagestemperaturen, aber kühle Nächte gekennzeichnet, was dazu beiträgt, daß die Trauben ihre Primäraromen beibehalten und einen guten Säuregehalt aufweisen. Die wichtigste rote Rebsorte in Salento ist der Negroamaro, die ihren Namen von der dunklen Farbe der Beeren und dem bitteren Finale der Weine ableitet, die aus ihr gekeltert werden.

Der Cappello di Prete 2001 ist ein Wein, der verständlich macht, warum Süditalien bei Weinfreunden so populär geworden ist. Die Farbe ist ein strahlendes, mäßig intensives Rubinrot mit leichten Granattönungen. Die Nase ist klassisch – weit, sanft und reichhaltig, aber elegant und komplex mit Andeutungen von Gewürzen, Tabak und eingelegten Früchten. Am Gaumen ist der Wein gerundet und tiefgründig, mit reichlich gutem Tannin. Der Wein hält sich lange am Gaumen, um dann langsam zu dem erwarteten bitteren Finale zu gelangen. **AS**

👄👄👄 **Trinken: bis 2013**

Château Canon
2000

Herkunft Frankreich, Bordeaux, St.-Emilion
Typ Trockener Rotwein, 13 Vol.-%
Rebsorten Merlot 75%, C. Franc 25%

Dieses große Gut wurde 1996 von der New Yorker Familie Wertheimer erworben, die John Kolasa – den Leiter von Rauzan-Ségla in Margaux – hinzuzogen, um die ernsthaften Probleme des Besitzes zu lösen.

Viele der Rebstöcke waren von Viren befallen, also leitete Kolasa umfangreiche Neupflanzungen ein. Obwohl er einige Hektar alte Reben kaufte, die er in den Bestand des Château einbringen durfte, ist das Durchschnittsalter der Rebstöcke sehr gering, und es wird noch lange dauern, bis die Weine ihren einstigen Glanz wiedererlangen. Dennoch führte der Besitzerwechsel zu sofortigen Verbesserungen, und der 1995er ist ein sehr guter Wein.

Der Château Canon wird in bis zu 65 % neuer Eiche ausgebaut, und nur die Hälfte der Ernte wird für den *grand vin* verwendet, es wird also sehr streng selektiert. Die jetzigen Weine sind mittelschwer, in ihrer Jugend fest, fast abweisend, aber mit hinreichender Fruchtigkeit und Geschmeidigkeit. Der 2000er ist ein mächtiger Wein, der vielleicht nicht ganz typisch für das Haus ist, mit großer Kraft und Reichhaltigkeit, Schwarzkirschen- und Schokoladenaromen. Er sollte problemlos altern, auch wenn der 2004er eleganter scheinen mag. **SBr**

👄👄👄 **Trinken: bis 2025**

Château Canon-La-Gaffelière

2005

Herkunft Frankreich, Bordeaux, St.-Emilion
Typ Trockener Rotwein, 13 Vol.-%
Rebsorten Merlot 55%, C. Franc 40%, C. Sauvignon 5%

Graf Stephan von Neipperg wußte genau, was er wollte, als er 1985 dieses Gut von seinem Vater übernahm. Er renovierte die Kellerei und stellte den damals noch unbekannten, aber inzwischen gefeierten Stéphane Derenoncourt als Kellermeister ein.

Es hat eine Weile gedauert, bis die Weingärten sich von dem regelmäßigen Einsatz von Pflanzenschutzmitteln in den 70er Jahren erholt hatten, aber durch ökologische Bewirtschaftung sind sie wieder gesundet. Es gab viele ehrwürdige Cabernet-Franc-Reben, die dem Wein einen eleganten Charakter verliehen und die sorgfältig erhalten wurden. Neipperg ist sich der Tatsache bewußt, daß einige der tieferen Parzellen des Weingartens mit sandigen Böden von geringerer Güte sind, und deren Trauben werden nur selten für den *grand vin* verwendet.

Der Stil des Canon-La-Gaffelière ist fleischig, aber charmant, oft durch die Frische des Cabernet Franc gekennzeichnet. Zugleich ist er von verführerischer Art, was auf den großzügigen Einsatz neuer Eiche zurückzuführen ist. Es ist ein Wein, der sich jung von seiner besten Seite zeigt, aber sicher auch gut altert. Der 2005er hat genau die Mischung aus Saftigkeit und Frische, die für einen Wein auf seinem Höhepunkt kennzeichnend ist. **SBr**

Ⓢ Ⓢ Ⓢ **Trinken: bis 2025**

Canopy

Malpaso 2006

Herkunft Spanien, Kastilien-La Mancha, Méntrida
Typ Trockener Rotwein, 14,5 Vol.-%
Rebsorte Syrah

Canopy ist eine der ungewöhnlichsten Erfolgsgeschichten in der neueren spanischen Weingeschichte. Das Weingut war sofort ein Erfolg, als sich im Jahr 2004 Belarmino Fernández mit einigen Teilhabern zusammentat, um ein eigenes Projekt zu verwirklichen. Beratend war dabei sein talentierter Bruder Alberto F. Bombin tätig, ein beliebter Gastronom, Weinverkoster, Autor, Weinhändler, Schauspieler und Showmaster.

Ihr erstes Augenmerk richtete sich auf geeignete *terroirs* und Rebsorten. Dabei fiel ihre Wahl auf 40 Jahre alte Grenache- und jüngere Syrah-Reben, die in Méntrida wuchsen, einem der ältesten Anbaugebiete in Mittelspanien. Diese Appellation in der Nähe von Toledo ist nicht sehr prestigeträchtig und produzierte bis vor kurzem fast nur Massenweine. Aber sie verfügt über die Voraussetzungen für großartige Weine: ein individuelles *terroir* und alte Weingärten.

Nach dem hervorragenden Jahrgang 2005 ist es Belarmino und seinen Mitstreitern bei dem schwierigeren 2006er gelungen, aus dem Syrah gut definierte Fruchtnoten hervorzubringen. Auch die Eiche ist mit Überlegung gehandhabt worden, so daß ein geschmackvoller und kraftvoller Rotwein entstanden ist. **JB**

Ⓢ **Trinken: bis 2012**

Château Canon-La-Gaffelière – eine Top-Marke in St. Emilion.

Celler de Capçanes
Montsant Cabrida 2004

Herkunft Spanien, Katalonien, Montsant
Typ Trockener Rotwein, 14,5 Vol.-%
Rebsorte Garnacha

Villa di Capezzana
Carmignano 1997

Herkunft Italien, Toskana, Carmignano
Typ Trockener Rotwein, 13 Vol.-%
Rebsorten Sangiovese 80%, Cabernet Sauvignon 20%

Celler de Capçanes ist eine Winzergenossenschaft in der Provinz Tarragona. Wie die meisten Genossenschaften wurde sie schon vor langer Zeit gegründet – in diesem Fall 1933 –, sie hat aber erst 1979 begonnen, ihre eigenen Weine abzufüllen. Heute gehören ihr 125 Mitglieder an, mit insgesamt 222 ha Rebflächen, aus denen jährlich 2 Millionen Liter Wein gekeltert werden.

Zum Portfolio gehören eine Vielzahl von Marken: Mas Colet, Lasendal, Vall de Calàs und Costers del Gravet, die unterschiedliche Preissegmente abdecken. Cabret ist einer ihrer Spitzenweine. Der Name verweist auf die Zeit, in der die aufgegebenen Weingärten von Ziegen beweidet wurden (*cabra* ist spanisch für Ziege). Der Wein wird aus Garnacha-Trauben gekeltert, die in 15 kleinen Parzellen an sehr alten Reben (60 bis 100 Jahre) auf Lehm-, Granit- und Schieferböden wachsen.

Das Jahr 2004 war hier außerordentlich gut, der Cabrida ist kein schüchterner, sondern ein dunkler und kraftvoller Wein mit reichlich Eiche, der längere Lagerung in der Flasche benötigt, um abgemildert zu werden. In der Nase sind schwarze Beerenfrüchte, Schokolade und Espresso zu erkennen, am Gaumen ist der Wein voll, mit guter Säure. **LG**

€€€ Trinken: 2010–2020

Nur wenige Weinliebhaber wissen, daß es im nördlichen Mittelitalien seit Jahrhunderten eine Reihe von weiteren traditionellen Weinen neben dem Chianti gibt.

Einer davon ist der Carmignano, der westlich von Florenz erzeugt wird, in einer Gegend, in der Cabernet Sauvignon erstmals in die erlauchte Gesellschaft des einheimischen Sangiovese treten durfte. Das Qualitätsbewußtsein der Winzer führte dazu, daß die DOC 1990 zu einer DOCG erhoben wurde. Unter diesen Winzern hat sich besonders die Familie Contini Bonacossi hervorgetan, die lange Zeit der wichtigste Lieferant der Exportmärkte war.

Die Rebflächen des Guts liegen auf geringer Höhe, so sind die Temperaturen während der Reifezeit sehr hoch. Daher werden die Trauben hier zwei Wochen früher geerntet als in der restlichen Toskana. Der Jahrgang 1997 ist in dieser Gegend schon jetzt zu einer Legende geworden. Die Weine sind tief gefärbt, von erstaunlicher Intensität und sehr langlebig. Der Carmignano von Villa di Capezzana sprüht über vor Zwetschgen und Johannisbeeren und zeigt die muskulöse Konzentration, für die viele Chiantis ihren Trebbiano aufgeben würden (oder sollten). **SW**

€€€ Trinken: bis 2015

Arnaldo Caprai *Sagrantino di Montefalco 25 Anni* 1998

Herkunft Italien, Umbrien, Montefalco
Typ Trockener Rotwein, 14 Vol.-%
Rebsorte Sagrantino

Château Les Carmes-Haut-Brion 1998

Herkunft Frankreich, Bordeaux, Pessac-Léognan
Typ Trockener Rotwein, 13 Vol.-%
Rebsorten Merlot 55%, C. Franc 30%, C. Sauvignon 15%

Bis vor etwa 30 Jahren wurde Sagrantino vor allem in geringen Mengen in Gärten gepflegt, um daraus einen Wein zu keltern, der dem *recioto* ähnelte und heute als Sagrantino Passito bekannt ist. Die heute vorherrschende trockene Stilrichtung wurde zuerst in den 70er Jahren hergestellt.

Intensiver hat man sich mit der Rebe erst Anfang der 90er Jahre beschäftigt, als Arnaldo Caprais' Sohn Marco begann, im Weingarten und im Keller mit Sagrantino zu experimentieren. In Zusammenarbeit mit dem angesehenen Önologen Attilio Pagli möchte er den Beweis antreten, daß sie die größte Rebsorte Italiens ist.

Der neue Spitzenwein des Gutes sollte den Beweis liefern: 25 Jahre nachdem Arnaldo das Gut erworben hatte, wurde 1996 der 25 Anni vorgestellt. Das Problem beim Sagrantino ist der hohe Tanningehalt, aber Caprais' Arbeit mit verschiedenen Klonen und Paglis Steuerung des Ausbaus in Holzfässern haben zu einem Wein geführt, der sich jederzeit – nicht nur zu Weihnachten – trinken läßt, ohne die Kraft und Konzentration des Originals zu verlieren. Der 25 Anni ist ein reichhaltiger, strukturierter Rotwein mit einem breiten Spektrum an Aromen, das von frischen und getrockneten Früchten über Teer, Kaffee bis hin zu dunkler Schokolade reicht. **NBel**

😊😊😊 **Trinken: bis 2020**

Das Gut gehörte von 1584 bis 1789 den Karmelitern, im 19. Jahrhundert ging es in den Besitz von Léon Colin über, dessen Nachfahren als Weinhändler unter dem Firmennamen Chantecaille tätig waren.

Nach seiner Einheirat in die Familie errichtete Didier Furt eine eigene Kellerei für das Gut, um nicht mehr in den Kellern von Chantecaille arbeiten zu müssen. Die Weinberge fallen sanft ab, so daß eine ähnlich gute Drainage wie in Haut-Brion gewährleistet ist. Zwar ist der Boden hier weniger kiesreich als dort, aber er ist über gewachsenem Kalkstein sehr lehmig, was vielleicht der Grund dafür ist, daß mehr als die Hälfte der Fläche mit Merlot bestockt ist. Hinzu kommt ein hoher Anteil an sehr alten Cabernet-Franc-Reben.

Der Wein wird zu 50 % in neuen Barriques ausgebaut. Furt hält ihn auch in der Jugend für zugänglich, aber er altert auch gut. Das kann man zum Beispiel am 1998er sehen, der mit seinen Aromen von Brombeerpastillen, seiner glatten Textur, seinem Geschmack von schwarzem Beerenobst und Eiche und seiner ansprechenden Länge überzeugt. Die Mengen sind beschränkt, aber Furt hat die Seltenheit des Weines nicht ausgenutzt, um den Preis ins Unermeßliche zu erhöhen. **SBr**

😊😊😊 **Trinken: bis 2015**

Bodegas Carrau
Amat 2002

Herkunft Uruguay, Rivera
Typ Trockener Rotwein, 14,5 Vol.-%
Rebsorte Tannat

Im Vergleich zur Las-Violetas-Kellerei der Familie Carrau in Süduruguay mit ihrem traditionellen Baustil wirkt das 1979 weit im Nordosten an der Grenze zu Brasilien errichtete Cerro Chapeu wie ein Gebäude aus dem Raumzeitalter.

Die Trauben stammen von einem 1976 angelegten 1,6 ha großen Weingarten. Nach der Handlese werden sie in kreisförmig angeordneten kleinen Edelstahltanks mit der Hand gepreßt, um die Beerenhäute zu öffnen und Farb- und Geschmacksstoffe zu lösen, ohne exzessives Tannin zu erhalten, wie das bei mechanischer Pressung geschehen könnte. Der Wein wird dann 20 Monate in neuen Fässern aus französischer und amerikanischer Eiche ausgebaut, bevor er unfiltriert auf Flaschen abgefüllt wird.

Der Amat ist ein beachtenswert reichhaltiger, berauschender Wein aus Uruguays bester Rebsorte, dem Tannat. Die Tannine werden durch die sandigen Böden und das gleichmäßig warme Klima gemildert. Hinzu kommt der sensible Umgang mit dem Wein in der Kellerei und der Verzicht auf schwere Eichentöne, so daß er eine ansprechende Vielfalt von Geschmacksnoten dunkler Früchte in den Vordergrund stellt. **MW**

🅢🅢 **Trinken: bis 2012**

Casa Castillo
Pie Franco 1999

Herkunft Spanien, Murcia, Jumilla
Typ Rotwein, 14,5 Vol.-%
Rebsorte Monastrell

Weine wie der Casa Castillo Pie Franco führen uns in eine Jahrhunderte zurückliegende Zeit, in der sich die Rebsorte Monastrell noch nicht aus Ostspanien auf den Weg in die weite Welt gemacht hatte, um dort unter den Namen Mourvèdre und Mataró eine der berühmtesten Rotweinreben zu werden.

Die gegenwärtige Blütezeit der spanischen Winzerei beruht auf der Bereitschaft, die Rebsorte zu ihrem typischen Ausdruck gelangen zu lassen und menschliche Eingriffe auf ein Minimum zu reduzieren. Zu den hervorragenden Exponenten dieses Ansatzes gehört die Familie Vicente, deren Spitzenwein dieser Casa Castillo Pie Franco ist. Der 1999er zeigt eine bewundernswürdige Balance und Harmonie, um das Jahr 2015 wird er seinen Höhepunkt erreichen.

Die 174 ha des Gutes sind in 4 Weingärten unterteilt. Der älteste ist La Solana, der 1941 mit ungepfropften Monastrell-Reben bestockt wurde. Die Erträge sind sehr niedrig, und sie werden immer niedriger, da jedes Jahr ein kleiner Teil der Rebstöcke von Phylloxera befallen wird und abstirbt. Allerdings ist dieser Vorgang wegen der sandigen Böden langsam, so daß es noch eine Zeit dauern wird, bis die letzten Reben verschwunden sind. **JB**

🅢🅢 **Trinken: bis 2020**

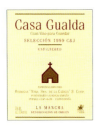 

Casa Gualda
Selección C&J 1999

Herkunft Spanien, La Mancha
Typ Trockener Rotwein, 12,5 Vol.-%
Rebsorte Cencibel (Tempranillo)

La Mancha in Mittelspanien ist das größte Weinanbaugebiet der Welt, hier stehen mehr als 200.000 ha unter Reben. Und die weiße Rebsorte Airén ist die am häufigsten gepflanzte Art der Welt, mehr als 400.00 ha sind mit ihr bepflanzt, wobei sie nur in Spanien und vor allem in der Mitte der iberischen Halbinsel eingesetzt wird.

1958 gründeten 135 Mitglieder mit etwa 850 ha Rebfläche in Pozoamargo die Genossenschaft Cooperativa Nuestra Señora de la Cabeza. Dank der Arbeit des Geschäftsführers José Miguel Jávega hat sie sich zu einer dynamischen und modernen Kellerei entwickelt. Da er über eine große Auswahl an Grundweinen verfügt, entschloß er sich, aus den besten Trauben einen Spitzenwein zu keltern und unter dem Namen Casa Gualda Selección C&J auf den Markt zu bringen.

Dies ist ein ehrlicher Tempranillo, konzentrierter als andere Weine aus der Region, aber immer noch sehr gut zum Essen zu genießen und vor allem preiswert. Der 1999er ist sofort als Tempranillo zu erkennen, er zeigt intensive, feine, elegante und duftige Aromen von roten Früchten, Zimt und gerösteter Eiche. Am Gaumen, wo sich die Früchte wieder bemerkbar machen, ist er geschmeidig, großzügig, etwas sauer mit gutem Tannin. **LG**

 Trinken: bis 2010

Casa Lapostolle
Clos Apalta 2000

Herkunft Chile, Colchagua-Tal, Apalta
Typ Trockener Rotwein, 14,5 Vol.-%
Rebsorten Merlot, Carmenère, Cabernet Sauvignon

Als Alexandra Marnier-Lapostolle Mitte der 90er Jahre nach Chile kam, schloß sie einen Vertrag mit einer chilenischen Winzerfamilie – deren Rebstöcke aus den 20er Jahren liefern die Trauben für den Clos Apalta.

Die ältesten Parzellen liegen in einem natürlichen Amphitheater, das die Wärme einfängt, die für die spätreifen Sorten Carmenère und Cabernet notwendig ist. Die Trauben reifen langsam, da die Hänge südlich ausgerichtet sind und abends von Winden gekühlt werden, die vom benachbarten Fluß aufsteigen. Im Boden müssen die Wurzeln hart arbeiten, da der Grundwasserspiegel immer wieder steigt und fällt. Deshalb muß einerseits nicht bewässert werden, andererseits kommt es in Dürreperioden zu Trockenerscheinungen, die konzentrierten Most ergeben.

Hier findet die Gärung bei etwas niedrigeren Temperaturen statt als im Bordeaux üblich, um zu verhindern, daß die natürliche Schwere der Rebsorte die Überhand gewinnt. Im Jahr 2000 bildeten sich die Tannine in den Beeren relativ langsam aus, so daß die vorherrschenden Fruchtaromen (Schwarzkirsche, Brombeere) trotz der beeindruckenden Konzentration des Weines zurückhaltend bleiben. **MW**

 Trinken: bis 2015

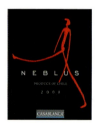

Viña Casablanca
Neblus 2000

Herkunft Chile, Aconcagua , Casablanca Valley
Typ Trockener Rotwein, 13,2 Vol.-%
Rebsorten C. Sauvignon, Merlot, Carmenère

Wenn es einen Wein in diesem Buch gibt, dem man eine Identitätskrise nachsehen sollte, dann ist es der Neblus. Der erste Jahrgang war ein edelfauler, süßer, weißer Chardonnay, mit dem der Ruf des Casablanca-Tals als wichtigstes chilenisches Anbaugebiet für Weißweine aller Stilrichtungen gefestigt werden sollte. Da Großbritannien als wichtigster Exportmarkt jedoch nach trockenen Weißweinen oder nach Rotweinen im Stil des Bordeaux verlangte, wurde der Neblus zu einem hervorragenden Rotwein umgewandelt.

Er zeigt die nervösen Tannine und klare Fruchtigkeit, aber vollen Körper, den man bei Weinen aus kühlen Gegenden ansonsten heißer Länder findet. Die 12 Monate, die der Jahrgang 2000 in französischer Eiche ausgebaut wurde, haben die reiferen Fruchttöne der Trauben aus wärmeren Regionen wie dem Colchagua-Tal abgemildert. Diese Trauben wurden, ebenso wie ein Teil jener aus Casablanca selbst, einige Woche später geerntet als sonst, da die Lese durch kühles, feuchtes Wetter verzögert wurde. Das wäre im Bordeaux Anlaß zur Sorge, aber in Chile sollte man sich darüber freuen, wenn es – wie im Jahr 2000 – für die gesundesten Weingärten eine verlängerte und deshalb potentiell komplexere Reife bedeutet. **MW**

☺☺ **Trinken: bis 2010+**

Cascina Corte *Dolcetto di Dogliani Vigna Pirochetta* 2005

Herkunft Italien, Piemont, Langhe
Typ Trockener Rotwein, 13,5 Vol.-%
Rebsorte Dolcetto

Cascina Corte wurde um 1700 als Bauernhaus errichtet. 300 Jahre später war es verfallen. Dann kauften Amalia Battaglia und Sandro Barosi die Ruinen und die zugehörigen alten Weingärten. Sie waren sich im Klaren darüber, daß die technischen Aspekte ihres neuen Berufes als Winzer ihre eigenen Fähigkeiten überstiegen und stellten deshalb Beppe Caviola als Kellermeister und Giampiero Romana zur Betreuung der Reben ein.

Amalia und Sandro kelterten einige Flaschen Barbera und Nebbiolo aus den Trauben eines Weingartens, den sie 2002 angelegt hatten, aber das Dorf Dogliano ist für seinen Dolcetto berühmt, und auf diese Rebsorte konzentrieren sich sich. Sie erzeugen daraus zwei Weine, einen einfachen von einer Parzelle südlicher Ausrichtung, und den Pirochetta, der von 60 Jahre alten Reben an einem Osthang stammt.

Der Pirochetta 2005 ist ein Wein, wie man ihn sich saftiger nicht vorstellen könnte. Die Farbe ist ein tiefes Rubinrot mit deutlichen Purpurtönen. Die Nase ist dunkel und fruchtig mit einer Spur Gewürzen. Am Gaumen wird die Größe und Gerundetheit durch eine angenehm lebhafte Säure ausgeglichen, die sich durch ein recht langes Finale hindurch hält. **AS**

☺☺☺ **Trinken: bis 2012**

Castaño
Hécula Monastrell 2004

Herkunft Spanien, Katalonien, Yecla
Typ Trockener Rotwein, 14,5 Vol.-%
Rebsorte Monastrell

Castello dei Rampolla
Vigna d'Alceo 1996

Herkunft Italien, Toskana
Typ Trockener Rotwein, 14 Vol.-%
Rebsorten Cabernet Sauvignon 85%, Petit Verdot 15%

Castaño und Yecla werden fast als Synonyme betrachtet, da die Familie Castaño jahrelang die einzigen Weine aus dieser Denominación de Origin in der spanischen Mittelmeerprovinz Murcia erzeugte. Die Castaños betreiben seit den 50er Jahren Weinbau, aber ihre Kellerei betreiben sie erst seit den 70er Jahren.

Das Herzstück ihrer Weine ist die Monastrell-Rebe, die in Frankreich als Mourvèdre bekannt ist und solche Weine wie den Bandol hervorbringt. In Spanien gilt die Sorte nicht viel und wird vor allem für Massenweine verwendet, die farb- und alkoholreich sind. Der Monastrell stellt 80 % der mehr als 360 ha Reben, die von der Familie betreut werden.

Hécula ist ihr ‚moderner' Wein. Er wurde zuerst 1995 gekeltert. Man kann ihn nach Erhalt trinken, um die Überschwenglichkeit des jungen Monastrells zu genießen, ihn aber auch 6 bis 7 Jahre in der Flasche lagern, um ihn sich entwickeln zu lassen. 2004 stellte sich als ein außergewöhnliches Jahr für den Hécula heraus. Der Wein ist dunkelpurpur und undurchsichtig. Die Nase zeigt rote und schwarze Beerenfrüchte, Balsamnoten, mediterrane Unterholz-, Baumrinden- und gut eingebundene Eichenaromen. Der Hécula ist ein geschmeidiger, reichhaltiger, dichter und langanhaltender Wein, der zudem sehr preiswert ist. **LG**

Ⓢ **Trinken: bis 2011**

Dieses kleine Gut keltert seine Weine aus Trauben, die aus dem Herzen des Chianto-Classico-Gebietes stammen. Der Großteil der Weingärten liegt im Dorf Panzano, wo die Böden leicht, kalkig und steinig mit geringen Tonbeimischungen sind.

Gegründet wurde das Unternehmen von Fürst Alceo di Napoli, der sich 1964 entschloß, die alten Familienbesitztümer (die bis 1739 zurückreichen) in einen Wirtschaftsbetrieb umzuwandeln. Er war einer der ersten, die den Einsatz von Cabernet Sauvignon in diesem Gebiet befürworteten. Die eher engstirnigen örtlichen Winzer waren von seiner Neuerung nicht angetan, auf die Dauer erwies er sich jedoch als weitsichtig. Der Sammarco (95 % Cabernet Sauvignon, 5 % Sangiovese) wurde bei seinem ersten Erscheinen 1980 sowohl von den Konsumenten als auch von der Fachpresse gelobt. Der Fürst starb 1991, und 1996 ehrten seine Söhne Luca und Maurizia ihn durch den ersten Jahrgang eines Weines, der inzwischen einer der gefeiertesten der Toskana ist.

Der 1996er ist ein Klassiker, der in der Nase Brombeer-, Minz- und Graphitaromen vereint. Am Gaumen ist er samtig und doch zugreifend, er hat erstaunliche Tiefe und eine beeindruckende Konzentration. **AS**

ⓈⓈⓈⓈ **Trinken: bis 2030**

Castello del Terriccio
Lupicaia 1997

Herkunft Italien, Toskana, Bolgheri
Typ Trockener Rotwein, 14,5 Vol.-%
Rebsorten C. Sauvignon 90%, Merlot 10%

Castello del Terriccio ist ein 43 ha großes Gut an der toskanischen Küste im äußersten Süden der Provinz Pisa. Seit 1922 gehört es der Familie von Gian Annibale Rossi di Medelana e Serrafini Ferri. Er selbst übernahm 1975 die Leitung des Gutes und versuchte sich mit verschiedenen Feldfrüchten, beschloß aber in den 80er Jahren, sich auf Reben und Oliven zu konzentrieren.

Er stellte mit Carlo Ferrini den vielleicht ‚internationalsten' beratenden Önologen der Toskana ein und entschied sich schon sehr früh, überwiegend französische Rebsorten anzupflanzen. Als erstes stellte er sich die Aufgabe, einen Cabernet Sauvignon zu keltern, der es mit dem Sassicaia und den *crus classés* des Bordeaux aufnehmen könnte. Ursprünglich sollten die Trauben aus dem Weinberg Lupicaia stammen. Zwar wechselte er dann zu einer anderen Lage in der Nähe, der Name („Ort der Wölfe") wurde aber für den Wein beibehalten.

Lupicaia ist ein Barrique-Wein bester Qualität. Das Jahr 1997 war in der Toskana sehr heiß, aber Dr. Rossi sagt „Der gütige Herrgott gab uns den Schüssel zu den himmlischen Schleusen", die Niederschläge kamen also genau zur richtigen Zeit und nicht während der Ernte. Die Farbe hat sich zwar schon etwas weit entwickelt, aber die Nase ist sehr ausdrucksstark – Loganbeere, Kirsche, Eukalyptus und Trüffel treffen hier aufeinander. Am Gaumen ist der Wein sehr ausgewogen, Frucht, Säure, Tannin und Alkohol kommen zu einem harmonischen Ganzen zusammen. Der Lupicaia wird sich mindestens noch ein Jahrzehnt halten. **NBel**

◉◉◉◉◉ **Trinken: bis 2017**

◀ Rebflächen in der Nähe von Castello del Terriccio.

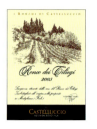

Castello di Ama *Chianti Classico Vigneto Bellavista* 2001

Herkunft Italien, Toskana, Chianti Classico
Typ Trockener Rotwein, 14 Vol.-%
Rebsorten Sangiovese 80%, Malvasia Nera 20%

Das mittelalterliche Dörfchen Ama war schon lange für seine Weine bekannt, als es in den 70er Jahren vier Familien aus Rom erwarben. Sie wandelten es in ein modernes Weingut um und fingen mit der Hilfe von Marco Pallanti sehr bald an, Weltklasseweine zu keltern.

Pallanti ist einer der dynamischsten Önologen Italiens. Er wählte die besten Parzellen für den Chianti Classico aus, um optimale Reife und höchste Qualität des Weine sicherzustellen. Das Gut stellt seinen Spitzenwein Castello die Ama Chianti Classico jetzt als Verschnitt aus Trauben verschiedener Lagen her, aber in besonders guten Jahren wird auch ein Einzellagewein gekeltert, der vom Weingarten Bellavista stammt und inzwischen Kultstatus genießt.

Nur wenige andere Chianto Classicos können sich eines solch ungetrübten Rufes erfreuen wie der Vigneto Bellavista. Er wurde erstmals 1978 aus den Trauben des ältesten Weingartens von Castello di Ama erzeugt. Die perfekte Reifung und das hohe Alter der Reben sorgen für hochkonzentrierten Geschmack, und die auf die auf die Höhe zurückzuführenden Unterschiede zwischen Tag- und Nachttemperaturen verstärken die exquisiten Aromen und die Komplexität des Weines. **KO**

❂❂❂ **Trinken: bis 2021**

Castelluccio *Ronco dei Ciliegi* 2003

Herkunft Italien, Emilia Romagna
Typ Trockener Rotwein, 13,5 Vol.-%
Rebsorte Sangiovese

Das Gut Castelluccio liegt in Modigliara in der Emilia Romagna, einem Gebiet, in dem die Böden aus starken Schichten Kalkmergels bestehen. Diese Böden sind so dicht und schwer, daß sie sich normalerweise nicht für den Weinbau eignen.

1975 wurden jedoch auf dem Gut einige Kleinstparzellen entdeckt, die sich für den Anbau hochwertiger Rebsorten eignen. Der damalige Besitzer stellte Vittorio Fiore ein, um die Weingärten zu betreuen. Er setzte dabei Methoden ein, die für die damalige Zeit geradezu revolutionär waren.

Castelucios Weine stammen von den Trauben lediglich zweier Rebsorten: Sangiovese und Sauvignon Blanc. So ist der Ronco di Ciliegi dann auch ein reiner Sauvignon Blanc, er ist jedoch sehr viel fruchtiger als seine Verwandten aus der Toskana. Hier gibt es nicht die rauhen Kanten, denen man gelegentlich bei einem Chianti oder Brunello begegnet, dennoch ist die ländliche Eleganz der Rebsorte zu erkennen. Die Tannine sind unverkennbar, aber seidenglatt. Eine lange Lagerfähigkeit wird durch die bemerkenswerte Konzentration und die einmalige Balance von Säure und feiner, subtiler Bitterkeit sichergestellt. **AS**

❂❂❂ **Trinken: bis 2018**

Castillo de Perelada
Gran Claustro 1998

Herkunft Spanien, Katalonien, Costa Brava
Typ Trockener Rotwein, 14 Vol.-%
Rebsorten C. Sauvignon, Merlot, Cariñena, Grenache

Catena Alta
Malbec 2002

Herkunft Argentinien, Mendoza
Typ Trockener Rotwein, 14,1 Vol.-%
Rebsorte Malbec

Das Schloß von Perelada beherbergt ein Casino, eine Bodega, ein Gesundheitszentrum und ist Veranstaltungsort für ein beliebtes Sommerfestival. Der Unternehmer Miguel Mateu Plá erwarb das Schloß 1923, und sein Neffe Arturo Suqué hat in den alten Kellergewölben eine erfolgreiche Kelterei gegründet, die seit der Etablierung der DO Empordá-Costa Brava deren beste Weine erzeugt.

Eine weniger ehrgeizige Familie hätte sich vielleicht mit den Profiten aus dem Verkauf ihrer Cavas, des Blanc Pescador (5 Millionen Flaschen im Jahr) und anderen preiswerten Massenweinen zufrieden gegeben. In den 90er Jahren kauften sie jedoch einige hochwertige Rebflächen hinzu, renovierten die ursprüngliche Bodega und gründeten eine neue, experimentelle Kellerei, in der eine Reihe von Kultweinen mit dem Namen Ex Ex (Exceptional Experiences) entstanden.

Gran Claustro bekannte 1993 schon im ersten Jahrgang Farbe. Der Name verweist auf den Kreuzgang des Schlosses, und der Wein unterscheidet sich deutlich von anderen des Gutes. Er bietet eine gute Nase, in der Brombeeren, Kakao und Waldboden zu vernehmen sind. Am Gaumen ist er kräftig, mit reifen Früchten, reichhaltigem Tannin und einem langen Abgang. **JMB**

❸❸❸ **Trinken: bis 2012**

Die Weinberge von Altena liegen an den Hängen der Anden in Este Mendecino in Höhen von 780 m, in Valle de Uco bis 1500 m. Diese Höhe ist wichtig, da der Malbec in ihr langsamer reift und wegen der UV-Einstrahlung mehr Säure behält und mehr Anthocyanine und Phenole entwickelt. Der aus diesen Trauben gekelterte Wein ist intensiver, farbenkräftiger und besitzt mehr frische Säure.

Nicolás Catena war einer der Wegbereiter des neuen internationalen Ansehens des Malbec, der roten Rebsorte, die in Argentinien am häufigsten angebaut wird. Er initiierte ein Forschungsprogramm, um die Faktoren zu ermitteln, die sich auf die Qualität der Weine aus dieser Rebe auswirken. Der erste Catena Alta Malbec wurde 1996 gekeltert. Ursprünglich war es ein Einzellagenwein aus dem Angélica-Weingarten in Lunlunta, inzwischen wird er aus den Trauben fünf verschiedener Parzellen hergestellt. Die Mischung dieser unterschiedlichen Grundweine mit jeweils eigenen Charakteristika machen den Alta Malbec zu dem Wein, der er ist.

Der 2002er stammt aus einem wärmeren Jahr, zeigt aber dennoch die guten Seiten dieses Weins: Das Kennzeichen des Catena-Stils ist Finesse und Balance, verbunden mit einer großen Persönlichkeit. **JG**

❸❸ **Trinken: bis 2012+**

Dom. Sylvain Cathiard *Vosne-Romanée PC Les Malconsorts* 2000

Herkunft Frankreich, Burgund, Côte de Nuits
Typ Trockener Rotwein, 13 Vol.-%
Rebsorte Pinot Noir

Cavallotto *Barolo Riserva Bricco Boschis Vigna San Giuseppe* 1999

Herkunft Italien, Piemont, Langhe
Typ Trockener Rotwein, 14,5 Vol.-%
Rebsorte Nebbiolo

Les Malconsorts ist ein außergewöhnlicher *premier cru*, er gehört zu den angesehensten halben Dutzend seines Ranges. In jedem Dorf außer Vosne-Romanée wäre ihm der Status eines *grand cru* sicher. Er liegt südlich von La Tâche am gleichen Hang. Die Weine sind Jahr für Jahr von gleichbleibender Güte, mit einer außergewöhnlich dichten, harmonischen Fruchtigkeit. Der Familie Cathiard gehören 0,75 ha von insgesamt 6 ha. Der Großvater des jetzigen Besitzers Sylvain, ein Findelkind aus Savoyen, kam hierher und arbeitete für die Domaines de la Romanée-Conti und Lamarche, bevor er selbst einige Parzellen kaufte.

Sylvain Cathiard war im Jahr 2000 erfolgreich wie kein zweiter Winzer. Bei einer Verkostung von 200 Weinen dieses Jahrgangs, die zwei Jahre nach der Abfüllung auf Flaschen stattfand, ließ der Malconsort alle anderen *premiers crus* und auch mit zwei Ausnahmen alle *grands crus* deutlich hinter sich zurück. Der Wein ist in seiner Jugend ein glorreiches Erlebnis, ein funkelndes Bouquet reifer roter Früchte, das sich am Gaumen entfaltet. Es wird noch einige Jahre dauern, bis ihm Sekundäraromen zusätzliche Komplexität verleihen, aber wenn man mit Geduld gesegnet ist, wird sich das Warten auszahlen. **JM**

❸❸❸❸   **Trinken: bis 2015+**

Das Dorf Castiglione Falletto ist eine von nur drei Gemeinden, deren gesamtes Gebiet für Barolo zugelassen ist. Außerdem ist es die wärmste aller Barolo-Anbauzonen. Aus den Reben auf dem vielschichtigen Boden im Umland des Dorfes entstehen komplexe Weine mit außerordentlich üppigem Bouquet.

Die Barolos des Gutes Cavallatto sind für ihre Kraft, Eleganz und Balance bekannt. Sowohl die Kellerei als auch die Weinberge liegen auf dem Hügel Bricco Boschis. Die 3,5 ha große Lage Vigna San Giuseppe, von der die besten Trauben stammen, wird separat als Riserva Vigna San Giuseppe abgefüllt. Die 50 Jahre alten Rebstöcke sorgen für konzentrierte Geschmacksnoten, und die Böden aus Sand und Kalkmergel für Finesse, während der Lehm dem Wein Langlebigkeit verleiht. Die Nähe des Mittelmeers zeigt sich im Mikroklima der berühmten Lage, das auf dem Gut exotische Pflanzen bis hin zu Bananen gedeihen läßt.

Cavallotto keltert Barolo im klassischen Stil, und der 1999er (ein exzellenter Jahrgang für Barolo) zeichnet sich durch ein üppiges Bouquet, tadellose Balance und konzentrierte Geschmacksnoten aus. Der Wein wird sich im Laufe der Jahre sehr schön weiterentwickeln. **KO**

❸❸❸   **Trinken: bis 2020+**

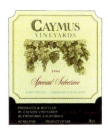

Caymus *Cabernet Sauvignon Special Selection* 1994

Herkunft USA, Kalifornien, Napa Valley
Typ Trockener Rotwein, 13,5 Vol.-%
Rebsorte Cabernet Sauvignon

Domaine du Cayron *Gigondas* 1998

Herkunft Frankreich, südliche Rhône, Gigondas
Typ Trockener Rotwein, 14,5 Vol.-%
Rebsorten Grenache Noir, Syrah, Cinsaut, Mourvèdre

Die Weine von Caymus sind unstritten: Ihre Freunde verweisen auf die reife, gerundete Fruchtigkeit und die samtige Textur, Gegner monieren übertriebene Eiche und einen Mangel an Eleganz und Finesse; Befürworter sprechen von erdiger, frühzeitiger Zugänglichkeit, Kritiker stellen fest, daß die Weine aus weniger ergiebigen Jahrgängen mit höherem Säuregehalt besser altern.

Die Trauben für den *grand vin* wachsen auf einer 6 ha großen Schwemmland-Parzelle am östlichen Ende von Rutherford. Nach dem Tode seines Vaters nahm Chuck Wagner Änderungen vor. Während des 20. Jahrhunderts wurden die Trauben von ausgesuchten Chargen oxidativ behandelt und bis zu vier Jahre in Eiche ausgebaut. Seit dem Jahrgang 2000 hat Chuck sich jedoch entschlossen, noch reifere Beeren zu verwenden und den Ausbau auf 18 Monate zu verkürzen, um die reife Fruchtigkeit nicht zu verschleiern und den Wein zugänglicher zu machen.

Der 1994er ist ein gutes Beispiel für den früheren Stil. Die Wachstumsperiode war mild und lang, die Ernte fand spät statt. Das gute Oktoberwetter ließ die Ernte von vollreifen Trauben zu. Nach 25 Monaten im Faß stellte er sich mit dunkler Farbe, deutlichen Fruchttönen, Würzigkeit und einer sinnlichen Textur vor. **LGr**

🍇🍇🍇🍇 **Trinken: bis 2014**

Michel Faraud führt in der vierten Generation das 1840 gegründete Gut seiner Familie. Unterstützt wird er dabei von seinen drei Töchtern. Auf dem 16 ha großen Besitz wird nur eine Cuvée erzeugt, die zu 70 % aus Grenache besteht, der Rest ist Syrah, Cinsaut und etwas Mourvèdre. Die Rebstöcke sind durchschnittlich 40 Jahre alt, und die Erträge werden sehr niedrig gehalten. Der Wein wird 6 bis 12 Monate in alter Eiche ausgebaut und dann ohne Klärung oder Filtrierung abgefüllt. Pro Jahr werden etwas mehr als 60.000 Flaschen erzeugt.

Die Böden sind lehmig, und Gigondas wird oft als eine maskulinere, weniger subtile Variante des Châteauneuf-du-Pape betrachtet. Das typische Kennzeichen eines guten Gigondas ist der Geschmack braunen Zuckers, bei der Domain du Cayron kommt noch ein Erdton hinzu. In der Nase zeigen sich Aromen von Fleisch und Kräutern der Provence. Robert Parker ist ein großer Freund dieser „erotischen provençalischen Fruchtbombe", in der er Lakritze, Kirschwasser, Rauch und Weihrauch erkennt.

Dieser Wein ist vor allem ein guter Begleiter zum Essen, den man zum Beispiel mit Daube (Rind in Olivenöl und Wein, Knoblauch, Rosmarin und Thymian) genießen kann. **GM**

🍇🍇🍇 **Trinken: bis 2010+**

Château du Cèdre
Le Cèdre 2002

Herkunft Frankreich, Südwesten, Cahors
Typ Trockener Rotwein, 14,1 Vol.-%
Rebsorte Malbec

1987 übernahmen Pascal und Jean-Marc Verhaeghe die von ihrem Vater 1956 gegründete Domäne Château du Cèdre.

In Cahors gibt es drei wichtige *terroirs*: Flußkies, Terrassen mit lehmigem Kalkstein und die höheren Lagen mit reinem Kalkstein. Die Weine von Cèdre sind stets Mischungen aus den ersten beiden. „Ich mußte mich von meiner ursprünglichen, vom Burgund geprägten Vorstellung trennen, daß ein Wein von einem einzelnen *terroir* stammen sollte. Hier ist das Verschnittverfahren des Bordeaux eher angebracht, die Kraft kommt vom Kies und die Finesse von der Lehm-Kalksteinmischung." Le Cèdre stammt von 40 Jahre alten Rebstöcken mit niedrigen Erträgen. Nach der Sortierung und dem Abbeeren werden die Trauben vorsichtig gepreßt. Nach einer Mazerationszeit von 40 Tagen wird die malolaktische Gärung in neuer Eiche durchgeführt, in der der Wein dann 20 Monate verbleibt.

Der Wein ist von undurchdringlich schwarzer Farbe und zeichnet sich vor allem durch seine Dichte und die fast explosiven Geschmacksnoten von Schlehen aus. Der Fruchtgeschmack wird fast unmerklich von der Eiche geformt, die ihm Rauch- und Eisennoten zufügt. **AJ**
ΩΩΩ **Trinken: bis 2016**

M. Chapoutier *Châteauneuf-du-Pape, Barbe Rac* 2001

Herkunft Frankreich, südl. Rhône, Châteauneuf-du-Pape
Typ Trockener Rotwein, 15,2 Vol.-%
Rebsorte Grenache Noir

Michel Chapoutier war ein großer Bewunderer des verstorbenen Jacques Reynaud vom Château Rayas, dessen Weine angeblich zu 100 % aus Grenache Noir bestanden. Die Chapoutiers besitzen ein 32 ha großes Gut in Châteauneuf-du-Pape, auf dem sie einen Grenache-basierten Wein namens Le Bernadine keltern. Obwohl die Chapoutiers eine Weinhändlerfamilie von der nördlichen Rhône sind, haben ihre Weine nichts mit den schalen Erzeugnissen jener Gegend gemein. Als die Brüder Michel und Marc Chapoutier Anfang der 90er Jahre die Familienfirma von ihrem Vater erbten, beschloß Michel, eine reine Grenache-Cuvée von einem 4 ha großen Weinberg auf einer Hügelkuppe westlich von Châteauneuf-du-Pape zu keltern, auf dem einige seiner ältesten Grenache-Rebstöcke wachsen.

Der erste Jahrgang vom Barbe Rac wurde 1991 erzeugt. Seitdem haben sich die Chapoutiers dem biodynamischen Weinbau zugewandt und das Wohlgefallen von Robert Parker gefunden. Der 2001er ist ein ausgereiftes Beispiel für den Wein. Parker beschreibt sein Aroma mit den Worten: „Garrigue, Lakritze, Kirschlikör, Cassis und neues Sattelleder", und schreibt ihm eine Lebenserwartung von 15 bis 20 Jahren zu. **GM**
ΩΩΩΩ **Trinken: bis 2021**

M. Chapoutier
Ermitage Le Pavillon 1999

Herkunft Frankreich, nördliche Rhône, Hermitage
Typ Trockener Rotwein, 13 Vol.-%
Rebsorte Syrah

Chappellet *Signature*
Cabernet Sauvignon 2004

Herkunft USA, Kalifornien, Napa Valley
Typ Trockener Rotwein, 15 Vol.-%
Rebsorten C. Sauvignon 80%, Merlot 13%, Others 7%

Michel Chapoutier ist klein, dynamisch und besessen. Besessen vom *terroir*. „Ich möchte eine vollkommene Photographie vom *terroir* machen", sagt er.

Das *terroir*, von dem der Ermitage Le Pavillon stammt, ist die etwa 4 ha große Lage Les Bessards, deren Böden aus eisenhaltigen Verwitterungs- und Sedimentgesteinen über Granit bestehen. Die durchschnittlich 65 Jahre alten Syrah-Reben werden biodynamisch bewirtschaftet – dies war eine der beiden großen Veränderungen, die Michel Chapoutier einführte, als er Ende der 80er Jahre den Betrieb übernahm, die andere war die Verwendung von Eichenbarriques.

Einer der Gründe, aus denen Winzer auf biodynamischen Anbau umstellen, ist der Wunsch, das *terroir* in ihren Weinen besser zum Ausdruck zu bringen. Chapoutier hat dieses Bestreben zu einer logischen Fortsetzung geführt, indem er verschiedene individuelle Cuvées keltert. Diese ist eine davon. Bei dem jungen Wein ist die Nase fast blumig, mit tiefen Fruchtaromen, die an Schwarzkirschen, Kaffee und Kohlenrauch erinnern. Der 1999er ist dicht und glatt, lebhaft und muskulös, mit Geschmacksnoten von Teer, Kräutern und schwarzen Oliven. Er ist elegant und ausgewogen und hat ein langes Finale. **MR**
◈◈◈◈◈ Trinken: 2010–2030

Die ersten Reben wurden in Chappellet 1963 gepflanzt, und 1967 kaufte Donn Chapellet das Gut, das eines der ältesten der Region ist. Die hier in den 70ern gekelterten robusten Cabernets fanden allgemeine Zustimmung.

Die Lage ist superb. Der steinige Boden verleiht dem Wein reichlich Extrakt, und durch die Höhe (370 m) behält er seine Säure. Donns Sohn Cyril hat das Gut einer Verjüngungskur unterzogen: die Weingärten wurden teilweise neu bepflanzt und die Bewirtschaftungsmethoden verbessert, die Zusammenstellung der Rebsorten wurde verändert und eine Tröpfchenbewässerungsanlage installiert. Seit dem Anfang des neuen Jahrtausends werden alle Weingärten organisch bewirtschaftet. Heute liegt die Betonung vor allem auf Cabernet Sauvignon, der in dieser Gegend besonders gut gedeiht. Die normale Abfüllung ist die Signature Selection, es gibt aber auch die deutlich teurere Cuvée Pritchard Hill, die nur in geringen Mengen gekeltert wird, meist aber nur wenig besser ist als die Signature Selection.

Der 2004er ist außergewöhnlich gut. In der Nase werden die schwarzen Beerenfrüchte von einer diskreten Rauchigkeit begleitet. Am Gaumen ist der Wein sehr reif, saftig und üppig, mit üppigen Brombeernoten. **SBr**
◈◈◈ Trinken: bis 2025

Domaine Chave
Hermitage Cuvée Cathelin 1990

Herkunft Frankreich, nördliche Rhône, Hermitage
Typ Trockener Rotwein, 14 Vol.-%
Rebsorte Syrah

Château Cheval Blanc
1998

Herkunft Frankreich, Bordeaux, St.-Emilion
Typ Trockener Rotwein, 13 Vol.-%
Rebsorten Merlot 55%, Cabernet Franc 45%

Gérard Chave galt als einer der beliebtesten Weinerzeuger der Rhône. Inwischen ist er in den Ruhestand gegangen und hat die Leitung seines Gutes an seinen Sohn und Erben Jean-Louis übergeben. Der Schlüssel zu seinem Erfolg bestand aus großartigen Weingärten, reifen Trauben und sorgfältiger Konstruktion der Weine. Seine Reben in Diognères, Péléat, Beaumes, Bessards und Hermite spielten alle eine entscheidende Rolle bei der Entstehung des größten aller Hermitages.

Chave wollte das Beste aus einer kleinen Domäne machen, deren Sitz in einem unprätentiösen Haus am linken Ufer der Rhône liegt. Die Kellerwände waren mit Schimmel bedeckt, der viele Erzeuger aus der Neuen Welt nach Deckung hätte suchen lassen. Nachdem er das Anwesen des irischen Achäologen Terence Gray erworben hatte, verfügte er über fast 16 ha auf dem Hügel von Hermitage und eine weitere 1 ha große Parzelle in St.-Joseph. Seine Jahresproduktion lag bei 40.000 Flaschen.

Der 1990er Cuvée Cathelin wurde von Robert Parker als perfekt bezeichnet. Es ist ein entschieden fleischiger Wein: Roastbeef mit gewürfeltem Räucherschinken. Ein wunderbarer Begleiter zu geschmortem Rindfleisch mit schwarzen Oliven. **GM**
❂❂❂❂❂ **Trinken: bis 2025**

Clive Coates bezeichnete Cheval Blanc als „den einzigen großen Wein der Welt, der überwiegend aus Cabernet Blanc gekeltert wird". Im Jahrgang 1998 ist der Anteil des Merlot allerdings höher als der des Cabernet Franc.

Durch eine frühe Lese wurde vermieden, daß der Wein von den starken Regenfällen am 27. September verwässert wurde. Die Erträge waren bemerkenswert gering, so daß ein Wein von unglaublicher Konzentration und Reichhaltigkeit entstand. Wie bei einem so gewaltigen Wein kaum anders zu erwarten, wirkt er noch relativ verschlossen, es ist aber bereits eine würzige, an Zedern gemahnende Komplexität festzustellen, die auch den für Cheval Blanc typischen Charakter von Beerenfrüchten zeigt.

Obwohl er nur zwei Jahre älter ist als der 2000er, ist der 1998 doch schon viel weiter entwickelt und viel komplexer. Der Geschmack ist entzückend üppig und doch elegant und zurückhaltend. Dem Wein fehlt die Konzentration des 2000ers, dafür sind die Tannine feiner und passen zur samtig-fruchtigen Textur. Dieser Cheval Blanc, mit einem Alkoholgehalt von 13 %, wird im Laufe der Zeit den legendären Status der Jahrgänge 1947 und 1921 erreichen. **SG**
❂❂❂❂❂ **Trinken: 2010–2030+**

Domaine de Chevalier

1995

Herkunft Frankreich, Bordeaux, Pessac-Léognan
Typ Trockener Rotwein, 13 Vol.-%
Rebsorten C. Sauvignon, Merlot, C. Franc, Petit Verdot

Wenn man sich der Domaine de Chevalier von Léognan aus nähert, sieht man, wie der Weingarten in die Pinienwälder des französischen Südwestens eingebettet ist. Es ist sogar einer der westlichsten Weingärten in Bordeaux, und damit auch einer der kühlsten. Davon profitieren zwar die Weißweine des Gutes, aber die roten Sorten, die den Großteil der Reben stellen, reifen meist unter Schwierigkeiten. Aber sie reifen, vor allem dank der Aufmerksamkeit, die der Besitzer Olivier Bernard den Erträgen widmet.

Das relativ kühle Klima führt dazu, daß die Weine der Domäne nie übermäßig kräftig ausfallen. Hier wird nie ein Latour oder Pavie entstehen. Die besten Jahrgänge des Chevalier zeichnen sich eher durch Finesse als durch Mächtigkeit aus. Ihre Zartheit kann dazu verleiten, sie in ihrer Jugend zu unterschätzen, während der Flaschenlagerung nehmen sie aber oft auf geheimnisvolle Weise an Dichte und Schwere zu. Während der Vinifikation wird hier das im Burgund übliche Verfahren der *pigeage* angewandt, bei dem die Maische in den Most gestampft wird, während im Bordeaux sonst eher mit Umfüllen gearbeitet wird.

Der elegante 1995er ist besonders üppig ausgefallen und hat wunderbar komplexe Aromen von roten Früchten, Holzrauch, Trüffeln und Tabak. Die köstliche Fruchtigkeit wird durch gute Säure ausbalanciert. Der Wein ist zwar nicht fleischig, aber straff, komplex und schön strukturiert. Nach 12 Jahren ist er in Bestform, die er auch noch viele Jahre behalten wird. **SBr**

☻☻☻ **Trinken: bis 2020+**

Vor einer chronologischen Verkostung in der Domaine de Chevalier.

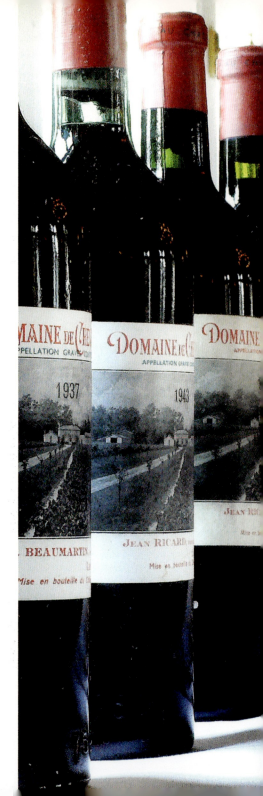

VICARD

DISTINCTION

Thin / Medium plus toast / Toasted heads

CHIMNEY ROCK

Chimney Rock *Stags Leap*
Cabernet Sauvignon Reserve 2003

Herkunft USA, Kalifornien, Napa Valley
Typ Trockener Rotwein, 14,2 Vol.-%
Rebsorten Cabernet Sauvignon, Merlot, Petit Verdot

1980 kauften Sheldon „Hack" Wilson und seine Ehefrau Stella den Chimney-Rock-Golfkurs im Stag's Leap District des Napa Valley und wandelten die ersten 9 Löcher in ein Weingut um, dessen 30 ha vor allem mit Cabernet Sauvignon bepflanzt wurden. Vor kurzem hat die Familie Terlato, die zuerst als Partner beteiligt war und seit 2004 Alleinbesitzer ist, auch die restlichen 9 Löcher mit Reben bestockt.

Nach der Reblausepidemie im Napa Valley wurde Chimney Rock in den 90er Jahren neu bepflanzt, um Rotweine zu erhalten, die sich durch sanfte, elegante Fruchtigkeit auszeichnen. Die Trauben werden zwar entrappt, aber nicht gepreßt. In Verbindung mit dem Ausbau in französischer Eiche (50 % davon neu) rückt dies den Fruchtgeschmack in den Vordergrund und führt zu einem Wein, dessen Textur legendär geworden ist.

Der Chimney Rock Cabernet Sauvignon 2003 stammt aus einem kühleren Jahr und zeigt eine seidige, elegante Fruchtigkeit und Tanninstruktur. Die Geschmacksnoten von schwarzen Johannisbeeren, die subtilen Mineralnoten und die straffere Säure lassen eine bessere Lagerfähigkeit als beim üppigeren (und vielleicht auch etwas vordergründigeren) 2002er erwarten. **LGr**

❂❂❂ Trinken: bis 2025+

Chryseia
2005

Herkunft Portugal, Douro-Tal
Typ Trockener Rotwein, 13 Vol.-%
Rebsorten Touriga Nacional, Touriga Franca, Tinta Roriz

Chryseia gehört zu einer neuen Welle von Tafelweinen aus dem Tal des Douro. Es ist auch der erste, der in Zusammenarbeit mit einem namhaften Winzer aus Bordeaux entstand – in diesem Fall Bruno Prats, dem ehemaligen Besitzer des Château Cos d'Estournel.

Chryseia wird nur in den allerbesten Jahren gekeltert. Die Reben stammen von den steilen Weinbergen Quintas Vila Velha, Bomfim und Perdiz – in manchen Jahren kommt noch Vesuvio hinzu. Die Erntemenge wird durch strikte Auswahl begrenzt. Der Wein wird in der sehr modernen Kellerei Quinta del Sol gekeltert und durch die Händler des Bordeaux vermarktet, so daß er trotz der geringen Mengen gut verfügbar ist.

Der 2005er ist ein leichterer und eleganter Wein als der 2003er oder 2004er. Vom Geschmack her ist es ein typischer Portugieser, der die Aromen des Touriga Nacional zeigt. Der Stil erinnert dagegen mehr an die Neue Welt, auch wenn sich der Einfluß des Bordeaux deutlich erkennen läßt. Brombeernoten und Obertöne von Zeder und Vanille verbinden sich mit dem parfümierten Blütencharakter des Touriga Nacional. Der Wein ist fest, aber samtig, mit gut eingebundenem Tannin – insgesamt sehr harmonisch. **GS**

❂❂❂ Trinken: bis 2015

◀ In Chimney Rock wird der Wein in französischer Eiche ausgebaut.

Domaine Auguste Clape
Cornas 1990

Herkunft Frankreich, nördliche Rhône, Cornas
Typ Trockener Rotwein, 13 Vol.-%
Rebsorte Syrah

Domenico Clerico
Barolo Percristina 2000

Herkunft Italien, Piemont, Langhe
Typ Trockener Rotwein, 14,5 Vol.-%
Rebsorte Nebbiolo

Cornas ist vermutlich die Appellation an der nördlichen Rhône, die sich am meisten dem Verständnis widersetzt. Die Weine wirken in ihrer Jugend verschlossener als andere junge Syrahs und können auf unheimliche Weise an südlichere Cuvées aus Syrah erinnern, wenn sie von weniger günstigen Weinbergen stammen. Das gilt nicht für den Clape.

Die Weinberge des Gutes liegen an zurückspringenden Südterrassen, wo sie vor dem austrocknenden Mistral geschützt sind. Dort reifen die Trauben zu gewaltigem potentiellen Alkoholgehalt und einer fast überirdischen Konzentration heran.

Auf die Kelterung und die Extraktion der Farbstoffe und Phenole durch Umpumpen und Stampfen in offenen Holzbehältern folgt der Ausbau, der bis zu 2 Jahre in großen *foudres* und kleineren Barriques dauert. In seinem zweiten Jahrgang begann der glorreiche 1990er, Aromen von Rosinen und getrockneten Feigen anzunehmen, die sich mit dem für einen älteren Rhônewein typischen Wildaroma verbanden. Die Frucht und das Tannin sind perfekt ausgeglichen; man spürt einen Hauch von Kaffee und von Kräutern, das Finale ist wunderbar ausgewogen. **SW**

😊😊😊😊 Trinken: bis 2015+

Domenico Clerico gehört zu den Gründungsmitgliedern der modernen Barolo-Schule. Er kelterte seinen ersten Barolo 1979. Die Traditionalisten werfen ihm und seinen Mitstreitern vor, sie hätten den traditionell aristokratischen und unbeugsamen Charakter des Barolo verraten, Clerico läßt sich jedoch durch die Kritik an seinen fruchtigen Weinen nicht beirren, da er überzeugt ist, der wohlüberlegte Einsatz von Eiche könne die rauhen Kanten des Barolo glätten und das Geschmacksspektrum abrunden.

Der Percristina stammt vom Weinberg Cristina, der in 370 m Höhe liegt. Clerico erwarb die Reben, die teilweise fast 60 Jahre alt sind, im Jahr 1995.

Das heiße Jahr 2000 war im Piemont ausgesprochen gut, obwohl die Weine etwas weniger Säure aufweisen als sonst, die durch samtige Tannine ausbalanciert wird. Die Barolos dieses Jahrgangs lassen sich jünger genießen als andere, werden sich aber mittelfristig noch verbessern. Clericos Percristina überzeugt durch geschichtete Aromen von reifen Kirschen und leichte Andeutungen von Gewürzen. Er wurde 25 Monate in neuen Barriques ausgebaut und wird sich noch ein Jahrzehnt gut weiterentwickeln, verspricht aber schon jetzt, in seiner Jugend, hohen Trinkgenuß. **KO**

😊😊😊😊 Trinken: bis 2012

Clonakilla
Shiraz/Viognier 2006

Herkunft Australien, New South Wales, Canberra
Typ Trockener Rotwein, 14,5 Vol.-%
Rebsorten Shiraz 94%, Viognier 6%

Clos de l'Oratoire
1998

Herkunft Frankreich, Bordeaux, St.-Emilion
Typ Trockener Rotwein, 13 Vol.-%
Rebsorten Merlot 90%, C. Sauvignon 5%, C. Franc 5%

1971 kaufte der in Irland geborene John Kirk in der Nähe des Dorfes Murrumbateman eine 18 ha große Farm, auf der er jeweils einen halben Hektar mit Cabernet Sauvignon und Shiraz bepflanzte.

Während der 70er und 80er Jahre wurden die beiden Rebsorten im damals traditionellen australischen Stil verschnitten. Die Weine des Jahrgangs 1990 wurden getrennt abgefüllt, und der Shiraz gewann mehrere Preise, wodurch Kirk auf die Möglichkeiten seines Shiraz aufmerksam wurde. Durch die Einzellagenweine von Marcel Guigal angeregt, die aus Shiraz und Viognier verschnitten wurden, begann Clonakilla ab 1992 dem eigenen Shiraz eine geringe Menge Viognier hinzuzufügen.

Shiraz aus New South Wales neigt zum pfefferigen und tanninreichen Ausdruck, wenn er einzeln abgefüllt wird, aber die Cuvée von Clonakilla vereint das beste aus beiden Welten und spiegelt die Herkunft aus einem relativ kühlen Klima wider. Als australische Shiraz-Viognier-Mischung kommt ihm nur der RunRig von Torbreck nahe. 1998 begann die Kellerei auch den Viognier einzeln abzufüllen, und auch dieser Wein wird inzwischen als maßgebendes australisches Beispiel für die Weinart angesehen. **SG**

🍷🍷🍷 **Trinken: bis 2016+**

Nachdem Graf Stephan von Neipperg das Geschick von Canon La Gaffelière zum besseren gewandt hatte, wandte er seine Aufmerksamkeit dem Clos de l'Oratoire zu, das sein Vater 1971 gekauft hatte. Die Reben wachsen hier an einem Hang aus Kalkstein-Lehm-Gemisch, weiter unten werden die Böden sandiger.

Der Weinbau wird hier im wesentlichen ökologisch betrieben. Die Vinifikation ähnelt der in Canon La Gaffelière, die Gärung findet in Holzfässern statt, und die Maische wird gestampft. Neipperg und sein Berater Stéphane Derenoncourt haben den Wein ansprechender gemacht, indem sie ihn in einem hohen Teil neuer Eiche ausbauen.

Der Preis des Weines wird in vernünftigem Rahmen gehalten, da Neipperg weiß, daß in dieser Lage nur in warmen Jahren hervorragende Resultate zu erzielen sind, wenn die Trauben volle Reife erreichen. In kühleren Jahren, die etwas selten geworden sind, kann Clos de L'Oratoire weniger erfolgreich ausfallen. 1998 war ein großartiges Jahr, der Wein ist bewundernswert üppig, ohne weichlich zu werden. Er hat Tanninstruktur beibehalten und ist gut ausgewogen. In der Jugend war sein Genuß ein Vergnügen, er hat aber seine Fruchtigkeit und Stilsicherheit durchaus beibehalten. **SBr**

🍷🍷 **Trinken: bis 2015**

Clos de Los Siete
2004

Herkunft Argentinien, Mendoza, Uco-Tal
Typ Trockener Rotwein, 15 Vol.-%
Rebsorten Malbec 45%, Merlot 35%, andere 20%

Ende der 90er Jahre brüteten der bekannte Önologe Michel Rolland und der inzwischen verstorbene Jean-Michel Arcaute die Pläne für dieses Gut aus. Bei einer solch hochkarätigen Zusammenarbeit würde man vielleicht einen ‚überdimensionaler' Wein erwarten. Der Clos de Los Siete ist zwar ein großer, reifer, konzentrierter Wein, aber er ist nicht so dicht, extraktreich oder eichenbetont, daß sich die Bezeichnung ‚Blockbuster' rechtfertigen ließe.

Das liegt zum Teil daran, daß Rolland von seiner europäischen Technik dazu überging, den Most vor der Gärung auf den gekühlten Beerenhäuten zu mazerieren. Auf diese Weise werden die Geschmacksstoffe extrahiert, ohne daß die Tannine zu deutlich werden. Der Ausbau in Eichenfässern untermauert das Tannin und macht den Geschmack komplexer. Die Trauben stammen von Weinbergen in Vistaflores im hochgelegenen Uco-Tal.

Rolland fällt die Aufgabe zu, die Fässer mit den besten Grundweinen für den Clos de Los Siete auszuwählen. Die verbleibenden Weine können von den sieben Investoren für ihre eigenen Marken verwendet werden. Die Verbindung von Michel Rollands zurückhaltender Vinifikation und dem *terroir* im Uco-Tal kann einem das Wasser im Munde zusammenlaufen lassen. **MW**

🍷🍷 **Trinken: bis 2020**

Clos de Tart
2005

Herkunft Frankreich, Burgund, Côte de Nuits
Typ Trockener Rotwein, 13,5 Vol.-%
Rebsorte Pinot Noir

Das 7 ha große Gut Clos de Tart wurde im 12. Jahrhundert vom Abt des Klosters Tart geschaffen, und es blieb in Kirchenbesitz, bis es während der Französischen Revolution säkularisiert wurde. Wie viele andere Güter im Burgund erlebte es in den 60er und 70er Jahren eine schwache Phase, aber nachdem Sylvain Pitiot 1995 als Geschäftsführer eingestellt wurde, ging es wieder bergauf.

Die Weingärten des Clos de Tart haben wenig fruchtbare, kalkige Lehmböden, die jedoch sehr gute drainiert sind. Pitiot hat sie in verschiedene Parzellen aufgeteilt, so daß ihm eine Vielzahl unterschiedlicher Grundweine für seine Cuvée zur Verfügung steht.

Pitiot entrappt die Beeren, mazeriert sie dann für etwa eine Woche und gärt sie mit natürlichen Hefen. Die Fässer stehen in sehr kühlen Kellern, um die malolaktische Gärung möglichst lange hinauszuzögern. Der Ausbau erfolgt in neuer Eiche. Der prachtvolle 2005er ist ein Beispiel für Clos de Tart in Hochform. In der Nase bemerkt man nicht nur Kirschen, sondern auch die Veilchen, denen man oft in diesem Wein begegnet. Die Textur ist samtig, die Frucht rein, reif und konzentriert, aber noch zurückhaltend, und die feine, fast rassige Säure trägt das sehr lange Finale. **SBr**

🍷🍷🍷🍷 **Trinken: bis 2030**

Clos des Papes
2001

Herkunft Frankreich, südl. Rhône, Châteauneuf-du-Pape
Typ Trockener Rotwein, 13,5 Vol.-%
Rebsorten Grenache 65%, Mourvèdre 20%, andere 15%

Der Großvater des heutigen Besitzers Paul Avril begann schon 1896 unter dem Namen Clos des Papes Wein abzufüllen. Heute führt Paul das Gut mit seinem im Burgund ausgebildeten Sohn Vincent. Trotz seines Namens stammen die Trauben für den Wein aus 18 unterschiedlichen Parzellen, die sich auf 32 ha beste *terroirs* in Châteauneuf-du-Pape verteilen.

Der Rotwein des Gutes entsteht aus bis zu 13 verschiedenen Grundweinen, wobei das Hauptgewicht auf Grenache und Mourvèdre liegt. Der Wein wird nur zu 20 % in neuer Eiche ausgebaut, um die Frucht nicht zu übertönen. Avril hat eine ‚Nebelmaschine' installiert, damit die Luftfeuchtigkeit hoch bleibt, auch wenn der Mistral bläst.

Wegen seiner reichhaltigen Fruchtigkeit kann man den Clos des Papes schon in jungem Alter genießen, gute Jahrgänge lassen sich aber auch 20 oder mehr Jahre lagern. Nach etwa fünf Jahren im Keller beginnt er, sich von seiner besten Seite zu zeigen. Er eignet sich gut als Begleiter von Lamm-, Enten- oder Wildgerichten. Die Avrils keltern mit dem Le Petit d'Avril auch einen Wein ohne Jahrgangsangabe, der meist aus den drei vergangenen Jahren stammt. **SG**

✪✪✪ **Trinken: bis 2020+**

Clos Erasmus
1998

Herkunft Spanien, Katalonien, Priorat
Typ Trockener Rotwein, 14,5 Vol.-%
Rebsorten Grenache, Syrah, Cabernet Sauvignon

Daphne Glorian arbeitete während der 80er Jahre im europäischen Weinhandel. Als René Barbier und Alvaro Palacios sich im Priorat niederließen, um dieses alte Anbaugebiet zu neuem Leben zu erwecken, luden sie einige Freunde ein, mit ihnen zu kommen. Dazu gehörte auch Glorian.

Ihr Wein, der Clos Erasmus, ist jetzt einer der wenigen Kultweine aus Spanien. Sie suchte sich steile Weinberge mit Schieferböden und alten Grenache-Reben und pflanzte als Ergänzung etwas Syrah und Cabernet Sauvignon. Bis zum Jahr 2000 standen ihre Fässer in der Kellerei von René Barbier, dann bezog sie ihre eigene Kellerei im alten Theater von Gratallops.

Bei dem ersten Jahrgang, 1989, wurden die Trauben zusammen gegärt und dann getrennt auf Flaschen abgefüllt. So entstand der neue Priorat. 1998 bot dann die idealen Bedingung für einen überaus beeindruckenden Erasmus. Die Farbe ist sehr dunkel, in der Jugend fast schwarz, und die Nase ist komplex mit Aromen von reifen Beeren, Veilchen, getrockneten Kräutern und Rauchtönen, die von dem Ausbau im Faß herrühren. Am Gaumen ist er voll, dicht, mineralbetont, langanhaltend und komplex. **LG**

✪✪✪✪ **Trinken: bis 2025**

Clos Mogador 2001

Herkunft Spanien, Katalonien, Priorat
Typ Trockener Rotwein, 14,5 Vol.-%
Rebsorten Grenache, C. Sauvignon, Syrah, andere

René Barbier ist ohne Zweifel der Vater des modernen Priorat-Weines, seit 1989 hat er als Katalysator für die Wiedergeburt des Anbaugebietes gewirkt. Er war der erste, der wirklich an das Potential der Region glaubte, und seine Begeisterung war so ansteckend, daß er andere davon überzeugen konnte, hierher zu ziehen, um Weltklasseweine zu keltern. Sein Glaube und seine Entschlossenheit machten daraus eine Realität.

Barbier ist der Nachkomme französischer Winzer, die sich in Penedès niederließen; einst gehörte ihnen die Marke René Barbier, sie wurde aber schon vor langer Zeit verkauft. Sein Weingarten liegt wie ein riesiges Amphitheater aus Schiefer über dem Fluß Siurana, dort kultiviert er eine Vielzahl von Rebsorten, darunter die für das Priorat typischen, aber auch ausgefallenere wie Pinot Noir und Monastrell. Vielleicht stammt daher die zusätzliche Dimension in seinen Weinen, die anderen fehlt.

Der Clos Mogador ist in seiner Jugend oft tanninreich und verschlossen und schneidet deshalb bei frühen Blindverkostungen nicht so gut ab. Wenn man ihm jedoch Zeit gibt, ist er Jahr für Jahr der konsistenteste aller Weine aus dem Priorat. Selbst in schwierigen Jahren ist es nicht nur ein sehr guter Wein für den Jahrgang, sondern ganz einfach ein sehr guter Wein. Und in großartigen Jahren wie 2001 erstrahlt sein Licht umso heller.

René Barbier junior arbeitet inzwischen mit seinem Vater zusammen. Das Priorat ist so warmherzig, daß er das Mädchen vom Clos Martinet geheiratet hat, wo sie gerade zusammen mit weiteren Freunden Wein erzeugen. Die Tradition setzt sich ungebrochen fort. **LG**

❂❂❂ **Trinken: bis 2016**

WEITERE EMPFEHLUNGEN
Andere große Jahrgänge
1994 • 1998 • 1999 • 2004
Weitere Erzeuger aus dem Priorat
Clos Erasmus • Costers del Siurana
Mas Martinet • Alvaro Palacios

Coldstream Hills *Reserve Pinot Noir* 2005

Herkunft Australien, Victoria, Yarra Valley
Typ Trockener Rotwein, 13,5 Vol.-%
Rebsorte Pinot Noir

Seitdem James Halliday und seine Ehrfrau Suzanne 1985 Coldstream Hills gründeten, hat sich das Gut zu einer der führenden kleinen australischen Kellereien entwickelt. Obwohl er das Unternehmen 1996 an Southcorp verkaufte, arbeitet Halliday immer noch als Berater für das Gut und bewohnt ein Haus auf dem Gelände. Coldstream Hills liegt im Yarra-Tal, das – vinologisch und klimatisch gesehen – kühler ist als das Bordeaux, aber wärmer als das Burgund. Es liefert einige der besten australischen Pinot Noirs und Chardonnays.

Der Spitzenwein des Gutes stammt vor allem von der Parzelle Amphitheatre A – ein steiler, nach Norden ausgerichteter Hang unterhalb der Kellerei –, der sich durch niedrige Erträge auszeichnet und im Jahr 2006 getrennt auf Flaschen abgefüllt wurde. Den Trauben wurde während der Vinifikation besondere Aufmerksamkeit gewidmet: „Durch den höheren Anteil neuen französischen Eichenholzes, den längeren Ausbau im Faß und die Auswahl der besten Trauben wird die Struktur des Weines betont", sagt Andrew Fleming, der Kellermeister von Coldstream Hills.

Der Reserve Pinot Noir wird nicht jedes Jahr gekeltert, und laut Aussage des Gutes werden nicht mehr als 10 % der Ernte für ihn verwendet. Dieser hochgelobte australische Wein zeigt deutlich den Charakter der Rebsorte und eignet sich für mittelfristige Kellerlagerung. Er ist als quasi-Karikatur der burgundischen Weine bezeichnet worden, in seinen besten Jahrgängen ist er ein gutes Beispiel für einen australischen Pinot Noir aus einem kühlen Anbaugebiet. **SG**

❂❂❂ Trinken: bis 2010+

WEITERE EMPFEHLUNGEN
Andere große Jahrgänge
1995 • 1996 • 1997 • 1998 • 2002 • 2004 • 2005
Weitere Pinot Noirs aus Yarra Valley
De Bortoli • Mount Mary
Yarra Yering • Yering Station

Colgin Cellars *Herb Lamb Vineyard Cabernet Sauvignon* 2001

Herkunft USA, Kalifornien, Napa Valley
Typ Trockener Rotwein, 15 Vol.-%
Rebsorte Cabernet Sauvignon

Während ihres Kunststudiums und ihrer Berufstätigkeit im Kunstbereich entwickelte Ann Colgins ein Gespür für die Begriffe ‚edel' und ‚distinguiert', was sich auch in ihren Weinen zeigt.

Die Trauben für ihren ersten Wein kamen 1992 vom 3 ha großen Herb Lamb Vineyard. Der Besitzer Herb Lamb und seine Ehefrau Jennifer pflanzten 2 ha Cabernet Sauvignon auf einem steilen, felsigen Hang. Die Lambs haben mehr als die Hälfte des Weingartens mit Clone 7 neu bestockt, der auf 110R-Unterlagen gepfropft wurde. Die Trauben für die Kellerei Colgin Cellars stammen von den Rebstockreihen oben am Hang.

Die Methoden der Kellerei sind hochmodern: Lese in den frühen Morgenstunden, doppelte Selektion der Trauben, kaltes Einweichen, Gärung in Edelstahltanks, zweifaches Umpumpen, Gärdauer von 2 bis 3 Wochen und eine zusätzliche Mazerationszeit von 30 bis 40 Tagen nach der Gärung. Die malolaktische Gärung findet im Faß statt, und der 2001er wurde 19 Monate in neuen Eichenfässern ausgebaut. Der Wein wird weder geklärt noch filtriert. Das Gut hat inzwischen 2 eigene Weingärten, aber es ist die Abfüllung vom Herb Lamb, die den Maßstab setzt: Sie ist auf exquisite Weise elegant. **LGr**
❂❂❂❂❂ Trinken: bis 2025+

Bodega Colomé *Colomé Tinto Reserva* 2003

Herkunft Argentinien, Calchaquí-Tal
Typ Trockener Rotwein, 14 Vol.-%
Rebsorten Malbec 80%, Cabernet Sauvignon 20%

Die ursprüngliche Kellerei Colomé im Norden Argentiniens stammt aus dem Jahr 1831 und gilt als ältestes Weingut des Landes. Vermutlich vom letzten spanischen Gouverneur von Salta gegründet, gelangte es 1854 durch Heirat in den Besitz der Familie Dávalos. Die vom Colomé-Gut unter der Familie Dávalos gekelterten Weine fielen teilweise sehr intensiv aus, waren aber auch auf frustrierende Weise von sehr unterschiedlicher – nicht immer guter – Qualität.

2001 kauften die Besitzer der Hess Collection Winery in Kalifornien das Gut, zu dessen 40 ha auch 4 ha Malbec und Cabernet Sauvignon gehören, die von den Dávalos Mitte des 19. Jahrhunderts gepflanzt wurden und aus denen der Colomé Reserva entsteht.

Die Reben werden künstlich bewässert, da der Weingarten kaum Regen erhält. Er liegt auf einer Höhe von über 2740 m und ist damit einer der höchsten der Welt. Die extremen Lichtverhältnisse führen zu Weinen mit intensiver Farbe, sehr sanften Tanninen, weicher Säure und unglaublich strahlendem Fruchtgeschmack. Die relativ kühle Gärung erhält die natürliche Frische des Weins, und da er nur zur Hälfte im Faß ausgebaut wird, zeichnet er sich durch bemerkenswerte Verdaulichkeit aus. **MW**
❂❂❂ Trinken: bis 2013

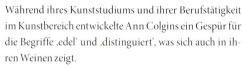
Die Rebenreihen ziehen sich ohne Unterbrechung durch Napa Valley.

Concha y Toro
Almaviva 2000

Herkunft Chile, Maipo-Tal
Typ Trockener Rotwein, 13,5 Vol.-%
Rebsorten Cabernet Sauvignon 86%, Carmenère 14%

Château La Conseillante
2004

Herkunft Frankreich, Bordeaux, Pomerol
Typ Trockener Rotwein, 13 Vol.-%
Rebsorten Merlot 80%, Cabernet Franc 20%

Philippine, die Tochter des verstorbenen Baron Philippe de Rothschild, trat in die Fußstapfen ihres Vaters, als sie sich entschloß, die Ressourcen eines jungen Weinanbaulandes mit der Erfahrung eines älteren zu verbinden. So entstand in Zusammenarbeit mit dem chilenischen Weingut Concha y Toro Almaviva.

Vor Abschluß des Vertrages hatten sich die Önologen von Concha y Toro unter den besten Weingärten des Gutes im Anbaugebiet Puente Alto umgesehen, aus denen die Trauben für ihren Spitzenwein Don Melchor stammen. Die Einzelkelterung von kleinen Parzellen stellte sicher, daß genug Trauben sowohl für den Almaviva als auch für den Don Melchor zur Verfügung stehen.

Der Jahrgang 2000 wurde von Mouton-Rothschilds technischem Direktor Patrick Léon und Concha y Toros in Frankreich ausgebildetem Kellermeister Enrique Tirado zusammengestellt. Es war der erste Wein, der in Almavivas futuristischer Kellerei erzeugt und ausgebaut wurde und war ein deutlicher Qualitätssprung im Vergleich zu früheren Jahrgängen. Die Arbeit, die in den vorhergehenden Jahren in den Weingärten geleistet wurde, ist am deutlichsten am Gaumen zu spüren, wo sich saftiger Fruchtgeschmack mit guten Tanninen verbinden. **MW**
🍷🍷🍷🍷 **Trinken: bis 2012**

Château La Conseillante ist – wenigstens für Pomerol – insofern ungewöhnlich, als es seit 1871 im Besitz einer Familie ist: der Familie Nicolas aus Libourne. Seit 2004 steht es unter der Leitung des energischen Jean-Michel Laporte, der dafür gesorgt hat, daß der hohe Standard des Hauses erhalten blieb.

Die Böden sind unterschiedlich, wie so oft in Pomerol. Etwas mehr als die Hälfte der Reben wachsen auf Lehmboden, der andere Teil auf sandigem Kies, der in der Nähe von Pomerol etwas steiniger ist. All dies trägt sicher zur Komplexität und Subtilität des Weines bei.

Obwohl der La Conseillante schon in der Jugend beeindruckend ist, zeigt er erst nach 10 Jahren seine ganze Sinnlichkeit, die Aromen von Trüffeln und Lakritze, die samtige Textur, saftige Frucht, seine tadellose Balance und Länge. Der 2004er hatte in der Jugend explosive Kirscharomen und fest zugreifende Tannine unter der geschmeidigen Textur, er wird sich im Laufe der Jahrzehnte jedoch superb weiterentwickeln. Aus unerfindlichen Gründen wird das Gut von manchen Weinkritikern unterschätzt, so daß die Preise – auch wenn man sie nicht als niedrig bezeichnen kann – in einem vernünftigen Verhältnis zu dem stehen, was der Wein bietet. **SBr**
🍷🍷🍷 **Trinken: 2012–2030**

Contador
2004

Herkunft Spanien, Rioja
Typ Trockener Rotwein, 14 Vol.-%
Rebsorte Tempranillo

Giacomo Conterno
Barolo Monfortino Riserva 1990

Herkunft Italien, Piemont, Langhe
Typ Trockener Rotwein, 14 Vol.-%
Rebsorte Nebbiolo

Benjamin Romeo gründete sein Gut Contador in den 90er Jahren als kleine Bodega – nur 15 ha Reben und eine selbst auferlegte Produktionsmenge von höchstens 20.000 Flaschen. Seine ersten Jahre dort überschnitten sich mit seinen letzten bei Artadi, wo er 15 Jahre als Kellermeister tätig war.

Obwohl sie nicht auf eine lange Geschichte verweisen können, um ihren guten Ruf zu stützen, sprechen die Rotweine von Romeo (der Contador, der Cueva del Contador und La Viña de Andrès) für sich selbst, sobald man sie entkorkt. Wenn man daran glaubt, daß es Weine gibt, die wirklich schon in ihrer Jugend einige hundert Euro wert sind, dann gehört zu dieser Gruppe sicherlich der Contador 2004 (auch den exzellenten 2005er sollte man nicht außer Acht lassen). Es ist ein großartiger Wein mit festen, aber seidigen Tanninen, brillanter Säure, hervorragend ausgedrückter Frucht und einem üppigen Gaumen. All das ist in ein Kleid von überwältigender Eleganz gehüllt.

Es mag eine perverse Freude bereiten, einen hochgelobten und sehr teuren Wein zu verkosten, der den hohen Erwartungen, die er weckt, ganz und gar nicht gerecht wird. Diese Freude werden einem die Weine von Benjamin Romeo – und vor allem der großartige Contador 2004 – auf keinen Fall bereiten. **JB**

🍷🍷🍷🍷 Trinken: bis 2020

Im Jahr 1990 war dem Piemont dank eines heißen, trockenen Sommers mit gerade hinreichenden Niederschlägen und von Natur aus geringen Erträgen ein fast perfekter Weinjahrgang beschert. Der Barolo Monfortino von Giacomo Conterno aus diesem Jahr ist zweifelsohne einer der größten italienischen Weine – gerühmt wegen seiner heroischen Struktur und des schier unglaublichen Lagerungspotentials.

Die 90er Jahre waren für die italienischen Winzer – und besonders für die Erzeuger von Barolo – eine konfliktreiche Zeit, da die Traditionalisten wegen ihres Beharrens auf Kellereimethoden kritisiert wurden, die von vielen als altmodisch bezeichnet wurden. Das galt besonders für das Eichenholz, wovon sich Giovanni Conterno aber nicht beeinflussen ließ und seinen Monfortino 1990 dennoch 7 Jahre in großen Eichenfässern altern ließ.

Der Monfortino 1990 hat als stolze Quintessenz des Barolos triumphiert: Voller Kraft und Klasse, immer noch sehr jugendlich mit festen, aber seidigen Tanninen und einer klaren Säure. Die typischen Geschmacksnoten von Lakritze, Minze und Blüten entwickeln sich langsam im Glas, der Wein wird noch Jahre brauchen, um seinen Höhepunkt zu erreichen. **KO**

🍷🍷🍷🍷 Trinken: 2010–2040+

Conterno Fantino
Barolo Parussi 2001

Herkunft Italien, Piemont, Langhe
Typ Trockener Rotwein, 14 Vol.-%
Rebsorte Nebbiolo

Contino
Viña del Olivo 1996

Herkunft Spanien, Rioja
Typ Trockener Rotwein, 13,5 Vol.-%
Rebsorten Tempranillo 95%, Graciano 5%

Die Cousins Guido Fantino und Claudio Conterno gründerten 1992 Conterno Fantino. Zuerst arbeiteten sie mit Trauben von den Gütern ihrer Väter in Monforte, später kauften sie eigene Weingärten hinzu.

Conterno ist ein Verfechter des nachhaltigen Weinbaus, verwendet nur organische Dünger und sät zwischen den Rebenreihen Hülsenfrüchte, um ein natürliches Gleichgewicht zu erhalten. Fantino leitet den Keller, wo er nach einigen Jahren des Experimentierens dazu übergegangen ist, Barriques für die malolaktische Gärung und den Ausbau zu verwenden.

Der Weingarten Parussi ist einer der besten in Castiglione Falleto, und Conterno Fantino hatte hier von 1997 bis 2001 Reben gepachtet, aus denen der gleichnamige Barolo gekeltert wurde. Dank des leichteren, kalkreichen Bodens sind die Barolos von dieser Lage eleganter und weniger tanninbetont als jene aus Monforte. Der Parusso 2001 war der letzte, den Conterno Fantino kelterte, bevor sich die Besitzer des Weingartens entschlossen, wieder in eigener Regie Wein zu erzeugen. Er ist gut strukturiert, aber elegant, mit reichhaltigem Fruchtgeschmack und süßen Tanninen. Obwohl er auch jung ein Genuß ist, verträgt er doch eine Lagerung von 10 oder mehr Jahren. **KO**
❂❂❂ **Trinken: bis 2012+**

Die 1973 gegründete Kellerei Contino stellt ihre Weine stets aus eigenen Trauben her. Sie gehörte zu den ersten in diesem Anbaugebiet, die Einzellagenweine kelterte.

Mitte der 70er Jahre war der Stil für einen Rioja revolutionär: Der Wein war dunkler und fruchtiger, statt amerikanischer Eiche wurde französische eingesetzt, und der Tempranillo wurde durch etwas Graciano ersetzt – eine zu dieser Zeit fast ausgestorbene Rebsorte, die sich inzwischen nicht zuletzt dank Contino wieder erholt hat.

Der Viño del Olivo wurde zuerst Mitte der 70er Jahre gekeltert. Contino wollte zu dieser Zeit mit neuen Techniken experimentieren, und begann mit einer strikteren Auslese der Trauben, damit diese den neuen Methoden auch standhielten. Die Trauben stammten von einem Kalkhang, der etwa 20 Jahre zuvor bestockt worden war und sehr kleine Beeren lieferte. Nach 24 Monaten im Faß war ein legendärer neuer Rioja geboren.

Im Jahr 2000 wurde dieser 1996er von einigen der führenden spanischen Önologen zum besten Rotwein Spaniens gewählt. Er ist von dunkler Farbe, mit einer vielschichtigen und eleganten Nase – reichlich rote Früchte, feines Leder und würzige, geröstete, balsamische Noten – und geschmacksreich und reichhaltig am Gaumen. **LG**
❂❂❂❂ **Trinken: bis 2020+**

Coppo
Barbera d'Asti Pomorosso 2004

Herkunft Italien, Piemont, Monferrato
Typ Trockener Rotwein, 14 Vol.-%
Rebsorte Barbera

Coriole
Lloyd Reserve Shiraz 1994

Herkunft Australien, South Australia, McLaren Vale
Typ Trockener Rotwein, 14 Vol.-%
Rebsorte Shiraz

Die Familie Coppo ist seit dem frühen 20. Jahrhundert im Weingeschäft tätig, es waren jedoch die vier Enkel des Gründers, die das Augenmerk auf Qualität und den Barbera richteten.

Die jungen Brüder waren scharfsinnig genug, die kommenden Mode vorherzusehen, und 1984 brachten sie ihren in kleinen französischen Fässern ausgebauten Barbera Pomorosse auf den Markt. Der einst geschmähte Barbera entwickelte sich zum Stolz des gesamten Anbaugebietes und erhält heute die ihm zukommende Anerkennung.

Der Spitzenwein des Gutes, der Pomorosso, wird 15 Monate in Barriques ausgebaut. Er bietet ein komplexes und wohlduftendes Bouquet von reifen Kirschen und Brombeeren, mit subtilen Beiklängen von Kirschlikör, Schokolade, Espresso und Vanille. Das Jahr 2004 war im Piemont ein Klassiker, und eine willkommene Abwechslung nach den extremen Wetterbedingungen von 2002 und 2003. Der Pomorosso 2004 ist ein großartiger Barbera d'Asti, sinnlich und doch elegant, mit klarer Säure und samtigen Tanninen, die noch hinreichend strukturiert sind, um dem Wein eine Lagerfähigkeit von einigen Jahren zu sichern. **KO**

😊😊😊 **Trinken: bis 2015**

Coriole wurde 1967 von Hugh Lloyd und seiner Ehefrau gegründet, und es ist auch heute noch unter der Leitung ihres Sohnes Mark ein Familienbetrieb.

Der Spitzenwein ist der Lloyd Reserve. Er ist ein vollblütiger, vollreifer Rotwein, der exzessiven Alkohol und Anklänge von abgestorbenen Beeren vermeidet, da die Trauben nie zu spät gelesen werden oder Belastungen ausgesetzt werden. Es ist ein Einzellagenwein, der von einer Parzelle mit alten Reben in der Nähe der Kellerei stammt, die 1919 auf kargen Schieferböden gepflanzt wurden. Der Weingarten ist etwas nach Osten ausgerichtet und relativ kühl, wodurch sich die Eleganz des Weines erklärt.

Bei der Gärung wird die aufschwimmende Maische gestampft und der Wein wird umgepumpt, über die Pressung wird auf Grund von Verkostungen entschieden, nicht auf Grund des spezifischen Gewichts. 1994 war in Australien ein ausgezeichneter Jahrgang für Rotweine. Der Lloyd Reserve wurde zu dieser Zeit von amerikanischer auf französische Eiche umgestellt, beim 1994er war das Verhältnis 50 : 50. Der Kellermeister Simon White sagt, der Wein erreiche sein Optimum mit 10 bis 15 Jahren, wenn der typische Seetang- und Jodcharakter des Anbaugebietes sich entwickelt hat. **HH**

😊😊😊 **Trinken: bis 2012**

Corison *Cabernet Sauvignon*
Kronos Vineyard 2001

Herkunft USA, Kalifornien, Napa Valley
Typ Trockener Rotwein, 13,8 Vol.-%
Rebsorte Cabernet Sauvignon

Matteo Correggia
Roero Ròche d'Ampsèj 1996

Herkunft Italien, Piemont, Langhe
Typ Trockener Rotwein, 14,5 Vol.-%
Rebsorte Nebbiolo

Wie so viele andere Weinmacher, die als Angestellte gearbeitet haben, verspürte auch Cathy Corison den Drang, Wein nach ihren eigenen Vorstellungen zu keltern, Weine, die „zugleich elegant und kraftvoll" sein sollten.

Es sind die alluvialen Böden, auf denen alle ihre Reben wachsen, durch die sich ihre Weine von anderen unterscheiden. Es sind kiesige Lehme mit geringen Tonmineralbeimischungen, die als Wasserspeicher für die wachsenden Rebstöcke dienen. Corison erntet die Trauben in verschiedenen Reifestadien, so daß sie schon im Lesegut verführerische und differenzierte Tannine erhält. Die Cabernets sind elegant und sinnlich mit einer subtilen Sehnigkeit und reichlich frischer Fruchtigkeit. Sie lassen ihre Herkunft mit einem Hauch von „Rutherford-Staub" sehr deutlich erkennen.

Die Reben im Kronos-Weingarten wachsen in steinigerem Boden und behalten so ihre natürliche Säure, die Corison um des Rückgrates und der Langlebigkeit willen schätzt. Der Kronos 2001 wurde zur Hälfte in neuer französischer Eiche ausgebaut und ist zurückhaltender als Weine aus größeren Jahrgängen. Mit seiner festen Struktur strahlt er jedoch Eleganz, Energie und eine dynamische Komplexität aus. **LGr**

❂❂❂❂ **Trinken: bis 2025**

Der Ròche d'Ampsèj von Matteo Corregia verkörpert vielleicht mehr als jeder andere Wein die Träume und Leidenschaften eines Mannes. Die steilen, sandigen Hügel seiner Heimat Roero galten lange als für den Weinbau nicht so geeignet wie Barolo und Barbaresco. Die Weine aus Nebbiolo und Arneis entsprachen nicht dem Zeitgeschmack. Matteo erkannte, daß dies lediglich an mangelnden Investitionen lag. Es gab hier nicht genug Gärbehälter aus Edelstahl und nicht genug Fässer aus neuer Eiche, und die Erträge waren viel zu hoch.

Correggia war entschlossen, den Ruf des Anbaugebietes zu bessern. Er reduzierte die Erträge der Nebbiolo-Reben auf seinem 3 ha großen Weingarten, verkürzte die Mazerationsdauer auf weniger als eine Woche und baute zu 100 % in neuer Eiche aus. Die Qualitätssteigerung war ebenso augenfällig wie schnell, und sein kompromißloses Vorgehen erregte bald die Aufmerksamkeit der Weinpresse. 1996 hatte sein Ròche d'Ampsèj mit dem Tre Bicchiere bereits den angesehensten italienischen Weinpreis erhalten. Es ist vor allem den Anstrengungen diese Mannes, der 2001 bei einem Unfall starb, zu verdanken, daß der Roero nicht mehr vinologisches Notstandsgebiet ist und im Jahr 2005 den Rang einer DOCG erhielt. **MP**

❂❂❂❂ **Trinken: 2010–2025+**

Cortes de Cima
Incógnito 2003

Herkunft Portugal, Alentejo
Typ Trockener Rotwein, 14,5 Vol.-%
Rebsorte Syrah

COS
Cerasuolo di Vittoria 1999

Herkunft Italien, Sizilien, Vittoria
Typ Trockener Rotwein, 13 Vol.-%
Rebsorten Nero d'Avola, Frappato

In den späten 80er Jahren gründeten Hans und Carrie Jorgensen Cortes de Cima, das sich inzwischen zu einem der führenden Güter im Alentejo entwickelt hat.

Als der Weingarten bestockt wurde, war eine der wichtigsten Rebsorten, der Syrah, hier nicht zugelassen. Die Jorgensens nannten ihren Wein deshalb Incógnito. Seit dem ersten Jahrgang 1998 ist er zu einem Bannerträger des Alentejo mit Kultstatus in Portugal geworden.

Der Incógnito 2003 stammt aus einem heißen Jahr, im dem die Temperaturen sogar die phenolische Reifung in den Trauben verzögerte. Das hat sich jedoch auf den Wein nicht negativ ausgewirkt. Die Lese fand in mehreren Durchgängen unter wolkenlosem Himmel statt, so daß ein intensiver, reifer Wein gekeltert werden konnte, der außerordentlich verführerisch ist, jedoch auch eine ernsthaftere Seite aufweist. Obwohl sich seine Herkunft aus einem warmen Klima in der reifen Fruchtigkeit zeigt, läßt sich der Wein in etwa zwischen Erzeugnissen der nördlichen Rhône und dem australischen Barossa-Tal einordnen. Er wurde acht Monate in neuer französischer und amerikanischer Eiche ausgebaut und wird sich in ein bis zwei Jahren in der Flasche gut entwickeln und viele weitere Jahre großen Genuß bieten. **JG**

$ $ **Trinken: bis 2018**

1980 entschlossen sich drei Schulfreunde aus Vittoria – Gianbattista Cilia, Giusto Occhipinti und Giuseppina Strano –, die Zeit bis zur Immatrikulation zu überbrücken, indem sie Wein kelterten. Sie stampften die Trauben mit den Füßen und gärten den Wein in einem alten Betonbehälter. So erweckten sie die DOC Cerasuolo die Vittorio wieder zum Leben und wurden zu Wegbereitern der Renaissance sizilianischer Weine.

Ende der 80er und Anfang der 90er Jahre besuchten Cilia und Occhipinti Kalifornien und ließen sich eine Zeit von der dortigen Winzerei beeinflussen. Dann machten sie jedoch einen Schritt zurück und begannen, alte Barriques zu verwenden und mit unterschiedlichen Faßgrößen zu experimentieren. Zu einer Zeit, in der die meisten Winzer in internationale Rebsorten investierten, richtete COS weiterhin das Augenmerk auf die sizilianischen Sorten Nero d'Avola und Frappato.

COS geht auf möglichst natürliche Weise an die Winzerei heran. Im Weingarten wird nicht mit Chemie, in der Kellerei nicht mit Zuchthefe gearbeitet, und die Rotweine werden unfiltriert abgefüllt. Der Cerasuola di Vittoria 1999 ist erdig und reichhaltig mit süßen Fruchtaromen und einem langen, mineraligen Finale. **KO**

$ $ **Trinken: bis 2012**

Château Cos d'Estournel
2002

Herkunft Frankreich, Bordeaux, St.-Estèphe
Typ Trockener Rotwein, 13 Vol.-%
Rebsorten C. Sauvignon 58%, Merlot 38%, Others 4%

Andrea Costanti
Brunello di Montalcino 2001

Herkunft Italien, Toskana, Montalcino
Typ Trockener Rotwein, 14 Vol.-%
Rebsorte Sangiovese

Château Cos d'Estournel wurde Anfang des 19. Jahrhunderts gegründet. 1917 kaufte es die Familie Ginestet, von der es durch Heirat an die Familie Prats überging. Im Jahr 1998 verkaufte Bruno Prats den Besitz, aber sein Sohn Jean-Guillaume blieb als Verwalter, so daß ein gewisses Maß an Koninuität erhalten blieb.

Im Allgemeinen haben die Weingärten von St.-Estèphe deutlich lehmreichere Böden als der Nachbar Pauillac, aber Cos d'Estournel ist in dieser Hinsicht eher eine Ausnahme, da es einen Kiesboden hat, der denen der *grands crus* in Pauillac ähnelt. Andererseits wird hier ein wesentlich höherer Anteil an Merlot kultiviert, als es in Pauillac üblich wäre. Ohne den Merlot wäre der Wein sehr viel rauher und tanninreicher, da der Merlot sich mäßigend auf den sehr strukturierten Cabernet auswirkt, der auf diesen Böden wächst. Der Stil des Weines ist üppig und konzentriert, er ist dunkel gefärbt und hat einen kräftigen Geschmack – dennoch ist er eleganter als viele Weine aus St.-Estèphe. Er altert gut.

Das Jahr 2002 war im Medoc nicht überall überzeugend, aber hier war es hervorragend. Der Wein zeigt Röst- und Kakaoaromen. Er ist saftig und üppig und hat ein langes, luxuriöses Finale. **SBr**
😊😊😊 **Trinken: 2010–2025**

2001 war ein Vier-Sterne-Jahrgang für Brunello, in den höheren Lagen war er sogar außergewöhnlich gut. Die Sangiovese-Rebe kann hier, in ihrem Ursprungsgebiet, unvergleichliche Eleganz und Finesse erreichen. Der Jahrgang war so gut, daß das Gut Conti Costanti sogar eine geringe Menge Riserva abfüllte – die erste Riserva seit dem großartigen Jahrgang 1997.

Die Familie Costanti zog Mitte des 16. Jahrhunderts von Siena nach Montalcino. Sie erwarben große Ländereien und bauten eine prächtige Villa, in der ihre Nachfahren auch heute noch wohnen. Tito Costanti war einer der ersten Winzer, die im späten 19. Jahrhundert Sangiovese *in purezza* kelterten, er nannte diesen Wein Brunello. Conte Emilio baute auf den Errungenschaften seines Vorfahren auf und begann in den 60er Jahren, Brunello zu erzeugen.

Andrea Costanti übernahm das Gut 1983 und führt die Tradition der überragenden Brunellos fort. Er hat sich der Dienste des Önologen Vittorio Fiore versichert, und zusammen keltern sie durch geschicktes Verschneiden und die Verwendung unterschiedlich großer und alter Fässer Weine von großem Aromareichtum und hoher Eleganz. **KO**
😊😊😊 **Trinken: bis 2020**

Costers del Siurana
Clos de l'Obac 1995

Herkunft Spanien, Priorat
Typ Trockener Rotwein, 13,5 Vol.-%
Rebsorten Garnacha, Cariñena, Syrah, Others

Dieses Gut gehört dem Ehepaar Carlos Pastrana und Mariona Jarque, die Einheimischen unter der 5-köpfigen Vorreitergruppe, die für die Renaissance der Weine aus dem Priorat verantwortlich war.

Costers del Siurana („Ufer des Siurana") wurde 1987 gegründet, 1987 kam der erste Wein auf den Markt. Allerdings begann das Ehepaar schon Ende der 70er Jahre mit seiner Arbeit: Es kaufte alte Weingärten auf, pflanzte neue Rebsorten und restaurierte historische Gebäude wie Mas d'en Bruno. Heute verwenden sie nur Trauben von den eigenen Weingärten, setzen keine chemischen Produkte ein und keltern ihre verschiedenen Weine – den weißen Kyrie, den roten Miserere, den süßen Dolc de l'Obac und den Spitzenwein des Hauses, den roten Clos de l'Obac – immer aus den gleichen Rebsorten.

Clos de l'Obac unterscheidet sich etwas von den anderen Priorats, er neigt mehr zur Finesse, ist weniger kräftig gefärbt und konzentriert. Der 1995er ist ein gutes Beispiel für diesen eleganteren Stil. Er bietet Mineral- und Garrigue-Aromen sowie balsamische Noten im Überfluß, ist von vollem Körper, aber ausgewogen und elegant; im langen, befriedigenden Finale sind deutliche Zedern- und Eukalyptusnoten zu vernehmen. **LG**
🍷🍷🍷 **Trinken: bis 2015**

Couly-Dutheil
Chinon Clos de l'Echo 2005

Herkunft Frankreich, Loire, Touraine
Typ Trockener Rotwein, 13,5 Vol.-%
Rebsorte Cabernet Franc

In einem Gebiet, in dem die meisten Winzer nur kleine Parzellen besitzen, verfügt Couly-Dutheil über 91 ha, und die angeschlossenen Weinhandelsfirma über weitere 30 ha. Die meisten Produkte des Hauses sind gute, wenngleich nicht überdurchschnittliche Weine. Aber es gibt auch den Clos de l'Echo, einen schönen, nach Süden ausgerichteten Weinberg mit 16 ha Lehm- und Kalksteinböden. Die hierher stammenden Weltklasseweine werden in Edelstahltanks in Kellern gekeltert, die sich bis in die Klippe hinter der Kellerei erstrecken.

Im Jugendstadium sind die Weine vom Clos de l'Echo wie dieser 2005er fleischig, von den Aromen schwarzer Beerenfrüchte erfüllt, tanninreich, mit recht hoher Säure. Sie benötigen also fünf oder mehr Jahre, um sich zu entwickeln. Dann werden die Fleischnoten sanfter und erinnern an Wild, die schwarzen Beeren werden aromatischer, die Tannine feiner, und die Säure verleiht dem Ganzen Frische. Als Beispiel könnte ein Clos de l'Echo 1952 dienen, der eine elegante Nase mit Nebenklängen von Heu, Pilzen und Unterholz hatte. Am Gaumen war er sanft, mit einer Spur Leder und einer Himbeernote. Obwohl der Abgang eher kurz war, war es doch ein sehr munterer Fünfzigjähriger. **KA**
🍷🍷🍷 **Trinken: bis 2020+**

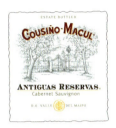

Viña Cousiño Macul *Antiguas Reservas Cabernet Sauvignon* 2003

Herkunft Chile, Maipo Valley
Typ Trockener Rotwein, 13,5 Vol.-%
Rebsorte Cabernet Sauvignon

Der Antiguas Reservas von Cousiño Macul wurde zuerst 1927 gekeltert. Die ursprünglichen Weingärten am südöstlichen Stadtrand von Santiago gehören zu den meistgepriesenen im Tal des Rio Mapocho. Wassermangel und die Zersiedlung veranlaßten jedoch 1996 einen Umzug in die Nähe von Buin.

Wider Erwarten war dies nicht der Anfang vom Ende, sondern ein guter Neuanfang: zusätzliche Weingärten und eine neue Kellerei, in der die Gärtanks in Klimakammern aufgestellt sind, führten zu sauberen, reiferen und ausgewogeneren Weinen.

Seit dem Jahr 2002 hat der Antiguas Reservas seine Stellung als einer der maßgeblichen chilenischen Cabernets wiedererlangt – dank seiner ausdrucksvollen schwarzen Frucht, der feinen, aber großzügigen Tannine und des vernünftigen Alkoholgehalts. Vielleicht läßt sich die Tatsache, daß die Kellerei ihre Methoden verfeinert hat, statt sie vollkommen aufzugeben, dadurch erklären, daß es ein Familienbetrieb ist. Jedenfalls hat hier die moderne französische Tendenz zu übertriebenem Eichenton, übertriebener Extraktion und übertriebenen Preisen nicht solche Nachahmer gefunden, wie in vielen anderen chilenischen Kellereien. **MW**

$ $ Trinken: bis 2018

Craggy Range *Syrah Block 14 Gimblett Gravels Vineyard* 2005

Herkunft Neuseeland, Hawke's Bay
Typ Trockener Rotwein, 13 Vol.-%
Rebsorte Syrah

In den 80er Jahren beschloß der australische Geschäftsmann Terry Peabody, sich der Weinerzeugung zuzuwenden. Auf Rat des Weinfachmannes Steve Smith kaufte er die letzte verfügbare Parzelle hochwertigen Weinlandes in der Gimblett-Road-Gegend von Hawke's Bay. Diese Appellation wird durch die Kiesböden bestimmt, die vom Ngaruroro River angeschwemmt und 1860 nach einer Flut freigelegt wurden.

Craggy Range war die kostspieligste Neugründung einer Winzerei in Neuseeland. Die ersten Weine wurden 1999 aus den Trauben der Weingärten in Marlborough und Hawke's Bay gekeltert. Die Trauben werden in zwei Keltereien in Hawke's Bay verarbeitet.

Obwohl das Gut neben Weißweinen auch hochwertigen Merlot und Pinot erzeugt, ist das Glanzstück doch der Syrah. Der 2005er ist dunkelpurpur, so daß man einen sehr schweren Wein erwartet, die Kellerei hat jedoch eine leichte Hand, und der Wein ist bemerkenswert zurückhaltend. Die dunkle, grüblerische Nase deutet die Würzigkeit des Syrahs und herzhafte Geschmacksnoten an. Im Abgang zeigen sich kreidige Tannine, er kommt jedoch ohne das alkoholische Nachbrennen aus, das neuseeländische Syrahs so oft verdirbt. **SG**

$ $ $ Trinken: bis 2010+

Cullen *Diana Madeline Cabernet Sauvignon Merlot* 2001

Herkunft Australien, Western Australia, Margaret River
Typ Trockener Rotwein, 14 Vol.-%
Rebsorten Cabernet Sauvignon 75%, Merlot 25%

Dr. Kevin Cullen und seine Ehefrau Di pflanzten 1966 die ersten Rebstöcke in Margaret River. Ein Jahrzehnt, nachdem sie die Winzerei in Wilyarup gegründet hatten, übernahm Di 1981dort als Vollzeitbeschäftigung die Leitung der Kellerei, pflanzte den ersten Merlot und Cabernet Franc in Australien und legte so den Grundstein für den Spitzenwein des Gutes.

1989 trat ihre Tochter Vanya ihre Nachfolge als Kellermeisterin an, unter deren Leitung die Weingärten als ökologischer Landwirtschaftsbetrieb anerkannt wurden. Im Jahr 2000 wurde Vanya von der Fluggesellschaft Qantas zur „Önologin des Jahres" gewählt. Die Juroren bezeichneten ihren Cabernet Sauvignon Merlot als „ganz einfach der beste australische Wein in seiner Art".

Der Wein verdankt seine imposante Struktur und intensive Konzentration mit Noten von dunklen Beerenfrüchten, Maulbeere und Pflaumen den gering tragenden Reben auf kargen, gut drainierten Kiesböden. Die Reberziehung und die berührungsarme Verarbeitung in der Kellerei tragen zu den typischen feinmaserigen Tanninen bei. Im Alter entwickeln sich komplexe Erd-, Tabak- und Bitumennoten.

Das Jahr 2001 war das trockenste seit 126 Jahren und ließ superbe Weine gedeihen. Vor allem der Cabernet Sauvignon war vorzüglich, so daß bei diesem Jahrgang auf den Verschnitt mit Malbec, Cabernet Franc oder Petit Verdot verzichtet werden konnte. Als Di Cullen 2003 verstarb, wurde der Spitzenwein ihr zu Ehren in Diana Madeline Cabernet Sauvignon Merlot umbenannt. **SA**
❢❢ **Trinken: bis 2025**

Die Cullen-Weingärten werden biodynamisch bewirtschaftet.

CVNE *Real de Asúa Rioja Reserva* 1994

Herkunft Spanien, Rioja
Typ Trockener Rotwein, 13 Vol.-%
Rebsorten Tempranillo 95%, Graciano 5%

Zu den Marken der 1879 gegründeten Kellerei Compañia Vinicola del Norte de España (CVNE oder auch Cuné) gehören unter anderem Imperial, Viña Real und Contino. Das Konzept des Real de Asúa entstand mit der damals sehr geschätzten Ernte 1994, die ursprüngliche Idee war der Geschäftsleitung aber schon sehr viel früher gekommen. Die Gebrüder Real de Asúa gehörten zu den Gründungsmitgliedern von CVNE. Einer der ersten Weingärten, den sie erwarben, lag in Villalba, 5 km nordwestlich von Haro, im Herzen von Rioja Alavesa. Der neue Wein wurde vor allem aus Trauben von jenem alten, 540 m über dem Meeresspiegel liegenden Weingarten gekeltert, der normalerweise in den Imperial Rioja mit eingeht.

Die Kellerei von Cuné besteht aus mehreren Gebäuden aus dem 19. Jahrhundert, die um einen Hof gruppiert sind – einzelne Pavillons für die Kelterung, den Ausbau und die Lagerung des Weines. Hier wird der Real de Asúa in seinem eigenen kleinen Keller gekeltert. Die handgelesenen Trauben werden vor der Sortierung gekühlt, und der Most wird in kleinen Eichenfässern vergoren. Danach wird er in neue französische Eiche umgefüllt.

Real de Asúa ist einer der Vorreiter des Rioja im modernen Stil. Es ist ein großer, voller Wein, dunkel gefärbt und sehr fest, mit Tanninen, die 10 oder mehr Jahre benötigen können, um sich zu beruhigen. In den letzten Jahren ist der Wein in noch mehr französischer Eiche ausgebaut worden, um ihn reifer und gerundeter werden zu lassen, was ihm in den USA beträchtlichen Erfolg beschert hat. **SG**

☺☺☺ Trinken: bis 2014+

WEITERE EMPFEHLUNGEN
Andere große Jahrgänge
1995 • 1996 • 1999 • 2000
Weitere Rotweine von CVNE
CVNE Crianza • CVNE Reserva • Contino Reserva Viña del Olivo • Viña Real Gran Reserva

Romano Dal Forno
Amarone della Valpolicella 1985

Herkunft Italien, Venetien, Illasi
Typ Trockener Rotwein, 16,5 Vol.-%
Rebsorten Corvina, Rondinella, Oseleta

Dalla Valle
Maya 2000

Herkunft USA, Kalifornien, Napa Valley
Typ Trockener Rotwein, 14 Vol.-%
Rebsorten C. Sauvignon 65%, C. Franc 35%

Das Tal des Illasi liegt etwa 25 km östlich von Verona und bildet die östliche Grenze der DOCs Valpolicella und Soave. Im Gegensatz zu den berühmteren Gemeinden Negrar und Fumane wurde es nie als Teil der Classico-Zone betrachtet.

Romano Dal Forno stammt aus eine Familie, die seit drei Generationen Erfahrung in der Genossenschaftswinzerei hat. Sein Schicksal hätte jenem Tausender anderer Winzer geglichen, wenn nicht der Zufall zu Hilfe gekommen wäre: 1979 traf er Giuseppe Quintarelli, den Meister des Valpolicella, der zu dieser Zeit einen Kreuzzug zur Rettung des Anbaugebietes führte. Quintarelli war einer der wenigen, der nur mit eigenen Trauben arbeitete und seine gesamte Produktion selbst kelterte und abfüllte. Für Romano bewies die Begegnung, daß ein hochwertiger Valpolicella kein Ding der Unmöglichkeit war. Die Kombination von dicht bepflanzten Weingärten, geringen Erträgen und langen Trockenzeiten der Trauben führen zu einem Wein von geradezu herkulischer Statur, dem die bemerkenswerte natürliche Säure sowohl Proportionen als auch Balance verleiht. Der legendäre Amarone 1985 von Dal Forno ist und bleibt ein Maßstab für Komplexität, Struktur und Langlebigkeit. **MP**

❂❂❂❂❂ **Trinken: bis 2010+**

Als Gustav Dalla Valle in den Ruhestand ging, zogen seine Ehefrau Naoko und er in das Tal des Napa River. 1982 kauften sie ein kleines Anwesen östlich von Oakville, das sich durch felsige Vulkanböden auszeichnete. Hier wuchsen die Rebstöcke etwas oberhalb der Reichweite der Morgennebel, so daß ein warmes Mikroklima entstand. Nach dem Tod von Gustav leitet seine Witwe seit 1995 das Gut.

Es werden zwei Weine gekeltert, ein Cabernet Sauvignon mit einer Beimischung von etwa 10 % Cabernet Franc und der Maya, bei dem der Anteil des Cabernet Franc deutlich höher ist. Der Maya hat den guten Ruf von Dalla Valle durch seine überragende Geschmackstiefe und auffällige Harmonie gefestigt. In der Jugend kann der Wein etwas verschlossen sein, aber das hebt ihn von den schweren, ‚marmeladigen' und alkoholreichen Weinen ab, die inzwischen in Napa Valley vorherrschen. Leider wurden die Weingärten in den 90er Jahren vom Blattrollvirus befallen, aber die Neubestockung war 2007 abgeschlossen und die Erträge steigen langsam wieder.

Der 2000er hat dichte Schokoladenaromen. Die neue französische Eiche ist perfekt eingebunden. Der Wein ist sehr reichhaltig und saftig mit einem festen Tannin-Rückgrat und einem frischen Nachgeschmack. **SBr**

❂❂❂❂❂ **Trinken: bis 2022**

D'Angelo *Aglianico del Vulture Riserva Vigna Caselle* 2001

Herkunft Italien, Basilicata
Typ Trockener Rotwein, 13 Vol.-%
Rebsorte Aglianico

D'Arenberg *Dead Arm Shiraz* 2003

Herkunft Australien, South Australia, McLaren Vale
Typ Trockener Rotwein, 14,5 Vol.-%
Rebsorte Shiraz

1950 wurde die Casa Vinicola D'Angelo vom Großvater des heutigen Besitzers Donato D'Angelo gegründet. Der Firmensitz befindet sich in dem Ort Rionero in Vulture, am Hang des Vulkans Monte Vulture, dem die DOC ihren Namen verdankt.

Aglianico ist eine der lohnendsten süditalienischen roten Rebsorten. Sie scheint am besten in Kampanien (vor allem in der Umgebung von Irpinia) und um den Monte Vulture in der Region Basilicata jeweils in größeren Höhen zu gedeihen. Die Weingärten in beiden Gebieten liegen im Durchschnitt auf einer Höhe von 350 m, es sind jedoch nicht immer steile Hänge. Der Aglianco aus dem Flachland von Venosa in der Umgebung der DOC Vulture sind ebenso großartig, wenn auch etwas breiter, zäher und reichhaltiger.

Der Riserva Vigna Caselle ist ein perfektes Beispiel eines traditionellen Aglianico del Vulture. Die Farbe ist ein mitteldunkles Rubinrot. In der Nase zeigen sich saftige Sauerkirscharomen, Gewürze und verlockende Andeutungen guten Tabaks. Am Gaumen ist der Wein nicht unbedingt ein Schwergewicht, aber seine Komplexität, Länge und Entwicklung machen ihn einfach unvergeßlich. **AS**

◐◐ Trinken: bis 2012

1912 kaufte Joseph Osborn das wohletablierte Weingut Milton Vineyards im heutigen McLaren Valley. Josephs Enkel Francis d'Arenberg (d'Arry) kehrte 1943 aus der Schule zurück, um seinem kranken Vater bei der Leitung des Unternehmens zu helfen, das zu dieser Zeit relativ konservativ und traditionsgebunden war. 1957 übernahm er dann die alleinige Leitung. Häufige Erfolge bei australischen Wein-Shows, darunter eine Jimmy-Watson-Trophy bei der Royal Melbourne Wine Show 1969 halfen d'Arenberg dabei, zu einem bedeutenden Erzeuger zu werden.

Der Dead Arm Shiraz ist der Spitzenwein des Hauses. Er ist nach der Eutypiose benannt, die manche der ältesten Reben in den Weingärten befällt und einen der Stämme des Rebstocks zerstört, woraufhin der andere Stamm kleine Mengen konzentrierter und sehr geschmackvoller Trauben trägt – ideale Voraussetzungen für einen schweren und mächtigen Wein.

Der Dead Arm Shiraz hat reife Aromen von Pflaumen und Cassis und ist sehr konzentriert mit Anklängen gerösteter amerikanischer Eiche. Man trinkt ihn am besten als Begleiter von reichhaltigen, üppigen Gerichten. **SG**

◐◐◐◐ Trinken: bis 2010+

De Trafford
Elevation 393 2003

Herkunft Südafrika, Stellenbosch
Typ Trockener Rotwein, 14,8 Vol.-%
Rebsorten C. Sauvignon 42%, Merlot 33%, Others 25%

DeLille Cellars
Chaleur Estate 2005

Herkunft USA, Washington State, Yakima Valley
Typ Trockener Rotwein, 15,2 Vol.-%
Rebsorten C. Sauvignon, Merlot, C. Franc, Petit Verdot

Der Name des Weines verweist auf die Höhe des Weingartens der Mont-Fleur-Farm über dem Meeresspiegel. Außerdem ist Elevation 392 auch ein Wortspiel, *elevation* bezeichnet im Englischen auch einen architektonischen Gebäudeaufriß, und eine solche Ansicht des Kellereigebäudes kann man auf dem Flaschenetikett erkennen.

David Trafford ist ausgebildeter Architekt, von der Neigung her jedoch Winzer – vielleicht unter der jüngeren Winzergeneration Südafrikas der bekannteste ohne formale Ausbildung in diesem Gebiet. Das hat ihn nicht daran gehindert, sich international einen guten Ruf zu machen.

Durch die Aufnahme des Shiraz in eine Assemblage nach Art des Bordeaux gibt sich der Wein als Mitglied einer ehrgeizigen Gruppe zu erkennen, die auf diese Weise örtliche Traditionen und Bedingungen widerspiegeln. Der Wein stammt aus einem der besten Jahre der jüngeren Vergangenheit. Er hat feinen Fruchtgeschmack und dichte, geschmeidige Tannine, die zusammen eine gute Entwicklung versprechen. Seine reife, direkte Kraft, seine schwere Reichhaltigkeit und die überschwenglichen Eichentöne zeigen seine Modernität, die allerdings durch die natürlichen Kelterungsmethoden ergänzt werden. **TJ**
🅢🅢🅢 **Trinken: bis 2011+**

Seit der Gründung im Jahr 1992 hat die Kellerei DeLille Cellars nichts so sehr angestrebt, wie überragende Weine zu keltern – mächtige Weine, wie sie der Mitinhaber Chris Upchurch liebt. Upchurch ist ein Befürworter nicht nur der Mischung von Rebsorten, sondern auch des Verschneidens von Weinen verschiedener Weingärten. Obwohl Chaleur Estate im Wesentlichen ein Red-Mountain-Wein aus wärmerem Klima ist, gibt Upchurch ihm Ausgewogenheit durch die Beimischung von Merlot aus dem kühleren Boushey Vineyard. Laut Upchurch sorgt Cabernet Franc für aromatische Komplexität, und der Petit Verdot gibt dem Ganzen Auftrieb. Insgesamt ist dies ein sehr harmonischer Wein.

Chaleur Estate wird normalerweise 18 Monate zu 100 % in französischer Eiche ausgebaut, vor allem, um ihn auf natürliche Weise zu klären und ihm frische Gewürznoten zu geben. Der Wein wird zwar geschönt, aber nicht filtriert. Der 2005er wird als bester Jahrgang im Staat Washington seit mindestens 10 Jahren betrachtet. Selbst in der Jugend ist er nahtlos strukturiert, komplex und reichhaltig, zeigt eine glorreiche Fruchtigkeit über einem Kern aus Kräutern, dunklen Beeren und Mineralien. **LGr**
🅢🅢🅢 **Trinken: bis 2017+**

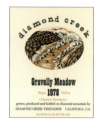

Azienda Agricola Dettori
Cannonau Dettori Romangia 2004

Herkunft Italien, Sardinien
Typ Trockener Rotwein, 17,5 Vol.-%
Rebsorte Cannonau (Grenache)

Diamond Creek Vineyards
Gravelly Meadow 1978

Herkunft USA, Kalifornien, Napa Valley
Typ Trockener Rotwein, 13.5 Vol.-%
Rebsorten C. Sauvignon 88%, C. Franc 6%, Merlot 6%

Das trockene, karge Landesinnere von Sardinien ist landwirtschaftlich geprägt, und die Bevölkerung ist zutiefst traditionsbewußt. Auf den ersten Blick scheint sich Alessandro Dettori von diesem Muster zu unterscheiden, aber bald wird deutlich, daß er ein glühender Verfechter des Althergebrachten ist. Seinen besten Wein hat er Dettori genannt, um die Verbundenheit seiner Familie mit der Winzerei zum Ausdruck zu bringen.

Die durchschnittlich mehr als 100 Jahre alten Cannonau-Reben, aus denen dieser Wein gekeltert wird, wachsen auf Kalkböden nur 4 km vom Meer entfernt in der äußersten Nordwestecke Sardiniens. Die brennende Sonne und die niedrigen Erträge stellen einen außerordentlichen Reifegrad sicher, so daß sogar die natürlichen Hefen Mühe haben, daraus einen trockenen Wein zu machen. Die Trauben werden mit der Hand geerntet und in Betontanks gegärt. Der Dettori kommt nicht mit Holz in Berührung, das diesen Koloß auch kaum zähmen könnte.

Wie können die Trauben einen solchen Zuckergehalt entwickeln, ohne an Säure zu verlieren? Wie kann die Hefe so viel Alkohol produzieren, ohne eine Spur verfliegender Säure zu hinterlassen? Der Dettori ist ein prähistorisches Rätsel. **MP**

ΘΘΘΘ **Trinken: bis zu 5 Jahre nach Erhalt**

Als Al Brounstein 1968 begann, das Land für Diamond Mountain zu roden, konnte er genau erkennen, wie sich das Gebiet aus verschiedenen natürlichen Parzellen zusammensetzte, die sich durch die Böden und die Ausrichtung unterschieden. Er beschloß, sie jeweils getrennt zu keltern. Das relativ flache Land von Gravelly Meadow war einst ein Flußbett gewesen. Es ist der zweitkühlste Weingarten von Diamond Creek, hier liegt eine dünne Kiesschicht über dem gewachsenen Fels.

Die Weine von Diamond Creek sind schon immer kräftig strukturiert und sehr tanninintensiv gewesen; seit den 90er Jahren zeigen sie sich etwas zugänglicher. Dennoch sind es feste Bergweine, die 10 bis 12 Jahre Flaschenalterung benötigen, um wirklich zu singen.

Nach den eher durchwachsenen Jahren 1976 und 1977 gingen der regenreiche Winter und der frostfreie Frühling in einen warmen, manchmal sogar heißen Sommer über. Es war der erste Jahrgang, in dem Gravelly Meadow nicht mit Trauben vom Lake Vinyard verschnitten wurde, was vielleicht zum opulenteren, fleischigeren Charakter der Abfüllung beitrug. Die Gärung in offenen Holzfässern und der Ausbau in französischen Barriques haben einen einzigartigen Wein entstehen lassen. **LGr**

ΘΘΘΘ **Trinken: bis 2010**

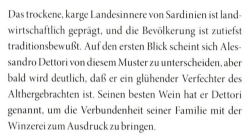

Gravelly Meadow liegt in einem prähistorischen Flußbett.

Domaine A
Cabernet Sauvignon 2000

Herkunft Australien, Tasmanien, Coal River
Typ Trockener Rotwein, 13,5 Vol.-%
Rebsorten C. Sauvignon, Merlot, Petit Verdot, C. Franc

Domaine A ist ein 20 ha großes Gut im schönen Flußtal des Coal River in Südtasmanien, das zuerst 1973 bestockt wurde. Heute gehört es Peter und Ruth Althaus, die glauben, daß trotz des kühlen Klimas die Trauben doch gut ausreifen, weil sie von den vorherrschenden trockenen Nordwinden während der Wachstumsperiode gewärmt werden.

Der Cabernet Sauvignon ist der Spitzenwein des Gutes und einer der besten Cabernets aus Tasmanien. Die Zweitmarke – Stoney Vineyard – wird in jedem Jahr hergestellt, aber die Domaine-A-Weine werden nur in besonders guten Jahren gekeltert.

Der Cabernet Sauvignon 2000 wurde aus den klassischen Bordeaux-Rebsorten zusammengestellt und 24 Monate in 100 % neuer französischer Eiche ausgebaut. Während dieser Zeit wurde er 8 Mal in neue Fässer umgefüllt und dann unfiltriert auf Flaschen abgefüllt. Nach weiteren 12 Monaten im Keller wurde der Wein im September 2004 freigegeben. Die Farbe ist tief karmesinrot mit dunklen kirschroten Glanzlichtern, die Aromen sind typisch für einen Cabernet Sauvignon: Cassis und rote Beerenfrüchte, mit tieferliegenden herzhaften Noten. **SG**

€€€ **Trinken: bis 2010+**

Domaine de l'A
2001

Herkunft Frankreich, Bordeaux, Côtes de Castillon
Typ Trockener Rotwein, 13 Vol.-%
Rebsorten Merlot, Cabernet Franc, C. Sauvignon

Stéphane Derenouncourt und seine Ehefrau Christine erwarben die Domaine de l'A im Jahr 1999 und erhöhten bald die Pflanzdichte auf 6000 Rebstöcke pro ha, um die niedrigen Erträge der Einzelpflanzen besser auszugleichen. Die Reben des Weingartens sind heute durchschnittlich etwa 35 Jahre alt.

Das Gut liegt an den Hängen über der Dordogne im Dorf Ste.-Colombe an der Grenze zu St.-Emilion. Obwohl die meisten Böden kreidiger Lehm sind, erinnern manche auch an jene in Fronsac. Alle Arbeiten hier werden mit der Hand ausgeführt, vom Rückschnitt bis hin zu der Ernte. Im Keller ist Stéphane Derenouncourt ein Minimalist, der Wein wird nur einmal umgefüllt und überhaupt nicht filtriert.

Seine Bewunderung hat nie Weinen gegolten, die konstruiert oder übertrieben wirken, er zieht die diskrete Zurückhaltung vor, die ihn auch selbst auszeichnet. So überrascht es auch kaum, daß er seit langem die klassischen, aber vernachlässigten Jahrgänge wie den 2001er gegenüber den pompöseren, neuweltlichen Jahren 2000, 2003 oder gar 2005 vorzieht. Der Domaine de l'A ist ein gutes Beispiel für diese Vorlieben, ein Musterstück an Eleganz, Ausgewogenheit und Trinkbarkeit. **JP**

€€€ **Trinken: bis 2018**

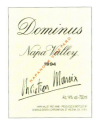

Dominus
1994

Herkunft USA, Kalifornien, Napa Valley
Typ Trockener Rotwein, 14 Vol.-%
Rebsorte C. Sauvignon, Merlot, C. Franc, Petit Verdot

Domaine Drouhin *Oregon*
Pinot Noir Cuvée Laurène 2002

Herkunft USA, Oregon, Willamette Valley
Typ Trockener Rotwein, 13,5 Vol.-%
Rebsorte Pinot Noir

Christian Moueix – der Besitzer von Pétrus und anderen angesehenen Gütern im Bordeaux – entdeckte seine Liebe für das Tal des Napa River und seine Weine, als er 1968 und 1969 in Kalifornien studierte. Nach jahrelanger Suche nach eine idealen Lage für ein Weingut ging er 1982 eine Partnerschaft mit Robin Lail und Marcia Smith ein, den Töchtern von John Daniel, der den Inglenook Cask Selection aus Trauben vom berühmten Napanook-Weingarten gekeltert hatte.

Der erste Dominus wurde 1983 gekeltert, 4 Jahre, nachdem die bahnbrechende Kooperation zwischen dem Bordeaux und dem Napa-Tal bei Opus One begonnen hatte. Der Dominus 1994 war der erste Jahrgang, den Christian Moueix alleine verantwortete, Robert Parker verlieh ihm 99 Punkte.

In den ersten Jahren wurden die Flaschenetiketten mit Künstlerportraits von Christian Moueix geschmückt, von denen das bedeutendste vielleicht das von Peter Blake auf dem 1988er war. Seit 1991 ist das Etikett jedoch an jene des Bordeaux angelehnt. Die Kellerei des Gutes wurde von den berühmten Schweizer Architekten Herzog und De Meuron entworfen und ist ein Kunstwerk eigenen Rechts. **SG**

🍷🍷🍷🍷   **Trinken: bis 2014+**

Seit ihrer Entstehung ist die Cuvée Laurène eine Kellerei-Mischung. Sie muß das sein, da es jahre-, vielleicht sogar generationenlange Erfahrung benötigt, um den Charakter der einzelnen Parzellen und der Weine, die sie hervorbringen, richtig zu verstehen.

Véronique Drouhin stammt aus einer Familie, die seit Generationen solche Erfahrungen gesammelt hat. Schon zur Gründungszeit des Gutes und auch später bei Vergrößerungen unterschieden sich die Methoden von denen, die in Oregon vor ihrer Ankunft üblich waren. Obwohl die ersten Pflanzungen mit ungepfropften Pommard- und Wadenswil-Klonen der Pinot-Rebe vorgenommen wurden, war die Bestockung sehr viel dichter als sonst üblich. Später wechselte das Gut zu anderen Klonen und pfropfte diese auf reblausresistente Unterlagen.

Daraus und aus der strikten Selektion der Trauben läßt sich zum Teil die Konzentration und Komplexität der Cuvée Laurène erklären. Der Wein wird 4 bis 5 Tage auf den Beerenschalen belassen, bevor er gepreßt wird. Das Wetter war 2002 durch warme Tage und kühle Nächte gekennzeichnet, so entstand ein Wein mit eleganter Textur und fester Struktur, der vom Geschmack von Waldbeeren und Lakritze erfüllt ist. **LGr**

🍷🍷🍷   **Trinken: bis 2115**

Joseph Drouhin 1204

24/09	1081	17
25/03	1083	17
26/09	1083	17
27/09	1082 CH2	17
	1080	19
28/09	1087	18
	1096	17
29/09	1094	17
	1085	18
	CH	

Domaine Joseph Drouhin
Musigny Grand Cru 1978

Herkunft Frankreich, Burgund, Côte de Nuits
Typ Trockener Rotwein, 12,5 Vol.-%
Rebsorte Pinot Noir

Obwohl das Gut Joseph Drouhin seine Geschichte bis in das Jahr 1880 und zu dem gleichnamigen Gründer zurückverfolgen kann, war es Robert Drouhin, der 1957 als 24jähriger das Gut übernommen hatte, der den jetzigen Kurs des Unternehmens initiierte. Sein Wunsch nach Qualitätsverbesserung zeigt sich in vielen Aspekten. Er reduzierte nicht nur den Einsatz von Düngemitteln und chemischen Pflanzenschutzmitteln und verringerte die Erträge, sondern kaufte auch Weingärten in Chambertin-Clos de Bèze, Bonnes Mares und Musigny. 1973 stellte er mit Laurence Jobard die erste Önologin des Burgund ein, die diesen Wein in den großartigen Gewölbekellern unter dem ehemaligen Palast der Herzöge des Burgund kelterte.

Nördlich von Beaune kommt man nach Grands-Echézeaux und Clos Vougeot kurz vor dem Dorf Chambolle an ein Vorgebirge mit einem großartigen Blick über die Ebene. Der Boden wirkt leicht und ist mit kleinen Kieseln überstreut. Das ist Musigny, wo ein Wein von außerordentlicher Reinheit wächst. In seiner Jugend herrschen die Aromen von Kirschen und Veilchen vor, aber die wahren Geschmacksnoten kommen erst im Alter zum Vorschein. Sie sind elegant und komplex, und erinnern an Laub, tropische Edelhölzer und sogar an Spuren von Leder. Am Gaumen ist es ein Wein von unvergleichlicher Finesse, Harmonie und Eleganz. In seiner besten Form ist es der reinste Ausdruck des Pinot Noir, den man in der Welt findet – eine Faust aus Stahl in einem Samthandschuh. 1978 war im ganzen Burgund ein erinnerungswürdiges Jahr. Da die Gesamtmenge des 1999er Musigny nur 220 Kisten betrug, kann man sich glücklich schätzen, wenn man Besitzer einer Flasche ist. **JP**

😊😊😊😊😊 **Trinken: bis 2020**

Pierre-Jacques Druet
Bourgueil Vaumoreau 1989

Herkunft Frankreich, Loire, Touraine
Typ Trockener Rotwein, 13 Vol.-%
Rebsorte Cabernet Franc

Pierre-Jacques Druet keltert Weine aus Trauben, die sowohl aus Chinon als auch aus Bourgueil stammen, es sind jedoch seine Weine aus Bourgueil, die vor allem seinen guten Ruf begründen. Sie werden oft als die besten des gesamten Anbaugebietes bezeichnet. Druet ist der Sohn eines Weinhändlers aus der Kleinstadt Montrichard zwischen Blois und Tours, er studierte in Beaune, Montpellier und Bordeaux. Nach einer Zeit als leitender Angestellter bei einem Weinexporteur in Bordeaux machte er sich schließlich als Winzer in Benais am Nordufer der Loire selbständig.

Neben seinen Chinons stellt er vier verschiedene Bourgueil-Cuvées aus den Trauben seiner 13 ha großen Weingärten her. Die beiden Spitzenweine sind der Grand Mont und der Vaumoreau, aber die beiden anderen, Les Cent Boiselees und Beauvais, sind ebenfalls exzellente Weine, allerdings in einem leichteren Stil – den man dennoch nicht als leichtgewichtig bezeichnen kann. Der Vaumoreau ist das Glanzstück, er stammt von Reben, die um 1910 gesetzt wurden, und wird vor dem Abfüllen auf Flaschen 2 bis 3 Jahre in Holzfässern ausgebaut.

Dies sind ernsthafte Weine, die Geduld erfordern, aber sie bieten Komplexität, Intensität und Finesse, vor allem in den besseren Jahrgängen. Die Wachstumszeit 1989 war an der Loire heiß und trocken, so daß der Wein genug reife Frucht und Tannin aufweist, um die Säure auszubalancieren. Druets Vaumoreau 1989 ist ein kräftiger Wein mit Aromen und Geschmacksnoten von Brombeeren und Veilchen und einer tieferliegenden Erdigkeit. Das Finale ist frisch und zeigt Andeutungen von Kräutern und Schokolade. **JW**

😊😊😊😊 **Trinken: bis 2014**

Bei Drouhin wird der Gärungsverlauf auf einer Tafel festgehalten.

Dry River *Pinot Noir* 2001

Herkunft Neuseeland, Martinborough
Typ Trockener Rotwein, 13 Vol.-%
Rebsorte Pinot Noir

Im kleinen Anbaugebiet Martinborough werden vielleicht die Pinot Noirs in Neeseeland gekeltert, die am ehesten an die Weine des Burgund erinnern. Es gibt hier viele sehr gute Erzeuger, das angesehenste Weingut ist jedoch Dry River, dessen Pinot in vielen Jahrgängen der konzentrierteste und langlebigste Neuseelands ist.

Wie bei seinen anderen Weinen auch, ist Neil McCallum bei jeder Phase der Herstellung des Pinot Noir äußerst gewissenhaft. Die Wahl eines geeigneten Klons ist für die Qualität entscheidend. McCallum verwendet (unter anderem) Clone 5, den „Pommard"-Klon, der Weine mit sehr viel vordergründiger Fruchtigkeit liefert. In den Weingärten werden reflektierende Streifen unter den Reben ausgelegt, um einen höheren Reifegrad zu erreichen. In der Kellerei werden die Trauben im Ganzen gegärt – eine sehr traditionelle burgundische Gärmethode, die zu einem großzügigeren Wein führen kann.

In seiner Jugend wirkt der Dry River Pinot Noir wegen seiner dunklen Farbe etwas untypisch. Die Nase ist zurückhaltend, am Gaumen ist der Wein klar, sehr reichhaltig und geschmeidig, im Alter entwickelt er Geschmacksnoten von Erde und Eukalyptus. Die Struktur mit großer Säure und geringem Tannin bedeutet, daß der Wein gut jung genossen werden kann, sich aber auch bis zu 10 Jahre im Keller lagern läßt. Dieser reichhaltige Stil spricht bei einem Pinot Noir nicht jeden an – McCallum hat sogar vor seinem Wein gewarnt: „Dies ist kein Wein für Schwächlinge. Er hat aber auch nicht die Eleganz geopfert, die für einen guten Pinot Noir unerläßlich sein sollte." **SG**

☻☻☻ **Trinken: bis zu 10 Jahre nach Erhalt**

WEITERE EMPFEHLUNGEN
Andere große Jahrgänge
1996 • 1999 • 2002 • 2003
Weitere Erzeuger aus Martinborough
Ata Rangi • Craggy Range
Martinborough Vineyard • Palliser

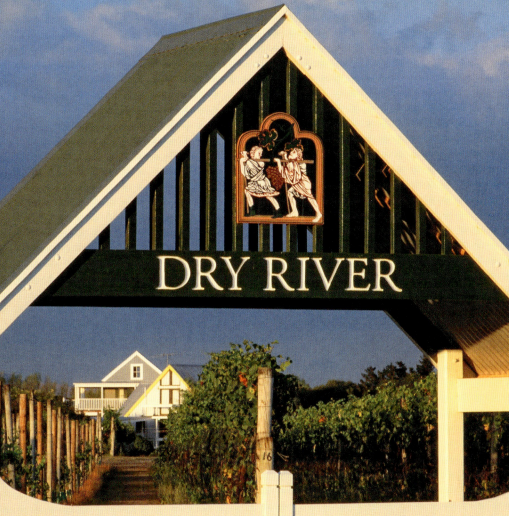

Duas Quintas *Reserva Especial* 2003

Herkunft Portugal, Tal des Douro
Typ Trockener Rotwein, 14,5 Vol.-%
Rebsorten Touriga Nacional, Tinta Barroca

Die Marke Duas Quintas gehört der Kellerei Ramos Pinto, die 1880 von Adriano Ramos Pinto gegründet wurde. Damals war die Firma ein Portweinerzeuger, der Tafelweine nur in kleinem Umfang für den eigenen Verbrauch herstellte.

Im 20. Jahrhundert nahm Ramos Pinto – unter der Leitung von José Ramos Pinot Rosas und seinem Neffen João Nicolau de Almeida – eine führende Rolle bei der Untersuchung der Rebsorten des Douro-Tals ein. Daraus entwickelte sich eine Liste empfohlener Weine, die heute angebaut werden, während zuvor die meisten Weingärten mit einer Vielzahl unterschiedlicher, meist nicht identifizierbarer Reben bestockt waren.

Obwohl die Firma 1990 an das Champagner-Haus Louis Roederer verkauft wurde, wird es immer noch von João Nicolau de Almeida geleitet. Auf den Einfluß seines Vaters Fernando Nicolau de Almeida ist es zurückzuführen, daß Ramos Pinot als einer der ersten Portweinerzeuger die Möglichkeit in Betracht zog, auch einen guten Tafelwein zu keltern.

Der Reserva Especial ist eine Rückkehr zum Traditionellen. Die Trauben stammen von den alten Weingärten Quintas Bom Retiro und Urtigo im Tal des Torto, die im gemischten Satz bepflanzt sind. Die Trauben werden kaum entrappt, aber mit den Füßen gestampft – Winzerei wie in biblischen Zeiten. Für diesen Jahrgang wurden nur geringe Mengen neuer Eiche verwendet. Das Ergebnis ist ein reichhaltiger, voluminöser Wein mit einer großartigen Tanninstruktur, der noch eine große Zukunft vor sich hat. **GS**

❸❸❸ Trinken: bis 2024

WEITERE EMPFEHLUNGEN
Andere große Jahrgänge
2000 • 2004
Weitere Tafelweine aus dem Tal des Douro
Chryseia • Niepoort Batuta • Niepoort Charme Quinta do Crasto • Quinta do Noval • Romaneira

Im Tal des Douro entstehen neben Portwein auch gute Tafelweine.

Georges Duboeuf *Fleurie La Madone* 2005

Herkunft Frankreich, Beaujolais, Fleurie
Typ Trockener Rotwein, 13,5 Vol.-%
Rebsorte Gamay

Von den 10 *crus* des Beaujolais hat sich Fleurie die Zuneigung der Weinliebhaber am dauerhaftesten gesichert. Der Name läßt an die Blumen denken, mit denen die Kellerei Duboeuf die Etiketten vieler ihrer Beaujolais-Weine schmückt.

Die Lage La Madone liegt auf den Granitböden, die für das Anbaugebiet typisch sind, und wurde Anfang des 20. Jahrhunderts bestockt. Duboeufs Wein stammt von einem Weingarten von 6 ha Größe, dessen Reben durchschnittlich 50 Jahre alt sind. Der Besitzer ist Roger Darroze, der trotz seiner mehr als 90 Jahre immer noch ein sehr zupackender Kellereileiter ist. Er hat die gesamte Produktion und Abfüllung des Gutes seit mehr als 30 Jahren geleitet.

Ein Achtel der fein strukturierten Cuvée Fleurie wird in neuer Eiche ausgebaut. Der Wein zeigt in der Nase die für Gamay typischen Aromen von Walderdbeeren und Rosenblättern, um ein Geringes durch den Zederneinfluß des Holzes verschärft. Am Gaumen eröffnet er mit dem Geschmack reifer roter Beeren, der durch eine recht energische Tanninstruktur eingebunden wird. Die meisten *crus* aus dem Beaujolais werden zu jung getrunken. Dieser Wein wird, auch wenn er nicht die Langlebigkeit seiner nördlichen Pinot-Nachbarn hat, eine gewisse Lagerzeit großzügig belohnen. Man sollte abwarten, bis die nervöse Säure des jungen Weines sich etwas beruhigt hat. Allerdings ist der 2005er so reif und geschmeidig, daß man der Versuchung, ihn früh zu trinken, schon einen eisernen Willen wird entgegensetzen müssen. **SW**

SS **Trinken: bis 2012**

WEITERE EMPFEHLUNGEN
Andere große Jahrgänge
1999 • 2000 • 2001 • 2003 • 2004
Weitere Erzeuger aus Fleurie
Pierre Chermette • Michel Chignard • Clos de la Roilette Andre Colonge • Guy Depardon • Domaine de la Presle

Über dem Weingarten Fleurie erhebt sich die Kapelle La Madone.

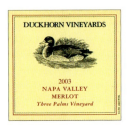

Duckhorn Vineyards
Three Palms Merlot 2003

Herkunft USA, Kalifornien, Napa Valley
Typ Trockener Rotwein, 14,5 Vol.-%
Rebsorten Merlot 75%, C. Sauvignon 10%, andere 15%

Château Ducru-Beaucaillou
2000

Herkunft Frankreich, Bordeaux, St.-Julien
Typ Trockener Rotwein, 13 Vol.-%
Rebsorten C. Sauvignon 65%, Merlot, 25%, C. Franc 10%

Der Merlot aus Napa Valley gilt als intensiv und konzentriert und doch verführisch sanft texturiert. Diesen guten Ruf hat er vor allem Dan und Margaret Duckhorn zu verdanken, die sich seit 1979 auf hochwertigen Merlot spezialisiert haben. Der Weingarten liegt auf einem Schwemmlandfächer am Nordostrand des Tales, der sich im Laufe der Jahrhunderte aus Vulkansteinen gebildet hat, die vom Dutch Henry Canyon antransportiert wurden. Benannt wurde er nach den drei einsamen Palmen, die den Niedergang des Landsitzes einer wohlhabenden Dame aus San Francisco überlebt hatten. Die ersten Reben wurden 1967 von den Gebrüdern Upton gepflanzt (die jetzt Teilhaber der Duckhorns sind), nach der Reblausepidemie wurde zwischen 1990 und 1999 neu bestockt.

Der Spitzenwein des Gutes unterscheidet sich vom Merlot aus dem gleichen Haus vor allem in der Intensität und Konzentration; er ist straffer und als junger Wein weniger zugänglich. Nach einer Flaschenlagerung von 3 oder 4 Jahren erreicht er jedoch einen Entwicklungsstand, der sich dann bis zu 15 Jahre nach dem Erntejahr hält. Obwohl 2003 ein recht schwieriges Jahr war, entstand doch ein Wein von subtiler Komplexität mit klarer Struktur und gut eingebundenem Eichenholz. **LGr**
💲💲💲💲 **Trinken: bis 2017**

Die Weingärten dieses St.-Julien-*deuxième-cru* liegen auf tiefgründigen Kiesböden mit hohen Lehmanteilen. Das Gut galt lange als das beste der ‚Zweiten Gewächse', sein Wein ist immer noch ein Paradebeispiel für einen Bordeaux aus St.-Julien – sanft und nachgiebig, mit üppigen Brombeernoten – dem als einziges leider die Lagerfähigkeit fehlt. Die Weine werden 18 Monate in Eiche ausgebaut, wobei jedes Jahr die Hälfte der Fässer gegen neue ausgetauscht wird.

Faszinierend an den Weinen ist die Tatsache, daß sie sich in ihrer Jugend mit einer sehr dunklen Farbe zeigen, die einen sehr tanninbetonten Genuß vorherzusagen scheinen, daß sie aber tatsächlich wegen ihrer Subtilität, Eleganz und sogar Zartheit zu Recht geschätzt werden.

Das legendäre Jahr 2000 ergab Weine von außergewöhnlicher Finesse und Konzentration. Der Ducru-Beaucaillou stellt sich mit den Aromen süßer, reifer Brombeeren und Himbeeren vor, unter denen auch tieferliegende Noten von angebratenem roten Fleisch, Toast und Thymian zu erkennen sind. Am Gaumen ist der Wein zugleich intensiv und groß, die Tannine sind majestätisch, aber durch die reife Fruchtigkeit, sanfte Säure und den Vanilleton des Holzes gut ausgewogen. **SW**
💲💲💲💲 **Trinken: bis 2010–2030+**

Domaine Claude Dugat
Griotte-Chambertin GC 1996

Herkunft Frankreich, Burgund, Côte de Nuits
Typ Trockener Rotwein, 13 Vol.-%
Rebsorte Pinot Noir

Am Nordwestrand des Dorfes Gevrey-Chambertin steht ein Gebäude, das als Cellier des Dimes bezeichnet wird. Dort lagert heute Claude Dugat die Weine von seinem vorzüglichen Gut. Die Familie Dugat ist mindestens seit der Französischen Revolution in Gevrey nachzuweisen. In der Generation vor Claude gab es 3 Geschwister, Maurice, Pierre und Thérèse. Der 1956 geborene Claude ist der Sohn von Maurice; Bernard Dugat-Pyis ist der Sohn Pierres und erzeugt in unmittelbarer Nachbarschaft ebenfalls sehr guten Wein; Thérèse heiratete in die ebenfalls benachbarte Winzerfamilie Humbert ein.

Die unausweichlichen Folgen der französischen Erbfolgeregelungen führten zur Zersplitterung der Weingärten der Familie. So pflegt Claude Dugat (inzwischen mit seinen beiden Kindern) lediglich 4 ha Reben. Dazu gehören alte Rebstöcke in der Dorflage Gevrey-Chambertin; ein *premier cru*, der eine Mischung aus Craipillot und Perrières ist; und Lavaux-Saint-Jacques. Aus den *grands crus* werden 3 Weine gekeltert, allerdings in winzigen Mengen: Chapelle-Chambertin, Charmes-Chambertin und Griotte-Chambertin. Von letzterem entstehen nicht einmal 4 Fässer.

Weinkritiker vernehmen oft einen Kirschgeschmack im Griotte. Das ist an sich nicht falsch, es hat aber nichts mit der Tatsache zu tun, daß *griotte* der französische Name der Sauerkirsche ist. In diesem Fall verweist Griotte nämlich auf die Böden, die aus Kalkstein entstanden sind. Claude Dugats Griotte ist der unzugänglichste seiner Weine, jener, der sich am spätesten entfaltet, aber auch der tiefgründigste. Der 1996er beginnt jetzt erst, sich von seiner besten Seite zu zeigen. **CC**

ⓢⓢⓢⓢ **Trinken: bis 2026**

Domaine Dugat-Py *Mazis-Chambertin Grand Cru* 1999

Herkunft Frankreich, Burgund, Côte de Nuits
Typ Trockener Rotwein, 13 Vol.-%
Rebsorte Pinot Noir

Die Weingärten von Bernard Dugat liegen vielleicht nicht in den allerbesten Lagen, aber was er aus dem ihm zur Verfügung stehenden Material macht, ist perfekt wie die Arbeit keines anderen Winzers. Der Schlüssel dazu liegt in den alten Reben, den niedrigen Erträgen und der langen Gärung ganzer Trauben. Seine Burgunder werden nicht filtriert oder geklärt, auch sonst wird in die Vinifikation kaum eingegriffen, so daß die Weine beispielhaft sauber, rassig und verführerisch ausfallen.

Seine 1999er waren in ihrer kompromißlosen Reinheit ein atemberaubendes Erlebnis. Die Lese fand in diesem Jahr früh und schnell statt, am 22. September war sie beendet, nur einen Tag bevor das Wetter endgültig regenreich wurde. In diesem Jahr begann Dugat auch mit ökologischen Anbaumethoden zu experimentieren, die er inzwischen in all seinen Weingärten anwendet. Seitdem seinem kleine Gut der verdiente Erfolg beschert ist, hat er auch Parzellen hinzugekauft und kultiviert mit seiner Ehefrau Jocelyne und seinem Sohn Loïc 10 ha Reben in verschiedenen Lagen.

Alle seine Weine sind dunkel, verschlossen und besser strukturiert als das meiste, was man sonst im Burgund findet. Sie sind zwar überraschend dicht, wirken aber keineswegs künstlich oder konstruiert. Obwohl sie aus sehr reifen Trauben gekeltert werden, haben sie doch nicht die Schwere des Überreifen. Dugats Mazis-Chambertin 1999 stammt von 70 Jahre alten Rebstöcken. Er zeigt eine unglaubliche Tiefe und schöne Brombeer- und Haselnußnoten. Einer der überragenden Weine des Jahrganges, konzentriert und strukturiert, mit samtigen Tanninen und einem extrem langen Finale. **JP**

ⓢⓢⓢⓢ **Trinken: bis 2050**

Domaine Dujac *Gevrey-Chambertin PC Aux Combottes* 1999

Herkunft Frankreich, Burgund, Côte de Nuits
Typ Trockener Rotwein, 13 Vol.-%
Rebsorte Pinot Noir

Als Jacques Seysses in den 60er Jahren seine Lehre bei Gérard Potel in Volnay begann, war der Beruf des Kellermeisters nicht so ein Traumjob wie heute. Und 1967 ein Weingut zu kaufen, mag auch nicht unbedingt wie die zukunftsträchtigste Investition gewirkt haben. Zu allem Überfluß war der erste Jahrgang, den er kelterte, auch noch der schlechteste seiner ganzen Laufbahn. Aber es folgten viele erinnerungswürdige Jahre, und das Gut ist von 5 ha auf fast 13 ha angewachsen. Heute gehen ihm sein Sohn Jeremy und seine Schwiegertochter Diana zur Hand.

Obwohl auch 5 *grands crus* zum Besitz gehören, sind es die *premiers crus*, die zur ersten Garde gehören. Combottes ist buchstäblich von *grands crus* umgeben und gehört sicher zu den besten *premiers crus* in Chambertin. Der Weingarten ist eine Synthese der drei umgebenden Lagen – Clos de la Roche, Latricières und Charmes-Chambertin. Von den insgesamt 3 ha Combottes gehört Dujac etwas mehr als ein Drittel.

1999 war zweifelsohne einer der ungewöhnlichsten Jahrgänge, die je von diesem Weingarten kamen. Der Wein ist reichhaltig, dicht und von enormer Struktur, aber auch noch außerordentlich verschlossen. Zahm würde er in seinem jetzigen Zustand wohl nur als Begleiter eines deftigen Wildgerichtes wirken. Jacques Seysses glaubt, daß der 2005er sich vielleicht als der beste Jahrgang herausstellen könnte, den er je gekeltert hat, es wird aber noch 15 oder 20 Jahre dauern, bis er seinen Höhepunkt erreicht hat. Er trinkt statt dessen heute lieber den 1997er, „weil er so zart ist und dennoch jugendliche Frucht zeigt." **JP**

🍷🍷🍷🍷🍷 **Trinken: bis 2030**

Dunn Vineyards *Howell Mountain C. Sauvignon* 1994

Herkunft USA, Kalifornien, Napa Valley
Typ Trockener Rotwein, 13,5 Vol.-%
Rebsorte Cabernet Sauvignon

Randy Dunn war bei Caymus Kellermeister, als sich das Gut in den 80er Jahren einen Namen machte, aber seine eigenen Weine sind in vielerlei Hinsicht der genaue Gegensatz. Sie sind hochkonzentriert und verschlossen, reine Bergweine. Es sind keine Weine für denjenigen, der sofortigen Genuß sucht, die meisten Jahrgänge benötigen mindestens 12 Jahre, bis sich ihre Komplexität entfaltet.

Die Wachstumsbedingungen auf seinem Howell-Mountain-Gut unterscheiden sich von denen, die im Rest von Napa Valley herrschen. Mit einer Höhe von 610 m liegen sie über der Reichweite der Morgennebel und erwärmen sich deshalb schneller, auch wenn die Tagestemperaturen 6 bis 8°C niedriger sind als im Tal. Dafür sind die Nachtemperaturen höher als in den Niederungen, so daß der kühlere Frühling zwar zu einer späteren Knospung führt, die Reben aber bis zum Herbst wieder aufholen und die Ernte dann fast zur gleichen Zeit wie sonst in Napa stattfindet.

Dunns Weine sind darauf angelegt, in der Jugend unzugänglich zu sein. Nach der Ernte, dem Entrappen und Pressen gärt er den Most ohne eine längere Mazerationszeit, die zu etwas mehr Sanftheit führen würde. Die malolaktische Gärung findet in Tanks statt, bevor der Wein in Fässer umgefüllt wird. Die meisten Jahrgänge werden bis zu 30 Monate in französischen Barriques ausgebaut, die bis zur Hälfte neu sind. Der Wein wird filtriert, aber nicht geklärt. Der Howell Mountain 1994 ist die Quintessenz seiner Weine: Voll, mit gewaltigem Extrakt und großer Intensität, dynamisch und lang am Gaumen, mit Blütenaromen und Noten von schwarzen Beerenfrüchten über einem Mineralkern. **LGr**

🍷🍷🍷🍷🍷 **Trinken: bis 2030+**

Château Durfort-Vivens
2004

Herkunft Frankreich, Bordeaux, Margaux
Typ Trockener Rotwein, 13 Vol.-%
Rebsorten C. Sauvignon 65%, Merlot 23%, C. Franc 12%

Das als *deuxieme cru* klassifizierte Château Durfort-Vivens hatte sicher gutes Potential, aber 1937 wurde es an Châteaux Margaux verkauft, das die Weingärten für die eigenen Weine verwendete, so daß die Marke Durfort fast verschwand. 1962 erwarb Lucin Lurton das Gut und begann, die Weingärten zurückzukaufen. Das Châteaugebäude blieb allerdings im Besitz von Bernard Ginestet, dem ehemaligen Eigentümer von Margaux.

1992 übergab Lurton den Betrieb an seinen Sohn Gonzague. Dieser zieht es vor, die Reben zu beschneiden, anstatt die Trauben vor der Ernte auszudünnen, und verwendet nie mehr als 40 % neue Eiche. Er strebt eher Finesse als übertriebene Reichhaltigkeit an, und es gibt Kritiker, die seine Weine für ein ‚zweites Gewächs' als zu leicht abtun. In manchen Jahren fallen sie tatsächlich recht leicht aus, sie benötigen aber Zeit, damit sich ihr Duft und ihre Haltung entwickeln kann. Der 2004er zeichnet sich durch Würzigkeit und Saftigkeit aus, die beide in diesem Maß für einen Dufort ungewöhnlich sind. Gonzague Lurtons Weine werden manchmal unterschätzt, aber ihre Preise sind moderat, und sie sind eine willkommene Abwechslung in einer Zeit, in der viele Güter sich stilistisch eher in die entgegengesetzte Richtung bewegen. **SBr**

🍷🍷🍷 **Trinken: bis 2020**

Château L'Eglise-Clinet
2002

Herkunft Frankreich, Bordeaux, Pomerol
Typ Trockener Rotwein, 13,5 Vol.-%
Rebsorten Merlot 75%, C. Franc 20%, Malbec 5%

Obwohl dieses 6 ha große Gut seit 1882 im Besitz der Familie von Denis Durantour ist, läßt dieser sich nicht von der Tradition vorschreiben, wie er Weine zu erzeugen habe. Zwar sind viele seiner Reben alt, er hat jedoch etwa ein Drittel durch Neupflanzungen ersetzt, da er die Unterlagen unbefriedigend fand, weil sie nicht die Qualität lieferten, die er anstrebt. Er richtet sein Augenmerk wegen des blumigen Charakters, den er seinen Weinen verleiht, besonders auf den Cabernet Franc. Die Weingärten liegen auf unterschiedlichen Böden, was zur Komplexität des Weines beiträgt.

Durantou zieht es vor, seine Weingärten sorgfältig vorzubereiten, anstatt in der Kellerei zu selektionieren – schon an den Reben werden unreife Trauben entfernt. Er behauptet auch, daß kleine Mengen Blattwerk oder Stengel, die in die Gärfässer geraten, die Qualität des Weines nicht deutlich beeinträchtigen.

In einem lagerungswürdigen Wein müsse man ein gewisses Maß an Tannin und Säure hinnehmen, sagt er weiter. Er stellt auch in geringeren Jahrgängen sehr guten Wein her, wie man am 2002er deutlich erkennen kann. Er ist sehr konzentriert, mit fruchtiger Süße und feinen Tanninen. **SBr**

🍷🍷🍷🍷 **Trinken: bis 2020**

L'Eglise-Clinet ist unter Durantou zu einem großen Pomerol-Gut geworden.

El Nido
Clio Jumilla 2004

Herkunft Spanien, Murcia, Jumilla
Typ Trockener Rotwein, 14 Vol.-%
Rebsorten Monastrell, Cabernet Sauvignon

Dieser Wein wird von der Firma Bodegas El Nido hergestellt, die sich im Besitz der Familie Gil Vera und des einflußreichen US-Importeurs Jorge Ordóñez befindet. In manchen Hinsichten ähnelt es den Bodegas Hijos de Juan Gil, bei dem Miguel Gil die Hauptrolle spielt. Er war einer der wichtigsten Mitstreiter bei Finca Luzón gewesen, als in den 90er Jahren die Jumilla-Rotweine ihren außergewöhnlichen Start hinlegten. Zu seinen anderen hervorragenden Weinen gehört Las Gravas und der Valtosca von Casa Castillo und der Petit Verdot von Casa de la Ermita. Sowohl der Clio als auch der ehrfurchteinflößende und (für viele) exzessive El Nido – im Hinblick auf Konzentration und Preis der größere Bruder des Clio – werden unter der Aufsicht des australischen Önologen Chris Ringland erzeugt. Dieser hatte seinen guten Ruf mit dem Three Rivers Barossa Shiraz begründet und ist auch an einem anderen spanischen Winzereiprojekt von Ordóñez beteiligt.

Die Kellerei El Nido liegt in Paraje de la Aragona, etwa 6 km von Jumilla entfernt, der Stadt, die der Appellation ihren Namen gegeben hat. Die Anlagen sind von bescheidener Größe, was durchaus dem hohen Qualitätsanspruch des Gutes entspricht. Derart hochwertige Weine können nur bei strikter Auslese der Trauben und genauer Kontrolle aller Herstellungsschritte gekeltert werden.

Der Clio 2004 ist einer jener seltenen Weine, bei denen sich Kraft und Finesse verbinden. Dafür ist eine besondere Sensibilität ebenso erforderlich wie Ausgangsmaterial der Spitzenklasse. Robert Parker lobte den Wein mit den Worten: „.... eine vollkommen hedonistische Leistung mit außerordentlicher Länge und Balance. Für einen solch mächtigen Wein ist er bemerkenswert leichtfüßig." **JB**

⊙⊙ **Trinken: bis 2012**

Viña El Principal *El Principal*
Cabernet Sauvignon 2001

Herkunft Chile, Maipo-Tal
Typ Trockener Rotwein, 14 Vol.-%
Rebsorten C. Sauvignon, Merlot/Carmenère, C. Franc

Nachdem Patrick Valettes Vater 1998 Château Pavie verkauft hatte, kehrte er in sein Geburtsland Chile zurück und gründete El Principal als Gemeinschaftsunternehmen mit der Familie Fontaine. Die Fontaines waren zuvor Besitzer von Viña Santa Rita und haben jetzt ein Weingut in Pirque, etwa 30 km südöstlich von Santiago im Tal des Maipo. Im warmen Frühling von Pirque blüht der Merlot so zeitig, daß er nicht Gefahr läuft, allzu viele seiner empfindlichen Blüten zu verlieren.

Das wichtigste an dem Anbaugebiet ist jedoch der bis in große Tiefe mit Anden-Kies durchsetzte Boden seiner Weingärten. So können die jungen Rebstöcke relativ schnell tiefe Hauptwurzeln und ein ausgedehntes Geflecht an Wurzelhaaren ausbilden. Zudem wird der Kiesboden schnell entwässert, falls vom Pazifik her größere Niederschlagsmengen anfallen, während bei spätreifen Sorten wie Carmenère und Cabernet Sauvignon die Trauben noch an den Reben hängen.

Da sich der Gesundheitszustand seines Vaters verschlechterte (er starb 2002), kelterte Patrick Valette den El Principal 2001 und außerdem einen roten Zweitwein namens Memorias. Auf seinem Gut in St.-Emilion, Château Franc Grace Dieu, stellte er mit leichter Hand Weine her, hier bot sich ihm aber die Chance, mit den kühneren und alkoholreicheren Rebsorten von El Principal etwas von sich aus Stärkeres zu erzeugen, auch wenn die Rebstöcke relativ jung waren. Die charakteristischen Merkmale des Weines sind seine Reife und eine gewisse Schlankheit, verbunden mit Geschmacksnoten von Menthol, Pfeffer, Brombeeren und einem großzügigen Anklang französischer Eiche. **MW**

⊙ **Trinken: bis 2010+**

Ernie Els
2004

Herkunft Südafrika, Stellenbosch
Typ Trockener Rotwein, 14,5 Vol.-%
Rebsorten C. Sauvignon 62%, Merlot 24%, Andere 14%

Es gibt eine ganze Reihe von professionellen Golfspielern, die sich auch als Winzer versucht haben oder noch versuchen. Neben Ernie Els wären da Namen wie Greg Norman, David Frost, Arnold Palmer, Mike Weir und Nick Faldo zu nennen. In einem Artikel über die Weine von deren Gütern stellte die Zeitschrift *Golf Connoisseur* im Jahr 2005 nicht sehr freundlich fest: „Südafrika bringt schon sehr viel länger Weltklasse-Golfer hervor, als es Weltklasse-Weine keltert." Dennoch erhielt der Ernie Els 2002 den Preis der Zeitschrift „Best Red Wine by a Pro".

Seinen Ausflug in die Welt des Weines unternahm der Golfer zusammen mit Jean Engelbrecht, einem alten Freund, dem das Gut Rust en Vrede gehört, auf dem die ersten Jahrgänge gekeltert wurden. Bei der Ankündigung des Vorhabens sagte Els: „Ich mache das genauso wie ich Golf spiele – indem ich Profis hinzuziehe." 2004 fand das Unternehmen sein eigenes Heim, als erstklassige Weingärten in Helderberg erworben wurden, die zum Teil schon die Trauben für die Weine geliefert hatten. Dort wurde eine neue Kellerei errichtet, und man stellte als Kellermeister Louis Strydom ein, der die Trauben für den Jahrgang 2005 hier in Empfang nahm.

Der Wein sollte, wie die PR-Abteilung es beschrieb, „genauso sein wie Ernie selbst: von großer Statur und sanftem Charakter." Inzwischen genießt der Wein einen ähnlich guten Ruf wie der Besitzer des Guts. Im Stil erinnert der Wein eher an Kalifornien als an das Bordeaux, dessen Rebsortenmischung hier Pate stand. Der 2004er ist dunkel und vollmundig mit einem Hauch süßer Frucht, die Tanninstruktur ist reif, und die Mineralität fest und straff. **TJ**
☺☺☺☺ Trinken: bis 2012+

Domaine René Engel
Clos de Vougeot Grand Cru 1992

Herkunft Frankreich, Burgund, Côte de Nuits
Typ Trockener Rotwein, 13 Vol.-%
Rebsorte Pinot Noir

Der *grand cru* Clos de Vougeot ist eines der vielen Rätsel des Burgund. Obwohl es theoretisch ein einziger – seit dem 14. Jahrhundert von einer Trockensteinmauer umgebener – Weingarten ist, teilen sich doch an die 80 verschiedene Winzer die 50 ha Reben. Es gibt deutliche Unterschiede in der Qualität der erzeugten Weine, was zum einen an der genauen Lage der betreffenden Parzelle liegt, zum anderen am Können des Besitzers. Die 1,4 ha große Parzelle der Domäne Engel liegt günstig auf halber Hanghöhe etwas südlich vom Château de Clos de Vougeot.

Das Gut wurde von René Engel (1896–1991) gegründet. Einst gehörtem ihm Parzellen von Echézeaux und Grands Echézaux, Vosne-Romanée Les Brulées und in der Dorflage Vosne-Romanée, aber nach dem plötzlichen und unerwarteten Tod des Enkels Philippe Engel im Jahr 2005 wurde das Unternehmen an François Pinault verkauft, den Besitzer von Château Latour, und in Domaine d'Eugenie umbenannt.

1992 ist kein gefeierter Jahrgang, wenn es um roten Burgunder geht. Die Weine lassen die Auswirkungen von sommerlichen Regenfällen erkennen, und zeigen – auch wenn sie in ihrer Jugend mit Genuß zu trinken sind – selten große Konzentration. Dieser Clos de Vougeot ist eine der Ausnahmen – ein Wein, für den Philippe die begehrte Auszeichnung *Jeune Vigneron de l'Année* (Jungwinzer des Jahres) erhielt. Selbst im Alter von 15 Jahren ist der Wein intensiv und noch jugendlich, und zeigt kleine Noten lebhafter schwarzer Beerenfrüchte zwischen den klassischeren, sanfteren roten Beerentönen des burgundischen Pinot Noirs. Die Eiche ist perfekt eingebunden und der Wein ist auf befriedigende Weise vollmundig. **JM**
☺☺☺☺☺ Trinken: bis 2012

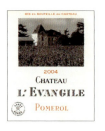

Viña Errázuriz/Mondavi
Seña 2001

Herkunft Chile, Aconcagua-Tal
Typ Trockener Rotwein, 14,5 Vol.-%
Rebsorten C. Sauvignon 75%, Merlot 15%, Others 10%

1996 gründete Eduardo Chadwick, der Leiter der hochangesehenen chilenischen Viña Errázuriz, mit der ebenso geachteten kalifornischen Winzerfamilie Mondavi ein Gemeinschaftsunternehmen, um unter dem Markennamen Caliterra Rot- und Weißweine zu Kampfpreisen auf den Markt zu bringen. Es war nur logisch, als Flaggschiff auch einen großen Roten zu keltern, der dann den Namen Seña („Zeichen", „Signal") erhielt, um der Welt zu signalisieren, daß Chile in der Lage ist, teure Weine zu erzeugen, die ihren Preis wert sind.

Für den Seña wurden eigene Weingärten angelegt, aber anfänglich wurde er zum Teil aus einer Auswahl der besten Reben von Errázuriz' Gut im Tal des Aconcagua hergestellt. Dort war Ed Flaherty Kellermeister, in Chile einer der besten seines Faches. Zu den Kennzeichen seines Stiles gehört die Verbindung der fruchtigen Geschmacksnoten mit jenen des Eichenholzes. Tim Mondavis Kenntnisse kamen ins Spiel, als es darum ging, die Grundweine zu verschneiden, um den von Natur aus überschwenglichen Fruchtaromen des Aconcagua-Tals Gelegenheit zu geben, sich ins rechte Licht zu setzen. Die Weinkritikerin Jancis Robinson bezeichnete den Seña als einen Meilenstein in der Geschichte des chilenischen Weines. **MW**
😊😊😊 **Trinken: bis 2015**

Château L'Evangile
2004

Herkunft Frankreich, Bordeaux, Pomerol
Typ Trockener Rotwein, 13 Vol.-%
Rebsorten Merlot 70%, Cabernet Franc 30%

L'Evangile in voller Größe ist einer der herrlichsten Pomerol-Weine. Obwohl die 13,7 ha des Gutes in der Nähe von Cheval Blanc liegen, ist das *terroir* doch recht anders. Viele der Parzellen in der Nähe des Châteaus haben schwere Lehmböden, bei anderen liegt Kies über dem Lehm. Es gibt zwar auch Reben auf sandigeren Böden, die jedoch nicht für den *grand vin* genutzt werden.

Bis 1990 war L'Evangile im Besitz einer gewissen Madame Ducasse. In jenem Jahr übernahm Eric de Rothschild 70 % der Anteile, nur um festzustellen, daß die große alte Dame nicht bereit war, die Kontrolle über das Gut aufzugeben. Alle bedeutenden Veränderungen wurden blockiert, das einzige Zugeständnis, das sie machte, war die Einführung eines Zweitweines. Sie verstarb 2000 in hohem Alter, und endlich konnte das Rothschild-Team die volle Kontrolle übernehmen. Sie führten für die Ernte kleine Lesebehälter (*cagettes*) ein, bauten eine neue Kellerei und vergrößerten den Anteil neuer Eiche auf 100 %.

Der 2004er zeigt sich in dem neuen ‚Eichenkleid' sehr elegant und hat ansprechende Aromen von roten Früchten und Pflaumen. Am Gaumen ist er für einen 2004er trotz der untergründigen Strenge, die sich mit der Zeit legen wird, sehr voll. **SBr**
😊😊😊😊 **Trinken: bis 2015–2030**

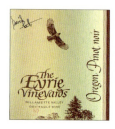

Eyrie Vineyards *South Block Reserve Pinot Noir* 1975

Herkunft USA, Oregon, Willamette Valley
Typ Trockener Rotwein, 12,5 Vol.-%
Rebsorte Pinot Noir

Im Jahr 1979 veranstaltete das französische Gastronomie-Magazin *Gault Millau* eine Weinolympiade, bei der einige der besten Weine Frankreichs gegen eine Auswahl der internationalen Konkurrenz antraten. Der Erfolg des South Block Reserve Pinot Noir 1975 aus David Letts Eyrie-Kellerei kam für viele überraschend, unter anderem auch für Robert Drouhin. Er vertraute dem Ergebnis nicht so recht und veranstaltete 1980 in Beaune eine Neuauflage der Verkostung mit den gleichen Weinen, aber anderen Juroren. Diesmal machte der Wein aus Eyrie Valley den zweiten Platz, er lag mit 2 Zehntelpunkten hinter dem 1959er Drouhins Chambolle-Musigny zurück, verwies aber den 1961er Chambertin-Clos de Bèze auf den dritten Rang. Plötzlich kannte jeder, der sich für die Weine der Côte d'Or interessierte, auch die Dundee Hills im Norden Oregons.

Der 1975er ist, wie alle Weine von David Lett, ein Vorbild an Zurückhaltung und Zartheit, ein Wein mehr der duftigen Finesse als des übermäßigen Extrakts und der Kraft. Früher wurde oft behauptet, ein guter Pinot könne nicht außerhalb des Burgunds gekeltert werden. Dieser Wein hat diese Auffassung ein für alle mal geändert. **SG**

☺☺☺☺☺ Trinken: bis 2010+

Fairview *Caldera* 2005

Herkunft Südafrika, Swartland
Typ Trockener Rotwein, 14,5 Vol.-%
Rebsorten Grenache 50%, Mourvèdre 27%, Shiraz 23%

In den späten 70er Jahren arbeitete Charles Back nach Abschluß seines Önologie-Studiums eine Erntezeit lang in einer Genossenschaftskellerei in Swartland. Später erinnerte er sich oft daran, „wie einfach man dort zu Qualität" bei den Trauben gelangen konnte. Seitdem hat er die Wiederentdeckung des Swartland als Quelle guter Trauben eingeleitet.

Backs eigenes Gut keltert inzwischen auch Weine aus Swartland-Trauben. Der neueste und vielleicht auch beste darunter stammt von Gobelet-erzogenen Reben. Die Grenache-Stöcke wurden in den 40ern gepflanzt, sind also für Südafrika sehr alt. Die mediterranen Wurzeln des Weines werden im Namen deutlich: Die *calderata* ist der traditionelle katalanische Kochtopf, in dem die geschmackreichen Gerichte zubereitet werden, die Back als ideale Begleiter seines Weines betrachtet.

Caldera hat ländliche Elemente und bringt durch seine reife Großzügigkeit die warme Landschaft seines Herkunftsgebiets zum Ausdruck. Hinzu kommen der intelligente Umgang mit der Eiche und die natürlichen Keltermethoden. Er zeigt aber auch Frische und echte Finesse sowie einen Mineralton, der sich mit einer subtilen, festen und geschmeidigen Tanninstruktur verbindet. **TJ**

☺☺ Trinken: bis 2014

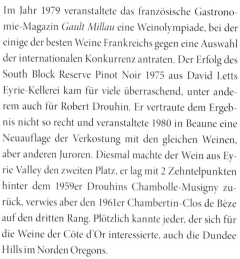

Falesco
Montiano 2001

Herkunft Italien, Latium
Typ Trockener Rotwein, 13,5 Vol.-%
Rebsorte Merlot

Château Falfas
Le Chevalier 2000

Herkunft Frankreich, Bordeaux, Côtes de Bourg
Typ Trockener Rotwein, 13,5 Vol.-%
Rebsorten Merlot 55%, C. Sauvignon 30%, andere 15%

Das mittelitalienische Latium galt lange als Anbaugebiet, in dem man keine ernstzunehmenden Rotweine erzeugen konnte. Das änderte sich über Nacht, als 1993 Falesco seinen ersten Wein auf den Markt brachte. Der Merlot, aus dem der Montiano gekeltert wird, wächst im Gebiet von Montefiscone. Ricardo Cotarella, der Besitzer von Falesco, hat als Berater für viele andere Güter gearbeitet und dabei bewiesen, wie gut er das Potential des Merlots versteht – sei es in Verbindung mit den traditionellen italienischen Rebsorten, sei es auf sich allein gestellt. Man könnte sogar behaupten, daß die italienische Weinrenaissance zu einem guten Teil auf Cotarella und eine Handvoll anderer Winzer zurückzuführen ist, die zuvor wenig bekannte örtliche Rebsorten populär gemacht haben.

Das Geheimnis ihres Erfolges läßt sich in einem Wort zusammenfassen: Fruchtigkeit. Der Montiano 2001 ist ein Musterbeispiel für einen zeitgenössischen, auf Fruchtigkeit ausgelegten Wein. In seinem strahlenden und dichten Rubinrot zeigen sich lebhafte Purpurglanzlichter. Die Nase ist eine Ansammlung von sanften, zärtlichen Cassisaromen mit balsamischen Obertönen. Am Gaumen sorgen die meisterhaft beherrschten Tannine und das präzise Finale für höchsten Trinkgenuß. **AS**

❸❸❸ **Trinken: bis 2015**

Falfas ist ein charmantes, solides Renaissance-Château aus dem Jahr 1612, das in den Hügeln der Côtes de Bourg verborgen liegt. 1988 kaufte John Cochran das Gut, ein US-amerikanischer Anwalt, der zu dieser Zeit in Paris tätig war. Seine Ehefrau Véronique ist die Tochter eines führenden französischen Beraters für ökologischen Landbau, und Cochran stellte als erstes die Weingärten auf biodynamische Bewirtschaftung um.

Mit 22 ha unter Reben ist dies ein recht großes Gut, und die Reben wachsen auf unterschiedlichen Böden. Die Erträge werden niedrig gehalten, bei der Gärung werden natürliche Hefen eingesetzt, und der Wein wird zu einem Drittel in neuer Eiche ausgebaut. 1990 brachten die Cochrans mit dem Le Chevalier eine besondere Abfüllung auf den Markt, die von den ältesten, bis zu 70 Jahre alten und sehr ertragsarmen Rebstöcken stammen.

Wie zu erwarten, zeigt der Le Chevalier 2000 die Eiche, sie ist aber nicht zu vorherrschend. Es ist ein energischer und robuster Wein mit gutem Griff, der auf Dauer ausgelegt ist. Er hat eine gute Länge und ein mundfüllendes Finale. Die normalen Falfas-Weine lassen sich jung trinken, aber der Le Chevalier profitiert von längerer Lagerung. **SBr**

❸❸ **Trinken: bis 2015**

Far Niente
Cabernet Sauvignon 2001

Herkunft USA, Kalifornien, Napa Valley
Typ Trockener Rotwein, 13,5 Vol.-%
Rebsorten C. Sauvignon 93%, Merlot 4%, Petit Verdot 3%

Dirk Hampson ist seit der ersten Ernte des Far-Niente-Gutes im Jahr 1982 an der Erzeugung der Weine beteiligt gewesen, sei es als Kellermeister, sei es als Kellereileiter. Diese seltene Kontinuität ist einer der Faktoren, die Far Niente von Winzereien unterscheidet, die mit wechselnden Kellermeistern arbeiten.

1979 kaufte Gil Nickel das Weingut, das später Far Niente heißen sollte. Er restaurierte die alte Kellerei aus dem Jahr 1885, die mit Schwerkraft arbeitete und seit der amerikanischen Prohibitionszeit außer Betrieb war. Bis zu seinem frühen Tod im Jahr 2003 war Nickel aktiv am Geschehen beteiligt.

Der Jahrgang 2001 war der erste, in dem der Cabernet Sauvignon von Far Niente nur aus Trauben aus Oakville gekeltert wurde. Der Wein wird aus Grundweinen von verschiedenen Parzellen verschnitten, die im 40 ha großen Stelling Vineyard und dem 17-ha-Sullenger-Vineyard liegen. Die Reben des Stelling-Weingartens stellen 90 % der Mischung, sie wachsen auf kiesigem Lehm an den Hängen westlich von Oakville. Diese alluvialen Böden tragen zu der Fruchtigkeit, den gerundeten Tanninen und dem sinnlichen Charakter der Cabernets von Far Niente bei. Der 2001er wurde in der letzten September- und ersten Oktoberwoche geerntet und 20 Monate in französischer Eiche (95 % neue Fässer) ausgebaut. Das relativ gemäßigte Klima lieferte einen klassischen, eleganten Wein im Stil des Far-Niente-Gutes, der verspricht, sich während der Kellerlagerung anmutig und harmonisch zu entwickeln. **LGr**

☻☻☻ **Trinken: bis 2020**

Nebel von der San Pablo Bay liegen über den Reben von Oakville.

Fattoria La Massa *Chianti Classico Giorgio Primo* 1997

Herkunft Italien, Toskana, Chianti Classico
Typ Trockener Rotwein, 14 Vol.-%
Rebsorten Sangiovese 91%, Merlot 9%

Fèlsina Berardenga *Chianti Classico Riserva Rancia* 1988

Herkunft Italien, Toskana, Chianti Classico
Typ Trockener Rotwein, 13 Vol.-%
Rebsorte Sangiovese

Die Fattoria La Massa keltert in der Nähe von Panzano im Anbaugebiet Chianti seit dem 13. Jahrhundert Wein. Der Besitzer Giampaolo Motta ging bei sehr angesehenen toskanischen Winzereien (Fontodi, Castello di Rampolla) in die Lehre, bevor er dann 1992 die Fattoria La Massa kaufte.

Motta stellte Carlo Ferrini als Berater ein, behielt sich wichtige technische Entscheidungen aber weiterhin selbst vor. Den Wein auf der Hefe zu belassen und ihn einer häufigen *bâtonnage* zu unterziehen, war im Chianti-Gebiet eine Neuerung, vor allem beim Sangiovese. Dieses wenig traditionelle Herangehen führte dazu, daß Weine wie der Giorgio Primo 1997 die Aufmerksamkeit der Fachpresse erregten.

Motta sagt, wenn er damals schon seine heutigen Kenntnisse besessen hätte, hätte er aus dem 1997er einen sehr viel besseren Wein keltern können, da die Trauben jenes Jahres von sensationeller Qualität waren. So oder so zeigt der Wein sowohl in der Farbe als auch in der Nase einen gewissen Primärcharakter. Am Gaumen ist er recht gesund und zeigt die gleichen Eigenschaften wie in der Nase – sehr fruchtig, leichte Rösttöne und erdige Leder- und Lakritznoten. **AS**

🍷🍷🍷🍷 Trinken: bis 2017

Die Grancia von Fèlsina, von der sich der Name des Rancia-Weingartens ableitet, war ein Komplex aus Gebäuden und Ländereien im Besitz des Benediktinerordens. Sie bildet einen Teil von Santa Maria della Scala, einem der größten Hospitäler im mittelalterlichen Europa. Der 6 ha große Weingarten liegt in 410 m Höhe in südlicher Ausrichtung. Die ersten Reben wurden 1958 gesetzt. Fèlsina liegt in der Gemeinde Castelnuovo Berardenga im äußersten Süden des Anbaugebietes Chianti Classico. 1961 erwarb Domenico Poggiali das Gut. Nachdem seine Tochter den Lehrer Giuseppe Mazzocolin geheiratet hatte, gab dieser seinen Beruf zugunsten der Winzerei auf und leitet jetzt mit dem Berater Franco Bernabei zusammen das Gut.

Mazzocolin und Bernabei hatten 1988 ihre Zusammenarbeit optimiert und kelterten in jenem Jahr einen ihrer besten Weine. Der Wein ist für einen Chianti Classico ungewöhnlich, da er zu 100 % aus Sangiovese-Trauben erzeugt wurde. In der Jugend ist er straff strukturiert, nach 5 oder mehr Jahren in der Flasche erblüht er jedoch und zeigt ein herrliches Bouquet von Kräutern und Teeblättern, das durch reichhaltige, an Pflaumen erinnernde Fruchtnoten ergänzt wird. **SG**

🍷🍷🍷🍷 Trinken: bis 2012+

Felton Road
Block 3 Pinot Noir 2002

Herkunft Neuseeland, Central Otago
Typ Trockener Rotwein, 14 Vol.-%
Rebsorte Pinot Noir

Fiddlehead
Lollapalooza Pinot Noir 2002

Herkunft USA, Kalifornien, Santa Barbara County
Typ Trockener Rotwein, 14 Vol.-%
Rebsorte Pinot Noir

Der Filmproduzent Nigel Greening war von den Weinen des neuseeländischen Gutes Felton Road so begeistert, daß er einmal in seinem britischen Wohnort bei allen örtlichen Weinhändlern die Vorräte aufkaufte. Seine Zuneigung ging sogar so weit, daß er schließlich das ganze Gut kaufte. Er selbst besaß schon eine Winzerei im nahegelegenen Cornish Point.

Bannockburn in Central Otago ist das südlichste Weinanbaugebiet der Welt und das einzige in Neuseeland mit kontinentalem statt maritimen Klima. Das geht einerseits mit Frostgefahr einher, andererseits sind die Niederschläge gering und die Sonnenscheindauer ist hoch. Ein solches Klima bietet ideale Voraussetzungen für hochwertige Pinot Noirs.

Der Block-3-Weingarten von Felton Road ist genau nach Norden ausgerichtet und hat einen fruchtbaren Lößboden. Der hervorragende 2002er ist von reichhaltigem Geschmack, mit reichlich Säure, aber wenig Tannin. Die Aromen lassen an rote Beerenfrüchte und Gewürze denken, und der Abgang ist sanft und anhaltend. Am besten genießt man den Wein, wenn er jung ist, er kann aber auch bis zu 10 Jahre gelagert werden. Nigel Greening hält ihn für einen der besten, die das Gut gekeltert hat. **SG**

❸❸❸ **Trinken: bis 2012**

Kathy Joseph war ursprünglich Mikrobiologin, erlag jedoch der Faszination der Winzerei und arbeitete bis 1989 in Napa Valley für das Weingut Pecota. Dann gründete sie in Santa Barbara ihr eigenes Gut. Ihre beiden Hauptsorten waren Sauvignon Blanc und Pinot Noir, dieser stammte nicht nur von den örtlichen Weingärten in Santa Barbara, sondern auch aus Oregon. Ihr Umgang mit den Weinen ist verspielt, so tragen ihre Sauvignon-Cuvées Namen wie Goosebury oder Honeysuckle, und einer der Pinots heißt Lollapalooza.

1997 kaufte sie Land gegenüber dem berühmten Weingarten Sanford & Benedict und bepflanzte dort 40 ha mit Pinot Noir. Das Gebiet ist kühl und gut drainiert. Sie nannte den Weingarten Fiddlestix Vineyard und kelterte im Jahr 2000 den ersten Wein aus seinen Trauben.

Neben dem „728", dem normalen Pinot Noir von Fiddlestix, stellt sie auch aus den besten Fässern den Lollapalooza her, der zu 50 % in neuer Eiche ausgebaut wird. Der 2002er ist besonders gelungen und zeigt elegante Kirscharomen, gut eingebundene Eiche, eine üppige Textur, reichlich süße Fruchtigkeit und reife Tannine. Er ist für einen Wein von jungen Rebstöcken gut strukturiert und von guter Länge. **SBr**

❸❸❸ **Trinken: bis 2012**

Château Figeac
2001

Finca Luzón
Altos de Luzón 2002

Herkunft Frankreich, Bordeaux, St.-Emilion
Typ Trockener Rotwein, 13 Vol.-%
Rebsorten C. Franc 35%, C. Sauvignon 35%, Merlot 30%

Herkunft Spanien, Murcia, Jumilla
Typ Trockener Rotwein, 14,5 Vol.-%
Rebsorten Monastrell, C. Sauvignon, Tempranillo

Die vielen anderen Güter in St.-Emilion, die Figeac als Namensbestandteil tragen, zeugen davon, daß dieses Gut einst sehr viel größer war als heute. Es ist trotzdem noch ein großer Besitz mit mehr als 40 ha unter Reben. Im Gegensatz zu vielen anderen in dieser Gegend zeichnen sich seine Weingärten durch Böden mit geringem Lehmanteil aus, sie erinnern sogar an jene im Médoc. Das *terrain* übt auch Einfluß auf die kultivierten Rebsorten aus, hier wird viel Cabernet Franc und bemerkenswerterweise auch viel Cabernet Sauvignon gezogen.

Figeac ist im Vergleich zu reichhaltigeren, fleischigeren St.-Emilions in seiner Jugend zurückhaltender und verschlossener. Das führt dazu, daß er als junger Wein manchmal unterschätzt wird, im reiferen Alter ist er jedoch vorbildlich elegant und harmonisch. Obwohl er Finesse zeigt, ist er keineswegs empfindlich und hat genug Körper, um zu 100 % in neuen Fässern ausgebaut zu werden.

Das Jahr 2001 war in St.-Emilion außerordentlich gut. Die neue Eiche ist im Wein deutlich zu erkennen, sowohl in der Nase als auch am Gaumen, aber die exquisiten Geschmacksnoten von Kirsche und roten Beerenfrüchten prägen den vorherrschenden Eindruck. **SBr**
Ⓢ Ⓢ Ⓢ **Trinken: 2012–2025**

Nach einem Besitzerwechsel im Jahr 2005 wurde die Finca Luzón in Bodegas Luzón umbenannt. Die 700 ha sind vor allem mit der traditionellen Monastrell-Rebe bepflanzt, es werden aber auch Tempranillo, Cabernet, Merlot, Syrah und andere Sorten kultiviert.

In der Folge des Besitzerwechsels kam es auch zu Änderungen in der Geschäftsleitung. Miguel Gil war mit dem Önologen Joaquín Gàlvez dafür verantwortlich gewesen, daß die Finca Luzón vom Hersteller von Massenweinen zu der beneidenswerten Stellung aufstieg, die sie später einnahm. Seit 2005 sind die beiden eigene Wege gegangen, die zu den aufregendsten Neugründungen der betreffenden Gegenden geführt haben: Gil hat in Jumilla sein eigenes Gut Hijos de Juan Gil gegründet, und Gálvez hat sich in Beryna bei Alicante neben dem Gut von Rafael Bernabé etabliert. Das Streben nach Qualität, das sie Luzón eingeimpft hatten, hat jedoch seit dem Wechsel nicht nachgelassen.

Altos de Luzón zeigt Jahr auf Jahr das große Potential spanischer Monastrell-Weine. Diese Rebsorte wurde zuerst im Mittelalter in Südostspanien angebaut und liefert heute sehr harmonische Weine, deren Kraft durch den geschickten Einsatz von Eiche gebändigt wird. **JB**
Ⓢ **Trinken: bis 2010+**

Finca Sandoval
2005

Flowers *Camp Meeting Ridge Sonoma Coast Pinot Noir* 2001

Herkunft Spanien, Kastillien-La Mancha, Manchuela
Typ Trockener Rotwein, 14,5 Vol.-%
Rebsorten Syrah, Monastrell, Bobal

Herkunft USA, Kalifornien, Sonoma Coast
Typ Trockener Rotwein, 14 Vol.-%
Rebsorte Pinot Noir

Es gibt Weinliebhaber, die ihre Leidenschaft so weit treiben, daß sie selbst zum Winzer werden. Wenn der Betreffende dann auch noch ein hochkarätiger Weinautor ist, wie es bei Victor de la Serna, dem Gründer der Finca Sandoval der Fall ist, dann kommt noch eine weitere wichtige Perspektive hinzu: Hier ist jemand tätig, der sich mit Weingärten sehr gut auskennt.

Die Finca Sandoval ist ein Gut von 10 ha Größe. Auf den lehmig-kalkigen Böden wachsen in einer Höhe von 770 m Syrah-Reben. Diese Rebsorte wurde ausgewählt, weil sie sich besonders gut für das Klima und die Bodenverhältnisse hier eignet. Das Unternehmen verfügt auch über Parzellen, die mit Mourvèdre, Bobal, Garnacha Tintorera und Touriga Nacional bepflanzt sind.

In den wärmeren Regionen Spaniens fiel der Jahrgang 2002 sehr gut aus. So auch in Manchuela, und der Finca Sandoval dieses Jahres ist zweifelsohne ein großartiger Wein mit einer ungewöhnlichen Mischung von atlantischen und mediterranen Nuancen. Der 2005er ist jedoch ein Wein, der den zukünftigen Stil und die zu erwartende Qualität des Gutes deutlich zeigt, er ist schon jetzt grandios und wird im Laufe der Jahre nur an Statur gewinnen. **JB**

☻☻☻ Trinken: bis 2020

Die beiden Weingärten von Walt Flowers liegen hoch oben im Küstengebirge von Sonoma, nur 3,2 km von der Küste entfernt. Er war der erste, der 1991 hier an der Küste Reben pflanzte. Camp Meeting Ridge, sein erster Weingarten, liegt in einer Höhe von 335 bis 430 m. 1998 bepflanzte Flowers ein noch höher gelegenes Kammgrundstück mit Rebstöcken. Durch den dichten Unterwuchs konnte er erkennen, daß der Boden rotes Vulkangestein mit Lehmbeimischungen ist. Bodenanalysen und Luftaufnahmen bestätigten ihn in der Annahme, daß das Gelände für Wein geeignet sei, und die erste Ernte der neuen Flowers Ranch wurde 2004 eingefahren. Die Erträge sind auf beiden Seiten des Hügelkammes sehr niedrig.

Das Markenzeichen des Pinot Noirs von Flowers Ranch ist seine Finesse, was jedoch nicht bedeutet, daß es ihm an Fruchtigkeit mangelt oder daß er gedämpft wirkt. Die einfache Cuvée aus Pinot Noir stammt von den eigenen Weingärten, aber auch von fremden, die unter der Aufsicht der Flowers-Mannschaft stehen, und setzt einen hohen Maßstab. Der 2001er verbindet feine Himbeeraromen mit einer diskreten Röstnote. Der Geschmack ist strahlend, saftig und konzentriert, das Finale lang und rein. **SBr**

☻☻☻ Trinken: bis 2012

Fontodi
Flaccianello delle Pieve 1997

Herkunft Italien, Toskana
Typ Trockener Rotwein, 13,5 Vol.-%
Rebsorte Sangiovese

Foradori
Granato 2004

Herkunft Italien, Trentino, Mezzolombardo
Typ Trockener Rotwein, 14 Vol.-%
Rebsorte Teroldego

Fontodi, einer der gefeiertesten Weine der IGT Sangiovese, ist nach einem südwestlich ausgerichteten Weinberg in 400 m Höhe bei Panzano im Conca d'Oro (Goldenen Becken) benannt.

Die Familie Manetti stellt seit mehr als 300 Jahren im Chianti-Gebiet Terrakotta her. 1969 erwarb sie Fontodi und hat seitdem in aller Stille weitere Weingärten hinzugekauft und die Qualität der erzeugten Weine verbessert.

Der Flaccianello 1999 zeigt die ganze Reichhaltigkeit, die man mit diesem großartigen toskanischen Jahrgang verbindet. In seiner Jugend hatte er auf herrliche Weise reine Merkmale des Sangiovese, er roch nach Teeblättern und Kräutern, darunter lag eine Schicht von Kirsch- und Pflaumenaromen. Bei der idealen Balance zwischen Frucht, Säure und Tannin war die Versuchung groß, den Wein jung zu trinken. Im Alter von 10 Jahren sind im Keller gut gepflegte Flaschen noch sehr jugendlich, beginnen jedoch komplexer zu werden und Fleischnoten im Geschmack zu zeigen. Der Wein hat mehrere Preise und Auszeichnungen gewonnen, unter anderem wurde er von dem einflußreichen italienischen Weinführer *Gambero Rosso* mit der Bewertung Tre Bicchieri ausgezeichnet. **SG**

❂❂❂❂ **Trinken: bis 2010+**

Die Teroldogo-Rebe liefert zweifelsohne die besten Rotweine des Trentino. Der dichte und konzentrierte Granato verdankt seine Zugehörigkeit zur Weltspitze unter den Rotweinen der sorgfältigen Auswahl der besten Phänotypen der Rebsorte, der Biodiversität des Weingartens und den niedrigen Erträgen.

Der Granato 2004 erhielt die begehrte Tre-Bicchieri-Auszeichnung in der *Gambero-Rosso*-Ausgabe des Jahres 2007. Die Trauben für den Wein stammen von Weingärten in der Umgebung des Firmensitzes Mezzolombardo, insbesondere von Parzellen in Morei, Sgarzon und Cesura, wo die alluvialen Böden steinig und kiesreich sind.

Der Wein wird in großen offenen Holzfässern gegärt und dann 18 Monate in kleinen Barriques ausgebaut. Er ist von dramatischer, sehr dunkler rubinroter Farbe, die schon auf die Intensität der Aromen und Geschmacksnoten hinweist. Die Nase ist fabelhaft – opulent, kräuterig, fast zähflüssig in ihrer Intensität, und dennoch elegant. Der Wein ist auf einer kräftigen Grundlage aus miteinander verwobenen Tanninen aufgebaut, die durch ein sanftes Potpourri aus Heckenfrüchten abgemildert wird. Ein Verkoster meinte sogar, reife Granatapfelsamen zu schmecken. **ME**

❂❂❂❂ **Trinken: bis 2020**

Château Fourcas-Hosten
2005

Herkunft Frankreich, Bordeaux, Listrac
Typ Trockener Rotwein, 13 Vol.-%
Rebsorten Merlot 45%, C. Sauvignon 45%, C. Franc 10%

Listrac liegt ein gutes Stück westlich von den angesehensten Weingütern des Médoc, seine Weine stehen im Ruf, eher kräftig und rustikal zu sein. Andererseits können die Weine auch sehr gut altern. Den Namen Fourcas tragen eine Reihe von Weingütern, dieses ist das bezauberndste der Fourcas-Châteaux, ein wohlproportioniertes, bescheidenes Landhaus in der Nähe der Dorfkirche.

1983 bat der damalige Besitzer, der New Yorker Weinhändler Peter M. F. Sichel, den Eigner des benachbarten Château Fourcas-Dupré, Patrick Pagès, das Gut für ihn zu verwalten und die Herstellung der Weine zu überwachen.

Pagés ist zwar sehr gut mit den Weingärten vertraut, es ist ihm jedoch ein Rätsel, warum sie sich so sehr von seinen eigenen Weinen aus Fourcas-Dupré unterscheiden. In ihrer Jugend können sie etwas rustikal wirken, aber nach 10 oder mehr Jahren in der Flasche tauchen komplexere Aromen und Geschmacksnoten auf. Der 1971er ist zum Beispiel kein überragender Wein, er war in einem Alter von 30 Jahren jedoch noch sehr lebendig und charaktervoll. Der 2005er zeigt in der Nase sehr viel Frucht, und am Gaumen wirkt er fleischiger als andere Jahrgänge. **SBr**

☺☺ Trinken: bis 2025

Domaine Fourrier
Griotte-Chambertin GC 2005

Herkunft Frankreich, Burgund, Côte de Nuits
Typ Trockener Rotwein, 13 Vol.-%
Rebsorte Pinot Noir

Griotte-Chambertin liegt hügelabwärts von Clos de Bèzes und ist mit 2,73 ha der kleinste *grand cru* der Gemeinde. Zu den angesehensten unter den etwa einem halben Dutzend Besitzern gehört die Domaine Fourrier.

Als Ende der 80er Jahre Jean-Marie Fourrier an die Seite seines Vaters Jean-Claude trat, um das Gut zu leiten, stand dessen Ruf auf einem Tiefpunkt. In den 50er und 60er Jahren waren noch gute Weine gekeltert worden, was danach kam, war eher enttäuschend. Jean-Marie hatte bei dem verstorbenen Großmeister Henri Jayer hospitiert und auch für die Domaine Drouhin in Oregon gearbeitet. Er verfeinerte die Produktionsmethoden, reduzierte die Erträge und kelterte die vier Gevrey-Chambertin *grand crus* getrennt – der fünfte, Clos St.-Jacques, war schon immer separat behandelt worden. Seit 1993 sind die Weine wieder ausgesprochen gut.

2005 ist ein großartiger Burgunderjahrgang. Von der Lage Griotte (der Name leitet sich von *craie* – Kreide – ab und hat nichts mit *griotte*, dem französischen Wort für Sauerkirsche, zu tun) stammt einer der elegantesten Weine der Gemeinde, ein Gevrey mit einer Andeutung von Musigny. Dieses Exemplar ist ein bewundernswürdiges Beispiel. **CC**

☺☺☺☺ Trinken: 2019–2035+

Freemark Abbey
Sycamore Cabernet Sauvignon 2003

Herkunft USA, Kalifornien, Napa Valley
Typ Trockener Rotwein, 14 Vol.-%
Rebsorten C. Sauvignon 85%, Merlot 8%, C. Franc 7%

Die Kellerei aus dem Jahr 1886, die hier etwas nördlich von St. Helena stand, wurde 1955 geschlossen, aber 1967 wieder eröffnet. Im Laufe der Jahre wechselte sie mehrmals die Besitzer, bis 2001 die Kellerei und der Markenname, allerdings ohne die Weingärten, an die Legacy Estates Group und dann 2006 an Jess Jackson verkauft wurde. Den Markennamen Freemark gibt es allerdings immer noch.

Seit den 70er Jahren hatte sich Freemark Abbey mit Cabernets einen Namen gemacht, die vom Weingarten Bosché stammten. 1984 kam eine zweiter Cabernet vom Sycamore-Weingarten hinzu. Sycamore ist eine der besten Lagen in Rutherford und liefert einen dichteren, strukturierteren Wein als Bosché. Dem Wein wird ein kleiner Anteil von Cabernet Franc und Merlot hinzugefügt, um ihm zusätzliche Komplexität zu verleihen.

Der Sycamore Cabernet 2003 ist von immenser aromatischer Reichhaltigkeit, er duftet nach Schwarzkirschen und leicht nach Minze. Der Geschmack ist ungeheuer konzentriert, und obwohl das Tannin wuchtig ist, wirkt der Wein nicht übertrieben extraktreich. Das Finale ist lebhaft und lang. Kurz gesagt: Ein klassischer Cabernet aus Napa Valley. **SBr**
😊😊😊 **Trinken: bis 2025**

Frog's Leap
Rutherford 2002

Herkunft USA, Kalifornien, Napa Valley
Typ Trockener Rotwein, 13,6 Vol.-%
Rebsorten C. Sauvignon 89%, C. Franc 11%

Der Rutherford von Frog's Leap ist ein Gegenmittel für die kalifornischen Weine, die den affektierten Anspruch erheben, von „unerreichter Qualität" zu sein. Die Cuvée wurde 1981 von Larry Turley und John Williams kreiert und setzte Maßstäbe für einen geschmeidigen, wohlschmeckenden Wein aus Napa Valley, der seine Stellung nicht über den Preis, sondern über seine Herkunft definiert.

Obwohl er als Begleiter der schönen Augenblicke des Lebens und der gelösten Laune beabsichtigt ist, entbehrt der Wein nicht des Ernstes. Er ist nach den Vorgaben gekeltert, die der legendäre André Tchelistcheff für die wesentlichen Merkmale eines Weines aus Napa Valley hielt: intensives Aroma, dunkle Beerenfrüchte, die von subtilen Noten grüner Oliven angehoben werden, und ein harmonischer Geschmack, den er als „Rutherford Dust" bezeichnete.

Um einen sanften, geschmeidigen Wein mit hinreichender Griffigkeit zu erzeugen, meidet Williams Maßnahmen zur Konzentrationssteigerung und dehnt die Mazeration auf bis zu 30 Tage aus. Der warme Sommer des Jahres 2002 bot optimale Bedingungen für den Rutherford – Aromen reifer Früchte und ein saftiger Geschmack mit festen, staubigen Tanninen am hinteren Gaumen. **LGr**
😊😊😊 **Trinken: bis 2012+**

Fromm Winery
Clayvin Vineyard Pinot Noir 2001

Herkunft Neuseeland, Marlborough
Typ Trockener Rotwein, 14 Vol.-%
Rebsorte Pinot Noir

Elena Fucci
Aglianico del Vulture Titolo 2004

Herkunft Italien, Basilicata, Vulture
Typ Trockener Rotwein, 13,5 Vol.-%
Rebsorte Aglianico

Obwohl die Kellerei Fromm verschiedene gute Weine aus anderen Rebsorten keltert, besteht inzwischen mehr als die Hälfte der Produktion aus Pinot Noir, da der Besitzer Georg Fromm der Überzeugung ist, daß dieser „im internationalen Vergleich den höchsten Standard aller in Neuseeland kultivierten Rebsorten erreichen wird".

Neben dem La Strada Pinot Noir, der von zwei Weingärten im Brancott Valley stammt, füllt Fromm auch zwei Einzellagenweine ab – Fromm Vineyard und Clayvin Vineyard. Clayvin ist ein schöner Weinberg mit guter Exposition im Brancott Valley, einer der höchsten Lagen von Marlborough. Der Name des Weingartens verweist auf die komplexen Lehmböden. Die ersten Reben wurden 1991 gepflanzt, die Besitzer belieferten Fromm mit Trauben, bevor sie den Weingarten 1998 an ihn und den britischen Importeur Lay and Wheeler verkauften.

Georg Fromm bezeichnet den 2001er als den besten Jahrgang seit 1996. Er vertrat das Anbaugebiet Marlborough bei der neuseeländischen *Pinot Noir Celebration* des Jahres 2004 und wurde von dem französischen Weinautor Michel Bettane gelobt. Die Nase ist gelassen, dunkel fruchtig, etwas rauchig und lebhaft, während der Geschmack harmonisch und luxuriös texturiert ist. **NB**
❂❂❂ **Trinken: bis 2012**

Elena Fucci ist ein junges Weingut, es entstand erst im Jahr 2000. Auch die Besitzerin Elena ist noch jung und hat vor kurzem ihr Önologiestudium abgeschlossen. Als der erste Wein auf dem Gut unter der Aufsicht ihres Vaters und des beratenden Kellermeisters Sergio Paternoster gekeltert wurde, war sie noch an der Universität in Pisa. Der Aglianico del Vulture Titolo stammt von Trauben aus dem gleichnamigen Weingarten, der so gut gelegen und so klein ist, daß man ihn für den Hinterhof des Hauses der Familie Fucci in Barile halten könnte.

Der Titolo 2001 war eine erstaunliche Vorausschau auf das Potential des Gutes. Die Jahrgänge 2002 und 2003 waren deutlich schwieriger, zeigten aber, wie gut dieser Erzeuger mit widrigen Umständen umzugehen versteht. Mit dem Jahrgang 2004 kam dann der Durchbruch.

Der Titolo 2004 ist von dunkler, lebhafter Farbe, die Nase ist verblüffend komplex und vereint reife, saftige Beerenaromen mit leichten, eher erdig-ledrigen Noten. Vervollständigt wird das Bouquet durch balsamische Noten und Minze. Elena Fucci träumt von dem Tag, an dem Barile das Montalcino der Basilicata wird, eine Anerkennung, die in nicht mehr allzu ferner Zukunft liegen sollte. **AS**
❂❂❂ **Trinken: bis 2025+**

Gago Pago La Jara
2004

Herkunft Spanien, Toro
Typ Trockener Rotwein, 14,5 Vol.-%
Rebsorte Tinta de Toro (Tempranillo)

Nach 10 Jahren in der Winzerei seiner Familie in Rioja gründete Telmo Rodríguez mit anderen spanischen Önologen, die in Bordeaux ausgebildet worden waren, seine eigene Firma. Gemeinsam entdecken sie viele alte Anbaugebiete in Spanien von neuem und erzeugen dort Weine.

Telmo sucht sich zuerst einen ortsansässigen Winzer, mit dem er einen einfachen und preiswerten Wein keltert, um die Eigenarten der Rebsorten, der Böden und des Klimas zu verstehen. Dann sucht er Weingärten, aus deren Trauben sich eine Spitzenabfüllung keltern läßt. So ging er auch in Toro vor, wo er zuerst Dehesa Gago und Gago abfüllte, bevor der Pago La Jara entstand. Die Trauben für diese Cuvée stammen von 3 kleinen Parzellen mit ungepfropften Reben, die in den 40ern in 690 m Höhe auf Hängen mit Lehm-Kalksteinböden gepflanzt wurden.

Der 2004er ist ein klassischer Jahrgang für Toro. Der Wein mag zuerst hart und tanninreich wirken, wenn man ihn mit den üppigeren Jahrgängen wie 2003 und 2005 vergleicht. Er weist Mineralnoten auf, die an Torf und Graphit erinnern, und zeigt Aromen von Gewürzen, Rauch, Brombeeren und Heidelbeeren sowie Andeutungen von Veilchen. Am Gaumen ist er groß und kräftig, aber ausgewogen und von frischer Fruchtigkeit. **LG**
☺☺☺ Trinken: 2009–2019

Gaia Estate
Agiorghitiko 1998

Herkunft Griechenland, Peloponnes, Nemea
Typ Trockener Rotwein, 13,5 Vol.-%
Rebsorte Agiorghitiko

Die Peloponnes ist der südlichste Teil des griechischen Festlandes. Hier liegen auf Kalksteinböden das Dorf Koutis und das nach der alten griechischen Erdgöttin Gaia benannte Weingut. Gaia wurde 1997 von den beiden jungen griechischen Önologen Leon Karatsalous und Yannis Parakevopoulos gegründet, nachdem sie auf Santorini den Grundstock zu ihrer Karriere gelegt hatten.

Weine aus dem Anbaugebiet Nemea, zu dem Gaia gehört, sind oft angenehme, leicht zu trinkende Abfüllungen, die von den flacheren Weingärten zwischen den Hügeln stammen, wo die Erträge zu den höchsten zählen, die in der Appellation zugelassen sind. Bei Gaia ist das anders. Leon und Yannis kauften Weinberge an den Hängen und schnitten die Reben der kaum bekannten, aber sehr guten Sorte Agiorghitiko zurück, um niedrige Erträge und hohe Qualität zu erzielen.

Der 1998er ist dunkel, fast undurchsichtig, und weist Aromen und Geschmacksnoten von reifen, dunklen Früchten (Schwarzkirschen und Damaszenerpflaumen), süßen Gewürzen und Toast auf. Am Gaumen wird die reife Fruchtigkeit perfekt durch die Säure und die weichen, samtigen Tannine ausgeglichen. Gaia ist sicher einer der besten griechischen Weltklasseweine. **GL**
☺☺☺☺ Trinken: bis 2012

Gaja *Barbaresco* 2001

Herkunft Italien, Piemont, Langhe
Typ Trockener Rotwein, 13,5 Vol.-%
Rebsorte Nebbiolo

Die Familie Gaja ließ sich im 17. Jahrhundert im Piemont nieder, 1859 gründete Giovanni Gaja die gleichnamige Winzerei. Angelo trat 1961 in das Familienunternehmen ein, heute besitzen die Gajas 101 ha bester Weingärten in Barbaresco und Barolo und zwei weitere Güter in der Toskana. Angelo Gaja repräsentiert das Gut nach außen und ist ein begnadeter Marketingexperte, in der Kellerei führt Guido Rivella Regie.

Zu den Weinen des Gutes in Langhe gehören eine Reihe von Einzellagen-Barbarescos: Sorí Tildin, Sorí San Lorenzo und Costa Russi. Es gibt auch zwei Barolo-*crus*: Sperss und Conteisa Cerequio, der von dem gepachteten Gromis-Gut stammt. Gajas Spitzenwein ist jedoch der Barbaresco ohne weiteren Namenszusatz.

Die Jahrgänge 2000 und 2001 waren die letzten beiden in einer außerordentlichen Reihe von guten Jahren, die Alba seit 1995 genoß und die als „die 7 fetten Jahre" bezeichnet wurden. Jetzt, da die Weine schon seit einiger Zeit auf Flaschen abgefüllt sind, zeigt sich der 2001er als der bessere Jahrgang – graziöser und eleganter, und auf Dauer mit größerem Stehvermögen. Bei einer Verkostung im März 2006 überzeugt Gajas Barbaresco 2001 als Klassiker seiner Art, mit einer überragend reinen und reifen Nebbiolo-Nase. Am Gaumen war er – kaum überraschend – noch verschlossen und unentwickelt, die grandiose Konzentration und Länge waren jedoch schon zu erkennen. Ein erstklassiger Barbaresco aus einem guten Jahr wie 2001 kann ohne weiteres 30 oder mehr Jahre gelagert werden, allerdings wird sich dieser vielleicht schon nach 10 Jahren etwas umgänglicher zeigen. **SG**

ӨӨӨӨ **Trinken: bis 2031+**

WEITERE EMPFEHLUNGEN
Andere große Jahrgänge
1961 • 1964 • 1971 • 1985 • 1989 • 1990 • 1996 • 1997
Weitere Weine von Gaja
Barolo Sperss • Costa Russi • Gaja and Rey Chardonnay • Sorí San Lorenzo • Sorí Tildin

Domaine Gauby *Côtes du Roussillon-Villages Rouge Muntada* 2003

Herkunft Frankreich, Roussillon
Typ Trockener Rotwein, 13,5 Vol.-%
Rebsorten Syrah 45%, Grenache 30%, Carignan 25%

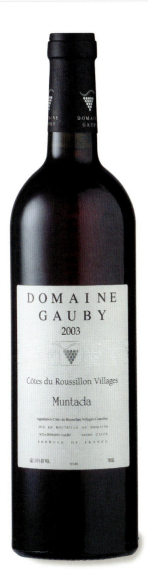

Gérard Gauby ist der Sohn eines ehemaligen französischen Rugbyspielers und wird oft als der „ungekrönte König des Roussillon" bezeichnet. Als er 1985 die Reben seines Großvaters mütterlicherseits erbte, waren es lediglich 5 ha, deren Trauben von einer örtlichen Genossenschaft verarbeitet wurden. Seitdem hat er das Gut systematisch vergrößert, so daß er heute insgesamt 45 ha im entlegenen Tal des Agly westlich von Perpignan bewirtschaftet.

Die meisten Parzellen liegen im Dorf Calce, aber Gauby hat auch Weingärten weiter im Landesinneren in der Region Fènouilledès gekauft. Die Böden sind meist kalkhaltig, die häufigste Rebsorte ist Grenache, einige der Rebstöcke wurden 1947 gesetzt, und die Erträge sind sehr gering.

Der Spitzenwein des Gutes ist der Muntada, ein roter Côtes du Roussillon-Villages. Der Muntada wies einst durchschnittlich 15 % Alkohol auf, aber Ende der 90er Jahre kam Gauby zu der Überzeugung, das etwas mit den Weingärten in Roussillon nicht stimme, da sie den häufigen Einsatz von Pflanzenschutzmitteln erforderten. Er reduzierte die Chemie und bewirtschaftet seit 2000 seine Weingärten vollkommen nach ökologischen Prinzipien. So wie sich das Aussehen seiner Reben veränderte, so änderte sich auch der Stil des Weines. Er verwendet auch in der Kellerei weniger Eiche und kaum der Extraktanreicherung dienende Techniken, um so einen Wein von größerer Finesse zu erzielen. Ein Wein, der früher ein alkoholreicher ‚Blockbuster' war, hat sich so zu einem sehr viel frischeren und zurückhaltenden Stil fortentwickelt, der einige Zeit im Keller erfordert. **SG**

◉◉◉◉ Trinken: bis 2015

WEITERE EMPFEHLUNGEN
Andere große Jahrgänge
1998 • 1999 • 2000 • 2001 • 2002
Weitere Weine von Gauby
Les Calcinaires • La Coume Ginestre Vieilles Vignes

Château Gazin
2004

Jean-René Germanier
Cayas Syrah du Valais Réserve 2005

Herkunft Frankreich, Bordeaux, Pomerol
Typ Trockener Rotwein, 13 Vol.-%
Rebsorten Merlot 90%, C. Sauvignon 7%, C. Franc 3%

Herkunft Schweiz, Valais, Vétroz
Typ Trockener Rotwein, 13 Vol.-%
Rebsorte Syrah

Im Gegensatz zu seinem berühmten Nachbarn Château Pétrus besitzt Gazin ein richtiges Château, ein elegantes Gutshaus, das seit 90 Jahren von der Familie Bailliencourt bewohnt wird. In den 70er Jahren war es um das Familienunternehmen schlecht bestellt. Es besaß zwar auch das Château La Dominique in St.-Emilion, mußte es aber verkaufen, um Gazin halten zu können. Darüberhinaus mußten auch fast 5 ha der besten Weingärten des Château Gazin an Pétrus verkauft werden.

Die Reben des Gutes wachsen nicht alle in idealen Lagen, aber etwa zwei Drittel der 24 ha liegen auf der berühmten Hochebene von Pomerol, die sie sich mit Pétrus und einer Handvoll anderer Erzeuger teilen. Gazin ist nicht so kraftvoll und gewichtig wie Pétrus, kann aber in seiner Jugend dicht und tanninreich sein. Seit 1988 war der Wein überaus gut, wird aber oft unterschätzt, vielleicht weil er für einen Pomerol in beträchtlichen Mengen erzeugt wird und so an Prestige seinen Konkurrenten nachsteht, die geringere Mengen auf den Markt bringen. Der 2004er zeigt, wie gut der Wein auch in einem nicht ganz glänzenden Jahr sein kann. Die Nase ist intensiv und duftig, am Gaumen zeigt der Wein aber großartige Reichhaltigkeit, Würzigkeit und Eleganz. **SBr**

😊😊😊 Trinken: 2012–2025

Der Schweizer Kanton Wallis ist nicht nur die Quelle des meisten Weines in der Schweiz, sondern auch der Rhône. Der Winzer Jean-René Germanier hatte schon immer davon geträumt, einen großen Wein aus Syrah zu keltern. Die Geschichte seines Gutes reicht bis in das Jahr 1896 zurück, als es von Urban Germanier in Balavaud Vétroz gegründet wurde. Heute leitet Jean-Renés Neffe Gilles Besse die Kellerei.

Der erste Jahrgang des 100%igen Syrah Cayas entstand 1995 – damals kam er noch als Syrah du Valais auf den Markt. Der Name Cayay (von französisch *caillou*, Kies) verweist auf den Schieferboden in der Gegend um Vétroz. Seit jenem ersten Jahr gilt der Cayas als der beste Syrah aus der Schweiz, ein Wein, der sich durch Eleganz, Konzentration, Kraft und Länge auszeichnet. Im Jahr 2004 brachte das Gut einen Zweitwein auf den Markt, um die Qualität des Cayas' noch weiter zu steigern.

Der Cayas 2005 ist dunkel, fast violett. In der Nase vernimmt man die Aromen von Johannisbeeren, Waldboden und Kaffee. Am Gaumen ist er sehr elegant und frisch, mit guter Balance zwischen reifen roten Beerenfrüchten und erdigen, mineralischen und würzigen Noten. Das Tannin ist dicht und fest, der Abgang lang. **CK**

😊😊😊 Trinken: 2009–2015

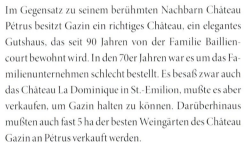

Die frisch eingetroffenen Trauben werden bei Gazin entrappt.

Gerovassiliou *Avaton* 2002

Herkunft Griechenland, Mazedonien, Epanomi
Typ Trockener Rotwein, 14 Vol.-%
Rebsorten Limnio, Mavroudi, Mavrotragano

Das nach ihm benannte Weingut von Evangelos Gerovassiliou ist vielleicht das beste Griechenlands. Es liegt in Epanomi, etwa 15 km südwestlich von Thessaloniki. Das heutige Gut entstand aus einem Familienbesitz von 2,5 ha, in dem Vangelos 1981 begann, griechische und ausländische Rebsorten zu pflanzen. Er hat den richtigen Hintergrund, um guten Wein zu keltern: Er wurde im Bordeaux ausgebildet – Einfluß übte unter anderem der große Emile Peynaud aus – und arbeitete von 1976 bis 1999 als leitender Önologe für Château Carras.

Das ursprüngliche Gut wurde inzwischen auf 45 ha vergrößert und ist immer noch mit einer Mischung griechischer und internationaler Rebsorten bestockt. Die ausländischen Stars Chardonnay, Sauvignon Blanc, Viognier, Grenache, Syrah und Merlot stehen Schulter an Schulter mit den einheimischen Sorten Assyrtiko, Malagousia, Mavroudi, Limnio und Mavrotragno. Malagousia ist Gerovassilious ganzer Stolz, weil er die fast ausgestorbene Rebe selbst vor diesem Schicksal gerettet hat und er der erste war, der ihr unbestrittenes Potential zeigte, indem er mit modernen Methoden daraus einen Wein kelterte.

Die Weißweine des Gutes sind beeindruckend, es sind aber die Rotweine, die besonders hervorragen. Der Gerovassiliou Syrah ist ein erstaunlicher Wein, aber der Avaton ist vielleicht sein bester Rotwein, der noch interessanter ist, weil er aus drei griechischen Rebsorten gekeltert wird – Limnio, Mavroudi und Mavrotragno. Es ist ein solider Wein, der moderne, erdig-schwarze Fruchtnoten mit einer wunderbar würzigen Struktur vereint. **JG**

 Trinken: bis 2020+

WEITERE EMPFEHLUNGEN
Andere große Jahrgänge
2001 • 2003 • 2004
Weitere Weine von Gerovassiliou
Ktima Gerovassiliou (rot und weiß) • Ktima Gerovassiliou Fumé, Chardonnay, Viognier, Syrah

Die Limnio-Ernte kommt in der Kellerei von Gerovassiliou an.

Giaconda
Warner Vineyard Shiraz 2002

Herkunft Australien, Victoria, Beechworth
Typ Trockener Rotwein, 13,5 Vol.-%
Rebsorte Shiraz

Bruno Giacosa
Asili di Barbaresco 2001

Herkunft Italien, Piemont, Langhe
Typ Trockener Rotwein, 14 Vol.-%
Rebsorte Nebbiolo

Der bescheidene und leise Rick Kinzbrunner ist ein Guru der australischen Weinerzeuger, ein echter Winzer, der genauso viel Sorgfalt darauf verwendet, die richtigen Rebsorten zu kultivieren, wie auf die Erzeugung seiner superben Weine. Der erste Wein wurde 1985 in Giaconda gekeltert, und das Gut wurde schnell für seinen Chardonnay und in geringerem Maße auch für seinen Cabernet Sauvignon und Pinot Noir berühmt. Erst im Jahr 1999 kam der Shiraz hinzu und wurde sofort ein Erfolg. Innerhalb von 4 Jahren wurde er von Weinkritikern zu den besten Shiraz in Australien gezählt, einem Land, in dem an guten Shiraz kein Mangel herrscht.

Die Shiraz-Trauben stammten zuerst vom einem benachbarten Weingarten. Später kamen Trauben von einer eigenen 0,8 ha großen Parzelle hinzu – ein Shiraz ganz aus eigener Ernte könnte in der Zukunft noch kommen.

Der 2002er ist ein großer, konzentrierter Wein von überragend düsterer Farbe und reichlichen Fruchtnoten: Pflaume, Brombeere, Pfeffer und Nelken sind die vorherrschenden Aromen. Am Gaumen ist er dicht und reichhaltig, fast zähflüssig, und dennoch elegant. Ein Wein mit einer Lebenserwartung von mindestens 20 Jahren. **HH**

❁❁❁ **Trinken: bis 2022**

Italien kann sich vieler sehr guter und einiger hervorragender Weinerzeuger rühmen. Aber als Genie kann man vermutlich nur einen von ihnen bezeichnen: Bruno Giacosa. Seine Karriere begann er als *commerciante*, als Händler, der – wie sein Vater vor ihm – die Ernte von Winzern aufkaufte und sie zu sehr besonderen Weinen kelterte. Bruno wußte stets, welche dieser Cuvées seine höchste Auszeichnung verdienten, das rote Etikett des Riserva.

In der Zwischenzeit hat er bedeutende Weingärten in Asili in Barbaresco und in Falleto in Barolo gekauft. Asili ist nicht so sehr wegen seiner Kraft als wegen seiner Eleganz und Anmut bekannt, Falletto vor allem wegen seiner Festigkeit und Verschlossenheit, seiner Neigung, lange bis zur Ausgereiftheit zu brauchen, und seiner Fähigkeit, außerordentlich gut zu altern.

Die Spitzenweine von Giacosa, wie der Asili 2001 oder der 2000er Falletto Riserva, können in der Vielfalt ihrer Aromen und Geschmacksnoten schon fast symphonische Ausmaße annehmen: Hier trifft Süßes auf Bitteres, Fruchtigkeit auf Säure und Tannin, Kräuteriges auf Blüten, Leder und Teer auf Eiche, Fleisch und Wild auf Trüffel und Pilze. **NBel**

❁❁❁❁❁ **Trinken: bis 2030+**

Das Barolo-Dorf Neive, die Heimat von Bruno Giacosa.

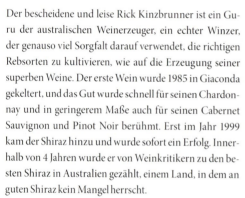

Château Giscours
1970

Herkunft Frankreich, Bordeaux, Margaux
Typ Trockener Rotwein, 12,5 Vol.-%
Rebsorten C. Sauvignon 53%, Merlot 42%, andere 5%

Das Château wurde zuerst im 14. Jahrhundert als befestigter Wehrturm erwähnt, beim Verkauf im Jahr 1552 wurde hier jedoch schon Weinbau betrieben. Es ist damit eines der altehrwürdigsten unter den Gütern Frankreichs. Während des Zweiten Kaiserreichs (1852–1870) wurde das heutige Gebäude von dem Bankier Comte de Pescatore erbaut, um die Kaiserin Eugénie standesgemäß empfangen zu können. Nach dem zweiten Weltkrieg läuteten Nicolas Tari und sein Sohn Pierre eine Glanzperiode des Weinguts ein, die in der jüngsten Vergangenheit von den neuen Eigentümern, der niederländischen Familie Jelgersma, fortgesetzt wurde.

Das Gut verfügt über 4 Weingärten auf dem kiesdurchsetzten, wasserdurchlässigen Sandboden des Médoc. Im Jahr 1970 profitierte es wie der Rest des Bordeaux von einem klimabedingten Aufschwung, der die grauenhaften Weine der Region aus den späten 60er Jahren vergessen ließ. Vor allem das Médoc brachte sehr konzentrierte Weine von großer Langlebigkeit hervor, deren Qualität zum Teil auf der ungewöhnlich späten Ernte beruhte, die erst im Oktober richtig in Gang kam.

Der 1970er Giscours ist dicht und dunkel; als er Anfang der 90er seine Reifezeit erreichte, zeigte er noch Andeutungen von Lakritze und deutliche Brombeernoten. Die sekundäre Entwicklung fügte getrocknete Feigen und Gewürze zum Geschmacksbouquet hinzu. Die Kraft des Weines trägt ihn immer noch gut, unterstützt durch die eleganten Tannine, die auf graziöse Weise gealtert sind. **SW**

ՁՁՁՁ **Trinken: bis 2015+**

Das große Château wurde 1847 von Comte de Pesatore gebaut.

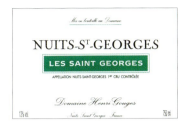

Goldwater
Goldie 2004

Herkunft Neuseeland, Waiheke Island
Typ Trockener Rotwein, 13,5 Vol.-%
Rebsorten Cabernet Sauvignon, Merlot

Domaine Henri Gouges *Nuits-St.-Georges PC Les St.-Georges* 2005

Herkunft Frankreich, Burgund, Côte de Nuits
Typ Trockener Rotwein, 13 Vol.-%
Rebsorte Pinot Noir

Kim und Jeanette Goldwater waren Pioniere, als sie 1978 auf Waiheke Island Reben pflanzten. Sie stellten bald unter Beweis, daß die Insel sich ideal für hochwertige Weine aus Cabernet Sauvignon und Merlot eignet.

Der Erfolg des Weines aus diesen beiden Rebsorten, der seit dem Jahrgang 2002 den Namen Goldie trägt, ermunterte auch andere angehende Winzer, sich auf der Insel zu versuchen. Sie mußten jedoch feststellen, daß die Weine von Reben mit niedrigen Erträgen auf teurem Grund und Boden bestenfalls geringe Profite ermöglichten. Das Gut Goldwater war eine Ausnahme, da es seine Umsätze steigerte, indem es auch Wein aus Trauben des Anbaugebietes Marlborough kelterte.

Neue Weingärten und bessere Klone der verwendeten Rebsorten haben zu steigender Qualität geführt. Der Wein ist dichter geworden, hat reifere Geschmacksnoten und läßt einen besseren Eichenton erkennen. Im Jahr 2004 wurde er aus vielen kleinen Chargen zusammengestellt, die jeweils die Individualität des Weingartens und des Klons zum Ausdruck bringen. Es ist ein intensiver und eleganter Rotwein, der am Gaumen dunkle Beerenfrüchte, Anis, Lakritze und einen Hauch orientalischer Gewürze erkennen läßt. **BC**
🍷🍷🍷 Trinken: bis 2015

Die Domaine Henri Gouges liegt hinter einer schlichten Mauer in Nuits-St.-Georges verborgen. 1929, zu einer Zeit, als die meisten Bauern hier ihre Trauben an Händler verkauften, kelterte Henri Gouges seinen ersten Wein. 1967 übernahmen seine beiden Söhne das Gut und erweiterten es auf die heutigen 15 ha Fläche. Seit 1985 wird es von zwei Cousins geleitet: Pierre pflegt die Weingärten, und Christian leitet die hochmoderne Kellerei.

Im späten 19. Jahrhundert begann das Dorf Nuits, seinem Namen denjenigen seines besten Weingartens hinzuzufügen. Er liegt etwas südlich des Dorfes, ist nach Osten ausgerichtet und wird seit über 1000 Jahren bewirtschaftet. Die 7 ha sind im Besitz von 15 Erzeugern, mit einer Parzelle von 1 ha, auf der 50 Jahre alte Reben wachsen, ist Gouges einer der größen von ihnen.

2005 war ein sehr trockenes Jahr. Der Wein wurde 2007 auf Flaschen abgefüllt. Er ist dicht und kompromißlos, in der Jugend sogar abweisend. Weine dieses Stils bedürfen einiger Gewöhnung, bevor man Gefallen an ihnen findet. Allerdings hat der Wein dieses Jahrgangs mehr Fleisch und Geschmeidigkeit. Er zeigt Brombeer- und Mineralnoten. Es könnte ohne weiteres der beste St.-Georges sein, den das Gut je keltert hat. **JP**
🍷🍷🍷🍷 Trinken: bis 2030

Waiheke Island liegt vor der Küste von Auckland.

Grace Family Vineyards

Cabernet Sauvignon 1995

Herkunft USA, Kalifornien, Napa Valley
Typ Trockener Rotwein, 13,5 Vol.-%
Rebsorten Cabernet Sauvignon

Das Unternehmen Grace Family Vineyards entstand 1976, als Dick Grace eine 0,4 ha große Parzelle mit Cabernet Sauvignon bepflanzte, der vom Bouché Vineyard in Rutherford stammte. Die Trauben fielen Charlie Wagner von der Kelterei Caymus positiv auf, und sie wurden dort für eine Sonderabfüllung gekeltert, bis es zu Problemen zwischen den beiden Männern kam, in deren Folge Dick Grace begann, seinen eigenen Wein zu erzeugen.

Der Grace-Cabernet wird in kleinen Mengen gekeltert und nur direkt vermarktet: Jährlich wurden selten mehr als 200 Kisten erzeugt, auf der Warteliste stehen mehr als 4000 Interessenten. Wenn das noch nicht reicht, um dem Wein Kultstatus zuzuerkennen, dann vielleicht die Liste der an seiner Enstehung beteiligten Star-Önologen: Gary Galleron, Heidi Peterson Barrett, Gary Brookman und David Abreu. Das Gut mußte Anfang der 90er Jahre infolge eines Reblausbefalls teilweise neu bepflanzt werden und wird heute von Dicks Sohn Kirk geleitet.

Nur wenige Weine erzielen auf Auktionen ähnlich hohe Preise wie der Grace Family Cabernet. Bei der Napa Valley Wine Auction 1985 erhielt eine speziell zusammengestellte Sammlung von 5 Flaschen mit 10.000 Dollar den höchsten Zuschlag der Auktion. Die Nachfrage nach den Weinen des Gutes hält ungebrochen an: Eine gravierte 12-l-Flasche des Jahrgangs 2003 wurde bei der Naples Wine Auction 2006 für 90.000 Dollar versteigert. Der 1995er – der erste Jahrgang, der unter der Leitung von Heidi Peterson Barrett entstand – gilt als der Inbegriff des Cabernets aus Napa Valley. **LGr**

\$\$\$\$\$ Trinken: bis 2015+

Das Wohnhaus der Familie Grace liegt auf dem Gutsgelände. ➡

Alain Graillot
Crozes-Hermitage 2001

Herkunft Frankreich, nördl. Rhône, Crozes-Hermitage
Typ Trockener Rotwein, 13 Vol.-%
Rebsorte Syrah

Autodidakten sind in der Welt des Weines eher die Ausnahme. Alain Graillot gab seinen Beruf als Landmaschinenverkäufer auf, um Winzer zu werden. Der erste Wein unter seinem eigenen Namen kam 1985 auf den Markt. Die Trauben für den Crozes-Hermitage wachsen in einem Weingarten am Zusammenfluß der Rhône mit der Isère auf Schwemmland, das aus Kies, Sand und kleinen Steinen besteht.

Die Trauben werden, ohne entrappt zu werden, 2 bis 5 Tage mazeriert. Nach dem Klären wird der Wein in verschiedenen Chargen aufgeteilt: 20 % verbleiben im Gärtank, der Rest wird in Eichenbarriques unterschiedlichen Alters (1–3 Jahre) bis zu einem Jahr ausgebaut.

Auf den sengend heißen August folgte im Jahr 2001 ein relativ kühler, aber glücklicherweise trockener September. Unter diesen Bedingungen wuchsen reife kleine Beeren mit dicken Schalen und einer guten Säure heran. Die Ernte begann in der letzten Septemberwoche. Wie auch in den anderen Anbaugebieten an der nördlichen Rhône fiel der Jahrgang ausgewogener aus als der hochgelobte 2000er.

Graillots Crozes 2001 ist ein dichter, sehr dunkler, in der Jugend sogar tintenschwarzer Wein mit solider Frucht und Tannin und der rauchig-fleischigen Intensität eines guten Syrah von der Rhône. Am Gaumen kommen die Himbeer- und Brombeeraromen langsam aus dieser äußeren Hülle zum Vorschein. Bei diesem Jahrgang begannen sie nach 3 Jahren, sich in der Gesamtzusammenstellung deutlicher bemerkbar zu machen. **SW**

❂❂❂ **Trinken: bis 2016**

◀ Ein Rhône-Winzer testet seinen Barrique-Wein.

Château Grand-Puy-Lacoste 2000

Herkunft Frankreich, Bordeaux, Pauillac
Typ Trockener Rotwein, 13 Vol.-%
Rebsorten C. Sauvignon 70%, Merlot 25%, C. Franc 5%

Obwohl er nicht so bekannt ist wie andere Weine dieser Gemeinde, ist der Grand-Puy-Lacoste ein ausgezeichneter Pauillac zu einem angemessenen Preis. Das Gut gehört neben anderen zum Besitz der *négociant*-Familie Borie. François-Xavier Borie leitet dieses Gut und das ebenfalls klassifizierte Château Haut-Batailley, sein Bruder Bruno kümmert sich um das überragende *deuxième cru* Ducru-Beaucaillou in St.-Julien. Das Château selbst stammt aus der Mitte des 19. Jahrhunderts, hinter ihm liegt ein englischer Landschaftsgarten, der sich deutlich von den in dieser Gegend sonst üblichen formaleren Schloßgärten unterscheidet.

Die Weingärten liegen auf zwei kiesigen Hügeln, ihre Grenzen haben sich in den letzten 150 Jahren kaum verändert. Die Reben sind durchschnittlich 40 Jahre alt, was zur Konzentration des Weines beiträgt. Der Grand-Puy-Lacoste ist maskulin, aber nie rustikal oder grobschlächtig.

Die Trauben werden vor der Kelterung sorgfältig selektiert, und Borie achtet darauf, daß ihnen nicht zu viel Extrakt entzogen wird. Der Grand-Puy-Lacoste ist beispielhaft in seiner Ausgewogenheit und zeigt die naturgegebene Kraft eines typischen Pauillac, gleichzeitig aber auch einen hohen Grad an Finesse und vordergründiger Fruchtigkeit. Der 2000er ist ungewöhnlich üppig und zeichnet sich durch ein ungeheure, fast unwiderstehliche Sinnlichkeit aus – er ist saftig, samtig, schokoladig und erstaunlich lang. Er wird ohne Zweifel genauso gut altern wie es der entzückende und überaus fruchtige 1982er getan hat. **SBr**

🍷🍷🍷 Trinken: 2010–2030

WEITERE EMPFEHLUNGEN
Andere große Jahrgänge
1961 • 1982 • 1988 • 1990 • 1995 • 1996 • 2005
Weitere Cinquièmes Crus aus Pauillac
d'Armailhac • Batailley • Clerc-Milon Lynch-Bages • Pontet-Canet

Grange des Pères
2000

Herkunft Frankreich, Languedoc
Typ Trockener Rotwein, 13,5 Vol.-%
Rebsorten Syrah, Mourvèdre, C. Sauvignon, Counoise

Es war das Gut Mas de Daumas Gassac in Aniane, das in den 70er Jahren erstmals den Beweis erbrachte, daß sich im Languedoc auch guter Wein erzeugen läßt. Damals entstand unter der Anleitung des großen Emile Peynaud hier ein duftiger, langlebiger Cabernet Sauvignon. So ist es vielleicht kein Zufall, daß Aniane auch die Heimat eines Gutes ist, von dem manche Kritiker behaupten, es habe das Erbe von Daumas Gassac als beste Kellerei des Languedoc angetreten: Laurent Vaillés Grange des Pères. Vaillé gründete sein 11 ha großes Gut Anfang der 90er Jahre, der erste Wein stammt aus dem Jahr 1992.

Die Erträge sind niedrig. Der Wein wird aus Syrah, Mourvèdre, Cabernet Sauvignon und einer winzigen Menge Counoise zusammengestellt. Wegen dieser letzten Rebsorte wird er als Landwein und nicht als AOC Coteaux du Languedoc klassifiziert. Was kümmern einen jedoch solche Klassifikationen bei einem Wein, der so gut ist. Der Wein wird 20 Monate in Eichenfässern ausgebaut.

Der Schlüssel zum Erfolg von Grange des Pères liegt, wie bei vielen anderen Weinen, in der Ausgewogenheit. Das läßt auch der 2000er erkennen. Es ist kein schwerer, dunkler Wein, er zeigt statt dessen eine ausdrucksvolle, etwas animalische Nase und einen zarten, reifen Fruchtcharakter. Am Gaumen ist er profund, die intensiven, herzhaften Fruchtnoten werden durch eine etwas süße Kräuterkomponente abgerundet. Der Wein ist ein Star des Languedoc mit einer leichten Anmutung der nördlichen Rhône. Die Balance und der lange Ausbau bedeuten auch, daß er sich mindestens 10 Jahre, vielleicht noch länger, gut im Keller halten wird. **JG**
☺☺☺ **Trinken: bis 2010+**

Elio Grasso
Barolo Runcot 2001

Herkunft Italien, Piemont, Langhe
Typ Trockener Rotwein, 14 Vol.-%
Rebsorte Nebbiolo

Elio Grassos Name ist in Barolo zu einem feststehenden Begriff geworden, er ist einer derjenigen, die mit der Bezeichnung *barolisti* geehrt werden. Der ehemalige Bankier übernahm Ende der 70er Jahre die Leitung des Familiengutes, bestockte die Weingärten neu und kelterte 1978 seinen ersten Barolo. Er sagt von sich selbst, er sei weder Traditionalist noch Neuerer, und möchte auch weder der einen noch der anderen Richtung zugeordnet werden. Wichtig ist ihm vor allem, Weine zu erzeugen, die den Charakter der Trauben aus seinen Weingärten bestmöglich zum Ausdruck bringen – er gilt lieber als guter Winzer, denn als guter Erzeuger.

Grassos 14 ha Weingärten liegen in dem Weiler Monforte d'Alba auf dem Gavarini-Hügel. Er stellt 3 verschiedene Barolos her – Gavrini Vigna Chiniera, Ginestra Vigna Casa Maté und den Einzellagenwein Runcot. Elios Sohn Gianluca wollte den Runcot in einem moderneren Stil erzeugen und baut ihn in neuen französischen Barriques aus, um die mächtigen Tannine zu zähmen. Der nach Süden ausgerichtete Weingarten mit 1,8 ha liegt etwas tiefer als die anderen und verfügt über einen Kalksteinboden mit Lehmanteilen, die dem Wein natürliche Struktur geben. Runcot wird nur in den besten Jahrgängen gekeltert, der erste Jahrgang war 1995.

Obwohl das Jahr 2001 als Ganzes vom Konsortium für Barolo und Barbaresco nur mit 4 Sternen bewertet wurde, halten die meisten Erzeuger es für deutlich besser. Auf jeden Fall eignen sich die Weine zur längeren Kellerlagerung. Der Runcot 2001 ist glatt und fein und zeigt komplex geschichtete Noten von reifen Früchten, Eiche und Gewürzen, verbunden mit großartiger Länge. **KO**
☺☺☺☺ **Trinken: bis 2015**

Silvio Grasso
Barolo Bricco Luciani 1997

Herkunft Italien, Piemont, Langhe
Typ Trockener Rotwein, 14 Vol.-%
Rebsorte Nebbiolo

Das Weingut Silvio Grasso entstand 1927, heute wird es von Federico Grasso geleitet, der auch selbst in den Weingärten und der Kellerei die Aufsicht führt. Das Gut hat 14 ha Rebfläche, die Hälfte davon ist mit Nebbiolo bepflanzt. Die Weingärten liegen in der Umgebung des Dorfes La Morra, die Böden dort sind leichter und sandiger als in Monforte und Serralunga d'Alba, und bringen entsprechend elegantere und zugänglichere Weine hervor.

Federico kann zu den Modernisten unter den Barolo-Erzeugern gezählt werden, auch wenn er einen sehr traditionellen Wein keltert, dessen Name – André – nicht etwa einem Träger dieses Namens gewidmet ist, sondern das piemontesische Wort für ‚zurück' ist. Dieser Barolo wird sehr lange mazeriert (bis zu 40 Tagen) und in traditionellen großen Eichenfässern ausgebaut.

Der Bricco Luciani stammt von einer der besten Lagen in La Morra und wird auf sehr viel modernere Art erzeugt als der André. Die kurze Mazerationszeit und der Ausbau in kleinen Barriques stellen sicher, daß dieser Wein sich sofort nach Freigabe genießen läßt. Der 1997er ist dafür ein ausdrucksvolles Beispiel. Die Farbe ist intensiv, auch wenn sie keine Spur von jugendlicher, purpurner Beschwingtheit zeigt. Die Nase ist recht offen, intensiv und durchdringend und mit ihren Aromen von Trokkenblumen, Unterholz und kleinen roten Beeren überaus elegant. Am Gaumen ist der Wein dicht, voll und warm, erfüllt von sehr feinen und süßen Tanninen. Obwohl er im Alter von 10 Jahren schon ein Genuß ist, wird er diejenigen, die sich in Geduld üben und einige Jahre warten, bevor sie ihn entkorken, auf jeden Fall sehr reich belohnen. **AS**

Grattamacco
2003

Herkunft Italien, Toskana, Bolgheri
Typ Trockener Rotwein, 13,5 Vol.-%
Rebsorten C. Sauvignon, Merlot, Sangiovese

Grattamacco ist eine der alteingesessenen Winzereien in Bolgheri. Den ersten Wein unter dem eigenen Namen füllte es 1978 ab, er war bei Weinfreunden und -kritikern ein sofortiger Erfolg. Im Jahr 2002 wurde das Gut an Dottore Tipa verkauft, dem auch das schöne Gut Colle Massari in der aufstrebenden DOC Montecucco gehört.

Grattamacco liegt auf einem 90 m hohen Hügel zwischen den Dörfern Bolgheri und Castagneto Carducci. Das Klima hier ist sehr mild und trocken, gegen Ende des Sommers sind die Tages- und Nachttemperaturen deutlich wahrnehmbar unterschiedlich, was für die Reifung der Trauben sehr wichtig ist. Von den 30 ha des Gutes sind 11 ha Rebfläche, auf 3 ha stehen Olivenhaine, und der Rest ist Wald.

Das Jahr 2003 war in großen Teilen Europas ungewöhnlich heiß und trocken, und die Toskana machte da keine Ausnahme. Der Grattamacco zeigt jedoch keine der unangenehmen Eigenschaften dieses an Wüstenklima erinnernden Jahrgangs. Die Nase ist frisch und lebendig mit Aromen von weichen, reifen Früchten (Brombeeren und Blaubeeren). Die Eiche ist gut eingebunden und überwältigt den Fruchtgeschmack zu keiner Zeit. Am Gaumen wirkt der Wein zuerst sehr glatt, sinnlich und fleischig, um sich dann zu voller Größe zu öffnen – ohne jemals übermächtig zu werden. Seine Tiefe und Länge sind außerordentlich und erhalten durch die willkommene (und vielleicht etwas überraschende) Säure zusätzliche interessante Noten. Die Tannine sind weder trocken noch zäh, sie versprechen dem Wein eine gutes Alterungspotential. **AS**

☺☺☺☺ **Trinken: bis 2020+**

Rotweine | 577

Greenock Creek
Roennfeldt Road Shiraz 1998

Herkunft Australien, South Australia, Barossa Valley
Typ Trockener Rotwein, 15 Vol.-%
Rebsorte Shiraz

Miljenko Grgić
Plavac Mali 2004

Herkunft Kroatien, Pelješac, Dingač
Typ Trockener Rotwein, 13,5 Vol.-%
Rebsorte Plavac Mali

Greenock Creek stieg mit rasender Geschwindigkeit zu einem Superstar des Anbaugebiets Barossa Valley auf – vor allem in den USA stieß er auf Begeisterung. Dieser Erfolg beruhte auf den Shiraz-, Cabernet-Sauvignon- und Grenache-Trauben, die von 10 bis 70 Jahre alten, nur wenig tragenden Rebstöcken stammen.

Viele der Cuvées von Greenock Creek kommen von den Weingärten Marananga und Seppeltsfield, deren Böden von alluvialen Ablagerungen und schwerem Lehm bis hin zu Kalkstein und Granit reichen. Die Weine wurden ursprünglich von Chris Ringland vom Weingut Rockford gekeltert, der inzwischen seine eigenen, sehr gesuchten Weine erzeugt. Heute leitet Michael Waugh die Kellerei von Greenock Creek.

Hier werden von den Weingärten Seven Acre, Creek Block, Alice's, Apricot Block und Roennfeldt mindesten 5 verschiedene Shiraz-Cuvées hergestellt. 1998 war im Barossa Valley ein sehr gutes Jahr. Der Roennfeldt ist von dichter purpurner Farbe und zeigt sich in der Nase und am Gaumen gleichermaßen konzentriert. Der Geschmack ist reichhaltig und wird von schwarzer Johannisbeere und Brombeere dominiert. Im langen Finale zeigen sich Rauch- und Teernoten. **JW**

❋❋❋❋ Trinken: 2010–2025

Die Halbinsel Pelješac liegt etwa eine Autostunde nordwestlich von Dubrovnik. Die einheimische Rebsorte Plavac Mali ist wie der kalifornische Zinfandel ein Abkömmling der alten kroatischen Sorte Crljenac und ist perfekt auf ihre Standortbedingungen abgestimmt. Die Appellation Dingač, in der die Hänge steil zur Adria hin abfallen und die Reben auf einem unglaublich schmalen Streifen der Sonne entgegenwachsen, ist der ganze Stolz dieses Gebietes.

Miljenko Grgić arbeitete in Deutschland, Kanada und den USA als Kellermeister, um dort schließlich die Grgich Hills Cellars mitzubegründen und sich einen Namen für Chardonnays der Superlative zu machen. Die Liebe zu seiner Heimat Kroatien verließ ihn jedoch nie, und 1995 kehrte er zurück, um in Pelješac seine eigene, moderne und gut ausgestattete Kellerei zu gründen.

Sein Plavac Mali aus Dingač ist ein Kind uralter Weingärten und moderner Technik. An diesem Wein ist alles groß: Die Farbe ist dunkel und die Nase mit ihren Aromen von reifen schwarzen Beerenfrüchten ausgeprägt. Die fast an Rosinen gemahnende Reichhaltigkeit des Geruchs setzt sich am Gaumen fort. Der Alkohol- und Tanningehalt ist hoch, aber perfekt eingebunden. **GL**

❋❋❋ Trinken: bis 2015

Domaine Jean Grivot
Richebourg Grand Cru 2002

Herkunft Frankreich, Burgund, Côte de Nuits
Typ Trockener Rotwein, 13,5 Vol.-%
Rebsorte Pinot Noir

Die Familie Grivot lebt seit dem späten 18. Jahrhundert im Burgund. Ursprünglich waren es Bauern und Küfer, aber schon Mitte der 1930er Jahre füllten sie ihre eigenen Weine auf Flaschen ab. 1984 erwarb Jean Grivot eine Parzelle in Richebourg und brachte damit das Gut auf seine heutige Größe von 16 ha. Inzwischen ist sein Sohn Etienne, der Weinbau studiert, in die Herstellung des Weines eingestiegen und hat das Gut gründlich verändert.

Richebourg ist einer der besten *grands crus* unter den vielen, die sich in einem wunderbaren Band hinter dem Dorf Vosne-Romanée erstrecken. Die Grivots besitzen eine Parzelle von 0,3 ha mit 60 Jahre alten Reben. Obwohl der *cru* oft Burgunder hervorbringt, die sich durch ungewöhnliche Kraft auszeichnen, möchte Grivot doch keinen Wein keltern, den er mit dem Wort „brutal" bezeichnet, er zielt statt dessen auf einen energiegeladenen, luftigen Wein. Das Jahr 2002 war für Grivot großartig, er selbst zieht diesen Jahrgang dem vielgelobten 1999er vor. Die von Kirscharoma gekennzeichnete Nase ist exquisit. Der Wein ist mit feiner Säure und einer herrlichen Balance gesegnet, es ist dennoch ein monumentaler Wein voller Reichhaltigkeit und Macht, der von gewichtigen, reifen Tanninen getragen wird. **SBr**
🍷🍷🍷🍷🍷 Trinken: bis 2025+

Domaine Anne Gros
Richebourg Grand Cru 2000

Herkunft Frankreich, Burgund, Côte de Nuits
Typ Trockener Rotwein, 13,5 Vol.-%
Rebsorte Pinot Noir

Dieses Gut gehörte früher zur Domaine Louis Gros, bis es 1963 unter François Gros selbständig wurde. Seitdem er 1988 in den Ruhestand ging, leitet seine Tochter Anne das Unternehmen, das bis 1994 noch als Domaine Anne et François Gros firmierte.

Die Qualität war hier einst eher mittelmäßig, ist aber unter der Führung von Anne Gros sprunghaft gestiegen. Seit dem Jahr 2000 werden die Weingärten ökologisch bewirtschaftet. Die Vinifikation ist schnörkellos, der Wein wird mit natürlichen Hefen in offenen Fässern gegärt, die zu einem großen Teil (bei den *grands crus* etwa 80 %) aus neuer Eiche gefertigt sind. Anne lehnt trockene Tannine in einem Wein strikt ab und strebt nach einem Wein, der sich durch eine gewisse Öligkeit und vor allem durch Fruchtigkeit auszeichnet.

Obwohl Richebourg oft als ein nach burgundischen Maßstäben schwerer Wein betrachtet wird, trifft das in diesem Fall nicht zu. Statt dessen gibt es Intensität, äußerst feines Tannin, diskrete Kraft, einen Eichenton, der in der Nase mehr zu spüren ist als am Gaumen, und eine außerordentliche Länge. Anne Gros' Richebourg ist stilistisch konsistent, zeigt aber trotzdem die Merkmale seines Jahrgangs. **SBr**
🍷🍷🍷🍷🍷 Trinken: bis 2025

Château Gruaud-Larose
2005

Herkunft Frankreich, Bordeaux, St.-Julien
Typ Trockener Rotwein, 13 Vol.-%
Rebsorten C. Sauvignon 57%, Merlot 31%, andere%

GS
Cabernet 1966

Herkunft Südafrika, Stellenbosch
Typ Trockener Rotwein, 12 Vol.-%
Rebsorte Cabernet Sauvignon

In diesem Gut mit dem 1875 fertiggestellten Château und dem Turm, der sich über den 80 ha Weingärten erhebt, zeigt sich das Médoc von seiner besten Seite. Mitte des 18. Jahrhunderts genoß der Wein einen sehr guten Ruf, aber ein Jahrhundert später war es auf zwei Besitzer aufgeteilt, die jeweils unter eigenem Namen den Wein verkauften, der aus den gleichen Fässern stammte. 1917 kaufte Désiré Cordier das eine Teilgut, 1935 dann das andere und vereinte den Besitz so wieder. Heute gehört die Domäne einer der großen Weinhändlerfamilien, den Merlauts. Sie verlassen sich weiter auf Cordiers altgedienten Kellermeister Georges Pauli, der seinen Aufgaben mit unermüdlicher Energie nachkommt.

Am Stil des Weines gibt es nichts Unbeholfenes oder Verbissenes, er ist muskulös, aber frisch und lebhaft. Der 2005er zeigt das in höchster Vollendung. Die Aromen sind verführerisch reif, blumig und würzig, während der Wein am Gaumen eine lebhafte Dramatik an den Tag legt: Er ist energisch, kräftig und von exzellenter Länge. Der Gruaud-Larose wird manchmal unterschätzt, vielleicht weil er nicht so extravagant beworben wird wie viele andere Spitzenweine aus St.-Julien, aber in guten Jahrgängen ist es ein wahrhaft hervorragender und harmonischer Wein. **SBr**
❂❂❂ **Trinken: 2012–2035**

Es ist schon peinlich, wie wenig über diesen Wein bekannt ist, der als einer der besten aus den Urzeiten der südafrikanischen Weingeschichte gilt. Erst in der jüngeren Vergangenheit interessieren sich auch Landesfremde für einen Wein, der nie offiziell freigegeben wurde und seinen Weg auf geheimnisvolle Weise in die Keller derjenigen fand, die über gute Beziehungen verfügten.

Der Wein wurde von der Stellenbosch Farmers' Winery abgefüllt, das Etikett trägt die Initialen des damaligen Produktionsleiters George Spies. Damit wollte er sicher sein Vertrauen in einen für die Zeitverhältnisse experimentellen Wein zum Ausdruck bringen. Ein experimenteller Aspekt zeigt sich in dem kleinen Schriftzug „100 %" auf dem Etikett, mit dem bewiesen werden sollte, daß in Südafrika ein guter Wein allein aus Cabernet Sauvignon gekeltert werden kann.

Zwei Dinge sind klar: Der Wein wurde nur in großen alten Fässern ausgebaut, und er wurde in dem Weingarten in Durbanville gekeltert, von dem auch die Trauben stammten. Der Weingarten wurde leider kurz danach bebaut. Nur ein weiterer Wein wurde unter diesem Namen aus seinen Trauben erzeugt – der ebenfalls sehr beeindruckende 1968er. **TJ**
❂❂❂ **Trinken: bis 2016**

◂ Gruaud-Larose ist einer der führenden *deuxièmes crus* des Médoc.

Guelbenzu
Lautus 1998

Herkunft Spanien, Navarra, Cascante
Typ Trockener Rotwein, 13,5 Vol.-%
Rebsorten Tempranillo, C. Sauvignon, Merlot, Grenache

1989 wurde Ricardo Guelbenzu von seinen sieben Brüdern die Aufgabe übertragen, das alte Familiengut Bodega del Jardin wieder auf die Beine zu bringen. Niemand hätte geglaubt, daß es unter dem Namen Bodegas Guelbenzu eines der führenden Güter der Region werden würde, ebensowenig hätte man es für möglich gehalten, daß der ehemalige Rechtsanwalt Ricardo auch in Aragón und Chile Wein erzeugen würde.

Lautus ist der Stolz der Familie. Der Wein stammt von den besten 2,5 ha der 37 ha großen Weingärten im Tal des Queiles. Die Böden bestehen aus Sand, Kreide, Lehm und Kalkstein, zusammen mit dem Kontinentalklima ideale Voraussetzungen für die vier Rebsorten des Weins.

Seit dem ersten Jahrgang 1996 wurden nur der 1999er und der 2001er freigegeben, da der Wein erst 12 Monate in neuer französischer Eiche und dann weitere 3 Jahre in der Flasche verbringt, bevor er auf den Markt kommt. Trotz seiner Intensität zeigt er eine prachtvolle Ausgewogenheit zwischen Fruchtigkeit und Eiche. Er ist kirschrot und zeigt in der Nase Beeren-, Gewürz-, Toast- und Balsamnoten. Am Gaumen ist er voll, sauber und gerundet, mit reifen Tanninen und einem eleganten, langanhaltenden Finale. **JMB**

❂❂❂ **Trinken: bis 2012**

Guigal
Côte-Rôtie La Mouline 2003

Herkunft Frankreich, nördliche Rhône, Côte-Rôtie
Typ Trockener Rotwein, 13 Vol.-%
Rebsorten Syrah 90%, Viognier 10%

In den vergangenen 30 Jahren haben sich die Côte-Rôtie-crus La Landonne, La Mouline und La Turque von Marcel Guigal von Höchstleistung zu Höchstleistung aufgeschwungen. Seitdem Robert Parker sich als ihr Bewunderer bekannte, sind die Preise explodiert.

Der Syrah ist hier, auf den sandigen Gneishängen südlich von Lyon, in seinem Element. La Mouline stammt von 75 Jahre alten Rebstöcken. Er wirkt burgundischer als der Côte Brune, was allerdings daran liegen könnte, daß die meisten Erzeuger diesem bis zu 30 % des aromatischen Viognier hinzufügen – bei Guigal sind es eher 11 %. Der La Mouline wird auch entrappt, die frechen rauhen Kanten überläßt Guigal seinem La Landonne.

Der Wein ist weich und verführerisch mit dem Aroma schwarzer Johannisbeeren und einem Hauch Lederduft, an dem der Syrah zu erkennen ist. Die 2003er wurden 43 Monate zu 100 % in neuer Eiche ausgebaut und sollten sich volle 30 Jahre im Keller halten. Steve Tanzer erkannte Geschmacksnoten von „Brombeeren, Räucherfleisch und gerösteten Nüssen" in den Weinen und Kakao im Finale. Sie sind ideale Begleiter zu Gerichten aus Wildgeflügel wie gebratener Waldschnepfe oder notfalls auch Fasan. **GM**

❂❂❂❂ **Trinken: bis 2030+**

Hacienda Monasterio
Ribera del Duero Reserva 2003

Herkunft Spanien, Ribera del Duero
Typ Trockener Rotwein, 14 Vol.-%
Rebsorten Tempranillo, Cabernet Sauvignon, Merlot

Viña Haras de Pirque
Haras Character Syrah 2004

Herkunft Chile, Maipo-Tal
Typ Trockener Rotwein, 14,8 Vol.-%
Rebsorten Syrah 85%, Cabernet Sauvignon 15%

Anfang der 90er Jahre fand in Ribera del Duero eine vinologische Explosion statt. Eine Investorengruppe beschloß zwischen den beiden berühmtesten Dörfern – Valbuena de Duero und Pesquera de Duero – ein neues Weingut zu etablieren. Aus Spanien kam der junge Däne Peter Sisseck, um die technische Leitung der Bodegas Monasterio zu übernehmen, und machte sich und seinen Weinen bald einen sehr guten Namen.

Der Reserva ist eine Cuvée, die den Vorschriften in Bezug auf die längere Ausbauzeit – mindestens 36 Monate, davon nicht weniger als 12 Monate in Eichenfässern – entspricht, aber der Crianza gehört ebenfalls zu den besten seiner Klasse. Das Jahr 2003 war in ganz Europa sehr warm, aber Sisseck gelang es dennoch, einen sehr ausgewogenen Wein zu keltern. Der Cabernet und Merlot verleihen dem Tempranillo Frische und manchmal auch einen Hauch von Minze. Die Farbe ist dunkel und die Nase, in die sich die Eiche mit der Zeit gut integrieren wird, sehr intensiv. Am Gaumen herrschen reife schwarze Beerenfrüchte und Gewürze vor. Der Wein ist mittelschwer, elegant und langanhaltend. Falls man ihn jung öffnet, sollte er rechtzeitig vor dem Genuß dekantiert werden, um ihm Zeit zu geben, sich zu öffnen. **LG**

☺☺☺ **Trinken: bis 2020**

1991 kauften der chilenische Geschäftsmann Eduardo Matte Rosas und sein Sohn in Pirque im Tal des Maipo ein Gestüt. Da die Ställe und Weiden kaum die Hälfte der Fläche einnahmen, machten sie sich sofort daran, einen Weingarten anzulegen. Die Hügel boten eine verlockende Vielzahl unterschiedlicher Mikroklimata, Höhen und Ausrichtungen für Alejandro Hernández, der die Bestockung leitete.

Die Kellerei von Haras de Pirque wurde 1997 errichtet, und Hernández zog Alvaro Espinoza als Kellermeister hinzu. Sie waren beide in Bordeaux ausgebildet worden und waren überzeugt, daß der Syrah auch im Maipo-Tal gut kultiviert werden könne, auch wenn die landläufige Meinung der Rebe nur in den heißeren Anbaugebieten wie dem Tal des Aconcagua und des Colchagua sowie in den Hügeln an der Küste gute Chancen einräumte. Der Haras Character Syrah schein ihren Glauben an den Syrah aus dem Maipo-Tal zu rechtfertigen: Seine Tanninstruktur ist eher linear als sich ausbreitend, und die Geschmacksnoten von roten Früchten und Unterholz enthüllen sich eher sanft als laut. Insgesamt ist dies ein beruhigend gaumenfüllendes, aber auch reinigendes Weinerlebnis. **MW**

☺ **Trinken: bis 2013**

Hardys *Eileen Hardy Shiraz* 2001

Herkunft Australien, South Australia
Typ Trockener Rotwein, 14,5 Vol.-%
Rebsorte Shiraz

1850 kam der 20jährige Thomas Hardy aus Devon in England in die neu gegründete Kolonie South Australia. 1853 gründete er am Ufer des Flusses Torrens in Adelaide eine Winzerei. Mitte der 1970er Jahre hatten 5 Generationen der Familie Hardy die Geschicke der Firma Thomas Hardy & Sons geleitet. Jahr für Jahr wurden 500 Kisten der besten Cuvées zu Ehren der namensgebenden Familienmatriarchin Eileen Hardy als Geburtstagsgabe abgefüllt. Er wurde erstmals 1973 anläßlich des achtzigsten Geburtstages von „Auntie Eileen" auf den offenen Markt gebracht. Ursprünglich bestand er aus Shiraz, dann aus Cabernet Sauvignon. Inzwischen wird er nur aus Shiraz gekeltert, der aus Clare, Padthaway und McLaren Valley stammt.

Die Trauben für den 2001er stammten von den Weingütern Schobers in Clare Valley; Upper Tintara in McLaren Valley; Yeenunga und Frankland River; und Padthaway. Sie wurden in offenen Tanks aus Beton gegärt und der Wein nach der malolaktischen Gärung 18 Monate in neuen und ein Jahr alten französischen Barriques ausgebaut. Die meisten anderen großen südaustralischen Rotweine werden im Gegensatz dazu in amerikanischer Eiche gealtert. Obwohl der Eileen Hardy normalerweise ein robuster, alkoholreicher Wein ist, wirkt der Jahrgang 2001 vergleichsweise zurückhaltend und elegant. Der anerkannte australische Weinautor James Halliday beschreibt ihn mit den Worten: „Einer der elegantesten Weine, die bis jetzt mit diesem Etikett auf den Markt gekommen sind. Mittelschwer, von seidiger Textur, sehr lang am Gaumen; perfektes Finale." **SG**
❂❂❂ **Trinken: bis 2010+**

WEITERE EMPFEHLUNGEN
Andere große Jahrgänge
1987 • 1988 • 1993 • 1995 • 1996 • 1997 • 1998 • 2000
Weitere Weine von Hardys
Eileen Hardy Chardonnay
Thomas Hardy Cabernet Sauvignon

Harlan Estate *Proprietary Red Wine* 1994

Herkunft USA, Kalifornien, Napa Valley
Typ Trockener Rotwein, 14,5 Vol.-%
Rebsorten C. Sauvignon 70%, Merlot 20%, andere 10%

Nach einem ersten Versuch mit einem Weingut, dessen Klima zu kalt und dessen Böden zu fruchtbar waren, machte sich Bill Harlan gezielt auf die Suche nach einem Stück Land, das das Keltern eines Weins von außerordentlicher Qualität und hervorragendem Charakter ermöglichen sollte.

In der Erkenntnis, daß viele der besten französischen *crus* Hanglagen sind, suchte Harlan im Napa Valley in der Nähe von guten Lagen, konzentrierte sich aber auf am Hang liegende Parzellen. 1983 wurde er westlich von Oakville in der Nähe der Weingärten Martha's Vineyard des Weingutes Heitz und To-Kalon Vineyard fündig. Diese liegen im Tal, Harans Reben wachsen dagegen in Höhen von 90 bis 180 m auf gut drainierten Böden im vollen Sonnenlicht. Harlan war auch einer der ersten, der das Talent von David Abreu erkannte, der die erste Bestockung überwachte. Das Streben nach Größe führt hier bei jedem Arbeitsschritt zu äußerster Sorgfalt: Die Trauben werden einzeln selektiert; die Gärung wird in kleinen Chargen durchgeführt, zum Teil in Edelstahltanks, zum Teil in Holzfässern; ausgebaut wird in französischer Eiche.

Es überrascht kaum, daß dieser Wein mit seinen vielschichtigen Aromen und Geschmacksnoten und einer luxuriösen Textur, die einem Luxuswein angemessen ist, häufig von Robert Parker mit 100 Punkten bewertet wird. Er beschrieb den 1994er mit den Worten: „Unsterblichkeit in einem Glas". Auch heute noch erzielt dieser Jahrgang, der erste, der von der Kritik gefeiert wurde, bei Auktionen Höchstpreise: Eine Flasche des Harlan Estate 1994 wechselte 2007 für 1150 Euro den Besitzer. **LGr**
❂❂❂❂ Trinken: bis 2015+

WEITERE EMPFEHLUNGEN
Andere große Jahrgänge
1995 • 1996 • 1997 • 1999 • 2001 • 2002 • 2003
Weitere Erzeuger aus Napa Valley
Caymus • Colgin • Corison • Diamond Creek • Duckhorn Grace Family • Heitz • Quintessa • Rubicon Estate

Die Reben von Harlan Estate ziehen sich über die Hügel von Oakville.

Château Haut-Bailly 2005

Herkunft Frankreich, Bordeaux, Pessac-Léognan
Typ Trockener Rotwein, 13 Vol.-%
Rebsorten C. Sauvignon 65%, Merlot 25%, C. Franc 10%

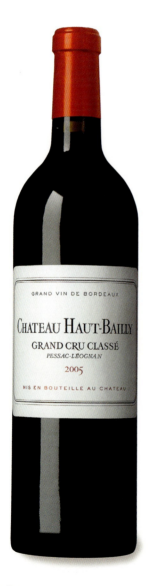

Die meisten Weingüter in Graves erzeugen sowohl Rotals auch Weißwein, vor allem im nördlichen Teil des Anbaugebietes oft von gleicher Qualität. Haut-Bailly ist insofern ungewöhnlich, als sein *terroir* nur die Kultivierung roter Rebsorten zuläßt. Nachdem mehrere Besitzerwechsel zu eher schwachen Weinen in den 20er bis 50er Jahren geführt hatten, hat das Gut jetzt den guten Ruf wiedererlangt, den es im späten 19. Jahrhundert genoß. 1995 kaufte es der belgische Weinhändler Daniel Sanders, dem 1979 sein Sohn Jean in der Leitung folgte. Dieser modernisierte und erweiterte den Besitz, so daß sich in den 80er Jahren Haut-Bailly als einer der besten Rotweine des Graves etabliert hatte.

Leider entschlossen sich die Schwestern von Jean Sanders, ihren Anteil des Besitzes zu verkaufen, und Haut-Bailly wurde 1998 an den New Yorker Bankier Robert Wilmers verkauft. Dieser stellte Jeans Tochter Véronique Sanders als Geschäftsführerin ein. Sie und ihre Berater können auf alte Reben zurückgreifen, darunter einige uralte ungepfropfte Rebstöcke und einige Carmenère-Reben. Darüber hinaus wurde auch eine detaillierte Bodenanalyse in Auftrag gegeben, um zu einem noch besseren Verständnis des *terroirs* zu kommen.

Das Typische an diesem Wein ist seine Eleganz, er ist jedoch nicht gedämpft oder dünn zu nennen. Er hat Substanz und gut bemessene Eiche, ohne Dichte vermissen zu lassen. Die Tannine rücken nicht in den Vordergrund, und in den besten Jahrgängen ist die Textur vollkommen nahtlos. Im schlanken und stilsicheren 2005er zeigt sich Haut-Bailly von seiner besten Seite. **SBr**

§§§ **Trinken: bis 2030**

WEITERE EMPFEHLUNGEN

Andere große Jahrgänge

1945 • 1947 • 1959 • 1961 • 1970 • 1978 • 1983 • 1985
1986 • 1990 • 1995 • 2000 • 2001 • 2004

Weitere Erzeuger aus Pessac-Léognan

Dom. de Chevalier • Fieuzal • Haut-Brion • La Louvière

Château Haut-Brion
1989

Herkunft Frankreich, Bordeaux, Pessac-Léognan
Typ Trockener Rotwein, 13 Vol.-%
Rebsorten C. Sauvignon 45%, Merlot 37%, C. Franc 18%

Haut-Brion hatte schon im 17. Jahrhundert einen sehr guten Ruf, als die geschäftstüchtige Familie Pontac ihre Weine erfolgreich in London vermarktete. Eines der bemerkenswerten Merkmale der Bordeaux-Klassifikation von 1855 ist die Tatsache, daß mit Haut-Brion nur ein Gut im Graves als ‚Erstes Gewächs' anerkannt wurde. Die Geschichte hat dieses Urteil bestätigt.

Inzwischen ist das Gut vollkommen von den Vororten der Stadt Bordeaux umgeben. Haut-Brion hat von der ruhigen Kontinuität profitiert, die seit dem Kauf durch den US-amerikanischen Bankier Clarence Dillon im Jahr 1935 eingekehrt ist. Heute leiten seine Enklin, die Duchesse de Mouchy, und ihr Sohn Prinz Robert von Luxemburg die Geschäfte. Die Geschäftsführung liegt seit 1921 in der dritten Generationen in den Händen der Familie Delmas. Es war Jean-Bernard Delmas, der hier 1961 die erste Kellerei mit Edelstahltanks ausstattete. Er führte auch äußerst genaue Untersuchungen zu den hier wachsenden Klonen und Unterlagsreben durch. Die Weingärten liegen höher, als es aussieht, und die Böden sind zwar meist tiefgründiger Kies, es gibt jedoch einige Parzellen mit hohem Lehmanteil.

1989 ist ein klassischer Haut-Brion-Jahrgang: aufreizend aromatisch mit Düften von Zeder, schwarzer Johannisbeere und Schokolade. Selbst im Alter von 20 Jahren hat er noch eine athletische und doch samtige Kraft, die nie derb wirkt, und eine außerordentliche Geschmackslänge. Dieser legendäre Wein wird sich noch Jahrzehnte halten. **SBr**

❂❂❂❂ **Trinken: bis 2025**

Haut-Brions Château stammt aus dem 16. Jahrhundert.

Château Haut-Marbuzet
1999

Herkunft Frankreich, Bordeaux, St.-Estèphe
Typ Trockener Rotwein, 13 Vol.-%
Rebsorten Merlot 50%, C. Sauvignon 40%, C. Franc 10%

Henri Dubosq besitzt eine Anzahl von Weingütern im Südosten des Bordeaux, deren bestes Haut-Marbuzet ist. Seit 1952, als Henris Vater begann, hier Parzellen aufzukaufen, hatten sich die Dubosqs darum bemüht, die alte Domaine du Marbuzet wiederherzustellen, die 1948 aufgeteilt worden war. Gelungen ist ihnen dieses Vorhaben erst 1996.

Die Böden von Haut-Marbuzet haben einen hohen Lehmanteil, deshalb wird auch viel Merlot angebaut, der den Wein so sinnlich ansprechend macht. Zu seiner Beliebtheit trägt auch bei, daß er nur in neuer Eiche ausgebaut wird. Die Eiche ist zwar kaum zu schmecken, sie trägt aber vermutlich zur Süße, Zugänglichkeit und anmutigen Textur des Weines bei. St.-Estèphe gilt als Heimat von eher harten Weinen, aber Haut-Marbuzet ist von dem Augenblick, in dem er auf den Markt kommt, ein Genuß, auch wenn er sich gut lagern läßt und sich nach etwa 15 Jahren in Höchstform zeigt.

Der 1999er ist ein perfektes Beispiel für den Haut-Marbuzet: aromatisch, konzentriert und würzig, jedoch mit gut eingebundenen Tanninen und einer guten Länge. Von einem Haut-Marbuzet wird man als Weinliebhaber nur selten enttäuscht. **SBr**

💲💲💲 **Trinken: bis 2020**

Heitz Wine Cellars *Martha's Vineyard Cabernet Sauvignon* 1974

Herkunft USA, Kalifornien, Napa Valley
Typ Trockener Rotwein, 13,5 Vol.-%
Rebsorte Cabernet Sauvignon

Schon als die gefeierten 1974er Napa Valley Cabernet Sauvignons zuerst freigegeben wurden, galt die Abfüllung von Heitz' Martha's Vineyard als *der* Wein des Jahrgangs. Neben dem 1968er und dem 1970er wird er als bester Wein betrachtet, den Joe Heitz je gekeltert hat. Dabei hat dieser ihn nicht gekeltert – er lag mit Rückenproblemen im Bett als die Ernte begann, und sein Sohn David leitete die Ernte und die Vinifikation. Es war sein erster Wein, und einen besseren Anfang kann man sich als junger Winzer wohl kaum wünschen – der 1974er Martha's Vineyard hat sich zu einem der ersten und gesuchtesten aller kalifornischen Kultweine entwickelt.

Der Weingarten liegt an den westlichen Hügelausläufern des Napa Valley auf alluvialen und lehmigen Böden. Die Einzigartigkeit des *terroirs* zeigt sich auch in den typischen Eukalyptusaromen des Weines.

Der 1974er wurde von Robert Parker in einer einzigen Kritik zweimal mit dem Begriff „monumental" bezeichnet und für seine „schwindelerregende" Konzentration gelobt. 30 Jahre nach der Ernte ist der Geschmack immer noch tief und gesättigt, mit vollkommen integriertem Tannin und einer süßen, reichhaltigen Fruchtigkeit. Dies ist ein wahrhaft legendärer Wein. **LGr**

💲💲💲💲 **Trinken: bis 2027**

Henschke
Hill of Grace 1998

Herkunft Australien, South Australia, Eden Valley
Typ Trockener Rotwein, 14 Vol.-%
Rebsorte Shiraz

Herdade de Cartuxa
Pera Manca 1995

Herkunft Portugal, Alentejo
Typ Trockener Rotwein, 14,6 Vol.-%
Rebsorten Trincadeira, Aragonez, Cabernet Sauvignon

In der Hierarchie der australischen Rotweine steht Henschkes Hill of Grace direkt hinter Penfolds Grange. Er unterscheidet sich von diesem sehr deutlich – er ist eine Einzellagenabfüllung statt eines Verschnitts aus mehreren Anbaugebieten und ein Wein, der eher nach Eleganz als nach Kraft strebt.

Der älteste Teil des Weingutes wird „The Grandfathers" genannt und wurde vermutlich um 1860 bepflanzt. Diese Reben wachsen auf ihren eigenen Wurzeln, sie stammen von Reben, die vor der Reblausepidemie von Siedlern aus Europa mitgebracht wurden. Der Großteil des Weingartens ist mit Shiraz bestockt, es gibt aber auch Riesling, Sémillon und Mourvèdre.

Der Wein hat typischerweise Pflaumen-, Brombeer- und Kakaoaromen, die Tannine sind kreidig und geschmeidig, die Länge schier unendlich. Er kann bedenkenlos mindestens 10 Jahre gelagert werden. Die jetzigen Besitzer Stephen und Prue Henschke sagen, das Geheimnis der unglaublichen Qualität ihre Weine liege in dem Alter der Rebstöcke und den Unterschieden in der Tages- und Nachttemperatur. Es gibt jedoch Kenner, welche die andere Shiraz-Einzellagenabfüllung des Gutes, den Mount Edelstone, für mindestens genauso gut halten. **SG**

Ⓢ Ⓢ Ⓢ Ⓢ Ⓢ **Trinken: bis 2015+**

Der Convento de Cartuxa ist ein ehemaliges, 1587 gegründetes Kartäuserkloster, das 1834 zu einem Privatbesitz wurde. Während der portugiesischen Nelkenrevolution wurde es 1974 von Landarbeitern besetzt, und als es an die Besitzer zurückgegeben wurde, war es in einem desolaten Zustand, der eine gründliche Instandsetzung der Weingärten erforderlich machte.

Der beste Wein des Gutes ist der Pera Manca. Vor der Phylloxeraepidemie war er schon sehr bekannt, aber nach den Verwüstungen durch die Reblaus mußten die Flächen neu bestockt werden, und der Pera Manca wurde erst 1987 wiederbelebt.

Der Wein wird nur in den besten Jahrgängen freigegeben, und der 1995er war einer der gelungensten Jahrgänge. Er strahlt Kraft und Reichhaltigkeit aus, sein bitter-süßer, an Kakao erinnernder, intensiver Geschmack ähnelt dem eines alten Portweins. Der Cabernet Sauvignon macht sich nur wenig im Geschmack bemerkbar, und die Noten von schwarzen Johannisbeeren dringen kaum durch die dichten Kirsch- und Rosinentöne. Im Alter zeigt er einen etwas verbrannten, verwilderten Charakter. Pera Manca erzielt horrende Preise und entwickelte sich rasch zum Kultwein Südportugals. **RM**

Ⓢ Ⓢ Ⓢ Ⓢ Ⓢ **Trinken: bis 2015+**

Herdade de Mouchão
2001

Herkunft Portugal, Alentejo
Typ Trockener Rotwein, 13 Vol.-%
Rebsorten Alicante Bouschet 70%, Trincadeira 30%

Mouchão gehört seit der Mitte des 19. Jahrhunderts der Familie Reynolds. Damals hatte sich Thomas Reynolds südlich von Porto auf die Suche nach einer Korkeichenplantage gemacht, auch heute widmet sich das Gut vor allem der Korkproduktion, wenn es auch vor allem wegen seines Weines bekannt ist.

Während der Revolution des Jahres 1974 kam es im Alentejo zu Bauernerhebungen, und das Mouchão-Gut wurde von der örtlichen Bevölkerung besetzt. Die Weingärten wurden verwüstet und vom Wein ließ man sich auch einen guten Teil schmecken. Später wurde der Besitz an die Familie zurückgegeben, die nach 1985 am Wiederaufbau arbeitete – die Weingärten wurden neu bepflanzt, aber die Kellerei hat man mehr oder weniger im damaligen Zustand belassen.

Der Jahrgang 2001 ist der einhundertste des Gutes. Die Cuvée aus 70 % Alicante und 30 % Trindadeira hat eine sehr dunkle, herzhafte und würzige Nase mit einem deutlichen Fleischaroma. Auch am Gaumen ist der Wein dunkel, herzhaft und würzig, zeigt eine feste Tanninstruktur und wiederum Geschmacksnoten, die an Fleisch erinnern. Der Stil ist zum Teil modern und fruchtorientiert, aber auch sehr altmodisch komplex. **JG**

☺☺☺ **Trinken: bis 2015**

Herdade do Esporão
Esporão Reserva 2004

Herkunft Portugal, Alentejo
Typ Trockener Rotwein, 14,5 Vol.-%
Rebsorten Tempranillo, C. Sauvignon, Trincadeira

Esporão hat auf verschiedene Weise die Aufmerksamkeit der Weinwelt auf das Alentejo gelenkt. Das liegt zum einen an der Größe des Gutes – es ist das größte in ganz Portugal – und zum anderen am Einfluß des australischen Önologen David Baverstock, dessen Talent als Kellermeister wie auch als Öffentlichkeitsarbeiter internationales Aufsehen erregt hat.

Esporão liegt in Reguengos de Monsaraz, 190 km südlich von Lissabon im Landesinneren. Die Landschaft ist ganz anders als im Norden, hier erstrecken sich sanft gewellte Ebenen, die im Sommer unter der Sonne glühen und selten beregnet werden, so daß die Gefahr von Dürren allgegenwärtig ist.

Nur ein kleiner Bruchteil der 9000 Tonnen Trauben, die hier bei jeder Ernte gepreßt werden, findet seinen Weg in Flaschen, die das Esporão-Etikett tragen. Der Spitzenwein ist der Esporão Reserva, er wird nach sorgfältiger Auswahl aus den besten Trauben eines Jahrgangs gekeltert. Die Nase ist von Aromen dunkler Beerenfrüchte, Cassis und Vanille gekennzeichnet. Am Gaumen wirkt er eher wie ein Wein aus der Neuen Welt, er ist weicher und weniger strukturiert als viele andere portugiesische Weine und doch reichhaltig und voller Geschmack. **GS**

☺☺ **Trinken: bis 2020**

Herzog
Montepulciano 2005

Herkunft Neuseeland, Marlborough
Typ Trockener Rotwein, 14,6 Vol.-%
Rebsorte Montepulciano

Hans und Therese Herzog besaßen in der Schweiz ein Weingut und ein vom *Guide Michelin* mit einem Stern ausgezeichnetes Restaurant, bevor sie nach Neuseeland auswanderten. Warum gaben sie dieses sichere und erfolgreiche Leben auf? „Weil ich einen großen Rotwein keltern wollte, den ich zu Hause nicht erzeugen konnte", antwortet Hans Herzog.

Man mag Marlborough für zu kühl halten, um Montepulciano reifen zu lassen. Herzog suchte sich jedoch mit Bedacht eines der wärmsten Gebiete in Marlborough aus und erntet nur winzige Mengen Trauben von seinen Reben, um deren volle Reife sicherzustellen. Die niedrigen Erträge sorgen für einen beeindruckend konzentrierten Geschmack. Die langsame Gärung mit natürlichen Hefen steigert die Intensität des Aromas.

Montepulciano hat in Neuseeland ebensowenig wie sonst außerhalb von Italien Erfolge vorzuweisen. Herzog arbeitet gefährlich nahe an der Grenze des Möglichen – aber das tut er sehr erfolgreich. Der 2005er ist der beste Jahrgang seit 1998, dem ersten, der hier gekeltert wurde. Der Wein ist intensiv und verschlossen, mit Geschmacksnoten von Pflaumen, dunklen Beeren, Veilchen, Kakao, Anis und Gewürzen. **BC**
❂❂❂ **Trinken: bis 2017**

Hirsch Vineyards
Pinot Noir 2004

Herkunft USA, Kalifornien, Sonoma Coast
Typ Trockener Rotwein, 14,3 Vol.-%
Rebsorte Pinot Noir

Die Weingärten von David Hirsch liegen auf einem felsigen Kamm, 5 km vom Pazifik entfernt, auf einer Höhe von 300 m – hoch über dem Küstennebel. Hirsch kaufte hier 1978 Land, das er zunächst als ländlichen Rückzugsort benutzen wollte, bis ein Freund ihn darauf hinwies, daß er hier Pinot Noir anpflanzen könne, der sich dann zur Weltklasse entwickeln würde.

Die Weingärten liegen auf Böden aus einer Mischung ozeanischen Sedimentgesteins und Brocken der Meereskruste, die als Franciscan Melange bezeichnet wird. Das Land ist durch vielfältige geologische Verwerfungen gekennzeichnet: Gesteine sehr unterschiedlichen Charakters liegen direkt nebeneinander, und die Böden wechseln abrupt und zufällig. Die Topographie ist vielgestaltig, die Mesoklimazonen sehr unterschiedlich, und die verwendeten Unterlagsreben und Klone vielfältig. Die Trauben der Parzellen zeigen einen jeweils typischen Charakter. Nachdem er 2002 seine eigene Marke etabliert hatte, nutzt Hirsch jetzt diese Komplexität und keltert die Weine von etwa 35 Parzellen getrennt, um sie dann zu mischen. Der 2004er zeichnet sich durch intensive Aromen, ausgewogene Säure, integriertes Tannin und erdige Untertöne aus, die für Hirschs Pinot Noir typisch sind. **JS**
❂❂❂ **Trinken: bis 2020**

Château Hosanna
2000

Herkunft Frankreich, Bordeaux, Pomerol
Typ Trockener Rotwein, 13,5 Vol.-%
Rebsorten Merlot 70%, C. Franc 30%

Dieser Neuankömmling in Pomerol blickt auf eine lange Geschichte zurück. Bis 1998, als Christian Moueix das Gut kaufte, trug es den Namen Certan-Giraud. Es besteht aus 4,5 ha Kiesböden, die über einer Lehmschicht liegen. Der Weingarten liegt zwischen Pétrus und dem Dorf Pomerol, zu den Nachbarn gehören die Güter Lafleur, Lafleur-Pètrus und Certan de May. Nach dem Kauf suchte Moueix die besten und höchstgelegenen Teile des Weingartens aus und nannte sie als Gegenstück zu seinem kalifornischen Gut Dominus in Hosanna um.

Trotz der guten Lage der Weingärten genoß Certan-Giraud keinen sehr guten Ruf, bevor es in den Besitz von Christian Moueix überging. Er machte dafür die schlechte Drainage der Böden verantwortlich und installierte ein Pumpensystem, um dem Mangel abzuhelfen.

Der 2000er zeigt, wie groß der Fortschritt in den nur zwei Jahren seit dem Kauf war. Die Aromen von schwarzen Johannisbeeren sind zurückhaltend, aber am Gaumen ist der Wein voll, reichhaltig und konzentriert. Er zeigt opulente Fruchtigkeit, gute Ausgewogenheit, ist insgesamt sehr elegant und auf großartige Weise langanhaltend. Die Qualität ist immer sehr hoch, leider sind es die Preise des Weines auch. **SBr**

🍷🍷🍷🍷🍷 **Trinken: bis 2020**

Isole e Olena
Cepparello Toscana IGT 1997

Herkunft Italien, Toskana
Typ Trockener Rotwein, 13,5 Vol.-%
Rebsorte Sangiovese

Der Cepparello von Paolo de Marchi wäre ein Chianti Classico, wenn das italienische Weingesetz Anfang der 80er Jahre, als er zuerst auf den Markt kam, schon die Rebsorte Sangiovese für einen Chianti Classico zugelassen hätte. Es war einer der ersten toskanischen „Über-Weine" und ist auch bis heute einer der besten geblieben.

De Marchis aus dem Piemont stammende Familie kaufte das Gut in den 60er Jahren, er selbst übernahm die Leitung in den 70ern und begann bald mit den Vorarbeiten für den Cepparello – einem faßgereiften reinen Sangiovese, der von den besten Parzellen des Gutes Isole e Olena stammt. De Marchi ist einer der wenigen Winzer im Chianti Classico, der die Arbeit in den Weingärten und in der Kellerei (hier mit der Hilfe seiner Freunde Donato Lanati und Giampaolo Chiatini) noch selbst leitet.

Wie vielen anderen Erzeugern in der Toskana gelang Isole e Olena 1997 ein hervorragender Wein, von dem allerdings nur eine relativ geringe Menge (3900 Kisten) gekeltert wurde. Der 1997er wurde vom *Wine Spectator* als „der beste Wein, den Paolo di Marchi je gekeltert hat" gelobt, und mit diesem Jahrgang erschien der Cepparello auch erstmals in der jährlichen Top-100-Liste der Zeitschrift. **SG**

🍷🍷🍷🍷 **Trinken: bis 2010+**

Viña Izadi
Rioja Expresión 2001

Herkunft Spanien, Rioja
Typ Trockener Rotwein, 14,5 Vol.-%
Rebsorte Tempranillo

In der jüngeren Vergangenheit hat der Rioja eine Identitätskrise durchgemacht. Auf der einen Seite gibt es die traditionellen Weine, verehrungswürdige Gran Reservas von großer Tiefe und Komplexität. Auf der anderen Seite stehen die Weine im sogenannten *Alta-Expresión*-Stil („hoher Ausdruck"), die vielen als Inbild der kraftvollen, eichenbetonten Weine „internationaler" Machart gelten.

Die Familie Anton besaß schon seit langer Zeit Weingärten in Villabuena de Alaba, als sie 1987 Viña Izadi gründete. Die Philopshie des Gutes änderte sich 1997 mit der Einstellung von Mariano García, der 30 Jahre bei Vega Sicilia Kellermeister gewesen war. Zusammen mit Izadis Kellermeister Angel Ortega führten Anton und García die Weine des Gutes in den *Alta-Expresión*-Stil über.

Im exzellenten Rioja-Jahr 2001 kelterte Viña Izada den vielleicht bis jetzt besten Expresión. Dennoch schaffte er bei einer Rioja-Verkostung der Zeitschrift *World of Fine Wines* im Jahr 2005 nur knapp den Sprung unter die ersten 20. Die Juroren lobten zwar seine Reichhaltigkeit, hatten aber Bedenken wegen des neuen Stils. Der Experte für spanische Weine, John Radford, schrieb: „Dies ist ein Schwergewicht mit immensem Extrakt, man fragt sich nur, ob es das ist, was man in einem Rioja sucht." **SG**
😊😊😊😊 **Trinken: bis 2010+**

Paul Jaboulet Aîné
Hermitage La Chapelle 1978

Herkunft Frankreich, nördliche Rhône, Hermitage
Typ Trockener Rotwein, 13,4 Vol.-%
Rebsorten Syrah, andere

Der Hermitage La Chapelle von Paul Jaboulet Aîné ist einer der größten Rotweine der Welt. Er wird aus den Trauben mehrerer Parzellen auf dem Berg Hermitage erzeugt, der sich über der Rhône und der Kleinstadt Tain l'Hermitage erhebt.

1978 war an der ganzen nördlichen Rhône ein großartiges Jahr, aber Jaboulets Wein ist und bleibt der Maßstab. Mitte 2007 kostete eine Flasche 1978er La Chapelle 735 Euro, was jedoch fast wie ein Sonderangebot wirkt, wenn man es mit dem vielleicht besten und seltensten Jahrgang des Weines vergleicht: Der 1961er geht für 4420 Euro über den Tisch.

Die Produktionsmengen des La Chapelle sind deutlich gestiegen, was sich negativ auf die Qualität auswirkt. Nach einer chronologischen Verkostung von 33 Jahrgängen zwischen den 50er Jahren und 1999 schrieb Jancis Robinson: „In den 90er Jahren geschah etwas mit diesem legendären Wein. Der 1990er ist immer noch ein wirklich großer Wein … Aber der letzte wirklich aufregende Hermitage La Chapelle wurde 1991 gekeltert." Der 1978er ist jedoch immer noch ein Glanzlicht, und unter den neuen Besitzern sollten das kommende Jahrgänge auch wieder werden. **SG**
😊😊😊😊😊 **Trinken: bis 2012+**

Jade Mountain
Paras Vineyard Syrah 2000

Herkunft USA, Kalifornien, Napa Valley, Mount Veeder
Typ Trockener Rotwein, 15 Vol.-%
Rebsorten Syrah 94%, Viognier 3%, Grenache 3%

Jade Mountain wurde 1984 von einem Psychiater aus San Francisco namens Douglass Cartwright gegründet, und am Ende des Jahrzehnts hatte das Gut sich bereits mit seinen Weinen aus Rebensorten des Rhônetals einen guten Namen erworben. Heute werden Syrah und Viognier in fast ganz Kalifornien angebaut, aber vor 20 Jahren waren sie noch selten. Die Weine von Jade Mountain werden nicht alle aus gutseigenen Trauben gekeltert, aber viele der besten stammen vom 20 ha großen Weingarten Paras, der in 360 m Höhe am Mount Veeder liegt. Die an steilen Schieferhängen liegenden Terrassen wurden von Cartwright neu bepflanzt.

Das Gut erzeugt viele Cuvées, der Paras Vineyard Syrah wird meist mit etwas Viognier und Grenache verschnitten. Der Wein wird etwa 18 Monate in französischen Eichenfässern ausgebaut. In bestimmten Jahrgängen, wie etwa 2000, wird die Parzelle P10 getrennt gekeltert und auf den Markt gebracht. Der Paras Syrah 2000 zeigt dichte Aromen von schwarzen Johannisbeeren und schwarzem Pfeffer. Der Wein ist ungeheuer konzentriert und zeigt am Gaumen solide Frucht, aber der Alkohol tritt nicht in den Vordergrund, und er ist vital genug, um eine gute Länge zu entwickeln. **SBr**

❂❂❂ **Trinken: bis 2012**

Jasper Hill
Emily's Paddock Shiraz 1997

Herkunft Australien, Victoria, Heathcote
Typ Trockener Rotwein, 14 Vol.-%
Rebsorten Shiraz 90–95%, C. Franc 5–10%

Ron Laughton bestockte 1975 Jasper Hill mit Reben und benannte zwei Parzellen nach seinen Töchtern Emily und Georgia. Die ungepfropften Rebstöcke werden nicht bewässert und nach ökologischen Prinzipien kultiviert.

Bei Emily's Paddock wurden Shiraz (90 % bis 95 %) und Cabernet Franc im gemischten Satz gepflanzt. Die Trauben werden in beiden Parzellen mit der Hand gepflückt und in Eiche ausgebaut, Emily's in französischer und Georgia's in französischer und der süßer schmeckenden amerikanischen Eiche. Der Shiraz von Heathcote ist für seinen Fruchtgeschmack bekannt, der eher reif als minzig oder pfefferig ist.

Die Weine von beiden Parzellen zeigen nicht nur Eigenschaften der Rebsorte Shiraz, sondern auch des *terroirs*. Emily's Paddock ist exponierter, höher und sonniger als Georgia's, und der Mutterboden ist flachgründiger. „Emily's Paddock liefert im Vergleich zu Georgia's hellere Weine mit größerer Eleganz und Mineralität," sagt Ron, „weil alle Wurzeln bis in den gewachsenen Felsen reichen." Die von Natur aus geringeren Erträge von Emily's Paddock ergeben Weine mit weniger vordergründigem Fruchtgeschmack, größerer Duftigkeit und besserer Tanninstruktur. **MW**

❂❂❂ **Trinken: 2010–2030**

Domaine Henri Jayer *Vosne-Romanée PC Cros Parantoux* 1988

Herkunft Frankreich, Burgund, Côte de Nuits
Typ Trockener Rotwein, 13 Vol.-%
Rebsorte Pinot Noir

K Vintners *Milbrandt Syrah* 2005

Herkunft USA, Washington State, Columbia Valley
Typ Trockener Rotwein, 13,9 Vol.-%
Rebsorte Syrah

Der 2006 verstorbene Henri Jayer nimmt in der Geschichte des Burgund eine besondere Stellung ein. Während des Zweiten Weltkrieges pflegte er als Pächter die Weingärten der Domaine Méo-Camuzet. Er war aber weniger an den Reben als an der Kellerei interessiert. Dort bestand er auf höchste Sauberkeit, ließ die Fässer regelmäßig auffüllen und den Wein möglichst wenig handhaben. Seine Ablehnung des Gärens nicht entrappter Trauben wird inzwischen von den meisten Gütern im Burgund geteilt.

Der 1 ha große Weingarten Parantoux liegt zwischen Richebourg und Vosne-Romanée Le Brulées. Er war heruntergekommen, aber das Land gehörte der Familie Méo-Camuzet. Jayer bepflanzte es nach dem Krieg, heute gehört seinem Neffen und Nachfolger Emmanuel Rouget ein Drittel, den Méo-Camuzets der Rest. Seitdem die Reben das richtige Alter erreicht haben, ist der Wein von der Parzelle immer unter den allerbesten *premiers crus* zu finden.

1988 wurden alle Trauben von Parantoux zum letzten Mal zu einem einzigen Wein gekeltert. Wie bei allen Weinen von Jayer ist die neue Eiche nicht zu verkennen, darunter liegen jedoch reife Tannine und eine freundliche Reichhaltigkeit, die in diesem Jahrgang selten ist. **CC**

🅢🅢🅢🅢🅢 **Trinken: bis 2038**

Wahluke Slope ist eine der wärmsten Gegenden im Staat Washington, hier wachsen Jahr für Jahr gleichermaßen reife Trauben. Die Winzer haben seit den heißen Sommern in den 90er Jahren dazugelernt und ihre Beschattung, Bewässerung und Erträge besser auf Hitzewellen während der Wachstumsperiode eingerichtet.

Die Trauben für Charles Smiths Milbrandt Syrah stammen von dem 222 ha großen Weingarten von Butch und Jerry Milbrandt, der 1997 bestockt wurde. Der Jahrgang 2005 fiel hier sagenhaft gut aus. Der milde, trockene Winter ging in einen niederschlagsreichen Frühling über. Zur Blütezeit und beim Fruchtansatz war es dann glücklicherweise wieder trockener, und die Entwicklung im Juli war gesund. Im späten Juli und im August wurde es dann heiß, mit einer Reihe von Tagen, an denen die Temperaturen 38 °C überstiegen. Das Schönste an dem Jahr waren jedoch der perfekte September und Oktober – gemäßigt, warm und sonnig –, so daß die Erntezeit ausgedehnt werden konnte. Harmonie ist das Kennzeichen von Spitzenweinen, und dieser Syrah zeigt eine wunderschöne Harmonie. Er entfaltet ein herzhaftes, komplexes Bouquet von Räucherfleischaromen und süßen Beerenfruchtnoten. **LGr**

🅢🅢 **Trinken: bis 2015**

Kanonkop
Paul Sauer 2003

Herkunft Südafrika, Simonsberg-Stellenbosch
Typ Trockener Rotwein, 13,5 Vol.-%
Rebsorten C. Sauvignon 64%, C. Franc 30%, Merlot 6%

Kanonkop
Pinotage 1998

Herkunft Südafrika, Simonsberg-Stellenbosch
Typ Trockener Rotwein, 13,5 Vol.-%
Rebsorte Pinotage

Der erste Jahrgang dieses Weines aus dem Jahr 1981 war einer der ersten südafrikanischen Rotweine, die nach Art des Bordeaux erzeugt wurden. Der Name Kanonkop heißt „Kanonenkuppe" und verweist darauf, daß hier im 17. Jahrhundert eine Kanone abgefeuert wurde, um den Bauern auf den entlegenen Gehöften zu signalisieren, daß ein Segelschiff auf dem Weg von Europa in den Fernen Osten in der Tafelbucht vor Anker gegangen war.

Seit 1981 hat es in den Kellereimethoden des Gutes große Veränderungen gegeben. Damals wäre die Vorstellung eines Weines mit 14 % Alkoholgehalt beunruhigend gewesen – der Paul Sauer erreicht gelegentlich solche Werte. Auch die Verwendung ausschließlich neuer Eichenfässer zum Ausbau wäre ein verrückter Traum gewesen. Der Wein wird jedoch immer noch in den alten, offenen Betontanks gegärt, und der Ruf des Paul Sauer als einer der besten Rotweine Südafrikas hat keineswegs gelitten. In seiner Jugend herrschen im 2003er die Tabak- und Zedernnoten der Eiche vor, aber im fest strukturierten Gaumen lauert der reichhaltige Geschmack dunkler Früchte und macht sich mit den typischen Noten von Veilchen, Teeblättern und schwarzer Beerenfrüchten bemerkbar. **TJ**

❸❸❸ **Trinken: bis 2018**

Es gibt Kritiker, die Pinotage als Südafrikas Beitrag zur Liste der edlen Rebensorten betrachten, andere sehen sie als Rebe mit angeborenen Struktur- und Geschmacksproblemen. Aber nur die wenigsten würden leugnen, daß einige der besten Pinotage-Weine von Kanonkop stammen.

Obwohl der erste Wein aus Pinotage der Lanzerac 1959 war, gibt es die Rebsorte schon seit 1925. In jenem Jahr führten die Kreuzungsexperimente mit Pinot Noir und Cinsaut, die Abraham Perold durchgeführt hatte, zum Entstehen einer neuen Rebsorte, die erst Jahrzehnte später als nützlich und unverkennbar akzeptiert wurde. Kanonkop war eines der ersten Güter, auf denen Pinotage gepflanzt wurde, und das Engagement für die Sorte wurde noch durch die leidenschaftliche Unterstützung von Beyers Truter verstärkt, der von 1980 bis 2002 dort Kellermeister war.

Der jugendliche 1998er zeigt, wie gut sich der Pinotage entwickeln kann. Seine Geschmacksnoten von süßen Pflaumen erhalten durch einen Cocktail aus Tomaten-, Pilz- und Erdtönen zusätzliche Komplexität. Die Würzigkeit der neuen Eiche ist gut eingebunden, und die Tanninstruktur ist fest und herzhaft. **TJ**

❸❸ **Trinken: bis 2012**

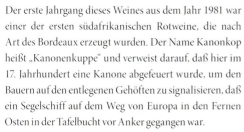

Das Weinmuseum des Gutes Kanonkop.

Katnook Estate *Odyssey Cabernet Sauvignon* 2002

Herkunft Australien, South Australia, Coonawarra
Typ Trockener Rotwein, 14,5 Vol.-%
Rebsorte Cabernet Sauvignon

Wayne Stehbens zeichnet als Kellermeister für die Weine von Kanook verantwortlich, seitdem die Marke 1980 auf den Markt kam. Der Odyssey, der nur in den besten Jahren gekeltert wird, kam erst sehr viel später, der erste Jahrgang wurde 1991 geerntet. Stehbens sagt, der Odyssey sei sein Versuch, einen großen Cabernet zu keltern, nicht unbedingt einen großen Coonawarra. In der Tat ist der normale Katnook Estate Cabernet Sauvignon typischer für das Anbaugebiet. Die drei Weingärten, aus denen die Grundweine stammen, sind mit älteren Reben bestockt, die niedrige Erträge liefern, sie liegen zum Teil auf den höchsten Teilen des Kalksteinkammes, dort, wo der Mutterboden am flachsten ist. Die besten Parzellen von Katnook liegen im Mittelteil von Coonawarra, wo die Böden aus der klassischen *terra rossa* über Kalkstein bestehen.

Odyssey wird aus den kräftigsten, konzentriertesten und lagerungswürdigsten Cabernets des Gutes zusammengestellt. Gegärt wird bei 18 bis 25°C in Edelstahltanks. Der Wein wird 36 Monate in neuen Barriques ausgebaut – das ist für einen Coonawarra lang, wird aber in diesem Fall durch die extreme Konzentration ermöglicht. Das Ergebnis ist ein komplexes Bouquet, das an Mokka erinnert, und eine fleischige, samtglatte Textur mit einem für einen Coonawarra-Cabernet ungewöhnlich hohen Extraktanteil. Das Jahr 2002 war kühl, die Erträge waren außerordentlich gering. Der 2002er Odyssey ist geladen mit Aromen von Zedernholz, Kakao und Mokka, in die sich Noten von schwarzen Johannisbeeren mischen. Am Gaumen ist er recht tiefgründig, reichhaltig und mit seidigen Tanninen ausgestattet. **HH**
🌑🌑🌑 **Trinken: bis 2025**

WEITERE EMPFEHLUNGEN
Andere große Jahrgänge
1991 • 1992 • 1994 • 1996 • 1999 • 2001
Weitere Erzeuger aus Coonawarra
Balnaves • Bowen Estate • Majella • Parker Estate Penley Estate • Petaluma • Rymill • Wynns

Hungerford Hill

Katnook Estate

Leconfield WINES

BOWEN ESTATE

PENOWARRA WINES

Château Kefraya *Comte de M* 1996

Herkunft Libanon, Bekaa-Tal
Typ Trockener Rotwein, 14 Vol.-%
Rebsorten C. Sauvignon 60%, Syrah 20%, Mourvèdre 20%

Man weiß nicht genau, wann im Libanon zuerst Wein gekeltert wurde. Auf jeden Fall waren die phönizischen Vorfahren der heutigen Libanesen der Winzerei kundig. Später, in der griechisch-römischen Antike, gab es hier einen Weinkult, wie an den Ruinen eines Bacchus-Tempels im Bekaa-Tal zu erkennen ist.

1947 übernahm Michel de Bustros das Familiengut in Kefraya. Er rodete das Land und bepflanzte auf dem lehmigen Kalksteinboden etwa 300 ha mit französischen Rebsorten, darunter Cinsault, Carignan, Grenache, Mourvèdre und Cabernet Sauvignon. Die Weingärten liegen in etwa 1000 m Höhe, das Motto des Gutes ist passenderweise *Semper Ultra* (Immer höher).

1978 baute De Bustros mit der Hilfe einer französischen Firma eine Kellerei – mitten in einem Krieg. 1984 erwischte es Kefrayas französischen Kellermeister in einem Artilleriegefecht zwischen der syrischen und der israelischen Armee, und er landete kurzzeitig in Tel Aviv im Gefängnis. Morard stammt von der Rhône, und da das Klima im Bekaa-Tal dem seiner Heimat ähnelt, schlug er vor, die dortigen Rebsorten anzubauen. De Bustros und sein neuer Kellermeister Jean-Michel Fernandez waren von der Qualität dieser neuen Weingärten beeindruckt und kelterten 1996 einen neuen Wein, der ein Jahr in neuen Eichenfässern ausgebaut und nach weiteren drei Jahren auf den Markt gebracht wurde. Der volle, konzentrierte und reichhaltige 1996er Comte de M wurde ähnlich wohlwollend aufgenommen wie einst 1977 in Bristol der rote Château Musar aus dem Bekaa-Tal von Serge Hochar. **SG**

☺☺☺ Trinken: 2012+

WEITERE EMPFEHLUNGEN
Andere große Jahrgänge
1997 • 1998 • 1999 • 2000 • 2001
Weitere Erzeuger aus dem Libanon
Clos St.-Thomas • Kouroum • Château Ksara Massaya • Château Musar • Wardy

Klein Constantia/ Anwilka Estate *Anwilka* 2005

Herkunft Südafrika, Stellenbosch
Typ Trockener Rotwein, 14 Vol.-%
Rebsorten Cabernet Sauvignon 63%, Syrah 37%

Anwilka Estate ist ein Gemeinschaftsunternehmen von Lowell Jooste (Klein Constantia), Bruno Prats (früher Château Cos d'Estournel) und Hubert de Boüard de Laforest (Château Angélus). Die Anwilka-Cuvée wird in der Kellerei von Klein Constantia gekeltert.

Die Weingärten des Gutes liegen in Helderberg, südlich von Stellenbosch. Sie wurden 1997 erworben und im folgenden Jahr weitgehend neu bepflanzt, um virusfreie Rebstöcke sicherzustellen. Die Geschäftsphilosophie der Teilhaber lautet: „Bei der Qualität des Weines wird nicht gespart. Die Mittel werden nicht für protzige Eingangstore oder Gebäude verschwendet." Der Wein kam in Südafrika am 3. März 2006 auf den Markt, einen Monat bevor der Rest über Bordeaux in den internationalen Handel gelangte – zu einem Preis, der für einen südafrikanischen Rotwein erstaunlich hoch war. Trotzdem war er sofort ausverkauft, als der ‚Weinpapst' Robert Parker über ihn schrieb: „Der beste Rotwein, den ich jemals aus Südafrika bekommen habe."

Und der Wein selbst? Er ist dunkel, tintig, dickflüssig und purpurn. Die Nase ist etwas flüchtig und staubig mit sehr reichhaltigen und cremigen Eichenaromen. Der Wein ist warm und würzig, dicht, voll und sehr konzentriert, aber mit einer samtigen Textur. Nach einigen Jahren, in denen sich die rauhen Kanten glätten, wird er sich zu einem äußerst trinkbaren Rotwein im „internationalen" Stil entwickeln. Der 2006er enthält 5 % Merlot und ist etwas weniger alkoholreich, ansonsten ähnelt er dem 2005er sehr. **SG**

☺☺☺ **Trinken: bis 2010**

Die Anwilka-Weingärten liegen zu Füßen des Helderberg.

Staatsweingüter Kloster Eberbach
Assmannshäuser Höllenberg Spätburgunder Cabinet 1947

Herkunft Deutschland, Rheingau
Typ Trockener Rotwein, Alkoholgehalt unbekannt
Rebsorte Pinot Noir

Es mag etwas unfair erscheinen, einen Spätburgunder (Pinot Noir) mit burgundischem Rotwein zu vergleichen. Wenn der Spätburgunder jedoch ein reifer Assmannshäuser Höllenberg aus einem guten Jahrgang ist, dann wird das Rennen sehr viel enger. Jancis Robinson stellt den deutschen Wein sogar in eine Klasse für sich: „Der absolute Star … war der trockene 1947er Assmannshäuser Höllenberg Spätburgunder Cabinet – eine hinreißendere Spielart des roten Burgunder ist mir seit Jahren nicht begegnet. Ihm folgten drei *grand-cru*-Burgunder aus dem Jahr 1947 …, die aber alle nicht den Hauch einer Chance gegen den majestätischen Spätburgunder hatten."

Der Wein stammt von der berühmtesten Rotweinlage Deutschlands – einem sehr steilen Weinberg im Westen des Rheingaus. Auf dem Höllenberg wird Spätburgunder mindestens seit 1470 angebaut, und sogar der Rieslingliebhaber Goethe fand bei seiner Reise durch das Rheintal im Jahr 1814 Gefallen an dem Wein.

Der Schieferboden verleiht dem Wein einen subtilen Beerengeschmack, im Finale macht sich die typische Note von Bittermandeln bemerkbar. Auch nach 60 Jahren stellt der Wein noch ein berauschend komplexes Bouquet an Fruchtigkeit und eine bemerkenswerte Frische zu Schau. „Der 1947er Spätburgunder war immer noch von einem dunkelpurpurnen Scharlachrot, erstaunlich reichhaltig, lebhaft und dramatisch. Er erinnerte an Veilchen, Holzrauch, Lakritze und Trüffeln. Vor ihm liegt noch ein aufregendes Leben", beendete Robinson ihre Kritik. **FK**

❂❂❂❂❂ Trinken: bis 2012+

WEITERE EMPFEHLUNGEN
Andere große Jahrgänge
1893 • 1921 • 1953 • 2003 • 2005
Weitere deutsche Spätburgunder-Erzeuger
Dautel • Deutzerhof • Dr. Heger • Fürst • Huber Johner • Kesseler • Knipser • Meyer-Näkel

Château Ksara
Cuvée du Troisième Millénaire 2004

Herkunft Libanon, Bekaa-Tal
Typ Trockener Rotwein, 13,5 Vol.-%
Rebsorten Petit Verdot, C. Franc, C. Sauvignon, Syrah

Das Ksara-Gut ist das älteste und größte im Libanon. Es liegt in der Nähe von Baalbek im Herzen des Bekaa-Tals. Der Name rührt von einer alten Festung (*ksar*) her, die sich hier zur Kreuzzugszeit erhob. 1857 erwarben Jesuiten den Besitz. Einer der Ordensmitglieder, Pater Kirn SJ, sorgte dafür, daß aus Algerien bessere Rebsorten in den Libanon gelangten und daß auch andere Varietäten kultiviert wurden. Mit einer Höhe von 1100 m im Tal gehören einige der Weingärten des Gutes zu den höchsten der Welt.

Ksaras Weinkeller ist eine Grotte, die von den Römern entdeckt wurde, die die Hauptkammer ausweiteten und Gänge in den umgebenden Kalkstein schlugen. 1972 gelangte Ksara in den Besitz eines Konsortiums aus Geschäftsleuten, als die Jesuiten das Gut verkaufen mußten, um den Beschlüssen des Zweiten Vatikanischen Konzils zu entsprechen. Zu dieser Zeit erzeugte Ksara 85 % des libanesischen Weins und war überaus erfolgreich – zu erfolgreich, wie der Vatikan befand. Heute stellt das Gut immer noch 38 % der Weinproduktion im Libanon.

Der beste und individuellste Wein des Château Ksara ist die Cuvée du Troisième Millénaire. Sie wird hauptsächlich aus der wenig bekannten Rebsorte Petit Verdot aus dem Bordeaux gekeltert und ist weniger extraktreich und eleganter als manche andere Weine des Erzeugers. Der Wein läßt sich sofort genießen, entwickelt sich aber gut, wenn er nach Erhalt noch 2 oder 3 Jahre gelagert wird. **SG**

❂❂❂ Trinken: bis 2010+

WEITERE EMPFEHLUNGEN
Andere große Jahrgänge
2001 • 2002 • 2003
Weitere Weine vom Château Ksara
Blanc de l'Observatoire
Cuvée de Printemps • Réserve du Convent

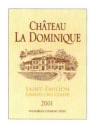

Château La Dominique
2001

Herkunft Frankreich, Bordeaux, St.-Emilion
Typ Trockener Rotwein, 13 Vol.-%
Rebsorten Merlot 86%, C. Franc 12%, C. Sauvignon 2%

Der Gründer dieses Gutes hatte im 18. Jahrhundert sein Glück in der Karibik gemacht und benannte es nach einer der damals französischen Inseln in der Neuen Welt. Zwischen 1933 und 1969 gehörte es der Familie De Bailliencourt vom Château Gazin in Pomerol, dann wurde es an den Bauunternehmer Clément Fayat verkauft, der auch andere Güter im Médoc und in Pomerol erwarb. Das Gut wurde nach Ratschlägen von Michel Rolland neu eingerichtet, aber im Jahr 2006 änderte Fayat seine Unternehmensstrategie, indem er den *négociant* und Besitzer des Château Valandraud, Jean-Luc Thunevin, einstellte, um alle seine Güter zu leiten.

Der 2001er zeigt sich im Alter von 7 Jahren mit pflaumigen Eichenaromen und einem süßen Geschmacksbouquet in besserer Form als der 2000er. Obwohl es in den vergangenen Jahren einige sehr gute Jahrgänge des La Dominique gegeben hat, muß man feststellen, daß es ihm noch an einem durchgehenden Stil und gleichbleibender Qualität mangelt. Meist ist er reichhaltig, üppig und reif, aber es gibt immer ein Element des Zufalls. Die Lage der Weingärten würde eigentlich Weine von wahrhaft großem Format erwarten lassen, vielleicht wird dieses Potential unter Clément Fayat endlich verwirklicht. **SB**

$$$ Trinken: bis 2020

Château La Fleur-Pétrus
1998

Herkunft Frankreich, Bordeaux, Pomerol
Typ Trockener Rotwein, 13 Vol.-%
Rebsorten Merlot 90%, Cabernet Franc 10%

Jean Pierre Moueix kaufte 1952 das Château La Fleur-Pétrus. 4 Jahre später wurden die Weingärten durch die schweren Fröste zerstört, die das Bordeaux heimsuchten, und ein Großteil der Reben mußte neu gepflanzt werden. La Fleur-Pétrus liegt auf 9 ha kiesreichem Boden auf einer Hochebene östlich von Pomerol, zwischen den großartigen Gütern Lafleur und Pétrus.

Wie für viele andere Pomerols war auch für La Fleur-Pétrus 1998 ein sehr guter Jahrgang. Bei einer Verkostung im Jahr 2005 begann er gerade, sich ausgereift zu zeigen. Die Nase war zuerst duftig und prononciert, verschloß sich aber nach einer halben Stunde vollkommen. Am Gaumen war der Wein zugänglicher, aber immer noch sehr eng, und wies dichte Lagen von herzhaften, erdigen und würzigen Geschmacksnoten auf, die vom Vanillegeschmack der Eiche unterlegt waren. Die Struktur war nahezu perfekt; die Säure zog einem den Mund zusammen, so daß man von einer langen Lagerungszeit ausgehen sollte. Am mittleren Gaumen war er außergewöhnlich reichhaltig und elegant, im Finale aber noch verschlossen. Der Wein ist jetzt überraschend trinkbar, eher schüchtern als mürrisch. Mit seiner wunderbaren Ausgewogenheit ist dies der Inbegriff eines modernen Bordeaux. **SG**

$$$$$ Trinken: 2010–2020+

Bei La Dominique werden Nährstoffe in den Boden gepflügt.

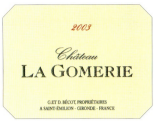
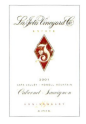

Château La Gomerie
2003

Herkunft Frankreich, Bordeaux, St.-Emilion
Typ Trockener Rotwein, 13 Vol.-%
Rebsorte Merlot

La Jota Vineyard Company
20th Anniversary 2001

Herkunft USA, Kalifornien, Napa Valley
Typ Trockener Rotwein, 14,9 Vol.-%
Rebsorte Cabernet Sauvignon

Dieser neue Superstar aus St.-Emilion enstand fast versehentlich. Das bescheidene Haus mit den 2,5 ha Weingärten liegt etwa 1 km außerhalb von St.-Emilion an der Straße nach Libourne. Die Familie Bécot kaufte La Gomerie 1995 vor allem, weil es neben ihrem eigenen *premier cru* Beau-Séjour-Bécot liegt und man hoffte, vielleicht einige der Weingärten für dieses ‚Erste Gewächs' übernehmen zu können.

Den Bécots war vermutlich nicht klar, wie gut das *terroir* ist, als sie das Gut kauften. Der Boden ist sandig, darunter liegt jedoch Lehm und eisenhaltiger Basalt. Darüberhinaus fördern Boden und Mikroklima frühe Reife, so daß die Trauben hier vor der Lese im *grand cru* geerntet werden können.

La Gomerie erzielt höhere Preise als Beau-Séjour-Bécot und ist als ein weiterer unter den vielen ‚Garagenweinen' verspottet worden. Damit tut man ihm jedoch Unrecht, die Trauben stammen von einem ausgezeichneten *terroir* am Randes der Hochebene von St.-Emilion. Die Qualität des Weines wurde bei einer Blindverkostung von drei Jahrgängen im Jahr 2005 bestätigt, als der Wein den St.-Emilion Coupe gewann, der alle zwei Jahre verliehen wird. **SB**

🙂🙂🙂🙂 **Trinken: bis 2015**

La Jota ist seit der Gründung durch Frederick Hess im Jahr 1898 weit gekommen. Hess pflanzte damals Reben, baute aus dem Vulkangestein, auf denen sie wuchsen, die Kellerei, und benannte das Gut nach der spanischen Landzuteilung, auf der es entstand. Anfang des 20. Jahrhunderts hatte es einen sehr guten Ruf, wurde aber während der Prohibitionszeit geschlossen und verfiel, bis Bill und Joan Smith es 1974 kauften. Sie erweckten das Gut und seinen guten Ruf zu neuem Leben und verkauften es dann 2004 an Jess Jackson und Barbara Banke.

Howell Mountain war das erste Teilanbaugebiet im Tal des Napa River. Es liegt in einer Höhe von 420 m, so daß die Weingärten oberhalb der Nebel liegen. Die Weingärten von La Jota befinden sich am Südhang auf gut drainierten, nährstoffarmen Böden aus Vulkanasche, die Reben tragen also wenige, konzentrierte Trauben.

Der 2001er 20th Anniversary ist ein grüblerischer und intensiver Wein mit süßer Frucht und Noten von getrockneten Kräutern. Am mittleren Gaumen zeigt er die Mineralität, die für seine bergige Lage typisch ist. Das Kapital und die Sorgfalt, die von den neuen Eignern aufgewendet wird, lassen vermuten, daß auch spätere Jahrgänge des Weines Aufmerksamkeit verdienen werden. **LGr**

🙂🙂🙂🙂 **Trinken: bis 2020+**

◀ Zwischen den Häusern von St.-Emilion liegen kleine Weingärten.

Château La Mission Haut-Brion 1982

Herkunft Frankreich, Bordeaux, Pessac-Léognan
Typ Trockener Rotwein, 13 Vol.-%
Rebsorten C. Sauvignon 48 %, Merlot 45 %, C. Franc 7 %

La Mondotte 2000

Herkunft Frankreich, Bordeaux, St.-Emilion
Typ Trockener Rotwein, 13,5 Vol.-%
Rebsorten Merlot, Cabernet Franc

Das Gut gehörte anfänglich zum benachbarten Château Haut-Brion, wurde aber 1630 an den Orden der Lazaristen verkauft. Die Kellerei erwarb sich einen beeindruckenden Ruf und trug zur Finanzierung der Armenarbeit des Ordens bei.

Die Französische Revolution führte zur Säkularisation des Gutes, es war aber unter seinen späteren Besitzern vom Glück gesegnet, die winzerisches Können mit geschäftlichem Scharfsinn verbanden. Nach dem Ersten Weltkrieg ging das Gut in den Besitz der Familie Woltner über, deren Nachfahre Henri den Grundstock zum gegenwärtigen guten Ruf des Hauses legte. 1984 wurde es wieder von dem großen Nachbarn Haut-Brion erworben und wird heute von Jean-Philippe Delmas geleitet.

Die Bedingungen des Jahrs 1982 führten zu einem Wein von mitternachtsschwarzer Konzentration und Intensität. Das Bouquet quillt auch 25 Jahre nach der Freigabe noch mit den Aromen schwarzer Johannisbeeren über, hinzu kommen jedoch jetzt auch die Trüffelnoten der Flaschenlagerung. Wie bei allen guten Weinen dieses Jahrgangs zeigt er eine betörende Kombination aus tanninreichem Rückgrat und einer samtig weichen Struktur. **SW**

❀❀❀❀❀ Trinken: bis 2040

1971 kaufte der Vater des jetzigen Besitzers Stefan von Neipperg La Mondotte. Ursprünglich erzeugte das Gut einen Zweitwein für Canon-la-Gaffelière. Als Stefan von Neipperg dieses Arrangement anlässlich der Klassifikation des Jahres 1996 von den Behörden in St.-Emilion absegnen lassen wollte, wurde ihm gesagt, er müsse einen eigenen Keller für den Wein anlegen. Um diese Investition zu rechtfertigen, entschloss er sich, „etwas Besonderes zu machen". Das Ergebnis war La Mondotte. Mit dem Jahrgang 1996 kam er auf den Markt und war ein durchschlagender Erfolg. Robert Parker gab ihm sofort eine Bewertung von 95–98 Punkten. Stéphane Derenoncourt hat von Anfang an als Berater in La Mondotte mitgearbeitet, gemeinsam haben von Neipperg und er daraus ein „Experimentierzentrum" gemacht.

Das Ergebnis kann man im 2000er studieren: ein Wein von berauschender aromatische Kraft, in der sich Weihrauch, Harze, Kakao und Kirschwasser andeuten. Bei seinem Weg durch den Mund macht sich das Rückgrat des Weines immer deutlicher bemerkbar. Derenoncourt und von Neipperg suchen Präzision und Finesse, ohne die machtvolle Sinnlichkeit aufzugeben, die Weine aus St.-Emilion so ansprechend macht. **AJ**

❀❀❀❀❀ Trinken: bis 2025

La Rioja Alta
Rioja Gran Reserva 890 1985

Herkunft Spanien, Rioja
Typ Trockener Rotwein, 12,5 Vol.-%
Rebsorten Tempranillo, Mazuelo

La Spinetta
Barbaresco Vigneto Starderi 1999

Herkunft Italien, Piemont, Langhe
Typ Trockener Rotwein, 14,5 Vol.-%
Rebsorte Nebbiolo

La Rioja Alta wurde 1890 von 5 Winzern aus Rioja und dem Baskenland gegründet und befindet sich heute noch im Besitz dieser 5 Familien. Das Gut liegt im Barrio de la Estación in Haro in der Nachbarschaft so bekannter Namen wie Muga, López Heredia, Bodegas Bilbaínes und CVNE. Nach der ersten Gärung in Edelstahl wird der Wein für die malolaktische Gärung und zur Klärung in jahrhundertealte Eichenfässer umgefüllt. Danach wird er 8 Jahre in amerikanischer Eiche ausgebaut. Das Drahtnetz wurde ursprünglich um die Flasche herum angebracht, um zu verhindern, daß skrupellose Geschäftemacher den Wein gegen einen minderer Qualität austauschen und die Flaschen mit Profit weiterverkaufen. Heute wird es als Dekoration und als Erinnerung an die Vergangenheit beibehalten.

Die Farbe des Weines ist eher ein durchscheinendes Orange als Rot, da sich die Farbstoffe während der langen Ausbauzeit im Faß und der anschließenden Flaschenlagerung abgesetzt haben. In der Nase zeigen sich vor allem tertiäre Aromen: Leder, Pilze, ein Hauch Trüffel und Gewürze. Am Gaumen wirkt der Wein poliert, mit verbindlichen Tanninen und einem langanhaltendem Finale. **LG**

🍷🍷🍷🍷 **Trinken: bis 2015**

Guiseppe Rivetti kaufte 1977 im Dorf Castagnole Lanze das Gut La Spinetta. Die Gegend ist für ihren Moscato berühmt, und damit begann Giuseppe 1978 auch – er kelterte den ersten Einzellagen-Moscato in Italien. 1985 folgte der erste Rotwein, ein Barbera, und 1989 brachten seine Söhne den Pin auf den Markt, einen revolutionären Verschnitt aus Nebbiolo und Barbera, den sie ihrem Vater widmeten. Gallina, der erste Barbaresco, kam 1995 hinzu.

Der Barbaresco Vigneto Starderi wird seit 1996 aus Trauben des Weingartens Starderi in der Gegend von Neive gekeltert. Technisch müßte man diesen Wein als ‚modernen' Barbaresco bezeichnen, aber ältere Jahrgänge zeigen, daß sich die Rebsorte langfristig gegen die Vinifikations- und Ausbautechniken durchsetzt.

1999 war ein erstaunliches Jahr für Nebbiolo. Der Vigneto Starderi 1999 zeigt ein wunderbar intensives Rubinrot, mit leichten granatfarbigen Glanzlichtern. Die Nase ist stattlich und ausdrucksstark, die anfänglichen Balsam-Aromen werden durch sanfte, süße Frucht-, Gewürz- und dunkle Schokoladennoten ergänzt. Am Gaumen kommt als weiterer Ton Anis hinzu, der den warmen, angenehm tanninreichen und sehr langen Abgang vervollständigt. **AS**

🍷🍷🍷🍷 **Trinken: bis 2025**

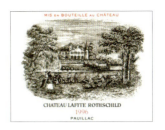

Domaine Michel Lafarge
Volnay PC Clos des Chênes 1990

Herkunft Frankreich, Burgund, Côte de Beaune
Typ Trockener Rotwein, 13 Vol.-%
Rebsorte Pinot Noir

Dieses Gut wurde erstmals unter dem Namen Cloux des Chaignes 1476 erwähnt – für Volnay ist das vergleichsweise spät. Obwohl es von Dr. Lavalle 1855 nur als *troisième cuvée* eingestuft wurde, gilt es heute vielen Kennern als einer der besten Weine aus Volnay. Das mag zum Teil der außerordentlichen Qualität von Michel Lafarges Wein zu verdanken sein. Seine 1 ha große Parzelle liegt im unteren Teil des Weingartens, der beste Teil ist nach Süden und Osten ausgerichtet und verfügt über gut drainierte, braune Böden über dem klassischen Jurakreidegestein.

Seit 1990 widmet sich vor allem Michels Sohn Fréderic der Herstellung des klassischen roten Burgunders, er arbeitet jedoch in der gleichen Weise weiter und hat lediglich die Bewirtschaftung auf biodynamische Prinzipien umgestellt. Während der 18monatigen Ausbauzeit in den fuchsbauähnlichen Kellern von Lafarge mitten in Volnay kommt der Wein nur wenig mit neuer Eiche in Berührung.

Der 1990er ist ein immer noch sehr kräftiger, verschlossener Wein, der noch nicht Gelegenheit gehabt hat, all seine Komplexität und die für einen Wein von Lafarge typische elegante Opulenz zu entwickeln, was sich aber sicher mit der Zeit ändern wird. **JM**
❸❸❸❸ Trinken: 2010–2020

Château Lafite Rothschild
1996

Herkunft Frankreich, Bordeaux, Pauillac
Typ Trockener Rotwein, 13 Vol.-%
Rebsorten C. Sauvignon 83%, Merlot 7%, andere 10%

Im 17. Jahrhundert begann in Lafite die systematische Weinerzeugung. Der damalige Besitzer Jacques de Ségur legte die ersten Weingärten an. 60 Jahre später hatte sich sein guter Ruf so sehr verbreitet, daß Robert Walpole, der erste britische Premierminister, eine regelmäßige Vierteljahresbestellung aufgab, so lange er im Amt war.

Im 20. Jahrhundert machte das Gut teilweise schwierige Zeiten durch. Es wurde während des Krieges von der deutschen Wehrmacht requiriert, und in den 60er und 70er Jahren schnitt es im Vergleich zu den anderen *premiers crus* nicht so gut ab. 1976 sorgte Jean Crété dafür, daß es sich wieder erholte, und 1983 trat Gilbert Rokvam erfolgreich seine Nachfolge an.

Der Lafite 1996 ist ein Riese von einem Wein, mit der Kraft, dem Duft und der Finesse, die man in einem Wein dieses Kalibers erwartet. Das Bouquet eröffnet mit süßen Gewürzen und komplexen Aromen eingekochter Beerenfrüchte, am Gaumen zeigt er sich als gerundeter, geschmeidiger, energiegeladener Wein mit ehrfurchterregenden Tanninen, ohne daß es ihm an Gewandtheit oder Beweglichkeit mangeln würde. Ein Wein, der in aller Gelassenheit durch die nächsten Jahrzehnte segeln wird. **SW**
❸❸❸❸❸ Trinken: 2010–2050+

Château Lafleur
2004

Herkunft Frankreich, Bordeaux, Pomerol
Typ Trockener Rotwein, 13,5 Vol.-%
Rebsorten Merlot 50%, Cabernet Franc 50%

Domaine des Comtes Lafon
Volnay PC Santenots-du-Milieu 2002

Herkunft Frankreich, Burgund, Côte de Beaune
Typ Trockener Rotwein, 13 Vol.-%
Rebsorte Pinot Noir

In der Nähe von Pétrus und La Fleur-Pétrus steht ein etwas heruntergekommenes Bauernhaus, von dem einer der besten und teuersten Bordeaux-Weine stammt. Wie das Château Le Gay gehörte es einst den sparsamen Schwestern Robin. Als Thérèse Robin 1984 starb, verpachtete Marie Robin das Gut an ihren Cousin Jacques Guinaudeau, der ab 1985 den Wein kelterte. Nach dem Tod von Marie im Jahr 2001 gelang es ihm, seine Mitbewerber auszustechen und sich das Gut zu sichern.

Trotz der geringen Größe von Lafleur verfügt der Besitz über 4 unterschiedliche *terroirs*. Dadurch erhalten die Weine ihrer Komplexität; ihre Großartigkeit ist jedoch auf andere Faktoren zurückzuführen: das ehrwürdige Alter der Rebstöcke, die sehr geringen Erträge und die selektive Ernte, durch die sichergestellt wird, daß nur die reifsten Trauben in die Kellerei gelangen. Guinaudeaus Perfektionismus bedeutet, daß ein mittelmäßiger Lafleur ein Ding der Unmöglichkeit ist. Der 2004er ist von deutlich blumigem Charakter, mit eleganten Aromen von Eiche und Minze, am Gaumen üppig, komplex und ausgewogen. Geringe Mengen und die ungeheure Nachfrage bedeuten, daß man sich glücklich schätzen muß, wenn man Gelegenheit hat, diesen Wein zu verkosten. **SBr**

⊖⊖⊖⊖⊖ **Trinken: 2015–2035**

Dominique Lafon wurde 1984 mit nur 26 Jahren Kellermeister von Comtes Lafon. Am bekanntesten ist er für seine Chardonnays, die verführerisch fruchtig und kraftvoll würzig sind. Er keltert jedoch auch Pinot Noirs, die sehr viel besser sind als die meisten vermuten: Fingerübungen in der Kunst, subtile Unterschiede des Bodens und Klimas zu erkennen. Einige dieser Weine, wie der Santenots-du-Milieu, stammen eigentlich aus Meursault, dürfen aber als Volnay vermarktet werden.

Nachdem Dominique die Nachfolge seines Vaters René angetreten hatte, verlängerte er nach und nach die Pachtverträge nicht mehr, die seine Vorfahren abgeschlossen hatten, um so über die exzellenten Weingärten der Familie selbst verfügen zu können.

„Die Rotweine zu verbessern, denen es sowohl an Konzentration als auch an Säure mangelte, war eine Herausforderung. Sobald man jedoch über besseres Ausgangsmaterial verfügt, kann man im Keller weniger aggressiv vorgehen," sagt er. „Die Weine sind jetzt eleganter und nicht so extraktreich." Den 2002er findet Dominique noch sehr verschlossen, wenn es einem an Zeit oder Geduld mangelt, kann man jedoch auf den 1997er oder 1992er ausweichen, die jetzt schon hell strahlen. **JP**

⊖⊖⊖⊖ **Trinken: bis 2027**

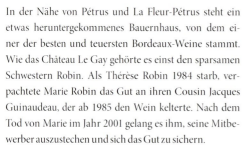

Das Dach des Château Lafon ist typisch für das Burgund.

Château Lagrange
2000

Herkunft Frankreich, Bordeaux, St.-Julien
Typ Trockener Rotwein, 13 Vol.-%
Rebsorten C. Sauvignon 65 %, Merlot 28 %, Petit Verdot 7 %

Château Lagrézette
Cuvée Pigeonnier 2001

Herkunft Frankreich, Südwesten, Cahors
Typ Trockener Rotwein, 14 Vol.-%
Rebsorte Malbec

1983 kaufte der japanische Konzern Suntory Lagrange, restaurierte die Gebäude und begann, die Parzellen zurückzukaufen, die vorherige Besitzer verkauft hatten. Mit Marcel Ducasse als Geschäftsführer und Kellermeister trafen sie eine gute Wahl, er leitete das Gut bis zu seinem Ruhestand im Jahr 2007.

Die Böden hier bringen nie schwere, kräftige Weine hervor. Lagrange ist leichter und eleganter als zum Beispiel Léoville-Las Cases, wenn Ducasse auch die Finesse des Léoville-Barton sehr bewundert. In der Kellerei von Lagrange wird sorgfältig darauf hingearbeitet, exzessiven Tanningehalt zu vermeiden. Obwohl Lagrange ein Wein ist, der gut altert, eignet sich seine Struktur nicht für außergewöhnlich lange Kellerzeiten.

Die Nase des 2000ers zeigt Andeutungen schwarzer Johannisbeeren und eine Rauchigkeit, die von den 60 % neuer Eiche herrührt, in denen der Wein ausgebaut wird. Üppigkeit ist eine unverkennbares Merkmal dieses Weines, er ist aber auch frisch genug, um ihn lebhaft und am Gaumen lang bleiben zu lassen. Mit dem Rückzug von Ducasse ging für Lagrange ein goldenes Zeitalter zu Ende, aber sein Nachfolger Bruno Eynard hat unter ihm gearbeitet und wird für Kontinuität sorgen. **SBr**

ՑՑՑ **Trinken: bis 2020**

Dieses Vorzeigegut gehört mit seinen 65 ha Rebflächen zum Besitz von Alain Dominique Perrin, dem auch Anteile an der Marke Cartier gehören. Perrin kaufte das Gut 1980 und verwandte 10 Jahre darauf, es in seinen heutigen großartigen Zustand zu versetzen.

Der Wein ist nach dem Taubenschlag benannt, der sich inmitten der Reben erhebt. Er entstand 1997 durch einen glücklichen Zufall, als ein Spätfrost zu einer winzigen Ernte führte, die in einem einzigen Faß gekeltert wurde. Perrin und seine Mannschaft waren von dem Ergebnis so beeindruckt, daß sie beschlossen, jedes Jahr einen solchen Wein zu erzeugen, indem sie die Reben stark zurückschnitten, um niedrige Erträge zu erreichen. Jährlich werden etwa 7000 Flaschen hergestellt, die mühelos die teuersten aus Cahors sind.

Die undurchsichtige Farbe des Pigeonnier 2001 wird dem mittelalterlichen Ruf Cahors' als „schwarzer Wein" gerecht. Er ist stilistisch mit seiner reifen Frucht und dem Anklang neuer Eiche sehr modern: konzentriert, kräftig texturiert, tanninreich, kraftvoll. Dem Pigeonnier fehlt der Charme der Cuvée Dame Honneur des gleichen Gutes, aber für Liebhaber eines kräftigen Weines ist es einer der besten Vertreter seiner Art. **SG**

ՑՑՑՑՑ **Trinken: bis 2010+**

Lagranges Turm im italienischen Stil entstand 1820.

Domaine Lamarche
La Grande Rue GC 1962

Herkunft Frankreich, Burgund, Côte de Nuits
Typ Trockener Rotwein, 13 Vol.-%
Rebsorte Pinot Noir

Wenn man den Hügel von Croton außer Acht läßt, beginnen die *grands crus* des Burgund mit La Tâche am südlichen Ende der Gemeinde Vosne-Romanée und setzen sich dann fast ununterbrochen bis zum Dorf Gevrey-Chambertin fort. Es gibt jedoch zwischen La Tâche und dem Band, das sich von La Romanée über La Romanée-Conti bis hin zu Romanée-St.-Vivant erstreckt, eine klaffende Lücke. Dies ist der 1,65 ha große Weingarten La Grande Rue, der sich im Besitz der Familie Lamarche befindet.

Die Legende besagt, daß Henri Lamarche, der Vorfahr des heutigen Besitzers François, sich 1936 nicht um die Einordnung als *grand cru* bewarb, da er befürchtete, mehr Steuern bezahlen zu müssen. La Grande Rue wurde erst 1992 zum *grand cru*, also ist dieser 1962er nur ein *premier cru*. Er entstand jedoch zu einer Zeit, als die Weine des Gutes von hoher Qualität waren. Zwischenzeitlich war der Standard abgefallen, in den letzten 15 Jahren hat es jedoch wieder einen Aufschwung gegeben.

Der 1962er zeigt die verführerische Magie eines alten Pinot Noirs: sanft und weich wie Chiffonseide; erdig, pilzig und sinnlich. Und trotz seines Alters von 45 Jahren hat der Wein sich eine Frische bewahrt, die ihm Räumlichkeit und Länge am Gaumen verleihen. Man sollte diesen Wein nicht zum Essen trinken. Öffnen Sie die Flasche erst nach dem Mahl. Schließen Sie die Vorhänge, stellen Sie die Musik leise und die meisten Lampen aus. Genießen Sie den Wein dann wie einen alten Portwein. **CC**
🙂🙂🙂🙂 **Trinken: bis 2012+**

◀ Der Weingarten La Grande Rue der Domaine Lamarche.

Domaine des Lambrays
Clos des Lambrays GC 2005

Herkunft Frankreich, Burgund, Côte de Nuits
Typ Trockener Rotwein, 13,5 Vol.-%
Rebsorte Pinot Noir

Landmark *Kastania Vineyard*
Sonoma Pinot Noir 2002

Herkunft USA, Kalifornien, Sonoma Valley
Typ Trockener Rotwein, 14,5 Vol.-%
Rebsorte Pinot Noir

Etwas nördlich vom Clos de Tart liegt ein weiterer *grand cru*, der Clos des Lambrays, der sich fast vollkommen im Besitz der Domaine des Lambrays befindet. Die Domaine des Lambrays wurde erst 1981 zum *grand cru* klassifiziert, ironischerweise zu einer Zeit, als die lange vernachlässigten Weingärten dringend neu bestockt werden mußten, was sich natürlich auf die Qualität auswirkte.

1996 wurde das Gut an den deutschen Unternehmer Gunter Freund verkauft, seit 1980 wird es von Thierry Brouin geleitet. Die Weingärten liegen an einem recht hohen Hang auf kargen Kalksteinböden. Es ist ein ziemlich männlicher, aber keinesfalls grobschlächtiger Wein. Er hat Duft und Eleganz, Struktur und Rückgrat. Er ist jahrelang durchaus gut gewesen, aber erst seit Mitte der 90er Jahre kann man ihm wirklich die Qualität eines *grand cru* zusprechen.

Der 2005er ist ein exquisiter, sehr duftiger Wein mit Aromen von roten Früchten und einem deutlichen Blütenton. Natürlich gibt es reichhaltige Fruchtigkeit, hinzu kommt jedoch eine Flüssigkeit des Stils, eine Geschmeidigkeit und Ausgewogenheit von Konzentration und Frische. Insgesamt ergibt sich so ein Wein von außergewöhnlichem Gleichgewicht und hoher Komplexität. **SBr**

❸❸❸❸ Trinken: bis 2030

Das Landmark-Gut liegt im Weiler Kenwood an dem Highway, der sich durch das Sonoma-Tal zieht. Das Gut wurde von der Familie Mabry gegründet, aber 1989 kaufte Damaris Deere Ethridge die Anteile der anderen Eigner auf und zog ihren Sohn Michael und ihre Schwiegertochter Mary hinzu, um das Gut zu leiten. Als Nachfahrin von John Deere, dessen Name fast jede Landmaschine in den USA ziert, fehlte es ihr nicht an den notwendigen Mitteln. Die Kellerei ist schon seit langem auf Chardonnay und Pinot Noir spezialisiert, aber es werden auch einige andere Rebsorten, wie etwa Syrah, angebaut.

Landmark keltert einen verläßlichen Pinot Noir namens Grand Detour, dessen Trauben von 5 Weingärten stammen, darunter einer in Santa Barbara. Kastania ist ein Einzellagenwein, der von einer Parzelle stammt, die 1994 mit Pinot-Noir-Klonen bestockt wurde, die teilweise aus Dijon stammten, teilweise mit altbewährten kalifornische Arten wie dem Pommard.

Der 2002er hat ansprechende Aromen von Kirschen, Tabak und Toast, in seiner Duftigkeit ist er fast berauschend. Es ist ein üppiger Wein, voll und seidig, mit einem erkennbaren Eichenton hinter den opulenten Kirschnoten und einiger Säure im Finale. **SBr**

❸❸❸ Trinken: bis 2010

Château Latour 2003

Herkunft Frankreich, Bordeaux, Pauillac
Typ Trockener Rotwein, 13,3 Vol.-%
Rebsorten C. Sauvignon 81%, Merlot 18%, Petit Verdot 1%

Der Turm, nach dem das Gut benannt ist, wurde im späten 14. Jahrhundert während des Hundertjährigen Krieges als Verteidigungsanlage errichtet. Es gibt ihn schon lange nicht mehr, aber er wurde Anfang des 17. Jahrhunderts durch einen anderen Turm ersetzt, der heute noch steht – kreisrund, mit einer Kuppel und Laterne, ursprünglich als Taubenschlag verwendet.

Latour gehört seit der Bordeaux-Klassifikation von 1855 zu den *premiers crus* und zeigt ein Maß an Verläßlichkeit, wie es einem Wein von Weltruf zukommt. Die im sehr kiesigem Boden tief verwurzelten Rebstöcke ergeben Weine, die vielleicht die langlebigsten unter allen ‚Ersten Gewächsen' sind, und der hohe Anteil an Cabernet (in manchen Jahren mehr als 80 %) bedeutet, daß man sich den Weinen keinesfalls nähern sollte, bevor sie in ihr drittes Jahrzehnt eintreten. Dessen eingedenk zeigt sich der 2003er wegen der außerordentlichen Reife des Jahrgangs doch als ungemein entgegenkommender Wein. Er entstand während einer verheerenden Hitzewelle, die in weiten Teilen Europas die Ausmaße einer Naturkatastrophe annahm, und ist schwarz wie die Sünde. Vermutlich wird er sich als doppelt so verführerisch herausstellen. Die Nase ist hinreißend blumig, mit Aromen von schwarzen Johannisbeeren, Pflaumen und rauchiger Eiche. Trotz der festen Tannine hat der Wein eine solch zarte Säure und süße Frucht, daß ihn Anhänger der primären Fruchtigkeit vermutlich zu früh trinken werden. Mit 13,3 % Alkoholgehalt ist er auch nicht ganz leicht, aber die zugrunde liegende Kraft wird durch die Fruchtkonzentration perfekt eingebunden. **SW**

❊❊❊❊ Trinken: 2020–2075+

WEITERE EMPFEHLUNGEN
Andere große Jahrgänge
1982 • 1986 • 1989 • 1990 • 1995 • 1998 • 2000
Weiter Erzeuger aus Pauillac
Lafite Rothschild • Mouton Rothschild • Pichon-Longueville (Baron) • Pichon-Longueville (Comtesse)

Ein Taubenschlag (etwa 1630 erbaut) auf dem Latour-Gut.

Château Latour-à-Pomerol
1961

Herkunft Frankreich, Bordeaux, Pomerol
Typ Trockener Rotwein, 13 Vol.-%
Rebsorten Merlot, Cabernet Franc

Dieses Château Latour trägt normalerweise den Namenszusatz „à Pomerol", um es von den vielen anderen La Tours im Bordeaux zu unterscheiden. Es gehörte ursprünglich der Familie Chambeaud. 1875 heiratete die einzige Tochter der Familie Louis Garitey, ihre älteste Tochter und Erbin war die ehrfurchterregende Mme. Edourd Loubat, die nicht nur La Tour vergrößerte, sondern auch Pétrus konsolidierte.

Château Latour gehört jetzt Mme. Lily Lacoste, der Tochter von Mme. Loubat. Seit 1962 wird es von Ets. J. P. Moueix geführt und gehört zweifelsohne zu den führenden Gütern Pomerols. Die zwei Parzellen sind insgesamt 8 ha groß und zu 90 % mit Merlot bepflanzt, der Rest ist mit Cabernet Franc bestockt. Der Wein ist meist größer als der andere aus dem Sortiment von Moueix, der Château La Fleur-Pétrus, allerdings nicht ganz so elegant.

1961 hatten die Rebstöcke ein beträchtliches Durchschnittsalter, damals wurden die nach den Frösten des Jahres 1956 neu gepflanzten Reben noch nicht für den *grand vin* verwendet. Dieser Faktor ergibt zusammen mit der Konzentration des kurzen, aber wohlausgewogenen Jahrgangs einen erinnerungswürdigen Wein – reichhaltig, cremig, üppig, ausgewogen und saftig. **CC**
❺❺❺❺❺ **Trinken: bis 2012+**

Le Dôme
1998

Herkunft Frankreich, Bordeaux, St.-Emilion
Typ Trockener Rotwein, 13 Vol.-%
Rebsorten Cabernet Franc 75%, Merlot 25%

Als der Engländer Jonathan Maltus ihn 1996 zuerst kelterte, wurde der Le Dôme als ‚Garagenwein' bezeichnet. Der Stil des Weines war jedoch überraschend klassisch. Überraschend deshalb, weil Maltus – zumindest im Bordeaux – ein professioneller Außenseiter ist, der fast gewohnheitsmäßig alle Gepflogenheiten außer Acht läßt. Man hat fast den Eindruck, jene ersten Jahrgänge wären ihm versehentlich so klassisch geraten.

Es ist schon immer sein Grundsatz gewesen, daß bei einem Einzellagenwein auch die gesamte Ernte des Weingartens ihren Weg in den Wein finden sollte. Die ersten Jahrgänge wurden zu 150 % in neuer Eiche ausgebaut – 150 %, weil die Hälfte der neuen Fässer beim ersten Umfüllen wiederum durch neue Fässer ersetzt wurden. Dieses Verfahren hat er inzwischen aufgegeben. So entstanden sehr geschmacksbetonte Weine, die jedoch niemals zu extraktreich waren, sondern immer ausgewogen. Sie hatten auch immer das gewisse Etwas, daß sogar eine Kostprobe aus dem Faß glänzen ließ. Der hohe Anteil an Cabernet Franc gibt dem Wein eine wunderbare Frische – dieser 1998er, der sich jetzt seiner reifen Zeit nähert, zeigt Noten von Brombeeren, eine feste, aber diskrete Struktur und ein immens langes, aromatisches Finale. **MR**
❺❺❺❺❺ **Trinken: bis 2030**

Le Due Terre
Sacrisassi 1998

Herkunft Italien, Friaul
Typ Trockener Rotwein, 13 Vol.-%
Rebsorten 50% Refosco, 50% Schioppettino

Le Due Terre ist ein kleines Gut, das 1984 von Silvana und Flavio Basilicata gegründet wurde. Die Kellerei liegt in den Colli Orientali del Friuli an der Grenze zu Slowenien. Dies ist ein traditionelles Weißweingebiet, die Rotweine der jüngsten Vergangenheit sind jedoch ebenfalls vielversprechend. Die wichtigsten roten Rebsorten der Region sind der Refosco dal Peduncolo Rosso (der andernorts unter dem Namen Mondeuse bekannt ist) und der Schioppettino, der schwach gefärbte, interessante Weine liefert, die sich durch Geschmacksnoten von schwarzem Pfeffer auszeichnen. Der Sacrisassi Rosso von Due Terri vereint in sich die Merkmale beider Rebsorten: Die zarte und doch barocke Eleganz des Schioppettino glättet die etwas rauhen Kanten des Refosco, der wiederum für Farbe und Substanz in der Cuvée sorgt.

Der 1998er ist auf erfrischende und typisch nordostitalienische Weise ‚grün' und wird von warmen, dunklen und tiefen Fruchtnoten getragen. Die Tannine sind leicht, die Fruchtigkeit wird jedoch während des angenehm fokussierten Finales vor allem durch die Säure definiert. Dies ist ein Wein, den man wegen seiner einzigartigen Persönlichkeit und der deutlich erkennbaren Herkunft schätzt. **AS**

💰💰💰 **Trinken: bis 2012**

Le Macchiole
Paleo Rosso 2001

Herkunft Italien, Toskana, Bolgheri
Typ Trockener Rotwein, 14 Vol.-%
Rebsorte Cabernet Franc

Le Macchiole geht auf eine Idee des verstorbenen Eugenio Campolmi zurück, der Anfang der 80er Jahre seiner Leidenschaft für Weine nachgab und größere Summen investierte, um die Ländereien seiner Familie wieder in Weingärten umzuwandeln. Er pflanzte auch internationale Rebsorten wie Cabernet Franc, Cabernet Sauvignon und Merlot an und stellte 1991 den jungen Luca D'Attoma als beratenden Kellermeister ein. Als Eugenio 2002 vorzeitig verstarb, ging die Leitung in die fähigen Hände seiner Ehefrau Cinzia über. Sie erwies sich schnell als genauso geschickt, detailversessen und kompromißlos im Streben nach Qualität wie er selbst. Vor allem bestand sie darauf, daß das Weingut auf jeden Fall auch einen großen Wein keltern sollte.

Paleo Rosso ist einer der Weine, in die Eugenio viel Mühe investierte. Seine endgültige Form nahm er mit dem Jahrgang 2001 an, als er nicht mehr aus Cabernet Sauvignon und Cabernet Franc verschnitten, sondern nur noch aus der letzteren Rebsorte gekeltert wurde. Der Wein ist von strahlend rubinroter Farbe. Die Nase vereint elegante Aromen von Grünpflanzen (ohne jedoch ‚grün' zu wirken) und von roten Früchten, untermalt von einer leichten Buttrigkeit. **AS**

💰💰💰 **Trinken: nach Erhalt bis 2018+**

Le Pin
2001

Herkunft Frankreich, Bordeaux, Pomerol
Typ Trockener Rotwein, 13 Vol.-%
Rebsorten Merlot 92%, Cabernet Franc 8%

Le Pin ist einer der gesuchtesten Weine der Welt. Es war der ursprüngliche ‚Garagenwein', der so genannt wurde, weil er im Keller eines sehr einfachen Bauernhauses in Pomerol entstand. Das Gut ist so bescheiden, daß es sich selbst nicht als Château bezeichnet, sondern seinen Namen von einer Kiefer in der Nähe des Hauses übernahm.

Die Familie Thienpont sind alteingesessene belgische Weinhändler, denen neben Gütern an den Côtes de Francs auch das Château Labégorce-Zédé in Margaux gehört. Sie erwarben Le Pin 1979 von der verwitweten Madam Laubie, die ihren 1 ha großen Weingarten zwar stets organisch bewirtschaftet hatte, die Trauben jedoch als anonymen Pomerol verkaufte. Bei einer derartig winzigen Parzelle beläuft sich die Produktion von Le Pin auf lediglich 600 bis 700 Kisten im Jahr – zum Vergleich: Château Lafite-Rothschild keltert etwa 29.000 Kisten im Jahr, und selbst Pétrus bringt es noch auf 4000. Die Verbindung von extremer Seltenheit und hoher internationaler Nachfrage hat zu ungeheuer hohen Preisen geführt.

Als Wein, der sowohl bilderstürmerisch als auch hedonistisch ist, hat Le Pin das Mißfallen jener erregt, die mit ‚klassischen' Bordeaux' groß geworden sind, da er – sowohl vom Stil als auch vom Preis her – die althergebrachte Hierarchie des Anbaugebietes durcheinanderwirbelt. Den Besitzer Jacques Thienpont überraschen die hohen Preise seines Weines etwas, aber er sieht sie gelassen. „Ich bin kein Bankier," sagt er, „aber wenn man einen Wein kauft, und der Preis fällt, kann man ihn immer noch trinken. Wenn man ein Stück Papier kauft, und der Preis fällt, kann man es nicht essen." **SG**

🍷🍷🍷🍷🍷 **Trinken: 2010–2020**

◀ Le Pin, im Hintergrund die namensgebende Kiefer.

Le Riche *Cabernet Sauvignon Reserve* 2003

Herkunft Südafrika, Stellenbosch
Typ Trockener Rotwein, 14 Vol.-%
Rebsorte Cabernet Sauvignon

Etienne le Riche ist einer der vielen Kellermeister, die für etablierte Erzeuger arbeiteten und gerne ihre eigenen Weine gekeltert hätten. Allerdings ist er einer der wenigen, die diesen Traum auch in die Tat umsetzten. Nach 20 Jahre in der Höhenluft des großartigen Rustenberg-Gutes machte er sich Mitte der 90er Jahre mit einem sehr viel bescheideneren Unternehmen auf einer kleinen Farm im Jonkershoek-Tal in Stellenbosch selbständig.

Die Farm hieß, ergreifend und vielleicht zutreffend, Leef op Hoop – Afrikaans für „Von Hoffnung leben". Die ursprüngliche Kellerei war jahrzehntelang als Landmaschinengarage zweckentfremdet worden und mußte gründlich renoviert werden, wenn auch Le Riche nur zu dankbar war, die alten, offenen Betontanks als Gärbehälter zu verwenden. Allerdings kommen nicht alle Trauben für diesen Wein von den gutseigenen Weingärten an den Hängen von Jonkershoek, etwa ein Drittel wird von anderen Winzern in Stellenbosch hinzugekauft.

Ein Wein nur aus Cabernet-Trauben ist in Südafrika auch für einen kleinen Erzeuger recht ungewöhnlich, meist greift man hier auf das Vorbild Bordeaux zurück und verschneidet bei den Spitzenweinen mehrere Rebsorten. Der frische und harmonische Le Riche Reserve hat jedoch eine klassische Vollständigkeit, die manchmal über die reine Rebsorte hinausgeht. Er besitzt reife, intensiv fruchtige Sanftheit, die durch eine feste Tannin- und Säurestruktur gehalten wird. Die Eiche ist zurückhaltend (weniger als die Hälfte der Barriques sind neu), was gut zu dem Charakter des Weines wie auch des Mannes paßt, der ihn erzeugt. **TJ**

☺☺ **Trinken: bis 2013**

WEITERE EMPFEHLUNGEN
Andere große Jahrgänge
1997 • 1998 • 2000 • 2001
Weitere Erzeuger aus Stellenbosch
Kanonkop • Meerlust • Morgenster Rustenberg • Rust en Vrede • Thelema

Le Riche liegt von Bergen umgeben im Jonkershoek-Tal.

L'Ecole No. 41 *Walla Walla Seven Hills Vineyard Syrah* 2005

Herkunft USA, Washington State, Columbia Valley
Typ Trockener Rotwein, 14,5 Vol.-%
Rebsorte Syrah

Die Winzerei im Staat Washington ist neueren Ursprungs, aber sie entwickelt sich rapide. Das Küstengebiet um Seattle ist zwar zu feucht für den Weinanbau, aber die Täler im Landesinneren sind semi-arid, so daß für die volle Reife der Trauben bewässert werden muß. Die Tage in diesen Tälern sind heiß, die Nächte kühl, und wegen der nördlicheren Lage dauern die Tage länger und es gibt mehr Sonnenscheinstunden als in Kalifornien.

L'Ecole No. 41 wurde 1983 gegründet und wird seit vielen Jahren von Marty Clubb geleitet. In den Anfangsjahren machte sich die Kellerei mit Chenin Blanc und etwas eichenlastigem Sémillon einen guten Namen, in der jüngeren Vergangenheit haben sich aber vor allem die Rotweine hervorgetan. Die besten darunter sind Einzelsortenweine oder Cuvées aus Bordeaux-Sorten, die von den angesehenen Weingärten Pepper Bridge und Seven Hills im nahen Walla Walla stammen.

Die ersten Jahrgänge aus neu erschlossenen Anbaugebieten können etwas unbeholfen wirken, da die Winzer erst einmal die Möglichkeiten der Reben erkunden müssen. Das traf auf jeden Fall für L'Ecole No. 41 zu, aber gegen Ende der 90er Jahre hatte sich Michael Sharon auf die Walla-Walla-Trauben ‚eingeschossen', und die Weine zeigten sich sehr viel einheitlicher. Der 2005er Seven Hills Syrah ist von dichter Farbe, zeigt in der Nase Heidelbeeraroma, ist recht charmant und am Gaumen sehr intensiv. Er ist vielleicht nicht so üppig wie manch ein Syrah aus einem Anbaugebiet wie Napa, aber seine Würze, Kraft und minzige Frische machen das mehr als wett. **SBr**

☺☺☺ **Trinken: bis 2018**

WEITERE EMPFEHLUNGEN
Andere große Jahrgänge
2001 • 2002 • 2003 • 2004
Weitere Erzeuger im Staat Washington
Canoe Ridge • Château Ste. Michelle
Leonetti Cellars • Quilceda Creek

Peter Lehmann
Stonewell Shiraz 1998

Herkunft Australien, South Australia, Barossa Valley
Typ Trockener Rotwein, 14,5 Vol.-%
Rebsorte Shiraz

Peter Lehmann arbeitete bis 1980 als Kellermeister und Geschäftsführer für Saltram Wines. Hier kam es zu starken persönlichen Beziehungen zu den örtlichen Winzern, so daß Verträge eher mit einem Handschlag als mit einem Vertrag abgeschlossen wurden.

1979 kam es zu einem Überangebot von Trauben und Wein. Lehmann wurde angewiesen, seine Vereinbarungen mit den Winzern über den Ankauf ihrer Trauben zu brechen. Er weigerte sich und gründete sein eigenes Gut. Der erste Jahrgang wurde 1980 verarbeitet, und 1982 wurde das Gut Peter Lehmann Wines getauft.

Die Trauben für den Stonewell Shiraz kommen von alten, wenig ertragreichen Weingärten in den trockneren Westgebieten des Barossa-Tals. Nach einer schwächeren Phase Mitte der 90er Jahre kehrte das Anbaugebiet 1998 wieder zur früheren Form zurück und brachte eine Reihe exzellenter Rotweine hervor. Dieser Wein ist – wie sein Erzeuger – von großer Statur. Er zeigt viel Frucht, Alkohol und Säure. Die Geschmacksnoten sind typisch für Barossa: Leder, Gewürze, Cassis und süße Eiche. Der 1998er ist aber trotz seiner überlebensgroßen Struktur überraschend trinkbar und elegant und hat eine Vielzal von Auszeichnungen erhalten. **SG**

◐◐ **Trinken: bis 2015**

Leonetti Cellars
Merlot 2005

Herkunft USA, Washington State, Columbia Valley
Typ Trockener Rotwein, 14,3 Vol.-%
Rebsorten Merlot 85%, C. Sauvignon 8%, Petit Verdot 7%

Die ersten Weine von Gary Figgins waren groß, reichhaltig und geschmacksintensiv – im wüstenheißen Klima des Staates Washington relativ leicht zu erzeugen. Mit wachsender Erfahrung als Kellermeister sind die Weine, die er und sein Sohn Chris erzeugen, zunehmend eleganter und harmonischer geworden. Sie sind schon in der Jugend zugänglich, profitieren jedoch auch von Kellerlagerung.

Die Trauben für den Merlot stammen aus bis zu 6 verschiedenen Weingärten im Columbia-Tal. Der Wein wird bis zu 14 Monate in neuen Fässern aus amerikanischer und französischer Eiche ausgebaut, aber Figgins stapelt die Fässer nie höher als zwei aufeinander, um die Luftzirkulation nicht zu behindern, die der Entwicklung des Weines förderlich ist.

Nachdem der Frost des Jahres 2004 die Erträge um ein Drittel verringert hatte, konnten sich die Winzer 2005 an einer phantastischen Wachstumszeit erfreuen. Der Sommer war kühler als 2003, im Herbst blieb das Wetter stabil, und die Erntezeit blieb frostfrei: So konnte sich der Geschmack langsam anreichern und die Säure blieb erhalten, um ausgewogene, elegante Weine mit voller Fruchtigkeit hervorzubringen. Der 2005er ist elegant, seidig, am Gaumen mittelschwer, zugänglich und harmonisch. **LGr**

◐◐◐ **Trinken: bis 2020+**

◂ Jungreben werden bei Peter Lehmann mit Vogelnetzen geschützt.

Château Léoville-Barton 2000

Herkunft Frankreich, Bordeaux, St.-Julien
Typ Trockener Rotwein, 12,5 Vol.-%
Rebsorten C. Sauvignon 72%, Merlot 20%, C. Franc 8%

Seit dem Sieg des Protestanten Wilhelm von Oranien über die katholischen Iren im Jahr 1690 hat es immer irischstämmige Einwanderer im Bordeaux gegeben. Sie waren zwar nicht Landesherren, wie die Engländer es hier einst gewesen waren, aber die Liebe zum Bordeaux schlug in vielen irischen Herzen. Eine dieser irischen Dynastien im Bordeaux sind die Bartons. Sie kamen 1821 ins Land und fanden so großen Gefallen an den Weinen und dem Ambiente des Château Langoa, daß sie das Gut kauften. Später erwarben sie auch eine kleine Parzelle des Château Léoville als Ergänzung, und die beiden Weine haben sich seitdem stets symbiotisch entwickelt. Die Bartons sind mit einer fast 200 Jahre andauernden Geschichte die älteste Gutsbesitzerfamilie im Bordeaux.

Léoville ist 40 ha groß und liegt im Herzen der Appellation St.-Julien. Die Reben wachsen auf lehmigen Kiesböden, und die Weine werden auf traditionelle Weise erzeugt: Sie werden 18 bis 20 Monate in (jährlich zur Hälfte erneuerten) Barriques ausgebaut, bevor sie verschnitten und auf Flaschen abgefüllt werden.

Der Wunderjahrgang 2000 brachte allerorten so viele außergewöhnliche Weine hervor, daß es schon wirklich etwas ganz besonderes ist, wenn sich ein Weingut dennoch von allen anderen so abhebt. Der Léoville 2000 ist ungemein schwer, reichhaltig und opulent. Seine üppigen, dekadenten Cassis-Noten werden von einer guten Schicht rauchiger Eiche getragen, beides wird durch Tannine verbunden, die sich so elegant erheben wie dorische Säulen. Es ist ein sublimer Wein, der in jedem Stadium seiner Entwicklung für Überraschungen gut ist. **SW**

❸❸❸❸ **Trinken: 2010–2040+**

WEITERE EMPFEHLUNGEN
Andere große Jahrgänge
1989 • 1990 • 1995 • 1996 • 1998 • 2001 • 2003 • 2005
Weitere Hersteller aus St.-Julien
Ducru-Beaucaillou • Gruaud-Larose • Lagrange • Langoa-Barton • Léoville-Las Cases • Talbot

Anthony Barton, der Besitzer des Château Léoville-Barton.

Château Léoville-Las Cases
1996

Herkunft Frankreich, Bordeaux, St.-Julien
Typ Trockener Rotwein, 13 Vol.-%
Rebsorten C. Sauvignon 65%, Merlot 20%, andere 15%

Die Familie Delon betrachtet ihr Gut seit Jahrzehnten als qualitativ den *premiers crus* ebenbürtig, und in großen Jahrgängen ist ihr Wein mit denen der ‚Ersten Gewächse' vergleichbar. Die Selektion ist rigoros, oft werden nur 40 % der Ernte für den *grand vin* verwendet.

Léoville-Las Cases ist ein maskuliner und muskulöser Wein, dicht, dunkel und verschlossen, mit imposanten Tanninen und einer Struktur, die in der Jugend rauh scheint, aber auch eine lange Lebensdauer erwarten läßt. Es gibt jedoch auch Kritiker, die dem Wein vorwerfen, er sei inzwischen zu extraktreich und verlasse sich zu sehr auf Techniken wie die Umkehrosmose, um größeren (und übertriebenen) Extraktreichtum zu erreichen.

Der 1996er zeigt sehr gut, daß der Léoville-Las Cases ein Wein ist, der Geduld erfordert. In seiner Jugend war er entschieden aggressiv und die Fruchtigkeit wurde von den Tanninen verdeckt. Inzwischen zeigt sich jedoch die Klasse des Weines in den schlanken, äußerst eleganten Aromen von Zedern und schwarzen Johannisbeeren. Am Gaumen ist er allerdings immer noch etwas dicht und abweisend. Es wird noch einige Jahre dauern, bis die Tannine geschmeidiger werden und die Reichhaltigkeit der Frucht zum Tragen kommt. **SBr**

🍷🍷🍷🍷 **Trinken: bis 2030**

Château Léoville-Poyferré
2004

Herkunft Frankreich, Bordeaux, St.-Julien
Typ Trockener Rotwein, 13 Vol.-%
Rebsorten C. Sauvignon 65%, Merlot 25%, andere 10%

Das große Léoville-Gut wurde nach der Französischen Revolution in einzelne Teile geteilt. Léoville-Poyferré besteht vor allem aus Weingärten auf Kiesböden an der Straße nach Pauillac. Seit 1920 ist es im Besitz der Familie Cuvelier, die ursprünglich Weinhändler in Nordfrankreich waren. Das Gut wird heute von Didier Cuvelier geleitet.

Der Stil von Léoville-Poyferré unterscheidet sich deutlich vom eher klassischen, fast kargen Léoville-Barton und dem sehr konzentrierten, kräftigen und dramatischen Léoville-Las Cases. Der Wein ist üppiger, hedonistischer und in der Jugend ansprechender. Es fällt schwer, seiner schieren Sinnlichkeit zu widerstehen, auch wenn er in dieser Hinsicht nicht so typisch für St.-Julien ist wie die beiden anderen Weine. Cuvelier strebt jedoch nach einem alterungsfähigen Wein, und hat im Gegensatz zu vielen anderen Gütern, wo der Anteil eher steigt, den Merlot im Wein reduziert.

Im 2004er zeigt sich das Gut von seiner besten Seite. Den Aromen von schwarzen Johannisbeeren mangelt es nicht an Charme und Saftigkeit, aber der Wein verfügt auch über beträchtliche Kraft, Lebhaftigkeit und Balance sowie einen Überfluß an Geschmacksnoten schwarzer Beerenfrüchte und eine gute Länge. **SBr**

🍷🍷🍷 **Trinken: bis 2022**

Domaine Leroy *Romanée-St.-Vivant Grand Cru* 2002

Herkunft Frankreich, Burgund, Côte de Nuits
Typ Trockener Rotwein, 13 Vol.-%
Rebsorte Pinot Noir

L'Enclos de Château Lezongars 2001

Herkunft Frankreich, Bordeaux, 1er Côtes de Bordeaux
Typ Trockener Rotwein, 13 Vol.-%
Rebsorten Merlot 70%, C. Franc 15%, C. Sauvignon 15%

1988 wurde Madame Lalou Bize-Leroye eingeladen, das zum Verkauf stehende Gut von Charles Nöellat in Vosne-Romanée zu besichtigen. Sie war zu dieser Zeit Mitglied der Geschäftsführung der Domaine de la Romanée-Conti (DRC) und leitete auch Maison Leroy, das Gut ihrer eigenen Familie. In den Weingärten der Familie Nöellat fehlte die Hälfte der Rebstöcke, und die verbliebenen waren jahrelang vernachlässigt worden. Aber es waren alte Reben, und es waren alte, hochwertige Pinot-Sorten, die es sonst kaum noch gab. Sie hatten das Potential, einen großartigen Wein zu liefern. Das Geschäft kam zustande.

Die Leroy-Parzelle von Romanée-St.-Vivant ist knapp 1 ha groß. Mme. Bize keltert ihren Wein auf ähnliche Weise wie DRC, man kann die beiden Romanée-St.-Vivants jedoch kaum verwechseln. Den Weinen von Leroy ist kaum anzumerken, daß sie aus ganzen Trauben gekeltert werden. Sie sind eher reichhaltig, großzügig und üppig als zurückhaltend. Der 2002er wurde nach kaum einem Jahr auf Flaschen abgefüllt – insofern unterscheidet sich die Vinifikation doch – und ist voll und sehr konzentriert. Er ist mit Fruchtigkeit fast überladen und zeigt die prachtvolle Säure, die für den Jahrgang typisch ist. **CC**

😊😊😊😊😊 Trinken: 2015–2050

1998 kaufte das britische Ehepaar Russell und Sarah Iles dieses ansprechende Gut in Villenave-de-Rions in den Hügeln über der Garonne. Sie führen das Gut noch heute mit Hilfe ihres Sohnes Philip und der Kellermeisterin Marielle Cazeau.

Der einfache Lezongars wird 9 Monate in Barriques gealtert, die zu einem Drittel neu sind. Die besten Fässer werden länger ausgebaut und unter dem Namen L'Enclos de Château Lezongars auf den Markt gebracht. Seit dem Jahr 2000 gibt es auch die Special Cuvée, die von den kiesreichsten Hängen des Gutes stammt, fast ausschließlich aus Merlot besteht und mit sehr viel mehr neuer Eiche ausgebaut wird.

In Anbetracht der kurzen Zeit, die das Gut von der Familie geleitet wird, sind die Fortschritte schnell und beeindruckend gewesen. Die Special Cuvée mag zwar etwas nach Marketingübung aussehen, aber der L'Enclos ist ein von der Qualität und vom Stil her sehr beständiger Wein. Er zeigt süße, elegante Kirscharomen, eine gerundete, fleischige Textur, gute, aber nicht übertrieben konzentrierte Fruchtigkeit und einen langen, würzigen Abgang. Zudem kann man diesen auch relativ jung zu genießenden Bordeaux zu akzeptablen Preisen bekommen. **SBr**

😊😊 Trinken: bis 2012

Das elegante Château Lezongars, Sitz der Familie Iles.

Domaine du Viscomte Liger-Belair *La Romanée GC* 2005

Herkunft Frankreich, Burgund, Côte de Nuits
Typ Trockener Rotwein, 13 Vol.-%
Rebsorte Pinot Noir

La Romanée ist mit 0,83 ha der kleinste der *grands crus* im Burgund. Da jeder *cru* auch eine eigene *appellation contrôlée* besitzt, ist es damit auch die kleinste AOC in ganz Frankreich. Der Weingarten ist nicht wie sonst in Ost-West-Richtung, sondern von Norden nach Süden bepflanzt, so daß die Rebstockreihen an den Höhenlinien entlang verlaufen. Wie der direkt darüber liegende La Romanée-Conti ist auch La Romanée ein Monopol, in diesem Fall der Familie Liger-Belair.

Vor dem Jahr 2001 hatte Régis Forey Weingärten und Kellerei gepachtet, ein Winzer aus Vosne-Romanée, der auch ein eigenes Gut betrieb, aber der Wein wurde bei Bouchard Pére et Fils in Beaune ausgebaut, auf Flaschen abgefüllt und vermarktet. Dieses Verfahren änderte sich, als der junge Kellermeister Louis-Michel Liger-Belair das Regime übernahm, weil der Pachtvertrag mit Forey ausgelaufen war. In den nächsten 3 Jahren stammt die Hälfte des La Romanée von Bouchard, die andere von Louis-Michel (es ist interessant, die 2002er zu vergleichen, weil Louis-Michels Exemplar ein klein wenig mehr Delikatesse und Finesse zeigt). Seit 2005 stammen die Weine alleine von Liger-Belair.

Wie auch der Romanée-Conti ist der La Romanée ein leichterer und femininerer Wein als La Tâche oder Richbourg. Früher war er etwas schlanker als Romanée-Conti und zeigte etwas weniger Klasse. Das ist jetzt nicht mehr der Fall. Der 2005er ist einfach exquisit: komplex, tiefgründig, rein, harmonisch und rundum schön. Es könnte vielleicht der beste Wein dieses exzellenten Jahrgangs sein, das wird sich allerdings erst im Laufe der Zeit zeigen. **CC**

☺☺☺☺☺ **Trinken: 2020–2040+**

Lisini *Brunello di Montalcino Ugolaia* 1990

Herkunft Italien, Toskana, Sant'Angelo in Colle
Typ Trockener Rotwein, 14 Vol.-%
Rebsorte Sangiovese

Das Gut Lisini liegt im Weiler Sant'Angelo in Colle. Es spielt seit den späten 60er Jahren eine führende Rolle in Montalcino. Elina Lisini, die heute noch auf dem Familiengut aktiv ist, war 1967 eines der Gründungsmitglieder des Consorzio, lange bevor der Brunello zu Weltruhm gelangte. In den 70er Jahren begann die Familie damit, das Gut und die Kellerei von Grund auf umzustrukturieren. Ihr 1975er Riserva ist ein wegweisender Brunello aus diesem großartigen Jahr.

1983 engagierte das Gut den beratenden Önologen und Sangiovese-Experten Franco Bernabei, seine *terroir*-orientierte Philosphie veranlaßte Elinas Neffen Lorenzo Lisini und seine Familie, ihren besten Weingarten besonders herauszustellen. Lisini nannte den Einzellagenwein nach diesem Weingarten Uglaia. Er liegt zwischen Sant'Angelo in Colle, einem der heißeren Anbaugebiete von Montalcino, und dem 320 m hohen Castelnuovo d'Abate. Die 1,5 ha große Parzelle ist nach Südwesten ausgerichtet und liefert die besten Trauben, aus denen ein langlebiger, konzentrierte Brunello von großer Komplexität gekeltert wird.

Der Uglaia wird nur in besonders guten Jahren gekeltert, und zwar im im klassischen Stil: Er wird 36 Monate in großen slawonischen Eichenfässern ausgebaut. Der Weingarten wurde Ende der 70er Jahre mit den besten Reben des Gutes neu bepflanzt, und sein Wein ist am kräftigeren Ende des Spektrums einzuordnen. Der 1990er Uglaia stammt aus einem der gefeiertsten Jahrgänge des vergangen Jahrhunderts. Es ist ein superber Wein, der laut dem Weinautor Franco Zilani „wegen seiner Komplexität und kraftvollen Struktur" Applaus verdient. **KO**

☺☺☺ **Trinken: bis 2020+**

Littorai Wines
The Haven Pinot Noir 2005

Herkunft USA, Kalifornien, Sonoma Coast
Typ Trockener Rotwein, 13,8 Vol.-%
Rebsorte Pinot Noir

Ted Lemon war der erste US-Amerikaner, der als Kellermeister und Geschäftsführer eines Weingutes im Burgund arbeitete, und zwar bei der Domain Guy Rulot in Meursault. In den 90er Jahren kehrte er in die USA zurück und gründete Littorai, um dort *terroir*-orientierte Weine zu erzeugen. Er wählte Pinot Noir und Chardonnay als Rebsorten, um die subtilen Qualitäten des Weingartens bestmöglich zum Ausdruck zu bringen.

Lemons beste Parzelle ist The Haven. Sie liegt in 360 m Höhe in einigen Kilometer Entfernung von der Küste in einem ausgesprochen kühlen Gebiet. Die Böden sind sehr unterschiedlich und werden dementsprechend einzeln bepflanzt, geerntet und gekeltert. Lemon verzichtet weitgehend auf Bewässerung, nur junge Rebstöcke erhalten zusätzliches Wasser.

Im Jahr 2005 wurde die Blüte durch Frühlingsregen weitgehend vernichtet, so daß die Ernte sehr gering ausfiel. Die Beeren waren winzig, ließen aber die harschen Tannine und den aggressiven Charakter vermissen, die geringe Erträge so oft mit sich bringen. Der 2005er ist von intensiver Farbe, hat wunderbare Fruchtnoten, eine gut ausgewogenen Säure und unaufdringliche Tannine. Leider wurde nur eine sehr geringe Menge gekeltert. **JS**

💲💲💲💲 **Trinken: bis 2014+**

López de Heredia
Viña Tondonia Rioja GR 1964

Herkunft Spanien, Rioja
Typ Trockener Rotwein, 12,5 Vol.-%
Rebsorten Tempranillo 75%, Garnacho 15%, andere 10%

López de Heredia wurde 1877 von Don Rafale López de Heredia y Landeta gegründet. In den Jahren 1913 und 1914 legte er am linken Ufer des Ebro den Weingarten Tondonia an, der zu einem der berühmtesten in Rioja werden sollte. Die nachfolgenden Generationen haben dafür gesorgt, daß der Ruf des Gutes und seiner Weine vorzüglich blieb. Die Trauben werden mit der Hand geerntet und in 72 Fässern unterschiedlicher Größe und Herkunft gegärt. Die malolaktische Gärung findet in diesen Fässern oder in Barriques statt, während der Herstellung kommt der Wein nur mit Holz in Berührung.

„In Rioja nennen sie es einen Jahrhundertwein," sagt María José Lópes de Heredia über den 1964er, „aber wir sagen Wunderwein dazu, da er nie zu altern scheint." Der Wein wurde 9 Jahre in Fässern ausgebaut und in dieser Zeit 18mal abgestochen. Er wurde mit Eiklar geklärt und 1973 unfiltriert auf Flaschen abgefüllt. Die Farbe ist jetzt ein schönes Hellrot mit ziegelroten Glanzlichtern. Das Bouquet ist ausgereift, aber noch lebhaft und zeigt Aromen von Herbstblättern, Steinpilzen, Leder, süßen Kirschen, Tee, Maraschino und Tabak. Am Gaumen wirkt er poliert, die Tannine sind gut integriert und das Säurerückgrat ist gut. **LG**

💲💲💲💲💲 **Trinken: bis 2025**

Château Lynch-Bages
1989

Macari Vineyard
Merlot Reserve 2001

Herkunft Frankreich, Bordeaux, Pauillac
Typ Trockener Rotwein, 12,5 Vol.-%
Rebsorten C. Sauvignon 73%, Merlot 15%, andere 12%

Herkunft USA, New York, Long Island, North Fork
Typ Trockener Rotwein, 13 Vol.-%
Rebsorte Merlot

John Lynch wanderte 1691 von Irland ins Bordeaux aus. Obwohl er mit Stoffen, Wolle und Leder handelte, zeigte sein Sohn Thomas Geschick im Umgang mit Wein. Im 18. Jahrhundert erwarb die Familie zwei Weingüter in Pauillac und nannte sie Lynch-Moussas und Lynch-Bages. Während der folgenden Jahrhunderte gingen die beiden Güter eigene Wege, sie wurden jedoch beide bei der Klassifikation von 1855 als *cinquièmes crus* eingeordnet.

Kurz vor dem Zweiten Weltkrieg kaufte die Familie Cazes Château Lynch-Bages, und seitdem ist das Gut weit über den Stand von 1855 hinausgewachsen. Die Weine entsprechen in der Qualität einem ‚Zweiten Gewächs', sie sind ungeheuer intensiv und langlebig, zeigen aber auch die Grazie und Zugänglichkeit, die man nur mit dem Wort charmant beschreiben kann.

Die Weine des Jahres 1989 sind alle verführerisch, geschmeidig und entzückend kurvenreich, keiner jedoch so sehr wie der Lynch-Bages. Er hat eine schwere Tanninstruktur, aber auch reichliche purpurne Fruchtnoten und Minztöne, wie sie für einen Cabernet aus Pauillac typisch sind, und dann kommt noch ein sanfter Hauch von Eukalyptus hinzu. Das Finale schließlich ist solide, aber zugleich elegant. **SW**
🍷🍷🍷🍷🍷 **Trinken: 2010–2030+**

„Dieses ganze Gebiet ist ein einziges Experiment," sagt Joe Macari, der fast versehentlich zu seinem Beruf als Geschäftsführer eines Weingutes und einer Kellerei gelangt ist. Sein Vater besaß seit 1963 Land in North Fork auf Long Island und schlug ihm vor, dort mit dem Anbau von Wein zu experimentieren. Sie pflanzten 1995 die ersten Reben und experimentieren seitdem. Der Weingarten Mattituck reicht im Nordwesten bis zu der Steilküste, die sich 30 bis 80 m über dem Long Island Sound erhebt, der sich mäßigend auf die Temperaturen des Gebietes auswirkt. Die sandig-lehmigen Böden ergeben mittelschwere Weine mit lebhafter Säure und einer Reinheit des Geschmacks, den Macari zu würdigen gelernt hat.

Macari begann in den 90er Jahren, mit organischen und vor allem biodynamischen Anbaumethoden zu experimentieren. Ein Berater wies ihn darauf hin, daß die Luftfeuchtigkeit auf Long Island zu hoch ist, um erfolgreich biodynamisch zu arbeiten, aber Macari beginnt jedes Jahr biodynamisch und läßt erst davon ab, wenn die Ernte verloren zu gehen droht. Der Reserve wird nur in warmen Jahren gekeltert. Es ist ein typischer Long-Island-Merlot – voller Himbeernoten mit Untertönen von Tabak und Mineralien und einer pulsierenden Säure. **LGr**
🍷🍷 **Trinken: bis 2012+**

Château Magdelaine
1990

Herkunft Frankreich, Bordeaux, St.-Emilion
Typ Trockener Rotwein, 13 Vol.-%
Rebsorten Merlot 95%, Cabernet Franc 5%

Château Magdelaine wurde 1952 von der Familie Moueix übernommen. Da die Reben nicht im besten Zustand waren, wurde der Großteil des Weingartens neu bepflanzt. Mit 9000 Rebstöcken pro ha wurde für St.-Emilion relativ dicht bestockt.

Magdelaine unterscheidet sich von den anderen *premier crus* in St.-Emilion auch durch den hohen Anteil von Merlot, der kultiviert wird. Die Böden bestehen aus Kalkstein und Lehm. Einige der Parzellen werden mit dem Pferd gepflügt, was in dieser Gegend ebenfalls selten ist. Die Vinifikation ist für die Methoden der Moueix' typisch, es wird sehr darauf geachtet, nicht zu extraktreiche Weine zu erhalten.

Trotz des hohen Merlotanteils ist der Wein anfänglich nicht sehr üppig. Im Vergleich zu den dichteren, eichenbetonteren *premiers crus* aus St.-Emilion kann er sogar in der Jugend zu zurückhaltend wirken. Es ist jedoch ein Wein, der während der Lagerung mühelos an Gewicht und Komplexität gewinnt. Der 1990er zeigt jetzt reine, differenzierte Aromen, eine seidige Textur und eine exquisite Harmonie bei fester Tanninstruktur und beeindruckender Länge. Schon jetzt sehr gut trinkbar, wird er sich aber noch jahrelang weiterentwickeln. **SBr**
❂❂❂❂ **Trinken: bis 2015**

Majella
The Malleea Cabernet/Shiraz 1998

Herkunft Australien, South Australia, Coonawarra
Typ Trockener Rotwein, 13,5 Vol.-%
Rebsorten Cabernet Sauvignon, Shiraz

Das Majella-Gut liegt auf Land, das zuerst von der Familie Lynn zur Schafzucht verwendet wurde. 1968 begann Brian Lynn, der ‚Prof', wie er genannt wird, Reben zu pflanzen. Sie wurden zuerst an das Gut Hardys und dann an Coonawarra Estate verpachtet. 1991 begann Majella, einen eigenen Wein zu erzeugen, ein Shiraz, der vom Kellermeister Bruce Gregory in der Laira-Kellerei gekeltert wurde. So wird es auch heute noch gehandhabt, obwohl Majella inzwischen über eine eigene Kellerei verfügt.

Zum Shiraz gesellte sich 1996 ein Rotwein aus Cabernet Sauvignon und Shiraz. Der Name Malleea stammt aus der Sprache der Aborigines und bedeutet „grüne Weide". Die Produktionsmengen des Gutes steigen, da die Lieferverträge für andere Güter nach und nach auslaufen. Insgesamt stehen 60 ha unter Reben, meist Cabernet Sauvignon, aber auch Merlot und Riesling.

Der Malleea 1998 ist ein großer Wein im traditionellen australischen Stil mit Aromen von Minze, Zimt und Eiche. Am Gaumen herrschen Geschmacksnoten von schwarzen Beerenfrüchten und die reifen Tannine vor. Das Finale ist lang und komplex. Im Alter sind die Tannine sanfter geworden und beginnen, sich mit der Frucht und Säure zu verbinden. **JW**
❂❂❂ **Trinken: bis 2020**

Malvirà
Roero Superiore Mombeltramo 2001

Herkunft Italien, Piemont, Langhe
Typ Trockener Rotwein, 14 Vol.-%
Rebsorte Nebbiolo

Malvirà bedeutet ‚falsch ausgerichtet' und ist ein ironischer Verweis auf die frühere Lage dieses führenden Roero-Gutes in Canale: nach Norden statt nach Süden. Malvirà keltert ein Reihe blendender Rot- und Weißweine, die zeigen, wie gut Weine aus den Arneis- und Nebbiolo-Reben sein können, die aus der Nähe von Alba am linken Ufer des Tanaro stammen. Das Gut wurde in den 50er Jahren von Giuseppe Damonte gegründet, heute leiten es seine Söhne Massimo und Roberto. Die Brüder fühlen sich ebenso ihrem Vater wie den klassischen Herstellungsmethoden verpflichtet, ohne jedoch auf moderne Methoden zu verzichten.

Der 2001er Roero Mombeltramo wird aus Nebbiolo gekeltert, der in der Nähe der neuen Kelterei der Familie in Canova wächst. Der Wein wird bis zu 20 Monate in Eichenbarriques ausgebaut und zwei Jahre nach der Ernte auf Flaschen abgefüllt. 2001 war ein klassisches Jahr im Piemont, was sich auch im tiefen Rubinrot des Weines zeigt. Die Farbe erinnert in ihrem Strahlen und ihrer Klarheit an Burgunder, eine Ähnlichkeit, die sich auch im schönen Bouquet aus Himbeeren und Gewürzen wieder zeigt. Am Gaumen wirkt er zuerst weich und samtig, bald bereiten die trockenen und eleganten Tannine das Finale vor. **ME**
❸❸❸ **Trinken: bis 2012+**

Marcarini
Barolo Brunate 1978

Herkunft Italien, Piemont, Langhe
Typ Trockener Rotwein, 13,5 Vol.-%
Rebsorte Nebbiolo

Das Dorf La Morra liegt auf einer Hügelkuppe und bietet atemberaubende Blicke auf die umliegenden Weinberge. Hier entsteht einer der duftigsten und graziösesten Barolos. Vermutlich fallen dieser Weine sanfter aus als andere Barolos, weil die Böden in der Umgebung reich an Magnesium sind. Marcarini ist einer der angesehensten Erzeuger in La Morra und keltert seit den 50er Jahren Barolos von äußerster Eleganz.

Das Gut wird von Anna Marcarini Bava, ihrer Tochter Luisa und ihrem Schwiegersohn Manuel Marchetti geleitet. Marcarini spielte bei der Verringerung der Erträge und der Berücksichtigung einzelner Weingärten eine Vorreiterrolle. 1958 brachte das Gut seinen ersten Einzellagen-Barolo auf dem Markt, der vom Weingarten Brunate stammt, an dem die Familie einen großen Anteil besitzt. Die Marcarinis verweisen stolz darauf, daß Brunate eine der wichtigsten Lagen der Region Langhe ist, seitdem sie 1477 zuerst urkundlich erwähnt wurde.

Die Brunates von Marcarini haben ein verlockendes Bouquet mit Andeutungen von Tabak und einer enormen Komplexität und Finesse. Sie sind auch äußerst langlebig, was man an dem 1978er sehr gut erkennen kann, der auf das schönste gealtert ist. **KO**
❸❸❸ **Trinken: bis 2018**

Château Margaux
2004

Herkunft Frankreich, Bordeaux, Margaux
Typ Trockener Rotwein, 13 Vol.-%
Rebsorten C. Sauvignon 78%, Merlot 18%, Petit Verdot 4%

Das Château Margaux ist der einzige *cru classé* in der Klassifikation von 1855, der nach dem Ort benannt ist, in dem er liegt. Früher war er unter dem Namen La Mothe de Margaux bekannt. Mothe bedeutet ‚Hügel', ‚Erhebung', und Hügel waren im eher flachen Médoc für den Weinbau sehr begehrt.

1977 kaufte der griechische Hoteliersohn André Mentzelopoulos das Gut. Neubesitzer haben bei den klassifizierten Gütern des Bordeaux immer eine große Rolle gespielt, aber selten eine so große wie bei diesem bekannten Besitz. Mentzelopoulos starb schon früh, aber die Verbesserungen, die er eingeleitet hatte – unter anderem ein riesiger neuer Faßkeller –, halfen Margaux, seinen guten Ruf wiederzuerlangen. Der Jahrgang 1978 war ein Wendepunkt, und seitdem hat der Wein souverän einen Höhepunkt nach dem anderen erklommen.

Ein wichtiger Aspekt bei der Bewertung eines Weingutes ist, wie es mit geringeren Jahrgängen umgeht. Der 2004er lag zwischen den gigantischen Jahren 2003 und 2005 und stand immer in deren Schatten. Es war keineswegs ein schlechtes Jahr, und unter normalen klimatischen Bedingungen wäre der Wein als Muster an Solidität und Verläßlichkeit durchgegangen. Er wurde teilweise in regnerischem Wetter geerntet und ist für einen Margaux schlanker als normal, es fehlt ihm aber nicht an reichhaltiger aromatischer Pracht oder blendender Komplexität am Gaumen. Um die würzigen Noten schwarzer Johannisbeeren legen sich Blütentöne, und das Finale wird durch die mit Bedacht angewandte Eiche abgerundet. **SW**
❂❂❂❂❂ **Trinken: 2010–2030+**

◀ Der Marquis de la Colonilla gab das Château 1810 in Auftrag.

Marqués de Griñón
Dominio de Valdepusa Syrah 1999

Herkunft Spanien, Montes de Toledo
Typ Trockener Rotwein, 13,5 Vol.-%
Rebsorte Syrah

Carlos Falcó y Fernández de Córdova, Marqués de Griñón, ist nicht nur ein spanischer Aristokrat und eine Persönlichkeit des öffentlichen Lebens, er war auch einer der Wegbereiter des modernen Weinbaus und der modernen Weinerzeugung in Spanien. 1974 legte er einen Weingarten an seinem Familiensitz Dominio de Valdepusa in Malpica de Tajo an.

Heute ist Syrah in Spanien eine sehr modische Rebsorte, aber damals war Falcó vermutlich der erste, der sie anpflanzte und dann 1991 einen reinen Syrah-Wein kelterte. Die 42 ha des Gutes sind vor allem mit Cabernet Sauvignon bepflanzt, aber er setze auch Syrah, Merlot, Chardonnay und Petit Verdot. Seit dem Jahr 2002 ist sein Weingut das erste in Spanien, das für einen einzelnen Weingarten eine eigene Appellation besitzt: Der Dominio de Valdepusa ist eine DO eigenen Rechts.

Der Syrah des Jahres 1999 fiel besonders gut aus. Er ist tief kirschrot, fast undurchsichtig. Die Nase ist sehr intensiv und zeigt Aromen von Erdbeermarmelade, schwarzen Oliven, Gewürzen mit gerösteter Eiche im Hintergrund. Am Gaumen ist er sehr konzentriert und voll, schmackhaft mit auffallender Säure und einem langen Finale. Ein Wein mit einer starken Persönlichkeit. **LG**

☺☺ **Trinken: bis 2010**

Marqués de Murrieta *Castillo Ygay Rioja GR Especial* 1959

Herkunft Spanien, Rioja
Typ Trockener Rotwein, 13 Vol.-%
Rebsorten Tempranillo, Mazuelo, Garnacha, Graciano

Der Grundstock zur ältesten Winzerei Riojas wurde 1825 gelegt, als die ersten Rebstöcke auf dem Gut Ygay gesetzt wurden. Die Kellerei wurde 1852 von Luciano Francisco Ramón de Murrieta gegründet, dem späteren Marqués de Murrieta. 1878 erwarb er das Ygay-Gut und die zugehörigen Weingärten.

Heute ist es eine der größten Bodegas in Spanien: 180 ha Weingärten, 14.000 amerikanische Eichenfässer und über 3 Millionen Weinflaschen, die in den Kellern lagern. Der Wein hieß ursprünglich Château Ygay, aber wurde später zu Castillo Ygay umbenannt. Als Gran Reserva Especial wird er nur in den besten Jahren gekeltert.

Der Castillo Ygay zeichnet sich durch seine gute Farbe und Struktur aus. Er hat genug Alkohol und Säure, um lange gelagert zu werden. Der 1959er wurde im Mai 1986 auf Flaschen abgefüllt, zuvor hatte er 6 Monate im Tank und 26 Jahre in amerikanischer Eiche verbracht. Danach lagerte er noch sechseinhalb Jahre in Flaschen in den Kellern des Gutes, bevor er 1991 auf den Markt kam. Dieses Alter ist ihm an dem leichten Orangeton anzusehen. Die Nase ist sauber und frisch, die Eiche zeigt Vanilletöne, die auf die Verwendung von gut gelagertem Holz hinweisen. Der Kern wird von Kirscharomen gebildet. **LG**

☺☺☺☺ **Trinken: bis 2015**

Marqués de Riscal
Rioja RM (Reserva Médoc) 1945

Herkunft Spanien, Rioja
Typ Trockener Rotwein, 11,9 Vol.-%
Rebsorten Cabernet Sauvignon 70%, Tempranillo 30%

Martínez-Bujanda
Finca Valpiedra Rioja Reserva 1994

Herkunft Spanien, Rioja
Typ Trockener Rotwein, 13,2 Vol.-%
Rebsorten Tempranillo, Cabernet Sauvignon

Im Jahr 1858 gründete Camilo Hurtado de Amézaga, Marquéz de Riscal, in Rioja ein Weingut. Er hatte seit 1836 im Bordeaux gelebt und beschloß deshalb, auf seinem Gut in Elciego mit französischen Rebsorten zu experimentieren. Seine Weine wurden bald so beliebt, daß er auf die Drahtumhüllung der Flaschen zurückgriff, um Fälschern das Handwerk zu erschweren. Heute ist Marquéz de Riscal eines der beeindruckendsten Weingüter der Welt. Die Gebäude stammen vom Stararchitekten Frank Gehry, darin sind nicht nur ein Hotel und ein Gesundheits- und Weinzentrum untergebracht, sondern auch Weine jedes Jahrgangs seit 1862 gelagert.

In den 40er Jahren hatte die Jahresproduktion des Gutes 2 Millionen Flaschen erreicht. In besonderen Jahren wie 1945 wurden 30 oder 40 Fässer der sogenannten Reserva Médoc zurückgehalten, die einen hohen Anteil an Cabernet Sauvignon hatten. Bei besonderen Anlässen gibt der Leiter der Kellerei diesen Wein zur Verkostung frei. Er ist immer noch dunkel und wirkt jugendlich. Im März 2000 zeigt die Nase noch Aromen von Beerenfrüchten und Andeutungen von Minze. Der Wein ist vollmundig mit einigem Tannin, dicht und langanhaltend. Sicher einer der besten Weine der Welt. **LG**

☺☺☺☺☺ **Trinken: bis 2025**

Finca Valpiedra ist einer der moderneren traditionellen Riojas – oder einer der traditionelleren modernen, wie man's nimmt. Ziel war es, einen Wein mit mehr Frucht, Farbe und Frische zu keltern, der weniger Zeit in Eichenfässern verbracht hatte, als die Weine alter Machart, der aber dennoch unverwechselbar ein Rioja sein sollte. Die Idee stammte von der Familie Martinez-Bujanda, deren Firma bis 1889 zurückreicht und auch die beliebte Marke Conde de Valdemar auf den Markt bringt. Sie wollten einen Einzellagenwein aus den Trauben ihrer Finca erzeugen und bauten dafür extra eine neue Kellerei, die zuerst bei dem Jahrgang 1997 zum Einsatz kam.

1994 war in dieser Gegend ein sehr gutes Jahr. Der 1994er Finca Valpiedra ist von intensivem Granatrot und hat eine komplexe Nase, in der sich Aromen von schwarzen Beerenfrüchten, Balsam, Tinte, Kakao, Leder, Unterholz und Sternanis mischen. Am Gaumen ist er erdig und würzig, mittelschwer, mit guter Frucht und Säure. Er zeigt Finesse und einen bemerkenswert langen Abgang. Das barock anmutende Etikett der ersten Jahrgänge wurde bald durch ein modernes ersetzt, das in Schwarz und Weiß einen rollenden Stein zeigt: Valpiedra bedeutet ‚Steintal'. **LG**

☺☺☺ **Trinken: bis 2010+**

Mas de Daumas Gassac
1990

Herkunft Frankreich, Languedoc, Pays de l'Hérault
Typ Trockener Rotwein, 14 Vol.-%
Rebsorten Cabernet Sauvignon 70%, andere 30%

Was für Italien die toskanischen „Über-Weine" und Vega Sicilia für Ribera del Duero ist, das ist Mas de Dumas Gassac für das Languedoc. Der Rotwein des Gutes wird als einfacher Vin de Pays de l'Herault auf den Markt gebracht, hat jedoch schon Ruhmesgipfel erklommen. Der Pariser Handschuhfabrikant Aimé Guibert hatte das Gut gekauft, ohne Weine erzeugen zu wollen. Dann wies ihn jedoch ein Professor der Önologie auf das Potential der kühlen, hochgelegenen Weingärten mit ihren *garrigue*-bedeckten Böden und den tieferliegenden roten Gletscherschichten hin.

Die Reben sind vor allem alte Cabernet-Pflanzen aus dem Médoc, die anderen Trauben für den Wein wechseln von Jahr zu Jahr. Die Güte des ersten Jahrgangs 1978 war sofort zu erkennen. Mas de Daumas Gassac ist ein unfiltrierter Wein von ungemeiner Dichte der Textur und des Tannins und einer entsprechenden Langlebigkeit.

Die Nase des 1990ers war im Alter von 10 Jahren mit Sekundäraromen erfüllt, die Fruchtnoten von Brombeeren und Himbeeren legten sich über eine Schicht aus gegerbtem Leder und Teer. Die Tannine waren noch vollkommen intakt, aber die Gewürztöne – Lakritze, Ingwer und Pfeffer – verliehen dem schon so gewaltigen Wein zusätzliche Komplexität. **SW**

❸❸❸ **Trinken: bis 2015+**

Mas Doix
Costers de Vinyes Velles 2004

Herkunft Spanien, Priorat
Typ Trockener Rotwein, 15 Vol.-%
Rebsorten Cariñena, Garnacha, Merlot

Es kommt häufiger vor, daß Familien, die zuvor nur Reben angebaut hatten, auch beginnen, einen Wein aus den eigenen Trauben keltern. Im Fall Mas Doix stieg der Wein jedoch sofort an die Spitze seines Anbaugebietes auf und wurde auf der ganzen Welt mit Begeisterung empfangen. Die Kellerei ist ein Gemeinschaftsunternehmen der Familien Doix und Llagostera, die schon seit 5 Generationen Wein anbauen. Es begann, als Ramón Llaguestera 1998 die Geschäftsleitung übernahm. Inzwischen verfügt das Unternehmen in Poboleda im Priorat über 20 ha Weingärten, die mit den traditionellen Rebsorten Cariñena und Garnacha, aber auch etwas Syrah, Cabernet Sauvignon und Merlot bestockt sind.

Costers de Vinyes Velles stammt von den ältesten Reben des Gutes, die zwischen 70 und 100 Jahre alt sind. Er besteht fast zur Hälfte je aus Cariñena und Garnacha, hinzu kommt etwas Merlot. Der 2004er ist sehr dunkel gefärbt. Das sehr intensive Aroma zeigt viel schwarze Beerenfrüchte und im Hintergrund etwas geröstete Eiche. Am Gaumen ist der Wein gut strukturiert mit intensiver Fruchtigkeit und guter Säure. In der Jugend sind die Tannine deutlich, die 15 % Alkohol sind jedoch kaum bemerkbar. **LG**

❸❸❸ **Trinken: bis 2019**

Mas Martinet
Clos Martinet Priorat 2000

Herkunft Spanien, Katalonien, Priorat
Typ Trockener Rotwein, 14,7 Vol.-%
Rebsorten Garnacha, Syrah, C. Sauvignon, Cariñena

Wenn man von Falset nach Gratallops fährt, kommt man an einer großen Palme vorbei, dem Wahrzeichen des Gutes der Familie Martinet i Ovejero. Die Trauben von 7 ha Weingärten werden schon jetzt verarbeitet, weitere Pflanzungen kommen langsam in das erntereife Alter.

Der Hauptwein heißt Clos Martinet. Der erste Jahrgang war 1989, der 2000er ist einer der besten, die sie je gekeltert haben. 2000 war im ganzen Priorat ein sehr gutes Jahr, wenn auch kein einfaches. Im Juni wurde die Entwicklung durch trockene Winde verzögert. Der darauf folgende heiße, trockene Sommer tat ein übriges: Ein Teil der Trauben mußte vorzeitig geschnitten werden, damit der Rest reifen konnte. Die Trauben wurden dann zwischen dem 12. September (Syrah) und dem 21. Oktober (Cariñena) geerntet und getrennt in Edelstahltanks gegärt. Nach einer einmonatigen Mazerationszeit wurde der Wein 18 Monate in neuer französischer Eiche ausgebaut und ungeklärt auf Flaschen abgefüllt. Der Wein ist intensiv granatrot gefärbt. Die Nase ist kraftvoll, aber elegant mit einer Fülle von Aromen reifer roter Früchte und einigen Mineralnoten. Am Gaumen ist der Wein reichhaltig und herzhaft mit reichlicher Frucht und einem interessanten Finale. **LG**

☺☺☺ **Trinken: bis 2020**

Más Que Vinos
La Plazuela 2004

Herkunft Spanien, Kastilien
Typ Trockener Rotwein, 14 Vol.-%
Rebsorten Cencibel (Tempranillo) 85%, Garnacha 15%

Más Que Vinos („Mehr als Weine") ist ein junges Unternehmen, das von drei angesehenen Önologen gegründet wurde (Gonzalo Rodriguez, seine Ehefrau Mai Madrigal und die deutsche Alexandra Schmedes), die sich 1998 in Rioja trafen, als sie für verschiedene Güter als Berater tätig waren. Sie beschlossen, in Dosbarrios in der Provinz Toledo ihre eigenen Weine zu keltern.

La Plazuela – „das Plätzchen" in der Mitte des kleinen Ortes – ist ihr Spitzenwein. Es ist ein vino de la tierra de Castillo, das spanische Gegenstück zum französischen Vin du Pays. Manche Kritiker halten ihn für den besten Wein Mittelspaniens, manchmal wird er sogar als der kastilische Pomerol bezeichnet. Er hat sicher die Üppigkeit mancher der angesehensten Weine aus dem Bordeaux, zeigt aber deutlich seine Herkunft, unter anderem durch die leichte Kokosnußnote, die auf die amerikanische Eiche zurückzuführen ist, die in geringen Mengen zum Ausbau verwendet wird. Die Farbe ist dunkel, fast schwarz. Die Nase ist sehr ausdrucksstark, mit Noten von Graphit, Torf, Lakritze und einem Kern von reifen schwarzen Früchten. Am Gaumen ist er sehr gut strukturiert mit wohlausgewogener Säure und intensiven Geschmacksnoten. Das Tannin bedarf noch der Glättung in der Flasche. **LG**

☺☺☺ **Trinken: bis 2015**

Bartolo Mascarello
Barolo 1989

Herkunft Italien, Piemont, Langhe
Typ Trockener Rotwein, 13,5 Vol.-%
Rebsorte Nebbiolo

Giuseppe Mascarello
Barolo Monprivato 1998

Herkunft Italien, Piemont, Langhe
Typ Trockener Rotwein, 14 Vol.-%
Rebsorte Nebbiolo

Der 2005 verstorbene Bartolo Mascarello war der Inbegriff des traditionellen Barolos – nicht des schlechten, alten Barolos von orange-brauner Farbe und Aromen von Fleischextrakt, sondern des Barolos, der mit Sorgfalt und Leidenschaft gekeltert wurde. Natürlich ist ein Wein im ‚modernen' Stil mit seinem sehr viel dunkleren Rot nicht so flüchtig und nicht so verschlossen, dafür üppiger und mit einer Tanninstruktur, die in der Jugend zarte Gemüter nicht gleich abschreckt. Aber so einem Wein wird auch die Magie fehlen, und er wird nicht so langlebig sein. Ein Bartolo Mascarello hat eine Seele. Wenn man ein Sensorium für spirituelle Dinge hat, spürt man sie.

Der Wein ist auch in dem Sinn ein klassischer Barolo, daß er ein Verschnitt aus Trauben verschiedener Weingärten und nicht ein Einzellagenwein ist. Normalerweise stammen die Trauben von 4 Weingärten – Canubbi, San Lorenzo und Ruè in Barolo und Rocche di Torrigliano in La Morra. Der 1989er war der mittlere und vielleicht der beste von 3 Spitzenjahrgängen. Er enthält keinen Ruè, da der Weingarten neu bepflanzt werden sollte. Aber das Konzept des Weines blieb unverändert und wird es auch unter der Leitung von Bartolos Tochter Maria Teresa weiterhin bleiben. **NBel**

❻❻❻❻ Trinken: bis 2030+

Von allen großen Barolo-Lagen genießt kaum eine einen so guten Ruf wie Castiglione Falletto im Herzen des Anbaugebietes. Mauro Mascarello leitet das von seinem Großvater 1881 gegründete Gut und weist gerne darauf hin, daß Monprivato ein historischer Weingarten ist, der schon in den Grundbüchern von Castiglione Falletto aus dem Jahr 1666 verzeichnet war. Damit ist er 200 Jahre älter als der trockene Rotwein, den wir heute als Barolo kennen.

Obwohl ein Teil der Lage den Mascarellos schon seit 1904 gehört, beschloß Mauro erst 1970, die Trauben getrennt zu keltern. Der Einzellagen-Barolo vom Monprivato wird nur in vorzüglichen Jahren gekeltert.

Der 1998er wurde vom Barolo Consorzio mit 5 Sternen prämiert. Er ist weniger beliebt als die extravaganteren Jahrgänge 1997 und 1999, da er anfänglich etwas verschlossen ist. Es ist jedoch ein exquisiter und äußerst eleganter Wein, der die typischen Merkmale des Barolos zeigt: ein Rubin-Granat-Rot und ein komplexes Bouquet aus Rosen, Kirschen und Rauch. Die Fruchtnoten mit Beiklängen von Lakritze und Tabak werden tadellos durch die reichlichen, aber seidenglatten Tannine ausbalanciert. **KO**

❻❻❻ Trinken: bis 2015+

Mastroberardino
Taurasi Riserva Radici 1997

Herkunft Italien, Kampanien, Altripalda
Typ Trockener Rotwein, 14 Vol.-%
Rebsorte Aglianico

Matetic
EQ Pinot Noir 2005

Herkunft Chile, Aconcagua, San Antonio
Typ Trockener Rotwein, 14,5 Vol.-%
Rebsorte Pinot Noir

Trotz der Wein-Renaissance, die in der jüngeren Vergangenheit in Süditalien eingesetzt hat, ist das berühmte Haus Mastroberardino immer noch der angesehnste Erzeuger der Region. Seine Wurzeln lassen sich bis ins 17. Jahrhundert zurückverfolgen, die Familienfirma wurde 1878 gegründet. Jahrelang war die Firma der einzige Lichtblick in den düsteren vinologischen Zeiten, die hier bis zum Anfang des 20. Jahrhunderts dauerten.

Die Verpflichtung der Firma galt schon immer den örtlichen Rebsorten – vor allem der alten Aglianco-Rebe, aus welcher der gefeierte Taurasi gekeltert wird. Antonio Mastroberadinis Taurasi Radici wird aus den besten Trauben verschiedener Weingärten erzeugt und kam zuerst 1986 auf den Markt, um die Einweihung der neuen Kellerei der Familie zu feiern. Der 1997er Radici Riserva ist einer der besten Jahrgänge, die dieser Wein je hervorgebracht hat. Das blumige Bouquet besteht aus Lagen von Leder- und Trüffelaromen und Noten von wilden Kirschen. Das lange Finale ist von Lakritze geprägt. Der Wein ist perfekt ausgewogen, ein wunderbares Beispiel für die Aglianico-Rebe aus einer der besten aller italienischen Weinjahre. Ein Jahrgang, der „italienische Herzen erfreut", wie Michael Broadbent treffend bemerkte. **KO**
☻☻☻ **Trinken: bis 2030**

Die Familie Matetic wandert 1900 von Kroatien nach Chile aus und baute dort ein Firmenimperium auf, das von der Stacheldrahterzeugung bis hin zu Luxushotels reichte. Sie entschlossen sich, einen Teil ihrer 10.000 ha großen Rinderfarm mit Reben zu bepflanzen.

Die Lage an der Pazifikküste in einem sehr kühlen Winkel des berühmten Casablanca-Tals in Chile scheint perfekt zu sein. Matetic pflanzte hier drei ungepfropfte Klone des Pinot Noir für den EQ (Equilibrium, Gleichgewicht): den frühreifen 777 (50 %) wegen der klaren Kirscharomen; den mittelreifenden 115 (30 %) wegen seiner samtigen Textur; und den spätreifen und genetisch gemischten „Valdivieso" (20 %) wegen der breiten Tannine und der Farbe.

Die Weingärten sind als organischer Landwirtschaftsbetrieb zertifiziert und werden biodynamisch bewirtschaftet. Die Rebstöcke werden rigoros beschnitten und nur geringfügig bewässert, so daß die Erträge gering genug sind, um die Lage zum Ausdruck zu bringen. 2005 war ein besonders kühles Jahr, so daß sanfte Vinifikationsmethoden notwendig waren, die zu einem aromatischen Pinot Noir mit angenehm straffer Reife und Unmittelbarkeit geführt haben. **MW**
☻☻ **Trinken: bis 2010**

Fresken von De Rosa, Micozzi und Botez in den Kellern von Mastroberardino

Domaine Maume
Mazis-Chambertin GC 2002

Herkunft Frankreich, Burgund, Côte de Nuits
Typ Trockener Rotwein, 13 Vol.-%
Rebsorte Pinot Noir

Mauro
Terreus Pago de Cueva Baja 1996

Herkunft Spanien, Kastilien
Typ Trockener Rotwein, 14 Vol.-%
Rebsorte Tempranillo

Die Domaine Maume liegt in Gevrey-Chambertin an der Hauptstraße von Nuits nach Dijon. Der Besitzer Bernard Maume führte ein Doppelleben: Wenn er nicht in seinen Weinkellern war, forschte er als Professor an der Universität Lyon über Hefen. Inzwischen hat er sich aus der Kellerei fast vollkommen zurückgezogen, seine Stelle nimmt jetzt seine Sohn Bertrand ein.

Die 4,5 ha des Gutes liegen vollkommen in Gevrey. Die beiden Spitzenweine sind zwei *grands crus*: Mazis-Chambertin und Charmes-Chambertin. Von diesem wird etwas weniger erzeugt als von jenem. Wie man nach einem Blick in die eher handwerklich ausgestattete Kellerei schon erwarten würde, sind die Weine etwas altmodisch, vielleicht sogar rustikal – aber im besten Wortsinne. Sie sind vollmundig, tanninreich, etwas sehnig und muskulös, eher energisch als elegant. Aber sie haben reichlich Tiefe, und sie halten sich gut. Die beiden *grands crus* sind gegensätzlich: Der Charmes ist sanfter und zivilisierter, der Mazis ist ungebundener und fast wild.

Der 2002er Mazis-Chambertin profitiert von der Finesse des Jahrgangs. Zur Zeit ist er noch etwas rauh, die Tannine sind nicht zu übersehen. Dahinter verbirgt sich jedoch eine Fülle von ausgewogener Fruchtigkeit. **CC**

🍷🍷🍷🍷 **Trinken: 2012–2027**

Mariano García ist der berühmteste Kellermeister Spaniens. Er arbeitete von 1968 bis 1998 für Vega Sicilia und schuf einige der monumentalsten Weine dieses Hauses. 1984 gründete er ein eigenes kleines Gut in Tudela de Duero und benannte es nach seinem Vater Mauro. Der normale Mauro-Wein und später der Mauro Vendimia Seleccionada sicherten dem Gut einen hohen Rang in der Hierarchie der Region Duero. Inzwischen sind auch seine beiden Söhne in dem Familienunternehmen tätig.

Terreus entstand im Jahr 1996. Der Wein stammt von einem einzigen, 3 ha großen, ertragsarmen Weingarten, der Pago de la Cueva Baja heißt und vor 1950 mit Tempranillo und etwas Grenache bepflanzt wurde. Der Wein wird nur in den besten Jahren gekeltert und ist auf eine lange Flaschenlagerung ausgerichtet.

Der Terreus wird 30 Monate in neuer französischer Eiche ausgebaut. Er zeigt in der Jugend die Eiche und auch Röstnoten. Die Farbe ist dunkel und die Nase komplex mit Aromen von reifen roten Früchten. Am Gaumen ist er riesig, mit samtigen Tanninen, süßer Frucht und einer ausgleichenden Säure, die den Eindruck von Frische erweckt. Der 1996er ist der eleganteste der bis jetzt gekelterten Jahrgänge. **LG**

🍷🍷🍷🍷 **Trinken: bis 2016**

Maurodos
San Román Toro 2001

Herkunft Spanien, Toro
Typ Trockener Rotwein, 14 Vol.-%
Rebsorte Tinta de Toro (Tempranillo)

Mayacamas
Cabernet Sauvignon 1979

Herkunft USA, Kalifornien, Napa Valley
Typ Trockener Rotwein, 12,5 Vol.-%
Rebsorten C. Sauvignon 90%, Merlot 5%, C. Franc 5%

Maurodos ist der Name des Mauro-Gutes in Toro, das der Familie Garcia gehört – Mariano und seinen Söhnen Alberto und Eduardo. Der San Román gehört zu der ‚neuen Generation' von Weinen aus dem Anbaugebiet Toro. Sein Name stammt von dem winzigen Dorf, in dem die Kellerei und ein Großteil der Weingärten liegen.

Das Klima in Toro ist von Extremen geprägt – im Sommer ist es sehr heiß, im Winter kalt. Die Böden sind lehmreich und mit Steinen bedeckt. Die Weine aus der Region sind von Natur aus kraftvoll, das Geheimnis liegt also darin, sie auch mit Balance und Finesse zu keltern.

Im ersten Jahrgang des San Román war auch etwas Granacha enthalten, diese Rebsorte entwickelt sich hier jedoch nicht sehr gut, so daß der 2001er nur aus Tinta de Toro gekeltert wurde, dem örtlichen Klon des Tempranillo. Der Wein wird 22 Monate in französischer und amerikanischer Eiche ausgebaut, bevor er auf Flaschen abgefüllt wird. Die Farbe ist sehr dunkel, die Nase intensiv, mit Aromen von Pflaumen und schwarzen Früchten und Veilchennoten vor einem Hintergrund von Röstaromen. Der Körper ist mittel bis schwer, mit frischer Säure. Der San Román ist dicht und langanhaltend, aber die Tannine erfordern noch einige Jahre Flaschenlagerung. **LG**
☺☺☺ Trinken: 2009–2020

Diese alte Kellerei liegt in einer Höhe von mehr als 600 m in den Mayacamas-Bergen. Die deutsche Familie Fischer, die das Gut in den 90er Jahren des 19. Jahrhunderts gründete, erkannte bald die Vorzüge der Gebirgslage mit ihrer guten Ventilation und Drainage. 1968 kaufte der Börsenmakler Bob Travers aus San Francisco das 21 ha große Anwesen.

In den 70er Jahren wurden hier zahlreiche Weine gekeltert, der beste darunter war stets ein vorzüglicher Cabernet Sauvignon, der nach dem Vorbild der Weine aus dem Bordeaux geschaffen war. Die Methoden sind altmodisch: Der Cabernet wird zuerst etwa zwei Jahre in großen Fässern und dann ein weiteres Jahr in französischer Eiche ausgebaut, von der etwa 20 % neu ist. Travers läßt vor der Vollreife ernten, so daß der Wein in seiner Jugend tanninreich ist.

Bob Travers trinkt seine eigenen Weine am liebsten im Alter von 25 Jahren, und der 1979 läßt erkennen, warum. Die Farbe ist dunkel und zeigt nur eine Andeutung von Entwicklung. Die Nase ist dicht, es gibt jedoch ledrige Töne, die auf das Alter hinweisen. Neben den erfrischenden Tanninen ist viel süße Frucht und eine gewisse Erdigkeit zu bemerken. Die Länge ist außerordentlich. **SBr**
☺☺☺☺ Trinken: bis 2015

Josephus Mayr
Maso Unterganzner Lamarein 2004

Herkunft Italien, Südtirol
Typ Trockener Rotwein, 13 Vol.-%
Rebsorte Lagrein

Wenn man diesen Wein vom Maso Unterganzner verkostet, muß man sich einfach geschlagen geben. Er läßt einem keine andere Chance. Die Familie Mayr bewirtschaftet seit 1629 in Südtirol einen Berghof – den Maso Unterganzner. Die jetzigen Besitzer Josephus und Barbara sind Eigentümer in der zehnten Generation. Auf dem Hof werden nicht nur Reben angebaut, sondern auch Kastanien, Äpfel, Walnüsse, Kiwis und Oliven: Alle Produkte legen Zeugnis für das milde Klima dieser Region ab.

Maso Unterganzner liegt im äußersten Osten des Bozener Talkessels, wo der Eggentaler Bach in den Eisack fließt. Die Verbundenheit der Familie Mayr mit ihrem traditionellen Erbe zeigt sich auch in der Reberziehung, die allerdings etwas verändert wurde, um die Erträge zu senken und eine dichtere Bestockung zu ermöglichen. Der Boden hier ist warm und enthält viel Porphyr – fast ideale Bedingungen für die Rebsorte Lagrein.

Der Lamarein 2004 ist der Inbegriff der Fruchtigkeit: Unglaublich konzentrierte, dunkle und doch sehr duftige Kirsch- und schwarze Johannisbeernoten weichen subtileren Gewürz-, Vanille- und Pfefferminztönen. Am Gaumen ist der Wein reiner Samt, bleibt aber durch die feinen Tannine sehr lebhaft. Die saubere Säure ist so natürlich, daß sie an den erfrischend sauren Geschmack von Sommerbeeren erinnert. Sie hält das gesamte Geschmacksbouquet am Gaumen präsent, so daß man noch nach fast einer Minute meint, all seine Töne klar definiert zu vernehmen. Ein durch und durch ehrfurchterregender Wein. **AS**
☻☻☻ **Trinken: bis 2013**

Etikett von Josephus Mayrs Maso Unterganzner Lamarein 2004. ➜

Meerlust *Rubicon* 1996

Herkunft Südafrika, Stellenbosch
Typ Trockener Rotwein, 13,5 Vol.-%
Rebsorten C. Sauvignon 70%, Merlot 20%, C. Franc 10%

Dieses angesehene südafrikanische Gut wurde 1693 gegründet, als der Gouverneur der Kapkolonie, Simon van der Stel, das Land Henning Hüsing übertrug, der sein Anwesen auf den Namen Meerlust taufte, da es von den Seebrisen gekühlt wurde, die von der False Bay herüberwehten. 1757 kaufte Johannes Albertus Myburgh das Gut, der heutige Besitzer Hannes Myburgh stammt in achter Generation von ihm ab.

Der rote Spitzenwein der Kellerei ist der Rubicon, eine Cuvée nach Art des Bordeaux, bei dem die Betonung deutlich auf dem Cabernet Sauvignon liegt. Er wurde zuerst 1980 erzeugt, aber die 90er Jahre waren ein besonders hervorragendes Jahrzehnt für den Rubicon, in dem der 1996er vielleicht als besonderes Glanzlicht gelten kann. Obwohl das Jahr am Kap verregnet war und keinen guten Ruf genießt, wartete der italienische Kellermeister Giorgio dalla Cia mit der Ernte länger als die meisten seiner Kollegen. Die Kellereiunterlagen weisen eine verlängerte Lesezeit nach, in der bei günstigen Gelegenheiten geerntet wurde – eine Mühe und Sorgfalt, die sich auszahlte.

Im Alter von 10 Jahren ist der Rubicon 1996 von bräunlicher Farbe und hat eine angenehm reife Nase, die entschieden an einen reifen Pauillac erinnert: Vorne zeigen sich Zedernholzaromen, im Hintergrund sind würzige Beerennoten zu erkennen. Am Gaumen gibt es noch süß-saftige Fruchttöne, allerdings sind die Geschmacksnoten etwas ausgereifter als am Gaumen. Die gute Tiefe und Konzentration wird von den kreidigen Tanninen ausbalanciert, die sich jahrelang eher schwer und mürrisch zeigten, jetzt aber zur Ruhe gekommen sind. **SG**

❂❂❂ **Trinken: bis 2010**

WEITERE EMPFEHLUNGEN
Andere große Jahrgänge
1984 • 1986 • 1992 • 1995 • 1998 • 2000 • 2001 • 2003
Weitere Hersteller aus Stellenbosch
Kanonkop • Le Riche • Morgenster
Rustenberg • Rust en Vrede • Thelema

Die Kellerei von Meerlust wurde 1989 unter Denkmalschutz gestellt.

Charles Melton *Nine Popes* 2004

Herkunft Australien, South Australia, Barossa Valley
Typ Trockener Rotwein, 14,5 Vol.-%
Rebsorten Grenache 54%, Shiraz 44%, Mourvèdre 2%

Im Jahr 1973 kam ein junger Mann aus Sydney mit einem Kumpel im Barossa-Tal in South Australia an. Graeme Melton und sein Freund brauchten Geld, um ihren alten Wagen zu reparieren und die Reise durch Australien fortzusetzen. Es gab zwei Jobs: als Kellereihelfer im Krondorf-Gut und als Weingartengehilfe bei einem anderen Erzeuger. Sie losten aus, und Melton landete bei Krondorf.

Dort traf er den Kellermeister Peter Lehmann und ging später mit ihm, als dieser sein eigenes Weingut gründete. Aus unerfindlichen Gründen nannte Lehmann seinen Zögling „Charlie", und der Name blieb haften. Während der nächsten 10 Jahre entwickelte Melton bei Lehmann seine Fähigkeiten und Kenntnisse weiter. Er reiste auch nach Frankreich, wo er seine Liebe zu den Weinen des Rhônetals entdeckte. Vor allem die südliche Rhône hatte es ihm angetan, wo aus Grenache, Shiraz, Mourvèdre und bis zu 11 anderen Rebsorten die roten Châteauneuf-du-Papes verschnitten werden.

Als Melton 1984 seine eigene Kellerei baute, zahlte die australische Regierung Prämien an Winzer, die im Barossa-Tal Shiraz- und Grenache-Rebstöcke rodeten. Die Rebsorten waren unmodern geworden. Aber Melton hatte in Frankreich die Möglichkeiten gesehen, die diese Sorten bargen, und er schuf aus ihnen seinen Nine Popes (ein verunglücktes Wortspiel mit dem französischen Namen Châteauneuf-du-Pape). Der 2004er wurde 20 Monate in Barriques ausgebaut. Er zeigt Aromen von Himbeeren, Kirschen und Pflaumen und einen Hauch Eiche. Der Wein ist reichhaltig und langanhaltend – Australiens bester Rotwein im Stil der südlichen Rhône. **SG**

😊😊😊 Trinken: bis 2014+

WEITERE EMPFEHLUNGEN
Andere große Jahrgänge
1993 • 1996 • 1997 • 1998 • 2002
Weitere Weine von Charles Melton
Barossa Valley Shiraz
Rose of Virginia • Sotto di Ferro

Die Reben von Charles Melton in Tanunda im Barossa-Tal.

Abel Mendoza
Selección Personal 2004

Herkunft Spanien, Rioja
Typ Trockener Rotwein, 13,5 Vol.-%
Rebsorte Tempranillo

E. Mendoza
Estrecho 2004

Herkunft Spanien, Alicante
Typ Trockener Rotwein, 14 Vol.-%
Rebsorte Monastrell (Mourvèdre)

Abel Mendoza Monge besitzt ein kleines Weingut in San Vicente de la Sonsierra. Er kümmert sich um die Weingärten, seine Frau, Maite Fernández, Önologin, um die Keller, zusammen streben sie nach ausgewogenen, eleganten und ausdrucksstarken Weinen. Das 1988 gegründete Gut besteht aus 18 ha Land am linken Ufer des Ebro mit Böden aus Lehm, Mergel und Sand. Die alten Reben gehören meist zur Sorte Tempranillo, es gibt jedoch auch etwas Graciano und Garnacha sowie weiße Sorten wie Garnacha Blanca, Malvasia Riojana, Turruntés und Viura.

Seit dem Jahr 1998 ist der Selección Personal der Spitzenwein des Gutes. Er stammt von Trauben aus einem 2 ha großen Weingarten in El Sacramento. Der Wein wird in großen offenen Fässern gegärt und verbringt nach der malolaktischen Gärung weitere 12 Monate in ein oder zwei Jahre alter französischer Eiche. Abel Monge fügt auch gerne etwas Weißwein hinzu, wie es auch an der Côte Rôtie gemacht wird, um dem Wein mehr Finesse, Säure und Frische zu verleihen. Das Ergebnis ist ein intensiv kirschroter Wein mit Aromen von Brombeeren, Kakao, Gewürzen, Lorbeer und Toast. Am Gaumen ist er mittelschwer mit guter Säure und Struktur, glatten Tanninen und einer anhaltenden Fruchtigkeit. **JMB**

€€ **Trinken: bis 2015**

Zur Appellation Alicante gehören 51 Dörfer in der gleichnamigen Provinz und in einem kleinen Teil von Murcia. Die Küstengebiete mit ihrem mediterranen Klima sind vor allem wegen der süßen Muscadets bekannt, die dort gekeltert werden, aus dem Landesinneren um Almansa, Yecla und Jumilla stammen Rotweine.

In den 60er Jahren begann der Vertreter und Weinliebhaber Enrique Mendoza, im Dorf l'Alfàs del Pi Weingärten anzulegen. Die Kellerei steht im nahegelegnen Benidorm. 1990 begann er dann, Weine aus den eigenen Trauben zu keltern und auf Flaschen abzufüllen. Es dauerte nicht lange, und er war in Bezug auf die Qualität der unangefochtene Führer im Anbaugebiet Alicante.

Heute leiten seine Söhne Pepe und Julián das Geschäft – Pepe ist der Kellermeister, Julián sorgt für die Vermarktung. Den Estrecho erzeugten sie erstmals 2003. Er stammt von einem Weingarten, dessen Monastrell-Reben mehr als 50 Jahre alt sind. Der Wein ist von intensiver Farbe und hat eine feine Nase mit Aromen von Balsam und roten Früchten. Er ist mittelschwer, mit samtiger Textur, elegant und erinnert im Stil etwas an die Weine des Burgund. Er ist weder rustikal wie viele Monastrells und auch nicht überreif wie andere Alicantes. **LG**

€€ **Trinken: bis 2012**

Domaine Méo-Camuzet
Richebourg Grand Cru 2005

Herkunft Frankreich, Burgund, Côte de Nuits
Typ Trockener Rotwein, 13 Vol.-%
Rebsorte Pinot Noir

Denis Mercier
Cornalin 2005

Herkunft Schweiz, Wallis, Sierre
Typ Trockener Rotwein, 13 Vol.-%
Rebsorte Cornalin

Wenn man mit Jean-Nicolas Méo von Vosne-Romanée nach Concoeur fährt, kann man mit ihm an der Straße halten und durch seine Weingärten in den *premiers crus* Brulées und Cros Parantoux bergan wandern, bis man zu den 0,86 ha gelangt, die ihm in Richebourg gehören. Die Trauben der Parzelle reichen für etwa 5 Fässer Wein im Jahr – vielleicht 125 Kisten zu je 12 Flaschen.

Die Familien Méo und Camuzet waren Staatsdiener und Politiker, die 45 Jahre ihr beträchtliches Anwesen (15 ha) an Henri Jayer verpachtet hatten. Anfangs wurden die Weine sowohl der Meós als auch Jayers an örtliche Händler verkauft. Seit den 70er Jahren füllte Jayer seinen Anteil selbst auf Flaschen ab, wie er es auch mit dem Wein seines eigenen kleinen Familiengutes tat. Mit diesen Weinen machte er sich einen guten Ruf. Als er 1988 in den Ruhestand ging, entschloß sich der damals 24jährige Jean-Nicolas Méo, die Leitung des Gutes selbst zu übernehmen. Jayer stand ihm als väterlich-wohlwollender Berater in manchen Jahrgängen zur Seite.

Richebourg ist ein reichhaltiger Wein. Der Méo 2005 ist ein klassischer Vertreter: voll, recht tanninreich, mit deutlichem, aber nicht aufdringlichem Eichenton, und vor allem sehr üppig und konzentriert. **CC**

😊😊😊😊😊 Trinken: 2020–2040

Die Rebsorte Cornalin erfreut sich im Wallis zunehmender Beliebtheit. In den 50er Jahren fand man sie nur in den Dörfern Granges und Lens, inzwischen hat sie sich in der gesamten Region verbreitet. 1972 benannte Jean Nicollier die damals noch als Rouge du Valais oder Rouge du Pays bezeichnete Rebsorte in Cornalin du Valais um, da sie ihn an eine ähnliche Sorte aus dem Vallée d'Aoste erinnerte. In der Zwischenzeit hat José Vouillamoz anhand von DNA-Analysen nachgewiesen, daß die beiden Rebsorten nicht verwandt sind. Andererseits wird der Cornalin d'Aoste auch im Wallis angebaut, wo er Humagne Rouge genannt wird.

Das Winzerehepaar Anne-Catherine und Denis Mercier bewirtschaftet seit 1982 im Wallis 6 ha Weingärten. Davon wachsen etwa 10 % Cornalin auf den Parzellen Goubing, Pradec und Corin. Seit der ersten Ernte im Jahr 1991 ist der Cornalin der Spitzenwein des Gutes.

Der 2005er Cornalin ist von strahlend roter Farbe und zeigt Aromen von reifen roten Beerenfrüchten und dunkler Schokolade. Am Gaumen ist er intensiv, mit frischer Säure und reichlichen Kirsch- und schwarzen Johannisbeernoten. Das Tannin ist fein und das Finale sehr lang. **CK**

😊😊😊 Trinken: bis 2012

Meyer-Näkel *Dernau Pfarrwingert Spätburgunder ATG* 2003

Herkunft Deutschland, Ahr
Typ Trockener Rotwein, 14,5 Vol.-%
Rebsorte Pinot Noir

Es ist immer wieder überraschend, daß eines der nördlichsten deutschen Weinanbaugebiete, das Ahrtal, vor allem Rotweine erzeugt. In diesem sehr kleinen Anbaugebiet stehen nur 544 ha unter Reben, von denen aber 88 % Rotweinsorten sind. Einige der besten deutschen Spätburgunder werden hier gekeltert.

Die Ahr fließt in einem engen, gewundenem Tal südlich von Bonn und mündet bei Remagen in den Rhein. An den steilen Schieferhängen des Tals wächst ein Pinot Noir, der oft ohne zusätzliche Hilfe Weine mit bis zu 14 % Alkoholgehalt liefert. Trotz dieses hohen Alkoholgehalts zeigen die Spätburgunder von der Ahr außerordentliche Finesse.

Das läßt sich besonders gut am Weinberg Dernauer Pfarrwingert beobachten, der Werner Näkel den Ruf eintrug, einer der besten deutschen Rotweinproduzenten zu sein. Die Weine vom Dernauer Pfarrwingert sind ungemein duftig mit komplexen Fruchtaromen, einer feinen Würzigkeit und seidigen Textur. Der hohe Mineralgehalt des Bodens sorgt für ein Bouquet, in dem rote Johannisbeeren, Kirschen und Heidelbeeren den Ton angeben, der von interessanten Kakao- und Veilchennoten untermalt wird. **FK**

🍇🍇🍇🍇 **Trinken: bis 2015**

Miani *Merlot* 1998

Herkunft Italien, Friaul
Typ Trockener Rotwein, 14,5 Vol.-%
Rebsorte Merlot

Das nordostitalienische Gebiet Colli Orientali del Friuli bringt einige der besten Weißweine des Landes hervor, aber seine Rotweine sind auch nicht zu unterschätzen. Die Böden sind reich an kalkhaltigem Mergel und an Sandstein, und die Region verfügt über eine unglaubliche Auswahl an Mikroklimata. Das Weingut Miani ist knapp 12 ha groß und keltert im Jahr nur 1000 Kisten Wein. Die Weine sind nicht billig, aber sie lohnen jeden Cent, den man investiert.

Der 1998er Merlot ist schlicht und einfach einer der besten Merlots, die je gekeltert wurden. Der Most von diesen 40 Jahre alten Rebstöcken, die nur etwa 0,45 kg pro Stock liefern, ist so reichhaltig, elegant und voller Persönlichkeit, daß man sich über die manchmal geäußerte Ablehnung dem Merlot gegenüber nur wundern kann. Die Farbe ist undurchdringlich und die Nase erstaunlich reichhaltig, die Aromen reichen von Zimt und Tabak über Kakao und Jod bis hin zu Minze und Vanille, um dann mit erdigeren Tönen zu enden. Am Gaumen ist der Wein seidig, warm, zärtlich, aber auch kraftvoll. Der Alkohol wird durch das sehr feine Tannin ausbalanciert, und die harmonische Fülle wird durch eine perfekte Säure und sehr herzhafte Mineralität ausbalanciert. **AS**

🍇🍇🍇🍇🍇 **Trinken: bis 2020+**

Peter Michael Winery
Les Pavots 2004

Herkunft USA, Kalifornien, Sonoma County
Typ Trockener Rotwein, 15,1 Vol.-%
Rebsorten Cabernet Sauvignon, Cabernet Franc, Merlot

Cabernet Sauvignon, Cabernet Franc und Merlot für diesen Wein wachsen auf einer Höhe von 460 m oberhalb des Knight Valley im Osten von Sonoma County. Lady Michael nannte das Gut Les Pavots nach den Mohnblumen, die an den umgebenden Hängen wachsen.

Der Weingarten wurde 1989 auf felsigen, gut drainierten Böden mit einem hohen Kaliumgehalt angelegt. Kalium fördert die Photosynthese und gibt den Trauben so wohlentwickelte Farbe und Geschmack. Die südliche Ausrichtung sorgt für volle Reife, aber die Seebrisen vom Pazifik, die zwischen den Rebstöcken entlangstreichen, fördern einen langsamen Reifungsprozeß, so daß die Trauben ihre typischen Mineraltöne annehmen können. Die verwendeten klassischen Klone sind wegen der konzentrierten und strukturierten Weine beliebt, die sie liefern.

Die Zusammenstellung des Les Pavots variiert von Jahr zu Jahr, aber der Kern des Weines besteht immer aus Cabernet Sauvignon. Das Glorreiche an diesem Wein ist nicht seine unmittelbare Zugänglichkeit, sondern eher die Weise, in der er sich im Laufe der Zeit entwickelt und zunehmende Tiefe, Komplexität und Harmonie enthüllt. **LGr**

😊😊😊😊 **Trinken: bis 2015+**

Moccagatta
Barbaresco Basarin 1998

Herkunft Italien, Piemont, Barbaresco
Typ Trockener Rotwein, 14 Vol.-%
Rebsorte Nebbiolo

Dieses Gut wurde 1912 von Sergio Minuto gegründet. Seine Söhne Mario und Lorenzo führten dann das Familienunternehmen bis 1952, als sie beschlossen, getrennte Wege zu gehen. Die heutigen Besitzer sind die beiden Söhne von Mario, Sergio und Franco.

Der Name Moccagatta stammt von dem Gebiet, auf dem die Kellerei steht. Neben dem Cru Cole ist der Cru Basarin der beste und älteste Einzellagenwein des Gutes. Der weniger bekannte Bric Balin stellt einen entscheidenden Schritt in der Entwicklung des Unternehmens dar, weil die Minutos mit ihm erstmals die Gelegenheit ergriffen, auch mit neuen Techniken bei der Vinifikation und dem Ausbau zu experimentieren.

Es waren die Versuche mit Nebbiolo für den Bric Balin, die dann zu dem Entschluß führten, die Barbarescos auch alle in Barriques auszubauen, statt in den traditionellen großen Eichenfässern. Der 1998er Basarin ist von schöner, mittelintensiver Farbe mit eleganten granatroten Glanzlichtern. Die Nase ist fesselnd mit ihren sanften Blütennoten, die von erdigen, ledrigen und ätherischen Aromen begleitet werden. Am Gaumen sind feine Tannine zu bemerken, die dem Geschmack des Weines zur Entfaltung verhelfen und im langen Finale nachklingen. **AS**

😊😊😊😊 **Trinken: bis 2025**

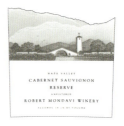

Salvatore Molettieri *Taurasi*
Riserva Vigna Cinque Querce 2001

Herkunft Italien, Kampanien, Irpinia
Typ Trockener Rotwein, 15 Vol.-%
Rebsorte Aglianico

Robert Mondavi
Cabernet Sauvignon Reserve 1978

Herkunft USA, Kalifornien, Napa Valley
Typ Trockener Rotwein, 13 Vol.-%
Rebsorten Cabernet Sauvignon, Cabernet Franc

Die DOCG Taurasi liegt in den Bergen um Neapel und ist die Heimat des Aglianico. Aus den Reben auf den mageren vulkanischen Böden dieser Gegend keltert Salvatore Molettieri einen Aglianico von solcher Intensität, daß der bekannte italienische Weinführer *Gambero Rosso* sein Gut als „Kellerei des Jahres 2005" auszeichnete.

Der Aglianico läßt sich bis zur griechischen Eroberung Apuliens im 7. Jahrhundert vor Christus zurückverfolgen. Die Römer nannten die Rebsorte Vitis Hellenica. Der Taurasi wird als „Barolo des Südens" bezeichnet, er hat mit dem Nebbiolo die Synthese aus Kraft und Eleganz gemeinsam, die an burgundische Weine erinnert. Gemessen an seiner geringen Größe (225 ha) genießt das Anbaugebiet einen sehr guten Ruf.

Der Wein stammt von einer Parzelle mit alten Aglianico-Reben, die auf untypisch lehmreichen Boden wachsen und nur sehr geringe Erträge liefern. Er ist reich an Alkohol und gesättigt von den Geschmacksnoten, die für die Rebsorte typisch sind: Himbeere, Tabak und Veilchen. Die französischen Eichenbarriques geben ihm eine feine Würze, die Duftnoten und das Gewicht vereinen sich zu einer sinnlichen Rustikalität, die man zuvor noch nie so weit südlich von Beaune gesehen hatte. **MP**
😊😊😊 **Trinken: bis 2015+**

Die Mode mag sich ändern. Der Geschmack auch. Aber Legenden bleiben Legenden. Robert Mondavis ehrgeizigster Wein nimmt es mit den größten Weinen der Welt auf. Er steht gelegentlich im Schatten der „allerneusten" Welle, eines handwerklich gekelterten Weines oder eines sogenannten Kultweines. Aber er ist sich selbst über Jahrzehnte hinweg treu geblieben, wie sehr sich auch die Moden und die Besitzverhältnisse verändert haben mögen. Der Mondavi Reserve ist nie ein alkoholschwerer Wein gewesen, sein eleganter Stil hat vielmehr immer das unterschiedliche Wetter im Napa Valley widergespiegelt: Späte, kühlere Ernten machten ihn aromatischer und gaben ihm eine elegante Struktur, wärmere Jahre mit frühen Ernten ließen ihn energischer und fruchtiger ausfallen.

Die Wachstums- und Erntezeit 1978 war meist warm und trocken, einige Hitzeperioden ließen eine üppige und sehr reife Ernte zu. Zwar mögen andere – kühlere – Jahre Weine mit mehr Finesse hervorgebracht haben, aber der 1978er Mondavi Reserve war von Anfang an auf eine Lebensdauer von 30 oder mehr Jahren ausgelegt. Er ist auch heute noch ebenso lebendig wie die anderen großen Jahrgänge, die zu der Legende um diesen Wein und seinen visionären Erzeuger beigetragen haben. **LGr**
😊😊😊😊😊 **Trinken: bis 2015**

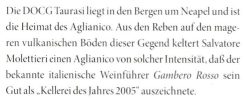

Abendlicht auf den Weingärten von Robert Mondavi in Carneros.

Château Montaiguillon
2004

Herkunft Frankreich, Bordeaux, Montagne St.-Emilion
Typ Trockener Rotwein, 13 Vol.-%
Rebsorten Merlot 60%, C. Franc 20%, C. Sauvignon 20%

Das Anbaugebiet Montagne St.-Emilion liegt etwas nördlich von St.-Emilion jenseits der Barbanne. Die Böden bestehen im Wesentlichen aus Lehm und Kalkstein, sind jedoch recht unterschiedlich. Montaiguillon ist eines der besten Güter, 1949 kaufte es der Großvater der heutigen Besitzerin Chantal Amart Ternault. Es ist ein beträchtlicher Besitz, der 30 ha in einem einzigen Weingarten unter Reben hat, der nach Süden und Südwesten zum Barbanne-Tal ausgerichtet ist.

Madame Ternault sagt, ihre winzerischen Methoden (teilweise Entlaubung der Reben und Reduktion der Traubenzahl) seien die gleichen, die sie auch in St.-Emilion anwenden würde. In den meisten Jahren reife der Cabernet hier gut und verleihe dem Wein Rückgrat. Die Trauben werden teils mit der Hand, teils maschinell geerntet. Der Wein wird zu einem Drittel in neuer Eiche ausgebaut und ohne Filtrierung auf Flaschen abgefüllt.

Diese Weine sind nicht für sehr lange Lagerung gedacht, Madame Ternault hält ein Alter von 7 bis 10 Jahren für ihre beste Zeit. Der 2004er zeigt in der Nase recht viel Eiche. Er ist sehr konzentriert und von robustem, aber nicht hartem Charakter. Im Finale zeigt sich reichliche Frucht. **SBr**
❂❂ Trinken: bis 2012

Chateau Montelena
Cabernet Sauvignon 2003

Herkunft USA, Kalifornien, Napa Valley
Typ Trockener Rotwein, 13,5 Vol.-%
Rebsorten C. Sauvignon 90%, Merlot 5%, C. Franc 5%

Montelena liegt in Calistoga am Nordende des Napa-Tals. Es ist eine der heißeren Gegenden im Tal, in der feste, robuste und langlebige Cabernets entstehen. Das Gut wurde 1882 gegründet.

1981 übernahm Bo Barrett, der Sohn des größten Anteilseigners, die Leitung der restaurierten Kellerei, und er zeichnet auch heute noch für die Weine verantwortlich. Etwa 32 ha sind mit Cabernet bepflanzt, die Rebstöcke haben die Reblausepidemie überlebt, die vor 20 Jahren das Tal heimsuchte, da sie auf resistente Unterlagen gepfropft worden waren. Die Böden sind unterschiedlich, einige sind alluvialer Kies, andere vulkanischen Ursprungs. So kann Barrett den Wein jedes Jahr nach den Eigenschaften der verschiedenen Parzellen zusammenstellen. Etwas Cabernet Franc wird der Cuvée beigefügt, um ihr mehr Biß zu geben. Der Wein wird bis zu 24 Monate ausgebaut, allerdings sind nur 25 % der Fässer aus neuer Eiche.

Der 2003er ist ein prachtvoller Cabernet mit intensiven Brombeer- und schwarzen Johannisbeeraromen. Am Gaumen ist er üppig, sogar etwas extravagant, sehr konzentriert, machtvoll und zupackend. Er ist jetzt schon sehr beeindruckend, wird aber sicher von längerer Kellerlagerung profitieren. **SBr**
❂❂❂❂ Trinken: bis 2030

Die Weingärten und das Château von Montaiguillon.

Montes *Folly* 2005

Herkunft Chile, Santa Cruz, Colchagua
Typ Trockener Rotwein, 15 Vol.-%
Rebsorte Syrah

Die Ursprünge von Montes liegen im Jahr 1987, als Aurelio Montes und Douglas Murray, die beide über langjährige Erfahrung in der Weinindustrie verfügten, sich zu einem Gemeinschaftsunternehmen zusammenschlossen. Ein Jahr später kamen Alfredo Vidaurre und Pedro Grand an Bord, und Viña Montes wurde offiziell gegründet. Der Montes Folly wurde zuerst im Jahr 2000 gekeltert – auf dem Rückenetikett war vermerkt „Aus Chile, mit Stolz". Im Februar 2005 wurde eine neue Kellerei fertiggestellt, die nach den Prinzipien des Feng Shui entworfen wurde und 4,4 Millionen Dollar kostete.

Die Trauben für den Folly wachsen an den höchsten und steilsten Hängen der Finca de Apalta. Den Namen „Folly" (Torheit) trägt der Wein, weil die anderen Winzer im Apalta-Tal es für verrückt hielten, Syrah anzupflanzen, eine Rebsorte, mit dem man damals in Chile noch kaum Erfahrungen gesammelt hatte. Man könnte auch der Meinung sein, es sei verrückt, an einem Hang mit 45° Neigung in 300 m Höhe mit der Hand Trauben zu ernten – und das auch noch nachts.

Die Erträge werden niedrig gehalten, die Beeren und Trauben sind sehr viel kleiner und noch konzentrierter als jene an den tieferen Hängen des Weingartens. So enthalten sie dann auch mehr Farbstoffe und Tannine, und der aus ihnen gekelterte Wein ist satt gefärbt, tiefgründig und stark – oft mit mehr als 14 % Alkoholgehalt. Nach dem überaus mächtigen 2004er stellte der 2005er eine Rückkehr zum sanfteren und nahbareren Stil dar, den der Wein schon im Jahr 2003 gezeigt hatte. Er ist warm, köstlich reif, würzig und überaus trinkbar. **SG**

❂❂❂❂ **Trinken: bis 2015**

WEITERE EMPFEHLUNGEN
Andere große Jahrgänge
2000 • 2001 • 2002 • 2003 • 2004
More Montes wines
Alpha M
Angel • Cherub

Das Etikett stammt vom britischen Karikaturisten Ralph Steadman.

'Apalta Valley was where my dreams and instincts led, searching for the best terroir for red wines in Chile. My partners agreed and "La Finca de Apalta", a mountain Estate, was cleared as high as we could and Syrah —untested in this region— planted in the steeper slopes. Both were considered folly by the conventional wine trade. This wild wine, harvested by acrobats, is the result. Only the genius of Ralph Steadman could translate this emotional wine into a label, to him our gratitude'.

Montevertine
Le Pergole Torte Vino da Tavola 1990

Herkunft Italien, Toskana, Radda in Chianti
Typ Trockener Rotwein, 13 Vol.-%
Rebsorte Sangiovese

Montevetrano
2004

Herkunft Italien, Kampanien
Typ Trockener Rotwein, 13 Vol.-%
Rebsorten C. Sauvignon 60%, Merlot 30%, Aglianico 10%

Der im Jahr 2000 verstorbene Sergio Manetti galt als einer der Bilderstürmer der italienischen Wein-Renaissance. Es ist nicht zu leugnen, daß er ein Rebell war. Aber sein Vermächtnis ist durch und durch positiv, die Weine, die er schuf, sind die edelste Verwirklichung der toskanischen Winzerei. Der Unternehmer Manetti kaufte dieses kleine Gut 1967 und machte es – zuerst als Steckenpferd, später mit wachsender Leidenschaft – zu einem Produktionsort für etwas, das zu dieser Zeit in der Toskana eine Seltenheit war – erstklassiger Wein.

Wie sein Berater Giulio Gambelli wollte auch Manetti Wein auf möglichst natürliche Weise herstellen: keine Zusätze, keine Filtrierung, möglichst geringe Handhabung und sogar Verzicht auf die damals für unabdingbar gehaltene Temperaturkontrolle während der Gärung. Am wichtigsten war ihm jedoch die Sangiovese-Rebe. Bis an das Ende seiner Tage widersetzte er sich dem Trend, mit französischen Sorten zu verschneiden. Wie kaum anders zu erwarten, zeigen die Weine auch heute noch, unter der unbeirrten Aufsicht seines Sohnes Martino, eine etwas rustikale Natur. Zugleich sind sie aber Beispiele für die Komplexität und große Persönlichkeit, die Sangiovese in den richtigen Händen entwickeln kann. **NBel**

❺❺❺❺❺ **Trinken: bis 2020**

Die eigentlich Geschichte des Gutes Montevetrano setzt 1985 ein, als die Besitzerin Silvia Imparato begann, mit dem damals unbekannten Riccardo Cotarella zusammenzuarbeiten, der inzwischen zu einem der bekanntesten Kellermeister Italiens geworden ist. Ihr erster gemeinsamer Wein kam 1991 auf den Markt, zuvor hatte es umfangreiche Veränderungen in den Weingärten wie auch in der Kellerei gegeben. Nach diesem Jahrgang, in dem der Aglianico eine wichtige Rolle gespielt hatte, beschlossen sie, ab 1993 den Merlot-Anteil zu steigern.

Montevetrano ist ein einzigartiger Wein, der sich durch große Persönlichkeit und Stil auszeichnet. Der 2004er war zusammen mit einem toskanischen Wein der einzige, der 2007 von den 5 wichtigsten italienischen Weinführern die Höchstbewertung erhielt. Die Nase beginnt mit Aromen von frisch gemähtem Gras, Minze und schwarzen Johannisbeeren, um dann zu Macchia, Moschus, Graphit und schwarzem Pfeffer überzugehen. Am Gaumen ist er der Inbegriff der Harmonie – genau die richtige Menge gut eingebundener Eiche und eine Säure, die für Lebhaftigkeit sorgt, ohne jemals beißend zu wirken. Die glatten Tannine stellen sicher, daß er noch viele Jahre in Würde altern wird. **AS**

❺❺❺❺ **Trinken: bis 2022+**

← Montevertine war ursprüngliche eine Sommervilla.

Domaine Hubert de Montille *Volnay PC Les Taillepieds* 1985

Herkunft Frankreich, Burgund, Côte de Beaune
Typ Trockener Rotwein, 12 Vol.-%
Rebsorte Pinot Noir

Eine Tür in einer Mauer an der Rue de Combe in Volnay führt in einen abgeschiedenen Komplex alter Gebäude, der als Sommersitz des Maitre Hubert de Montille dient, eines angesehenen Rechtsanwalts aus Dijon, der zugleich einer der besten Winzer des Burgunds ist. Das Gut wird heute hauptsächlich von seinem Sohn Etienne geleitet und stellt Vorzeigeweine von vier *premier*s *crus* in Volnay und Pommard her. Vor kurzem sind auch Parzellen in Beaune und Corton hinzugekommen.

In seinem größten Wein, dem Premier Cru Volnay Les Taillepieds, kann man das Wesen der rigoros klassischen Kellerkunst von Maitre Hubert am besten erkennen. De Montille ist ein Gegner von Weinen, deren Alkoholgehalt durch Chaptalisation auf über 12 oder 12,5 % gesteigert worden ist. Diese Ablehnung kam zufällig zustande, als er 1959 die Zuckermenge für den Taillepieds falsch berechnete: Der fertige Wein enthielt nur 11,5 % Alkohol. Zur Begeisterung de Montilles war es jedoch sein bester Wein in diesem Jahr, der subtilere Frucht- und Geschmacksnoten zeigte als alle anderen.

Der Taillepieds 1985 ist immer noch auf Auktionen oder im Weinhandel zu erhalten. Trotz des warmen Herbstes in jenem Jahr ist der Wein von einem verführerisch klaren Rubinrot mit granatroten Glanzlichtern. Nach dem Dekantieren zeigt er intensive Pinot-Noten, die in vollkommenem Gleichgewicht mit der rassigen Spannung des *terroirs* stehen. Am Gaumen treten wieder die wunderbaren Fruchtnoten in Erscheinung, die deutlich den Jahrgang 1985 erkennen lassen. Das Finale ist lang, fein und sehr komplex. **ME**

❂❂❂ Trinken: bis 2015

WEITERE EMPFEHLUNGEN
Andere große Jahrgänge
1966 • 1971 • 1978 • 1987 • 1999 • 2002 • 2005
Weitere Weine von Hubert de Montille
Pommard PC Pézerolles • Pommard PC Rugiens
Puligny-Montrachet PC Les Caillerets • Volnay PC Rugiens

Château Montrose
2003

Herkunft Frankreich, Bordeaux, St.-Estèphe
Typ Trockener Rotwein, 13 Vol.-%
Rebsorten C. Sauvignon 65%, Merlot 25%, C. Franc 10%

Die Geschichte von Montrose begann Anfang des 19. Jahrhunderts, als Etienne Théodore Dumoulin den brachliegenden Teil des Gutes Château Calon erbte und beschloß, darauf Wein anzubauen. Damals war das buschbewachsene Moorland als La Lande de l'Escargeon bekannt, bald stellte sich heraus, daß es sich hervorragend zum Weinanbau eignete. Dumoulin trug dem Rechnung, indem er ein Château darauf errichtete und dem Besitz den Namen Montrose gab. Das Gut wuchs schnell zu einer Größe von 50 ha heran und hatte bereits nach einer Generation einen solchen Ruf erworben, daß es bei der Klassifikation 1855 spielend den Rang eines ‚Zweiten Gewächses' erwarb.

Es gibt nur wenige Jahrgänge, die es mit dem 2003er aufnehmen können. Damals sorgte eine Hitzewelle im Sommer für Cabernet- und Merlottrauben von fast beängstigender Konzentration. Der Wein ist von kräftiger Farbe, intensiver Duftigkeit und großartiger Struktur. Aus dem Tanninrahmen erheben sich Cassis-, Eichen-, Vanille-, Rosen- und Salbeinoten. Das Finale ist kräftig, in der Jugend fast glühend zu nennen, die saftige Fruchtigkeit stellt aber sicher, daß der Wein auch eine 30jährige Kellerlagerung ohne Nachteile überdauern wird. **SW**
⑤⑤⑤⑤⑤ **Trinken: 2010–2040+**

Château Montus
Cuvée Prestige 2001

Herkunft Frankreich, Madiran
Typ Trockener Rotwein, 14 Vol.-%
Rebsorte Tannat

Die Rotweine aus Südwestfrankreich sind wie eine frische Brise. Vor allem der Montus und Boucasse von Alain Brumont sind mit Begeisterung in das Pantheon der großen Weine aufgenommen worden. Im Jahr 1979 hatte Brumont sich zur Selbständigkeit entschlossen und die ersten Rebstöcke in Montus gesetzt, der erste Jahrgang, der auf den Markt gelangte, war der 1982er.

Eines der ewigen Probleme der Madiran-Weine ist die Rebsorte Tannat, die ohne Lenkung dazu tendiert, Weine mit ungenießbarem Tanningehalt in der Jugend zu liefern, ohne daß sich die Fruchtigkeit lange genug hält, um zu einer angemessenen Altersstruktur beizutragen. Brumont entrappt alle Trauben und baut den Wein in kleinen Eichenfässern aus, um den Tannat zu zähmen – aber nicht allzusehr.

Die 2001er Cuvée Prestige stammt von den besten Parzellen des Weingartens. Es ist ein beeindruckender Wein, dem es gelingt, das Wilde der Rotweine aus dem Südwesten Frankreichs einzufangen, ohne je rustikal zu wirken. Er wird von Noten dunkler Früchte beherrscht, hat eine großartige Dichte und Struktur, aber auch Finesse. Man kann den Wein schon jetzt genießen, er wird sich jedoch noch einige Jahre gut weiterentwickeln. **JG**
⑤⑤⑤ **Trinken: bis 2020+**

Domaine de la Mordorée
Cuvée de la Reine des Bois 2001

Herkunft Frankreich, südl. Rhône, Châteauneuf-du-Pape
Typ Trockener Rotwein, 15 Vol.-%
Rebsorte Grenache Noir

Morgenster
2003

Herkunft Südafrika, Stellenbosch
Typ Trockener Rotwein, 13,5 Vol.-%
Rebsorten Cabernet Sauvignon, Cabernet Franc, Merlot

Vom Jahrgang 2000 war man in Châteauneuf-du-Pape nicht wirklich begeistert. Es war etwas zu heiß, so daß die Weine sehr kräftig gerieten, alkoholreich – und auch gelegentlich etwas grobschlächtig. Das folgende Jahr stellte die Kenner eher zufrieden: Die Weine sind elegant und ausgewogen, sie scheinen auf Dauer angelegt zu sein.

Die Domaine de la Mordorée ist noch nicht sehr alt, sie wurde erst 1986 von Francis Delorme und seinem Sohn Christophe gegründet. Der erste Wein wurde 1989 gekeltert. Die Delormes besitzen auch Güter in den Nachbargemeinden Tavel und Lirac, vor kurzem sind Weingärten in Condrieu hinzugekommen. Insgesamt verfügen sie über 38 einzelne Parzellen mit 53 ha.

Die Cuvée de la Reine des Bois stammt von einem 3,5 ha großen Weingarten. Der Wein hat viele Auszeichnungen erhalten, darunter auch den *coups de cœur* des angesehenen französischen Guide Hachette. Dem 2001er wurde das schönste Geschenk zuteil, das sich ein Wein überhaupt wünschen kann – Robert Parker bewertete ihn mit 100 Punkten. Die Farbe erinnert an Tinte und das Bouquet an dunkle Sauerkirschen. Am Gaumen ist der Wein würzig. Er eignet sich besonders zu kräftigen Wildgerichten, etwa Schnepfe oder Wildschwein. **GM**

❂❂❂❂❂ Trinken: 2010–2025

Morgenster gehörte bis zur Aufteilung im Jahr 1708 zum Vergelegen-Anwesen des Gouverneurs der Kapkolonie Willem Adriaan van der Stel. Das heutige Morgenster wurde damals von einem französischen Hugenotten namens Jacques Malan erworben. Das Haus, das er dort errichtete, ist eines der schönsten Beispiele der südafrikanischen Kolonialarchitektur.

1992 kaufte der italienische Unternehmer Guilio Bertrand das Gut und begann bald, neue Reben, aber auch Olivenbäume zu pflanzen. Die Anregung zu den Olivenhainen verdanke er der Ähnlichkeit der Landschaft mit seiner italienischen Heimat Montemarcello, sagt Bertrand. Angesichts seiner Absicht, einen Wein im Stil von St.-Emilion zu erzeugen, war sein nächster Coup ein Geniestreich: Er engagierte Pierre Lurton vom Cheval Blanc als Berater für sein erstklassiges Team in Südafrika.

Der 2003er ist erst der dritte Jahrgang des Spitzenweines – es gab keinen 2002er. Das Jahr war am Kap sehr gut, es lieferte allerhöchste Qualität. Der US-amerikanische Kritiker Steven Tanzer bemerkte in dem Wein „etwas, das an Cheval Blanc erinnert". Der 2003er ist zurückhaltend und subtil, die Geschmacksintensität wird durch die Struktur kontrolliert. **TJ**

❂❂❂ Trinken: bis 2015

Moris Farms *Avvoltore* 2004

Herkunft Italien, Toskana, Massa Marittima
Typ Trockener Rotwein, 14 Vol.-%
Rebsorten Sangiovese 75%, C. Sauvignon 20%, Syrah 5%

Vor zwei Jahrhunderten wanderte die Familie Moris aus Spanien in die toskanische Maremma aus. Das Familienunternehmen wurde aber erst in den vergangenen Jahrzehnten vollkommen von der Landwirtschaft auf den Weinbau umgestellt. Es besteht aus zwei getrennten Gütern: 420 ha liegen in der Nähe von Massa Marittima in der nördlichen Maremma und weitere 56 ha befinden sich südlich des Flusses Ombrone. Insgesamt stehen 70 ha unter Reben, davon etwa die Hälfte im nördlichen Teil (in der DOC Montereggio die Massa Marittima) und die andere Hälfte im Süden (in der DOC Morellino di Scansano).

Avvoltore ist der beste Wein des Gutes, er stammt von Trauben, die im nördlichen Teil wachsen. Die Weingärten liegen zwischen 80 und 100 m über dem Meeresspiegel. Die Böden sind lehmreich, aber gut drainiert, bieten also perfekte Voraussetzungen für einen gut strukturierten Rotwein.

Der Avvoltore 2004 ist von dunkler rubinroter Farbe mit purpurnen Schattierungen. Die verwendeten Rebsorten ergänzen sich auf das Trefflichste, der Sangiovese liefert die Struktur und der Cabernet Sauvignon Tiefe und Saftigkeit. In der Nase scheint der Cabernet vorzuherrschen, man bemerkt vor allem Brombeer- und Paprikaaromen. Vervollständigt wird das Bouquet durch die angenehme Frische der Eiche. Am Gaumen ist der Wein elegant und recht straff (beide Eigenschaften sind typisch für Sangiovese), erinnert jedoch an die Aromen der Nase, denen er hier eine sanfte und doch energische Textur hinzufügt. **AS**

☺☺☺ **Trinken: bis 2025**

WEITERE EMPFEHLUNGEN
Andere große Jahrgänge
1990 • 1997 • 2001 • 2003
Weitere Weine aus der Maremma
Ca'Marcanda • Grattamacco • Guado al Tasso • Lupicaia Ornellaia • Sassicaia • Michele Satta

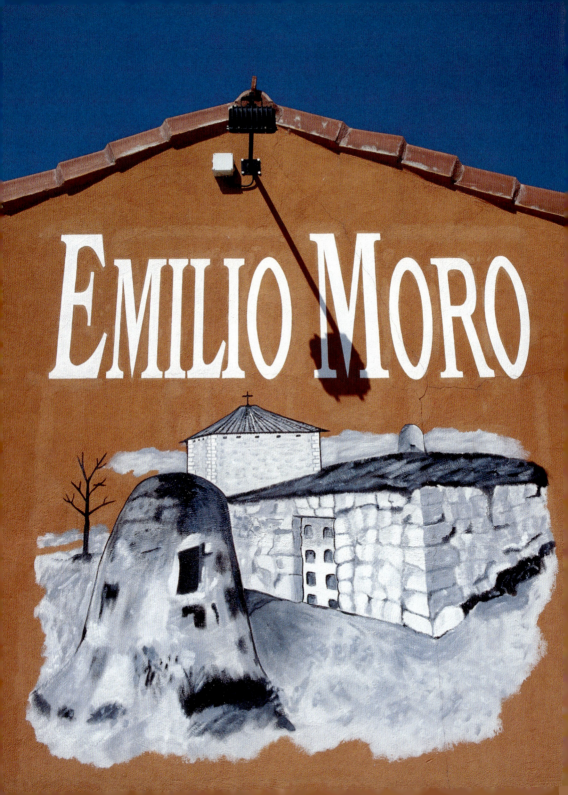

Emilio Moro
Malleolus 2004

Herkunft Spanien, Ribera del Duero
Typ Trockener Rotwein, 14 Vol.-%
Rebsorte Tempranillo

Moss Wood
Cabernet Sauvignon 2001

Herkunft Australien, Western Australia, Margaret River
Typ Trockener Rotwein, 14,5 Vol.-%
Rebsorten C. Sauvignon, C. Franc, Petit Verdot, Merlot

In den späten 80er Jahren entstanden im Anbaugebiet Ribera del Duero eine Reihe von neuen Bodegas, häufig von Ortsansässigen gegründet, die zuvor Massenweine produzierten oder Trauben, Most oder Wein an andere Erzeuger geliefert hatten. Bodegas Emilio Moro reicht drei Generationen zurück, und die Weine stammen zumeist von den familieneigenen Weingärten, die inzwischen mit einem Klon ihrer ältesten Rebstöcke neu bepflanzt worden sind.

Bodegas Emilio Moro keltert eine Reihe von Weinen, die sich durch Aromen reifer Früchte und Röstnoten auszeichnen. Der hauseigene Stil ist in den letzten Jahren verfeinert worden, um größere Balance und Finesse zu erreichen. Unter ihren Weinen gehört der Malleolus 2004 zur gehobenen Klasse, ist aber wegen der relativ hohen Produktionsmengen noch zu erträglichen Preisen zu bekommen – im Gegensatz zum Malleolus de Sanchomartín und Malleolus de Valderramiro. *Malleolus* ist das lateinische Stammwort des spanischen *majuelo*, eine der vielen hier gängigen Bezeichnungen für „Parzelle" und jene, die in der Gegend um Pesquera de Duero am häufigsten verwendet wird. Die Trauben für diesen Wein stammen von Reben, die zwischen 25 und 75 Jahre alt sind. **JB**

❸❸❸ **Trinken: bis 2018**

In Langton's Klassifikation der australischen Weine gehört Moss Wood zur ersten Reihe, und der Cabernet Sauvignon des Gutes wird allgemein wegen seiner Eleganz, zurückhaltenden Kraft und Lagerfähigkeit als einer der besten Australiens betrachtet. Vor dem Jahr 2001 waren die maßstabgebenden Jahrgänge des Cabernet Sauvignon von Moss Wood jene aus den Jahren 1974 bis 1977. Langton's verkaufte bei der 2007er Auktion in Melbourne eine Flasche des ersten Jahrgangs 1973 für 1285 Euro – angeblich ein Rekordpreis für Jahrgänge nach 1970. Eine Flasche des 1974er wurde für 960 Euro versteigert.

Der Cabernet Sauvignon 2001 ist duftig und fein strukturiert. Es ist vermutlich der beste Wein, den der Erzeuger bis jetzt gekeltert hat. Die Aromen erinnern an schwarze Johannisbeeren, Zedern und Veilchen. Seit 1996 ist der Wein dunkler gefärbt, aromatischer und besser texturiert und zeigt auch ein ausgewogeneres Verhältnis von Eiche zu Frucht – damals wurde die Ausbauzeit in Eiche auf 24 Monate verlängert und die Cuvée durch Merlot, Cabernet Franc und Petit Verdot verfeinert. Ob der 2001er genausogut altern wird wie die inzwischen legendären 1973er und 1973er, wird sich erst im Laufe der Zeit herausstellen. **SG**

❸❸❸ **Trinken: bis 2011+**

Das Wandgemälde weist stolz auf die Kellerei Emilio Moro hin.

Mount Difficulty
Long Gully Pinot Noir 2005

Herkunft Neuseeland, Central Otago
Typ Trockener Rotwein, 14 Vol.-%
Rebsorte Pinot Noir

Mount Hurtle
Grenache Rosé 2007

Herkunft Australien, South Australia, McLaren Vale
Typ Dry rosé wine, 13,5 Vol.-%
Rebsorte Grenache

Mount Difficulty verfügt über 7 Weingärten im Herzen von Bannockburn. Jeder von ihnen wurde vermessen, um die unterschiedlichen Böden festzuhalten, und dann in bis zu 6 einzelne Parzellen unterteilt. Dann wurden verschiedene Pinot-Noir-Klone gepflanzt, die jeweils das beste aus dem entsprechenden Bodentyp machen.

Der Kellermeister Matt Dicey hat ermittelt, welche der Parzellen jedes Weingartens sich am ehesten für einen Einzellagenwein eignen. Diese Reben dieser Parzelle werden dann beschnitten und die Trauben ausgedünnt, um den Ertrag auf 20 hl/ha zu begrenzen. Wenn die Wetter- und sonstigen Bedingungen gut sind, wird ein Einzellagenwein gekeltert, das ist jedoch nicht jedes Jahr der Fall.

Bannockburn ist eines der wärmsten Anbaugebiete der Region. Das Jahr 2005 war mäßig kühl, kam also den Erzeugern hier entgegen. Long Gully ist mit 16 Jahren einer der ältesten Weingärten des Gutes, seine Böden sind mäßig schwer, so daß nicht stark bewässert werden muß. Der Weingarten ist jetzt ‚erwachsen' geworden und wird vermutlich in der Zukunft regelmäßig Einzellagenweine hervorbringen. Der Wein hat wunderbar reine Fruchtaromen, die sich im Finale zu einer Fanfare aus Kirsch-, Pflaumen-, Blüten- und Gewürztönen entfalten. **BC**
❂❂❂ Trinken: bis 2015

Geoff Merrill ist eines der großen Originale im australischen Weingeschäft. 1980 gründete er mit einem Partner die Stratmer Vineyards. In der Anfangszeit wurden die Weine bei verschiedenen Gütern in South Australia gekeltert, darunter Chateau Reynella, Pirramimma und Peter Lehmann Wines. Später kaufte Stratmer die heruntergekommene Kellerei Mount Hurtle in dem Adelaider Vorort Woodcroft.

Mount Hurtle war im späten 19. Jahrhundert von dem jungen Engländer Mostyn Owen gegründet worden, der das Unternehmen leitete, bis er Mitte der 40er Jahre verstarb. Die Kellerei war für ihre Zeit technisch innovativ und transportierte den Wein in den Kellern mit Hilfe der Schwerkraft – ein Verfahren, das in manchen Anbaugebieten inzwischen fast zur Regel geworden ist. Es dauerte 2 Jahre, bis Geoff Merrill das Gebäude endlich in das elegante Schmuckstück verwandelt hatte, das es heute ist. 1988 etablierte er sich dann mit seinem eigenen Firmennamen.

Der kräftige, säurearme Rosé von Mount Hurtle entsteht aus dem Vorlauf des Mostes der Grenache-Trauben – aus dem Rest entsteht der Grenache-Rotwein der Kellerei. **SG**
❂❂ Trinken: nach Erhalt

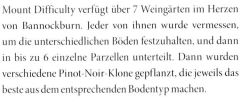

↤ Heute wachsen Reben, wo einst nach Gold gegraben wurde.

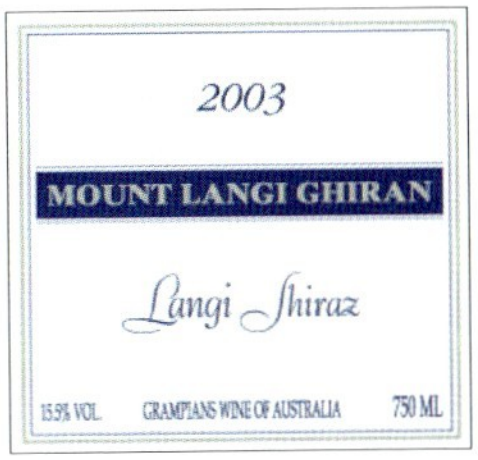

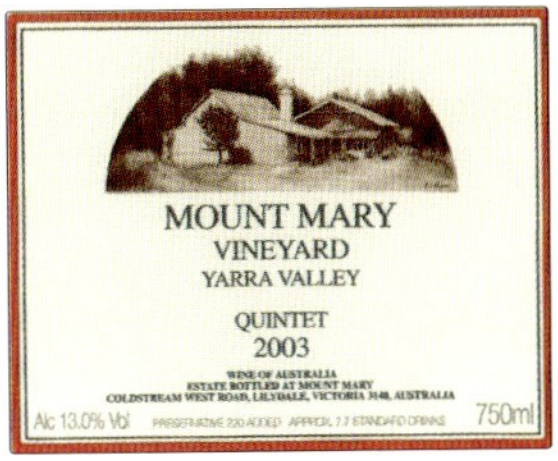

Mount Langi Ghiran

Shiraz 2003

Herkunft Australien, Victoria, Grampians
Typ Trockener Rotwein, 15 Vol.-%
Rebsorte Shiraz

Trevor Mast stellt seit Mitte der 70er Jahre in den Grampians im australischen Bundesstaat Victoria Wein her. Nachdem er einen Shiraz vom Weingut der italienischen Brüder Fratin verkostet hatte, ließ er sich dort als Kellermeister einstellen. 1987 kaufte er dann das Weingut Mount Langi Ghiran. Die Weingärten sind in 350 m Höhe spektakulär zu Füßen der Klippen des Mount Langi Ghiran gelegen.

Die ursprünglichen Weingärten aus den 70er Jahren des 19. Jahrhunderts wurden 30 Jahre später zu Schafweiden umgewandelt, aber 1963 von den Fratins wieder ihrer ursprünglichen Bestimmung zugeführt. Der Shiraz stammt von Reben von dieser „Alten Parzelle", deren Böden aus granithaltigem Sand und rotem Lehm bestehen. Durch diese unterschiedliche Beschaffenheit ergibt sich die Möglichkeit, in gewissen Grenzen die Wasserzufuhr zu kontrollieren, so daß in entscheidenden Wachstumsperioden durch Wassermangel die Trauben zu konzentrierteren Fruchtnoten angeregt werden können.

Der Mount Langi Ghiran ist ein kräftiger, aber eleganter Shiraz. Die Wärme des Jahres 2003 ist auch im Glas zu spüren, der Wein zeigt Aromen von Heidelbeeren ebenso wie die typischen Pfeffernoten. **SG**

$$$ Trinken: bis 2010+

Mount Mary

Quintet Cabernet 2003

Herkunft Australien, Victoria, Yarra Valley
Typ Trockener Rotwein, 13 Vol.-%
Rebsorten C. Sauvignon 50%, C. Franc 30%, andere 20%

Das Tal des Yarra ist aus der Asche wiederauferstanden. Aus verschiedenen Gründen – darunter die Weltwirtschaftskrise und die Tatsache, daß sich der Geschmack der Australier eher dem Bier zugewandt hatte – kam es hier seit den 20er Jahren zu einer 50jährigen Unterbrechung der Winzerei. In den 70er Jahren kehrte dann einige Pioniere ins Tal zurück, unter ihnen Dr. John Middleton. 1971 bepflanzte er 10 ha mit verschiedenen Rebsorten, darunter Cabernet und Pinot Noir.

Nach einiger Zeit wurden die Mount Marys in Australien zu Kultweinen. Allerdings werden sie nicht von jedermann geschätzt – so hat Robert Parker vor kurzem eine negative Kritik über sie geschrieben. Middleton reagierte, indem er den Verriß an einem Weinfaß aufhängte, damit ihn auch jeder lesen konnte.

Der berühmteste unter den Weinen des Gutes ist vielleicht der Quintet. In der Nase herrschen die komplexen und süßen Aromen von schwarzen Johannisbeeren vor, die von würzig-herzhaften, fast erdigen Noten begleitet werden. Der Geschmack ist konzentriert und zeigt in der reifen Fruchtigkeit der schwarzen Johannisbeeren eine schöne Komplexität. Wie viele andere Weine des Gutes sollte er am besten 10 Jahre im Keller gelagert werden. **JG**

$$$ Trinken: 2012–2025

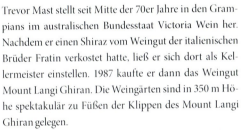

Die Rebstöcke am Mount Langi Ghiran sind mit großem Abstand gepflanzt.

Château Mouton Rothschild
1945

Herkunft Frankreich, Bordeaux, Pauillac
Typ Trockener Rotwein, 13 Vol.-%
Rebsorten C. Sauvignon 85%, Merlot 8%, C. Franc 7%

Der „Siegesjahrgang" 1945 war ein wundervolles Symbol für den Frieden. In ganz Frankreich lieferten die ungepfropften, ausgewachsenen Reben, von denen während des Krieges keine durch Neupflanzungen ersetzt worden waren, Trauben höchster Qualität. Im Bordeaux zeichnete sich vor allem Mouton Rothschild aus, obwohl die Kellerei damals schlecht ausgestattet war. Der 1945er wird als einer der größten Weine aller Zeiten betrachtet. Michael Broadbent hat ihn mit den vielzitierten Worten „ein Churchill unter den Weinen" beschrieben. Das bezieht sich nicht nur auf den Wein selbst, sondern auch auf das Etikett, das erstmals von einem Künstler im Auftrag des Hauses gestaltet wurde. In diesem Fall war es der junge Franzose Philippe Jullian, der sich Churchills Siegeszeichen „V" als Vorlage nahm. Jeder Jahrgang des Moutons wurde seitdem von Künstlerhand gestaltet.

1993 servierte die neue Besitzerin, Baronin Philippine de Rothschild, bei einem Essen für mehr als 200 Gäste den 1945er. Ursprünglich sollten Magnums aus den Kellern geholt werden, aber nach einer Verkostung entschied der Kellermeister, diese seien noch nicht ausgereift, und man wich auf normalgroße Flaschen aus. Wirklich ein Wein, der auf Dauer ausgelegt ist. **SG**

🍷🍷🍷🍷🍷 **Trinken: bis 2050**

Muga *Prado Enea*
Gran Reserva Rioja 1994

Herkunft Spanien, Rioja
Typ Trockener Rotwein, 13,5 Vol.-%
Rebsorten Tempranillo, Mazuelo, Graciano

Die Bodegas Muga wurden 1932 von Isaac Muga Martínez in Haro gegründet. Heute wird das Unternehmen in der dritten Generation von der Familie geleitet – Brüder und Cousins teilen sich die Aufgaben.

Mugas Weine zeichnen sich dadurch aus, daß sie in Eiche und in nichts als Eiche hergestellt werden. Die Trauben werden in 160 großen Fässern gegärt, der Wein in 14.000 Fässern ausgebaut. Alle Verfahren sind sehr traditionell, von der Verwendung natürlicher Hefen bis hin zu dem Eiklar, mit dem der Wein geklärt wird. Dennoch sind die Weine recht modern, ohne ihre Identität einzubüßen, so sprechen sie sowohl traditionsbewußte Kenner als auch Liebhaber moderner Weine an.

Der Prado Enea 1994 zeigt in seiner rubinroten Farbe und den orangefarbenen Glanzlichtern die ausgedehnte Lagerung im Faß und in der Flasche, die hinter ihm liegt, wenn er 6 oder 7 Jahre nach der Ernte auf den Markt kommt. Der Wein hat eine berauschende Nase, in der Aromen von roten Beeren, Waldboden, Steinpilzen und Trüffeln begegnen. Hinzu kommen Leder-, Gewürz- und Zitrusnoten. Dieser mittelschwere Rioja mit seiner guten Säure und dem sanften Tannin ist ein Wein für Burgunderliebhaber. **LG**

🍷🍷🍷 **Trinken: bis 2020**

◀ Zwei Flaschen des Mouton 1945 flankieren einen 1924er.

Domaine Jacques-Frédéric Mugnier *Le Musigny GC* 1999

Herkunft Frankreich, Burgund, Côte de Nuits
Typ Trockener Rotwein, 13 Vol.-%
Rebsorte Pinot Noir

René Muré *Pinot Noir Cuvée „V"* 2004

Herkunft Frankreich, Elsaß
Typ Trockener Rotwein, 13,5 Vol.-%
Rebsorte Pinot Noir

Frédéric Mugnier ist vom Glück gesegnet. Nach einer beruflichen Karriere als Erdölingenieur und Flugzeugkapitän übernahm er nicht nur die Leitung des ansehnlichen Château de Chambolle-Musigny, sondern keltert auch seit 1998 aus seinen vorzüglichen Weingärten in Chambolle und Nuits einen eigenen Wein.

Zu seinem Besitz in Chambolle gehört auch eine Parzelle des premier cru Les Fuées und eine des verführerischen Amoureuses. Sein bestes Stück dort ist jedoch eine 1,4 ha große Parzelle des grand cru Le Musigny. Die Reben wurden zwischen 1942 und 1967 gepflanzt – unvergleichliches Rohmaterial für einen Wein, der vielen Kennern als der beste in der Appellation gilt.

Das Jahr 1999 war für die Verhältnisse im Burgund heiß, damals zahlte sich Mugniers Ansatz aus. Er sagt: „Ein guter Wein ist ein Geschöpf des Bodens, und unsere Aufgabe ist es, das lebendige Gleichgewicht zwischen Rebe und Boden zu respektieren. Wir sind in unseren Methoden nicht dogmatisch. Aber wir beobachten die Auswirkungen auf die Umwelt, und wir vermeiden alle Verfahren, die den Wein schädigen könnten." Der 1999er Le Musigny hat die duftig, ätherische Qualität der großen Wein von der Côte de Nuits. **ME**

❺❺❺❺❺ Trinken: 2009–2025+

Der Buchstabe „V" im Namen dieses Weines steht für Vorbourg, den *grand cru* an der Côte de Rouffach im südlichen Elsaß. Seit der Zeit der alten Römer hat dieser vorzügliche Weinberg und die anderen in der Umgebung von Rouffach die Aufmerksamkeit der Winzer auf sich gezogen. Die Reben für diesen Pinot Noir wachsen tatsächlich im *grand cru* Vorbourg, da aber für die Appellation nur die Sorten Riesling, Pinot Gris, Gewürztraminer und Muscat zugelassen sind, darf er nicht als Vorbourg vermarktet werden.

Der 2004er ist ein außergewöhnlicher Pinot Noir aus einem Jahr, das ihm großartige Farbe, lebhafte Fruchtigkeit und gute Reife verlieh. Er ist kraftvoll, ohne zu sehr extrahiert zu sein, und wurde weder geklärt noch filtriert. Die Farbe ist ein dunkles Rubinrot. Die ersten Aromen sind ein exotisches Potpourri aus Veilchen, rosa Pfeffer und frischen, dunklen Früchten, unterstrichen durch Noten von Gewürzen wie Zimt und Nelken. Der Wein ist wirklich gaumenfüllend, die glatten Tannine gehen eine glückliche Verbindung mit dem Geschmack von Schwarzkirschen und Himbeeren ein. Das Finale ist lang und fokussiert, hier wird der beeindruckende Pinot Noir durch etwas reife Säure und Mineralität abgerundet. **ME**

❺❺❺ Trinken: bis 2012

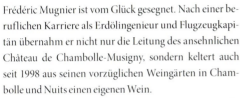

Die Kirche von Chambolle-Musigny im Herzen der Côte de Nuits.

Château Musar
1999

Herkunft Libanon, Bekaa-Tal
Typ Trockener Rotwein, 14 Vol.-%
Rebsorten Cabernet Sauvignon, Cinsault, Carignan

Nach einem langen Frankreichaufenthalt kehrte Gaston Hochar in den Libanon zurück und gründete dort 1930 Château Musar in den Kellern des Schlosses Mzar in Ghazir. Gastons ältester Sohn Serge trat 1959 nach Abschluß seines Önologiestudiums in Bordeaux in das Unternehmen ein, sein jüngerer Bruder Ronald übernahm 1962 die Finanz- und Marketingabteilung.

Château Musar ist dafür bekannt, daß er nach *Brettanomcyce* riecht, einer Hefeart, deren Geruch an „alte Socken" erinnert. Hinzu kommt das Aroma von Essigsäure, das in der Tat an Essig erinnert. Diese Eigenschaften könnten als Fehler betrachtet werden, beim Musar bilden sie aber einen Teil der einzigartigen Persönlichkeit des Weines.

Das Mischungsverhältnis der Grundweine unterscheidet sich von Jahr zu Jahr, so daß auch der Wein jedes Jahr anders ausfällt. Der 1999er ist von relativ blasser Farbe – das gilt für viele der besten Jahrgänge des Weines – und zeigt den typischen Geruch nach „alten Socken", begleitet von reichhaltigen und reifen Fruchtnoten. Die Säure ist recht gering. Im Jahr 2007 ließ er sich schon gut genießen, er kann aber von einer zusätzliche Lagerungszeit von 5 Jahren nur profitieren. **SG**
❸❸❸ **Trinken: bis 2012+**

Bodega Mustiguillo
Quincha Corral 2004

Herkunft Spanien, Valencia, Utiel-Requena
Typ Trockener Rotwein, 14,5 Vol.-%
Rebsorten Bobal 96%, Syrah 4%

Der Besitzer der Bodega Mustiguillo ist Toni Sarrión, der sich aus dem Geschäftsleben zurückzog, um Wein zu erzeugen. Seine Familie besaß zwar Weingärten, verkaufte aber die Trauben. Er studierte, reiste in die Südhalbkugel, um während zwei Ernten im Jahr arbeiten zu können, engagierte einen der besten Weinberater und tat auch sonst alles, um so schnell wie möglich zu lernen. Das Jahr 1999 verging mit Experimenten, im Jahr 2000 kam dann der erste Wein auf den Markt. Die Rebsorte seiner Wahl war Bobal, die wichtigste rote Sorte in Utiel-Requena. Bobal hatte sich nicht durch besonders hochwertige Weine ausgezeichnet, die Sorte lieferte aber kräftige Farbe, reichlich Alkohol und enorm hohe Erträge. Sarrión war davon überzeugt, daß sie einen besseren Ruf verdiene.

Im Laufe der Jahre hat sich die Zusammenstellung des Quincha Corral verändert, in der Vergangenheit waren auch Tempranillo und Cabernet am Wein beteiligt. Der Jahrgang 2004 besteht zu 96 % aus Bobal, der Rest ist Syrah. Der Wein ist dunkelpurpur. In der Nase findet man reichlich Aromen von reifen Pflaumen, Maulbeeren und Heidelbeeren sowie Blütennoten. Am Gaumen wirkt er voll, dicht, würzig und intensiv. Trotz der reifen Tannine ist er frisch und ausgewogen. **LG**
❸❸❸ **Trinken: bis 2019**

◀ Eine Erntehelferin im Aana-Weingarten von Château Musar.

Fiorenzo Nada
Barbaresco Rombone 2001

Herkunft Italien, Piemont, Langhe
Typ Trockener Rotwein, 14 Vol.-%
Rebsorte Nebbiolo

Bruno Nadas Geschichte ist die des Verlorenen Sohnes. Sein Vater besaß in Treiso ein kleines Barbaresco-Gut. Der 1951 geborene Bruno ging auf der Suche nach Karriere und Wohlstand vom Land in die Großstadt. Er studierte in Turin und wurde dann Dozent an einer Hotelfachschule in Barolo. Der Ruf seiner geliebten Heimat war dort so stark, daß er Kurse in Weinverkostung und Gastronomiekritik anbot.

Schließlich ging er Anfang der 80er Jahre zu seinem Vater, der bis dahin seine Weine *en masse* verkauft hatte, und schlug ihm vor, etwas neues zu versuchen und den Wein direkt zu vermarkten. Der Senior antwortete lakonisch: *Pruvuma* („Versuchen wir's"). Seitdem keltern die beiden mit unendlicher Sorgfalt und großem Respekt für die örtlichen Traditionen eine kleine Anzahl von Weinen.

Der Rombone ist ein majestätischer, in der Jugend ausgesprochen verschlossener Wein. Das zeigt sich deutlich im erstklassigen Jahrgang 2001. Die reichhaltigen Aromen sind typisch für Barbaresco: Veilchen und Brombeeren in einer fast burgundischen Fülle. Am Gaumen ist der Wein warm und kräftig – tanninreich und doch reif –, von muskulöser Textur und großer Länge. **ME**

❊❊❊❊ Trinken: 2011–2030+

Château de la Négly
La Porte du Ciel 2001

Herkunft Frankreich, Coteaux du Languedoc, La Clape
Typ Trockener Rotwein, 14,5 Vol.-%
Rebsorte Syrah

Dieses 50 ha große Gut an den Osthängen des Kalksteinberges La Clape an der Mittelmeerküste erzeugt eine Reihe von auffälligen, aber anregenden und deutlich unterschiedlichen Weinen. Der Besitzer Jean Paux-Rosset konnte seinen Wunsch nach einem guten Languedoc-Wein nicht eher gegen seine Familie durchsetzen, die noch der alten, ertragsorientierten Winzerei verhaftet war, bis er schließlich das Gut 1992 übernahm. Seitdem hat er die Weingärten und Keller allmählich auf Vordermann gebracht.

Bei den Rotweinen zeigen sich der La Falaise und der vorwiegend aus Mourvédre gekelterte l'Ancely als ernsthafte, dichte Weine mit guter Komplexität. Die zwei besten Weine sind jedoch reine Syrahs: Der Clos des Truffiers, der in Zusammenarbeit mit Jeffrey Davies entsteht, stammt von Weingärten in St.-Pargeoire, während der Clos du Ciel (den Namen gibt es in der Welt des Weines mindestens dreimal) Teil des eigentlichen Gutes ist. La Porte du Ciel ist üppig und dicht, der unverkennbar salzige Charakter, der auf die Seelage zurückzuführen ist, wird gut in die Frucht eingebunden. Vielleicht hatte Paux-Rossets Vater Max doch Recht gehabt – er war es, der zuerst Syrah an den Hängen von La Clape gepflanzt hatte. **AJ**

❊❊❊ Trinken: bis 2011

Nino Negri
Sfursat 5 Stelle 2003

Herkunft Italien, Lombardei, Valtellina
Typ Trockener Rotwein, 14,5 Vol.-%
Rebsorte Chiavennasca (Nebbiolo)

Niebaum-Coppola Estate
Rubicon 2003

Herkunft USA, Kalifornien, Napa Valley
Typ Trockener Rotwein, 14,5 Vol.-%
Rebsorten C. Sauvignon, C. Franc, Merlot, Petit Verdot

Das Valtellina ist eines der letzten lombardischen Täler vor der Schweiz, in diesem kleinen Anbaugebiet zeigt sich der großartige Nebbiolo von einer fast genauso guten Seite wie im Piemont. Nino Negri ist der größte örtliche Erzeuger von Wein aus dieser Traube, die hier Chiavennasca genannt wird. Die hohe Qualität der Weine aus dem Valtellina ist nicht zuletzt auf Negris Kellermeister Casimiro Maule zurückzuführen, der seit 1976 die Meßlatte für die Weine der Region spürbar angehoben hat. Sein Sfursat 5 Stelle ist der Spitzenwein des Gutes, und der 2003er ist einer der besten Jahrgänge, eine beachtliche Leistung angesichts der Temperaturen, die in dem Jahr herrschten.

Der Wein ist intensiv granatrot gefärbt, mit leichten Andeutungen von Ziegelrot. Anfänglich spürt man die reichhaltigen und würzigen Aromen von Dörrpflaumen und Rosinen, die in ihrer Öligkeit schon fast balsamisch sind. An der Luft entwickelt das Bouquet die klassischen Düfte des Nebbiolo – alte Rosen, geröstete Nüsse und Kaffee und einen Hauch Vanille. Am Gaumen zeigt sich ein überraschend aristokratischer, dicht gewebter Charakter, der über reichliche Reserven verfügt und bei dem Eleganz und Haltung um Haaresbreite vor der rohen Kraft durchs Ziel gehen. **ME**
❂❂❂❂ Trinken: 2009–2018

1871 kaufte William C. Watson 32 ha Land im Napa-Tal, bestockte es mit Reben und taufte das Gut Inglenook. 1880 wurde der Besitz dann an den finnisch-stämmigen Kapitän Gustave Niebaum verkauft, der im Pelzhandel mit Alaska ein Vermögen verdient hatte. Die Weine erwarben sich bald einen sehr guten Ruf – die Gäste der Southern Pacific Railroad tranken Inglenook.

1964 wurde das Anwesen geteilt, Allied Grape Growers kauften den Markennamen, das Gutshaus und einen Teil der Weingärten. Später wurde der Besitz wieder zusammengeführt und von Francis Ford Coppola gekauft, der es in den späten 70er Jahren allerdings fast wieder verlor, da er es als Sicherheit für seinen Film *Apocalypse Now* verpfändet hatte.

Coppolas erster Jahrgang des Rubicon war der 1978er, der allerdings erst 1985 auf den Markt kam, nachdem er 7 Jahre im Faß gereift war. Die ersten Jahrgänge waren sehr dicht und tanninreich, aber seit den 90er Jahren hat sich der Stil zum Zugänglicheren hin verändert. Für einen Wein aus Napa ist der Rubicon erstaunlich geschmeidig, er wird aber mit Würde reifen. Im Jahr 2006 wurde der Gutsname Niebaum-Coppola aufgegeben, seitdem heißt das Gut wie der Wein: Rubicon. **SG**
❂❂❂❂❂ Trinken: bis 2012+

Ignaz Niedrist
Lagrein Berger Gei 2004

Herkunft Italien, Südtirol
Typ Trockener Rotwein, 13 Vol.-%
Rebsorte Lagrein

Dieses Weingut ist seit 1870 im Besitz der Familie Niedrist. Jahrzehntelang wurden die Trauben an die örtliche Genossenschaftskelterei in Cornaiano verkauft, aber Anfang der 90er Jahre ersetzten die Niedrists die Trollinger-Reben durch Lagrein, um eigenen Wein zu keltern.

Cornaiano liegt etwas nördlich des Caldaro-Sees. Hier gedeiht der Lagrein in den warmen, gut drainierten Böden, die vor Jahrmillionen beim Rückzug der Gletscher entstanden. Lagrein ist eine Rebsorte, die nur in Südtirol angebaut wird. Es werden zwar auch fruchtige Roséweine daraus gekeltert (Lagrein Kretzer), aber die Trauben sind sehr reich an Farbstoffen und recht arm an Tannin. Wenn er mit den Beerenhäuten gärt wird, entsteht ein sehr stark gefärbter, sehr robuster, aber dennoch sanfter Rotwein, der vor allem durch seine Fruchtigkeit anspricht.

Im Glas wirkt der 2004er Lagrein Berger Gei fast pechschwarz und zeigt nur einige purpurne Glanzlichter. Die Nase zeigt Aromen von Brombeeren, Preiselbeeren und reifen Früchten, hinterlegt von würzigen Kakao- und Tabaknoten. Am Gaumen ist der Wein fast dickflüssig mit der Konzentration einer Obstmarmelade, aber der Lebhaftigkeit von frisch gepreßten Sommerbeeren. **AS**
€€ Trinken: bis 2014

Niepoort
Batuta 2004

Herkunft Portugal, Douro
Typ Trockener Rotwein, 14 Vol.-%
Rebsorten Mischung aus vielen einheimischen Arten

Dirk Niepoort ist beneidenswert: Ein versessener Weinnarr, der in der glücklichen Lage ist, ein Weingut zu besitzen und über einige der großartigsten *terroirs* der Welt zu verfügen. Diese *terroirs* – die Schieferhänge im Cima-Corgo-Gebiet des Douro – sind der Portweinerzeugung vorbehalten, aber für seine vorzüglichen roten Tischweine zieht Niepoort kühlere, nach Norden ausgerichtete Weingärten vor. Er ist der Überzeugung, daß gute Lagen für Port nicht die besten Lagen für einen Tischwein sind.

Batuta wurde zuerst 1999 gekeltert. Vom Stil her erinnert er am ehesten an einen guten Bordeaux. Der Wein wird bis zu 45 Tage auf den Häuten belassen – nicht, um stärkere, sondern um feinere Tannine zu erhalten. Der Wein ist wild und intensiv, aber zugleich sehr kultiviert, mit großer Länge und Finesse.

Der beste Jahrgang war bis jetzt vermutlich der 2004er. Er ist nicht so wild wie es der Redoma sein kann, aber kraftvoll und elegant, intensiv und doch kultiviert. Die schöne, volle, frische Nase zeigt süße Aromen von dunkler Schokolade, von Gewürzen und von Früchten. Am Gaumen ist er konzentriert und süß-fruchtig, darunter liegt jedoch eine riesige Struktur. Der frische, straffe Stil birgt großes Alterungspotential. **JG**
€€€ Trinken: 2010–2030

Dirk Niepoort in einem seiner Faßkeller.

Niepoort
Charme 2002

Herkunft Portugal, Douro
Typ Trockener Rotwein, 13 Vol.-%
Rebsorten Mischung aus vielen einheimischen Sorten

Dirk Niepoort ist vielleicht die führende Gestalt in der Revolution, die bei den Tischweinen aus Douro ausgebrochen ist. Niepoort ist besessen von guten Weinen, und von allen Weingebieten der Welt gilt seine größte Bewunderung dem Burgund. Während er mit dem roten Redoma und Batuta und dem auffällig burgundischen Redoma Branco Reserva Ruhm erntete, war er schon mit der Entwicklung eines vollkommen anders gearteten Douro-Weins beschäftigt: dem Charme.

„Der Unterschied zwischen einem guten und einem überragenden Wein liegt in hundert kleinen Details," sagt Niepoort. Die Trauben werden mit den Rappen in *lagares* mit den Füßen gestampft, und der Mazerationsdauer wird besondere Aufmerksamkeit gewidmet. Im *lagar* muß anfänglich sehr viel Extrakt entzogen werden, beim Rest muß dann sehr vorsichtig gearbeitet werden. Niepoort sagt, daß sie 2001 den richtigen Zeitpunkt um einige Stunden verpaßt hätten – deshalb wurde kein Charme aus diesem Jahr freigegeben.

Der erste Charme, der auf den Markt kam, war der 2002er. Er hat eine glatte, reife und elegante Nase mit Reichhaltigkeit und Tiefe. Am Gaumen ist der Wein glatt und reif, würzig, mit leicht strukturierten Tanninen. **JG**
☺☺☺ **Trinken: bis 2025+**

Bodega Noemía de Patagonia
Noemía 2004

Herkunft Argentinien, Patagonien, Río-Negro-Tal
Typ Trockener Rotwein, 14,5 Vol.-%
Rebsorte Malbec

Noemía ist der Spitzenwein von Noemi Marcone Cinzano und seinem Kellermeister Hans Vinding-Diers. Im Jahr 2001 arbeitete er im patagonischen Rio-Negro-Tal, als er zufällig einen Weingarten fand, in dem der „echte" (der spätreife) Malbec wuchs. Die Reben waren in den 30er Jahren von italienischen Einwanderern gepflanzt worden, um als „Mutterweingarten" für das südliche Italien zu dienen. Mit dem ersten Jahrgang von diesem Weingarten entstand im Jahr 2001 der erste ‚Garagenwein' Argentiniens.

Vinding-Diers gärte den Noemía ohne Pumpen oder andere mechanische Hilfsmittel in den Kühlräumen eines Obstlagerhauses, bevor Cinzano an Bord kam, für den Vinding-Diers in der Toskana als Berater tätig war. Zusammen errichteten sie eine Kellerei, in der 2004 dann der erste Wein entstand.

Der Wein wird durch Schwerkraft auf Flaschen abgefüllt und nicht filtriert, man sollte ihn also etwa einen Tag vor dem Genuß dekantieren. Er zeigt immens konzentrierte Frucht und exotische Tannine, behält aber trotz des Gewichtes seine Eleganz. Er weist auch die besten Eigenschaften der Malbec-Rebe auf: ungemein weite Tannine in einem Wein, der überhaupt nicht tanninreich wirkt. **MW**
☺☺☺☺ **Trinken: bis 2015**

Andrea Oberto
Barbera Giada 2004

Herkunft Italien, Piemont
Typ Trockener Rotwein, 14,5 Vol.-%
Rebsorte Barbera

Dieses Gut wurde 1978 von Andrea Oberto gegründet, weil er die Winzertradition seiner Familie fortsetzen wollte. Der Zeitpunkt für diese Geschäftsgründung war nicht unbedingt ideal – viele Erzeuger gaben damals sogar eine Kiste Barolo als Zugabe an jeden Kunden, der 10 bis 15 Kisten Barbera kaufte. Der Barolo mag der Spitzenwein des Piemont sein, aber Barbera ist die Rebsorte, die den Piomontesen näher am Herzen liegt. Zu jener Zeit gab es nicht viele Gaumen, die nicht aus dem Piemont stammten und die im Normalfall sehr aggressive Säure des Barberas hätten ertragen können.

Obertos Barbera Giada wurde zuerst 1988 gekeltert und gehörte zu den ersten Barberas, die auch Weinliebhaber ansprachen, die nicht aus dem Piemont stammten. Die Reben, von denen der Giada stammt, wurden 1951 gepflanzt und stellen hochwertige Beeren. Die Erträge werden relativ niedrig gehalten. Die Trauben werden bei kontrollierten Temperaturen gekeltert. Dies ist ein Barbera, der bei manch einem zu einem Sinneswandel über die Rebsorte führen könnte. Der 2004er ist die flüssige Personifikation eleganter und saftiger Fruchtigkeit. Versuchen Sie ihn einmal mit Lammkeule in reichlich Rosmarin und Knoblauch. **AS**

$ $ $ **Trinken: bis 2010+**

Ojai Vineyard
Thompson Syrah 2003

Herkunft USA, Kalifornien, Santa Barbara
Typ Trockener Rotwein, 13,5 Vol.-%
Rebsorte Syrah

Als Adam und Helen Tolmach ihr kleines Gut 1981 mit Syrah bestockten, waren weder der kleine Urlaubsort Ojai noch der US-amerikanische Syrah sehr bekannt. Der Weingarten wurde zwar später von dem Rebschädling *Xylella fastidiosa* vernichtet, aber Tolmach entschloß sich, ihn nicht neu zu bestocken, sondern enger mit den Winzern zusammenzuarbeiten, zu denen er Kontakte hatte. Tolmach hat sich seit 1991 ganz auf seine eigenen Weine konzentriert. Er ist an jedem Aspekt der Winzerei und Kelterei und den Kausalzusammenhängen interessiert, die dabei wirken.

Bei diesen Erkundungen wurde ihm klar, daß ein hoher Zuckergehalt und der damit einhergehende Alkoholgehalt die Möglichkeiten des Weines einschränken, komplexe Geschmacksbouquets zum Ausdruck zu bringen. So hat er sich auf die Suche nach immer kühleren Lagen gemacht, die elegante und langlebige Weine hervorbringen. Das Jahr 2003 war ein relativ einfacher Jahrgang, der die geringen Erträge bot, die Tolmach schätzt. Der Thompson Syrah ist ein kräftiger, dichter und konzentrierter Wein, der sich durch eine latente Komplexität auszeichnet, die 10 oder mehr Jahre nach der Ernte harmonisch und ausgewogen zum Vorschein kommt. **LGr**

$ $ $ **Trinken: bis 2015+**

Willi Opitz
Opitz One 1999

Herkunft Österreich, Neusiedlersee, Illmitz
Typ Süßer Rotwein, 11 Vol.-%
Rebsorten Blauburger oder andere Varietäten

Willi Opitz betreute seinen winzigen Weingarten ursprünglich nur am Wochenende. Inzwischen hat er seinen Brotberuf aufgegeben und etwas mehr Land erworben. Zudem erhält er regelmäßig von Winzern der Umgebung edelfaule Trauben, die sie aus dem einen oder anderen Grund nicht selbst verwenden möchten. Das Lesegut wird sorgfältig sortiert und für Cuvées unterschiedlicher Süße verwendet, von Spätlesen bis hin zu Trockenbeerenauslesen. In Jahren ohne Botrytis werden die Trauben entweder bis zu den ersten Frostnächten an den Reben belassen – was wegen eines nahegelegenen Naturschutzgebietes und der dort nistenden, hungrigen Vögel riskant ist – oder sie werden auf Schilfmatten getrocknet, um Schilfmandl herzustellen, eine Strohweinart, die Opitz zum Leben wiedererweckt hat.

Eine Novität ist der Opitz One, sein exzellenter roter Schilfwein. Er wird aus der österreichischen Kreuzung Blauburger (Blauer Portugieser x Blaufränkisch – eine Kreation von Friedrich Zweigelt) oder aus verschiedenen roten Rebsorten gekeltert. Der 1999er zeichnet sich durch seine rosarote Farbe und eine immense Nase mit Aromen von Nougat, Rumtopf und Mousse au Chocolat aus. Ein idealer Begleiter zu einem Stück Sachertorte. **GM**
ⓢⓢⓢⓢ **Trinken: bis 2015+**

Opus One
1987

Herkunft USA, Kalifornien, Napa Valley
Typ Trockener Rotwein, 13,5 Vol.-%
Rebsorten C. Sauvignon 95%, C. Franc 3%, Merlot 2%

Obwohl Opus One jetzt nicht mehr so viel Aufmerksamkeit erregt wie manche andere Kellereien in Napa Valley, war es doch eines der ersten ‚Designer'- oder ‚Boutiquen'-Güter des Anbaugebietes. Robert Mondavi und Baron Philippe de Rothschild lernten sich zuerst 1970 auf Hawaii kennen, 8 Jahre später erneuerten sie die Bekanntschaft im Bordeaux. Nach nur einer Stunde hatten sie sich auf ein Gemeinschaftsunternehmen in Kalifornien geeinigt.

Es dauerte ein paar Jahre, bis Opus One seinen eigenen Stil gefunden hatte, den behielt das Gut dann aber auch bei: Trauben aus Kalifornien, die *à la bordelaise* vinifiziert werden. Man kann Opus One nicht mit einem Bordeaux-Wein verwechseln – dafür ist er zu reif und zu alkoholreich –, aber er ist sehr viel geschmackvoller und sehr viel weniger alkoholreich als die übertriebenen kalifornischen Cabernets, die auf ihn folgten.

Der 1987er Opus One war im Jahr 2006 immer noch sehr intensiv gefärbt. In der Nase zeigen sich zuerst nicht unanziehende grüne Noten, die dann bei Luftzufuhr in Tabakaromen übergehen. Der Wein ist voll und konzentriert, hat einen tanninreichen Abgang und kann noch einige Jahre gelagert werden. **SG**
ⓢⓢⓢⓢⓢ **Trinken: bis 2015**

Siro Pacenti
Brunello di Montalcino 2001

Herkunft Italien, Toskana, Montalcino
Typ Trockener Rotwein, 14 Vol.-%
Rebsorte Sangiovese

1960 kaufte Giancarlo Pacentis Vater Siro 20 ha bestes Weinbauland in Montalcino, sein Großvater hatte eine Generation vorher noch als Pächter das Land bearbeitet. Die 7 ha Sangiovese der Familie liegen im äußersten Norden der DOCG und profitieren gleichermaßen vom kühlen Klima und den sandigen Böden, die für Weine von außergewöhnlicher aromatischer Komplexität sorgen. Die 13 ha im Süden der Appellation haben fruchtbare alluviale Böden mit einem hohen Kalksteinanteil, die Trauben hier liefern Weine mit beträchtlicher Kraft und hohem Alkoholgehalt. Die Weine der Pacentis erhalten ihre ungewöhnliche Konzentration und Langlebigkeit durch die Mischung des Leseguts aus diesen beiden unterschiedlichen Teilgebieten.

Giancarlo hält den 2001er für den erfolgreichsten Ausdruck der Sangiovese-Rebe. Er wurde in einer wahren Kathedrale von einem Keller gekeltert, nach einer 20tägigen Mazerationszeit 24 Monate in französischen Barriques ausgebaut und weder geklärt noch filtriert. Die Familie Pacenti verwendet viel Mühe darauf, das *terroir* von Montalcino während der gesamten Vinifikation möglichst rein zu erhalten. Der 2001er ist ein würdiges Vermächtnis. **MP**

🍷🍷🍷 **Trinken: 2015–2025**

Pago de los Capellanes *Parcela*
El Picón Ribera del Duero 2003

Herkunft Spanien, Ribera del Duero
Typ Trockener Rotwein, 14,5 Vol.-%
Rebsorten Tinto Fino (Tempranillo), C. Sauvignon

Pago de los Capellanes ist eine sehr junge Winzerei in Ribera del Duero. Der Name geht darauf zurück, daß der Weingarten einst der Kirche gehörte und von den Kaplanen des Dorfes Pedrosa bewirtschaftet wurde. Der Familie Rodero-Villa gehören neben diesem Weingarten weitere 101 ha Reben in der Umgebung der Winzerei, von denen 80 % mit Tempranillo bestockt sind, der Rest ist Cabernet Sauvignon und Merlot.

Parcela el Picón ist eine Einzellagenabfüllung von einer 2 ha großen Parzelle, die mit einem besonderen Klon des Tinto Fino (Tempranillo) bepflanzt ist. Das Mesoklima sorgt für Tannine außergewöhnlicher Güte. Der Wein ist eine der wenigen Einzellagenabfüllungen aus Ribera del Duero und wird nur in außergewöhnlich guten Jahren erzeugt – die ersten drei waren 1998, 1999 und 2003.

Die Ernte fiel 2003 extrem klein aus, und vom Picón wurde kaum ein Viertel so viel produziert wie 2003. Die Farbe des Weins ist ein sehr dunkles Granatrot, mit einem fast schwarzen Kern. Das Aroma ist intensiv und komplex, mit Noten von Fleisch, Gewürzen, sehr reifen roten Früchten und gut eingebundener Eiche. Am Gaumen ist er mittelschwer mit guter Säure, geschmackvoll, frisch und sehr lange nachklingend. **LG**

🍷🍷🍷🍷 **Trinken: bis 2018**

Pahlmeyer
Proprietary Red 1997

Herkunft USA, Kalifornien, Napa Valley
Typ Trockener Rotwein, 14,7 Vol.-%
Rebsorten C. Sauvignon, Merlot, Malbec, andere

Paitin
Barbaresco Sorì Paitin 1999

Herkunft Italien, Piemont, Langhi
Typ Trockener Rotwein, 14 Vol.-%
Rebsorte Nebbiolo

Jason Pahlmeyer gehört zur besseren Gesellschaft von Napa Valley – er war Bankier und Rechtsanwalt, bevor er in Coombsville und Atlas Peak sehr gute Weingärten anlegte. Er bewies auch, daß sich in Napa Valley superbe Rotweine im Stil des Bordeaux keltern lassen, wenn man auf rein traditionelle, altweltliche Anbau- und Kellereimethoden zurückgreift. Wichtiger ist jedoch, daß ihm dies in einem Anbaugebiet gelungen ist, in dem die Technik vorherrscht, in dem Weine aus einer Rebsorte die Regel waren und sind, und in dem Verschnitte, die einfach als „Rotwein" etikettiert sind, in der Vergangenheit so schlecht waren, daß sie die Verbraucher abschreckten.

Die Trauben für Pahlmeyers Proprietary Red – eine traditionelle Bordeaux-Mischung aus Cabernet Sauvignon, Merlot, Cabernet Franc, Merlot und Petit Verdot – stammen hauptsächlich von steilen Weinbergen mit niedrigen Erträgen. Sie werden vollreif mit sehr hohem Zuckergehalt geerntet. Der Wein wird 2 Jahre in Fässern ausgebaut, die zu 80 % neu und zu 20 % ein Jahr alt sind. Dann werden sie ungeklärt und unfiltriert auf Flaschen abgefüllt. Das Ergebnis ist Jahr für Jahr ein Rotwein mit glatten Tanninen, unergründlicher Frucht und überwältigender Kraft. **DD**

🍷🍷🍷🍷🍷 Trinken: bis 2012+

Das offizielle Gründungsjahr der angesehenen DOCG Barbaresco ist 1894, aber Nebbiolo di Barbaresco wurde schon lange vorher gekeltert. Der Barbaresco vom Weingarten Sori Paitin wird seit 1893 auf Flaschen abgefüllt. Das ursprüngliche Land hatte Benedetto Elia 1796 der Familie Pelissero abgekauft, heute wird das Gut von Secondo Pasquero Elia und seinen beiden Söhnen Giovanni und Silvano geleitet.

Die Trauben für den Sorì Paitin werden nur 8 oder 9 Tage bei einer Temperatur von etwa 32°C mazeriert. Etwa 60 % des Weines wird dann in slawonischen Eichenfässern ausgebaut, der Rest in französischen Barriques. Jedes Jahr werden etwa 20 % der Barriques durch neue Fässer ersetzt.

Viele Erzeuger waren von der intensiven Farbe des Nebbiolos im Jahrgang 1999 überrascht. Der Wein zeigt ein dunkles, aber strahlendes Rubinrot mit hellen granatroten Abtönungen. Die Nase ist sehr elegant und komplex mit Aromen von Veilchen und roten Früchten (Kirschen und Granatäpfeln) neben dunkleren, teerigen Noten. Der Wein ist reichhaltig, sanft, warm und zärtlich, seine feinen Tannine und die gut eingebundene Säure geben ihm Rasse. **AS**

🍷🍷🍷🍷 Trinken: bis 2030

Alvaro Palacios
L'Ermita 2000

Herkunft Spanien, Priorat
Typ Trockener Rotwein, 14 Vol.-%
Rebsorten Grenache, Cabernet Sauvignon, Carignan

Descendientes de J. Palacios
Corullón 2001

Herkunft Spanien, Bierzo
Typ Trockener Rotwein, 13,5 Vol.-%
Rebsorte Mencía

In den 80er Jahren war René Barbier Verkaufsleiter der Winzerei Palacios Remondo in Rioja. Der junge Àlvaro Palacios war oft sein Reisebegleiter, zusammen verkauften sie die Weine des Familienbetriebes in der ganzen Welt. Aber sie teilten einen Traum: einen eigenen Weltklassewein zu keltern, und zwar in einem anderen Anbaugebiet. Schließlich ließen sie sich im Priorat nieder, wo sie Clos Mogador beziehungsweise Clos Dofi gründeten.

Àlvaro wollte jedoch noch einen Schritt weiter gehen. Er erkundet die Weingärten, bis er das fand, was er suchte. Das Amphitheater des Weinberges L'Ermita ist mit alten Grenachereben bepflanzt, die durch einige Stöcke Carignan und wenige Cabernet-Sauvignon-Pflanzen ergänzt werden. Die terrassierten Böden bestehen aus zersetztem Schiefer, der hier als *llicorella* bezeichnet wird und dem Wein Mineralität verleiht.

Der 2000er L'Ermita zeichnet sich durch große Balance aus. Er ist von sehr intensiver, dunkler, granatroter Farbe und hat ein komplexes Bouquet aus Blüten- und Mineralaromen mit einer Fülle von reifen, dunklen Fruchtnoten. Am Gaumen ist er voll und fleischig, sauber und präzise, geschmeidig und langanhaltend. Nicht zu Unrecht ist dies der teuerste spanische Wein. **LG**

🍷🍷🍷🍷🍷 **Trinken: bis 2020**

Bierzo ist das Tor von Kastilien nach Galizien. Die örtliche Rebsorte Mencía wurde kaum beachtet, bis Ricardo Pérez Palacio und sein Onkel Àlvaro Palacio sich hier niederließen. Sie suchten sich alte Weinberge hoch oben in den Bergen, die kleine Beeren mit konzentriertem Most und guter Farbe lieferten. Zuvor hatte Mencia als Rebsorte für Roséwein gegolten, aus der sich kaum etwas anderes keltern ließ.

Das winzige Bergdorf Corullón, aus dem die Trauben für diesen Wein stammen, hat sehr kleine Parzellen mit Mencía, die so steil sind, daß sie mit dem Pferd bewirtschaftet werden müssen. Das Jahr 2001 war in Bierzo sehr ausgeglichen und lieferte elegante, ausgewogene Weine, die langsam und gut reifen und Zeit brauchen, um sich von ihrer besten Seite zu zeigen.

Im 2001er folgt auf das dunkle Kleid eine Nase mit reichlichen Balsamaromen, in die sich saure Erdbeer-, rote Johannisbeer-, Heidelbeer- und Blütennoten mischen. Am Gaumen zeigt der Wein ein gutes, lebendiges Säurerückgrat und fokussierte Geschmacksnoten. Die Palacios suchten von Anfang an Balance und Eleganz – ein Stil, der in diesem 2001er auf das Trefflichste zum Ausdruck kommt. **LG**

🍷🍷🍷 **Trinken: bis 2013**

Die beeindruckende Kellerei von Àlvaro Palacio aus dem Jahr 1998.

Palari Faro
2004

Herkunft Italien, Sizilien
Typ Trockener Rotwein, 14 Vol.-%
Rebsorten Nerello Mascalese, N. Cappuccio, andere

Château Palmer
1961

Herkunft Frankreich, Bordeaux, Margaux
Typ Trockener Rotwein, 13 Vol.-%
Rebsorten C. Sauvignon 47%, Merlot 47%, C. Franc 6%

Von eine Unterbrechung während der arabischen Herrschaftszeit abgesehen, war Sizilien bis Mitte des 20. Jahrhunderts Weinanbaugebiet. Dann wurden die Weingärten von der Reblaus verwüstet, und die Weinproduktion ging zurück. 1985 hatte sie ihren Tiefpunkt erreicht.

Zu dieser Zeit ließ sich Salvatore Geraci vom Vater des italienischen Gourmetjournalismus, Luigi Veronelli, überzeugen, etwas zur Rettung der DOC Faro zu unternehmen. Geraci bat den piemontesischen Kellermeister Donato Lanati, sich seine Weinberge anzusehen – 7 ha steiler Terrassen am Meer, die mit sehr alten Reben unbekannter örtlicher Sorten bepflanzt waren. Lanati verliebte sich in die Weinberge und stellte sich der Herausforderung. Das Ergebnis ist der Faro, den wir heute kennen – eine Höhepunkt an Eleganz und Persönlichkeit.

Die Farbe ist ein nicht allzu tiefes Rubinrot, das im Alter leichte Orangetöne annimmt. Die Nase ist üppig, erdig, würzig und blumig, sie weist Aromen von roten Früchten auf, die durch Andeutungen von rohem Fleisch und orientalischen Gewürzen untermalt werden. Am Gaumen ist der Wein schön trocken und wohlproportioniert, die süßen und gerundeten Tannine unterstützen die Frucht und den langen, sauberen Abgang. **AS**

🍷🍷🍷 **Trinken: bis 2013**

Ein legendärer Wein aus einem legendären Jahr: Der Château Palmer 1961 ist einer jener perfekten Weine, die man niemals vergißt. 1961 war einer der größten Jahrgänge der Nachkriegszeit. Trotz zweier harter Frosteinfälle ergab die Ernte eine kleine Menge gesunder, reifer Trauben. Die geringen Erträge und die hohe Konzentration sorgten für Weine außergewöhnlicher Güte.

Der finnische Weinkenner Pekka Nuikki genoß im Juli 2006 eine Flasche des 61ers – seine siebte Verkostung. Er schrieb darüber: „Die Nase war unglaublich: Weit offen, mit einer eigenartigen, aber verführerischen Mischung aus Kakao, Trüffeln, schwarzen Johannisbeeren und Karamel. Ein voller, reichhaltiger und süßer Wein mit einem sanften, ausgewogenen Finale. Nicht so tiefgründig, dick und konzentriert, wie ich es erwartet hatte, aber eine der besten Flaschen 1961er Palmer, die ich verkostet habe. Es war ein sehr erfreuliches Erlebnis, aber leider nicht so gut wie es sein legendärer Ruf mich hatte erhoffen lassen. Dieser Palmer läßt sich jetzt sehr gut trinken, und… mein ernstgemeinter Rat lautet: Nicht warten, nicht verkaufen – tun Sie sich einen Gefallen, und genießen Sie ihn jetzt." Man kann sich dem angesichts der Launenhaftigkeit des Weines wohl nur anschließen. **SG**

🍷🍷🍷🍷 **Trinken: bis 2015**

Château Pape-Clément 2000

Herkunft Frankreich, Bordeaux, Pessac-Léognan
Typ Trockener Rotwein, 13 Vol.-%
Rebsorten Cabernet Sauvignon 60%, Merlot 40%

Der Verweis auf Papst Clemens ist kein Wunschdenken der Eigentümer des Gutes. Im Jahr 1305 wurde Bertrand de Goth, der Erzbischof von Bordeaux, als Clemens V. Papst. Die Stadt Bordeaux benannte des Gut dann ihm zu Ehren um. Es gehörte ab 1939 der Familie Montagne und ging dann durch Heirat in den Besitz von Bernard Magrez über, einem der mächtigsten *négociants* im Bordeaux. Pape-Clément ist immer noch sein wichtigstes Gut im Bordeaux, und die Qualität der Weine ist unter seiner Leitung deutlich gestiegen.

Die Böden des Gutes sind vorzüglich. Die Vinifikation folgt dem modernen Stil: Die Trauben werden kalt gewässert, der Tresterhut wird in die Maische zurückgedrückt, und der Wein wird in zumeist neuen Eichenfässern ausgebaut. Durch niedrige Erträge wird eine hohe Konzentration erreicht. Seit 1994 wird auch eine geringe Menge sehr guten Weißweines gekeltert. Es gab zwar schon immer eine geringe Menge an weißen Reben, aber die Ernte wurde nicht kommerziell verwertet, bis Bernard Magrez eine weitere Parzelle (2 ha) neben dem Schloß mit weißen Sorten bepflanzte. Das Ergebnis ist ein eleganter, wenn auch sehr eichenlastiger und auch sehr teurer Weißwein.

Es ist kaum zu bezweifeln, daß sich Pape-Clément zu einem der üppigsten und luxuriösesten Weine von Pessac-Léognan entwickelt hat. Trotz seiner Konzentration und des Eichentones zeigt er sehr viel Finesse. Der 2000er ist mit seinen rauchigen Aromen schwarzer Beerenfrüchte ein gutes Beispiel für diesen Stil. Er ist voll, tanninreich und mächtig, elegant, würzig und langanhaltend. **SBr**
😊😊😊😊 Trinken: bis 2012

WEITERE EMPFEHLUNGEN
Andere große Jahrgänge
1986 • 1989 • 1990 • 1995 • 1996 • 1998 • 2002 • 2005
Weitere Erzeuger aus Pessac-Léognan
Haut-Bailly • Haut-Brion • La Louvière
La Mission-Haut-Brion • Smith-Haut-Lafitte

Parker *Coonawarra Estate Terra Rossa First Growth* 1996

Herkunft Australien, South Australia, Coonawarra
Typ Trockener Rotwein, 14,5 Vol.-%
Rebsorten Cabernet Sauvignon, Merlot

Das Weingut wurde 1985 von John Parker gegründet und 2004 an die Familie Rathbone verkauft, denen auch Yering Station gehört. Da es am südlichen Ende von Coonawarra liegt, wo die Temperaturen deutlich niedriger sind als im Norden, wird sehr viel Sorgfalt auf das Aufbinden der Triebe aufgewendet, um die Reifung zu optimieren, und die Trauben werden ausgedünnt, um die Erträge niedrig zu halten.

Der etwas frech als ‚Erstes Gewächs' titulierte Wein ist eine Cuvée aus den besten Trauben von den 1985 gepflanzten Reben, die durch das Lesegut einiger Parzellen des nahen Weingartens Balnaves ergänzt werden. Die Böden sind alle klassische Coonawarra *terra rossa*, die beim Cabernet von Kies unterfüttert wird, während unter dem Merlot eine dünne Lehmschicht liegt.

Pete Bissel zeichnet seit 1996 für alle Weine in Balnaves verantwortlich. Der First Growth ist der beste unter den drei Rotweinen vom Parker Estate, er wird nicht jedes Jahr gekeltert (1992, 1995, 1997, 2002 und 2003 gab es ihn nicht). Der Anteil des Merlot liegt zwischen 10 und 14 %. Die Trauben werden maschinell geerntet und in Edelstahltanks gegärt. Etwa 80 % des Weines werden lange mazeriert – bis zu 30 Tage auf den Schalen, – „um die richtige Struktur zu erhalten," wie Bissel sagt. Der Wein wird 20 Monate in neuen französischen Eichenfässern ausgebaut. Der First Growth war schon immer ein reichhaltiger Wein mit gutem Eichenton, der während der Flaschenlagerung Aromen von Mokka und geräucherten Fleischwaren entwickelt. Er ist konzentriert und reichhaltig, gewichtig und alkoholwarm am Gaumen. **HH**

❸❸❸ **Trinken: bis 2016**

WEITERE EMPFEHLUNGEN
Andere große Jahrgänge
1998 • 1999 • 2001 • 2004 • 2005
Weitere Erzeuger aus Coonawarra
Balnaves • Bowen Estate • Katnook Majella • Penley • Rymill • Wynns

Parusso
Barolo Bussia 2001

Herkunft Italien, Piemont, Langhe
Typ Trockener Rotwein, 14 Vol.-%
Rebsorte Nebbiolo

Paternoster *Aglianico*
del Vulture Don Anselmo 1999

Herkunft Italien, Basilikata
Typ Trockener Rotwein, 13,5 Vol.-%
Rebsorte Aglianico

Der Bussia 2001 stammt von drei glorreichen Parzellen am gleichnamigen Hügel, deren Rebstöcke zwischen 10 und 50 Jahre alt sind. Der Bussia-Hügel liegt in Monforte d'Alba, das dafür berühmt ist, einige der kräftigsten, strukturiertesten und langlebigsten Barolos zu liefern.

Die Geschwister Marco und Tiziana Parusso leiten das Familiengut – Tiziana kümmert sich um die Verwaltung, Marco um die Weinerzeugung. Marco ist immer auf der Suche nach Methoden, um seine Weine zu verbessern – zuerst im Versuchsmaßstab, dann auch in den vermarkteten Produkten. Trotz dieser anhaltenden Suche schmecken seine Weine ungezwungen elegant und bemerkenswert spontan.

Der Barolo Bussia 2001 ist ein Wein von erstaunlicher Konzentration und Tiefe. Seine Aromen reichen von intensiven Fruchtnoten (Kirschen, Moosbeeren, Zitrusfrüchten) über Gewürz- (Vanille und Muskat) und zarte Blütentöne bis hin zu erdigen Elementen (Teer, Leder). Am Gaumen ist er so intensiv, daß er fast zähflüssig wirkt, aber diese glatte Reichhaltigkeit wird durch einen Überfluß an feinen Tanninen aufgewogen. Die perfekte Balance von Säure und Tannin verspricht eine langes Leben. **AS**

€€€ **Trinken: bis 2040**

Es ist inzwischen schwierig geworden, den Aglianico del Vulture mit einigen wenigen Worten zu charakterisieren. Die DOC ist noch im Wandel begriffen, es gibt hier gute, etablierte Erzeuger, talentierte Neulinge und auch Scharlatane, die horrende Preise für Weine ohne Geschichte oder Stammbaum verlangen.

Die Familie Paternoster ist eine der ältesten Winzerfamilien der Region. Der Stammsitz ist in Barile, einem der Dörfer, die innerhalb der DOC nahe am Monte Vulture selbst liegen. Der Vulture ist ein inaktiver Vulkan, die Weingärten, die in seiner Nähe liegen, profitieren von den vulkanischen Böden, die reich an Tuffstein und Silikaten sind. Dadurch können sie Wasser speichern und die Reben während der langen und oft trockenen Wachstumsperiode damit versorgen.

Der 1999er Don Anselmo ist ein großartiger Wein und benötigte deshalb etwas Zeit, um sich zu entwickeln. Die Farbe ist Granatrot, die komplexe Nase weist Aromen von Sauerkirschen über Trüffeln und Gewürzen bis hin zu Minze und Balsam auf. Am Gaumen sind die Tannine zupackend, aber sehr fein, sie tragen den Wein, ohne schwerfällig zu werden. Das Finale ist lang, komplex, klar definiert und sehr befriedigend. **AS**

€€€ **Trinken: bis 2025**

Luís Pato *Quinto do Ribeirinho Pé Franco Bairrada* 1999

Herkunft Portugal, Bairrada
Typ Trockener Rotwein, 13 Vol.-%
Rebsorte Baga

Domaine Paul Bruno *Viña Aquitania Cabernet Sauvignon* 2000

Herkunft Chile, Maipo-Tal
Typ Trockener Rotwein, 13,5 Vol.-%
Rebsorten Cabernet Sauvignon 90%, Merlot 10%

Luis Pato bezeichnet sich selbst als „den Verteidiger des Baga, der ursprünglichsten Rebsorte der Bairrada". Baga ist die traditionelle Rebe dieses Anbaugebiets, die allerdings die besten Parzellen und die besten Jahrgänge benötigt, um zu zeigen, wozu sie imstande ist. Sie kann widrigenfalls Weine liefern, die außerordentlich harsch sind und deren massive Tanninstruktur die eventuell vorhandene Fruchtigkeit vollkommen verdeckt.

Quinta do Ribeirinho Pé Franco ist das Ergebnis eines lebenslangen Wunsches: Luis Pato wollte schon immer einen modernen Wein nach Art der alten aus der Zeit vor der Reblausepidemie keltern. Einige seiner Weingärten liegen auf sandigen Böden, und die Reblaus mag Sand glücklicherweise nicht. Also wurde 1988 ein kleiner Weingarten mit ungepfropften Baga-Reben bestockt.

Seither ist der Weingarten auf 3,5 ha vergrößert worden, aber der niedrige Ertrag der ungepfropften Rebstöcke bedeutet, daß man bei der Ernte nur mit einem Glas pro Rebstock rechnen kann – 1800 Flaschen im Jahr werden erzeugt. Durch die lange Mazeration erhält der Wein die typische Struktur eines Bairrada mit sehr festen Tanninen. Diese tragen aber zu einem eher modernen Stil bei, in dem die Frucht in den Vordergrund tritt. **GS**

��� **Trinken: bis 2020**

Die Domaine Paul Bruno liegt im Quebrada-de-Macul-Gebiet von Santiago, oberhalb der ursprünglichen Weingärten von Viña Cousiño-Macul. Der Name verweist auf zwei der meistrespektieren Persönlichkeiten des Bordeaux: Paul Pontallier, der als Kellermeister von Château Margaux dafür gesorgt hat, daß es zu einem der ‚geschliffensten' unter den *grands crus* wurde; und Bruno Prats, der als Besitzer von Château Cos d'Estournel dieses in die erste Liga unter den *deuxiemes crus* versetzt hat. Der dritte Partner in ihrem chilenischem Unternehmen ist der Kellermeister Felipe de Solminihac.

Obwohl der Wein Viña Aquitania heißt, also nach der französischen Region benannt ist, zu der auch Bordeaux gehört, hat der hier gekelterte Wein dem Bordeaux oder Médoc nur wenig zu verdanken. In den ersten 6 Jahren (1993 war das erste) zeigte der Wein eine schon fast spektakuläre, überschwengliche Fruchtigkeit. Seit dem Jahr 2000 haben die geschmacksintensiven Trauben von den Macul-Weingärten und der Ausbau in einem neuen Faßkeller für eine Reihe von ernsthafteren, aber immer noch differenzierten Weinen gesorgt. Besonders repräsentativ für diese neue Richtung ist der 2000er mit seiner geschmeidigen Frucht und den glatten Tanninen. **MW**

���� **Trinken: bis 2010**

Paumanok *Cabernet Sauvignon Grand Vintage* 2000

Herkunft USA, New York, Long Island, North Fork
Typ Trockener Rotwein, 13 Vol.-%
Rebsorten C. Sauvignon 97%, Merlot 2%, C. Franc 1%

Ein europäischer Sinn für Ausgewogenheit ist für alle Weine von Paumanok charakteristisch. Diejenigen, die den Namen Grand Vintage tragen, werden nur in Jahren gekeltert, in denen sie ihm auch gerecht werden können. Dann sind es allerdings auch Cuvées von Balance und subtiler Komplexität, die mit einer Note von süßem Teer und Tabak einhergehen, die typisch für Long Island ist.

Die sehr lange Wachstumsperiode des Jahres 2000 war ungewöhnlich kühl. Die Trauben wurden nach dem Entrappen drei Tage kalt gewässert und dann in Edelstahltanks kalt gegärt. Der Ausbau in alten und neuen französischen Fässern und älterer amerikanischer Eiche milderte den Wein ab und arbeitete einen subtilen, würzigen Röstton in die roten und blauen Früchte ein. Die Seebrisen von Long Island und das Geschick des Kellermeisters stellen sicher, daß der Wein seine klare Säure und subtile Eleganz beibehält.

Long Island ist vor allem wegen seines Merlots bekannt, da Cabernet Sauvignon hier in den meisten Lagen nicht zufriedenstellend reift. Dennoch kann man behaupten, daß die größten Weine des Anbaugebietes in der Regel die Grand Vintage Cabernet Sauvignons von Paumanok sind. **LGr**

❡❡❡ **Trinken: bis 2015+**

Château Pavie 2003

Herkunft Frankreich, Bordeaux, St.-Emilion
Typ Trockener Rotwein, 14 Vol.-%
Rebsorten Merlot 70%, C. Franc 20%, C. Sauvignon 10%

Es gibt im Bordeaux keinen Wein, der umstrittener ist als der Château Pavie von Gérard Perse, und der 2003er hat die Meinungen schärfer auseinandergehen lassen als je zuvor. Nach einer ersten Verkostung schon im Jahr 2003 schrieb Robert Parker: „Ein konkurrenzloses Beispiel der perfektionistischen Arbeit von Chantal und Gérard Perse … ein Wein von erhabener Reichhaltigkeit, Mineralität, Definition und Noblesse."

Jancis Robinson war nicht so beeindruckt: „Vollkommen unappetitliche, überreife Aromen … Erinnert mit seinen unappetitlichen grünen Noten eher an einen spät geernteten Zinfandel als an einen roten Bordeaux." Clives Coates urteilte: „Wer das für einen guten Wein hält, sollte sich um eine Gehirn- und Gaumentransplantation bemühen." Und Michael Schuster schrieb in *The World of Fine Wine*: „… eine sehr eigenartige Nase für einen Bordeaux; eine reife, an Rosinen erinnernde, etwas medizinische Mischung aus Portwein und den Bittermandelaromen von Amarone di Valpolicella …" So ging es dann weiter in einer Schlacht zwischen den britischen und den US-amerikanischen Kritikern, in der Parker den Briten vorwarf, sie seien „Klassizisten" und „Reaktionäre". Kaufen Sie sich eine Flasche, und entscheiden Sie selbst. **SG**

❡❡❡❡❡ **Trinken: bis 2010+**

Château Pavie-Macquin 1999

Herkunft Frankreich, Bordeaux, St.-Emilion
Typ Trockener Rotwein, 13 Vol.-%
Rebsorten Merlot 70%, C. Franc 25%, C. Sauvignon 5%

Der 1911 verstorbene Albert Macquin war einer der früheren Besitzer dieses Gutes. Er war auch ein Held des europäischen Weinbaus, der europäische Reben auf amerikanische Unterlagen pfropfte, nachdem die Reblaus in Frankreich die Weingärten zerstört hatte. Im Jahr 1990 war dies eines der ersten Güter im Bordeaux, das auf biodynamischen Anbau umgestellt wurde, aber nach einem katastrophalen Mehltaubefall im Jahr 1993 entschied sich Nicolas Thienpont, das System wieder aufzugeben.

Die Böden sind recht einheitlich und an manchen Stellen auch tiefgründig, so daß Weine mit beträchtlicher Kraft entstehen. Der Pavie-Macquin kann manchmal etwas von seinen Tanninen überwältigt werden, allerdings kommt die Frucht nach einigen Jahren wieder zum Vorschein. Die Vinifikation ist traditionell, und die großen Fässer tragen schöne altmodische Namen: Cunégonde, Berthe und Eliane.

In der neuen St.-Emilion-Klassifikation des Jahres 2006 wurde Pavie-Macquin zum Premier Cru Classé erhoben, nur um kurz darauf nach einem Prozeß, der von Gutsbesitzern angestrengt worden war, die nicht so geehrt worden waren, wieder abgestuft zu werden. Nicolas Thienpont ließ sich dadurch nicht aus der Fassung bringen, die Weinkritiker und Konsumenten wissen die hervorragende Güte seines Weines ebenso zu schätzen wie seine Standesgenossen. 1999 war in St.-Emilion kein hoch gelobtes Jahr, beim Pavie-Macquin machte sich jedoch der *terroir* bemerkbar: Der Wein ist tanninreich, immer noch beeindruckend und hoch konzentriert, aber die Fruchtigkeit dringt doch durch. **SBr**

☺☺☺ Trinken: 2008–2020

WEITERE EMPFEHLUNGEN
Andere große Jahrgänge
1998 • 1999 • 2001 • 2004 • 2005
Weitere Erzeuger aus St.-Emilion
l'Angélus • Beau-Séjour Bécot *Cheval Blanc • Magdaleine • Pavie*

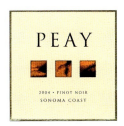

Peay Vineyards
Pinot Noir 2004

Herkunft USA, Kalifornien, Sonoma Coast
Typ Trockener Rotwein, 13,9 Vol.-%
Rebsorte Pinot Noir

Peay gehört zu der kleinen Anzahl von Winzereien, deren außergewöhnliche, nur in geringen Mengen gekelterten Weine diesem Land der schroffen Hügel, tiefen Täler, Küstennebel und niedrigen Temperaturen zu mehr Aufmerksamkeit verholfen haben.

In den 90er Jahren träumten Nick und Andy Peay davon, ein Anbaugebiet zu finden, in dem sich das Gelände und das Klima eigneten, um den Charakter des Pinot Noir vollkommen zum Ausdruck zu bringen. Nachdem sie diese ehemalige Schaf-Farm gekauft hatten, pflanzten sie vor allem Pinot Noir und Syrah, aber auch etwas Chardonnay und geringe Mengen Viognier, Rousanne und Marsanne.

Die Peays streben nach einem Pinot Noir, der „Volumen ohne Gewicht" hat. Durch sorgfältige Arbeit in den Weingärten und behutsamen Umgang mit den Weinen in der Kellerei ist es ihnen gelungen, Weine von großartiger Integrität, Balance und Struktur zu schaffen. Der 2004er hat Tiefe und Konzentration, die durch frische Säure und Mineralität aufgewogen werden. Im Jahr 2005 kelterten sie zwei unterschiedliche Pinot Noirs, da die Reben sich inzwischen weit genug entwickelt hatten, um die Unterschiede des *terroirs* wiederzugeben. **JS**

€€€ **Trinken: bis 2015+**

Giorgio Pelissero
Barbaresco Vanotu 1999

Herkunft Italien, Piemont, Langhe
Typ Trockener Rotwein, 14 Vol.-%
Rebsorte Nebbiolo

Das Familiengut Pelissero liegt in der Gemeinde Treiso im Barbaresco-Anbaugebiet. Die Pelisseros haben den ehemaligen Weinbaubetrieb zu einer der angesehensten Kellereien der Region gemacht. Die ersten Flaschen wurden 1960 von Luigi abgefüllt, dessen Nachfolge inzwischen sein Sohn Giorgio angetreten hat.

Vanotu ist im örtlichen Dialekt die Kurzform für Giovanni. So hieß Giorgios Großvater, so heißt der Weingarten, der ihm gehörte, und so heißt auch der Spitzenwein des Gutes, der aus seinen Trauben entsteht. Dank seiner einzigartigen Lage, des Klimas und des kalkreichen Bodens, liefert der Vanotu-Weingarten auch in geringeren Jahren sehr guten Wein.

Giorgio hat dem Wein ein unverkennbar modernes Gepräge gegeben. Er wird 18 Monate in Barriques ausgebaut, von denen 80 % neu sind, um gut konzentrierte Fruchtigkeit und süße Tannine zu erhalten, damit der Wein auch relativ jung genossen werden kann. Trotz einer Regenperiode Mitte September war 1999 im Piemont ein vorzügliches Jahr. Der 1999er Vanotu ist reich an Himbeer- und Kirscharomen mit Vanille- und Gewürznoten, die sich neben den samtigen Tanninen auch am Gaumen wieder zeigen. **KO**

€€€ **Trinken: bis 2012+**

Im Gegenlicht zeigt sich die Farbe des Pinot Noir.

Penfolds *Bin 95 Grange* 1971

Herkunft Australien, South Australia
Typ Trockener Rotwein, 12,3 Vol.-%
Rebsorten Shiraz 87%, Cabernet Sauvignon 13%

Der Spitzenwein von Penfolds geht auf eine Idee von Max Schubert aus den frühen 50er Jahren zurück. Es sollte eine australische Version eines *cru classé* aus dem Bordeaux sein. Zu einer Zeit, in der in Australien vor allem verstärkte Weine nach Art der europäischen Likörweine erzeugt wurden, hatte Schubert die Vision, einen Wein herzustellen, der so komplex und lagerungswürdig wie die klassischen französischen Weine sein sollte. Da er kaum über Rebsorten aus dem Bordeaux verfügte, mußte er auf Shiraz zurückgreifen – damals wie heute die in South Australia am weitesten verbreitete rote Rebsorte.

Überraschenderweise blieb dem Grange zuerst der kommerzielle Erfolg versagt. Der glücklich Zufall kam 1960 zu Hilfe, als ein Geschäftsführer von Penfolds bei einem Besuch der Kellerei in Magill, wo der Wein hergestellt wurde, einen der ersten Jahrgänge verkostete. Er kehrte nach Sydney zum Firmensitz zurück und berichtete – es war die Geburtsstunde einer Legende.

1993 sagte Schubert: „Wenn ich einen Jahrgang benennen sollte, der die ehrgeizigen Ziele des Grange verwirklicht, dann wäre das der 1971er." Bei der Weinolympiade des Jahres 1979 in Paris gewann der Wein eine Goldmedaille und verwies die besten Weine von der nördlichen Rhône auf die Ränge. Die Ernte dieses Jahres war überaus großartig. Der Wein wurde 18 Monate in neuer amerikanischer Eiche ausgebaut. Die Nase ist mit den Aromen eingekochter Früchte geradezu überladen, die jetzt von den komplexen, erdigen Trüffelnoten der Flaschenlagerung begleitet werden. Die Tanninstruktur ist immer noch intakt, aber sehr schön geschmeidig. **SW**
❂❂❂❂❂ **Trinken: bis 2016+**

WEITERE EMPFEHLUNGEN
Andere große Jahrgänge
1963 • 1966 • 1986 • 1991 • 1994 • 1996 • 1998 • 2004
Weitere australische Weine auf Shiraz-Basis
Jim Barry The Armagh • Glaetzer Amon-Ra
Henschke's Hill of Grace • Wyndham Estate Black Cluster

Penfolds *Bin 707 Cabernet Sauvignon* 2004

Herkunft Australien, South Australia
Typ Trockener Rotwein, 13,5 Vol.-%
Rebsorte Cabernet Sauvignon

Bin 707 ist das Cabernet-Gegenstück zum Grange. Der Wein wurde zuerst unter diesem Namen, der auf die Boing 707 anspielt, mit dem Jahrgang 1964 auf den Markt gebracht, obwohl Penfolds schon seit 1948 Cabernets vom berühmten Weingarten Kalimna Block 42 kelterte. Max Schubert hatte sogar in den Anfangstagen der Entwicklung des Grange mit Cabernet von Kalimna experimentiert, aber einsehen müssen, daß die 1888 dort gepflanzten Reben eine zu geringe und zu ungleichmäßige Ernte lieferten, um hinreichende Mengen für einen großen Wein daraus zu erzeugen. Wegen dieser Ungleichmäßigkeit wurde auch zwischen 1970 und 1975 kein Bin 707 produziert. 1976 verwendete man dann erstmals Trauben aus Coonawarra, und seitdem hat sich der Wein als Maßstab für australischen Cabernet Sauvignon etabliert.

Bin 707 ist wie das Flugzeug gebaut, nach dem er benannt ist: ein außerordentlich mächtiger Wein mit viel Alkohol, reifen Tanninen und viel süßer Frucht. Die Trauben stammen aus den besten Anbaugebieten in South Australia, aus Barossa Valley, Coonawarra und McLaren Vale. Die Cuvée wird dann meist bis zu 18 Monate in neuen amerikanischen Eichenfässern ausgebaut.

In den allerbesten Jahren wird der Kalimna Block 42 separat gekeltert – zuletzt geschah dies 1996 und 2004. Allerdings wird auch in diesen Jahren ein Teil der Ernte für den Bin 707 verwendet, so daß der 2004er Bin 707, in den 4500 l aus dem Block 42 eingingen, einer der besten Jahrgänge dieses Weines seit längerer Zeit wurde. **SG**

😊😊😊😊 Trinken: 2010–2020

WEITERE EMPFEHLUNGEN
Andere große Jahrgänge
1990 • 1991 • 1995 • 1996 • 1997
Weitere Rotweine von Penfolds
Kalimna Bin 28 • Magill Estate
RWT • St. Henri • Special Bins (42, 60A)

Penley Estate *Phoenix*
Cabernet Sauvignon 2005

Herkunft Australien, South Australia, Coonawarra
Typ Trockener Rotwein, 15 Vol.-%
Rebsorte Cabernet Sauvignon

Als Kym Tolley 1988 Penley Estate gründete, wollte er die Weintradition der Familien Penfold und Tolley fortsetzen, von denen er abstammt. Der Name seines Gutes verweist auf diesen Wunsch.

Der Name Phoenix wiederum geht auf das erste Unternehmen von Douglas Austral Tolley zurück, das er 1888 als The Phoenix Winemaking and Distilling Company gegründet hatte. In einem Dokument aus jener Zeit liest man: „Die Weine aus Coonawarra unterschieden sich deutlich von jenen aus Hope Valley (dem Weingarten der Tolleys nahe Adelaide). Sie waren dunkel purpur gefärbt und wiesen während der Gärung ein unverkennbares Aroma auf." Daran hat sich auch ein Jahrhundert später nicht viel geändert.

Der Phoenix Cabernet Sauvignon 2005 ist mit seinen Aromen von Zedern und schwarzen Johannisbeeren ein Vertreter des klassischen Coonawarra-Cabernet-Stils. Der Einfluß der neuen Eiche ist relativ gering, obwohl das Holztannin des Ausbaus dem Wein zu einer festen Struktur verhilft. Der Wein läßt sich gut jung genießen, solange der lebhafte Charakter des Cabernets aus Coonawarra in Erscheinung tritt. Er läßt sich aber auch gut 5 oder mehr Jahre im Keller lagern. **SG**

🟢🟢🟢 **Trinken: bis 2010+**

Tinto Pesquera
Janus Gran Reserva 1995

Herkunft Spanien, Ribera del Duero
Typ Trockener Rotwein, 13 Vol.-%
Rebsorte Tinto Fino (Tempranillo)

Alejandro Fernández schuf 1972 den Pesquera, einen der ersten Weine der Region Ribera. Es gibt 3 Weine, die diesen Namen tragen – sie werden alle nur aus der Tempranillo-Rebe gekeltert.

Als 1982 die Appellation Ribera del Duero aus der Taufe gehoben wurde, experimentierte Alejandro mit der gleichen Rebsorte, indem er die Hälfte der Trauben im Ganzen in mittelalterlichen *lagares* aus Stein und die andere Hälfte entrappt in Edelstahltanks gärte. Die Weine wurden gemischt und 3 Jahre in alten amerikanischen Eichenfässern gelagert. Der Wein wurde auch später auf die gleiche arbeitsintensive Weise hergestellt, jedoch nur in den besten Jahren und nur in geringen Mengen.

1995 war in Ribera eines dieser besonderen Jahre, also kelterte Fernández einen sehr ernsthaften, in der Jugend sogar verschlossenen Janus, der die elegante Rustikalität zeigt, die für Pesquera typisch ist. Die Farbe ist ein dunkles Rubinrot, in der Nase zeigen sich intensive Aromen von roten Früchten, würziger Eiche, Leder, gegrilltem Fleisch und ein Hauch Trüffel. Am Gaumen ist er mittelschwer bis schwer, zeigt gute Säure, einen fruchtigen Kern und Balance. Er ist geschmeidig und langanhaltend. **LG**

🟢🟢🟢🟢 **Trinken: bis 2020**

Château Petit-Village
2000

Petrolo
Galatrona 2004

Herkunft Frankreich, Bordeaux, Pomerol
Typ Trockener Rotwein, 13 Vol.-%
Rebsorten Merlot 75%, C. Sauvignon 17%, C. Franc 8%

Herkunft Italien, Toskana
Typ Trockener Rotwein, 14,5 Vol.-%
Rebsorte Merlot

Die Weingärten von Petit-Village liegen auf einem dreieckigen Stück Land mit kiesigem und recht steinigen Boden. Das Gut gehörte der Familie Prats, bis Bruno Prats es 1989 an AXA Millésimes verkaufte.

In der Vergangenheit hatte Petit-Village einen durchwachsenen Ruf, und Pomerol-Kenner vermuteten, daß Prats zu hohe Erträge zuließ, weil er an die größeren Ernten des Médoc gewöhnt war. Das Team von AXA führte 1995 einen Zweitwein ein, so daß sie die Trauben für den *grand vin* sorgfältiger selektieren konnten. Sie restrukturierten auch die Kellerei, um einzelne Parzellen getrennt verarbeiten zu können. Der Anteil neuer Eiche war unterschiedlich, in manchen Jahren betrug er bis zu 100 %, in der jüngeren Vergangenheit wurde er bei 70 % konstant gehalten.

Viele Jahrgänge in den 90ern waren nicht sehr zufriedenstellend, aber ab dem Jahr 2000 zeigt Petit-Village sich in guter Form. Die neue Eiche ist im Aroma nicht zu verkennen, aber es gibt auch Eleganz und reichhaltige Fruchttöne. Am Gaumen sind dagegen Konzentration und Fleischigkeit zu bemerken, denen reife Tannine Struktur verleihen. Das Finale ist so üppig wie man es von einem Spitzenwein aus Pomerol erwarten würde. **SBr**
😊😊😊 **Trinken: 2010–2025**

Galatrona geht auf eine Idee von Lucia Bazzocchi Sanjust und ihrem Sohn Luca zurück. Die Familie Bazzocchi ist seit den 40er Jahren im Besitz des Gutes, aber erst seit den 80ern hat man sich dem kompromißlosen Streben nach Qualität hingegeben. Zu verdanken ist diese Veränderung der Beratung durch zwei Schlüsselfiguren im toskanischen Weinbau – Carlo Ferrini und Giulio Gambelli.

Der 2004er Galatrona ist ein Wein, der einen schon beim ersten Tropfen beeindruckt, der aus der Flasche ins Glas fällt. Die Farbe ist dunkel mit lebhaften blau-purpurnen Tönen. Diese lebendige Farbigkeit weckt hohe Erwartungen in Bezug auf süße, reife, dunkle Sommerfrüchte. Beim Riechen und Schmecken werden diese Erwartungen dann jedoch noch übertroffen.

Am Gaumen ist der Wein wie eine zärtliche, dickflüssige Ladung Glyzerin, mit immensen und vollkommen geformten Aromen von schwarzen Johannisbeeren, Kirschen und Moosbeeren. Dann folgen erdigere Töne, die an schwarze Trüffel erinnern, um schließlich in erfrischende, erhebende Balsamnoten überzugehen. Die Tannine sind sehr fein und gleichmäßig verteilt, mit der fein ausgewogenen Säure werden sie dem Wein ein langes Leben bescheren. **AS**
😊😊😊😊 **Trinken: bis 2030**

Die bescheidenen Gebäude von Petit-Village in Pomerol.

Pétrus 1989

Herkunft Frankreich, Bordeaux, Pomerol
Typ Trockener Rotwein, 13,5 Vol.-%
Rebsorten Merlot 95%, Cabernet Franc 5%

Pétrus ist zu einer Legende geworden. Der Ruhm des Weines ist keineswegs neu, er erzielte schon vor 100 Jahren hohe Preise. Seit 1925 befindet sich das Gut im Besitz der Familie Loubat, aber 1943 wurde die Familie Moueix der alleinige Händler für die Weine. Damit begann die langanhaltende Zusammenarbeit, die 1969 in der Übernahme der Mehrheitsanteile durch die Moueix' gipfelte, die jedoch lange geheimgehalten wurde.

Wenn auch das Châteaux selbst, wie so viele in Pomerol, eher unscheinbar ist, kann man das über die Weingärten keineswegs sagen. Auf der Hochebene von Pomerol mit seiner komplexen Bodenstruktur gibt es eine 20 ha große Fläche dunkelblauer Lehmböden mit sehr hohem Eisengehalt, von der mehr als die Hälfte Pétrus gehört. Nur 1 ha der Pétrus-Weingärten liegen auf kiesigen Böden.

Die Tatsache, daß der Pétrus ein kräftiger und sehr langlebiger Wein ist, ist auf die Reben und die Böden zurückzuführen, nicht auf eine schwere Hand in der Kellerei. Die Weingärten liegen einfach auf einem vorzüglichen Stück Land, und die Besitzer des benachbarten Château Gazin, die 1969 davon 4 ha an Pétrus verkauften, ärgern sich noch heute darüber. Pétrus ist nie ein brutaler oder überextrahierter Wein, wie der 1989er deutlich zeigt. Sogar heute zeigt die Farbe kaum Entwicklung, und die Macht des Weines zeigt sich in der Nase, die üppig und eichenlastig ist, ohne ihre luftige Eleganz zu verlieren. Am Gaumen ist er sinnlich und von reichhaltiger Frucht, auch wenn es kräftige Tannine gibt. Das Finale ist köstlich und hell, ebenso elegant wie majestätisch. **SBr**

❂❂❂❂❂ Trinken: bis 2035

WEITERE EMPFEHLUNGEN
Andere große Jahrgänge
1929 • 1945 • 1947 • 1961 • 1964 • 1970 • 1975 • 1982 1990 • 1995 • 1998 • 2000 • 2001 • 2003 • 2005 • 2006
More Mouiex properties
Hosannah • La Fleur-Pétrus • Magdelaine • Providence

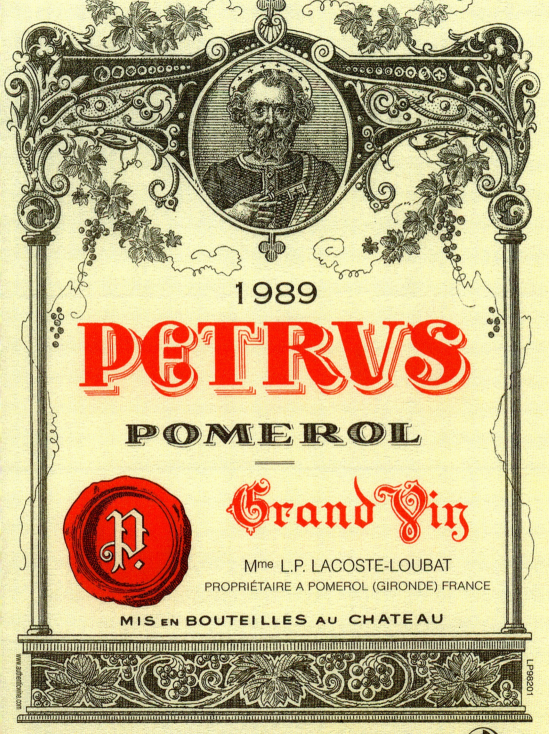

Château de Pez 2001

Herkunft Frankreich, Bordeaux, St.-Estèphe
Typ Trockener Rotwein, 13 Vol.-%
Rebsorten C. Sauvignon 45%, Merlot 44%, andere 11%

Dieses Gut existiert seit etwa 500 Jahren, wenn auch erst gegen Ende des 16. Jahrhunderts Reben gepflanzt wurden. Bis er das Gut 1995 an die Familie Rouzaud (die Besitzer von Champagne Roederer) verkaufte, gehörte es Robert Dousson. Er hatte sich 1970 entschlossen, jeweils ein Faß der 5 traditionellen Rebsorten des Bordeaux einzeln auf Flaschen abzufüllen. Da sortenreine Weine im Médoc so gut wie unbekannt sind, gab dies die faszinierende Möglichkeit, einmal zu sehen, wie sich die Rebsorten entwickeln, wenn sie nicht verschnitten werden.

Nach 1995 führten die neuen Besitzer im Gut zahlreiche Veränderungen durch, zu denen auch eine strengere Selektion während der Lese und die Installation von Temperaturregelungen in den alten Gärfässern gehörten. Doussons Weine waren mittelschwer, hatten aber eine Verschlossenheit, die oft bei Weinen aus St.-Estèphe begegnet und auf den hohen Anteil an Cabernet Sauvignon zurückzuführen ist. Unter den Rouzauds ist der Anteil an Merlot gestiegen und die Extraktion ist vermutlich schonender, als sie es unter Dousson war.

Der alte Stil des de Pez bedeutete, daß die Weine etwa ein Jahrzehnt Flaschenreifung benötigten, um sich von ihrer besten Seite zu zeigen. Die neueren Weine sind sehr viel geschmeidiger und nahbarer, werden aber vermutlich genauso gut altern. Der 2000er ist robust und fest, aber nicht harsch, und der 2002er ist charmant und elegant. Der 2001er trifft genau den richtigen Ton: Er hat genug Struktur, um an Komplexität zu gewinnen, aber eine geschmeidige Textur und genügend Frische, um auch sofort ansprechend zu wirken. **SBr**

🍷🍷🍷 **Trinken: bis 2015**

WEITERE EMPFEHLUNGEN
Andere große Jahrgänge
1982 • 1995 • 1998 • 2000 • 2002 • 2005
Weitere Châteaux in St.-Estèphe
Calon-Ségur • Cos d'Estournel • Haut-Marbuzét • Lafon-Rochet • Montrose • Les Ormes-de-Pez • Phélan-Ségur

 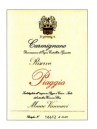

Joseph Phelps
Insignia 2002

Herkunft USA, Kalifornien, Napa Valley
Typ Trockener Rotwein, 14 Vol.-%
Rebsorten C. Sauvignon 78%, Merlot 14%, andere

Piaggia
Carmignano Riserva 1999

Herkunft Italien, Toskana
Typ Trockener Rotwein, 13 Vol.-%
Rebsorten Sangiovese 70%, C. Sauvignon 20%, Merlot

Der Insignia wurde 1974 erstmals gekeltert, aber die ersten Jahrgänge waren entweder reine Cabernet- oder Merlot-Weine. Erst seit 1977 wird der Wein als Cuvée erzeugt.

In den 90er Jahren hat sich der Stil des Weines geändert. Der Anteil neuer Eiche stieg, und die Trauben wurden vollreif geerntet, so daß der Alkoholgehalt auf 14 % oder mehr stieg. Die Ausbauzeit wurde auf 24 bis 28 Monate verlängert. Am Ende des Jahrzehnts wurde auch Petit Verdot für die Cuvée verwendet, und 2004 war das erste Jahr, in dem keine fremden Trauben hinzugekauft wurden.

Der Insignia hat sich 3 Jahrzehnte auf konstant hohem Niveau gehalten, obwohl er in beträchtlichen Mengen erzeugt wird. Mit seiner opaken Farbe und den üppigen Aromen von schwarzen Früchten, Toast und Kaffee ist der 2002er ein gutes Beispiel für diesen meisterhaften Wein. Er ist rund, hoch konzentriert, und das Gewicht der Trauben wird von den kräftigen Tanninen getragen, nicht von einer dominierenden Säure. Obwohl er in der Jugend etwas verschlossen wirkt, ist der Insignia doch auf Lagerung ausgelegt, die er auch mühelos erträgt, und dabei im Laufe der Jahre an Komplexität gewinnt. **SBr**
💲💲💲💲 **Trinken: bis 2030**

Carmignano ist eine der am meisten vernachlässigten DOCGs in Italien, obwohl es auf eine lange Geschichte zurückblicken und das älteste Appellationsgesetz der Welt (aus dem Jahr 1716) vorweisen kann.

In einer solch langen Zeitspanne gab es natürlich auch Hoch- und Tiefpunkte. 1932 wurde unter der Herrschaft der italienischen Faschisten Carmignano in die DOC Chianti eingegliedert – wodurch eine Jahrhunderte alte Tradition in Gefahr geriet. 1960 begannen einige Erzeuger, sich für eine neue Autonomie des Anbaugebietes einzusetzen. 1975 wurde der DOC-Status wieder zuerkannt, 1990 war Carmignano wieder eine DOCG.

Der Carmignano Riserva 1999 ist ein großartiger Wein von strahlendem Rubinrot mit ziegelroten Glanzlichtern. Die Nase bietet Heidelbeer-, Moosbeer- und Kirscharomen, bevor ein erdigerer Ton deutlich wird, der dann zu bitteren Kakaonoten übergeht, mit denen die süße Frucht ausgeglichen wird. Am Gaumen ist der Wein recht kühn und fleischig, angenehm mineralbetont, mit perfekt ausbalancierter Säure und sehr fein texturierten Tanninen. Der bleibende Eindruck ist der eines unübertrefflichen Weines, der in seiner Jugend wie im Alter viel Angenehmes bietet. **AS**
💲💲 **Trinken: bis 2020**

Château Pichon-Longueville Baron 2004

Herkunft Frankreich, Bordeaux, Pauillac
Typ Trockener Rotwein, 13,5 Vol.-%
Rebsorten C. Sauvignon, Merlot, C. Franc, Petit Verdot

Château Pichon-Longueville Comtesse de Lalande 1982

Herkunft Frankreich, Bordeaux, Pauillac
Typ Trockener Rotwein, 12,5 Vol.-%
Rebsorten C. Sauvignon 45%, Merlot 35%, andere 20%

Bis zur Mitte des 19. Jahrhunderts bildeten die Güter Pichon-Longueville und Pichon-Lalande eine Einheit. Zur Aufteilung kam es wegen Familienstreitigkeiten. 1933 wurde Pichon-Longueville dann von der Familie Bouteillier erworben. In dieser Zeit ging es mit dem Gut und dem schönen Schloß bergab. 1987 wurde es an den jetzigen Besitzer AXA Millésimes verkauft.

Die Weine waren – vor allem für ein ‚Zweites Gewächs' – in den 60er und 70er Jahren vergleichsweise schlecht, aber Jean-Michel Cazes und seine fähigen Mitarbeiter machten sich zügig daran, sie wieder in Form zu bringen. Auch dem Château wurde sein voriger Glanz zurückgegeben. Die maschinelle Ernte wurde sofort eingestellt, und den Weingärten wurde wieder mehr Aufmerksamkeit gewidmet.

Die Ergebnisse waren ein Triumph. Der 2004er ist zwar nicht so begehrt wie der 2000er oder 2005er, aber er zeigt Pichon in all seiner Größe. Die Nase hat mit Aromen von Kakao und Lakritze sowie schwarzen Johannesbeeren wirklich Kraft, am Gaumen ist der Wein voll, hoch konzentriert und zeigt keine rauhen Kanten. Solch eine Kraft und Struktur könnten ermüdend wirkten, aber der Pichon ist zugleich bemerkenswert frisch. **SBr**

❂❂❂❂ **Trinken: bis 2030+**

Besonderheiten in der Geschichte und Lage dieses Gutes führten dazu, daß es aufgrund der starren Bürokratie eine Zeit lang Weine produzierte, die zwei verschiedenen Appellationen angehörten. Durch unermüdliche Eingaben bei den Behörden erreichte man schließlich die Anerkennung, daß das Gut immer als zu Pauillac, nicht zu St.-Julien zugehörig gegolten hatte.

Die Weingärten liegen auf lehmunterfütterten Kiesbetten. Die Weine werden 18 Monate in Barriques ausgebaut, die jedes Jahr etwa zur Hälfte durch neue ersetzt werden. Er wird normalerweise als „femininer" denn die meisten Pauillacs betrachtet, wobei sich die Frage stellt, ob das eher auf den relativ hohen Merlot-Anteil oder auf den Einfluß von St.-Julien zurückzuführen ist.

Der 1982er ist ein einzigartiger Wein aus einem auch sonst recht heroischen Jahrgang. Die Trauben hatten von Anfang an einen überreifen Charakter, der einen Kenner an Trockenpflaumen erinnerte. In der Jugend hatte er auch einen hinreißenden Blütenton, der inzwischen Zweit- und Drittaromen von Waldpilzen und Erde gewichen ist. Die Tannine sind im Wein aufgegangen, aber die vollen Kirsch- und Brombeernoten sind erhalten geblieben. **SW**

❂❂❂❂❂ **Trinken: bis 2015+**

Pieve di Santa Restituta *Brunello di Montalcino Sugarille* 2000

Herkunft Italien, Toskana, Montalcino
Typ Trockener Rotwein, 13 Vol.-%
Rebsorte Sangiovese

Die Kirche Santa Restituta ist sehr alt, sie wurde urkundlich schon 650 n. Chr. erwähnt. Spätestens ab dem 12. Jahrhundert wurden in ihrem Weingarten Reben gepflegt.

1972 kaufte Roberto Bellini mit seiner Ehefrau Franca das Gut. Sie erwarben weitere Weingärten, bauten eine neue Kellerei und restaurierten den alten Faßkeller. Mit Angelo Gaja fanden die Bellinis einen erfahrenen Partner, der in den 90er Jahren die Leitung der Weinerzeugung übernahm.

Gaja erzeugt in Santa Restituta 3 Weine – einen IGT (den Promis) und 2 Brunellos, den Rennina und den Sugarille. Sie sind beide überzeugend, aber der Sugarille wirkt aufgrund seines maskulineren, ungezähmten Ausdrucks bezwingender. Der Sugarille 2000 ist ein besonders gutes Beispiel für einen Brunello, der Komplexität mit sehr reiner Frucht verbindet. Die bezaubernden Sauerkirsch- und süßen Ledernoten verbinden sich mit dem kräftigen, aber nicht aufdringlichem Tannin, das etwas durch die Eiche geglättet wird. Obwohl der Wein schon 8 Jahre nach der Ernte großen Genuß bietet, wird er sich über einen doppelt oder dreifach so langen Zeitraum noch vorzüglich weiterentwickeln. **AS**

◉◉◉◉ Trinken: bis 2030

Dominio del Pingus 2004

Herkunft Spanien, Ribera del Duero
Typ Trockener Rotwein, 14 Vol.-%
Rebsorte Tempranillo

Pingus wurde 1995 vom dänisch-stämmigen Peter Sisseck gegründet. Sein Ziel war ein „unverwechselbar spanischer, *terroir*-orientierter Wein… ein Garagenwein." Zu Ruhm gelangte er schon mit dem ersten Jahrgang 1995, der von Robert Parker mit 96 von 100 möglichen Punkten bewertet wurde.

„Pingus" war der Spitzname, den Sisseck von seinem Onkel Peter Vinding-Diers erhielt, der ihn auch nach Ribera del Duero schickte, um dort in der Hacienda Monasterio ein neues Projekt in die Wege zu leiten. Sisseck ließ sich von Jean-Luc Thunevins Arbeit im Château Valandraud in St.-Emilion inspirieren, suchte sich 3 einzelne Parzellen mit sehr alten Reben der Sorte Tinto Fino (Tempranillo) und gründete Pingus. Er wendet ‚natürliche' Methoden an – die alten Reben werden stark zurückgeschnitten, der Most wird in neuen Eichenfässern gegärt und dann in weitere neue Fässer umgefüllt –, um einen sehr reichhaltigen, kräftigen Wein mit bis zu 15 % Alkoholgehalt zu erzeugen.

Sisseck nennt den 1995er und 1996er „groß und brutal", einige der folgenden Jahrgänge zeigten jedoch mehr Zurückhaltung und Eleganz, was sich auch in den erzielten Preisen bemerkbar machte. **SG**

◉◉◉◉◉ Trinken: bis 2035+

Santa Restituta und der angrenzende Weingarten.

Pintia
Toro 2003

Herkunft Spanien, Toro
Typ Trockener Rotwein, 15 Vol.-%
Rebsorte Tinta de Toro (Tempranillo)

Vega Sicilia war einer der ersten Erzeuger, die sich dem Anbaugebiet Toro widmeten. Sie kauften zuerst in den Dörfern Toro und San Román de Hornija alte, ungepfropfte Reben. Sie pflanzten auch neue Reben – gobeleterzogen und ebenfalls ungepfropft – und bauten später in San Román eine Kellerei.

Diese stammt von dem selben Architekten wie jene in Alión und ist mit ihr fast identisch. Der einzige Unterschied ist der riesige Kühlraum, in dem die geernteten Trauben über Nacht auf etwa 5°C abgekühlt werden, um dann vor der Gärung vier Tage mazeriert zu werden.

Die Herausforderung des extrem heißen Jahres 2003 lag darin, die Hitze nicht im Wein erkennbar werden zu lassen. Der Pintia ist sehr dunkel, fast schwarz und undurchsichtig. Die Nase ist intensiv, wenn auch zuerst etwas verschlossen, und zeigt Aromen von schwarzen Früchten, Blüten, Mineralien (Kreide) und gut eingebundene Eiche. Obwohl der Wein voll und von großzügiger Struktur ist, wird der Alkohol perfekt integriert und wird durch die Säure ausbalanciert. Die Frucht ist frisch und das Finale lang. Es sind noch Tannine zu bemerken, die sich nach einigen Jahren in der Flasche aber milder darstellen werden. **LG**

🍷🍷 **Trinken: bis 2013+**

Podere *Salicutti Brunello*
di Montalcino Piaggione 2003

Herkunft Italien, Toskana, Montalcino
Typ Trockener Rotwein, 15 Vol.-%
Rebsorte Sangiovese

Francesco Leanza kam erst spät zur Winzerei und erwarb sich in Montalcino sehr schnell einen überragenden Ruf. Er ist bescheiden, arbeitsam und war von seinem Erfolg selbst so überrascht wie alle anderen. Der studierte Chemiker kaufte das Gut 1990 und pflanzte 1994 auf 4 ha Reben, die organisch bewirtschaftet werden. Die Trauben für den Brunello stammen nur aus dem Weingarten Piaggione, der eine lehrbuchhafte Südausrichtung aufweist und reich an Kalkstein ist, der den Weinen aus Montalcino ihre außergewöhnliche Kraft gibt.

Ende des 20. Jahrhunderts erlebte der Brunello de Montalcino eine beispiellose Popularitätswelle. Es wurde investiert, und die Bodenpreise schnellten ebenso in die Höhe wie die Preise des Lesegutes. Da die Investoren auf die Rendite schielen, können die wenigsten Weine ihren Preis durch eine entsprechende Qualität rechtfertigen. Aber Francesco Leanza schwimmt gegen den Strom. Angesichts der relativen Jugendlichkeit des Weingartens Piaggione kann man den 2003er nur als Wunder bezeichnen. Am Gaumen ist er schlank, mit präzise abgemessener und eingesetzter Säure und einem Bouquet aus schwarzen Früchten, Kirschen, Lakritze, süßen Gewürzen und Teer. **MP**

🍷🍷🍷🍷 **Trinken: bis 2020**

Poliziano *Vino Nobile di Montepulciano Asinone* 2001

Herkunft Italien, Toskana, Montepulciano
Typ Trockener Rotwein, 14 Vol.-%
Rebsorten Prugnolo Gentile 90%, andere 10%

Nach seinem Landwirtschaftsstudium arbeitete Federico Carletti ein Zeit lang in einer norditalienischen Kellerei und übernahm dann 1980 die Leitung von Poliziano. Ihm wurde schnell klar, daß der Erfolg des Unternehmens von der Kenntnis der fortschrittlichsten Techniken der internationalen Winzerei und Weinerzeugung abhing. Dabei kam ihm die Freundschaft mit seinen ehemaligen Kommilitonen Carlo Ferrini und mit Maurizio Castelli zugute.

Heute gehört ihm auch ein Gut in der Maremma, in einer der besten Gegenden der DOC Morellino di Scansano. Allerdings ist der wichtigste Wein, den er bis jetzt gekeltert hat, ein Vino Nobile di Montepulciano, der die besten örtlichen Traditionen mit den modernsten internationalen Herstellungstechniken unter einen Hut bringt.

Die Prugnolo-Gentile-Trauben, aus denen er gekeltert wird, sind das Ergebnis einer Selektion in den 60er Jahren. Die Trauben sind sehr viel kleiner und kompakter als jene des normalen Sangiovese. Der Wein ist dunkel und wirkt dicht. Am Gaumen ist er kräftig, aber glatt und komplex, die balsamischen Noten der Eiche frischen die ansprechende, reife und weiche Fruchtigkeit auf. **AS**
☺☺☺ **Trinken: bis 2020+**

Domaine Ponsot *Clos de la Roche Vieilles Vignes* 2001

Herkunft Frankreich, Burgund, Côte de Nuits
Typ Trockener Rotwein, 13 Vol.-%
Rebsorte Pinot Noir

„Der beste Pinot Noir stammt von außerhalb des Burgunds," witzelt Laurent Ponsot mit einem ironischen Lächeln. „Hier machen wir Burgunder." Einer seiner besten Burgunder kommt vom Clos de la Roche, einem ummauerten Weingarten, der seit dem Mittelalter mit Reben bepflanzt ist. Hier werden auch Jungreben gezogen, die Propfreiser stammen von den eigenen Weingärten. Laurents Vater Jean Marie pflanzte in den 40er Jahren die Reben, die heute die „Vieilles Vignes" sind.

Das Gut war früher eher risikofreudig – oft wurde sehr spät geerntet, um den Wein nicht chaptalisieren zu müssen. Laurent hat einen Stil entwickelt, der reichhaltige, dichte und am Gaumen unglaublich langanhaltende Weine hervorbringt. Im Jahr 2001 fand er die richtige Mischung mit einem Wein, der in der neuen, unterirdischen und natürlich gekühlten Kellerei gekeltert wurde.

Laurent ist sehr freimütig in seinen Äußerungen. Er baut seinen Wein in alten Fässern aus, „weil neue Eiche die wahre Güte eines Weines verdeckt". Seine Weine schneiden bei Blindverkostungen oft gegen vordergründigere, eichenbetonte Weine schlecht ab. Dem Kenner bieten sie aber mit ihren verführerischen Aromen und der lebhaften Säure einen wahrhaften Genuß. **JP**
☺☺☺☺ **Trinken: bis 2030**

Château Pontet-Canet
2004

Herkunft Frankreich, Bordeaux, Pauillac
Typ Trockener Rotwein, 13 Vol.-%
Rebsorten C. Sauvignon 62%, Merlot 32%, andere 6%

1975 kaufte ein Cognac-Erzeuger namens Guy Tesseron dieses Gut, dessen Weine zuvor ohne Jahrgangsangabe an die französische Bahn geliefert wurden. Als Tesserons Sohn Alfred die Leitung übernahm, sorgten seine Veränderungen bald für einen Qualitätsanstieg. Er wird von dem hervorragenden Kellermeister Jean-Michel Comme und dem Berater Michel Rolland unterstützt.

Jean-Michel Comme arbeitet nach seinen Instinkten. Er schreckt beispielsweise nicht davor zurück, auf Temperaturkontrollen zu verzichten – statt dessen beaufsichtigt er seine Fässer lieber selber und hätschelt die jungen Weine durch eine lange, langsame Gärung. Der Pontet-Canet ist mit seinem hohen Cabernet-Anteil und dem Ausbau in vorwiegend neuer Eiche ein kräftiger, tanninreicher Wein, der erst nach jahrelanger Kellerlagerung seine ganze Herrlichkeit offenbart.

In den letzten Jahren ist der Pontet-Canet zu einem der großen Weine von Pauillac aufgestiegen. Auch die Preise steigen, aber der Wein ist immer noch unterbewertet, da der Handel und die Konsumenten noch nicht auf die außergewöhnlichen Fortschritte aufmerksam geworden sind, die Tesseron und sein Team gemacht haben. **SBr**
Ⓢ Ⓢ Ⓢ **Trinken: bis 2035**

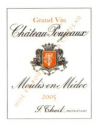

Château Poujeaux
2005

Herkunft Frankreich, Bordeaux, Moulis
Typ Trockener Rotwein, 13 Vol.-%
Rebsorten C. Sauvignon 50%, Merlot 40%, andere 10%

Das Gut Poujeaux ist seit 1921 im Besitz der Familie Theil. Damals war der Besitz in drei Güter aufgeteilt, aber im Laufe der Zeit gelang es der Familie, ihn wieder zusammenzuführen. Im Weingarten wie im Keller wird gleichermaßen sorgfältig gearbeitet.

Der Poujeaux ist seit langem wegen seiner jugendlichen Ausstrahlung, seiner Saftigkeit und feinen Textur das Musterbeispiel eines guten Cru Bourgeois gewesen. 2003 gehörte das Gut zu den 9 Gütern, die in den Rang eines Cru Bourgeois Exceptionnel erhoben wurden. Inzwischen gibt es die Kategorie Cru Bourgeois nicht mehr, aber Poujeaux zeigt immer noch die Vorzüge, die es einst so bewunderungswürdig machten.

Der Château Poujeaux ist ein ernsthafter Wein mit großzügigem Tannin, der aber nicht überreizt wirkt. Er scheint nie eine Phase durchzumachen, in der er nicht ausgesprochenes Trinkvergnügen bereitet, und Jahrgänge wie der 1990er altern immer noch auf das Schönste.

Der superbe 2005er ist aus dem gleichen Guß. In der Nase zeigt sich reichlich Eiche, aber der Wein ist elegant und mild, tadellos ausbalanciert und beeindruckend, ohne beeindrucken zu wollen. Im Laufe der Zeit hat er sich durch gleichbleibende Qualität ausgezeichnet. **SBr**
Ⓢ Ⓢ **Trinken: bis 2020**

Der 1922er entstand kurz nachdem die Theils Poujeaux übernahmen.

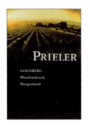

Pride Mountain
Reserve Cabernet Sauvignon 1997

Herkunft USA, Kalifornien, Napa-/Sonoma-Tal
Typ Trockener Rotwein, 14,1 Vol.-%
Rebsorte Cabernet Sauvignon

Prieler
Blaufränkisch Goldberg 2003

Herkunft Österreich, Burgenland, Neusiedlersee
Typ Trockener Rotwein, 14 Vol.-%
Rebsorte Blaufränkisch

Genau auf der Grenze zwischen Napa Valley und Sonoma Valley liegt auf dem Kamm der Mayacamas Range das Weingut Pride Mountain. Es gibt keinen besseren Weg, zu einem Verständnis des besten Bergterroirs in Nordkalifornien zu kommen, als den Reserve Cabernet Sauvignon zu verkosten.

In 640 m Höhe liegen die Weingärten auf felsigen, gut drainierten Böden hoch oben über den kalt-feuchten Nebeln, die vom Pazifik herüberziehen und unten in den Tälern für kräftige Temperaturstürze sorgen können. Pride Mountain – das Gut wird auch Summit Ranch genannt – wird zwar durch die begleitenden Winde (und natürlich durch seine hohe Lage) abgekühlt, die Zahl der Sonnenscheinstunden während der Wachstumsperiode ist hier aber auch deutlich höher als am Talboden. Die längere Sonnenscheindauer bewirkt jedoch keine Überreife, sondern eine längere und gleichmäßigere Reifezeit.

Obwohl sich die Cabernet Sauvignons vom Boden des Napa Valley durch glattere, samtigere Tannine auszeichnen, ist der Charakter dieses Weins – vielleicht der beste seiner Art – durch seine reichhaltigeren, raueren Aromen und Geschmacksnoten von schwarzen Früchten gekennzeichnet. **DD**

❧❧❧❧ Trinken: bis 2015

Die eisen- und quarzreichen Kreide- und Glimmerschiefer-Hügel des Burgenlandes, die im Goldberg gipfeln, widerstanden Äonen der Erosion. Die Abträge lagerten sich weiter unten als sandige Böden ab. Die Weine der Familie Prieler gipfeln auch am Goldberg, dort wachsen auf felsigeren Parzellen die Trauben für den Blaufränkisch Goldberg.

1993 entschlossen sich die Prielers, diese Trauben getrennt zu keltern. Von dem entstehenden Wein verkauften sie in Österreich 24 Flaschen. Die Rettung kam in Gestalt eines Schweizer Weinhändlers, der Gefallen an dem Wein fand. Der 1994er ist heute ein rauchiger, immer noch frischer und fruchtiger Wein von äußerster Finesse. Die Verkaufszahlen stiegen in Österreich auf 60 Flaschen.

Erst 1997 kam der Durchbruch, als Ernst Triebaumer im benachbarten Rust mit seinem Blaufränkisch Mariental Aufsehen erregte. Ein Jahrzehnt später gibt es nur wenige österreichische Weine, die höhere Preise erzielen. Das Bouquet des Goldberg 2003 wird von bittersüßen Nußölen, Cassis, Veilchen, Kardamom und Torf beherrscht. Am Gaumen täuschen die feinen Tannine und die frischen schwarzen Fruchtnoten über den von Extremen geprägten Jahrgang hinweg. **DS**

❧❧❧❧ Trinken: 2010–20

Dom. Prieuré St.-Christophe
Mondeuse Prestige 2004

Herkunft Frankreich, Savoyen
Typ Trockener Rotwein, 12 Vol.-%
Rebsorte Mondeuse

Prieuré de St.-Jean de Bébian
2001

Herkunft Frankreich, Coteaux du Languedoc
Typ Trockener Rotwein, 14 Vol.-%
Rebsorten Grenache, Syrah, Mourvèdre

Michel Grisard führt einen Kreuzzug für den Mondeuse, eine Rebsorte, die fast nur in Savoyen gepflegt wird. Der Mondeuse Prestige wird nur in den besten Jahren gekeltert und zeigt, daß diese Rebe komplexe Weine liefern kann, die sich gut als Begleiter zu Wildgerichten eignen und über eine alterungsfähige Struktur verfügen.

Die Domäne liegt im Dorf Fréterive, das wegen seiner Rebengärtnereien bekannt ist, zu denen auch die der Familie Grisard gehört. Der Mondeuse Prestige 2004 stammt von Reben in Fréterive und in Arbin. Die Rebstöcke überstanden die Hitze des Jahres 2003 gut, so daß die Erträge 2004 hier nicht zu hoch waren. Selbst in den besten Jahren erreicht der Mondeuse nur 11 % Alkoholgehalt, zeichnet sich aber durch wunderbare Geschmacksnoten roter Früchte aus.

Der Wein ist von einem wunderbar jugendlichen, purpurnen Scharlach. Die Nase ist recht pflaumig mit einigen würzigen Zimt- und Eichennoten. Die Säure ist sehr ausgewogen, die Tannine mittelstark und rund. Am Gaumen zeigen sich Pflaumen, Kirschen, Gewürze und Kräuter. Der Wein ist noch verschlossen und jugendlich, es kann durchaus sein, daß die Verschlossenheit zuerst noch zunimmt, bevor er zur Altersreife gelangt. **WL**
☺☺☺ **Trinken: bis 2030**

1994 gaben Chantal Lecouty und Jean-Claude Lebrun ihren Beruf als Weinjournalisten auf und ließen sich im Languedoc nieder. Besonders hatte es ihnen dieses ehemalige Klostergut aus dem 12. Jahrhundert angetan, das in den letzten Jahren Alain Roux gehört hatte und mit Syrah und Mourvèdre bestockt worden war.

Die Lehm- und Kiesböden ähneln denen in Châteauneuf-du-Pape, was Chantal und Jean-Claude dazu ermunterte, alle 13 Rebsorten aus dem Anbaugebiet hier anzupflanzen. Sie machten sich auf die Suche nach geeigneten Reben und brachten von ihrem Einkaufsbummel Syrah aus Chave in Hermitage, Châteauneuf-Sorten vom Château Rayas und Mourvèdre von der Domaine Tempier Bandol heim. Den Grundstock der gutseigenen Reben bildete der Grenache.

Der Prieuré ist der rote Spitzenwein des Gutes. Etwa die Hälfte der Trauben sind Grenache, der Rest Syrah und Mourvèdre. Der Wein wird in Barriques ausgebaut, von denen jährlich etwa ein Drittel ausgetauscht wird. Michel Bettane und Thierry Desseauve haben den Prieuré 2001 wegen seiner „Größe, Rasse und Reichhaltigkeit" gelobt. Er wäre ein guter Begleiter zu einem Gericht aus gegrillten Jungtauben. **GM**
☺☺☺ **Trinken: bis 2012+**

Produttori del Barbaresco
Barbaresco Riserva Rabajà 2001

Herkunft Italien, Piemont, Langhe
Typ Trockener Rotwein, 13,5 Vol.-%
Rebsorte Nebbiolo

Château Providence
2005

Herkunft Frankreich, Bordeaux, Pomerol
Typ Trockener Rotwein, 13 Vol.-%
Rebsorten Merlot 95%, Cabernet Franc 5%

Rabajà gilt als eine der besten Lagen im Anbaugebiet Barbaresco. Das liegt zum Teil an den kühlenden Winden, die vom Tanaro heraufstreichen. Die Böden bestehen vorwiegend aus Sand und Kalkstein und liefern elegante, aber volle Barbarescos, die in der Jugend charmant sind, jedoch auch zu den lagerungswürdigsten der Appellation gehören.

Produttori del Barbaresco wurde 1958 im damaligen Anwesen des Barbaresco-Gründungsvaters Domizio Cavazza gegründet. Unter der Leitung von Aldo Vacca keltern die Produttori immer noch hervorragende Barbarescos. Sie werden auf handwerkliche Weise aus Trauben erzeugt, die von den begehrtesten Parzellen des Anbaugebietes stammen. Die Einzellagenweine, die unter dem Namen Riserva auf den Markt kommen, gehören zu den italienischen Weinen mit dem besten Preis-Qualitäts-Verhältnis.

Eine der großartigsten Abfüllungen der jüngeren Vergangenheit ist der Rabajà Riserva 2001. Es ist ein superber Jahrgang, der Wein ist vollkörperig, aber elegant. Die Balance ist tadellos. Die Tanninstruktur und die Frische werden dafür sorgen, daß dieser 2001er sich über Jahrzehnte im Keller weiterentwickeln wird. **KO**

😊😊😊 **Trinken: bis 2025**

Da Pomerol insgesamt erst spät zu Starruhm gelangt ist, gibt es immer noch Weingärten, die nicht vollständig genutzt werden. Dazu gehörte auch La Providence, eine Parzelle in der Nähe von Château de Certan de May. Christian Moueix hatte ein Auge auf diese Reben geworfen, und im Jahr 2002 einigte er sich mit dem Besitzer, einem M. Dupuy, auf eine Partnerschaft. Drei Jahre später zahlte er Herrn Dupuy dann aus und übernahm die restlichen Anteile. Um seine Übernahme deutlich zu machen, ließ er das „La" im Namen des Gutes fallen, es heißt seitdem Château Providence.

Die 3 ha großen Weingärten haben gut drainierte Böden aus Kies und rötlichem Lehm. Der Cabernet Franc spielt hier eine Nebenrolle, aber da die Parzellen im gemischten Satz bestockt sind, weiß der neue Besitzer noch nicht genau, wie groß der Anteil der Rebe ist.

Providence ist ein recht seltener Wein und wird es auch bleiben – es werden jährlich nur 1000 Kisten erzeugt. Obwohl der 2000er fleischig und köstlich ist, wird er vom 2005er noch übertroffen, der sich durch eine bemerkenswerte aromatische Reinheit auszeichnet. Die Textur ist glatt und seidig, es fehlt ihr aber nicht an Tannin oder Konzentration. **SBr**

😊😊😊 **Trinken: bis 2022**

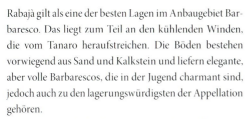

Das Laub der Nebbioloreben färbt sich im Herbst rot und gold.

Agricola Querciabella
Chianti Classico 1999

Herkunft Italien, Toskana, Chianti
Typ Trockener Rotwein, 13 Vol.-%
Rebsorten Sangiovese 95%, Cabernet Sauvignon 5%

1974 gründete Giuseppe Castiglioni das Gut Agricola Querciabella. Castiglioni ist ein wohlhabender Unternehmer, der französische Weine sammelt und die größte Sammlung an Louis Roederer Cristal in Italien sein eigen nennt. Das Gut liegt in Greve-in-Chianti und bestand ursprünglich nur aus 1 ha Reben und einigen alten Gebäuden. Inzwischen sind 26 ha mit Wein bepflanzt, auf weiteren 12 ha wachsen Olivenbäume.

Insgesamt erzeugt Agricola Querciabella vier Weine. Der Batàr ist eine Cuvée aus Chardonnay und Pinot Blanc; Camartina besteht aus Sangiovese und Cabernet Sauvignon; der Palafreno wird aus Merlot und Sangiovese gekeltert. Diese IGT-Weine sind Sterne am italienischen Weinhimmel, aber der Spitzenwein des Gutes – und der einzige, der als DOCG klassifiziert ist – ist sein Chianti Classico. Die Trauben, aus denen er erzeugt wird, stammen von den Weingärten Faule, Solatio und Santa Lucia, die in Höhen von 350 bis 500 m liegen und nach Süden, Südwesten bzw. Südosten ausgerichtet sind. Das Gut wird nach biodynamischen Prinzipien betrieben und produziert durchschnittlich 144.000 Flaschen Wein im Jahr.

Querciabella wurde von Hugh Johnson als „führender Chianti Classico" bezeichnet. Der Wein ist einer der besten Vertreter dieser berühmten italienischen DOCG und wurde 1995 vom italienischen Weinführer *Gambero Rosso* mit *Tre Bicchieri* (Drei Gläser) ausgezeichnet. Gute Jahrgänge wie der 1999er lassen sich aufgrund ihre festen Struktur schon nach Erhalt genießen, sind aber auch 10 oder mehr Jahre lagerfähig. **SG**
☻☻☻ **Trinken: bis 2010+**

◀ Ein Weinberg von Querciabella in der Nähe von Greve.

Quilceda Creek
Cabernet Sauvignon 2002

Herkunft USA, Washington State
Typ Trockener Rotwein, 15 Vol.-%
Rebsorten C. Sauvignon 97%, Merlot 2%, C. Franc 1%

Andre Golitzin kelterte 1974 sein erstes Faß Cabernet Sauvignon in seiner Garage. Der erste Cabernet von Quilceda Creek entstand 1979, 1995 übernahm sein Sohn Paul die Arbeit als Kellermeister, und im Jahr 2004 wurde schließlich eine Kellerei gebaut.

Es herrscht Übereinkunft darüber, daß sich nach dem Eintritt von Paul die Qualität der Weine sprunghaft verbesserte, sein Vater gibt auch neidlos zu, daß er einen brillanten Geschmackssinn hat. Zudem ist er ein Anhänger des Verschneidens.

Der 2002er wird aus Trauben von vier verschiedenen Weingärten hergestellt. Die Trauben werden erst geerntet, wenn sie vollreif sind. Nach dem Entrappen und einer sanften Pressung fallen sie in die Gärbehälter. Zuchthefen leiten die alkoholische Gärung ein, für die malolaktische Gärung wird der Wein in neue französische Eichenfässer umgefüllt. Normalerweise werden die Weine 22 Monate im Faß ausgebaut und dann weitere 9 Monate in Flaschen gelagert, bevor sie auf den Markt gelangen. Der 2002er Quilceda Creek ist ein beeindruckender Wein: intensiv und doch elegant, mit dynamischen, komplexen Aromen und Geschmacksnoten, einem festen, aber geschmeidigen Tanninrückgrat und großer Länge. **LGr**
☯☯☯☯ **Trinken: bis 2025+**

Quinta do Côtto
Grande Escolha 2001

Herkunft Portugal, Douro-Tal
Typ Trockener Rotwein, 13 Vol.-%
Rebsorten Touriga Nacional, Tinta Roriz

Quinta do Côtto ist eines der ältesten Weingüter im Tal des Douro, seine Geschichte reicht bis ins 14. Jahrhundert zurück. Es gibt Hinweise, daß es schon bewirtschaftet wurde, bevor der Staat Portugal entstand.

Côtto liegt im unteren Teil des Tales und war eines der Güter, die schon 1756 bei der ersten Grenzziehung in dem Gebiet genannt wurden. Es war auch eine der ersten *quintas*, die eine Gesetzeslockerung im Jahr 1986 nutzten, die es ermöglichten, Portwein direkt auszuführen, ohne den Umweg über die Exporteure in Vila Nova da Gaia.

Tafelwein wird hier seit den 70er Jahren gekeltert, damit war es eines der ersten Unternehmen, die sich ernsthaft mit solchen Weinen beschäftigte. Die meisten Portweinerzeuger hatten schon immer geringe Mengen Tafelwein gekeltert, jedoch immer für den privaten Verbrauch und nicht für den Verkauf. Inzwischen werden 2 Tafelweine hergestellt: einer von den jüngeren Reben und der Grande Escolha aus den mehr als 25 Jahre alten Reben. Der Grande Escolha wird nur in außerordentlich guten Jahren gekeltert. Eine dreiwöchige Mazerationszeit sorgt dafür, daß er tiefgründig, reichhaltig und tanninreich wird, der zweijährige Ausbau in portugiesischer Eiche mildert ihn etwas ab. **GS**
☯☯ **Trinken: bis 2030**

Quinta do Mouro
Alentejo 2000

Herkunft Portugal, Alentejo
Typ Trockener Rotwein, 14,5 Vol.-%
Rebsorten Tempranillo, Alicante Bouschet, andere

Luis Louro war einer der Wegbereiter des guten Weines im Alentejo. Er pflanzte hier, im heißen, trockenen Süden Portugals, zuerst 1989 Reben. Der Weingarten mit seinen Schieferböden erstreckt sich inzwischen über eine Größe von 22 ha und ist vor allem mit portugiesischen Rebsorten bestockt – Aragonês (auch als Tinta Roriz oder Tempranillo bezeichnet), Alicante Bouschet, Touriga Nacional und Trincadeira. Es gibt jedoch auch einige französische Sorten.

Quinta do Mouro ist das Ergebnis einer wunderbaren Mischung aus Neu und Alt. Die Trauben werden zwei Tage mit den Füßen gestampft, danach wird der Most in temperierten Edelstahltanks gegärt – die Temperaturkontrolle ist in diesem heißen Klima für die Erzeugung eines guten Weines unerläßlich. Ausgebaut wird in französischer und portugiesischer Eiche.

Weine aus sehr heißen Gebieten können an Marmelade erinnern, aber Quinta do Mouro gelingt es, Eleganz und Finesse hervorzubringen. Der Wein ist mäßig dunkel, die Nase zeigt Aromen von süßen schwarzen Früchten und rauchigem Zedernholz. Das feine, aber feste Tannin balanciert Körper und Säure aus, um ein fruchtbetontes Finale mit blumiger Komplexität freizugeben. **GS**
❸❺ **Trinken: bis 2010**

Quinta do Vale Meão
2000

Herkunft Portugal, Douro-Tal
Typ Trockener Rotwein, 14,5 Vol.-%
Rebsorten T. Nacional, T. Franca, andere

Die Quinta do Vale Meão wurde durch einen einzigen Wein berühmt – den Barca Velha von Ferreira, der jahrelang aus den Trauben des Gutes entstand. Gegründet wurde es von der legendären Witwe aus dem Douro-Tal, Dona Antónia Ferreira, die Antwort der Portweinerzeuger auf die Veuve Clicquot. Die Quinta war ihr letztes großes Vorhaben, sie starb 1896, im Jahr der Fertigstellung.

Heute gehört das tief im Douro Superior liegende Anwesen einem Ururenkel von Dona Antónia Ferreira, Francisco Javier de Olazabal. Er trat 1998 von seinem Posten als Geschäftsführer von A. A. Ferreira zurück, um sich der Herstellung eines eigenen Weines zu widmen. Der erste Wein wurde 1999 gekeltert, aber Francisco de Olazabal hält den 2000er für den eigentliche Geburtsjahrgang – einer der besten, den die Quinta je hervorgebracht hat.

Die Weingärten des Gutes sind unterschiedliche gelegen – von flußnahen Parzellen bis hin zu solchen, die in 200 m Höhe liegen. Sie sind mit der üblichen Mischung traditioneller Rebsorten bepflanzt: Touriga Nacional, Tinta Roriz, Touriga Francesa, Tinta Amarela, Tinta Barroca und Tinto Cão. Es ist jedoch der Touriga Nacional, der mit seinen schwarzen Fruchtnoten vorherrscht. **GS**
❸❺ **Trinken: bis 2015+**

Quinta dos Roques *Dão Touriga Nacional* 2005

Herkunft Portugal, Dão
Typ Trockener Rotwein, 14 Vol.-%
Rebsorte Touriga Nacional

Quinta dos Roques ist eines der besten Weingüter im portugiesischen Anbaugebiet Dão. Bis jetzt herrschten dort Genossenschaften vor, deren Mitglieder ihre Trauben an die Genossenschaftskellereien verkauften, wo sie zu einem anonymen Verschnitt gemischt wurden. 1978 entschied sich der Besitzer der Quinta dos Roques, seine Weingärten mit den geeignetesten Rebsorten neu zu bepflanzen und in Zukunft eigene Weine zu keltern und abzufüllen.

Die Weingärten wurden seitdem auch vergrößert, inzwischen werden auf 12 Parzellen etwa 40 ha Reben bewirtschaftet. Die Böden der Weingärten sind hauptsächlich durch granithaltigen Sand geprägt, die Parzellen liegen relativ hoch, beides zusammen bewirkt, daß der Wein trotz des hohen Alkoholgehaltes Frische und Struktur zeigt.

Die ersten Weine der Marke kamen 1990 auf den Markt, es waren damals Cuvées. Die rebsortenreinen Weine wurden 1996 eingeführt. Diese Weine, besonders der Touriga Nacional, fanden bald internationale Anerkennung. Der Touriga Nacional wird in der neuen Kellerei hergestellt, in der neben den traditionellen *lagares* aus Granit auch modernste Kellereitechnik verwendet wird. Nach 15 Monaten in neuen französischen Barriques hat der Wein die typische Nase eines Touriga mit Schwarzkirsch- und Brombeeraromen, die von Kakao- und Kräuternoten begleitet werden. Die Struktur sorgt dafür, daß es ein Wein ist, der sofort genossen werden kann, aber eine geduldige Kellerlagerung von 10 oder mehr Jahren wohl lohnt. **GS**

☺☺ Trinken: bis 2020+

WEITERE EMPFEHLUNGEN
Andere große Jahrgänge
1996 • 2000
Weitere Weine aus Dão
Duque de Viseu • Fonte do Ouro
Grão Vasco • Porta dos Cavalheiros

Ein Weingarten bei Mangualde in der Region Dão.

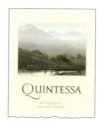

Quintarelli
Amarone della Valpolicella 1995

Herkunft Italien, Venetien
Typ Trockener Rotwein, 15,5 Vol.-%
Rebsorten Corvina, Rondinella, Molinara

Quintessa
2000

Herkunft USA, Kalifornien, Napa Valley
Typ Trockener Rotwein, 14,5 Vol.-%
Rebsorten C. Sauvignon 70%, Merlot 20%, C. Franc 10%

„Ich kann mich noch an Zeiten erinnern, in denen es Schande über die ganze Familie brachte, wenn der Recioto zu lange gärte, den ganzen Zucker umsetzte und dann ein trockener Wein war," erzählt Giuseppe Quintarelli über seine Wurzeln in der Tradition des Valpollicella. Ein trockener Recioto ist natürlich nichts anderes als unser geliebter Amarone. Amaro heißt wörtlich ‚bitter', aber tatsächlich bedeutet es ‚trocken'. Recioto Amaro hieß der Wein ursprünglich, als er noch eher als unerwünschtes Zufallsprodukt angesehen wurde. Der Name Amarone wurde anscheinend von einem sehr talentierten Kellermeister der Cantina Sociale di Valpolicella namens Adelino Lucchese geprägt. Beim Verkosten eines trockenen Recioto im Frühjahr 1936 rief er begeistert aus: „Das ist kein Recioto Amaro, das ist ein Amarone!"

Die Aromen von Quintarellis 1995er Amarone erfüllen buchstäblich den Raum. Der Duft von Kirschen, Kakao, getrockneten Feigen, frisch gemahlenen Gewürzen und sogar von aromatischen Kräutern scheint den Genießenden fast genauso sehr zu berauschen wie der hohe Alkoholgehalt. Am Gaumen löst der Wein die Versprechen seines Bouquets ein: Ein Schluck läßt die Geschmacksnoten minutenlang am Gaumen verharren. **AS**

ⓢⓢⓢⓢ **Trinken: bis 2035+**

Das Weingut und die Kellerei Quintessa ist unterhalb eines Hügels westlich des Silverado Trail herrlich am Seeufer in Rutherford gelegen. Als das Unternehmen 1990 entstand, war das Land eines der letzten nicht erschlossenen Gebiete im Napa Valley. Es wurde zur Quelle eines kostspieligen Weines nach Art des Bordeaux, dessen erster Jahrgang 1993 war.

Die 65 ha großen Weingärten sind in 26 Parzellen unterteilt, so daß die Cuvées sorgfältig zusammengestellt werden können. Grundweine, die nicht den Anforderungen entsprechen, werden verkauft. Die Böden sind meist alluvial, oft mit vulkanischen Spuren, und das Gut wird seit 2004 biodynamisch bewirtschaftet. Der Wein wird 18 Monate in französischer Eiche ausgebaut, die zu 60% neu ist.

Der 2000er ist insofern für den Quintessa typisch, als die neue Eiche in der Nase deutlich ist. Am Gaumen ist der Wein üppig und sehr eichenbetont, aber die Textur wird sehr schön durch die Würzigkeit und hinreichende Säure aufgelockert, um ihn langanhaltend zu machen. Es ist ein gut gemachter Wein, dem es jedoch vielleicht etwas an Persönlichkeit mangelt, er bietet Üppigkeit ohne Mineralität. **SBr**

ⓢⓢⓢⓢ **Trinken: bis 2020**

Qupé
20th Anniversary Syrah 2001

Herkunft USA, Kalifornien, Santa Barbara
Typ Trockener Rotwein, 13,5 Vol.-%
Rebsorte Syrah

Bob Lindquist gründete Qupé 1982, und seit 1989 teilt er sich mit Jim Clendenen im Santa Maria Valley im Weingut Bien Nacido eine Kellerei. In all diesen Jahren hat Lindquist stets einen lagerungswürdigen, aus kühlen Zonen stammenden Syrah in einem recht zurückhaltenden Stil gekeltert.

Der Anniversary Syrah entstand anläßlich des 20. Jahrgangs des Gutes und ist auf weitere 20 Jahre Lagerung ausgelegt. Die Trauben stammen alle von der 2 ha großen Parzelle „X" in Bien Nacido, der ältesten Syrah-Anpflanzung des Gutes. Ein Drittel des Leseguts wird in ganzen Trauben gegärt, um dem Wein Würzigkeit und feste Tannine zu geben. Auf eine 14tägige Gärzeit in einem kleinen, offenen Gärbehälter folgte eine 5 Tage dauernde Mazeration, dann wurde der Wein in französische Eichenfässer umgefüllt. Lindquist verwendet neutrale Fässer, um das *terroir* von Bien Nacido zur Geltung zu bringen. Der Ausbau in den Fässern dauerte 20 Monate.

Der 2001er Anniversary Syrah ist ein zurückhaltender und verschlossener Wein mit festem Zugriff und straffen Aromen, die unter anderem an Teer, Leder, geräuchertes Fleisch, Heidelbeeren und Gewürze erinnern. **LGr**
❂❂❂ **Trinken: bis 2021+**

Radio-Coteau
Cherry Camp Syrah 2004

Herkunft USA, Kalifornien, Sonoma Coast
Typ Trockener Rotwein, 15 Vol.-%
Rebsorte Syrah

Nachdem er ausgiebige Erfahrungen in Frankreich, Kalifornien und im Staat Washington gesammelt hatte, machte sich Eric Sussman 2002 selbständig, um Weine zu produzieren, in denen sich die Rebsorte und die Lage widerspiegeln sollten. Er ist vor allem an kühlen, küstennahen Parzellen interessiert, die sich mit geringem Aufwand für Bewässerung und Düngung bewirtschaften lassen. Er arbeitet eng mit den Winzern zusammen und folgt seinem minimalistischen Ansatz auch in der Kellerei, wo er bestrebt ist, allerhöchstens einen „sanften menschlichen Fingerabdruck" im Wein zu hinterlassen.

Der Weingarten Cherry Camp liegt auf einem Hügelkamm oberhalb der Stadt Freestone am Rand des Gebietes Russian River Valley, er ist aber von seinen Eigenschaften her eine typische Küstenlage. Nach einem Jahrhundert als Kirschplantage wurde er im Jahr 2002 mit Reben bepflanzt, die erste Ernte fand 2004 statt. Der 2004er war nach der Freigabe noch verschlossen, aber man konnte bereits in den konzentrierten Aromen und Geschmacksnoten Qualität erahnen. Der 2005er ist von ähnlichem Charakter. Insgesamt war es ein denkwürdiger Anfang für ein Gut, das zu einem Maßstab für Weine aus den kühleren Gebieten Kaliforniens werden wird. **JS**
❂❂❂ **Trinken: bis 2017**

Château Rauzan-Ségla
2000

Herkunft Frankreich, Bordeaux, Margaux
Typ Trockener Rotwein, 13 Vol.-%
Rebsorten C. Sauvignon 54%, Merlot 41%, Others 5%

1855 wurde dieses Gut als eines der besten ‚Zweiten Gewächse' in Margaux klassifiziert. Wenn man seine Weine zwischen den 60er und 80er Jahren verkostet hätte, wäre einem diese Einordnung eigenartig vorgekommen, da sie offensichtlich mittelmäßig waren. Rauzan stand Anfang der 90er Jahre zum Verkauf, 1994 kaufte es die Familie Wertheim aus New York, deren wichtigstes Geschäftsinteresse das Modeimperium Chanel ist. Sie hatten gehofft, Latour erwerben zu können, als ihnen das nicht gelang, gaben sie sich mit Rauzan zufrieden. Es war eine gute Wahl: Der Preis war sehr viel geringer, und das Gut hatte offensichtlich ein riesiges Potential, das nur verwirklicht werden mußte. Als Geschäftsführer wurde der Schotte John Kolasa eingestellt.

Er machte sich energisch an die Arbeit, wobei ihm die Ressourcen der Chanel-Gruppe zu Hilfe kam. Er pflanzte neue Reben, um die Sortenauswahl zu verbessern und vergrößerte die Pflanzdichte. In der Kellerei installierte er kleinere Gärtanks, um parzellenweise arbeiten zu können. Das neue Team legte mit dem 1994er einen guten Anfang hin, seitdem haben sich die Weine kontinuierlich gesteigert. Da viele der Rebstöcke noch jung sind, achtet Kolasa auf schonende Extraktion, da das Kennzeichen eines Margaux eher die Eleganz als die Kraft ist.

Der 2000er ist ein gewaltiger Wein mit einem deutlichen Eichenton (die Weine von Rauzan-Ségla werden normalerweise zur Hälfte in neuer Eiche ausgebaut), aber die Fruchtigkeit überspielt die rohe Kraft. Die schöne Balance sollte für eine lange, lohnende Zukunft sorgen. **SBr**
😊😊😊😊 **Trinken: 2010–2025**

Das Château wurde im 20. Jh. von der Familie Cruse erreichtet.

Ravenswood *Sonoma County Old Hill Vineyard Zinfandel* 2002

Herkunft USA, Kalifornien, Sonoma Valley
Typ Trockener Rotwein, 14,2 Vol.-%
Rebsorten Zinfandel 75%, andere 25%

Ravenswood begann 1976 als etwas heruntergekommene Kellerei, die in einer ehemaligen Garage untergebracht war. Der Besitzer Joel Peterson war bis 1987 im Brotberuf Immunologe. Er stellte fest, daß die Weinerzeugung seinen wissenschaftlichen Neigungen ebensosehr entgegenkam wie den künstlerischen.

Peterson verließ sich auf natürliche Hefen, mischte den Tresterhut häufig unter, und baute den Wein in neuer französischer Eiche aus. Zu den Weinen gehörten eine Reihe von Einzellagenabfüllungen, die meist von alten Reben im Sonoma-Tal stammten. Gleichzeitig bot Peterson in größeren Mengen den sogenannten Vintner's Blend an, einen vollen Zinfandel zu moderaten Preisen.

Das Motto der Kellerei „No Wimpy Wines" (Keine Weine für Weichlinge) wird den Fähigkeiten des Besitzers als Kellermeister nicht gerecht. Manche seiner Zinfandels sind sicher große, kraftvolle Weine, aber sie besitzen meist eine Eleganz, der man bei dieser Rebsorte selten begegnet. Im Jahr 2001 wurde die Kellerei vom Großkonzern Constellation aufgekauft. Die Produktionsmengen sind deutlich gestiegen, was die unvermeidlichen Kompromisse mit sich gebracht hat, aber Peterson keltert immer noch seine großartigen Einzellagenweine. Old Hill Ranch ist mit sehr gering tragenden Reben bestockt, die teilweise im Jahr 1880 gepflanzt wurden. Der 2002er ist mit seinen eleganten Kirsch- und Vanillearomen, der glatten Textur, lebhaften Säure, guten Konzentration und dem langen Finale ein gutes Beispiel für die Fähigkeiten Joel Petersons. **SBr**

☺☺☺ **Trinken: bis 2015**

Zinfandel-Trauben im Weingarten Old Hill von Ravenswood.

Château Rayas
1990

Herkunft Frankreich, südl. Rhône, Châteauneuf-du-Pape
Typ Trockener Rotwein, 14 Vol.-%
Rebsorte Grenache

Remírez de Ganuza
Rioja Reserva 2003

Herkunft Spanien, Rioja
Typ Trockener Rotwein, 13 Vol.-%
Rebsorten Tempranillo, Graciano

Seit Anfang der 70er Jahre hat sich in Château Rayas, dem berühmtesten Weingut in Châteauneuf-du-Pape, nur sehr wenig geändert. Die leichte Hand, mit der hier Wein hergestellt wird, ist vom Gründer Louis und seinem Sohn Jacques und dann an seinen Neffen Emmanuel weitergereicht worden. Das Gut widersetzt sich vielen der hier geltenden Konventionen: nur oder hauptsächlich Grenache, der in winzigen Mengen geerntet wird; uralte Fässer für den Ausbau, an deren Vorderseiten in griechischen Buchstaben verschlüsselt der Inhalt angegeben ist; Flaschenetiketten, die mühselig mit der Hand angebracht werden; das Verkostungsglas mit dem gebrochenen Stil für unerwünschte, meist unangekündigte Besucher.

Vollkommen unbekümmert stellt sich der Château Rayas in der heutigen Zeit vor: ein glänzendes Hellrot im Glas, das dann zu einem etwas matten Erdbeerrot wird. Wo bleiben die massigen Aromen, die Schwere am Gaumen? Der Wein ruht im Glas und verspricht, daß er im Laufe der Zeit noch mit Würze aufwarten werde. Der 1990er hat ein rundes, süßes Bouquet mit Andeutungen von eingekochtem Obst. Am Gaumen ist er tiefgründig und kontrolliert lebhaft, im entzückenden Finale zeigt sich echte Finesse. **JL-L**
🍷🍷🍷🍷 **Trinken: bis 2030**

Fernando Remírez arbeitete früher als Immobilienmakler. In dieser Zeit handelte er auch mit Weingärten und -gütern. Die Liebe zum Wein ergriff ihn, und er nutzte die erworbenen Kenntnisse, um 1989 in dem kleinen Dorf Samaniego eine eigene Bodega zu gründen. Dort widmete er sich der Erneuerung des Riojas. Seine beiden grundlegenden Prinzipien sind die ausschließliche Verwendung von Trauben aus den eigenen Weingärten in den besten Lagen des Rioja Alavesa und die Weinerzeugung auf ursprüngliche, intuitionsgeleitete Weise. Die 47 ha Weingärten sind nach Süden ausgerichtet und haben lehmige Kalksteinböden, die Reben sind 35 bis 100 Jahre alt, 90 % davon sind Tempranillo.

Der Remírez de Ganuza Reserva, sein erster Rotwein, kam 1992 auf den Markt und ist immer noch sein typischster und verläßlichster Wein. Er wird 24 Monate im Faß ausgebaut und verbringt dann einen ähnlichen Zeitraum in der Flasche. Er ist intensiv kirschrot und hat ein Bouquet von Blattwerk, Toast und reifen Früchten. Am Gaumen ist er schön ausgewogen, entzückend samtig, aber doch überaus lebhaft. Ein eleganter *Reserva* mit hoher Präsenz, der meist noch einige Jahre benötigt, um sich in der Flasche weiterzuentwickeln. **JMB**
🍷🍷🍷 **Trinken: bis 2015**

Domaine Louis Rémy

Latricières-Chambertin GC 2002

Herkunft Frankreich, Burgund, Côte de Nuits
Typ Trockener Rotwein, 13 Vol.-%
Rebsorte Pinot Noir

Mme. Marie-Louise Rémy und ihre Tochter Chantal Rémy-Rosier sind die einzigen Familienmitglieder, die noch im Weingeschäft sind – 1989 verkaufte Mme. Rémys Schwager Philippe sein Weingut in Gevrey an Mme. Lalou Bize-Leroy. Mme. Rémy lebt unterhalb des Clos des Lambrays im Dorf Morey-St.-Denis am Place du Monument, genau gegenüber den herrlichen, zwei Etagen tiefen Gewölbekellern, die etwas zu groß für ihr Gut von nur 2,6 ha scheinen.

Die gute Qualität der Weine aus den 40er, 50er und 60er Jahren zeigte sich in der folgenden Zeit nicht mehr. Louis Rémy starb während der Ernte 1982, aber die Domäne war schon vorher im Niedergang begriffen. Chantal Rémy hat jedoch Önologie studiert, und unter ihrer Leitung befindet sich das Gut wieder auf dem Weg nach oben. Das zeigte sich schon im Jahrgang 1999, der 2002er macht es noch deutlicher.

Latricièrces-Chambertin liegt etwas südlich von Chambertin oberhalb der Route des Grands Vins. Die Weine von dieser Lage haben alle etwas Würziges, und der Rémy 2002 ist keine Ausnahme: voll, reichhaltig, recht muskulös und kräftig, Der Latricières-Chambertin ist ein Wein, der auf Dauer ausgelegt ist. **CC**

Trinken: 2015–2030

Ridge

Monte Bello 2001

Herkunft USA, Kalifornien, Santa Clara County
Typ Trockener Rotwein, 14 Vol.-%
Rebsorten C. Sauvignon, Merlot, Petit Verdot

1959 kauften einige Wissenschaftler von der Stanford University Land hoch oben in den Santa Cruz Mountains, auf das sie sich während der Urlaubszeit zurückziehen wollten. Sie fanden einige alte Cabernet-Rebstöcke vor, und als sie daraus einen Wein kelterten, waren sie von seiner Intensität überrascht. In den späten 60er Jahren beschlossen sie, die alte Winzerei wieder in Betrieb zu nehmen, die es hier Ende des 19. Jahrhunderts gegeben hatte, und baten Paul Draper, die Leitung zu übernehmen.

Anfänglich kelterte er verschiedene Weine, aber es wurde ihm bald klar, daß die alten Cabernet-Reben bei weitem die besten Trauben lieferten. Der Monte-Bello-Weinberg wurde erweitert und einige andere Bordeaux-Rebsorten angepflanzt. In einer Höhe von 700 m lag der Weingarten sehr kühl.

Draper baute den Monte Bello vor allem in amerikanischer Eiche aus. Die Cuvée wird aus bis zu 34 verschiedenen Parzellen zusammengestellt, dabei werden die Proben blind verkostet. Das Ziel ist ein Wein, der sich zwar jung genießen läßt, aber im Alter noch deutlich besser wird. Von den letzten Jahrgängen war der 2001er besonders überzeugend – dramatisch, würzig und kräftig, mit einem Säurerückgrat, das langes Leben ahnen läßt. **SBr**

Trinken: bis 2028

Giuseppe Rinaldi
Barolo Brunate-Le Coste 1993

Herkunft Italien, Piemont
Typ Trockener Rotwein, 13 Vol.-%
Rebsorte Nebbiolo

Bis 1992 teilte Giuseppe Rinaldi seine Barolo-Produktion der Tradition gemäß auf 2 Weine auf: einen Barolo (normale) und einen Riserva, der als Einzellagenwein vom Weingarten Brunate gekeltert wurde. Seit 1993 gibt es zwar immer noch 2 Weine, aber der erste ist jetzt eine Cuvée aus den Trauben von Brunate und Le Coste, der zweite eine Mischung aus Ravera und Canubi San Lorenzo.

Rinaldi hat nicht absichtlich mit der Tradition gebrochen, es war ihm lediglich aufgefallen, daß sich die Trauben von den kühleren Lagen wie Le Coste und Ravera ideal dazu eigneten, jene von den wärmeren Weingärten wie Brunate und Cannubi auszubalancieren. Die Herstellungsweisen sind immer noch sehr traditionell, mit langen Gär- und Mazerationszeiten und Ausbau in großen Eichenfässern (*botti*).

Giuseppes Weine waren nie für den frühen Genuß bestimmt, sie sollten erst dann getrunken werden, wenn sie ausgereift sind. Dann hat die Zeit sie zweifach verzaubert: Die rauhen Kanten der Jugend sind geglättet, und der Wein kann sich in all seinem barocken Glanz präsentieren – mit Geschmacksnoten von eingelegten Kirschen, Lakritze, weißem Pfeffer, Tabak und schwarzen Trüffeln. **AS**

🙂🙂🙂🙂 Trinken: bis 2020+

Chris Ringland
Three Rivers Shiraz 1999

Herkunft Australien, South Australia, Barossa Valley
Typ Trockener Rotwein, 15 Vol.-%
Rebsorte Shiraz

Chris Ringland ist vermutlich der meist gepriesene unter den sogenannten „Wellblech-Winzern" des Barossa-Tals. Er keltert von seinem Shiraz im Jahr weniger als 1000 Flaschen. Der zuerst 1989 erzeugte Wein erregte bald bald die Aufmerksamkeit des Weinkritikers Robert Parker, der ihm in den Jahren 1996, 1998 und 2001 mit einer Punktzahl von 100 Perfektion attestierte. So startete der Three Rivers dann auf dem internationalen Markt durch, und die Preise in Australien stiegen binnen eines Jahres um 400 %. Um das Jahr 2001 brach zwar der Markt für „Garagen"- und andere Kultweine zusammen, aber Ringlands Shiraz erzielt immer noch erstaunliche Preise.

Im Gegensatz zu den meisten anderen Kellermeistern füllt Ringland seine Fässer nicht auf. Er verschließt sie mit Silikonpfopfen, die er nur alle 6 Monate entfernt, um den Wein zu verkosten. Er behauptet, auf diese Weise den Wein nicht dem Sauerstoff auszusetzen, und daß die Verdunstung zur Konzentration der Weine beitrage. Seine Weine sind wegen ihres kräftigen, alkoholreichen Stils mit Screaming Eagle und dem La-La von Guigal verglichen worden. Der australische Countrysänger Slim Dusty sang in seinem namensgebenden Lied prophetisch: „Und deshalb verehren wir alle Three Rivers Hotel." **SG**

🙂🙂🙂🙂🙂 Trinken: bis 2012+

Rippon
Pinot Noir 2005

Herkunft Neuseeland, Central Otago, Lake Wanaka
Typ Trockener Rotwein, 13 Vol.-%
Rebsorte Pinot Noir

Rolfe Mills wuchs zwischen Dunedin und Wanaka in Neuseeland auf, aber er träumte davon, eines Tages auf die Farm der Familie in Wanaka Station zurückzukehren, die sein Großvater Percy 1912 in der Nähe des Lake Wanaka gegründet hatte. 1974 machte er mit seiner Ehefrau Lois den Traum wahr. Durch einen Besuch des Douro-Tals angeregt, pflanzten sie an einem steilen Hang oberhalb des Farmgebäudes einige Rebstöcke. Obwohl Weinbauexperten eher davon abrieten, ließen sich die Mills 1981 von den Klimadaten davon überzeugen, ihre erste kommerzielle Parzelle anzulegen.

Rippon wurde nach Percys Großmutter Emma Rippon benannt, die von England nach Australien ausgewandert war. Es ist der nördlichste Weingarten in Central Otago, aber auch damit ist es noch einer der südlichsten Weingärten der Welt. Er liegt in einer Höhe von 330 m an den Ufern des atemberaubenden Lake Wanaka. Die Verbindung der hohen Lage mit der Kühlung durch den See läßt hier einen lebhaften, fruchtigen Pinot Noir mit leichter Farbe und Struktur wachsen. Das Gut wird nach biodynamischen Prinzipien bewirtschaftet – wer würde auch schon in einer solch wunderbaren, unverdorbenen Umgebung Chemikalien sprühen wollen? **SG**
☺☺☺ Trinken: bis 2010+

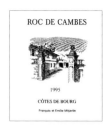

Château Roc de Cambes
1995

Herkunft Frankreich, Bordeaux, Côtes de Bourg
Typ Trockener Rotwein, 13 Vol.-%
Rebsorten Merlot 70%, C. Sauvignon 25%, Malbec 5%

Es bedurfte schon des scharfen Blicks von François Mitjavile, des Besitzers von Château Tertre-Roteboeuf in St.-Emilion, um das Potential dieser Weingärten im damals noch unbekannten Côtes de Bourg zu erkennen. Sie liegen in zwei Parzellen in der Nähe der Flußmündung, wegen der Nähe der Gironde entgingen viele der Rebstöcke dem verheerenden Frost des Jahres 1956, so daß Roc des Cambes mit vielen alten Reben gesegnet war. Auch die fast genau nach Süden ausgerichtete Lage war gut. Die Böden sind fruchtbarer als in St.-Emilion, aber das Alter der Stöcke hält die Erträge niedrig. Die Vinifikation ist die gleiche wie in Tertre-Roteboeuf. Der Wein wird in Betontanks gegärt und in zur Hälfte neuer Eiche ausgebaut.

Roc des Cambes hat sich unter der Leitung von Mitjavile zum führenden Wein seines Anbaugebietes entwickelt. Er wird mit einer derart hohen Achtung vor der Ausgewogenheit hergestellt, daß die guten Jahrgänge ausgesprochen gut altern. Aus diesem Grund stellen wir hier einen relativ alten Jahrgang vor. Die Nase des 1995ers zeigt Charme und Reste von Üppigkeit, und am Gaumen strebt die reine rote Frucht empor. Die Textur ist geschmeidig, doch würzig, die Reichhaltigkeit und Konzentration wird durch Sekundärnoten gemildert. **SBr**
☺☺☺ Trinken: 2008–2015

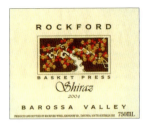

J. Rochioli
West Block Pinot Noir 1992

Herkunft USA, Kalifornien, Sonoma Valley
Typ Trockener Rotwein, 14,5 Vol.-%
Rebsorte Pinot Noir

Rockford
Basket Press Shiraz 2004

Herkunft Australien, South Australia, Barossa Valley
Typ Trockener Rotwein, 14,5 Vol.-%
Rebsorte Shiraz

In den 60er Jahren verdiente die Famile Rochioli wegen der Konkurrenz aus Central Valley nicht gut. Joe Jr. entschloß sich, Pinot Noir zu pflanzen. Er setzte sich gegen seinen Vater durch, der ertragsreiche Rebsorten wollte, aber auch gegen die akademischen Berater der University of California, die Gamay Beaujolais vorschlugen. Er bestockte 1969 den 1,6 ha großen, nach Osten ausgerichteten, tiefgründigen West Block. Heute ist dieser Weingarten die Quelle, aus der sich der gute Ruf der Gegend für reichhaltige, konzentrierte Pinot Noirs speist.

Seit Mitte der 80er Jahre produziert Sohn Tom den Wein. Der erste Jahrgang wurde 1992 auf Flaschen abgefüllt. Nach der Selektion im Weingarten und im Keller werden die Trauben 3 bis 5 Tage kalt gewässert und dann 8 bis 10 Tage in offenen Tanks gegärt, der Tresterhut wird dreimal täglich untergemischt. Der Wein wird für die malolaktische Gärung geimpft und dann ohne Ruhezeit abgestochen, um möglichst viel des Hefesediments zu erhalten. Nach der Gärung wird nicht mazeriert. Während des 15monatigen Ausbaus in neuer französischer Eiche wird der Wein nur einmal umgefüllt. Danach wird er unfiltriert auf Flaschen abgefüllt, um die zarte Frucht zu schützen und den Charakter vollständig zu erhalten. **LGr**
❸❸❸ **Trinken: bis 2012**

In den 80er Jahren war Robert „Rocky" O'Callaghan einer der wenigen vorausschauenden Weinerzeuger, die erkannten, welche Schäden in Barossa Valley durch die staatlich geförderten Rebrodungen entstanden. Hier kamen unersetzliche alte Shiraz-Rebstöcke unter den Pflug. O'Callaghan lieh sich Geld, um Trauben zu Preisen zu kaufen, die so hoch waren, daß es für die Winzer lukrativer war, die alten Reben zu behalten. „Rocky" wirkt wie ein Barossa-Winzer alten Stils. Sein Haus aus der Mitte des 19. Jahrhunderts in der Nähe von Tanunda sieht eher wie ein Museum aus als wie eine funktionsfähige Kellerei. Die braunen Flaschen des Basket Press Shiraz erinnern an die 50er Jahre.

Obwohl sein Ruf es vielleicht vermuten lassen würde, wird der Basket Press nicht im überschweren Barossa-Stil gekeltert. Er wird zwar in Eiche ausgebaut, aber es sind selten mehr als 15 %, so daß der Wein einen herzhaften Mineralton hat, der manchen anderen Barossas fehlt. Und im Gegensatz zu seinen Zeitgenossen altert der Basket Press sehr gut – bis zu 10 Jahre. Der 2004er ist vielleicht reifer und üppiger als einige der vorhergehenden Jahrgänge, aber Basket Press Shiraz ist und bleibt der hervorragendste handgekelterte australische Wein. **SG**
❸❸❸ **Trinken: bis 2010+**

Bodegas Roda
Rioja Cirsión 2001

Herkunft Spanien, Rioja
Typ Trockener Rotwein, 14,5 Vol.-%
Rebsorte Tempranillo

Dom. Rollin *Pernand-Vergelesses*
PC Ile-des-Vergelesses 1990

Herkunft Frankreich, Burgund, Côte de Beaune
Typ Trockener Rotwein, 13 Vol.-%
Rebsorte Pinot Noir

Bodegas Roda wurde 1987 von Mario Rottlant und Carmen Daurella gegründet. Sie wollten Rotweine im modernen Alta-Expresión-Stil keltern, die aber auch den klassischen Charakter des Rioja zeigen sollten. Die Grundweine werden bis zur Zusammenstellung der Cuvée getrennt verarbeitet, dabei werden die Fässer mit dem kräftigeren, strukturreicheren Wein für den Roda I Reserva verwendet, die ausdrucksvolleren, vordergründigeren für den Roda II Reserva.

Der Spitzenwein des Gutes, der Cirsión, wurde 1998 auf den Markt gebracht. Er wird nach einem für die Alta Expresión typischen Verfahren hergestellt: Tempranillo-Trauben von alten Reben werden nach der Gärung 10 Monate in Eiche ausgebaut. Der Cirsión 2001 gelangte bei einer Rioja-Verkostung der Zeitschrift *World of Fine Wine* im Jahr 2005 auf den ersten Rang – die Apotheose des Alta-Expresión-Riojas. Er ist von strahlendem Purpurrot, die Nase von dunklen, tiefen Fruchtaromen erfüllt. Am Gaumen sind die Fruchtnoten und das Eichentannin perfekt aufeinander abgestimmt, und das Finale ist lang, würzig und warm. Wie viele andere Weine im Alta-Expresión-Stil ist er jedoch umstritten: Es ist ein beeindruckender Wein – aber ist es wirklich ein Rioja? **SG**

🍷🍷🍷🍷 **Trinken: bis 2010+**

Pernand Vergelesses ist das einzige Dorf im Burgund, das Rot- und Weißweine jeder Stufe von der AOC bis hin zum *grand cru* produzieren darf. Der Corton-Charlemagne der Domaine Rolins ist ein so hell leuchtender Stern, daß sein Glanz nicht nur die anderen guten Weißweine des Gutes verblassen läßt – vom Aligoté bis hin zum Pernand-Vergelesses Premier Cru Frétille –, sondern auch die Rotweine. Unter diesen sticht besonders der Premier Cru Île-des-Vergelesses hervor, der von den besten Rotweinparzellen des Dorfes stammt.

Das jetzige Oberhaupt der Familie, Rémi Rollin, wird in seiner sorgfältigen Arbeit im Weingarten und in der Kellerei auf das Fähigste von seiner Ehefrau Agnès und seinem Sohn Simon unterstützt. Der Île-des-Vergelesses wird in einem höheren Anteil neuer Eiche ausgebaut als die anderen Weine, es sind aber dennoch nicht mehr als 20 bis 25 %. Nach etwa 16 Monaten wird er auf Flaschen abgefüllt, dabei wird wenn irgend möglich auf Klären und Filtrieren verzichtet. Der 1990er ist zugleich vertrauenerweckend rustikal und verführerisch elegant: Die Nase mit dunklen Kirsch-, Erd- und Blütenaromen kündigt einen mittelschweren Wein von gelassener Kraft und seidiger Finesse an. **NB**

🍷🍷🍷 **Trinken: bis 2012+**

Domaine de la Romanée-Conti *La Tâche GC* 1999

Herkunft Frankreich, Burgund, Côte de Nuits
Typ Trockener Rotwein, 13,5 Vol.-%
Rebsorte Pinot Noir

Als die Familie Croonembourg 1760 beschloß, ihre Weingärten in Vosne und La Tâche zu verkaufen, genossen die Weine bereits einen unglaublichen Ruf. So war auch der einsetzende Gebots-Krieg kaum überraschend, bei dem Louis-François de Bourbon, Prinz de Conti, schließlich seine Erzfeindin Madame de Pompadour übertraf – er erwarb das Gut zu dem unfaßbar hohen Preis von 8000 livres. Er fügte dem Gutsnamen Romanée seinen eigenen hinzu. Allerdings verlor er dieses Juwel schon 30 Jahre später während der Französischen Revolution wieder.

Eine der bemerkenswertesten Eigenschaften von La Tâche ist die Fähigkeit, auch in theoretisch ‚schlechten' Jahren vorzügliche Pinot Noirs hervorzubringen. In Anbetracht des notorisch inflexiblen Charakters der burgundischen Pinots keine geringe Leistung. Der Weingarten ist nur 6 ha groß und liefert kaum 1900 Kisten Wein im Jahr – wobei das immer noch die größte Menge von allen *grands crus* des Gutes ist. Der astromomische Preis ist gleichermaßen durch die geringen Mengen und den tadellosen Ruf des Gutes zu erkären.

1999 waren die Erträge niedrig und der Wein noch konzentrierter als sonst. Nach der Freigabe zeigte er ein erstaunlich komplexes Bouquet mit Aromen von gut abgehangenem Fleisch, Erdbeeren und Rauch. Am Gaumen waren die Tannine recht streng, allerdings in ein üppiges Kleid aus roten und schwarzen Früchten, überschwenglicher Eiche und Andeutungen von kirschähnlicher Säure gehüllt. Im Schwergewichts-Finale zeigten sich Schwarzkirschen, Sandelholz und indische Gewürze. **SW**
❂❂❂❂❂ **Trinken: 2015–2040+**

◀ Ein Steinkreuz am berühmtesten Weingut in Burgund.

Domaine de la Romanée-Conti *Romanée-Conti GC* 2005

Herkunft Frankreich, Burgund, Côte de Nuits
Typ Trockener Rotwein, 13 Vol.-%
Rebsorte Pinot Noir

René Rostaing
Côte-Rôtie La Landonne 2003

Herkunft Frankreich, nördliche Rhône
Typ Trockener Rotwein, 13 Vol.-%
Rebsorte Syrah

Die großartigste Winzergemeinde des Burgunds – ja, sogar der ganzen Welt, wie manchmal behauptet wird, ist Vosne-Romanée. Von den 6 *grands crus* des Ortes befinden sich 4 im Einzelbesitz: La Tâche, La Grande Rue, La Romanée und Romanée-Conti. Zu den Vorläufern der heutigen Besitzer von Romanée-Conti gehörte der Prinz de Conti, eine entfernter Cousin von Ludwig XIV., und die Familie Duvault-Blochet, von denen die Villaines abstammen, die heute zur Hälfte Besitzer der Domaine sind. Aubert gilt hier, in einem Gebiet, das für seinen Perfektionismus bekannt ist, als Überperfektionist. Der 1,6 ha große Weingarten darf nur von einer einzigen Person betreut werden, und neue Setzlinge stammen alle aus der gutseigenen Zucht. Der Wein wird meist gegärt, ohne entrappt zu werden und dann in neuer Eiche ausgebaut.

Der Romanée-Conti ist eher feminin, während der La Tâche, sein einziger Konkurrent in diesem Keller, eher maskulin wirkt. Es ist nicht immer der bessere Wein, auch wenn er bei Auktionen ein mehrfaches des Preises erzielt. In Höchstform, wie bei diesem 2005er, ist es jedoch ein durch und durch sublimer Wein. Man fragt sich, wie ein Wein noch mehr Finesse und Komplexität haben und wie er im Geschmack intensiver sein könnte. **CC**

❊❊❊❊❊ Trinken: 2020–2040

Der ehemalige Bauunternehmer René Rostaing wandte sich 1971 mit etwas Land in La Landonne und einigen Reben an der Côte Blonde der Winzerei zu. Dann heiratete er die Tochter von Albert Dervieux-Thaize, die weitere 3,5 ha Weingärten in Fongent, La Garde und La Visaillière mit in die Ehe brachte. Schließlich erbte er noch 1,2 ha von seinem Onkel Marius Gentaz. Wie Dervieux keltert er seine Brunes und Blondes getrennt, die weniger herausragenden Weine werden für eine einfache Côte-Rôtie-Abfüllung verwendet.

Er geht einen goldenen Mittelweg – die Eiche wird sparsam eingesetzt, und die fabelhaften alten Reben, die er von Dervieux geerbt hat, können für sich selbst sprechen. Seine ältesten Stöcke stehen an der Côte Blonde, einige von ihnen feiern bald ihren einhundertsten Geburtstag. Sie liefern konzentrierten Most, und ihre tiefen Wurzeln lassen sie dem herben Klima gut widerstehen.

Allerdings sind seine Weine wegen ihrer Blässe und ihrer Abhängigkeit von modernen Techniken kritisiert worden. Die Weine aus La Landonne bestehen nur aus Syrah. Der 2003er ist ein Klassiker, der noch einige Jahre brauchen wird, bis er alle Aromen – Kirsche, Erde, Leder, Koriander und Tabak – zeigt. **GM**

❊❊❊❊ Trinken: 2011–2025

Domaine Georges Roumier
Bonnes Mares Grand Cru 1999

Herkunft Frankreich, Burgund, Côte de Nuits
Typ Trockener Rotwein, 13,5 Vol.-%
Rebsorte Pinot Noir

Celler del Roure
Maduresa Valencia 2001

Herkunft Spanien, Valencia
Typ Trockener Rotwein, 14 Vol.-%
Rebsorten C. Sauvignon, Merlot, Tempranillo, andere

1924 heiratete Georges Roumier Genevieve Quanquin, die einige ausgesucht gute Weingärten mit in die Ehe brachte. Damals hatten Rebstöcke keinen Wert an sich, und Georges mußte seinen Lebensunterhalt bis 1955 als Leiter der benachbarten Domaine Comte Georges de Vogüé verdienen.

1952 war sein Sohn Jean-Marie soweit, in die väterliche Firma einzutreten, und Georges Roumier kaufte einige Parzellen in Bonnes Mares, sowohl im oberen Teil mit den hellen Kreideböden als auch im unteren, wo die rötlichen Böden aus steinigem Lehm bestehen. Die Terres Blanches zeichnen sich durch ihre mineralige Würzigkeit aus, während die Terres Rouges reichhaltiger und saftiger ausfallen. Vater und Sohn füllten die Weine getrennt ab. Seitdem Jean-Maries Sohn Christophe mitarbeitet, werden seit 1987 die beiden Parzellen allerdings zu einer Cuvée verschnitten.

Der 1999er ist reichhaltig, ohne schwer zu sein, er zeigt in der Nase schwarze Schokolade, Blutorangen und Lakritze. Beeindruckend ist er vor allem wegen seiner ungewöhnlichen Balance. Der 2002er ist zwar nicht so dicht, aber vielleicht etwas eleganter, der 2005er scheint in der Mitte zwischen den beiden zu stehen. **JP**

☻☻☻☻☻ **Trinken: bis 2035**

Celler del Roure ist eine kleine Familienkellerei nahe Almansa in der Provinz Valencia, die besonderes Augenmerk auf Qualität legt. Sie geht auf eine Idee des jungen Weinliebhabers Pablo Calatayud zurück, der sich vor allem der Erhaltung einer alten Rebsorte dieser Region gewidmet hat – dem Mandó. Als er sie entdeckte, gab es nur noch einige alte, vergessene Rebstöcke, er mußte also zuerst für die Vermehrung sorgen und neue Weingärten anlegen, ein Vorgang, der Jahre in Anspruch nimmt. Geplant ist, daß der Anteil des Mandó zunimmt, wenn die neu gesetzten Reben langsam erwachsen werden.

In der Zwischenzeit experimentiert Pablo mit anderen Rebsorten. Der 2001er war erst sein zweiter Verkaufswein und die Mischung ist immer noch nicht endgültig festgelegt – in Zukunft werden der Syrah und Monastrell vermutlich eine größere Rolle spielen.

Maduresa ist ein machtvoller Wein, dunkel gefärbt und mit reichlich reifer, dunkler Frucht in der Nase, die auch Noten von Rauch, Holzkohle, Gewürzen und Leder zeigt. Am Gaumen ist er mittelschwer bis schwer, hat ein feines Säurerückgrat, einen guten Fruchtkern und einen langen Abgang. Allerdings werden die Tannine sich nach einigen Jahren in der Flasche etwas geglätteter zeigen. **LG**

☻☻ **Trinken: bis 2012+**

Domaine Armand Rousseau
Chambertin-Clos de Bèze GC 2005

Herkunft Frankreich, Burgund, Côte de Nuits
Typ Trockener Rotwein, 13 Vol.-%
Rebsorte Pinot Noir

Die Domaine Armand Rousseau ist nicht nur der größte Landbesitzer in Chambertin, sondern auch der zweitgrößte im benachbarten Chambertin-Clos des Bèze. Zum Gut gehören nicht weniger als 6 *grands crus*, die in den 50er und 60er Jahren von Charles Rousseau und seinem Vater gekauft wurden und insgesamt 8 ha bedecken. Der Wein wird in neuen Räumen am Stadtrand von Gevrey-Chambertin gekeltert. Der Chambertin und der Clos de Bèze werden teilweise mit den Traubenstielen erzeugt, danach durchgeht der Wein in einem gemeinsamen Keller die malolaktische Gärung und wird gelagert, bis der vorherige Jahrgang auf Flaschen abgefüllt worden ist. Dann werden die Fässer in einen tieferen, kühleren Keller gebracht und einmal abgestochen. Nach etwa 20 Monaten werden sie dann auf Flaschen abgefüllt.

Chambertin und Chambertin-Clos de Bèze gehören zu den wenigen Weinen, die neben den besten aus Vosne-Romanée an der Spitze der Hierarchie des Burgunds stehen. Was ist nun der Unterschied zwischen Chambertin und Clos de Bèze? Charles Rousseau sagt über seine eigenen Weine: „Chambertin ist kräftig und männlich. In der Jugend mangelt es ihm etwas an Finesse, das kommt aber später. Clos de Bèze ist komplexer, er hat mehr Klasse und ist empfindlicher." Welchen der beiden man nun vorzieht, ist eine Frage des persönlichen Geschmacks. Der 2005er Clos de Bèze stammt aus einem großartigen Jahr. Er ist tiefgründig, vielschichtig, überaus konzentriert, reichhaltig, üppig und sehr schön ausbalanciert. **CC**

ΘΘΘΘ **Trinken: 2018–2040+**

WEITERE EMPFEHLUNGEN
Andere große Jahrgänge
1988 • 1989 • 1990 • 1993 • 1995 • 1996 • 1999 • 2002
Weitere Grands Crus von Armand Rousseau
Chambertin • Charmes-Chambertin • Clos de la Roche Clos des Ruchottes • Mazi-Chambertin

Domaine Armand Rousseau
Gevrey-Chambertin Premier Cru Clos St.-Jacques 1999

Herkunft Frankreich, Burgund, Côte de Nuits
Typ Trockener Rotwein, 13 Vol.-%
Rebsorte Pinot Noir

Bis zum Jahr 1954 war der Clos St.-Jacques Alleinbesitz des Comte de Moucheron, der vergebens dafür plädiert hatte, den Weinberg wie viele andere in den Anfangsjahren der Appellation Contrôlée zum *grand cru* zu erheben. Als er sich genötigt sah, den Weinberg zu verkaufen, wurde er in 5 Parzellen geteilt, die alle von oben nach unten den Hang hinab verlaufen. Der südlichste dieser Streifen gehört der Domaine Armand Rousseau, und er profitiert wie die anderen auch von allen drei Bodentypen des Berges: Der hellere Mergel oben sorgt für Kraft, das steinige Mittelstück gibt Finesse, und der Lehm am Unterhang verleiht dem Wein Substanz.

Obwohl Clos St.-Jacques nur als *premier cru* vermarktet werden darf, stuft ihn die Domaine Rousseau höher ein als vier *grands crus*, in denen sie Parzellen besitzt (Charmes-Chambertin, Mazis-Chambertin, Ruchottes-Chambertin und Clos de la Roche). Lediglich der Chambertin und der Clos de Bèze werden höher bewertet – und teurer verkauft. Der Grund für diese hohe Wertschätzung liegt in der außergewöhnlichen Ausrichtung von Clos St.-Jacques, der sowohl nach Osten als auch nach Süden weist.

1999 war ein fast perfektes Jahr im Burgund. Der Wein ist nicht einer der dunkelsten Burgunder, aber das Bouquet mit seinem fein differenzierten Geflecht aus weichen Sommerfrüchten läßt sofort einen großen Pinot erkennen. Am mittleren Gaumen ist er intensiv, der elegante, herzhafte Abgang dauert zauberhaft lange. **JM**

❂❂❂❂ Trinken: bis 2020

WEITERE EMPFEHLUNGEN
Andere große Jahrgänge
1985 • 1988 • 1989 • 1990 • 1991 • 1996 • 2002 • 2005
Weitere Erzeuger von Clos St.-Jacques
Bruno Clair • Michel Esmonin Jean-Claude Fourrier • Louis Jadot

Rust en Vrede
Estate Wine 2001

Herkunft Südafrika, Stellenbosch
Typ Trockener Rotwein, 14 Vol.-%
Rebsorten C. Sauvignon 53%, Shiraz 35%, Merlot 12%

Rustenberg
John X Merriman 2003

Herkunft Südafrika, Stellenbosch
Typ Trockener Rotwein, 14,8 Vol.-%
Rebsorten Merlot 52%, C. Sauvignon 42%, andere 6%

Dieses schöne Gut blickt auf eine Geschichte der Auf- und Abstiege zurück, die 1730 begann, als hier am Helderberg die ersten Reben gepflanzt wurden. Die moderne Geschichte setzte dann 1978 ein, als der ehemalige Rugbyspieler Jannie Engelbrecht das Gut kaufte und es restaurierte. Dabei lag das Augenmerk – für das Kap recht ungewöhnlich – auf Rotweinen.

Der Estate Wine entstand 1986 als Cuvée aus Cabernet und Merlot. Seit 1998 ist es vermutlich der erste südafrikanische Spitzenwein, der einen bedeutenden Anteil Shiraz enthält, und auch einer der ersten, der in neuer Eiche ausgebaut wird. Weitere Innovationen standen ins Haus, als sich der Einfluß von Jannies Sohn Jean bemerkbar machte, der in den USA gelebt und dort die guten kalifornischen Rotweine zu schätzen gelernt hatte.

Seit etwa 1998 zeigt sich der Wein als ein prächtiges Beispiel für diesen betont modernen Ansatz: Die virusfreien Weingärten erlauben höhere Reifegrade, die Tannine sind zwar fest, aber auch glatt und samtig, die feinen Aromen und Geschmacksnoten von dunklen Beeren sind neben dem würzigen Eichenton deutlicher geworden, und der Wein hat eine zugängliche, geschmackvolle Saftigkeit. **TJ**

❸❸❸ **Trinken: bis 2011+**

Rustenberg ist eines der schönsten Weingüter am Kap, seine Geschichte reicht bis ins Jahr 1682, also zu den Anfängen der weißen Siedlungsgeschichte, zurück. Noch ungewöhnlicher ist jedoch, daß hier seit 1892 ununterbrochen Wein erzeugt wird, als John X. Merriman, der spätere Premierminister der Kolonie, sich an dem Wiederaufbau des Gutes beteiligte, das zuvor unter Schädlingen und wirtschaftlichen Schwierigkeiten gelitten hatte.

Der John X Merriman wird nicht so hochgelobt wie der Einzellagenwein Peter Barlow Cabernet Sauvignon. Er zeigt jedoch in seiner Zurückhaltung und Eleganz eine größere Ähnlichkeit mit den berühmten alten Cabernets und den Dry Reds – der Cabernet 1982 ist zum Beispiel immer noch überaus trinkbar. Obwohl die Rebsortenmischung von Jahr zu Jahr variiert, stammten die Trauben für den 2003er – wie inzwischen immer – von den verwitterten Granitböden an den Südwesthängen des Simonsberg, der sich über dem Gut erhebt. Der Wein vereint die moderne Betonung reifer Frucht mit der klassischen Struktur aus natürlicher Säure und festen, glatten Tanninen. Er ist, wie Jamie Goode es formulierte, „am Gaumen wunderbar konzentriert ... ein frischer, gut definierter Stil mit einer subtilen Mineralität." **TJ**

❸❸ **Trinken: bis 2013+**

Erntezeit auf Rust en Vrede – Ruhe und Frieden heißt das Gut.

Sadie Family
Columella 2004

Herkunft Südafrika, Swartland
Typ Trockener Rotwein, 14,5 Vol.-%
Rebsorten Syrah 80%, Mourvèdre 20%

St. Hallett
Old Block Shiraz 2001

Herkunft Australien, South Australia, Barossa Valley
Typ Trockener Rotwein, 14 Vol.-%
Rebsorte Shiraz

Die Entscheidung, das Etikett lateinisch zu beschriften, ging weniger auf das Bestreben zurück, diesem Wein einen Anstrich des Kostbaren zu geben, als auf Eben Sadies Ehrfurcht vor dem eigenen Ehrgeiz: Weder die *lingua franca* Englisch noch seine eigene Muttersprache Afrikaans schienen angemessen. Die Idee für den Wein entstand, als Sadie die Möglichkeiten des *terroirs* im Swartland erforschte – eines riesigen Weizenanbaugebietes im Landesinneren, an dessen Granitauswüchsen Weinbau betrieben wird.

Früher wurden hier nur Massenweine von Genossenschaften produziert. Sadies Versuch, das Swartland im Wein auszudrücken, stützt sich auf Genauigkeit im Detail und natürliche Vinifikationsverfahren.

Columella stammt von einem halben Dutzend langfristig gepachteter, weit verstreuter Weingärten. Die Böden reichen von Tonschiefer über Schiefer bis hin zu verwittertem Granit. Jede Parzelle liefert einen unterschiedlichen Wein, der auch getrennt gekeltert wird, bevor er in die Cuvée eingeht. Der Wein ist glatt, seidig, reichhaltig und frisch; kultiviert, aber charakterstark, mit subtilen, geschmeidigen Tanninen und der typischen Mineralität des Swartlands. **TJ**

☺☺☺ **Trinken: bis 2014+**

Das von der Familie Lindner 1944 gegründete Gut St. Hallett konzentrierte sich lange auf die Herstellung von Likörweinen. In den 80er Jahren regte Bob McLean – eine der großen Winzergestalten im Barossa-Tal – an, es doch einmal mit Tafelweinen von alten Shiraz-Reben zu versuchen. Der leitende Kellermeister Stuart Blackwell hatte sich zuerst 1973 an Shiraz versucht, als er mit der Gärung von Rotweinen in kleinen Fässern und dem Ausbau in neuer Eiche experimentierte. Sein späterer Kollege als Kellermeister war der Engländer Matt Gant, der nur vier Jahre nachdem er nach Australien ausgewandert war, dort zum „Jungen Kellermeister des Jahres" ernannt wurde.

Old Block stammt von 8 verehrungswürdigen Weingärten mit Shiraz – 6 von ihnen im Barossa-Tal, 2 im Eden Valley. Der Name des Weines stammt vom gutseigenen Weingarten Old Block, der neben der Kellerei liegt. Das Jahr 2001 war in Barossa gut, so erklären sich die 14 % Alkohol des Weines und die etwas kräftigen Tannine. Dennoch hat der Wein viele erfreuliche Aspekte – Aromen von Rauch, Schokolade und Mokka; eine gute Tiefe am mittleren Gaumen, die von den alten Rebstöcken herrührt; und ein feines, mildes Finale. **SG**

☺☺ **Trinken: bis 2011+**

Einer der Weingärten von St. Hallett bei Tanunda im Barossa-Tal.

Salvioni
Brunello di Montalcino 1985

Herkunft Italien, Toskana, Montalcino
Typ Trockener Rotwein, 14 Vol.-%
Rebsorte Sangiovese

Seit seinem ersten Wein im Jahr 1985 hat sich Giulio Salvioni in der ganzen Welt eine treue Anhängerschaft erworben. Sein Vater hatte jahrelang aus den Trauben vom Familiengut Cerbaiola Weine für die Familie und ihre Freunde gekeltert. Giulio erkannte, daß die nach Südosten ausgerichteten Weingärten in einer Höhe von 420 m ein großes Potential zeigten und entschloß sich in den 80er Jahren, sich der Winzerei zu widmen. Er verjüngte die Weingärten und weitete die Produktion aus.

Salvioni läßt sich von dem Önologen Attilio Pagli beraten und arbeitet in seiner kleinen Kellerei im Zentrum von Montalcino mit natürlichen Methoden. Die Weine werden ohne Temperaturkontrolle gegärt, und sein Brunello wird in slawonischer Eiche ausgebaut. Er verzichtet auf Zuchthefen und läßt seine Weine nicht filtrieren.

Das Ergebnis ist ein alterungswürdiger Brunello mit einem üppigen Bouquet, das Veilchen-, Kirsch- und Tabakaromen beinhaltet. Die komplexen Geschmacksnoten sind außerordentlich elegant. Obwohl das Gut relativ jung ist, haben sich die ersten Jahrgänge sehr schön entwickelt, der 1985er, von dem nur 2400 Flaschen abgefüllt wurden, war bei einer Verkostung im Jahr 2007 noch sehr jugendlich und sollte sich noch lange Jahre halten. **KO**

❂❂❂❂ Trinken: bis 2015

San Alejandro *Baltasar*
Gracián Garnacha Viñas Viejas 2001

Herkunft Spanien, Aragón, Calatayud
Typ Trockener Rotwein, 14,5 Vol.-%
Rebsorte Grenache

Calatayud ist die jüngste spanische *denominación de origen* und liegt auf lehm-, mergel- und kalkreichen Böden. Die beträchtlichen Temperaturunterschiede zwischen Tag und Nacht üben starken Einfluß auf die Reifung der Trauben aus, die als letzte in Aragón geerntet werden.

Bodegas San Alejandro wurde 1962 als Genossenschaft gegründet und wurde 1996 zu einer *bodega*. Heute hat sie 300 Mitglieder, denen etwa 1200 ha Weingärten gehören, auf denen meist Grenache-Reben wachsen. Der Importeur Eric Solomon verliebte sich in diese ehrwürdigen Reben und schuf exklusiv für den US-amerikanischen Markt die Cuvée Las Rocas de San Alejandro. Robert Parker schrieb über den Jahrgang 2001: „Komplex und reichhaltig, mit einer großartigen Textur und einem Finale, das 40 Sekunden anhält. Das undurchsichtige Purpur kündigt einen enorm reichhaltigen Wein an, der reine Kirschwasser- und Brombeeraromen mit Mineralität verbindet. Werden wir jemals wieder einen so außergewöhnlichen Wein zu einem derartigen Preis sehen?" Der Kellermeister fertige einen sehr ähnlichen Wein für den europäischen Markt an. Mit einem Exportanteil von 85 % bestätigt San Alejandro die Maxime vom Propheten, der nichts im eigenen Land gilt. **JMB**

❂ Trinken: bis 2012

San Vicente
2000

Herkunft Spanien, Rioja
Typ Trockener Rotwein, 13,5 Vol.-%
Rebsorte Tempranillo

Luciano Sandrone
Barolo Cannubi Boschis 1998

Herkunft Italien, Piemont, Langhe
Typ Trockener Rotwein, 13 Vol.-%
Rebsorte Nebbiolo

Marcos Eguren stieg in den 80er und 90er Jahren zu einem Stern am Himmel der Weinherstellung in Rioja auf. Er ist ein bodenständiger Mann, der trotzdem den Mut zu innovativen Ideen hat. Diese Kombination ist der Schlüssel zum andauernden Erfolg des kleinen Familienunternehmens.

Der San Vincente ist Marcos Lieblingswein, der seit seiner ersten Lese 1991 die Entwicklung des Unternehmens von traditioneller zu moderner Herstellung zeigt. Er stammt von La Canoca, einem 18 ha großen Weingarten, der mit geringtragenden Reben anderer Parzellen in den 80ern neu bestückt wurde. Alle diese Rebsorten haben charakteristische Eigenschaften, die sie von den anderen abheben: eine eigenartige Färbung der Blätter, kleinere Beeren, lockere Trauben und samtige Blätter – wodurch diese Varietät auch ihren Namen bekam: Tempranillo Peludo (haariger Tempranillo).

Es ist nicht leicht, einen bestimmten Jahrgang besonders hervorzuheben. Der San Vincente 2000 ist besonders rund und geschmackvoll, obwohl die anderen Jahrgänge auch einen hohen Standard haben. Er zeigt eine selten gute Ausgewogenheit zwischen komplexen Aromen, Säure und Tanninen. **JB**
❸❸❸ Trinken: bis 2015

Einer der führenden Barolo-Hersteller, Luciano Sandrone, lernte sein Fach während er als Önologe bei Marchesi di Barolo arbeitete. Er begann in den späten 70er Jahren, Wein aus eigenen Reben zu produzieren und verließ Marchesi di Barolo, als sein Ruhm immer größer wurde, um sich selbständig zu machen. Heute stellt er pro Jahr etwa 8000 Kisten Wein von den 22 ha seiner Weinberge her.

Die geschmackvollsten seiner Weine sind die Einzellagen-Barolos – der opulente und duftige Le Vigne und der Cannubi Boschis, der dichter, erdiger und langlebiger ist. Obwohl seine Barolos zum Teil in neuen französischen Barriques hergestellt werden, hat Sandrone nicht alles auf moderne Technik umgestellt. Er benutzt 10 % neue französische Eiche, wodurch seine Weine in der Jugend erfreulich zugänglich sind, aber trotzdem noch die Kraft und Struktur für langes Altern aufweisen.

Nach Einschätzung des schottischen Weinhändlers Zubair Mohamed ist der Barolo Le Vigne 1998 „... zart, mit duftigen roten Früchten und Lakritze in der Nase; am Gaumen unterstreichen starke Tannine viele geschmeidige, frische rote Früchte, lang und ausgewogen." Er und sein Stallgefährte, der Cannubi Boschis 1998, sind die Verkörperung des großartigen Barolo. **SG**
❸❸❸❸ Trinken: bis 2018+

Sanford *Sanford & Benedict Vineyard Pinot Noir* 2002

Herkunft USA, Kalifornien, Santa Rita Hills
Typ Trockener Rotwein, 14,8 Vol.-%
Rebsorte Pinot Noir

Viña Santa Rita *Casa Real Cabernet Sauvignon* 2003

Herkunft Chile, Maipo Valley
Typ Trockener Rotwein, 14 Vol.-%
Rebsorte Cabernet Sauvignon

Sanford & Benedict bepflanzten in den Santa-Rita-Bergen den zweiten Weingarten mit Pinot Noir. Der Wein war sofort eine Sensation. Richard Sanford und Michael Benedict beendeten jedoch ihre Partnerschaft 1981 nach nur 5 Ernten. Sanford gründete ein eigenes Unternehmen, zunächst ohne Zugriff auf die Reben des Weinbergs. In den 90er Jahren konnte er den ursprünglichen Weinberg erstehen.

Er liegt nur wenige Kilometer vom Pazifik entfernt auf einer nach Norden ausgerichteten Parzelle. Die Santa-Rita-Berge schneiden eine West-Ost-Schneise durch die Region, so daß Morgennebel und starke Winde für kühle Temperaturen sorgen. Dadurch wird die Wachstumsphase verlängert, und die Reben haben genug Zeit, auszureifen und gute Säure und Struktur zu erlangen.

Die Reben werden gepflückt, wenn die Samen braun werden. Durch eine relativ kühle Gärung bei 29 bis 32°C werden die feinen Aromen erhalten. Kurz vor Ende der Gärung wird der Wein gepreßt. Die Alterung findet in neuem Holz statt. Der Wein wird nicht filtriert, kann aber geklärt werden. Der 2002er ist ein Klassiker – intensiv, strukturiert und lang, mit einer ausdauernden, angenehmen Vielschichtigkeit. **LGr**
☺☺ **Trinken: bis 2012**

Der Rotwein, der als Aushängeschild der Firma Viña Santa Rita dient, wurde nach dem „königlichen Haus" (heute Hotel) benannt, das der Firmengründer Domingo Fernández-Concha 1880 in Buín 35 Kilometer südlich von Santiago baute. Der Weinberg Casa Real in Buín wurde in den 50er Jahren des letzten Jahrhunderts neu bepflanzt und bildet das Rückgrat der Cuvée Casa Real. Der Rotwein ist einer der seltenen echten chilenischen Rotweine von Statur, der nicht durch Einflüsse ausländischer Geschäftsverbindungen entstand. Cecilia Torres, Chiles erste weibliche Spitzenweinherstellerin, beaufsichtigt seit fast 20 Jahren diese Marke. Dadurch konnte die stetige Entwicklung der Qualität gewährleistet werden, seit 1993 durch die Alterung in Eichenfässern, seit 1997 in Bezug auf größere Ausdrucksfähigkeit der Früchte.

Dieser Wein ist reif, überlegen, solide, mit dem Geschmack von Menthol, schwarzer Johannisbeere, Zigarrenschachtel und Bleistiftspänen, starken aber nicht aggressiven Tanninen und einer Feinheit, die seine Konzentration Lügen straft. Mehrere chilenische Weinhersteller räumen dem Casa Real ein, daß er nicht nur als Rotwein unterschätzt wird, sondern daß sein moderater Preis ihn zu einem durchaus interessanten Wein macht. **MW**
☺☺☺☺ **Trinken: bis 2020**

Santadi *Terre Brune*
Carignano del Sulcis 1990

Herkunft Italien, Sardinien, Santadi (Cagliari)
Typ Trockener Rotwein, 13 Vol.-%
Rebsorten Carignano 95%, Bovaleddu 5%

Viña Sastre
Pesus 2004

Herkunft Spanien, Ribera del Duero
Typ Trockener Rotwein, 14,8 Vol.-%
Rebsorten Tinta del País, Cabernet Sauvignon, Merlot

Die Carignano-Rebe wurde vermutlich von den spanischen Eroberern nach Sardinien gebracht, wo sie seitdem im Südwesten der Insel wächst. Lange galt sie als Rebe mit wenig Aussicht auf Erfolg, nur zum Verschnitt geeignet.

Ihr großartiges Potential wurde durch die sardische Genossenschaft Santadi bewiesen, einer der besten Kellereigenossenschaften Italiens. In den 80er Jahren des 20. Jahrhunderts begannen die Winzer der Genossenschaft mit der Rebe zu experimentieren, indem sie die Erträge verringerten und das Kellereiverfahren verbesserten. Sie rekrutierten außerdem die Hilfe von Giacomo Tachis, einem der besten italienischen Önologen.

1984 erschuf das Team Tachis-Santadi den Terre Brune, nach der dunklen Erde um Sulcis benannt, indem sie eine Spur der dort beheimateten Bovaleddu-Rebe zu der Carignano hinzufügten und den Wein in neuen französischen Fässern reifen ließen. Sie benutzen sorgfältig ausgewählte Trauben von etwa 50jährigen Stöcken, die geringen Erträge verleihen dem Wein eine große Vielschichtigkeit. Der Terre Brune aus Spitzenjahrgängen, wie etwa der vorzügliche 1990er, zeigt durch seinen natürlichen hohen Säuregehalt und seine Tannine erstaunlich lang anhaltende Kraft. **KO**

☺☺☺ Trinken: bis 2012

Seit drei Generationen stellt die Familie Sastre in La Horra (Burgos), dem Herzstück von Ribera del Duero, Wein her. Rafael Sastre gründete die Bodega Hermanos Sastre 1992 mit Hilfe seines Vaters und der Söhne Pedro und Jesús. Die Familie besitzt 47 ha alte Weinberge mit Tinta del País. Diese sind durch einen dichten Pinienwald gegen Nordwinde geschützt und weisen einen lehmigen, sandigen Kalksteinboden auf.

Jesús behandelt die Weinstöcke nach traditionellen Methoden, während Pedro modernste Technologie anwendet, um seinen Reben die höchste Ausdruckskraft zu entlocken. Der spektakuläre Pesus hat seinen Namen aus der Zusammenlegung von Pedro und Jesús. Er wird aus auserwählten Parzellen mit fast 100jährigen Reben (Vadelayegua, Cañuelo, Carranguix und Bercial) hergestellt.

Der 2004er hat eine schöne dunkellila Farbe und ein Aroma von Cassis, Pflaumen, Schiefer, Rauch, Kaffee, Zimt, Menthol und Sandelholz. Am Gaumen ist er schwer und reif, mit einem langen Nachgeschmack von Obstkompott, Kakao, Gewürzen und Kräutern. Pesus gehörte vom ersten Jahrgang 1999 an zu den großen neuen Riberas, ebenso gut wie oder sogar besser als der legendäre Pingus. **JMB**

☺☺☺☺☺ Trinken: bis 2020

Michele Satta
Piastraia 2001

Herkunft Italien, Toskana, Bolgheri
Typ Trockener Rotwein, 13,5 Vol.-%
Rebsorten Sangiovese, Merlot, C. Sauvignon, Syrah

Paolo Scavino
Barolo Bric dël Fiasc 1989

Herkunft Italien, Piemont, Langhe
Typ Trockener Rotwein, 14,5 Vol.-%
Rebsorte Nebbiolo

Als der Landwirtschaftsstudent Michele Satta als junger Mann in seinen Semesterferien die Weinkelterei Tringali Casanuova zum ersten Mal sah, war es Liebe auf den ersten Blick. Er wechselte an die Universität von Pisa, entschied sich am Ende seines Studiums, in den Weinanbau einzusteigen, und fing in eben diesem Betrieb an. 1984 wurde er selbst mit von Tringali Casanuova gepachteten Weinbergen zum Hersteller.

Inzwischen hat Michele eigene Weinberge in Castagneto Carducci gekauft und produziert dort einige der besten Cabernets und Merlots der Gegend – Rebsorten, die hier besonders gut gedeihen. Sein zu 100 % aus Sangiovese hergestellter Cavaliere hat das große Potential dieser Rebe bewiesen, wenn sie sorgfältig kultiviert wird. Er benutzt sie auch bei seinen Verschnitten, einschließlich des vorzüglichen Piastraia. Dieser Wein zeichnet sich durch die hohe Qualität des Merlots und des Cabernets, der Eleganz des Sangiovese und der Gerundetheit des Syrah aus. Der 2001er Piastraia ist einer der besten, die er je gekeltert hat. Die Kombination aus Geschmeidigkeit und Anmut ist schon in der Jugend ungemein erfreulich, wird im Laufe der Kellerlagerung jedoch noch deutlich verbessert. **KO**

❂❂❂ Trinken: bis 2020

Die Weinkeller der Familie Scavino liegen am Fuß der Vignolo Weinberge zwischen den Dörfern Barolo, La Morra und Castiglione. Seit 1921 bewirtschaften sie hier, in der Heimat des Nebbiolo, eine Fläche von 20 ha. Sie begannen 1958 mit der Abfüllung und stellten 1964 die Herstellung von Massenwein ein. Enrico Scavino übernahm in den späten 70er Jahren das Zepter von seinem Vater und entschied sich sofort, den ersten *cru*-Wein der Familie, den Bric dël Fiasc, zu produzieren.

Der hierfür geeignete Weinberg umfaßt 6 ha mit Südwestlage, der Boden ist der berühmte blaugraue Mergel dieser Region. Das seit 1938 im Besitz der Familie Scavino befindliche Teilstück ist 1,6 ha groß, und die Weinstöcke zeichnen sich durch aromatische Komplexität und einen deutlichen Mineralanteil aus. Die Erträge sind außerordentlich niedrig, und die Ernte erfolgt nur per Hand.

Der Bric dël Fiasc 1989 verliert erst jetzt die nachhaltigen Tannine seiner Jugend und enthüllt die erstaunliche Vielschichtigkeit der Nebbiolo-Rebe. Er spielte eine wesentliche Rolle bei der Wiederherstellung des Ansehens des Barolos und sicherte so auch die weltweit hervorragende Reputation Enrico Scavinos als Weinproduzent. **MP**

❂❂❂❂❂ Trinken: bis 10–20 Jahre

Screaming Eagle
1992

Herkunft USA, Kalifornien, Napa Valley
Typ Trockener Rotwein, 13,5 Vol.-%
Rebsorte Cabernet Sauvignon

1986 kaufte Jean Phillips das Gut Screaming Eagle und tauschte als erstes die Riesling-Pflanzen gegen Cabernet Sauvignon aus. Die erste Ernte im Jahr 1992 ergab lediglich 225 Kisten. Als Robert Parker den Wein mit 99 Punkten bewertete, war eine neue Legende entstanden, seitdem ist der Screaming Eagle bei weitem der teuerste und begehrteste kalifornische Cabernet Sauvignon. Obwohl noch immer nur sehr kleine Mengen – etwa 500 Kisten pro Jahr – hergestellt werden, ist der Preis des Weins für Versandbesteller mit 220 Euro relativ moderat. Bei Auktionen erzielt er sehr viel höhere Preise. 2005 verkaufte das Auktionshaus Hart Davis Hart in Chicago eine 30 Flaschen umfassende chronologische Sammlung für 30.000 Euro.

Phillips verkaufte Screaming Eagle 2006 an die Unternehmer Charles Banks und Stanley Kroenke. Es wurde anschließend darüber spekuliert, wie die neuen Besitzer die Produktion steigern würden, etwa durch Vergrößerung der nur 24 ha umfassende Anbaufläche. Banks äußerte jedoch, „Man muß nicht mehr davon herstellen. Screaming Eagle ist eines dieser ganz besonderen Dinge. Es geht darum, dieses gewisse Etwas an ihm zu erhalten." **SG**

🍷🍷🍷🍷🍷 **Trinken: bis 2010**

Seghesio
Home Ranch Zinfandel 2005

Herkunft USA, Kalifornien, Sonoma County
Typ Trockener Rotwein, 15,3 Vol.-%
Rebsorte Zinfandel

Edoardo Seghesio verließ 1886 Asti und kaufte 1895 in Sonoma einen Weinberg. Während des 20. Jahrhunderts waren die Seghesios Hersteller von Massenweinen. Dies änderte sich in den 90er Jahren des letzten Jahrhunderts, als sie den Weinbauexperten Phil Freeze einstellten, um Qualitätswein zu produzieren.

Der Home Ranch Zinfandel wird auf dem ursprünglichen, 1895 bepflanzten Gelände angebaut. Das Klima, ohne Meereseinflüsse, ist warm, wodurch die Früchte saftig sind und der Wein weiche Säureanteile bekommt. Der Boden besteht aus einer Mischung aus Lehm, Basalt, Sandstein und Serpentinstein. Der seichte Mutterboden und der magere Lehm bringen konzentriertere Früchte hervor. Zinfandel ist wegen seiner unregelmäßigen Reifung bekannt: in jeder Traube lassen sich grüne, aber auch getrocknete Beeren finden. Die Seghesios haben durch sorgfältige Hege der Reben eine ebenmäßigere Reifung erreicht.

Die Saison 2005 war relativ kühl und brachte durch das langsame Wachstum einen Wein mit immenser aromatischer Vielschichtigkeit und reifen, nicht rosinenartigen Früchten hervor. Der bei Zinfandel recht hohe Alkoholgehalt wird hervorragend ausbalanciert. **LGr**

🍷🍷🍷 **Trinken: bis 2017**

Serafini e Vidotto
Rosso dell'Abazia 2003

Herkunft Italien, Venetien
Typ Trockener Rotwein, 13 Vol.-%
Rebsorten C. Sauvignon, C. Franc, Merlot

Shafer Cabernet
Sauvignon Hillside Select 2002

Herkunft USA, Kalifornien, Napa Valley
Typ Trockener Rotwein, 14,9 Vol.-%
Rebsorte Cabernet Sauvignon

Francesco Serafini und Antonello Vidotto gründeten ihr Unternehmen 1987 mit der Absicht, Weine von Weltklasse zu produzieren – für die Region ein ziemlich ungewöhnliches Vorhaben. Sie haben seitdem jährlich etwa 1 ha der alten Weinberge neu bepflanzt.

Die Weingärten liegen an Südhängen; die Böden sind recht karg, aber reich an Kieseln und Steinen – also ideal drainiert. Das Klima wird von der kühlen Luft bestimmt, die vom Meer und dem Tal des Piave kommt. Die deshalb schwankenden Temperaturen erhalten das frische Aroma und den guten Säuregehalt der Rebsorten.

Am Rosso dell'Abazia 2003 erkennt man das große Potential dieser Gegend. Dieser Wein behält trotz der extremen Hitze auf den Weinbergen seinen Körper und raffinierten Aromen. Die Farbe ist nicht besonders dicht, in der Nase stellt man schwarze Johannisbeere, Bleistift und die leichte Frische fest, die der Abstammung von Cabernet-Weinen aus dem Nordosten Italiens eigen ist. Anfänglich ist er weich und rund, reife Früchte und eine leicht vegetative Nuance formen eine angenehme Synergie. Der Wein fühlt sich im Mund warm an und hat einen konzentrierten, langen Abgang: ein wahres Vergnügen. **AS**
😊😊😊 **Trinken: bis 2018**

1972 verließ John Shafer das Verlagswesen und zog mit seiner Familie in das Napa-Tal. Dort hatte er ein Anwesen im Bezirk von Stag's Leap gekauft, auf dem sich zum Teil Weinreben befanden, die in den 20er Jahren des letzten Jahrhunderts gepflanzt worden waren. Sie gruben sie aus, legten Terrassen an und bepflanzten diese neu. Inzwischen bewirtschaften sie 85 ha. Johns Sohn Doug Shafer wurde 1983 Kellermeister, 1994 folgte ihm sein Assistent Elias Fernandez.

Der Weinberg, von dem die Reben des Hillside Select stammen, umfaßt 22 ha und befindet sich im nördlichen Bereich des Distrikts. Er weist Erhöhungen von bis zu 90 m und Neigungen von bis zu 45 % auf. Die Reben stehen auf Felsen mit oft nur 45 cm tiefer, karger vulkanischer Erde. Dies sind ideale Bedingungen für eine reife, gehaltvolle Frucht – dem Markenzeichen des Weinstils von Shafer.

30 Jahre nach Beginn dieses Unternehmens ist der Hillside Select 2002 ein brillantes Beispiel für die Napa-Fruchtigkeit: intensiv und kraftvoll, mit geschmeidigen Tanninen, dem dynamischen Ausdruck schwarzer Früchte, Veilchen, Gewürzen, Tabak und Mineralien. **LGr**
😊😊😊😊😊 **Trinken: bis 2025**

Cillar de Silos
Torresilo 2004

Herkunft Spanien, Ribera del Duero
Typ Trockener Rotwein, 14 Vol.-%
Rebsorte Tinto Fino (Tempranillo)

Château Simone
Palette Rosé 2006

Herkunft Frankreich, Palette
Typ Trockener Roséwein, 12,5 Vol.-%
Rebsorten Grenache 45%, Mourvèdre 30%, andere 25%

Cillar de Silos ist ein junges in Ribera del Duero ansässiges Unternehmen, das 1994 von den Brüdern Aragón García gegründet wurde. Sie besitzen in Quintana de Pidio in der kalten Provinz Burgos eine 50 ha große Fläche mit Weingärten. Diese Region ist ein echtes Schatzhaus an sehr alten – und inzwischen auch sehr seltenen – Rebstöcken.

Die Brüder fingen unter dem Label von Cillar de Silos mit den traditionellen *crianza*- und *reserva*-Weinen an, schufen aber bald ihren Spitzenwein, den Torresilo. Sie konzentrieren sich sehr auf die Qualität ihrer Weine und sind ständig um Verbesserung bemüht. Sie passen die Mazeration und die Eiche der jeweiligen Qualität des Rohmaterials jeder Ernte an. Der Wein ist geschmeidig, weich und ausgewogen.

Der 2004er ist sehr dunkel, fast schwarz, mit einem leuchtenden lila Kranz. Das Aroma von gerösteter Eiche vermischt mit würzigen Nuancen von Leder, Lakritz, Tinte, getrockneten Kräutern und einem eindringlichen Kern aus reifen schwarzen Früchten. Er ist vollmundig, fokussiert, sauber und rein. Er hat durch seinen Säuregehalt und die solide Frucht ein gutes Gleichgewicht. Das Finale ist langanhaltend. **LG**

☺☺ **Trinken: bis 2015**

Dieses winzige, tadellose Weingut etwas östlich von Aix–en-Provence bricht viele Regeln. Alle Weingärten liegen an Nordhängen und sind von hohen Bäumen umgeben. Sowohl der Fluß Arc als auch der Verkehr der Autobahn A 8 fließen unmittelbar unterhalb der makellosen Gärten entlang. Der Weinberg umfaßt eine Vielfalt an Rebsorten (neben Grenache und Mourvèdre enthält dieser Wein auch Cinsault, Syrah, Castet, Manosquin, Carignan und verschiedene Muscats); das Durchschnittsalter der Weinstöcke dieses rosafarbenen Weins beträgt mehr als 50 Jahre, was vielleicht einmalig auf der Welt ist.

Das Ergebnis ist laut René Rougier und seinem Sohn ein *rosé de repas*, ein Rosé-Speisewein. Die frischen Früchte dieses leuchtend rosafarbenen Weins sind sowohl am Gaumen als auch an der Nase spürbar. Sie werden von der aufregenden Säure und der durch langsames Reifen entstandenen Weinartigkeit betont. Der symphonische Verschnitt gibt dem Wein eine weseneigene Vielschichtigkeit, die bei Roséweinen selten ist.

Palette ist eine eigene kleine (nur 23 ha große) Appellation. Sie wurde 1948 von dem Großvater Renés ins Leben gerufen, und zwei Drittel der Anteile befinden sich noch immer in Familienbesitz. **AJ**

☺☺ **Trinken: nach Erhalt**

Château Sociando-Mallet
2005

Herkunft Frankreich, Bordeaux, St.-Seurin
Typ Trockener Rotwein, 13 Vol.-%
Rebsorten C. Sauvignon 55%, Merlot 40%, C. Franc 5%

Ein *négociant* namens Jean Gautreau kaufte 1969 nördlich von St. Estèphe ein Ferienhaus, zu dem auch 4,8 ha Weingärten gehörten. Gautreau hatte eigentlich nicht die Absicht, weitere Reben zu kaufen, aber Freunde überzeugten ihn von dem Potential des Geländes: der Boden war im Wesentlichen Kies auf Lehm, ähnlich der besten Plantagen in St.-Estèphe, und der Wein des Gutes hatte im vorigen Jahrhundert einen guten Ruf.

Inzwischen kultiviert Gautreau 74 ha. Er entschied sich für einen ungezügelten Weinstil mit einer guten Portion gepreßtem Wein im Verschnitt. Seit den frühen 90er Jahren wird der Sociando ausschließlich in frischem Eichenholz gereift. Sowohl die Branche als auch die Kunden waren über die Qualität des Weins erstaunt, zumal Gautreau erklärter Gegner der inzwischen üblichen Ertragsreduzierung durch Entfernen von grünen Trauben vor der Ernte ist. Seine Erträge waren folglich hoch; doch er argumentierte, daß gesunde, dicht bepflanzte Weinberge eine großzügige Ernte ergeben, ohne die Konzentration zu beeinträchtigen. Nach der Weinherstellung stuft er Weingärten herab, die nicht seinem Standard entsprechen.

Gautreau interessierte sich nicht für die Cru-Bourgeois-Klassifizierung des Jahres 2003, obwohl sein Sociando vermutlich als Exceptionnel eingestuft worden wäre. Der 2005er ist im Aroma zurückhaltend, aber am Gaumen wegen der großen Menge reichhaltiger, fast saftiger schwarzer Früchte geradezu explosiv. Er ist erstaunlich lang. Die Vortrefflichkeit und Beliebtheit der Weine von Gauteau sprechen für sich, auch wenn er sich in der Rolle des Außenseiters gefällt. **SBr**

🍷🍷🍷 Trinken: 2012–2025

Soldera *Case Basse*
Brunello di Montalcino 1990

Herkunft Italien, Toskana, Montalcino
Typ Trockener Rotwein, 14 Vol.-%
Rebsorte Sangiovese

Gianfranco Soldera ist ein großer Exzentriker. Als passionierter biodynamischer Weinproduzent betreibt er mit seiner Frau auf seinem 8 ha großen Gut ein kleines Ökosystem, zu dem Vögel, Frösche und Fledermäuse gehören.

Er kaufte das Gut in den frühen 70er Jahren, lange bevor der Montalcino-Boom einsetzte, um den großartigsten Wein der Welt herzustellen. Er steht nicht allein mit seiner Meinung, dies auf herausragende Weise geschafft zu haben. Die manchmal aufreizende Kehrseite dieser hochmütigen Selbsteinschätzung ist die Negativität, mit der er fast alle Weinproduzenten der Welt überschüttet. Giovanni Conterno wurde von dieser vernichtenden und fast universellen Verachtung verschont, aber ein anderer, vergleichbar berühmter Barolo-Hersteller hat laut Soldera „in seinem Leben noch nie einen guten Wein gemacht".

Soldera ist äußerst traditionsbewußt; er fertigt seine Weine mit sehr langer Mazeration und ohne Temperaturkontrollen. Anschließend werden sie für 5 ½ Jahre in großen slawonischen Eichenfässern gelagert. Der gesamte Prozeß wird seit über 30 Jahren von dem über 80 Jahre alten *maestro-assaggiatore* Giulio Gambelli überwacht. Das Resultat ist ein heller, aber facettenreicher und bemerkenswert vergeistigter Wein. Die frischen sowie getrockneten Früchte, Kräuter und Blumen wirken flüchtig und verlockend an Gaumen und in der Nase. Dieser vielleicht etwas weniger tiefgründige und kraftvolle Weinstil schnitt bei Experten nicht immer so gut ab, obwohl er Finesse und Charme aufweist. Wer Case Basse nicht probiert hat, hat auch Brunello di Montalcino nicht probiert. **NBel**

🍷🍷🍷🍷 Trinken: bis 2040+

Solms-Hegewisch
Africana 2005

Herkunft Südafrika, Western Cape
Typ Trockener Rotwein, 15 Vol.-%
Rebsorte Syrah

Der Neurobiologe Mark Solms entdeckte altertümliche Verfahren zur Weinherstellung neu, als er sich im schönen Tal von Franschhoek der Landwirtschat widmete. Auf der Suche nach Anbaumethoden, die sich für warme Klimazonen eignen, experimentieren und der Kellermeister Hilko Hegewisch und er mit alten Verfahren aus dem Mittelmeerraum, indem sie durch Zerdrücken der Stiele Reben am Stock trocknen lassen.

Bei dem Africana, ihrem ersten Rotwein aus getrockneten Trauben, geht es nicht um Feinheit und den Ausdruck der Rebsorte. Er ist aufregend und kraftvoll, gleichzeitig relativiert eine gewisse Herbheit die süße Note. Während der Wein sich entfaltet, werden betörende und komplexe Aromen freigesetzt. Solms-Hegewisch engagiert sich, als einer der interessantesten und vielversprechendsten Weinhersteller des Kaps, auch humanitär. Sie weisen durch eine Ausstellung auf die „schmerzhafte Geschichte von Enteignung, Apartheid und Versklavung" hin und handeln, indem sie den früher benachteiligten Arbeitern eine geschäftliche Partnerschaft ermöglichen. Neil Beckett fand lobende Worte für diese politische Einstellung und bezeichnete „diesen pikant wohlriechenden, sehr tanninreichen Wein" als einmalig. **TJ**

☺☺ **Trinken: bis 2013**

Marc Sorrel
Hermitage Le Gréal 2004

Herkunft Frankreich, nördliche Rhône, Hermitage
Typ Trockener Rotwein, 15 Vol.-%
Rebsorten Syrah 92%, Marsanne 8%

Marc Sorrel ist der Sohn eines ortsansässigen Notars, interessierte sich jedoch mehr für den Weinanbau als für Jura und ließ deshalb einen Bruder die Kanzelei seines Vaters übernehmen. Sein Vater besaß ein kleines, aber wertvolles Weingut in Hermitage, in das Marc 1982 einstieg. Zwei Jahre später verstarb sein Vater. Seit 1998 ist Marc Sorrel einer der führenden Weinproduzenten in Hermitage, der von den Reben auf 2 ha Land etwa 8000 Flaschen Wein herstellt.

Le Gréal ist ein Verschnitt seiner Weine von den *crus* Greffieux und Méal. Die Entdeckung dieser Weine durch Robert Parker, dem ihre große, starke und tanninreiche Art geschmacklich entgegenkam, besiegelte das Schicksal von Sorrel. Mit zunehmendem Alter schleicht sich eine etwas wilde Note ein.

Die Erträge sind deutlich gering. In den späten 80er Jahren lagen sie bei 25 Hektolitern pro Hektar. Dem 2004er wurden 8 % Marsanne beigemischt, um so etwas mehr Aroma zu erreichen. Er wurde nicht entrappt. Generell verbringen die Weine 18 bis 24 Monate im Faß, bevor sie unfiltriert abgefüllt werden. Der Wein erinnert an Veilchen, schwarze Johannisbeere und Moschus und sollte die Ernte leicht noch 20 Jahre überdauern. **GM**

☺☺☺☺☺ **Trinken: bis 2025**

Sot
Lefriec 2004

Herkunft Spanien, Penedès
Typ Trockener Rotwein, 13,5 Vol.-%
Rebsorten C. Sauvignon, Merlot, Cariñena

Irene Alemany kommt aus Vilafranca del Penedès, ihre Familie hat, neben anderen Geschäftszweigen, seit Generationen Weinberge in der Region. Laurent Corrio kommt aus der Bretagne, wuchs aber im Jura auf. Sie studierten beide Önologie, lernten sich in Burgund kennen und gründeten Sot Lefriec. Der 1999er Jahrgang war der erste ‚Garagenwein' aus Penedès. Er wurde tatsächlich in einer kleinen Lagerhalle in Vilafranca gegärt und ausgebaut. Die Gründer bauten ihre eigenen rostfreien Gärungsbehälter und machen noch heute alles manuell. Sie haben auf einer Fläche von 8 ha einen alten Cariñena (in den 40er Jahren gepflanzt) sowie jungen Merlot und Cabernet Sauvignon (in den 80er Jahren gesetzt).

Der 2004er ist wohl der harmonischste Jahrgang von Sot Lefriec. Die Farbe ist dunkel und undurchsichtig, anfangs ist er an der Nase verschlossen. Wenn er jung getrunken wird, sollte er im Glas geschwenkt oder energisch dekantiert werden. Dieser Wein erinnert mit seinen schwarzen Früchten und den Nuancen von Tinte, Rauch und Graphit an einen Bordeaux. Er ist vollmundig, ausgewogen und frisch, mit wahrnehmbaren, aber reifen Tanninen, lang und sehr ausdauernd. Er entwickelt sich langsam in der Flasche. **LG**

❧❧❧ **Trinken: bis 2019**

Stag's Leap Wine Cellars
Cabernet Sauvignon 1973

Herkunft USA, Kalifornien, Napa Valley
Typ Trockener Rotwein, 13 Vol.-%
Rebsorten Cabernet Sauvignon 93%, Merlot 7%

Der Cabernet Sauvignon 1973 von Warren Winiarski ist wohl der bekannteste und einflußreichste Wein der USA, wurde er bei Steven Spurriers Pariser Weinprobe 1976 doch als der Beste eingestuft. Plötzlich erhielt amerikanischer Wein die Anerkennung, die ihm bisher versagt wurde.

Winiarskis Weitsicht und Einstellung zur Weinherstellung sind vermutlich verantwortlich für die Unterschiede zwischen seinen Weinen und denen anderer Produzenten der Region. Seinem Konzept liegen klassische Ideale wie das Ausbalancieren von gegensätzlichen Elementen zugrunde, wodurch er hervorragende dynamische und harmonische Weine produziert. Dieses Streben nach dem Idealen ist eine gelungene Mischung aus Zurückhaltung, Feinheit und Verhältnismäßigkeit.

Er selbst sagt, er sei dazu inspiriert worden, als er 1969 den hausgemachten Wein von Fay probierte. Er erwarb den benachbarten Weinberg und pflanzte Cabernet Sauvignon und Merlot an. 1986 kaufte er den Weinberg von Fay dazu, den er in den späten 80er und 90er Jahren ebenfalls neu bepflanzte. Engere Bepflanzung und an Spalieren erzogene Weinstöcke bringen seiner Ansicht nach Beeren mit größerer Ausdruckskraft hervor. **LGr**

❧❧❧❧ **Trinken: bis 2010+**

Stonier Estate *Pinot Noir Reserve* 2003

Herkunft Australien, Mornington Peninsula
Typ Trockener Rotwein, 13,5 Vol.-%
Rebsorte Pinot Noir

Anfang der 70er Jahre wurden die ersten Weinstöcke auf der Halbinsel Mornington gepflanzt. 1978 begann Stonier Pinot Noir zu pflanzen, aus dem ursprünglich ein Schaumwein gekeltert werden sollte. Bald stellten sie jedoch fest, daß sie sowohl mit dem regulären als auch dem Pinot Noir Reserve einen exzellenten Rotwein erzeugten. Die Kellermeisterin Geraldine McFaul erklärt: „Anfänglich mußten wir erst mühsam lernen, die Weingärten hier richtig zu entwickeln. Pinot Noir ist von der Lage abhängig, und zuerst hatten wir ihn an den falschen Stellen angepflanzt. Inzwischen haben wir eine Situation erreicht, in der wir damit zufrieden sind, was wo wächst."

McFaul war zur Weinlese 2002 bei Domaine de L'Arlot in Burgund und hat seitdem mit hochwertigen Trauben experimentiert, die im Ganzen gegärt werden. Seit 2003 besteht der Reserve zu 5 % aus diesem Wein, und 50 Kisten davon wurden getrennt abgefüllt. Der Reserve Pinot Noir verbringt 10 bis 14 Tage auf den Beerenschalen in kleinen offenen Gärungsbottichen.

Das Ergebnis ist ein australischer Pinot Noir, der die Vielschichtigkeit und Eleganz besitzt, zu der diese Rebe fähig ist, aber oft verloren geht. Der 2003 Reserve ist besonders erfolgreich, er erzielte bei der Halliday-Klassifizierung 97 von 100 Punkten. Somit ist er der australische Pinot Noir mit der höchsten Klassifizierung.

Die Nase ist mit Nuancen von dunkler Kirsche und roten Beeren klar und vielschichtig. Am Gaumen zeigt er sich dicht, aber fein. Es herrscht eine eindrucksvolle Ausgewogenheit zwischen den Früchten und der würzigen Struktur. **JG**

❂❂ **Trinken: bis 2018**

WEITERE EMPFEHLUNGEN
Andere große Jahrgänge
1988 • 1989 • 1990 • 1995 • 1996
1998 • 1999 • 2000 • 2004 • 2005
Weitere Erzeuger vom Mornington Peninsula
Main Ridge • Moorooduc • Ten Minutes by Tractor

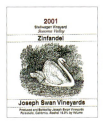

Stonyridge
Larose 2006

Herkunft Neuseeland, Auckland, Waiheke Island
Typ Trockener Rotwein, 13,5 Vol.-%
Rebsorten C. Sauvignon, Merlot, C. Franc, andere

Joseph Swan *Stellwagen Vineyard Zinfandel* 2001

Herkunft USA, Kalifornien, Sonoma Valley
Typ Trockener Rotwein, 15,2 Vol.-%
Rebsorte Zinfandel

Stonyridge ist eine echte Garagenkellerei, begann das Wirken seines Besitzers Stephen White doch buchstäblich in einer Aluminiumgarage. Stonyridge war nach Goldwater der zweite Weinerzeuger auf Waiheke, ist vielleicht inzwischen jedoch auch der beste Weinhersteller auf der Insel.

Zwei Jahre nach der ersten Weinlese im Jahr 1985 brachte der hervorragende 1987er den Durchbruch für das winzige Unternehmen. Binnen weniger Jahre erlangte Stonyridge Kultstatus mit seinen Weinen, die auf dem Sekundärmarkt ein Mehrfaches des Originalpreises erzielten. Der Enthusiasmus sowohl der Investoren als auch der Sammler bezüglich eines großen Jahrgangs wie dem 2006er ist durchaus berechtigt. Die Wetterbedingungen auf der Insel können jedoch sehr naß sein und eine frühe Ernte notwendig machen, bevor die Früchte reif sind.

Der Larose ist ein von Cabernet Sauvignon dominierter Verschnitt fünf verschiedener Bordeauxrebsorten. White glaubt, dadurch entstehe seine Vielschichtigkeit. Der 2006er ist ein eher anmutiger Rotwein mit dem Aroma von roten Beeren, Wildblumen, verschiedenen Gewürzen und frischem Leder. Dies ist ein bemerkenswert subtiler, kraftvoller Wein. **BC**
☺☺☺ **Trinken: bis 2020**

Der Pilot Joseph Swan ging 1967 in den Ruhestand und pflanzte in Forestville im Bezirk Sonoma die Rebsorten Chardonnay, Cabernet Sauvignon und Pinot Noir an, mit denen er einige der ersten kalifornischen Kultweine herstellte. Um die Wartezeit bis zur Reifung zu überbrücken, produzierte er einen Zinfandel aus zugekauften Trauben.

Swans frühere Zinfandel waren zu einer Zeit legendär, als das Ansehen von altem Zinfandel gering war. Seine letzte Ernte war 1987. Nachdem er 1989 starb, übernahm sein Schwiegersohn Rod Berglund das Geschäft. Er läßt seine Weine in alten Fässern aus französischer Eiche reifen. Das Ergebnis ist eher untypisch für kalifornische Weine – weniger üppig im Frucht- und Eichengeschmack, individueller und zurückhaltender Der Wein ist ausgewogen und läßt die Frucht und den Standort deutlich erkennen.

Der Stellwagen-Weinberg ist wegen seiner reichhaltigen, vulkanischen Erde und der sehr alten, in den 80er Jahren des 19. Jahrhunderts gepflanzten Weinstöcke bemerkenswert. Der 2001er ist besonders anmutig: sehr trocken, fest im Aufbau und mit lebhafter Säure. Am Gaumen sind rote Johannisbeeren, weißer Pfeffer, und angenehm würzige Aromen, im Finale Rosinen festzustellen. **SB**
☺☺☺ **Trinken: bis 2010**

Stonyridge (Mitte) in der Hügellandschaft von Waiheke.

Château Talbot 2000

Herkunft Frankreich, Bordeaux, St.-Julien
Typ Trockener Rotwein, 13 Vol.-%
Rebsorten C. Sauvignon 66%, Merlot 26%, andere 8%

Talbot ist mit 101 ha einer der größten Weinberge des Médoc und stellt etwa ein Achtel des Weins des Anbaugebiets von St. Julien. Das versteckte Château mit dazugehöriger Weinkellerei wurde 1917 von Désiré Cordier gekauft und gehört heute seinen Nachkommen, den Schwestern Nancy Bignon und Lorraine Rustmann. Die Weingärten sind trotz der Größe ihrer Gesamtfläche erstaunlich homogen, mit Kiesböden unterschiedlicher Tiefe und auch einigen Sandböden. Die Schwestern investierten in den 90er Jahren in das Weingut, indem sie neue Gebäude bauten, die Drainagen verbesserten und strengere Auswahlkriterien einführten.

Alte Jahrgänge von 1934, 1945, 1949 und 1955 stellten sich bei einer Probe in den 90er Jahren als unverwüstlich und noch immer erstaunlich lebendig heraus. Als junger Wein kann er elegant und besonnen sein, und sein Potential eher verbergen. Tatsächlich wirkten die Jahrgänge aus den 60er und 70 Jahren etwas weniger gehaltvoll, die Reformen der letzten Jahre zeigen jedoch erneut die Stärken von Talbot. Der Preis des Weins ist für seinen Status durchaus moderat.

Der 2000er ist typisch für Talbot in seiner Höchstform. In der Nase dominieren schwarze Früchte, der diskrete Eichengeschmack gibt ihm etwas Auftrieb. Am Gaumen kommt der Tanningeschmack – wie zu erwarten – nicht zu kurz, die Frucht, hauptsächlich schwarze Johannisbeere, ist großartig und durch feine Säure ausgewogen, was dem Wein hervorragende Länge gibt. Dies ist ein Wein, der Kraft und Eleganz auf das Gelungenste verbindet. **SBr**

❂❂❂ Trinken: 2010–2035

WEITERE EMPFEHLUNGEN
Andere große Jahrgänge
1961 • 1982 • 1986 • 1990 • 1996 • 2004 • 2005
Weitere Hersteller aus St.-Julien
Ducru-Beaucaillou • Lagrange • Léoville-Barton Léoville-Las Cases • Léoville-Poyferré

Der Château Talbot läßt sich ausgezeichnet lange Jahre lagern.

Tapanappa Whalebone Vineyard *Cabernet/Shiraz* 2004

Herkunft Australien, Wrattonbully
Typ Trockener Rotwein, 14,3 Vol.-%
Rebsorten C. Sauvignon, Merlot, C. Franc

Brian Croser wurde berühmt, als er Mitte der 70er Jahre seine Stelle als leitender Kellermeister bei Hardy kündigte, um die gefeierten weinwissenschaftlichen Kurse am Riverina College in New South Wales abzuhalten. Zur gleichen Zeit gründete er eine einflußreiche Weinberatung und seinen eigenen Winzerbetrieb, Petaluma. 2001 schied er bei Petaluma aus und suchte eine neue Herausforderung. Das war Tapanappa – eine neues Superlabel, das von Croser gemeinsam mit Bollinger und Jean-Michel Cazes ins Leben gerufen wurde.

Der erste Wein war der rote Whalebone Vineyard, der von einem Weinberg aus Wrattonbully an der Grenze zum Coonawarra-Gebiet stammt. Croser hatte bereits 1981 seinen ersten Wein aus diesem Weinberg gekeltert und war davon stark beeindruckt, seitdem versuchte er, den Weinberg zu erwerben.

Der Weinberg besteht inzwischen aus 35 Jahre alten Reben mit einem Ertrag von gerade 15 hl pro ha. Der 2004er ist der zweite Whalebone Red-Jahrgang. Er hat einen süßen Duft nach roten und dunklen Beeren mit einem Hauch typischer Coonawarra-Mineralität. Perfekt ausbalanciert, ist er weich und komplex. Am Gaumen findet man die abgerundete Frucht wieder, der sich kräftige, doch samtene Tannine entgegenstellen. Mit seiner Restsüße ist er ein typischer Neuer-Welt-Wein, hat jedoch ein schöne Tiefe und Komplexität. Sein Markenzeichen ist die phantastische Balance – im Unterschied zu vielen Coonawarra-Cabernets hat er weniger Mineralität und grüne Noten. Die hohe Reife macht ihn zu einem vollkommen Wein. **JG**

☺☺☺ Trinken: bis 2020

WEITERE EMPFEHLUNGEN
Andere große jahrgänge
2003 • 2005
Andere Weine von Tapanappa
Tiers Vineyard Chardonnay
Whalebone Vineyard Merlot

Ein versteinerte Wal-Knochen in der Decke eines Kellers im Gut. ➡

Dominio de Tares
Cepas Viejas Bierzo 2000

Herkunft Spanien, Bierzo
Typ Trockener Rotwein, 13,5 Vol.-%
Rebsorte Mencía

Tasca d'Almerita
Rosso del Conte 2002

Herkunft Italien, Sizilien
Typ Trockener Rotwein, 14 Vol.-%
Rebsorte Nero d'Avola

Domino de Tares ist eine sehr junge, um die letzte Jahrhundertwende gegründete Kellerei in der DO Bierzo, in Nordwestspanien. Hier paart sich Tradition und neueste Technik, um aus den lokalen Reben hochqualitative Weine herzustellen.

Der erste Wein, den sie vermarktet haben, ist der 2000er Cepas Viejas (Alte Reben). Er wird aus Trauben der 60 Jahre alten autochthonen Rotweinrebe Mencía gekeltert, die in Gobelet-Erziehung auf einem Lehm-Kalk-Boden mit hohem Schieferanteil wächst. Von den handgelesenen Trauben werden in der Kellerei gleich nach Ankunft nur die besten ausgewählt. Die alkoholische Gärung dauert 15 Tage und die malolaktische findet in Fässern aus amerikanischer Eiche statt. Der Wein reift anschließend 9 Monate in neuen und gebrauchten Fässern aus französischer und amerikanischer Eiche und wird unfiltriert abgefüllt.

Der 2000er Cepas Viejas ist sehr dunkel, fast opak. Er hat einen intensiven Duft nach Stroh, Herbstlaub und Wildblüten, der jenen sehr reifer roter Beeren leicht übertönt. Am Gaumen hat er einen mittleren Körper mit einer angenehmen Säure und ist gut ausbalanciert, mit einer guten Länge und kräftigem Geschmack. **LG**

🍷🍷 Trinken: bis 2010+

Tasca d'Almerita hat gemeinsam mit einigen anderen Erzeugern der Insel die Weinrevolution auf Sizilien angeführt und den Nero d'Avola auf eine noch nie dagewesene Qualitätsstufe gehoben.

Das Gut befindet sich noch immer im Familienbesitz und wird von Lucio Tasca geführt, dem Sohn des Grafen Giuseppe Tasca, der zuerst die Espalier-Erziehung auf der Insel einführte. Der Regaleali Riserva del Conte, wie er ursprünglich hieß, entsteht aus Trauben von in Buschform erzogenen Nero d'Avola-Reben und wird in großen Kastanienholzfässern ausgebaut. Er war der erste sizilianische Einzellagenwein, da alle Trauben aus demselben Weinberg kamen, der teils 1959 in Buschform und teils 1965 in Cordon-Erziehung mit einer hohe Dichte von 9850 Stöcken pro Morgen bepflanzt wurde.

Der Rosso del Conte 2002 ist ein Wein, der am Ende einer Epoche stand. Ab 2003 wurde er durch die zusätzlich verwendeten besten Rotweintrauben des Weinguts aufgebessert. Es ist ein schöner, kraftvoller Wein, der die Meinung vieler über diesen glücklosen, aber nicht zu verachtenden Jahrgang ändern wird. Die Struktur mit feinen und doch kräftigen Tanninen hebt das erstaunlich üppige Aroma von schwarzen Johannisbeeren hervor. **AS**

🍷🍷🍷🍷 Trinken: bis 2028

Te Mata *Coleraine* 2005

Herkunft Neuseeland, Hawke's Bay
Typ Trockener Rotwein, 13,5 Vol.-%
Rebsorten Cabernet Sauvignon, Merlot, Cabernet Franc

Te Mata Estate produzierte 1896 seinen ersten Wein und ist damit eine der ältesten Weinkellereien Neuseelands. Die heutigen Eigentümer erwarben das heruntergekommene Weingut 1978, in einer Zeit, in der Hybridreben die neuseeländischen Weinberge dominierten und die meisten Weine billiger „Port" oder „Sherry" waren. Nach einigen Jahren im englischen Weinhandel war der neue Besitzer und Leiter, John Buck, mit viel Leidenschaft für den Wein nach Neuseeland zurückgekehrt. 1981 produzierte Te Mata eine winzige Menge einer Cabernet Sauvignon/Merlot-Cuvée, die jeden neuseeländischen Rotwein jener Zeit weit überragte. Im Jahr darauf machte er einen weiteren Quantensprung mit einem dichten, reifen und stillvollen Rotwein. Der Wein wurde nach dem Hausweinberg genannt – Coleraine – und setzte einen neuen Qualitätsmaßstab, besonders für Rotweine.

Anfangs wurden dafür nur die Trauben eines einzigen Weinbergs verwendet. Doch die Launen der einzelnen Jahrgänge ergaben ein ständiges Auf und Ab bei Qualität und Stil. Coleraine hat seit 1982 keinen Jahrgang ausgelassen. 1989 wurde dann die weise Entscheidung getroffen, den Namen beizubehalten, aber für den Wein die besten Trauben aus neuen Weinbergen der Hawkey's Bay zu verwenden. Wein, der nicht diese Ansprüche erfüllt, wird unter zwei anderen Namen abgefüllt. 2005 war ein sehr guter Jahrgang in Hawkes Bay: die erste gute Ernte in der Region seit 1991. Der Wein ist dicht, aber nicht schwer, mit Aromen konzentrierter dunkler Beeren, Zedernholz, Brombeere, Unterholz und einer würziger Eichennote. **BC**

🍷🍷🍷 **Trinken: bis 2020**

WEITERE EMPFEHLUNGEN
Andere große jahrgänge
1995 • 1998 • 2000 • 2002 • 2003 • 2004
Weitere Erzeuger aus Hawke's Bay
Craggy Range • CJ Pask
Sacred Hill • Stonecroft • Trinity Hill

Te Motu
Cabernet / Merlot 2000

Herkunft Neuseeland, Waiheke
Typ Trockener Rotwein, 13 Vol.-%
Rebsorten Cabernet Sauvignon 74%, Merlot 26%

Domaine Tempier
Bandol Cuvée Cabassaou 1988

Herkunft Frankreich, Provence, Bandol
Typ Trockener Rotwein, 13 Vol.-%
Rebsorten Mourvèdre, Syrah

Die bereits seit langem auf der Insel Waiheke ansässige Familie Dunleavy hat 1989 die ersten Reben gepflanzt und 1993 den ersten Te Motu-Jahrgang produziert. Seine Zusammensetzung ändert sich von Jahr zu Jahr. Die einzelnen Weine reifen getrennt und werden nach einem Jahr verkostet. Dabei wird entschieden, welche als Zweitwein, als Dunleavy Cabernet/Merlot, abgefüllt werden. Die besten Weine reifen weitere 6 bis 9 Monate, bevor sie als Te Motu in die Flasche kommen.

Als der 2000er im Jahre 2007 in den Verkauf kam, war er gut entwickelt. Er hatte eine dunkle rubinrote Farbe mit einem Granatschimmer und stark ausgeprägte Cabernetaromen in der Nase: Zigarrenkiste, Rauch und schwarze Johannisbeeren. Die schon jetzt wahrnehmbaren Unterholznoten werden mit zunehmender Reife kräftiger werden. Te Motu hat stets unverwechselbare Erd- und Kräuteraromen. Mit seinen kräftigen Tanninen und der saftigen Säure wird der 2000er gegen 2010 seinen Höhepunkt erlangen und sich Jahre dort halten. Obwohl ein Te Motu bereits bei Verkaufsstart trinkreif ist, wird die geduldige Lagerung belohnt: 2007 berichtete Terry Dunleavy von einem 1993er, der „umwerfend, mit frischen und süßlichen Beeren- und Korinthennoten" war. **SG**
❂❂❂ **Trinken: bis 2012+**

Die Parzellen der Domaine Tempier liegen nördlich der gewaltigen Kalksteinterrassen von Bandol und sind über drei verschiedene Gemeinden verteilt. Cabassaou ist die kleinste der drei Einzelparzellen, deren Weine getrennt ausgebaut werden.

Daniel Ravier, der Tempier seit dem Jahre 2000 leitet, bekennt sich zur Ausgewogenheit. Die Trauben werden entrappt und mit sanftem Druck gepreßt. Anschließend reift der Wein 18 Monate lang in großen alten Holzfässern.

Der 88er Cabassaou hat noch immer eine dunkelrot-opake Farbe. Seine Aromen sind hochkomplex und erinnern an einen Bienenstock und an Erde, an Pinien, Tomaten und Hagebutte. Im Glas wird er nach einiger Zeit samtiger und runder und entwickelt noch mehr Aromen: Rübensirup, Honig und Malz. Am Gaumen ist er dicht, ein wahres Schwergewicht, das einen intensiven und langanhaltenden Eindruck hinterläßt. Die Tannine sind wie feines Leder und die lebendige Säure ist gut abgerundet. Mit seiner Üppigkeit, in der alle Leder- und Erdnuancen vorkommen, ist dieser Bandol nicht nur komplex, sondern einfach einzigartig – so wie es jeder große Terroirwein sein sollte. **AJ**
❂❂❂❂ **Trinken: bis 2015**

Tenuta dell'Ornellaia
Masseto IGT Toscana 2001

Herkunft Italien, Toskana, Bolgheri
Typ Trockener Rotwein, 14 Vol.-%
Rebsorte Merlot

Als Lodovico Antinori einen Teil des Bolgheriguts von seiner Mutter erworben hatte, entschloß er sich, daraus ein außergewöhnliches Weingut zu machen. Er erkannte, daß man mit Weinen im Bordeauxstil eine herausragende Qualität erreichen könnte, ließ in den frühen 80er Jahren auf Brachland einen Weinberg pflanzen und baute eine hypermoderne Kellerei im kalifornischen Stil, die alles bietet, was man für Topweine benötigt. Der erste Wein war der 85er Ornellaia, eine Cuvée aus Cabernet Sauvignon, Cabernet Franc und Merlot.

Der Masseto wurde 1986 geboren, als die Tenuta di Ornellaia sich entschied, die Trauben ihrer hervorragenden Merlot-Reben aus dem Masseto-Weinberg gesondert abzufüllen. Der erste Jahrgang hieß einfach nur Merlot. Aber seit 1987 trägt er den Namen des 7 ha großen Weinbergs.

Seit dem ersten Jahrgang genoß der Masseto ein hohes Ansehen und war weltweit begehrt, doch nach den 100 Punkten für den 2001er in der Zeitschrift *Wine Spectator* stieg sein Ruhm ins schier Unermeßliche. Im September 2007 wurde der 2001er Masseto zum gleichen Preis gehandelt wie der hochgepriesene 1985er Sassicaia. **SG**

❂❂❂❂❂ Trinken: bis 2020+

Tenuta dell'Ornellaia
1988

Herkunft Italien, Toskana, Bolgheri
Typ Trockener Rotwein, 12,5 Vol.-%
Rebsorten C. Sauvignon 80%, Merlot 16%, C. Franc 4%

Die Weine von Ornellaia waren immer Cabernet-Sauvignon-betont, doch seit Ende der 90er nahm der Merlot-Anteil beträchtlich zu. Die Grundweine werden erst nach 12 Monaten Barriqueausbau verschnitten und reifen danach weitere 6 Monate in Barriques. Erst nach einer anschließenden 12monatigen Flaschenreife dürfen die Weine die Kellerei verlassen.

Das 1981 von Lodovico Antinori gegründete Weingut kam 2005 in den vollständigen Besitz der Familie Frescobaldi, die sich dazu verpflichtete, es nach denselben Prinzipien fortzuführen. Der Önologe Michel Rolland ist drei Mal im Jahr vor Ort und betreut hauptsächlich die Assemblage.

Der erste Ornellaia entstand im Jahr 1981, das in der Toskana hervorragend ausfiel. Doch mit dem 88er übertraf sich das Weingut selbst. Seine Kraft und Struktur sind offensichtlich, die Textur ist kräftiger, und er hat Komplexität und Tiefe. In der Nase nimmt man intensive Noten von Mandeln und Zedernholz wahr. Am Gaumen ist er langanhaltend mit einer kräftigen Tanninstruktur, die jedoch von der reichen Frucht überlagert wird. Ein absolut klassischer Rotwein mit einer langen Lagerfähigkeit. **SB**

❂❂❂❂❂ Trinken: bis 2010+

Tenuta delle Terre Nere
Etna Rosso Feudo di Mezzo 2004

Herkunft Italien, Sizilien, Ätna
Typ Trockener Rotwein, 14 Vol.-%
Rebsorten Nerello Mascalese 95%, Nerello Cappuccio 5%

Tenuta di Valgiano
Rosso Colline Lucchesi 2003

Herkunft Italien, Toskana
Typ Trockener Rotwein, 14 Vol.-%
Rebsorten Sangiovese 60%, Syrah 30%, Merlot 10%

Obwohl Etna die erste DOC Siziliens war, blieben ihre Weine langweilig und rustikal, bis zwischen Mitte und Ende der 90er Jahre eine kleine Anzahl von Weinmachern und Unternehmern in die Gegend investierte. Ihre Leistungen haben sowohl Weinkritiker als auch die Kenner erstaunt, denn an den steilen Hanglagen des Etna fand die eindruckvollste önologische Revolution Italiens statt.

Angezogen von dem glänzenden Potential der Weine, kaufte der italo-amerikanische Weinhändler Marc de Grazia 2002 Weinberge am Nordhang des Etna auf. Er nannte sein Anwesen – auf dem er sowohl Landwirt als auch Winzer ist – Terre Nere, der schwarzen Vulkanerde zu Ehren.

Der Wein, aus sehr alten 1927 und 1947 gepflanzten Reben, ist sowohl reichhaltig als auch ziseliert. Von den alten Rebstöcken erhält er konzentrierte Aromen von roten Beeren, Kräutern und Erde. Die beträchtliche Höhe, in der die Tagestemperatur starken Schwankungen unterliegt, verleiht ihm Komplexität und Eleganz. Der allererste Jahrgang, der 2004er Feudo di Mezzo, ist frisch und komplex zugleich, mit üppigen Erdbeeraromen, die an Pinot Noir erinnern, und einer zarten aber alterungswürdigen Struktur. **KO**
$\$\$\$$ **Trinken: bis 2014+**

Als Moreno Petrini sein Weingut erwarb, wollte er lediglich genug Geld damit verdienen, um es die nächsten Jahre halten zu können. Als leidenschaftlicher Sammler und Kenner mit reicher Verkostungserfahrung merkte er jedoch bald, daß er das Potential seiner Trauben stark unterschätzt hatte.

Petrini war überzeugt, einen ausdrucksreichen und originellen Wein machen zu könnte. Doch er wußte auch, daß ihm dies erst gelingen würde, wenn er vollkommen verstanden hatte, wie seine Reben mit dem Boden „zusammenarbeiten".

Erst 1999 meinte er, sein Verständnis reiche, um den ersten Rosso Colline Lucchesi freigeben zu können. Es sollte ein großer Wein zu werden, und es wurde einer. Der 2003er Tenuta di Valgiano hat eine dichte, sanfte und würzige Anmut. Die Nase ist kraftvoll und elegant zugleich. Das Eichenholz, das deutlich präsent, aber nie überbetont ist, verleiht dem Wein einen ersten Eindruck von Süße, der aber rasch von den feinen und gut eingebundenen Tanninen überdeckt wird, die auch die Frucht selbst im tiefsten Mundwinkel wahrnehmen lassen und den langen Nachklang unterstützen. Es ist eindeutig ein Wein, der die Geduld seiner Anhänger belohnt. **AS**
$\$\$\$$ **Trinken: bis 2025+**

Tenuta Le Querce *Aglianico del Vulture Vigna della Corona* 2001

Herkunft Italien, Basilicata, Vulture
Typ Trockener Rotwein, 14 Vol.-%
Rebsorte Aglianico

Wenn Sie noch nie einen Aglianico del Vulture verkostet haben, dann ist der Tenuta Le Querce der richtige Wein für den ersten Versuch. Das Weingut liegt in Barile, einem Dorf auf den Hängen des Monte Vulture, eines erloschener Vulkanes in der Basilicata, zwischen dem Absatz und der Spitze des italienischen „Stiefels". Diese immer noch vom Tourismus verschonte Gegend ist berühmt für ihre wunderschönen Landschaften und Dörfer.

Die DO Vulture ist ziemlich klein. Die meisten Weine werden in der Gegend von Venosa erzeugt, weit weg vom namensgebenden Berg und sind für gewöhnlich opulent mit einer angeborenen Eleganz. Nur eine sehr geringe Menge wird näher am Vulture erzeugt. Hier wachsen die Trauben in Weinbergen mit einer guten Besonnung, vulkanischem Boden, erheblichen Temperaturschwankungen und einer konstanten Brise, die eine gute Gesundheit und einen höheren Säuregehalt garantieren.

Vigna della Corona gehört zur zweiten Gruppe. Der 2001er hat eine tiefe, lebendige Farbe und ist reich an Frucht und Würze: Blaubeeren, Sauerkirschen, Vanille, Kaffee sowie erdige und animalische Noten. Mit einem beeindruckenden Körper, der phantastischen Balance und dem langen Abgang ist es ein erstaunlicher Wein. **AS**

🍷🍷🍷🍷 **Trinken: bis 2035**

Tenuta di San Guido *Sassicaia* 1985

Herkunft Italien, Toskana, Bolgheri
Typ Trockener Rotwein, 13 Vol.-%
Rebsorten C. Sauvignon 85%, C. Franc 15%

Der 1968er Sassicaia war eine Pionierleistung, als er in den frühen 70er Jahren auf den Markt kam. Diesen Wein hatte der Marchese Mario Incisa della Rochetta kreiert, ein Piemonteser Winzer, der 1943 auf das von seiner Frau, der Schwester von Piero Antinoris Mutter, geerbte Gut gezogen war. Ursprünglich wurde der Wein nur von der Familie und Freunden getrunken, bis 1970 der Sohn Nicolo den Marchese überzeugte, den Wein mit der professionellen Hilfe der Antinoris kommerziell zu vertreiben.

Sassicaia war eine vielfache Premiere für Italien: der erste barriquegereifte Wein, der erste große Cabernet und der erste italienische Wein, dem Robert Parker 100 Punkte verlieh (für den 1985er). Jüngst erklärte Nicolas Belfrage, daß der 1985er immer noch erstaunlich jugendlich in Farbe und Substanz sei. „Das klassische Cabernet Sauvignon-Aroma von schwarzen Johannisbeeren ist da, zusammen mit den ebenfalls klassischen Bleistiftnoten eines in französischem Eichenholz gereiften Cabernet, und reichen Kräuter-, Leder und würzigen Aromen. Er ist am Gaumen bemerkenswert lebendig, mit viel süßer Frucht und dichten, aber weichen Tanninen." Mit seiner großen Eleganz und noch grandiosen Jugendlichkeit ist der 85er ein unsterblicher Wein. **SG**

🍷🍷🍷🍷🍷 **Trinken: bis 2025+**

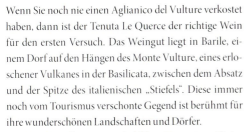

Tenuta Sette Ponti
Crognolo 2004

Herkunft Italien, Toskana
Typ Trockener Rotwein, 14 Vol.-%
Rebsorten Sangiovese 90%, Merlot 10%

Terrazas/Cheval Blanc
Cheval des Andes 2002

Herkunft Argentinien, Mendoza
Typ Trockener Rotwein, 13,5 Vol.-%
Rebsorten Cabernet Sauvignon 60%, Malbec 40%

1957 erwarb Alberto Moretti, Vater des heutigen Besitzers Antonio, dieses Weingut. Ende der 90er wollte sein Sohn seinen Traum verwirklichen und auf dem Weingut hochqualitative Weine erzeugen. Er engagierte Carlo Ferrini als Berater und mußte nicht lange warten, bis er die ersten lobenden Besprechungen seiner Weine lesen konnte.

Der älteste Weingarten des Gutes ist der schöne Vigna dell'Impero, der 1935 angelegt wurde, um dem Ende des Afrikafeldzugs und der Geburt des Italienischen Imperiums zu gedenken. Unter schwierigen Bedingungen geschaffen, ist er mit Sangiovese bepflanzt und soll einer der ältesten noch kommerziell produzierenden Sangiovese-Weingärten der Region sein.

Crognolo war der erste Wein, den das Gut auf den Markt brachte. Nach einem Jahr folgte Oreno. Crognolo besteht hauptsächlich aus Sangiovese, mit einem kleinen Anteil Merlot, um die rustikale Seite der toskanischen Trauben zu mildern, ohne jedoch ihre saftige Anmut zu verändern. Der 2004er zeigt sehr deutlich diese Struktur, indem er reife, weiche Kirschnoten mit würzigeren und pfeffrigen Noten verbindet. Mit seinen ausgewogenen Tanninen und seiner erfrischenden Säure ist er ein idealer Begleiter für zahlreiche Speisen. **AS**

☺☺☺ **Trinken: bis 2015**

Dieses Weingut wird von dem Franzosen Pierre Lurton von Château Cheval Blanc und dem Argentinier Roberto de la Mota, dem Verantwortlichen für Moët & Chandons Terrazas de los Andes, geleitet. Beide schufen gemeinsam einen Wein aus den ältesten Reben der Terrazas de los Andes.

Pierre Lurton entdeckte dieses Gebiet, als er auf der Suche nach Malbec war – einer Schlüsselrebe der St.-Emilion-Weinberge aus der Zeit vor dem Reblausbefall. Sie fiel in Ungnade, da sie sich nur schlecht auf die reblausresistenten amerikanischen Weinstöcke pfropfen ließ. Es gibt Kenner, die behaupten, die ungepfropften Reben, wie die, aus dem der Cheval des Andes teilweise entsteht, seien klarer definiert als ihre aufgepfropften Verwandten.

Es ist nicht von der Hand zu weisen, daß dieser Wein den reifen, vollen, fast exotischen und doch verführerischen Charakter, mit dem die argentinischen Weine brillieren, mit der zurückhaltenden, weichen aber vitalen Qualität vereint, die man bei den besten Bordeaux sucht. Dies ist das Ergebnis von Lurtons Drängen auf Beschränkung im Weinberg durch längere Reife und Motas Weigerung, den Wein zu stark zu extrahieren oder durch Eichenholzeinsatz zu übertönen. **MW**

☺☺☺ **Trinken: bis 2015**

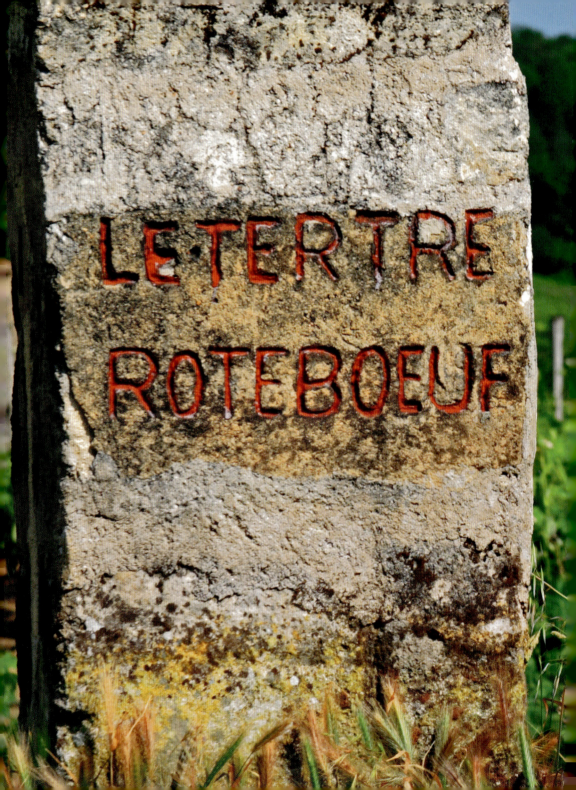

Château Tertre-Roteboeuf
2001

Herkunft Frankreich, Bordeaux, St.-Emilion
Typ Trockener Rotwein, 13,5 Vol.-%
Rebsorten Merlot 85%, Cabernet Franc 15%

François Mitjavile hat den etwas heruntergekommenen Besitz seiner Schwiegereltern zu einem der führenden Güter in St.-Emilion gemacht. Nachdem er 1978 die Leitung übernommen hatte, wurde ihm bald klar, daß die 5,6 ha Reben hinter dem Gutshaus auf einem sehr vielversprechenden *terroir* an einem Hang zur Dordogne wuchsen. Sein Ziel war es deshalb von Anfang an, einen Spitzenwein zu einem Spitzenpreis zu keltern.

Mitjavile entwickelte eine eigene Reberziehungsmethode, die es in dieser Form in St.-Emilion kaum gab, von der er aber glaubt, daß sie seinen Reben und Böden am besten entspricht. Er strebt gleichmäßige und hohe Reifegrade an und verzichtet auf selektiven Schnitt grüner Trauben, um den Ertrag zu verringern, da er der Meinung ist, der hohe Ertrag kräftiger Stöcke werde durch den niedrigeren von älteren Reben ausgeglichen. Der Wein wird in Betontanks gegärt und dann mindestens 18 Monate in neuer Eiche ausgebaut.

Tertre-Roteboeuf ist ein sinnlicher Wein, der dennoch eine gute Tanninstruktur aufweist. Allerdings behaupten manche Kritiker, er altere nicht sehr gut. Der 2001er ist ein sehr typischer Jahrgang. In der Nase gibt es sowohl Aromen von schwarzen Beerenfrüchten als auch von schwarzen Oliven, wie es bei Tertre-Roteboeuf häufig ist. Am Gaumen ist der Wein voll und recht kräftig, hat aber auch eine Schlankheit und Eleganz, die ihn davor bewahrt, übermächtig zu wirken, obwohl der Alkoholgehalt relativ hoch ist. Es fällt schwer, dem Wein die offensichtliche Güte abzusprechen, man mag sich allerdings fragen, ob der sehr hohe Preis, der für ihn verlangt wird, wirklich gerechtfertigt ist. **SBr**

€€€€ **Trinken: 2010–2025**

Sean Thackrey
Orion 2001

Herkunft USA, Kalifornien, Napa Valley
Typ Trockener Rotwein, 15 Vol.-%
Rebsorten Syrah 80%, andere 20%

Sean Thackrey war im Hauptberuf Kunsthändler in San Francisco mit dem Schwerpunkt antiquarische Bücher, Drucke und Photographie des 19. Jahrhunderts. Heute keltert er in Bolinas Wein, mit Blick auf den Pazifik. Dort ist es zu kühl und neblig für die Reben, so daß Thackrey seine Trauben aus unterschiedlichen Gebieten Kaliforniens erhält und sie in einer Freiluftkelter verarbeitet, in der der gärende Most, wenn überhaupt, nur mit einer Plane gegen die Elemente geschützt ist. Seine Cuvées entstehen in einem Ausschlußprozeß, bei dem diejenigen Partien und Teile verworfen werden, die nicht zufriedenstellend heranreifen, und bei dem am Ende, so seine Hoffnung, ein ganz individueller Wein geboren wird.

Der erste Wein kam 1981 auf den Markt, und Orion erlangte seine volle Geltung Mitte der 80er Jahre. Thackrey hat ein gutes Auge für alte Weinberge, wie den von Arthur Schmidt in St. Helena, von dem ursprünglich die Syrahtrauben für den Orion kamen. Leider kaufen am Ende oft finanzkräftigere Produzenten wie Swanson und Beringer das Lesegut auf und Thackerey muß neue Quellen auftun. 1991 kam die Traubenmischung für den Orion aus dem Rossi-Weinberg, der mit alten Syrah- und anderen Reben bepflanzt ist und nicht bewässert wird.

Der 2001er Orion hat reichhaltige, dichte Pflaumenaromen, die sich im Geschmack wiederfinden. Trotz des hohen Alkoholgehalts und seiner Fülle ist der Wein wunderbar würzig und pfeffrig und hat einen äußerst langen Nachklang. Wie alle Thackerey-Weine, außer der leicht zugänglichen Pleiades-Cuvée im Rhône-Stil, weist Orion eine gute Struktur auf, die ein hohes Reifungspotential ermöglicht. **SBr**

€€€€ **Trinken: bis 2018**

Ein Grenzstein des Gutes Tertre-Roteboeuf.

Thelema
Merlot Reserve 2003

Herkunft Südafrika, Stellenbosch
Typ Trockener Rotwein, 14,1 Vol.-%
Rebsorte Merlot

Tilenus
Pagos de Posada Reserva 2001

Herkunft Spanien, Bierzo
Typ Trockener Rotwein, 13,5 Vol.-%
Rebsorte Mencía

Heute, da die Weine des Weinguts Thelema Mountain fast klassisch im Vergleich zu manchem örtlichen ‚Blockbuster' anmuten, ist es schwer sich vorzustellen, daß Gyles Webb mit seinen ersten Thelema-Weinen als angriffslustiger Bilderstürmer angesehen wurde.

Das Gut entstand aus einer maroden alten Obstfarm, viele der Weinberge wurden in die unberührte Berglandschaft gegraben. Es ist eines der höchstgelegenen Anwesen im Gebiet von Stellenbosch.

Thelema ist vor allem für seine Rotweine bekannt. Das wirkt wie eine Ironie der Geschichte, wenn man weiß, daß es eine Flasche Puligny-Montrachet war, die Webb veranlaßte, zum Önologen umzusatteln. Sein Merlot Reserve wird in geringen Mengen und nur in den besten Jahrgängen aus einer Faßselektion seines sehr guten Standardmerlots erzeugt. Dies ist keineswegs ein üppig süßer Merlot, wie jene, die Miles im Film *Sideways* verspottet, sondern eher ein Wein mit ernstzunehmenden Absichten. Reif und großzügig in seiner Art, aber eher elegant als protzend, eher komplex als schlicht, mit konzentrierten Noten von schwarzen Johannisbeeren, die von Fenchel- und einem Hauch Kräuteraromen unterstützt werden. **TJ**

☺☺☺ **Trinken: bis 2013**

Bodegas Estefania ist ein junges Unternehmen in der aufstrebenden Appellation Bierzo im Nordwesten Spaniens. 1999 gegründet, verkauft es seine Weine unter dem Namen Tilenus. Das Unternehmen gehört der Frias-Familie aus Burgos, die mit der Milchwirtschaft eng verbunden ist und eine ihrer Milchsammelzentralen zwischen den Dörfern Dehesas und Posadas de Bierzo, 6,5 km von Ponferrada, zu einer der Spitzenkellereien im neuen Bierzo-Gebiet umbauen ließ.

Das Projekt begann mit dem Ankauf von 34 ha alter, zwischen 1911 und 1947 gepflanzter Mencia-Reben. Der Wein stammt vom Pagos de Posada, einem der ältesten bei Valtuille de Arriba gelegenen Weinberge, und wird 13 Monate in neuen Barriques aus französischem Eichenholz ausgebaut und unfiltriert abgefüllt.

Der 2001er hat eine dunkle, sehr intensive Farbe. In der Jugend zeichnet er sich durch Röstaromen aus, die an Kohle, Kamin und Kaffee erinnern, gefolgt von Zedernholz, weißem Pfeffer, Blüten- und Erdbeernoten. Auf dem Gaumen hat er eine gute Struktur mit einer lebendigen Säure, ist schlank, mit viel Frucht und gut eingebundenen Tanninen und hat einen langanhaltenden, harmonischen Nachklang. **LG**

☺☺☺ **Trinken: bis 2011**

Die Thelema Mountain Vineyards an den Hängen des Simonsberg.

Torbreck *RunRig Shiraz* 1998

Herkunft Australien, South Australia, Barossa Valley
Typ Trockener Rotwein, 14,5 Vol.-%
Rebsorte Shiraz

Nach einem Wirtschaftsstudium machte David Powell Karriere in der südaustralischen Weinindustrie. Da er einige alte und vernachlässigte Weinberge bei Barossa gekauft hatte, begann er 1994 selbst Wein zu machen, und 1997 kam der erste Torbreck-Wein auf den Markt.

Der Name geht auf Powells Arbeit als Holzfäller in den schottischen Highlands zurück. Torbreck ist der Name des Waldes, in dem er gearbeitet hat, und „runrig" heißt das von den Highlandclans praktizierte Landverteilungssystem. Dieses System, das den Akzent eher auf eine gemeinschaftliche als auf eine individuelle Bewirtschaftung legt, paßt zur Assemblagetechnik, die Powell anwendet, und bei der Trauben unterschiedlicher Sorten aus dem Barossa-Tal verwendet werden.

Torbrecks Spitzenwein ist äußerst opulent, mit einer stark betonten, reifen Frucht. Trotz dieser üppigen Frucht besticht RunRig in seinen besten Jahrgängen mit einer überraschenden Eleganz und einer schönen, samtigen Struktur. Er hat ein gutes, bis zu 10 Jahre reichendes Reifepotential. 2007 war der 1998er in bester Form, mit intensiven Aromen von dunklen Früchten und einer weichen Textur. In den letzten Jahren scheint RunRig einem extraktreicheren Stil zu folgen – der 2004er war überaus kräftig, mit 60 % neuem Eichenholz, gegenüber nur 40 % in den Vorjahren – und nur die Zeit kann zeigen, ob diese Weine genauso gut altern werden, wie diejenigen aus den späten 90er Jahren. Nichtsdestotrotz, mit nur 1500 Kisten pro Jahrgang ist RunRig einer der wenigen Spitzenweine aus Barossa, die ihrem hohen Preis gerecht werden. **SG**

❋❋❋❋ Trinken: bis 2015+

WEITERE EMPFEHLUNGEN
Andere große Jahrgänge
1993 • 1994 • 1995 • 1996 • 1997 • 1998 • 1999
Weitere Weine von Torbreck
Les Amis • Descendant • The Factor • Juveniles The Pict • The Steading • The Struie

David Powell prüft den jüngsten Jahrgang des RunRig Shiraz.

Torres
Gran Coronas Mas La Plana 1971

Herkunft Spanien, Katalonien, Penedès
Typ Trockener Rotwein, 13,5 Vol.-%
Rebsorten C. Sauvignon, Tempranillo, Monastrell

Der revolutionäre Gran Coronas Mas La Plana geht auf eine Idee von Miguel A. Torres zurück, der in der fünften Generation den Familienbetrieb leitet. In den 60er Jahren begann Miguel mit Anpflanzungen von Cabernet Sauvignon zu experimentieren. In Gegenden, in denen sie nicht heimisch ist, wird die Einführung dieser Rebe von den Traditionalisten mißbilligt. Aber Miguel interessiert vor allem die Übereinstimmung von Bodeneigenschaften und Rebsorte.

Die Bestätigung für dieses Projekt kam 1979, als bei einer Blindverkostung während *Gault Millaus* „Weinolympiade" der 1970er Torres an die Spitze der Cabernetklasse rückte, noch vor dem 70er Château Latour und anderen illustren französischen Weinen. Der 1971er ist noch beeindruckender als sein Vorgänger. Die Nase ist komplex und aufregend, mit der gleichen gut eingebauten Frucht und Mineralität wie der 70er, aber noch ein wenig wilder, mit Noten von feuchtem Laub, Wildbret, Wacholder und Tabak. Am Gaumen bietet er immer noch die volle und cremige Frucht schwarzer Johannisbeeren, ist äußerst vielschichtig und weich, mit einer kräftigen Unterstützung durch die samtigen Tannine und einer exzellenten Länge. **NB**
❺❺❺❺ **Trinken: bis 2015+**

Domaine La Tour Vieille
Cuvée Puig Oriol 2005

Herkunft Frankreich, Roussillon, Collioure
Typ Trockener Rotwein, 14 Vol.-%
Rebsorten Grenache Noir, Syrah

Die Familie von Vincent Cantie handelte seit langem mit den typischen gesalzenen Anchovis aus Collioure. Als Vincent von seiner Weltreise zurückkam, beschloß er, daß er die Fässer lieber mit Wein als mit Anchovis füllen möchte. Dabei wurde er von seiner Ehefrau Christine unterstützt, die aus einer großen Winzerfamilie aus der Nachbarschaft von Banyuls stammt und einen schönen Weinberg in die Ehe gebracht hatte: La Salette.

Vollkommen traditionell in allem, was sie tun, bewirtschaften die Canties nun über 76 ha auf den Schieferterassen oberhalb des Mittelmeeres. Sie stellen Collioureweine her, einige faszinierende kräftige Weine nach der traditionellen Soleramethode, und auch Jahrgangsweine im modernen Stil.

Die Cuvée Puig Oriol 2005 zeichnet ein kräftiges Aroma von Brombeeren aus. Am Gaumen ist sie samtweich, was den englischen Philosophen Roger Scruton dazu verleitete, sie mit einem Frauenakt von Aristide Maillol zu vergleichen, der sein ganzes Leben in Banyuls verbrachte und dessen Kunst in der Gegend sehr präsent ist. Der Weinhändler Kermit Lynch beschrieb die Cuvée als „ein Hauch Bandol, ein kleines Andenken von der Côte-Rotie, und ein hörbarer katalanischer Akzent." **GM**
❺❺❺ **Trinken: bis 2017+**

Das Anwesen von Miguel Torres in Penedès.

Domaine de Trévallon *Vin de Table des Bouches du Rhône* 2001

Herkunft Frankreich, Provence
Typ Trockener Rotwein, 13,5 Vol.-%
Rebsorten Cabernet Sauvignon, Syrah

Georges Brunet hatte dem Bordeaux und der Champagne den Rücken gekehrt und das Rezept für einen Wein entdeckt, der zur Gründung der AOC Coteaux des Baux de Provence führte: ein guter Teil Cabernet Sauvignon mit einem guten Schuß Syrah. So einen Wein im Neuen-Welt-Stil hatte Frankreich bis dahin noch nie gesehen. Und einige meinen, dies sei immer noch so.

1973 kam ein junger Architekt, Eloi Durrbach, dessen Eltern seit den 60er Jahren ein Gut im Dorf besaßen, nach Les Baux, um mit Brunet zusammen auf Château Vignelaure zu arbeiten. Durrbach brachte 1978 seinen ersten Wein auf den Markt und in den frühen 80er Jahren besaßen seine Weine bereits den Ruf, an Orten wie in der Pariser Willi's Wine Bar auf der Karte zu stehen. Danach kamen die Auszeichnungen durch Robert Parker, und von da an gab es kein Zurück mehr. 1994 legten ihm zwar die Behörden Steine in den Weg, indem sie die Regeln der Appellation änderten und nur noch 20 % Cabernet zuließen. Doch Durrbach konnte ohne Mühe seinen Trévallon unter der weniger strengen Appellation „Vin de Pays des Bouche du Rhône" verkaufen.

Der Wein besteht inzwischen halb aus Cabernet und halb aus Syrah. 2001 ergab eine kleine, konzentrierte Ernte, bei der der Mistral eine wichtige Rolle gespielt und die Trauben getrocknet hatte. Der daraus entstandene Wein hat eine wunderbare Farbe und ist reich an Extrakt. Er riecht nach schwarzen Johannisbeeren und Erdbeeren, mit einem Hauch Tabak und Kräutern. Im Nachklang hat er eine deutliche mineralische Note. **GM**
☺☺☺☺ **Trinken: bis 2020**

Reben der Domaine de Trévallon am Hang der Chaine des Alpilles.

Trinity Hill *Homage Syrah* 2006

Herkunft Neuseeland, Hawke's Bay, Gimblett Gravels
Typ Trockener Rotwein, 14 Vol.-%
Rebsorten Syrah, Viognier

Der Homage ist eine Huldigung an den 1997 verstorbenen Gérard Jaboulet, der, wie John Hancock, der Weinmacher und Besitzer von Trinity Hill sagt, ihn zu diesem Wein inspiriert hat. Hancock arbeitete ein Jahr bei Jaboulet und dabei keimte eine starke Bewunderung für Gérard auf. Ein Teil der Trauben, die für den Wein verwendet werden, stammen von Weinstöcken, die Jaboulet gezogen hatte.

Trinity Hill war eine der ersten neuseeländischen Kellereien, die den Syrah mit einen kleinen Anteil Viognier zusammen gären ließen. Hancock meint, daß der Zusatz von rund 4 % Viognier den Syrah femininer macht, indem er das Aroma um eine florale Note ergänzt und die Textur etwas weicher macht. Ab 1999 machte man Versuche, um herauszufinden, mit welchem Lesegut das beste Qualitätsergebnis zu erhalten sei. Die Trauben für den Homage wachsen in einem Bereich des Trinity Hill-Weingartens, wo eine intensivere Pflege erfolgt und die Trauben bei der Ernte noch strenger selektiert werden.

Es werden traditionelle Verfahren angewendet, wie die Gärung in offenen Tanks und viermaliges manuelles Umrühren am Tag. Nach der Gärung erfolgt eine kurze Mazeration, und anschließend werden die Schalen gepreßt. Danach reift der Wein 18 Monate in neuen Barriques aus französischem Eichenholz. Homage ist ein facettenreicher und kräftiger Wein, mit Noten von schwarzen Johannisbeeren, Lakritze, Anis und würzigen Eichenholzaromen. Mit seiner dichten und kräftigen Struktur ist er bereits zugänglich, hat aber ein großes Alterungspotential. **BC**
⊛⊛⊛ **Trinken: bis 2020**

WEITERE EMPFEHLUNGEN
Andere große Jahrgänge
1993 • 1994 • 1995 • 1996 • 1997 • 1998 • 1999
Weitere Weine von Torbreck
Les Amis • Descendant • The Factor • Juveniles The Pict • The Steading • The Struie

Trinity Hills Weingärten in Hawke's Bay.

Château Troplong-Mondot
1998

Herkunft Frankreich, Bordeaux, St.-Emilion
Typ Trockener Rotwein, 13 Vol.-%
Rebsorten Merlot 90%, C. Franc 5%, C. Sauvignon 5%

Dieses wunderschöne Gut befindet sich seit 1936 im Besitz der Familie Valette und wird gegenwärtig von Christine Valette und ihrer Familie geführt. Diese wird seit vielen Jahren von Michel Rolland beraten, der ihr nahelegte, die Erträge zu reduzieren und später zu ernten. Obwohl das Gut in den 60er und 70er Jahren ziemlich schlechte Leistungen erbrachte, zeigten die gemeinsamen Anstrengungen ihre Wirkung, als Troplong-Mondot 2006 zum *Premier Cru Classé* aufstieg.

Mit seiner überreifen Merlotfrucht, seiner Opulenz und Sinnlichkeit ist Troplong die Quintessenz eines St. Emilion, dessen Sinnesfreude seine Strenge mildert. Ein Hauch von neuem Eichenholz glättet die Kanten und ergänzt die süße Frucht. Es fehlt ihm jedoch nicht an Eleganz oder Reifepotential. 1998 war ein wunderbares Jahr in St. Emilion und der Troplong dieses Jahrgangs war bereits in seiner Jugend zwar sehr dicht, aber sehr beeindruckend. Mit den Jahren wurde seine sinnliche Anmut unwiderstehlich. Auf dem Gaumen bleibt er kräftig, tanninhaltig und strukturiert, hat jedoch gleichzeitig Kraft und einen süßen, seidenen Nachklang. Er wird sich sicherlich mit den Jahren gut weiterentwickeln.

In den reifsten Jahren steht der Troplong-Mondot an der Grenze zur Überreife, ohne sie jedoch zu überschreiten, obwohl mancher meinen könnte, daß dieser Überfluß an Pflaumen- und Schokoladenaromen zu viel des Guten sei. Auf der anderen Seite würden viele Weinliebhaber Troplong-Mondot zu ihrem Favoriten in dieser hochgepriesenen Appellation wählen. **SBr**
☺☺☺ **Trinken: bis 2020**

Das Château Troplong-Mondot über seinen Weingärten. ➲

Château Trotanoy 2005

Herkunft Frankreich, Bordeaux, Pomerol
Typ Trockener Rotwein, 13 Vol.-%
Rebsorten Merlot 90%, Cabernet Franc 10%

Dieses Gut war ursprünglich unter dem Namen „Trop Ennuié" bekannt, ein Hinweis auf die mühsame Arbeit, die der magere Kies- und Mergelboden abverlangte. Der Name wurde im frühen 19. Jahrhundert in Trotanoy geändert. Es liegt auf einer Hochebene kaum 1,5 km westlich von Petrus und befindet sich seit 1953 im Besitz der Familie Moueix. Von einem unbekannten Weingut, das kleine Mengen produzierte – der Weingarten erstreckt sich über nur 8 ha – wurde Trotanoy zu einem Fixstern am Firmament des Bordeaux und zum Maßstab für Weine aus der nicht klassifizierten Pomerolregion. Heute hat es den Ruf, das zweitbeste Pomerol-Gut nach Pétrus zu sein, das ebenfalls im Besitz der Moueix ist.

Die Gärung findet in Betontanks statt, bevor der Wein bis zu 20 Monate in Fässern reift. Der Anteil an neuem Eichenholz hat in den letzten Jahrzehnten stetig zugenommen. Das Etikett ist auffallend einfach und meidet jedes Bildelement: nur der Name und die Region werden genannt.

Frühe Verkostungen des ruhmreichen 2005er Jahrgangs bestätigten, was leicht vorherzusehen war: Trotanoy hat ein Juwel kreiert. Der Wein hat eine beeindruckende Struktur, mit kräftigen Muskeln, ihm entströmt aber auch der Duft von Rosenblüten und der Geruch von Brombeeren und Schwarzkirschen in der Mittagshitze. Seine Textur entspricht einem vollreifen Jahrgang, mit einem wunderbaren Nachhall von würzigen Noten und einem majestätischen Abgang. Doch er benötigt noch eine lange Reifezeit, bis sein ganzes Potential zum Tragen kommen wird. **SW**

✺✺✺✺ Drink: 2015–2050+

WEITERE EMPFEHLUNGEN
Andere große Jahrgänge
1982 • 1990 • 1993 • 1995 • 1998 • 2000 • 2001 • 2003
Weitere Weine von Moueix
Hosannah • La Fleur-Pétrus • Latour-à-Pomerol Magdelaine • Pétrus • Providence

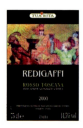

Tua Rita
Redigaffi IGT Toscana 2000

Herkunft Italien, Toskana, Maremma
Typ Trockener Rotwein, 14,5 Vol.-%
Rebsorte Merlot

Redigaffi war nicht der erste sortenreine Merlot, der in dieser Region der Erde auf sich aufmerksam machte, aber er sammelte mit fast monotoner Regelmäßigkeit die *Tre-Bichierri*-Spitzenauszeichnungen des *Gambero Rosso* und erreichte seine Apotheose mit den 100 Punkten in Robert Parkers Wine Advocate für den 2000er Jahrgang.

Tua Rita wird gegenwärtig von Rita Tua, ihrem Ehemann Virgilio Bisti und ihrem Schwiegersohn Stefano Frascolla geleitet. Seit dem Wahnsinnserfolg der ersten paar Jahrgänge haben sie stetig mehr und mehr Merlot gepflanzt, wie auch Cabernet Sauvignon und Syrah. Heute erzeugen sie eine beträchtlich größere Anzahl an Flaschen mit der begehrten Flüssigkeit, aber diese werden so vermarktet, als ob die große Knappheit der 90er Jahre immer noch andauern würde, und die Käufer müssen auf den Knien um die jährliche Zuteilung betteln.

Der Wein ist nach wie vor tiefschwarz, reich und samtig, eine Beerenfruchtbombe und so opulent und üppig, wie junge Merlots aus dem Bordeaux für gewöhnlich strukturiert sind. Und obschon das Erbetteln und das Bezahlen dieses Weines dem Masochismus gleichkommen, so ist das Trinken eines Redigaffi reiner Hedonismus. Warum auch nicht, wenn man es sich leisten kann. **NBel**

☺☺☺☺ **Trinken: bis 2015**

Turkey Flat
Shiraz 2004

Herkunft Australien, South Australia, Barossa Valley
Typ Trockener Rotwein, 14,5 Vol.-%
Rebsorte Shiraz

Turkey Flat kann den Anspruch erheben, den ältesten Weingarten im Barossa Valley zu besitzen. Der älteste urkundlich erwähnte Weingarten wurde 1847 von Johann Fiedler gepflanzt. Die Fiedlers scheinen die ersten Weinmacher in Barossa gewesen zu sein.

Der Weingarten wurde 1865 von Gottlieb Ernst Schulz erworben, der die Trauben an die örtlichen Kellereien verkaufte. Gemeinsam mit seiner Frau Christie wechselte Peter Schulz in den frühen 90er Jahren die Fronten und füllte das Produkt selbst ab – so wurde aus einer Dynastie von Winzern eine von Weinerzeugern. Rod Schubert wurde mit dem Entwurf für das Turkey Flat Etikett beauftragt. Seine Zeichnungen verleihen den Flaschen des Gutes ihre besondere Eleganz.

Dieser Shiraz hat eine dunkle, opake purpurne Farbe und Aromen von Schokolade, Kakao und Pflaumenkuchen. Üppig und sehr intensiv, mit einem langen Nachklang, ist dieser Barossa-Shiraz ein erotischer Wein, der nach den Maßstäben der Region recht zurückhaltend ist. Und umso erstaunlicher (und erfreulicher) ist es für einen Wein, der teilweise aus einem 150jährigen Weingarten kommt, daß er zu Preisen auf den Markt kommt, die sich auch ein Normalsterblicher erlauben kann. **SG**

☺☺☺ **Trinken: bis 2012+**

Turley Wine Cellars
Dragon Vineyard Zinfandel 2005

Herkunft USA, Kalifornien, Napa Valley
Typ Trockener Rotwein, 16,1 Vol.-%
Rebsorte Zinfandel

Umathum
Zweigelt Hallebühl 2004

Herkunft Österreich, Burgenland, Neusiedlersee
Typ Trockener Rotwein, 13 Vol.-%
Rebsorten Zweigelt, Blaufränkisch, C. Sauvignon

Der Turley Zinfandel von Larry Turley und Ehren Jordan gibt ständig Anlaß zu Kontroversen. Was die einen als Sumowein verspotten, zu extrahiert und übertrieben, erheben andere wiederum zum Inbegriff des Zinfandels: ausufernd und würzig, mit gut über 15 % Alkohol.

Larry Turley hat 1993 seine eigene Kellerei gegründet, nachdem er aus der Partnerschaft Frog's Leap ausgeschieden war. Bis 1995 machte seine Schwester Helen den Wein. Als sie das Gut verließ, um sich eigenen Projekten zu widmen, trat ihr Assistent Ehren Jordan an ihre Stelle. Neben dem Weinmachen widmet sich Jordan mit Hingabe der Entdeckung alter Zinfandelreben in unterschiedlichen *terroirs*, die von einer Generation von Winzern, die Menge über Qualität setzten, notorisch schlecht behandelt wurden.

Turley Zinfandel ist erstaunlich ehrlich, jede Cuvée legt ihre individuelle Herkunft offen. Der Wein aus dem Dragon-Weingarten hat einen konzentrierten, steinigen Kern und das volle Aroma von frischem schwarzem Pfeffer. Der hohe Alkoholgehalt und die satte, reife Frucht hinterlassen einen süßen Eindruck am Gaumen. Mit seiner Überschwenglichkeit ist der Turley-Zinfandel Kandidat für den Titel „Der Große Wein Amerikas". **LGr**
❂❂❂ Trinken: bis 2015+

Die Reihen jüdischer Grabsteine, die das Umathum-Gut abgrenzen, erinnern an eine traurige Geschichte. Nicht weit davon entfernt blickt man von einer sandigen und kiesigen Anhöhe auf ein ehemaliges Internierungslager.

Es gibt keinen Winzer mit mehr Inspiration, keinen österreichischen Wein, der größere Freude bereitet, als Josef Umathum und seinen Zweigelt. Wenige Winzer glauben, daß man aus Zweigelt einen profunden Wein machen kann, aber solange Umathum zu diesen zählt, hat diese Rebe stets einen wortgewandten Verfechter.

Eine süße, reife Kirschenessenz und der kräftige Duft von Orangenschalen steigen betörend aus dem Glas, Tabak-, Harz-, und Bleistiftnoten und dunkle Schokolade folgen nach. Kräftige Frucht und eine schmeichelnde, cremige Weichheit machen die Anmut dieses unwiderstehlichen Getränks aus. Umathum beläßt es 2 Jahre in Fässern unterschiedlichen Alters und anschließend noch einige Jahre in der Flasche. Wirkt die hohe Mangankonzentration in den Böden als Katalysator für den ungewöhnlichen Aromenreichtum dieses Zweigelt? Keiner weiß es. Doch genauso wenig kennt jemand einen Winzer, der mit mehr Überzeugung in seinen Weinen den Terroircharakter zum Ausdruck bringt als Josef Umathum. **DS**
❂❂❂ Trinken: bis 201

Azienda Agricola G. D. Vajra
Barolo Bricco delle Viole 2001

Herkunft Italien, Piemont, La Morra
Typ Trockener Rotwein, 14 Vol.-%
Rebsorte Nebbiolo

Château Valandraud
2005

Herkunft Frankreich, Bordeaux, St.-Emilion
Typ Trockener Rotwein, 14 Vol.-%
Rebsorten Merlot, C. Franc, C. Sauvignon, Malbec

Das auf 350 m Höhe gelegene Vergne beherrscht den ganzen Höhenzug, der zwischen La Mora und Novello liegt. Die hier auf dem berühmten weißen Mergelboden gepflanzten Trauben sind als letzte reif und besonders gefährdet durch den Regen, der im Spätherbst fällt. Aber in ausgezeichneten Jahrgängen wie dem 2001er verleihen diese vom Wind durchfegten Weinberge dem Nebbiolo eine außergewöhnliche Eleganz.

Nebbiolo ist auch in seinen besten Jahren eine schwierige Rebsorte. Es ist das Lebensziel von Aldo und Milena Vajra, die 10 ha mit Nebbiolo in Barolo und La Mora besitzen, diese eigensinnige Rebe dazu zu bringen, daß sie die Fülle ihrer Aromenkomplexität offenbart. Aldo führt die Familientradition fort, indem er auf niedrige Erträge und auf den Einsatz von großen Eichenfässern setzt.

Nirgends zeigt sich das Positive dieser Herangehensweise deutlicher, als beim 2001er Barolo Bricco delle Viole. Obschon Bricco delle Viole offiziell innerhalb der Barolo-Gemarkung liegt, verkörpert es die Eleganz der typischen La-Mora-Frucht. 2001 ist der Barolo zur Perfektion herangereift und seine sonst verräterische Säure und Tannine werden am Gaumen durch eine Aromaflut von roten Früchten, Heu, Tabak und Lakritze verdrängt. **MP**
❂❂❂❂ Drink: 2010–2030

Seit seiner Gründung im Jahr 1989 ist die Zahl der Weingärten, über die das Château Valandrau verfügt, stetig erweitert worden. Es erwarb sich früh einen guten Ruf mit den vorzüglichen Weinen im schlechten Jahr 1993, dem durchschnittlichen Jahr 1994 und dem guten Jahr 1995. Zu echter Autorität – und einem üppigen Charme – hat der Wein jedoch erst nach dem Erwerb einer Parzelle auf der Hochebene von St.-Emilion gefunden.

Der Besitzer Jean-Claude Thunvin keltert jetzt aus den Trauben von 9 ha Reben eine Reihe von Weinen, zu denen auch eine koschere Version, ein Weißwein, ein Zweitwein und sogar ein Numéro 3 gehören.

Wenn es ein Geheimnis für diesen Erfolg gibt, dann liegt er in der Verbindung der sorgfältigen, auf geringe Erträge ausgerichteten Arbeit seiner Ehefrau Murielle Andraud in den Weingärten sowie seinen eigenen vorsichtigen und intelligenten Methoden in der Kellerei. Der dunkle, frisch duftende 2005er (zu dem die ursprünglichen Weingärten lediglich 10 % beigetragen haben) vereint die typische Süße von Valandraud mit reiner Frucht, aber hinter diesen attraktiven Zügen erheben sich Extraktreichtum, lebhafte Säure und duftige Tannine zu unerhörten Höhen. **AJ**
❂❂❂❂❂ Trinken: bis 2025

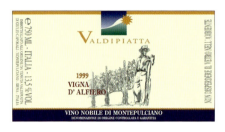 

Valdipiatta *Vino Nobile di Montepulciano Vigna d'Alfiero* 1999

Herkunft Italien, Toskana, Montepulciano
Typ Trockener Rotwein, 14 Vol.-%
Rebsorte Sangiovese

Valentini *Montepulciano d'Abruzzo* 1990

Herkunft Italien, Abruzzen
Typ Trockener Rotwein, 12 Vol.-%
Rebsorte Montepulciano

Als Guido Caporali gegen Ende der 80er Jahre das Gut übernahm, hatte er den Traum, einen Wein zu machen, der einen Platz auf den Weinkarten der weltbesten Restaurants erhält. Seine Ergebnisse haben das ehrgeizige Ziel sogar noch übertroffen.

Auf dem Valdipiatta-Gut, das heute von Caporalis Tochter Miriam geführt wird, werden inzwischen nicht nur Weine hergestellt, sondern auch Gäste im wunderschönen Gutshaus beherbergt. Der Vino Nobile di Montepulciano Vigna d'Alfiero kommt aus einem einzigen Weingarten, der ausschließlich mit Sangioversreben bepflanzt ist. Es ist kein Riserva und wird nicht nur in außergewöhnlichen Jahrgängen hergestellt, was um so besser ist, denn so können wir ihn jedes Jahr genießen.

Der 1999er strotzt vor Klasse und rustikaler Eleganz, wie sie dieser großen toskanischen Rebe eigen sind. In der Nase nimmt man reife Kirschnoten und würzige Aromen wahr, mit floralen, minzigen Einsprengseln. Der Gaumen kann einem etwas straff vorkommen, doch Weinexperten bestätigen, daß dies so sein muß. Genießen sie den langen, eleganten Nachklang und vertrauen sie seinem Potential, nach einer mittleren bis langen Reifezeit noch komplexer, ausdrucksreicher und bezaubernder zu werden. **AS**

€€€ Trinken: bis 2020+

Neben den Weinzitadellen des Piemont und der Toskana gibt es viele alte Anbaugebiete in Italien, die meist übergangen werden, wenn die berühmten Weine aufgelistet werden. Eine davon ist Montepulciano d'Abruzzo, und Edoardo Valentini war einer ihrer Superstars.

Unter Leitung von Edoardos Sohn, Francesco Paolo, bleibt Valentini auch heute noch ein Name, den man im Auge behalten sollte. Die alten Montepulciano-Weinstöcke werden spät geerntet, um die Farb- und Aromaextraktion zu erhöhen. Niedrige Erträge und das Abfüllen ohne Filtrierung ergeben einen tintenschwarzen und umwerfend intensiven Wein, mit einer faszinierenden, konzentrierten Zähflüssigkeit und einem enormen Alterungspotential.

Die wunderbaren Vorraussetzungen des 90er Jahrgangs haben einen der besten Montepulcianos hervorgebracht, die Valentini je abgefüllt hat. In der Nase hat er fast Pauillac-ähnliche Zedernoten, mit Einsprengseln von zerstoßenem Pfeffer und dichten Aromen von Pflaumen- und Zwetschenmus. Der Gaumen hat Sekundäraromen von schwarzen Trüffeln, während das Tanningerüst ziemlich robust geblieben ist. Das alles führt zu einem Finale, von dem man noch Stunden später träumt. **SW**

€€€ Trinken: bis 2015+

Vall Llach
2004

Herkunft Spanien, Katalonien, Priorat
Typ Trockener Rotwein, 15,5 Vol.-%
Rebsorten Cariñena, Merlot, Cabernet Sauvignon

Lluís Llach ist einer der größten katalanischen Volksmusiker, ein politischer Schriftsteller, und seit Mitte der 90er Jahre in Porrera, wo er in der Kindheit seine Ferien verbrachte, auch Winzer. Nachdem er mit der Bodega Cims de Porrera dazu beigetragen hatte, die örtliche Weingenossenschaft wiederzubeleben, gründete er mit seinem Kindheitsfreund Enric Costa in dem selben Dorf seine eigene kleinere Kellerei, die Celler Vall Llach.

Die Hauptrebsorte von Cims de Porrera wie auch von Vall Llach ist nicht der Granacha, sondern der Cariñena, der auf den *costers* (nicht terrassierten Hängen) mit ihren Schieferböden in der Umgebung des Dorfes besser gedeiht. Inzwischen stellt die Bodega drei Weine her. Das Kronjuwel, das auch den Embruix und den Idus überstrahlt, ist der Vall Llach, eine Cuvée, die zu zwei Drittel aus Cariñena und einem Drittel aus Merlot und Cabernet Sauvignon besteht.

Der Jahrgang 2004 war im Priorat außerordentlich gut, und der 2004er Vall Llach ist vielleicht der spektakulärste Wein, den das Gut bis jetzt erzeugt hat. Er ist von intensivem Kirschrot, in der Nase zeigen sich Aromen von Brombeeren, Graphit und Toast. Am Gaumen ist er so gut wie perfekt, mit wunderbarer Weite, Kraft, Eleganz, Harmonie und Länge. **JMB**

❊❊❊ **Trinken: bis 2015**

Valtuille
Cepas Centenarias 2001

Herkunft Spanien, Bierzo
Typ Trockener Rotwein, 13,5 Vol.-%
Rebsorte Mencía

Der junge Raúl Pérez Pereira ist ein Freigeist und als solcher macht er sehr eigenwillige Weine. Ein Beispiel ist der unglaubliche Sketch, der im Atlantik unter Wasser reift. Raul ist ein gebürtiger *Berciano* und arbeitete in den Weingärten und der Kellerei seiner Familie, noch bevor in den späten 90er Jahren die Weinrevolution im Bierzo-Gebiet begann. Er keltert eine breite Palette an Weinen, innerhalb und außerhalb der DO Bierzo. Seine Experimente sind Ausdruck eines rastlosen Charakters.

Wie der Name es schon andeutet, entsteht Valtuille Cepas Centenarias aus über 100 Jahre alten Mencíareben. Er hat die Kraft eines nördlichen Rhôneweins und die Finesse eines hervorragenden Côte de Nuits. Er reift etwa 14 Monate in Barriques aus französischem Eichenholz, von denen 80 % neu sind. Der Wein hat eine sehr dunkle, intensive Farbe, und ist in der Jugend violett. Die intensive Frucht der alten Reben durchdringt diesen erdigen und konzentrierten Wein. Die moderate Röstaromatik des Eichenholzes mischt sich mit mineralischen Noten (Graphit), Tinte und einer Fülle von dunklen Beeren (Blaubeeren). Er hat am Gaumen eine sehr gute Struktur mit einer beeindruckend intensiven Frucht, eleganten Tanninen und einem sehr langen Finale. **LG**

❊❊❊ **Trinken: bis 2015**

Vasse Felix *Heytesbury*
Cabernet Sauvignon 2004

Herkunft Australien, Western Australia, Margaret River
Typ Trockener Rotwein, 14,5 Vol.-%
Rebsorten Cabernet Sauvignon 95%, Shiraz 5%

Vasse Felix war das erste Weingut, das am Margaret River gegründet wurde. 1965 bestätigte Dr. John S. Gladestones, daß diese Gegend für den Weinbau geeignet sei, und zwei Jahre später pflanzte Dr. Tom Cullity Reben: Vasse Felix wurde geboren. Anschließend wurde das Anwesen 1987 von dem Geschäftsmann Robert Holmes à Court erworben und gegenwärtig wird es von dessen Witwe geleitet.

Der Heytesbury Cabernet enthält Trauben unterschiedlicher Parzellen aus Unterregionen des Margaret River. Durch diese Assemblage kann Vasse Felix einen Wein kreieren, der eher seine Weinphilosophie widerspiegelt, als daß er die Nuancen eines bestimmten Weingartens oder einer Region offenbart. Ein kleiner Anteil Cabernet Sauvignon vom Franklin River und Mount Barker bringen dem Wein noch mehr Komplexität, und bei einigen Jahrgängen wurden sogar Malbec, Merlot und Cabernet Franc beigemischt.

Heytesbury Cabernet ist samtig, mit intensiven Aromen und schokoladig, mit einem großzügigen Eichenholzeinsatz. Der auf dem Etikett dargestellte Vogel ist ein Wanderfalke, eine Anspielung auf die abgerichteten Falken, mit denen Dr. Cullity die Vögel während der Erntezeit vertrieb. **SG**
☺☺☺ **Trinken: bis 2010+**

Vecchie Terre di Montefili
Bruno di Rocca 2002

Herkunft Italien, Toskana
Typ Trockener Rotwein, 13,5 Vol.-%
Rebsorten Cabernet Sauvignon 60%, Sangiovese 40%

1200 schenkte eine bedeutende florentinische Familie dieses Anwesen einem Mönchsorden. 1979 wurde es von der Familie Acuto mit dem Ziel erworben, Qualitätsweine zu erzeugen.

Die Acutos fingen bei Null an, befaßten sich mit den Problemen, die in schlecht geführten Weingärten auftauchen, und erneuerten die Kellereitechnik. Mit den Ratschlägen eines Agronomen und eines Kellermeisters versehen, erreichten sie bald ihr Ziel. Sie glaubten an das Potential, das der Sangiovese in dieser Gegend hat, aber sie experimentierten auch mit anderen Rebsorten, was zu ihrem bisher besten Wein führte: Bruno di Rocca.

Der 2002er Bruno di Rocca ist ein phantastischer Wein. Und er macht noch mehr Spaß, wenn man bedenkt, daß viele „Experten" diesen Jahrgang für mißlungen erklärten. Das hat um so mehr Gewicht für diejenigen unter uns, die sich nun vor seinem beträchtlichen Charme in Acht nehmen müssen. Versinken Sie in der tiefen, kräftigen, purpur-violetten Farbe dieses Weines, bevor Sie den betörenden Duft von schwarzen Johannisbeeren und Minze einatmen. Am Gaumen ist er himmlisch: intensiver, samtiger Cassiston verbunden mit neuem, weichen Leder, schwarzem Pfeffer und Vanille. **AS**
☺☺☺☺ **Trinken: bis 2028**

Vega de Toro
Numanthia 1998

Herkunft Spanien, Toro
Typ Trockener Rotwein, 14,5 Vol.-%
Rebsorte Tinta de Toro (Tempranillo)

Numanthia Termesis ist das kastilische Projekt der Eguren-Brüder, die diesen Namen wählten, weil die 70 bis 140 Jahre alten Rebstöcke der Reblaus widerstanden haben, so wie die historische Stadt Numantia 133 vor Christus ihre letzte Schlacht nach der kräftezehrenden Belagerung durch die römischen Legionen schlug.

Die alten Weinberge von Tinta de Toro liegen 700 m über dem Meeresspiegel. Der Boden ist reich an Lehm und Kalk und hat einen hohen Sandanteil, so daß die Reblaus nicht darin überleben kann.

1998 gab es den ersten Numanthia-Jahrgang – ein augenblicklicher Erfolg. Die Gärung dauerte eine Woche, danach kam eine 21tägige Mazeration auf dem Hefesatz und Rappen. Nach 18 Monaten in neuen Barriques aus französischer Eiche mit malolaktischer Faßgärung wurde der Wein unfiltriert und ohne Klärung auf Flaschen gefüllt. Das Ergebnis: dunkle Kirschen, eine vollkommen opake Farbe und ein kräftiges Aroma, das auf hochwertiges Eichenholz deutet, Graphitnoten und dunkle Beeren (Maulbeeren und Blaubeeren). Er ist vollmundig, kräftig und fruchtig am Gaumen, mit Tanninen, die noch einige Reifezeit in der Flasche benötigen, bis sie gut eingebunden sein werden und einen langlebigen Wein ergeben. **LG**

☺☺☺ **Trinken: bis 2020**

Vega Sicilia
Único 1970

Herkunft Spanien, Ribera del Duero
Typ Trockener Rotwein, 13 Vol.-%
Rebsorten Tinto Fino (Tempranillo), Merlot, andere

Vega Sicilia ist ohne jeden Zweifel die angesehenste Kellerei Spaniens. Doch so gut der 1970er Jahrgang auch war: Damals verkauften sich teure Weine in Spanien nicht gut. Sie wurden auf Bestellung abgefüllt und so bestimmte die damalige Verkaufsmenge ihren Ausbau und ihren Stil.

Im Laufe seines Lebens wurde der 1970er Único mehrmals umgefüllt: in Betontanks, in große Eichenbehälter oder Barriques, je nach Bedarf der Kellerei oder der unterschiedlichen Besitzer. Mit großer Sorgfalt wachte der junge Önologe Mariano Garcia darüber, daß die Fässer randvoll waren, um so weit wie möglich die Oxidation zu verhindern, die Frucht zu erhalten und die flüchtigen Säuren gering zu halten.

Der Wein wurde erst 25 Jahre nach der Ernte auf den Markt gebracht, und die Magnums wurden nicht vor dem Jahre 2001 verkauft, obwohl einige sie auch dann immer noch nicht trinkreif fanden. Nach Aussehen, Geruch und Geschmack ist es nicht möglich, sein Alter zu erraten, weil er immer noch jugendlich geblieben ist. Tiefdunkle Farbe, schwerer Duft, und samtige Textur treffen zusammen, der Wein ist frisch, sauber, intensiv, ausbalanciert, elegant und weich. Viele halten ihn für den besten Wein, der je in Spanien erzeugt wurde. **LG**

☺☺☺☺☺ **Trinken: bis 2020**

Vega Sicilia gilt als „Spaniens Château Latour".

Venus
La Universal 2004

Herkunft Spanien, Montsant
Typ Trockener Rotwein, 13 Vol.-%
Rebsorten Cariñena 50%, Syrah 50%

Sara Pérez und René Barbier gehören zur zweiten Generation von zwei bahnbrechenden Weingütern im Priorat – Clos Martinet beziehungsweise Clos Mogador. 1999 gründete Sara in Falset ihre eigene Kellerei Venus La Universal. Damals gehörte das Gut zur DO Tarragona, inzwischen jedoch zur DO Montsant. Nachdem Sara und René zu einem Paar wurden, ist aus dem Gut ein gemeinsames Vorhaben geworden.

La Universal ist ein 4 ha großer Weingarten in Falset, der mit jungen Syrah-Reben auf kargen und sauren Granitböden bepflanzt ist. Cariñena-Trauben von 50 bis 80 Jahre alten Reben werden von fünf anderen Weingärten in der Umgebung hinzugekauft.

Der 2004er Venus ist dunkel gefärbt, die Nase wird von Beerenaromen (schwarze Johannisbeere, Maulbeere und Heidelbeere) beherrscht. Hinzu kommen Noten von Röstbrot, schwarzen Oliven und Veilchen. Der mittelschwere Wein ist sehr ausgewogen und hat gute Säure, reichlich Frucht und große Länge. Sara Pérez hat sehr deutliche Vorstellungen von ihrem Wein: „Venus ist das Ergebnis unserer Suche nach Schönheit. Der Versuch, das Weibliche in Form eines Weines zu interpretieren: geheimnisvoll und verführerisch, beredt und wollüstig." **LG**

😊😊😊 **Trinken: bis 2011+w**

Vergelegen
2003

Herkunft Südafrika, Stellenbosch
Typ Trockener Rotwein, 14 Vol.-%
Rebsorten C. Sauvignon 80%, Merlot 18%, C. Franc 2%

Bereits im Jahre 1700 wurden Weinstöcke auf Vergelegen gepflanzt, auf Geheiß des Besitzers Willem Adriaan van der Stel, zu der Zeit der Gouverneur der Kapkolonie.

Die Wiederbelebung der südafrikanischen Weinwelt nach der ersten demokratischen Wahl von 1994 ließ das Weingut wieder emporkommen, und nur wenige widersprechen der Behauptung des US-Kritikers Stephen Tanzer, dies sei „Südafrikas Spitzenproduzent".

Der Ehrgeiz, den Kellermeister André van Rensburg vielleicht haben könnte, einen „Kultwein" im Stile der gefeierten Kalifornier zu keltern, zeigt sich in einem außergewöhnlichen, dramatisch-beeindruckenden Cabernet, der einfach „V" genannt wird. Doch die Vergelegen-Cuvée ist das Rotwein-Flaggschiff und dafür gemacht, das *terroir* auszudrücken.

2003 war ein besonders guter Jahrgang am Kap, und der Vergelegen war in seiner Jugend verführerisch und komplex, doch versprach er eine lange Lagerungsfähigkeit. Er hat eine dezente und elegante Harmonie, ist reichhaltig und sehr reif, zeigt sanfte Tannine mit voller dunkler Frucht, die von viel Eichholz unterstützt wird, das noch einige Jahre braucht, bis es gut eingebaut ist. **TJ**

😊😊😊 **Trinken: bis 2015**

Noël Verset
Cornas 1990

Herkunft Frankreich, nördliche Rhône, Cornas
Typ Trockener Rotwein, 14 Vol.-%
Rebsorte Syrah

An Noël Verset erinnert man sich als einen kleinen, älteren Herren mit einer Stoffmütze. Er trat die Nachfolge seines Vaters an, der im Alter von mehr als 100 Jahren starb – etwa so alt waren auch seine Rebstöcke. Noël begann 1942 aus den Trauben von drei Parzellen – Sabrottes, Les Chaillots und Champelrose – einen Wein zu keltern.
Sogar direkt nach der Ernte war der 1990er wunderbar verführerisch, er schien Aromen von Teer und Brombeeren zu verströmen. Ein Kritiker sprach von glühender Holzkohle, ein anderer fand den erinnerungswürdigen Vergleich: „… wie ein wildes Tier, das man aus seiner Höhle gezerrt hat". Robert Parker verlieh dem Wein die Höchstbewertung von 100 Punkten, was im Dorf für einiges Aufsehen sorgte.
Der Charme von Noël Versets Weinen lag in ihrem altmodischen Stil. Die Trauben wurden nicht entrappt, der Wein wurde in Betontanks gegärt und mit den Füßen gestampft. Dann wurde er in alten Eichenfässern ausgebaut. Manche Kritiker haben das verurteilt, man hat auch den 1990er in Frage gestellt, der angeblich dünner ausgefallen sein soll. In den 90er Jahren kam mit Thierry Allemand ein neuer Kellermeister ans Ruder, der für einige der Weine aus dieser Zeit verantwortlich zeichnet. **GM**
🍷🍷🍷🍷 **Trinken: bis 2015**

Vieux Château Certan
2000

Herkunft Frankreich, Bordeaux, Pomerol
Typ Trockener Rotwein, 13,5 Vol.-%
Rebsorten Merlot 70%, C. Franc 20%, C. Sauvignon 10%

In den Urkunden kann man das Château Certan bis ins frühe 16. Jahrhundert zurückverfolgen, als es von der schottischen Familie Demay gegründet wurde. 1924 kaufte es der belgische Weinhändler Georges Thienpont.
Certan besitzt ein einziges großes zusammenhängendes Flurstück, das auf einem Plateau mit dem für das Bordeaux typischen Boden aus Mergel und einem Substrat aus sandigem Kalk mit hohem Eisenanteil liegt.
Die Gärung erfolgt in großen Holzbottichen und anschließend eine lange Mazerationszeit. Danach wird der Wein zwischen 18 und 24 Monaten in Barriques aus Eichenholz ausgebaut, die zur Hälfte neu sind. Vor dem Abfüllen ohne Filtrierung wird der Wein mit Eiweiß geklärt.
Im August und im September 2000 herrschte nach einem bis dahin schwierigen Jahr gutes, sonniges Wetter. Das Ergebnis ist ein Wein von hohe Komplexität: Himbeeren, Pflaumen und Lakritze kämpfen um Aufmerksamkeit. Am Gaumen ist der Wein fest, mit einem eleganten Tanninfundament, mit Aromen von Gewürznelken, Sandelholz und Zimt, die einem dichten Duft nach roten Früchten entsteigen. Das Finale ist majestätisch lang und intensiv, und erinnert daran, daß dies ein weiterer 2000er Bordeaux ist, der noch eine glänzende Zukunft vor sich hat. **SW**
🍷🍷🍷🍷 **Trinken: 2010–2030+**

Domaine du Vieux Télégraphe
Châteauneuf-du-Pape 1998

Herkunft Frankreich, südliche Rhône
Typ Trockener Rotwein, 14,5 Vol.-%
Rebsorten Grenache 65%, Syrah 15%, Others 20%

Das Dorf Châteauneuf-du-Pape ist ein magischer Ort. Die besten Weine kommen von einer Handvoll familienbetriebenen Weingüter, die hier seit Generationen Wein erzeugen. Eines der besten ist Vieux Télégraphe, das auf der steinigen La-Crau-Ebene am südwestlichen Rand der Appellation liegt.

Die Erzeuger in Châteauneuf-du-Pape haben sich selbst sehr strenge Regeln auferlegt. Die erlaubten Erträge sind viel geringer als andernorts, und alle Trauben müssen von Hand gelesen werden, ein natürlicher Alkoholgehalt von wenigstens 12,5 % ist vorgeschrieben. Mindestens 5 % der Ernte muß ausgesondert werden, um sicherzugehen, daß nur die gesündesten Trauben verwendet werden.

Vieux Télégraphe hat klein angefangen, heute jedoch erstrecken sich seine Reben auf gut 70 ha. Zwei Drittel der Ernte bestehen aus Grenache, der dem Rotwein seinen fleischigen Körper verleiht, die jeweils anderen 15 % Syrah und Mourvèdre bringen Wärme, Struktur und Würze. Um die Qualität zu verbessern, wurde 1994 ein Zweitwein eingeführt, der heute als Télégramme bekannt ist, und seit 1998 wird eine experimentelle Abfüllung erzeugt, die nach dem Gründer des Weingutes Hippolyte heißt, die aber nie vermarktet wurde. **JP**

❸❸❸ **Trinken: bis 2025**

Viñas del Vero
Secastilla 2005

Herkunft Spanien, Aragón, Somontano
Typ Trockener Rotwein, 14 Vol.-%
Rebsorten Grenache 90%, andere 10%

Statt individuell und einzigartig zu sein, sind die Schlüsselfaktoren, die die großen Weine der Welt ausmachen, fast immer die gleichen. Sie entsprechen 3 bis 4 Klima- und Terroirmodellen. Das gilt auch für Secastilla: steiniger Steilhang, hundertjährige Grenachereben, 750 m Höhe und ein sonniger Hang mit starken Schwankungen zwischen Tag- und Nachttemperatur.

Das Secastilla-Tal liegt im Nordwesten Somontanos, und seine Lehm und Kreideböden sind das Gegenstück zu den sanften, sandigen Hängen, wie man sie sonst im Somontano-Gebiet vorfindet. Aus den hier gelegenen Parzellen mit sehr alten Grenachereben, die von Mandel- (*chaparos*) und Olivenbäumen umgeben sind, bezieht Pedro Aibar von Viñas del Vero die Trauben für seinen Secastilla-Wein.

Secastilla ist seit dem ersten Jahrgang 2001 ein Wein mit viel Charakter, anfangs bis zur Zurückhaltung komplex, aber verführerisch in seiner Authentizität und im Laufe der Zeit dann schließlich abgerundet. Bei guter Belüftung zeigt sich der 2005er von seiner besten Seite: obwohl noch jung, hat er eine gute Frucht, die sich bereits gegen das Eichenholz durchsetzt, eine frische Säure und ist fleischig mit einem komplexen Finale. **JB**

❸❸ **Trinken: bis 2015**

Viñedos Organicos Emiliana *Coyam* 2003

Herkunft Chile, Valle Central
Typ Trockener Rotwein, 14 Vol.-%
Rebsorten Carmenère, Syrah, C. Sauvignon, andere

Als der 2001er Jahrgang des Coyam, der Premiumrotwein von Chiles erster großen biodynamischen Kellerei Viñedos Organicos Emiliana (heute Emiliana Orgánico) beim ersten Chilenischen Wein-Wettbewerb zum „Best of Show" gekürt wurde, wurde dies als ein Sieg der biodynamischen Weine begrüßt. Emilia Orgánico wurde zunächst von den Eigentümern, der Familie Guilisasti, vor allem für Massenweine genutzt, bis sich José Guilisasti in den späten 90er Jahren der Bioweine annahm. Er engagierte Alvaro Espinoza als Kellermeister und stellte die Weingärten der Finca Los Robles auf biodynamische Bewirtschaftung um. Espinoza löste einige der ewigen Probleme des Weinbaus in heißen Klimazonen, wie dasjenige der Milben: „Milben greifen gerne staubbedeckte Reben an. Deshalb haben wir die Wege um den Weingarten mit Steinen aus dem Colchagua-Fluß gepflastert, um zu verhindern, daß jeder vorbeifahrende Traktor Staub aufwirbelt."

Der Neigung des Merlot, Weine mit einem hohlen Kern hervorzubringen, wurde Einhalt geboten, indem die Reben mit Biokompost gekühlt wurden, der auf den ausgetrockneten Boden gestreut wurde. Aber die wahre Leistung des Coyam ist seine Assemblage, die Bordeauxtrauben wie Cabernet, Merlot und Carmenère mit mediterranen Sorten wie Syrah und Mourvèdre vermischt.

Coyams Verbindung von Bordeaux-Eleganz mit mediterraner Fülle nimmt einen für sich ein. Sie ermöglicht, daß der Wein mit seiner übervollen Frucht als typisch chilenisch, aber gleichzeitig durch seine starke Mineralität auch als eindeutig biodynamisch wahrgenommen wird. **MW**

Ⓢ Ⓢ Ⓢ **Trinken: bis 2018**

WEITERE EMPFEHLUNGEN
Andere große Jahrgänge
2001 • 2002 • 2004 • 2005
Weitere Weine von Viñedos Organicos Emiliana
Novas Cabernet Sauvignon
Novas Carmenère/Cabernet Sauvignon

Roberto Voerzio
Barolo Cerequio 1999

Herkunft Italien, Piemont, La Morra
Typ Trockener Rotwein, 14 Vol.-%
Rebsorte Nebbiolo

Roberto Voerzio folgt beim Weinmachen einen Mittelweg zwischen alt und neu. Erste Priorität hat bei ihm die minutiöse Pflege der Reben. Jeder Stock hat nur 4 Triebe, was zu einer hohen Aromakonzentration führt. Die Gärung dauert zwischen 2 Wochen und 30 Tagen, je nach Boden, Ausrichtung und Mikroklima des jeweiligen Weingartens.

Aber das ist auch der Haken. Am Ende ist das *terroir* wichtiger als der Kellermeister und sogar als die Traubensorte. So geschehen bei Robertos Barbara d'Alba Riserva Pozzo dell'Annunziata aus einer der besten Lagen von La Morra, der jedoch aus Trauben von alten Barberareben gemacht ist, eine Sorte der sogenannten zweiten Wahl. Nebbiolo ist selbstverständlich die erste Wahl, und La Morra wird als die Heimat der saftigsten und schlanksten Barolos gepriesen, die so unübertroffen sind, wie Robertos Cerequio Cru, der aus dem reifen und samtigen 99er Jahrgang stammt.

Dieser schöne Wein hat eine große Duftkomplexität: Leder und Fleisch, aber auch Noten von alten Rosen und Trüffeln. Am Gaumen verbindet sich der Geschmack von Schattenmorellen mit dem von Eichenholz zu einer opulenten Textur und gipfelt in einem prächtigen Finale. **ME**

😊😊😊😊😊 **Trinken: bis 2020+**

Wendouree
Shiraz 2000

Herkunft Australien, Clare Valley
Typ Trockener Rotwein, 13,5 Vol.-%
Rebsorte Shiraz

Einer der legendären Kultweine Australiens, Wendouree, kann nur über eine Kundenkartei erworben werden, die seit langer Zeit voll ist, so daß nur überzählige Flaschen auf dem Zweitmarkt erhältlich sind. Die Weingärten wurden 1892 angelegt. Der gegenwärtige Eigentümer Tony Brady erwarb das Anwesen 1974, hatte aber keine Erfahrung im Weinbau. Glücklicherweise blieb ein ehemaliger Angestellter 7 Jahren lang auf dem Gut und arbeitete ihn ein. In der Zwischenzeit beendete seine Frau ein weinwissenschaftliches Studium in Wagga.

Alles in allem hat Wendouree 11 ha mit Weinstöcken, die alle nicht bewässert werden. Die Trauben werden überreif bei einem Alkoholgehalt von 13,5 % von Hand gelesen.

Von allen seinen Weinen zieht der Shiraz am meisten Aufmerksamkeit auf sich. Sie haben jedoch alle einen kräftigen Stil mit hohem Alterungspotential. Der 2000er Shiraz hat eine dunkle, würzige und kräftige Nase. Am Gaumen hat er eine phantastische Konzentration und eine schöne Frische, mit einer kräftigen, reifen Frucht und einer wunderbar würzigen Struktur und Säure. Es ist ein schwerer Wein mit einem mächtigen Potential, der fast unendlich altern sollte. **JG**

😊😊😊 **Trinken: bis 2030+**

Offene Lyraerziehung der Reben in Wendouree.

Wild Duck Creek
Duck Muck 2004

Herkunft Australien, Heathcote
Typ Trockener Rotwein, 17 Vol.-%
Rebsorte Shiraz

Duck Muck erblickte 1994 das Licht der Welt, als ein paar Reihen mit Shiraz ungepflückt blieben, weil kein Gärbottich mehr frei war. Zwei Wochen später kamen Anderson, dessen Spitzname Duck ist, und sein Freund und Weinmacherkompagnon, David McKee, an diesen Reben vorbei und bei den getesteten Trauben wurden 17,5° Baume und 8 g/l Säure gemessen. McKee kritzelte auf das Faß die Worte „Duck Muck". Der Inhalt wurde an Freunde verteilt, doch bald erreichte er Kultstatus.

Dies ist mittlerweile einer der außergewöhnlichsten Weine Australiens. Was einen erstaunt, ist der sehr hohe Alkoholgehalt – über 17 % –, der jedoch nicht zu einem Verlust an Ausgewogenheit führt, weil die Frucht so reichhaltig und konzentriert ist. Tatsächlich fiel der Alkoholgehalt des Wild Duck Creek in der jüngeren Vergangenheit, und Anderson hofft, daß er noch weiter heruntergeht. Das Geheimnis liegt darin, daß die Trauben einen hohen Zuckergehalt entwickeln, ohne zu rosinieren.

Duck Mucks Stil ist verschwenderisch, reichhaltig und fleischig, mit einer Unmenge an süßer Frucht, ohne jedoch an Portwein zu erinnern, üppig, mit sanften Tanninen und einer von der so lebenswichtigen Säure erhaltenen Frische. **HH**
❧❧❧❧ **Trinken: bis 2024**

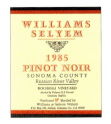

Williams Selyem
Rochioli Vineyard Pinot Noir 1985

Herkunft USA, Kalifornien, Sonoma County
Typ Trockener Rotwein, 13,5 Vol.-%
Rebsorte Pinot Noir

Burt Williams und Ed Selyem begannen in den späten 70er Jahren als Hobby, Wein zu keltern und erzeugten den ersten Pinot Noir der USA, der Kultstatus erlangte.

Wichtig waren Williams: eine strenge Ertragsreduzierung für die Konzentration, die kalte Mazeration vor der Gärung und die Spontangärung mit natürlichen Hefen. Eine 5- bis 6tägige Gärung mit 2- bis 4maligem Untertauchen des Tresterhuts am Tag. Nach dem Ablauf wurde der Gärkuchen gepreßt, für die malolaktische Gärung geimpft und abgestochen. Mit dem Preßsaft wurden die Fässer aufgefüllt, aus denen Wein entwichen war.

William Selyem verfügte nur zwischen 1985 und 1997 über das Lesegut von Rochiolis West Block. Es war die erste Abfüllung, mit der er ins Rampenlicht rückte, als er den Preis „Winery of the Year" bei der Californian State Fair gewann. Jeder der nachfolgenden 12 Jahrgänge stärkte den Ruf von West Block als einen der besten Pinot-Noir-Weingärten in Kalifornien. Der 1985er war einer der letzten Jahrgänge, der in der alten Garage gemacht wurde, in einem Stil, der ein Maßstab für den Pinot Noir aus dem Tal des Russian River wurde: konzentriert und mit reichen Aromen, mit üppigen, süßen Früchtenoten und einer samtigen Textur. **LGr**
❧❧❧ **Trinken: bis 2010+**

Shiraz-Trauben reifen im Weingarten Creek's Springflat.

Wynn's *Coonawarra Estate John Riddoch Cabernet Sauvignon* 2004

Herkunft Australia, South Australia, Coonawarra
Typ Trockener Rotwein, 14 Vol.-%
Rebsorte Cabernet Sauvignon

Wenn irgendeine Gegend Australiens den Anspruch erheben kann, die Bewegung hin zum *terroir*-betonten Weinstil in europäischer Manier ausgelöst zu haben, dann ist es eindeutig Coonawarra, ein Landstreifen mit außergewöhnlichen Weingärten, die auf einer Schicht rotem Lehmboden liegen, der *terra rossa*. Die vorherrschende Rebe in dieser Region war schon immer der Cabernet Sauvignon, aus dem Weine mit der bordeauxtypischen reinen Cassisnote entstehen.

John Riddoch, der von Wynn's abgefüllte Cabernet Sauvignon, ist ein Premiumwein, der erstmalig 1982 erzeugt wurde. Nur die besten 1 % des Cabernet werden nach der Pressung dafür verwendet, und auch nur dann, wenn der Jahrgang vielversprechend ist. Nach einer rund zweijährigen Reifezeit in französischem Eichenholz hat man einen tiefschwarzen Wein, der für eine geruhsame Entwicklung gedacht ist.

Der 2004er ist das Produkt einer spätgereiften Ernte, die später als üblich gelesen wurde. Der Wein hat im Ganzen 20 Monate in neuen, 1 und 2 Jahre alten Fässern verbracht. In seiner Jugend war er pechschwarz und die Nase ließ die künftigen reichhaltigen Aromen von Pflaumen, Brombeeren und schwarzen Johannisbeeren nur ahnen. Seine späteren Aromen waren natürlich noch hinter einem eisernen Vorhang aus kräftigen, aber reifen Tanninen streng verschlossen. Am Gaumen nimmt man Noten von Minze wahr, die von den reichhaltigen Aromen dunkler Früchte unterstützt werden. Im Nachklang merkt man schon die üppigen Schokoladennoten, die der Wein während der Reifung noch entwickeln wird. **SW**

❂❂❂ **Drink: 2009–2025**

WEITERE EMPFEHLUNGEN
Andere große Jahrgänge
1982 • 1990 • 1993 • 1997 • 1998
Weitere Cabernets aus Coonawarra
Hollick Ravenswood • Hungerford Hill • Katnook Estate Parker Estate • Penley Estate • Yalumba The Menzies

Yacochuya de Michel Rolland
2000

Herkunft Argentinien, Calchaquí Valley, Cafayate
Typ Trockener Rotwein, 16 Vol.-%
Rebsorten Malbec 90%, Cabernet Sauvignon 10%

Der von Arnaldo Etchart 1988 gefaßte Entschluß, Michel Rolland anzuheuern, mündete in eine lange Freundschaft. Noch bevor das Weingut Etcharts 1996 ein lukratives Angebot von Pernot Ricard erhalten hatte, waren die beiden in einem Joint-venture verbunden: San Pedro de Yacochuya. Der 2000er Jahrgang des Yacochuya und der Zweitwein San Pedro de Yacochuya mit seiner leichteren Textur waren die ersten, die hier abgefüllt wurden.

Die Reben des Weingartens sind von grauen Steinmauern umgeben und teilweise terrassiert, was ihre Bewässerung durch Furcheneinstau ermöglicht. Die erhöhte Lage und der glimmerreiche Boden liefern Rolland die sehr reifen Trauben mit der intensiven, fast rosinenartigen Frucht für Weine, die in seinem typischen Stil gemacht werden: mit monatelanger Mazerierung der Schalen im gegärten Wein und einer 15monatigen Reifezeit in neuen Fässern aus französischem Eichenholz.

Dieser Weinstil findet seine Apotheose im argentinischen Hochland. Hier ermöglichen die Hitze und das intensive Licht ein Tanninpotential von einer Lebendigkeit und Geschmeidigkeit, die im Bordeaux fehlen. Dieses Defizit zu beheben, sah Rolland als Herausforderung, auf ihrer Bewältigung beruht sein Ruhm. **MW**
😊😊😊 **Trinken: bis 2015**

Yalumba
The Octavius 1998

Herkunft Australien, South Australia, Barossa Valley
Typ Trockener Rotwein, 14,5 Vol.-%
Rebsorte Shiraz

Yalumba, das Gut der Familie Hill-Smith, ist einer der erfolgreichsten unabhängigen Weinbetriebe in Australien. Sein Portfolio reicht vom Schaumwein Angas Brut – ein echter Verkaufsschlager – bis hin zu ernsthafteren Produkten wie The Octavius.

Der 90er war der erste Jahrgang dieses Weins, der auf den Markt kam. Ausschließlich aus den Trauben sehr alter Weingärten der Barossa-Region erzeugt, reift er in 80-l-Fässern aus amerikanischem Eichenholz, den „octaves", die ein besseres Verhältnis von Fläche zu Weinmenge als gewöhnlich haben. Diese einzigartigen Fässer werden in Yalumba selbst hergestellt, das eines der sehr wenigen Weingüter ist, die noch ihre eigene Küferei haben. Die Bretter aus Missouri werden 8 Jahre lang der Witterung ausgesetzt, um die unerwünschten Aromen aus dem Holz zu laugen, weswegen der Wein weniger holzbetont ist, als man meinen würde.

Der Octavius wurde 2005 zum ersten Mal in die Langton-Klassifizierung aufgenommen – Prädikat „hervorragend". Das warme Jahr 1998 findet sich in der Üppigkeit wieder, die der Octavius dieses Jahrgangs hat. 2007 führte *The World of Fine Wine* eine Verkostung von Barossa-Shiraz durch, wo er den ersten Rang erhielt. **SG**
😊😊😊 **Trinken: bis 2012+**

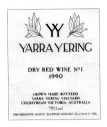

Yarra Yering
Dry Red Wine No. 1 Shiraz 1990

Herkunft Australien, Yarra Valley
Typ Trockener Rotwein, 13,5 Vol.-%
Rebsorten C. Sauvignon, Merlot, Malbec, Petit Verdot

Der Winzer, Gutsbesitzer und -gründer Dr. Bailey Carrodus ist ein exzentrischer und interessanter Mann, der seinen Weg jenseits der ausgetretenen Pfade der australischen Weinindustrie sucht. Auf diese Weise sind viele der großen australischen Weine entstanden. Und Carrodus ist ein Mann, der weiß, was er will und wie er es erreicht.

1969 bestockte er Yarra Yering, und die Rebstöcke sind jetzt auf dem Höhepunkt. Alle seine Weine stammen vom 30 ha großen Weingut mit sehr tiefen, sandigen, Lehmböden und einer Kiesunterlage. Die Reben werden nicht bewässert, sie wachsen auf einem Nordhang in engem Abstand an einem einreihigen Spalier.

Warum der Name Dry Red Wine Nr. 1? (Sein Spitzenshiraz ist Dry Red Wine Nr. 2.) Carrodus sagt: „Auf diese Weise mußte ich nicht die Etiketten ändern, weil ich den Wein und die Assemblage verändert habe." Der 1990er Dry Red Wine Nr. 1 ist ein wunderbar eleganter, vom Cabernet dominierter Wein mit einer feinen Textur und einem Zedernholz-Bouquet. Am Gaumen ist er mittelschwer, elegant und ausbalanciert, mit einer großartigen Länge und Präzision. Mit 18 Jahren erreicht er seinen Höhepunkt und kann ihn noch gut 10 weitere Jahre halten. **HH**

😊😊😊 **Trinken: bis 2018**

Alonso del Yerro
María 2004

Herkunft Spanien, Ribera del Duero
Typ Trockener Rotwein, 14 Vol.-%
Rebsorte Tinta del país (Tempranillo)

Zusammen mit Dominio de Atauta und ein paar anderen verkörpert Alsonso del Yerro das neue Konzept der „Boutique-Bodega" – im Familienbesitz, mit einer exquisiten, extrem eingeschränkten Produktion –, wie sie sich in Ribera del Duero entwickelt haben. Javier Alonso und Maria del Yerro, die ihre Berufe an den Nagel gehängt haben, um im Dorf Roa in der Provinz Burgos mit dem Weinmachen anzufangen, sehen das nicht als Investition, sondern als einen Lebensstil. Deshalb bauen sie ihr Haus neben der Bodega, nennen ihren Topwein Maria nach einer ihrer Töchter, und haben die Pyrenäen überquert, um Stéphane Derenoncourt zu überzeugen, ihr Berater zu werden.

Das Weingut hat seit 2003 zwei Weine erzeugt: den Basiswein, Alonso de Yerro, und die anspruchsvolle Maria. Sie stammen von zwei Parzellen, die zusammen 5 ha groß sind und nur 10.000 bis 15.000 Flaschen ergeben. Der 2004er Maria ist ihr bisher bester Wein. Er ist ein kräftiger Tinto, mit intensiven Aroma und Tanninen, der Farbe tiefdunkler Kirschen, einer komplexen Nase, die Aromen von reifen Früchten, Edelholz, Graphit und Torf aufweist, und einem gut ausbalancierten Gaumen, mit Fülle und weichen Tanninen und einem langen Finale. **JMB**

😊😊😊 **Trinken: bis 2015**

Fattoria Zerbina *Sangiovese di Romagna Pietramora* 2003

Herkunft Italien, Emilia Romagna, Faenza
Typ Trockener Rotwein, 15 Vol.-%
Rebsorten Sangiovese 97%, Ancellotta 3%

Seit 1987 führt Cristina Geminiani das 40 ha große Gut ihres Großvaters. Cristina hat sich mit mehreren Abschlüssen in Önologie und unbekümmert um die örtlichen Traditionen daran gemacht, in dieser Gegend, die noch nie eine Weinlegende hervorgebracht hatte, einen ernsthaften Sangiovese-Wein zu erzeugen. Sie benutzt nur die neuesten Sangioveseklone und hat die Weingärten neu bepflanzt, um die Konzentration zu erhöhen und den Ertrag zu begrenzen. Solch strenge Maßnahmen waren ohnegleichen in dieser Gegend, aber Cristinas Entscheidungen zahlten sich schnell aus.

Ihr erster Pietramora war der 1985er. Er stammt nur von den besten und ältesten Weinstöcken, die auf einem Kamm mit Kalk-Lehmboden wachsen, der das Anwesen in der Mitte durchquert. Drei Wochen auf den Beerenschalen verleihen dem Wein sowohl kräftige Aromen als auch seidige Tannine, und der einjährigen Ausbau in bis zu 70 % neuer französischer Eiche fügt die würzige Komplexität hinzu, zu der nur ein großer Sangiovese fähig ist.

Pietramora ist ein hervorragendes Beispiel für das grenzenlose Potential des italienischen Weinbaus. Sogar hier, in einer Gegend, die wegen ihres Prosciuttos und Parmiggianos viel bekannter ist als für irgendeine Winzertat, kann man einen Wein mit außerordentlichem Raffinement kreieren. Die alte Formel mit hohen Erträgen, ungeeigneten Rebenerziehungssystemen und unbeholfener Vinifikation ließ die Emilia-Romagna hinter dem Piemont und der Toskana zurückbleiben, doch mit diesem Sangiovese scheint alles anders zu werden. **MP**
❂❂❂❂ Trinken: 2010–2015

Reben in der Emilia Romagna unterhalb des Castell' Arquato.

Likörweine

Alvear *Pedro Ximénez* 1830 Solera Montilla

Herkunft Spanien, Montilla-Moriles, Montilla
Typ Süßer Likörwein, 11,5 Vol.-%
Rebsorte Pedro Ximénez

Die Ursprünge der Bodegas Alvear liegen im 17. Jahrhundert, als Diego de Alvear, dessen Familie aus Kantabrien kam, sich in Montilla niederließ. Die ältesten Dokumente, in denen die Weinherstellung hier beschrieben wird, stammen aus dem Jahr 1729.

Wie bei allen andalusischen Weinhäusern ist der Schlüssel zur Qualität bei Alvear das Gleichgewicht zwischen hervorragender Tradition und Kompetenz bei der Weinherstellung. Das Team wird von Bernardo Lucena geleitet, der tiefgreifende Kenntnisse im Bereich der traditionellen andalusischen Weine vorzuweisen hat.

Alvear 1830 Pedro Ximénez ist ein sehr alter und seltener Wein; es sind kaum 1500 Liter in den drei Fässern, aus denen die Solera besteht. Dieser noble Wein erzielte beispiellosen Erfolg, sowohl bei Konsumenten als auch bei Kritikern, als er Ende des letzten Jahrhunderts auf den Markt kam – die Nachfrage war so groß, daß der Verkauf vorübergehend eingestellt werden mußte, um die Solera nicht zu schwächen. Inzwischen sind andere alte PX-Weine auf dem Markt – Solera 1910 und Solera 1920 – beide von großartiger Qualität, aber trotzdem ohne die Tiefe und Vielschichtigkeit ihres älteren Bruders, des Solera 1830. **JB**

❂❂❂❂ **Trinken: nach Erhalt; mindestens 50 Jahre**

Argüeso *San León* Reserva de Familia Manzanilla

Herkunft Spanien, Sanlúcar de Barrameda
Typ Trockener Likörwein, 15 Vol.-%
Rebsorte Palomino Fino

Der Gründer dieses Hauses war der Kaufmann León de Argüeso, der, wie viele andere *bodegueros*, im Norden Spaniens geboren wurde. Er gab seinem Manzanilla den eigenen Vornamen und produziert seitdem einen der wahrlich großen Weine aus Sanlúcar de Barrameda.

Weinkenner wissen den traditionell als ein Manzanilla Pasada abgefüllten San León sehr zu schätzen. Deshalb sollten wir dankbar sein, daß Argüeso diesen sortenreinen San León Reserva de Familia parallel zu der frischeren, auch weniger schweren Version aus den Anfängen dieses Jahrzehnts auf den Markt brachte.

Manzanilla San León Reserva de Familia kommt aus einer Treppe von 44 Fässern, die in der Bodega San Juan gelagert werden, einem kühlen Gebäude im Herzen von Sanlúcar. Jährlich erfolgen lediglich zwei Entnahmen – eine im Frühjahr, die andere im Herbst. Jede Entnahme wird durch eine gleiche Menge der Solera des Manzanilla San León Clásica ersetzt, die aus 877 Fässern stammt, die in sechs Reihen oder Treppen gelagert werden. Die Läuterung und Filterung vor dem Abfüllen erfolgt sehr vorsichtig, um den wahren Charakter des Weins zu erhalten. San León Reserva de Famillia ist vom Alter, Körper und der Nase her ein authentischer Manzanilla Pasada. **JB**

❂ **Trinken: bis zu 3 Jahre nach Erhalt**

◀ In den *tinajas* der Bodegas Alvear gärt der Wein.

Barbadillo
Palo Cortado VORS Sherry

Herkunft Spanien, Sanlúcar de Barrameda
Typ Trockener Likörwein, 22 Vol.-%
Rebsorte Palomino Fino

Barbadillo wurde 1821 von einer Gruppe von Geschäftsleuten gegründet, die aus dem nördlichen Bergland Spaniens stammten (viele der anderen andalusischen Bodegas, etwa Alvear, Hidalgo-La Gitana, Emilio Hidalgo, Argüeso und La Guita, begannen auf gleiche Weise). Die Produktionsanlagen zur Weinherstellung nehmen einen großen Teil des Barrio Alto von Sanlúcar de Barrameda ein. Es ist auch den Eigentümern von Barbadillo zu verdanken, daß die historische Umgebung des Castillo de San Diego noch immer recht gut erhalten ist. In der übrigen Stadt sind viele Bodegas in den letzten Jahrzehnten verschwunden, um Platz für neue Gebäude zu machen. Für Besucher der Stadt ist es fast unfaßbar, daß solche Verluste von genau den Verwaltungsgremien toleriert werden, die eigentlich die Aufgabe haben, das architektonische Erbe der Weinkeller des Ortes zu erhalten.

Im Portfolio von Barbadillo werden vier Weine offiziell als VORS klassifiziert, also als mindestens 30 Jahre alt. Diese sind Amontillado, Oloroso Seco, Oloroso Dulce und Palo Cortado. Obwohl die drei ersten Weine sicherlich große Beachtung verdienen, ragt der Palo Cortado durch seine Authentizität und starke Persönlichkeit heraus. Alles drückt seine lange und sorgfältige Pflege aus – von seiner grünlich-dunklen Farbe bis zu seiner klassischen, sehr alten Palo-Cortado-Nase, die mit einer Nuance von Orangenschale vielschichtig, sauber und intensiv ist. Am Gaumen ist er vollmundig, mit der angenehmen Säure, die durch jahrelange Konzentration entsteht. Außerdem zeigt er die eindrucksvolle Vollendung eines sehr alten Weines. **JB**

☻☻☻ **Trinken: nach Erhalt und 30 oder mehr Jahre danach**

Barbeito
20 Year Old Malmsey Madeira

Herkunft Portugal, Madeira
Typ Halbtrockener Likörwein, 20 Vol.-%
Rebsorte Malvasia

Barbeito ist die jüngste aller noch tätigen Exportfirmen auf Madeira. Wie bei den übrigen fünf Exporteuren der Insel bestand auch das Hauptgeschäft Barbeitos darin, Wein in großen Mengen zu verkaufen. Dies änderte sich, als Ricardo Diogo, Enkel des Firmengründers, das Zepter 1990 in die Hand nahm. Der Umsatz ging zunächst sofort um 50 % zurück. Das Bestreben Diogos, vollständig auf Qualität zu setzen, wurde jedoch seit 1991 durch finanzielle Mittel der japanischen Familie Kinoshita unterstützt.

Das Unternehmen operiert von drei Sitzen aus, jeder mit seinen eigenen ausgeprägten Charakteristika für die Alterung der Weine. Ihre *adega* (Weinkellerei) in Estreito de Camara de Lobos ist die kühlste, die den reinsten und leichtesten Wein hervorbringt. Die auf einer Klippe neben dem Hotel Reid in Funchal gelegene Kellerei produziert kräftigere, konzentriertere Weine. Der reichhaltigste und stärkste Wein kommt aus der Familienquinta oberhalb des Zentrums von Funchal.

Barbeitos 20 Jahre alter Malmsey ist eine vollendete Leistung des harmonischen Verschneidens. Nachdem sie mindestens 20 Jahre in Fässern verbracht haben, qualifizieren sich Weine eines einzelnen Jahregangs als Spitzenwein. Deshalb werden nur wenige Weine dieses Niveaus letztendlich für den Verschnitt zu minderwertigeren Weinen genutzt. Der in kleinen Mengen abgefüllte Barbeito 20 Year Old ist bernsteinfarbig mit olivgrünem Stich, vornehm milden Aromen und einer Spur von Vanille, er ist reichhaltig, komplex und doch delikat. Quittenähnliche Süße wird durch würzige Säure kompensiert, wodurch ein reiner, sengender Abgang erreicht wird. Dies ist ein außerordentlich ausgewogener Wein. **RM**

☻☻☻ **Trinken: bis 2020+**

Die Kellerei stammt aus dem Gründungsjahr Barbadillos – 1821.

Barbeito
Single Cask Colheita Madeira

Herkunft Portugal, Madeira
Typ Süßer Likörwein, 20 Vol.-%
Rebsorten Malvasia, Boal (Bual)

Der *colheita* hat Madeira ein neues Leben beschert. Bis 1998 konnten nur Weine, die mindestens 20 Jahre in Fässern gereift waren, als Spitzenweine abgefüllt werden und den Jahrgang auf dem Etikett tragen. Diese Weine erzielen natürlich einen sehr hohen Preis und werden nur in sehr geringen Mengen abgefüllt. Der *colheita* Madeira ist nicht mit einem *colheita* Port zu verwechseln. Ersterer ist ein früh abgefüllter Jahrgang einer einzigen Rebsorte, der nach mindestens fünfjähriger Faßreife abgefüllt wird.

Alle Exporteure der Insel haben inzwischen diesen Stil übernommen, aber Barbeito hat die Entwicklung der *colheita* als Klasse vorangebracht. Sie füllen eine bestimmte Anzahl an Flaschen aus einem einzigen numerierten Faß ab. Mit einer Auflage von etwa 1000 50cl Flaschen Barbeitos Malvasia Cask 21c 1992, Malvasia Cask 18a 1994, Malvasia Cask 276 1994, Boal Cask 80a 1995 und Malvasia Cask 81a 1995 gab es eine rasch aufeinander folgende Reihe von *colheitas*.

Obwohl jeder Wein seinen eigenen ausgeprägten Charakter hat, haben Barbeitos Ein-Faß-*colheitas* viele Gemeinsamkeiten. Ungewöhnlich blaß in der Farbe (Ricardo Diogo vermeidet die Beimischung von Karamel zur Färbung) sind es wunderbar ausdrucksvolle Weine; klar und frisch, mit dem Schneid eines guten Cognacs. Es trennen sie Welten von den dunklen Verschnitten, die früher als Boal und Malmsey durchgingen. Manche haben mehr als nur einen Hauch von Vanille, weil sie in frischer französischer Eiche gereift sind. Ein schwarzes Etikett erklärt die Herkunft eines jeden Weines. Barbeitos Single Cask Colheitas haben bereits Kultstatus. Halten Sie Ausschau nach dem jüngsten Jahrgang. **RM**

💰💰 Trinken: bis 2025+

Barbeito
Terrantez Madeira 1795

Herkunft Portugal, Madeira
Typ Trockener Likörwein, 21 Vol.-%
Rebsorte Terrantez

Jahrgangsmadeira zeigt mehr Ausdauer als jeder andere Wein. Obwohl er vom Ende des 18. Jahrhunderts stammt, ist dieser Wein noch immer vorzüglich, und erstaunlicherweise werden noch einige Flaschen zum Kauf angeboten. Er ist 151 Jahre älter als das Unternehmen Barbeito, das ihn heute besitzt. Ursprünglich gehörte er der Familie Hinton, die auf der Insel Zuckerrohr raffinierte. Der Wein gelangte nach einem Umweg über Oscar Acciaioly, einem berühmten Händler und Sammler der Insel, zu Mário Vasconcellos Barbeito, der 1946 seine eigene Exportfirma gründete. Zu dem Zeitpunkt war der Wein in Glasballons, aber Barbeito entschloß sich in den 70er Jahren, ihn wieder in Holzfässern zu lagern, bevor er auf Flaschen abgefüllt wurde.

Der Seltenheitswert des Weins wird noch dadurch erhöht, daß er aus Terrantez hergestellt wird, der angesehensten Rebsorte Madeiras. Sie wurde im 18. Jahrhundert vom Festland Portugals nach Madeira gebracht, aber im 19. Jahrhundert von dem Doppelbefall durch Reblaus und Mehltau beinahe ausgelöscht. In den 20er Jahren des letzten Jahrhunderts wurde Terrantez als fast ausgestorben gemeldet, hat jedoch in letzter Zeit zum Glück ein bescheidenes Comeback erleben können. Die Terrantez-Rebe ist in der Lage, aufregend ätherische Weine hervorzubringen – aromatisch, gleichzeitig süß und streng.

Der Terrantez 1795 von Barbeito macht seinem Ruf alle Ehre. Bernstein-Mahagoni in der Farbe, mit einem leichten Raucharoma, angenehm frisch, leicht nach grünem Tee, Rauchtee und Jasmin duftend; etwas trocken, mit einem eindringlichen Bouquet, erstaunlicher Fülle und Textur, gefolgt von einem grandiosen Abgang. **RM**

💰💰💰💰💰 Trinken: bis 2025+

Drei Jahrgänge des Barbeito Madeira, darunter der Terrantez 1795.

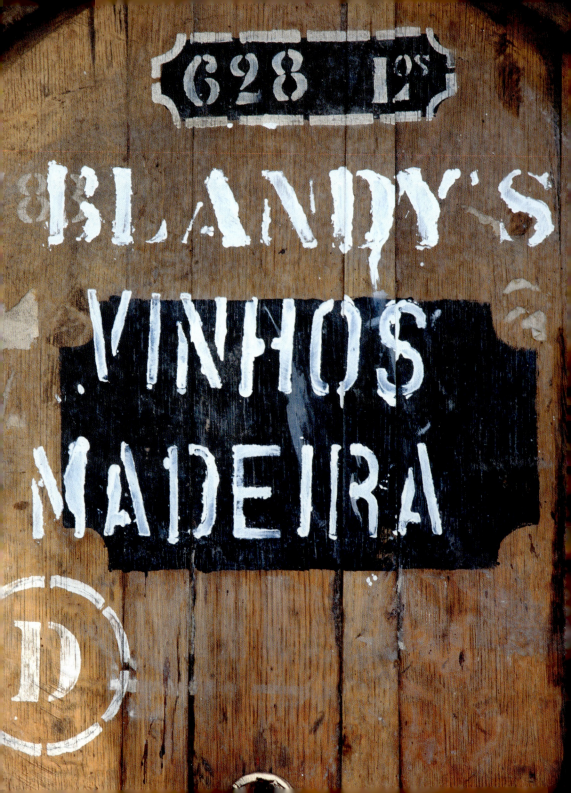

Blandy's
1863 Bual Madeira

Herkunft Portugal, Madeira
Typ Halbtrockener Likörwein, 20 Vol.-%
Rebsorte Bual

John Blandy, Versorgungsoffizier der britischen Armee, kam erstmals 1807 im Zuge der napoleonischen Kriege nach Madeira. Vier Jahre später kehrte er zurück und gründete das Unternehmen, das heute noch seinen Namen trägt. Auf ihrem Erfolgskurs Anfang des 18. Jahrhunderts erweiterte die Firma ihr Betätigungsfeld um Bank-, Kohle- und Speditionsgeschäfte. Sie war Mitte des 18. Jahrhunderts, während der Mehltau- und Reblausplage, in einer starken Position und Johns Sohn Charles besaß genug Weitsicht, Weinbestände zu kaufen, als andere Händler die Insel verließen.

Blandy's Bual 1863 kam kurz vor der Reblausepidemie auf den Markt, die 1872 auf Madeira ausbrach. Es war eine kleine Ernte, der Jahrgang war jedoch für die Rebsorten Malmsey und Bual hervorragend. Diese Sorten aus der Gegend von Cama (jetzt Câmara) de Lobos an der Südküste der Insel liefern süßere Weine. Mahagonirot mit einer Spur Olivgrün gefärbt, hat dieser Wein ausgezeichnete ätherische Aromen und ist selbst nach anderthalb Jahrhunderten noch wunderbar lebendig und frisch. Trotz eines bittersüßen Beigeschmacks hat er einen erstaunlich starken Duft nach Melasse und Karamel sowie ein starkes Finale. **RM**

❡❡❡❡❡ **Trinken: bis 2020+**

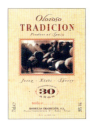

Bodegas Tradición
Oloroso VORS Sherry

Herkunft Spanien, Jerez de la Frontera
Typ Trockener Likörwein, 20 Vol.-%
Rebsorte Palomino Fino

Bodegas Tradición geht auf eine Idee des Geschäftsmannes Joaquín Rivero zurück. Dieser ist Nachkomme einer großen traditionellen Weinerzeugerfamilie, die vor mehr als 200 Jahren die legendäre Marke CZ besaß. Zwischen ihrer Gründung 1998 und dem ersten Jahrgang 2003 hat Bodegas Tradición sowohl wertvolle Soleras als auch qualitativ hochwertige Einzelweine unterschiedlichen Alters und Herkunft von anderen Bodegas aufgekauft. Diese waren zum Teil aufgegeben worden, und andere verfügten einfach über mehr alte Weine als sie für den eigenen Bedarf benötigten.

Bodegas Tradición lagert und vertreibt ausschließlich sehr alte Weine; alle 4 sind durch die Consejo Regulador bezüglich ihres Alters zertifiziert worden, sei es mit VORS (älter als 30 Jahre) oder VOSC (älter als 20 Jahre). Der Oloroso VORS ist vorbildlich in seiner Kategorie; würzig und ausdrucksstark, rund und kraftvoll und noch einige Jahre älter als vorgeschrieben.

Die restaurierten Lagergebäude der Bodega erheben sich im Norden der Stadt Jerez und beherbergen neben den über 1000 Fässern alten Weins auch Joaquín Riveros Sammlung alter spanischer Gemälde aus dem 15. bis 19. Jahrhundert. **JB**

❡❡❡ **Trinken: bis zu 15+ Jahre nach Erhalt**

Blandy's erzeugt seit fast 200 Jahren Madeira.

Bredell's
Cape Vintage Reserve 1998

Herkunft Südafrika, Stellenbosch
Typ Süßer Likörwein, 20 Vol.-%
Rebsorten Tinta Barroca 50%, andere 50%

Komplizierte Verhandlungen mit der EU haben dazu geführt, daß der Ausdruck „Port" auf den Etiketten südafrikanischer Likörweine immer seltener benutzt wird. Die Weine beeindrucken Besucher aus dem Douro stets aufs Neue. Bruce Guimaraens und Johnny Graham verglichen diese Weine sehr wohlwollend mit Rebsorten wie Touriga Nacional und Tinta Barroca. Ob die Weine die gleiche lange Lagerungsfähigkeit wie Port aufweisen werden, wird sich erst im Laufe der Zeit herausstellen. Der Cape Vintage Reserve 1998 könnte gut für diesen Test geeignet sein.

Die Farm der J.P. Bredell Weine (im Stellenbosch's Helderbergbecken, nicht in dem im Landesinneren gelegenen Calizdorp), gehörte zu den Anführern einer Revolution in der Herstellung portähnlicher Weine in Südafrika, die in den frühen 90er Jahren begann. Die Süße ging zurück, der Alkoholgehalt stieg und man lernte einiges von den portugiesischen Erzeugern, um Weine mit mehr Klasse zu produzieren. (Beachten Sie, daß „Reserve" eine subjektive Qualitätsbezeichnung für Weine eines außergewöhnlichen Jahrgangs ist. Ein einfacher „Vintage" wird ebenfalls, jedoch häufiger, produziert.)

Bredell's Reserve 1998 hat in Südafrika für seine Qualität viele Preise gewonnen. Durch Nuancen von Pflaume, getrockneten Früchten, Leder und Nüssen hat er einen komplexen Geschmack mit einem starken Tannin- und Alkoholgehalt und einen langen, trockenen Abgang. **TJ**
😊😊😊 **Trinken: bis 2018+**

Die Weine von Bredell stammen aus der Helderberg-Region.

Chambers *Rosewood Old Liqueur Tokay*

Herkunft Australien, Victoria, Rutherglen
Typ Süßer Likörwein, 18,0 Vol.-%
Rebsorte Muscadelle

Der Rosewood wurde seit der Gründung von Chambers im Jahr 1858 durch 6 Generationen weitergereicht. Für den Export als Chambers Rosewood Rare Muscadelle etikettiert, ist er sicherlich einer der hervorragendsten australischen Likörweine.

Chambers und Morris sind die beiden wichtigsten Vertreter des Rutherglen Tokay, aber es gibt ein paar wesentliche Unterschiede zwischen ihnen. Eine der zwei Parzellen Muscadelle von Chambers wird, wenn nötig, bewässert, um „das Wachstum zu erhalten, nicht um es zu steigern", sagt Stephen. Die unbewässert wachsenden Reben werden mit Stroh gemulcht, um die Erde feucht zu halten. Ein Standort ist auf mit Quarz versetztem Lehmboden, der andere auf reinem Lehmboden, woraus sich zwei sehr unterschiedliche Weine ergeben, die beide für den Verschnitt wichtig sind. Chambers Tokay-Stil wird „mistella" genannt: ein unfermentierter Traubensaft, der verstärkt und direkt in Eiche gefüllt wird – zunächst in sehr große, dann, mit zunehmendem Alter, in immer kleinere Fässer.

Der Old Tokay kommt aus einer „modifizierten Solera". Der älteste Wein ist vom Anfang des 20. Jahrhunderts: Chambers kennt ihr Durchschnittsalter nicht. Stephen beschreibt den Stil von Chambers als leichter und reiner als den von Morris, weil er ohne Gärung und Mazeration auskommt. Der Stil sowohl des Old und des Special Tokay ist unglaublich komplex, mit *rancio*, Malz, Melasse und Karamelaromen. Der Special hat in der Mischung mehr jüngeres Material, er ist dadurch etwas fruchtiger. **HH**
🍷🍷🍷🍷 Trinken: frühstens 20 Jahre nach Erhalt

WEITERE EMPFEHLUNGEN
Andere große Weine von Chambers
Rare Muscat • Rare Muscadelle (Tokay)
Weitere Rutherglen Tokays/Muscadelles
Campbells • Morris Wines
Rutherglen Estates • Stanton und Killeen

Cossart Gordon
Malmsey Madeira 1920

Herkunft Portugal, Madeira
Typ Süßer Likörwein, 21 Vol.-%
Rebsorte Malvasia

Die wohl bekannteste Rebsorte Madeiras, Malvasia, ist ein Sammelbegriff für verschiedene Varianten. Im Englischen wird Malvasia als Malmsey bezeichnet. Die bei weitem geschätzteste Variante ist der Malvasia Cândida, der mit ziemlicher Sicherheit aus Kreta stammt und im 15. Jahrhundert nach Madeira gelangte. Die Rebe ist äußerst schwierig zu kultivieren. Sie erfordert einen geschützten, sonnigen Standort auf Höhe des Meeresspiegels. Dort schrumpfen die Trauben fast zu Rosinen, bevor sie geerntet werden. Malvasia Cândida wurde durch Mehltaubefall Mitte des 19. Jahrhunderts und 30 Jahre später von der Reblaus dezimiert, danach nicht in großem Maßstab wieder angebaut. Anfang des 20. Jahrhunderts gab es sie, bis auf wenige Ausnahmen auf Fajã dos Padres, kaum noch.

Noel Cossart ist einer der Inhaber der Familienfirma und Verfasser des Buches *Madeira, the Island Vineyard*. Er behauptet, der Malmsey 1920 von Cossart Gordon sei der letzte Jahrgang aus der Variante Malvasia Cândida. Er bezeichnet ihn deshalb als den „wahren Malmsey". Spätere Malmseys wurden aus dem Malvasia Balbosa, Malvasia Fina, Malvasia Roxa und dem sogenannten Malvasia de São Jorge hergestellt. Diese Rebsorte ist sehr ertragreich und wurde bisher nicht offiziel als Malvasia anerkannt.

Der Malmsey 1920 von Cossart Gordon ist grünlohfarben, das vollblumige Bouquet läßt ihn als echten Malvasia erkennen. Der Wein ist nahezu perfekt in seiner Ausgewogenheit und seiner karamelisierten Reichhaltigkeit, die durch die typische, brennende Säure aufgewogen wird. **RM**
😊😊😊😊😊 **Trinken: bis 2050+**

Cossart Gordon
Verdelho Madeira 1934

Herkunft Portugal, Madeira
Typ Halbtrockener Likörwein, 21 Vol.-%
Rebsorte Verdelho

Cossart Gordon wurde 1745 von zwei Schotten, Francis Newton und William Gordon, gegründet und ist der älteste heute noch auf Madeira tätige Exporteur. 1808 stieß der Ire William Cossart hinzu. Seit 1861 trägt die Firma ihren heutigen Namen. Seit Mitte des 19. Jahrhunderts konnte sie einen großen Markt in Nordamerika erschließen. Zu dieser Zeit soll sie für den Export „der halben Ernte der Insel" verantwortlich gewesen sein. Trotzdem behielt das Unternehmen seine britische Nationalität, mit einer Filiale in London von 1748 bis in die 80er des 20. Jahrhunderts.

Cossart Gordon litt unter der Prohibition von 1920 mehr als die meisten Firmen Madeiras, behielt seine Unabhängigkeit als Exporteur jedoch, bis die Firma 1953 Mitglied der Madeira Wine Company wurde. Neben Blandy ist Cossart Gordon jetzt die zweitgrößte Firma der Madeira Wine Company. Ihre Weine waren immer etwas trockener als Blandys, dessen Hauptabsatzmarkt Großbritannien war. Dieser Unterschied wurde auch beibehalten, nachdem die beiden Marken unter einem Dach vereint wurden.

Im Rückblick auf die Zeit, als die Firma noch von seiner Familie geleitet wurde, stellte Noel Cossart fest, daß 1934 besonders für Verdelho ein exzellentes Jahr war. Der 1934er Gordon Verdelho (1936 abgefüllt) ist ein ungewöhnlicher Wein und hat für einen Verdelho einen recht reichhaltigen Stil. Er ist schwach bernsteinfarbig und zeigt Aromen von Kerosin und Holzrauch, zeichnet sich aber auch durch eine komplexe, würzige Konzentration aus, die durch eine prickelnde Säure ausglichen wird; das Finale ist kraftvoll. **RM**
😊😊😊😊😊 **Trinken: bis 2030+**

Croft
Vintage Port 2003

Herkunft Portugal, Douro-Tal
Typ Süßer Likörwein, 20,5 Vol.-%
Rebsorten Tinta Roriz, T. Franca, T. Nacional, andere

Croft ist eine der ältesten noch existierenden Port-Firmen, sie wurde 1678 von John Croft gegründet. Sie war bis in die 20er Jahre in Familienbesitz und wurde dann von Gilbey's übernommen. Später wurde sie Teil von International Distillers and Vintners (IDV), danach vom multinationalen Diageo-Konzern. Hieraus ergab sich, daß die Firma im späten 20. Jahrhundert unter Finanznot litt, so daß die Portweine der 70er und 80er Jahre recht schwache Exemplare ihres Typs sind. Mit dem neuen Jahrtausend konnte Croft jedoch wieder durch neue Besitzer und großer Liebe zum Detail gestärkt werden – der 2000er Spitzenwein war gut, der 2003er exzellent.

Die Croft Spitzenweine basieren traditionell auf den Weinen von Quinta da Roêda in Pinhão. Diese Quinta mit ihrem sanften, wie ein Amphitheater angeordneten, rebenbewachsenen Hängen wird oft als eine der Juwelen des Douro bezeichnet. 1875 kaufte Croft das Weingut von John Fladgate, einem der Teilhaber der Firma Taylor Fladgate und Yeatman, es war deshalb nur passend, daß Taylor's 1999 die Firmen Croft und Delforce vom Diageo-Konzern zurückkauften. Taylor's setzte die Weingärten wieder instand und modernisierte die Anlagen; die alten Betongärtanks wurden nach oben hin geöffnet und mit mechanischen Stampfkolben versehen, und für den besten Port wurde ein neuer *lagar* aus Granit gebaut – mit abgerundeten Ecken, wie sie schon jener aufgewiesen hatte, den Croft 1963 außer Dienst gestellt hatte. Das Ergebnis ist ein Wein, der wirklich den Namen Vintage Port verdient – in der Farbe dunkelpurpur mit kraftvoller, aromatischer schwarzer Frucht und einem überwältigenden Tanninrückgrat. **GS**

❸❸❸ **Trinken: bis 2050**

De Bartoli *Vecchio*
Samperi Ventennale Marsala

Herkunft Italien, Sizilien, Marsala
Typ Trockener Likörwein, 17,5 Vol.-%
Rebsorte Grillo

Entsetzt über den inzwischen industriell hergestellten Marsala, der diesen einst glorreichen Wein zu einem Begleiter von Kalbsschnitzeln degradiert hatte, begann Marco de Bartoli in den späten 70ern, auf Sizilien herausragende Weine zu produzieren. Er übernahm den *baglio* (westsizilianisch für „Bauernhof") seiner Familie und fing an, die „örtliche Tradition" zu durchbrechen, indem er nicht mehr in großen Mengen kommerziell produzierte, aber dabei alle guten, handwerklichen Element beibehielt.

Dies wurde auch durch die von ihm gewählten Rebsorten deutlich: Grillo gilt als die beste Sorte aus dem Marsalaverschnitt, wurde aber von vielen Herstellern wegen ihrer eigensinnigen Persönlichkeit gemieden. Grillo kann sehr hohe Zuckeranteile erreichen, was wiederum einen hohen Alkoholgehalt nach sich zieht (für Marsala durchaus wünschenswert). Da die Rebstöcke in Strauchform erzogen werden, eignet sie sich nicht sehr für hohe Erträge.

De Bartoli's Bemühung um Qualität drückt sich im Vecchio Samperi Ventennale deutlich aus, ein Wein, mit dem er deutlich zeigt, daß er in der Lage ist, den Launen des Grillo zu entsprechen. Die Farbe ist ein kräftiger Bernsteinton, während die Aromen in der Nase von Walnuß bis dunklem Honig reichen, von minzigen, fast balsamischen bis hin zu Safran- und Zimttönen. Der Wein ist voll und reichhaltig, wirkt aber am Gaumen nicht übermächtig, da die Wärme des hohen Alkoholgehalts die Aromen fokussiert, klar definiert und anhaltend bleiben läßt. Der perfekte Wein zum Meditieren, vielleicht von einer guten Zigarre begleitet. **AS**

❸❸❸ **Trinken: bis zu 30 Jahre nach Erhalt**

Delaforce *Curious and Ancient 20 Year Old Tawny Port*

Herkunft Portugal, Douro-Tal
Typ Süßer Likörwein, 20 Vol.-%
Rebsorten Tinta Roriz, T. Franca, T. Nacional, Others

Delgado Zuleta
Quo Vadis? Amontillado Sherry

Herkunft Spanien, Sanlúcar de Barrameda
Typ Trockener Likörwein, 20 Vol.-%
Rebsorte Palomino Fino

Die Verbindung der Familie Delaforce mit dem Porthandel besteht seit 1834, als John Delaforce für Martinez Gassinot eine Portfirma etablierte. 1868 gründete sein Sohn George die Firma, die heute seinen Namen trägt.

Der Curious and Ancient, ein 20jähriger, holzgereifter Port, und sein jüngerer Bruder His Eminence's Choice kamen in den 30ern auf den Markt und sind deshalb wahrscheinlich die ältesten Portweine ihrer Art, die noch vertrieben werden.

Delaforce besitzt keine Weinberge im Douro-Tal. Die Gesellschaft arbeitet vielmehr so wie es früher alle Porterzeuger taten – sie kauft Trauben und Weine von Winzern, in ihrem Fall stammen sie vorwiegend von den spektakulären terrassierten Weinbergen der Quinta da Corte im Tal des Rio Torto.

Langes Reifen im Holz und absichtliches Oxidieren sind für die bernsteingelbliche, im Vergleich zu anderen Ports recht blasse Farbe verantwortlich. Die Nase ist elegant und zeugt von Karamel, altem Holz, Rosinen und Feigen. Die Süße wird von der eigenen Säure im Gleichgewicht gehalten. Dies ist kein Wein, der lange gelagert werden sollte, gönnen Sie sich den Genuß besser sofort nach Erhalt. **GS**

❂❂ **Trinken: nach Erhalt**

Delgado Zuleta wurde 1744 gegründet und ist damit eines der ältesten Sherry-Häuser im Marco de Jerez. Seine Weinberge befinden sich im Payo de Miraflores und produzieren fast alle Trauben für die rund 2000 Fässer Wein, die pro Jahr hergestellt werden. Der Manzanilla La Goya ist die berühmteste Abfüllung, aber man sollte nicht vergessen, daß die Soleras des historischen Manzanilla Barbiana von Rodríguez Lacave jetzt auch Teil ihres Besitzes sind.

Der größte Teil der Weinherstellung findet heute zwar in den modernen Produktionsstätten am Stadtrand statt, Delgado Zuleta besitzt jedoch noch einige alte Bodegas im Herzen Sanlúcars, deren Zukunft gefährdet ist. In einer dieser Bodegas lagern die 300 Fässer Amontillado, die das Haus noch besitzt, darunter auch ein Juwel der örtlichen Weinkunst – der Amontillado Quo Vadis?

Der 40jährige Quo Vadis? hat eine große Persönlichkeit. Salzig und an das Reifen mit Hefe erinnernd hat er Nuancen von Edelholz, Vanille, Minze, Zitrone, Lavendel und Lakritze sowohl an Nase und Gaumen. Tiefgründig, ausgereift und würzig, mit ausgezeichneter Säure, Ausdauer und einzigartigem Tannin-Charakter. **JB**

❂❂❂ **Trinken: nach Erhalt und bis zu 10 Jahre danach**

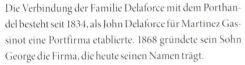
Die *barcos rabelos* transportierten einst den Port den Duoro hinab.

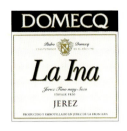

Pedro Domecq *Capuchino*
Palo Cortado VORS Sherry

Herkunft Spanien, Jerez de la Frontera
Typ Trockener Likörwein, 20 Vol.-%
Rebsorte Palomino Fino

Pedro Domecq
La Ina Fino Sherry

Herkunft Spanien, Jerez de la Frontera
Typ Trockener Likörwein, 15 Vol.-%
Rebsorte Palomino Fino

Die Qualität des Very Old Rare Sherry (VORS) von Pedro Domecq ist besonders hoch. Sibarita Oloroso ist ein ausgewogener Oloroso, nur leicht süß, vollmundig und konzentriert am Gaumen. Der Amontillado bietet eine seltene Kombination von Finesse und Alter. Das „Problem" der Konsumenten ergibt sich aus der Tatsache, daß die „Standard" Olorosos (Rio Viejo, La Raza) und der Amontillado (Botaina) von Domecq selbst schon überragende Qualität aufweisen.

Der Venerable Pedro Ximénez und der Capuchino Palo Cortado hingegen bedeuten einen signifikanten Schritt in Richtung Qualität und Konzentration. Beide sind königliche Weine. Der Capuchino ist ein vielschichtiger, intensiver Wein, mit dem typischen Charakter des Palo Cortado: Die Nase ist raffiniert, mit Orangenschale, reinem Holz und eleganter oxidierter Alterung; am Gaumen ist der Wein recht kühn, überschwenglich und kraftvoll, behält aber seine Frische durch die exzellente Säure.

Für diejenigen, die die Weine des Hauses Augustín Blásquez kannten, bevor es von Pedro Domecq erworben wurde, kann der Capuchino Palo Cortado VORS ihre Erinnerung wachhalten. **JB**

❂❂❂ **Trinken: bis zu 20+ Jahre nach Erhalt**

2006 wechselten die Besitzverhältnisse dieses jahrhundertealten Sherry-Hauses, was auch zu einer Namensänderung führte. Bodegas Pedro Domecq gehört nun zu Beam Global, die sich auch den Vertrieb des bestverkauften Sherrys der Welt, Harvey's Bristol Cream, angeeignet haben. Den Klassiker unter den Sherrys La Ina als Beam Global La Ina Fino zu bezeichnen, wäre jedoch etwa so, als nenne man den Chamagner von Krug plötzlich LVMH. Zum Glück für den Liebhaber werden jedoch klassische Weine wie Botaina Amontillado, La Ina Fino und Rio Viéjo Oloroso den Namen Pedro Domecq auf ihrem Etikett behalten.

La Ina steht seit vielen Jahrzehnten in Bezug auf Beliebtheit und Prestige in deutlicher Konkurrenz zum Tío Pepe. Dieser gesunde Wettbewerb findet vor allem in Andalusien selbst statt, wo beide Sherrys unter den *aficionados* ausgesprochene Anhänger und Gegner haben. Kenner schätzen am La Ina Fino seinen klassischen, kompromißlosen, und fruchtigen Charakter, La Ina erhält seit Jahren ausnahmslos hervorragende Benotungen bei den Bewertungen durch die wichtigsten spanischen Weinführern. **JB**

❂ **Trinken: 1 Jahr nach Erhalt der jüngsten Freigabe**

Dow's *Quinta Senhora da Ribeira Single Quinta Port* 1998

Herkunft Portugal, Douro-Tal
Typ Süßer Likörwein, 20 Vol.-%
Rebsorten Traditionelle Sorten, gemischter Satz

Dieser Wein verkörpert den Erfolg des Portweins im späten 20. Jahrhunderts. Neben zwei anderen Gütern wurde Senhora da Ribeira von George Acheson Warre für Silva and Cosens (die Hersteller von Dow's Port) gekauft und blieb im Besitz des Unternehmens, bis es in den 50er Jahren von der Familie Symington verkauft wurde. Ein Eintrag im Gästebuch von Dow's vermerkte am 21. Mai 1954: „Waren auf Senhora da Ribeira, um den Verkauf abzuschließen … Eine sehr traurige Angelegenheit, aber wir haben glückliche Erinnerungen und viele treue Freunde dort."
Senhora da Ribeira blieb jedoch eine wichtige Komponente der Firma Dow Vintage Ports, bis das Gut 1998 von der Familie Symington zurückgekauft wurde. Es war zwar etwas heruntergekommen, aber im Wesentlichen noch genauso, wie sie es seinerzeit verkauft hatten. Das Jahr 1998 stellte sich als schwierig heraus. Einem warmen Jahresbeginn folgte gemischtes Wetter, bis heiße, trockene Wachstumsbedingungen von Juli bis September vorherrschten.
Die Erträge waren außerordentlich gering, und man hoffte auf eine kleine, aber hervorragende Ernte. Sie begann am oberen Douro am 14. September, aber das Wetter wurde eine Woche später schlecht; während der Ernte regnete es stark. Ein potentiell großartiges Weinjahr wurde letztlich in Bezug auf Qualität nur zu einem guten Jahr. Die Trauben, die vor dem Regen geerntet wurden, brachten jedoch den eindrucksvollsten Wein des Jahrgangs hervor: kräftig und dunkel, vielschichtig fruchtig, mit trockenen, weichen Tanninen. Ein Wein, der in jeder Hinsicht eine Erfolgsgeschichte darstellt. **RM**
❂❂❂ **Trinken: bis 2040+**

Dow's *Vintage Port* 1908

Herkunft Portugal, Douro-Tal
Typ Süßer Likörwein, 20 Vol.-%
Rebsorten Traditionelle Sorten, gemischter Satz

Dow hatte schon einen hervorragenden Ruf als Porterzeuger, als James Ramsey Dow sich 1877 entschloß, mit Silva and Cosens zu fusionieren. Silva and Cosens waren zwar die größere Firma, übernahmen jedoch Dow als Markennamen für alle Weine. Der Finanzsinn des Kaufmanns Edward Silva und die treibende Kraft des Weinproduzenten George Warre brachten Dow's an die Spitze der Portweine. Der zeitgenössische Weinkritiker Professor George Saintsbury schrieb: „Kein Portwein eines Exporteurs hat mich mehr beeindruckt als die besten Weine von Dow's."
Die Fusion fand zu einer für den Porthandel düsteren Zeit statt. Die Reblaus wütete im Douro, die Erträge fielen ins Bodenlose. Viele Winzer gaben auf, Quintas wurden zu Tiefstpreisen verkauft. Warre hatte zu einer Zeit, als die wenigsten Exporteure auch eigene Weingüter besaßen, die Weitsicht, drei von ihnen aufzukaufen: Quinta do Zimbro, Quinta Senhora da Ribeira und Quinta do Bomfim. Er bestockte alle 3 Güter mit neuen Reben und war einer der ersten, die traditionelle portugiesische Rebsorten auf reblausresistente amerikanische Wurzelstöcken pfropfte.
Es dauerte weitere 10 Jahre, bis der Handel sich vollkommen erholt hatte, 1908 trug diese neue „Ära" dann Früchte. Der Dow's 1908 ist ein Wahrzeichen von einem Wein, mit guter Farbe und reifer, saftiger Frucht. Leicht karamelisiert, mit der Reichhaltigkeit und Glätte von guter Schokolade, ist er trotzdem durch seine wunderbare Frische ausgewogen, die saftige Beschaffenheit täuscht über sein Alter hinweg. Ein außergewöhnlich guter Portwein. **RM**
❂❂❂❂ **Trinken: bis 2020+**

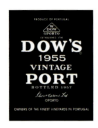

Dow's
Vintage Port 1955

Herkunft Portugal, Douro-Tal
Typ Süßer Likörwein, 20 Vol.-%
Rebsorten Traditionelle Sorten, gemischter Satz

El Grifo
Canari 1997

Herkunft Spanien, Kanarische Inseln, Lanzarote
Typ Süßer Likörwein, 17 Vol.-%
Rebsorte Malvasía

Es ist vom heutigen Standpunkt aus kaum zu glauben, aber der Handel mit Portwein mußte 1955 ums Überleben kämpfen. Der Zweite Weltkrieg hatte Spuren hinterlassen, und der Aufschwung, den es nach dem Ersten Weltkrieg gegeben hatte, blieb diesmal aus. In den 50er Jahren verkauften die Besitzer von Dow's, die Familie Symington, zwei Anwesen (Quinta do Zimbro, Quinta Denhora da Ribeira), um die Gesellschaft halten zu können.

1955 gab es vor diesem deprimierenden Hintergrund eine hervorragende Weinlese. Ronald Symington schrieb schon am 13. August: „Die Reben sehen prachtvoll aus … Sowohl Beeren als auch Trauben sind sehr viel größer als letztes Jahr … Mit einigen Schauern von jetzt bis zur Ernte sollte es ein exzellenter Jahrgang 1955 werden." Der Regen fiel Anfang September, und am 19. September begann die Ernte. Ronald Symington schrieb: „… die Farbe ist generell gut und die Weine sehr schön an Nase und Gaumen."

Ein halbes Jahrhundert später und bei gesundetem Porthandel hat Dow´s 1955 noch immer ein dunkles Rubinrot, er ist außergewöhnlich erfrischend, mit einer jugendlichen, minzigen Konzentration. Der Wein ist vollmundig, stark und reichhaltig, trotzdem ausgewogen und trocken. Er wird ewig leben. **RM**

💰💰💰💰 **Trinken: bis 2050**

Der Malvasía, für den Shakespeare´s Falstaff seine Seele dem Teufel anbot, wird kaum noch auf den Kanarischen Inseln angebaut. Auf Lanzarote gibt es jedoch noch 1490 ha, die mit der Rebsorte bestockt sind.

El Grifo wurde 1775 gegründet und ist damit die älteste Bodega auf der Insel. Sie kann sich damit brüsten, die dortige Weinherstellung modernisiert zu haben, indem sie Edelstahltanks einführte und zum trockenen Malvasia und Rotweinen von der örtlichen Istán-Negro-Rebe wechselte. Trotzdem vernachlässigte El Grifo die traditionellen süßen Weine nicht, die noch immer in kleine Mengen verkauft werden.

Neben dem seltenen, portähnlichen G Glas 1997 oder dem Malvasia 1956 ist es der Grifo Canari, der den ehrwürdigen Likörweinen der Vergangenheit am nächsten kommt – ein Verschnitt aus den Jahrgängen 1957, 1970 und 1997. Er wird dem Gesetz entsprechend auf dem Etikett mit dem jüngsten Jahrgang gekennzeichnet. Dieser süße Solera-Wein wird aus sehr reifen getrockneten Trauben hergestellt und leicht aufgespritet. Bernsteinfarbig, mit Aromen von Mandeln, Lakritze und Orangenschalen, ist es ein komplexer, auf charmante Art altmodischer Wein mit süßem Nachgeschmack. **JMB**

💰💰 **Trinken: 2025**

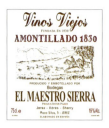 

El Maestro Sierra
1830 Amontillado VORS Sherry

Herkunft Spanien, Jerez de la Frontera
Typ Trockener Likörwein, 19 Vol.-%
Rebsorte Palomino Fino

Der Amontillado ist unter der Vielzahl traditioneller andalusischer Weine ein wahrer Prüfstein, ein Wein, der am besten Charakter, Finesse und vor allem Vielschichtigkeit kombiniert. Alte Amontillados sind fundamentale Weine, schwierig und tiefgründig. Zu ihrer Elite gehört dieser Wein, der von El Maestro Sierra stammt, einer *almacenista*-Bodega, die erst seit 1992 Sherry unter ihrem eigenen Namen abfüllt. Zuvor hatte die Firma Emilio Lustau ihre Expansion in den anglo-amerikanischen Markt zum Teil mit einem der Weine von El Maestro Sierra bestritten – dem denkwürdigen Oloroso Almacenista Vda. de Antonio Borrego.

El Maestro Sierra ist ein traditioneller, handwerklich arbeitender Erzeuger, in dem die Betreuung der jungen Rebstöcke und die Bestockung der Weingärten der Überwachung des erfahrenen *capataz* Juan Clavijo unterliegt. Hier finden noch die altbewährten Utensilien und Gefäße des Handwerks Anwendung: *jarra*, *canao*, *sifón* und *rociador*. Die Besitzerin Pilar Pla wird von ihrer Tochter, der Historikerin Carmen Borrego, unterstützt. Das Anwesen liegt wie ein Leuchtturm hoch oben über der Stadt Jerez und heißt die kühlenden Seebrisen willkommen. **JB**

❂❂❂ **Trinken: bis zu 15+ Jahre nach Erhalt**

Florio
Terre Arse Marsala 1998

Herkunft Italien, Sizilien, Marsala
Typ Trockener Likörwein, 19 Vol.-%
Rebsorte Grillo

1773 mußte das Schiff des reichen Unternehmers John Woodhouse aus Liverpool wegen eines überraschenden Sturms in Marsala anlegen. Hier probierte er einen starken einheimischen Wein namens *Perpetuum*. Er gefiel ihm so sehr, daß er beschloß, ihn zu vertreiben. Er kaufte Wein auf und fügte ihm Alkohol hinzu, um ihn für die lange Reise zurück tauglich zu machen. Marsala war in England sofort erfolgreich und Woodhouse siedelte nach Sizilien um. Die erste italienische Marsala-Kellerei wurde jedoch von Vincenzo Florio 1832 hergestellt. Wenn man sie heute aufsucht und in den Kellern die Gedenkplaketten betrachtet, gleicht das einer Zeitreise.

Terre Arse ist das perfekte Beispiel dafür, wie eine exzellenter Marsala sein sollte. Er ist *vergine* – dies bedeutet, daß nichts als Alkohol hinzugefügt wurde, wodurch der entstehende Wein von trockenem Charakter bleibt. Er ist von goldener Farbe, an der Nase hat er einen Anklang von karamelisiertem Honig und gerösteten Mandeln. Am Gaumen ist er samtig-weich, trocken und vielschichtig. Man fragt sich unwillkürlich, warum man nicht schon öfter eine Flasche guten Marsala geöffnet und verkostet hat. **AS**

❂❂ **Trinken: nach Erhalt und bis zu 25 Jahre danach**

In den Kellern von Florio ruht manch ein Schatz.

José Maria da Fonseca
Setúbal Moscatel Roxo 20 Years

Herkunft Portugal, Setúbal
Typ Süßer Likörwein, 18 Vol.-%
Rebsorte Moscatel Roxo

Fonseca
Vintage Port 1963

Herkunft Portugal, Douro-Tal
Typ Süßer Likörwein, 21 Vol.-%
Rebsorten Traditionelle Sorten, gemischter Satz

Die iberische Halbinsel bringt viele Likörweine hervor, die Paradebeispiele sind der Portwein, der Sherry und der Madeira. Doch der Setúbal, der etwas südlich von Lissabon produziert wird, ist weniger bekannt. Der größte und wichtigste Erzeuger ist José Maria da Fonseca, ein Erzeuger, der fast 200 Jahre alt ist.

Setúbal Moscatel wird ähnlich wie die *vins doux naturels* aus Südfrankreich hergestellt: durch Verstärkung der teilweise gegärten Moscatelmoste mit hochprozentigem Alkohol. So wird die Hefe abgetötet und ein hoher Anteil an Traubenzucker im Wein erhalten. Den Weinen der heißen Setúbal-Halbinsel kann es an Säure mangeln. Deshalb werden die meisten Moscatels da Setúbal verschnitten und einfach zu „Setúbal" umetikettiert. Es gibt jedoch einige wenige sortenreine Moscatels, einschließlich der hochwertigen Weine von Fonseca.

Der Moscatel Roxo 20 Years ist die Verkörperung des Setúbal. Intensiv bernsteinfarbig mit durch Alter verursachten grünen Spuren, hat er ein rosinenartiges Bouquet mit Karamel und Spuren von versengter Schale. Süß am Gaumen, aber mit einer durch die ausgleichende Säure bedingten Frische, ist dies ein Wein, der als Aperitif oder zum Dessert genossen werden sollte. **GS**

🍷🍷🍷 **Trinken: nach Erhalt**

Perfekte Bedingungen machten 1963 zu einem einmaligen Jahrgang für Portwein, so daß fast jeder Erzeuger einen eindrucksvollen Wein hervorbrachte. Dieses hervorragende Exemplar kommt von Fonseca, einem Unternehmen, das Ende des 18. Jahrhunderts von Manuel Pedro Guimaraens gegründet wurde, der Stoffe und Lebensmitten von Portugal nach Brasilien exportierte. Trotz allerlei Widrigkeiten hat die Familie Guimaraens immer die Firma geleitet. Seine Nachfahren Frank, Dorothy und Bruce haben für jeden der bemerkenswerten Spitzenweine der Jahre 1896–1991 verantwortlich gezeichnet.

Der Fonseca 1963 von Bruce Guimaraens ist einer der großen Portweine des 20. Jahrhunderts. Auch nach mehr als 40 Jahren in der Flasche sieht er noch jugendlich aus. Er hat ein wirklich wunderbar reines, florales Aroma, das an zerstoßene Rosenblüten erinnert und einem schon aus dem Glas entgegenschwebt. Anfänglich scheinbar recht trocken und zart, bewahrt er sich eine große Reinheit an Frucht und kombiniert Finesse mit einem langen, energischen und eleganten Finale. Wenn man selbst dem Jahrgang 1963 angehört, dann hat man in diesem Wein vermutlich einen Begleiter gefunden, der einem den Rest seines Lebens zu Seite steht. **RM**

🍷🍷🍷🍷🍷 **Trinken: bis 2050**

◀ Die Beleuchtung der Keller von José Maria da Fonseca ist effektvoll.

Garvey
San Patricio Fino Sherry

Herkunft Spanien, Jerez de la Frontera
Typ Trockener Likörwein, 15 Vol.-%
Rebsorte Palomino Fino

William Garvey kam in der zweiten Hälfte des 18. Jahrhunderts von Irland nach Spanien, um Schafe zu kaufen, die er mit jenen kreuzen wollte, die auf den grünen Weiden seiner Familie in Irland lebten. Doch die süßen Augen eines spanischen Mädchens, die Tochter eines Kapitäns, der ihn nach einem Schiffsunglück gerettet hatte, ließen ihn die Erinnerungen an seine Heimat vergessen. Er ließ sich als Weinhändler nieder, obwohl er nichts von dem Geschäft verstand.

Es ist daher kein Zufall, daß San Patricio – der spanische Name des Heiligen Patrick – der wichtigste Markenname in der Bodega Garvey ist, die seit einigen Jahrzehnten der Familie Ruiz Mateos gehört. Auch der wichtigste Weinlagerraum des Unternehmens trägt diesen Namen – eine der ehrfurchtgebietendsten unter den noch erhaltenen sogenannten Sherry-Kathedralen. Im Gegensatz zu vielen anderen schönen Gebäuden, die einer überflüssigen Modernisierung weichen mußten, erhebt sich die Bodega San Patricio immer noch im Herzen von Jerez de la Frontera, auch wenn die Firma Garvey in neue Gebäude im Complejo Bellavista umgezogen ist.

Eine der Eigenarten des Fino San Patricio ist, daß er kurz vor dem Abfüllen noch einmal biologisch, mit Hilfe von Hefe, einer Alterung unterzogen wird. Dadurch wird sein Aroma hervorgehoben. Wie manche andere Fino Sherrys verblüfft der San Patricio die Konsumenten mit seiner ungewöhnlichen Qualität zu erschwinglichem Preis. **JB**

🛈 **Trinken: binnen 1 Jahr nach Erhalt**

Die Palomino-Reben in der trockenen Umgebung von Jerez. ➔

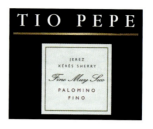

González Byass
Oloroso Vintage Sherry 1963

Herkunft Spanien, Jerez de la Frontera
Typ Trockener Likörwein, 22 Vol.-%
Rebsorte Palomino Fino

González Byass
Tío Pepe Fino Sherry

Herkunft Spanien, Jerez de la Frontera
Typ Trockener Likörwein, 15 Vol.-%
Rebsorte Palomino Fino

Die Familie González, deren Geschichte vom Sherry-Experten Julian Jeffs meisterhaft erzählt worden ist, gehört zweifellos zu der Aristokratie in der Welt des Weines. Diese Aristokratie hat sich eine der edelsten Aufgaben der Menschheit zur eigenen gemacht: Die Familie stellt seit mehr als 170 Jahren Güter her, die anderen Freude bereiten und verschifft sie in alle Welt. Eines dieser Juwele ist der legendäre Fino Tío Pepe.

Anderseits sind die seltenen *de Añada* (Jahrgangsweine) Oloroso und Palo Cortado viel schwerer zu bekommen, weil zwangsläufig nur geringe Mengen erzeugt werden können. Fast seit der Gründung von González Byass wird ein kleiner Prozentsatz aller Jahrgänge zurückgehalten, um neben dem traditionellen System der Soleras und Criaderas als Spitzenweine zu altern.

Diese Spitzenweine wurden 1994, zum 150. Jahrestag der ersten Verschiffung des Tío Pepe nach Großbritannien, erstmals abgefüllt. Seitdem wurden 10 ausgewählte Spitzenweine aus den Jahren 1963 bis 1979 als Oloroso oder als Palo Cortado abgefüllt. Um einen trockenen Sherry wirklich zu genießen, der jahrelang im Keller gelagert worden ist, muß man ihn dekantieren, um ihn vom Sediment zu befreien. **JB**

🍷🍷🍷🍷 **Trinken: bis zu 30+ Jahre nach Erhalt**

Mitte der 30er Jahre des 19. Jahrhunderts gründete Manuel María González Ángel aus Sanlúcar zusammen mit seinem Onkel José Ángel de la Peña die heutige Firma González Byass. Nach diesem Onkel benannte er einen Wein, der im Laufe der Jahre zur wichtigsten Sherrymarke wurde: der Tío Pepe. Vielleicht könnten manche andere Manzanillas wie der La Guita oder der La Gitana inzwischen auf ähnliche Marketingerfolge blicken; vielleicht kann ein anderer Fino – etwa der La Ina oder der Inocente – wegen seiner Geschichte oder seiner Qualität einen ähnlichen Platz im Herzen des Kenners beanspruchen; vielleicht haben auch andere Markenzeichen – der Stier von Osborne zum Beispiel – eine ähnliche visuelle Kraft. In der Gesamtheit seiner Vollendung gibt es jedoch nur sehr wenige Weine aus Jerez oder sonstwo auf der Erde, die wie der Tío Pepe seit 170 Jahren beständig äußerste Qualität erreichen.

Tío Pepe ist tatsächlich eine der wichtigsten Marken der Welt, und es gibt nur wenige – vielleicht keine – Namen, die es ihm in Bezug auf Tradition und gleichbleibende Qualität gleichtun können. Der Preis sollte natürlich nicht unerwähnt bleiben. Vielleicht ist dies jedoch eher ein Handicap für die Marke, in einer Zeit, in der Mode und Image allzu oft Konsumtrends diktieren. **JB**

🍷 **Trinken: binnen 1 Jahr nach Erhalt**

Graham's
Malvedos Single Quinta Port 1996

Herkunft Portugal, Douro-Tal
Typ Süßer Likörwein, 20 Vol.-%
Rebsorten T. Nacional, T. Franca, Tinta Roriz, andere

Graham's
Vintage Port 1970

Herkunft Portugal, Douro-Tal
Typ Süßer Likörwein, 20 Vol.-%
Rebsorten Traditionelle Sorten, gemischter Satz

Graham's, einer der großen Produzenten von Portweinen, war ursprünglich ein Textilfabrikant in Glasgow. Zum Portweinhandel kam er durch Zufall: 1820 akzeptierte er als Schuldentilgung eines Gläubigers Fässer mit Portwein. Seit mehr als 100 Jahren werden für seinen Port Weine vom Weingut Malvedos benutzt, das in Tua oberhalb des Douro in der Cima Corgo liegt. Graham's Malvedos war einer der ersten aus einer modernen Generation von Portweinen, die von einzelnen Gütern stammen – er wird seit den 50er Jahren in guten Jahren zwischen den Jahrgangserklärungen hergestellt.

1996 war insgesamt ein gutes Jahr, um Bestände von gutem Ruby and Late Bottled Vintage (LBV) zu erneuern, aber es brachte auch einige wirklich gute Einzelgutabfüllungen (Single Quinta Port) hervor. 1996 war nicht ein Jahr, das übergroße Weine lieferte, die sich für jahrzehntelange Lagerung eignen, aber der Malvedos 1996 blühte in weniger als 10 Jahren zu einem fruchtigen Port auf, andere Spitzenweine benötigen hierzu meist 20 Jahre. Malvedos ist mit seinem blumigen, zarten, nach Veilchen duftenden Aroma und reinem Beerengeschmack der klassische Ausdruck eines Single Quinta Vintage Port.
RM
☉☉☉ **Trinken: bis 2020+**

Die Familie Graham war in Porto dermaßen präsent, daß sogar heute noch ein Stadtteil nach ihr benannt ist. Bis 1970 war das Unternehmen in Familienbesitz, dann kamen schlechte Zeiten, und es wurde von der Familie Symington aufgekauft.

Die alten Weinstöcke der Quinta dos Malvedos bildeten schon immer das Herzstück der Graham's Vintage Ports. Das Jahr 1970 mag zwar für die Familie Graham das Ende einer Epoche gewesen sein, aber es war ein außerordentlich guter Jahrgang für Portwein. Die Ernte begann bei ungewöhnlich hohen Temperaturen zur üblichen Zeit zur Herbst-Tagundnachtgleiche im September.

Bei Verkostungen schnitten die Ports aus den 70er Jahren nicht so gut ab, sie brauchen teilweise bis zu 30 Jahre, um sich zu entwickeln. Insgesamt reicht er zwar nicht an den 1963er heran, der Graham's 1970 gehört jedoch zu den besten Vintage Portweinen des 20. Jahrhunderts. Er weist noch immer eine tiefe Farbe auf und hat eine ungewöhnliche Intensität mit Aromen von schwarzer Kirsche und Zartbitterschokolade. Der hohe Tanningehalt verbirgt die Schwere und Eleganz in gelungener Weise. Dieser Wein kombiniert sehr ausgewogen Kraft und Finesse und hat der ein großartiges Finale. **RM**
☉☉☉☉☉ **Trinken: bis 2020+**

Die traditionellen Lesekörbe vor der Quinta dos Malvedos.

Gutiérrez Colosía
Palo Cortado Viejísimo Sherry

Herkunft Spanien, Andalusien, El Puerto de Santa María
Typ Trockener Likörwein, 22 Vol.-%
Rebsorte Palomino Fino

José Gutiérrez Dosal kaufte dieses alte Unternehmen Anfang des 20. Jahrhunderts. Seitdem haben Mitglieder der Familie die 1838 erbaute Hauptbodega um neue Weinkeller erweitert, die sich auf den Ruinen des Palastes des Grafen von Cumbrehermosa befinden. Cumbrehermosa war ein sogenannter *cargador de Indias* – er verschiffte Waren von und zu den spanischen Kolonien in der Neuen Welt.

Die Anlagen stehen in der Nähe der Mündung des Guadalete an der Bucht von Cádiz. Hier fand Mitte der 30er Jahre des 19. Jahrhunderts die industrielle Ausdehnung von Puerto de Santamaría statt, und hier sind auch heute noch die meisten Produktionsstätten der Weinhersteller zu finden. Die Anlagen Gutiérrez Colosía sind die einzigen, die sich direkt am Ufer des Flusses Guadalete befinden, wodurch die nötige Feuchtigkeit für die Alterung unter dem Hefeflor gegeben ist.

Der Palo Cortado Viejisimo ist das größte Juwel unter den Sherrys, die Gutiérrez Colosía in seinem Portfolio hat, ebenso wertvoll wie selten. In diesem komplexen und intensiven Wein wetteifern die beiden Seelen des Palo Cortado – die des Amontillado und des Oloroso – um die Vorherrschaft. **JB**

🔴🔴🔴 **Trinken: nach Erhalt**

Gutiérrez de la Vega *Casta Diva*
Cosecha Miel / Reserva Real 1970

Herkunft Spanien, Alicante
Typ Süßer Likörwein, 14 Vol.-%
Rebsorte Moscatel Romano (Muscat d'Alexandria)

Gutiérrez de la Vega ist ein Familiengut im Teilgebiet Marina Alta der DO Alicante. Dort leben und arbeiten Felipe, seine Ehefrau Pilar und ihre drei Kinder im Dorf Parcent in zwei bezaubernden alten Häusern. Die Trauben stammen von 15 ha Weingärten, die verstreut in den umliegenden Dörfern liegen. Felipa war ursprünglich Seemann und kelterte seit 1973 Wein, den er allerdings erst seit 1984 auf den Markt bringt. Inzwischen bietet er 14 verschiedene Weine an, von denen einige nach William Blake, James Joyce, Maria Callas oder Donizetti benannt sind, andere mit ihrem Namen auf literarische oder Opernthemen verweisen.

Victor de la Serna schrieb, Gutiérrez habe „auf exquisite Weise die Tradition des spanischen Moscatels" modernisiert. Casta Diva ist das Kronjuwel unter diesen Weinen, ein außerordentlicher Moscatel, der zu einem begehrten Sammlerstück geworden ist. Die Farbe ist ein anziehendes Gold, die Nase bietet Aromen von Honig, Zitrusfrüchten, Gewürzen und Feigen. Am Gaumen ist der Wein sehr süß, reichhaltig und samtig, mit einem langen, machtvollen und verführerischen Finale. Es ist ein Dessertwein von Weltklasse oder, wie sein Schöpfer sagt, „ein Wein, der für die Glückseligkeit gemacht ist". **JMB**

🔴🔴 **Trinken: bis 2015**

Henriques & Henriques
Century Malmsey 1900 Solera

Herkunft Portugal, Madeira
Typ Süßer Likörwein, 21 Vol.-%
Rebsorte Malvasia

Henriques & Henriques
W. S. Boal Madeira

Herkunft Portugal, Madeira
Typ Halbtrockener Likörwein, 21 Vol.-%
Rebsorte Boal (Bual)

Auf der Insel wird manchmal gewitzelt: „Es gibt auf Madeira nur zwei Familiennamen". Die Henriques' waren Großgrundbesitzer, die schon Mitte des 15. Jahrhunderts auf der Insel Weinberge anlegten, kurz nachdem sie von den Portugiesen entdeckt und kolonisiert worden war.

Als Portugal 1986 der EU beitrat, wurden die Soleras von Madeira praktisch abgeschafft, da sie wegen ihrer schlechten Definition zu leicht zu fälschen waren. Seit 1998 sind sie durch strengere Bestimmungen jedoch wieder im Aufwind – die Basis einer Solera muß heutzutage aus einem einzigen Jahr stammen, wovon nicht mehr als 10 % für die Abfüllung eines Jahres entnommen werden darf.

Henriques & Henriques zogen ihren Vorteil aus dieser neuen Gesetzgebung, indem sie eine Solera abfüllten, die 1899 angelegt worden war. Dieser Wein ist außergewöhnlich: mahagonifarben mit einem zarten grünen Rand; eine pikante, vornehm nach Früchten und grünen Teeblättern duftende Nase; unglaublich schwer, von fast öliger, an Feigen erinnernder Fruchtigkeit, die durch kräftige, hinreißende Säure ausbalanciert wird und den Wein frisch und lebendig hält. Ein packendes, kraftvolles Finale folgt. **RM**

🙂🙂🙂🙂 **Trinken: bis 2050+**

1850 gründete João Joaquim Henriques, später als João de Belém bekannt, sein Weinunternehmen mit Trauben der eigenen Weinberge aus der Umgebung des Fischerhafens Câmara de Lobos an der Südküste der Insel. Zunächst verkaufte er den Wein an andere Händler, bis seine Söhne die Firma 1912 in Henriques & Henriques umbenannten und selbst in den Handel einstiegen.

W. S. Boal ist einer der vier sehr alten Reserve-Weine, die das bilden, was als „himmlisches Quartett" von Henriques & Henriques bezeichnet worden ist. Die drei übrigen Mitglieder des Quartetts sind der Grand Old Boal, ein Malvasia und ein Sercial. Die Weine sind nicht mit Jahrgangsangaben gekennzeichnet, aber der Geschäftsführer John Cossart vermutet, daß der W. S. Boal bereits 50 Jahre alt war, als João de Belém die Firma 1850 gründete. Ab 1927 wurde er auf Flaschen abgefüllt und in den Jahren 1957, 1975 und 2000 neu verkorkt.

Dieser Wein mit seiner mittleren Mahagonifarbe und seinem sehr zarten, eleganten, fast gedämpften Aroma ist erstaunlich trocken für einen Boal. Der Geschmack von bittersüßer Marmelade, die phantastische, messerscharfe Konzentration und Tiefe geben ihm eine wunderbare Haltung. **RM**

🙂🙂🙂🙂 **Trinken: bis 2030+**

Emilio Hidalgo *1860 Privilegio Palo Cortado VORS Sherry*

Herkunft Spanien, Jerez de la Frontera
Typ Trockener Likörwein, 20 Vol.-%
Rebsorte Palomino Fino

Privilegio Palo Cortado 1860 ist, gemeinsam mit Santa Ana Pedro Ximénez 1861, das Juwel in der Krone der Bodegas Emilio Hidalgo. Diese kleine Sherry-Bodega wird von der vierten und fünften Generation der Gründerfamilie geführt, die schon 1860 eigene Weinberge und Soleras besaß.

Manchmal findet man auf Etiketten andalusischer Weine Jahreszahlen, die man für Jahrgangsangaben halten könnte, was meist nicht zutrifft. Es handelt sich vielmehr um Weine, die mit wenigen Ausnahmen nach dem traditionellen Solera-Verfahren hergestellt werden. In einer Solera wandern die Weine nach und nach von den Reihen mit den jüngsten Fässern (*criadera*) nach unten zu jenen mit älteren Weinen, bis sie die *solera* erreichen.

In den solera-Fässern werden Weine unterschiedlichen Alters vermischt, dadurch wird der Prozentanteil der alten Jahrgänge immer weiter herabgesetzt. Im Fall des Privilegio Palo Cortado bezieht sich das „1860" auf das Gründungsjahr der Solera, das sogar vor der formellen Gründung der Bodega als solcher lag. Deshalb kann man davon ausgehen, daß ein winziger Prozentsatz der aktuellen Weinabfüllung aus eben diesem Jahr stammt. **JB**

❸❸❸❸❸   **Trinken: bis zu 5 Jahre nach Erhalt**

Emilio Hidalgo *1861 Santa Ana Pedro Ximénez VORS Sherry*

Herkunft Spanien, Jerez de la Frontera
Typ Süßer Likörwein, 15 Vol.-%
Rebsorte Pedro Ximénez

Emilio Hidalgo ist eines der wenigen Sherry-Häuser, die heute noch von Nachkommen des Gründers geleitet werden. Emilio Hidalgo gründete mit einer Reihe von ihm ausgesuchter Soleras 1874 die Bodega.

1861 wurde die Solera des Santa Ana Pedro Ximénez angelegt, einem der mythenumrankten süßen Weines aus Jerez. Die Firma Emilio Hidalgo lebt von dem guten Ruf dieses Weins und des Privilegio Palo Cortado 1860, während Weinliebhaber bald auch die Vorzüglichkeit des Fino Especial La Panesa entdecken. Ein fast unfiltrierter Fino ist vermutlich der Schlüssel zur Zukunft dieses Weinanbaugebietes, da er sich durch Qualität und Komplexität auszeichnet, dabei aber bezahlbar ist und sich in größerem Maßstab herstellen läßt.

Santa Ana Pedro Ximénez 1861 ist ein Relikt der Familie Hidalgo. Er stammt von inzwischen verschwundenen Weinbergen mit Pedro Xinénez, die im Pagos de Añina lagen, neben Macharnudo, Carrascal und Balbaína eine der vier besten Gegenden für Sherry. Der Wein ist undurchsichtig, erstaunlich frisch und leicht, trotz seines Alters fruchtig. Ein wahres Vergnügen, zu Gunsten des Erhalts der Tiefe und des Alters der Solera werden jedoch nur kleinen Mengen auf Flaschen abgefüllt. **JB**

❸❸❸❸❸   **Trinken: bis zu 30 Jahre nach Erhalt**

Hidalgo-La Gitana
Palo Cortado Viejo VORS Sherry

Herkunft Spanien, Sanlúcar de Barrameda
Typ Trockener Likörwein, 19 Vol.-%
Rebsorte Palomino Fino

Hidalgo-La Gitana
Pastrana Manzanilla Pasada

Herkunft Spanien, Sanlúcar de Barrameda
Typ Trockener Likörwein, 15,5 Vol.-%
Rebsorte Palomino Fino

Hidalgo-La Gitana wurde in Sanlúcar von Kaufleuten aus dem nordspanischen Kantabrien gegründet. Das Haus besitzt eine der meistverkauften Manzanilla-Marken. Die alten Weine werden in halb-unterirdischen Kellern gelagert, die sich wunderbar auf die Entwicklung des Manzanillas auswirkt. Der Mangel an Sauerstoff wird durch geeignete Belüftung ausgeglichen, während die Nähe des Flusses Guadalquivir für den optimalen Feuchtigkeitsgrad für die Entwicklung des Hefeflors sorgt, der für Manzanilla unerläßlich ist.

Durch die hohe Luftfeuchtigkeit wird auch der Feuchtigkeitsverlust der Fässer gemindert und so der Anstieg des Alkoholgehalts verringert. Diese Tatsache ist vermutlich für das typische sensorische Profil der alten Weine von Hidalgo-La Gitana verantwortlich. Sie sind anfangs durch eine reduzierte Nase gekennzeichnet, was nach sorgfältiger Belüftung im Glas oder nach dem Dekantieren nachläßt.

Im Jahr 2000 wurde im Rahmen der Matador Serie ein außergewöhnlich guter Palo Cortado Scully herausgegeben, ein echtes Juwel unter den Sherrys, das Liebhaber wegen seiner Qualität und Seltenheit nicht versäumen sollten. **JB**

🔸🔸🔸🔸 **Trinken: bis zu 10+ Jahre nach Erhalt**

Jeder Liebhaber, der im Sherry-Gebiet schon einmal Wein direkt aus dem Faß probiert hat, weiß, daß Amontillados, Olorosos und Pedro Ximénez aus dem Faß sich kaum von jenen aus der Flasche unterscheiden. Allerdings gibt es bei den Finos und Manzanillas durchaus deutlich wahrnehmbare Unterschiede in der Farbe, Nase und am Gaumen.

Der Grund hierfür liegt in der intensiven Filterung von biologisch gealterten Weinen. Dies wird zum einen getan, um dem Wunsch der Konsumenten nach blassen Finos und Manzanillas zu entsprechen – es geht so weit, daß viele Käufer einen Wein von etwas dunklerer Farbe ablehnen. Zum anderen wird der Wein dadurch stabiler, kann ohne Verlust an Frische verschifft und für ein bis zwei Jahre gelagert werden.

Hidalgo hat mit seinem Pastrana Manzanilla Pasada ein bahnbrechendes Experiment gewagt, das im Gegensatz zu solchen Weinen steht. Der Pastrana hat eine wunderbar goldene Farbe und kann praktisch unfiltriert exportiert werden, wodurch bewiesen wäre, daß auf dem Markt durchaus echte Manzanilla Pasadas bestehen können. **JB**

🔸 **Trinken: jüngst freigegebene Weine, einige Jahre nach Erhalt**

KWV
Muscadel Jerepigo 1953

Herkunft Südafrika, Boberg
Typ Süßer Likörwein, 18,2 Vol.-%
Rebsorte Muscadel (Muscat Blanc à Petits Grains)

Domaine de La Rectorie
Cuvée Leon Parcé Banyuls 2000

Herkunft Frankreich, Banyuls
Typ Süßer Likörwein, 16 Vol.-%
Rebsorten Grenache Noir, etwas Mourvèdre

Vor dem Aufkommen der neuen Portweine aus Südafrika in den 90er Jahren waren die süßen Jerepigos der größte Beitrag des Landes zum Thema Likörwein. Allerdings ist „Wein" (oder *vin doux naturel*) vielleicht nicht ganz der treffende Ausdruck für diese köstlichen *mistelles*, die hergestellt werden, indem man dem Most reichlich Alkohol zufügt. Als Weinsorte ist Jerepigo zu Unrecht aus der Mode gekommen.

KWV war eine nationale Weingenossenschaft mit staatlichen Aufgaben. Sie produzierte einige der besten Jerepigos. Der 1953er ist ein Verschnitt aus mehreren Grundweinen und stammt aus der Zeit, bevor KWV über eigene Keller für solche Weine verfügte. Boberg ist als Herkunftsgebiet nur für verstärkte Weine zugelassen.

Seitdem der 1981 abgefüllt wurde, hat er einen fast mythischen Status unter den Kennern, die ihn sofort kaufen, wenn er gelegentlich auf dem Markt erscheint. Die reichhaltige, massive Süße wirkt wegen der moderaten Säure, des Tannins und des hohen Alkoholanteils nicht übersättigend. Es sind Spuren von altem Madeira und Melasse im komplexen Geschmack zu erkennen. Die Entwicklung hat die Farbe dunkel lohfarben werden lassen, der Wein zeigt aber keine Ermüdungserscheinungen. **TJ**
☻☻ **Trinken: bis 2050+**

Die Brüder Marc und Thierry Parcé besitzen einen alten Wehrmachtbunker in Banyuls, wodurch sie in dieser heißen Gegend von Frankreich auf exzellente, kühle Weinkeller zurückgreifen können. Sie sind *petits cousins* der Parcés aus Mas Blanc und Mitglied der *noblesse du bouchon* in Banyuls. Marc ist von Beruf Lehrer und begann 1984, mit dem Weinanbau auf dem 20 ha großen Gut der Familie zu experimentieren. Die Brüder sind Autodidakten in der Weinherstellung, allerdings hatte Thierry in André Brugirard, dem Önologen, der eine wichtige Rolle in der Modernisierung der Weine aus dem Rousillon spielte, einen vorzüglichen Berater. Sie verzichteten von Anfang an auf Filtration, bewirtschaften ihre Weingärten organisch und sind Anhänger der Slow Food Bewegung.

Der beste Banyuls des Gutes ist die Cuvée Léon Parcé. Der 2000er ist rubinrot mit einem leichten Purpurstich. Der Wein hat eine gute Struktur und duftet nach Kirschen und süßen Erdbeeren. Der frühere „Weltbeste Sommelier" Olivier Poussier findet ihn „leicht würzig" am Gaumen und empfiehlt, ihn bei 14 ° Celsius zu servieren. Der Wein kann mit einem Roquefort oder bestimmten Desserts genossen werden – Poussier empfiehlt einen Mürbeteig mit roten Früchten. **GM**
☻☻☻ **Trinken: bis 2025**

Leacock's
Sercial Madeira 1963

Herkunft Portugal, Madeira
Typ Trockener Likörwein, 20,5 Vol.-%
Rebsorte Sercial

Leacock ist einer der großen Namen auf Madeira, das Unternehmen wurde Mitte des 18. Jahrhunderts von dem Weinexporteur John Leacock gegründet. Sein Enkel Thomas Slapp Leacock war das berühmteste Mitglied der Familie, er besaß Weinberge in São João, außerhalb von Funchal. Als 1873 seine Weinstöcke durch Reblausbefall bedroht waren, unternahm er große Anstrengungen, um sie zu retten. Er behandelte die Wurzeln mit Teer, Terpentinessenz und Harz und hatte 1883 die Krankheit unter Kontrolle. Ihm ist es zu verdanken, daß es auf der Insel heute eine so große Vielfalt an traditionellen einheimischen Rebsorten gibt.

Sercial ist vielleicht die am wenigsten wertgeschätzte Rebe unter diesen Sorten. Sie produziert einen sehr trockenen Madeira, an dessen Geschmack man sich nicht sehr leicht gewöhnt. Leacock´s Sercial 1963 wurde 1994 abgefüllt, er ist noch relativ jugendlich, trotzdem ein ausdrucksstarkes Beispiel für diese Rebsorte. Er ist mittelhell bernsteinfarben und zeigt das typische delikate Aroma von leicht rauchigen und blumigen grünen Teeblättern. Am Gaumen ist er trocken und herb, trotzdem delikat, ungemein sauber und fein abgestimmt. Der Abgang ist stählern. **RM**

❂❂❂❂ **Trinken: bis 2050+**

M. Gil Luque *De Bandera*
Palo Cortado VORS Sherry

Herkunft Spanien, Jerez de la Frontera
Typ Trockener Likörwein, 19 Vol.-%
Rebsorte Palomino Fino

Von dem kleinen Kreis der echten Sherryliebhaber werden die alten Weine von Fernando Carrasco Sagastizábal schmerzlich vermißt. Seine Soleras wurden 1995 zunächst von der Firma M. Gil Luque gekauft und zur Kellerei Viña El Telégrafo am Pago Carrascal verlegt. 12 Jahre später übernahm die Estévez-Gruppe die Firma M. Gil Luque, wodurch für diese alten Weine eine neue Ära in der De-Bandera-Serie begann. Es wurde ein erneuter Umzug erforderlich, was diese alten Weine nicht mögen. Das Estévez Team unter Eduardo Ojega hatte jedoch die Verlagerung, Neuorganisation und Wiedereinlagerung der vielen Fässer aus dem legendären Haus Valdespino bereits erfolgreich abgeschlossen und konnte auf diese Erfahrungen zurückgreifen.

Aus den 7 besten Fässern der Solera dieses Palo Cortado wurde im Jahr 2000 eine limitierte Auflage von 300 Halb-Flaschen herausgegeben. Dieses ‚beste Faß', auch *Bota Punta* genannt, übertrifft alle anderen in der Solera des jeweiligen Sherrys an Alter, Tiefe und Ausgewogenheit. Folglich unterliegt die *Bota Punta* traditionell strikten Regeln bezüglich der Entnahme und des Auffrischens, um ihr Alter und ihre hervorragenden Eigenschaften über viele weitere Jahre zu erhalten. **JB**

❂❂❂ **Trinken: 30+ Jahre nach Erhalt**

Lustau *Almacenista Cuevas Jurado Manzanilla Amontillada*

Herkunft Spanien, Sanlúcar de Barrameda
Typ Trockener Likörwein, 17,5 Vol.-%
Rebsorte Palomino Fino

Lustau *Almacenista García Jarana Pata de Gallina Oloroso Sherry*

Herkunft Spanien, Jerez de la Frontera
Typ Trockener Likörwein, 20 Vol.-%
Rebsorte Palomino Fino

Almacenistas sind Anteilseigner, die Wein oder Most von Winzern kaufen und ihn in ihren eigenen Bodegas altern lassen. Manche, wie etwa Manuel Cuevas Jurado, haben auch ihre eigenen Weinberge. Sie dürfen jedoch ihre Weine nicht selbst verkaufen, wenn sie sich nicht als Exporteure bei der Aufsichtsbehörde registrieren lassen. Daher werden ihre Bestände von größeren Firmen gekauft, die sie als Bestandteile für den Verschnitt ihrer Marken verwenden.

In den 80er Jahren erkannte Bodegas Lustau, damals noch unter der Leitung von Rafael Balao, das große Potential, das in den Soleras der Almacenistas lagert und begann in einem kühnen und gelungenem Coup, aus ihnen ausgewählte Weine nach seinen eigenen Kriterien herzustellen und zu vermarkten.

Das Gesamtniveau der Almacenista-Weine von Lustau ist erstaunlich hoch. Manche sind jedoch besonders hervorragend, wie dieser Manzanilla Amontillada. Er hat nicht nur wahre Qualität, sondern zeichnet sich dadurch aus, daß er einer der wenigen, wenn nicht sogar der einzige Manzanilla Amontillada ist, der käuflich zu erwerben ist. Die Zahl 1/21 auf dem Label weist darauf hin, daß die Solera aus 21 Fässern besteht. **JB**

⊙⊙ **Trinken: bis zu 5+ Jahre nach Erhalt**

Luis Caballero Florido ist der Hauptanteilseigner der Bodega Luis Caballero in El Puerto de Santa María, die unter anderem die Weine Pavón Puerto Fino Sherry, Don Luis Amontillado und Padre Lerchundi Moscatel produziert. Das Juwel seines Portfolios an Sherry-Häusern ist jedoch Lustau, das er 1990 kaufte und dessen Leitung Manuel Arcila obliegt.

Der elegante und würzige Pata de Galina Oloroso 1/38 stammt von einer Jahrhunderte alten Bodega im Barrio de Santiago, die Florido gehört. Er ist Eigentümer einer Motorradfirma und ein großer Sherry-Liebhaber. Die derzeitigen wirtschaftlichen Rahmenbedingungen lassen nichts anderes zu, als daß er die Bodega vor allem als Hobby betreibt, da die Sherryherstellung und der -handel immer noch in der Krise steckt, die in den 70er Jahren begann.

Pata de Galina bedeutet „Hühnerfuß" und nimmt Bezug auf die Kreidemarkierungen, mit denen die *capataces* die Weinfässer klassifizieren. Der ursprüngliche Kreidestrich wird dabei um sukzessive Zweige erweitert, um bestimmte Aromaprofile der enthaltenen Weine zu kennzeichnen – das Ergebnis ähnelt tatsächlich dem Fuß eines Huhns. **JB**

⊙⊙ **Trinken: bis zu 10+ Jahre nach Erhalt**

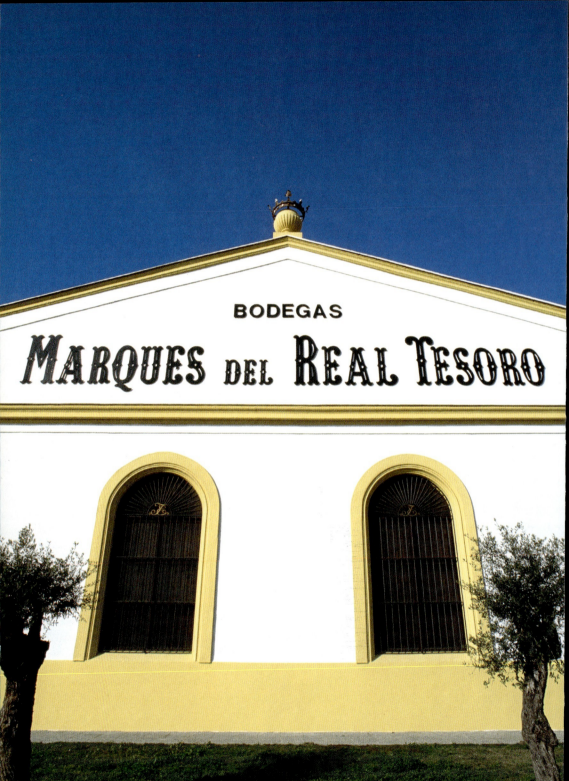

Marqués del Real Tesoro
Covadonga Oloroso VORS Sherry

Herkunft Spanien, Jerez de la Frontera
Typ Trockener Likörwein, 19,5 Vol.-%
Rebsorte Palomino Fino

Mas Amiel
Maury 2003

Herkunft France, Maury
Typ Roter Likörwein, 16 Vol.-%
Rebsorte Grenache Noir

Marqués del Real Tesoro war 1984 die erste der größeren Erwerbungen von José Estévez. Seitdem hat die Grupo Estévez – inzwischen in der zweiten Generation von der Familie geleitet – ihre Stellung als eine der wichtigsten (sowohl nach Volumen als auch nach Umsatz) Firmen auf dem Sektor weiter konsolidiert. In den Jahren 2006 und 2007 kaufte es die Unternehmen Rainera Pérez Marin (La Guita) und M. Gil Luque hinzu.

Das Önologenteam keltert nicht nur die preiswerten Massenweine der Grupo Estévez, sondern auch unter der Leitung von Eduardo Ojeda und Maribel Estévez eine beeindruckende Reihe von Seltenheiten, die zur Weltspitze gehören. Darunter befindet sich dieser Covadonga Oloroso VORS.

Das traditionelle Etikett dieses Weines zählt zu den unanständigsten aus dem Sherry-Gebiet. Man sieht auf ihm den alten Noah, der betrunken unter einem Weinstock liegt und sich zur Entrüstung seiner Kinder entblößt hat – die Geschichte ist im Ersten Buch Mose nachzulesen. Manche Betrachter meinen, in der Typographie eine angedeutete Darstellung jenes Körperteils wiederzuerkennen, das Noah so schamverletzend enthüllt hatte. **JB**

🅂🅂🅂🅂 **Trinken: bis zu 20+ Jahre nach Erhalt**

Im östlichen Zipfel des trockenen, felsigen Maury-Tals steht ein großes, kathedralenartiges Gebäude, das zu Beginn des 20. Jahrhunderts errichtet wurde. Hier werden Weine hergestellt. Der Roussillon ist die wärmste Weinregion Frankreichs und dieses Stück Land liegt in dessen heißester Ecke. Es verzeichnet 260 Stunden Sonnenschein im Jahr. Das Gut selbst stammt aus dem Jahre 1816, wurde aber von der Familie Dupuy zu dem gemacht, was es heute ist. In letzter Zeit zeigte die Familie aber weniger Interesse daran und verkaufte es 1997 an Olivier Decelle.

Auf 155 ha wachsen vornehmlich Grenache-Reben, die im Durchschnitt 35 Jahre alt sind. Die meisten Weine werden aufgespritet – jedoch zu einem geringeren Gehalt als Portwein – und dann in riesigen Eichenfässern oder Glasballonflaschen gelagert. „Jahrgangsweine" gibt es nur aus den 1990ern, sie sind aber körperreicher und fruchtiger als traditionelle Weine, die in Eiche reiften und nach 6 oder 10 Jahren abgefüllt wurden.

Der 2003er Jahrgangs-Maury ist ein 100%iger Grenache. Seine Farbe ist so dunkel, wie sie nur in dieser glühenden Hitze werden kann. Die Textur des Weines am Gaumen ist weich, er hat ein wunderbares Aroma. **GM**

🅂🅂🅂 **Trinken: bis 2020+**

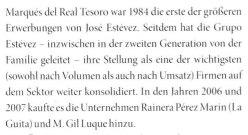

◀ Die Bodega von Marqués del Real Tesoro in Jerez.

Mas Blanc
La Coume Banyuls 2003

Herkunft Frankreich, Banyuls
Typ Süßer Likörwein, 16,5 Vol.-%
Rebsorte Grenache Noir

Banyuls, ein kleiner Hafen an der spanischen Grenze, blickt auf eine lange Tradition der Herstellung verstärkter Rot- und Weißweine aus Beeren der schieferhaltigen Böden der Pyrenäenausläufer zurück. Gegründet wurde Mas Blanc von Dr. André Parcé. Er war der Vorsitzende der örtlichen Genossenschaft, bis ihn ein kleiner Skandal des Amtes enthob: Die Einnahmen waren so niedrig, daß die Mitglieder kaum noch bezahlt werden konnten. Aber Parcés Ruf ging über Banyuls hinaus, er war Mitglied etlicher nationaler Gremien. Einigen mag es nicht schmecken, aber André Parcé verdient ein Lob. Er belebte nicht nur die Herstellung des aufgespriteten Weins wieder, sondern erfand gewissermaßen den Tafelwein Collioure. Sein Ansehen beim Institut National des Appellations d'Origine in Paris duldete keinen Widerspruch. Heute wird diese Tradition auf dem 20 ha großen Gut durch Andrés Söhne Jean-Michel und Bernard hervorragend fortgeführt. Neuheiten sind die ausgezeichneten, nicht aufgespriteten Collioures, ein Solera-ähnlicher Wein, und der erstklassige Banyuls La Coume, der aus 90 % Grenache Noir und etwas Syrah und Mouvèdre hergestellt wird. Jahrgangsweine sind oft mit *Rimatge* etikettiert, dem katalanischen Wort für das Alter der Reben.

Der La Coume 2003 ist wunderbar harmonisch, edel und elegant, er wird nach 10 Jahren ein exzellenter Dessertwein sein. Trotz seiner 80 g/l Restzucker wirkt er leicht und paßt hervorragend zu Edelpilzkäse und schwarzen Feigen. **GM**
☺☺☺ **Trinken: bis 2025**

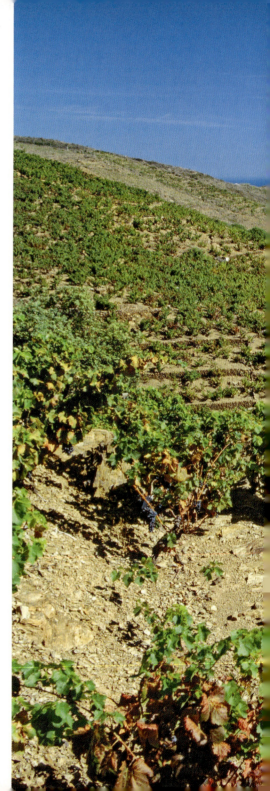

Banyuls Weinberge liegen am Golfe de Lion.

Massandra Collection
Ayu-Dag Aleatico 1945

Herkunft Ukraine, Massandra, Ayu-Dag
Typ Süßer Likörwein, 15,5 Vol.-%
Rebsorte Aleatico

Ein Weingut gab es in Massandra, in der Nähe von Jalta am Schwarzen Meer, schon Mitte des 19. Jahrhunderts. Hier wurde Wein für den im Sommerpalast residierenden Zaren gekeltert. Um ein hohes Niveau zu garantieren, nahm der Zar den Fürsten Lev Sergejewitsch Golitzin in seine Dienste. Dieser behielt von jeder Abfüllung eine Flasche ein und schuf so die Massandra Collection. Auch heute wird hier – auf den insgesamt 1780 ha Land der zusammen arbeitenden Genossenschaften – noch Wein hergestellt.

Für die Sammlung wird mindestens eine Flasche eines jeden Weins aufbewahrt, eine beschränkte Anzahl wird jedoch regelmäßig verkauft. Am 27. November 2007 hielt das Londoner Auktionshaus Bonhams eine Weinversteigerung ab, anläßlich derer eine 1945er Massandra Collection Ayu-Dag Aleatico verkostet wurde. Der Ayu-Dag – der „Bärenberg" – thront über dem Weingut, und Aleatico ist eine italienischer Rebsorte, die dem Muscat Blanc à Petits Grains sehr verwandt ist.

In der Nase ist er nicht sehr kräftig, weist aber die für diese Weine übliche beachtliche Ausgewogenheit zwischen Süße und Säure auf. Er ist weder übermäßig süß noch sehr dickflüssig. **SG**
☺☺☺☺ **Trinken: bis 2040**

Morris Wines
Old Premium Liqueur Muscat

Herkunft Australien, Victoria, Rutherglen
Typ Süßer Likörwein, 18 Vol.-%
Rebsorte Muscat à Petits Grains (Brown Muscat)

Dieser „Süße" ist ein einzigartiger australischer Wein und ein Beispiel für die Likörweine, die aus den im heißen Rutherglen-Gebiet in Nordost-Victoria gereiften Trauben des Brown Muscat hergestellt werden. Der verstorbene Mick Morris war eine Legende hier in der Gegend, nun macht sein Sohn David die Weine.

Zur Herstellung dieser hedonistischen Kostbarkeiten werden die Trauben möglichst lange an den Reben gelassen – bis sie fast zu Rosinen geworden sind –, um die größtmögliche Süße zu erreichen. In der Kellerei angekommen, werden die Trauben ausgepreßt und einer kurzen Gärung ausgesetzt, bevor hochprozentiger neutraler Alkohol hinzugegeben, die Gärung so unterbunden und der Wein auf 18 % Alkoholgehalt gebracht wird. Danach wird der Wein in Eichenfässer gefüllt und altert nun über Jahre in ofenheißen Schuppen. Die älteren Weine geben dem Verschnitt sehr intensive Aromen von gebranntem Zuckersirup und Rum, jüngere Weine hingegen verleihen einen frischen, fruchtigen Charakter. Dieser Wein zaubert Ihnen garantiert ein Lächeln auf die Lippen: grasiges Aroma, sehr süß am Gaumen, erinnert an Rosinen und Bratäpfel. Ein gewichtiger Wein, der den besonderen Geschmack anspricht. **SG**
☺☺ **Trinken: nach Erhalt**

Morris Wines
Old Premium Liqueur Tokay

Herkunft Australien, Victoria, Rutherglen
Typ Süßer Likörwein, 18 Vol.-%
Rebsorte Muscadelle

Das 1859 gegründete Gut gehört jetzt Pernod Ricard und ist gerade neu an den Markt gebracht worden. Betrieben wurde es stets von einem Mitglied der Familie Morris. Die älteste gewerblich vertriebene Marke für Tokay und Muscat ist der Old Premium, der jährlich in sehr geringer Menge hergestellt wird. Die Muscadelle-Reben wachsen hier auf rotem Lehm über roten und gelben Tonerden, die Wasser gut speichern können und eine zusätzliche Bewässerung ersparen. Das ist für diese Region ebenso ungewöhnlich wie das leichte Gären der Beeren, wodurch – so David Morris (Kellermeister seit Mitte der 90er Jahre) – das Aroma leicht, aber bedeutsam verändert wird.

Old Premium Tokay wird einmal jährlich verschnitten und hat ein Durchschnittsalter von 20 Jahren, wobei der älteste Wein um die 60 Jahre alt ist. Obwohl der Tokay aus den reifsten Trauben gemacht wird, hat er weniger Süße als Muscat, ist aber sehr komplex und samtig. Old Premium wird so verschnitten, daß er eine Ausgewogenheit zwischen malzigen, honigsüßen, fruchtigen, jungweinigen und Karamelnoten erreicht, die von einer leichten, ultrakomplexen Ranzigkeit unterlegt sind. „Ein Wein muß fruchtig sein", ergänzt Morris, „Alter allein macht keine Schönheit". **HH**

😊😊😊 **Trinken: 20+ Jahre nach Erhalt**

Niepoort
Colheita Port 1987

Herkunft Portugal, Douro-Tal
Typ Süßer Likörwein, 20 Vol.-%
Rebsorten Gemischter Satz

Colheita ist einer der am meisten mißverstandenen und fehldargestellten Portweinkategorien. Das portugiesische Wort Colheita bedeutet „Ernte", wird aber zuweilen mit „Weinjahrgang" verwechselt. Auf dem Etikett eines Colheita finden sich zwei Daten: das Jahr der Ernte und das der Abfüllung. Das letztere ist ebenfalls von Bedeutung, weil der Colheita trinkfertig abgefüllt wird – im Gegensatz zum Vintage Port, der gegebenenfalls weitere 30 Jahre Flaschenreifung braucht.

Niepoort verfügt über Colheita-Bestände, die bis ins Jahr 1935 zurückreichen. Diese älteren Jahrgangsweine sind unleugbar beeindruckend und werden auf Nachfrage auch abgefüllt. Niepoort verkauft aber auch erschwinglichere Weine, die jugendliche Frische mit der Komplexität der Holzfaßreife verbinden. Jüngere Colheitas sind zwar trinkfertig, entfalten sich in der Flasche aber langsam weiter. Der Niepoort 1987 Colheita (2005 abgefüllt) ist mit seinen 18 Jahren Faßreife ziemlich jugendlich. Trotz seines blaß bernstein- bis lohfarbenen Kleides ist er sehr frisch und duftig mit verfeinerten Aromen. Er ist wunderbar ausgewogen und komplex, lieblich, mild und ölig am Gaumen, im Abgang fein und köstlich pikant. **RM**

😊😊😊 **Trinken: bis 2012**

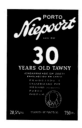

Niepoort
30 Years Old Tawny Port

Herkunft Portugal, Douro-Tal
Typ Süßer Likörwein, 20 Vol.-%
Rebsorten Gemischter Satz

Obgleich Niepoort einige sehr feine Jahrgangsweine hervorbrachte, verdankt es doch sein Ansehen vor allem dem ausgezeichneten Spektrum an Tawnys, das vom sogenannten Junior über den Senior bis hin zu den 10-, 20- und 30jährigen Old Blends reicht, die alle zu den Erlesensten ihrer Art gehören.

Während die Bestandteile eines Tawny Blend im Faß reifen, werden sie immer konzentrierter und gewinnen durch die Verdunstung an Süße. Es hängt viel davon ab, wie und wo die Weine alterten. Ein Wein, der im Douro-Tal im Landesinneren gelagert wurde, wo die Temperaturen (und damit der Verdunstungsanteil) höher sind, reift schneller als ein Wein, der unter kühleren, feuchteren Bedingungen nahe der Küste in Vila Nova de Gaia gealtert ist.

Niepoort 30 Years Old Tawny wurde aus 8- bis 100jährigen Weinen hergestellt. Er ist blaß bernstein- bis lohfarben, mit einer olivgrüner Tönung am Rand, die das hohe Durchschnittsalter der Weine verrät. Im Aroma ist er fein, zart und gehoben, mit Noten von frisch gerösteten Mandeln, getrockneten Aprikosen und Marmelade. Insgesamt ist dieser meisterhafte Verschnitt süß, lieblich und edel, und voll Schönheit und Flair im Abgang. **RM**

☺☺☺ **Trinken: bis zu 10+ Jahre nach Erhalt**

Niepoort
Vintage Port 2005

Herkunft Portugal, Douro-Tal
Typ Süßer Likörwein, 20 Vol.-%
Rebsorten Gemischter Satz

Portugal erlitt 2005 die schwerste Dürre seit Menschengedenken. Die jüngeren Weinberge konnten den extremen Bedingungen nicht standhalten und ergaben vertrocknete Beeren und unausgewogene Weine mit Brandgeschmack. Aber trotz der starken Einbußen wurden kleine Mengen konzentrierten, schweren Weines produziert, der von den alten, tief verwurzelten Rebstöcken stammte, die der Dürre widerstehen konnten. Für die meisten Portwinzer war 2005 ein „nicht-klassisches" Jahr für Einzellagenabfüllungen, und manche straff komponierte Weine wurden im Frühjahr 2007 deklariert. Einige Exporteure bestanden allerdings auf einer Vintage-Deklaration.

Dirk Niepoort konnte seine Begeisterung nicht verhehlen: „Ich halte den 2005er für den besten Wein, den ich je gemacht habe, und wahrscheinlich ist es der beste Niepoort seit 1945." Niepoort sieht die Großartigkeit des 2005ers in seiner „Harmonie und Ausgewogenheit" – für solche extreme Bedingungen unübliche Merkmale. Dieser Wein hat ein langes Leben vor sich: tief und opak in der Farbe, noch geschlossen und rauh, und doch schon von beeindruckender Dichte und Intensität. Er ist nicht der Spitzenwein des Hauses, aber von bemerkenswertem Fruchtcharme und tanninreichem Rückgrat. **RM**

☺☺☺ **Trinken: 2015 to 2050+**

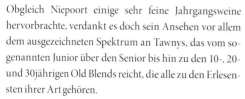

Quinta do Noval *Vintage Port* 1997

Herkunft Portugal, Douro-Tal
Typ Süßer Likörwein, 19,5 Vol.-%
Rebsorten Gemischter Satz

Es gibt kein schöneres Weingut im Douro als Quinta do Noval mit seinem beeindruckenden Ausblick über die Täler des Pinhão und Douro. Im Grundbuch erscheint der Landsitz erstmals 1715, ging durch die Hände der Familie Rebello Valente und Visconde de Vilar d'Allen, wurde von der Reblaus befallen und 1894 danach an den Exporteur António José da Silva verkauft. Da Silva hat Noval gründlich erneuert und viele der Rebstöcke auf reblausresistente amerikanische Wurzelstöcke aufgepfropft.

1981 zerstörte ein verheerender Brand einen Großteil von Noval, seinen Lagervorräten und Archiven. Diese Katastrophe und ein langwährender Familienstreit zwang das Unternehmen schließlich in die Knie. So mußten Cristiano und Teresa van Zeller Noval 1993 an den Konzern AXA Millésimes verkaufen. Seither wurde fast das halbe Weingut neu bepflanzt, die berühmten Terrassen aber alle beibehalten. Ab 1994 wurden die ersten Vintages unter der neuen Führung deklariert, wenn es sich hierbei auch um wesentlich geringere Mengen als zuvor – oft weniger als 1000 Flaschen – handelte.

1997 produzierte Noval einen der besten als Vintage deklarierten Weine dieses Jahrgangs. Diese Weine waren jedoch bei Weitem nicht so gefällig wie ihre Vorgänger aus dem Jahr 1994. Der Noval ist opulent, mit schwerer Fruchtigkeit, intensiven Aromen bitterer Schokolade und einem tanninreichem, fast explosiven Finale. 20 Jahre benötigt dieser Noval 1997 zur Reife. Er markiert den Beginn einer neuen Ära dieses charismatischen Weinguts. **RM**

❂❂❂❂ Trinken: bis 2050+

WEITERE EMPFEHLUNGEN
Andere große Jahrgänge
1931 • 1963 • 1966 • 1970 • 1994 • 2000 • 2003
Weitere Portweine von Quinta do Noval
Aged Tawny • Colheita
Late Bottled Vintage • Nacional • Silval

Quinta do Noval *Nacional Vintage Port* 1963

Herkunft Portugal, Douro-Tal
Typ Süßer Likörwein, 20,5 Vol.-%
Rebsorten Touriga Nacional, Tinta Francisca, Souzão

Die 1963er Portweine gelten in jeder Beziehung als herausragend. Nahezu jedes Portweinhaus produzierte in jenem Jahr einen beeindruckenden Vintage Port. Einer der schwächeren war der Quinta do Noval, eine Enttäuschung, die aber durch den Quinta do Noval Nacional mehr als wett gemacht wurde, einem der besten Vintage Ports, die je hergestellt wurden.

„Nacional" bezeichnet eine Parzelle mit etwa 6000 nicht gepfropften Rebstöcken zu beiden Seiten der Hauptzufahrt zu Quinta do Noval. Sie wurden 1920 gepflanzt und sind mit ihren eigenen Wurzeln tief mit dem Boden des Landes verbunden – daher der patriotische Name Nacional. Der Weinberg liegt am sogenannten *meia encosta* (auf halbem Hang) in einer Höhe von 350 m günstig nach Südwesten ausgerichtet. Die Erträge der Reben sind niedrig und liegen im Durchschnitt bei 15 hl pro Hektar, während sie auf dem Rest des Noval-Gutes 30 bis 35 hl pro Hektar betragen.

Der Portweinexperte Richard Mayson hat den Nacional 1963 im letzten Jahrzehnt viermal verkostet (und getrunken) und nennt ihn „einen der virtuosesten Portweine, die je produziert wurden". Sein Kommentar nach einer chronologischen Verkostung des Nacional im März 2001 in Portugal – der Wein war 38 Jahre alt – lautete: „Unglaublich tiefe Farbe, purpur-rosa Rand mit nur einer winzigen Spur Braun. Dicht aber intensiv, schwarze Kirscharomen in der Nase; unglaublich konzentriert, fruchtige Bitterschokolade. Von höchster Qualität. Sehr, sehr, sehr fein. Wunderbare Länge – sprachlos – immerwährendes Finale." **SG**
🍷🍷🍷🍷🍷 Trinken: bis 2050+

WEITERE EMPFEHLUNGEN
Andere große Jahrgänge
1931 • 1934 • 1945 • 1958 • 1966 • 1970 • 1994 • 2000
Weitere 1963er Portweine
Cockburn • Croft • Delaforce
Fonseca • Graham • Taylor • Warre

Olivares Dulce
Monastrell Jumilla 2003

Herkunft Spanien, Jumilla
Typ Süßer Likörwein, 16 Vol.-%
Rebsorte Monastrell

Osborne
Pedro Ximénez Viejo VORS Sherry

Herkunft Spanien, Andalusien, El Puerto de Santa María
Typ Süßer Likörwein, 17 Vol.-%
Rebsorte Pedro Ximénez

Bodegas Olivares ist ein 1930 gegründetes Familienunternehmen. Mehr als 202 ha Weingärten, bepflanzt mit Monastrell, Syrah und Tempranillo, befinden sich in Jumilla, dem mediterranen Anbaugebiet in der Provinz Murcia, in ihrem Besitz. Das Weingut gehört allerdings nicht zur Denominación de Origen, weil es fast ausschließlich Massenweine herstellt.

Unter den Weingärten befindet sich eine kleine Parzelle sehr alter, unveredelter Monastrell-Reben, die zwischen Olivenbäumen (*olivares* bedeutet Olivenhaine) in einer Höhe von 792 m gepflanzt wurden. Aus diesen Trauben wird Olivares produziert, ein süßer, roter Dessertwein. Auf unerklärliche Weise – vielleicht durch eine Art Osmose – finden sich Olivenaromen auch im Wein.

2003 war ein sehr warmer Jahrgang und brachte überreife Trauben hervor, ideal für Südwein. Seine Farbe ist aufgrund der langen Mazeration sehr dunkel. Eine bezeichnende Oliven- und Tomatensaft-Note macht den Wein – selbst blind serviert – sofort erkennbar. Kennzeichnend sind Aromen von Blumen und etlichen Trockenfrüchten wie Feigen und Datteln. Dieser Wein ist reich und tanninreich in seiner Jugend, dick in der Textur und nachklingend im Finale. **LG**

⊛⊛ **Trinken: bis 2020**

Viejo Pedro Ximénez Rare Sherry ist einer der Sterne am hochgeschätzten Firmament der sehr alten, süßen PX-Weine. Er ist fast schwarz und so dick, daß er das Glas mit seiner Farbe überzieht. Sowohl in der Nase als auch am Gaumen ist er süß, komplex und andauernd, mit Aromen von Rosinen, Datteln, Jod, Salz, Toast und Weihrauch.

Osborneweine sind im allgemeinen sehr gut, mit einer einfachen Einstiegskollektion mit ausgezeichnetem Preis-Qualitäts-Verhältnis, und natürlich mit den weltberühmten Sacristía reserves, den Rare Sherrys, wie dieser Viejo Pedro Ximénez VORS einer ist.

Die Rare-Sherry-Palette stammt von sehr alten Soleras, von denen die meisten in der Bodega La Honda liegen. Diese Weine wurden einst für den Privatgenuß der Osborne-Familie reserviert, bis sie in den 1990ern freigegeben wurden. Ursprünglich enthielt diese Serie noch andere, ebenso ausgezeichnete Weine, die heute aber nicht mehr zum Verkauf stehen (Very Old Dry Oloroso, Alonso el Sabio Oloroso, La Honda Fino Amontillado, El Cid Amontillado). Mit etwas Glück können diese Solera-Weine aber mit dem Kellermeister Ignacio Lozano bei einem ruhigen Spaziergang entlang der altehrwürdigen Eichenfässer verkostet werden. **JB**

⊛⊛⊛⊛ **Trinken: bis zu 50 Jahre nach Erhalt**

Osborne
Solera PΔP Palo Cortado Sherry

Herkunft Spanien, Andalusien, El Puerto de Santa María
Typ Halbtrockener Likörwein, 22 Vol.-%
Rebsorte Palomino Fino

Paternina *Fino Imperial Amontillado VORS Sherry*

Herkunft Spanien, Jerez de la Frontera
Typ Trockener Likörwein, 18 Vol.-%
Rebsorte Palomino Fino

Solera PΔP Palo Cortado ist ein halbtrockener Sherry, der Konzentration, Weichheit und aromatische Fülle wie kaum ein anderer in sich vereint. Die hiesige Tradition will es, daß die Weine aufgehoben und einer oxidativen Alterung in Soleras unterzogen werden, die entweder trocken (Amontillado, Oloroso, Palo Cortado) oder süß sind (meist Pedro Ximénez, aber auch Moscatel). Diese halbtrockenen Weine werden so durch einen Verschnitt unterschiedlicher Anteile erzielt.

Dieser Verschnitt mildert die hohe Adstringenz und Strenge der alten Weine und macht sie für empfindliche Gaumen attraktiver. Doch die Zugabe selbst von kleinen Mengen PX zu einem alten, trockenen Wein hat oft ein Simplifizieren des Duftes eines großartigen Palo Cortado oder Oloroso zur Folge, wodurch er des Charakters in der Nase und der Rasse am Gaumen beraubt wird. Das Geheimnis der feinen Nase des Solera PΔP Palo Cortado liegt im Zeitpunkt des Verschnitts, nämlich nicht unmittelbar vor der Abfüllung, sondern so früh wie möglich. Von Beginn an enthält dieser Palo Cortado in den Criaderas eine kleine Menge PX, die sich über Jahrzehnte hinweg harmonisch mischt und in einem Wein mündet, der alt und expressiv und doch samtig am Gaumen ist. **JB**

🍷🍷🍷🍷 **Trinken: bis zu 10 Jahre nach Erhalt**

Wenn es einen Sherry gibt, der durch seine Einzigartigkeit besticht und strengsten Kriterien genügt, dann hätte Paterninas Fino Imperial Amontillado Sherry die besten Chancen auf diese Auszeichnung. Argumente dafür gibt es viele, und alle sind von Bedeutung.

Der Wein ist ein lebendes Relikt des historischen Hauses von Diez Hermanos (1876), das in der zweiten Hälfte des 20. Jahrhunderts verschiedene Besitzerwechsel erfuhr, bis es schließlich von der Paternina Group aus Rioja übernommen wurde. Mehr noch, es handelt sich hier – wie auch bei dem legendäreren Coliseo von Valdespino – um einen Amontillado aus Jerez, der mit einem Manzanilla aus Sanlúcar aufgefrischt wurde. Man könnte sagen, er verbringe seine Kindheit und Jugend am Fluß Guadalquivir und zieht dann zur Reife landeinwärts, wo er die liebevolle Fürsorge des erfahrenen Paternina-Önologen Enrique Pérez erfährt.

Und er ist ein „echter" Amontillado, ein Wein also, der sich aus einem Fino durch das natürliche Absterben der Florhefeschicht (ohne Zugabe von Alkohol) und dem folgenden Einsetzen einer oxidativen Alterung entwickelt. Daher der Name Fino Imperial, der den ausgesprochen biologischen Charakter des Weines betont. **JB**

🍷🍷🍷 **Trinken: bis zu 10+ Jahre nach Erhalt**

Carlo Pellegrino
Marsala Vergine Vintage 1980

Herkunft Italien, Sizilien, Marsala
Typ Süßer Likörwein, 18 Vol.-%
Rebsorte Grillo

Bis in die 60er Jahre hinein war Marsala über ein Jahrhundert hinweg der meist exportierte Wein aus Sizilien und das populäre Gegenstück zu Sherry und Madeira in Großbritannien. Ein Engländer war es, der Portweinhändler John Woodhouse aus Liverpool, der den Marsala „erfand", benannt nach einer Stadt an der Westküste Siziliens, wo er ein *baglio* (Weingut) anlegte. Als Schutzmaßnahme fügte Woodhouse dem Marsala-Wein für lange Seereisen Alkohol hinzu und machte ihn so bei der Royal Navy zu einem beliebten Getränk.

Ende des 19. Jahrhunderts hatten sich besonders die sizilianischen Häuser Vincenzo Florio und Carlo Pellegrino mit der Herstellung eines hochwertigen Marsalas einen Namen gemacht. Obwohl er der viktorianischen Vorliebe für starke, wärmende Getränke entsprach, waren die Häuser darauf angewiesen, den Alkoholgehalt des Weins auf 20 % Alkoholgehalt anzuheben. Der wirklich feine und komplexe natürliche Marsala ist jedoch der *vergine*, der kaum 16 % übersteigt. 1986 wurden die italienischen DOC-Gesetze zugunsten strengerer Produktionsbestimmungen aber geändert. Bedauerlicherweise muß ein Marsala nun 18 % aufweisen. Damit wurden die besten Weine vom offiziellen DOC-Status ausgeschlossen. Zum Glück haben wir immer noch diesen Pellegrino Vergine Vintage 1980. Die Farbe ist von hellem Bernstein, die erlesene Nase verbindet Schmackhaftigkeit mit einem Hauch leicht oxidativem *rancio*, der von 22 Jahren Faßalterung herrührt. Am Gaumen ist er lieblich, perfekt ausgewogen und von langem Nachhall. **ME**
🍷🍷🍷🍷 **Trinken: bis 2050+**

Ein traditioneller Faßkarren für Marsala in Carlo Pellegrinos Keller. ➡

Pérez Barquero
1905 Amontillado Montilla

Herkunft Spanien, Montilla-Moriles, Montilla
Typ Trockener Likörwein, 21 Vol.-%
Rebsorte Pedro Ximénez

Die Rebsorte Pedro Ximénez wird von Verbrauchern nicht selten mit den aus überreifen Trauben hergestellten, dichten und süßen Weinen der Sherry- und Montilla-Moriles-Regionen assoziiert. Diese Weine werden oft mit einem „PX" gekennzeichnet und so der Kategorie Süßweine zugeordnet, obwohl PX nicht unbedingt mit Süßweinen gleichzusetzen ist. Pedro Ximénez ist die meistgepflanzte Rebsorte in Montilla-Moriles und wird für die verschiedenen örtlichen Weine verwendet (Fino, Amontillado, Oloroso, junge trockene Weißweine etc.), einschließlich dieses Solera Fundacional Amontillado 1905.

Wie in den meisten andalusischen Bodegas, so ist auch hier die bloße Existenz dieses Amontillado ein Ergebnis des gesammelten Wissens und Know-hows all der Winzer, die das Vermächtnis dieser Soleras von einer Generation zur nächsten weiterreichen. Die Moste kommen ausnahmslos von den exzellenten Kalkböden der Sierra de Montilla.

Das Jahr 1905 markiert sowohl die Gründung der Solera als auch das Geburtsdatum der Bodega Pérez Barquero. Die Solera, aus welcher der Wein kommt (wie auch der süße PX aus derselben Reihe), ist eine von jenen, die der Unternehmensgründer selbst aufgestellt hatte. **JB**

😊😊😊😊😊 **Trinken: bis zu 10 Jahre nach Erhalt**

Pérez Barquero
1905 Pedro Ximénez Montilla

Herkunft Spanien, Montilla-Moriles, Montilla
Typ Süßer Likörwein, 11,5 Vol.-%
Rebsorte Pedro Ximénez

Pérez Barquero ist ein Sherry-Haus, das sich durch die durchgehend hohe Güte aller Weine in seinem Portfolio auszeichnet – von den jungen Finos über die reifen, eleganten Amontillados bis hin zu tiefgründigen Olorosos und dem süßen PX. Dieser verbindet Öligkeit und Balance mit einer großartigen Säure, die gleichermaßen aus der Konzentration des Traubensaftes in den Rosinen wie aus der Konzentration der Weine während der jahrzehntelangen Alterung herrührt.

Die süßen Pedro-Ximénez-Weine, die jetzt in Andalusien reifen, stammen fast alle ursprünglich aus dem Gebiet von Montilla-Moriles. Dieser regionale Handel mit PX ist eine jahrhundertealte Tradition und eine gesetzliche Ausnahme. Im Sherry-Gebiet hat die Fläche, die mit dieser Rebsorte bestockt ist, seit dem späten 20. Jahrhundert stetig abgenommen. Die PX-Weine aus Jerez, Sanlúcar und El Puerto werden inzwischen alle mit jungem PX aus Montilla-Moriles aufgefrischt.

Dieser Wein hat zumeist viele Jahrzehnte in der 1905 Solera Fundacional PX von Pérez Barquera verbracht. Auch in diesem Fall liegt der Schlüssel in der bedachten Entnahme und der regelmäßigen Auffrischung durch Weine aus den *criaderas*. **JB**

😊😊😊😊😊 **Trinken: bis zu 50 Jahre nach Erhalt**

Weingärten mit Pedro Ximénez bei Montilla.

Pérez Marín
La Guita Manzanilla

Herkunft Spanien, Sanlúcar de Barrameda
Typ Trockener Likörwein, 15 Vol.-%
Rebsorte Palomino Fino

Im frühen 19. Jahrhundert, als die Weine aus Jerez im Handel auftauchten, kamen viele der wichtigsten Unternehmer in diesem Sektor aus England oder Nordspanien, genauer gesagt aus dem Hochland um Santander. Diese Bergbewohner ließen sich zumeist als Ladeninhaber in Sanlúcar de Barrameda und Cádiz nieder. Ihnen wird die Entdeckung der biologischen Alterung unter Florhefe und die Erfindung des Manzanilla und des Fino zugeschrieben. Domingo Pérez Marín, der die Bodega 1852 gründete, war einer dieser Hochlandmenschen. Er erfand den Markennamen La Guita, der sich aus seiner Forderung nach Bargeld statt eines Guthabens ableitete (*guita* bedeutet im regionalen Dialekt von Baja Andalusien „Moneten").

La Guita ist der bestverkaufte Manzanilla auf dem Markt, nachdem er in den späten 90er Jahren bemerkenswerte wirtschaftliche Erfolge verzeichnete. Nun muss das Kellerteam der José Estévez S.A. unter Leitung des namhaften Önologen Eduardo Ojeda seinen begehrten Glanz und seinen leichten Charakter bewahren und gleichzeitig das Niveau der Reinheit und der Komplexität wiederzuerlangen suchen, das diesen Manzanilla einst zu einem Liebling der Weinkenner und -liebhaber machte. **JB**

Trinken: bis zu 1 Jahr nach Erhalt

Quinta do Portal
20 Year Old Tawny Port

Herkunft Portugal, Douro-Tal
Typ Süßer Likörwein, 20 Vol.-%
Rebsorten Tinta Roriz, T. Franca, T. Nacional, andere

Quinta do Portal ist einer der stärksten Winde in dem Sturm der Veränderung, der durch das Douro-Tal gefegt ist. Jahrhunderte hindurch war der Handel hier klar zweigeteilt. Die kleine Anzahl der in Porto ansässigen Handelsfirmen kauften von den unzähligen Winzern entweder Weine oder Trauben, um mit diesen dann die Produktion in den eigenen Quintas zu speisen. Nun aber machen immer mehr Winzer ihre eigenen Weine und verkaufen das fertige Produkt, statt Rohmaterial.

Portal selbst liegt oben an der Spitze des Pinhão-Tals, im Cima Corgo. Drei weitere Nachbargüter sind ebenfalls im Besitz der Familie und ergeben zusammen eine Fläche von 95 ha. Der größte Teil ist wie im Douro flach, jedoch verfügen alle vier Güter über ein paar ziemlich hoch gelegene Weingärten. Die Weine kommen frisch und leicht daher, am angenehmsten ist wohl der abgelagerte Tawny.

Eine lange Alterung gab diesem leuchtend orangefarbenen Wein eine wunderbar nussige Note von Marzipan und gerösteten Mandeln, mit Spuren von getrockneter Orangenschale und altem Cognac. Er ist süß am Gaumen, dabei aber leichter und weniger schwerfällig als viele Single Quinta Tawnys, mit einem langen, komplexen Finale. **GS**

Trinken: nach Erhalt

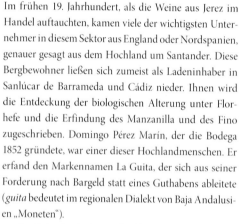

Weinberge am Douro-Tal, der Heimat des Portweins.

Quady *Essensia* 2005

Herkunft USA, Kalifornien, Madera County
Typ Süßer Likörwein, 15 Vol.-%
Rebsorte Orange Muscat

Andrew Quady hatte das Pech, ein ehrgeiziger Winzer im kalifornischen Central Valley zu sein. Pech deshalb, weil dies der Boden für fast den gesamten miserablen Massenwein des Staates war. Dennoch gab das Tal die Produktion einiger Kuriositäten her, wie die beachtlichen portähnliche Weine und der tiefschwarze Alicante Bouschet. Obwohl sein Gut im drückend heißen Madera County lag, kaufte Quady Zinfandel-Reben aus dem in den Sierra-Ausläufern gelegenen Amador County und produzierte einen sehr ansehnlichen portähnlichen Wein.

Bedauerlicherweise ließ sich der Portwein aber nicht verkaufen. Da erinnerte er sich der Verkostung eines attraktiven Orange Muskat während seines Studiums an der Universität von Kalifornien. Er kaufte also ein paar örtliche Rebstöcke und versuchte sein Glück. Nach ein paar Tagen stoppt Quady die Gärung durch die Zugabe von Alkohol, der kurze Hautkontakt ist für die Gewinnung der zarten Muscataromen unentbehrlich. Wird die Gärung angehalten, bleiben etwa 120 g/l Restzucker zurück. Quady läßt den Essensia noch für 3 Monate in französischer Eiche reifen und gibt ihm so den letzten Schliff.

Der Wein wird in 375-ml-Flaschen abgefüllt. Er wurde ein sofortiger Erfolg, der vielleicht seiner Vielseitigkeit zuzuschreiben ist. Er kann sowohl als Aperitif als auch als Dessertwein, sogar als Bestandteil eines Cocktails getrunken werden. Den Orangen- und Mandarinenaromen des Essensia kann man kaum widerstehen, seine frische Säure läßt ihn nicht übermäßig süß erscheinen. Obwohl es sich bei Essensia um einen Jahrgangswein handelt, sind die Unterschiede von Jahr zu Jahr nur gering. **SBr**

⊗⊗ **Trinken: binnen 5 Jahren nach Erhalt**

WEITERE EMPFEHLUNGEN
Andere große Jahrgänge
2000 • 2001 • 2002 • 2003 • 2004
Weitere Weine des Erzeugers
Electra • Red Electra • Elysium • Palomino Fino Starboard Batch 88 • Starboard Vintage

Quadys Etiketten werden von örtlichen Künstlern entworfen.

Ramos Pinto
20 Year Old Tawny Port

Herkunft Portugal, Douro-Tal
Typ Süßer Likörwein, 20 Vol.-%
Rebsorten T. Nacional, T. Franca, Tinta Roriz, Others

Rey Fernando de Castilla
Antique Palo Cortado Sherry

Herkunft Spanien, Jerez de la Frontera
Typ Trockener Likörwein, 20 Vol.-%
Rebsorte Palomino Fino

Dieses 1880 von Adriano Ramos Pinto gegründete Haus war lange Zeit vor allem wegen seiner faßgereiften Portweine bekannt, seine flaschengereiften Jahrgangsweine wurden eher vernachlässigt. Während Ramos Pintos Vintage Ports eher weich sind und zeitig reifen, gehören die reifen Tawnys zu den besten ihrer Gattung. Die auf dem Etikett angegebenen Jahre sind nur ein Hinweis auf das Alter eines reifen Tawny, der aus 10, vielleicht 15 verschiedenen Komponenten hergestellt wurde, aus älteren, reiferen Weinen, die durch die Faßreife an Komplexität und Süße gewannen, und jüngeren, fruchtigen Weinen, die das Gleichgewicht wieder herstellen.

Nur wenige Weine sind besser abgestimmt als ein 20 Jahre alter Tawny, ein komplexer Verschnitt aus den feinsten und elegantesten Portweinen, die sonst beiseitegestellt und in Fässer gefüllt werden, nachdem man davon potentielle Vintage *lotes* (Verschnitte) zusammengestellt hat. Ramos Pintos 20 Year Old ist von der Feinheit und Gewandtheit, die so vielen reifen Tawnys versagt bleibt. Er ist blaß lohfarben-rosa, reich und doch äußerst elegant. Am Gaumen ist er weich und verführerisch, süß und doch von feinen, schmackhaften Röstmandel- und Paranußnoten geprägt, im Abgang überraschend trocken. **RM**

😊😊😊 **Trinken: binnen 3 Jahren nach Erhalt**

Terroir kann sehr wenig bedeuten, wenn es von kenntnisreichen Erzeugern nicht richtig verstanden und ausgelegt wird. Im Falle des Antique Palo Cortado aus den Bodegas Rey Fernando de Castilla wird die notwendige Kenntnis von einem Skandinavier (Jan Pettersen) und einem eingeborenen Jerezano (Andrés Soto) beigesteuert. Nach ihren langjährigen Erfahrungen in zwei der bedeutendsten Häusern in Jerez (Osborne beziehungsweise González Byass), haben die beiden die Leitung über diese kleine Bodega übernommen, die 1972 von Fernando Andrada-Vanderwilde gegründet wurde und im Besitz von vier Investoren ist, zu denen Pettersen selbst gehört.

Antique Palo Cortado zeigt Finesse und Ausgewogenheit und ist möglicherweise der bemerkenswerteste Wein in dieser mittleren Altersstufe. Er ist zweifellos alt, aber nicht so alt wie manch anderer Sherry. Er wird in sehr kleiner Menge abgefüllt, aus einer Solera von nur 14 Fässern und nur einer entsprechenden Criadera. Der Wein, mit dem diese Criadera aufgefüllt wird, kommt – nach unerbittlicher Auswahl – von einem ehrwürdigen *amacenista* (seit der Gründung der Bodega stets derselbe), sowie von dem einen oder anderen Faß Fino Antique, das vom „rechten Weg" abkam. **JB**

😊😊😊 **Trinken: bis zu 10+ Jahre nach Erhalt**

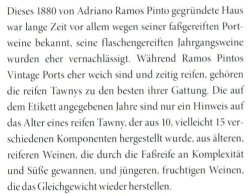

Ramos Tinto ist für seine Tawny Ports bekannt.

Pedro Romero
Aurora en Rama Manzanilla

Herkunft Spanien, Sanlúcar de Barrameda
Typ Trockener Likörwein, 15 Vol.-%
Rebsorte Palomino Fino

Quinta de la Rosa
Vale do Inferno Vintage Port 1999

Herkunft Portugal, Douro-Tal
Typ Süßer Likörwein, 20 Vol.-%
Rebsorten Gemischter Satz

Das von Pedro Romero gegründete Haus, das noch heute von seinen Nachfahren geführt wird, rühmt als sein Zugpferd sein bekanntestes Label: Manzanilla Aurora, ein Wein von überwältigender, biologisch gealterter Charakteristik und Persönlichkeit. Die regelmäßige Abfüllung dieses Manzanilla zählte lange schon zu einem der klassischen Weine aus Sanlúcar, aber er ist etwas fragil *en rama* („so, wie er ist" oder „ungefiltert"), wird ausschließlich auf Anfrage abgefüllt und ist leider auch kaum anders als direkt in der Bodega zu erstehen. Er verdient es in der Tat, wegen seiner Feinheit und Raffinesse als auch für Komplexität und Tiefe zu den Auserwählten zu gehören.

Pedro Romero kämpft trotzig gegen den derzeitigen bedauerlichen Trend an und hat nicht nur seine alten Keller im Herzen Sanlúcars bewahrt, sondern die Fläche durch den Erwerb der Nachbarbodega, Müller-Ambrosse, noch ausgeweitet. Die strategisch günstige Lage in der Unterstadt Sanlúcars bietet ideale Bedingungen für die Entwicklung und das Wachstum des empfindlichen Florhefefilms, die durch eine höhere Luftfeuchte nahe der Mündung des Guadalquivir und eine begünstigende Ausrichtung gen Westen zum Meer hin noch unterstützt wird. **JB**

Trinken: nach Erhalt

Die Weingärten von Quinta de la Rosa umspannen etwa 300 Höhenmeter und geben Jorge Moreira eine ganze Palette an Mikroklimata für die verschiedenen Weinstile. Der heiligste Boden des Gutes ist eine kleine, geschützte Mulde, die sich unmittelbar oberhalb des Douro-Flusses befindet. Dieser mit alten Weinstöcken auf traditionellen Steinterrassen bepflanzte Teil ist auch der heißeste des Weinguts und unter dem Namen Vale do Inferno (Höllental) bekannt.

1999 beschlossen die Eigentümer, die Familie Bergqvist, den Wein aus dem Vale do Inferno getrennt vom restlichen Gut zu halten. Es war ein potentiell überragendes Jahr für Vintage Port: Auf einen kalten, trockenen Winter folgte ein sehr heißer Sommer. Überall in der Region versiegten Quellen und viele Weingüter hatten kein Wasser. Anfang September hatte man im Douro-Tal die Hoffnung auf eine kleine, aber sehr hochwertige Ernte. Die Lese begann am 15. September, und es blieb gerade genug Zeit, um die Trauben zu pflücken, bevor der Hurrikan Floyd hereinblies. Der aus dieser kleinen Ernte hervorgegangene Wein ist tief, dicht, sehr reif und kraftvoll und spiegelt die natürliche Ertragsknappheit und die Hitze der Sommermonate eindrucksvoll wider. **RM**

Trinken: bis 2050

Die Weinberge im Douro-Tal wurden schon vor langer Zeit terrassiert.

Sánchez Ayala
Navazos Amontillado Sherry

Herkunft Spanien, Sanlúcar de Barrameda
Typ Trockener Likörwein, 20 Vol.-%
Rebsorte Palomino Fino

Sánchez Romate *La Sacristía de Romate Oloroso VORS Sherry*

Herkunft Spanien, Jerez de la Frontera
Typ Trockener Likörwein, 20 Vol.-%
Rebsorte Palomino Fino

Sánchez Ayala genießt bei Kennern einen guten Ruf wegen der Qualität seiner Manzanillas. Das Unternehmen besitzt im alten Viertel La Balsa von Sanlúcar de Barrameda Bodegas. Dieses Viertel steht auf trockengelegtem Land in der Mündung des Guadalquivir, so daß die Bodegas bis vor kurzem von *navazos* umgeben waren – Feuchtgebieten, in denen die Bauern den Mutterboden wegen seines Wassergehaltes abgetragen hatten.

In der zweiten Hälfte des 18. Jahrhunderts zwang ein Schiffsunglück den Marqués de Arizón, die Bodega San Pedro an einen Priester aus Cádiz zu verkaufen. In diesem alten Kellergewölbe lagert Sánchez Ayala mehrere Dutzend großer Fässer mit Amontillado, die seit 20 Jahren unberührt geblieben sind. Es sind trotz ihres hohen Alters Weine von ungewöhnlich frischem und Manzanilla-ähnlichem Charakter. In regelmäßigen Abständen wird eines dieser Fässer vom Equipo Navazos ausgewählt, um den gleichnamigen Amontillado zu liefern.

Der *capataz* Luis Gallego ist zur Zeit mit der Überwachung der Authentizität dieser kleinen Bodega beauftragt. Er ist einer der vielversprechenden jungen Namen im Sherry-Gebiet, in seinen Händen liegt die Zukunft dieser ungemein wichtigen Weine. **JB**

❂❂❂ **Trinken: bis zu 20+ Jahre nach Erhalt**

Zu der Prominenz in der Geschichte des Sherrygebietes gehören zwei Männer, die beide Juan Sánchez hießen. Einer war der mythenhafte, in Santander geborene reisende Kellermeister, der die bedeutendsten Bodegas in der ersten Hälfte des 19. Jahrhunderts bewertete. Der andere war Juan Sánchez de la Torre, ein Philanthrop, der 1781 Sánchez Romate gründete.

Die Glanzzeit dieses Hauses begann erst Mitte der 50er Jahre, als das Gut an eine Gruppe von fünf Freunden verkauft wurde, deren Nachfahren es heute noch betreiben. Sánchez Romate ist eines der wenigen großen Häuser, deren Anlagen sich trotz der logistischen Probleme noch im Herzen des Jerez-Gebietes befinden. Anfang dieses Jahrhunderts wären sie fast weggezogen, doch der Erwerb der alten Keller von Wisdom & Warter nebenan gewährte ihnen den nötigen Platz, um innerhalb der Stadtgrenzen funktionsfähig zu bleiben. Dieser Wein hat einen eleganten Oloroso-Charakter mit typisch flüchtigen Aromen, einer großartigen Struktur im Gaumen, Körper und Nachhall. Es gibt noch weitere Weine, die im Portfolio von Sánchez Romate glänzen, nicht nur die VOS und VORS, sondern auch die exklusiven Marismeño Fino und Cardenal Cisneros Pedro Ximénez **JB**

❂❂❂ **Trinken: bis zu 10+ Jahre nach Erhalt**

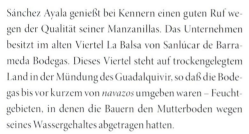

◄ Sánchez Ayala lagert uralten Amontillado in den historischen Kellern.

Sandeman *40 Years Old Tawny Port*

Herkunft Portugal, Douro-Tal
Typ Süßer Likörwein, 20 Vol.-%
Rebsorten Gemischter Satz

Das Etikett des Sandemann Don ist eines der Weinetiketten mit dem höchsten Wiedererkennungswert. Es wurde 1928 von George Massiot Brown entworfen und hat dazu beigetragen, daß Sandemann eine der größten Portmarken wurde. Die Firma wurde 138 Jahre vorher von dem Schotten George Sandeman gegründet, der damals begann, von Tom's Coffee House in London aus Portwein zu verkaufen. Sein Enkel war dann der erste, der in Porto abgefüllten und etikettierten Port exportierte. Es wurde eine große Werbekampagne gestartet, bei der der Sandemann Don, in dem Umhang eines portugiesischer Studenten und der mit einem breitkrempigen Hut gekleidet, die roten Doppeldeckerbusse Londons zierte.

1952 verlor die Familie Sandemann die Mehrheit an dem Unternehmen, 2001 wurde es an den größten Weinproduzenten Portugals, Sogrape, verkauft. Trotz der wechselnden Eigentümer hat ein Wein keinen Schaden genommen: der Tawny. Das Unternehmen produziert mit dem Imperial einen guten Reserve Tawny und einige außergewöhnlich gute 10, 20, 30 und 40 Years Olds. Anders als mancher andere 40 Years Old, die nicht selten zu süß sind und etwas ranzig schmecken können, ist der Sandemann noch immer erstaunlich frisch und ausgewogen. Der reine und delikate Wein ist bernsteingelb, sauber und zart, nur etwas hochgestochen und weniger ölig und schwer als die meisten seine Artgenossen. Die Süße ist maßvoll, die Aromen ungewöhnlich delikat. Das Finale ist lang und weich, erinnert an kandierte Zitrusschalen und verbindet Eleganz mit einer lebhaften Energie. **RM**

◯◯◯◯ **Trinken: binnen 3 Jahren nach Erhalt**

WEITERE EMPFEHLUNGEN
Andere große Tawny Ports von Sandeman
Imperial • 10 Years Old • 20 Years Old • 30 Years Old
Weitere 40 Years Old Tawny Ports
Calém • Dow • Feist • Fonseca
Graham • Kopke • Noval • Taylor

Sandemans geheimnisvoller Don auf einem Plakat von 1934.

Smith Woodhouse
Vintage Port 1977

Herkunft Portugal, Douro-Tal
Typ Süßer Likörwein, 20 Vol.-%
Rebsorten Tinta Roriz, T. Franca, T. Nacional, Others

Smith Woodhouse ist ein rätselhafter Port – eine zweitklassige Marke, die von ihren Besitzern, der Familie Symington, früher für billige eigene Portweine benutzt wurde. Gleichzeitig handelt es sich jedoch um einen hervorragenden Vintage Port zu einem oft sehr annehmbaren Preis.

Smith Woodhouse wurde 1784 von Christopher Smith gegründet, einem ehemaligen englischen Parlamentsmitglied und Oberbürgermeister von London. Die Firma ist heute neben Gould Campbell und Quarles Harris eine der drei unbedeutenderen Portmarken der Familie Symington. Die wichtigsten Marken sind Graham, Warre und Dow. Trotzdem schneidet der Smith Woodhouse bei Wettbewerben und Blindverkostungen oft besser ab als zu erwarten wäre.

1977 gab es eine gute Ernte im Douro, die zuerst überaus positiv bewertet wurde, obwohl einige Kritiker ihre Meinung etwas korrigiert haben. Der Smith Woodhouse hat noch immer einen dunklen Rubinton mit einem Hauch von Purpur, im Gegensatz zu anderen Weinen dieses Jahrgangs, die inzwischen an Farbe verloren haben. Er ist sowohl an Nase und Gaumen kräftig und vollmundig, obwohl er über 30 Jahre alt ist. **GS**

❂❂❂ **Trinken: bis 2020+**

Stanton & Killeen
Rare Muscat

Herkunft Australien, Victoria, Rutherglen
Typ Süßer Likörwein, 19 Vol.-%
Rebsorten Red Frontignan (Rutherglen Brown Muscat)

Stanton & Killeen wurde 1875 gegründet und befindet sich noch heute in Familienbesitz. Das Unternehmen hat einen fast hartnäckigen Hang zur wenig ökonomischen Herstellung von Vintage Port und hervorragenden trockenen Rotweinen. Ihr Muscat-Stil unterscheidet sich etwas von dem anderer Produzenten: Etwas weniger Süße und die etwas höheren Holztannine, die auf das niedrigere Durchschnittsalter der Fässer zurückzuführen sind, ergeben ein trockeneres Finale als zum Beispiel das eines Chambers oder Morris.

Die Weine werden kurz nach der Anreicherung klassifiziert. Ausschlaggebend sind hier eine karmesinrote Farbe ohne braune oder orangefarbene Spuren, ein Aroma von Rosenblättern und ein hoher Grad an Süße. Stanton & Killeen benutzen ein „gemischtes" Solera System für die Reifung der 4 Klassen von Muscat. Classic hat ein Durchschnittsalter von 12 Jahren, Grand von 25 und Rare von 30 bis 35 Jahren. Pro Jahr werden 2000 Dutzend 500ml Flaschen des ursprünglichen Rutherglen Muscatel, 1000 des Classic, 100 des Grand und lediglich 350 halbe Flaschen des Rare abgegeben. Wenn sie von Rare (selten) sprechen, meinen sie es auch so. **HH**

❂❂❂ **Trinken: frühstens 20 Jahre nach Erhalt**

Stanton & Killeens Kellerei in Rutherglen aus dem 19. Jahrhundet.

Taylor's *Quinta de Vargellas Vinha Velha* 1995

Herkunft Portugal, Douro-Tal
Typ Süßer Likörwein, 20 Vol.-%
Rebsorten Gemischter Satz

Quinta de Vargellas bildete mehr als ein Jahrhundert das Rückgrat der Firma Taylor's Vintage Ports. Das entlegene Weingut hoch oben im Douro Superior wurde Anfang des 19. Jahrhunderts gegründet und hatte bereits nach 30 Jahren den Ruf, Qualität zu liefern. Zwischen 1893 und 1896 wurden von Taylor, Fladgate und Yeatman drei Quintas, die alle den Namen Vargellas trugen, zu einer einzigen zusammengeführt und ein Jahrhundert später um Quinta do São Xisto ergänzt. Insgesamt umfaßt das Gut inzwischen 155 ha Rebfläche.

Taylor's war einer der ersten Erzeuger, die einen Einzelgut-Vintage-Port auf den Markt brachten. 1995 füllten sie dann erstmals einen Wein von den ältesten Reben des Guts ab. Er trägt den Namen Quinta de Vargellas Vinha Velha und stammt von Weinstöcken, die Dick Yeatman in den 20er Jahren des letzten Jahrhunderts pflanzte. Die Erträge dieser alten, terrassenartig angelegten Weinberge sind erstaunlich niedrig. Dadurch ergeben die Trauben einen Wein von natürlicher Intensität.

Der Quinta de Vargellas Vinha Velha 1995 von Taylor's ist ein Wein in einem imposanten Maßstab. Er ist noch immer dunkel und undurchsichtig. Die Nase ist zurückhaltend, aber mit dem wunderbar blumigen Duft unterlegt, der für Vargellas typisch ist. Am Gaumen ist er noch eindrucksvoller, mit großen, reifen, vielschichtigen Fruchtnoten und lakritzartiger Intensität. Trotz der unleugbaren Konzentration und Kraft ist er äußerst zart und anmutig – der Inbegriff eines vorzüglichen Douro-Weines. **RM**
☺☺☺☺ **Trinken: bis 2100**

Der Bahnhof der Quinta in einer Illustration von William Rushton.

f the Empire Nº 207 - VARGELLAS Station.

Taylor's
Vintage Port 1970

Herkunft Portugal, Douro-Tal
Typ Süßer Likörwein, 20 Vol.-%
Rebsorten Tinta Roriz, T. Franca, T. Nacional, Others

Wenn Latour und Margaux die ‚Ersten Gewächse' des Bordeaux sind, dann ist Taylor eines der ‚Ersten Gewächse' des Portweins. Die Firma, einst als Taylor, Fladgate and Yeatman, heute offiziell als Fladgate Partnership bekannt, erzeugt erstklassige Vintage Ports, die regelmäßig höhere Preise bei Auktionen erzielen als ihre Konkurrenten.

Das Herzstück dieser Weine ist der mit Füßen gestampfte Wein aus der spektakulären Quinta da Vargellas im Douro Superior. Die Weinberge sind meist nach Norden ausgerichtet, das Klima ist heiß, aber nicht sengend. Die durch Wärme erzeugte Konzentration wird durch die wohlüberlegte Verschneidung mit Weinen aus Terra Feita gemildert. Portweine der Spitzenklasse werden, wie die besten Champagner, immer von zwei oder mehr Weinen verschiedener *terroirs* hergestellt.

1970 waren die Wetterverhältnisse für Portweine der Spitzenklasse hervorragend. Dadurch und durch das Verfahren, die Trauben mit den Füßen zu stampfen, das bei Vargellas noch immer angewendet wird, ergab sich ein tiefgründiger, sehr reichhaltiger Wein, dem noch eine lange Lebensdauer beschieden ist. Die Farbe verblaßt zwar etwas, ist aber immer noch tief ziegelrot. Das Aussehen straft das fast 40jährige Alter des Weins Lügen. In der Nase zeigt er einige Aromen von getrockneten Früchten, aber es gibt noch viel frische rote Frucht und eine liebliche florale Note. Am Gaumen ist er vielschichtig und ausgewogen, mit weichen Tanninen, würziger Lakritze und etwas Schokolade. **GS**

😊😊😊 **Trinken: bis 2020+**

Das traditionelle Stampfen der Trauben im Gut Vargellas. ➡

Toro Albalá
1922 Solera Amontillado Montilla

Herkunft Spanien, Montilla-Moriles, Aguilar de la Frontera
Typ Trockener Likörwein, 21 Vol.-%
Rebsorte Palomino Fino

Valdespino *Cardenal Palo Cortado VORS Sherry*

Herkunft Spanien, Jerez de la Frontera
Typ Trockener Likörwein, 20 Vol.-%
Rebsorte Palomino Fino

Die Ursprünge des Hauses Toro Albalá reichen weit zurück: 1844 gründete Antonio Sánchez eine kleine Bodega in La Noria am Fuß des Castillo de Aguilar. Der durchgehende Familienbesitz am jetzigen Gut begann jedoch erst später, als 1922 José Mariá Toro Albalá die Bodega und einige Nebengebäude des alten Kraftwerks in Aguilar kaufte.

Ihr heutiger Eigentümer, der Önologe Antonio Sánchez Romero, ist ein Verwandter beider Vorbesitzer – direkter Nachfahre des Gründers Antonio von La Noria und Neffe und Erbe von José Maria Toro Albalá. Er verlor als Kind seine Eltern und wurde von seinem Onkel adoptiert. Antonio ist von rastloser intellektueller Neugier besessen und vertritt die Ansicht, der Fino sei die wahre Zierde des andalusischen Weinbaus, wertvoller als der Amontillado oder der Pedro Ximénez, die ihn berühmt machten.

Wie so oft bei Weinen dieses Hauses bezeichnet die Jahresangabe auf dem Etikett nicht den Jahrgang, sondern ist vielmehr eine Hommage an ein wichtiges persönliches Ereignis. Wichtig ist jedoch nur ihre Qualität, und die der 1922 Solera Amontillado ist tatsächlich verblüffend. **JB**

€€ **Trinken: bis zu 10+ Jahre nach Erhalt**

Das Alter und die Tiefe des Cardenal Palo Cortado VORS kann man schon an seinem unergründlichen grünen Rand und der wunderbar vielschichtigen Nase erkennen, die einen beim Verkosten in ein scheinbar endloses Fest der Gewürze und des Weihrauchs zieht. Am Gaumen ist er kraftvoll, salzig, außerordentlich alt, aber klar fokussiert. Für Laien wegen seiner Tiefgründigkeit und Dichte etwas schwierig, ist er für Liebhaber des Sherrys der Stoff, aus dem Träume sind.

Als die Estévez-Gruppe um die Jahrtausendwende Valdespino kaufte, bangten die Liebhaber um das Schicksal dieser verehrungswürdigen Weine. Nicht selten hat die Fusion verschiedener Gesellschaften den Verlust einzigartiger Soleras bedeutet. Glücklicherweise war es in diesem Fall nicht so. José Estévez entschied sich, den Charakter der Bodega zu erhalten, und sammelte ein hervorragendes Team von Önologen um sich. Das Resultat ist ein eindrucksvolles Portfolio an authentischen Sherrys, einschließlich des Cardenal Palo Cortado VORS – ein charakterstarker Wein, der inzwischen in den neuen Produktionsanlagen in den Außenbezirken von Jerez perfekt gealtert wird. Der einzige Verlust ist die Aufgabe der alten Valdespino-Bodega in der Stadtmitte. **JB**

€€€€ **Trinken: bis zu 30 Jahre nach Erhalt**

Valdespino
Coliseo Amontillado VORS Sherry

Herkunft Spanien, Jerez de la Frontera
Typ Trockener Likörwein, 22 Vol.-%
Rebsorte Palomino Fino

Valdespino
Inocente Fino Sherry

Herkunft Spanien, Jerez de la Frontera
Typ Trockener Likörwein, 15 Vol.-%
Rebsorte Palomino Fino

Der Coliseo Amontillado VORS ist vermutlich der bemerkenswerteste aller Weltklasse-Weine, die das Schicksal in die Hände der Familie Estévez und ihres leitenden Kellermeisters Eduardo Ojeda gelegt hat. Neben dem Coliseo zählen dazu der Cardenal Palo Cortado, Niños PX, Real Tesoro Covadonga Oloroso, Soleras de su Majestad Oloroso, Toneles Moscatel Viejísimo, und die kürzlich erworbenen Weine der Reihe De Bandera VORS von M. Gil Luque.

Die äußerst geringe Verfügbarkeit dieses Weins erklärt sich durch sein unglaublich hohes Alter. Gerade 1 % der Gesamtmasse wird jährlich abgefüllt und etwa 2 oder 3 % müssen wegen Verflüchtigung („Anteil der Engel") ersetzt werden. Dadurch ist das Durchschnittsalter des letzten Fasses weitaus höher als das für VORS vorgeschriebene Minimum von 30 Jahren.

Eine der Besonderheiten des Coliseo, diejenige, die für seinen salzigen und scharfen Charakter verantwortlich zeichnet, ist die Auffrischung der jüngsten *criaderas* mit Manzanilla Pasada von den besten Almacenistas aus Sanlúcar an Stelle der ebenso hervorragenden alten, aber volleren Finos aus dem Pago Macharnudo von Valdespino. **JB**

🟢🟢🟢🟢 **Trinken: bis zu 30 Jahre nach Erhalt**

Der Inocente Fino (nicht „Ynocente", wie viele wegen des eigenartig geschwungenen Großbuchstabens „I" auf dem Etikett meinen) ist einer der besten spanischen Weißweine und für viele Kenner der authentischste und charakterstärkste Fino auf dem Markt. Seine phantastische Solera kommt am Ende einer Serie von 12 Treppen (eine *sobretabla*, 10 *criaderas* und eine *solera*, jeweils 70 Fässer), in ihr altert der Wein durchschnittlich 10 Jahre, vor Oxidation durch den Hefeflor geschützt.

Valdespino gehört zu den wenigen Sherry-Häusern, die Fino noch nach traditionellen Methoden produzieren. Aber der Inocente ist auch ein Wein, der vom *terroir* geprägt ist – eine Einzelgut-Fino. Die Solera des Inocente wird nur mit Weinen vom Pago Macharnudo aufgefüllt, genauer mit jenen von der kreidigen Erde des Weinbergs Macharnudo Alto, der in einem hervorragenden Anbaugebiet nördlich von Jerez liegt und schon seit langer Zeit Valdespino gehört.

Es ist ein Wein für Kenner, bei voller Reife abgefüllt, um seinen Charakter hervorzuheben. Er kann frisch aus der Solera genossen werden, aber bei sachgemäßer Lagerung wird er auch Jahrzehnte nach der Abfüllung noch Freude bereiten. **JB**

🟢 **Trinken: bis zu 3 Jahre nach Erhalt**

Valdespino
Moscatel Toneles Sherry

Herkunft Spanien, Jerez de la Frontera
Typ Süßer Likörwein, 18 Vol.-%
Rebsorte Muscat

Moscatel Toneles ist einer der großen Weine der Welt, ein wertvolles und äußerst seltenes Juwel, das jeden auch noch so anspruchsvollen Genießer unweigerlich durch seine einzigartige Klasse, sanfte Kraft und magische Säure besticht. Er ist der ideale Abschluß einer Verkostung von Weltklasse-Weinen, ob es sich nun um die exklusivsten *crus* der Côte d'Or, um die angesehensten Châteaux des Bordeaux oder gar um altehrwürdige Portweine handelt.

Seine Solera wird nur aus 6 Fässern gespeist. Das Alter läßt sich nicht mit Genauigkeit benennen, aber die sensorischen Eigenschaften und die Geschichte der Solera lassen vermuten, daß der Wein mindestens 75 Jahre alt ist.

Zwar ist zur Zeit ein Alkoholgehalt von mindestens 15 % bei diesen verstärkten Weinen vorgeschrieben, der Moscatel Toneles im Solera-Faß hat jedoch nur moderate 12 %. Aus der Solera werden jährlich 100 Flaschen abgefüllt. Weine dieser Dichte und Süße enthalten meist wenig Wasser (oft jedoch bis zu 50 % Zucker), dadurch saugen sich die Holzfässer nicht voll. So ist der Verlust von Äthanol durch Verflüchtigung höher als der Osmoseverlust von Wasser durch die Faßdauben – bei der oxidativen Alterung von trockenen Weinen ist das Verhältnis genau umgekehrt. Durch diesen Prozeß steigt der Alkoholgehalt nicht, sondern steigt, anders als vielleicht zu erwarten, im Laufe der Zeit, bis ein natürliches Gleichgewicht erreicht ist. **JB**

😊😊😊😊 **Trinken: bis zu 100 Jahre nach Erhalt**

Valdespino erzeugt seit mehr als 600 Jahren Sherry. ➡

Quinta do Vesuvio
Vintage Port 1994

Herkunft Portugal, Douro-Tal
Typ Süßer Likörwein, 20 Vol.-%
Rebsorten Traditionelle Sorten, gemischter Satz

Warre's
Late Bottled Vintage Port 1995

Herkunft Portugal, Douro-Tal
Typ Süßer Likörwein, 20 Vol.-%
Rebsorten Tinta Roriz, T. Franca, T. Nacional, Others

Quinta do Vesuvio ist ohne Zweifel das stattlichste und eindrucksvollste Weingut im Douro. Es wurde im frühen 19. Jahrhundert von António Bernado Ferreira am entlegenen oberen Douro gegründet und befand sich bis 1989 im Besitz der Familie Ferreira, bevor es von den Symingtons gekauft wurde.

Zu dieser Zeit war Vesuvio in einem traurigen Zustand. Seitdem wurde es umfassend restauriert und erneuert. Das Gut mit seinen vorwiegend nach Norden ausgerichteten Weingärten umfaßt 408 ha, wovon jedoch nur ein Viertel bepflanzt sind. Die Trauben werden in 8 *lagares* gestampft, die jeweils mit einer eigenen Temperaturkontrolle ausgestattet sind.

Im Gegensatz zu den Exporteuren, die im Schnitt drei Vintage Ports im Jahrzehnt deklarieren, produziert Quinta do Vesuvio fast jedes Jahr einen Vintage Port. Es war von Anfang an klar, daß 1994 eine großartige Ernte hervorbringen würde, und der Jahrgang wurde allgemein deklariert. Die Weine waren schon in ihrer Jugend erstaunlich nahbar, haben aber an Würde gewonnen. Der Vesuvio ist einer der besten Weine dieses Jahrgangs, er ist wunderbar reichhaltig und fleischig, die Nase etwas marmeladig, aber von reifen Tanninen unterstrichen. **RM**

🍷🍷🍷 Trinken: bis 2050+

Late Bottled Vintage (LBV) Port sollte eigentlich dem entsprechen, was auf dem Etikett verkündet wird: ein qualitativ hochwertiger Portwein aus einer einzigen Ernte, der später als normal abgefüllt wird. Dies impliziert, daß er zumindest dem Vintage Port ähnlich ist. Die meisten LBVs ähneln heutzutage jedoch eher einem guten Ruby. Das Gesetz schreibt zwar Wein aus einem einzigen Jahrgang vor, und dem wird auch Genüge getan, aber die Weine sind sehr viel leichter und weniger komplex als echte Vintage Ports.

Warre's bildet hier eine bemerkenswerte Ausnahme. Er hat fast alle Wettbewerbe gewonnen, an denen er teilnahm. Im Gegensatz zu den meisten vielverkauften LBVs reift er für die Dauer von vier Jahren in Holz, bevor er unfiltriert abgefüllt wird. Durch diese frühe Abfüllung kann der Wein die Vielfältigkeit und Eleganz eines Jahrgangsportweines entwickeln. Weil er nicht filtriert wird, kann er sich im Gegensatz zu ähnlichen Weinen im Weinkeller noch verbessern.

Das Ergebnis ist ein Wein von sehr dunkler Farbe. Die Nase zeigt schwarze Johannisbeermarmelade und delikate blumige Spuren. Am Gaumen spürt man Finesse, aber auch ein festes Tanninrückgrat. **GS**

🍷🍷 Trinken: bis 2020+

Das Gästehaus der Quinta do Vesuvio, ursprünglich Sitz der Verwaltung.

Williams & Humbert *Dos Cortados Palo Cortado VOS Sherry*

Herkunft Spanien, Jerez de la Frontera
Typ Trockener Likörwein, 19,5 Vol.-%
Rebsorte Palomino Fino

Williams & Humbert ist ein gutes Beispiel für die paradoxe Situation, die durch die 30jährige Krise im Anbaugebiet des Sherry entstanden ist. Das altehrwürdige Haus hat alles, was man von einem guten Hersteller von Sherrys in einer beneidenswerten Marktlage erwarten kann – exzellente Qualitätsweine, Marken mit internationalem Prestige (Dry Sack, Don Zoilo, Jalifa) und in der Person von Antonio Fernández-Vázquez einen akribisch genauen, fähigen *capataz*. Trotzdem unterliegt das Haus – wie die meisten anderen – der Diktatur von Preiskriegen, Mengenverkäufen und der Eigenmarken großer europäischer Vertriebsfirmen.

Julian Jeffs beschreibt in seinem wegweisenden Buch über Sherry die Geschichte dieses Hauses sehr ausführlich. Sein Ursprung lag in einer Liebesbeziehung zwischen Alexander Williams, der in der zweiten Hälfte des 19. Jahrhunderts als Angestellter von Wisdom & Warter arbeitete, und Amy Humbert. Der Dos Cortados Palo Cortado ist inzwischen ein sehr einflußreicher Wein, der maßgeblich an der Gründung der Jerez-Xérèz-Brandy Quality Demarcation beteiligt war.

Der Wein hat ein Profil von besonderer Finesse: rein und ausdrucksstark, mit lebhaften Spuren von frischen Kräutern und Eigelb. Obwohl er ein echter Palo Cortado ist, wurde er zu einem nicht genau bekannten Zeitpunkt in seiner langen Geschichte als Oloroso abgefüllt. Dies ist nicht unbedingt verwunderlich, weil Palo Cortado als ein Wein definiert wird, der das delikate und feine Aroma des Amontillado mit der Struktur und Rundheit des Olorosos verbindet. **JB**

❂❂❂ Trinken: bis zu 10+ Jahre nach Erhalt

WEITERE EMPFEHLUNGEN
Andere große Weine von Williams & Humbert
Jalifa Amontillado VORS Sherry • Don Guido
Pedro Ximénez VOS Sherry • Don Zoilo Fino Sherry
Weitere Erzeuger von Palo Cortado
Barbadillo • Emilio Hidalgo • Bodegas Tradición

Glossar

Alta Expresión
Spanisch für „Hoher Ausdruck". Der moderne, intensive, alkoholreiche Stil mancher Rotweine aus Rioja.

American Viticultural Area (AVA)
US-amerikanische Klassifizierung zugelassener Bezeichnungen der Anbaugebiete.

Amontillado
Ein Sherry-Stil, bei dem der Hefeflor eines Finos abstirbt, so daß die Oxidation einsetzt und der Sherry einen nussigen Geschmack erhält. Siehe Fino und Flor.

Appellation d'Origine Contrôlée (AOC)
Französisches System der Namensgebung bei Weinen. Um die AOC-Bezeichnung tragen zu dürfen, muß der Wein aus Trauben gekeltert werden, die aus einem bestimmten geographischen Gebiet stammen, und er muß bestimmte Vorschriften in Bezug auf die Rebsorten, Erträge und Alkoholgehalt erfüllen. Keine Qualitätsgarantie.

Assemblage
Französische Bezeichnung für das Mischen mehrerer Grundweine, um einen einzelnen grand vin zu erhalten.

Aufspriten
Önologisches Verfahren, bei dem einem Wein Alkohol zugefügt wird, um den Alkoholgehalt zu erhöhen und/oder die Gärung zu stoppen, damit der Zuckergehalt steigt.

Auslese
Ein deutscher Prädikatswein, der aus sehr reifen Beeren hergestellt wird. Österreichische Auslesen werden aus noch reiferen Trauben gekeltert.

Autolyse
Die Zerstörung toter Hefezellen nach der zweiten Gärung eines Schaumweines. Führt zu Aromen und Geschmacksnoten, die an Biskuit und Brot erinnern.

Azienda Agricola
Ein italienisches Weingut, das Weine nur aus den gutseigenen Trauben keltert.

Barrique
Häufige Faßgröße mit 225 Litern Inhalt.

Bâtonnage
Französische Bezeichnung für das Aufrühren des Hefesatzes.

Blanc de Blancs
Französisch: „Weißer von Weißen". Ein Weißwein, vor allem ein Champagner, der nur aus weißen Trauben gekeltert wird.

Blanc de Noirs
Französisch: „Weißer von Schwarzen". Ein Weißwein, vor allem ein Champagner, der nur aus schwarzen Trauben gekeltert wird.

Blindverkostung
Eine Verkostung, bei der man nicht weiß, um welchen Wein – in manchen Fällen: welchen Erzeuger – es sich handelt.

Bodega
Spanisch für „Kellerei".

Botrytis
Pilzkrankung, die unter den richtigen Bedingungen die Weinbeeren befällt und für eine Konzentrierung des Zuckers und der Säure sorgt. Liefert einige der besten süßen Weine der Welt. Auch als Edelfäule bekannt.

Brettanomyces
Eine Pilzkrankung, die bei geringem Auftreten zum Aroma eines Weines beiträgt. Im Übermaß verursacht sie den sogenannten Stallgeruch oder -Geschmack.

Brut
Französisch: „trocken". Wird meist bei Champagner angewendet.

Cantina
Italienisch für „Kellerei".

Chaptalisation
Hinzufügen von Zucker zum gärenden Most, um den Alkoholgehalt zu erhöhen.

Château
Französisch für „Schloß". Ein Weingut, vor allem im Bordeaux.

Clos
Französisch für „Einfriedung". Ein ummauerter Weingarten, vor allem im Burgund und in der Champagne.

Colheita
Ein Jahrgangs-Tawny-Port.

Crémant
Französisch für „schäumend". Französischer Schaumwein, der nicht in der Champagne nach der Méthode Traditionelle hergestellt wird.

Crianza
Spanische Bezeichnung für einen Rotwein, der mindestens 2 Jahre ausgebaut wurde, davon mindestens 6 Monate im Faß. Siehe Reserva und Gran Reserva.

Cru Bourgeois
Rotweinkategorie im Bordeaux unterhalb des Cru Classé.

Cru Classé
Rotweinkategorie im Bordeaux, 1855 entstanden und in fünf Unterkategorien geteilt.

Cru
Französisch für „Gewächs". In der Weinterminologie ein bestimmter Weingarten, meist im Burgund oder Bordeaux.

Cuvée
Französisch für „Verschnitt".

Dégorgement
Französisch für „Entleerung". Traditionelles Verfahren, bei dem das gefrorene Sediment aus einer Flasche Schaumwein entfernt wird. Siehe Méthode Traditionelle.

Demi-Sec
Französisch: „halbtrocken".

Denominação de Origem Controlada (DOC)
Das portugiesische Gegenstück zur Appellation d'Origine Contrôlée.

Denominación de Origen (DO)
Das spanische Gegenstück zur Appellation d'Origine Contrôlée.

Denominación de Origen Calificada
Das spanische Gegenstück zur Denominazion di Origine Controllate e Garantita.

Denominazione di Origine Controllata (DOC)
Das italienische Gegenstück zur Appellation d'Origine Contrôlée.

Denominazione di Origine Controllata e Garantita (DOCG)
Die höchste Qualitätsstufe bei italienischem Wein. Nur 36 Weine dürfen diese Kennzeichnung tragen.

Dosage
Zucker, der einem Schaumwein nach dem Degorgieren hinzugefügt wird, um seinen endgültigen Süßegrad festzulegen.

Échelle des crus
Französisch für „Leiter der Gewächse". Die Klassifikation der Champagner-herstellenden Gemeinden.

Edelfäule
Siehe Botrytis.

Eiswein
Sehr süßer deutscher oder österreichischer Wein aus gefrorenen Beeren.

Entrappen
Das Ablösen der Beeren vom Traubengerüst der Traube.

Erstes Gewächs
Eines der fünf Bordeaux-Châteaux vom Linken Ufer, die 1855 und 1973 als Premier Cru klassifiziert wurden. Siehe Linkes Ufer und Premier Cru.

Ertrag
Die Menge an Wein, die ein Weingarten liefert. Meist als Hektoliter pro Hektar (hl/ha) angegeben.

Estufagem
Portugiesisch für „Treibhaus". Das Erwärmen von Madeira, um die Entwicklung zu beschleunigen.

Extraktion
Verfahren, bei dem Bestandteile der Beerenschalen ausgelaugt werden, um dem Wein Farbe und Tannine zu verleihen.

Faßgärung
Alkoholische Gärung, die in Fässern und nicht in Tanks aus Edelstahl oder Beton stattfindet. Ergibt oft einen starken Eichengeschmack.

Fino
Ein leichter und trockener Sherry, bei dem der Hefeflor deutlichen Einfluß hat. Siehe Hefeflor und Manzanilla.

Flüchtige Säure
Aromen von Essigsäure oder Essigsäureethylester. Können in geringen Mengen zum Charakter eines Weines beitragen, in größeren jedoch zum sogenannten Essigstich, einem Weinfehler, führen.

Garagiste
Bezeichnung einiger der sehr kleinen und sehr teuren Weingüter des Rechten Ufers in Bordeaux, mit dem angedeutet werden soll, daß sie so klein seien, daß ihr Wein auch in einer Garage gekeltert werden könnte. Siehe Rechtes Ufer.

Geographical Indication (GI)
Australisches Gegenstück zu Appellation d'Origine Contrôlée.

Gran Reserva
Spanische Bezeichnung für einen Rotwein, der mindestens 5 Jahre gealtert wurde, bevor er auf den Markt kam, davon mindestens 2 Jahre im Faß und mindestens 3 Jahre in der Flasche.

Grand Cru
Französisch: „Großes Gewächs". Im Burgund zählen dazu die 34 besten Weingärten. Im Elsaß sind es 51. Im Bordeaux werden damit die im zweiten Rang der St.-Emilion-Klassifizierung bezeichnet. In der Champagne ein Dorf, das auf der èchelle des crus mit 100% bewertet wurde. Siehe Èchelle des crus und Premier Cru.

Grand Vin
Französischer Begriff für den Hauptwein eines Bordeaux-Châteaux, im Gegensatz zum Zweitwein. Siehe Zweitwein.

Grandes Marques
Französisch: „große Marke". Bezeichnung für einige der großen Erzeuger der Champagne.

Hefeflor
Eine dicke Hefeschicht auf der Oberfläche des Weines, besonders bei der Erzeugung von Fino- und Manzanillo-Sherry.

Indicazione di Geografica Tipica (IGT)
Italienisches Gegenstück zu Vin des Pays.

Jerepigo
Südafrikanisches Gegenstück zu einem vin doux naturel.

Jerez
Spanisch für „Sherry".

Kabinett
Ein deutscher Prädikatswein, der aus sehr reifen Beeren hergestellt wird, die vor der Spätlese geerntet werden.

Klon
Ein besonders selektierter Rebstock, der durch ungeschlechtliche Vermehrung aus einer ‚Mutterrebe' entsteht.

Kohlensäuremaischung
Önologisches Verfahren, bei dem ganze Trauben in einem geschlossenen Gefäß unter einer Schicht Kohlendioxid gären. Der resultierende Wein ist meist fruchtig.

Korkton
Wein, der durch Trichloranisol verdorben ist. Ein Wein ist nicht verdorben, wenn in ihm kleine Korkstücke schwimmen.

Kryoextraktion
Önologisches Verfahren, bei dem die Weinbeeren gefroren werden, um den Zucker und die Säure zu konzentrieren.

Lagar (Mz. Lagares)
Portugiesische Bezeichnung der flachen Steintröge, in denen die Trauben gestampft und gegärt werden, heute vor allem bei der Portweinerzeugung.

Länge
Das Anhalten des Weingeschmacks am Gaumen, nachdem er hinuntergeschluckt (oder ausgespuckt) worden ist.

Late Bottled Vintage (LBV)
Portwein eines einzigen Jahrgangs, der bis zu 6 Jahre in Holz ausgebaut wird.

Lieu-dit
Französisch für „benannter Ort". Begriff, mit dem ein bestimmter, benamter Weingarten innerhalb einer Lage benannt wird, vor allem im Burgund.

Linkes Ufer
Bezeichnung für das Gebiet im Bordeaux, das am linken Ufer der Garonne liegt und Margaux und Pauillac einschließt. Siehe Rechtes Ufer.

Malolaktische Gärung
Vorgang nach der alkoholischen Gärung, bei der Apfelsäure in Milchsäure umgewandelt wird, wodurch der Wein weniger harsch wird.

Manzanilla
Trockener Sherry, ähnlich dem Fino. Siehe Fino.

Mazeration
Vorgang, bei dem die Inhaltsstoffe (Tannine, Geschmacksstoffe u. a.) aus den Beerenschalen, Samen und Stielen ausgelaugt werden.

Mesoklima
Begriff, mit dem das Klima eines bestimmten Weingartens oder Weinberges bezeichnet wird. Siehe Mikroklima.

Méthode Traditionelle
Methode der Schaumweinherstellung, bei der sich das Kohlendioxid während der zweiten (Flaschen-)Gärung bildet. Wird in der Champagne in Frankreich als Mèthode Champenoise bezeichnet.

Mikroklima
Begriff, mit dem die Klimabedingungen in unmittelbarere Nähe eines Rebstockes bezeichnet werden. Siehe Mesoklima.

Moelleux
Französisch für „mild". Mittelsüß.

Oechsle
Maßeinheit für den Zuckergehalt der Trauben und damit auch für den Reifegrad. In Deutschland Grundlage der Weinklassifikation.

Oloroso
Trockener, nussiger Sherry, bei dem die Florbildung durch Aufspriten verhindert wird. Siehe Fino und Flor.

Palo Cortado
Sherry, bei dem sich von Natur aus kein Hefeflor gebildet hat.

Parker, Robert
Sehr einflußreicher US-amerikanischer Weinkritiker, der eine 100-Punkte-Bewertung für Weine entwickelt hat.

Passito
Önologisches Verfahren, vor allem bei Amarone und Recioto di Valpollicella, bei dem die Trauben vor der Gärung getrocknet werden.

Pedro Ximénez (PX)
Spanische Rebsorte, die einen sehr süßen Likörwein liefert, der den gleichen Namen trägt.

Pétillant
Französisch für „schäumend".

Phylloxera
Reblaus amerikanischer Herkunft, die im späten 18. Jahrhundert die Weingärten in Europa verwüstete.

Premier Cru
Französisch: „erstes Gewächs". Im Burgund einer von Hunderten von sehr guten Weingärten, die unterhalb des Ranges grand cru klassifiziert wurden. Im Bordeaux eines der 5 Châteaux am Linken Ufer, die 1885 und 1973 als „premier cru", klassifiziert wurden, oder eines der 11 Châteaux in Sauternes, die den gleichen Rang zugesprochen bekommen haben. In der Champagne eine Gemeinde, die in der échelle des crus mit 90 bis 99% bewertet wurde. Siehe Cru, échelle des Crus, Grand Cru und Linkes Ufer.

Premiers Grands Crus Classé A/B
Der oberste Rang der St.-Emilion-Klassifikation im Bordeaux.

Quinta
Portugiesisch für „Hofstelle". Das portugiesische Gegenstück zum französischen château oder domaine.

Rechtes Ufer
Sammelbezeichnung für das Gebiet im Bordeaux, das am rechten Ufer der Garonne liegt und St.-Emilion und Pomerol einschließt. Siehe Linkes Ufer.

Recioto
Italienischer Wein aus getrockneten Trauben, vor allem Recioto di Valpolicella. Siehe Passito.

Remuage
Französisch für „rütteln". Verfahrensschritt der Méthode Traditionelle bei der Herstellung von Schaumwein. Die Flaschen werden allmählich gedreht und auf den Kopf gestellt, um die Hefe vor dem Degorgieren im Flaschenhals zu sammeln. Siehe Dégorgement und Méthode Traditionelle.

Reserva
Spanische Bezeichnung für einen Rotwein, der 3 Jahre ausgebaut wurde, davon mindestens 1 Jahr im Faß und 2 Jahre in der Flasche. Siehe Crianza und Gran Reserva.

Restzucker
Die Menge unvergorenen Zuckers, die nach der alkoholischen Gärung im Wein verbleibt.

Saignée
Französisch für „Aderlaß". Önologisches Verfahren, bei dem ein Teil des Rotweines abgestochen wird, nachdem er nur kurzzeitig mit den Beerenschalen in Kontakt war. Dient der Herstellung von Roséwein.

Säure
Bestandteil des Weines, der sich als Schärfe am Gaumen bemerkbar macht. Zu viel Säure gilt als Weinfehler, zu wenig läßt ihn fade schmecken. Wird in Gramm pro Liter gemessen.

Sec
Französisch für „trocken".

Sélection de Grains Nobles (SGN)
Reichhaltigste und reifste Weinart aus dem Elsaß.

Solera
Önologisches Verfahren des kontinuierlichen Verschnitts, besonders bei Sherry, bei dem die Weinfässer vertikal übereinander angeordnet sind.

Spumante
Italienisch für „schäumend". Bezeichnung für Schaumwein.

Sur lie
Französisch für „auf dem Hefesatz". Wein (meist Weißwein), der auf dem Hefesatz belassen worden ist, um ihm mehr Geschmack zu verleihen.

Tawny Port
Holzgereifter Portwein, der meist im Alter von 10, 20, 30 oder 40 Jahren verschnitten wird. Das Durchschnittsalter der Grundweine entspricht der Angabe auf dem Etikett. Siehe Colheita.

Terroir
Französischer Begriff für die natürliche Umgebung eines Weingartens – Boden, Mesoklima und Mikroklima.

Vendange tardive
Französisch für „späte Ernte". Elsäßer Wein, der weniger süß ist als ein Sélection de Grains Nobles.

Vieilles vignes
Französisch für „alte Reben".

Vin de garde
Französischer Begriff für einen Wein, der zum Altern bestimmt ist.

Vin de Pays
Französische Weinkategorie unterhalb der Appellation d'Origine Contrôlée.

Vin doux naturel
Französisch für „von Natur aus süßer Wein". Süßer, alkoholreicher Wein, der durch Zugabe von Alkohol zu ungegärtem Traubenmost hergestellt wird.

Wine of Origin (WO)
Südafrikanisches Gegenstück zu Appellation d'Origine Contrôlée.

Zweitwein
Wein aus Most oder Trauben, die den Qualitätsansprüchen für den Hauptwein eines Gutes (vor allem im Bordeaux) nicht entsprechen.

Erzeuger-Verzeichnis

Aalto, Bodegas 412
Abbazia di Novacella 125
Accornero 414
Achával Ferrer 416
Adami 22
Agrapart 22
Alión 416
Allegrini 417
Allende 417
Alta Vista 418
Altare, Elio 418
Altos Las Hormigas 419
Alvear 855
Alzinger 125
Angélus, Château 419
Angerville,
   Domaine Marquis d' 420
Angludet, Château d' 420
Ànima Negra 422
Anselmi, Roberto 126
Antinori 422, 425
Antiyal 426
Araujo 426
Arghyros, Yannis 126
Argiano 429
Argiolas 429
Argüeso 855
Arlay, Château d' 129
Armand, Domaine du Comte 430
Artadi 430
Ata Rangi 432
Atauta, Dominio de 434
Au Bon Climat 434
Ausone, Château 436
Auvenay, Domaine d' 129
Avignonesi 131
Azelia 438
Bachelet, Domaine
   Denis 438
Balnaves 439
Banfi 439
Barbadillo 857
Barbeito 857–8

Barca Velha 440
Barry, Jim 131, 440
Barthod, Domaine
   Ghislaine 441
Bass Phillip 441
Bassermann-Jordan, Dr. von 132
Battle of Bosworth 442
Baudouin, Domaine
   Patrick 134
Baumard,
   Domaine des 134
Beaucastel,
   Château de 135, 442
Beaulieu Vineyards 443
Beaumont des Crayères 24
Beauséjour Duffau-Lagarrosse,
   Ch. 443
Beau-Séjour Bécot,
   Château 444
Beaux Frères 446
Bélair, Château 446
Bellavista 24
Belondrade y Lurton 135
Beringer 447
Berliquet, Château 447
Billecart-Salmon 26, 28
Billiot, Henri 28
Biondi Santi 448
Bisol 30
Blanck, Paul 136
Blandy's 861
Blue Nun 136
Bodegas Tradición 861
Boekenhoutskloof 450
Boillot,
   Domaine Jean-Marc 138
Bollinger 32, 35
Bon Pasteur, Château 452
Bonneau du Martray,
   Domaine 141
Bonneau, Henri 454
Bonny Doon 141, 143, 456
Borgo del Tiglio 143
Borie de Maurel 457
Borsao 457
Boscarelli 458
Bott Geyl, Domaine 144
Bouchard Père & Fils
   146, 458

Bouchard-Finlayson 460
Boulard, Raymond 35
Bourgeois,
   Domaine Henri 148
Bouvet-Ladubay 36
Braida 460
Branaire-Ducru,
   Château 462
Brane-Cantenac,
   Château 462
Bredell's 862
Breuer, Georg 148
Brokenwood 465
Bruce, David 465
Brumont 466
Bründlmayer 149
Bucci 149
Buhl, Reichsrat von 150
Burge, Grant 466
Buring, Leo 150
Bürklin-Wolf, Dr. 151
Busch, Clemens 151
Bussola, Tommaso 467
Cà del Bosco 36
Calon-Ségur, Château 468
Calvente 152
Ca'Marcanda 467
Can Ràfols dels Caus 152
Candido 469
Canon, Château 469
Canon-La-Gaffelière,
   Château 471
Canopy 471
Capçanes, Celler de 472
Cape Point Vineyards 153
Capezzana, Villa di 472
Capichera 153
Caprai, Arnaldo 473
Carillon, Domaine 154
Carmes-Haut-Brion,
   Château Les 473
Carrau, Bodegas 474
Casa Castillo 474
Casa Gualda 475
Casa Lapostolle 475
Casablanca, Viña 476
Cascina Corte 476
Castaño 477
Castel de Paolis 154

Phylloxera
Reblaus amerikanischer Herkunft, die im späten 18. Jahrhundert die Weingärten in Europa verwüstete.

Premier Cru
Französisch: „erstes Gewächs". Im Burgund einer von Hunderten von sehr guten Weingärten, die unterhalb des Ranges grand cru klassifiziert wurden. Im Bordeaux eines der 5 Châteaux am Linken Ufer, die 1885 und 1973 als „premier cru", klassifiziert wurden, oder eines der 11 Châteaux in Sauternes, die den gleichen Rang zugesprochen bekommen haben. In der Champagne eine Gemeinde, die in der échele des crus mit 90 bis 99% bewertet wurde. Siehe Cru, échele des Crus, Grand Cru und Linkes Ufer.

Premiers Grands Crus Classé A/B
Der oberste Rang der St.-Emilion-Klassifikation im Bordeaux.

Quinta
Portugiesisch für „Hofstelle". Das portugiesische Gegenstück zum französischen château oder domaine.

Rechtes Ufer
Sammelbezeichnung für das Gebiet im Bordeaux, das am rechten Ufer der Garonne liegt und St.-Emilion und Pomerol einschließt. Siehe Linkes Ufer.

Recioto
Italienischer Wein aus getrockneten Trauben, vor allem Recioto di Valpolicella. Siehe Passito.

Remuage
Französisch für „rütteln". Verfahrensschritt der Méthode Traditionelle bei der Herstellung von Schaumwein. Die Flaschen werden allmählich gedreht und auf den Kopf gestellt, um die Hefe vor dem Degorgieren im Flaschenhals zu sammeln. Siehe Dégorgement und Méthode Traditionelle.

Reserva
Spanische Bezeichnung für einen Rotwein, der 3 Jahre ausgebaut wurde, davon mindestens 1 Jahr im Faß und 2 Jahre in der Flasche. Siehe Crianza und Gran Reserva.

Restzucker
Die Menge unvergorenen Zuckers, die nach der alkoholischen Gärung im Wein verbleibt.

Saignée
Französisch für „Aderlaß". Önologisches Verfahren, bei dem ein Teil des Rotweines abgestochen wird, nachdem er nur kurzzeitig mit den Beerenschalen in Kontakt war. Dient der Herstellung von Roséwein.

Säure
Bestandteil des Weines, der sich als Schärfe am Gaumen bemerkbar macht. Zu viel Säure gilt als Weinfehler, zu wenig läßt ihn fade schmecken. Wird in Gramm pro Liter gemessen.

Sec
Französisch für „trocken".

Sélection de Grains Nobles (SGN)
Reichhaltigste und reifste Weinart aus dem Elsaß.

Solera
Önologisches Verfahren des kontinuierlichen Verschnitts, besonders bei Sherry, bei dem die Weinfässer vertikal übereinander angeordnet sind.

Spumante
Italienisch für „schäumend". Bezeichnung für Schaumwein.

Sur lie
Französisch für „auf dem Hefesatz". Wein (meist Weißwein), der auf dem Hefesatz belassen worden ist, um ihm mehr Geschmack zu verleihen.

Tawny Port
Holzgereifter Portwein, der meist im Alter von 10, 20, 30 oder 40 Jahren verschnitten wird. Das Durchschnittsalter der Grundweine entspricht der Angabe auf dem Etikett. Siehe Colheita.

Terroir
Französischer Begriff für die natürliche Umgebung eines Weingartens – Boden, Mesoklima und Mikroklima.

Vendange tardive
Französisch für „späte Ernte". Elsäßer Wein, der weniger süß ist als ein Sélection de Grains Nobles.

Vieilles vignes
Französisch für „alte Reben".

Vin de garde
Französischer Begriff für einen Wein, der zum Altern bestimmt ist.

Vin de Pays
Französische Weinkategorie unterhalb der Appellation d'Origine Contrôlée.

Vin doux naturel
Französisch für „von Natur aus süßer Wein". Süßer, alkoholreicher Wein, der durch Zugabe von Alkohol zu ungegärtem Traubenmost hergestellt wird.

Wine of Origin (WO)
Südafrikanisches Gegenstück zu Appellation d'Origine Contrôlée.

Zweitwein
Wein aus Most oder Trauben, die den Qualitätsansprüchen für den Hauptwein eines Gutes (vor allem im Bordeaux) nicht entsprechen.

Erzeuger-Verzeichnis

Aalto, Bodegas 412
Abbazia di Novacella 125
Accornero 414
Achával Ferrer 416
Adami 22
Agrapart 22
Alión 416
Allegrini 417
Allende 417
Alta Vista 418
Altare, Elio 418
Altos Las Hormigas 419
Alvear 855
Alzinger 125
Angélus, Château 419
Angerville,
  Domaine Marquis d' 420
Angludet, Château d' 420
Ànima Negra 422
Anselmi, Roberto 126
Antinori 422, 425
Antiyal 426
Araujo 426
Arghyros, Yannis 126
Argiano 429
Argiolas 429
Argüeso 855
Arlay, Château d' 129
Armand, Domaine du Comte 430
Artadi 430
Ata Rangi 432
Atauta, Dominio de 434
Au Bon Climat 434
Ausone, Château 436
Auvenay, Domaine d' 129
Avignonesi 131
Azelia 438
Bachelet, Domaine
  Denis 438
Balnaves 439
Banfi 439
Barbadillo 857
Barbeito 857–8

Barca Velha 440
Barry, Jim 131, 440
Barthod, Domaine
  Ghislaine 441
Bass Phillip 441
Bassermann-Jordan, Dr. von 132
Battle of Bosworth 442
Baudouin, Domaine
  Patrick 134
Baumard,
  Domaine des 134
Beaucastel,
  Château de 135, 442
Beaulieu Vineyards 443
Beaumont des Crayères 24
Beauséjour Duffau-Lagarrosse,
  Ch. 443
Beau-Séjour Bécot,
  Château 444
Beaux Frères 446
Bélair, Château 446
Bellavista 24
Belondrade y Lurton 135
Beringer 447
Berliquet, Château 447
Billecart-Salmon 26, 28
Billiot, Henri 28
Biondi Santi 448
Bisol 30
Blanck, Paul 136
Blandy's 861
Blue Nun 136
Bodegas Tradición 861
Boekenhoutskloof 450
Boillot,
  Domaine Jean-Marc 138
Bollinger 32, 35
Bon Pasteur, Château 452
Bonneau du Martray,
  Domaine 141
Bonneau, Henri 454
Bonny Doon 141, 143, 456
Borgo del Tiglio 143
Borie de Maurel 457
Borsao 457
Boscarelli 458
Bott Geyl, Domaine 144
Bouchard Père & Fils
  146, 458

Bouchard-Finlayson 460
Boulard, Raymond 35
Bourgeois,
  Domaine Henri 148
Bouvet-Ladubay 36
Braida 460
Branaire-Ducru,
  Château 462
Brane-Cantenac,
  Château 462
Bredell's 862
Breuer, Georg 148
Brokenwood 465
Bruce, David 465
Brumont 466
Bründlmayer 149
Bucci 149
Buhl, Reichsrat von 150
Burge, Grant 466
Buring, Leo 150
Bürklin-Wolf, Dr. 151
Busch, Clemens 151
Bussola, Tommaso 467
Cà del Bosco 36
Calon-Ségur, Château 468
Calvente 152
Ca'Marcanda 467
Can Ràfols dels Caus 152
Candido 469
Canon, Château 469
Canon-La-Gaffelière,
  Château 471
Canopy 471
Capçanes, Celler de 472
Cape Point Vineyards 153
Capezzana, Villa di 472
Capichera 153
Caprai, Arnaldo 473
Carillon, Domaine 154
Carmes-Haut-Brion,
  Château Les 473
Carrau, Bodegas 474
Casa Castillo 474
Casa Gualda 475
Casa Lapostolle 475
Casablanca, Viña 476
Cascina Corte 476
Castaño 477
Castel de Paolis 154

Castello di Ama 480
Castello dei Rampolla 477
Castello del Terriccio 479
Castelluccio 480
Castillo de Perelada 481
Catena Alta 481
Cathiard,
    Domaine Sylvain 482
Cattier 38
Cauhapé, Domaine 155
Cavalleri 38
Cavallotto 482
Ca'Viola 468
Caymus 483
Cayron, Domaine du 483
Cazals, Claude 40
Cèdre, Château du 484
Cellars, Kalin 246
Cesani, Vincenzo 155
Chambers 864
Chamonix 157
Champalou, Didier et
    Catherine 157
Chandon, Domaine 40
Channing Daughters 158
Chapoutier,
    Domaine 158, 159, 486
Chapoutier, M. 484
Chappellet 486
Chateau Montelena 159
Chateau Ste. Michelle 161
Chave, Domaine 487
Chave, Domaine J.-L. 161
Cheval Blanc, Château 487
Chevalier, Domaine de
    162, 488
Chidaine, Domaine
    François 162
Chimney Rock 491
Chivite 163
Christmann 163
Christoffel 164
Chryseia 491
Clape,
    Domaine Auguste 492
Clerico, Domenico 492
Climens, Château 166
Clonakilla 493
Clos de l'Oratoire 493

Clos de la Coulée de
    Serrant 169
Clos de Los Siete 494
Clos de Tart 494
Clos des Papes 495
Clos Erasmus 495
Clos Floridène 169
Clos Mogador 496
Clos Naudin,
    Domaine du 170
Clos Uroulat 170
Cloudy Bay 171
Clouet, André 42
Cluver, Paul 171
Coche-Dury, Domaine 172
Col Vetoraz 44
Coldstream Hills 498
Colet 44
Colgin Cellars 501
Collard, René 45
Colle Duga 172
Colli di Lapio 173
Colomé, Bodega 501
Concha y Toro 502
Conseillante,
    Château La 502
Contador 504
Contat Frères 174
Conterno Fantino 505
Conterno, Giacomo 504
Còntini, Attilio 173
Contino 505
Coppo 506
Cordoníu, Jaume 42
Coriole Lloyd 506
Corison 507
Correggia, Matteo 507
Cortes de Cima 508
COS 508
Cos d'Estournel,
    Château 509
Cossart Gordon 866
Costanti, Andrea 509
Costers del Siurana 510
Couly-Dutheil 510
Cousiño Macul, Viña 511
Coutet, Château 174
Craggy Range 511
Crochet, Lucien 176

Croft 867
Cullen 512
Cuomo, Marisa 176
CVNE 178, 514
Dagueneau, Didier 180
Dal Forno, Romano 516
Dalla Valle 516
Dampierre,
    Comte Audoin de 45
D'Angelo 517
D'Arenberg 517
Darviot-Perrin,
    Domaine 180
Dauvissat, Domaine
    René & Vincent 181
De Bartoli 867
De Bortoli 181
De Meric 47
De Sousa 47
De Trafford 518
Deiss, Domaine Marcel 182
Delaforce 869
Delamotte 48
Delgado Zuleta 869
DeLille Cellars 518
Dettori,
    Azienda Agricola 520
Deutz 51
Diamond Creek 520
Diebolt-Vallois 51
Diel, Schlossgut 182
Disznókö 185
Dogliotti, Romano 52
Doisy-Daëne, Château 185
Dom Pérignon 52, 54
Dom Ruinart 56–7
Domaine A 522
Domaine de l'A 522
Domecq, Pedro 870
Dominus 523
Donnafugata 186
Dönnhoff, Hermann 188
Dow's 872, 874
Drappier 59
Droin, Domaine 188
Drouhin, Domaine 523
Drouhin,
    Domaine Joseph 189, 524
Druet, Pierre-Jacques 524

Dry River 190, 526
Duas Quintas 528
Duboeuf, Georges 530
Duckhorn Vineyards 532
Ducru-Beaucaillou,
    Château 532
Dugat,
    Domaine Claude 534
Dugat, Domaine-Pÿ 534
Duhr, Mme. Aly, et Fils 192
Dujac, Domaine 535
Dunn Vineyards 535
Dupasquier, Domaine 194
Durfort-Vivens,
    Château 537
Dutton Goldfield 194
Ecu, Domaine de l' 195
Eglise-Clinet,
    Château L' 537
Egly-Ouriet 59
El Grifo 195
El Maestro Sierra 876
El Nido 538
El Principal, Viña 538
Els, Ernie 539
Emrich-Schönleber 197
Engel, Domaine René 539
Errázuriz/Mondavi,
    Viña 540
Evangile, Château L' 540
Eyrie Vineyards 542
Fairview 542
Falesco 544
Falfas, Château 544
Far Niente 546
Fargues, Château de 197
Fattoria La Massa 548
Feiler-Artinger 198
Fèlsina Berardenga 548
Felton Road 549
Ferrara, Benito 201
Ferrari, Giulio 60
Ferreiro, Do 201
Feudi di San Gregorio 202
Fèvre, William 202
Fiddlehead 549
Figeac, Château 550
Filhot, Château 204
Fillaboa Seléccion 206

Finca Luzón 550
Finca Sandoval 551
Fiorano 206
Florio 876
Flowers 208, 551
Fonseca 879
Fonseca, José Maria da 879
Fontodi 552
Foradori 552
Fourcas-Hosten,
    Château 553
Fourrier,
    Domaine Jean-Claude 553
Framingham 211
Frank, Dr. Konstantin 211
Freemark Abbey 554
Freie Weingärtner
    Wachau 212
Freixenet 60
Frog's Leap 554
Fromm Winery 556
Fucci, Elena 556
Fuissé, Château de 212
Gago Pago La Jara 557
Gaia Estate 213, 557
Gaja 558
Garvey 880
Gauby, Domaine 559
Gazin, Château 561
Germanier, Jean-René 561
Gerovassiliou 562
Giaconda 213, 565
Giacosa, Bruno 565
Gilette, Château 214
Gimonnet, Pierre 62
Giraud, Henri 64
Giscours, Château 566
Gloria Ferrer 66
Goldwater 568
González Byass 882
Gosset 68
Gouges, Domaine Henri 568
Gourt de Mautens,
    Domaine 214
Grace Family Vineyards 570
Graf Hardegg V 215
Graham's 885
Graillot, Alain 573
Gramona 70

Grand-Puy-Lacoste,
    Château 574
Grange des Pères 576
Grans-Fassian 215
Grasso, Elio 576
Grasso, Silvio 577
Gratien & Meyer 71
Gratien, Alfred 70
Grattamacco 577
Gravner, Josko 216
Greenock Creek 578
Grgić, Miljenko 578
Grillet, Château 216
Grivot, Domaine Jean 579
Gróf Dégenfeld 219
Gross, Domaine Anne 579
Grosset 219
Gruaud-Larose, Château 581
GS 581
Guelbenzu, Bodegas 582
Guffens-Heynen,
    Domaine 220
Guigal 582
Guiraud, Château 220
Guitián 222
Gunderloch 224
Gutiérrez Colosía 886
Gutiérrez de la Vega 886
Haag, Fritz 224
Hacienda Monasterio 583
Hamilton Russell
    Vineyards 226
Hanzell 228
Haras de Pirque, Viña 583
Hardys 584
Harlan Estate 586
Haut-Bailly, Château 588
Haut-Brion,
    Château 230, 590
Haut-Marbuzet,
    Château 592
Heidler 235
Heidsieck, Charles 71
Heitz Wine Cellars 592
Henriot 72
Henriques & Henriques 887
Henschke 593
Herdade de Cartuxa 593
Herdade de Mouchão 594

Herdade do Esporão 594
Herzog 595
Hétsölö 233
Heyl zu Herrnsheim,
    Freiherr 233
Heymann-Löwenstein 235
Hidalgo, Emilio 888
Hidalgo-La Gitana 889
Hirsch Vineyards 595
Hirtzberger 236
Hosanna, Château 596
Hövel, Weingut von 236
Howard Park 237
Huet, Domaine 72, 237
Hugel 239
Hunter's 239
Inama, Stefana 240
Inniskillin 240
Iron Horse 74
Isabel 242
Isole e Olena 596
Itsasmendi 242
Izadi, Viña 597
Jaboulet Aîné, Paul 597
Jackson Estate 243
Jacob's Creek 243
Jacquesson 77
Jade Mountain 598
Jasper Hill 598
Jayer, Domaine Henri 599
Jobard,
    Domaine François 244
Josmeyer 244
K Vintners 599
Kanonkop 601
Karthäuserhof 246
Katnook Estate 602
Kefraya, Château 604
Keller, Weingut 249
Kesselstatt, Reichsgraf
    von 249
Királyudvar 250
Kistler 252
Klein Constantia 252
Klein Constantia/
    Anwilka Estate 606
Kloster Eberbach
    Staatsweingüter 253, 608
Knoll 253

Koehler-Ruprecht, Weingut 254
Kogl Estate 256
Kracher 256
Kreydenweiss, Marc 258
Krug 78–83
Ksara, Château 609
Kumeu River 258
Künstler, Franz 260
KWV 890
La Dominique,
    Château 611
La Fleur-Pétrus,
    Château 611
La Gomerie, Château 613
La Jota Vineyard
    Company 613
La Louvière, Château 260
La Mission-Haut-Brion,
    Château 615
La Monacesca 263
La Mondote 615
La Morandina 84
La Rame, Château 263
La Rectorie,
    Domaine de 890
La Rioja Alta 616
La Spinetta 616
Labet, Domaine 264
Lafarge,
    Domaine Michel 617
Lafaurie-Peyraguey, Château 266
Lafite Rothschild,
    Château 617
Lafleur, Château 618
Lafon, Domaine des Comtes
    268–9, 618
Lafon,
    Héritiers du Comte 268
Lageder, Alois 269
Lagrange, Château 621
Lagrézette, Château 621
Lake's Folly 270
Lamarche, Domaine 622
Lambrays,
    Domaine des 624
Landmark 624
Langlois Château 84
Larmandier-Bernier 86
Latour, Château 626

Latour-à-Pomerol,
    Château 628
Laurent-Perrier 86
Laville Haut-Brion,
    Château 270
Le Dôme 628
Le Due Terre 629
Le Macchiole 629
Le Pin 631
Le Riche 632
Le Soula 271
Leacock's 891
L'Ecole No. 41 634
Leeuwin Estate 271
Leflaive, Domaine 273
Lehmann, Peter 637
Lenz 273
Leonetti Cellars 637
Léoville-Barton,
    Château 638
Léoville-Las Cases,
    Château 640
Léoville-Poyferré,
    Château 640
Leroy, Domaine 642
Lezongars,
    L'Enclos de Château 642
Liger-Belair,
    Domaine du Vicomte 644
Lilbert-Fils 88
Lisini 644
Littorai Wines 646
Livio Felluga 198
Llano Estacado 274
Loimer 277
Long-Depaquit,
    Domaine 277
Loosen, Dr. 279
López de Heredia 279, 646
L'Origan 96
Luque, M. Gil 891
Lusco do Miño 280
Lustau 892
Lynch-Bages, Château 647
Macari Vineyard 647
Macle, Jean 280
Maculan 282
McWilliam's 282
Magdelaine, Château 648

Majella 648
Malartic-Lagravière, Château 284
Malle, Château de 284
Malvirà 88, 286, 649
Marcarini 649
Marcassin 286
Margaux, Château 289, 651
Marimar Torres Estate 380
Marionnet, Henri 289
Marqués de Griñón 652
Marqués de Murrieta 652
Marqués de Riscal 653
Marqués del Real
   Tesoro 895
Martínez-Bujanda 653
Mas Amiel 895
Mas Blanc 896
Mas de Daumas
   Gassac 654
Mas Doix 654
Mas Martinet 655
Más Que Vinos 655
Mascarello, Bartolo 656
Mascarello, Giuseppe 656
Massandra Collection 898
Mastroberardino 659
Matassa, Domaine 293
Matetic 659
Mateus 89
Mathieu, Serge 89
Maume, Domaine 660
Mauro 660
Maurodos 661
Maximin Grünhauser 293
Mayacamas 661
Mayr, Josephus 662
Medici Ermete 90
Meerlust 664
Meín, Viña 294
Mellot, Alphonse 294
Melton, Charles 666
Mendoza, Abel 668
Mendoza, E. 668
Méo-Camuzet,
   Domaine 669
Mercier, Denis 669
Meyer-Näkel 670
Miani 296, 670
Michael, Peter 296, 671

Michel, Bruno 90
Millton Vineyard 298
Mission Hill 300
Mitchelton 300
Moccagatta 671
Molettieri, Salvatore 672
Mondavi, Robert 301, 672
Montaiguillon,
   Château 675
Montana 91
Montelena, Château 675
Montes 676–7
Montevertine 679
Montevetrano 679
Montille, Domaine Hubert de 680
Montrose, Château 682
Montus, Château 682
Mordorée,
   Domaine de la 683
Morgenster 683
Moris Farms 684
Moro, Bodegas Emilio 687
Morris Wines 898–9
Moss Wood 687
Mount Difficulty 689
Mount Eden 301
Mount Horrocks 302
Mount Hurtle 689
Mount Langi Ghiran 691
Mount Mary 691
Mountadam 305
Moutard 91
Mouton Rothschild, Château 693
Muga 693
Mugnier, Domaine J.-F. 695
Müller, Egon 306
Müller-Catoir 306
Mumm 92
Murana, Salvatore 307
Muré, René 307, 695
Murietta, Marqués de 290
Musar, Château 697
Mustiguillo, Bodega 697
Nada, Fiorenzo 698
Nairac, Château 308
Nardello, Daniele 308
Nederburg 309
Négly, Château de la 698
Negri, Nino 699

Neudorf 309
Newton Vineyards 310
Niebaum-Coppola
   Estate 699
Niedrist, Ignaz 700
Niepoort 310, 700, 702, 899–900
Nigl 311
Nikolaihof 311
Noemía de Patagonia,
   Bodega 702
Nyetimber 95
Oak Valley 312
Oberto, Andrea 703
Ojai Vineyard 703
Olivares Dulce 906
Omar Khayyam 95
Opitz, Willi 704
Opus One 704
Ordoñez, Jorge, & Co 906
Oremus 314
Osborne 907
Ossian 314
Ostertag, André 315
Pacenti, Siro 706
Pagos de los
   Capellanes 706
Pahlmeyer 707
Paitin 707
Palacio de Bornos 315
Palacio de Fefiñanes,
   Bodega del 316
Palacios, Alvaro 709
Palacios, Descendientes
   de J. 709
Palacios, Rafa 316
Palari Faro 710
Palmer, Château 710
Pape-Clément,
   Château 712
Parker 714
Parusso 716
Paternina 908
Paternoster 716
Pato, Luís 717
Paul Bruno, Domaine 717
Paumanok 718
Pavie, Château 718
Pavie-Macquin,
   Château 720

Pazo de Señoras 317
Peay Vineyards 723
Pelissero, Giorgio 723
Pellé, Domaine Henry 317
Pellegrino, Carlo 908
Penfolds 724–5
Penley Estate 726
Peregrine 319
Péres Barquero 911
Péres Marín 912
Perret, André 319
Perrier-Jouët 96
Pesquera, Tinto 726
Peters, Pierre 98
Petit-Village, Château 729
Petrolo 729
Pétrus 730
Pez, Château de 733
Pfaffl, R & A 320
Phelps, Joseph 734
Philipponnat 98
Piaggia 734
Pichler, F.X. 320
Pichon-Longueville, Château 735
Pieropan 323
Pierre-Bise, Château 323
Pierro 324
Pieve di Santa Restituta 737
Pinard, Vincent 325
Pingus, Dominio del 737
Pintia 738
Pithon, Domaine Jo 326
Plageoles, Robert & Bernard 326
Podere 738
Pol Roger 101
Poliziano 739
Polz, E & W 327
Pommery 103
Ponsot, Domaine 327, 739
Pontet-Canet, Château 740
Pouillon, Roger 103
Poujeaux, Château 740
Prager 328
Prévost, Jérôme 104
Pride Mountain 742
Prieler 742
Prieuré de St.-Jean de Bébian 743
Prieuré St.-Christophe, Domaine 743
Produttori del Barbaresco 744
Providence, Château La 744
Prüm, J.J. 328–9
Puffeney, Jacques 329
Quady 914
Quenard, André et Michel 330
Querciabella, Agricola 746
Quilceda Creek 748
Quinta do Côtto 748
Quinta do Mouro 749
Quinta do Noval 902, 904
Quinta do Portal 912
Quinta do Vale Meão 749
Quinta dos Roques 750
Quintarelli 752
Quintessa 752
Qupé 330, 753
Rabaud-Promis, Château 332
Radio-Coteau 753
Ramey Hyde Vineyard 334
Ramonet, Domaine 334
Ramos Pinto 917
Rauzan-Ségla, Château 754
Raveneau, Domaine 335
Ravenswood 756
Raventós i Blanc 107
Rayas, Château 758
Rayne-Vigneau, Château 335
Rebholz, Ökonomierat 336
Redríguez, Telmo 343
Remelluri 338
Remirez de Ganuza 758
Rémy, Louis 759
Rey Fernando de Castilla 917
Richter, Max Ferd. 341
Ridge 759
Riessec, Château 341
Rinaldi, Giuseppe 760
Ringland, Chris 760
Rippon 761
Robert, Alain 107
Roc de Cambes, Château 761
Rochioli, J. 762
Rockford 762
Roda, Bodegas 763
Roederer Estate 109
Roederer, Louis 109
Rojo, Emilio 343
Rollin Père & Fils, Domaine 763
Rolly-Gassmann 344
Romanée-Conti, Domaine de la 347, 765–6
Romero, Pedro 918
Rosa, Quinta de la 918
Rostaing, René 766
Roulot, Domaine 347
Roumier, Domaine Georges 767
Roure, Celler del 767
Rousseau, Domaine Armand 768–9
Royal Tokaji Wine Co. 348
Rudera Robusto 350
Rust en Vrede 771
Rustenberg 771
Sadie Family 350, 772
St. Hallett 772
Salomon-Undhof 351
Salon 111
Salvioni 774
San Alejandro 774
San Vicente 775
Sánchez Ayala 921
Sánchez Romate 921
Sandeman 922
Sandrone, Luciano 775
Sanford 776
Santa Rita, Viña 776
Santadi 777
Sastre, Viña 777
Satta, Michele 778
Sauer 351
Sauzet, Domaine Etienne 352
Scavino, Paolo 778
Schaefer, Willi 352
Schiopetto 355
Schloss Gobelsburg 355
Schloss Lieser 356

Schloss Vollrads 356
Schlumberger 359
Schram, J. 111
Schröck, Heidi 359
Screaming Eagle 779
Seghesio 779
Selbach-Oster 360
Selosse, Jacques 112
Seppelt Great Western 112
Serafini e Vidotto 780
Seresin 362
Shafer 780
Shaw + Smith 362
Silos, Cillar de 782
Simčič, Edi 363
Simone, Château 782
Smith Woodhouse 924
Smith-Haut-Lafitte,
    Château 363
Soalheiro 364
Sociando-Mallet,
    Château 784
Soldati La Scolca 114
Soldera 784
Solms-Hegewisch 786
Sorrel, Marc 786
Sot 787
Stadlmann, Johann 364
Stag's Leap Wine
    Cellars 787
Stanton & Killeen 924
Steenberg 367
Stonier Estate 367, 788
Stony Hill 369
Stonyridge 791
Suduiraut, Château 369–70
Swan, Joseph 791
Szepsy 372
Tahbilk 374
Taille aux Loups,
    Domaine de la 376
Taittinger 114
Talbot, Château 792
Tamellini 376
Tapanappa Whalebone
    Vineyard 794
Tares, Dominio de 796
Tarlant 116
Tasca d'Almerita 796

Taylor's 926, 928
Te Mata 798
Te Motu 800
Tement, Manfred 377
Tempier, Domaine 800
Tenuta di Valgiano 802
Tenuta delle Terre Nere 802
Tenuta dell'Ornellaia 801
Tenuta Le Querce 803
Tenuta San Guido 803
Tenuta Sette Ponti 804
Terlano, Cantina di 377–8
Terrazas/Cheval Blanc 804
Tertre-Roteboeuf,
    Château 807
Thackrey, Sean 807
Thelema 809
Thévenet, Jean 378
Tilenus 809
Tirecul, Château 379
Tissot, André &
    Mireille 379
Torbreck 810
Torelló, Agustí 116
Toro Albalá 930
Torres 813
Tour Vieille,
    Domaine La 813
Tour Vlanche,
    Château La 382
Traeger, David 384
Trévallon,
    Domaine de 814
Trimbach 387
Trinity Hill 816
Troplong-Mondot,
    Château 818
Trotanoy, Château 820
Tua Rita 822
Turkey Flat 822
Turley Wine Cellars 823
Tyrrell's 389
Umathum 823
Vajra, Azienda Agricola G.D. 824
Valandraud, Château 824
Valdespino 930–2
Valdipiatta 826
Valentini 389, 826
Vall Llach 828

Valtuille 828
Vasse Felix 829
Vecchie Terre di
    Montefili 829
Vega de Toro 830
Vega Sicilia 830
Venus 832
Vergelegen 392, 832
Verget 392
Vernay, Georges 393
Verset, Noël 834
Vesúvio, Quinta do 935
Veuve Clicquot 118
Veuve Fourny 120
Vie di Romans 393
Vieux Château Certan 834
Vieux Télégraphe,
    Domaine du 835
Vigneti Massa 394
Villaine,
    Domaine A. et P. de 394
Vilmart 120
Viñas del Vero 835
Viñedos Organicos
    Emiliana 836
Voerzio, Roberto 838
Vogüé, Domaine Comte Georges de 397
Vollenweider 397
Volxem, Weingut van 390
Warre's 935
Weil, Robert 398
Weinbach, Domaine 400
Wendouree 838
Wild Duck Creek 841
Williams & Humbert 936
Williams Selyem 841
Wittmann, Weingut 402
Wynn's 842
Yacochuya de Michel
    Rolland 844
Yalumba 844
Yarra Yering 845
Yerro, Alonso del 845
Yquem, Chateau d' 405
Zerbina, Fattoria 846
Zilliken 406
Zind-Humbrecht,
    Domaine 406-7

Preisstufen-Verzeichnis

ⓢ

Adami
  Prosecco di Valdobbiadene 22
Argüeso
  San León Reserva de Familia Manzanilla 855
Auvenay, Domaine d'
  Chevalier-Montrachet 129
Blue Nun 136
Borsao *Tres Picos* 457
Calvente
  Guindalera Vendimia Seleccionada Moscatel 152
Canopy *Malpaso* 471
Casa Gualda *Selección C&J* 475
Casa Lapostolle *Clos Apalta* 475
Castaño
  Hécula Monastrell 477
Castillo de Perelada
  Gran Claustro 481
Cathiard, Domaine Sylvain *Romanée-St.-Vivant GC* 482
Col Vetoraz *Prosecco Extra Dry* 44
Costers del Siurana
  Clos de l'Obac Priorat 510
Darviot-Perrin, Domaine
  Chassagne-Montrachet PC Blanchots-Dessus 180
Dauvissat, Domaine René & Vincent
  Chablis GC Le Clos 181
Dogliotti, Romano
  Moscato d'Asti La Galesia 52
Domecq, Pedro
  La Ina Fino Sherry 870
Drouhin, Joseph
  Marquis de Laguiche 189
Dupasquier, Domaine
  Marestel Roussette de Savoie 194
El Grifo
  Malvasia Dulce Canarias 195
El Principal *Cabernet Sauvignon* 538
Fèvre, William
  Chablis GC Bougros Côte Bouguerots 202
Finca Luzón *Altos de Luzón* 550

Fourrier, Domaine Jean-Claude
  Charmes-Chambertin GC 553
Frank, Dr. Konstantin
  Dry Riesling 211
Gaia *Ritinitis Nobilis Retsina* 213
Garvey *San Patricio Fino Sherry* 880
González Byass
  Tío Pepe Fino Sherry 882
Grace Family
  Cabernet Sauvignon 570
Guelbenzu, Bodegas
  Lautus Navarra 582
Guitián *Valdeorras Godello* 222
Haras de Pirque
  Haras Style Syrah 583
Hidalgo-La Gitana
  Pastrana Manzanilla Pasada 889
Itsasmendi *Txakolí* 242
Jacob's Creek *Chardonnay* 243
Latour-à-Pomerol, Château 628
Le Macchiole *Paleo Rosso* 629
Lenz *Gewürztraminer* 273
Leroy, Domaine
  Romanée-St.-Vivant Grand Cru 642
Liger-Belair, Domaine du Vicomte
  La Romanée 644
Malvirà *Birbét Brachetto* 88
Mateus *Rosé* 89
Maume, Domaine
  Chambertin GC 660
Medici Ermete
  Lambrusco Reggiano Concerto 90
Meín, Viña 294
Mendoza, Abel
  Tempranillo Grano a Grano 668
Méo-Camuzet, Domaine *Richebourg Grand Cru* 669
Millton
  Te Arai Vineyard Chenin Blanc 298
Murietta, Marqués de
  Rioja Blanco Reserva 290
Niepoort *Vintage Port* 900
Ordoñez, Jorge, & Co *No. 3* 906
Palacio de Bornos
  Verdejo Fermentado en Barrica Rueda 315
Palacio de Fefiñanes, Bodega del
  Rías Baixas Albariño 316

Peregrine *Ratasburn Riesling* 319
Péres Marín
  La Guita Manzanilla 912
Perret, André *Condrieu Chéry* 319
Quenard, André et Michel
  Chignin-Bergeron Les Terrasses 330
Remirez de Ganuza
  Tioja Reserva 758
Remy, Louis 759
Rollin Père & Fils, Domaine
  Pernand-Vergelesses PC Ile de Vergelesses 763
Romero, Pedro
  Aurora en Rama Manzanilla 918
Rostaing, René
  Romanée-Conti GC 766
Roulot, Domaine
  Meursault PC Les Charmes 347
Rousseau, Domaine Armand
  Chambertin Clos de Bèze 768
San Alejandro *Baltasar Gracián Garnacha Viñas Viejas* 774
Sastre, Viña *Pesus* 777
Tamellini
  Soave Classico Le Bine 376
Tenuta San Guido *Sassicaia* 803
Valdespino
  Inocente Fino Sherry 931
Vall Llach 828
Verget
  St.-Véran Les Terres Noires 392
Vie di Romans
  Chardonnay 393

ⓢⓢ

Abbazia di Novacella
  Praepositus Kerner 125
Antiyal 426
Barbeito
  Single Cask Colheita Madeira 857
Barry, Jim *The Florida Riesling* 131
Bassermann-Jordan, Dr. von
  Forster Pechstein Riesling 132
Belondrade y Lurton *Rueda* 135
Bisol *Cartizze Prosecco* 30
Bonny Doon
  Vin Gris de Cigare 456
Borie de Maurel *Cuvée Sylla* 457
Boulard, Raymond
  Les Rachais 35

Bourgeois, Domaine Henri
  Sancerre d'Antan 148
Bründlmayer
  Zöbinger Heiligenstein
  Riesling Alte Reben 149
Bucci
  Verdicchio dei Castelli di Jesi Riserva Villa Bucci 149
Buhl, Reichsrat von
  Forster Ungeheuer
  Riesling ST 150
Buring, Leo
  Leonay Eden Valley Riesling 150
Can Ràfols dels Caus
  Vinya La Calma 152
Cape Point Vineyards Semillon 153
Carrau, Bodegas Amat 474
Casa Castillo Pie Franco 474
Casablanca, Viña Neblus 476
Castel de Paolis Muffa Nobile 154
Catena Alta Malbec 481
Cellars, Kalin Semillon 246
Cesani, Vincenzo
  Vernaccia di San Gimignanao Sanice 155
Chamonix Chardonnay Reserve 157
Chandon, Domaine Green Point 40
Channing Daughters
  Tocai Friulano 158
Chateau Ste. Michelle
  Eroica Riesling 161
Chidaine, Domaine François
  Montlouis-sur-Loire Les Lys 162
Clos de l'Oratoire 493
Clos de Los Siete 494
Clos Floridène 169
Clos Uroulat
  Jurançon Cuvée Marie 170
Cloudy Bay Sauvignon Blanc 171
Cluver, Paul
  Noble Late Harvest Weisser Riesling 171
Coche-Dury, Domaine
  Corton-Charlemagne GC 172
Colet
  Assemblage Extra Brut 44
Colle Duga Tocai Friulano 172
Colli di Lapio Fiano di Avellino 173
Cordoníu, Jaume Brut 42
Cortes de Cima Incógnito 508
COS Cerasuolo di Vittoria 508

Cousiño Macul, Viña
  Antiguas Reservas Cabernet Sauvignon 511
Cullen Diana Madeline Cabernet
  Sauvignon Merlot 512
D'Angelo
  Aglianico del Vulture Riserva Vigna Caselle 517
Delaforce
  Curious and Ancient 20 Years
  Old Tawny Port 869
Donnafugata Ben Ryé 186
Duboeuf, Georges
  Fleurie La Madone 530
Duhr, Mme. Aly, et Fils
  Ahn Palmberg Riesling 192
Dutton Goldfield Rued Vineyard
  Chardonnay 194
Ecu, Domaine de l'
  S. & M. Expression
  d'Orthogneiss 195
El Nido Clio Jumilla 538
Fairview Caldera 542
Falesco Montiano 544
Falfas, Château 544
Ferrara, Benito
  Greco di Tufo Vigna Cicogna 201
Ferreiro, Do
  Cepas Vellas Albariño 201
Fillaboa Selección
  Finca Monte Alto 206
Florio Terre Arse Marsala 876
Fourcas-Hosten, Château 553
Framingham Select Riesling 211
Freie Weingärtner Wachau Achleiten G. Veltliner
  Smaragd 212
Gerovassiliou Avaton 562
Gloria Ferrer Royal Cuvée 66
Gramona III Lustros Gran Reserva 70
Grosset Watervale Riesling 219
Gutiérrez de la Vega Casta Diva
  Cosecha Miel / Reserva Real 886
Herdade do Esporão
  Esporão Reserva 594
Heyl zu Herrnsheim, Freiherr Niersteiner Pettental Riesling 233
Heymann-Löwenstein
  Riesling Gaisberg 235
Howard Park Riesling 237
Hunter's Sauvignon Blanc 239

Inama, Stefana
  Vulcaia Fumé Sauvignon
  Blanc 240
Iron Horse Vrais Amis 74
Isabel Sauvignon Blanc 242
Jackson Estate
  Sauvignon Blanc 243
K Vintners Milbrandt Syrah 599
Katnook Estate
  Odyssey Cabernet Sauvignon 602
Királyudvar Furmint 250
Kogl Estate Traminic 256
Künstler, Franz
  Hochheimer Kirchenstück Riesling
  Spätlese 260
KWV Muscadel Jerepigo 890
La Louvière, Château 260
La Morandina Moscato d'Asti 84
La Rame, Château Réserve 263
Lafon, Héritiers du Comte
  Mâcon-Milly-Lamartine 268
Lageder, Alois
  Löwengang Chardonnay 269
Le Riche
  Cabernet Sauvignon Reserve 632
Lehmann, Peter Stonewell Shiraz 637
Lezongars, L'Enclos de Château 642
Lilbert-Fils
  Cramant GC Brut Perle 88
Llano Estacado Cellar Reserve Chardonnay 274
Loimer Steinmassl Riesling 277
L'Origan L'O Cava Brut Nature 96
Lusco do Miño
  Pazo Piñeiro Albariño 280
Lustau Almacenista Cuevas Jurado
  Manzanilla Amontillada, Almacenista García Jarana Pata de
  Gallina Oloroso Sherry 892
Macari Vineyard Merlot Reserve 647
McWilliam's Mount Pleasant Lovedale Semillon 282
Malvira' Roero Arneis Saglietto 286
Marimar Torres Estate
  Chardonnay Dobles Lias 380
Marqués de Griñón
  Dominio de Valdepusa Syrah 652
Matassa, Domaine
  Blanc Vin de Pays des Côtes Catalanes 293
Matetic EQ Pinot Noir 659

Mathieu, Serge
  Cuvée Tradition Blanc de Noirs Brut 89
Mendoza, E. *Estrecho* 668
Michel, Bruno *Cuvée Blanche* 90
Montaiguillon, Château 675
Montana
  Deutz Marlborough Cuvée Blanc de Blancs 91
Morris Wines
  Old Premium Liqueur Muscat 898
Mount Horrocks
  Cordon Cut Riesling 302
Mount Hurtle
  Grenache Rosé 689
Mumm *De Cramant* 92
Newton Vineyards
  Unfiltered Chardonnay 310
Niedrist, Ignaz
  Lagrein Berger Gei 700
Oak Valley *Mountain Reserve Sauvignon Blanc* 312
Olivares Dulce
  Monastrell Jumilla 906
Omar Khayyam 95
Ossian 314
Palacios, Rafa *As Sortes* 316
Paternoster
  Aglianico del Vulture Don Anselmo 716
Pfaffl, R & A
  Grüner Veltliner Hundsleiten 320
Piaggia *Carmignano Riserva* 734
Pierre-Bise
  Quarts-de-Chaume 323
Pintia *Toro* 738
Pithon, Domaine Jo *Coteaux du Layon Les Bonnes Blanches* 326
Polz, E & W *Hochgrassnitzberg Sauvignon Blanc* 327
Pouillon, Roger
  Cuvée de Réserve Brut 103
Poujeaux, Château 740
Prüm, J.J.
  Wehlener Sonnenuhr Riesling Spätlese No. 16 329
Quady *Essensia* 914
Quinta do Côtto
  Grande Escolha 748
Quinta do Mouro *Alentjo* 749

Quinta do Portal
  20 Year Old Tawny Port 912
Quinta do Vale Meão 749
Quinta dos Roques
  Dão Touriga Nacional 750
Qupé
  Marsanne Santa Ynez Valley 330
Raventós i Blanc
  Gran Reserva de la Finca Brut Nature 107
Remelluri *Blanco* 338
Rojo, Emilio *Ribeiro* 343
Roure, Celler del
  Maduresa Valencia 767
Rudera Robusto
  Chenin Blanc 350
Rustenberg John X Merriman 771
St. Hallett *Old Block Shiraz* 772
Salomon-Undhof
  Riesling Kögl 351
Sanford
  Sanford & Benedict Vineyard Pinot Noir 776
Seresin
  Marama Sauvignon Blanc 362
Silos, Cillar de *Torresilo* 782
Simone, Château
  Palette Rosé 782
Soalheiro
  Alvarinho Primeiras Vinhas 364
Solms-Hegewisch *Africana* 786
Stadlmann, Johann
  Ziefandler Mandel-Höh 364
Steenberg
  Sauvignon Blanc Reserve 367
Stonier Estate
  Pinot Noir Reserve 788
  Reserve Chardonnay 367
Suduiraut, Château
  S de Suduiraut 369
Tahbilk *Marsanne* 374
Tares, Dominio de
  Cepas Viejas Bierzo 796
Tissot, André & Mireille *Arbois Chardonnay Le Mailloche* 379
Toro Albalá
  1922 Solera Amontillado Montilla 930
Tyrrell's *Vat 1 Semillon* 389
Vergelegen *White* 392
Viñas del Vero *Secastilla* 835

Vogüé, Domaine Comte Georges de *Bourgogne Blanc* 397
Warre's
  Late Bottled Vintage Port 935

❸❸❸
Accornero
  Barbera del Monferrato Superiore Bricco Battista 414
Achával Ferrer
  Finca Altamira Malbec 416
Agrapart *L'Avizeoise* 22
Alión 416
Allegrini *La Poja* 417
Alta Vista *Alto* 418
Altos Las Hormigas
  Malbec Reserva Viña Hormigas 419
Alzinger
  Loibenberg Riesling Smaragd 125
Angludet, Château d' 420
Ànima Negra
  Vinyes de Son Negre 422
Anselmi, Roberto
  I Capitelli Veneto Passito Bianco 126
Antinori *Guado al Tasso* 422
  Tignanello 425
Argiano *Barolo di Montalcino* 429
Argiolas *Turriga* 429
Arlay, Château d'
  Côtes du Jura Vin Jaune 129
Armand, Domaine du Comte *Pommard Clos des Epeneaux* 430
Atauta, Dominio de
  Ribera del Duero 434
Au Bon Climat *Pinot Noir* 434
Azelia
  Barolo San Rocco 438
Balnaves
  Tally Cabernet Sauvignon 439
Barbadillo
  Palo Cortado VORS Sherry 857
Barbeito
  20 Years Old Malmsey Madeira 857
Barry, Jim *The Armagh Shiraz* 440
Barthod, Domaine Ghislaine *Chambolle-Musigny PC Les Cras* 441
Battle of Bosworth *White Boar* 442

Baudouin, Domaine Patrick
　　Après Minuit Coteaux du
　　Layon 134
Baumard, Domaine des
　　Quarts-de-Chaume 134
Beaumont des Crayères
　　Fleur de Prestige 24
Beaux Frères Pinot Noir 446
Bellavista Gran Cuvée Brut 24
Berliquet, Château 447
Blanck, Paul
　　Schlossberg Grand Cru
　　Riesling 136
Bodegas Tradición
　　Olorosos VORS Sherry 861
Boekenhoutskloof Syrah 450
Bonny Doon
　　Le Cigare Blanc 141
　　Le Cigare Volant 456
　　Muscat Vin de Glacière 143
Borgo del Tiglio
　　Malvasia Selezioni 143
Boscarelli
　　Vino Nobile Nocio dei
　　Boscarelli 458
Bott Geyl, Domaine
　　Sonnenglanz GC Tokay
　　Pinot Gris VT 144
Bouchard-Finlayson
　　Galpin Peak Tête de Cuvée
　　Pinot Noir 460
Braida Bricco dell'Uccellone
　　Barbera d'Asti 460
Brane-Cantenac, Château 462
Bredell's Cape Vintage Reserve 862
Breuer, Georg
　　Rüdesheimer Berg Schlossberg
　　Riesling Trocken 148
Brokenwood Graveyard Shiraz 465
Bruce, David
　　Santa Cruz Mountains
　　Pinot Noir 465
Brumont
　　Madiran Montus Prestige 466
Bürklin-Wolf, Dr.
　　Forster Kirchenstück Riesling Trocken 151
Ca'Marcanda IGT Toscana 467
Candido Capello di Prete 469
Canon, Château 469
Canon-La-Gaffelière, Château 471

Capçanes, Celler de
　　Montsant Cabrida 472
Capezzana, Villa di
　　Carmignano 472
Capichera Vermentino di Gallura
　　Vendemmia Tardiva 153
Caprai, Arnaldo Sagrantino di Montefalco 473
Carmes-Haut-Brion,
　　Château Les 473
Cascina Corte
　　Dolcetto di Dogliani Vigna Pirochetta 476
Castelluccio Ronco dei Ciliegi 480
Cavalleri
　　Brut Satèn Blanc de Blancs Franciacorta 38
Cavallotto
　　Barolo Riserva Bricco Boschis Vigna San Giuseppe 482
Ca'Viola Bric du Luv 468
Cayron, Domaine du
　　Gigondas 483
Cazals, Claude Clos Cazals 40
Cèdre, Château du Le Cèdre 484
Chappellet
　　Signature Cabernet
　　Sauvignon 486
Chateau Montelena
　　Chardonnay 159
Chevalier, Domaine de 488
Chimney Rock
　　Stags Leap Cabernet Sauvignon
　　Reserve 491
Chivite
　　Blanco Fermentado en Barrica
　　Colección 163
Christmann Königsbacher Idig Riesling Grosses Gewächs 163
Christoffel
　　Ürziger Würzgarten Riesling Auslese 164
Chryseia 491
Clonakilla Shiraz/Viognier 493
Clos de la Coulée de Serrant Savennières 169
Clos Mogador 496
Clos Naudin, Domaine du
　　Vouvray Goutte d'Or 170
Coldstream Hills
　　Reserve Pinot Noir 498

Collard, René
　　Cuvée Réservée Brut 45
Colomé, Bodega
　　Colomé Tinto Reserva 501
Conseillante, Château La 502
Contat Frères
　　Sancerre La Grande Côte 174
Conterno Fantino
　　Barolo Parussi 505
Còntini, Attilio
　　Antico Gregori 173
Coppo
　　Barbera d'Asti Pomorosso 506
Coriole Lloyd Reserve Shiraz 506
Cos d'Estournel, Château 509
Costanti, Andrea
　　Brunello di Montalcino 509
Couly-Dutheil
　　Chinon Clos de l'Echo 510
Coutet, Château Sauternes 174
Craggy Range
　　Syrah Block 14 Gimblett
　　Gravels 511
Crochet, Lucien
　　Sancerre Cuvée Prestige 176
Croft Vintage Port 867
Cuomo, Marisa
　　Costi d'Amalfi Furore Bianco Fiorduva 176
CVNE
　　Real De Asúa Rioja Reserva 514
Dagueneau, Didier Silex 180
Dampierre, Comte Audoin de Family Reserve GC Blanc
　　de Blancs 45
De Bartoli Vecchio Samperi Ventennale Marsala 867
De Meric Cuvée Catherine 47
De Sousa
　　Cuvée des Caudalies 47
De Trafford Elevation 518
Deiss, Domaine Marcel
　　Altenberg de Bergheim 182
Delamotte Blanc des Blancs 48
Delgado Zuleta
　　Quo Vadis? Amontillado
　　Sherry 869
DeLille Cellars Chaleur Estate 518
Diel, Schlossgut Dorsheimer Goldloch Riesling Spätlese 182
Doisy-Daëne, Château 185

Domaine A
   Cabernet Sauvignon 522
Domaine de l'A 522
Domecq, Pedro
   Capuchino Palo Cortado VORS Sherry 870
Dow's
   Quinta Senhora da Ribeira Single Quinta Port 874
Droin, Domaine
   Chablis Grand Cru Le Clos 188
Drouhin, Domaine *Oregon Pinot Noir Cuvée Laurène* 523
Dry River
   Pinot Gris 190
   Pinot Noir 526
Duas Quintas *Reserva Especial* 528
Duckhorn Vineyards
   Three Palms Merlot 532
Durfort-Vivens, Château 537
El Maestro Sierra
   1830 Amontillado VORS Sherry 876
Errázuriz/Mondavi, Viña *Seña* 540
Feiler-Artinger
   Ruster Ausbruch Pinot Cuvée 198
Felton Road
   Block 3 Pinot Noir 549
Feudi di San Gregorio
   Fiano di Avellino 202
Fiddlehead
   Lollapalooza Pinot Noir 549
Figeac, Château 550
Filhot, Château 204
Finca Sandoval 551
Flowers
   Camp Meeting Ridge Chardonnay 208
   Sonoma Coast Pinot Noir 551
Fonseca, José Maria da
   Serúbal Moscatel Roxo 20 Years 879
Freemark Abbey
   Sycamore Cabernet Sauvignon 554
Frog's Leap *Rutherford* 554
Fromm Winery
   Clayvin Vineyard Pinot Noir 556
Fucci, Elena
   Aglianico del Vulture Titolo 556
Fuissé, Château de *Le Clos* 212

Gago Pago La Jara 557
Gazin, Château 561
Germanier, Jean-René
   Cayas Syrah du Valais Réserve 561
Giaconda *Chardonnay* 213
   Warner Vineyard Shiraz 565
Goldwater *Goldie* 568
Gourt de Mautens, Domaine
   Rasteau Blanc 214
Graf Hardegg V *Viognier* 215
Graham's
   Malvedos Single Quinta Port 885
Graillot, Alain
   Crozes-Hermitage 573
Grand-Puy-Lacoste, Château 574
Grange des Pères 576
Gratien & Meyer
   Cuvée Flamme Brut 71
Gravner, Josko *Breg* 216
Grgić, Miljenko *Plavac Mali* 578
Gruaud-Larose, Château 581
GS *Cabernet* 581
Guffens-Heynen, Domaine
   Pouilly-Fuissé La Roche 220
Guiraud, Château 220
Gutiérrez Colosía
   Palo Cortado Viehísimo Sherry 886
Hacienda Monasterio
   Ribera del Duero Reserva 583
Hamilton Russell *Chardonnay* 226
Hanzell *Chardonnay* 228
Hardys *Eileen Hardy Shiraz* 584
Haut-Bailly, Château 588
Haut-Marbuzet, Château 592
Heidsieck, Charles
   Brut Réserve Mis en Cave 71
Herdade de Mouchão 594
Herzog *Montepulciano* 595
Hirsch Vineyards *Pinot Noir* 595
Hirtzberger
   Singerriedel Riesling Smaragd 236
Jacquesson *Cuvée 730* 77
Jade Mountain
   Paras Vineyard Syrah 598
Jasper Hill
   Emily's Paddock Shiraz 598
Josmeyer
   Grand Cru Hengst Riesling 244

Kanonkop
   Paul Sauer 601
   Pinotage 601
Karthäuserhof
   Eitelsbacher Karthäuserhofberg Riesling ALG 246
Kefraya, Château *Comte de M* 604
Klein Constantia/Anwilka Estate *Anwilka* 606
Knoll
   Kellerberg Riesling Smaragd 253
Kreydenweiss, Marc *Les Charmes Gewurztraminer* 258
Ksara, Château
   Cuvée du Troisième Millénaire 609
Kumeu River
   Mate's Vineyard Chardonnay 258
La Dominique, Château 611
La Monacesca
   Verdicchio di Matelica Riserva Mirum 263
La Rectorie, Domaine de
   Cuvée Leon Parcé Banyuls 890
Labet, Domaine
   Côtes du Jura Vin de Paille 264
Lafaurie-Peyraguey, Château 266
Lagrange, Château 621
Lake's Folly *Chardonnay* 270
Landmark
   Kastania Vineyard Sonoma Pinot Noir 624
Langlois Château
   Crémant de Loire Brut 84
Le Due Terre *Sacrisassi* 629
L'Ecole No. 41
   Walla Walla Seven Hills Vineyard Syrah 634
Leonetti Cellars *Merlot* 637
Léoville-Poyferré, Château 640
Lisini
   Brunello di Montalcino Ugolaia 644
Loosen, Dr.
   Ürzinger Würzgarten Riesling Auslese Goldkapsel 279
Luque, M. Gil
   De Bandera Palo Cortado VORS Sherry 891
Macle, Jean *Château-Chalon* 280
Maculan *Torcolato* 282

Majella
  Malleea Cabernet/Shiraz 648
Malartic-Lagravière, Château 284
Malle, Château de 284
Malvirà
  Roeo Superiore Mombeltrano 649
Marcarini *Barolo Brunate* 649
Marcassin *Chardonnay* 286
Martínez-Bujanda
  *Finca Valpiedra Rioja
  Reserva* 653
Mas Amiel *Maury* 895
Mas Blanc *La Coume Banyuls* 896
Mas de Daumas Gassac 654
Mas Doix
  Costers de Vinyes Velles 654
Mas Martinet
  Clos Martinet Priorat 655
Más Que Vinos
  Más Que Vinos 655
Mascarello, Giuseppe
  Barolo Monprivato 656
Mastroberardino
  Taurasi Riserva Radici 659
Maurodos *San Román Toro* 661
Maximin Grünhauser *Abtsberg Riesling Auslese* 293
Mayr, Josephus
  *Maso Unterganzner
  Lamarein* 662
Meerlust *Rubicon* 664
Mellot, Alphonse
  Sancerre Cuvée Edmond 294
Melton, Charles *Nine Popes* 666
Mercier, Denis *Cornalin* 669
Michael, Peter *L'Après-Midi Sauvignon Blanc* 296
Mitchelton
  Aistrip Marsanne Roussanne Viognier 300
Molettieri, Salvatore
  *Taurasi Riserva Vigna Cinque
  Querce* 672
Mondavi, Robert
  Fumé Blanc I Block Reserve 301
Montille, Domaine Hubert de
  Volnay PC Les Taillepieds 680
Montus, Château *Cuvée Prestige* 682
Morgenster 683
Morris Farms *Avvoltore* 684
  Old Premium Liqueur Tokay 899

Moro, Bodegas Emilio
  Malleolus 687
Moss Wood
  Cabernet Sauvignon 687
Mount Difficulty
  Long Gully Pinot Noir 689
Mount Langi Ghiran *Shiraz* 691
Mount Mary *Quintet Cabernet* 691
Mountadam *Chardonnay* 305
Moutard *Cuvée des 6 Cépages* 91
Muga *Prado Enea Gran
  Reserva Rioja* 693
Muré, René *Pinot Noir Cuvée „V"* 695
Musar, Château 697
Mustiguillo, Bodega
  Quincha Corral 697
Nairac, Château 308
Nardello, Daniele
  Recioto di Soave Suavissimus 308
Nederburg *Nederburg* 309
Négly, Château de la
  La Porte du Ciel 698
Neudorf *Moutere Chardonnay* 309
Niepoort
  30 Year Old Tawny Port 900 *Batuta* 700 *Charme* 702
  Colheita 899
  Redoma Branco Reserva 310
Nigl *Riesling Privat* 311
Nikolaihof
  Vom Stein Riesling Smaragd 311
Nyetimber
  *Premier Cuvée Blanc de Blancs
  Brut* 95
Ojai Vineyard *Thompson Syrah* 703
Ostertag, André
  *Muenchberg Grand Cru
  Riesling* 315
Pacenti, Siro
  Brunello di Montalcino 706
Palacios, Descendientes de J.
  Corullón 709
Palari *Faro* 710
Parker *Coonawarra Estate Terra Rossa First Growth* 714
Paternina
  *Fino Imperial Amontillado
  VORS Sherry* 908
Pato, Luís
  *Quinto do Ribeirinho Pé Franco
  Bairrada* 717

Paumanok
  Cabernet Sauvignon Grand Vintage 718
Pavie-Macquin, Château 720
Pazo de Señoras
  Albariño Selección de Añada 317
Peay Vineyards *Pinot Noir* 723
Pelissero, Giorgio
  Barbaresco Vanuto 723
Pellé, Domaine Henry
  Menetou-Salon Clos des Blanchais 317
Penley Estate
  Phoenix Cabernet Sauvignon 726
Petit-Village, Château 729
Pez, Château de 733
Pichler, F.X.
  Grüner Veltliner Smaragd M 320
Pieropan *Vigneto La Rocca* 323
Pierro *Chardonnay* 324
Pinard, Vincent *Harmonie* 325
Plageoles, Robert & Bernard
  Gaillac Vin d'Autan 326
Pol Roger *Blanc de Blancs* 101
Poliziano *Vino Nobile di Montepulciano Asinone* 739
Ponsot, Domaine
  Moray St.-Denis PC 327
Pontet-Canet, Château 740
Prager
  Achleiten Riesling Smaragd 328
Prévost, Jérôme
  *La Closerie Cuvée
  Les Béguines* 104
Prieuré de St.-Jean de Bébian
  Mondeuse Prestige 743
Prieuré St.-Christophe,
  Domaine 743
Produttori del Barbaresco
  Barbaresco Riserva Rabajà 744
Providence, Château La 744
Puffeney, Jacques
  Arbois Vin Jaune 329
Querciabella, Agricola
  Chianti Classico 746
Qupé *20th Anniversary Syrah* 753
Rabaud-Promis, Château 332
Radio-Coteau
  Cherry Camp Syrah 753
Ramey Hyde Vineyard
  Carneros Chardonnay 334

Ramos Pinto
20 Year Old Tawny Port 917
Ravenswood *County Old Hill Vineyard Zinfandel* 756
Rayne-Vigneau, Château 335
Rebholz, Ökonomierat
Birkweiler Kastanienbusch Riesling Spätlese Trocken Grosses Gewächs 336
Redríguez, Telmo
Molino Real Mountain Wine 343
Rey Fernando de Castilla
Antique Palo Cortado Sherry 917
Riessec, Château 341
Rippon *Pinot Noir* 761
Roc de Cambes, Château 761
Rochioli, J.
West Block Pinot Noir 762
Rockford *Basket Press Shiraz* 762
Roederer Estate *L'Ermitage* 109
Rolly-Gassmann
Muscat Moenchreben 344 *Riesling de Rorschwihr Cuvée Yves* 344
Rosa, Quinta de la
Vale do Inferno Vintage Port 918
Rust en Vrede *Estate Wine* 771
Sadie Family
Columella 772
Palladius 350
San Vicente 775
Sánchez Ayala
Navazos Amontillado Sherry 921
Sánchez Romate
La Sacristía de Romate Oloroso VORS Sherry 921
Santadi
Terre Brune Carignano del Sulcis 777
Satta, Michele *Piastraia* 778
Sauer
Escherndorfer Lump Silvaner TBA 351
Schiopetto *Pinot Grigio* 355
Schlumberger
Gewürztraminer SGN Cuvée Anne 359
Schram, J. 111
Schröck, Heidi
Ruster Ausbruch Auf den Flügeln der Morgenröte 359

Seghesio
Home Ranch Zinfandel 779
Seppelt Great Western
Show Sparkling Shiraz 112
Serafini e Vidotto
Rosso dell'Abazia 780
Shaw + Smith *M3 Chardonnay* 362
Simčič, Edi *Sauvignon Blanc* 363
Smith Woodhouse
Vintage Port 924
Sociando-Mallet, Château 784
Soldati La Scolca
Gavi dei Gavi La Scolca d'Antan 114
Sot Lefriec 787
Stony Hill *Chardonnay* 369
Stonyridge *Larose* 791
Suduiraut, Château 370
Swan, Joseph
Stellwagen Vineyard Zinfandel 791
Taille aux Loups, Domaine de la *Romulus Plus* 376
Talbot, Château 792
Tapanappa Whalebone Vineyard *Cabernet/Shiraz* 794
Tarlant *Cuvée Louis* 116
Te Mata *Coleraine* 798
Te Motu *Cabernet/Merlot* 800
Tement, Manfred
Sauvignon Blanc Reserve Zieregg 377
Tenuta di Valgiano
Rosso Colline Lucchesi 802
Tenuta delle Terre Nere *Etna Rosso Feudo di Mezzo* 802
Tenuta Sette Ponti
Crognolo 804
Terlano, Cantina di
Sauvignon Blanc Quarz 378
Terrazas/Cheval Blanc
Cheval des Andes 804
Thelema *Merlot Reserve* 809
Thévenet, Jean *Domaine de la Bon-Gran Cuvée EJ Thévenet* 378
Tilenus *Pagos de Posada Reserva* 809
Tirecul, Château
La Gravière Cuvée Madame 379
Torelló, Agustí *Kripta* 116
Tour Vieille, Domaine La
Cuvée Puig Oriol 813

Tour Vlanche, Château La
Sauternes 382
Traeger, David *Verdelho* 384
Trimbach *Cuvée des Seigneurs de Ribeaupierre* 387
Trinity Hill *Homage Syrah* 816
Troplong-Mondot, Château 818
Turkey Flat *Shiraz* 822
Turley Wine Cellars
Dragon Vineyard Zinfandel 823
Umathum *Zweigelt Hallebühl* 823
Valdipiatta
Vino Nobile di Montepulciano Vigna d'Alfiero 826
Valentini
di Montepulciano d'Abruzzo 826
Valtuille *Cep Centenarias* 828
Vasse Felix
Heytesbury Cabernet Sauvignon 829
Vega de Toro *Numanthia* 830
Venus *La Universal* 832
Vergelegen 832
Vernay, Georges
Coteaux de Vernon 393
Vesúvio, Quinta do *Vintage Port* 935
Veuve Fourny *Cuvée du Clos Faubourg Notre Dame* 120
Vieux Télégraphe, Domaine du *Châteauneuf-du-Pape* 835
Vigneti Massa
Timorasso Costa del Vento 394
Villaine, Domaine A. et P. de *Bouzeron* 394
Viñedos Organicos Emiliana *Coyam* 836
Volxem, Weingut van *Scharzhofberger Pergentsknopp Riesling* 390
Wendouree *Shiraz* 838
Williams & Humbert
Dos Cortados Palo Cortado VOS Sherry 936
Williams Selyem
Rochioli Vineyard Pinot Noir 841
Wittmann, Weingut
Westhofener Morstein Riesling Trocken 402
Wynn's
Coonawarra Estate John Riddoch Cabernet Sauvignon 842
Yacochuya de Michel Rolland 844

Yalumba *The Octavius* 844
Yarra Yering
   Dry Red No. 1 Shiraz 845
Yerro, Alonso del *María* 845

❧❧❧❧

D'Arenberg *Dead Arm Shiraz* 517
Allende *Aurus* 417
Altare, Elio *Barolo* 418
Alvear
   Pedro Ximénez 1830 Solera Montilla 855
Angerville, Domaine Marquis d'
   Volnay PC Clos des Ducs 420
Antinori *Solaia* 425
Arghyros, Yannis *Visanto* 126
Artadi *Viña El Pisón* 430
Ata Rangi *Pinot Noir* 432
Banfi *Brunello di Montalcino Poggio all'Oro* 439
Bass Phillip *Premium Pinot Noir* 441
Beaucastel, Château de *Châteauneuf-du-Pape Roussanne* 135
Beaulieu Vineyards *Georges de Latour Cabernet Sauvignon* 443
Beau-Séjour Bécot, Château 444
Bélair, Château 446
Beringer *Private Reserve Cabernet Sauvignon* 447
Billecart-Salmon *Cuvée Nicolas François Billecart* 28
Billiot, Henri *Cuvée Laetitia* 28
Boillot, Domaine Jean-Marc *Puligny-Montrachet PC Les Folatières* 138
Bon Pasteur, Château 452
Bonneau du Martray, Domaine *Corton-Charlemagne GC* 141
Bouchard Père & Fils
   Clos de Vougeot Grand Cru 458
Bouchard Père et Fils *Corton-Charlemagne Grand Cru* 146
Bouvet-Ladubay
   Cuvée Trésor Brut 36
Branaire-Ducru, Château 462
Burge, Grant *Meshach Shiraz* 466
Cà del Bosco *Annamaria Clementi* 36
Calon-Ségur, Château 468
Castello di Ama *Chianti Classico Vigneto Bellavista* 480
Cattier *Clos du Moulin* 38
Chevalier Blanc, Domaine de 162

Clerico, Domenico
   Barolo Percristina 492
Clos de Tart 494
Clos des Papes 495
Clos Erasmus 495
Clouet, André *Cuvée 1911* 42
Concha y Toro *Almaviva* 502
Contino *Viña del Olivo* 505
Corison *Cabernet Sauvignon Kronos Vineyard* 507
Correggia, Matteo
   Roero Ròche d'Ampsèj 507
CVNE Corona
   Reserva Blanco Semi Dulce 178
De Bortoli *Noble One* 181
Dettori, Azienda Agricola
   Cannonau Dettori Romangia 520
Deutz *Cuvée William Deutz* 51
Diamond Creek Vineyards
   Gravelly Meadow 520
Diebolt-Vallois *Fleur de Passion* 51
Disznókö *Tokaji Aszú 6 Puttonyos* 185
Dom Pérignon 52
Dominus 523
Drappier *Grande Sendée* 59
Drouhin, Joseph
   Beaune PC Clos des Mouches 189
Druet, Pierre-Jacques
   Bourgueil Vaumoreau 524
Ducru-Beaucaillou, Château 532
Eglise-Clinet, Château L' 537
Egly-Ouriet
   Les Crayères Blanc de Noirs Vieilles Vignes 59
Els, Ernie 539
Evangile, Château L' 540
Far Niente *Cabernet Sauvignon* 546
Fattoria La Massa *Chianti Classico Giorgio Primo* 548
Fèlsina Berardenga *Chianti Classico Riserva Rancia* 548
Fiorano *Semillon Vino da Tavola* 206
Fontodi *Flaccianello delle Pieve* 552
Foradori *Granato* 552
Freixenet *Cuvée DS* 60
Gaia Estate *Agiorghitiko* 557
Gauby, Domaine
   Côtes de Roussillon Villages Rouge Muntada 559
Gimonnet, Pierre
   Millésime de Collection Blanc des Blancs 62
González Byass
   Oloroso Vintage Sherry 882
Gosset *Célébris* 68
Gouges, Domaine Henri
   Nuits-St.-Georges PC Les St.-Georges 568
Grasso, Elio *Barolo Runcot* 576
Grasso, Silvio
   Barolo Bricco Luciani 577
Gratien, Alfred 70
Grattamacco 577
Grillet, Château
   Cuvée Renaissance 216
Gróf Dégenfeld
   Tokaji Aszú 6 Puttonyos 219
Gunderloch *Nackenheimer Rothenberg Riesling* 224
Haag, Fritz
   Brauneberger Juffer-Sonnenuhr Riesling ALG 224
Henriot *Cuvée des Enchanteleurs* 72
Hétsölö *Tokaji Aszú 6 Puttonyos* 233
Hidalgo-La Gitana *Palo Cortado Viejo VORS Sherry* 889
Huet, Domaine *Vouvray Brut* 72
Inniskillin *Okanagan Valley Vidal Icewine* 240
Isole e Olena
   Cepparello Toscana IGT 596
Izadi, Viña *Rioja Expresión* 597
Jobard, Domaine François
   Meursault PC Les Poruzots 244
Keller, Weingut
   Riesling Trocken G Max 249
Kesselstatt, Reichsgraf von *Josephshöfer Riesling AG* 249
Kistler *Chardonnay* 252
Klein Constantia
   Vin de Constance 252
Koehler-Ruprecht, Weingut *Kallstadter Saumagen Riesling Auslese Trocken „R"* 254
Kracher
   Nouvelle Vague Welschriesling 256
Krug *Grande Cuvée* 82
La Gomerie, Château 613
La Jota *20th Anniversary* 613
La Rioja Alta
   Rioja Gran Reserva 890 616

La Spinetta
   Barbaresco Vigneto Starderi 616
Lafarge, Domaine Michel
   Volnay PC Clos des Chênes 617
Lafon, Domaine des Comtes *Volnay PC Santenots-du-Milieu* 618
Lambrays, Domaine des
   Clos des Lambrays 624
Larmandier-Bernier
   Cramant GC Extra Brut 86
Laurent-Perrier
   Grand Siècle La Cuvée 86
Leacock's *Sercial Madeira* 891
Leeuwin Estate
   Art Series Chardonnay 271
Léoville-Barton, Château 638
Littorai Wines
   The Haven Pinot Noir 646
Livio Felluga *Picolit* 198
Long-Depaquit, Domaine
   Chablis GC La Moutonne 277
López de Heredia
   Viña Tondonia 279
Magdelaine, Château 648
Margaux, Château
   Pavillon Blanc 289
Marionnet, Henri *Provignage Romorantin Vin de Pays* 289
Marqués de Murrieta
   Castiloo Ygay Rioja GR Especial 652
Marqués del Real Tesoro *Covadonga Oloroso VORS Sherry* 895
Mauro
   Terreus Pago de Cueva Baja 660
Mayacamas
   Cabernet Sauvignon 661
Meyer-Näkel *Dernau Pfarrwingert Spätburgunder ATG* 670
Miana *Tocai* 296
Michael, Peter, Winery
   Les Pavots 671
Mission Hill
   S.L.C. Riesling Icewine 300
Moccagatta *Barbaresco Basarin* 671
Montelena, Château
   Cabernet Sauvignon 675
Montes *Folly* 676–7
Montevetrano 679
Mount Eden *Chardonnay* 301

Mumm *Cuvée R. Lalou* 92
Murana, Salvatore *Passito di Pantellaria Martingana* 307
Muré, René *Vorbourg Grand Cru Clos St.-Landelin Riesling* 307
Nada, Fiorenzo
   Barbaresco Rombone 698
Negri, Nino *Sfursat 5 Stelle* 699
Noemía de Patagonia *Noemía* 702
Oberto, Andrea *Barbera Giada* 703
Opitz, Willi *Optiz One* 704
Oremus *Tokaji Aszú 6 Puttonyos* 314
Osborne
   Pedro Ximénez Viejo VORS Sherry 907
   Solera PΔP Palo Cortado Sherry 907
Pagos de los Capellanes *El Picón Ribera del Duero* 706
Paitin *Barbaresco Sorè Paitin* 707
Pape-Clément, Château 712
Parusso *Barolo Bussia* 716
Paul Bruno, Domaine
   Viña Aquitania Cabernet Sauvignon 717
Pellegrino, Carlo
   Marsala Vergine Vintage 908
Pesquera, Tinto
   Janus Gran Reserva 726
Peters, Pierre
   Cuvée Speciale Grand Cru Blanc de Blancs 98
Phelps, Joseph *Insignia* 734
Pichon-Longueville, Château 735
Pieve di Santa Restituta *Brunello di Montalcini Sugarille* 737
Podere *Salicutti Brunello di Montalcino Piaggione* 738
Pol Roger
   Cuvée Sir Winston Churchill 101
Pommery *Cuvée Louise* 103
Pride Mountain
   Reserve Cabernet Sauvignon 742
Prieler *Blaufränkisch Goldberg* 742
Quilceda Creek
   Cabernet Sauvignon 748
Quinta do Noval *Vintage Port* 902
Quintessa 752
Rauzan-Ségla, Château 754
Raveneau, Domaine
   Chablis PC Montée de Tonnerre 335
Ridge *Monte Bello* 759
Rinaldi, Giuseppe
   Barolo Brunate-Le Coste 760
Roda, Bodegas *Rioja Cirsión* 763
Roumier, Domaine Georges
   Bonnes Mares Grand Cru 767
Royal Tokaji Wine Co. *Mézes Mály Tokaji Aszú 6 Puttonyos* 348
Salvioni *Brunello di Montalcino* 774
Sandeman
   40 Year Old Tawny Port 922
Sandrone, Luciano
   Barolo Cannubi Boschis 775
Santa Rita, Viña
   Casa Real Cabernet Sauvignon 776
Schloss Gobelsburg
   Ried Lamm Grüner Veltliner 355
Schloss Lieser *Lieser Nederberg Helden Riesling Auslese Gold* 356
Selbach-Oster *Zeltinger Schlossberg Riesling Auslese Schmitt* 360
Selosse, Jacques
   Cuvée Substance 112
Smith-Haut-Lafitte, Château
   Pessac-Léognan 363
Stanton & Killeen *Rare Muscat* 924
Tasca d'Almerita
   Rosso del Conte 796
Taylor's *Vintage Port* 928
Tempier, Domaine
   Bandol Cuvée Cabassaou 800
Tenuta Le Querce *Aglianico del Vulture Vigna della Corona* 803
Terlano, Cantina di
   Chardonnay Rarità 377
Tertre-Roteboeuf, Château 807
Thackrey, Sean *Orion* 807
Torres
   Gran Coronas Mas La Plana 813
Trévallon, Domaine de
   Vin de Table des Bouches du Rhône 814
Trimbach
   Clos Ste.-Hune Riesling 387
Tua Rita *Redigaffi IGT Toscana* 822
Vajra, Azienda Agricola G.D.
   Barolo Bricco delle Viole 824
Valdespino
   Cardenal Palo Cortado VORS

Preisstufen-Verzeichnis | 953

Sherry 930
Coliseo Amontillado VORS
Sherry 931
Valentini *Trebbiano d'Arbruzzo* 389
Vecchie Terre di Montefili
Bruno di Rocca 829
Vieux Château Certan 834
Vollenweider
Wolfer Goldgrube Riesling ALG 397
Weinbach, Domaine
Cuvée Théo Gewurztraminer 400
Schlossberg GC Riesling 400
Wild Duck Creek *Duck Muck* 841
Yquem, Y de Château d' 405
Zerbina, Fattoria *Sangiovese di Romagna Pietramora* 846
Zind-Humbrecht, Domaine
Clos Jebsal Pinot Gris 406
Rangel Clos St-Urbain Riesling 408

❀❀❀❀❀

Aalto, Bodegas *PS* 412
Angélus, Château 419
Araujo *Eisele State Vineyard* 426
Ausone, Château 436
Avignonesi *Occio di Pernice Vin Santo di Montepulciano* 131
Bachelet, Domaine Denis
Charmes-Chambertin GC 438
Barbeito *Terrantez Madeira* 857
Barca Velha 440
Beaucastel, Château de
Hommage à Jacques Perrin 442
Beauséjour Duffau-Lagarrosse 443
Billecart-Salmon *Clos S.-Hilaire* 26
Biondi Santi *Tenuta Greppo Brunello di Montalcino DOCG Riserva* 448
Blandy's *1863 Bual Madeira* 861
Bollinger *R.D. 32 Vieilles Vignes* 35
Bonneau, Henri *Châteauneuf-du-Pape Reserve des Célestins* 454
Busch, Clemens *Pündericher Marienburg Riesling* 151
Bussola, Tommaso *Recioto della Valpolicella Classico* 467
Carillon, Domaine *Bienvenues-Bâtard-Montrachet GC* 154
Castello dei Rampolla
Vigna d'Alceo 477
Castello del Terriccio *Lupicaia* 479
Cauhapé, Domaine *Quintessence du Petit Manseng* 155
Caymus *Cabernet Sauvignon Special Selection* 483
Chambers
Rosewood Old Liqueur Tokay 864
Champalou, Didier et Catherine
Vouvray Cuvée CC Moelleux 157
Chapoutier, Domaine
Ermitage L'Ermite Blanc 158 *Ermitage Le Pavillon* 486 *Ermitage Vin de Paille* 159
Chapoutier, M. *Châteauneuf-du-Pape, Barbe Rac* 484
Chave, Domaine
Hermitage Cuvée Cathelin 487
Chave, Domaine J.-L.
Hermitage Blanc 161
Cheval Blanc, Château 487
Clape, Domaine Auguste
Cornas 492
Climens, Château 166
Colgin Cellars *Herb Lamb Vineyard Cabernet Sauvignon* 501
Contador 504
Conterno, Giacomo
Barolo Monfortino Riserva 504
Cossart Gordon *Malmsey Madeira* 866 *Verdelho Madeira* 866
Dal Forno, Romano
Amarone della Valpolicella 516
Dalla Valle *Maya* 516
Dom Pérignon *Rosé* 54
Dom Ruinart 56 *Rosé* 57
Dönnhoff, Hermann
Oberhäuser Brücke Riesling AG 188
Dow's *1908 Vintage Port* 872
Vintage Port 872
Drouhin, Domaine Joseph
Musigny Grand Cru 524
Dugat, Domaine Claude
Griottes-Chambertin GC 534
Dugat, Domaine-Pÿ *Mazis-Chambertin Grand Cru* 534
Dujac, Domaine
Gevrey-Chambertin PC Aux Combottes 535
Dunn Vineyards
Howell Mountain Cabernet Sauvignon 535
Emrich-Schönleber *Monzinger Halenberg Riesling Eiswein* 197
Engel, Domaine René *Clos de Vougeot Grand Cru* 539
Eyrie Vineyards *South Block Reserve Pinot Noir* 542
Fargues, Château de *Sauternes* 197
Ferrari, Giulio
Riserva del Fondatore 60
Fonseca *Vintage Port* 879
Gaja *Barbaresco* 558
Giacosa, Bruno
Asili di Barbaresco 565
Gilette, Château *Crème de Tête* 214
Giraud, Henri *Cru Aÿ Fût de Chêne* 64
Giscours, Château 566
Gosset *Cuvée Célébris Blanc* 68
Graham's *Vintage Port* 885
Grans-Fassian
Leiwener Riesling Eiswein 215
Greenock Creek
Roenenfeldt Road Shiraz 578
Grivot, Domaine Jean
Richebourg Grand Cru 579
Gross, Domaine Anne
Richebourg 579
Guigal *Côte-Rôtie La Mouline* 582
Harlan Estate
Proprietary Red Wine 586
Haut-Brion, Château 590 *Blanc* 230
Heidler
Riesling Von Blauem Schiefer 235
Heitz Wine Cellars *Martha's Vineyard Cabernet Sauvignon* 592
Henriques & Henriques
Century Malmsey 1900 Solera 887
W.S. Boal Madeira 887
Henschke *Hill of Grace* 593
Herdade de Cartuxa *Pera Manca* 593
Hidalgo, Emilio
1860 Privilegio Palo Cortado VORS Sherry 888
1861 Santa Ana Pedro Ximénez VORS Sherry 888
Hosanna, Château 596
Hövel, Weingut von
Oberemmeler Hütte Riesling 236
Huet, Domaine
Le Haut Lieu Moelleux 237
Hugel *Riesling Sélection de Grains Nobles* 239
Jaboulet Aîné, Paul

Hermitage La Chapelle 597
Jacquesson
   Grand Cru Äy Vauzelle Terme 77
Jayer, Domaine Henri *Vosne-Romanée PC Cros Parentoux* 599
Kloster Eberbach Assmannshäuser, Staatsweingüter *Höllenberg Spätburgunder Cabinet* 608 *Steinburger Riesling* 253
Krug
   Clos d'Ambonnay 78
   Clos du Mesnil 80
   Collection 82
La Fleur-Pétrus, Château 611
La Mission-Haut-Brion, Château 615
La Mondote 615
Lafite Rothschild, Château 617
Lafleur, Château 618
Lafon, Domaine des Comtes
   Le Montrachet Grand Cru 269
   Meursault PC Genevrières 268
Lagrézette, Château
   Cuvée Pigeonnier 621
Lamarche, Domaine
   La Grande Rue GC 622
Latour, Château 626
Laville Haut-Brion, Château 270
Le Dôme 628
Le Pin 631
Le Soula *Vin de Pays de Côtes Catalanes Blanc* 271
Leflaive, Domaine
   Puligny-Montrachet PC Les Pucelles 273
Léoville-Las Cases, Château 640
López de Heredia
   Viña Tondonia Rioja GR 646
Lynch-Bages, Château 647
Margaux, Château 651
Marqués de Riscal
   Rioja RM (Reserva Médoc) 653
Mascarello, Bartolo *Barolo* 656
Massandra Collection
   Ayu Dag Aleatico 898
Miani *Merlot* 670
Mondavi, Robert
   Cabernet Sauvignon Reserve 672
Montevertine
   Le Pergole Torte Vino da Tavola 679
Montrose, Château 682

Mordorée, Domaine de la
   Cuvée de la Reine des Bois 683
Mouton Rothschild, Château 693
Mugnier, Domaine Jacques-Frédéric
   Le Musigny 695
Müller, Egon
   Scharzhofberger Riesling Auslese 306
Müller-Catoir
   Mussbacher Eselshaut Rieslaner 306
Niebaum-Coppola Estate
   Rubicon 699
Opus One 704
Pahlmeyer *Proprietary Red* 707
Palacios, Alvaro *L'Ermita* 709
Palmer, Château 710
Pavie, Château 718
Penfolds *Bin 95 Grange* 724
   Bin 707 Cabernet Sauvignon 725
Péres Barquero
   Amontillado Montilla 911
Pedro Ximénez *Montilla* 911
Perrier-Jouët *La Belle Epoque* 96
Petrolo *Galatrona* 729
Pétrus 730
Philipponnat *Clos des Goisses* 98
Pichon-Longueville, Château
   Comtesse de Lalande 735
Pingus, Dominio del 737
Ponsot, Domaine
   Clos de la Roche Vieilles Vignes 739
Prüm, J.J. *Wehlener Sonnenuhr Riesling AG* 328
Quinta do Noval
   Nacional Vintage Port 904
Quintarelli
   Amarone della Valpolicella 752
Ramonet, Domaine
   Bâtard-Montrache GC 334
Rayas, Château 758
Richter, Max Ferd.
   Helenenkloster Riesling Eiswein 341
Ringland, Chris
   Three Rivers Shiraz 760
Robert, Alain *Réserve La Mesnil Tête de Cuvée* 107
Roederer, Louis *Cristal* 109
Romanée-Conti, Domaine de la

La Tâche 765–6
Le Montrachet GC 347
Rousseau, Domaine Armand
   Gevery-Chambertin Premier Cru Clos St.-Jacques 769
Royal Tokaji Wine Co. *Szent Tamás Tokaji Aszú Esszencia* 348
Salon 111
Sauzet, Domaine Etienne
   Bâtard-Montrachet GC 352
Scavino, Paolo
   Barolo Bric dël Fiasc 778
Schaefer, Willi *Graacher Domprobst Riesling BA* 352
Schloss Vollrads *Riesling TBA* 356
Screaming Eagle 779
Shafer *Cabernet Sauvignon Hillside Select* 780
Soldera *Case Basse Brunello di Montalcino* 784
Sorrel, Marc *Hermitage Le Gréal* 786
Stag's Leap Wine Cellars
   Cabernet Sauvignon 787
Szepsy *Tokaji Esszencia* 372
Taittinger
   Comtes de Champagne 114
Taylor's *Quinta de Vargellas Vinha Velha* 926
Tenuta dell'Ornellaia
   Masseto IGT Toscana 801
Torbreck *Runrig Shiraz* 810
Trotanoy, Château 820
Valandraud, Château 824
Valdespino *Moscatel Viejisimo Toneles Sherry* 932
Vega Sicilia *Único* 830
Verset, Noël *Cornas* 834
Veuve Clicquot
   La Grande Dame 118
   La Grande Dame Rosé 118
Vilmart *Coeur de Cuvée* 120
Voerzio, Roberto
   Barolo Cerequio 838
Weil, Robert
   Kiedricher Gräfenberg Riesling TBA G 316 398
Yquem, Château d' 405
Zilliken
   Saarburger Rausch Riesling TBA A.P. #2 406

Autoren

Sarah Ahmed (SA) ist Rechtsanwältin und begann im Jahr 2000 ihre Karriere als Weinautorin. 2003 wurde sie mit dem Rouyer Guillet Cup und der Vintners' Scholarship ausgezeichnet. Sie reist viel und vermittelt ihre Leidenschaft für Wein in ihren Kursen, Verkostungen und auf www.thewinedetective.co.uk.

Katrina Alloway (KA) hat über Wein und Speisen mit besonderem Augenmerk auf dem Loire-Tal geschrieben. Wenn sie sich die Beine vertreten muß, dann mit Langstrecken-Trekking und Bergsteigen, vor allem in den Alpen, dem Himalaya und ihrem heimatlichen Yorkshire.

Jesús Barquin (JB) liebt Wein, seit ihm seine Großmutter ein Teelöffelchen Malaga verabreichte, als er gerade vier Jahre alt war. Heute schreibt er regelmäßig über Weine und Speisen für Elmundovino.com und *Metrópoli*. Er lehrt Strafrecht und ist Leiter des Kriminologischen Instituts der Universität von Granada.

Juan Manuel Bellver (JMB) ist Chefredakteur der Tageszeitung *El Mundo* und leitet derzeit deren Wochenendbeilage *Metrópoli*. Er ist Mitglied der Academia Española de Gastronomía und Vizepräsident des Ortsverbandes Madrid. 1999 gewann er den Arzak Gastronomic Journalism Prize und 2001 als bisher jüngster Preisträger den spanischen National Gastronomy Award.

Sara Basra (SB) ist derzeit Mitredakteurin der Zeitschrift *The World of Fine Wine*. Sie studierte in Oxford Neuere Geschichte und war anschließend im Weinhandel und als freie Autorin für die Zeitschriften *Harpers* und *Decanter* tätig. 2003 gewann sie den Rouyer Guillet Cup als beste Absolventin im Wine & Spirit Education Trust Diploma sowie den Geoffrey Jameson Memorial Preis und das Vintners' Scholarship.

Neil Beckett (NB) schloß sein Studium der Geschichte Englands und des Mittelalters (St. Andrews) mit Auszeichnung ab, promovierte in Geschichte des Mittelalters (Magdalen College in Oxford) und war Stipendiat der Royal Historical Society (Universität von London). Immer auch an Wein interessiert, arbeitete er für die Weinhändler Richards Walford und später für Lay & Wheeler, wo er sein WSET Diplom mit Auszeichnung abschloß. Es folgte eine Tätigkeit als Mitredakteur und Autor wöchentlicher Kolumnen für *Harpers Wine & Spirit Weekly*. 2004 wurde er Chefredakteur von *The World of Fine Wine*. Er ist einer der beiden britischen Juroren in der Grand Jury Européen.

Nicolas Belfrage MW (NBel) ist ein angloamerikanischer Master of Wine (Prüfung 1980). Er hat sich auf italienische Weine spezialisiert und ist besonders von den großartigen Nebbiolos von Alba beseelt.

Stephen Brook (SBr) gewann als Autor verschiedene Preise, darunter die von André Simon, Glenfiddich, Lanson und Veuve Clicquot. Er schrieb einige Bücher, wie z. B. über die immerwährende britische Manie für Klasse (*Class*) oder eine Studie über die Heilsarmee, *God's Army*.

Bob Campbell MW (BC) ist der zweite Neuseeländer, der den Titel Master of Wine tragen darf. Er arbeitet als leitender Weinredakteur für ACP Publications und schreibt für fünf der zugehörigen Zeitschriften. Er beteiligt sich an Weinpublikationen in sieben Ländern. Seit 1986 besuchten mehr als 20.000 Menschen seine Weindiplom-Kurse in Neuseeland, Asien und Europa.

Clive Coates MW (CC) gab 20 Jahre lang das unabhängige Weinmagazin *The Vine* heraus und schrieb verschiedene Bücher. Vor seiner Tätigkeit als Autor arbeitete er 20 Jahre lang als Weinhändler. Er war verantwortlicher Direktor der Weinabteilung der British Transport Hotels und gründete den Malmaison Wine Club.

Daniel Duane (DD) promovierte in Amerikanischer Literatur und schrieb fünf Bücher, darunter den Roman *A Mouth Like Yours*. Über Speisen und Weine schrieb er für *The World of Fine Wine*, *Bon Appetit*, *Outside Magazine*, die *Los Angeles Times* und *Men's Journal*.

Michael Edwards (ME) kam im Jahr 1968 zu Laytons, den Londoner Weinhändlern. Seit 1984 arbeitet er als Restaurantkritiker und brachte es bis zum Chefinspektor der *Egon Ronay Guides*. Er schreibt regelmäßig über Champagner und Burgunderweine für eine breite Palette an Zeitschriften wie *The World of Fine Wine* und *Wine Kingdom* (Japan). 2005 wurde er von der Archiconfrérie St Vincent des Vignerons de Champagne zum Ambassadeur d'Angleterre gewählt.

Stuart George (SG) studierte an der Universität von Warwick Englische und Europäische Literatur und arbeitete anschließend beim Weinhandel Haynes Hanson & Clark. 2003 wurde er als Websters Young Wine Writer des Jahres ausgezeichnet. Er arbeitete bei Ernten im Friaul und der Provence und bereiste viele Weinregionen Europas, Südafrikas, Australiens und Neuseelands.

Jamie Goode (JG) promovierte in Pflanzenbiologie und war einige Jahre als Verleger tätig. Heute arbeitet er als Weinkorrespondent für *The Sunday Express* und schreibt für diverse Zeitschriften wie *The World of Fine Wine*, *Harpers Wine & Spirit Weekly*, *Hong Kong Tatler* und *Western Mail*. 2005 erschien sein erstes Buch *Wine Science*, 2007 wurde er zum Glenfiddich Wine Writer des Jahres gekürt. Mehr unter www.wineanorak.com.

Lisa Granik MW (LGr) arbeitet in New York City als Weinberaterin und Ausbilderin. Sie promovierte an der Yale Law School und war Fulbright-Stipendiatin in Rußland, bis sie beschloß, in bessere Weingegenden zu ziehen. Heute unterrichtet sie in New York Anwärter auf das Wine and Spirit Education Trust Advanced Certificate and Diploma.

Luis Gutiérrez (LG) schreibt und verkostet regelmäßig für Elmundovino.com und andere El Mundo-Publikationen in Spanien, ist Kolumnist der portugiesischen Zeitschrift *blueWine* und schreibt für weitere Wein- und Gastronomiejournale in Spanien, Puerto Rico und Großbritannien.

Huon Hooke (HH) ist ein führender freier Weinautor, der sich seinen Lebensunterhalt mit dem Schreiben, Bewerten und Unterrichten von und über Wein verdient. Derzeit verfaßt er zwei wöchentliche Kolumnen für die Rubrik „Good Living" des *Sydney Morning Herald* und die Zeitschrift *Good Weekend* sowie regelmäßig Artikel für die Zeitschrift *Australian Gourmet Traveller Wine*, deren Mitherausgeber er ist.

Tim James (TJ) lebt in Kapstadt und promovierte in Englischer Literatur, jedoch ohne jemals auf diesem Gebiet tätig zu werden. So hatte er viel Zeit, über Weine zu schreiben, das edelmütige Blatt namens *Grape* herauszugeben und die ebenfalls werbefreie, unbändig unabhängige Website www.grape.co.za zu betreiben.

Andrew Jefford (AJ) studierte Englisch an der Universität von Reading und arbeitete als Postgraduate über die Kurzgeschichten von Robert Louis Stevenson bei Malcolm Bradbury an der Universität von East Anglia. In den 1980ern brachte er seine Leidenschaften für Wein und das Schreiben zusammen und ist seither als freier Fachjournalist tätig. Für seine Arbeit wurde er mit vielen Preisen ausgezeichnet, u. a. 2006 und 2007 mit dem Louis Roederer International Wine Writer des Jahres.

Hugh Johnsons (HJ) erstes Buch *Wine* erschien 1966 und führte ihn sogleich als einen der führenden englischen Autoren auf diesem Gebiet ein. In den späten 60ern bereiste er für die Recherchen zu *The World Atlas of Wine* die ganze Welt. Das Ergebnis war ein Bestseller, der kürzlich in der 6. Auflage erschien. Anläßlich der Neujahrsehrungen 2007 wurde ihm der OBE (Order of the British Empire) für seine „Verdienste in Garten- und Weinbau" verliehen. Er ist redaktioneller Berater für *The World of Fine Wine*.

Frank Kämmer MS (FK) arbeitete viele Jahre als Sommelier für das Michelin-Sternerestaurant Délice in Stuttgart. 1996 bestand er das Meisterdiplom als Sommelier und wurde später Mitglied des Aufsichtsrates des britischen Court of Master Sommeliers. Er veröffentlichte verschiedene Bücher über Weine und Spirituosen.

Chandra Kurt (CK) ist freie Weinautorin und lebt in der Schweiz. Sie ist Mitautorin von Büchern und Websites von Hugh Johnson, Jancis Robinson, Tom Stevenson und Stuart Pigott. Sie arbeitet als Weinberaterin für Swiss International Airlines und verschiedene Schweizer Einzelhandelsinstitutionen. Mehr unter www.chandrakurt.com.

Gareth Lawrence (GL) bereiste vielfach die Weingärten Kroatiens, Sloweniens, Griechenlands und anderer Länder in diesen Breitengraden. Neben seiner Arbeit für die WSET London Wine and Spirit School ist er als Fachberater für zahlreiche Publikationen tätig.

Helen Gabriella Lenarduzzi (HL) verdankt ihre Liebe zu Wein ihrer italienischen Erziehung. Sie wurde in Como geboren, wuchs in der Lombardei auf und lebt heute in England, pflegt aber immer noch eine große Verbundenheit mit ihrer Heimat. Am glücklichsten ist sie, wenn sie auf der Terrasse des großelterlichen Hauses sitzt und der Tisch mit Montasio-Käse, San-Daniele-Schinken und einer unbeschrifteten Weinkaraffe gedeckt ist.

John Livingstone-Learmonth (JL-L) ist der führende Autor auf dem Gebiet der französischen Rhônetal-Weine. Diese Region war wenig bekannt, als er 1973 das erste Material für sein Buch *The Wines of the Rhône* sammelte, das heute in der 3. Auflage vorliegt. 2005 erschien das vom Verlag University of California Press herausgegebene Buch *The Wines of the Northern Rhône* und in der Folge *The Wines of the Southern Rhône*. Er schrieb auch über Weine von der Loire, aus dem Beaujolais und Bordeaux, veröffentlichte Artikel in diversen Zeitschriften und ist Ehrenbürger von Châteauneuf-du-Pape.

Wink Lorch (WL) ist Weinautorin, Ausbilderin und Redakteurin und pendelt zwischen London und dem französischen Haute Savoie. Sie schreibt für Tom Stevensons jährlich erscheinenden *Wine Report* über Weine aus dem Jura und Savoyen. 2007 führte sie für Weinreisende das Portal www.winetravelguides.com ein, das vorerst über die Regionen in Frankreich informiert.

Giles MacDonogh (GM) wurde in London geboren, wuchs dort und in Suffolk auf und studierte schließlich in Oxford und Paris. Vor mehr als 20 Jahren begann er, über Weine zu schreiben und veröffentlichte seither vier Bücher sowie zahlreiche Artikel in britischen und internationalen Zeitungen und Zeitschriften.

Patrick Matthews (PM) ist freier Autor und Journalist und schrieb für Zeitungen und Zeitschriften wie *Independent*, *Guardian* und *Time Out*. Seine zwei Bücher zum Thema, *Real Wine* und *The Wild Bunch: Great Wines from Small Producers* gewannen beide Preise.

Richard Mayson (RM) ist einer der weltweit am meisten geschätzten Experten für Portweine, Sherry und Madeira. Nachdem er fünf Jahre für die Wine Society gearbeitet hatte, schrieb er *Portugal's Wines and Winemakers*, *Port and the Douro* und *The Story of Dow's Port*. Seine jüngste Veröffentlichung *The Wines and Vineyards of Portugal* gewann den André Simon Award. Er produziert selbst Weine auf dem Gut Pedra Basta im portugiesischen Alentejo.

Jasper Morris MW (JM) engagierte sich schon als Student der Oxford University für die Welt der Weine. 1981 gründete er den Burgunderfachhandel Morris & Verdin Ltd. 2003 wurde die Morris & Verdin Ltd. von Berry Bros & Rudd gekauft, für die Morris bis heute als Einkaufsleiter tätig ist. Er lebt in seiner Heimatstadt Basingstoke. 1985 wurde er Master of Wine, ist Autor mehrerer Bücher über weißen Burgunder und die Loire und Verfasser einiger Einträge für das *The Oxford Companion to Wine*. 2005 wurde er zum Chevalier de l'Ordre du Merite Agricole ernannt.

Kerin O'Keefe (KO) schloß ihr Studium der Englischen Literatur an der University of Massachusetts in Amherst mit Auszeichnung ab. 1989 siedelte sie nach Italien über und bereiste das ganze Land, um Winzer zu treffen und durch Weingärten zu wandeln. 2005 erschien ihr erstes Buch, *Franco Biondi Santi – The Gentleman of Brunello*.

Michael Palij MW (MP) wurde in Toronto geboren und lehrte Englisch und Philosophie an der Universität von Toronto. 1989 zog er nach Großbritannien und gründete 1995 den unabhängigen Weinhandel Winetraders. Im selben Jahr wurde er Master of Wine und gewann den J. Sainsbury Award für die beste Dissertation seines Prüfungsjahrgangs. Er lehrt für den Wine and Spirit Education Trust und schreibt für verschiedene Zeitschriften und Bücher.

Joel B. Payne (JP) wurde in den Vereinigten Staaten geboren, verbrachte aber die meiste Zeit seines erwachsenen Lebens in Europa. Erst lebte er in Frankreich und beteiligte sich an sieben Weinlesen mit Marcel Guigal, dann siedelte er 1982 nach Deutschland über. Er begann, über Weine zu schreiben, und verfaßt seither Beiträge für die beiden führenden Weinmagazine Deutschlands, *Alles über Wein* und *Vinum*, sowie für zahlreiche andere Publikationen über Weine.

Margaret Rand (MR) versuchte vor 15 Jahren, dem Wein zu entkommen, indem sie Herausgeberin der Zeitschrift *Opera Now* wurde, aber der Wein eroberte sie sich zurück. Heute schreibt sie für diverse Publikationen und ist Chefredakteurin von *Mitchell Beazley's Classic Wine Library*.

David Schildknecht (DS) ist Mitarbeiter von Vintner Select in Cincinnati. Er hat Philosophie studiert und war in der Gastronomie tätig, bevor er in den Weinhandel einstieg. Seine Jahresberichte aus Österreich und Deutschland erschienen in Stephen Tanzers *International Wine Cellar* und kürzlich auch in Robert Parkers *Wine Advocate*.

Michael Schuster (MS) ist Weinautor und freier Dozent. Er leitet eine eigene Weinschule in London, lebte und arbeitete 2 Jahre lang in Bordeaux und erwarb an der dortigen Universität das Degustationsdiplom. Eines seiner Bücher heißt *Essential Winetasting* und gewann 2001 sowohl den Glenfiddich als auch den Lanson Award.

Godfrey Spence (GS) ist seit 1983 im Weinhandel tätig. Begonnen hatte er seine Laufbahn im Einzelhandel von London und Kent. Er ist Autor des Buches *Port Companion* (Apple Press) und wurde zum Cavaleiro do Confraria do Vinho do Porto erhoben.

Tom Stevenson (TS) schreibt seit mehr als 30 Jahren über Weine, speziell über die Champagne und das Elsaß. Er veröffentlichte 23 Bücher und gewann 31 Literaturpreise, darunter den Wine Literary Award, Amerikas einzige Auszeichnung für das Lebenswerk eines Weinautors. Darüber hinaus verfaßt er den jährlichen *Wine Report*.

Andrea Sturniolo (AS) ist ein Weinjournalist aus Italien, der jetzt in London lebt. Er verfaßt eine wöchentlich erscheinende Weinkolumne in einer italienischen Zeitung und wirkt an vielen Weinpublikationen in Italien und anderen Ländern mit.

Jonathan Swinchatt (JS) verfaßte mit David Howell zusammen das Buch *The Winemaker's Dance: Exploring Terroir in the Napa Valley*. Er studierte Geologie an den Universitäten Yale und Harvard und leitet eingehende geologische Untersuchungen ausgewählter Weingüter. Zu seinen Kunden gehören Stag's Leap Wine Cellars, Opus One und Harlan Estate.

Terry Theise (TT) ist ein auf Deutschland, Österreich und die Champagne spezialisierter amerikanischer Weinhändler. Zu seinen Auszeichnungen gehören der „Importeur des Jahres 2005" der Zeitschrift *Food & Wine*, der „Mann des Jahres" der Zeitschrift *Wine & Spirits* und die Aufnahme in The Wine Advocate's „Bedeutendste Wein-Persönlichkeiten der letzten 25 Jahre".

Monty Waldin (MW) stellte als Teenager bei seiner Arbeit auf einem konventionell arbeitenden Bordeaux Château fest, daß umso mehr korrigierende Maßnahmen nötig wurden, je mehr Chemikalien in den Weingärten eingesetzt wurden. Er verfaßte unter anderem *Discovering Wine Country–Bordeaux*, *Discovering Wine Country–Tuscany*, *Wines of South America* und *Biodynamic Wines*. 2007 produziert er seinen eigenen französischen Wein aus biodynamischen Trauben. Dieses 18-Monate-Projekt wurde vom britischen Fernsehen gefilmt.

Stuart Walton (SW) schreibt seit 1991 über Weine und zu gastronomischen und auch kulturhistorischen Themen. Er ist Weinautor für *The Observer*, *The European*, *BBC Magazines* und *Food and Travel*. Seit 1994 ist er Chefredakteur des britischen *Good Food Guide*.

Jeremy Wilkinson (JW) studierte Chemie am University College in London und am Emmanuel College in Cambridge und wurde dann Lehrer. Dann änderte er sein Berufsziel und arbeitete 18 Jahre für Shell. 2007 legte er das WSET Diplom ab und erhielt für seine Leistungen das IWSC/Waitrose-Stipendium. Er arbeitete für *The World of Fine Wine* und dann für die Londoner Weinhandelsfirma Jeroboams.

Bildnachweise

Alle Anstrengungen wurden unternommen, um die Rechteinhaber der Bilder in diesem Buch zu ermitteln. Wir entschuldigen uns für unbeabsichtigte Auslassungen oder Fehler und werden den entsprechenden Nachweis in den Folgeausgaben einfügen.
Wenn nicht anders angegeben, wurden die Bilder freundlicherweise von den entsprechenden Weingütern zur Verfügung gestellt.

2 © Danita Delimont/Alamy 23 Comité Interprofessionnel du Vin de Champagne 25 Cephas/Mick Rock 26-27 courtesy of Billecart-Salmon 29 Comité Interprofessionnel du Vin de Champagne 31 www.bisol.it 33 Cephas/Mick Rock 34 Comité Interprofessionnel du Vin de Champagne 37 Cephas/Mick Rock 39 © Cephas Picture Library/Alamy 41 © Cephas Picture Library/Alamy 43 © Cephas Picture Library/Alamy 46 Comité Interprofessionnel du Vin de Champagne 48 © Lordprice Collection/Alamy 49 © Lordprice Collection/Alamy 53 © Cephas Picture Library/Alamy 55 © Corbis 58 © WinePix/Alamy 61 © Bon Appetit/Alamy 63 Comité Interprofessionnel du Vin de Champagne 65 © Lordprice Collection/Alamy 67 Cephas/Bruce Fleming 69 Champagne Gosset 73 Domaine Huet 75 Cephas/Mick Rock 76 © Corbis 79 Champagne Krug 80-81 Champagne Krug 85 © Lordprice Collection/Alamy 87 © Lordprice Collection/Alamy 93 Champagne Mumm 94 © Cephas Picture Library/Alamy 97 © Lordprice Collection/Alamy 99 Pekka Nuikki 100 © Corbis 102 © Lordprice Collection/Alamy 105 Comité Interprofessionnel du Vin de Champagne 106 Cephas/Mick Rock 108 akg-images 110 Cephas/Clay McLachlan 113 The Art Archive/Global Book Publishing 115 Cephas/Mick Rock 116 © Greg Balfour Evans/Alamy 119 Art Archive/Château de Brissac/Gianni Dagli Orti 121 Cephas/Mick Rock 124 Cephas/Mick Rock 127 Cephas/Mick Rock 128 Cephas Picture Library/Alamy/Mick Rock 130 Cephas/Mick Rock 137 Cephas/Mick Rock 139 Cephas/Ian Shaw 140 Photolibrary/Cephas Picture Library/Mick Rock 142 Photolibrary/Cephas Picture Library/R & K Muschenetz 145 © JLImages/Alamy 147 Cephas/Mick Rock 156 © Robert Hollingworth/Alamy 160 Cephas/Mick Rock 165 Photolibrary/Cephas Picture Library/Mick Rock 167 Cephas/Nigel Blythe 168 © Per Karlsson–BKWine.com/Alamy 175 Château Coutet 177 Cephas/Herbert Lehmann 179 Cephas Picture Library/Alamy/Mick Rock 183 Schlossgut Diel 184 © Per Karlsson–BKWine.com/Alamy 187 Cephas/R.A.Beatty 191 Dry River 192 Mme. Aly Duhr et Fils 195 Cephas/Mick Rock 196 www.stockfood.co.uk 200 © CuboImages srl/Alamy/Alfio Giannotti 203 William Fèvre 205 Cephas/Mick Rock 206 Cephas/Mick Rock 209 Cephas/Mick Rock 210 © WinePix/Alamy 217 Cephas Picture Library/Alamy/Mick Rock 218 © Per Karlsson–BKWine.com/Alamy 221 Cephas/Mick Rock 223 Cephas Picture Library/Alamy/Mick Rock 225 Cephas/Nigel Blythe 227 © Cephas Picture Library/Alamy/Alain Proust 229 © Corbis All Right Reserved 231 Cephas/Mick Rock 232 © Bon Appetit/Alamy/Armin Faber 234 © Bon Appetit/Alamy/Feig/Feig 238 Cephas/Mick Rock 241 Cephas Picture Library/Alamy/Kevin Argue 245 © Cephas Picture Library/Alamy/Nigel Blythe 247 Karthäuserhof 248 © Bildarchiv Monheim GmbH/Alamy/Florian Monheim 251 © Per Karlsson–BKWine.com/Alamy 255 Cephas/Nigel Blyth 257 Cephas/Herbert Lehmann 259 Cephas/Kevin Judd 261 © Cephas Picture Library/Alamy/Mick Rock 262 Azienda Agricola La Monacesca 265 © isifa Image Service s.r.o./Alamy/PHB 267 Château Lafaurie-Peyraguey 272 © Cephas Picture Library/Alamy/Ian Shaw 275 © Bill Heinsohn/Alamy 276 Loimer 278 © Cephas Picture Library/Alamy/Mick Rock 281 Cephas/Mick Rock 283 McWilliam's 285 Cephas/Mick Rock 287 Photolibrary/Steven Morris Photography 288 Cephas/Nigel Blythe 291 © Cephas Picture Library/Alamy/Nigel Blythe 295 © Cephas Picture Library/Alamy/Ian Shaw 297 © Cephas Picture Library/Alamy/Jerry Alexander 299 © D. H. Webster/Robert Harding World Imagery/Corbis 303 Cephas/Mick Rock 304 © Cephas Picture Library/Alamy/Kevin Judd 312 © Peter Titmuss/Alamy 318 Cephas/Kevin Judd 321 www.stockfood.co.uk 325 Cephas Picture Library/Alamy/Mick Rock 331 © Cephas Picture Library/Alamy/Mick Rock 333 Château Rabaud-Promis 337 © Cephas Picture Library/Alamy/Mick Rock 339 Cephas/Mick Rock 340 Cephas/Andy Christodolo 342 © Michael Busselle/CORBIS 345 Cephas/Mick Rock 346 Cephas/Ian Shaw 349 © Per Karlsson –BKWine.com/Alamy 353 © Cephas Picture Library/Alamy/Nigel Blythe 354 Cephas/Mick Rock 357 © Cephas Picture Library/Alamy/Mick Rock 358 © Corbis All Right Reserved 361 Cephas/Nigel Blythe 365 Cephas/Mick Rock 366 Cephas/Peter Titmuss 369 Château Suduiraut 371 Cephas/Mick Rock 373 © Cephas Picture Library/Alamy 375 Cephas/Mick Rock 381 Cephas/Ted Stefanski 383 Cephas/Mick Rock 385 © Bill Bachman/Alamy 386 Cephas/Mick Rock 388 www.stockfood.co.uk 391 Van Volxem 395 Cephas/Clay McLachlan 396 © Malcolm Park wine and vineyards/Alamy 399 © Cephas Picture Library/Alamy/Nigel Blythe 401 Cephas/Nigel Blythe 403 Weingut Wittmann 404 © Cephas Picture Library/Alamy/Mick Rock 407 © Cephas Picture Library/Alamy/Kevin Judd 409 Cephas/Mick Rock 412 Cephas Picture Library/Alamy 415 © CuboImages srl/Alamy 420 Cephas/Mick Rock 423 Cephas/Mick Rock 424 © Corbis 427 Cephas/Ted Stefanski 428 © Cephas Picture Library/Alamy 431 Artadi 433 Cephas/Bruce Jenkins 435 © Cephas Picture Library/Alamy 437 Pekka Nuikki 445 © AM Corporation/Alamy 449 Pekka Nuikki 451 Photolibrary/Cephas Picture Library/Graeme Robinson 453 © Per Karlsson–BKWine.com/Alamy 455 Cephas/Mick Rock 459 Photolibrary/Cephas Picture Library/Mick Rock 461 © CuboImages srl/Alamy 463 Cephas/Ian Shaw 464 Brokenwood 470 Cephas/Ian Shaw 478 Cephas/Mick Rock 485 Cephas/Mick Rock 489 Pekka Nuikki 490 Chimney Rock 497 Cephas/Mick Rock 499 © Cephas Picture Library/Alamy 500 © Corbis 503 Château La Conseillante 513 Cephas/Kevin Judd 515 CVNE 519 © Bon Appetit/Alamy 521 Cephas/Ted Stefanski 524 Domaine Drouhin 527 Cephas/Kevin Judd 529 © LOOK Die Bildagentur der Fotografen GmbH/Alamy 531 © David Hansford/Alamy 533 Cephas/Stephen Wolfenden 537 David Eley 541 Cephas/Stephen Wolfenden 543 © Images of Africa Photobank/Alamy 545 Cephas/Mick Rock 547 © Brad Perks Lightscapes/Alamy 555 Cephas/Ted Stefanski 560 Château Gazin 563 Cephas/Herbert Lehmann 565 © imagebroker/Alamy 567 Cephas/Mick Rock 568 Cephas/Kevin Judd 571 Cephas/Bruce Fleming 572 Cephas/Kjell Karlsson 575 Château Grand-Puy-Lacoste 580 © Cephas Picture Library/Alamy 585 Hardys

587 Cephas/Clay McLachlan 589 Cephas/Stephen Wolfenden 591 Pekka Nuikki 600 © Bon Appetit/Alamy 603 © Cephas Picture Library/Alamy 605 © Cephas Picture Library/Alamy 607 Klein Constantia 614 Cephas/Kjell Karlsson 619 Cephas/Mick Rock 620 Cephas/Mick Rock 622 © Per Karlsson–BKWine.com/Alamy 625 Cephas/Steve Elphick 627 Pekka Nuikki 630 Pekka Nuikki 635 © Joseph Becker/Alamy 636 Cephas/Mick Rock 639 David Eley 641 © Cephas Picture Library/Alamy/Mick Rock 643 Château Lezongars 645 Consorzio del Vino Brunello di Montalcino 650 Cephas/Kjell Karlsson 657 Consorzio Tutela Barolo Barbaresco Alba Langhe e Roero 658 Cephas/Ian Shaw 665 Meerlust 667 Cephas/Andy Christodolo 673 Cephas/Mick Rock 674 Cephas/Nigel Blythe 678 Cephas/Mick Rock 681 Cephas/Mick Rock 685 Cephas/Herbert Lehmann 686 Cephas/Mick Rock 688 Cephas/Kevin Judd 690 © Cephas Picture Library/Alamy/Andy Christodolo 692 Christie's 694 Cephas/Mick Rock 696 Cephas/Char Abu Mansoor 701 Cephas/Pierre Mosca 705 Opus One 708 www.stockfood.co.uk 711 Cephas/Mick Rock 713 Cephas/Mick Rock 715 Cephas/Kevin Judd 719 © Cephas Picture Library/Alamy/Mick Rock 721 Château Pavie Macquin/ANAKA 722 Cephas/Herbert Lehmann 727 Cephas/Mick Rock 728 Cephas/Mick Rock 733 © Corbis All Right Reserved 736 © Cephas Picture Library/Alamy/Mick Rock 741 Château Poujeaux 744 Cephas/Mick Rock 746 Cephas/Mick Rock 751 Cephas/Mick Rock 755 Cephas/Stephen Wolfenden 757 Ravenswood 764 Cephas/Mick Rock 770 © Chad Ehlers/Alamy 773 Cephas/Andy Christodolo 781 © Bon Appetit/Alamy/Hendrik Holler 783 Cephas/Andy Christodolo 785 Consorzio del Vino Brunello di Montalcino 789 © James Osmond/Alamy 790 © Cephas Picture Library/Alamy/Kevin Judd 793 © Bon Appetit/Alamy/Joerg Lehmann 795 Tapanappa 797 Cephas/Mick Rock 799 Cephas/Mick Rock 805 Cephas/Kevin Judd 806 © Per Karlsson–BKWine.com/Alamy 808 Cephas/Alain Proust 811 Torbreck 812 Cephas/Matt Wilson 815 Cephas/Mick Rock 817 Trinity Hill Wines 819 Cephas/Ian Shaw 821 Cephas Picture Library/Alamy/Stephen Wolfenden 825 Pekka Nuikki 827 Cephas/Mick Rock 831 Pekka Nuikki 833 Cephas/Alain Proust 837 © David R. Frazier Photolibrary, Inc./Alamy 839 Cephas/Kevin Judd 840 Cephas/Ian Shaw 843 Cephas/Andy Christodolo 847 Cephas/Mick Rock 854 Cephas/Mick Rock 856 © Gordon Sinclair/Alamy 859 © Bon Appetit/Alamy 860 © Ian Dagnall/Alamy 862-863 Cephas/Alain Proust 865 Chambers 868 The Fladgate Partnership 871 © Peter Horree/Alamy 873 The Symington Group 875 Cephas/Ian Shaw 877 © Cubolmages srl/Alamy 878 © Bon Appetit/Alamy 880-881 Cephas/Mick Rock 883 © Cephas Picture Library/Alamy 884 © Cephas Picture Library/Alamy 893 Cephas/Mick Rock 894 Cephas/Ian Shaw 896-897 Cephas/Mick Rock 901 Cephas/Herbert Lehmann 903 David Eley 905 © Cephas Picture Library/Alamy 908-909 © Cephas Picture Library/Alamy 910 © Cephas Picture Library/Alamy 913 © Cephas Picture Library/Alamy 916 Ramos Pinto 919 Quinta de la Rosa 920 © Mirjam Letsch/Alamy 923 © Mary Evans Picture Library/Alamy 925 © Richard Humphrys 926-927 The Fladgate Partnership 928-929 Cephas/Mick Rock 932-933 © Cephas Picture Library/Alamy 934 The Symington Group 937 © Corbis

Danksagungen

Quintessence bedankt sich bei den folgenden Personen:
Edition Rob Dimery, Irene Lyford, Fiona Ploughman, Jane Simmonds; **Korrekturen** Anne Plume; **Indexerstellung** Ann Barrett; **Zusätzliche Bildrecherche** Helena Baser; **Design Assistenz** Emma Wood; **Bildbearbeitung** Chris Taylor; **Zusätzliche Fotografie** Simon Pask

Dank von Neil Beckett, Herausgeber:
Ich bin all denjenigen zutiefst zu Dank verpflichtet, die an der Entstehung dieses Buches mitgewirkt haben. Mein besonderer Dank geht an Piers Spence, Director of Publishing bei Quarto; Sara Basra und Stuart George, meine Kollegen bei *The World of Fine Wine*; Tristan de Lancey, Jane Laing, Jodie Gaudet, Frank Ritter und Akihiro Nakayama von Quintessence; Pekka Nuikki für seine brillanten Fotos; besonderer Dank an meine Familie, für all ihre Unterstützung.

Stuart dankt allen Produzenten, die in diesem Buch erwähnt werden; den Teams von Astrum Wine Cellars, Berkmann Wine Cellars, Caves de Pyrene, Justerini & Brooks, Mille Gusti, Portland Media, Raymond Reynolds und Emma Wellings; Sarah Chadwick, Patricia Parnell, Dacotah Renneau, Sue Glasgow, Sally Bishop, Lorraine Carrigan, Petra Kulisic, Margaret Harvey MW, Helen Lenarduzzi, John Michael, Thomas Winterstetter, Ben Smith von Bibendum, Isabelle Philippe von Bouchard Père & Fils, Rachel Thompson von Corney & Barrow, Sylvain Boivert vom Conseil des Grands Crus Classés en 1855, Tamara Grischy von Langtons, Simon Larkin MW von Lay & Wheeler, Nicola Lawrence von Liberty Wines, Joanna Locke MW von The Wine Society, Johana Loubet von Château Margaux, Louise Du Bosky von McKinley Vintners, Elizabeth Ferguson von Mentzendorff, Kristy Parker und Genavieve Alexander von Moët Hennessy UK, Corine Karroum von Ets Jean-Pierre Moueix, Veréna Niepoort von Niepoort Vinhos S.A., Chantal Gillard von Le Pin, Marita Heil von VDP Die Prädikatsweingüter, Zubair Mohamed von Raeburn Fine Wines, Audrey Domenach und Karen Jenkins von Richards Walford, Antonella Lotti von Thurner PR, Akos Forczek und David Smith von Top Selection, Tim Johns von Wines of Argentina, Karen Sutton und Lauren Laubser von Wines of Chile sowie David Motion von The Winery.